SEITE 40 — REISEZIELE IN VIETNAM

ALLE ZIELE AUF EINEN BLICK
Fundierte Einblicke, detaillierte Adressen, Insidertipps und mehr

- Nordostvietnam S. 92
- Nordwestvietnam S. 125
- Hanoi S. 42
- Nördliches Zentralvietnam S. 152
- Zentralvietnam S. 169
- Siem Reap & die Tempel von Angkor S. 444
- Zentrales Hochland S. 293
- Südliche Zentralküste S. 233
- Ho-Chi-Minh-Stadt S. 323
- Mekong-Delta S. 381

Siem Reap & die Tempel von Angkor > S. 444

SEITE 537 — PRAKTISCHE INFORMATIONEN

SCHNELL NACHGESCHLAGEN
Tipps für Unterkünfte, sicheres Reisen, Smalltalk und mehr

Allgemeine Informationen	538
Verkehrsmittel & -wege	549
Gesundheit	561
Sprache	567
Register	581
Kartenlegende	590

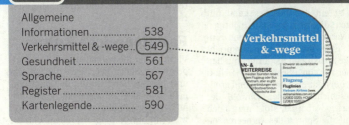

Iain Stewart,
Brett Atkinson, Peter Dragicevich, Nick Ray

Willkommen in Vietnam

Reiseziel Vietnam

Vietnam ist ein dynamisches Land mit tatkräftigen, direkten, geschäftstüchtigen und von Natur aus unverwüstlichen Einwohnern. Eine Reise hierher verspricht jede Menge Spaß, denn die Einheimischen sind immer für einen Scherz (oder Drink) zu haben, offen für ein Gespräch und großartige Geschichtenerzähler. Obwohl der Vietnamkrieg vorbei ist, stößt man noch überall auf die Spuren des verheerenden Konflikts. Doch das Land wurde nicht vernichtet und ging aus der Krise mit ungebrochenem Stolz hervor. Teilweise arm, aber nie verwahrlost, entwickelt es sich mit eindrucksvoller Geschwindigkeit. Besucher müssen bestimmte Dinge beachten, echte Gefahren gibt's allerdings nicht: Im Großen und Ganzen ist Vietnam ein sicheres, bereicherndes und abwechslungsreiches Reiseziel.

Facettenreiche Kultur

Vielerlei Einflüsse haben das Land geprägt. Im Süden zeigt sich die indische und hinduistische Kultur in Cham-Tempeln und der würzigen Regionalküche mit scharfem Chili und milder Kokosnuss, während im Norden vor allem chinesische Einflüsse ins Auge fallen. Zwischen den beiden konkurrierenden Kulturen präsentieren sich die zentralen Provinzen mit dem eleganten historischen Hafen von Hoi An und Hues Kaisergräbern, Tempeln und royaler Küche als tief vietnamesisch. Hinzu kommt das Erbe aus der französi-

Vietnam ist mit einer bezaubernden Küste, smaragdgrünen Bergen, atemberaubenden Nationalparks, dynamischen Städten, einer faszinierenden Kultur und einer der besten Küchen der Welt gesegnet.

(links) Am Strand vor vertäuten Fischerbooten sitzende Frauen, Mui Ne
(unten) Eine Frau entzündet Räucherstäbchen in der Thien-Hau-Pagode, Ho-Chi-Minh-Stadt

schen Kolonialzeit, das in Hanois schönen Boulevards, den imposanten Museen von Ho-Chi-Minh-Stadt sowie den knusprigen Baguettes und der allgegenwärtigen Kaffeekultur zu erkennen ist. Zusammen mit dem US-Intermezzo, über 50 Bergvölkern und der stolzen, kampferprobten, siegreichen Ideologie der kommunistischen Partei ergibt sich das Bild eines aufregenden, berauschenden und einzigartigen Landes.

Naturschönheiten und boomende Städte

In Sachen Dramatik hat Vietnam einiges zu bieten, sei es bei einer Fahrt auf azurblauem Wasser vorbei an surrealen Kalksteininseln in der Ha-Long-Bucht oder bei einer Tour durch die Karstberge von Cao Bang im Landesinneren. Unweit von Sa Pa und Bac Ha kann man Bergwanderungen unternehmen und indigene Dörfer besuchen, außerdem locken an der zentralen Küste spektakuläre Sandstrände, und die Inseln Cham sowie Con Dao warten mit Riffen und Buchten auf. Von der teils langweilig urbanen Nationalstraße 1 lohnen Abstecher zum eindrucksvollen Höhlensystem von Phong Nha, zu Nationalparks wie dem Cat Tien und den betörenden Nebenströmen des Mekong-Deltas. Zum Pflichtprogramm einer jeden Vietnamreise gehören die energiegeladenen Metropolen des Landes: die Hauptstadt Hanoi, die große alte Dame des Orients, und Ho-Chi-Minh-Stadt, Motor der Wirtschaft und der ganzen Nation.

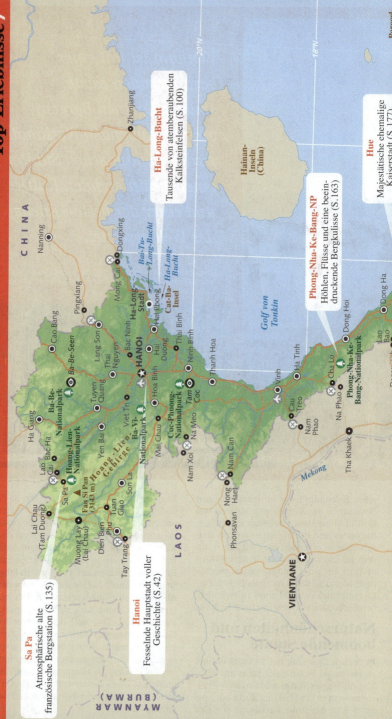

20 TOP-ERLEBNISSE

Ha-Long Bucht

1 Mit ihren Karstlandschaften, Kalksteingipfeln und der geschützten, glitzernden See gehört die eindrucksvolle Ha-Long-Bucht zu Vietnams Topattraktionen, in deren Umgebung sich zudem über 2000 wunderschöne Inseln erstrecken. Bei einer Bootsfahrt mit Übernachtung lässt sich das Weltnaturerbe auf ganz eigene Art entdecken, z. B. im magisch dunstigen Morgennebel oder bei einer geschmeidigen Kajakfahrt durch Höhlen und Lagunen. Weitere tolle Karst-Abenteuer verspricht die weniger touristische, jedoch ebenso spektakuläre Lan-Ha-Bucht (S.107).

Hoi An

2 Einst war die mittelalterlich anmutende Stadt Vietnams kosmopolitischster Hafen. Nun sind die guten alten Zeiten zurück und das herrliche Hoi An (S.209) wartet mit erstklassigen vietnamesischen Restaurants, hippen Bars und Cafés, skurrilen Boutiquen und hochwertigen Schneidereien auf. Besucher können im Gassengewirr der Altstadt Geschichte atmen, exzessiv shoppen, Tempel und Pagoden besichtigen, für wenig Geld kaiserlich speisen, Kochkurse belegen oder den großartigen An-Bang-Strand sowie die Ufer- und Nebenstraßen erkunden.

Restaurants am Flussufer entlang der Bach-Dang-Straße, Hoi An, rechts

Phong-Nha-Ke-Bang-Nationalpark

3 Dieser fantastische Park (S. 163) öffnet sich gerade erst dem Tourismus und wird nicht lange ein Geheimtipp bleiben. Hier erwarten einen grün bewachsene Kalksteinfelsen, Regenwald, türkisfarbene Bäche, traditionelle Dörfer und die eindrucksvolle, durch den Fluss geformte Phong-Nha-Höhle, die mit riesigen Gewölben und der fantastischen Paradieshöhle lockt – wen wundert da Phong Nhas steigende Popularität? Das Unterkunftsangebot wächst stetig und die Gegend lässt sich bestens mit dem Rad erkunden.

Felsformationen in der Phong-Nha-Höhle, unten

Essen

4 Die vietnamesische Küche gehört zu den großartigsten kulinarischen Geheimnissen Asiens. Im Mittelpunkt stehen wunderbar frische Zutaten, darunter jede Menge Kräuter. Das Ergebnis sind unvergleichliche Texturen und Aromen. In Vietnam sollte ein Menü die Elemente sauer und süß, knusprig und weich, gebraten und gedünstet enthalten sowie Suppe und Salat miteinander verbinden. Überall gibt's exquisite lokale Spezialitäten (S. 515) wie die „White Rose" aus Hoi An, *canh chua* aus dem Mekong-Delta oder die gute alte *pho* aus dem Norden.

Gericht mit gedünstetem Krebs und Kräutern, unten

Hanois Altstadt

5 Wer das erste Mal nach Hanoi kommt, muss sich zunächst gründlich in der jahrhundertealten Altstadt (S. 46) verlaufen. In dem hektischen Labyrinth aus Geschäften trifft Vergangenheit auf pure Energie des 21. Jhs. Am besten nimmt man mitten im Geschehen auf einem winzigen Stuhl Platz und entdeckt Vietnams Geschmackswelt in Form typischer Hanoi-Speisen wie *pho bo*, *bun cha* und *banh cuon*. Am Abend kann man sich dann mit geselligen Einheimischen ein erfrischendes *bia hoi* in provisorischen Straßenbars schmecken lassen.

Ho-Chi-Minh-Stadt

6 Das zunehmend internationale, jedoch immer noch tief vietnamesische ehemalige Saigon begeistert mit seiner Dynamik und spaltet doch die Gemüter: Die einen werden Teil des verrückten Trubels samt beständigem Surren der allgegenwärtigen Mofas, den anderen sind die Eindrücke zu viel. Wer sich auf die Metropole einlässt, wird mit einer reichen Geschichte, köstlichem Essen und einem lebendigen, in Vietnam tonangebenden Nachtleben belohnt. Hier ist immer etwas los, also auf ins Getümmel! Spiralförmige Räucherstäbchen in der Quan-Am-Pagode, Ho-Chi-Minh-Stadt, oben

Con-Dao-Inseln

7 Con Dao (S. 286), die einstige Hölle für politische Gefangene, bezaubert heute mit abgeschiedenen Stränden, ursprünglichen Tauchspots und einer facettenreichen Natur. Verglichen mit dem trubeligen Festland verläuft das Leben hier in angenehm ruhigen Bahnen. Die entlegenen Inseln lassen sich hervorragend mit dem Rad erkunden, sind Lebensraum für die seltene Suppenschildkröte, deren Nistplätze von Mai bis November besichtigt werden können, und bieten jede Menge einsame, zum Campen geeignete Strände.

Sa Pa & die Tonkinesischen Alpen

8 Das spektakuläre Hoang-Lien-Gebirge, von den Franzosen Tonkinesische Alpen genannt, erstreckt sich entlang des schroffen, lebensunfreundlichen Randgebiets Nordwestvietnams in Richtung chinesische Grenze. Wolkenformationen und Nebelbänke durchziehen die Region und erlauben flüchtige Blicke auf den Fan Si Pan (S. 137), Vietnams höchsten Gipfel. In dem Gebiet aus geschwungenen, zerklüfteten Kämmen und in Flusstäler gelegenen Reisterrassen leben die ethnischen Minderheiten der Hmong, Roten Dao und Giay. *Rote-Dao-Mädchen in Sa Pa, links*

Hue

9 Im 19. und frühen 20. Jh. war Hue 150 Jahre lang Landeshauptstadt. Der wohl liebenswerteste und touristenfreundlichste Ort Vietnams punktet mit einer wunderschönen Lage am Ufer des Parfümflusses, einer bekannten, vielschichtigen Küche und wenig befahrenen Straßen. Dazu kommen die majestätische Zitadelle (S. 178), kaiserliche Residenzen, elegante Tempel sowie faszinierende Festungen und Tore. Am Stadtrand befinden sich einige der eindrucksvollsten Pagoden und Kaisergräber Vietnams, viele davon vor wunderbarer Naturkulisse. *Ngo-Mon-Tor in Hues Zitadelle, oben*

Cat-Tien-Nationalpark

10 Cat Tien gehört zu den am einfachsten zugänglichen und beeindruckendsten Schutzgebieten Vietnams. Es liegt auf halbem Weg zwischen Ho-Chi-Minh-Stadt und Da Lat an einer Biegung des Dong-Nai-Flusses und erinnert an eine Kulisse aus dem Film *Apocalypse Now*. Besucher können hier wandern, Rad fahren und die Tierwelt erkunden, zudem beherbergt der Park das Dao Tien Endangered Primate Species Centre (S. 307), das Gibbons und Languren aufpäppelt und auswildert. Absolutes Highlight des Ganzen ist der Gibbon-Trek.

Mui Ne

11 Mue Ne, einer der beliebtesten Badeorte des Landes, verfügt über einen mehr als 20 km langen Strand, der sich malerisch an der Küste des Südchinesischen Meeres erstreckt. Ob Pensionen oder Luxusresorts, Familienlokale oder Designerbars – dieses Reiseziel bietet etwas für jeden Geschmack. Wer von Spas und Cocktails genug hat, für den gibt's adrenalingeladene Aktivitäten (S. 269), denn im Kitesurf-Mekka Vietnams herrscht während der zweiten Jahreshälfte ein ordentlicher Wellengang. Bevorzugt man trockene Füße, kann man sich am Sandboarding versuchen.

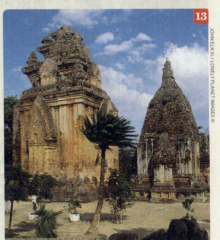

Nordwestschleife

12 Im tiefsten Norden dienen die Berge als Kulisse für eine unvergessliche Tour mit dem Motorrad oder dem Fahrrad, denn sie warten mit hügeligen Straßen, atemberaubenden Landschaften und einem bunten Bevölkerungsmix auf. Die Reise startet in Sa Pa, führt über endlose Serpentinen auf den 1900 m hohen Tram-Ton-Pass (S. 137), durch idyllische Flusstäler und vorbei an indigenen Dörfern. Nach Besichtigung der Schlachtfelder und Kriegsmuseen von Dien Bien Phu geht's über Mai Chau, wo man eine Nacht bei den Weißen Thai verbringen kann, zurück nach Hanoi.

Nha Trang

13 Willkommen in Vietnams Hauptstadt für Strandpartys! Das wenig dezente Nha Trang verspricht eine Menge Spaß, besticht mit dem besten Stadtstrand des Landes und zieht zahlreiche Sonnenanbeter an. Die Inseln der Buchten lassen sich per Boot erkunden, außerdem locken viele Bars und Kneipen, tolle Surfwellen in der nahe gelegenen Cam-Ranh-Bucht (S. 265), Entspannung in den Schlammbädern vor Ort und einige alte Cham-Türme (S. 249): Nha Trang hält also für jeden Geschmack etwas bereit. Po-Nagar-Cham-Türme, Nha Trang, oben

Bia Hoi

14 *Bia hoi* gehört zu den großen Freuden einer Vietnamreise. Das günstige, weit verbreitete Bier wird täglich frisch und ohne jegliche Zusätze gebraut. Es muss am selben Tag getrunken werden und ist vermutlich von tschechischen Brauern nach Hanoi gebracht worden. *Bia-hoi*-Kneipen, in denen man oft auch Snacks bekommt, garantieren authentische Erlebnisse: Einfach einen Plastikstuhl schnappen und das Flair genießen. Sie sind in jeder Stadt zu finden und haben teilweise Terrassen.

Mekong-Delta

15 Die südlichen Nachbarn des hektischen Saigon lassen es in ihrer ländlichen Wasserwelt aus Kanälen und breiten Flussarmen gemächlicher angehen. Vietnams Essenslieferant, das Mekong-Delta, erstreckt sich über grüne Weiten, ist dabei jedoch überraschend dicht besiedelt. Einblicke in das Leben der Einheimischen abseits der Touristenpfade bieten die kleinen abgeschiedenen Orte in den unbekannteren Ecken des Mekong. Hier unten stehen keine Sehenswürdigkeiten, sondern authentische Erlebnisse im Mittelpunkt. Schwimmender Markt im Mekong-Delta, rechts

Ba-Be-Seen

16 Abseits der ausgetretenen Touristenpfade zieht der Ba-Be-Nationalpark (S. 94) mit seinen riesigen Kalksteinfelsen, tiefen Tälern und immergrünen Wäldern Aktivurlauber und Wagemutige an. Wasserfälle, Höhlen und Seen fügen sich zu einer Landschaft mit über 550 verschiedenen Pflanzen- sowie Hunderten Vogel- und Tierarten zusammen. Die spektakuläre Natur lässt sich mit dem Boot oder im Rahmen einer Trekking- oder Mountainbiketour erkunden, danach sorgen rustikale *homestays* (Privatunterkünfte) und Dorfpensionen der Tay für Entspannung.

Mai Chau

17 Dieses verschlafene Tal ist das perfekte Gegenstück zum hektischen Trubel in Hanoi. Es liegt nur ein paar Stunden vom hektischen Mofaverkehr der Altstadt entfernt inmitten von Reisfeldern und grünen Landschaften. Für erholsame Nächte sorgen die traditionellen Pfahlhäuser in den gastfreundlichen Dörfern der Thai (S. 128), tagsüber kann man Trekkingtouren, Mountainbiketrips und Kajakfahrten unternehmen. Wer es ruhiger angehen möchte, bummelt über Märkte oder belegt vietnamesische Kochkurse. Frau bei der Arbeit auf dem Reisfeld, Mai Chau, oben

Da Lat

18 In luftiger Höhe (1475 m) über dem zentralen Hochland lockt Da Lat (S. 295) seit der französischen Kolonialzeit internationale Besucher an. Inmitten von Pinienhainen erheben sich prächtige Villen und im Sommer flüchten vietnamesische Touristen vor der Hitze hierher. Zu den Attraktionen der Gegend gehören Wasserfälle und hügelige Straßen, die sich für Ausflüge mit dem Mountainbike eignen. Außerdem gibt's immer mehr Aktivitäten wie Abseilen, Canyoning und Rafting. Die neuen Küstenstraßen nach Mui Ne und Nha Trang sind großartige Motorradrouten. Hauptmarkt, Da Lat, oben

Angkor Wat

19 Die Tempel von Angkor (S. 452) gehören zu den eindrucksvollsten Bauwerken der Welt und toppen jegliche Superlative. Der Komplex umfasst Angkor Wat, den weltweit größten Sakralbau, Bayon mit seinen gewaltigen Steingesichtern und das von der Natur beherrschte Ta Prohm. Ausgangspunkt für Erkundungstouren ist das lebendige Siem Reap mit einer tollen Auswahl an Restaurants und Bars. Jenseits der Tempel locken schwimmende Dörfer auf den Tonle-Sap-See, Aktivitäten wie Quadfahren und Flüge mit Leichtflugzeugen sowie Kochkurse und das Beobachten von Vögeln.

Phu-Quoc-Insel

20 Zu jeder Südostasienreise gehört eine erholsame Auszeit an einem weißen tropischen Sandstrand mit einem Cocktail in der Hand. Die Phu-Quoc-Insel (S. 413) im äußersten Süden Vietnams bietet dafür die perfekte Kulisse. Wer genug von der Faulenzerei hat, entdeckt mit einem geliehenen Fahrrad oder Motorrad die Gegend und wäscht sich anschließend im warmen Wasser des Golfs von Thailand den roten Staub aus den Haaren.

Gut zu wissen

Währung
» Dong (VND)

Sprache
» Vietnamesisch

Reisezeit

- warme bis heiße Sommer, milde Winter
- tropisches Klima, Regen- & Trockenzeit

Sa Pa
Reisezeit März–Mai & Sept.–Nov.

Hanoi
Reisezeit März–Mai & Sept.–Nov.

Da Nang
Reisezeit März–Sept.

Ho-Chi-Minh-Stadt
Reisezeit Nov.–Feb.

Hauptsaison
(Juli–Aug.)

» An der Küste steigen die Preise um bis zu 50 %; Hotels weit im Voraus buchen.

» Außer im hohen Norden ist es überall in Vietnam heiß und feucht; der Sommermonsun bringt Regengüsse.

Zwischensaison
(Dez.–März)

» Während des Tet-Festivals ist das ganze Land in Bewegung und die Preise steigen.

» Nördlich von Nha Trang ist es kühl und im hohen Norden kalt.

» Der Süden lockt mit klarem Himmel und Sonnenschein.

Nachsaison
(April–Juni, Sept.–Nov.)

» Die vielleicht beste Zeit, um das Land zu erkunden.

» Bis November können an der Zentral- und der Nordküste heftige Wirbelstürme toben.

Tagesbudget

Günstig – unter
40 US$

» Billiges Hotel: 10–15 US$ pro Nacht, Schlafsäle weniger

» In vietnamesischen Restaurants essen

» *Bia hoi* trinken

» Mit 15 US$ pro Tag kommt man über die Runden

Mittelteuer
40–100 US$

» Komfortables Doppelzimmer: 20–50 US$

» Man kann fast überall etwas essen und trinken

» Wellnessbehandlungen genießen

» Wenn nötig ein Taxi nehmen

Teuer – mehr als
100 US$

» Zimmer im Luxushotel: ab 70 US$

» In schicken Boutiquen shoppen

» Vietnams Gourmetrestaurants erkunden

Geld

» Geldautomaten sind weithin verfügbar. Kreditkarten werden in gehobenen Hotels, aber nur in wenigen Restaurants akzeptiert.

Visa

» Deutsche, Österreicher und Schweizer brauchen ein Visum, das im Voraus beantragt werden muss.

Handys

» Lokale SIM-Karten können in den meisten europäischen Mobiltelefonen benutzt werden.

Straßenverkehr

» Zwischen den Regionen verkehren Busse, Züge und Flugzeuge, außerdem kann man fast überall Motorräder mieten.

Websites

» **Living in Vietnam** (www.livinginvietnam.com) Für Einwanderer.

» **Lonely Planet** (www.lonelyplanet.de) Übersicht zu Kultur, Geschichte, Transport, Umwelt etc.

» **Thanh Nien News** (www.thanhniennews.com) Von der Regierung kontrollierte Nachrichten.

» **Things Asian** (www.thingsasian.com) Kultur und Kunst.

» **Vietnam Guide** (www.vietnam-guide.de) Reise- und Büchertipps, Details über Land und Leute.

» **Vietnam Online** (www.vietnamonline.com) Guter Allrounder.

Wechselkurse

Eurozone	1 €	27 427 VND
		1,31 US$
Schweiz	1 SFr	22 743 VND
		1,09 US$
USA	1 US$	20 920 VND

Aktuelle Wechselkurse siehe unter www.xe.com.

Wichtige Telefonnummern

Um aus dem Ausland in Vietnam anzurufen, muss man die erste 0 der Landesvorwahl weglassen. Handynummern beginnen mit ♪09.

Landesvorwahl	♪84
Internationale Vorwahl	♪00
Auskunft	♪116
Polizei	♪113
Allgemeiner Infoservice	♪1080

Ankunft in Vietnam

» **Flughafen Ho-Chi-Minh-Stadt (S. 370)**
Taxi in zentrale Bezirke: 100 000 VND; 30 Min. Klimatisierter Bus (Route 152) ins Stadtzentrum – 4000 VND; alle 15 Min., 6–18 Uhr; 40 Min.

» **Flughafen Hanoi (S. 86)**
Taxi ins Stadtzentrum: 300 000 VND; 1 Std. Minibus von Vietnam Airlines ins Stadtzentrum: 3 US$; alle 30 Min. Öffentlicher Bus (Route 17) vom Flughafen zum Long-Bien-Busbahnhof (in Gehweite von der Altstadt): 5000 VND.

Internet

Wer in Vietnam das Internet nutzen will, wird keine Probleme haben, da die meisten Pensionen und Hotels kostenloses WLAN und Computerterminals für ihre Gäste zur Verfügung stellen. Außerdem sind inzwischen auch viele Cafés und Restaurants vernetzt. In städtischen Gegenden gibt's in der Regel ganz gute Verbindungen.

Für Skype-Anrufe und und technischen Kram steuert man am besten eines der weit verbreiteten Internetcafés an, in denen man jede Menge Hardcore-Spieler trifft.

Die vietnamesische Regierung blockiert regelmäßig den Zugang zu sozialen Netzwerken, die manchmal für Monate nicht erreichbar sind. Proxy Server wie www.hidemyass.com, bieten die Möglichkeit, diese Sperren zu umgehen, allerdings sollte man sich nicht komplett darauf verlassen.

Was gibt's Neues?

Für diesen Band haben sich unsere Autoren auf die Suche nach allem begeben, was neu, spannend und angesagt ist. Hier nun ihre persönlichen Highlights. Noch aktuellere Infos gibt's unter lonelyplanet.com/vietnam.

Paradieshöhle

1 Das einzigartige Höhlensystem wurde erst 2005 entdeckt und nach seinem professionellen Ausbau für Besucher geöffnet. Es besticht durch umwerfend schöne Felsformationen (S. 164).

Gibbon-Trekkingtour

2 Gibbons in freier Natur kann man auf einer herrlichen neuen Trekkingtour im Cat-Tien-Nationalpark erleben. Anschließend lohnt sich ein Besuch des Dao-Tien-Zentrums für bedrohte Primaten (S. 309).

Eine Wahnsinnsfahrt

3 Auf einem klassischen Minsk-Motorrad von Hoi An Motorbike Adventures entdeckt man fernab verstopfter Städte und Autobahnen das ländliche Vietnam von seiner schönsten Seite (S. 226).

Strandchic

4 Am traumhaften An-Bang-Strand westlich von Hoi An gibt's wundervolle neue Restaurants wie das Soul Kitchen (S. 228).

Hoch hinaus in Ho-Chi-Minh-Stadt

5 Das 68-stöckige, 262 m hohe Bitexco-Gebäude ist Saigons neuestes Wahrzeichen. Auf der Plattform im 48. Stock genießt man einen unschlagbaren Panoramablick (S. 329).

Nordwestschleife

6 Dank besserer Anbindungen im Nordwesten ist der spektakulärste Bergpass des Landes inzwischen erschlossen. Minibusse verbinden Ha Giang mit Meo Vac und Cao Bang (S. 148).

Bergvölker unterstützen

7 Wer über die von Hmong geführten Trekkingveranstalter Sapa O'Chau und Sapa Sisters Touren bucht, unterstützt die Minderheiten auf dem direkten Weg (S. 136).

Wohnen im Grünen

8 Rund um das Phong Nha Farmstay, eine wunderbare neue Unterkunft, locken prächtige Höhlen, Waldwege, eine herrliche Landschaft und einsame Badestellen (S. 165). Hier werden auch tolle Ausflüge angeboten.

Da Nangs Ufer zeigt sich von seiner schönsten Seite

9 Da Nang mausert sich zu einer der fortschrittlichsten Städte des Landes und hat ein schickes neues Flussufer, an dem u. a. das hervorragende Bar-Restaurant Waterfront liegt (S. 200).

Big Buddha

10 Nicht weit von Ninh Binh stößt man auf den riesigen buddhistischen Chua-Bai-Dinh-Komplex mit einer vielstöckigen Pagode (S. 157).

Vietnams Große Mauer

11 Ihre Existenz wurde erst 2011 bekanntgegeben, dabei ist sie schon uralt: Die 127 km lange Verteidigungsmauer ist das längste Bauwerk Südostasiens (S. 235).

Brücken im Delta

12 Neue Brücken im Mekong-Delta, darunter Verbindungen zwischen My Tho und Ben Tre sowie von Ben Tre Richtung Tra Vinh, erleichtern das Reisen deutlich (S. 383).

Wie wär's mit ...

Gaumenfreuden

Die vietnamesische Küche ist einfach außergewöhnlich und reicht von Straßensnacks bis zu Banketten im imperialen Hue-Stil. Jede Region hat dabei ihre eigenen kulinarischen Traditionen, deshalb gibt's auch keine nationale Küche an sich.

Hoi An Hier locken zentralvietnamesische Gerichte voller Kräuter und einzigartige Kreationen wie *banh bao* und *banh xeo*. Außerdem kann man einen Kochkurs belegen und die Speisen selbst zubereiten (S. 216).

Hanoi Die vietnamesische Hauptstadt wartet mit unglaublich leckerem Straßenessen auf, darunter Köstlichkeiten wie *bun cha*, Klebreisgerichte, gebratener Aal und Nudelsuppe mit Krabben (S. 67).

Ho-Chi-Minh-Stadt Zahlreiche Straßenstände, jede Menge vietnamesische Gourmetrestaurants und eine ständig wachsende Auswahl an Lokalen mit internationalem Speiseangebot (S. 352).

Märkte

Um eine vietnamesische Stadt wirklich kennenzulernen, muss man den jeweiligen Hauptmarkt besuchen. Selbst Touristenorte wie Sa Pa und Hoi An haben tolle Märkte voller unbekannter Gewürze und Kräuter und faszinierender Essensstände. Hier findet man auch unschlagbare Fotomotive.

Bac Ha Einer der farbenprächtigsten Märkte in ganz Südostasien. In Bac Ha hat man die Chance, die einzigartigen Kostüme der Blumen-Hmong zu sehen (S. 145).

Schwimmende Märkte des Mekong-Deltas Wer einen der berühmten schwimmenden Märkte besuchen will, muss zwar früh aufstehen, aber das lohnt sich. Hier wird von Stinkfrüchten bis zu Hundefleisch so gut wie alles verkauft (S. 402).

Sinho In diesem abgelegenen Ort im Hochland, das mittlerweile auch ein gutes neues Hotel hat, lockt ein authentischer Markt der Bergvölker (S. 135).

Ben-Thanh-Markt Der quirlige Markt ist bereits seit 1914 ein Wahrzeichen von Ho-Chi-Minh-Stadt (S. 365).

Gräber & Tempel

Vietnam hat Denkmäler in Hülle und Fülle. Viele Türme und Tempel der Cham-Kultur fielen Bomben zum Opfer und wurden stark vernachlässigt, aber auch die Ruinen sind imposant. Rund um Hue stößt man auf zahllose Kaisergräber und Monumente, darüber hinaus warten die großen Städte mit beeindruckenden Tempeln auf.

Hue Die vietnamesischen Herrscher hinterließen in der Umgebung Hues glanzvolle Zeugnisse ihrer Macht. Zu den Highlights gehören die prächtigen Gräber von Tu Duc und Minh Mang (S. 189).

My Son Ohne Zweifel die eindrucksvollste Cham-Stätte. Sie thront in herrlicher Lage auf einem bewaldeten Hügel (S. 230).

Hanoi Im kargen Ho-Chi-Minh-Mausoleum erlebt man Geschichte hautnah (S. 51).

Großer Cao-Dai-Tempel Der Heilige Stuhl des Caodaismus ist eine wahre Explosion von Stilrichtungen und Farben (S. 375).

Wie wär's mit ... vietnamesischem Essen?
In Hoi An kann man an wunderbaren Kochkursen teilnehmen (S. 216)
Wie wär's mit ... Höhlentouren?
Die beeindruckendsten Höhlen befinden sich im Phong-Nha-Ke-Bang-Nationalpark (S. 163)

Kolonialarchitektur

Die Franzosen hinterließen im ganzen Land architektonische Spuren und so findet man in allen Städten stattliche Gebäude aus Kolonialzeiten. Hanoi und Hoi An besitzen sogar französische Viertel.

Ho-Chi-Minh-Stadt Saigon wird nach wie vor vom schlossartigen Sitz des Volkskomitees aus verwaltet, das einst das Hôtel de Ville der Kolonisten war. Sehenswert ist auch das Stadttheater, ein prachtvolles Überbleibsel der französischen Belle Époque (S. 326).

Hanoi In den Kolonialvillen und feudalen öffentlichen Gebäuden des französischen Viertels kann man stilvoll dinieren oder einen Opernabend genießen (S. 78).

Da Lat 2500 französische Villen sprenkeln die Stadt. Einige der Bauten wurden zu Gourmetrestaurants oder Boutique-Hotels wie das Ana Mandara Villas Dalat umgewandelt (S. 302).

Hai Phong Wer über Hai Phongs schläfrige Boulevards spaziert, entdeckt faszinierende Gebäude aus der französischen Ära, darunter das städtische Opernhaus (S. 97).

Spektakuläre Trekkingtouren

In den Bergen von Nordwestvietnam erstrecken sich die wohl abenteuerlichsten Trekkingrouten des Landes, aber auch andere Regionen und die meisten Nationalparks bieten ausgezeichnete Wanderwege.

Sa Pa Gesprächige Hmong-Guides zeigen einem die Dörfer der ethnischen Minderheiten rund um Sa Pa, das von üppig grünen Reisterrassen umgeben ist (S. 136).

Bac Ha Viel weniger hochgespielt als Sa Pa, bietet Bac Ha Bergpanoramen, eine interessante Minderheitenkultur, Wasserfälle sowie Wanderwege abseits der Touristenmassen (S. 146).

Hang Son Doong Entlang unberührter Pfade kann man durch Berg und Tal zur größten Höhle der Welt wandern (S. 166).

Mai Chau Es lohnt sich, dem energiegeladenen Hanoi zu entfliehen und im schläfrigen Mai Chau entspannende Wander-, Kajak- und Mountainbike-Touren zu unternehmen (S. 127).

Cuc Phuong Außergewöhnliche Wanderwege führen durch tierreiche Wälder und Stammesdörfer im Cuc-Phuong-Nationalpark (S. 158).

Schöne Strände

An der Küste liegen spektakuläre, vom Ozean umspülte Strände. Einige der besten befinden sich an der südlichen Zentralküste. Zudem warten alle vorgelagerten Inseln mit entzückenden Buchten auf.

Mui Ne Blitzsauberer Sand, riesige Dünen und ausgedehnte leere Strände (S. 269).

Nha Trang Erst am schönen Strand entspannen und dann die Inseln der Bucht mit dem Boot erkunden (S. 248).

Con-Dao-Inseln Wir empfehlen ein selbst auferlegtes Exil von mindestens drei Tagen (S. 286).

Phu Quoc Der kilometerlange Long Beach bietet weißen Sand in Hülle und Fülle. Am Sao Beach geht's etwas ruhiger zu (S. 416).

Lan-Ha-Bucht Mit dem Kajak geht's zu versteckten Sandbuchten, die sich im Karstlabyrinth der spektakulären Lan-Ha-Bucht verbergen (S. 107).

Bai-Tu-Long-Bucht Auf den entlegenen Inseln der Bai-Tu-Long-Bucht kann man sein ganz persönliches Strandparadies finden (S. 115).

Monat für Monat

Top-Events

1. **Tet**, Januar–Februar
2. **Hue-Festival**, Juni (alle zwei Jahre)
3. **Tag der wandernden Seelen**, August
4. **Feuerwerksfest von Da Nang**, April
5. **Buddhas Geburt, Erleuchtung und Tod**, Mai

Vietnams religiöse Feste folgen dem Mondkalender, den man mit den gregorianischen Daten abgleichen muss. Wenn man sich darüber informiert hat, wann Tet ist, sollte man ab diesem Datum zu zählen anfangen. Bei Voll- oder Sichelmond finden in den Pagoden spezielle Gottesdienste statt. In diesen Tagen – sie fallen dem chinesischen Mondkalender entsprechend auf den 14. und 15. Tag des Monats sowie auf den letzten Tag des Monats und den ersten Tag des Folgemonats – essen viele Buddhisten nur vegetarische Speisen.

Januar

Jetzt kann es im Norden bitterkalt werden und schneien. Je weiter südlich man kommt, desto milder wird das Wetter. Am Ende des Monats (oder im Februar) finden die Tet-Feierlichkeiten statt.

 Blumenfestival in Da Lat

Anfang Januar steigt in Da Lat ein wundervolles Blumenfestival mit kunstvollen Vorführungen, bei dem die gesamte Stadt auf den Beinen ist. Es entwickelt sich immer mehr zum internationalen Event mit Musik, Fashion Shows und einem Weinfest.

Februar

Nördlich von Da Nang sorgen kühle „chinesische Winde" für graue, bewölkte Tage. In den Südprovinzen hingegen ist es oftmals sonnig und heiß.

 Tet (Tet Nguyen Dan)

Das vietnamesische Neujahr (s. S. 488) ist *das* vietnamesische Fest schlechthin und wie Weihnachten, Ostern und Geburtstag in einem! Vom Reisen sollte man in dieser Zeit besser absehen, denn die Verkehrsmittel sind ausgebucht und viele Geschäfte geschlossen.

März

Nördlich von Hoi An kann es wolkig und kühl sein, aber gegen Monatsende steigen die Temperaturen wieder. Im Süden endet die Trockenzeit.

 Kaffeefest von Buon Ma Thuot

Koffeinsüchtige sollten im März ins zentrale Hochland reisen, wenn Buon Ma Thuot das jährliche Kaffeefest veranstaltet. Zu diesem Anlass treffen sich im Hauptpark der Stadt Kaffeebauern, Röster und Genießer.

Rikscha-Rennen in Saigon

Auf die Plätze, fertig, los! Die schnellsten Rikscha-Fahrer von HCMS rasen in ihren Streitwagen um die Wette, um Spenden zu sammeln. Die Veranstaltung findet jedes Jahr Mitte März statt und ist sehr unterhaltsam.

April

Eine gute Zeit, um das Land zu bereisen, denn der Wintermonsun ist vorüber und es gibt tolle Feste. Flüge sind meist preiswert (außer wenn Ostern in den April fällt).

 Totenfest (Thanh Minh)

Das Totenfest fällt auf die ersten drei Tage des dritten Mondes. Nun gedenkt man der Toten und besucht

Gräber verstorbener Verwandter, um sie zu säubern und mit Geschenken wie Blumen, Essen und Papier zu schmücken.

Hue-Festival (alle zwei Jahre)
Vietnams größtes Kulturevent (www.huefestival.com) wird alle zwei Jahre abgehalten, die nächsten Male 2012, 2014 und 2016. Die meisten Veranstaltungen – darunter Kunst-, Theater-, Musik-, Zirkus- und Tanzevents sowie internationale Shows – finden in der Zitadelle von Hue statt.

Feuerwerksfest von Da Nang
Ein spektakuläres Event, bei dem Da Nangs Flussufer in Klängen, Licht und Farben explodiert. Pyrotechniker aus China, Europa und Vietnam wetteifern miteinander, begleitet von vielen Musikkonzerten. Das Fest steigt in der letzten Woche des Monats.

Mai
Im Mai lohnt sich die Erkundung Zentral- und Nordvietnams, denn die Luft ist klar und das Wetter warm. Das Meer erwärmt sich, und es sind nur wenige Touristen unterwegs.

Buddhas Geburt, Erleuchtung und Tod (Phong Sinh)
Dieses große Fest fällt auf den 15. Tag des vierten Mondmonats. Es wird in buddhistischen Tempeln und mit laternengeschmückten Pagoden sowie Straßenprozessionen gefeiert. In Chua Bai Dinh (S.157) bei Ninh Binh und in der Jadekaiserpagode in HCMS (S.330) finden üppige Feiern statt.

Meeresfest von Nha Trang
Die als „Nha Trang-Khanh Hoa Vietnam Civilisation and Friendliness" bekannte Veranstaltung fällt auf Ende Mai (und Anfang Juni) und umfasst ein Straßenfest, Fotoausstellungen sowie Wettkämpfe im Drachensteigen.

CAMA-Festival, Hanoi
Der Club for Art and Music (www.camavietnam.org) wird von enthusiastischen, musikverrückten Einwanderern geleitet, die alljährlich dieses eintägige Festival (S.61) veranstalten. Eine tolle Chance, um das Beste aus Hanois aufstrebender Musikszene zu erleben.

Juni
Die Wochen kurz vor der nationalen Hochsaison eignen sich bestens, um Vietnam zu bereisen. Im Juli ist die Luftfeuchtigkeit sehr hoch, also sollte man einige Tage an der Küste verbringen.

Sommersonnenwende (Tet Doan Ngo)
Am fünften Tag des fünften Mondmonats ist Sommersonnenwende, bei der man den Geistern und dem Gott des Todes Geschenke macht, um Krankheiten fernzuhalten. Zu diesem Anlass trinken die Menschen literweise klebrigen Reiswein (*ruou nep*).

August
Im Hauptreisemonat tummeln sich an der Küste und den größten Sehenswürdigkeiten die meisten in- und ausländischen Touristen. Flüge und Unterkünfte sollte man weit im Voraus buchen. Es ist sehr heiß.

Tag der wandernden Seelen (Trung Nguyen)
Zweitgrößtes Fest nach Tet. Verlorene Seelen, die an diesem Tag über die Erde wandeln, erhalten riesige Lebensmittelgeschenke. Am 15. Tag des siebten Mondmonats.

Kinder- bzw. Herbstfest in Hoi An
Ein großes Event in Hoi An, an dem die Bürger den Vollmond feiern, Mondkuchen essen und Trommeln schlagen. Es finden Löwen-, Einhorn- und Drachentänze statt, und Kinder werden überall mit einbezogen.

Oktober
Im Norden ist die Luft oft klar und die Temperaturen sind mild. Auch im Süden ist es meist trocken, während im Landesinneren die ersten Stürme und Regenschauer aufkommen.

Mittherbstfest (Trung Thu)
Eine herrliche Zeit für Gourmets. Es gibt Mondkuchen aus Klebreis, die mit Lotussamen, Melonenkernen, Erdnüssen, Enteneigelb, Rosinen und

mehr gefüllt sind. Das Fest wird am 15. Tag des achten Mondmonats (September oder Oktober) im ganzen Land gefeiert.

✨ Neujahrsfest der Cham (Kate)

Im siebten Monat ihres Kalenders feiern die Cham in den Po-Klong-Garai-Türmen in Thap Cham (S. 265) Neujahr. Dabei gedenken sie ihrer Vorfahren, Nationalhelden und Götter, z. B. der Bauerngöttin Po Ino Nagar.

🏃 Oc-Bom-Boc-Festival der Khmer

Die Khmer-Gemeinde des Mekong-Deltas veranstaltet am 15. Tag des zehnten Mondmonats (Ende Oktober oder November) ein buntes Fest mit Bootsrennen am Ba-Dong-Strand (S. 393) in der Tra-Vinh-Provinz und auf dem Soc-Trang-Fluss.

Dezember

Der Monat beginnt ruhig, doch ab Mitte Dezember geht's in den Touristenresorts hoch her, deshalb sollte man weit im Voraus buchen. Im Süden gibt's oft Nebel und im Norden kann es kühl werden.

✨ Weihnachten (Giang Sinh)

Weihnachten ist kein nationaler Feiertag, wird aber in ganz Vietnam gefeiert, besonders von der katholischen Bevölkerung. Wir empfehlen, die Tage in Phat Diem (S. 160) oder HCMS zu verbringen, wo Tausende Bürger am Mitternachtsgottesdienst teilnehmen.

» (oben) Kostüme beim Hue-Festival, das alle zwei Jahre stattfindet
» (unten) Cham-Älteste beim Kate-Fest (Neujahrsfest der Cham) im Cham-Turm von Po Klong Garai

Reise-routen

Die folgenden Routen dienen als Orientierungshilfen für eine unvergessliche Reise, egal ob man sechs oder 60 Tage zur Verfügung hat. Mehr Inspirationen gefällig? Auf www.lonelyplanet.de/forum kann man sich mit anderen Travellern austauschen.

Zwei Wochen
Die Ozeanstraße

> Traveller sollten sich zunächst in **Hanoi** akklimatisieren. In dieser Zeit kann man Restaurants und Tempel besuchen und durch die Altstadt bummeln. Anschließend verbringt man ein paar Tage im nahe gelegenen **Ninh Binh**, dem Tor zu den Landschaften von **Tam Coc** sowie den Primaten und Wanderwegen des **Cuc-Phuong-Nationalparks**. Danach geht's per Zug oder Bus in die alte Kaiserhauptstadt **Hue**. Von dort reist man über den Hai-Van-Pass nach **Hoi An**, das sich wunderbar für eine Atempause eignet und zum Sightseeing, Einkaufen und Sonnenbaden einlädt. Von **Nha Trang**, dem größten, grellsten Strandort Vietnams, empfiehlt sich ein Bootsausflug zu den benachbarten Inseln. Alternativ fährt man weiter Richtung Süden zum **Mui-Ne-Strand**, einer tropischen Idylle mit hübschen Ferienanlagen, heruntergekommenen Budgetunterkünften, Dünen und großartigen Bedingungen zum Kitesurfen. Die Reise endet in **Ho-Chi-Minh-Stadt**, wo mondänes Shopping, köstliches Essen und das quirligste Nachtleben des Landes locken.

Ein Monat
Das volle Programm

> Die ersten drei Tage dieser Tour verbringt man in **Ho-Chi-Minh-Stadt**, wo man Märkte und Museen besichtigt und hervorragendes Essen genießt. Danach lohnt ein Tagesausflug zum Kriegsschauplatz der **Cu-Chi-Tunnel** und nach **Tay Ninh**, Sitz der Cao-Dai-Religion, um den märchenhaften Tempel zu sehen. Für die Erkundung des Mekong-Deltas sollte man einen oder zwei Tage einplanen und in **Can Tho**, dem gesellschaftlichen und wirtschaftlichen Herzen der Region, übernachten. Frühmorgens geht's zu den schwimmenden Märkten und anschließend ins Zentrale Hochland zur Bergstation **Da Lat** mit ihren skurrilen Sehenswürdigkeiten. An der Küste lockt das Strandresort **Nha Trang** mit tollen Partys sowie Tauch- und Schnorchelspots. Wer sich genügend ausgepowert hat, folgt der Küste nach Norden. Unterwegs hält man an Stränden wie **Doc Let** oder **My Khe** und besucht die **Wal-Insel** oder die Cham-Ruinen von **My Son**. Ein kulinarisches Mekka findet man in der charmanten Kulturstadt **Hoi An**. Nun lohnen kurze Aufenthalte im boomenden **Da Nang** und in der alten Kaiserhauptstadt **Hue** mit ihrer Zitadelle, den Grabstätten und den Pagoden. In dieser Gegend erwarten einen berühmte Stätten des Vietnamkriegs, z. B. die **Khe-Sanh-Marinebasis** und die **Vinh-Moc-Tunnel**. Dann geht's in die Berge zum **Phong-Nha-Ke-Bang-Nationalpark**, einer Welterbestätte mit der größten Höhle der Welt. Als Nächstes folgt man dem Ho Chi Minh Highway bis zur Hauptstadt mit Abstechern in den **Cuc-Phuong-Nationalpark** und in die surreale Umgebung von **Ninh Binh**. Östlich von Hanoi ragen in der **Ha-Long-Bucht** über 2000 Kalksteinfelsen empor. Wer will, kann zur zerklüfteten **Cat-Ba-Insel**, einem großen Abenteuersportzentrum, schippern und später wieder nach Hanoi reisen. Mit einem Nachtzug erreicht man **Sa Pa**, heimliche Hauptstadt der Bergvölker im Nordwesten und guter Ausgangspunkt zum Wandern und Radfahren. Bevor man erneut Hanoi ansteuert und die Altstadt erkundet, sollte man nach **Bac Ha** fahren und die berühmten Märkte sowie Stammesdörfer besuchen.

» (oben) Straßenhändler verkaufen Gemüse, Hanoi
» (links) Touristen-Dschunken passieren eines der schwimmenden Dörfer unweit der Insel Cat Ba, Ha-Long-Bucht.

Sieben Tage
Vietnam in einer Woche

Vietnam ist ein großes, eng besiedeltes Entwicklungsland, in dem das Reisen langsam vor sich geht. Um es in einer Woche kennenzulernen, muss man einige Inlandsflüge oder Nachtfahrten mit dem Zug einplanen. Die Tour beginnt in **Hanoi** mit einer Übernachtung in der Altstadt. Hier erkundet man die Sehenswürdigkeiten, isst Straßensnacks und probiert bia hoi. Danach lohnt ein Tagesausflug zur **Ha-Long-Bucht** mit ihrer großartigen Landschaft und belebenden Meeresluft. Am dritten Tag fliegt man morgens nach **Hue** und nutzt den Nachmittag für die Besichtigung der kaiserlichen Zitadelle (am besten mit einem guten Führer). Am vierten Tag geht's mit dem Bus, Zug oder Auto nach **Hoi An**. Abends steuert man eines der hervorragenden vietnamesischen Lokale an. Am Morgen genießt man die Atmosphäre der Stadt und besucht ihre Pagoden und Tempel. Wenn die Sonne scheint, kann man später am An-Bang-Strand schwimmen. Der sechste Tag startet mit einem Flug von **Da Nang** nach **Ho-Chi-Minh-Stadt**, die dynamischste Stadt Vietnams mit Gourmetrestaurants, einem tollen Nachtleben und einzigartigen Attraktionen.

Zehn Tage
Nordwestschleife

Nordvietnam ist eine überwältigend schöne Welt voll imposanter Berge und ethnischer Minderheiten. Dank der wenigen Fahrzeuge, atemberaubenden Ausblicke und gut asphaltierten Straßen eignet sich die Gegend wunderbar für eine Motorradreise. Von **Hanoi** geht's Richtung Westen nach **Mai Chau**, Heimat der Weißen Thai, wo man in zwei Tagen in den Alltag der Minderheiten eintauchen kann. Nordwestlich lädt **Son La** zu einem Besuch ein. Von dort windet sich die Straße hinauf in das Hoang-Lien-Gebirge. In **Dien Bien Phu** endete die koloniale Vergangenheit der Franzosen mit einer schweren Niederlage. Hier verbringt man zwei Tage und besichtigt die militärischen Stätten. Anschließend reist man durch die faszinierende Berglandschaft nach Norden, um in **Muong Lay** zu übernachten. Am siebten Tag steht eine Fahrt über den **Tram-Ton-Pass** nach **Sa Pa** an. Dieser Ort zählt zu den absoluten Highlights im Nordwesten. Am letzten Tag geht's nach **Lao Cai**. Den Rest erledigt der Zug: Das Motorrad wird im Güterwagen geparkt und man selbst entspannt sich auf dem Weg zurück nach Hanoi im Schlafabteil.

Outdoor-Aktivitäten

Die besten Trekkingwege

Sa Pa Traumblicke, jedoch manchmal ziemlich voll.
Cat Ba Immer beliebtere Wandergegend.
Mai Chau Tolle Landschaft und indigene Dörfer.
Bac Ha Faszinierende Bergvölker.
Cuc-Phuong-Nationalpark Netzwerk gut beschilderter Routen.

Die besten Surf- & Kitesurfspots

China Beach Teils toller Wellengang.
Mui Ne Südostasiens Mekka für Kitesurfer.
Vung Tau Nach Stürmen tolle Bedingungen.

Die besten Tauch- & Schnorchelspots

Con-Dao-Inseln Abgeschieden, aber die besten Spots.
Nha Trang Professionelle Tauchschulen und viele gute Tauchstellen.
Hoi An Faszinierende Unterwasserwelt.

Planung

Reisezeit

Egal ob man ein ambitionierter Kitesurfer oder ein Amateur-Wanderer ist, jeder sollte sich um eine gute Vorbereitung kümmern, denn Vietnams Klima ist sehr wechselhaft und von Monsunen geprägt.

Zu empfehlen

Surfer und Kitesurfer können sich von November bis April über den besten Wellengang freuen, während Taucher in den ruhigen Monaten von Juni bis August die klarste Sicht haben.

Zu vermeiden

In der Regenzeit (Mai–Sept.) sollte man den Fan Si Pan selbstverständlich nicht besteigen. Von November bis April sind Schnorcheln und Tauchen aufgrund von starken Winden und einer schlechten Sicht nahezu unmöglich.

Aktivitäten

Vietnams Angebot an Outdoor-Aktivitäten wird immer attraktiver. Wer sich also von seiner Sonnenliege schwingt, wird dafür reich belohnt.

Radfahren und Wandern sind zunehmend im Kommen. Am Meer kann man surfen, segeln, Kajak fahren, kitesurfen, tauchen und schnorcheln.

Wem das alles zu anstrengend ist, der schnappt sich den Golfschläger oder schwingt sich auf ein Motorrad.

Trekking

Das Land bietet exzellente Trekkingrouten und leichtere Wanderwege durch steil abfallende Täler, terrassenförmige Reisfelder und über riesige Kalksteingipfel. Von halbtägigen Touren bis hin zur Besteigung des Fan Si Pan, Vietnams höchstem Gipfel, ist alles möglich. Darüber hinaus laden Orte wie der An-Bang-Strand nahe Hoi An zu ein- bis zweistündigen Strandspaziergängen ein und warten mit fast unberührten Küstenlandschaften auf.

Wandergebiete

Mit dramatischen Bergwegen und faszinierenden indigenen Kulturen ist Nordvietnam das beste Terrain für Wanderer. Ansonsten bieten sich gut ausgeschilderten Routen in Nationalparks und Naturreservaten an; dort gibt's in der Regel auch Guides.

Nordvietnam

Die Region nördlich von Hanoi ist spektakulär. **Sa Pa** (S. 135) gilt als beste Ausgangsbasis für Trekkingfans. In dem Ort findet man viele Veranstalter, Läden, die Schlafsäcke, Schuhe und wasserfeste Ausrüstung verleihen, sowie Wanderkarten und Guides. Die Landschaft ist mit majestätischen Bergen, grünen Reisfeldern und faszinierenden indigenen Völkern gesegnet, allerdings sollte man sich darauf gefasst machen, dass die Hauptwege beliebt sind und in manchen Dörfern jede Stunde Wanderer vorbeikommen. Für abgelegene Routen benötigt man einen professionellen Führer aus der Gegend.

Bac Ha (S. 146) ist niedriger gelegen, regenärmer und weniger touristisch. Die malerischen Wege können zwar nicht mit Sa Pas atemberaubender Bergkulisse mithalten, führen dafür aber zu Wasserfällen und Dörfern der Blumen-Hmong und Nung.

Tolle Bedingungen bieten auch **Ba Be** (S. 94) mit seiner herrlichen Karstlandschaft und **Cat Ba** (S. 107) mit einer beliebten 18 km langen Route sowie kürzeren Alternativen.

Zentralvietnam

Der **Cuc-Phuong-Nationalpark** (S. 158) wartet mit ausgezeichneten Trekkingwegen auf, die an alten Bäumen, Höhlen und indigenen Dörfern vorbeiführen. Im Gegensatz dazu öffnet sich der **Phong-Nha-Ke-Bang-Nationalpark** (S. 163) gerade erst dem Tourismus. Er lockt mit Routen zwischen Kalksteinfelsen, darunter eine zur weltweit größten Höhle Hang Son Doong.

In der Nähe von Da Nang bietet der **Bach-Ma-Nationalpark** (S. 193) gute Wege (auch wenn hier eine Straße gebaut wird), die **Ba-Na-Bergstation** (S. 196) wiederum überzeugt mit kurzen Strecken und Traumblicken. Veranstalter in **Hoi An** (S. 226) haben faszinierende Touren in die indigenen Gebiete westlich der Stadt im Angebot.

Südvietnam

Mit etwas Glück entdeckt man im **Yok-Don-Nationalpark** (S. 314) bei Buon Ma Thuot eines der vielen Tiere. Im krokodilreichen **Cat-TienNationalpark** (S. 307) lohnt es sich, einen Guide zu engagieren. Hier sind Nachtwanderungen möglich, als Hauptattraktion gilt jedoch der „Wild Gibbon Trek". In **Da Lat** (S. 295) bieten mehrere Veranstalter kurze Ausflüge an.

Weiter südlich gibt's für Wanderer wenig zu holen: Das Klima ist heiß und feucht und die Landschaft größtenteils flach. Eine Ausnahme bildet **Con Son** (S. 286), eine Insel mit kühler Meerbrise und Trekkingrouten durch Regenwälder und Mangroven.

Sicherheit

» Nicht von offiziellen Wegen abkommen – Vietnam ist voller Blindgänger.

» Guides lohnen sich meist: Sie sind günstig und kennen sich mit indigenen Kulturen aus.

» Hunde können aggressiv sein; ein stabiler Stock schafft Abhilfe.

» Knöchelhohe Wanderstiefel sind eine sinnvolle Investition.

Veranstalter

Entsprechende Empfehlungen findet man in den jeweiligen Regionenkapiteln. Ranger in Nationalparks können ebenfalls bei der Routenplanung helfen. Eventuell braucht man eine Sondergenehmigung, z. B. wenn man in den abgelegenen Bergdörfern übernachten möchte.

Radfahren

Radtouren eignen sich hervorragend dazu, Vietnam kennenzulernen, schließlich sind die Drahtesel beliebte Transportmittel. Einfache Modelle kann man für 1 bis 3 US$

HIGHLIGHTS FÜR RADFAHRER

ORT	MERKMALE	SEITE
Da Lat	Viele unbefestigte Wege und ein Basislager für die dramatische zweitägige Abfahrt nach Mui Ne	300
Hoi An	Flaches Terrain mit Wegen und Landstraßen, die an Reisfeldern und Handwerksdörfern vorbeiführen	226
Mekong-Delta	Nebenstraßen an Wasserwegen unter Schatten spendenden Kokospalmen	390
Hue	Tempel, Pagoden und der Parfümfluss	189

am Tag leihen, hochwertige Mountainbikes für 7-12 US$. Auf S. 557 findet man Anbieter von Ausflügen.

Ideal für längere Fahrten auf abgelegenen Straßen ist das Flachland des Mekong-Deltas. Die gesamte Küste auf der Nationalstraße 1 entlangzuradeln ist zwar verlockend, aber durch den irrsinnigen Verkehr kaum möglich und vor allem gefährlich. Dagegen führt der wenig befahrene Ho Chi Minh Highway (Nationalstraßen 14, 15 & 8) im Landesinneren durch eine atemberaubend schöne Gegend. Hoi An gilt als perfekte Ausgangsbasis für die Erkundung von Dörfern.

In den Wintermonaten ist das Radfahren nördlich der Entmilitarisierten Zone wegen der Monsunwinde nicht zu empfehlen. Landschaftlich reizvolle Wege erstrecken sich in den Tonkinesischen Alpen (Hoang-Lien-Gebirge).

Infos zum Thema Radfahren in Vietnam siehe unter www.mrpumpy.net.

Motorradfahren

Eine Motorradtour durch Vietnam ist ein unvergessliches Erlebnis. Praktischerweise gibt's überall Werkstätten, denn Motorräder sind das Haupttransportmittel der Vietnamesen. Außerdem kommt man dem ländlichen Leben, den Gerüchen, Menschen und der Natur näher als mit dem Auto oder Bus.

Wer sich nicht selbst ans Steuer traut, kann relativ günstig einen Fahrer anheuern, z. B. bei Easy Riders (S. 306).

Wenn möglich, sollte man die Nationalstraße 1 wegen der vielen Abgase und des Lastwagenverkehrs meiden. Viele Motorradfahrer bevorzugen stattdessen den Ho Chi Minh Highway (S. 315), der von Norden nach Süden durch das ganze Land führt.

Tipps zur Vorbereitung gibt's im Kastentext auf S. 150, Informationen zu Motorradtouren auf S. 557 und Ratschläge zum Verleih auf S. 556.

Surfen

In Vietnam kann man fast das ganze Jahr über surfen, auch wenn das Land kein ausgewiesenes Surfziel ist – die Wellenszene aus *Apocalypse Now* wurde auf den Philippinen gedreht. Es gibt nur wenige Surfläden, allerdings verleihen vereinzelte Pensionen und Tourveranstalter Surfbretter.

Saison

Gute Bedingungen herrschen von November bis April, dann wehen die winterlichen Monsunwinde aus nördlicher Richtung. Je-

HIGHLIGHTS FÜR MOTORRADFAHRER

ORT	MERKMALE	SEITE
Ho Chi Minh Highway: Duc Tho–Phong Nha	Wunderschöne Karstlandschaft, Wälder, wenig Verkehr und eine exzellente Asphaltstraße	163
Hai-Van-Pass	Küstenpass in luftiger Höhe mit Serpentinen und traumhaften Meerblicken	195
Sa Pa–Dien Bien Phu	Großartige Berglandschaft, Flusstäler und indigene Dörfer	150
Ha Giang–Dong Van–Bao Lac	Besser geht's nicht: Herrliche Ausblicke und tolle Bergstraßen schaffen eine einzigartig ursprüngliche Kulisse	149
Nha Trang–Da Lat	Die spektakuläre neue Straße führt durch Wälder auf einen 1700 m hohen Pass	306

» (oben) Kitesurfer in Aktion, Mui Ne
» (links) Ein Urlauber versucht, sein Minsk-Motorrad zu reparieren, Nordwestvietnam

VIETNAMS BESTE SURFSPOTS

ORT	MERKMALE	SURFSHOPS
China Beach	Gute Brandung an einem 30 km langen Sandstrand mit über 2 m hohen Wellen. Nach starken Regenfällen kann es zu Verschmutzungen kommen. Hinter der Sandbank vor Hoa's Place gibt's gute Rechts- und Linkswellen.	Tam's Pub & Surf Shop (S. 201) Da Boys Surf (S. 206) Hoa's Place (S. 206)
Rund um Nha Trang	In der Saison bietet der Bai-Dai-Strand 27 km südlich von Nha Trang bei Sturm gute, bis zu 2 m hohe Links- und Rechtswellen. Nha Trangs Hauptstrand eignet sich zum Bodysurfen.	Shack Vietnam (S. 265) Waves Watersports (S. 256)
Mui Ne	Ideal für Anfänger. Verschiedene Surfwellen, darunter kurze Rechts- und Linkswellen, sowie mehrere Surfverleihshops. Vorsicht vor Fässern!	Surf Point (S. 271)
Vung Tau	Unbeständig, bei entsprechenden Bedingungen jedoch einer der besten Surfspots in Vietnam.	Surf Station (S. 283)

des Jahr entstehen im Südchinesischen Meer Taifune, die für riesige Wellen sorgen.

Sicherheit

Wer in abgeschiedenen Gegenden nach Surfspots sucht, muss sich vor den zahlreichen Blindgängern in ländlichen Gebieten, vor allem nahe der Entmilitarisierten Zone, in Acht nehmen. Zu den weiteren Risiken gehören Müll, abfließendes Regenwasser und industrielle Verschmutzung, besonders in Stadtnähe. Brandungsrückströme können sehr stark sein, deshalb ist eine Surfleine sinnvoll.

Kite- & Windsurfen

Die Sportarten Wind- und Kitesurfen haben erst vor Kurzem in Vietnam Einzug gehalten, erfreuen sich jedoch steigender Beliebtheit. Dank mehrerer Wettbewerbe und seines steigenden Kultstatus entwickelt sich der Mui-Ne-Strand (S. 269) allmählich zu einem Windsport-Hotspot Asiens. Nha Trang und Vung Tau sind ebenfalls gute Adressen.

Für Kitesurf-Anfänger bietet sich zunächst ein Schnupperkurs (ab 75 US$) an; dreitägige Kurse kosten rund 250 US$. Die Grundlagen zu erlernen ist eine Herausforderung für Geist und Körper.

In der Trockenzeit (Nov.–April) sind die Bedingungen in Mui Ne sowie in Nha Trang und Vung Tau am besten. Die Morgenstunden eignen sich für Anfänger, die Nachmittagswinde erreichen hingegen bis zu 65 km/h.

Tauchen & Schnorcheln

Vietnam gilt unter Tauchern zwar nicht als erste Wahl, wartet jedoch mit einigen faszinierenden Spots auf, auch wenn es in Sachen Unterwasserleben und Sicht nicht mit Riffen in Indonesien oder Australien mithalten kann. Sporttaucher und Schnorchler lieben das Gebiet rund um Nha Trang (S. 254). Einige angesehene Tauchschulen haben hier Ausrüstungen und Tauchkurse nach internationalem Standard im Angebot. Hoi Ans zwei Tauchzentren haben Ausflüge zu den wunderschönen Cham-Inseln (S. 215) mit teils eindrucksvollem Unterwasserleben im Programm. Auch die Phu-Quoc-Insel (S. 418) ist ein beliebter Spot.

Die Con-Dao-Inseln (S. 290) bieten mit ihrer facettenreichen Meereswelt, tollen Riffen und einem Wrack die besten Tauch- und Schnorchelbedingungen des Landes. Vor Ort gibt's zwei professionelle Tauchschulen, allerdings sind die Preise höher als im Rest des Landes.

Darüber hinaus kann man bei vielen Ferienanlagen entlang der Küste Equipment zum Tauchen und Schnorcheln ausleihen, z. B. an den Stränden Cua Dai (S. 227), Ca Na (S. 268) und China Beach (S. 205).

Tauch- & Schnorchelpreise

» **Discover Scuba** 60–80 US$
» **2 Fun Dives** 70–80 US$ (140 US$ auf den Con-Dao-Inseln)

» **Padi Open Water** 350–500 US$
» **Eintägige Schnorcheltour** 30–40 US$

Kajakfahren & Segeln

In den letzten Jahren hat das **Kajakfahren** rund um die Ha-Long-Bucht stark an Beliebtheit gewonnen. Viele Standardtouren in die Bucht umfassen einstündige Ausflüge durch Karstlandschaften. Alternativ kann man eine Exkursion buchen, die ebenfalls an majestätischen Kalksteingipfel vorbeiführt, aber eine anschließende Übernachtung in einer einsamen Bucht beinhaltet.

Auch im Rest des Landes wächst das Angebot, so eignen sich u. a. die Cat-Ba-Insel, Phong Nha, Da Lat und die Flüsse im Umland Hoi Ans zum Kajakfahren. In Nha Trang und an anderen Stränden sind Seekajakverleihe ansässig.

Außerdem gibt's **Segeltouren** und entsprechende Kurse. Nha Trang ist dafür eine exzellente Ausgangsbasis.

Verschiedene Anbieter:

» **Blue Swimmer** (S. 111) Geführte Kajaktouren rund um die Inseln der Lan-Ha-Bucht. Vermietet auch Kajaks und organisiert Segeltörns.

» **Cat Ba Ventures** (S. 110) Kajakfahrten rund um die Ha-Long-Bucht, die Lan-Ha-Bucht und die Cat-Ba-Insel.

» **Marco Polo Travel** (S. 82) Kajakfahrten auf den Ba-Be-Seen, in der Bai-Tu-Long-Bucht und in der Ha-Long-Bucht.

» **Waves Watersports** (S. 256) Segeltörns mit Katamaranen und Kajakfahrten rund um Nha Trangs Strände und Inseln.

Rafting

Rafting steckt hier noch in den Kinderschuhen. Der Veranstalter Phat Tire (S. 309) in Da Lat bietet z. B. eine Tagestour auf dem Langbian-Fluss an – je nach Jahreszeit mit Stromschnellen der Stufe 2, 3 oder 4. Preise starten bei 57 US$. Auch in Nha Trang gibt's Touranbieter, darunter Whitewater Rafting (S. 256).

Klettern

Mit seinen im ganzen Land verteilten facettenreichen Karstlandschaften hat Vietnam sicherlich eine Zukunft als Klettermekka vor sich. Der hochprofessionelle Ausrüster Asia Outdoors in Cat-Ba-Stadt, Pionier und sachkundiger Spezialist zugleich, bietet Einführungskurse und Touren für echte Klettercracks. Einen Überblick über das Angebot gibt's auf S. 110. Auch in Da Lat haben ein paar gute Anbieter Kletter- und Canyoningtouren im Programm (S. 300).

Golfen

Die meisten Golfclubs erlauben auch Nichtmitgliedern, gegen eine Gebühr zu spielen. Zu den besten Golfplätzen Vietnams zählen die im Umland von Da Lat (S. 300), Mui Ne und Phan Thiet (S. 270), aber es gibt auch zahlreiche Plätze in der Umgebung von Hanoi und Ho-Chi-Minh-Stadt.

Luxury Travel (www.luxurytravelvietnam.com) und der britische Anbieter **Vietnam Golf** (www.vietnamgolf.co.uk) veranstalten Golfreisen.

Vietnam im Überblick

Vietnam liegt auf einem schmalen Zipfel Ostasiens und wartet mit zerklüfteten Berggipfeln im Norden, einem platten Flussdelta im Süden, von Höhlen durchzogenen Kalksteinfelsen im Landesinneren sowie dichtem Regenwald mit produktiven Reisfeldern an der Westküste auf. Und das ist nur die Landschaft ...

Klimatisch wird es im Norden während des Winters deutlich kälter, was sich in der Küche, dem Lebensstil und dem Charakter der Bevölkerung widerspiegelt. Weiter Richtung Süden zeigt sich Vietnam von seiner tropischeren Seite. Hier überwiegen Kokospalmen anstelle von Bambuspflanzen und statt Sojasoße steht Fischsoße auf der Speisekarte. In den südlichen Provinzen ist es feucht, heiß und schwül und die Gerichte sind süß, würzig, aromatisch und vielseitig.

Hanoi

Essen ✓✓✓
Geschichte ✓✓
Kultur ✓✓

Essen
Hanoi zählt zu den kulinarischen Mekkas dieses Planeten. Abends steuert man die restaurierten Villen aus der Kolonialzeit und die modernen Cafés an oder bestellt an einem Straßenstand Klassiker wie *pho bo* (Nudelsuppe mit Rindfleisch) und *bun cha* (gegrilltes Schweinefleisch mit Glasnudeln).

Geschichte
Nachdem man die jahrhundertealte labyrinthähnliche Altstadt mit ihren Geschäften erkundet hat, informiert man sich in den hervorragenden Museen über die bewegte jüngere Vergangenheit des Landes.

Kultur
Hanois Kulturszene hat noch viel mehr zu bieten als Raubkopien und Karaoke. Traveller können sich z. B. mit dem uralten Wasserpuppentheater befassen oder eine anstrengendere *hat tuong* (vietnamesische Oper) besuchen.

S. 42

Nordostvietnam

Natur ✓✓✓
Strände ✓✓
Abenteuer ✓✓

Natur
Vermutlich muss man die prächtige Ha-Long-Bucht mit ein paar anderen Touristen teilen, doch die herrliche Landschaft tröstet darüber hinweg – vor allem am frühen Morgen, wenn der Strand nebelverhangen ist.

Strände
Die Investition in eine Bootsfahrt zu den entspannten, wenig besuchten Inseln der Bai-Tu-Long-Bucht lohnt sich. Von der Landschaft her ähnelt die Gegend der Ha-Long-Bucht, außerdem gibt's hier prächtige Strände.

Abenteuer
In einem der besten Klettergebiete Asiens rund um Cat Ba kann man seine eigenen Fähigkeiten testen. Darüber hinaus gehören Wanderungen durch grüne Wälder sowie Kajaktouren zu versteckten Höhlen und Sandstränden zum Programm.

S. 92

Nordwestvietnam

Trekking ✓✓✓
Kultur ✓✓✓
Geschichte ✓

Trekking
Uralte Wege führen zu Dörfern von Hügelbewohnern. Wagemutigere Trekkingfans können stattdessen natürlich auch gleich den Fan Si Pan, Vietnams höchsten Berg, in Angriff nehmen. Ein besonders rustikales Wandererlebnis verspricht die Landschaft Ha Giangs.

Kultur
Nordvietnams ethnische Vielfalt ist groß: Hier lernt man z. B. Völker wie die Schwarzen Hmong bei Sa Pa und die Blumen-Hmong in der Region Bac Ha kennen. Am besten plant man seine Reise so, dass man die faszinierenden Wochenmärkte im Nordwesten besuchen kann.

Geschichte
In Museen, auf Kriegsfriedhöfen und auf Schlachtfeldern rund um Dien Bien Phu erfährt man mehr über Vietnams Bestrebungen, unabhängig zu bleiben. Die Sehenswürdigkeiten erinnern an den Sieg über die französische Kolonialmacht 1954.

S. 125

Nördliches Zentralvietnam

Tiere ✓✓
Natur ✓✓✓
Abenteuer ✓✓

Tiere
Die Tiere im Cuc-Phuong-Nationalpark, darunter Nebelparder und Braunbären, zeigen sich eher selten. Auf jeden Fall wird man jedoch in den beiden Rehabilitationszentren Schildkröten und Affen (u. a. Gibbons und Languren) sehen. Das Van-Long-Naturschutzgebiet ist ein Paradies für Vogelfreunde.

Natur
Rund um Ninh Binh erheben sich beeindruckende Kalksteinberge. Weiter südlich finden sich ähnliche Formationen im Phong-Nha-Ke-Bang-Nationalpark, wo man außerdem ein weitverzweigtes Höhlensystem erkunden kann.

Abenteuer
Auf dem Ho-Chi-Minh-Pfad durch die Truong-Son-Berge südlich von Vinh zu fahren ist ein unvergessliches Erlebnis. Im Naturschutzgebiet Pu Luong kann man hervorragend wandern und Stammesdörfer besuchen.

S. 152

Zentralvietnam

Architektur ✓✓✓
Essen ✓✓✓
Strände ✓✓

Architektur
Trotz Spuren der Bombenangriffe aus Kriegszeiten stößt man rund um die Zitadelle von Hue auf einzigartige Paläste, Tempel, Tore und Türme. Den Parfümfluss säumen königliche Gräber und Pagoden. Hoi Ans Altstadt ist ein perfekt erhaltener Handelshafen. An Da Nangs Flussufer stehen inzwischen schicke, moderne Gebäude.

Essen
Hoi An ist eine der kulinarischen Hauptstädte des Landes mit herausragenden vietnamesischen und westlichen Restaurants, hervorragenden Cafés und köstlichen regionalen Gerichten. Wer in Hue verweilt, sollte sich die feine kaiserliche Küche nicht entgehen lassen.

Strände
Der An-Bang-Strand gilt als einer der schönsten Badestrände des Landes. An den Ufern der Cham-Inseln verstecken sich zahlreiche Höhlen.

S.169

Südliche Zentralküste

Strände ✓✓✓
Alte Tempel ✓
Essen ✓✓

Strände
Hier zeigt sich Vietnams Küste von ihrer schönsten Seite. Zu den beliebtesten Reisezielen gehören Mui Ne und Nha Trang, zudem warten noch Hunderte von Kilometern unerforschter Strände auf ihre Entdeckung, darunter die einladend einsamen Con-Dao-Inseln.

Alte Tempel
Einst beherrschte das Königreich Champa große Teile dieser Region. Ihr Erbe ziert in Form uralter Ziegeltempel die Küstenregion: Beispielsweise stammen aus dieser Zeit die Po-Nagar-Türme in Nha Trang und die Po-Klong-Garai-Türme in Thap Cham.

Essen
Die vietnamesische Küche ist immer köstlich. In dieser Gegend sollte man vor allem die frischen Meeresfrüchte wie saftige Garnelen, weichen Tintenfisch und zarte, am Tisch gegrillte Krebse kosten.

S.233

Zentrales Hochland

Abenteuer ✓✓
Tiere ✓✓
Kultur ✓

Abenteuer
Auf dem Motorrad geht's durch das abgelegene Hinterland. Entweder macht man einen auf *Top-Gear*-Darsteller, indem man selbst auf einer Minsk, Vespa oder Honda Cub fährt, oder man bucht eine Tour bei Easy Riders auf den weniger frequentierten Hinterstraßen zwischen Da Lat und Hoi An.

Tiere
Bedrohte Primaten tummeln sich vor allem in Cat Tien, wo sich auch der Gibbon Trek erstreckt. In dem von Buon Ma Thuot aus leicht zu erreichenden Yok-Don-Schutzgebiet sind dagegen Elefanten beheimatet.

Kultur
Fernab der lebendigen Küste leben in den Höhen des Inlands viele Minderheitenvölker, die man näher kennenlernt, indem man sich in einer traditionellen Privatunterkunft in den Dörfern rund um Kon Tum einquartiert.

S.293

Ho-Chi-Minh-Stadt

Kriegsgeschichte ✓✓✓
Nachtleben ✓✓
Essen ✓✓✓

Kriegsgeschichte
Der Fall (bzw. je nach Perspektive die Befreiung) Saigons war eines der dramatischsten Ereignisse des späten 20. Jhs. Militär- und Geschichtsfans kommen in der Stadt voll auf ihre Kosten. Zu den größten Highlights zählen das Kriegsmuseum, der Palast der Wiedervereinigung und die Cu-Chi-Tunnel.

Nachtleben
Während des Vietnamkriegs war das hiesige Nachtleben legendär – und daran hat sich bis heute nichts geändert. Nach wie vor gibt's in HCMS jede Menge angesagte Cocktailbars, Kneipen, in denen der Alkohol fließt, und alte Favoriten wie das Apocalypse Now.

Essen
Die Auswahl ist so groß, dass die Wahl schwer fällt, denn die vietnamesische Küche bietet unzählige Varianten vom feinsten Straßenessen bis zum innovativen Dinner in vornehmen Restaurants.

S. 323

Mekong-Delta

Strände ✓
Kreuzfahrten ✓✓✓
Pagoden ✓

Strände
Die weißen Strände und das warme Meer von Mui Ne und der Phu-Quoc-Insel sind verlockende Ziele. Zweifellos spielen diese Badeorte am Golf von Thailand in einer ganz anderen Liga als die matschigen Küsten des Mekong-Deltas.

Kreuzfahrten
In dieser Gegend leben die Menschen auf dem Wasser. Noch heute paddeln Frauen zu schwimmenden Märkten, um dort Obst und Gemüse zu kaufen. Traveller können hier z. B. eine Paddeltour durch das Kanalnetzwerk unternehmen oder auf einem luxuriösen Schiff nach Kambodscha reisen.

Pagoden
Neben zahlreichen vietnamesischen buddhistischen Stätten wie dem heiligen Sam-Berg findet man in der Deltaregion auch zahlreiche Khmer-Pagoden, in denen junge Mönche mit glattrasierten Schädeln und safrangelben Roben wohnen.

S. 381

> **Empfehlungen von Lonely Planet:**

 Das empfiehlt unser Autor

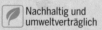 Nachhaltig und umweltverträglich

GRATIS Hier bezahlt man nichts

HANOI 42
RUND UM HANOI 87
Museum des Ho-Chi-Minh-Pfades 87
Parfümpagode 87
Handwerkerdörfer 88
Thay- & Tay-Phuong-Pagode 89
Ba-Vi-Nationalpark 89
Co-Loa-Zitadelle 90
Tam-Dao-Bergstation 90

NORDOSTVIETNAM . . 92
Ba-Be-Nationalpark 94
Con Son & Den Kiep Bac . 96
Hai Phong 96
HA-LONG-BUCHT 100
Ha-Long-Stadt 104
Cat-Ba-Insel 106
Bai-Tu-Long-Bucht 115
MONG CAI & DIE CHINESISCHE GRENZE . . . 117
Mong Cai 118
Lang Son 119
Cao Bang 121
Pac-Bo-Höhle (Wasserradhöhle) 123
Ban-Gioc-Wasserfall & Nguom-Ngao-Höhle 123

NORDWEST-VIETNAM 125
Hoa Binh 127
Mai Chau 127
Son La 129
Tuan Giao 130
Pa-Khoang-See 131
Dien Bien Phu 131
Muong Lay 134
Lai Chau 134
Sa Pa 135
Lao Cai 142
Bac Ha 144
Ha-Giang-Provinz 147

NÖRDLICHES ZENTRALVIETNAM . . 152
Ninh-Binh-Provinz 154
Vinh 161
Rund um Vinh 163
Phong-Nha-Ke-Bang-Nationalpark 163
Dong Hoi & Umgebung . . . 166

ZENTRALVIETNAM . . 169
Entmilitarisierte Zone (DMZ) 171
Dong Ha 175
Quang Tri 177
Hue 177
Run um Hue 189
Bach-Ma-Nationalpark . . . 193
Suoi Voi (Elephantquellen) 194
Lang-Co-Strand 194
Hai-Van-Pass & -Tunnel . . . 195
Ba-Na-Bergstation 196
Da Nang 196
Rund um Da Nang 203
Hoi An 207
Rund um Hoi An 226
My Son 230
Tra Kieu (Simhapura) . . . 232
Chien Dan 232

Im Register findet man eine Übersicht aller Reiseziele in diesem Buch.

Reiseziele

SÜDLICHE ZENTRALKÜSTE....233
Quang Ngai 235
Rund um Quang Ngai ... 236
Sa Huynh 238
Qui Nhon 238
Rund um Cha Ban Cham 243
Quang-Trung-Museum... 243
Ham-Ho-Naturschutzgebiet...... 244
Song Cau 244
Tuy Hoa 244
Von Tuy Hoa nach Nha Trang 245
Nha Trang 247
Rund um Nha Trang..... 264
Phan Rang & Thap Cham 265
Ninh-Chu-Strand 268
Ca Na 268
Mui Ne 269
Phan Thiet............. 278
Ta-Cu-Berg 278
Heiße Quellen von Bin Chau 279
Von Phan Thiet nach Long Hai 279
Long Hai 280
Vung Tau 281
Con-Dao-Inseln......... 286

ZENTRALES HOCHLAND........293
Da Lat & Umgebung 295
Bao Loc 307
Ngoan-Muc-Pass 307

Cat-Tien-Nationalpark... 307
Buon Ma Thuot......... 309
Rund um Buon Ma Thuot 314
Plei Ku 316
Kon Tum............... 318

HO-CHI-MINH-STADT............323
RUND UM HO-CHI-MINH-STADT 371
Cu Chi................. 371
Tay Ninh............... 375
Einsäulenpagode 378
Can Gio 379

MEKONG-DELTA....381
My Tho 383
Rund um My Tho 387
Ben Tre................ 388
Tra Vinh 390
Rund um Tra Vinh....... 393
Vinh Long.............. 393
Can Tho 397
Rund um Can Tho 402
Soc Trang.............. 404
Bac Lieu............... 406
Rund um Bac Lieu 407
Ca Mau................ 407
Rund um Ca Mau 409
Rach Gia............... 410
Phu-Quoc-Insel......... 413
Ha Tien 424
Rund um Ha Tien 428
Chau Doc.............. 430
Rund um Chau Doc 434

Long Xuyen 436
Cao Lanh 438
Rund um Cao Lanh 441
Sa Dec 441

SIEM REAP & DIE TEMPEL VON ANGKOR 444
SIEM REAP 445
RUND UM SIEM REAP ...452
Kambodschanisches Landminenmuseum..... 452
Chong Kneas........... 452
Kompong Pluk 452
DIE TEMPEL VON ANGKOR 452
Angkor Wat 453
Angkor Thom 457
Rund um Angkor Thom 458

Hanoi

📍 04 / EINWOHNER: 6,5 MIO.

Inhalt »

Sehenswertes	46
Aktivitäten	57
Kurse	59
Geführte Touren	61
Feste & Events	61
Schlafen	61
Essen	66
Ausgehen	73
Unterhaltung	76
Shoppen	78
Märkte	80
Rund um Hanoi	87

Gut essen

- » Straßenessen (S. 67)
- » La Badiane (S. 70)
- » Highway 4 (S. 66)
- » Ly Club (S. 68)
- » Quan An Ngon (S. 70)

Schön übernachten

- » Sofitel Metropole Hotel (S. 64)
- » Daluva Home (S. 72)
- » Art Hotel (S. 62)
- » Hanoi Elite Hotel (S. 62)
- » 6 on Sixteen (S. 64)

Auf nach Hanoi

Seine ausladenden Boulevards, die malerischen Seen und seine alten Pagoden machen Hanoi zu einer der elegantesten und atmosphärischsten Hauptstädte Asiens. Die energiegeladene Metropole entwickelt sich fortwährend weiter und die Einwohner scheinen ständig in Bewegung zu sein. Hier tummeln sich Straßenhändler sowie Unmengen an Motorradfahrern und Fußgängern. Bei Sonnenaufgang wird Tai-Chi am Ufer des Hoan-Kiem-Sees praktiziert und gleich daneben spielen alte Männer Schach.

Im Lenin-Park vollführt der Nachwuchs der kommunistischen Partei militärische Übungen, während eine neue Generation junger Vietnamesen die kosmopolitischen Restaurants und Bars bevölkert und sich einem gänzlich anderen Wertesystem verschrieben hat.

Bauprojekte und der chaotische Verkehr sind eine immer größere Bedrohung für Hanois verführerische Mischung aus Pariser Anmut und asiatischem Tempo, doch bislang führen Alt und Neu eine faszinierende Koexistenz.

Reisezeit

Hanoi

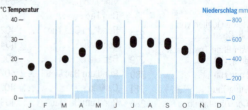

Jan.–April Kältere Temperaturen und zwei kunterbunte Festivals (Tet und Dong Da).

Mai Die Stadt von ihrer alternativen Seite kennen lernen: Kunst und Musik beim CAMA Festival.

Okt.–Dez. Klare, sonnige Tage, geringe Luftfeuchtigkeit: die beste Zeit für einen Besuch.

Geschichte

Das Gebiet des heutigen Hanoi war schon im Neolithikum (ca. 10 000–2000 v. Chr.) besiedelt. 1010 n. Chr. verlegte Kaiser Ly Thai To seine Hauptstadt dorthin und nannte sie Thanh Long (Stadt des aufsteigenden Drachen). 2010 wurde hier anlässlich ihres tausendjährigen Bestehens eine riesige Geburtstagsparty gefeiert.

Kaiser Gia Long, der 1802 die Nguyen-Dynastie begründet hatte, beschloss, sein Reich von Hue aus zu regieren, und degradierte Hanoi für hundert Jahre zu einer regionalen Stadt. Ihren Namen, der so viel wie „Stadt an einer Biegung des Flusses" bedeutet, erhielt sie 1831 von Kaiser Tu Duc. Zwischen 1902 und 1953 war sie Hauptstadt der französischen Kolonie Indochina.

Nach der Augustrevolution 1945 wurde Hanoi zu Vietnams Hauptstadt. Die Unabhängigkeitskämpfer der Vietminh wurden bereits 1946 wieder von den Franzosen vertrieben und konnten erst nach dem Genfer Abkommen 1954 zurückkehren.

Während des Vietnamkriegs zerstörten die US-Amerikaner Teile der Stadt und töteten Hunderte Zivilisten. Ein Hauptziel der Bombardements war die 1682 m lange Long-Bien-Brücke. Die amerikanischen Piloten bombardierten dieses strategisch wichtige Bauwerk immer wieder, aber nach jedem Angriff konnten die Vietnamesen stets alle Schäden beheben und die Brücke weiter nutzen. Angeblich stellte das US-Militär die Angriffe ein, als bekannt wurde, dass amerikanische Kriegsgefangene bei den Reparaturarbeiten eingesetzt wurden. Inzwischen ist die Brücke ein Symbol für die Robustheit und Stärke der Vietnamesen. Eine Fahrt mit einem *xe om* (Motorradtaxi) über das historische Bauwerk sollte sich kein Hanoi-Besucher entgehen lassen.

Bis in die frühen 1990er-Jahre gab es so gut wie keine motorisierten Transportmittel. Die meisten Einheimischen bewegten sich auf Fahrrädern fort, und die einzigen modernen Bauwerke wurden von sowjetischen Architekten errichtet. Heute setzen sich Umweltschützer dafür ein, die historischen Gebäude zu erhalten. Die Stadt hat mit einem extremen Bevölkerungswachstum, massiver Umweltverschmutzung und einem mangelhaften öffentlichen Nahverkehrssystem zu kämpfen.

HANOI IN…

… einem Tag

Wer den **Hoan-Kiem-See** im Morgennebel erleben möchte, muss sich früh aus den Federn quälen, und belohnt sich danach am besten mit einer *pho bo* (Nudelsuppe mit Rind) – dem typischen Frühstück der Einheimischen – bei **Pho Gia Truyen**. Danach besucht man das **Ho-Chi-Minh-Mausoleum** sowie das zugehörige surreale **Museum** und das **Stelzenhaus**. Anschließend geht's über die P Dien Bien Phu zum **Militärmuseum**. Für die Mittagspause kehrt man ins nahe gelegene **Matchbox Winebar & Restaurant** ein, bevor die Kulturschätze im angrenzenden **Museum der Schönen Künste** auf dem Programm stehen. Ein fünfminütiger Spaziergang führt zum friedlichen **Literaturtempel**. Nun nimmt man ein Taxi in die **Altstadt**, um die Gebäude, Geschäfte und Galerien zu erkunden und ein *bia hoi* (Bier vom Fass) zu trinken. Außerdem lohnt es sich, ein **Wasserpuppenspiel** anzusehen. Für das Abendessen ist das **Quan An Ngon** eine gute Adresse, wo Spezialitäten aus dem gesamten Land serviert werden.

… zwei Tagen

Einige tolle Sehenswürdigkeiten befinden sich nicht direkt im Zentrum. Wer also noch einen zusätzlichen Tag zur Verfügung hat, sollte die Vororte ansteuern und das **Ethnologische Museum** besuchen, um mehr über Vietnams unterschiedliche Völker zu lernen. Zum Mittagessen geht's ins **Nha Hang Lan Chin** gleich neben dem **Revolutionsmuseum**. In dem beeindruckenden Gebäude direkt gegenüber befindet sich das **Historische Museum**, das einen guten Eindruck von der bewegten 2000-jährigen Landesgeschichte vermittelt. Nach der Besichtigung fährt man mit dem Taxi Richtung Norden zu den Restaurants und Bars auf der angesagten **P Xuan Dieu** in der Nähe des Tay Ho (Westsee). Abendessen und Cocktails gibt's im **House of Son Tinh**; dort bekommt man einen Vorgeschmack auf das Hanoi der Zukunft.

Highlights

❶ In den labyrinthartig verschlungenen Gassen der **Altstadt** (S. 46) das unverfälschte, pulsierende Asien kennenlernen

❷ Abseits der hektischen Straßen im **Literaturtempel** (S. 51) einen spirituellen Rückzugsort finden und in die Geschichte eintauchen

❸ Hanois fantastisches **Straßenessen** (S. 67) probieren und sich den Geschmack der Stadt auf der Zunge zergehen lassen

❹ Morgens am **Hoan-Kiem-See** (S. 47) beim Anblick der Tai-Chi-Profis entspannt in den neuen Tag starten

❺ Im **Vietnamesischen Ethnologiemuseum** (S. 55) mehr über die bunte Völkervielfalt des Landes erfahren

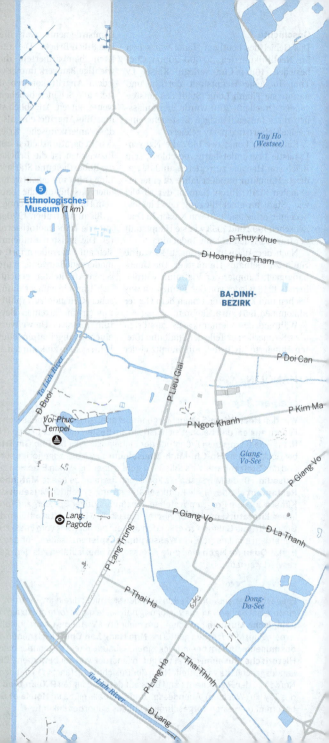

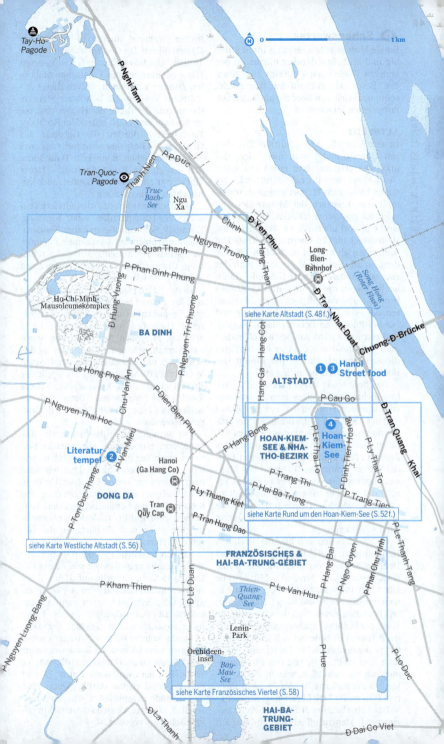

⊙ Sehenswertes

Einige Museen haben montags ihren Ruhetag und schließen darüber hinaus an den anderen Wochentagen mittags zwei Stunden. Bevor man sich auf den Weg macht, sollte man sich also über die aktuellen Öffnungszeiten informieren.

ALTSTADT

In der Altstadt, dem traditionellen Herzen Hanois, findet man das Asien, das man sich erträumt hat: einen Ort voller Geschichte, vor Energie strotzend, mit einem blühenden Handel gesegnet, untermalt vom Knattern der Motorroller und reich an exotischen Düften. Die Straßen sind eng und überfüllt, es ist eine Kunst, sie unbeschadet zu überqueren. Trotzdem sollte man ab und zu nach oben blicken, denn in all dem Chaos entdeckt man das eine oder andere elegante Gebäude. Händler bevölkern die Straßen und in Körben brutzeln und dampfen günstige Mahlzeiten. An jeder Ecke stehen *pho*-Stände und *bia-hoi*-Buden, an denen gelacht, erzählt und getratscht wird. Am besten schlendert man in Ruhe durch die Gassen, bestaunt die Sehenswürdigkeiten und nimmt Geräusche und Gerüche in sich auf.

Die Stadt blickt auf eine tausendjährige Geschichte zurück. Das Handelszentrum entwickelte sich an den Ufern des Roten und des kleineren To-Lich-Flusses, der früher durch ein verschlungenes Netz aus Kanälen und Wasserstraßen quer durch das Zentrum führte und auf dem es von Booten nur so wimmelte. Während des Monsuns konnte das Wasser bis zu einem Pegelstand von 8 m steigen. Um die Stadt zu schützen, wurden Deiche errichtet, die man noch heute entlang der Tran Quang Khai sehen kann.

Im 13. Jh. ließen sich hier die 36 Gilden Hanois nieder, jede in ihrer eigenen Straße. Daher rührt auch der ursprüngliche Name der Altstadt, „36 Straßen". Mittlerweile gibt's hier mehr als 50 Straßen, deren Namen typischerweise mit *hang* („Handelsware") beginnen, gefolgt von dem Wort für die Ware, die in dieser Straße angepriesen wurde. P Hang Gai bedeutet z. B. „Seidenstraße" (s. Kastentext S.79). Inzwischen kann man aber nicht mehr von den Straßennamen auf das schließen, was in ihnen verkauft wird, andernfalls gäbe es wohl mehrere P Hang Du Lich (Tourismus-Straßen).

Das Labyrinth der Hinterstraßen ist faszinierend: Manche öffnen sich und werden breiter, während andere in verwinkelte Gassen führen. Die Gegend ist auch für ihre Tunnel- oder Röhrenhäuser bekannt, deren Name auf die schmalen Frontseiten und tiefen Zimmer zurückgeht. Mittels dieser Architektur sparten die Bewohner Steuern, die anhand der Breite der Häuserfront berechnet wurden. Nach geltendem Recht der Feudalherren durften die Gebäude aus Gründen des Respekts nicht mehr als zwei Stockwerke haben, denn kein Haus sollte den königlichen Palast überragen. Heute gibt's zwar einige höhere Bauten, aber keine echten Wolkenkratzer.

Darüber hinaus ist das Altstadtviertel ein echtes Shoppingparadies voller Kleidung, Kosmetik, Sonnenbrillenimitaten, Feinkost, Musikinstrumenten, Werkzeugen, homöopathischen Heilmitteln, Schmuck, religiösen Opferartikeln, Gewürzen, gewebten Matten und vielem mehr.

In der P Hang Quat findet man vor allem rote Kerzenleuchter, Grabkästchen, Flaggen und Tempelartikel und in der glamouröseren P Hang Gai Seide, Stickereien, Lackarbeiten, Malereien, Wasserpuppen sowie zwei Verkaufsschlager: Seidenfutter für den Schlafsack und elegante *ao dai* (traditionelle Gewänder). Als absolutes Muss gilt der Besuch des Dong-Xuan-Markts (Karte S.48f.; Ecke P Hang Khoai & P Dong Xuan), der nach einem Feuer im Jahr 1994 wieder aufgebaut wurde.

Ein Bummel durch die historische Altstadt kann eine Stunde, aber auch fast einen ganzen Tag dauern – je nachdem, wie viel Zeit man sich nimmt. Egal wie lang man unterwegs ist und welche Umwege man einbaut, der Stadtspaziergang auf S.60 bietet eine berauschende Dosis vietnamesischer Kultur, zahlreiche Einkaufsmöglichkeiten und Einblicke in die Geschichte Hanois.

An den westlichen Ausläufern der Altstadt ragt die ursprünglich von Kaiser Gia Long errichtete Zitadelle auf. Heute dient sie als Militärbasis und wird von hochrangigen Offizieren und deren Familien bewohnt. Der Öffentlichkeit ist sie leider nicht zugänglich. Ein Großteil der alten Gebäude wurde 1894 von französischen Truppen zerstört und die Bombardements der US-Amerikaner machten die Anlage schließlich dem Erdboden gleich. Es gibt anhaltende Gerüchte darüber, dass man das Gelände demnächst wieder zivil nutzen will, bislang ist es jedoch weiterhin militärisches Sperrgebiet.

Bach-Ma-Tempel
TEMPEL

(Karte S.48f.; Ecke P Hang Buom & P Hang Giay; Di–So 8–11 & 14–17 Uhr) Es heißt, dass der kleine Bach-Ma-Tempel im Herzen der Altstadt der älteste Tempel der Stadt sei, dabei entstand ein Großteil des Bauwerks im 18. Jh. und der Konfuziusschrein wurde sogar erst 1839 hinzugefügt. Herrscher Ly Thai To ließ das ursprüngliche Gebäude im 11. Jh. zu Ehren eines weißen Pferdes errichten, das den Herrscher zu dieser Stelle geführt und ihm gezeigt hatte, wo er die Stadtmauer errichten sollte. In dem Tempel mit dem großartigen alten Holztor kann man eine Statue des legendären Tieres und eine wunderschöne rot lackierte Grabsänfte besichtigen.

Memorial House
HISTORISCHES GEBÄUDE

(Karte S.48f.; 87 P Ma May; Eintritt 5000 VND; 8.30–17 Uhr) Einer der besterhaltenen Altbauten in der Altstadt. Einst diente das traditionelle Gebäude, das sparsam, aber hübsch eingerichtet ist, als Domizil eines Kaufmanns. Die rund um zwei Höfe angeordneten Zimmer wurden mit wunderschönen Möbeln ausgestattet. Auffällig sind die hohen Stufen zwischen den Räumen: Sie sollen den Fluss negativer Energie unterbrechen. In dem Haus wird jede Menge Kunsthandwerk verkauft, u. a. Silberschmuck, Korbwaren und vietnamesisches Teegeschirr. Außerdem kann man Kalligrafen und anderen Handwerkern bei der Arbeit zusehen.

RUND UM DEN HOAN-KIEM-SEE

Hoan-Kiem-See
SEE

(Karte S.52f.) Der bezaubernde Hoan-Kiem-See ist das Herzstück des alten Hanoi. Einer Legende nach sandte der Himmel dem Herrscher Le Thai To (früher Le Loi) Mitte des 15. Jhs. ein magisches Schwert, mit dem er die Chinesen aus Vietnam vertrieb. Als aber der Krieg vorüber war, stieß der König am See auf eine riesige goldene Schildkröte. Sie riss das Schwert an sich und verschwand gleich darauf im Wasser. Seither ist der See unter dem Namen Ho Hoan Kiem (See des heimgekehrten Schwerts) bekannt, da die Schildkröte die Waffe zu ihren göttlichen Besitzern zurückbrachte.

Der Ngoc-Son-Tempel erhebt sich auf einer Insel im See. Eines der städtischen Wahrzeichen, der wackelige **Thap Rua** (Schildkrötenturm), steht auf einer kleinen Insel im Süden. Seine Spitze ziert ein roter Stern. Jeden Morgen gegen 6 Uhr machen Einheimische am Ufer Tai-Chi-Übungen.

„URGROSSVATER" CU RUA

Ja, wir waren dabei! An einem nebeligen Tag im April 2011 schlossen wir uns Tausenden von schaulustigen Einheimischen und Touristen an, die sich am nördlichen Ende des Hoan-Kiem-Sees versammelt hatten. Grund für den Menschenauflauf war die legendäre Schildkröte Cu Rua („Urgroßvater"), die an jenem Tag gefangen werden sollte, um sie tierärztlich zu behandeln – die Umweltverschmutzung hatte ihr stark zugesetzt. Cu Rua ist die letzte Schildkröte im See (Fischer töteten ihre Artgenossen in den 1960er-Jahren) und gewiss nicht die Art, die man aus dem Heimatland kennt: Sie bringt nämlich stolze 200 kg bei einer Länge von 2 m auf die Waage. Noch eindrucksvoller ist das Exemplar im hiesigen Ngoc-Son-Tempel aus dem Jahr 1968, das einst 250 kg gewogen haben soll und 2,1 m lang ist.

Viele Hanoier glauben, dass Cu Rua heilig und möglicherweise über 600 Jahre alt ist oder zumindest ein direkter Nachfahre jener Schildkröte, die das magische Schwert aus dem See barg, mit dem Ly Thai To im 15. Jh. die chinesische Ming-Dynastie besiegte.

Wissenschaftler schätzen Cu Ruas Alter dagegen auf etwa 100 Jahre. Das Tier ist etwas ganz Besonderes, denn vermutlich gibt's heute nur noch drei weitere Exemplare von Süßwasserschildkröten der Gattung *Rafetus swinhoei*: eine lebt in einem See außerhalb von Hanoi, die beiden anderen in China. Kein Wunder also, dass Cu Rua ein paar Tage lang Hauptgesprächsthema in Hanoi war.

Bei YouTube wurde ein Video eingestellt, das zeigt, wie ein Sondereinsatzkommando das beliebteste Reptil der Stadt einfängt; einfach die Suchbegriffe „Hanoi" und *turtle* eingeben.

Ngoc-Son-Tempel
TEMPEL

(Jadebergtempel; Karte S.52f.; Eintritt 10 000 VND; 7.30–17 Uhr) Der Ngoc-Son-Tempel ist der meistbesuchte Tempel der Stadt. Er befindet sich auf einer hübschen kleinen Insel im nördlichen Teil des Hoan-Kiem-Sees, die über die elegante dunkelrote Huc-Brücke (Brücke der aufgehenden Sonne) mit dem

Altstadt

Festland verbunden ist. Die Brücke weist einen klassisch vietnamesischen Stil auf und ist voller Flaggen. Der kleine schattige Tempel wurde gleich drei Persönlichkeiten geweiht: dem Gelehrten Van Xuong, dem General Tran Hung Dao, der im 13. Jh. die Mongolen besiegte, und La To, dem Schutzheiligen der Ärzte. Er beherbergt ein paar schöne Keramiken, ein oder zwei Gongs, einige sehr alte Glocken und einen gläsernen Schaukasten mit einer ausgestopften Seeschildkröte. Diese wog zu Lebzeiten angeblich stolze 250 kg!

Ganz in der Nähe stößt man auf das **Märtyrerdenkmal**. Es wurde zu Ehren derer errichtet, die im Kampf um die vietnamesische Unabhängigkeit ihr Leben ließen.

LP TIPP **Historisches Museum** MUSEUM
(Karte S. 52 f.; www.nmvnh.org.vn; 1 P Trang Tien; Erw./Stud. 20 000/10 000 VND; ⏱ 8–16.30 Uhr)
Kein Hanoi-Besucher sollte sich das Historische Museum entgehen lassen – und zwar sowohl wegen der Sammlung als auch wegen der Architektur: Das elegante Gebäude mit dem ockerfarbenen Anstrich wurde zwischen 1925 und 1932 errichtete und beherbergte einst die École Française d'Extrême Orient. Ernest Hebrard, der französische Architekt, war in Vietnam

 **Hoa-Lo-Gefängnismuseum**

HISTORISCHES GEBÄUDE

(Karte S. 52 f.; Ecke P Hoa Lo & P Hai Ba Trung; Eintritt 10 000 VND; 8–17 Uhr) Ein nachdenklich stimmender Ort. Während des Vietnamkriegs bezeichneten die US-Soldaten das ehemalige Hoa-Lo-Gefängnis ironisch als „Hanoi Hilton".

Der ausgedehnte Gefängniskomplex wurde 1896 von den Franzosen errichtet. Ursprünglich war er für 450 Häftlinge ausgelegt, Aufzeichnungen belegen jedoch, dass dort in den 1930er-Jahren beinahe 2000 Menschen eingesperrt waren. Hunderten von Häftlingen gelang von hier die Flucht (vor allem durch die Abwasserkanäle), denn es handelte sich um kein besonders sicheres Gefängnis.

Ein Großteil der Exponate stammt aus der Zeit bis Mitte der 1950er-Jahre und beschäftigt sich vor allem mit dem vietnamesischen Unabhängigkeitskampf. Besonders schauerlich ist die ominöse französische Guillotine im Dunkelkammerbereich, mit der vietnamesische Revolutionäre enthauptet wurden.

Neueren Datums sind die Ausstellungsstücke zu amerikanischen Piloten, die in Hoa Lo einsaßen, darunter Pete Peterson (1995 der erste US-Botschafter im vereinten Vietnam) und Senator John McCain (Kandidat der Republikaner bei der Präsidentschaftswahl 2008), dessen Pilotenuniform zusammen mit einem Bild von seiner Rettung aus dem Truc-Bach-See 1967 bestaunt werden kann, über dem seine Maschine abgeschossen worden war.

Man sollte taktvoll vorgehen, wenn man den Teil des Gefängnisses besichtigt, in dem Fotos scheinbar recht zufriedene amerikanische POWs *(prisoners of war,* Kriegsgefangene) beim Basketballspielen und Christbaumschmücken zeigen – sie stehen

einer der Ersten, der in seinen Bauwerken eine Mischung aus chinesischen und französischen Elementen vereinte.

Zu den Highlights der Sammlung gehören großartige Bronzen der Dong-Son-Kultur (3. Jh. v. Chr.–3. Jh. n. Chr.), faszinierende Exponate hinduistischer Bildhauerei aus den Khmer- und Champa-Königreichen, wunderschöner Schmuck und Ausrüstungsgegenstände aus der Imperialzeit. Die jüngere Geschichte beschäftigt sich u. a. mit dem Unabhängigkeitskampf und der Kommunistischen Partei.

Es gibt eine umfassende Beschilderung in englischer und französischer Sprache.

im krassen Gegensatz zu John McCains Berichten über seine Folterung.

Frauenmuseum MUSEUM

(außerhalb der Karte S. 52 f.; www.baotangphunu.org.vn; 36 P Ly Thuong Kiet; Eintritt 30 000 VND; Di–So 8–16.30 Uhr) Obwohl dieses Museum von vielen Hanoi-Besuchern links liegen gelassen wird, ist es eines der besten der Stadt und kann nach vierjähriger Renovierung nun endlich wieder besichtigt werden. Die Sammlung beleuchtet die Rolle der Frau in der vietnamesischen Gesellschaft und Kultur. Besonders im Gedächtnis bleiben die Berichte über die Taten mu-

Altstadt

◉ Highlights
Bach-Ma-Tempel D2

◉ Sehenswertes
1 Cua O Quan Chuong (Altes Osttor) D1
Dong-Xuan-Markt .... (siehe 55)
2 Memorial House E3

◉ Aktivitäten, Kurse & Touren
Free Wheelin' Tours .... (siehe 51)
Highway 4 (Kochkurse) .... (siehe 29)

◉ Schlafen
3 Art Hotel A5
4 Camel City Hotel E2
5 Classic Street Hotel E4
6 Duc Thai Hotel A4
7 Hanoi Backpackers 2 .... E2
8 Hanoi Boutique 2 .... E2
9 Hanoi Elite E3
10 Hanoi Gecko 3 .... B4
11 Hanoi Guesthouse B3
12 Hanoi Rendezvous Hotel A4
13 Manh Dung Guesthouse B5
14 Rising Dragon Hotel E4
15 Serenity Hotel A3
16 Sports Hotel D3
17 Thu Giang Guesthouse B5
18 Thuy Nga Guesthouse D3
19 Tirant Hotel E4
Vega Hotel .... (siehe 31)

◉ Essen
20 Banh Cuon A2
21 Bun Bo Nam Bo A5
22 Bun Cha Nem Cua Be Dac Kim A5
23 Bun Oc Saigon F5
24 Bun Rieu Cua F4
25 Cha Ca Thanh Long A4
26 Che A5
27 Green Mango C4
28 Green Tangerine E4
29 Highway 4 .... F4
30 Highway 4 .... B3
31 Mien Xao Luon A5
32 New Day E3
33 Nola E3
34 Pho Gia Truyen B4
35 Quan Bia Minh D4
36 Tamarind Cafe E3
37 The Spot E4
38 Xoi Yen F4

◉ Ausgehen
39 Beca F4
40 Bia Hoi Ha Noi A4
41 Bia-hoi-Kreuzung D3
42 Cafe Lam F4
43 Cafe Pho Co C5
44 Cheeky Quarter D2
45 Dragonfly D2
Funky Buddha .... (siehe 51)
Green Mango .... (siehe 27)
46 Le Pub E4
47 Legends Beer D5
48 Mao's Red Lounge D3
49 Roots F3
50 Temple Bar E2
51 Tet D2
52 Thanh Binh C3

◉ Unterhaltung
53 Städtisches Wasserpuppentheater E5
54 Vietnam National Tuong Theatre A5

◉ Shoppen
55 Dong-Xuan-Markt C1
56 Hadong Silk C5
57 Khai Silk C5
58 Nachtmarkt C3
59 Old Propaganda Posters D3
60 Vietnam Quilts E4

tiger Frauen während des Kriegs. Sie sind wunderbar aufgemacht und es gibt Erklärungen auf Englisch und Französisch. Darüber hinaus sind auch die Sammlung von Propagandapostern und die Trachten, Korbwaren sowie Stoffmotive verschiedener ethnischer Minderheiten sehenswert. Themen der regelmäßig stattfindenden Sonderausstellungen reichen von Menschenhandel über Straßenverkaufsstände bis zu traditioneller Medizin. Auf der Website erfährt man mehr über das aktuelle Museumsprogramm.

St.-Joseph-Kathedrale KIRCHE
(Karte S.52f.; P Nha Tho; ☉Haupttor 5–12 & 14–19.30 Uhr) 1886 wurde die auffällige neugotische St.-Joseph-Kathedrale eingeweiht. Sie erhebt sich an einem kleinen Platz in der Altstadt und besticht durch eine beeindruckende Fassade, ihre Zwillingsglo-

ckentürme, einen kunstvollen Altar sowie Buntglasfenster.

Ihr Haupteingang ist nur zu den Messen geöffnet. Zu anderen Zeiten gelangt man über die Diözese von Hanoi in der P Nha Chung Nr. 40 (einen Häuserblock entfernt) hinein. Wer das Haupttor durchquert hat, geht ein Stückchen geradeaus und biegt dann rechts ab. An der Seitentür der Kirche befindet sich rechts oben eine kleine Klingel.

Sonntags bei der Abendmesse (meistens um 18 Uhr) stehen die Gläubigen bis auf die Straße, um hier zu singen und zu beten. Manche lauschen der Predigt auf ihren Motorrädern sitzend! Weitere Messezeiten stehen auf einem Schild an den Toren auf der linken Seite der Kathedrale.

Revolutionsmuseum MUSEUM
(Karte S. 52f.; 216 Đ Tran Quang Khai; Eintritt 15 000 VND; ⊙8–11.30 & 13.30–16.15 Uhr) Ein Muss für alle Jung-Revolutionäre, denn in diesem Museum wird die Geschichte der vietnamesischen Revolution auf mitreißende Art erzählt. Diagonal gegenüber, auf der anderen Straßenseite, befindet sich das Geschichtsmuseum.

WESTLICH DER ALTSTADT

LP TIPP Literaturtempel TEMPEL
(Karte S. 56; P Quoc Tu Giam; Erw./Stud. 10 000/5 000 VND; ⊙8–17 Uhr) 2 km westlich des Hoan-Kiem-Sees stößt man auf den Literaturtempel, ein seltenes Beispiel gut erhaltener, traditionell vietnamesischer Architektur. Die gepflegte Anlage besteht aus fünf Innenhöfen und bietet Zuflucht vor dem hektischen Treiben in den Straßen Hanois.

Kaiser Ly Thanh Tong ließ das Bauwerk 1070 errichten. Es ist Konfuzius (Khong Tu) und den bedeutendsten vietnamesischen Gelehrten und Schriftstellern gewidmet. Ab 1076 beherbergte es Vietnams erste Universität, die zu jener Zeit nur von Studenten „edler Herkunft" besucht werden durfte. 1442 wurden die Zugangskriterien gelockert, und bald darauf strömten begabte Schüler aus dem ganzen Land hierher, um die Prinzipien des Konfuzianismus, Literatur und Dichtkunst zu erlernen.

1484 verfügte der damalige Herrscher Le Thanh Tong die Errichtung von Stelen, auf denen die Namen, Geburtsorte und Errungenschaften herausragender Gelehrter vermerkt wurden. 82 davon sind bis heute erhalten. Vor dem beeindruckenden Haupteingang (auf der P Quoc Tu Giam) befindet sich eine Tafel mit einer Inschrift, die besagt, dass man vorm Betreten des Tempels vom Pferd absteigen muss. Dem sollte man natürlich Folge leisten!

Mehrere Wege führen durch gepflegte Gärten bis zum Khue-Van-Pavillon, der aus dem Jahr 1802 stammt. Dahinter erstreckt sich ein großer rechteckiger Teich, die „Quelle himmlischer Klarheit".

Eine Pagode, in der eine außergewöhnliche Statue von Konfuzius untergebracht ist, dominiert die Nordseite des Hofes. Die Figur trägt einen Spitzbart und scharlachrote Kleidung und ist umgeben von vier Schülern – das Ganze gibt ein wahrhaft majestätisches Bild ab.

Ho-Chi-Minh-Mausoleumskomplex
HISTORISCHE STÄTTE
(Karte S. 56; Eingang Ecke P Ngoc Ha & P Doi Can) Der Ho-Chi-Minh-Mausoleumskomplex ist für viele Vietnamesen das Allerheiligste und ein bedeutender Wallfahrtsort. In der verkehrsfreien Zone kann man **botanische Gärten**, Monumente, Gedenkstätten und Pagoden besichtigen. Normalerweise wimmelt es hier nur so von Besuchern jeden Alters und aus allen Teilen des Landes, die Ho Chi Minh ihren Respekt zollen wollen.

Mausoleum
(Eintritt frei; ⊙Dez.–Sept. Di–Do, Sa & So 8–11 Uhr, letzter Einlass 10.15 Uhr) Dieses Mausoleum ist ein monumentales Marmorgebäude ganz in der Tradition Lenins, Stalins (vor Ho Chi Minhs Zeit) und Maos (nach seiner Zeit). Entgegen Ho Chi Minhs Wunsch nach einer Feuerbestattung errichteten die Vietnamesen zwischen 1973 und 1975 ein Mausoleum für ihn. Es besteht aus Materialien, die aus allen Teilen des Landes zusammengetragen wurden. Dach und Peristyl sollen entweder an ein traditionelles Gemeindehaus oder an eine Lotusblüte erinnern, obwohl das Bauwerk in den Augen vieler Traveller eher nach einer mit Säulen bewehrten Betonzelle aussieht. Hier liegen Ho Chi Minhs bleiche sterbliche Überreste in einem gläsernen Sarg. Jedes Jahr ist das Mausoleum etwa zwei Monate lang geschlossen; dann wird Ho Chi Minhs einbalsamierter Leichnam nach Russland geschickt, um ihn neu zu präparieren und zu konservieren.

Die Warteschlange ist meistens etwa 100 m lang, es geht aber für gewöhnlich recht schnell voran. Im Mausoleum selbst sollte man sich gemessenen, aber stetigen Schrittes fortbewegen. Alle paar Meter sind Wachmänner in schneeweißen Militäruniformen postiert. Sie strahlen eine etwas un-

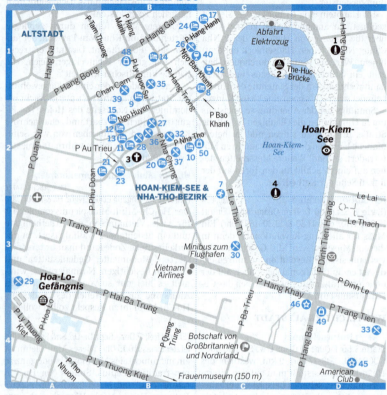

Rund um den Hoan-Kiem-See

heimliche Autorität aus, was den makaberen Anblick des einbalsamierten Körpers mit dem wuscheligen weißen Haar abrundet.

Folgende Regeln müssen unter allen Umständen eingehalten werden:

» Zu kurze Hosen oder Oberteile mit zu kurzen Ärmeln sind nicht gestattet.

» Es darf nichts (keine Taschen, Kameras oder Handys) in das Mausoleum mitgenommen werden.

» Man sollte sich respektvoll verhalten und nicht reden oder kichern.

» Es ist strengstens verboten, Fotos zu machen.

» Die Hände dürfen nicht in die Hosentaschen gesteckt werden.

» Kopfbedeckungen müssen abgenommen werden.

Fast alle Besucher sind Vietnamesen, und es ist interessant, ihre Reaktionen zu beobachten. Viele zeigen großen Respekt für Ho Chi Minh, der für seine Rolle als Befreier des vietnamesischen Volks von der Kolonialherrschaft genauso geehrt wird wie für die von ihm vertretene kommunistische Ideologie. Ho Chi Minhs Vorbildfunktion wird auch vom Bildungssystem betont, das seine Taten und Errungenschaften preist.

Mit etwas Glück kann man dem Wachenwechsel außerhalb des Mausoleums beiwohnen. Dieses Ritual kann sich durchaus mit dem britischen Äquivalent vor dem Buckingham Palast messen. Alle Besucher werden aufgefordert, Taschen und Handys am Eingang abzugeben. Außerhalb des Gebäudes darf fotografiert werden.

Stelzenhaus & Regierungspalast

(Eintritt 15 000 VND; ☺Sommer 7.30–11 & 14–16 Uhr, Winter 8–11 & 13.30–16 Uhr, Mo geschl., Fr nachmittags geschl.) Hinter dem Ho-Chi-Minh-Mausoleum liegt das Stelzenhaus, in dem sich Ho zwischen 1958 und 1969 einige

Male aufhielt. Es wurde im Stil traditioneller ländlicher Wohnsitze erbaut, sieht noch genauso aus wie damals und befindet sich in einem gepflegten Garten. Wie viel Zeit der Gründer der Kommunistischen Partei hier tatsächlich verbracht hat, ist ungewiss. Hätten die US-Amerikaner vermutet, dass er sich dort aufhielt, wäre das Haus sicherlich ein verlockendes Ziel für Bombenangriffe gewesen. In einem angrenzenden Gebäude weist ein Schild – „Ho Chi Minh's Used Cars" – auf die Autos hin, die Ho zu seinen Lebzeiten benutzt hat.

Der imposante Regierungspalast bildet einen völligen Gegensatz zum eher unauffälligen Stelzenhaus. 1906 wurde das wunderschön restaurierte Gebäude im Kolonialstil als Palast des Generalgouverneurs von Indochina errichtet. Heute nutzt man es für offizielle Empfänge; der Öffentlichkeit ist es leider nicht zugänglich. Beide Bauwerke haben einen gemeinsamen Eingang auf der P Ong Ich Kiem innerhalb des Ho-Chi-Minh-Mausoleumkomplexes. Falls dieser geschlossen ist, kann man auch den Eingang auf der Đ Hung Vuong in der Nähe des Palasts benutzen.

Ho-Chi-Minh-Museum
(www.baotanghochiminh.vn; Eintritt 15 000 VND; ⊙tgl. 8–11 & Di–Do, Sa & So 14–16.30 Uhr) Das Ho-Chi-Minh-Museum ist in dem riesigen sowjetisch anmutenden Betongebäude neben dem Mausoleum untergebracht und dem Leben des Begründers der modernen vietnamesischen Nation sowie dem revolutionären Sozialismus gewidmet. Neben Exponaten zu Hos Leben sind hier einige faszinierende Fotografien sowie angestaubte offizielle Dokumente ausgestellt, die den Sieg über die französische Kolonialmacht und den Triumphzug des Kommunismus dokumentieren.

Besucher dürfen leider keine Fotos machen (an der Rezeption werden eventuell Taschen und Rucksäcke durchsucht). Für rund 100 000 VND kann man sich die surreale Ausstellung in Begleitung eines englischsprachigen Guides anschauen – eine Investition, die sich lohnt.

Einsäulenpagode
(P Ong Ich Kiem) Die Einsäulenpagode ist eines der Wahrzeichen von Hanoi. Sie wurde von Ly Thai Tong errichtet, der zwischen 1028 und 1054 regierte. Der Überlieferung zufolge träumte der kinderlose König eines Nachts von einer Begegnung mit Quan Am, der Göttin der Barmherzigkeit. Sie saß in einer Lotusblüte und überreichte dem König einen männlichen Säugling. Daraufhin heiratete Ly Thai Tong ein junges Bauernmädchen, das ihm einen Sohn und Erben gebar. Als Zeichen seiner Dankbarkeit ließ der König 1049 die Einsäulenpagode aufstellen. Das kleine Heiligtum besteht aus Holz und wird von einer einzigen Steinsäule getragen. Seine Form soll an eine Lotusblüte erinnern, die als Symbol der Reinheit gilt. Die Franzosen zerstörten das Originalbauwerk, bevor sie Hanoi 1954 verließen, es wurde aber von der neuen Regierung wiederaufgebaut.

Militärmuseum MUSEUM
(Karte S.56; www.btlsqsvn.org.vn; P Dien Bien Phu; Eintritt 20 000 VND, Kamera 20 000 VND; ⊙8–11 & 13–16.30 Uhr, Mo & Fr geschl.) Weil vor seinem Eingang zahlreiche Waffen aufgereiht sind, ist das Militärmuseum kaum zu übersehen. Hier werden sowjetische

Rund um den Hoan-Kiem-See

◎ Highlights
Hoa-Lo-Gefängnismuseum	A4
Hoan-Kiem-See	D2
Revolutionsmuseum	F4
Historisches Museum	F4

◎ Sehenswertes
1	Märtyrerdenkmal	D1
2	Ngoc-Son-Tempel	C1
3	St.-Joseph-Kathedrale	B2
4	Thap Rua (Schildkrötenturm)	C2

◎ Aktivitäten, Kurse & Touren
5	Army Hotel	F4
6	Hanoi Foreign Language College	F4
	La Siesta Spa	(siehe 16)
7	QT Anam Spa	C2

◎ Schlafen
8	6 on Sixteen	C1
9	Central Backpackers Hostel	B1
10	Church Hotel	B2
11	Cinnamon Hotel	B2
12	Especen Hotel	B2
13	Especen Hotel	B2
14	Golden Lotus Hotel	B1
15	Hanoi Backpackers Hostel	B2
16	Hanoi Elegance Diamond Hotel	E1
17	Heart Hotel	C1
18	Hilton Hanoi Opera	F4
19	Hotel L'Opera	E4
20	Hotel Thien Trang	B2
21	Impressive Hotel	B2
22	Jasmine Hotel	E1
23	Joseph's Hotel	B2
24	Madame Moon Guesthouse	B1
25	Sofitel Metropole Hotel	E4

◎ Essen
26	Apple Tart	B1
27	Banh Ghoi	B2
28	Cart	B2
	Cine Café	(siehe 45)
29	Citimart	A3
30	Fanny Ice Cream	C3
31	Fivimart	E1
32	Hanoi House	B2
33	Kem Dac Diet Trang Tien	D4
34	Khazaana	E2
35	La	B1
36	La Place	B2
37	La Salsa	B2
38	Ly Club	E3
39	Madame Hien	B1
	Mediterraneo	(siehe 37)

◎ Ausgehen
	Angelina	(siehe 25)
	Bamboo Bar	(siehe 25)
40	Factory	B1
41	Gambrinus	F2
42	GC Pub	C1
43	Nha Hang Lan Chin	F4

◎ Unterhaltung
44	Centre Culturel Française de Hanoi	E4
45	Cinematheque	D4
46	Face Club	D4
47	Opernhaus	F4
	Tunnel	(siehe 40)

◎ Shoppen
	Indigenous	(siehe 11)
48	Mosaique	B1
49	Thang Long Bookshop	D4
50	Things of Substance	C2
	Three Trees	(siehe 50)

und chinesische Ausrüstungsgegenstände sowie französische und US-amerikanische Waffen gezeigt, die während der Kriegsjahre gesammelt wurden. Hauptattraktion ist ein sowjetischer MiG-21-Düsenjäger, der neben einer US F-111 und den Überresten eines französischen Flugzeugs, das bei Dien Bien Phu abgeschossen wurde, geradezu erhaben wirkt. Gleich nebenan erhebt sich der hexagonale **Flaggenturm**, ein Wahrzeichen der Stadt. Besucher haben Zugang zu einer Terrasse mit Blick auf verrostete Kriegsmaterialien. In dem kleinen Park gegenüber vom Museum befindet sich eine beeindruckende **Lenin-Statue**.

Museum der Schönen Künste MUSEUM
(Karte S.56; 66 P Nguyen Thai Hoc; Eintritt 20 000 VND; ◉Di-So 9.15-17 Uhr) Dieses exzellente Museum verteilt sich auf zwei Gebäude, in denen früher das ehemalige französische Informationsministerium untergebracht war.

Die fantastische Sammlung im ersten Gebäude – dort werden auch tolle Sonderausstellungen gezeigt – umfasst Textilien, Möbel und Keramikwaren. Noch beeindruckender sind die Exponate im Haupthaus: In den Räumen können vietnamesische Kunstschätze bestaunt werden, darunter uralte Champa-Steinschnitzereien und ein paar erstaunliche Bildnisse von Guan Yin, der tausendäugigen und tausendarmigen Göttin des Mitgefühls. Die große Sammlung zeitgenössischer Kunst sowie die lackierten Holzstatuen von in Roben gewandeten, buddhistischen Mönchen mit hängenden Ohrläppchen und ausdrucksstarken Gesichtern (sie stammen aus der Tay-Son-Dynastie) sind ebenfalls überaus sehenswert.

In einigen Räumen hängen zeitgenössische und naive volkstümliche Bilder, zudem werden Reproduktionen von Antiquitäten verkauft – man sollte sich allerdings eine entsprechende Bescheinigung dafür ausstellen lassen, damit es bei der Ausreise keine Probleme mit dem Zoll gibt.

Botschafterpagode — PAGODE
(Karte S. 56; 73 P Quan Su) An Feiertagen strömen die Menschen in Scharen zur Botschafterpagode, Hanois offiziellem Zentrum des buddhistischen Glaubens. Im 17. Jh. diente das Gebäude als Unterkunft für Botschafter buddhistischer Länder, inzwischen leben hier etwa ein Dutzend Mönche und Nonnen. Das Geschäft nebenan hat sich auf religiöse Artikel für buddhistische Zeremonien spezialisiert. Die Botschafterpagode befindet sich zwischen der P Ly Thuong Kiet und der P Tran Hung Dao.

Quan-Thanh-Tempel — TEMPEL
(Karte S. 56; P Quan Thanh) Im Schatten imposanter Bäume erhebt sich dieser Tempel aus der Ly-Dynastie (1010–1225). Er ist dem Gott des Nordens, Tran Vo, gewidmet, als dessen Machtsymbole die Schildkröte und die Schlange dienten. Besucher können eine Statue der Gottheit und eine Bronzeglocke bestaunen, die beide aus dem Jahre 1677 stammen. Der Tempel steht am Ufer des Truc-Bach-Sees, nahe der Kreuzung der Đ Thanh Nien und der P Quan Thanh.

FRANZÖSISCHES VIERTEL

Hai-Ba-Trung-Tempel — TEMPEL
(Karte S. 58; P Tho Lao) Der 1142 errichtete Tempel liegt 2 km südlich des Hoan-Kiem-Sees. Eine Statue zeigt die beiden Trung-Schwestern, die im 1. Jh. lebten. Die knienden Figuren haben die Arme erhoben und scheinen zu einer Menschenmenge zu sprechen. Manche sagen, die Statue zeige die Schwestern, die zu Vietnams Königinnen ernannt worden waren, kurz bevor sie sich in einen Fluss stürzten. Es heißt, dass die beiden lieber sterben wollten, als den Chinesen nach deren Sieg über das Land in die Hände zu fallen.

GROSSRAUM HANOI

LP TIPP Ethnologisches Museum — MUSEUM
(außerhalb der Karte S. 44 f.; www.vme.org.vn; Đ Nguyen Van Huyen; Eintritt 25 000 VND, Guide 50 000 VND, Kameragebühr 50 000 VND; ☉Di-So 8.30–17.30 Uhr) Dies ist eines der besten Museen des Landes und ein Muss für alle, die mehr über die verschiedenen Ethnien Vietnams lernen wollen. Es befindet sich in einem schönen modernen Gebäude und beherbergt eine ausgezeichnete Sammlung indigener Stammeskunst sowie zahlreiche Artefakte und Alltagsgegenstände aus ganz Vietnam, die mit englischsprachigen Erklärungen versehen sind. Allerdings liegt es ziemlich weit ab vom Schuss in den Vororten.

Auf dem Gelände stößt man außerdem auf Nachbauten traditioneller Häuser, etwa ein Tay-Stelzenhaus, ein beeindruckender Bahnar-Gemeindebau und ein Yao-Wohnhaus. Besonders beeindruckend ist das Giarai-Grab mit strohgedecktem Dach und schlüpfrigen Holzstatuen.

In dem Fair-Trade-Laden werden Bücher, hübsche Postkarten und Kunsthandwerk diverser vietnamesischer Bevölkerungsgruppen verkauft.

Wer das Museum besuchen möchte, muss sich zum Cau-Giay-Viertel 7 km vom Stadtzentrum aufmachen. Ein Taxi kostet ca. 120 000 VND pro Strecke; alternativ kann man an der Ostseite des Hoan-Kiem-Sees (auf der P Dinh Tien Hoang) in den Bus 14 (3000 VND) einsteigen, der in der Nähe des Museums hält (an der Haltestelle Nghia Tan aussteigen, dann die Đ Nguyen Van Huyen suchen).

Tay Ho (Westsee) — SEE
(Karte S. 44 f.) Mit einem Umfang von 13 km ist der von edlen Wohnvierteln umgebene Tay Ho Hanois größter See. Entlang der Đ Thuy Khue an der Südseite gibt's einige gute Fischrestaurants, zudem wird die Xuan Dieu im Osten von weiteren Lokalen, Cafés, Boutiquen und Luxushotels gesäumt. Am Ufer befinden sich zwei schöne Bauwerke: die Tay-Ho- und die Tran-Quoc-Pagode.

Ein Spazierweg, den man sich auch mit dem Rad vornehmen kann, führt um den See herum. Das Restaurant Don's A Chef Bistro (S. 73) am Ufer bietet Leihräder an.

Westlich der Altstadt

Gleich zwei Legenden ranken sich um die Entstehung des Tay Ho, der auch als Nebelsee oder Großer See bekannt ist. Einer Erzählung nach schuf der Drachenkönig den Westsee, als er einen boshaften, neunschwänzigen Fuchs im Wald ertränkte, indem er dessen Bau flutete. Laut der anderen Überlieferung erwies der vietnamesische Mönch Khong Lo dem chinesischen Kaiser im 11. Jh. einen großen Gefallen. Daraufhin entlohnte dieser den Mönch mit Unmengen an Bronze, aus der er eine gi-

Westlich der Altstadt

◎ Highlights
- Museum der Schönen Künste............... B4
- Ho-Chi-Minh-Mausoleumkomplex....... A3
- Literaturtempel.. B5
- Historisches Museum............................ C4

◎ Sehenswertes
1. Botschafterpagode.............................. D6
2. Ba-Dinh-Platz....................................... B3
3. Botanische Gärten................................ A2
4. Flaggenturm... C4
5. Ho-Chi-Minh-Museum........................ A3
6. Ho-Chi-Minh-Mausoleum................... B3
7. Ho-Chi-Minh-Stelzenhaus.................. A2
8. Einsäulenpagode.................................. B3
9. Präsidentenpalast................................. B2
10. Quan-Thanh-Tempel............................ B1
11. Lenin-Statue.. C4

● Aktivitäten, Kurse & Touren
12. Hanoi Cooking Centre D1

⊗ Essen
13. Café Smile.. B4
14. Đ Thuy Khue.. A1
15. KOTO... B5
16. La Badiane D5
17. Matchbox Winebar & Restaurant B4
18. Net Hue D5
19. P Cam Chi.. D5
20. Puku D4
21. Quan An Ngon D5
22. San Ho Restaurant D6
23. Southgate D5

● Ausgehen
24. Kinh Do Café D5
25. Rooftop Bar D6

◎ Unterhaltung
26. Jazz Club By Quyen Van Minh.. D6

ⓢ Shoppen
- Bookworm..................................(siehe 12)
27. Craft Link B5
28. Dome... C5
29. Mai Gallery D5
30. Viet Art Centre D6

gantische Glocke goss. Ihr Läuten war bis nach China zu hören, wo es das Goldene Büffelkalb mit dem Ruf seiner Mutter verwechselte und gen Süden rannte. Als es schließlich das Gebiet des heutigen Tay Ho erreicht hatte, verwandelte sich der Boden unter seinen Hufen in Wasser.

Tatsächlich entstand der See, weil der Song Hong (Roter Fluss) über die Ufer trat. Um das Hochwasserproblem in den Griff zu bekommen, errichtete man Deiche. Über einen davon führt die Schnellstraße an der östlichen Seite des Tay Ho.

Tay-Ho-Pagode   PAGODE
(Karte S. 44f.; P Tay Ho) Hanois wohl beliebteste Pagode ist ein wunderschönes Bauwerk und ragt in den Westsee hinein. Am 1. und 15. Tag jedes Mondmonats strömen Gläubige in Scharen herbei und hoffen darauf, dass ihnen die Muttergottheit (ihr ist die Pagode geweiht) Glück bescheren möge.

Tran-Quoc-Pagode   PAGODE
(Karte S. 44f.) Die Tran-Quoc-Pagode am östlichen Ufer des Tay Ho ist eine der ältesten in ganz Vietnam. Sie liegt unweit der Đ Thanh Nien, die den Ho-Tay- und den Truc-Bach-See voneinander trennt. Auf einer Stele von 1639 wurde die Geschichte des Bauwerks verewigt, das im 15. Jh. und dann noch einmal 1842 wiederaufgebaut werden musste.

Truc-Bach-See   SEE
(Karte S. 44f.) Der Truc-Bach-See wird nur durch die Đ Thanh Nien vom Tay Ho abgegrenzt und ist mit Flammenbäumen gesäumt. Im 18. Jh. errichteten hier die Trinh einen Palast, der später als Erziehungsanstalt für in Ungnade gefallene Konkubinen des Königs diente. Die Frauen verbrachten ihre Tage damit, weiße Seide zu spinnen.

🏃 Aktivitäten

Sport & Schwimmen

Daewoo Hotel Fitness Centre   FITNESSCLUB
(✆3835 1000; www.hanoi-daewoohotel.com; 360 Đ Kim Ma; ☒) 5 km westlich des Hoan-Kiem-Sees (der Đ Kim Ma folgen) kann man im Daewoo Hotel Fitness Centre für 25 US$ pro Tag sämtliche Einrichtungen nutzen, darunter auch ein Pool und ein Wellnesszentrum.

Hash House Harriers   JOGGEN
(www.hanoih3.com; 100 000 VND inkl. Bier; ⊙Sa ab 13.30 Uhr) Für alle Uneingeweihten: Die

Französisches Viertel

Französisches Viertel

◎ Highlights
Hai-Ba-Trung-Tempel D3

◎ Sehenswertes
1 Lenin-Park A2
2 Haupteingang des Lenin-Parks B2

🛏 Schlafen
3 Drift C1

🍴 Essen
Cay Cau .... (siehe 10)
4 Chay Nang Tam B1
5 Izakaya Yancha C3
6 Nha Hang Ngon D1
7 Wild Lotus B2

🍷 Ausgehen
8 Cong Caphe C3
9 Quan Ly C2

✪ Unterhaltung
10 Cay Cau D1
11 Megastar Cineplex C3

🛍 Shoppen
12 Hom-Markt C2

Hash House Harriers sind eine internationale Gruppe von Trink- und Sportfreunden, die sich beim American Club (S. 59) trifft.

Army Hotel   SCHWIMMEN
(Karte S. 52 f.; 33C P Pham Ngu Lao; 🏊) Im zentral gelegenen Army Hotel kostet das Tagesticket für die Poolnutzung 4 US$. Das Becken ist groß genug zum Bahnenschwimmen und das ganze Jahr über geöffnet, nachmittags tummeln sich hier allerdings zahlreiche Kinder.

Hanoi Water Park   SCHWIMMEN
(⊙April–Nov. Mi–Mo 9–21 Uhr) Der Hanoi Water Park liegt 5 km nördlich des Stadtzentrums am Ufer des Tay Ho und wartet mit Schwimmbecken, Rutschen sowie einem gemütlich dahinplätschernden Fluss auf. Wer über 1,10 m groß ist (sprich: Jugendliche und Erwachsene), zahlt 50 000 VND Eintritt, andernfalls sind es 30 000 VND. Achtung: An heißen Sommernachmittagen ist hier der Teufel los! Vom Zentrum aus braucht man mit dem Taxi 15 Minuten bis zum Wasserpark.

King's Island   GOLF
(📞3772 3160; www.kingsislandgolf.com; ab 70 US$) 45 km westlich von Hanoi erstreckt sich am Fuß des Ba-Vi-Bergs der erste 36-Loch-Golfplatz Nordvietnams. Beim

Spielen genießt man entweder einen Ausblick auf den See oder den Berg. Der Golfkurs bei der Tam-Dao-Bergstation (s. S.90) erfreut sich ebenfalls großer Beliebtheit.

Zenith Yoga   YOGA
(904 356 561; www.zenithyoga.posterous.com; 111 P Xuan Dieu; 250 000 VND pro Unterrichtsstunde) Täglicher Asthanga-, Iyengar- und Hatha-Yoga-Unterricht in einem netten Studio, das sich 5 km nördlich des Zentrums im Einwandererviertel nahe dem Tay Ho befindet. Einzelheiten über das aktuelle Programm erfährt man telefonisch.

Massage & Wellness
In Hanoi öffnen immer mehr Wellness- und Massagezentren ihre Pforten, und da die Preise günstiger sind als im Westen bzw. in den reicheren asiatischen Ländern, ist dies der richtige Ort für ein kleines Verwöhnprogramm.

La Siesta Spa   SPA
(Karte S.52f.; 3935 1632; www.hanoielegancehotel.com/spa; 32 P Lo Su) Einen krassen Gegensatz zu der überschäumenden Energie der Altstadt bietet dieses friedliche Spa, in dem man sich auf zwei Etagen des Hanoi Elegance Diamond Hotel (S.65) massieren lassen und Schönheitsbehandlungen genießen kann.

QT Anam Spa   SPA
(Karte S.52f.; 3928 6116; www.qtanamspa.com; 26-28 Le Thai To) Exzellentes Spa sowie tolle Massagen und Beauty-Programme.

Kulturzentren
In folgenden Zentren kann man Zeitungen und Magazine durchblättern. Am Eingang muss der Pass vorgelegt werden.

American Club   KULTURZENTRUM
(Karte S.52f.; 3824 1850; amclub@fpt.vn; 19–21 P Hai Ba Trung) Verfügt über eine große DVD-Sammlung und ist Veranstaltungsort des jährlich stattfindenden CAMA Festivals (S.61)

British Council   KULTURZENTRUM
(3728 1922; www.britishcouncil.org/vietnam; 20 Thuy Khue, Tay Ho) Im Tay-Ho-Viertel. Bietet Kulturveranstaltungen, Ausstellungen, Workshops und Modenschauen.

Centre Culturel Français de Hanoi
                                                          KULTURZENTRUM
(Karte S.52f.; 3936 2164; www.ifhanoi-lespace.com; 24 P Trang Tien) Im L'Espace-Gebäude nahe der Oper.

HANOI MIT KINDERN

Hanoi ist eine tolle Stadt für Kinder, denn es gibt viele Parks und Seen und in der Altstadt ist immer etwas los. Zwar kann ein Trip durch die engen Straßen auf Dauer etwas anstrengend für die Kleinen sein, außerdem muss man höllisch aufpassen wegen der zahllosen Motorräder, aber dafür werden unterwegs ausreichend Ablenkung, viele Eisstände und Obstmärkte geboten. Wenn der Nachwuchs gern selbst kocht, ist der Kid's Club des Hanoi Cooking Centre (siehe unten) eine gute Wahl.

Bootstouren sind etwas für die ganze Familie. Auf dem Tay Ho gibt's eine Auswahl an größeren Booten, und im Lenin-Park (Karte S.58) kann man Tretboot fahren. Kleine Abkühlung gefällig? Der Hanoi-Wasserpark (S.58) ist ein Paradies für Kinder, hat aber leider nur die Hälfte des Jahres geöffnet. Als absolutes Highlight am Abend gilt das Wasserpuppentheater (S.78), eine Art schwimmendes Kasperletheater.

Goethe-Institut   KULTURZENTRUM
(3734 2251; www.goethe.de/hanoi; 56–58 Nguyen Thai Hoc) Fördert und pflegt die internationale kulturelle Zusammenarbeit.

 Kurse

Hanoi Cooking Centre   KOCHEN
(Karte S.56; 3715 0088; www.hanoicookingcentre.com; 44 Chau Long; 50 US$ pro Kurs) Erstklassiger interaktiver Kochunterricht, der mit einem gemeinsamen Mittagessen im eleganten Restaurant abschließt und Marktbesuche umfasst. Außerdem gibt's hier einen speziellen „Kids Club" (super, wenn der Nachwuchs später mal Koch werden will!). Das Hanoi Cooking Centre bietet auch eine viel gelobte Führung zu den berühmten Straßenküchen in der Stadt an.

Hidden Hanoi   KOCHEN
(091 225 4045; www.hiddenhanoi.com.vn; 137 P Nghi Tam, Tay Ho; 50 US$ pro Kurs inkl. Marktführung) Beim Kochunterricht nahe dem Ostufer des Tay Ho kann man zwischen Meeresfrüchtemenüs und lokaltypischen Gerichten der Dorfbewohner wählen. Darüber hinaus stehen Führungen zu den Straßen-

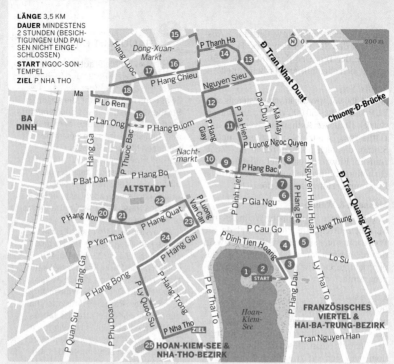

LÄNGE 3,5 KM
DAUER MINDESTENS 2 STUNDEN (BESICHTIGUNGEN UND PAUSEN NICHT EINGESCHLOSSEN)
START NGOC-SON-TEMPEL
ZIEL P NHA THO

Stadtspaziergang:
Altstadt

Vom ❶ **Ngoc-Son-Tempel** am Hoan-Kiem-See geht's über die rote ❷ **Huc-Brücke** zum ❸ **Märtyrerdenkmal**, dann folgt man der P Dinh Tien Hoang zum ❹ **Wasserpuppentheater** und der P Hang Dau zu Hanois ❺ **Schuhgeschäften**. Hat man die P Cau Go überquert, erreicht man die P Hang Be und den lokalen ❻ **Markt** auf der P Gia Ngu.

Wieder auf der P Hang Be spaziert man zur P Hang Bac, wo Steinmetze ❼ **Grabsteine** verzieren. Die P Ma May führt zum ❽ **Memorial House** (Nr. 87).

Nun kehrt man zur P Hang Bac zurück und schlendert an ❾ **Schmuckläden** vorbei zum ❿ **Haus Nr. 102**, in dem sich ein Tempel versteckt. Als Nächstes geht man ein Stück zurück und folgt der ⓫ **P Ta Hien** mit ihren Kneipen. Links geht's in die P Hang Buom, die zum ⓬ **Bach-Ma-Tempel** und zum ⓭ **Cua O Quan Chuong**, dem alten Osttor, führt.

Gen Norden auf der P Thanh Ha erstreckt sich ein ⓮ **Straßenmarkt**. Links befindet sich der ⓯ **Dong-Xuan-Markt**.

Wer der Nguyen Thien Thuat nach Süden folgt und rechts in die P Hang Chieu biegt, stößt auf mehrere ⓰ **Geschäfte**, in denen Strohmatten und Seile verkauft werden. Die Straße geht in die ⓱ **P Hang Ma** über, in der man „Geistergeld" erstehen kann, das während buddhistischer Zeremonien verbrannt wird. Hier hört man bereits die ⓲ **Schmiede**, die in der Nähe der Ecke P Lo Ren und P Thuoc Bac arbeiten. Im Thanh-Binh-Laden (grenzt an die P Thuoc Bac und die P Lan Ong) gehört traditioneller Reiswein zum Angebot. Auf der Lan Ong verströmen die Waren der ⓳ **Gewürzhändler** einen herrlich intensiven Geruch.

Wieder auf der P Thuoc Bac schlendert man in südlicher Richtung bis zu den ⓴ **Blechdosenmachern** gegenüber den ㉑ **Spiegelgeschäften** auf der P Hang Thiec. Links an der P Hang Quat gibt's ein paar Geschäfte, die ㉒ **buddhistische Altäre und Statuen** verkaufen.

Richtung Süden geht's an den ㉓ **Spielzeugläden** auf der P Luong Van Can vorbei bis zu den eleganten ㉔ **Seidengeschäften** auf der P Hang Gai. Die P Ly Quoc Su führt zur ㉕ **St.-Joseph-Kathedrale** und den trubeligen Cafés auf der P Nha Tho.

küchen Hanois auf dem Programm. Wer mag, kann zudem einen Sprachkurs (ab 200 US$ pro Pers.) inklusive zwei Exkursionen buchen.

Highway 4 KOCHEN
(Karte S. 48 f.; 3715 0577; www.highway4.com; 3 Hang Tre; 50 US$ pro Kurs) Im Altstadtrestaurant von Highway 4 (S. 66) geht's los: Zunächst begibt man sich per *cyclo* zum Markt und sucht anschließend die Filiale am Tay Ho, das House of Son Tinh (S. 72), auf, wo man lernt, die Spezialität des Hauses – Frühlingsrollen mit Wels – zuzubereiten. Zum Programm gehört auch ein Cocktailkurs (29 US$ pro Pers.), bei dem traditionelle Son-Tinh-Spirituosen (S. 75) verwendet werden.

Hanoi Foreign Language College SPRACHE
(Karte S. S. 52 f.; 3826 2468; 1 P Pham Ngu Lao) Auf dem Gelände des historischen Museums kann man in diesem Ableger der Hanoi National University für etwa 10 US$ pro Stunde Vietnamesisch lernen.

Hanoi Language Tours SPRACHE
(090 1352 2605; www.hanoilanguagetours.com; ab 150 US$ pro Pers.) Zwei- bis zehntägige Kurse mit einem Schwerpunkt auf dem Spracherwerb und dem kulturellen Einmaleins für Reisende, Einwanderer und Geschäftsleute.

Geführte Touren

Die meisten Besucher wollen Hanoi auf eigene Faust erkunden, doch Hidden Hanoi und das Hanoi Cooking Centre bieten jeweils sehr interessante Führungen mit kulinarischer Note an (s. S. 59).

Ebenfalls zu empfehlen ist die von Studenten betriebene Freiwilligenorganisation **Hanoi Kids** (www.hanoikids.org), deren geführte Touren auf die Wünsche der Besucher abgestimmt werden. Sie können z. B. Attraktionen wie den Literaturtempel und das Hoa-Lo-Gefängnis oder auch Abstecher zu Restaurants und Märkten umfassen. Am besten meldet man sich schon vor der Ankunft in Vietnam online bei dem Veranstalter an.

Tolle Ausflüge in das Dorf Soc Son 40 km nördlich von Hanoi hat **Bloom Microventures** (www.bloom-microventures.org /vietnam) im Programm. Diese vermitteln einen Eindruck davon, wie Mikrokredite Unternehmern auf dem Lande helfen, und gewähren überdies einen Einblick in den Alltag vietnamesischer Bauern.

Feste & Events

Tet VIETNAMESISCHES NEUJAHR
(Tet Nguyen Dan/Vietnamesisches Neujahrsfest; Ende Jan./Anfang Feb.) In der Woche vor Tet findet auf der P Hang Luoc ein Blumenmarkt statt. Außerdem beginnt am Neujahrstag im Lenin-Park nahe dem Bay-Mau-See eine zweiwöchige Blumenausstellung, in deren Rahmen ein Wettbewerb ausgetragen wird. Mehr Infos zu Tet s. S. 488.

Quang-Trung-Festival KULTUR
(Feb./März) Am 15. Tag des ersten Mondmonats gibt's am Dong-Da-Hügel Ringkämpfe, Löwentänze und Schachspiele. 1788 kam es dort zu einem Aufstand gegen die Chinesen, der von Kaiser Quang Trung (Nguyen Hue) angeführt wurde.

CAMA Festival MUSIK
(www.camavietnam.org; Ende Mai) Einmal im Jahr lockt der Club for Art and Music Appreciation, eine bunte Truppe von Künstlern für ein eintägiges Festival nach Hanoi, das auf dem Gelände des American Club (S. 59) veranstaltet wird. Dort wird alles von Elektro über japanischen Punkrock aus der Garage bis hin zu polynesischem Hip-Hop geboten, außerdem treten zu diesem Anlass viele lokale Bands und DJs auf.

Vietnamesischer Nationalfeiertag FESTIVAL
(2. Sept.) Wird mit einer Rallye und einem großen Feuerwerk am Ba-Dinh-Platz gefeiert (vor dem Ho-Chi-Minh-Mausoleum). Zu den weiteren Programmpunkten zählt ein Bootsrennen auf dem Hoan-Kiem-See.

Schlafen

Die meisten günstigen Bleiben befinden sich im oder rund um das Altstadtviertel. Uns ist wiederholt berichtet worden, dass die Besitzer von Budgetunterkünften ihre Gäste regelrecht dazu gezwungen haben, Touren bei ihnen zu buchen. Traveller, die sich nicht damit einverstanden erklärt haben, wurden manchmal sogar vor die Tür gesetzt, andere wiederum wunderten sich beim Auschecken über seltsame zusätzliche Steuern, die urplötzlich auf der Zimmerrechnung auftauchten. Ein weiteres „Altstadtproblem" ist der Verkehr. Besonders schlimm sind die Straßen um die Hang Be, Hang Bac und Ma May.

Rund um die St.-Joseph-Kathedrale sowie in der P Hang Dieu am westlichen Ende der Altstadt und in ihren Seitenstraßen findet man immer mehr preiswerte Bleiben.

Wer ein vernünftiges Budgetzimmer erwartet, muss 20 bis 25 US$ zahlen. Für 30 bis 45 US$ werden bereits jede Menge Extras wie Klimaanlage, Satelliten-TV, WLAN, Computer und Minibar geboten. Darüber hinaus gibt's inzwischen jede Menge effizient geführte Hostels. Ein Bett im Schlafsaal kostet in der Regel zwischen 6 und 9 US$.

Auch die Boutique-Hotel-Szene treibt Blüten; hier liegen die Übernachtungspreise bei 40 bis 80 US$ pro Nacht. Für mehr als 100 US$ stehen einem die Türen zu den Luxushotels mit Pool, Fitnessstudio und Restaurants offen.

In den meisten Budget- und Mittelklasseunterkünften ist der Internetzugang gratis, während man in den gehobenen Häusern dafür zahlen muss. Immer vorab klären, ob Steuern und Servicegebühren im Zimmerpreis inbegriffen sind.

ALTSTADT

LP TIPP Hanoi Elite BOUTIQUE-HOTEL $$
(Karte S. 48 f.; 3828 1711; www.hanoielitehotel.com; 10/5032 Dao Duy Tu; Zi. 45–55 US$; ✱@⑨) Was man nicht so alles in den engsten und verstecktesten Gassen der Altstadt finden kann! Das Hanoi Elite hat ein cooles, klassisches Dekor, das Personal ist klasse und angesichts der vielen kleinen Extras (Regenwaldduschen, frisch zubereitetes Frühstück auf Anfrage, Computer auf dem Zimmer etc.) muss man für das alles wirklich nicht viel zahlen.

Art Hotel HOTEL $$
(Karte S. 48 f.; 3923 3868; www.hanoiarthotel.com; 65 P Hang Dieu; EZ/DZ ab 38/44 US$; ✱@⑨) Dieses neue Hotel tut sich vor allem durch sein junges, nettes Team hervor, doch auch die geräumigen Zimmer sind super, denn sie warten mit Holzböden und blitzsauberen Bädern auf. Einen weiteren Pluspunkt gibt's für die Lage: Innerhalb eines 30-m-Radius locken nämlich die besten Straßenküchen der Stadt.

Tirant Hotel HOTEL $$
(Karte S. 48 f.; 6269 8899; www.tiranthotel.com; 38 Gia Ngu; EZ/DZ ab 55/65 US$; ✱@⑨) Wer gut handelt, kann in diesem neu eröffneten Hotel ein Luxuszimmer zum Mittelklassepreis beziehen! Es ist eine der besten neuen Bleiben der Stadt, mit modernem Design, erstklassigen Angestellten, die hervorragend Englisch sprechen, großzügigen Bädern und einem tollen Frühstücksbüfett. Die riesige Grand Suite (145 US$) kann man ohne Zweifel als beste Unterkunft in der Altstadt bezeichnen.

Vega Hotel HOTEL $$
(Karte S. 48 f.; 3923 3366; www.vegahotel.vn; 75 P Hang Dieu; 50–55 US$; ✱@⑨) Nach und nach mausert sich das P Hang Dieu am westlichen Ende der Altstadt zu *der* Adresse für preiswerte Mittelklassehotels. Das Vega ist ein gutes Beispiel dafür, was die neuen Bleiben in diesem Teil der Stadt alles mitbringen müssen: viel Platz, Balkons mit Ausblick und saubere, moderne Bäder.

Hanoi Rendezvous Hotel HOTEL $$
(Karte S. 48 f.; 3828 5777; www.hanoirendezvoushotel.com; 31 P Hang Dieu; B/EZ/DZ/3BZ 7,50/ 25/30/35 US$; ✱@⑨) Eine von mehreren neuen Unterkünften in australischem

---

HOTELSCHWINDEL

Hanoi ist nicht nur die Hauptstadt Vietnams, sondern auch die des Hotelbetrugs. Hier schießen dubiose, kurzlebige Unterkünfte wie Unkraut aus dem Boden: Gerissene Betreiber mieten ein Gebäude, benutzen einfach den Namen eines renommierten Mitbewerbers und schicken ihre Leute los, um ahnungslose Touristen zu dem „von ihnen gewünschten" Hotel zu karren. Wer nachhakt, dem wird erklärt, das Hotel sei „umgezogen". Zumeist durchschaut man den Betrug leider viel zu spät, wenn einem das Geld schon längst aus der Tasche gezogen worden ist. Häufig muss man nämlich gleich bei der Ankunft das Zimmer zahlen und dann bei der Abreise noch einmal einen Betrag pro Person entrichten. Am besten bucht man seine Unterkunft im Voraus per Telefon oder E-Mail, um sicherzugehen, dass die gewählte Bleibe noch existiert und weder umgezogen noch ausgebucht ist.

Achtung: Fahrer von Flughafentaxis und Minibussen arbeiten oft mit den Betrügerbanden zusammen. Es ist auch schon vorgekommen, dass Einwanderer aus dem Westen gemeinsame Sache mit den obskuren Hotelbetreibern machen, indem sie ahnungslose Traveller in die jeweiligen Häuser locken. Mehr Infos zum Thema Abzocke und wie man sich schützen kann siehe S. 81 und Kastentext S. 87.

Besitz, die derzeit in Hanoi aus dem Boden schießen. Sie punktet nicht nur mit ihrer Lage in der Nähe einiger exquisiter Garküchen, sondern auch mit geräumigen Zimmern, netten Angestellten und einer Frühstücksbar, in der Filmklassiker über Vietnam gezeigt werden. Darüber hinaus werden hier sehr gute geführte Touren zur Ha-Long-Bucht, Cat-Ba-Insel und nach Sa Pa angeboten.

Serenity Hotel HOTEL $
(Karte S.48f.; 3923 3549; www.hanoiserenityhotel.com; 1B Cua Dong; EZ/DZ ab 18/20 US$; ✳@🛜) Geräumige Zimmer, ein nettes Willkommen beim Einchecken und die vergleichsweise ruhige Location abseits der Hanoier Backpackerszene machen das Serenity zu einer der schönsten Budgetunterkünfte der Stadt. Gleich vor der Tür befindet sich ein hervorragender *bun-cha*-Stand. Dort kann man sich stärken, bevor man die Treppen in Angriff nimmt (im schlimmsten Fall muss man bis in den 6. Stock hinauf …).

Hanoi Backpackers 2 HOSTEL $$
(Karte S.48f.; 3935 1890; www.hanoibackpackershostel.com; 9 Ma May; B 6–9 US$, 2BZ & DZ 40 US$; ✳@🛜) Irgendwie ähnelt der Ableger des Hanoi Backpackers auf der touristischen Ma May dem Stammhaus, irgendwie aber auch wieder nicht. Gäste übernachten in sauberen Mehrbettzimmern oder Designer-Doppelzimmern und können die nette Restaurant-Bar im Erdgeschoss besuchen. Das tiefenentspannte australisch-neuseeländische Team am Empfang organisiert verschiedene tolle Touren, z. B. zur Ha-Long-Bucht oder nach Sa Pa.

Hanoi Guesthouse PENSION $
(Karte S.48f.; 3824 5732; www.hanoiguesthouse.com; 14 Bat Su; Zi. 20–22 US$; @🛜) An der ruhigen Bat Su hat sich diese quirlige kleine Unterkunft angesiedelt, in der ein eifriges junges Team das Zepter schwingt (die Angestellten an der Rezeption sprechen Englisch). Sowohl der Empfang als auch die einfachen, sauberen Zimmer sind von einem klassisch-asiatischen Dekor geprägt. Der Wochenend-Nachtmarkt ist nur wenige Querstraßen entfernt.

Camel City Hotel PENSION $
(Karte S.48f.; 3935 2024; www.camelcityhotel.com; 8/50 Dao Duy Tu; EZ/DZ ab 20/25 US$; ✳@🛜) Die familienbetriebene Pension liegt in einer ruhigen Gasse, aber das Nachtleben auf der P Ta Hien ist nur einen kurzen Fußweg weit weg. Alle Zimmer bestechen durch asiatische Designerelemente und der Service ist wirklich herausragend.

Hanoi Gecko 3 HOSTEL $
(Karte S.48f.; 3923 3898; www.hanoigecko3hostel.com; 27 Bat Dan; B 6 US$; ✳@🛜) Das kompakte Hanoi Gecko 3 ist nicht ganz so gesellig wie die größeren Hostels in Hanoi, dafür befindet es sich jedoch in einer authentischeren Ecke der Altstadt. Die Mehrbettzimmer sind schlicht, im Erdgeschoss befindet sich ein ziemlich gutes Restaurant und im 1. Stock lockt ein Bereich zum Chillen mit vielen Kissen.

Classic Street Hotel HOTEL $$
(Karte S.48f.; 3825 2421; www.classicstreethocohotel.com; 41 P Hang Be; Zi. 30–35 US$; ✳🛜) Gemütliche Zimmer mit großen Betten und Satelliten-TV an der lebendigen Hang Be. Die Gemeinschaftsbereiche und Flure zieren Bilder und Porzellanwaren.

Hanoi Boutique 2 HOTEL $$
(Karte S.48f.; 3929 0366; www.hanoiboutiquehotel.vn; 32 Dao Duy Tu; DZ 40–50 US$, FZ 100 US$; ✳@🛜) Smartes Minihotel mit aufmerksamem Personal, einer Bar und einem Restaurant.

Rising Dragon Hotel HOTEL $
(Karte S.48f.; 3926 3494; www.risingdragonhotel.com; 61 P Hang Be; EZ/DZ/3BZ ab 20/22/30 US$; ✳@🛜) Das Hotel verfügt über große Zimmer, allerdings haben die hinten raus nur winzige (oder gar keine) Fenster, und es gibt auch keinen Aufzug. Dafür ist das Personal aufmerksam und hilfsbereit.

Thuy Nga Guesthouse PENSION $
(Karte S.48f.; 3826 6053; thuyngahotel@hotmail.com; 10D P Dinh Liet; Zi. 14 US$; ✳@🛜) Diese anheimelnde kleine Unterkunft wird von einer zuvorkommenden Familie betrieben. Alle sechs Zimmer sind lichtdurchflutet und mit Fernsehern sowie Kühlschränken ausgestattet. Gleich vor der Tür liegen ein paar gute Bars.

Duc Thai Hotel HOTEL $$
(Karte S.48f.; 3828 2897; www.ducthaihotel.com; 95B Hang Ga; Zi. 28–38 US$; 🛜✳) In der Nähe des Hoan-Kiem-Sees bietet dieses kürzlich renovierte Hotel 15 schön aufgemachte Zimmer, WLAN und einen hübschen Kolonialstil, der sich z. B. an den Holzläden vor den Fenstern zeigt. Die netten Angestellten sprechen Englisch.

Sports Hotel HOTEL $
(Karte S.48f.; 3926 0154; www.hanoisportshotel.com; 96 P Hang Bac; EZ/DZ/3BZ/4BZ

> ## WIE MAN SICH ERFOLGREICH BESCHWERT
>
> Oft beklagen sich Traveller bei uns über Hotels, Pensionen, Reisebüros usw.: Das Feedback hilft uns dabei, die Spreu vom Weizen zu trennen, gute Unternehmen hervorzuheben und schlechte herauszusieben. Dennoch sollte man sein Problem nicht nur uns, sondern auch der **Vietnam National Administration of Tourism** (Karte S. 56; ☏ 3356 0789; www.hanoitourism. gov.vn; 3 Tran Phu) schildern. Mit etwas Glück werden die schwarzen Schafe umgehend zur Rede gestellt und dazu gebracht, ihre Fehler auszubügeln.

22/25/36/40 US$; ❄@☎) Eine Unterkunft an der hektischen Hang Bac mit einer langen, schmalen Lobby samt mehreren Computern. Die schicken Zimmer sind ansprechend eingerichtet.

Thu Giang Guesthouse — PENSION $
(Karte S. 48 f.; ☏ 3828 5734; www.thugianggh. com; 5A P Tam Thuong; B 5 US$, Zi. 7-15 US$; ❄@☎) Bescheidene Unterkunft am Ende einer schmalen Gasse, die von einer überaus gastfreundlichen Familie geführt wird. Falls hier kein Platz sein wollte, kann man es im Schwesterhotel versuchen (35A P Hang Dieu).

Manh Dung Guesthouse — PENSION $
(Karte S. 48 f.; ☏ 3826 7201; lethomhalong@ yahoo.com; 2 P Tam Thuong; Zi. 12-18 US$; ❄@☎) Viele Zimmer dieser Pension gegenüber dem Thu Giang Guesthouse fallen klein aus, aber es gibt einen Aufzug und der Standard ist insgesamt etwas höher als bei der benachbarten Bleibe.

RUND UM DEN HOAN-KIEM-SEE

LP TIPP 6 on Sixteen — BOUTIQUE-HOTEL $$
(Karte S. 52 f.; ☏ 6673 6729; www.sixonsixteen. com; 16 Bao Kanh; Zi. 50-88 US$; ❄@☎) Designertextilien, Ethnokunst und interessante Möbel aus lokaler Fertigung verleihen dem 6 on Sixteen ein warmes, heimeliges Flair. Die sechs Gästezimmer zeichnen sich durch ein klares, schlichtes Design aus. Am besten fragt man nach einem Balkonzimmer, denn die Fenster in den Räumen nach hinten raus sind winzig. In den Gemeinschaftsbereichen kann man andere Traveller treffen und Reisegeschichten austauschen. Zum Frühstück gibt's frische Backwaren und italienischen Kaffee. Das Hotel arbeitet mit Sapa Rooms und dem Hmong Mountain Retreat in Sa Pa zusammen.

Sofitel Metropole Hotel — HOTEL $$$
(Karte S. 52 f.; ☏ 3826 6919; www.sofitel.com; 15 P Ngo Quyen; Zi. ab 210 US$; ❄@☎≋) Wer großen Wert auf Luxus legt, sollte in diesem geschichtsträchtigen Hotel einchecken. Das Sofitel verfügt über eine liebevoll restaurierte Fassade, mit Mahagoni ausgekleidete Empfangsbereiche und zwei renommierte Restaurants. Die Zimmer im alten Flügel bieten Kolonialstil pur, wohingegen die Räume im modernen Opernflügel geradezu unverschämt komfortabel, aber etwas weniger atmosphärisch sind. Auch wenn man nicht hier übernachtet, lohnt sich ein Besuch in der Bamboo Bar.

Hotel L'Opera — HOTEL $$$
(Karte S. 52 f.; ☏ 6282 5555; www.mgallery.com; 29 P Trang Tien; Zi. ab 150 US$; ❄@☎) Hanois neueste Nobelbleibe wurde im Dezember 2010 eröffnet und vereint französischen Kolonialstil mit Designer-Ästhetik. Auf den Zimmern erwarten einen Seide und andere asiatische Stoffe, und im Wellnesszentrum kann man sich nach Herzenslust verwöhnen lassen. Nachteulen wird die schicke Bar La Fée Verte gefallen – ihr Name, „Grüne Fee", spielt übrigens auf den berüchtigten hochprozentigen Alkohol Absinth an.

Cinnamon Hotel — BOUTIQUE-HOTEL $$
(Karte S. 52 f.; ☏ 3938 0430; www.cinnamonhotel. net; 26 P Au Trieu; Zi. 70-80 US$; ⊖❄@☎) Hippes neues Hotel in der schicksten Ecke der Altstadt mit einem kleinen Bar-Restaurant. Das tolle Design vereint zeitgenössische Elemente (schmiedeeiserne Ornamente und Fensterläden) mit einer japanisch angehauchten Innenarchitektur und modernen Extras. Die sechs Zimmer (alle inklusive Balkon) sind mit tropisch anmutenden Namen versehen; vom „Lime"-Raum genießt man einen umwerfenden Blick auf die St.-Joseph-Kathedrale.

Golden Lotus Hotel — HOTEL $$
(Karte S. 52 f.; ☏ 3938 0901; www.goldenlotusho tel.com.vn; 32 P Hang Trong; EZ/DZ ab 52/62 US$; ❄@☎) Die elegante, auf Hochglanz polierte Lobby stimmt die Gäste auf dieses atmosphärische kleine Hotel ein, das östlichen und westlichen Stil miteinander vereint. Alle Zimmer punkten mit Holzböden, Seidenornamenten und jeder Menge Kunstwerken sowie Breitband-Internetverbin-

dungen. In den meisten Räumen im hinteren Teil des Gebäudes muss man allerdings ohne natürliches Licht auskommen. Das Frühstück ist im Preis inbegriffen.

Madame Moon Guesthouse   PENSION $
(Karte S.52f.; 3938 1255; www.madammoonguesthouse.com; 17 Hang Hanh; Zi. 22–25 US$; ✳@🛜) Einen Häuserblock vom Hoan-Kiem-See entfernt wartet Madame Moon mit überraschend schicken Zimmern auf. Auf der Straße herrscht vergleichsweise wenig Verkehr und man hat die Wahl zwischen vielen Einheimischencafés. Wer „richtig" ausgehen möchte, findet ein paar nette Bars an der Ngo Bao Khanh um die Ecke.

Hilton Hanoi Opera   HOTEL $$$
(außerhalb der Karte S.52f.; 3933 0500; www.hanoi.hilton.com; 1 P Le Thanh Tong; Zi. ab 160 US$; ✳@🛜≋) Das beeindruckende neoklassizistische Gebäude aus dem Jahr 1998 fügt sich harmonisch in seine Umgebung ein und passt wunderbar zur angrenzenden Oper. Die Zimmer sind groß und elegant, die Business- und Freizeiteinrichtungen (darunter ein Fitnessstudio und ein Pool) beeindruckend.

Joseph's Hotel   HOTEL $$
(Karte S.52f.; 3939 1048; www.josephshotel.com; 5 P Au Trieu; Zi. 50–55 US$; ✳@🛜) In einer ruhigen Gasse hinter der St.-Joseph-Kathedrale versteckt sich dieses kompakte Hotel mit zehn Zimmern und einem pastellfarbenenen, modern asiatischen Design. Uns haben die Zimmer mit Blick auf die Kirchtürme am besten gefallen. Auf Anfrage wird Frühstück serviert. Wer genug vom hektischen Verkehr der Stadt hat, wird sich hier sicher wohlfühlen.

Hanoi Elegance Diamond Hotel   HOTEL $$
(Karte S.52f.; 3935 1632; www.hanoielegancehotel.com; 32 P Lo Su; EZ/DZ ab 55/65 US$; ✳@🛜) Mit dieser Unterkunft trifft man eine gute Wahl. Die großen Zimmer warten allesamt mit Computer, Holzböden, modernen Möbeln und Kabel-TV auf. Im Haus ist auch das La Siesta Spa (S.59) untergebracht, außerdem gibt's ganz in der Nähe noch vier weitere Elegance-Hotels.

Church Hotel   BOUTIQUE-HOTEL $$
(Karte S.52f.; 3928 8118; www.churchhotel.com.vn; 9 P Nha Tho; Zi. 50–88 US$; ✳@🛜) Minihotel mit echtem Boutique-Flair, dessen Zimmer manchmal etwas klein geraten, aber elegant möbliert sind. Das Frühstück (im Preis inbegriffen) wird in einem schicken Speisesaal eingenommen. Die Lage ist fantastisch: Die Nha Tho ist eine der nobelsten Altstadtadressen.

Hanoi Backpackers Hostel   HOSTEL $
(Karte S.52f.; 3828 5372; www.hanoibackpackershostel.com; 48 P Ngo Huyen; B 6 US$, Zi. 25–36 US$; ✳@🛜) Dieses beliebte, hervorragend organisierte Hostel nimmt zwei Gebäude in einer ruhigen Straße ein. Es verfügt über speziell angefertigte Etagenbetten und Schließfächer, zudem warten alle Schlafsäle mit eigenen Bädern auf. Unten befindet sich eine Bar und auf der Dachterrasse kann auch gegrillt werden. Der neue Hanoi-Backpackers-Ableger auf der P Ma May ist sogar noch beeindruckender.

Central Backpackers Hanoi   HOSTEL $
(Karte S.52f.; 3938 1849; www.centralbackpackershostel.com; 16 P Ly Quoc Su; B 5 US$; @🛜) Das gut geführte Hostel an der stark befahrenen Ly Quoc Su ist nur einen Steinwurf von vielen guten Cafés und Garküchen sowie der stattlichen St.-Joseph-Kathedrale entfernt. Die Stimmung ist sehr gesellig, was vielleicht auch mit der allabendlichen Happy Hour (Freibier!) von 20 bis 21 Uhr zusammenhängt.

Jasmine Hotel   HOTEL $$
(Karte S.52f.; 3926 4420; www.thejasminehotel.com; 57 Lo Su; EZ/DZ 40/55 US$; ✳@🛜) Diesen Ort „erträgt" nur, wer geschnitztes, dunkles Holz mag. Das Dekor ist vielleicht etwas übertrieben, aber dafür liegt das Jasmine günstig in der Nähe des Hoan-Kiem-Sees und einiger guter Restaurants. Die Standardzimmer sind etwas düster und die Balkonzimmer im vorderen Bereich bekommen den Straßenlärm ab, doch das Preis-Leistungs-Verhältnis ist trotzdem super.

Especen Hotel   HOTEL $
(Karte S.52f.; 3824 4401; www.especen.vn; 28 P Tho Xuong & 41 P Ngo Huyen; EZ/DZ 17/20 US$; ✳@🛜) Dafür, dass dies „nur" eine Budgetunterkunft ist, legt sich das Management mächtig ins Zeug. Die beiden Hotelgebäude befinden sich in bester, für Altstadtverhältnisse geradezu friedlicher Lage unweit der St.-Joseph-Kathedrale und sind nur ein paar Schritte voneinander entfernt. Ihre Ausstattung ist nahezu identisch und die geräumigen, hellen Zimmer können sich wirklich sehen lassen.

Hotel Thien Trang   PENSION $
(Karte S.52f.; 3826 9823; thientranghotel24@hotmail.com; 24 P Nha Chung; Zi. 12–22 US$;

❇@❄) Ein Hotel in ruhiger Lage im schicken Nha-Tho-Bezirk. Die geräumigen Zimmer verströmen einen altmodischen Charme, die modernen Elemente sind allerdings weniger ansprechend.

Impressive Hotel BOUTIQUE-HOTEL $$
(Karte S.52f.; ☎3938 1590; www.impressiveho tel.com; 54–56 P Au Trieu; EZ/DZ/3BZ ab 40/50/60 US$; ❇@) Saubere, gemütliche Zimmer und eine erstklassige Lage.

Heart Hotel HOTEL $$
(Karte S.52f.; ☎3928 6682; www.heart-hotel.com; 11B P Hang Hanh; Zi. 40–50 US$; ❇@) Beliebtes kleines Hotel mit zehn gepflegten Zimmern, die z. T. einen Ausblick auf den See bieten.

FRANZÖSISCHES VIERTEL

Drift HOSTEL $
(Karte S.58; ☎3944 8415; www.thedriftbackpa ckershostel.com; 42 Truong Han Sieu; B 6 US$, Zi. 20–25 US$; ❇@❄) Wenn die Betreiber Australier sind, kann man beinahe davon ausgehen, dass sie wissen, was Traveller für Bedürfnisse haben. Neben einer geselligen Atmosphäre wird hier kostenloses Frühstück und ein Filmzimmer mit einem riesigen Plasmafernseher geboten. Im angrenzenden Café gibt's leckeres westliches Essen, darunter Fajitas, Burger und getoastete Sandwiches. Bis in die Altstadt sind es 20 Gehminuten.

🍴 Essen

In dieser international geprägten Stadt gibt's für jedes Budget und jeden Geschmack das passende Essen. Wer gerade erst angekommen ist, sollte sich erst einmal auf die lokalen Spezialitäten stürzen: Sie sind aromatisch gewürzt, günstig und lecker. Auch die genialen Garküchen darf man keinesfalls verpassen.

Hat man ein paar Tage in den Bergen im Norden verbracht und sich ausschließlich von Nudeln und Reis ernährt, stellt die kulinarische Vielfalt der Hauptstadt mit japanischen, französischen, italienischen und indischen Restaurants eine willkommene Abwechslung dar.

ALSTADT

🏅 LP TIPP Highway 4 VIETNAMESISCH $$
(Karte S.48f.; ☎3926 0639; www.highway4.com; 3 P Hang Tre & 25 Bat Su; Gerichte 100 000– 200 000 VND) In diesem wackeligen alten Gebäude lockt ein unvergessliches Geschmackserlebnis! Hier begann die Erfolgsgeschichte einer Restaurantkette, die sich auf die Hochlandküche spezialisiert hat. Die Auswahl ist einfach umwerfend: Es gibt z. B. kleine Häppchen (z. B. *nem ca xa lo*, Frühlingsrollen mit Wels) oder auch sättigende Fleischgerichte wie *lin luec mam tep* (Schweinefilet mit Krabbensoße). Die leckeren Speisen können mit ein oder zwei Flaschen Son-Tinh-Schnaps (aus Klebreis, s. S.75) hinuntergespült werden. In der Bat Dan (ebenfalls in der Altstadt gelegen) befindet sich eine neuere Filiale. Zum Highway-4-Imperium gehört außerdem der elegante House-of-Son-Tinh-Komplex (S.72) inklusive eines Restaurants und einer Cocktailbar an der angesagten Xuan-Dieu-Ausgehmeile unweit des Tay Ho.

Cha Ca Thang Long VIETNAMESISCH $$
(Karte S.48f.; 21 P Duong Thanh; cha-ca-Fisch 150 000 VND; ⊙10–15 & 17–22 Uhr) *Cha ca* ist eine typische Hanoier Spezialität. Im Cha Ca Thang Long muss man selbst Hand anlegen und den saftigen Fisch mit ein wenig Krabbenpaste und vielen Kräutern auf dem Grill zubereiten. In einem nahe gelegenen, noch bekannteren Restaurant dieser Art kehren die ganzen Reisebusgruppen ein, dabei ist das Essen hier genauso gut.

Quan Bia Minh VIETNAMESISCH $
(Karte S.48f.; 7a Dien Liet; Hauptgerichte 80 000–120 000 VND) Der *bia-hoi*-Stand hat sich zu einem der Lieblinge in diesem Viertel gemausert. Alle Gerichte sind preiswert, zudem ist der Service unter der Leitung von Frau Minh einfach hervorragend. Man schnappe sich einen Tisch im Freien und ein kaltes Bier und lasse das herrliche Großstadtgewusel um einen herum auf sich wirken.

New Day VIETNAMESISCH $
(Karte S.48f.; 72 P Ma May; Hauptgerichte 30 000–60 000 VND) Obwohl das New Day im touristischsten Teil von Hanoi liegt, kommen auch viele Einheimische hierher. Die Angestellten finden stets noch ein Plätzchen für neue Gäste – eventuell muss man sich den Tisch eben mit anderen gleichgesinnten Fans der vietnamesischen Küche teilen.

The Spot INTERNATIONAL $$
(Karte S.48f.; 47 P Hang Be; Hauptgerichte 100 000–200 000 VND) Propaganda-Poster zieren die Wände, und es läuft gute Musik. The Spot bietet westliches Frühstück für alle, die fürs Erste genug von *pho* haben. Auf der Karte stehen auch Salate, ge-

NICHT VERSÄUMEN

TOP 10: STRASSENSTÄNDE

Sich in der Straßenküchenszenen der Hanoier Altstadt zurechtzufinden ist keine leichte Aufgabe, Durchhaltevermögen wird jedoch reich belohnt! Das leckerste Essen bekommt man zweifellos bei den vielen Verkäufern, die sich mit ihren Kohlegrills und winzigen Plastikstühlchen auf den Bürgersteigen drängen. Vor ihren oft schon seit Jahrzehnten betriebenen Ständen bilden sich schnell lange Warteschlangen. Meistens gibt's nur ein einziges Gericht, das dafür aber einfach göttlich schmeckt – man hatte ja genug Zeit, um das Rezept immer wieder zu verfeinern! Die Öffnungszeiten sind allerdings nicht ganz verlässlich.

Bun Cha Hanoi zu verlassen, ohne *bun cha* probiert zu haben, ist gewissermaßen ein Sakrileg! Wir empfehlen die Kombination aus gegrillten Schweinefleischbratlingen, Frühlingsrollen mit Krebsfleisch, Fadennudeln und Bergen von frischen Kräutern bei **Bun Cha Nem Cua Be Dac Kim** (Karte S. 48 f.; 67 Duong Thanh; ⊙11–15 Uhr).

Banh Cuon (Karte S. 48 f.; 14 P Hang Ga; ⊙8–16 Uhr) Hier kann man sich die Bestellung sparen – einfach Platz nehmen, schon wird einem ein Teller hauchdünner *banh cuon* (gedämpfte Reiscrêpes mit Schweinehack, Pilzen und geriebenen Krabben) vor die Nase gesetzt.

Pho Bo Der Service im legendären **Pho Gia Truyen** (Karte S. 48 f.; 49 P Bat Dan; ⊙7–10 Uhr) ist nicht immer sehr freundlich, aber die herzhafte Mischung aus zartem Rindfleisch, Nudeln und viel Brühe ergibt ein hervorragendes Frühstück. Am besten kommt man gleich um 7 Uhr und macht sich auf eine Warteschlange gefasst.

Banh Ghoi (Karte S. 52; 52 P Ly Quoc Su; ⊙10–19 Uhr) Unter einem Banyanbaum unweit der St.-Joseph-Kathedrale befindet sich ein bescheidener *banh-ghoi*-Stand. Die frittierten Pasteten sind mit Schwein, Fadennudeln und Pilzen gefüllt.

Bun Oc Saigon (Karte S. 48 f.; Ecke P Nguyen Huu Huan & P Hang Thung; ⊙11–23 Uhr) Wer sich den Inhalt der Plastikeimer genauer anschaut, wird mehr als bloß ein paar unbekannte Krustentiere entdecken. Uns schmecken vor allem die *bun oc* (Schneckennudelsuppe) mit saurer Tamarinde und die *so huyet xao toi* (mit Knoblauch gebratene Blutarchen, eine Muschelart).

Bun Bo Nam Bo (Karte S. 48 f.; 67 P Hang Dieu; ⊙11–22 Uhr) *Bun bo nam bo* (trockene Nudeln mit Rind) ist ein südvietnamesisches Gericht, das sich auch im Norden durchgesetzt hat. Mit Bohnensprossen, Knoblauch, Zitronengras und grüner Mango ergibt es eine sättigende Mahlzeit.

Xoi Yen (Karte S. 48 f.; Ecke P Nguyen Huu Huan & P Hang Mam; ⊙7–23 Uhr) Spezialität dieser Garküche ist Klebreis mit leckeren Beilagen, z. B. mit süßer asiatischer Wurst, gebratenem Ei oder langsam gegartem Schwein. Ein tolles Frühstück, vor allem, wenn man einen Kater hat.

Mien Xao Luon (Karte S. 48 f.; 87 P Hang Dieu; ⊙7–14 Uhr) Mutige können an diesem einfachen Stand knusprig gebratenen Aal kosten. Wir mögen die frittierte Variante mit Fadennudeln, Ei, Sprossen und gebratenen Frühlingszwiebeln.

Bun Rieu Cua (Karte S. 48 f.; 40 P Hang Tre; ⊙7–9 Uhr) Wer die *bun rieu cua* (Nudelsuppe mit Krebsfleisch) kosten will, das einzige Gericht, das in diesem schlichten, unglaublich beliebten Laden zubereitet wird, muss sich früh aus den Federn quälen. Dies ist die vielleicht beste Morgenmahlzeit in ganz Hanoi! Die Kombination aus Nudeln und Brühe aus winzigen Reisfeld-Krebsen wird mit gebratenen Frühlingszwiebeln, Knoblauch, Krabbenpaste und Chili serviert. Ein echter Klassiker.

Che (Karte S. 48 f.; 76 P Hang Dieu; ⊙7–15 Uhr) Natürlich sollte man noch etwas Platz für einen Nachtisch lassen, in diesem Fall für die verschiedenen Arten von *che* (süße Mungobohnen). Im Winter empfehlen wir *che banh troi tau* (mit Sesam und Ingwer) und im Sommer die erfrischenden *che thap nam* mit bis zu zehn bunten Zutaten (inklusive Kokosmilch, zerhackter Erdnüsse, Lotussamen und getrockneter Äpfel).

grillter Thunfisch und ein Lachssandwich nach griechischer Art sowie zahlreiche offene Weine. Zu vorgerückter Stunde legen manchmal DJs auf und bringen Leben in die entspannte Bude.

Nola CAFÉ $
(Karte S. 48f.; 89 P Ma May; Snacks 30 000–60 000 VND) Bunt zusammengewürfelte Retro-Möbel prägen dieses verwinkelte Café mit Bohemien-Flair. Tagsüber kann man im Nola einen Kaffee oder ein Stück Kuchen genießen, gegen Abend verwandelt sich der Laden dann in eine wunderbare kleine Bar. Bei gelegentlichen Ausstellungen werden die Arbeiten einheimischer Künstler gezeigt. Hier verkehrt Hanois hippe junge Generation, allerdings ist der Service manchmal etwas lahm.

Green Mango MEDITERRAN $$
(Karte S. 48f.; 3928 9917; www.greenmango.vn; 18 P Hang Quat; Mahlzeiten 180 000–250 000 VND) Das schicke Green Mango ist Restaurant und Lounge in einem und wartet mit einem großartigen Flair sowie erstklassigem Essen auf. Die Räumlichkeiten mit den wunderschönen Seidenvorhängen erinnern ein wenig an eine Opiumhöhle, zudem gibt's einen riesigen Hof (besonders schön in warmen Sommernächten). Von Pizza und Pasta bis zu moderner asiatischer Fusionsküche bereiten die Köche alle möglichen Leckereien zu. Selbst wenn man woanders essen will, sollte man zumindest einmal auf einen Cocktail vorbeischauen.

Green Tangerine FUSIONSKÜCHE $$
(Karte S. 48f.; 3825 1286; www.greentangerinehanoi.com; 48 P Hang Be; Hauptgerichte 10–20 US$;) In dem hübsch restaurierten Kolonialbau mit dem kopfsteingepflasterten Hof sind Stimmung und Geschmack Indochinas der 1950er-Jahre nach wie vor lebendig. Die französisch-vietnamesische Fusionsküche ist zwar nicht immer ein Kracher, dennoch lohnt sich der Besuch des eleganten Restaurants. Man kann hier ja auch einfach nur etwas trinken oder das günstige Mittagsmenü mit zwei Gängen bestellen (198 000 VND).

Tamarind Cafe VEGETARISCH $$
(Karte S. 48f.; www.tamarind-cafe.com; 80 P Ma May; Mahlzeiten 4–7 US$;) Das entspannte Café-Restaurant bietet gemütliche Sitzgelegenheiten und viel Platz. Zu den Highlights der abwechslungsreichen Speisekarte zählen Taboulé, Auberginen aus dem Tontopf und Salate. Darüber hinaus gibt's himmlisch gute Lassis, pikante Säfte und schmackhaften Wein.

RUND UM DEN HOAN-KIEM-SEE

LP TIPP Ly Club VIETNAMESISCH $$$
(Karte S. 52; 3936 3069; www.lyclub.vn; 4 Le Phung Hieu; Mahlzeiten 10–15 US$) In der eleganten französischen Kolonialvilla werden echte Köstlichkeiten serviert. Wer die asiatische Küche liebt, probiert am besten Krebse oder sautierte Muscheln mit Zitronengras und Chili. Unter den internationalen Gerichten tun sich vor allem der gebackene Lachs im Bananenblatt und das australische Wagyu-Rind vom Kohlegrill hervor. Wenn einen jemand danach fragt, wo man seinen letzten Abend in Hanoi verbracht hat, ist das Ly Club die perfekte Antwort.

Madame Hien VIETNAMESISCH $$$
(Karte S. 52; 3938 1588; www.verticale-hanoi.com; 15 P Chan Cam; Hauptgerichte 10–15 US$) Das Madame Hien ist in einer restaurierten Villa aus dem 19. Jh. untergebracht und eine Hommage an die vietnamesische Großmutter des französischen Kochs Didier Corlu. Besucher dürfen sich auf elegante Interpretationen traditioneller Hanoier Garküchenspeisen freuen. Eine tolle Einstimmung auf den Geschmack der Hauptstadt bietet das Menü „36 Streets" (435 000 VND). Auch das Mittagessen ist prima (200 000 VND).

La INTERNATIONAL $$
(Karte S. 52; 3928 8933; 49 P Ly Quoc Su; Hauptgerichte 13–18 US$) Dieses bescheiden wirkende Bistro besticht durch eine vertrauliche Atmosphäre und eine kreative Speisekarte, auf der z. B. Schweinelendenbraten mit Mango, Koriander und Knoblauch und viele offene Weine stehen. Zu den saisonalen Spezialitäten zählen Da-Lat-Erdbeeren.

Khazaana INDISCH $$
(Karte S. 52; www.khazaana.vn; 1C P Tong Dan, Mahlzeiten 100 000–270 000 VND) Ein Restaurant mit gehobenem Standard, in dem leckere Speisen aus dem Norden und Süden des indischen Subkontinents zubereitet werden. Die Thalis sind preiswert und machen satt. Außerdem gibt's zahlreiche vegetarische Optionen.

La Salsa MEDITERRAN $$
(Karte S. 52; 3828 9052; www.lasalsa-hanoi.com; 25 P Nha Tho; Mahlzeiten 150 000–200 000 VND; 8–23 Uhr) Spanische bzw. französische Gerichte auf zwei Etagen: Ta-

HANOIS KAFFEEKULTUR

In vietnamesischen Städten sind Coffee Shops im westlichen Stil längst kein ungewohnter Anblick mehr, doch gegen die traditionellen Cafés im Zentrum von Hanoi kommen sie trotzdem nicht an. Sie sind zumeist von ca. 7 bis 19 Uhr geöffnet, wobei die Zeiten eventuell variieren. Im Folgenden ein paar Tipps für ein besonders authentisches Kaffeeerlebnis:

Café Duy Tri (außerhalb der Karte S. 56; 43a P Yen Phu) Ein echter Klassiker: Dieses labyrinthartige Café in der P Yen Phu ein paar Häuserblöcke östlich des Truc-Bach-Sees wurde bereits 1936 eröffnet. Angesichts der kleinen Leitern und Treppen, über die man den Balkon im 3. Stock erreicht, wird man sich wie Gulliver fühlen! Uns hat vor allem der *caphe sua chua* (Eiskaffee mit Joghurt) geschmeckt – wer weiß, vielleicht ist es schon bald das neue Lieblings-Sommergetränk?!

Kinh Do Café (Karte S. 56; 252 P Hang Bong) Catherine-Deneuve-Fans werden sich diesen Laden wahrscheinlich genauer ansehen wollen: Hier trank die Schauspielerin während der Dreharbeiten zum Film *Indochine* nämlich ihre morgendliche Tasse Kaffee. Der ist schön stark, außerdem kann man sich dazu Joghurt, leckeres französisches Gebäck oder ein getoastetes Sandwich mit Schinken und Käse bestellen.

Cafe Pho Co (Karte S. 48 f.; 11 P Hang Gai) Eines der bestgehüteten Geheimnisse von Hanoi mit einem herrlichen Blick auf den Hoan-Kiem-See, erreicht man, indem man durch das Seidengeschäft geht, den mit Antiquitäten ausstaffierten Hof überquert und dann hinauf ins Obergeschoss zur „Mutter aller Aussichten" klettert. Bevor man die letzte Treppe in Angriff nimmt, muss man seine Bestellung aufgeben, z. B. *caphe trung da*, einen Kaffee mit hauchzart geschlagenem Eiweiß.

Cafe Lam (Karte S. 48 f.; 11 P Nguyen Huu Huan) Noch ein Café, das es schon seit ewig und drei Tagen gibt – und definitiv lang genug, um eine kompakte Galerie mit Bildern auszustatten, die von Gästen zurückgelassen wurden, weil sie während des Vietnamkriegs ihre Zeche nicht zahlen konnten. Heute tummeln sich hier junge Vespa-Besitzer mit Chucks an den Füßen, um die Lebensgeister mit einem unverschämt starken *caphe den* (schwarzer Kaffee) zu wecken.

Cong Caphe (Karte S. 58; 152 P Trieu Viet Vuong) Ein absolutes Muss für Kaffeeliebhaber ist die P Trieu Viet Vuong 1 km südlich des Hoan-Kiem-Sees. Diese Straße wird von zig Cafés gesäumt – einige sind sehr modern und werden von Teenies mit iPads frequentiert, andere kommen dagegen eher altmodisch daher. Im Cong Caphe kann man einen *caphe sua da* (Eiskaffee mit Kondensmilch) bestellen, kitschigen kommunistischen Tand bestaunen und gute Musik genießen.

pas und Speisen à la carte, darunter Paella sowie Cassoulet. Relaxte Atmosphäre.

Mediterraneo ITALIENISCH $$
(Karte S.52; ☏3826 6288; www.mediterraneo-hanoi.com; 23 P Nha Tho; Hauptgerichte 10–15 US$) In dem beliebten, authentischen kleinen italienischen Lokal wird hausgemachte Pasta serviert, z. B. Gorgonzola-Ravioli und Gnocchi. Dazu passt ein knackiger Salat. Die Holzofenpizzas suchen in Hanoi ihresgleichen. Oben befindet sich eine niedliche Terrasse mit Blick auf die St.-JosephKathedrale. Einziger Nachteil: Leider ist der Laden ganz schön verraucht!

Cart CAFÉ $
(Karte S.52; www.thecartfood.com; 18 P Au Trieu; Baguettes 40 000 VND; ⏱7.30–17 Uhr; ✍) Erstklassige Pasteten, hervorragende Säfte und innovative Baguette-Sandwiches machen dieses Restaurant unweit der St.-Joseph-Kathedrale zu einer kleinen Oase für Leute mit Heimweh nach westlicher Küche. Wer einen Kater hat, bestellt am besten ein Baguette mit gebratener Aubergine und Korianderpesto sowie einen reinigenden Apfel-Karotten-Ingwer-Saft.

Apple Tart BÄCKEREI $
(Karte S.52; 11 Ngo Bao Khanh; Snacks 30 000–50 000 VND) Ein winziger Laden mit einem tollen Angebot an französischen Backwaren zum Mitnehmen. Köstlichkeiten wie Crème Caramel und Apfel-Tartine können z. B. am Ufer des nahe gelegenen Hoan-Kiem-Sees verzehrt werden. Alternativ nimmt man

sein noch warmes Gebäck mit nach nebenan und trinkt dort einen Espresso.

Hanoi House
CAFÉ $

(Karte S.52; P 48A Ly Quoc Su; Snacks 30 000–50 000 VND; 🛜) Schickes Café mit Bohemien-Note. Vom Obergeschoss hat man einen tollen Blick auf die St.-Joseph-Kathedrale. Es ist mit rustikalem Kunsthandwerk aus Sa Pa ausgestattet und lädt ebenso wie der unfassbar schmale Balkon zum Relaxen ein. Hier gibt's erstklassige Säfte und den besten Ingwertee der ganzen Stadt.

Cine Café
CAFÉ $

(Karte S.52f.; 22A P Hai Ba Trung; Snacks 2–4 US$, Getränke 1–3 US$) Wer genug von der städtischen Hektik hat, kann in der beschaulichen Café-Bar der Cinematheque (S.76) einkehren und im Hof einen frischgepressten Saft, einen Espresso oder einen Snack genießen. Der Laden ist nicht ganz leicht zu finden: Man erreicht ihn, indem man von der Hai Ba Trung kommend die Gasse neben dem DVD-Laden hinuntergeht und nach 20 m rechts abbiegt.

La Place
CAFÉ $

(Karte S.52f.; 4 P Au Trieu; Gerichte ab 65 000 VND; 🛜) Gleich neben der St.-Joseph-Kathedrale wartet dieses geschmackvolle, beliebte kleine Café mit Wänden voller Propaganda-Kunst, zahlreichen asiatischen sowie westlichen Gerichten, jeder Menge offener Weine und wunderbar starkem Kaffee auf. Im Obergeschoss hängen jede Menge faszinierende alte Poster, außerdem eröffnet sich hier ein toller Blick auf die Kirche.

Fanny Ice Cream
EISCREME $

(Karte S.52f.; 48 P Le Thai To; Eiscreme ab 15 000 VND) *Die* Adresse für Eiscreme und Sorbets nach französischer Art. Wenn gerade die richtige Saison ist, sollte man unbedingt die Sorte *com* probieren, eine regionale Köstlichkeit, die aus jungem Reis gewonnen wird. Zu den weiteren innovativen Geschmacksrichtungen gehören Ingwer und Grüntee.

Kem Dac Diet Trang Tien
EISCREME $

(Karte S.52f.; 35 P Trang Tien; Eiscreme ab 5000 VND) Dieser Eissalon ist so beliebt, dass man sich an heißen Sommerabenden förmlich einen Weg durch die Menschenmassen bahnen muss.

Fivimart
SELBSTVERSORGER

(Karte S.52f.; 27A P Ly Thai Tho) Ein gut sortierter Supermarkt im Stadtzentrum.

Citimart
SELBSTVERSORGER

(Karte S.52f.; Hanoi Towers, 49 Hai Ba Trung) Ein Supermarkt mit vielen Delikatessen.

WESTLICH DER ALTSTADT

LP TIPP Quan An Ngon
VIETNAMESISCH $

(Karte S.56; 15 P Phan Boi Chau; Gerichte 35 000–80 000 VND; ⊙11–23 Uhr) Die richtige Anlaufstelle für alle, die authentisches Essen kosten wollen, Straßenständen aber nicht so richtig über den Weg trauen. Hier wimmelt es von Einheimischen und eine Handvoll Ausländern (Wartezeit einkalkulieren oder außerhalb der Stoßzeiten mittags und abends kommen). In den hervorragenden Miniküchen werden Spezialitäten aus dem ganzen Land zubereitet, darunter Tintenfisch mit Zitronengras und Chili oder *chao tom* (gegrilltes Zuckerrohr in würziger Krabbenpaste).

LP TIPP La Badiane
INTERNATIONAL $$$

(Karte S.56; ☏3942 4509; www.labadiane.hanoi.sitew.com; 10 Nam Ngu; Hauptgerichte 15 US$) La Badiane, zu Deutsch „Sternanis", ist ein hippes Bistro in einer restaurierten, weiß getünchten französischen Villa mit einem luftigen Hof. Französisch-mediterrane und asiatische Rezepte dominieren die Speisekarte. Zu den Highlights gehören Wolfsbarsch-Tagliatelle mit geräucherter Paprika und Garnelen-Biskuit mit Wasabi-Tomaten-Bruschetta. Für ein Drei-Gänge-Menü (mittags) zahlt man günstige 255 000 VND.

Southgate
FUSIONSKÜCHE $$

(Karte S.56; ☏3938 1979; www.southgatehanoi.com; 28 Tong Duy Tan; Tapas 90 000–120 000 VND, Hauptgerichte 130 000–250 000 VND) Verführerische Fusionsküche in Tapas-Form (wie wär's mit zweimal gegartem Schweinebauch?) und tolle Desserts wie Panna Cotta mit Thymian, Honig und Joghurt sind die Spezialitäten dieses stilvollen Restaurants mit Bar, das in einer toll restaurierten Kolonialvilla untergebracht ist. Die erstklassigen Cocktails lassen an stylishe Schuppen in New York oder Sydney denken.

KOTO
CAFÉ $$

(Karte S.56; ☏3747 0338; www.koto.com.au; 59 P Van Mieu; Mahlzeiten 95 000–140 000 VND; ⊙Mo abends geschl.; ⊖@) Das fantastische vierstöckige Lokal mit Blick auf den Literaturtempel ist Café, Bar und Restaurant in einem mit schicken Sitzgelegenheiten und frischen Blumenarrangements an der Kasse. Tagesgerichte werden mit Kreide auf eine Tafel geschrieben, und die kurze Karte um-

ABSTECHER

SPEZIALITÄTEN

Wer Essen und Entdecken miteinander verbinden möchte, sollte folgende Straßen ansteuern, die vor interessanten Restaurants und Essensständen förmlich aus allen Nähten platzen:

» **Pho Cam Chi** Die schmale Gasse (Karte S. 56) ist vollgestopft mit traditionellen Lokalen, in denen sehr günstiges, leckeres Essen verkauft wird. „Cam Chi" bedeutet so viel wie „mit dem Finger zeigen verboten" und stammt aus längst vergangenen Zeiten. Der Name sollte die Bewohner des Viertels daran erinnern, dass sie ihre Hände in den Taschen zu lassen hatten, wenn der König mit seiner Gefolgschaft durch die Straßen zog. Die Straße befindet sich etwa 500 m nordöstlich vom Hauptbahnhof und die angrenzende Tong Duy Tan mausert sich immer mehr zu einer hippen Café- und Restaurantmeile.

» **Ðuong Thuy Khue** In dieser Straße (Karte S. 56) am südlichen Tay-Ho-Ufer gibt's Dutzende Fischrestaurants. Der Konkurrenzkampf ist hart; davon zeugen auch waghalsige Aktionen der Schlepper, die sich sprichwörtlich vor die Autos werfen, um für bestimmte Restaurants zu werben. Für eine anständige Mahlzeit zahlt man hier etwa 150 000 VND pro Person.

» **Truc Bach** Ruhiger geht's am nordöstlichen Ufer des Truc-Bach-Sees (außerhalb der Karte S. 56) zu. Dort reihen sich auf mehreren Hundert Metern *lau*-(Eintopf-) Lokale aneinander. Am besten lässt man sich mit ein paar Freunden an einem der Tische am See nieder, um frische Meeresfrüchte, Huhn oder Rind selbst zuzubereiten. Besonders schön an kühleren Abenden.

» **Pho Nghi Tam** In der Pho Nghi Tam 10 km außerhalb des Zentrums bieten auf einer Strecke von 1 km rund 60 Restaurants Hundefleisch an (nach den Wörtern *thit cho* Ausschau halten). Da die Einwohner von Hanoi glauben, es bringe Unglück, in der ersten Hälfte eines Mondmonats Hundefleisch zu essen, wirken die Lokale während dieser Zeit wie ausgestorben. Am letzten Tag des Mondmonats wimmelt es dagegen von Einheimischen.

---

fasst alles von exzellenter vietnamesischer Küche über leckere Pita-Gerichte bis zu Fish 'n' Chips im Bierteig. Zudem werden an der Bar jede Menge tolle Cocktails gemischt. Das KOTO ist ein sehr erfolgreiches gemeinnütziges Projekt, das benachteiligten Kindern eine berufliche Perspektive bietet.

San Ho Restaurant
FISCH & MEERESFRÜCHTE $$$
(Karte S. 56; ☎3934 9184; 58 P Ly Thuong Kiet; Mahlzeiten um 300 000 VND) Eines der besten Fischrestaurants Hanois. In der attraktiven Villa aus der Kolonialzeit gibt's Krusten- und Weichtiere in nahezu jeder Form und Größe zusammen mit köstlichen Soßen. Meist werden Kilopreise berechnet.

Matchbox Winebar & Restaurant
MEDITERRAN $$
(Karte S. 56; ☎3734 308; 40 Cao Ba Quat; Hauptgerichte 100 000–290 000 VND) Das Matchbox ist in einen eleganten Hof neben dem Museum der Schönen Künste umgezogen und bietet dort preiswertes Essen mit mediterraner Note. Man könnte sich zwischen- durch einen Teller Pasta und ein Glas Wein genehmigen oder ein ausgedehntes Abendessen (z. B. Steaks) mit australischem Rotwein genießen.

Puku CAFÉ $
(Karte S. 56; 18 Tong Duy Tan; Hauptgerichte 60 000–110 000 VND; ◷24 Std.; ☏☎) Ein kleines Stück neuseeländischer Cafékultur. In der Sprache der Maori bedeutet Puku „Magen", und selbigen kann man sich hier mit tollen Burgern, mexikanischen Wraps und Frühstück (den ganzen Tag über) vollschlagen. Dazu gibt's hervorragenden Kaffee. Bis zum Bahnhof sind es nur fünf Gehminuten, deshalb gilt der Laden als gute Anlaufstelle, wenn man gerade aus dem Nachtzug aus Sa Pa gestiegen ist und mächtigen Kohldampf hat. Ein weiteres Plus: Der Laden ist rund um die Uhr geöffnet.

Foodshop 45 INDISCH $
(außerhalb der Karte S.S.52 f.56; ☎3716 2959; 59 Truc Bach; Hauptgerichte 70 000–100 000 VND) Hanois bestes indisches Restaurant findet man zwischen den *lau*-Imbissen am Truc-

ABSTECHER

TAY HO – HANOIS NEUESTER HOTSPOT

Die Gegend rund um den Tay Ho (Westsee) 6 km nordwestlich der Altstadt ist eine nette Alternative zum verkehrsverstopften Durcheinander im Zentrum. Neben ein paar netten Unterkünften findet man hier immer mehr Restaurants und Bars, da sich das Viertel bei Hanois ausländischer Gemeinde großer Beliebtheit erfreut. Für die Taxifahrt von der Altstadt dorthin zahlt man 80 000 bis 90 000 VND, für ein *xe om* 30 000 bis 40 000 VND.

Daluva Home   APARTMENT $$$

(3718 5831; www.daluva.com; 33 To Ngoc Van, Tay Ho; Apt. 94 US$; ❄️❋📶) Dieses geräumige Apartment befindet sich in einem ruhigen Wohnviertel über einer Tapas- und Cocktailbar (S. 73). Es verfügt über ein schickes Designer-Dekor, eine Küche, eine sehr gemütliche Lounge und ein Schlafzimmer mit einem riesigen Bett. Würde man nach Hanoi ziehen, wäre das genau die Wohnung, die man gern hätte! Auch Pärchen werden sich hier wohlfühlen. Ganz in der Nähe wird sonntagmorgens ein Bauernmarkt veranstaltet.

InterContinental Westlake Hanoi   LUXUSHOTEL $$$

(6270 8888; www.intercontinental.com/hanoi; 1A Nghi Tam, Tay Ho; DZ ab 120 US$; ❋@📶🏊) Eindeutig die luxuriöste Adresse im Norden der Stadt. Das Hotelgebäude zeichnet sich durch ein modernes asiatisches Design aus und ragt in den See hinein. Viele der umwerfenden Zimmer (alle inklusive Balkone) stehen auf Stelzen im Wasser. Zur Anlage gehört auch die romantische Sunset Bar auf einer künstlich aufgeworfenen Insel. Hier werden hervorragende Cocktails gemixt (ab 190 000 VND), für die man recht tief in die Tasche greifen muss, aber dafür geht's hier stilvoller zu als auf der *bia-hoi*-Kreuzung.

House of Son Tinh   VIETNAMESISCH $$

(3715 0577; www.highway4.com; 31 P Xuan Dieu, Tay Ho; Mahlzeiten 100 000–200 000 VND) Der Vorzeigeableger des Highway-4-Imperiums (S. 66) umfasst die wunderbar intime Son Tinh Lounge Bar, in der man leckere Cocktails mit Son-Tinh-Spirituosen (S. 75) bestellen kann. Oben befindet sich das elegante Highway-4-Restaurant. Die Küche ist von den rustikalen Rezepten des Nordens geprägt.

Bach-See. Unten ist das Ambiente authentischer. An den rustikalen Tischen werden leckere Spezialitäten wie *kadhai*-Huhn serviert, das man wunderbar mit ein oder zwei Bieren herunterspülen kann.

Net Hue   VIETNAMESISCH $
(Karte S. 56; Ecke P Hang Bong & P Cam Chi; Hauptgerichte 30 000–60 000 VND) Dieses kompakte Restaurant nimmt drei Etagen ein und verwöhnt seine Gäste mit köstlichen Gerichten aus der zentralvietnamesischen Stadt Hue, darunter *bun bo Hue* (Nudeln nach Hue-Art) und *banh nam* (gedämpfte Reispfannkuchen mit zerhackten Krabben). Es wird von einer freundlichen Familie betrieben und ist – gemessen am Ambiente – erstaunlich preiswert. Oben befinden sich die schönsten Plätze.

Café Smile   CAFÉ $
(Karte S. 56; 5 P Van Mieu; Mahlzeiten 70 000–120 000 VND; @) Zum Angebot des entspannten Café-Restaurants gehören köstliche Kuchen und süßes Gebäck sowie leckere westliche und vietnamesische Gerichte (z. B. *pho*).

FRANZÖSISCHES VIERTEL

Nha Hang Ngon   VIETNAMESISCH $$
(Karte S. 58; 26A Tran Hung Dao; Hauptgerichte 80 000–130 000 VND; ⊙11–23 Uhr) Wenn es einem im Quan An Ngon zu hektisch zugeht, könnte man einen Abstecher zu dieser Schwestereinrichtung unternehmen. Auch hier stehen authentische Straßensnacks im Mittelpunkt, allerdings ist das Ambiente im Hof einer restaurierten französischen Villa romantischer.

Izakaya Yancha   JAPANISCH $$
(Karte S. 58; 3974 8437; 121 Trieu Viet Vuong; Mahlzeiten 100 000–200 000 VND) In dem von vietnamesischen Cafés umringten Restaurant an der „Kaffeemeile" bekommt man *izakaya* (so etwas wie japanische Tapas), darunter viele Leckereien nach Osaka-Art wie Thunfisch-Sashimi und Hühn-

chen oder Miso mit Udon-Nudeln. Das Lokal verströmt eine lebendige, freundliche Atmosphäre.

Wild Lotus   VIETNAMESISCH $$$
(Karte S.58; 3943 9342; www.wildlotus.vn; 55A P Nguyen Du; Hauptgerichte 180 000–250 000 VND;) Den prächtigen Speisesaal dieses supernoblen Restaurants in einem Kolonialbau zieren jede Menge auffällige Kunstwerke. Hier kann man zwischen drei Menüs mit unterschiedlichen Geschmacksrichtungen wählen, um die Highlights vietnamesischer Küche kennenzulernen.

Chay Nang Tam   VEGETARISCH $$
(Karte S.58; 79A P Tran Hung Dao; Mahlzeiten ab 80 000 VND; 11–23 Uhr;) Damit sich gemäß einer alten buddhistischen Tradition auch Nicht-Vegetarier willkommen fühlen, werden Gemüse und Hülsenfrüchte hier so zubereitet, dass sie wie Fleisch aussehen!

GROSSRAUM HANOI

Quan Hai San Ngon   FISCH & MEERESFRÜCHTE $$
(3719 3169; 198 Nghi Tam, Tay Ho; Hauptgerichte 150 000–200 000 VND) Eine tollere Atmosphäre – man sitzt rund um große Wasserbecken unter freiem Himmel – findet man wahrscheinlich nirgendwo in Hanoi. Das Restaurant im Tay-Ho-Bezirk (eine zehnminütige Taxifahrt vom Zentrum in Richtung Norden) serviert erstklassige vietnamesische Fischgerichte wie Wolfsbarsch mit Mango und Chili oder Austern aus der Ha-Long-Bucht mit Wasabi.

Oasis   SELBSTVERSORGER
(24 P Xuan Dieu) In dem von einem Italiener geführten Delikatessengeschäft bekommt man fantastisches Brot, Käse und Salami sowie hausgemachte Pasta und Soßen. Das Oasis liegt nördlich des Zentrums an der Tay-Ho-Restaurantmeile P Xuan Dieu.

Don's A Chef's Bistro   INTERNATIONAL $$$
(3718 5988; www.donviet.vn; Lane 16, 27 P Xuan Dieu; Hauptgerichte 14–25 US$, Pizza 10–22 US$; Mo–Fr 8.30–24, Sa & So ab 7.30 Uhr) Wer sich zu dem mehrgeschossigen Restaurant am Ufer des Tay Ho aufmacht, wird den Abstecher dorthin nicht bereuen. Eigentlich sind es gleich drei Läden in einem: ein innovatives Bistro (wir empfehlen das Sashimi und die Krabbenküchlein), eine Austernbar und eine Pizzeria mit Holzofen. Auf der Website steht alles zum Livemusikprogramm. Von der Xuan Dieu biegt man links ab (am Seeufer entlang) und hält Ausschau nach dem Neonschild „Oyster Bar". Im Don's werden auch Räder vermietet, mit denen man den 13 km langen Seerundweg abfahren kann. Hinterher lockt der legendäre Wochenendbrunch (11–17 Uhr).

Daluva   TAPAS $$
(3718 5831; www.daluva.com; 33 To Ngoc Van, Tay Ho; Tapas 70 000–140 000 VND, Hauptgerichte 160 000–320 000 VND; 8 Uhr–open end) In der schicken Tay-Ho-Cocktailbar mit cooler Musik und einer tollen Weinkarte gibt's Tapas, Gourmetburger und Pizzas. Uns haben vor allem die Garnelen im Speckmantel und die gebratenen Calamares mit Aioli geschmeckt. Auch der gemütliche Sonntagsbrunch mit Eiern Benedikt und Lachs ist nicht zu verachten.

Kitchen   CAFÉ $$
(7A/40 P Xuan Dieu, Tay Ho; Snacks & Mahlzeiten 80 000–130 000 VND; 8–21 Uhr;) Das Terrassencafé am Tay Ho wartet mit einer entspannten Atmosphäre und einer kreativen Karte auf. Die Zutaten für die leckeren Sandwiches und Salate stammen fast komplett aus biologischem Anbau. Prima sind auch das Frühstück, die Säfte (z. B. Tonicwater mit Ingwer und Wassermelone) und der Espresso.

Ausgehen

Hanois Nachtleben ist lebendig und abwechslungsreich: Neben zahlreichen heruntergekommenen Spelunken gibt's jede Menge richtig nette Kneipen, Cafés, schicke Loungebars und Hunderte *bia-hoi*-Buden.

Einzig die Sperrstunde stellt ein Problem dar: Die Polizei achtet darauf, dass diese eingehalten wird, und so kommt es immer seltener vor, dass sich jemand darüber hinwegsetzt. Nach Mitternacht ist hier dementsprechend wenig los. Manche Läden machen nach der Sperrstunde hinter verschlossener Tür weiter; am besten fragt man in den Hostels nach, bei welchen Bars man sein Glück versuchen kann.

Die nettesten Orte für eine Kneipentour sind die P Ta Hien mit den zahlreichen touristenfreundlichen Bars, die Ngo Bao Khanh nahe dem Nordwestufer des Hoan-Kiem-Sees und die P Xuan Dieu in der Tay-Ho-Gegend (Letztere ist beliebt bei der ausländischen Gemeinde).

Le Pub   PUB
(Karte S.48f.; 25 P Hang Be; 7 Uhr–open end) Ein toller Ort, um Leute kennenzulernen. Die gemütlich eingerichtete Kneipe zeichnet sich durch eine angenehme, gesellige

> **NICHT VERSÄUMEN**
>
> ## BIA AHOY!
>
> „*Tram phan tram!*" Diesen Trinkspruch sollte man sich merken – er bedeutet so viel wie „100 %" oder „Runter damit", ist überall in Vietnam bekannt und erschallt immer dann, wenn mit *bia hoi* angestoßen wird. Das erfrischende leichte Pils wurde als Zeichen kommunistischer Solidarität von den Tschechen eingeführt und enthält keine Konservierungsstoffe. Für ein Glas zahlt man teilweise gerade mal 4000 VND.
>
> Hanoi ist Vietnams *bia-hoi*-Hauptstadt. Vor allem in der Altstadt gibt's eine ganze Reihe von Minibrauereien und die sogenannte **bia-hoi-Kreuzung** (Karte S. 48 f.) bei der P Ta Hien und der P Luong Ngoc Quyen. Leider wimmelt es hier von Backpackern und Urlaubern, sodass man vergeblich nach authentischem Flair sucht – um Heineken zu trinken, muss man eigentlich nicht extra nach Vietnam fliegen.
>
> Urtümlicher ist die *bia-hoi*-Kreuzung Ecke P Nha Hoa und P Duong Thanh im Westen der Altstadt. Wer zu seinem Bier etwas essen möchte, sollte das **Bia Hoi Ha Noi** (Karte S. 48 f.; 2 P Duong Thanh) ansteuern, denn dort bekommt man die besten Spareribs der Stadt. Auch das **Bia Hoi Hang Tre** (22 P Hang Tre, Karte S. 48 f.) an der Ecke P Hang Tre und P Hang Thung lohnt einen Besuch. Wir empfehlen die gebratene Ente (*vit quay*). Zu den Mittagsfavoriten der Einheimischen gehört das **Nha Hang Lan Chin** (Karte S. 52; 2 P Trang Tien), wo man sich aber auch problemlos einfach nur ein *bia hoi* genehmigen kann.
>
> Ein weiteres Symbol der tschechisch-vietnamesischen Solidarität während des Kalten Krieges, die zur „Erfindung" des *bia hoi* führte, ist das große Brauhaus **Gambrinus** (Karte S. 52; 198 P Tran Quang Khai) – Prag lässt grüßen! Glänzende Bierfässer und gutes Essen (tschechisch und vietnamesisch) machen es zu einem beliebten Treffpunkt der Stadtbewohner.

Stimmung aus und zieht ein gemischtes Publikum aus Touristen und Einwanderern an. Sie verfügt über eine Terrasse (vorn) und einen Hof (hinten) sowie große Bildschirme für Sportübertragungen, außerdem kann man hier typisch vietnamesische Snacks bestellen. Das Personal ist auf Zack und im Hintergrund laufen bekannte Hits. Ein größerer **Le-Pub-Ableger** (9 P Xuan Dieu) befindet sich in der Nähe des Tay Ho (Westsee).

Cheeky Quarter BAR
(Karte S. 48 f.; 1 P Ta Hien) In der netten, leicht schrulligen kleinen Bar am oberen Ende der Ta Hien mit einer gemusterten Tapete und interessanten gerahmten Bildern gibt's einen Kickertisch. Die Musik geht in Richtung Drum 'n' Bass und House.

LP TIPP Quan Ly BAR
(Karte S. 58; 82 Le Van Hu) Pham Xuan Ly lebt bereits seit den 1950er-Jahren in diesem Häuserblock und betreibt eine der authentischsten *ruou*-(vietnamesischer Schnaps) Bars der Stadt. Zum Auftakt könnte man den Ginseng-Schnaps probieren und sich dann zu der Schlangen- oder Gecko-Mischung vortasten. Die englischsprachige Karte erleichtert das Bestellen, denn außer Hochprozentigem gibt's auch billiges *bia hoi* und leckeres vietnamesisches Essen. Das Quan Ly ist ein traditionelles Stück des „alten Hanoi" und das Foto an der Wand zeigt den Besitzer mit Ho Chi Minh höchstpersönlich. Wer denkt, *ruou* sei das perfekte Mitbringsel, sollte das **Thanh Binh** (Karte S. 48 f.; 62 P Lan Ong) ansteuern. In dem Reisweinladen bekommt man Flaschen mit den exotischsten Zutaten.

21N Club BAR
(49 Lang Yen Phu, Tay Ho) Im Vergleich mit den anderen Läden in Hanoi ist diese Bar am Tay Ho irgendwie ganz anders. Sie hat Tische direkt am Ufer, wartet regelmäßig mit Livemusik auf und bietet hausgemachtes „Sailor"-Bier an. Das Bier und die Cocktails sind sehr günstig und die Burger lecker, zudem schmecken die Fritten zu vorgerückter Stunde immer besser. Unter www.newhanoian.xemzi.com findet man einen Veranstaltungskalender.

Mao's Red Lounge BAR
(Karte S. 48 f.; 5 P Ta Hien) An Wochenenden platzt die wahrscheinlich beliebteste Bar auf der Ta Hien aus allen Nähten. Mit ihrem gedämpften Licht und der abgestandenen Luft erinnert sie an eine klassische ver-

rauchte Spelunke. Die Getränke sind preiswert und auch die Musik ist normalerweise ganz gut – wer aber gern mal etwas anderes hören möchte, kann ruhig fragen, ob er seinen MP3-Player an die Anlage anschließen kann!

Funky Buddha   BAR
(Karte S. 48 f.; 2 P Ta Hien) Sobald die Techno- und House-Musik startet, hat der Funky Buddha mehr von einem Nachtclub als von einer Bar. Hinter der wie ein L geformten Theke werden leckere Cocktails gemixt, und weil die Getränke günstig sind, tummeln sich hier die Gäste aus den umliegenden Hostels.

Factory   BAR
(Karte S. 52; www.factory.org.vn; 11a P Bao Khanh) Die Factory ist etwas gediegener als die übrigen Bars entlang der leicht heruntergekommenen P Bao Khanh. Sie hat eine große Dachterrasse und ein auffälliges Dekor mit interessanten sozialistischen Malereien. Auf den verschiedenen Ebenen wird man zudem schräge Kunstwerke von Le Quang Ha und eine Schischa-Lounge entdecken. Die Bar ist super ausgestattet, es gibt günstige vietnamesische Snacks und gewöhnlich werden Musik- und Kunstevents in regelmäßigen Abständen geboten. Mehr dazu auf der Webseite.

Legends Beer   BRAUEREI
(Karte S. 48 f.; 109 P Nguyen Tuan; ☉11 Uhr–open end) Ja, es ist *sehr* touristisch, aber dafür genießt man zu den selbst gebrauten *Bieren* einen tollen Ausblick auf den Hoan-Kiem-See. Kleiner Tipp: Kamera mitbringen, um Filme von den unglaublichen Metalllawinen an einem der meistbefahrenen Kreisverkehre der Stadt zu drehen.

Temple Bar   BAR
(Karte S. 48 f.; 8 P Hang Buom) Die Temple Bar hieß früher Egypt und hatte ein entsprechendes Dekor, heute ist sie dagegen durch eine leicht irische Note geprägt. Dennoch spielt hier Drum 'n' Bass und nicht Guinness die erste Geige. An einer schmalen Bar vorbei geht's auf die große Tanzfläche, auf der sich verschwitzte Einheimische und Backpacker drängen. In dem Laden legen regelmäßig DJs auf.

Green Mango   BAR
(Karte S. 48 f.; 18 P Hang Quat) Zu dem gleichnamigen Hotel-Restaurant gehört auch eine tolle entspannte Bar mit stilvollen Sitzgelegenheiten, einer verführerischen Cocktailkarte und einem attraktiven Publikum.

INSIDERWISSEN

MARKUS MADEJA ÜBER SON-TINH-SCHNAPS

Auf dem Land produzierter *ruou* (vietnamesischer Reisschnaps) weist häufig Unreinheiten auf, die üble Kopfschmerzen verursachen. Unser **Son Tinh** (www.sontinh.com) wird nach traditionellem Rezept aus hochwertigem Klebreis hergestellt und ruht drei bis fünf Jahre.

Welcher Geschmack passt zu welchem Gericht?

Tao Meo (Crataegus/Weißdorn) schmeckt gut zu geräuchertem und gegrilltem Fleisch. Er wird aus einer immer seltener werdenden Wildfrucht gewonnen, die in den Bergen im Norden wächst. Wer Fisch und Meeresfrüchte mag, sollte **Bach Sam** (weißer Ginseng) kosten. Er hat einen erdigen, leicht süßlichen Geschmack und passt super zu den Welsfrühlingsrollen von **Highway 4** (S. 66). Hühnchen schmeckt lecker mit **Minh Mang**. Er wird aus 19 verschiedenen Kräutern gewonnen und ist nach dem Herrscher Minh Mang (19. Jh.) benannt, der angeblich mehr als 140 Kinder hatte.

Zukünftige ruou-Projekte

Wir wollen Obstbrände aus einheimischen Früchten herstellen. Obwohl es eine Fülle tropischer und subtropischer Früchte in Vietnam gibt, hat bislang niemand ein solches Produkt kreiert. Außerdem verwenden wir *ruou* in der **Son Tinh Lounge Bar** (S. 72) bei der Zubereitung von Cocktails.

Wie die Einheimischen

Quan Ly (S. 74) ist ein guter Einheimischentreff, der sich zum Verkosten des vietnamesischen Schnapses anbietet.

> ### HANOI FÜR SCHWULE & LESBEN
>
> In Hanoi gibt's zahlreiche schwulen- und lesbenfreundliche Läden. Die offizielle Haltung gegenüber Homosexuellen ist jedoch auch in der Hauptstadt nach wie vor eher konservativ. Polizeirazzien im Namen der „Sozialreform" sind nicht unüblich, deshalb verhalten sich Schwule und Lesben relativ reserviert.
>
> Das **GC Pub** ist eine der am besten etablierten Schwulenbars in Hanoi und die richtige Adresse, wenn man wissen möchte, wo man gut feiern kann. Was Unterkünfte betrifft, sind Schwule und Lesben im **Art Hotel** (S. 62) und **Daluva Home** (S. 72) willkommen.
>
> Auf www.utopia-asia.com findet man die neuesten Infos zur Hanoier Szene. Lesenswert sind auch die Infos zu Vietnam unter www.cambodiaout.com. Vorsicht: In der Gegend um den Hoan-Kiem-See werden Schwule manchmal abgezockt (s. S. 81).

Eine echte Oase der Ruhe nur einen Schritt vom Altstadtchaos entfernt.

Roots BAR
(Karte S. 48f.; 2 P Luong Ngoc Quyen) In erster Linie eine Reggae-Bar, aber es werden auch andere Musikrichtungen (Salsa, Afrobeat) gespielt. Oft ist die Stimmung super und die Leute tanzen, was das Zeug hält. Die Sperrstunde wird nicht zwangsläufig beachtet.

Angelina BAR
(Karte S. 52f.; Sofitel Metropole Hotel, 15 P Ngo Quyen; ⊙12–2 Uhr) Diese schicke Hotelbar hat länger geöffnet als andere Läden. An den Wochenenden legen DJs House und Musik zum Chillen auf. Am Pool des Sofitel Metropole ist zudem die elegante, klassische **Bamboo Bar** untergebracht.

Dragonfly BAR
(Karte S. 48f.; 15 P Hang Buom) Bar-Club in praktischer Altstadtlage. Das Publikum ist allerdings sehr jung und die Musik nichts Besonderes.

Rooftop Bar BAR
(Karte S. 56; 19. OG, Pacific Place, 83B Ly Thuong Kiet) Hier kann man bei einem Bier vorbeischauen und die tolle Aussicht auf Hanoi genießen.

Tet BAR
(Karte S. 48f.; 2A P Ta Hien) Die kleine Bar mit der gedämpften Beleuchtung und dem Tisch im Zwischengeschoss bietet sich für ein intimes Tête-à-tête an. Zu weit vorgerückter Stunde wird die Musik aufgedreht – auf einmal findet man sich in einem der kleinsten Clubs der Stadt wieder.

GC Pub PUB
(Karte S. 52f.; 7 P Bao Khanh) Sieht von außen ziemlich verwahrlost aus, ist aber eine gute, schwulenfreundliche Anlaufstelle fürs Wochenende mit einem Billardtisch.

☆ Unterhaltung

Kinos

Centre Culturel Français de Hanoi KINO
(Karte S. 52f.; www.ifhanoi-lespace.com, in French; 24 P Trang Tien) Das französische Kulturzentrum ist im prächtigen L'Espace-Gebäude nahe der Oper untergebracht. Es zeigt regelmäßig französische Filme und organisiert Musikveranstaltungen; mehr darüber erfährt man auf der Website.

Cinematheque KINO
(Karte S. 52f.; 22A Hai Ba Trung) Ein Mekka für Experimentalfilmliebhaber und eine echte Hanoier Institution. Auch die kleine Café-Bar (S. 70) ist klasse. Eigentlich haben nur Mitglieder Zutritt, aber für 50 000 VND gibt's eine Doppelvorstellung für Gastbesucher, die eigentlich immer interessant ist.

Megastar Cineplex KINO
(Karte S. 58; www.megastar.vn; 6. OG, Vincom Tower, 191 Ba Trieu) In dem Multiplexkino mit tollen Leinwänden, erstklassigem Soundsystem und gemütlichen Sitzen kann man Blockbuster anschen, bevor sie schon ein paar Tage später auf DVD gebrannt in der Altstadt verhökert werden.

Clubs

In puncto Clubbing ist Hanoi ziemliches Ödland. Weil oft peinlich genau auf die Einhaltung der Sperrstunde geachtet wird, kann man fast nur in den Bar-Clubs (S. 73) in bzw. rund um die Altstadt und in wenigen anderen Lokalen tanzen gehen.

Face Club CLUB
(Karte S. 52f..; 6 P Hang Bai) Das frühere Loop ist ein superschmaler Schuppen mit Lasershow und wummernder Anlage, in dem z. B. Hip-Hop oder Techno gespielt wird. Draußen parken BMWs und Audis, denn der Club zieht eine Menge wohlhabende Einheimische an.

Tunnel CLUB
(Karte S.52f.; 11b P Bao Khanh) Regelmäßige Happy-Hour-Angebote, DJ-Sessions und Partys machen dem Laden zu einem beliebten, wenn auch schon fast zu gemütlichen Club auf der quirligen P Bao Khanh. Es gibt mehrere Tanzflächen und die Chancen stehen gut, dass hier freitags und samstags auch nach Mitternacht noch etwas los ist.

Musik
Im Literaturtempel (S.51) wird täglich traditionelle Livemusik gespielt. Wer sich für diesen Stil interessiert, kann alternativ auch eines der gehobenen vietnamesischen Restaurants im Stadtzentrum ansteuern, darunter beispielsweise das **Cay Cau** (Karte S.58; 17A P Tran Hung Dao; ⊙19.30–21.30 Uhr) im De Syloia Hotel.

> **NICHT VERSÄUMEN**
>
> ## KASPERLE IM POOL
>
> Das Wasserpuppentheater *(roi nuoc)* hat eine lange Tradition (mind. 1000 Jahre), war jedoch jenseits der Grenzen Nordvietnams bis in die 1960er-Jahre nahezu unbekannt. Es heißt, dass Bauern das Potenzial des Wassers als Bühne erkannten, als sie die überfluteten Reisfelder des Song-Hong-Deltas bestellten. Einer anderen Überlieferung zufolge passten sie das konventionelle Puppenspiel den Gegebenheiten während einer großen Überschwemmung an.
>
> Sie schnitzten die Figuren aus wasserabweisendem Feigenholz *(sung)*. Als Vorbilder dienten Dorfbewohner, deren Nutztiere und ungewöhnlichere Kreaturen wie Drachen, Phönixe und Einhörner. Aufführungen fanden in Teichen, Seen oder auf überfluteten Reisfeldern statt.
>
> Heute besteht die „Bühne" aus einem quadratischen, hüfthohen Becken. Das dunkle Wasser darin verbirgt die Mechanismen, mit deren Hilfe die Holzpuppen bewegt werden. Diese sind bis zu 50 cm groß, wiegen an die 15 kg und werden mit glänzender Naturfarbe bemalt. Bei häufigem Gebrauch halten sie nur drei bis vier Monate. Aus diesem Grund floriert die Wasserpuppenindustrie und ernährt ganze Dörfer in Hanois Umgebung.
>
> An jeder Vorführung wirken elf Puppenspieler mit. Sie haben eine mindestens dreijährige Ausbildung absolviert und verstecken sich hinter einer Bambuswand im Wasser. Früher litten sie häufig an typischen Krankheiten, die durch Wasser übertragen werden, deshalb tragen die Spieler inzwischen hohe Gummistiefel.
>
> Manche Figuren werden an langen Stäben befestigt, andere sind mit schwimmenden Sockeln versehen, die wiederum mit einem Stab verbunden sind. Die meisten haben bewegliche Arme und Köpfe und manche verfügen sogar über kleine Ruder, mit denen sämtliche Bewegungen gesteuert werden können. Vom abgedunkelten Auditorium aus hat es tatsächlich den Anschein, als würden sie auf dem Wasser wandeln.
>
> Das Wissen um die besonderen Fähigkeiten der Puppenspieler war geheim und wurde traditionell von Vater zu Sohn weitergegeben, jedoch niemals an die Tochter. Man befürchtete nämlich, dass eine Frau das Geheimnis nach der Eheschließung mit einem Mann einer anderen Gemeinde ausplaudern könnte.
>
> Ebenso wichtig wie die Handlung ist die musikalische Begleitung. Eine Kapelle spielt auf hölzernen Flöten *(sao)*, Tonstäben *(cong)*, zylinderförmigen Trommeln *(trong com)*, Xylophonen aus Bambus und Zithern *(dan bau)* mit nur einer Saite.
>
> Bei einer Aufführung werden ländliche Schauplätze und Legenden dargestellt. Eine Episode erzählt die Geschichte vom Kampf des Fischers mit seiner Beute, und dabei wirkt es tatsächlich so, als wäre der Fisch lebendig! Außerdem gibt's feuerspuckende Drachen (inklusive Feuerwerk) sowie einen Jungen, der auf dem Rücken eines Büffels reitet und dabei Flöte spielt.
>
> Das Wasserpuppentheater ist wirklich wunderbar, außerdem sind die Figuren elegant und hübsch anzusehen. Eine besondere Magie verleiht dem Ganzen das Wasser, weil die Puppen wie durch Zauberhand plötzlich verschwinden und wieder auftauchen können. Zuschauer in der ersten Reihe werden allerdings den einen oder anderen Spritzer abbekommen.

Hanoi Opera House
OPER

(Karte S. 52 f.; 1 P Trang Tien) Das prächtige Gebäude, 1911 im französischen Kolonialstil errichtet, hat 900 Sitzplätze. Auf einem der Balkone verkündete die Vietminh am 16. August 1945 die Eroberung Hanois. Abends werden hin und wieder klassische Musik und Opern geboten, und fast jedes Wochenende lassen sich Hochzeitspaare auf den eleganten Treppenstufen vor dem Eingang ablichten. Infos zum Programm findet man unter www.ticketvn.com.

Vietnam National Tuong Theatre
OPER

(Karte S. 48 f.; www.vietnamtuongtheatre.com; 51 P Duong Thanh; Eintritt 100 000 VND; ⊙Do–So 18.30 Uhr) *Hat tuong* ist eine einzigartige vietnamesische Version der chinesischen Oper, die den Höhepunkt ihrer Popularität zu Zeiten der Nguyen-Dynastie im 19. Jh. erreichte. Bis 2007 durfte man Vorführungen in diesem Theater (ursprünglich ein koloniales Kino) nur mit Einladung beiwohnen, jetzt sitzen sowohl Einheimische als auch Touristen im Publikum. Ein *hat-tuong*-Abend ist eine spannende Alternative zu den Wasserpuppenspielen. Besucher dürfen sich auf extrem stilisierte Darstellungen, herrliche Kostüme sowie Komödien und Tragödien mit Figuren aus der vietnamesischen Folklore freuen.

Hanoi Rock City
LIVEMUSIK

(www.hanoirockcity.com; 27/52 To Ngoc Van, Tay Ho) Endlich gibt's in Hanoi eine tolle Spielwiese für Livemusik, Hip-Hop und innovative DJs. Die Livemusik-Location liegt verborgen in einer Gasse in einem Wohnviertel 7 km nördlich der Stadt nahe dem Tay Ho, aber die recht weite Fahrt dorthin lohnt sich. Auf dem Programm stehen Reggae, Punk aus Hanoi und regelmäßige Electronica-Abende. Gelegentlich treten hier auch internationale Bands auf (siehe Website oder www.newhanoian.xemzi.com).

Jazz Club By Quyen Van Minh
LIVEMUSIK

(Karte S. 56; www.minhjazzvietnam.com; 65 Quan Su; ⊙Vorstellungen 21–23.30 Uhr) *Die* Adresse für Livejazz. In dem Club geben sich internationale und nationale Musiker wie das Vater-und-Sohn-Gespann Minh und Dac die Ehre (Details auf der Website). In der zugehörigen Bar kann man etwas zu essen bestellen.

Wasserpuppentheater

Die faszinierende Tradition des Wasserpuppentheaters stammt aus Nordvietnam. Nirgendwo bekommt man bessere Vorführungen zu sehen als im **Städtischen Wasserpuppentheater** (Karte S. 48 f.; 57B P Dinh Tien Hoang; Eintritt 60 000–100 000 VND, Kameragebühr 15 000 VND, Videogebühr 60 000 VND; ⊙Vorstellungen 14.15, 15.30, 17, 18.30, 20 & 21.15 Uhr) von Hanoi. Es gibt mehrsprachige Erläuterungen zu den jeweiligen Szenen, sodass man jedem Stück problemlos folgen kann. Am besten reserviert man die Eintrittskarten weit im Voraus.

Shoppen

Rund um die St.-Joseph-Kathedrale haben sich Möbel- und Bekleidungsgeschäfte mit hochwertigen Waren niedergelassen. Die P Nha Tho und die P Au Trieu säumen interessante Läden und es gibt ein paar nette Cafés in der Gegend. Vietnamesisches Kunsthandwerk wie Stoffe und Lackarbeiten bekommt man in den Läden an der P Hang Gai, der P To Tich, der P Hang Khai und der P Cau Go.

Edle Kunstgalerien sind an der P Trang Tien zwischen dem Hoan-Kiem-See und der Oper zu finden. Sehenswert ist auch das Museum der Schönen Künste (S. 54) mit ein paar interessanten Läden.

Wer nach Dingen wie bestickten Tischdecken, T-Shirts und Wandbehängen sucht, sollte sein Glück in der P Hang Gai und deren Verlängerung, der P Hang Bong, versuchen. Die P Hang Gai ist ebenfalls eine gute Adresse, wenn man Seide kaufen oder sich Kleidungsstücke schneidern lassen möchte.

Bookworm
BUCHLADEN

(Karte S. 56; www.bookwormhanoi.com; 44 Chau Long) Hat mehr als 10 000 neue und gebrauchte englischsprachige Bücher auf Lager, darunter jede Menge Belletristik sowie eine tolle Auswahl zur südasiatischen Geschichte und Politik.

Thang Long
BUCHLADEN

(Karte S. 52; 53-55 P Trang Tien) Einer der größten Buchläden der Stadt mit englischen und französischen Titeln, internationalen Zeitungen und Magazinen und vielen Büchern zur Stadtgeschichte.

Dome
MÖBEL

(Karte S. 56; www.dome.com.vn; 71 P Yen The Trong) Das elegante Warenhaus bietet in Vietnam hergestellte schicke Möbel, schöne Vorhänge, Kissen, hochwertige Korbwaren, Lackarbeiten und Geschenkartikel an.

Khai Silk
KLEIDUNG

(Karte S. 48 f.; 96 P Hang Gai) Filialen dieses edlen Geschäfts finden sich überall im Land.

Khai Silk hat stilvolle, moderne Kleidung, aber auch klassischere Kreationen aus Seide im Sortiment.

Hadong Silk KLEIDUNG
(Karte S. 48 f.; 102 P Hang Gai) Eines der größten Seidengeschäfte, das passenderweise in der „Seidenstraße" steht. Die Auswahl an unterschiedlichen Designs ist absolut beeindruckend.

Things of Substance KLEIDUNG
(Karte S. 52; 5 P Nha Tho) Hier bekommt man zu moderaten Preisen maßgeschneiderte Mode und darüber hinaus das eine oder andere Stück von der Stange. Praktischerweise spricht das gut geschulte Personal auch Englisch.

Three Trees ACCESSOIRES
(Karte S. 52; 15 P Nha Tho) Bildschöner, ausgefallener Designerschmuck (darunter z. B. filigrane Ketten), den man wunderbar verschenken kann.

Mai Gallery KUNST
(Karte S. 56; www.maigallery-vietnam.com; 183 P Hang Bong) Für alle, die mehr über die vietnamesische Kunst erfahren möchten, bevor sie tatsächlich etwas kaufen. Mai, der Betreiber, ist selbst ein Künstler.

Viet Art Centre KUNST
(Karte S. 56; www.vietartcentre.vn; 42 P Yet Kieu) Eine wunderbare Adresse für moderne vietnamesische Kunst (Gemälde, Fotografien, Skulpturen).

STRASSENNAMEN IN DER ALTSTADT

STRASSENNAME	BESCHREIBUNG	STRASSENNAME	BESCHREIBUNG
Bat Dan	Holzschüsseln	Hang Giay	Papier oder Schuhe
Bat Su	Chinesische Schüsseln	Hang Hanh	Zwiebeln
Cha Ca	Gebratener Fisch	Hang Hom	Behälter
Chan Cam	Saiteninstrumente	Hang Huong	Räucherstäbchen
Cho Gao	Reismarkt	Hang Khay	Tabletts
Gia Ngu	Fischer	Hang Khoai	Süßkartoffeln
Hai Tuong	Sandalen	Hang Luoc	Kämme
Hang Bac	Silberschmiede	Hang Ma	Votivzettel
Hang Be	Flöße	Hang Mam	Eingelegter Fisch
Hang Bo	Körbe	Hang Manh	Bambusschirme
Hang Bong	Baumwolle	Hang Muoi	Salz
Hang Buom	Segel	Hang Ngang	Querstraße
Hang But	Bürsten	Hang Non	Hüte
Hang Ca	Fisch	Hang Phen	Alaun
Hang Can	Waagen	Hang Quat	Fächer
Hang Chai	Flaschen	Hang Ruoi	Seeringelwürmer
Hang Chi	Garne	Hang Than	Kohle
Hang Chieu	Matten	Hang Thiec	Zinn
Hang Chinh	Krüge	Hang Thung	Fässer
Hang Cot	Bambusgitter	Hang Tre	Bambus
Hang Da	Leder	Hang Trong	Trommeln
Hang Dao	(Seiden-)Färber	Hang Vai	Stoff
Hang Dau	Bohnen oder Öle	Lo Ren	Schmiede
Hang Dieu	Pfeifen	Lo Su	Särge
Hang Dong	Kupfer	Ma May	Rattan
Hang Duong	Zucker	Ngo Gach	Ziegel
Hang Ga	Hühner	Thuoc Bac	Pflanzliche Heilmittel
Hang Gai	Seide		

Vietnam Quilts
KUNSTHANDWERK

(Karte S. 48 f.; www.vietnam-quilts.org; 13 P Hang Bac) Wunderschöne Steppdecken, gefertigt von Frauen aus ländlichen Gegenden. Ihre Arbeiten werden über ein gemeinnütziges Entwicklungsprojekt vertrieben.

Craft Link
KUNSTHANDWERK

(Karte S. 56; www.craftlink.com.vn; 43 P Van Mieu) Eine gemeinnützige Organisation ganz in der Nähe des Literaturtempels, die qualitativ hochwertiges Kunsthandwerk und Webarbeiten verschiedener vietnamesischer Bevölkerungsgruppen zu wirklich fairen Preisen anbietet.

Mosaique
MÖBEL

(Karte S. 52 f.; www.mosaiquedecoration.com; 6 P Ly Quoc Su) Modern und schick aufgemachte traditionelle Lackarbeiten und Seidenartikel. Die perfekte Adresse für elegante Kopfkissenbezüge, Bettwäsche und Accessoires.

Indigenous
KUNSTHANDWERK

(Karte S. 52 f.; 36 P Au Trieu) Ausgefallene Ethno-Souvenirs und hervorragender, fair gehandelter Kaffee. Das kleine Café ist ebenfalls toll; dort kann man vorm Kauf ein paar vietnamesische Kaffeesorten kosten.

Old Propaganda Posters
KUNST

(Karte S. 48 f.; 122 P Hang Bac) Interesse an kommunistischen Propaganda-Postern? Bei den meisten handelt es sich um erstklassige Reproduktionen, aber es sind auch ein paar teurere Originale erhältlich. In der Altstadt haben sich ähnliche Geschäfte niedergelassen.

Märkte

Buoi-Markt
MARKT

Nahe dem südwestlichen Ende des Tay Ho, an der Kreuzung zwischen Duong Buoi und Lac Long Quan, kann man lebendige Tiere (Hühner, Enten und Schweine) sowie Zierpflanzen kaufen.

Dong-Xuan-Markt
MARKT

(Karte S. 48 f.) Mit Hunderten von Ständen wartet der faszinierende, große, wenig touristische Markt in der Altstadt 900 m nördlich vom Hoan-Kiem-See auf. Wer ein Stück Hanoier Alltag erleben möchte, ist hier genau richtig.

Hom-Markt
MARKT

(Karte S. 58) Auf dem Hom-Markt Ecke P Hué und P Tran Xuan Soan gibt's alles für den täglichen Bedarf sowie hervorragende Stoffe (für den Fall, dass man sich ein paar Kleider schneidern lassen will).

Nachtmarkt
MARKT

(Karte S. 48 f.; ⊙ Fr–So 19–24 Uhr) Der Nachtmarkt durchzieht die Altstadt von Norden nach Süden und erstreckt sich zwischen der P Hang Giay und der P Hang Dao. An den Ständen werden die gleichen Waren angeboten wie in den Läden der Umgebung, allerdings kann man hier ungestört stöbern, weil die Straßen für den Markt abgesperrt werden. Vorsicht vor Taschendieben!

❶ Praktische Informationen

Geld

In Hanoi stößt man auf jede Menge Geldautomaten, außerdem haben sich an den Hauptstraßen rund um den Hoan-Kiem-See internationale Banken mit Wechselstellen niedergelassen. Hier erhält man auch Barauszahlungen per Kreditkarte. Es gibt keinen Schwarzmarkt, deshalb handelt es sich immer um Betrüger, wenn man auf der Straße von einem Geldwechsler angesprochen wird. An den Geldautomaten können nicht mehr als 3 000 000 Dong auf einmal abgehoben werden. Die ANZ- und HSBC-Automaten sind meistens „großzügiger".

Gefahren & Ärgernisse

Zuerst die gute Nachricht: Hanoi ist generell ein sicherer Ort, Übergriffe auf Touristen kommen nur selten vor. Viele Besucher verlieben sich Hals über Kopf in die Stadt und sind überwältigt von ihrem unvergleichlichen Charme. Dennoch sollte man nicht völlig blauäugig durch die Gegend stolpern. Obwohl man auch nachts bedenkenlos durch die meisten Straßen der Altstadt schlendern kann, empfiehlt es sich, dunklere Gassen ab 22 Uhr zu meiden. Frauen sollten sich spätabends ein reguläres Taxi oder *xe om* leisten, um von A nach B zu kommen. Wachsam sein heißt es in Marktgebäuden bzw. auf Märkten: Sie dienen als das bevorzugte Jagdrevier von Taschendieben. In überfüllten (Bus-)Bahnhöfen wird man manchmal von Leuten bedrängt, die einem beim Tragen des Gepäcks „behilflich" sein wollen. Vorsicht ist vor allem geboten, wenn man in Nachtzüge einsteigt.

In Hanoi sind jede Menge (Trick-)Betrüger und zwielichtige Händler unterwegs, deshalb sollte man stets auf der Hut sein. Schwierigkeiten bekommt man häufig, wenn man kein Zimmer in Budgethotels oder keine Touren buchen möchte (S. 82). In ganz wenigen Fällen kann es richtig brenzlig werden: Wir haben wiederholt gehört, dass Touristen verbal attackiert wurden bzw. dass ihnen körperliche Gewalt angedroht wurde, weil sie sich gegen ein solches Angebot entschieden hatten. In diesem Fall sollte man ruhig bleiben und langsam den Rückzug antreten, damit die Situation nicht eskaliert.

Weitere Problemfaktoren sind der dichte Verkehr und die Umweltverschmutzung. Das simple Überqueren einer Straße kann zu einer wahrhaft kniffligen Aufgabe werden. Sich einen Weg durch den schier endlosen Strom aus Motorrädern (mehr als 2 Mio.) zu bahnen ist eine haarige Angelegenheit. Unser Tipp: Langsam gehen und die Geschwindigkeit beibehalten, sodass die Fahrer genug Zeit zum Ausweichen haben. Wenn man sich schnell und hektisch bewegt, stiftet man nur Verwirrung. Beim Erkunden der Altstadt unbedingt die Augen offen halten; überall wimmelt es nur so von Motorrädern und zahlreiche Bürgersteige sind aufgrund von zig Essensständen und weiteren (geparkten) Motorrädern unpassierbar. Das Ausmaß der Umweltverschmutzung ist besorgniserregend und die Luftqualität extrem schlecht. Manche Schadstoffwerte sind sogar noch höher als in Bangkok!

ABZOCKE Es besteht kein Grund, eine Paranoia zu entwickeln, aber machen wir uns nichts vor: Hanoi ist ein Terrain für Abzocker. Die Taxi- und Kleinbusmafia am Flughafen bringt ahnungslose Touristen zu den falschen Hotels, die stets den Namen einer anderen bekannten Unterkunft der Stadt tragen. Dann versuchen die Gauner, den frisch angekommenen Travellern so viel Geld wie möglich aus der Tasche zu ziehen. Inzwischen muss man sich auch beim Taxifahren in Acht nehmen – am besten einen Bogen um die Wagen rund um die Busterminals machen, denn viele sind mit manipulierten Taxametern ausgestattet. Mehr zum Thema Abzocke liefern die Kästen auf den Seiten 62 und 87.

Außerdem wird sicherlich der eine oder andere Schuhputzer bzw. *cyclo*-Fahrer versuchen, eine oder zwei Nullen an einen zuvor ausgemachten Preis anzuhängen. Natürlich sollte man nur den vereinbarten Betrag zahlen.

Vorsicht ist auch rund um den Hoan-Kiem-See geboten. Dort wird man manchmal von Einheimischen angesprochen, die sich z. B. als Studenten ausgeben und vorschlagen, gemeinsam etwas essen oder trinken zu gehen. Oft werden Schwule auf diese Weise geködert. Als Nächstes schlägt der vermeintliche neue Freund den Besuch einer Karaokebar oder eines Restaurants vor, und ehe man sich versieht, wird einem eine dicke Rechnung über Hunderte US-Dollars serviert!

Männliche Reisende haben uns darüber hinaus berichtet, dass sie spätabends in der Altstadt von Frauen angesprochen wurden, nur um dann plötzlich von deren männlichen Komplizen mit einer Waffe bedroht und dazu gezwungen zu werden, Bares an mehreren Geldautomaten abzuheben und ihr Konto zu räumen. Auch hier gilt es den gesunden Menschenverstand einzusetzen und sich bei der Rückkehr aus einer Bar am besten einer Gruppe anzuschließen.

Infos im Internet

Einige gute Internetseiten bieten Insidertipps und andere interessante Infos:

Hanoi Grapevine (www.hanoigrapevine.com) Konzerte, Kunstausstellungen und Kino.

Infoshare (www.infosharehanoi.com) Richtet sich in erster Linie an Einwanderer, hat aber auch für Traveller jede Menge nützliche Ratschläge.

New Hanoian (www.newhanoian.com) Die beste Infoquelle für Urlauber und Wahl-Hanoier. Es lohnt sich, einen Blick auf die stets aktuellen Kritiken zu Restaurants, Bars und Unterkünften zu werfen.

Sticky Rice (www.stickyrice.typepad.com) Umfassende Internetseite für Feinschmecker mit Infos zu Gourmetrestaurants, aber auch zu typischen Hanoier Straßenküchen. Außerdem gibt's die eine oder andere Barempfehlung.

The Word (www.wordhanoi.com) Online-Version des exzellenten kostenlosen Monatsmagazins *The Word*.

Internetzugang

Viele Budgetunterkünfte und Mittelklassehotels lassen ihre Gäste kostenlos im Internet surfen. In besseren Hotels hat man einen Anschluss im Zimmer, in den günstigeren stehen Computer in der Lobby.

Internetcafés gibt's im Zentrum wie Sand am Meer, vor allem rund um die P Hang Bac und P Hang Be in der Altstadt. Oftmals sind die Kosten nirgendwo ausgehängt; am besten fragt man danach, bevor man sich für Stunden in den Weiten des Netzes verliert. Die günstigsten Preise liegen bei 5000 VND pro Stunde.

Immer mehr Touristenhotels, Cafés und Bars in der Stadt bieten WLAN an.

Medizinische Versorgung

Hanoi Family Medical Practice (✆3843 0748; www.vietmedicalpractice.com; Van Phuc Diplomatic Compound, 298 P Kim Ma) In dieser Praxis ein paar Hundert Meter westlich des Ho-Chi-Minh-Mausoleums arbeitet ein angesehenes internationales Ärzteteam (auch Zahnärzte). Ihr Service ist allerdings nicht umsonst, deshalb überprüft man am besten vorab, ob die Auslandskrankenversicherung die Behandlungskosten übernimmt. Die Notaufnahme ist rund um die Uhr besetzt.

L'Hopital Français de Hanoi (✆3577 1100, emergency 3574 1111; www.hfh.com.vn; 1 Phuong Mai; ⏲24 Std.) Alteingesessenes Krankenhaus 3 km südwestlich des Hoan-Kiem-Sees mit internationalem Standard. Notfallambulanz, Intensivstation, Zahnklinik und Sprechstunden.

SOS International Clinic (✆3826 4545; www.internationalsos.com; 51 Xuan Dieu; ⏲24 Std.) 5 km nördlich des Stadtzentrums in der Nähe des Tay Ho. Hier kann man sich u. a. auf Deutsch, Englisch und Französisch verständigen, außerdem gibt's eine Zahnklinik.

HANOIS TIEFER REISEBÜRO-DSCHUNGEL

In Hanoi gibt's Hunderte von Reisebüros. Viele sind ziemlich dubios und manche richtiggehend zwielichtig. In den fragwürdigeren Agenturen (häufig in Budgethotels der Altstadt zu finden) arbeiten aufdringliche, schlecht informierte Angestellte. Ein Großteil der Beschwerden, die wir erhalten, richtet sich gegen diese „Unternehmen". In billigeren Unterkünften sind Traveller, die Touren nicht beim hauseigenen Anbieter, sondern andernorts gebucht haben, auch schon mal kurzerhand vor die Tür gesetzt worden! Vor der Zimmerbuchung sollte man deshalb mit dem jeweiligen Hotel klären, dass man die Touranbieter frei wählen darf.

Ein weiteres Problem stellen die Klone renommierter Reisebüros dar. Häufig lassen sich rivalisierende Unternehmen in der Nähe bereits etablierter Agenturen nieder, um von deren Ruf zu profitieren und Reisende abzufangen. Oft sind die Plagiate an schlecht informierten Angestellten mit aggressiver Verkaufsstrategie zu erkennen. In Onlineforen wie Thorn Tree (www.lonelyplanet.com/thorntree) erfährt man Aktuelles zum Thema.

Manche Agenturen haben professionelles, fachkundiges Personal, das super durchorganisierte Touren auf die Beine stellt. Klar, dass diese Veranstalter teurer sind, dafür ist man mit ihnen aber auch auf der sichereren Seite. Am besten schaut man sich nach Anbietern um, die Touren mit kleinen Gruppen organisieren, eigene Fahrzeuge und Guides haben und Ziele abseits der ausgetretenen Pfade ansteuern. Ein paar gute Adressen:

Ethnic Travel (Karte S. 48 f.; 3926 1951; www.ethnictravel.com.vn; 35 P Hang Giay) Spezialisiert auf Ausflüge abseits der Touristenrouten. In kleinen Gruppen geht's durch den Norden des Landes. Bei einigen Ausflügen nutzt man öffentliche Verkehrsmittel und übernachtet bei Einheimischen, um die negativen Auswirkungen auf die Umwelt zu verringern. Andere Trips haben diverse Aktivitäten als Schwerpunkt (z. B. Wandern, Fahrrad fahren, Kochen). Auch die Bai-Tu-Long-Bucht kann besucht werden. Es gibt eine weitere Niederlassung in Sa Pa.

Free Wheelin' Tours (3926 2743; www.freewheelin-tours.com; 9 P Hang Vai) Über der Tet-Bar (S. 76) in der Altstadt. Motorrad- und Jeeptouren quer durch den Norden, u. a. ein achttägiger Trip in den Nordosten mit Minsk-Motorrädern.

Handspan Adventure Travel (3926 2828; www.handspan.com; 78 P Ma May) Das Angebot ist breit gefächert: Kajakfahren in der Ha-Long-Bucht, Ausflüge zum Ökocamp auf einer Insel in der Lan-Ha-Bucht sowie Jeepfahrten, Mountainbiketouren und Trekking. Neuerdings wird auch der gemeindebasierte Tourismus in Nordvietnam unterstützt und man kann an Bord der einzigen „echten" Segel-Dschunke (der *Treasure Junk*) in der Ha-Long-Bucht gehen. Das Unternehmen ist im Tamarind Cafe (S. 68) untergebracht und hat weitere Filialen in Sa Pa und HCMS.

I Travel (Karte S. 48 f.; 3926 3678; www.itravel-online.com; 25 P Hang Be) Touren, bei denen besonders viel Rücksicht auf Einheimische und Umwelt genommen wird. I Travel hat dieselbe Adresse wie Le Pub (S. 73).

Marco Polo Travel (0913 571 687; www.kayakingvietnam.com) Kajakfahrten in der Ha-Long-Bucht und auf den Ba-Be-Seen.

Ocean Tours (Karte S. 48 f.; 3926 0463; www.oceantours.com.vn; 22 P Hang Bac) Professioneller Anbieter. Die Ha-Long-Bucht und der Ba-Be-Nationalpark stehen ebenso auf dem Programm wie Jeeptouren durch den Nordosten.

Vega Travel (Karte S. 48 f.; 3926 2092; www.vegatravel.vn; Ecke P Ma May & 24A P Hang Bac) Ein Familienbetrieb, der gut organisierte Touren durch den Norden und den Rest des Landes anbietet. Sowohl die Guides als auch die Fahrer sind toll. Darüber hinaus unterstützen die Besitzer Kindergärten und Schulen ethnischer Minderheiten in Sa Pa und Bac Ha. Wir empfehlen vor allem die Ausflüge in die Ha-Long-Bucht.

Details zu nationalen Reisebüros, die Touren in Hanoi und Nordvietnam anbieten, findet man auf S. 557. Mehr über Motorradtrips im Norden siehe S. 557.

Viet Duc Hospital (Benh Vien Viet Duc; Karte S. 52 f.; ☏ 3825 3531; 40 P Trang Thi; ⊙ 24 Std.) Abteilung für Notfallchirurgie in der Altstadt. Die Ärzte sprechen Deutsch, Englisch und Französisch.

TRADITIONELLE MEDIZIN **Institute of Acupuncture** (☏ 3853 3881; 49 P Thai Thinh) Ein Zentrum für effektive, ganzheitliche Medizin 4 km südwestlich des Hoan-Kiem-Sees. Vietnamesische Behandlungsmethoden für diverse Beschwerden werden im **National Institute of Traditional Medicine** (Karte S. 58; ☏ 3826 3616; www.yhcotruyentw.org.vn; 29 P Nguyen Binh Khiem) geboten.

Notfall

Normalerweise kann man sich mit jemandem verbinden lassen, der Englisch spricht.

Feuerwehr (☏ 114)
Krankenwagen (☏ 115)
Polizei (☏ 113)

Post

Inlandspost (Buu Dien Trung Vong; Karte S. 52 f.; 75 P Dinh Tien Hoang; ⊙ 7–21 Uhr) Für nationale Dienste. Außerdem: Verkauf von philatelistischen Artikeln.

Internationale Post (Karte S. 52 f.; Ecke P Dinh Tien Hoang & P Dinh Le; ⊙ 7–20 Uhr) Der Eingang ist rechts von der Inlandspost.

Kurierdienste

DHL (☏ 3733 2086; www.dhl.com.vn)
Federal Express (☏ 3824 9054; www.fedex.com/vn)

Telefon

Ortsgespräche kann man problemlos von Pensionen und Internetcafés aus führen. Bei Auslandsgesprächen bieten Internetcafés, die Skype nutzen, die günstigsten Tarife.

International Call Service (Karte S. 48 f.; 3 P Ta Hien; ⊙ 7–22 Uhr) Auslandsgespräche kosten meist 1500 bis 2000 VND pro Minute.

Touristeninformation

Touristeninformationszentrum (Karte S. 48 f.; P Dinh Tien Hoang; ⊙ 8.30–21 Uhr) Ein privates Unternehmen, das vor allem Touren verkauft. Darüber hinaus bietet es Stadtpläne, Broschüren und das kostenlose *Hanoi-City-Pass*-Buch im Taschenformat an. In den Cafés und Bars in der Altstadt sollte man zudem nach dem tollen Stadtmagazin *The Word Ausschau* halten.

KARTEN Stadtpläne von Hanoi gibt's in jeder Größe und in jedem Maßstab. Manche sind kostenlos und werbebedruckt, aber natürlich kann man auch sehr präzise und hochwertige Karten kaufen.

Am besten sind Stadtpläne mit einem Maßstab von 1:10 000 oder 1:17 500. Covit verkauft von Hand gezeichnete 3D-Karten, darunter ein detaillierter Plan der Altstadt, die ein schönes Souvenir abgeben. Diese Karten bekommt man in den führenden Buchläden.

Wer mit dem Bus fahren will, sollte sich die ausgezeichnete *Xe-Buyt-Ha-Noi*-Karte (5000 VND) zulegen.

An- & Weiterreise

Auto

Einen Leihwagen organisiert man am besten über ein Reisebüro oder Hotel. In den Preisen ist fast immer ein Fahrer einberechnet – und den wird man auch brauchen, denn viele Straßen und Abzweigungen sind nicht beschildert. Die Straßen im Norden sind in Ordnung, doch schmale Fahrspuren, Schlaglöcher und schlecht einsehbare Kurven reduzieren die Durchschnittsgeschwindigkeit auf 35 bis 40 km pro Stunde. In der Regenzeit darf man sich auf ein extrem langsames Vorankommen einstellen, da Straßen nach Erdrutschen geräumt und Brücken repariert werden müssen. Man braucht auf jeden Fall einen Jeep.

Die Tagestarife starten bei 110 US$ (Fahrer und Benzin inklusive). Immer vorab klären, ob die Kosten für den Fahrer inbegriffen sind.

Bus & Minibus

Die drei großen Busbahnhöfe der Stadt, die für Traveller interessant sind, haben Kartenschalter mit festen Preisen sowie Fahrpläne und sind recht gut organisiert. Um sich einen Sitzplatz zu

---

 DER LANGSAME BUS NACH CHINA

Zwei Busse pro Tag steuern Nanning in China an (450 000 VND, 8 Std.). Die Abfahrt erfolgt um 7.30 bzw. 9.30 Uhr am Privatterminal von **Hong Ha Tourism** (Karte S. 52 f.; ☏ 3824 7339; Hong Ha Hotel, 204 Tran Quang Khai). Tickets sollten im Voraus gekauft werden und eventuell muss man ein Visum für China vorzeigen (die Verständigung kann problematisch werden, da fast niemand Englisch spricht).

Der Bus fährt bis nach Dong Dang an der Grenze. Dort passiert man den chinesischen Zoll, bevor man in einen chinesischen Bus umsteigt, der Kurs auf den Lang-Dong-Bahnhof in Nanning nimmt. Uns haben mehrere Traveller berichtet, dass die Fahrt mit dem Bus stressfreier und schneller ist als mit dem Zug.

BUSVERBINDUNGEN AB HANOI

GIA-LAM-BUSBAHNHOF

ZIEL	DAUER	PREIS	ABFAHRT
(Bai Chay) Ha-Long-Stadt	3½ Std.	100 000 VND	alle 30 Min.
Hai Phong	2 Std.	70 000 VND	alle 20 Min.
Lang Son	4 Std.	110 000 VND	alle 45 Min.
Mong Cai	8 Std.	240 000 VND	etwa stündlich
Lao Cai	9 Std.	250 000 VND	13 & 19 Uhr
Ha Giang	7 Std.	170 000 VND	etwa stündlich
Cao Bang	8 Std.	180 000 VND	5-mal tgl.

LUONG-YEN-BUSBAHNHOF

ZIEL	DAUER	PREIS	ABFAHRT
HCMS	36 Std.	650 000 VND	11, 15 & 18 Uhr
Da Lat	24 Std.	440 000 VND	11 & 18 Uhr
Lang Son	3½ Std.	75 000 VND	stündlich
Hue	12 Std.	220 000 VND	stündlich, 14–18 Uhr
Da Nang	13 Std.	240 000 VND	stündlich, 14–18 Uhr
Ninh Binh	2½ Std.	55 000 VND	alle 20 Min., 6–18 Uhr
Nha Trang	7 Std.	170 000 VND	10 & 18 Uhr
Cao Bang	8 Std.	140 000 VND	5-mal tgl.
Mong Cai	10 Std.	180 000 VND	5-mal tgl.

MY-DINH-BUSBAHNHOF

ZIEL	DAUER	PREIS	ABFAHRT
Cao Bang	10 Std.	135 000 VND	alle 45 Min.
Dien Bien Phu	24 Std.	440 000 VND	11 & 18 Uhr
Mai Chau	2½ Std.	65 000 VND	6.30 & 14.30 Uhr
Son La	7½ Std.	150 000 VND	7–8 Uhr
Ha Giang	7 Std.	140 000 VND	4–6 Uhr

sichern, sollte man sein Ticket mindestens einen Tag vor der geplanten Abfahrt besorgen. Oft ist es leichter, Fahrkarten in einem Reisebüro zu buchen, allerdings muss man dafür etwas mehr zahlen.

Minibusreisen können in vielen Hotels und Reisebüros gebucht werden. Großer Beliebtheit erfreuen sich Touren zur Ha-Long-Bucht und nach Sa Pa. Zumeist kostet eine Fahrt im Minibus 30 bis 40 % mehr als in einem regulären öffentlichen Bus. Fahrgäste werden am jeweiligen Hotel abgeholt. Viele „Open-Ticket"-Touren (unterwegs kann man spontan Stopps einlegen, ohne das die Karte ihre Gültigkeit verliert) beginnen oder enden in Hanoi. Weitere Details siehe S. 556.

Gia-Lam-Busbahnhof (Đ Ngoc Lam) Von hier aus fahren Busse in den Nordosten. Der Busbahnhof liegt 3 km nordöstlich des Stadtzentrums am anderen Ufer des Song Hong (Roter Fluss).

Luong-Yen-Busbahnhof (Tran Quang Khai & Nguyen Khoai) 3 km südöstlich der Altstadt. Man kann in den Süden und Osten reisen, außerdem gibt's Nachtbusse nach HCMS, Hue, Da Lat und Nha Trang. Von diesem Busbahnhof aus gelangt man am besten zur Cat-Ba-Insel (s. S. 114). Die vor Ort wartenden Taxis sind übrigens berüchtigt, denn ihre Kilometerzähler sind meistens manipuliert. Am besten hält man ein paar Straßen entfernt ein Taxi an.

My-Dinh-Busbahnhof (Đ Pham Hung) Der Busbahnhof 7 km westlich der Stadt bietet Verbindungen in den Westen und Norden, es gibt z. B. Nachtfahrten nach Dien Bien Phu (interessant für diejenigen, die anschließend nach Laos weiterreisen wollen).

Flugzeug

Hanoi bietet weniger internationale Direktverbindungen als HCMS an, doch wenn man via Singapur, Hongkong oder Bangkok fliegt, bekommt man zu fast jedem Land Anschlussflüge. Mehr Infos zu internationalen Flügen siehe S. 557.

Vietnam Airlines (Karte S. 52 f.; 1900 545 486; www.vietnamair.com.vn; 25 P Trang Thi; Mo–Fr 8–17 Uhr) Steuert alle möglichen Ziele in Vietnam an. Beliebt sind Da Lat, Da Nang, Dien Bien Phu, HCMS, Hue und Nha Trang (werden täglich angeflogen).

Jetstar Airways (1900 1550; www.jetstar.com) Günstige Flüge nach Da Nang, HCMS und Nha Trang.

Motorrad

In Hanoi haben sich einige gute Anbieter mit gepflegten Motorrädern niedergelassen. Zusätzliche Infos siehe S. 558.

Offroad Vietnam (Karte S. 48 f.; 913 047 509; www.offroadvietnam.com; 36 P Nguyen Huu Huan) Verfügt über verlässliche Hondas (ab 25 US$ pro Tag) und einfache Straßenmotorräder (20 US$). Da es nur eine begrenzte Anzahl an Leihmotorrädern gibt, sollte man vorab reservieren. Die wichtigste Geschäftssparte von Offroad sind hervorragende geführte Touren. Viele Teilnehmer stammen aus englischsprachigen Ländern.

Cuong's Motorbike Adventure (Karte S. 48 f.; 913 518 772; www.cuongs-motorbike-adventure.com; 46 Gia Ngu) Ebenfalls empfehlenswert. Pro Tag zahlt man mindestens 30 US$ Leihgebühr.

Zug

Züge nach Hue, Da Nang, Nha Trang und HCMS im Süden Ziele südlich von Hanoi werden vom **Hauptbahnhof** (Ga Hang Co; Karte S. 56; 120 Đ Le Duan; Fahrkartenschalter 7.30–12.30 & 13.30–19.30 Uhr) am westlichen Ende der P Tran Hung Dao aus bedient. Traveller können ihre Tickets an Schalter 2 kaufen; die Angestellten sprechen Englisch. Am besten besorgt man die Fahrkarten mindestens einen Tag vor der Abreise, um sich einen Sitzplatz (bzw. einen Platz im Schlafwagen) zu sichern.

Im Folgenden haben wir ein paar Reiseziele und ungefähre Fahrtzeiten ab Hanoi aufgeführt, allerdings sollte man bei der Buchung noch mal nachfragen, denn es gibt schnellere und langsamere Züge: Hue (11 Std.), Da Nang (13½ Std.), Nha Trang (24½ Std.), HCMS (31 Std.). Die ungefähren Kosten stehen in der Tabelle „Zugfahrten nach Süden", doch je nach Verbindung unterscheiden sich die Preiskategorien und Reiseklassen sehr voneinander.

Züge Richtung Norden nach Lao Cai (Sa Pa) und China Rechts vom Haupteingang befindet sich ein separates Fahrkartenverkaufsbüro für Züge Richtung Norden nach Lao Cai (Sa Pa) und China.

Tickets nach China bekommt man an einem anderen Schalter. Sämtliche Züge gen Norden fahren am **Tran-Quy-Cap-Bahnhof** (B Station; P Tran Qui Cap) direkt hinter dem Hauptbahnhof, ab. Fahrkarten können am Hauptbahnhof (bis etwa zwei Stunden vor der Abreise) und natürlich in Reisebüros sowie bei vielen Tourveranstaltern gekauft werden. Die beiden Letzteren berechnen eine Servicegebühr. Mehr Infos zur Zugfahrt nach Lao Cai siehe S. 143.

Hat man die Grenze nach China passiert, darf man sich auf den bequemen, klimatisierten Zug nach Peking mit Schlafwagen (4 Betten) und Restaurant freuen. Achtung: In Lang Son oder Dong Dang kann man nicht in die Züge nach Nanning einsteigen!

Züge nach Hai Phong im Osten Die Züge nach Osten (Hai Phong) fahren am **Gia-Lam-Bahnhof** am östlichen Ufer des Song Hong (Roter Fluss) oder am **Long-Bien-Bahnhof** (außerhalb der Karte S. 48 f.) am Westufer (auf der Stadtseite) ab. Vorher klären, welchen Bahnhof man aufsuchen muss!

Unter www.seat61.com findet man die aktuellsten Infos zum vietnamesischen Zugverkehr.

Unterwegs vor Ort

Auto & Motorrad

Wer sich in Hanoi mit dem Motorrad fortbewegt, muss sich auf mörderischen Verkehr, rück-

ZUGVERBINDUNGEN NACH SÜDEN

ZIEL	HARD SEAT	SOFT SEAT	HARD SLEEPER	SOFT SLEEPER
Hue	ab 216 000 VND	ab 255 000 VND	ab 540 000 VND	ab 738 000 VND
Da Nang	ab 270 000 VND	ab 390 000 VND	ab 554 000 VND	ab 760 000 VND
Nha Trang	keine Angabe	ab 640 000 VND	ab 847 000 VND	ab 1 314 000 VND
HCMS	keine Angabe	ab 763 000 VND	ab 920 000 VND	ab 1 444 000 VND

ZUGVERBINDUNGEN NACH OSTEN & NORDEN

HAI PHONG

ABFAHRT	BAHNHOF	DAUER	HARD SEAT	SOFT SEAT
6.15 Uhr	Gia Lam	2 Std.	38 000 VND	50 000 VND
9.30 Uhr	Long Bien	2¾ Std.	38 000 VND	50 000 VND
15.35 Uhr	Long Bien	3 Std.	38 000 VND	50 000 VND
18.10 Uhr	Long Bien	2½ Std.	38 000 VND	50 000 VND

PEKING

ABFAHRT	BAHNHOF	DAUER	HARD SLEEPER	SOFT SLEEPER
Di & Fr 18.30 Uhr	Tran Qui Cap	18 Std.	258 US$	378 US$

NANNING

ABFAHRT	BAHNHOF	DAUER	HARD SLEEPER	SOFT SLEEPER
21.40 Uhr	Gia Lam	12 Std.	66 US$	96 US$

sichtsloses Fahrverhalten und schlechte Beleuchtung einstellen. Wenn man dann noch möglichen Diebstahl, Parkprobleme und die korrupte Polizei einrechnet, sollte klar sein, dass dies nichts für Angsthasen ist! Wer sich davon nicht einschüchtern lässt, kann in der Altstadt ein Moped für ca. 5 US$ pro Tag leihen.

Bus

Hanoi hat ein ausgedehntes Nahverkehrsnetz. Obwohl die Fahrpreise (3000 VND) unschlagbar sind, wird es nur von wenigen Touristen genutzt. Am besten legt man sich im Thang Long Bookshop (S. 78) den *Xe-Buyt-Hanoi*-Busfahrplan (5000 VND) zu.

Cyclo

In der Altstadt sind immer noch ein paar *cyclos* unterwegs, und wenn man nur eine kurze Strecke zurücklegen möchte, ist eine Fahrt – abgesehen von den Abgasen – ein tolles Erlebnis. Den Preis sollte man unbedingt vorab aushandeln, weil häufig zu viel berechnet wird. Ein typischer Trick der Fahrer ist es, zunächst mit zwei Gästen einen Preis zu vereinbaren und dann am Ziel zu erklären, der verhandelte Preis sei eigentlich pro Person gedacht gewesen.

Normalerweise werden 25 000 VND für eine kurze Strecke verlangt; Fahrten am Abend sind teurer. Nur wenige *cyclo*-Fahrer sprechen Englisch, deshalb sollte man einen Stadtplan dabeihaben.

Fahrrad

Viele Pensionen und Cafés in der Altstadt verleihen Fahrräder für ca. 2 US$ pro Tag. Hals- und Beinbruch!

Vom/Zum Flughafen

Hanois Noi Bai International Airport liegt etwa 35 km nördlich der Stadt. Die Fahrt dorthin dauert zwischen 45 Minuten und einer Stunde.

BUS Der Stadtbus 17 fährt zum **Long-Bien-Busbahnhof** (außerhalb der Karte S. 48f.; 5000 VND; ⊘5–21 Uhr) und zurück. Für eine Strecke benötigt er 90 Min.

TAXI Flughafentaxi (☏3873 3333) Eine Fahrt vom Hotel zum Flughafen kostet 15 US$. Am Flughafenterminal sollte man nach offiziellen Taxifahrern Ausschau halten: Sie tragen knallgelbe Jacken und verlangen nicht, dass man die Brückenmaut, die unterwegs fällig wird, bezahlt. Manche Taxifahrer erwarten hingegen, dass ihre Fahrgäste die Maut übernehmen – vorher nachfragen. Der Flughafen ist ein echtes Abzockerterrain: Viele Taxifahrer arbeiten mit zwielichtigen Hotels zusammen (s. S. 87). Um die illegalen „Piratentaxis" macht man besser einen Bogen. Wer bereits eine Unterkunft hat, könnte ein Taxi über das jeweilige Hotel buchen.

VIETNAM AIRLINES MINIBUS Pendelt im Halbstundentakt zwischen Hanoi und Noi Bai (3 US$). Die Abfahrt erfolgt vor dem Büro von Vietnam Airlines (Karte S. 52f.) auf der P Trang Thi. Am besten bucht man einen Tag im Voraus (das ist aber kein Muss).

Straßenbahn

Eine Fahrt mit der erst kürzlich in Betrieb genommenen umweltfreundlichen **Straßenbahn** (15 000 VND pro Pers.; ⊘8.30–22.30 Uhr) ist super, um sich in der Stadt zu orientieren. Die Bahn hält 14-mal in der Altstadt und rund um den Hoan-Kiem-See und gleitet wie ein weißer Drache durch den nicht enden wollenden Strom aus Rollern und Fußgängern. Es gibt zwar eigentlich nichts Besseres, als die versteckten Ecken und Winkel der Altstadt zu Fuß zu erkunden, aber wenn man gerade einen Anfall von akuter Faulheit hat, kann man mit ihr ruhig ein paar Stationen zurücklegen. Die Haupthaltestelle befindet sich am nördlichen Ende des Hoan-Kiem-Sees (S. 47). Einmal komplett durch die Altstadt zu fahren dauert in der Regel rund 40 Minuten.

Taxi

Es gibt ein paar seriöse Unternehmen, deren Fahrzeuge mit Taxameter ausgestattet sind und die ganz ähnliche Preise berechnen. Eine Strecke von 1 bis 2 km kostet 15 000 VND und jeder weitere Kilometer schlägt mit 10 000 VND zu Buche. Achtung: Einige Anbieter bauen zu schnell laufende Kilometerzähler in ihre Fahrzeuge. Verlässliche Unternehmen:

Thanh Nga Taxi (✆3821 5215)
Van Xuan (✆3822 2888)

HANOIS MAFIA

Betrüger gibt's überall auf der Welt, also natürlich auch hier. Zwielichtige Fahrer warten am Flughafen Noi Bai und versuchen möglichst viele Touristen zu den Hotels und Reisebüros zu karren, mit denen sie zusammenarbeiten. Ihre Vorgehensweise ist gerissen: Sie zeigen Travellern Visitenkarten bekannter Budgetunterkünfte und sagen ihr Sprüchlein auf, z. B. „Das Hotel ist heute ausgebucht" oder „Es gibt noch eine viel schönere Filiale", was zumeist erstunken und erlogen ist. Darauf kann man einfach erwidern, dass man bereits eine Unterkunft hat. Wenn das Hotel tatsächlich überfüllt sein sollte, bleibt immer noch genug Zeit, sich um eine Alternative zu kümmern. Wer den Vietnam-Airline-Minibus nimmt, steigt am besten gleich am Büro von Vietnam Airlines aus (meistens die erste Haltestelle im Zentrum), sonst wird man in der Altstadt zu Hotels geschleppt, die Fahrern Provisionen zahlen. Oder man bucht im Voraus ein Zimmer und lässt sich direkt vom Flughafen abholen. Dann kann man den Schleppern an den Taxiständen nämlich ganz entspannt zuwinken.

RUND UM HANOI

Der Boden im Delta des Roten Flusses ist so nährstoffreich, dass der Reis hier besonders gut gedeiht. Aus diesem Grund betreiben noch heute viele Gemeinden in Hanois näherer Umgebung Landwirtschaft. Der Kontrast zwischen der modernen Hauptstadt und den Dörfern auf dem Lande ist enorm, und so bieten zahlreiche Reiseveranstalter Radausflüge in die Region an, um Travellern einen Einblick in eine andere Welt zu gewähren. **Lotussia** (✆2249 4668; www.vietnamcycling.com) hat sich beispielsweise auf solche Touren ab Hanoi spezialisiert; manche führen zur Thay- und zur Tay-Phuong-Pagode und in nahe gelegene Handwerkerdörfer. Praktisch: Wer sich für einen solchen Ausflug entscheidet, muss sich nicht selbst durch den Stadtverkehr kämpfen, sondern wird in einem Minibus durch Hanois Vororte kutschiert.

Museum des Ho-Chi-Minh-Pfades

Das **Museum des Ho-Chi-Minh-Pfads** (Hwy 6; Eintritt 20 000 VND; ⊙Mo–Sa 7.30–11.30am & 13.30–14.30 Uhr) widmet sich der berühmten Versorgungsroute, die einst zwischen Vietnams kommunistischem Norden und dem besetzten Süden bestand. Auf anschauliche Weise dokumentieren die Exponate, darunter ein Modell des Pfades und seiner Umgebung, jede Menge US-amerikanische Munition und Waffen sowie eindringliche Fotografien, wie viel Energie in die Organisation der Lieferungen und Instandhaltung des Pfades gesteckt wurde – und wie viele Opfer dafür in Kauf genommen wurden. Für den Vietcong kam eine Niederlage schlichtweg nicht in Frage. Das Museum befindet sich 13 km südwestlich von Hanoi und kann z. B. auf dem Weg zur Parfümpagode oder dem Handwerkerdorf Van Phuc besucht werden.

Parfümpagode

Die beeindruckende **Parfümpagode** (Chua Huong; Eintritt inkl. Hin- & Rückfahrt im Boot 55 000 VND) besteht aus mehreren Pagoden und buddhistischen Schreinen, die in das Karstgestein des Huong-Tich-Bergs (Berg der duftenden Spuren) hineingebaut wurden. Thien Chu (Pagode, die zum Himmel führt), Huong Tich Chu (Pagode der duftenden Spuren) und Giai Oan Chu (Pagode der Reinigung) zählen zu den bekannteren Attraktionen. Gläubige sind davon überzeugt, dass in Giai Oan Chu die Götter Seelen reinigen, Leiden lindern und kinderlosen Familien Nachkommen bescheren. Es ist sehr spannend, die einheimischen Touristen zu beobachten!

Die abwechslungsreiche Bootsfahrt entlang der Kalksteinklippen dauert insgesamt etwa zwei Stunden. Zusätzlich benötigt man noch einige Stunden für den Auf- und Abstieg: Teilweise ist der Weg zum Gipfel sehr steil und kann bei Regen extrem rutschig sein. Zum Glück gibt's mittlerweile eine Seilbahn (einfache Fahrt/hin & zurück 60 000/100 000 VND), mit der man z. B. eine der beiden Strecken zurücklegen kann (am besten die Fahrt hinauf).

Zahlreiche buddhistische Pilger kommen anlässlich eines Festes hierher, das in der Mitte des zweiten Mondmonats beginnt und bis zur letzten Woche des dritten Mondmonats andauert (meistens im März und im April). Um diese Zeit wimmelt es hier nur so von Besuchern, vor allem an den geraden Tagen des Mondmonats. Am besten bestimmt man das Monddatum und legt den Ausflug auf einen ungeraden Tag Wochenends ist die Pagode das ganze Jahr über gut besucht. Dann schippern hier Pilger und Besucher mit Booten durch die Gegend, wandern und erforschen die Höhlen in der Umgebung. Allerdings gehören Müllberge und Straßenhändler zum Bild, außerdem sind manche Händler so hartnäckig, dass sie Touristen regelrecht verfolgen.

Die Parfümpagode befindet sich 60 km südwestlich von Hanoi. Wer dorthin gelangen möchte, muss zuerst einige Kilometer mit dem Bus oder Wagen zurücklegen, den Fluss überqueren und dann die Seilbahn nehmen oder ein ganzes Stück zu Fuß gehen. Von Hanoi aus braucht man zwei Stunden bis My Duc. Normalerweise wird man nicht an der Bootsanlegestelle abgesetzt, sondern muss noch 15 Gehminuten einplanen. Alternativ bietet sich die Fahrt mit einem *xe om* an. In einem kleinen Boot, das normalerweise von Frauen gerudert wird, gelangt man nach etwa einer Stunde zum Fuß des Berges. Von der Anlegestelle aus sind es 3 km bis zum Kern des Pagodenkomplexes. Der Weg ist sehr steil: Hin und zurück braucht man mindestens 2 Stunden, nach Regengüssen mehr, denn dann ist der Weg teilweise sehr rutschig.

Viele Reisebüros und ein paar Travellercafés in Hanoi bieten für nur 15 US$ Touren zur Parfümpagode an (inklusive Transport, Führer und Mittagessen); ein Ausflug in einer kleinen Gruppe kostet 25 bis 30 US$. Die Pagode zählt zu den Attraktionen, die man besser im Rahmen einer organisierten Tour besichtigt, da eine Anreise mit öffentlichen Verkehrsmitteln sehr umständlich ist.

Handwerkerdörfer

Viele Dörfer rund um Hanoi haben sich jeweils auf ein bestimmtes Handwerk spezialisiert und können im Rahmen eines Tagesausflugs besucht werden. Es lohnt sich, einen kundigen Reiseführer zu engagieren.

Bat Trang ist als „Keramikdorf" bekannt. In den Öfen brennen Kunsthandwerker massenhaft Vasen und andere Tonwaren. Diese Tätigkeit ist zwar schweißtreibend, dafür sind aber die Ergebnisse entsprechend großartig und die Preise im Vergleich zu denen in der Stadt angemessen. Hier gibt's zahlreiche Keramikläden, man sollte aber auch einen Blick auf die Brennöfen in den hinteren Gassen werfen. Bat Trang befindet sich 13 km südöstlich von Hanoi und wird von der Buslinie 47 angesteuert (am Long-Bien-Bahnhof, außerhalb der Karte S. 48 f.).

Van Phuc hat sich auf Seide spezialisiert, die an Webstühlen gefertigt wird. Oft geben Besucher in den Läden maßgeschneiderte Kleidung in Auftrag. Viele feine Seidenartikel, die man in der P Hang Gai in Hanoi kaufen kann, wurden in Van Phuc hergestellt. Eine Pagode mit Lilienteich schmückt das reizende Dorf, in dem jeden Morgen ein kleiner Obst- und Gemüsemarkt stattfindet. Van Phuc liegt 8 km südwestlich von Hanoi und ist mit der Buslinie 1 zu erreichen, die am Long-Bien-Bahnhof abfährt.

Dong Ky 15 km nordöstlich von Hanoi war früher als „Dorf der Feuerwerkskörper" bekannt, doch 1995 wurde deren Produktion von der vietnamesischen Regierung verboten. Dieser Wirtschaftszweig ist also verkümmert, allerdings hat der Ort noch einen anderen Trumpf im Ärmel: Hier wird von Hand wunderschönes traditionelles Mobiliar mit Einlegearbeiten aus Perlmutt hergestellt. Traveller können sich Betten, Stühle, Tische und Schränke nach Wunsch anfertigen und direkt nach Hause schicken lassen.

Thay- & Tay-Phuong-Pagode

Diese beiden Pagoden schmiegen sich an beeindruckende Kalksteinformationen, die inmitten smaragdgrüner Reisfelder aufragen. Mit dem Wagen braucht man 20 Minuten, um von einer zur anderen zu gelangen.

Die **Thay-Pagode** (Pagode des Meisters; Eintritt 5000 VND) ist auch als Thien Phuc (Himmlischer Segen) bekannt und wurde zu Ehren des Thich-Ca-Buddha (der historische Buddha Sakyamuni) erbaut. Links vom Hauptaltar befindet sich eine Statue von Tu Dao Hanh. Dieser Mönch lebte im 12. Jh. und ist jener „Meister", nach dem die Pagode benannt wurde. Rechts steht eine Statue von König Ly Nhan Tong, der als Tu Dao Hanhs Reinkarnation gilt.

Im Teich vor der Pagode wurde eine kleine Bühne auf Stelzen errichtet; dort führt man bei Festen Wasserpuppenspiele auf. Ein steiler Weg schlängelt sich außen um das Hauptgebäude herum einen Hügel hinauf. Wer dem Pfad etwa zehn Minuten folgt, gelangt zu einer wunderschönen kleineren Pagode. Das Gelände der Thay-Pagode ist groß und verwirrend, deshalb nimmt man sich am besten einen Guide.

Vom fünften bis siebten Tag des dritten Mondmonats (gewöhnlich im März) findet hier ein **alljährliches Fest** statt. Dann schauen sich Pilger und andere Besucher Wasserpuppenspiele an, wandern umher und erkunden Höhlen in der Umgebung.

Die **Tay-Phuong-Pagode** (Pagode des Westens; Eintritt 5000 VND) ist auch als Sung-Phuc-Pagode bekannt und besteht aus drei einstöckigen Gebäuden. Diese wurden an einen Felsen gebaut, dessen Form angeblich an einen Büffel erinnert. Die wichtigsten „Schätze", die hier bestaunt werden können, sind geschnitzte Figuren aus dem Holz des Jackfrucht-Baumes. Viele von ihnen stammen aus dem 18. Jh. und stehen für verschiedene „Zustände des Menschen". Im 8. Jh. wurde der älteste Bereich der Anlage errichtet. Erklimmt man die steilen Stufen zum Hauptgebäude, stößt man dahinter auf einen Weg, der an zwei weiteren Pagoden vorbeiführt. Wer mag, kann auch noch das Dorf erkunden.

Die Pagoden liegen 30 km westlich von Hanoi in der Ha-Tay-Provinz. Reisebüros und Tourveranstalter in der Hauptstadt bieten kombinierte Tagestouren zu beiden Heiligtümern an (ab 40 US$ pro Pers.). Alternativ kann man einen Wagen mit Fahrer mieten (80 US$) und nach dem Pagodenbesuch einen Ausflug in den Ba-Vi-Nationalpark unternehmen.

Ba-Vi-Nationalpark

📞034

Auf dem Ba Vi (Nui Ba Vi) befand sich früher eine französische Bergstation. Der Kalksteinberg mit seinen drei Gipfeln ist an den Wochenenden ein beliebtes Ausflugsziel und gehört mittlerweile zum **Ba-Vi-Nationalpark** (📞388 1205; 10 000/5000 VND pro Pers./Motorrad), wo es einige bedrohte Pflanzenarten, Unmengen von Vögeln und Vertreter zweier seltener „fliegender" Eichhörnchenarten zu sehen gibt.

Weitere Highlights sind der Orchideen- sowie der Vogelgarten und die bewaldeten Berghänge, die zum Wandern einladen. Auf dem Gipfel (1276 m) steht ein Ho Chi Minh gewidmeter **Tempel**. Der Weg dorthin führt durch ein Waldstück; er ist anstrengend, aber wunderschön. Für die insgesamt 1229 Stufen braucht man etwa 30 Minuten. Häufig wabert Nebel um die Bergspitze und es herrscht eine zugleich unheimliche und faszinierende Stimmung. Zwischen April und Dezember hat man am ehesten freie Sicht auf das Song-Hong-Tal und auf Hanoi.

🛏 Schlafen & Essen

Ba Vi Guesthouse PENSION $
(📞388 1197; Zi. Mo-Fr 180 000-240 000 VND, Sa & So 220 000-300 000 VND) Ein großer Häuserkomplex mitten im Park mit einem Swimmingpool und einem erschwinglichen Restaurant (Gerichte 60 000 VND). An den Wochenenden sollte man sich ein ruhigeres Zimmer abseits des Schwimmbads und des Restaurantbereichs geben lassen. Beim Check-in muss der Reisepass vorgelegt werden.

ℹ An- & Weiterreise

Der Ba-Vi-Nationalpark liegt 65 km westlich von Hanoi und die einzige praktische Transportmöglichkeit dorthin ist ein Mietwagen. Wer mit einem Motorrad reist, kann nach dem Parkbesuch die reizvolle Straße entlang des Flusses nehmen, die nach Hoa Binh und von dort aus weiter in den Nordwesten führt.

Bisweilen denkt ein Fahrer beim Namen Ba Vi nicht an den Nationalpark, sondern an die gleichnamige Stadt, die ein ganzes Stück davon entfernt ist. Um Verwechslungen zu vermeiden, sollte man das Ziel genau benennen.

Co-Loa-Zitadelle

Die erste befestigte **Zitadelle** (Co Loa Thanh; Eintritt 3000/20 000 VND pro Pers./Fahrzeug; ◉8–17 Uhr) des Landes stammt aus dem 3. Jh. v. Chr. Unter dem Herrscher Ngo Quyen (939–944) diente sie sogar als Hauptstadt. Heute sind nur noch Überreste der alten Festungswälle zu sehen, die ein 5 km² großes Terrain einfassten.

Die Tempel im Zentrum der Zitadelle wurden dem Begründer der legendären Thuc-Dynastie, König An Duong Vuong (257–208 v. Chr.), und seiner Tochter My Nuong (Mi Chau) gewidmet, die mit dem Sohn eines chinesischen Generals verheiratet war. Der Legende nach besaß der König eine magische Armbrust, die ihn im Kampf unbesiegbar machte. My Nuong zeigte die Waffe ihrem Mann, woraufhin dieser die magische Schussvorrichtung stahl und seinem eigenen Vater brachte. Dank dieser Wunderwaffe schlugen die Chinesen An Duong Vuong und das Reich wurde die nächsten tausend Jahre von den Chinesen beherrscht.

Die Co-Loa-Zitadelle befindet sich 16 km nördlich von Hanois Innenstadt im Dong-Anh-Bezirk und kann gut im Rahmen eines Ausflugs zur Tam-Dao-Bergstation besucht werden. Hier hält die Buslinie 46 (Abfahrt alle 15 Min. am My-Dinh-Busbahnhof in Hanoi, s. S.83).

Tam-Dao-Bergstation

☏ 0211 / 930 M

1907 gründeten Franzosen diese von hohen baumbestandenen Gipfeln umgebene Bergstation nordwestlich von Hanoi. Heute ist Tam Dao während der Sommermonate ein beliebter Ferienort und auch an den Wochenenden strömen die Einwohner Hanois in Scharen herbei, um das angenehme Klima zu genießen und es sich in den zahlreichen Restaurants und Bars gut gehen zu lassen. Ein Großteil der Kolonialarchitektur wurde während des Kriegs zwischen den Franzosen und der Vietminh zerstört und durch grobe Betonbauten ersetzt. Tam Dao eignet sich gut als Ausgangspunkt für Wanderfreunde, ist aber kein wirklich schöner Ort.

Der 1996 eröffnete **Tam-Dao-Nationalpark** erstreckt sich über ein großes Gebiet rund um die Stadt. Tam Dao bedeutet so viel wie „Drei Inseln": Blickt man von der Bergstation aus in Richtung Nordosten, kann man zuweilen die drei Gipfel der Tam-Dao-Berge (alle etwa 1400 m hoch) erkennen, und es sieht tatsächlich so aus, als würden sie wie Inseln im Nebel schwimmen. Nicht weniger als 64 Säugetier- (darunter Languren) und 239 Vogelarten sind im Reservat heimisch, allerdings benötigt man einen guten Führer und muss sich tief in den Park wagen, wenn man sie aufspüren möchte. Leider fallen viele Tiere Wilderern zum Opfer.

Vor Ort kann man ganz unterschiedliche Wanderausflüge unternehmen. Bis zum **Wasserfall** und zurück sind es gerade mal 30 Minuten, aber es gibt auch mehrtägige Trekkingtouren durch den Bambus- und den alten Tropenwald. Für längere Exkursionen braucht man auf jeden Fall einen Reiseführer (ab 300 000 VND); im Mela Hotel nachfragen. Die Parkgebühr liegt bei 20 000 VND.

In Tam Dao herrscht ein kühles Klima und es werden z. T. winterliche Temperaturen gemessen, deshalb sollte man unbedingt warme Kleidung mitbringen.

Am besten kommt man zwischen Ende April und Mitte Oktober hierher, denn dann lockt manchmal schönes, nebelfreies Wetter. An den Wochenenden kann es ziemlich voll werden, unter der Woche ist generell weniger los.

Die „Drei Inseln" erheben sich hinter dem **Tam Dao Golf and Resort** (☏04-3736 6457; www.tamdaogolf.com). Wochentags kann man den Golfschläger für 45 US$ schwingen, am Wochenende zahlt man 90 US$.

🛏 Schlafen & Essen

Tam Dao verfügt über eine große Auswahl an Hotels und Pensionen. Weil es sich um einen übersichtlichen Ort handelt, kann man problemlos ein paar Unterkünfte ansehen und verschiedene Angebote vergleichen. Einige Hotels betreiben auch Restaurants, außerdem gibt's mehrere gute *compho*-(Reisnudelsuppe)-Läden. Auf keinen Fall sollte man bedrohte Wildtierarten aus der Umgebung wie Zibetkatzen, Eichhörnchen, Stachelschweine, Füchse und Fasane verzehren.

Huong Lien Hotel HOTEL $
(☏382 4282; Zi. Mo-Fr/Sa & So 250 000/ 300 000 VND; ☏) Das Hotel wartet mit einem angemessenen Preis-Leistungs-Verhältnis sowie einem kleinen hauseigenen Lokal (Hauptgerichte 120 000–200 000 VND)

auf und verfügt über viele Zimmer mit Balkonen, von denen man einen Blick auf die nebelverhangenen Berge genießt.

Mela Hotel HOTEL $$
(✆382 4321; melatamdao@yahoo.com; Zi. ab 55 US$; 🛜❄️🏊) Eine moderne, ansprechende, von Europäern betriebene Bleibe mit 20 geräumigen, bequemen Zimmern (manche inklusive Kaminen, viele mit Balkonen und einer tollen Aussicht aufs Tal). Die vielseitige Karte des hauseigenen Bamboo-Restaurants (Gerichte 4–12 US$) umfasst sowohl französische Spezialitäten als auch vietnamesische Frühlingsrollen. Leider sind die Standardpreise viel zu hoch, deshalb reist man am besten unter der Woche an und feilscht hartnäckig.

Nha Khach Ngan Hang PENSION $
(✆0989 152 969; 120 000 VND pro Pers.; ☎) Im Ortszentrum gegenüber vom Phuong-Nam-Quan-Restaurant bietet diese einfache familienbetriebene Pension blitzsaubere Zimmer und rund um die Uhr warmes Wasser. Gleich neben der Unterkunft erstreckt sich ein großes *xu-xu*-Feld: Das Gemüse kann man im Restaurant mit ordentlich Knoblauch bestellen.

❶ An- & Weiterreise

Tam Dao liegt 85 km nordwestlich von Hanoi in der Vinh-Phuc-Provinz. Vom Gia-Lam-Bahnhof (S. 83) fahren Busse nach Vinh Yen (10 000 VND, 1 Std.), wo man auf ein Motorrad (einfache Fahrt ca. 120 000 VND) oder in ein Taxi (ca. 250 000 VND) steigen kann, um die letzten 24 km auf der einspurigen Straße in den Nationalpark zurückzulegen.

Wer mit dem Motorrad von Hanoi aus nach Tam Dao fährt, braucht etwas mehr als zwei Stunden. Vor allem der letzte Streckenabschnitt ist traumhaft schön.

Nordostvietnam

Inhalt »
Ba-Be-Nationalpark	94
Con Son & Den Kiep Bac	96
Hai Phong	96
Ha-Long-Bucht	100
Ha-Long-Stadt	104
Cat-Ba-Insel	106
Bai-Tu-Long-Bucht	115
Mong Cai & die chinesische Grenze	117
Lang Son	119
Cao Bang	121
Ban-Gioc-Wasserfall & Nguom-Ngao-Höhle	123

Gut essen
» Big Man Restaurant (S. 98)
» BKK (S. 98)
» Bamboo Café (S. 112)
» Vien Duong (S. 113)

Schön übernachten
» Monaco Hotel (S. 97)
» Nam Cat Island Resort (S. 112)
» Whisper of Nature (S. 112)
» Suoi Goi Cat Ba Resort (S. 112)

Auf nach Nordostvietnam

Das unbestrittene Highlight im Nordosten ist die einmalige Ha-Long-Bucht. Darüber hinaus wartet die Gegend mit schroffen Kalksteinspitzen, Regenwäldern, Höhlen, Wasserfällen und historischen Stätten auf.

Im Süden der Ha-Long-Bucht erstreckt sich die üppig grüne Cat-Ba-Insel, die sich hervorragend zum Wandern, Radfahren, Segeln und Klettern eignet. Das spektakuläre Naturschauspiel setzt sich von der Bai-Tu-Long-Bucht bis zur chinesischen Grenze fort, zudem entwickelt sich die Quan-Lan-Insel immer mehr zum Ziel für Abenteurer.

Über der Küste türmt sich eine stimmungsvolle Karstkulisse auf, die bis in die Provinz Cao Bang reicht und zu den markantesten Landschaften Vietnams zählt. Sa Pa und Nordwestvietnam sind feste Größen auf der touristischen Landkarte, der Nordosten lockt jedoch mit entlegenen Straßen durch das Hinterland und dem Ba-Be-Nationalpark.

Traveller auf dem Weg nach China können über Mong Cai und Dong Dang ins Land reisen.

Reisezeit
Ha-Long-Stadt

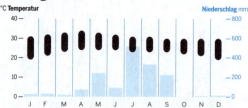

Feb.–April Oft ist es kühl und regnerisch; Nebel beeinträchtigt die Sicht in der Ha-Long-Bucht.

Juni & Juli Hochsaison für Vietnamesen; auf der Cat-Ba-Insel wird es an Wochenenden voll.

Mai–Sept. Tropische Stürme könnten Ausflüge in die Ha-Long-Bucht verhindern.

Geschichte

Geprägt vom Roten Fluss und vom Meer, bildete der wunderbar fruchtbare Nordosten die Wiege der vietnamesischen Zivilisation. Bis vor kurzer Zeit war das Verhältnis zum Nachbarland China ziemlich angespannt. Die Chinesen hatten Vietnam im 2. Jh. v. Chr. eingenommen und waren erst im 10. Jh. zurückgedrängt worden.

Immer wenn sie sich in Vietnams Angelegenheiten einmischen wollten, gelang dies über den Nordosten des Landes. Zum letzten Zwischenfall kam es 1979, als sie in Vietnam einmarschierten, um das Land für die Invasion in Kambodscha (S. 119) zu bestrafen. Außerdem flohen in den 1970er- und 1980er-Jahren Tausende Menschen chinesischer Abstammung durch diese Region.

Highlights

❶ Dem Trubel der **Ha-Long-Bucht** (S. 100) entfliehen und mit dem Kajak in versteckte Lagunen und Grotten paddeln

❷ Im großartigen Nationalpark der **Cat-Ba-Insel** (S. 106) Wanderungen, Radtouren und Kletterausflüge unternehmen

❸ Die **Lan-Ha-Bucht** (S. 107) erkunden, ein neu erschlossenes Gebiet aus bezaubernden Inseln und Stränden mit tollen Kletter- und Segelmöglichkeiten

❹ Abseits touristischer Pfade die Inseln der **Bai-Tu-Long-Bucht** (S. 115) auf eigene Faust erkunden

❺ Über Seen und Flüsse schippern und im **Ba-Be-Nationalpark** (S. 94) bei einer Tay-Familie übernachten

❻ Die Karstlandschaft von **Cao Bang** (S. 121) und die Wasserfälle, Höhlen, Seen sowie historischen Sehenswürdigkeiten der Provinz entdecken

Über drei Jahrzehnte später floriert der Grenzhandel und im Sommer strömen chinesische Touristen nach Vietnam.

Nationalparks

Die atemberaubenden Nationalparks dieser Gegend bieten zahlreiche Aktivitäten rund ums Wasser. Der Cat-Ba-Nationalpark (S. 107) in der Nähe der Ha-Long-Bucht liegt auf einer zerklüfteten, in einen dichten Dschungelmantel gehüllten Insel. Zum Park gehören auch die etwa 300 Kalksteininseln der Lan-Ha-Bucht.

Weiter in Richtung Nordosten geht die Bucht in den Bai-Tu-Long-Nationalpark über (S. 115), eine Reihe von Karstlandschaften, die ihrem berühmteren Nachbarn in nichts nachstehen. Hier erstrecken sich zahlreiche abgeschiedene Strände, die nur selten von Touristen besucht werden. Bessere Bootsverbindungen zur Quan-Lan-Insel machen die Bai-Tu-Long-Region inzwischen leichter erreichbar.

Der Ba-Be-Nationalpark fasziniert mit smaragdgrünen Seen und ist von hoch aufragenden, dicht bewaldeten Bergen umrahmt. Hier kann man herrlich wandern, Fahrrad fahren, Bootsausflüge zu Höhlen und Wasserfällen unternehmen und im Ba-Be-Dorf bei Einheimischen übernachten.

ⓘ An- & Weiterreise

Hanoi ist das Tor zum Nordosten.

AUTO Über die Straßen gelangt man zügig nach Hai Phong, Ha-Long-Stadt und Lang Son, doch je bergiger es wird, desto langsamer geht es voran.

Bus Im Tiefland fahren regelmäßig schnelle Busse, durchs Hochland quälen sich dagegen langsame, knarrende Modelle.

Zug Nach Hai Phong und Lang Son verkehren langsame Züge.

Ba-Be-Nationalpark

✆ 0281

Der **Ba-Be-Nationalpark** (Eintritt 20 000 VND pro Pers.), oft auch als Ba-Be-Seen bezeichnet, wurde 1992 als erster Nationalpark Vietnams eröffnet. Seine Landschaft ist atemberaubend: Riesige Kalksteinberge erheben sich auf bis zu 1554 m, abfallende Täler, dichte grüne Nadelwälder, Wasserfälle, Höhlen und natürlich die Seen selbst prägen das reizvolle Bild.

In der Region verstecken sich 13 Bergdörfer. Viele werden von Tay bewohnt, die in Stelzenhäusern leben, andere von kleineren Gruppen der Dao und Hmong. Inzwischen gibt's in diesen Orten sogenannte *homestays* (Privatunterkünfte bei Familien), sodass Reisende einen Einblick in den Alltag der Bergbewohner gewinnen.

Das **Ba Be Center Tourism** (✆ 389 4721; www.babecentertourism.com; Bolu-Dorf) gehört den Tay und vermittelt Privatunterkünfte, Bootsausflüge und mehrtägige Ausflüge in den Nationalpark mit Aktivitäten wie Trekking sowie Kajakfahren.

Im Regenwald des Parks wachsen mehr als 550 registrierte Pflanzengattungen. Um ein Abholzen zu verhindern, erhalten die Nationalparkbewohner Subventionen. Zu

---

DER TRICK MIT DEN PFÄHLEN

Nicht weniger als dreimal vereitelte der General Tran Hung Dao (1228–1300), einer der größten Volkshelden Vietnams, Invasionsversuche mongolischer Krieger unter der Heerführung Chinas.

Seinen berühmtesten Sieg errang er 1288 am Bach-Dang-Fluss im Nordosten Vietnams und sicherte damit die Unabhängigkeit des Landes. Dabei folgte er dem Vorbild des Militärstrategen Ngo Quyen, der auf gleiche Weise im Jahr 939 Vietnams Autonomie nach tausendjähriger chinesischer Herrschaft zurückgewonnen hatte.

Nach Einbruch der Dunkelheit ließ Tran Hung Dao in Ufernähe, wo das Wasser seicht war, scharfkantige Bambuspfähle aufstellen. Bei Flut waren diese knapp unter der Wasseroberfläche verborgen. Dann wurden kleine Boote, die leicht zwischen den Pfählen navigieren konnten, ausgeschickt, um die chinesischen Kriegsschiffe anzulocken. Als das Wasser zurückwich, blieben die feindlichen Dschunken aufgespießt zurück und ein Hagel aus brennenden Pfeilen vernichtete die ganze Flotte. In der Ha-Long-Bucht kann man die Hang Dau Go (Höhle der Hölzernen Pfähle; S. 102) besichtigen: Dort sollen Tran Hung Daos Streitkräfte die Bambusstangen vorbereitet und gelagert haben.

Zur Erinnerung an den Sieg ist in jeder vietnamesischen Stadt eine Straße nach diesem Helden benannt und jeder Weg entlang eines Flusses heißt „Bach Dang".

den zahlreichen hier lebenden Tieren zählen 65 Säugetierarten, die man allerdings nur selten zu Gesicht bekommt, 353 Schmetterlingsarten, 106 Fischarten, vier Arten von Schildkröten, der extrem gefährdete Vietnamesische Salamander und sogar die Tigerpython. Vielfältig ist auch die Vogelwelt mit 233 erfassten Spezies, darunter Schlangenweihe und Haubenwespenbussard. Jagen ist verboten, der Fischfang für die Einheimischen aber erlaubt.

Ba Be ("Drei Buchten") sind drei miteinander verbundene Seen, 8 km lang und 400 m breit. Hier leben über 100 Süßwasserfischarten. Zwei der Seen verbindet ein 100 m breites Wasserband, Be Kam, eingerahmt von hohen Kreidefelsen.

Angestellte im Reservat können verschiedene **Touren** organisieren. Der Preis hängt von der Teilnehmerzahl ab und startet bei 30 US$ pro Tag für Alleinreisende, in der Gruppe zahlt man weniger. Am beliebtesten ist eine **Bootsfahrt** (ca. 550 000 VND) auf dem Nang-Fluss und dem See, während man Eis- und Greifvögel entdecken kann. Auf ein Boot passen zwölf Personen. Der Ausflug führt durch die tunnelähnliche Hang Puong (Puong-Höhle), die etwa 40 m hoch und 300 m lang ist und den ganzen Berg durchdringt. Bis zu 7000 Fledermäuse (acht verschiedene Gattungen) sollen in der Höhle leben. Einen weiteren Stopp kann man im schönen Tay-Dorf Cam Ha einlegen (jedes Holzhaus hat eine Satellitenschüssel). Von dort geht's zur runden, von Dschungel gesäumten Ao-Tien-Lagune. Letzte Station der Tour ist die An-Ma-Pagode auf einer kleinen Insel mitten im See.

Der Thac Dau Dang (Dau-Dang- bzw. Ta-Ken-Wasserfall) besteht aus einer Reihe spektakulärer Kaskaden zwischen blanken Felsenwänden. Er ist ein weiteres mögliches Ausflugsziel. Nur etwa 200 m die Stromschnellen flussabwärts liegt das Tay-Dörfchen Hua Tang.

Zur Wahl stehen darüber hinaus Touren mit einem Einbaumkanu sowie Kombitrips mit Fahrrad-, Boot- und Wanderoption. Auch längere Trekkingtouren lassen sich einrichten.

Beim Checkpoint an der Zufahrtstraße zum Park 15 km vor dem Hauptsitz und gleich hinter der Stadt Cho Ra kann man die Eintrittsgebühr zahlen.

🛌 Schlafen & Essen

Einziges Hotel im Park ist ein **staatlich betriebener Komplex** (389 4026; Zi. ab 220 000 VND, Hütte 220 000 VND, Bungalow 350 000 VND) neben dem Büro der Ranger. Die besten Räume befinden sich in attraktiven halbfreistehenden Bungalows mit jeweils zwei Doppelbetten, während die Hütten klein und recht schlicht sind. Es gibt auch ein paar Zimmer. Zum Komplex gehören zwei Restaurants (Mahlzeiten ab 50 000 VND), man sollte allerdings etwa eine Stunde, bevor man essen möchte, seine Bestellung aufgeben. Wer es auch weniger schick mag, findet bei den Chalets einige Garküchen in Hütten, in denen Leute aus dem Dorf preiswerte Mahlzeiten und Snacks verkaufen.

Alternativ kommt man im Pac-Ngoi-Dorf unter. Besucher nächtigen in **Privatunterkünften** (60 000 VND pro Pers.) in Stelzenhäusern. Normalerweise kümmert sich das Parkbüro um die Organisation, doch man kann auch einfach dort aufkreuzen und sich direkt vor Ort selbst anmelden. Das gepflegte Hoa Son Guesthouse (389 4065) mit riesigem Balkon und Blick auf den See ist eine der besten Optionen. Daneben finden sich mindestens zwölf weitere Bleiben. Alle Bäder haben heißes Wasser und es besteht die Möglichkeit, etwas zu essen zu ordern (Gerichte 40 000–60 000 VND), z. B. frisch gefangenen Fisch.

Als Ausgangsbasis bietet sich auch die nahe Kleinstadt Cho Ra an. Das Thuy Dung Guesthouse (387 6354; 5 Tieu Khu; Zi. 300 000 VND; 🌀) ist eine gastfreundliche familiengeführte Pension mit Balkonen, Holzfensterläden und einem Ausblick auf die Reisfelder der Umgebung. Auf dem Gelände gibt's ein gutes Restaurant und das Personal kann die Weiterreise von Cho Ra ins Herz des Nationalparks mit dem Boot (320 000 VND) arrangieren. Unterwegs geht's an Wasserfällen und Dörfern der Bergvölker vorbei.

ℹ️ Praktische Informationen

Zahlen kann man nur mit Barem. Internetzugang und der nächste Geldautomat sind in Cho Ra zu finden.

ℹ️ An- & Weiterreise

Der Ba-Be-Nationalpark befindet sich 240 km von Hanoi, 61 km von Bac Kan und 18 km von Cho Ra.

Viele Traveller besuchen Ba Be im Rahmen einer Tour oder mit einem Mietauto von Hanoi aus (ein Geländewagen ist nicht notwendig). Die

DIE LEGENDE DER WITWENINSEL

Um eine winzige Insel mitten in den Ba-Be-Seen rankt sich eine örtliche Legende. Wo heute der See liegt, so glauben die Tay, befand sich einst Ackerland und in seiner Mitte ein Dorf namens Nam Mau.

Eines Tages fanden die Dorfbewohner einen Büffel, der im nahen Wald umherstreifte. Sie fingen, schlachteten und verspeisten ihn gemeinsam – gaben aber einer alten, einsamen Witwe nichts davon ab.

Unglücklicherweise handelte es sich dabei nicht um irgendeinen alten Büffel, sondern um das Eigentum des Flussgeistes. Als das Tier nicht nach Hause kam, machte sich der Geist als Bettler verkleidet auf den Weg ins Dorf. Er bat die Einheimischen um einen Bissen; doch diese wollten ihr Mahl nicht teilen und jagten ihn davon. Einzig die Witwe begegnete ihm freundlich, gab ihm zu essen und ein Schlaflager.

In dieser Nacht trug der Bettler der Frau auf, lauter Reisspelzen rund um ihr Haus auszustreuen. Einige Stunden später begann es zu regnen, danach kam eine Flut. Sie ertränkte alle Dorfbewohner, schwemmte ihre Häuser und Bauernhöfe weg und schuf die Ba-Be-Seen. Nur das Haus der Witwe blieb erhalten: Heute ist es Po Gia Mai, die Witweninsel.

Fahrt von der Hauptstadt dauert etwa sechs Stunden. Empfehlenswerte Anbieter siehe S. 82.

BUS & BOOT Mit öffentlichen Verkehrsmitteln ist die direkteste Verbindung der tägliche Bus um 12 Uhr vom Gia-Lam-Busbahnhof in Hanoi nach Cho Ra (150 000 VND, 6 Std.). Dies ermöglicht Reisenden, in Cho Ra zu übernachten, bevor es am nächsten Morgen mit dem Boot nach Ba Be weitergeht.

BUS & MOTORRAD Von Hanoi nimmt man einen Bus nach Phu Thong (110 000 VND, 5 Std.) über Thai Nguyen und/oder Bac Kan und steigt dort in den Bus nach Cho Ra (30 000 VND, 1 Std.) um. Für die letzten 18 km ab Cho Ra besorgt man sich ein Motorrad (ca. 70 000 VND).

Wer von Ba Be aus noch weiter in den Nordosten reisen möchte, nimmt am besten den Lokalbus von Cho Ra nach Na Phac und von dort einen Anschlussbus nach Cao Bang.

Con Son & Den Kiep Bac

Auf dem Weg nach Hai Phong oder Ha-Long-Stadt sind für einheimische Touristen Abstecher nach Con Son und Den Kiep Bac besonders lohnenswert.

Einst lebte in Con Son der berühmte vietnamesische Dichter, Schriftsteller und Feldherr Nguyen Trai (1380–1442). Im 15. Jh. unterstützte er Kaiser Le Loi in seinem erfolgreichen Kampf gegen die chinesische Ming-Dynastie. Zum **Con-Son-Pagodenkomplex** (Karte S. 93; Eintritt 5000/15 000 VND pro Pers./Fahrzeug) gehört ein Tempel zu Ehren des Helden. Der Aufstieg über 600 Stufen ist anstrengend. Alternativ folgt man einem Weg an einer Quelle vorbei durch einen Kiefernwald und nimmt die Treppe auf dem Rückweg.

Der nahe gelegene **Kiep-Bac-Tempel** (Den Klep Bac; Karte S. 93; Eintritt 5000/15 000 VND pro Pers./Fahrzeug) ist Tran Hung Dao (1228–1300) geweiht. Er wurde 1300 an der Stelle errichtet, wo Tran Hung Dao gestorben sein soll. Vor Ort informiert eine Ausstellung über seine Verdienste, man braucht allerdings einen Dolmetscher. Das jährliche **Tran-Hung-Dao-Fest** wird vom 18. bis zum 20. Tag des achten Mondmonats gefeiert (meistens im Oktober).

Kiep Bac und Con Son liegen etwa 80 km östlich von Hanoi in der Hai-Duong-Provinz. Wer mit dem Auto unterwegs ist, kann auf dem Weg nach Hai Phong oder in die Ha-Long-Bucht leicht einen Ausflug dorthin machen.

Hai Phong

☏ 031 / 1 884 600 EW.

Mit schönen, von Bäumen gesäumten Boulevards, zahlreichen beeindruckenden Gebäuden aus der Kolonialzeit und einer entspannten Atmosphäre wirkt diese Stadt sehr einladend. Hai Phong ist ein wichtiger Seehafen und ein Industriezentrum, Besucher verweilen hier dagegen nur selten, wobei man vor Ort deutlich weniger Scherereien als in Vietnams Haupttourismuszentren erlebt. Aufdringlichen Händlern begegnet man nämlich kaum. Die Stadt hat eine stark ausgeprägte Kaffeekultur und auf vielen Plätzen im Zentrum stehen Tische – ideal zum Leutebeobachten.

Hai Phong ist ein wichtiger Verkehrsknotenpunkt und mit Bus, Schiff und Zug gut an die Cat-Ba-Insel und Hanoi angebunden.

Geschichte

1874 wurde Hai Phong von den Franzosen erobert und entwickelte sich schnell zu einem größeren Hafen. Dank der stadtnahen Kohlevorkommen siedelte sich Schwerindustrie an.

1964 bombardierten die Franzosen Hai Phong, was Tausende Menschenleben kostete und zum unmittelbaren Auslöser des Indochinakriegs wurde. Zwischen 1965 und 1972 geriet die Stadt außerdem unter Beschuss der amerikanischen Luftwaffe und Kriegsmarine und der Hafen wurde vermint, um Versorgungswege des Sowjetmilitärs abzuschneiden. In den späten 1970er- und den 1980er-Jahren wanderten sehr viele Menschen aus Hai Phong ab, darunter zahlreiche chinesische Flüchtlinge. Mit ihnen verschwand auch die einst große Fischfangflotte.

Heute ist Hai Phong eine schnell wachsende Stadt, die mit ihrem Hafen und ihren Verkehrsverbindungen viele internationale Unternehmen als Investoren anzieht.

⊙ Sehenswertes & Aktivitäten

GRATIS Hai-Phong-Museum · MUSEUM

(66 P Dien Bien Phu; ⊙ Mo–Fr 8–12.30 & 14–16, Mi & So 19.30–21.30 Uhr) Das Hai-Phong-Museum ist in einem prachtvollen Kolonialgebäude untergebracht und befasst sich mit der Geschichte der Stadt. Einige Exponate sind auch auf Englisch beschriftet. Der Museumsgarten beherbergt eine bunte Sammlung aus Kriegsüberresten.

GRATIS Kathedrale der Königin des Rosenkranzes · KATHEDRALE

(P Hoang Van Thu) Hai Phongs elegante römisch-katholische Kathedrale aus dem 19. Jh. wurde 2010 umfassend restauriert. Die grauen Türme sind ein städtisches Wahrzeichen und ihr Innenhof ist weitläufig und erholsam – bis die netten Kinder aus der benachbarten Grundschule nach dem Unterricht hier herumtoben.

Opernhaus · HISTORISCHES GEBÄUDE

(P Quang Trung) Das neoklassizistische Opernhaus aus dem Jahr 1904 schmückt eine mit weißen Säulen verzierte Fassade.

Du-Hang-Pagode · PAGODE

(121 P Chua Hang) Die Du-Hang-Pagode wurde vor drei Jahrhunderten errichtet. Obwohl mehrmals wieder aufgebaut, ist sie ein schönes Beispiel für klassische vietnamesische Architektur und Bildhauerkunst. Auf der engen Durchgangsstraße P Chua Hang geht's turbulent zu. Die Pagode liegt ca. 1,5 km südwestlich von Hai Phongs Hauptstraße Dien Bien Phu.

GRATIS Marinemuseum · MUSEUM

(P Dien Bien Phu; ⊙ Di, Do & Sa 8–11 Uhr) Einen kurzen Fußweg vom Hai-Phong-Museum entfernt stößt man auf das Marinemuseum, das vor allem für Seemänner auf Besuch und natürlich amerikanische Vietnamveteranen interessant ist.

🛌 Schlafen

Monaco Hotel · HOTEL $$

(☎ 374 6468; monacohotel@vnn.vn; 103 P Dien Bien Phu; Zi. 25 US$, Suite 35–50 US$; ✳🛜) Ein tolles modernes und zentral gelegenes Hotel mit einer schönen Lobby und hilfsbereitem Personal, das ein wenig Englisch spricht. Die geräumigen Zimmer mit zwei Doppelbetten sind hübsch eingerichtet und das Frühstück ist im Preis inbegriffen.

Bao Anh Hotel · HOTEL $$

(☎ 382 3406; www.baoanhhotel.com; 22 P Minh Khai; Zi. 600 000–800 000 VND; ✳@🛜) Vor Kurzem wurde diese hippe Bleibe an einer belaubten Straße voller lebhafter Cafés im minimalistischen Stil restauriert. Direkt davor befindet sich das hervorragende BKK-Thai-Restaurant.

Harbour View Hotel · HOTEL $$$

(☎ 382 7827; www.harbourviewvietnam.com; 4 P Tran Phu; EZ/DZ 118/132 US$; ◑✳@🛜🏊) Das 1998 errichtete stattliche Hotel ist im Kolonialstil gestaltet und bietet komfortable Zimmer sowie hervorragende Einrichtungen, z. B. einen Finessraum, ein Spa und ein Lokal. Das Frühstück ist im Preis inbegriffen. Darüber hinaus organisiert das superfreundliche Team an der Rezeption Ausflüge in die Umgebung von Hai Phong in einem Vintage-Citroën. Man sollte versuchen, von den erheblichen Rabatten auf die Standardpreise zu profitieren.

Kim Thanh Hotel · HOTEL $

(☎ 374 5264; kimthanhhotel@vnn.vn; 67 P Dien Bien Phu; Zi. 320 000–500 000 VND; ✳🛜) Nichts Aufregendes, doch als erschwingliches Hotel in Hai Phong eine wirklich gute Wahl. Die Zimmer sind altmodisch, aber sauber und haben TV sowie eine Minibar. Frühstück ist inklusive. Nach einem der

hinteren Zimmer fragen, um dem störenden Straßenlärm zu entgehen.

Hoa Viet Hotel
HOTEL $

(☎384 2409; www.hoaviethotel.vn; 50 P Dien Bien Phu; Zi. 250 000–400 000 VND; ❄️🛜) Hervorragendes Preis-Leistungs-Verhältnis im Stadtzentrum. Einfach möblierte Zimmer umgeben den Innenhof eines restaurierten Kolonialbaus. Das Frühstück ist im Preis inbegriffen und wird im benachbarten Hotelrestaurant serviert.

Duyen Hai Hotel
HOTEL $

(☎384 2134; 6 Đ Nguyen Tri Phuong; Zi. 250 000–400 000 VND; ❄️🛜) Faire Preise. Lohnenswert, wenn vor Ort alle anderen Hotels ausgebucht sind.

Essen

Hai Phong ist für seine frischen Meeresfrüchte bekannt. Wer die P Quang Trung besucht, findet jede Menge **Fischrestaurants** mit Aquarien, aus denen sich Gäste ihr Essen aussuchen können, sowie *bia-hoi*-(Bier-)Kneipen. Schickere Cafés und Restaurants entdeckt man bei einem Bummel über die P Minh Khai. Der eine oder andere Traveller wird sich darüber freuen, dass zwei Lokale der Stadt gutes selbst gebrautes Bier ausschenken.

Big Man Restaurant
BRAUEREI $$

(7 P Tran Hung Dao; Hauptgerichte ab 80 000 VND; ⏱11–23 Uhr) Auf der Karte des großen Restaurants mit einer Terrasse im Freien stehen hervorragende Fischgerichte und exzellente vietnamesische Salate. Außerdem gibt's vor Ort eine kleine Brauerei mit leichten und dunklen Bieren. Kein Wunder, dass viele Besucher hier auch gerne einen zweiten Abend verbringen.

BKK
THAILÄNDISCH $$

(22 P Minh Khai; Hauptgerichte 70 000–150 000 VND; ⏱11.30–22 Uhr) Dieses originalgetreu restaurierte alte Stadthaus bildet eine perfekte Kulisse für ein unvergessliches Abendessen. Authentische Thaigerichte werden schmackhaft zubereitet und liebevoll angerichtet. Zu empfehlen sind *lab moo* (Salat mit Schweinefleisch) und gepfefferter Tintenfisch. Für Vegetarier gibt's ebenfalls eine gute Auswahl. Platz für den Nachtisch lassen, z. B. für das köstliche Kokosnusseis.

Van Tue
FISCH & MEERESFRÜCHTE $$

(1 P Hoang Dieu; Hauptgerichte 40 000–200 000 VND; ⏱11–23 Uhr) Die elegante Villa aus der französischen Kolonialzeit ist für ihre leckeren Fischgerichte bekannt, darunter eine tolle Auswahl an Krebsspezialitäten. Nicht entgehen lassen sollte man sich die beiden

Hai Phong

◎ Highlights
- Hai-Phong-Museum B2
- Opernhaus B3
- Kathedrale der Königin des Rosenkranzes B2

◎ Sehenswertes
- 1 Marinemuseum C2

🛏 Schlafen
- Bao Anh Hotel .... (siehe 8)
- 2 Duyen Hai Hotel B1
- 3 Harbour View Hotel D1
- 4 Hoa Viet Hotel C2
- 5 Kim Thanh Hotel C2
- 6 Monaco Hotel B2

✖ Essen
- 7 Big Man Restaurant C2
- 8 BKK C2
- 9 Com Vietnam B2
- 10 Fischrestaurants B3
- 11 Van Tue D1

🍸 Ausgehen
- 12 Caffe Tra Cuc C2
- 13 Julie's Bar C2
- 14 Maxims C2
- 15 Phone Box C2
- 16 Vuon Dua D2

Biersorten nach tschechischer Art (hell und dunkel), die im Haus gebraut werden.

Com Vietnam VIETNAMESISCH $
(4A P Hoang Van Thu; Hauptgerichte 30 000–65 000 VND) Das winzige, schlichte Restaurant mit kleinem Innenhof serviert regionale Fischgerichte und vietnamesische Spezialitäten zu erschwinglichen Preisen. Die Kinder in der benachbarten Schule können ganz schön laut werden.

Ausgehen & Unterhaltung

Besonders viel ist in Hai Phongs Zentrum auf der P Minh Hieu los. Praktisch alle Cafés haben Straßenterrassen, schenken Bier aus (lecker ist die lokale Sorte Bia Hai Phong) und bieten Snacks an.

Phone Box BAR
(79 P Dien Bien Phu; ⊙12–23.30 Uhr) Die kleine Bar wird von einem Musiker geführt und eignet sich prima für einen entspannten Drink. Montags und freitags gibt's Livemusik (Akustikgitarre oder Jazz). Manchmal legt der Besitzer Musik aus seiner eigenen Plattensammlung auf.

Vuon Dua BIA HOI
(5 P Tran Hung Dao) Lebhafter, lauter Biergarten mit einer großen Auswahl preiswerter Biere sowie Krabben-, Hühnchen- und Schweinefleischgerichten. Das Vuon Dua füllt sich jeden Abend mit zahlreichen Stadtbewohnern, die sich nach der Arbeit einige Biere genehmigen.

Maxims CAFÉ
(51B P Dien Bien Phu) Auf gewisse Art ist das Café verwandt mit dem berühmten Maxim's in Saigon. Hier gibt's fast jeden Abend Livemusik von Klassik bis Jazz. Man sollte nur herkommen, um etwas zu trinken, denn das Essen ist leider nur mittelmäßig.

Julie's Bar BAR
(22C P Minh Khai) Ein gemütlicher Einwanderertreff und der ideale Ort, um den neuesten Klatsch aus Hai Phong auszutauschen. Auf der Karte stehen leckere Steaks und Burger.

Caffe Tra Cuc CAFÉ
(46C P Minh Khai; 🕾) Bei den grauhaarigen Stammgästen und der Hai Phonger Schickeria kommen der auf vielfältige Weise zubereitete Kaffee und der freie Internetzugang gut an.

ℹ Praktische Informationen

Geld
Im Zentrum findet man viele Geldautomaten.

Internetzugang
Die Internetcafés an der P Dien Bien Phu berechnen ca. 5000 VND pro Stunde. Kostenloses WLAN gibt's in den Cafés an der P Minh Khai.

Medizinische Versorgung
Hai Phong International Hospital (☎395 5888; 124 Nguyen Duc Canh) Neu gebautes modernes Krankenhaus mit einigen englischsprachigen Ärzten.

ℹ An- & Weiterreise

AUTO & MOTORRAD Hai Phong liegt 103 km von Hanoi und ist über die Nationalstraße 5, eine Schnellstraße, zu erreichen.

FLUGZEUG Der Cat-Bi-Flughafen befindet sich 6 km südöstlich von Hai Phong. Ein Taxi dorthin kostet ca. 120 000 VND.

Jetstar Pacific Airways (04-3955 0550; www.jetstar.com) Bietet Verbindungen zwischen Hai Phong und Ho-Chi-Minh-Stadt.

Vietnam Airlines (381 0890; www.vietnamair.com.vn; 30 P Hoang Van Thu) Flüge von Hai Phong nach Ho-Chi-Minh-Stadt und Da Nang.

SCHIFF/FÄHRE Alle Schiffe legen vom **Ben-Binh-Hafen** ab, einen kurzen Fußweg vom Lac-Long-Busbahnhof entfernt. Mehr über die Verbindungen zur Cat-Ba-Insel siehe S. 114.

Bus Es gibt in Hai Phong drei Fernbusbahnhöfe.

Tam-Bac-Busbahnhof (P Tam Bac) Busse nach Hanoi (70 000 VND, 2 Std., alle 10 Min.).

Niem-Nghia-Busbahnhof (Đ Tran Nguyen Han) Verbindungen von Hai Phong Richtung Süden, z. B. nach Ninh Binh (90 000 VND, 3½ Std., alle 30 Min.).

Lac-Long-Busbahnhof (P Cu Chinh Lan) Busse nach Ha-Long-Stadt (Bai Chay; 50 000 VND, 1½ Std., alle 30 Min.) und regelmäßige Fahrten nach Mong Cai (100 000 VND, 4 Std., etwa alle 2 Std.) in der Nähe der chinesischen Grenze. In Lac Long halten zudem Busse nach und von Hanoi (70 000 VND, 2 Std., alle 10 Min.), was praktisch für Traveller ist, die anschließend vom nahe gelegenen Ben-Binh-Hafen per Fähre weiterreisen möchten.

ZUG Ein langsamer Zug startet täglich zum Long-Bien-Bahnhof in Hanoi (48 000 VND; 2½ Std.; 6.10, 8.55, 15.10 & 18.40 Uhr).

ⓘ Unterwegs vor Ort

Zu den empfehlenswerten Taxiunternehmen zählen **Hai Phong Taxi** (383 8383) und **Taxi Mai Linh** (383 3833). *Ein xe om* (Motorradtaxi) von den Busbahnhöfen zu den Hotels kostet ca. 20 000 VND.

HA-LONG-BUCHT

033

Wie eine Vision von atemberaubender Schönheit erheben sich die über 2000 Inseln aus dem türkisfarbenen Wasser des Golfs von Tonkin. Ha Long heißt übersetzt „wo der Drachen ins Meer steigt". Der Legende nach wurde die Bucht von einem Drachen erschaffen, der in den Bergen lebte. Als er zur Küste stürmte, schlug sein peitschender Schwanz Täler und Furchen. Nachdem er schließlich ins Meer getaucht war, füllte sich das Becken mit Wasser. Heute sind nur noch die Gipfel sichtbar.

Die 1994 zum Welterbe ernannte mystische Landschaft aus Kalksteininseln wird oft mit Guilin in China oder Krabi in Südthailand verglichen. In Wirklichkeit ist die Ha-Long-Bucht spektakulärer. Ihre zahl-

DIE HA-LONG-BUCHT UND IHR „UNGEHEUER VON LOCH NESS"

Jener Drache, der die Ha-Long-Bucht geschaffen hat, mag eine Sagengestalt sein, trotzdem sollen Segler schon mehrmals ein geheimnisvolles, gewaltiges Meeresungeheuer namens Tarasque gesichtet haben. Einige paranoide Militärs hegen sogar den Verdacht, es könne sich um ein imperialistisches Spionage-U-Boot handeln. Exzentrische Urlauber wiederum glauben, die vietnamesische Nessie-Version entdeckt zu haben. Inzwischen sucht das Monster – oder was immer es ist – die Ha-Long-Bucht regelmäßig heim. Weder die Seepatrouille noch das Tourismus- und Einwanderungsamt können es bändigen. Unternehmungslustige Bootseigentümer haben dank des Ungeheuers eine neue Heimindustrie ins Leben gerufen. Sie vermieten schwerreichen Touristen eine Dschunke für eine Verfolgungsjagd ... bevor es vor Langeweile noch davonschwimmt.

reichen Inseln sind mit Grotten übersät, die Wind und Wellen aus den Felsen gewaschen haben, und in den Wipfeln der locker bewaldeten Hänge trällern Vögel ihr Lied.

Reisende kommen nicht nur für Bootsausflüge nach Ha Long, sondern auch, um die Höhlen zu erkunden. Die Ha-Long-Bucht selbst hat nur wenige Strände, dafür wartet nur eine kurze Bootsfahrt von Cat-Ba-Stadt entfernt die Lan-Ha-Bucht mit idyllischen Sandbuchten auf.

Haupteingangstor zur Bucht ist Ha-Long-Stadt, doch der ziemlich wilde Mix aus Hotelhochhäusern und Karaokebars bietet keine passende Einstimmung auf diese fantastische Gegend.

Aus diesem Grund ziehen es die meisten Leute vor, eine Tour mit Schlafmöglichkeit an Bord zu buchen. Einige Traveller lassen diese Stadt ganz aus und fahren direkt in das Örtchen Cat Ba weiter, wo sich Ausflüge in die weniger besuchte und ebenso verführerische Lan-Ha-Bucht organisieren lassen. Auch die Cat-Ba-Insel eignet sich als Ausgangspunkt für Ausflüge in die Landschaft der Ha-Long-Bucht.

Als Tourismusattraktion Nummer eins im Nordosten zieht die Ha-Long-Bucht das gan-

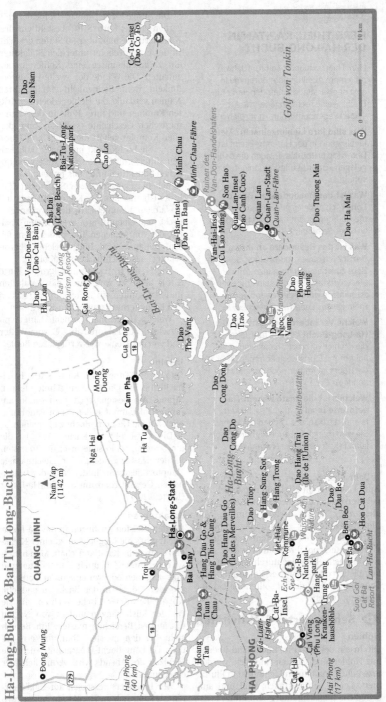

> **INSIDERWISSEN**
>
> ## HERR THIEU, KAPITÄN IN DER HA-LONG-BUCHT
>
> Herr Thieu schippert seit fünf Jahren mit einem Ausflugsboot durch die Inseln der Karstlandschaft der Ha-Long-Bucht – eine recht angenehme Art, seinen Lebensunterhalt zu verdienen.
>
> **Was sind Ihre Lieblingsinseln?** Mein Lieblingsort in der Ha-Long-Bucht ist Dao Titop (Titop-Insel), auch die östlich gelegene Bai-Tu-Long-Region gefällt mir sehr gut.
>
> **Was ist das Besondere an Bai Tu Long?** Ich finde es genauso schön wie die Ha-Long-Bucht und man trifft dort weniger Besucher.
>
> **Was ist das Besondere an Ihrem Beruf?** Ich habe großes Glück, auf dem Boot zu leben und die ganze Zeit von diesen erstaunlichen Inseln umgeben zu sein. Ich würde diesen Job gerne mein ganzes Leben lang machen.
>
> **Welche Veränderungen gibt's in der Ha-Long-Bucht?** In den fünf Jahren, die ich hier verbracht habe, sind jedes Jahr mehr Touristen gekommen, aber die Bucht ist immer noch ein ganz besonderer Ort.
>
> **Welches ist die beste wie ein Tier geformte Insel?** Laughing Chicken Island, die Insel des Lachenden Huhns. Sie wird manchmal auch Fighting Cock Island (Kampfhahninsel) genannt.

ze Jahr über Besucher an. Von Februar bis April ist es hier oft kühl und regnerisch. Nebel verschlechtert die Sicht, sorgt aber gleichzeitig für mystische Stimmung. Von Mai bis September gibt's häufig tropische Stürme, sodass die Touristenboote je nach Wetter manchmal ihre Routen ändern müssen. Manche Reiseagenturen werben mit kompletter oder teilweiser Erstattung, falls Touren ausfallen; darauf sollte man bei der Buchung achten.

◉ Sehenswertes & Aktivitäten

Höhlen

Die Inseln der Ha-Long-Bucht sind übersät mit Höhlen und Grotten und viele werden inzwischen von bunten Lichteffekten illuminiert. Leider gehören auch Müll und aufdringliche Ramschhändler zum Bild.

Die riesige Hang Dau Go (Höhle der Hölzernen Pfähle; Karte S.101) besteht aus drei Kammern, die man über 90 Stufen erreicht. In der ersten scheint unter den Stalaktiten ein Zwergenkomitee eine Konferenz abzuhalten. Die Wände der zweiten Kammer funkeln, wenn Sonnenlicht einfällt. Ihren Namen verdankt die Höhle jedoch der dritten Kammer und ihrer Rolle in der vietnamesischen Geschichte (s. S.94). Zum gleichen Komplex gehört die nahe Hang Thien Cung. Sie beeindruckt mit blumenkohlartigen Sinterformationen sowie außergewöhnlichen Stalaktiten und Stalagmiten.

Beliebt ist auch die Hang Sung Sot (Höhle der Überraschungen; Karte S.101) mit drei gewaltigen Kammern. In der zweiten entdeckt man einen rosarot beleuchteten Phallus, der von manchen Tourguides „Penisfelsen" genannt wird und – welche Überraschung – als Fruchtbarkeitssymbol gilt.

Die Hang Trong (Trommelgrotte; Karte S.101) heißt so, weil durch die Stalaktiten und Stalagmiten ein Lüftchen bläst, das an den Klang ferner Trommelmusik erinnert.

Welche Höhle man besucht, hängt von verschiedenen Faktoren ab, z. B. vom Wetter und von der Menge der verfügbaren Boote.

Inseln

Dao Titop (Titop-Insel, Karte S.101) ist eine kleine Insel mit einem schmuddeligen Strand. Am besten steigt man direkt auf ihren Gipfel, um den herrlichen Panoramablick auf die Ha-Long-Bucht zu genießen.

Die Cat-Ba-Insel (Karte S.101) ist die am besten erschlossene Insel für Touristen in der Ha-Long-Bucht. Der gleichnamige Hauptort liegt ganz in der Nähe der traumhaften Gegend rund um die Lan-Ha-Bucht (Karte S.101).

Kajakfahren

Bei den meisten Ausflügen in die Ha-Long-Bucht gibt's die Möglichkeit zu einer Kajakfahrt durch die Karstlandschaft. Man hat etwa eine Stunde Zeit, um in Karstgrotten und über Lagunen oder zu einem der schwimmenden Dörfer in der Bucht zu paddeln, wo die Bewohner Fische züchten, die sie vor der Küste fangen und in von Netzen umzäunten Bereichen mästen. Ein Besuch steht bei den meisten Touranbietern auf dem Ha-Long-Bucht-Programm. Auch die Mahlzeit des Abends wird vermutlich hier eingenommen.

Wer besonders versessen auf Kajakfahrten ist, kann sich an Handspan Adventure

Travel (S. 82) wenden. Das Unternehmen bietet professionell organisierte Ausflüge, beschäftigt qualifizierte Guides und betreibt Strandcamps. Die Touren starten in der weniger touristischen Lan-Ha-Bucht (S. 107).

❶ Praktische Informationen

Alle Besucher müssen eine Eintrittskarte zum Nationalpark kaufen. Tagestickets kosten 40 000 VND und gelten zudem für den Besuch einer Höhle oder eines Strands. Für zwei Tage und eine Übernachtung zahlt man 60 000 VND. Wer mehr Höhlen und Strände besichtigen möchte, wird mit jeweils 10 000 VND zur Kasse gebeten. Der Besuch eines Fischerdorfs schlägt mit 20 000 VND zu Buche. Bei organisierten Ausflügen sind die Eintrittsgelder meist im Preis inbegriffen (sollte man bei der Buchung überprüfen).

Das offizielle **Touristeninformationszentrum der Ha-Long-Bucht** (außerhalb der Karte S. 104; ☎ 384 7481; www.halong.org.vn; ⏰ 7–16 Uhr) liegt bei der Anlegestelle Bai Chay in Ha-Long-Stadt. Alle Angestellten sprechen Englisch, außerdem gibt's einen Internetzugang und hervorragende Karten (20 000 VND). Eine gute Alternative ist der Reiseveranstalter **Halong**

NICHT VERSÄUMEN

GEFÜHRTE TOUREN ZUR HA-LONG-BUCHT: AUF ZU DEN KARSTKLIPPEN!

Traveller können die wunderschöne Ha-Long-Bucht auf verschiedene Arten erkunden. Wer keine Privatjacht besitzt (bzw. kein Olympiaruderer ist), entscheidet sich in der Regel für eine geführte Tour.

Legt man Wert auf Luxus, sollte man an Bord einer chinesischen Dschunke gehen. Auch ein sehr feudaler Raddampfer im Stil eines französischen Schiffs aus dem frühen 20. Jh. steht zur Auswahl. Allerdings folgen fast alle Luxustouren festen Routen und steuern die bekanntesten Höhlen und Inseln an, sodass keine Zeit bleibt, sich weit von Ha-Long-Stadt zu entfernen. Bei vielen „Zweitagestouren" ist man tatsächlich weniger als 24 Stunden an Bord und muss pro Person Hunderte US-Dollar berappen.

Am anderen Ende der Skala liegen erschwingliche Budgetangebote, die man ab Hanoi buchen kann. Das Spektrum beginnt bei 35 US$ pro Person für einen zweifelhaften Tagesausflug und reicht bis ca. 150 US$ für zwei Übernachtungen in der Bucht inklusive einer Kajakfahrt. Für 80 bis 90 US$ sollte man eine lohnende Kreuzfahrt mit Übernachtung bekommen.

Uns kommen viele Beschwerden über schlechten Service, mangelhaftes Essen und Ratten auf den Booten zu Ohren, aber dies gilt eher für die sehr günstigen Touren. Wer etwas mehr ausgibt, kann das Ganze wesentlich besser genießen. Wenn man sich dagegen für eine Budgettouren entscheidet, spart man an der falschen Stelle und geht unter Umständen auch ein Sicherheitsrisiko ein.

Im Februar 2011 sank ein Boot eines Billiganbieters in der Nähe der Titop-Insel, dabei kamen elf Touristen aus acht Ländern sowie ein vietnamesischer Führer ums Leben. Im Mai 2011 erließ die für die Ha-Long-Bucht zuständige Provinzregierung neue Verordnungen zu Arbeitsbedingungen und zur Sicherheit der Boote. Bootsbesitzer beschweren sich, dass dies einige Touren unrentabel mache, deshalb werden Billiganbieter jetzt wohl versuchen an anderen Stellen zu sparen.

Fast alle Ausflüge beinhalten den Transfer und die Mahlzeiten, manche auch Inselwanderungen. Getränke kosten extra. Meistens folgen die Ausflüge fest vorgegebenen Routen und an beleuchteten Höhlen wird oft zur gleichen Zeit gehalten wie die Boote, die in Bai Chay starten.

Wer etwas mehr Zeit hat und die Ha-Long-Bucht ohne Touristenmassen erkunden will, sollte die Cat-Ba-Insel ansteuern. Die dortigen Anbieter konzentrieren sich auf die weniger besuchte, noch recht unberührte Lan-Ha-Bucht, in der sich herrliche Sandstrände (s. S. 107) erstrecken.

Manchmal fallen Bootstouren wegen des Wetters aus und man bekommt sein Geld wahrscheinlich ganz oder teilweise zurück. Über die genauen Konditionen sollte man sich vor der Buchung genau informieren.

Eine Liste zuverlässiger Reiseanbieter mit Sitz in Hanoi, die Exkursionen in die Ha-Long-Bucht veranstalten, ist auf S. 82 zu finden.

Tourism (Karte S.104; ☎ 362 8862; www.halongtourism.com.vn; ◑ Mo–Fr 8–12 & 13.30–16.30 Uhr), ebenfalls in Bai Chay.

❶ An- & Weiterreise

Die Bucht im Rahmen einer Tour (S. 103) kennenzulernen ist sicherlich bequem und oft sehr preiswert, aber man kann sie auch auf eigene Faust erreichen. Dazu fährt man mit dem Bus von Hanoi nach Bai Chay (Ha-Long-Stadt) und anschließend per xe om oder Taxi weiter zum dortigen Hafen, wo man die Ausflüge buchen kann.

Darüber hinaus verkehren Boote von Bai Chay über die Ha-Long-Bucht zur Cat-Ba-Insel (s. S. 114). Alternativ fährt man von Hanoi aus direkt zur Cat-Ba-Insel und arrangiert dort eine Bootstour, um die Lan-Ha-Bucht zu erkunden.

❶ Unterwegs vor Ort

Nahezu alle Bootstouren starten am Touristenkai Bai Chay in Ha-Long-Stadt. Preise sind offiziell festgelegt und von Strecke, Fahrtdauer sowie Schiffsklasse abhängig. Am Pier geht es recht hektisch zu – Hunderte von Leuten verlassen oder besteigen Dutzende von Booten.

Ein Ein-Sterne-Boot für eine vierstündige Kreuzfahrt zu chartern kostet etwa 1 000 000 VND, für sechs Stunden 1 500 000 VND. Für 2 500 000 VND kann man ein komplettes Zwei-Sterne-Boot einen ganzen Tag lang mieten. Am Wochenende steigen die Preise um rund 20 %. Die Kosten werden durch die Anzahl der Passagiere geteilt.

Ha-Long-Stadt

☎ 033 / 193 700 EW.

Diese Stadt ist das wichtigste Tor zur Ha-Long-Bucht. Sie hat zwar eine einmalige Lage an der Spitze der Bucht, allerdings reihen sich an der Küste Bettenburgen aneinander. Hier findet man einen Großteil der Restaurants, Unterkünfte und weitere Einrichtungen der Bucht.

Viele Traveller kommen gar nicht mehr in die Stadt, sondern verbringen die Nacht lieber auf dem Wasser. Der verstärkte Wettbewerb um die wenigen Besucher hat dazu geführt, dass die Hotels zu den günstigsten in ganz Vietnam zählen. Mittlerweile trifft man vor allem auf chinesische und koreanische Touristen, denn diese ziehen es vor, die Attraktionen des Festlands wie Kasinos und Karaoke zu genießen, nachdem sie die Ha-Long-Bucht einen Tag lang erkundet haben.

🛏 Schlafen

Zahlreiche Traveller übernachten an Bord eines Bootes in der Bucht, dabei gibt's rund um Bai Chay Hunderte von Hotels. Außerhalb der Hauptsaison (Juni–Aug.) oder des Tet-Festivals sind die Preise sehr günstig.

Fast alle günstigen Quartiere liegen auf der „Hotelmeile" Ð Vuon Dao mit ca. 50 nahezu identischen kleinen Unterkünften. Komfortable Doppelzimmer kosten ca. 12 US$. Mittel- und Spitzenklassehotels erstrecken sich entlang der Ð Halong und bieten häufig einen tollen Blick auf die Bucht.

Novotel   HOTEL $$$
(Karte S.104; ☎ 384 8108; www.novotelhalongbay.com; Ð Halong; Zi. ab 115 US$; ❄ ✳ @ 🛜 🏊) Dieses hippe Hotel verbindet asiatisch-japanisches Flair mit modernen Extras. Die Zimmer mit Teakholzböden, marmornen Bädern und Schiebetüren zwischen den Wohnbereichen sind schlicht umwerfend. Zu den Annehmlichkeiten gehören ein enorm großer ovaler

Ha-Long-Stadt

Infinity-Pool, eine Espressobar und ein großartiges Restaurant. Bei Online-Buchung zahlt man oft nur etwa 80 US$.

BMC Thang Long Hotel — HOTEL $$
(außerhalb der Karte S.104; ☎384 6458; www.bmcthanglonghotel.com; Đ Halong; Zi. 25–75 US$; ❄@🛜) Ausflugsgruppen zur Ha-Long-Bucht kehren hier gerne mittags ein. Die Zimmer sind geräumig und wurden vor Kurzem neu eingerichtet, einige haben Meerblick. Trotz der Größe des Hotels ist das Personal herzlich und die Bootsanlegestelle von Bai Chay liegt praktischerweise gleich auf der anderen Straßenseite.

Tung Lam Hotel — HOTEL $
(Karte S.194; ☎364 0743; 29 Đ Vuon Dao; Zi. 10–12 US$; ❄🛜) Dieses Minihotel bietet etwas mehr als die meisten anderen auf dieser Meile. Alle Zimmer verfügen über zwei Betten, TV, Minibar und Bad. Die vorderen sind geräumig und haben einen Balkon.

Thanh Hue Hotel — HOTEL $
(Karte S.104; ☎384 7612; Đ Vuon Dao; Zi. 12–15 US$; ❄@🛜) Beim Tung Lam geht's den Hügel hinauf zu diesem tollen preiswerten Hotel in Babyblau. Viele Zimmer warten mit einem Balkon auf und gewähren einen einmaligen Blick über die Bucht. Nach einem Fischgericht und ein paar Bier ist es ganz schön weit zurück zur Unterkunft, aber der Weg lohnt sich.

🍴 Essen

Günstiges und sättigendes Essen bekommt man in den zahlreichen einfachen Lokalen am Beginn der Đ Vuon Dao; alle haben englische Speisekarten. Fans von Fisch und Meeresfrüchten sollten sich in der Đ Halong am Hafen umschauen, wo sich viele gute Restaurants aneinanderreihen.

Toan Huong — VIETNAMESISCH $
(Karte S.104; 1 Đ Vuon Dao; Hauptgerichte ab 35 000 VND) Einfaches Lokal mit freundlichem Personal, einer Terrasse an der Straße und einer umfangreichen englischen Speisekarte, die von allem ein bisschen bietet: westliches Frühstück, Salate, frische Meeresfrüchte und importierte Weine.

Asia Restaurant — VIETNAMESISCH $
(Karte S.104; 24 Đ Vuon Dao; Hauptgerichte 40 000–80 000 VND) Das saubere Restaurant hat sich ganz auf die Bedürfnisse von Travellern eingestellt und wartet mit leckeren vietnamesischen Gerichten sowie einigen westlichen Klassikern auf.

ℹ️ Praktische Informationen

Hauptpost (Đ Halong) Am Beginn der Vuon Dao.

Vietcombank (Đ Halong) Wechselt Bargeld und hat einen Geldautomaten.

ℹ️ An- & Weiterreise

AUTO & MOTORRAD Ha-Long-Stadt ist rund 160 km von Hanoi und 55 km von Hai Phong entfernt. Die Fahrt von Hanoi hierher dauert drei Stunden.

ANBIETER VON BOOTSTOUREN

Eine Auswahl interessanter Bootstouren:

Emerald Classic Cruise (☎04-3934 0888; www.emeraude-cruises.com; DZ 255–490 US$) 56 m langer Nachbau eines Raddampfschiffes. Die 38 klimatisierten Kabinen verfügen über elegante Holzmöbel und moderne Warmwasserduschen. Es werden üppige Mahlzeiten im Büfettstil serviert. Für eine weniger als 24-stündige Tour ziemlich teuer.

Handspan (☎04-3926 2828; www.handspan.com) Die Ende 2011 vom Stapel gelassene *Treasure Junk* ist das einzige echte Segelschiff in der Bucht. Es kreuzt friedlich zwischen den Karstklippen, ohne den kontinuierlichen Dieselmotorenlärm. Wer dann noch ein kühles Bia Hanoi öffnet, fühlt sich wie im Himmel.

Indochina Sails (☎04-3984 2362; www.indochinasails.com; EZ/DZ ab 310/358 US$) Betreibt eine traditionelle Dschunke, die auf Drei-Sterne-Standard aufgemöbelt wurde, sowie zwei 42-Meter-Dschunken und ein kleineres Schiff – alle mit attraktiven Holzkabinen und tollen Aussichtsdecks.

Ha-Long-Stadt

🛏 Schlafen
1. Novotel A2
2. Thanh Hue Hotel A1
3. Tung Lam Hotel A1

🍴 Essen
4. Asia Restaurant A1
5. Toan Huong A1

BUSVERBINDUNGEN AB BAI CHAY

ZIEL	FAHRPREIS	DAUER	ABFAHRT
Hanoi	90 000 VND	3 Std.	alle 15 Min.
Hai Phong	50 000 VND	1½ Std.	alle 20 Min.
Mong Cai	90 000 VND	4 Std.	alle 30 Min.
Van Don	55 000 VND	1½ Std.	etwa stündlich
Lang Son	120 000 VND	5½ Std.	12.30 Uhr

BOOT Ausflüge in der Ha-Long-Bucht siehe S. 105 und S. 104. Touren von der Ha-Long-Bucht zur Cat-Ba-Insel siehe S. 114.

Früher fuhren Tragflächenboote von Bai Chay nach Mong Cai (S. 118), wo man weiter nach China reisen konnte, doch inzwischen wurde die Route durch eine bessere Busverbindung ersetzt.

BUS Alle Busse starten am **Ben-Xe-Busbahnhof** 6 km südlich des Zentrums von Bai Chay in der Nähe der Schnellstraße 18. Auf vielen Langstreckenbussen steht „Bai Chay" und nicht „Halong City".

Zum Cai-Rong-Pier (Cai Rong Pha) auf der Van-Don-Insel, von wo Fähren in die Inseln von Bai Tu Long ansteuern, nimmt man entweder einen Direktbus nach Van Don oder steigt im Durchreiseort Cua Ong in einen der Busse nach Mong Cai oder Lang Son um. Dann geht's per xe om oder Taxi zum Pier. Nicht alle Busse nach Van Don verkehren bis zum Cai-Rong-Pier, deshalb informiert man sich am besten vor der Fahrt am Bai-Chay-Busbahnhof.

Unterwegs vor Ort

Bai Chay ist weitläufig, aber auf das Taxiunternehmen **Mai Linh** (☏ 382 2226) ist Verlass. Ansonsten stehen auch am Busbahnhof und am Postamt Taxis bereit.

Cat-Ba-Insel

☏ 031 / 13 500 EW.

Die größte Insel in der Ha-Long-Bucht ist zerklüftet, felsig und von Regenwald bedeckt. Weil sich Besuchern tolle Möglichkeiten zum Segeln, Vogelbeobachtung, zum Fahrradfahren, Wandern und Klettern bieten, hat sie sich zu einem Zentrum des Abenteuersports und des Ökotourismus entwickelt.

Bis auf wenige fruchtbare Senken ist die Gegend für die Landwirtschaft zu steinig. Fast alle Einwohner leben vom Fischfang, einige arbeiten auch im Tourismus.

In den letzten Jahren erlebte Cat-Ba-Stadt einen regelrechten Hotelboom, sodass inzwischen eine Reihe von hässlichen Betonunterkünften die einst schöne Bucht pflastert. Der Rest der Insel ist jedoch weitgehend unberührt geblieben, und dank der idyllischen Lan-Ha-Bucht direkt vor der Küste schaut man bald über die Überentwicklung des Ortes hinweg.

Die meiste Zeit des Jahres geht's hier recht entspannt zu. Cat-Ba-Stadt ist ein hervorragender Ausgangspunkt für Aktivitäten rund um die Inseln oder zum Segeln und Kajakfahren in der Lan-Ha-Bucht. An Sommerwochenenden verwandelt sie sich in einen belebten Ferienort voller Vietnamesen. Hotelpreise verdoppeln oder verdreifachen sich, überall gibt's Karaoke und Lärm, und auf der Promenade, die dann für Autos gesperrt wird, wogt ein Meer von Menschen. Unter der Woche herrscht weniger Betrieb, allerdings ist es zwischen Juni und August immer noch ziemlich voll.

Ho Chi Minh besuchte die Insel am 1. April 1951. Jedes Jahr wird mit einem großen Fest an dieses Ereignis erinnert. Dann brummt die Küste von 8 bis 24 Uhr mit jeder Menge Karaoke und Techno-Sounds.

1986 wurden die umliegenden Gewässer (90 km^2) und fast die Hälfte der Insel (Gesamtfläche 354 km^2) zum Nationalpark erklärt, um die vielfältigen Ökosysteme zu schützen: subtropische Regenwälder auf den Hügeln, bewaldete Süßwassersümpfe in den Niederungen, Mangrovenwälder, kleine Süßwasserseen und Korallenriffe. Die Küste besteht größtenteils aus Felsklippen, unterbrochen von einigen kleinen versteckten Sandbuchten.

Seen, Wasserfälle und Grotten sprenkeln die spektakulären Kalksteinhügel, der höchste ragt 331 m über dem Meeresspiegel auf. Der größte Wasserspeicher der Insel ist der **Ech-See** (3 ha). Fast alle oberirdischen Flüsse führen nur saisonal Wasser. Ein Großteil des Regenwassers fließt durch Höhlen unterirdisch ins Meer, sodass es in der Trockenzeit entsprechend oft zu Wassermangel kommt.

Die Lan-Ha-Bucht südlich von Cat Ba ist übersät von Hunderten dschungelbewachsener Kalksteininseln mit herrlich einsamen Stränden.

Das Wetter auf der Insel ist von Ende September bis November am besten, denn dann sind Luft- und Wassertemperatur mild und der Himmel meist klar. Von Dezember bis Februar ist es kühler, aber angenehm. Die Zeit zwischen Februar und April bietet immer noch gutes Wetter, auch wenn es mitunter regnen kann. Im Sommer (Juni–Aug.) wird es heiß und feucht und gewittert gelegentlich. Dann ist zudem Hochsaison, und es wimmelt von vietnamesischen Touristen.

⊙ Sehenswertes

Auf den ersten Blick macht Cat-Ba-Stadt keinen großartigen Eindruck, aber das mittelmäßige Bild eines preiswerten Mini-Manhattan bietet sich lediglich über einen oder zwei Häuserblocks hinter der Promenade. Ein **Denkmal** von Ho Chi Minh ragt auf dem Berg gegenüber der Anlegestelle empor. Der **Markt** am nördlichen Ende des Hafens mit lebendigen Krebsen, großen Garnelen und haufenweise frischen Obstsorten ist ein lokales Highlight. Die besten Sehenswürdigkeiten der Insel liegen außerhalb der Stadt.

Lan-Ha-Bucht INSELN
(Karte S. 101; Eintritt 20 000 VND) Die rund 300 Karstinseln der Lan-Ha-Bucht unmittelbar südlich und östlich von Cat-Ba-Stadt sind geologisch betrachtet eine Verlängerung der Ha-Long-Bucht, geografisch gehören sie jedoch zu einer anderen vietnamesischen Provinz. Es lockt zwar dasselbe smaragdgrüne Meer und die Kalksteinspitzen sind nicht weniger schön als die der Ha-Long-Bucht, doch es gibt noch ein weiteres Highlight: die zahlreichen weißen Sandstrände. Die Lan-Ha-Bucht liegt weit von Ha-Long-Stadt entfernt, sodass dort nicht so viele Touristenboote unterwegs sind. Kurz gesagt: Sie ist einsamer und somit authentischer. Der Eintritt zur Bucht kostet 20 000 VND, ist aber bei organisierten Touren oft im Preis enthalten.

Hier leben etwa 200 Fischarten, 500 Weichtierarten und 400 Arten von Gliederfüßlern sowie weiche und harte Korallen. Zu den größeren Meerestieren zählen Seehunde und drei Delfinarten.

Segel- und Kajakausflüge in der Gegend organisiert man am besten in Cat-Ba-Stadt. Da man zwischen Hunderten von Stränden die Wahl hat, findet man leicht einen ganz für sich allein. Camping ist am traumhaften **Hai-Pai-Strand** (auch als Tigerstrand bekannt) erlaubt. Hier zelten alle, die eine Abenteuertour mit einem der Anbieter aus Cat Ba machen, und es gibt gelegentlich Vollmondpartys. Außerdem kann man in der Bucht hervorragend klettern; die meisten Ausflüge mit Asia Outdoors (S. 114) führen hierher.

Cat-Ba-Nationalpark NATURSCHUTZGEBIET
(Karte S. 101; Eintritt 30 000 VND; ⊙ Sonnenauf- bis Sonnenuntergang) Der Nationalpark beherbergt 32 Säugetierarten, darunter Languren, Makaken, Wildschweine, Hirsche, Zibetkatzen sowie verschiedene Eichhörnchenarten. Zudem sind hier 70 Vogelarten wie Habichte, Nashornvögel und Kuckucke beheimatet.

NICHT VERSÄUMEN

FORT CANNON

Um einen der besten Ausblicke des Landes zu genießen empfiehlt sich ein Besuch des **Fort Cannon** (außerhalb der Karte S. 108; Eintritt 20 000 VND; ⊙ Sonnenauf- bis Sonnenuntergang). Die unterirdischen Tunnel und Geschützstände wurden von Japanern im Zweiten Weltkrieg angelegt, später aber auch von Franzosen und Vietnamesen genutzt.

Bestens ausgeschilderte Wege führen an zwei gut erhaltenen Stellungen vorbei, eine bemannt mit lebensgroßen Vietminh-Figuren. Sie bieten eine umwerfende Fernsicht bis hinüber zu dem bunten Durcheinander der Fischerboote im Hafen von Cat Ba und den perfekten kleinen Buchten Cat Co 1 sowie Cat Co 2. Der Ausblick auf das von Karstspitzen gesprenkelte Meer ist wundervoll. Neben dem alten Hubschrauberlandeplatz des Forts befindet sich eine tolle Café- und Saftbar. Zum Eingangstor gelangt man auf einer steilen zehnminütigen Wanderung oder mit dem *xe om* (10 000 VND) von Cat-Ba-Stadt aus. Vom Tor nimmt man die letzte Steigung mit der **Touristenbahn** (40 000 VND) oder legt die anstrengenden 20 Minuten ebenfalls zu Fuß zurück.

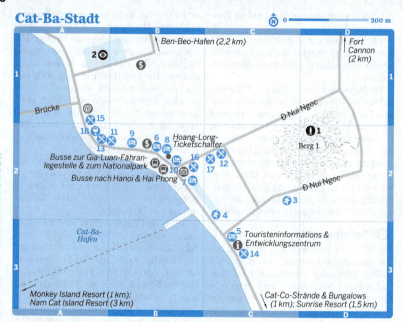

Der Goldkopflangur gehört zu den meistbedrohten Primaten weltweit. Es gibt nur noch 65 Tiere, von denen ein Großteil in diesem Schutzgebiet lebt. Cat Ba liegt auf einer größeren Vogelflugroute und Wasservögel finden in den Mangrovenwäldern Futter- und Schlafplätze. Auf der Insel wachsen über tausend registrierte Pflanzenarten, u. a. 118 Baumarten und 160 Heilpflanzen. Auch der Cay-Kim-Gao-Baum ist hier zu sehen. Einst aßen Könige und Adelige nur mit Stäbchen aus seinem Holz, denn es soll sich bei Kontakt mit Gift schwarz verfärben.

Ein Führer ist zwar nicht notwendig, aber durchaus empfehlenswert, wenn man mit dem grünen Blätterdach vertrauter werden möchte. Die **Hang Trung Trang** (Trung-Trang-Höhle) mit ihren zahlreichen Kammern ist leicht zugänglich, allerdings sollte man sich vorher bei einem Parkaufseher nach den Öffnungszeiten erkundigen. Taschenlampe nicht vergessen!

Eine echte Herausforderung stellt die 18 km lange Wanderung durch den Park zu einem der Berggipfel dar. Für diese sechsstündige Tour muss man einen Guide engagieren und vorab die Anfahrt per Bus oder Boot sowie ein Boot für den Rückweg organisieren. Dabei helfen die Aufseher von der Parkverwaltung oder Asia Outdoors sowie Cat Ba Ventures in Cat-Ba-Stadt.

Ziel vieler Wanderungen ist das entlegene Minderheitendorf **Viet Hai** außerhalb des Parks, wo Fähren zurück nach Cat-Ba-Stadt (300 000 VND pro Boot) starten. Es besteht auch die Möglichkeit, vor Ort in der Pension Whisper of Nature (S.112) zu übernachten. Stabile Wanderschuhe, Regenmantel und ausreichend Wasservorrat sind ein Muss. Wer auf eigene Faust unterwegs ist, kann sich in Viet Hai einen einfachen Imbiss genehmigen. Bei Regen wird die ohnehin ziemlich anspruchsvolle Tour noch um einiges rutschiger, aber es gibt durchaus kürzere und leichtere Alternativen.

Zur Parkverwaltung in Trung Trang verkehrt ein grüner öffentlicher QH-Bus ab dem Anleger der Tragflächenboote in Cat-Ba-Stadt (15 000 VND, 20 Min.). Die Busse fahren um 5, 8.10, 11.10 und 16 Uhr. Alternativ nimmt man ein $xe\ om$ für ca. 60 000 VND (einfache Strecke) oder mietet für einen Tag ein Motorrad.

Cat-Co-Bucht STRÄNDE

(außerhalb der Karte oben) 15 Gehminuten südöstlich von Cat-Ba-Stadt erstrecken sich die drei hübschen, zum Schwimmen geeigneten Strände von Cat Co mit weißem Sand. Am schönsten ist der von Kalksteinfelsen eingerahmte Cat Co 2. In der geschützten Bucht gibt's eine Snackbar und ein paar

Cat-Ba-Stadt

⊙ Sehenswertes
1. Ho-Chi-Minh-Denkmal D2
2. Markt A1

⊙ Aktivitäten, Kurse & Touren
    Asia Outdoors .... (siehe 7)
3. Blue Swimmer C2
4. Cat Ba Ventures C2

⊙ Schlafen
5. Cat Ba Dream Hotel C3
6. Duc Tuan Hotel B2
7. Noble House B2
8. Phong Lan Hotel B2
9. Thu Ha Hotel B2
10. Vien Dong Hotel B2

⊙ Essen
11. Bamboo Café B2
12. CT Mart C2
13. Family Bakery A2
14. Green Mango C3
15. Phuong Nung A1
16. Thao May B2
17. Vien Duong C2

⊙ Ausgehen
18. Flightless Bird Café A2
    Good Bar .... (siehe 7)

---

schlichte, strohgedeckte Strandhütten. Da Bauunternehmer schon seit einer Weile ein Auge auf dieses Fleckchen geworfen haben, sollte man sich vor einem Besuch informieren, ob es hier überhaupt noch so herrlich ruhig ist.

Cat Co 1 und 3 waren einst ebenso attraktiv, haben sich aber inzwischen zu lebhaften Ferienorten entwickelt. An Sommerwochenenden stapeln sich dort vietnamesische Touristen und Müll ist eine echte Plage.

Zu den weiteren Stränden der Insel gehören Cai Vieng, Hong Xoai Be und Hong Xoai Lon.

Krankenhaushöhle   HISTORISCHE STÄTTE
(Karte S. 101; Eintritt 15 000 VND; ⊙ 7–16.30 Uhr) Im Vietnamkrieg diente die geschichtsträchtige Krankenhaushöhle als bombensicheres Hospital und als geheimer Unterschlupf für Führungsmitglieder des Vietcong. Gebaut zwischen 1963 und 1965 mit chinesischer Hilfe, war das gut konzipierte dreistöckige Gebäude bis 1975 ununterbrochen in Benutzung. Es gilt als Meisterleistung der Ingenieurskunst. Ein Führer (die meisten sprechen ein wenig Englisch) zeigt einem alle 17 Zimmer, den alten Operationssaal und die große natürliche Höhle, die einst als Kino genutzt wurde und sogar einen eigenen kleinen Pool hatte. Die Höhle liegt etwa 10 km nördlich von Cat-Ba-Stadt an der Straße zum Eingang des Nationalparks.

🏃 Aktivitäten

Cat Ba ist eine tolle Basis für Abenteuersportarten auf der Insel sowie im, auf und über dem Wasser.

Kajakfahren
Kein Traveller sollte sich die spektakulären Inseln und Strände der Lan-Ha-Bucht (S. 107) entgehen lassen. **Blue Swimmer** (S. 111) veranstaltet **Segeltörns** zu den zahlreichen Inseln rund um Cat Ba. Trips durch die Lan-Ha-Bucht und zum Strand Nam Cat mit Übernachtung in einer Bambushütte kosten 39 US$ pro Person. Es werden auch Privatbote mit Skipper angeboten sowie Tagesausflüge auf einer chinesischen Dschunke zum Long-Chau-Leuchtturm, der in den 1920er-Jahren von Franzosen erbaut wurde und noch heute die Bombenspuren des Vietnamkriegs trägt.

Zahlreiche Hotels in Cat-Ba-Stadt vermieten **Kajaks** (ca. 8 US$ für einen halben Tag). Bei Blue Swimmer gibt's hochwertige Kajaks (Einer/Zweier 12/20 US$ pro Tag), mit denen man die Küste von Cat Ba auf eigene Faust entdecken kann. Geführte Kajaktouren mit Übernachtung von Blue Swimmer (108 US$ pro Pers.) führen durch die Lan-Ha-Bucht und zu Seehöhlen, gecampt wird an einem einsamen Strand.

Klettern
Die Cat-Ba-Insel und die spektakulären Kalksteinklippen der Lan-Ha-Bucht bieten Besuchern erstklassige Klettermöglichkeiten (s. Kasten S. 110).

Asia Outdoors (S. 114) mit Sitz auf Cat Ba war der erste Anbieter für Kletterausflüge in Vietnam, der zertifizierte Ausbilder mit Lizenz beschäftigte. Fortgeschrittene Kletterer können hier Ausrüstung leihen, fachsimpeln und eine Ausgabe von *Vietnam: A Climber's Guide* von Erik Ferjentsik von Asia Outdoors erwerben, ein Buch mit Klet-

KLETTERN IN DEN KARSTKLIPPEN

Wer jemals ans Klettern gedacht hat oder es ausprobieren wollte, ist in der Ha-Long-Bucht am richtigen Ort. Die Karstklippen bieten beste Möglichkeiten und eine traumhafte Kulisse. Auf Cat Ba sind viele Kletterer Anfänger, doch es gibt exzellenten Unterricht, sodass man hier seine Leidenschaft für diesen Sport entdecken kann.

Man braucht keine besondere Kraft im Oberkörper, da vor allem die Beine eingesetzt werden. Die Karstklippen in der Ha-Long-Bucht sind nicht allzu scharf und somit recht handfreundlich. Weil zahlreiche Routen durch natürliche Überhänge geschützt werden, kann man sie bei fast jedem Wetter bewältigen.

Möglicherweise bieten einige wenig erfahrene Einheimische Neuankömmlingen auf Cat Ba Kletterausflüge an, aber Anfänger sollten sich bei dem erfahrenen Team von Asia Outdoors (S. 114) anmelden.

Klettermöglichkeiten für Anfänger bestehen an Wänden im Inland der Cat-Ba-Insel oder an der Küste in der schönen Lan-Ha-Bucht. Teilnehmer bekommen einen Gurt und spezielle Schuhe und lernen bei einer Einweisung die Grundlagen des Kletterns sowie des Sicherns, dann folgt eine Demonstration. Schließlich ist man selbst dran, wobei einen der Guide bei jedem Schritt unterstützt. Die meisten schaffen ein paar Strecken in Hai Pai und am Moody's Beach; beide Stellen eignen sich wunderbar für Anfänger.

Die senkrechten Klippen in der Ha-Long- und der Lan-Ha-Bucht bieten sich zum „Deep Water Soloing" an. Dabei klettert man ohne Seil und Gurt und landet im Ozean, wenn man fällt. Natürlich empfiehlt sich dies nur für geübte Kletterer, zudem muss man sich unbedingt über Wassertiefe bzw. Hoch- und Niedrigwasserzeiten informieren. Uns wurde von Kletterern berichtet, die sich beim Fallen in flaches Wasser verletzten, daher ist es lebenswichtig, „Deep Water Soloing" nur mit erfahrenen Teams wie dem von Asia Outdoors auszuprobieren. In der Regel wird das Soloklettern mit einem kontrollierten Freifall ins Meer beendet; anschließend schwimmt man zurück an die Küste bzw. zum Boot.

---

terrouten und guten Tipps zu Cat Ba. **Ganztägige Klettertouren** inklusive Anleitung, Transfer, Mittagessen und Ausrüstung kosten ab 52 US$ pro Person auf der Cat-Ba-Insel und 75 US$ in der Lan-Ha-Bucht. Diese längeren Bootstouren schließen Kajakfahren, Strandpausen und das Erkunden der beeindruckenden Karstlandschaft mit ein. Weitere weniger qualifizierte Anbieter auf Cat Ba führen ebenfalls Kletterausflüge durch, aber Asia Outdoors ist auf der Insel eine feste Größe.

Mountainbiking

Hotels können chinesische Mountainbikes (ungefähr 4 US$ pro Tag) vermitteln. Hochwertigere Räder bekommt man beispielsweise bei Blue Swimmer Adventures für 12 US$ pro Tag.

Eine der möglichen Routen durchquert die Inselmitte. Sie führt an der Krankenhaushöhle vorbei (S. 110) und verläuft hinunter zu den Mangroven und den Krabbenfarmen der Westküste. Anschließend geht's in einer Schleife wieder zurück nach Cat-Ba-Stadt. Dabei radelt man an Wattflächen und verwaisten Stränden vorbei. Blue Swimmer und Asia Outdoors organisieren beide geführte Mountainbiketouren.

Trekking

Der größte Teil der Insel ist von Regenwald bedeckt und steht unter Naturschutz. Infos zu Trekkingrouten im Cat-Ba-Nationalpark siehe S. 107. Sowohl Asia Outdoors als auch Blue Swimmer bieten eine großartige Wanderung in der Gegend an, die auch ins Schmetterlingstal führt.

👉 Geführte Touren

Trips über die Insel und Bootstouren in der Ha-Long-Bucht werden in beinahe jedem Hotel in Cat-Ba-Stadt angeboten. Die Preise liegen in der Regel bei 20 US$ für Tagesausflüge inklusive Kajaktour und bei 70 US$ für eine Zweitagestour mit Übernachtung. Wir haben Beschwerden über unzumutbare Bedingungen und schlechtes Essen auf einigen Touren bekommen, aber die hier aufgelisteten Unternehmen bieten ein gutes Preis-Leistungs-Verhältnis.

Cat Ba Ventures BOOTS- & KAJAKFAHRTEN (Karte S. 108; ☎ 368 8237; www.catbaventures.com; 223 Ð 14, Cat-Ba-Stadt) Das von Einheimischen geführte Unternehmen bietet Bootstouren in die Ha-Long-Bucht sowie Kajakfahrten und Wanderungen an. Zahlreiche Leserbriefe haben den hervorragenden Service von Herrn Tung bestätigt.

Wer etwas Ausgefallenes sucht, kann sich an die nachfolgend aufgelisteten Veranstalter wenden. Sie verstehen die Wünsche ihrer Kunden und führen sie fernab ausgetretener Pfade zu ganz besonderen Ecken von Cat Ba, der Lan-Ha-Bucht sowie darüber hinaus.

Asia Outdoors KLETTERN
(Karte S.108; 368 8450; www.slopony.com; Đ 1–4, Cat-Ba-Stadt) Dieses professionelle Unternehmen, das früher Slo Pony Adventures hieß, wird von zwei leidenschaftlichen Bergsteigern und Entdeckern geführt: Onslow Carrington und Erik Ferjentsik. Ihr Schwerpunkt ist das Klettern, aber sie bieten auch hervorragende Segel-, Fahrrad- und Wanderausflüge an. Am besten besucht man ihr Büro im Noble House (abends um 18 Uhr geöffnet), um sich über das Programm zu informieren.

Blue Swimmer SEGELN & ABENTEUER
(Karte S.108; 369 6079; www.blueswimmersailing.com; 265 Đ Nui Ngoc) Vinh, einer der Gründer des renommierten Touranbieters Handspan, leitet dieses neue, sehr gut organisierte und umweltbewusste Unternehmen, das großartige Segel- und Kajak- sowie Trekking- und Mountainbiketrips anbietet. Bei unserem Besuch hatte Blue Swimmer zudem gerade den Pachtvertrag für das neue Blue Swimmer Adventure Hotel unterzeichnet. Weitere Details siehe Website.

Schlafen

Die meisten einfachen Hotels liegen an (oder nahe) der Küste in Cat-Ba-Stadt, doch die Hotelszene vor Ort entwickelt sich schnell. Interessantere Alternativen haben in anderen Gegenden von Cat Ba eröffnet und auch auf weiteren Inseln der Lan-Ha-Bucht gibt's einige herrliche einsame Orte.

Je nach Saison schwanken die Zimmerpreise beträchtlich. In der Hochsaison (Juni–Aug.) zahlt man mindestens 15 US$ pro Übernachtung. Außerhalb der Hochsaison kostet ein anständiges Zimmer weniger als 10 US$. Hier angegebene Tarife gelten für die Nebensaison. Preise für die Hauptsaison lassen sich leider unmöglich im Voraus angeben, da sie von den Hotelbesitzern je nach Nachfrage wahllos bestimmt werden.

CAT-BA-STADT
Wenn die Hotels an der Küste in Cat-Ba-Stadt ausgebucht sind, kann man in die Đ Nui Ngoc ausweichen, an der viele Unterkünfte mit einem guten Preis-Leistungs-Verhältnis liegen.

Duc Tuan Hotel HOTEL $
(Karte S.108; 388 8783; www.catbatravelservice.com; 210 Đ 1–4, Cat-Ba-Stadt; Zi. 8–15 US$; ❄🛜) Einfache, farbenfroh möblierte Zimmer in einem familiengeführten Haus an einer Hauptstraße. Die hinteren Räume sind ruhiger, haben aber keine Fenster. Für unter 10 US$ pro Nacht kann man sich darüber allerdings kaum beklagen. Das gute Restaurant im Erdgeschoss serviert Meeresfrüchte-*lau* (Eintopf) und die freundlichen Besitzer vermitteln alle möglichen Ausflüge auf Cat Ba.

Cat Ba Dream HOTEL $
(Karte S.108; 388 8274; www.catbadream.com.vn; 226 Đ 1–4, Cat-Ba-Stadt; Zi. 10–15 US$; ❄@🛜) Ein wenig teurer als die extrem günstigen Unterkünfte. Das Cat Ba Dream hat erst kürzlich an der schon gut besetzten Uferpromenade eröffnet. Der Service ist etwas nachlässig, aber wer ein Zimmer mit Meerblick bekommt, kann das trubelige Leben der Stadt wie auf einer Kinoleinwand an sich vorbeiziehen lassen.

Vien Dong HOTEL $
(Karte S.108; 388 8555; www.viendong-hotel.com.vn, auch Vietnamesisch; 225 Đ Nui Ngoc, Cat-Ba-Stadt; Zi. 12–15 US$; ❄@🛜) Auch bekannt als Far Eastern, bietet dieses Haus einen schönen Blick auf die Bucht, gepflegte große Zimmer und englisch sprechendes Rezeptionspersonal. Ein weiteres Beispiel dafür, dass man in Cat Ba die besten preisgünstigen Unterkünfte des Landes bekommt.

Phong Lan Hotel HOTEL $
(Karte S.108; 388 8605; Đ 1–4, Cat-Ba-Stadt; Zi. 8–12 US$; ❄🛜) Es lohnt sich, in diesem Hotel an der Uferpromenade nach einem der vorderen Zimmer zu fragen, denn diese verfügen über Balkone mit Hafenblick. Der Eigentümer ist hilfsbereit, zudem gibt's ein hauseigenes Reisebüro.

Thu Ha HOTEL $
(Karte S.108; 388 8343; Đ 1–4, Ca-Ba-Stadt; Zi. 8–12 US$; ❄🛜) Mit Klimanlage, WLAN und einer sehr zentralen Lage am Meer hat das kürzlich restaurierte Thu Ha für Cat-Ba-Stadt Einiges zu bieten. Man sollte auf einem Zimmer mit Balkon bestehen, um mit Meerblick aufzuwachen.

Noble House PENSION $
(Karte S.108; 388 8363; thenoblehousevn@yahoo.com; Đ 1–4, Cat-Ba-Stadt; Zi. 8–20 US$;

❄🛜) Schlichte Zimmer über der beliebten Good Bar – entweder schläft man mit Ohrstöpseln oder feiert einfach mit.

CAT-BA-STRÄNDE & INSELN

LP TIPP **Suoi Goi Cat Ba Resort** ÖKOLODGE $
(Karte S.101; 368 8966; www.suoigoicatbaresort.vn; Cat-Ba-Insel; DZ ab 45 US$; ❄🛜) Dieses neue Ökoresort liegt wunderbar ruhig in einem Dorf 12 km außerhalb von Cat-Ba-Stadt. Große Stelzenhäuser aus Holz umringen eine luftige Bar und ein Restaurant. Zu den angebotenen Aktivitäten zählen Trekking- und Fahrradtouren zu einem 2 km entfernten Strand. Abends werden oft Fische und Meeresfrüchte gegrillt (10 US$). Vom Fähranleger oder von Cat-Ba-Stadt kann man sich kostenlos abholen lassen.

Nam Cat Island Resort RESORT $$
(außerhalb der Karte S.108; 0989 555 773; namcatisland@gmail.com; Nam-Cat-Insel; DZ 25–60 US$; ❄) Genau das Richtige, wenn man auf der Suche nach der abgeschiedenen, einsamen Traumbucht ist. Das Inselresort verspricht Erholung pur in einfachen Bungalows und schickeren Villen mit privaten Bädern. Alle liegen unter leuchtend indigoblauen Kalksteinklippen. Man kann den Tag mit Schwimmen und Kajakfahren verbringen und sich nach Einbruch der Dunkelheit beim Grillen von Fisch und Meeresfrüchten oder am Feuer am Strand entspannen. Auf einigen von Cat Ba Ventures (S.110) arrangierten Touren wird hier übernachtet.

Whisper of Nature PENSION $
(Karte S.101; 265 7678; www.vietbungalow.com; Viet-Hai-Dorf; B 12 US$, DZ 22–28 US$) In dem kleinen Dorf Viet Hai säumen einfache Bungalows aus Beton und Stroh einen plätschernden Bach am Waldrand. Die Unterkünfte variieren von Mehrbettzimmern bis zu Gästehäusern mit Privatbädern. Dorthin zu kommen ist ein Abenteuer für sich; am Ende geht's mit dem Fahrrad durch üppig grüne Landschaft. Bei der Buchung sollte man sich nach einem Transfer erkundigen oder man mietet in Cat-Ba-Stadt ein Bambusboot zum Anlegesteg von Viet Hai (200 000 VND) und legt dann die restlichen 5 km bis ins Dorf mit einem *xe om* (30 000 VND) zurück.

Sunrise Resort RESORT $$$
(außerhalb der Karte S.109; 388 7360; www.catbasunriseresort.com; Cat Co 3; Zi. ab 110 US$; ❄❄@🛜☰) Eine geschmackvolle Hotelanlage am Strand. Flache, ziegelgedeckte Gebäude stehen am Fuß grüner Klippen und die großen eleganten Zimmer haben alle Balkone mit Meerblick. Zu den Einrichtungen gehören ein Pool, ein Spa und ein Kinderspielplatz. Das Frühstück ist im Preis inbegriffen.

Monkey Island Resort RESORT $$
(außerhalb der Karte S.108; 04-3926-0572; www.monkeyislandresort.com; DZ 40–60 US$; ❄) Auf Monkey Island herrscht eine herrlich gesellige Atmosphäre. Jeden Abend gibt's ein Büfett mit Fisch und Meeresfrüchten, es läuft cooler R&B-Sound und in der Bar steht ein Billardtisch, außerdem sorgen Strand-Barbecues, Kajaks und Volleyball für Ferienstimmung. Gäste übernachten in komfortablen privaten Bungalows. Das Resort bietet kostenlosen Transfer von Cat-Ba-Stadt. Um die namengebenden Primaten zu sehen, genügt eine kurze Wanderung zu einem nahen Karstgipfel. Online findet man günstige Paketangebote, die sich mit Besuchen der Ha-Long- und der Lan Ha Bucht kombinieren lassen.

Bungalows CAMPINGPLATZ $
(093 447 8156; DZ 400 000 VND) Am sandigen Cat Co 2 stehen strohgedeckte Holzbungalows. Sie sind zwar winzig und bieten nicht viel mehr als eine Matratze, einen Ventilator und ein Dach über dem Kopf, befinden sich aber auf einem schönen grünen Grundstück. Es gibt Duschen und ein Café (Gerichte ca. 70 000 VND). Bei unserem Besuch war am Cat Co 2 ein schickes neues Fünf-Sterne-Resort geplant, sodass sich hier bald alles ändern könnte.

🍴 Essen

An der Uferpromenade von Cat-Ba-Stadt gibt's mehrere gute Lokale, zudem lohnen die schwimmenden Restaurants vor der Küste einen Besuch (s. S.113). Günstigere Gerichte bekommt man an den Ständen vor dem Markt.

LP TIPP **Bamboo Café** VIETNAMESISCH $
(Karte S.108; Ð 1–4, Cat-Ba-Stadt; Gerichte 80 000–120 000 VND) Dieses nette Plätzchen ist das beste der einfacheren Cafés am Ufer. Es hat eine kleine Terrasse mit Hafenblick und einen gemütlichen Innenraum mit Bambuswänden. Tuan, der geniale Besitzer, spricht fließend Englisch und serviert große Portionen vietnamesischer und internationaler Speisen. Das Bier ist eiskalt und Wein wird gläserweise verkauft.

SCHWIMMENDE RESTAURANTS

Im Cat-Ba-Hafen liegen nahe am Ufer zahlreiche „schwimmende" Fischrestaurants. Traveller erzählten uns von Wucherpreisen, also sollte man unbedingt im Voraus den Preis für das Essen aushandeln, ebenso den für die Boote, die Gäste hin- und zurückfahren. Einheimische empfehlen die schwimmenden Lokale im Ben-Beo-Hafen an der anderen Seite der Bucht. Sie sind weniger touristisch und ziehen Ausländer seltener über den Tisch, trotzdem sollte man sich vorab über den Preis einigen. Eine Bootsfahrt hin und zurück kostet inklusive Wartezeit ca. 100 000 VND. Den Bootsführer sollte man erst am Ende der Rückreise bezahlen, da wir von Reisenden gehört haben, sie seien an den Restaurants zurückgelassen worden. Das Boot kann man sich im Hotel empfehlen lassen oder man nimmt ein *xe om* (ca. 20 000 VND) über den Hügel zum Hafen.

Eine Empfehlung am Ben-Beo-Anlegesteg ist **Xuan Hong**. Man wählt sein Abendessen aus einem schwimmenden Pferch und bekommt es in Nullkommanichts gegrillt, gebraten oder gedünstet am Tisch serviert. Preise errechnen sich ganz einfach aus Gewicht und Spezies; für 150 000 VND pro Person gibt's schon eine satte Auswahl. Trotzdem vor dem Essen den geschätzten Preis fest aushandeln.

Vien Duong VIETNAMESISCH $$
(Karte S.108; 12 Đ Nui Ngoc, Cat-Ba-Stadt; Gerichte ab 100 000 VND) Eines der beliebtesten Fischlokale an der Đ Nui Ngoc und oft voller vietnamesischer Touristen, die sich an den lokalen Krabben, Tintenfischen und dampfenden Meeresfrüchteeintöpfen laben. Sicher nicht die richtige Wahl, wenn man einen ruhigen Abend verbringen möchte.

Family Bakery BÄCKEREI $
(Karte S.108; 196 Đ 1-4, Cat-Ba-Stadt; Gerichte 80 000-120 000 VND; 7-16 Uhr) Die nette Bäckerei verkauft schon frühmorgens Köstlichkeiten wie gefülltes türkisches Fladenbrot und Mandelgebäck. Hier tun auch ein Kaffee und ein Croissant gut, bevor man die Rückreise nach Hanoi mit Bus, Fähre und nochmals Bus antritt. Unbedingt probieren: Cat Bas beste Crème Caramel.

Green Mango INTERNATIONAL $$
(Karte S.108; Đ 1-4, Cat-Ba-Stadt; Hauptgerichte 150 000-220 000 VND; ☎) Eine gute Adresse für ein Glas Wein, einen Cocktail oder Cat Bas besten Espresso. Die Gerichte von der langen Speisekarte, die von Pizza über Pasta bis zu einigen asiatischen Gerichten alles abdeckt, sind allerdings eher mittelmäßig und auch der Service ist manchmal etwas unfreundlich. Los Leute, ein kleines Lächeln kann doch nicht schaden!

Thao May VIETNAMESISCH $
(Karte S.108; Đ Nui Ngoc, Cat-Ba-Stadt; Hauptgerichte 80 000-120 000 VND; 11-14 & 17-21 Uhr) Das freundliche familiengeführte Lokal ist eine Insider-Empfehlung der Einwanderer vor Ort. Man kann sich auf liebevoll zubereitete Küche und ungewöhnlich preiswertes Bier freuen. Möglicherweise trifft man hier einige Leute aus dem Team von Asia Outdoors.

Phuong Nung VIETNAMESISCH $
(Karte S.108; 184 Đ 1-4, Cat-Ba-Stadt; Hauptgerichte 35 000 VND; 7-10 Uhr) Dieser quirlige Ort zum Frühstücken ist in der ganzen Stadt wegen seinem herzhaften *pho bo* (Nudelsuppe mit Rindfleisch) beliebt – genau das Richtige vor einem Kletter- oder Kajakausflug.

CT Mart SELBSTVERSORGER $
(Karte S.108; 18 Đ Nui Ngoc, Cat-Ba-Stadt; 8-20 Uhr) Ein ganz praktischer Supermarkt, um sich mit Proviant für eine Trekkingtour oder die Bootsfahrt zurück zum Festland zu versorgen.

Ausgehen

In Cat-Ba-Stadt gibt's einige gute Bars, man kann aber auch die Getränkestände am Ostende des Hafens ansteuern.

Flightless Bird Café BAR
(Karte S.108; Đ 1-4, Cat-Ba-Stadt; ☎) In der nett dekorierten Bar voller Neuseelandsouvenirs kann man den Kiwi in sich entdecken. Gästen steht kostenloses WLAN zur Verfügung und es werden günstige Massagen oder Maniküre angeboten. Der neuseeländische Besitzer Graeme ist immer zum Plaudern aufgelegt, aber an Massagen oder Maniküre nimmt er nicht teil.

Good Bar BAR
(Karet S.108; Đ 1-4, Cat-Ba-Stadt) Diese Bar im Obergeschoss ist ein Partytreff für Traveller

VON DER HA-LONG-BUCHT (STRESSFREI) NACH CAT BA

Auf der Karte S. 101 wirkt es, als sei es keine große Sache, von Bay Chay in Ha-Long-Stadt über das Meer zur Cat-Ba-Insel zu reisen. Weit ist es tatsächlich nicht, kann aber manchmal zu einer Fahrt voller Scherereien werden.

Touristenboote (8 US$) starten ab ca. 13 Uhr von Bai Chay in Ha-Long-Stadt zum Gia-Luan-Hafen im Norden der Cat-Ba-Insel. Die Fahrt dauert vier Stunden, in der Regel mit Zwischenstopp zum Baden und dem Besuch einer Höhle. Von Gia Luan sind es dann allerdings noch 40 km nach Cat-Ba-Stadt. Viele Traveller berichteten, sie seien von der lokalen Taxi- und xe-om-Mafia schikaniert worden, die für die Weiterreise nach Cat-Ba-Stadt bis zu 50 US$ fordert. Entgegen ihrer Behauptungen gibt's eine Buslinie (20 000 VND): den grünen QH-Bus von Gia Luan nach Cat-Ba-Stadt. Leider fährt der letzte Bus des Tages um 17 Uhr, bevor die Boote aus Bai Chay ankommen. Sehr merkwürdig …

Einige Bootsbesitzer in der Ha-Long-Bucht beteiligen sich an dieser Abzocke. Wer eine Tour oder eine Bootsfahrt von Bai Chay zur Cat-Ba-Insel bucht, sollte sich genau danach erkundigen, ob die Möglichkeit zu Weiterreise nach Cat-Ba-Stadt besteht, wenn das Boot in Gia Luan ankommt. Bei einigen der empfohlenen Unternehmen ist der Bustransfer im Preis inbegriffen, u. a. bei Cat Ba Ventures (S. 110).

Eine wahrscheinlich stressfreiere Alternative, von der Ha-Long-Bucht nach Cat Ba zu kommen, ist die **Passagier- und Autofähre** (40 000 VND, 1 Std., Abfahrt Mai–Sept. 5–17 Uhr zu jeder vollen Stunde, Okt.–April um 8, 11.10 & 15 Uhr), die von der Ferieninsel Tuan Chau nach Gia Luan übersetzt. Eine Taxifahrt von Ha-Long-Stadt über den Damm nach Tuan Chau kostet 130 000 VND; für ein xe om bezahlt man 35 000 VND. Ist man auf der Cat-Ba-Insel angekommen, kann man für 20 000 VND die grüne QH-Buslinie nach Cat-Ba-Stadt nehmen. Das Ticket kauft man einfach beim Fahrer. Busse starten um 6, 9.30, 13.10, 16 und 17 Uhr von Gia Luan nach Cat-Ba-Stadt, und auch wenn die xe-om- und Taxifahrer etwas anderes erzählen, dürfen Ausländer auf jeden Fall mit diesen Linien fahren.

Für die Rückreise mit dem Bus von der Cat-Ba-Insel nach Bai Chay in Ha-Long-Stadt informiert man sich am besten aktuell in Cat-Ba-Stadt bei Cat Ba Ventures (www.catbaventures.com).

mit super Stimmung. Meistens zieht sich das Trinken, Flirten und Geschichtenerzählen bis spät in die Nacht. Geboten wird das volle Programm: Billardtische, viel Platz und ein fantastischer Hafenblick.

Praktische Informationen

Geld

Die Agribank hat einen Geldautomaten am Hafen, zudem kann man in der **Filiale** 1 km nördlich der Stadt Dollars wechseln. **Vu Binh Jewellers** bietet ebenfalls einen Wechselservice und schießt auf Kreditkarten Bargeld vor (5 % Gebühr).

Internetzugang

An der Uferpromenade von Cat-Ba-Stadt gibt's zahlreiche Internetcafés.

Touristeninformation

Die besten Tipps bekommt man bei **Asia Outdoors**. Das hilfsbereite Team informiert über alles von den aktuellen Verkehrsverbindungen bis zu den besten familiengeführten Restaurants. Hier erhält man auch Karten des Cat-Ba-Biosphärenreservates (mit Cat Ba und den Inseln der Umgebung). Online findet man lokale Informationen unter www.slopony.com und www.catbaventures.com.

Vom offiziellen **Touristeninformations- & Entwicklungszentrum** (Karte S. 108; 368 8215; www.catba.com.vn; Ð 1–4, Cat-Ba-Stadt) ist wenig Hilfe zu erwarten. Die Angestellten haben mehr Interesse daran, Touren zu verkaufen, als Besucher umfassend zu informieren.

An- & Weiterreise

Die Cat-Ba-Insel liegt 45 km östlich von Hai Phong und 50 km südlich von Ha-Long-Stadt. Für die Reise dorthin bieten sich mehrere Verbindungen mit Boot und Bus an, entweder von Hanoi oder von Hai Phong aus.

Man kann mit dem Boot von Ha-Long-Stadt zur Cat-Ba-Insel fahren, muss aber mit einigen Querelen rechnen (s. oben).

Von/nach Hanoi

Vom Luong-Yen-Busbahnhof in Hanoi fährt ein Bus von **Hoang Long** (031-268 8008) nach Hai Phong. Dort steigt man in einen Minibus zum Dinh-Vu-Hafen in der Nähe von Hai Phong um und setzt mit einem Boot (40 Min.) zum Cai-

Vieng-Hafen (auch Phu Long genannt) auf der Cat-Ba-Insel über. Von hier geht's mit einem weiteren Minibus über die Küstenstraße nach Cat-Ba-Stadt. Die komplette Kombination der Bus-Bus-Boot-Bus-Reise dauert etwa drei Stunden (210 000 VND); die Strecke wird sehr effektiv betrieben. Die Busse starten in Hanoi um 10, 14 und 16 Uhr und fahren von Cat-Ba-Stadt um 7.15, 9.15, 13.15 und 15.15 zurück. Von Hanoi aus ist dies die Strecke, auf der die wenigsten Scherereien zu erwarten sind.

Von/nach Hai Phong

Ein Schnellboot setzt vom Ben-Binh-Hafen in Hai Phong zum Cai-Vieng-Hafen auf Cat Ba über, von wo ein Bus nach Cat-Ba-Stadt verkehrt. Die Kombination aus Boots- und Busreise dauert ca. 1½ Stunden (130 000 VND). Boote nach Cat Ba legen in Hai Phong um 7 und 10 Uhr ab, die Busse für die Rückreise starten um 14 und 16 Uhr an der Uferpromenade von Cat-Ba-Stadt.

Alternativ kann man von/nach Hai Phong einen Bus vom Ben-Binh-Hafen in Hai Phong zum Dinh-Vu-Hafen nehmen. Von dort fährt ein Schnellboot nach Cai Vieng auf Cat Ba und anschließend geht's per Bus weiter nach Cat-Ba-Stadt (insgesamt etwa 2 Std.; 150 000 VND). Die Busse starten in Hai Phong um 6.40, 8.15, 9.45, 13.40, 15.10 und 16.35 Uhr. Von Cat Ba fahren Busse um 6.10, 7.50, 9.10, 13.10, 14.50 und 16.10 Uhr zurück.

ⓘ Unterwegs vor Ort

BUS Cat Bas öffentliche **grüne QH-Buslinie** (20 000 VND) pendelt zwischen dem Cat-Ba-Hafen und dem Gia-Luan-Hafen im Norden der Insel und fährt unterwegs an der Nationalparkverwaltung vorbei. Mögliche Probleme, die aus der Ha-Long-Bucht Ankommende erwarten könnten, siehe Kasten S. 114.

FAHRRAD & MOTORRAD Räder und Motorräder kann man in fast allen Hotels auf Cat Ba mieten (4–7 US$ pro Tag). Wer den Strand oder den Nationalpark ansteuert, sollte die Gebühren fürs Parken lieber nicht sparen, denn so ist man auf der sicheren Seite. Anständige Mountainbikes oder geführte Radtouren gibt's bei verschiedenen Anbietern (s. S. 110).

Eine Fahrt mit dem xe om von Cat-Ba-Stadt zum Strand Cat Co 2 oder Ben-Beo-Hafen kostet 10 000 VND. Im Sommer fährt auch ein kitschiger Touristenzug von Cat-Ba-Stadt zum Cat-Co-2-Strand (5000 VND pro Pers.).

Bai-Tu-Long-Bucht

♪ 033

Nordostvietnam besteht aus weit mehr als der Ha-Long-Bucht: Dieses im Meer versinkende Kalksteinplateau mit seinen spektakulären, über die Bucht verstreuten Inseln erstreckt sich etwa 100 km bis zur chinesischen Grenze. Unmittelbar nordöstlich der Ha-Long-Bucht schließt der **Bai-Tu-Long-Nationalpark** an.

Die Bai-Tu-Long-Bucht ist so faszinierend schön wie ihre berühmte Nachbarin, in mancherlei Hinsicht aber noch atemberaubender, da sie sich gerade erst als Reiseziel entwickelt. Dank verbesserter Bootsverbindungen erfreut sie sich zunehmender Beliebtheit bei einheimischen Touristen, doch die Bucht und ihre Inseln sind noch nicht von Umweltverschmutzung betroffen und relativ wenig touristisch erschlossen. Für westliche Touristen stellt sie eine erholsame Alternative zum touristischen Trubel der Ha-Long-Bucht dar.

Wer die Bai-Tu-Long-Bucht besuchen möchte, kann in der Ha-Long-Bucht ein Boot dorthin chartern. Preise beginnen bei 300 000 VND pro Stunde, die Überfahrt dauert fünf Stunden. Eine günstigere und flexiblere Alternative ist es, wenn man übers Land nach Cai Rong fährt und von dort aus die küstennahen Inseln per Boot besichtigt. Inzwischen verkehren häufiger Fähren, sodass dies machbarer ist als in früheren Jahren.

Reiseagenturen aus Hanoi, darunter Ethnic Travel (S. 82), bieten Ausflüge in die Gegend an. Eine weitere Adresse in Hanoi für Bai Tu Long ist **Le Pont Travel** (♪ 04-3935-1889; www.leponttravel.com; 102 Ma May, Old Quarter, Hanoi).

VAN-DON-INSEL

Van Don ist mit seinen 30 km² das größte Eiland des Bai-Tu-Long-Archipels. Inzwischen ist es über mehrere Brücken mit dem Festland verbunden und hat einige Unterkünfte, außerdem dient es als gute Ausgangsbasis zu anderen Inseln.

Van Dons Hauptort **Cai Rong** (gesprochen: kai song; Karte S.101). Nahebei erstreckt sich über einen Großteil der Südküste der sandige und von einigen Mangroven gesäumte Bai-Dai-Strand (Long Beach; Karte S. 101). Vor der Küste ragen märchenhafte **Felsformationen** aus Kalkstein auf.

Cai-Rong-Pier (Cai Rong Pha), etwa 8 km nördlich der Brücke zum Festland, ist der bedeutendste Hafen für Bootsfahrten zu den anderen Inseln von Bai Tu Long. In der lebhaften Hafenstadt voller Karaokebars und Motorräder gibt's auch ein paar anständige Hotels, falls man hier übernachten muss, um am nächsten Morgen mit der Fähre weiterzureisen.

Als gute Wahl gilt das Hung Toan Hotel (387 4220; Zi. 200 000 VND; ❄), wobei das Viet Linh Hotel (379 3898; Zi. 350 000 VND; ❄) etwas schicker ist. Beide liegen 300 m nördlich des Bootsanlegers. Das einfache Restaurant ohne Namen direkt gegenüber vom Viet Linh Hotel serviert hervorragende Fisch- und Schweinefleischgerichte. Wir empfehlen Schweinefleisch mit Ingwer, Chili und Zitronengras.

Unten am Bai-Dai-Strand vermietet das Bai Tu Long Ecotourism Resort (379 3156; Bungalows 275 000–500 000 VND; ❄) Bungalows am Meer und traditionellere Zimmer in Stelzenhäusern. An Wochenenden können Karaoke und vietnamesische Touristen ganz schön lärmen, doch dank des schönen Strandes in der Nähe kann man sich unter der Woche gut erholen. Wenn man genügend Zeit hat, ist die Weiterreise zur Quan-Lan-Insel allerdings von Vorteil.

Zwischen Bai Chay (Ha-Long-Stadt) und Cai Rong auf der Van-Don-Insel (55 000 VND, 1½ Std.) verkehren häufig Busse. Man kann auch einen Bus nach Mong Cai oder Lang Son nehmen, sich an der Abzweigung nach Cua Ong absetzen lassen und dann mit einem *xe om* oder Taxi zum Cai-Rong-Pier weiterfahren.

QUAN-LAN-INSEL

Hauptattraktion auf Quan Lan ist der schöne sichelförmige, 1 km lange Minh-Chau-Strand (Karte S. 101) an der Nordostküste der Insel. Auf den Wellen des klaren, blauen Wassers kann man zudem gut surfen. Weitere zauberhafte Strände erstrecken sich an der Ostküste, auch wenn die Wassertemperatur dort zwischen Januar und April recht kühl werden kann. Die meisten Unterkünfte sind nur von Mai bis Oktober geöffnet, außerdem muss man im Juni und Juli wegen des Ansturms vietnamesischer Touristen tiefer in die Tasche greifen.

Im nordöstlichen Teil der Insel erinnern ein paar triste Ruinen an den alten Van-Don-Handelshafen. Zu den weiteren Attraktionen gehören Waldspaziergänge und eine schöne 200 Jahre alte Pagode in Quan-Lan-Stadt. Außer Faulenzen an den Stränden und Fahrrad- oder Motorradausflügen rund um das lange schmale Eiland kann man nicht wirklich viel unternehmen. Die Insel ist ein sehr erholsamer Ort und ein wundervoller Abstecher von den bekannten touristischen Pfaden. Geldautomaten gibt's nicht, also muss man genügend Bargeld mitbringen.

Quan-Lan-Stadt hat eine Auswahl an Unterkünften von einfachen Pensionen bis zu Mittelklassehotels, die sich stetig verbessert. Ein paar Restaurants, Internetzugang sowie Verleihstationen für Fahrräder (4 US$ pro Tag) und Motorräder (6 US$ pro Tag) werden den Bedürfnissen von Travellern gerecht. Ein Großteil von Quan Lan ist recht flach, doch die Insel ist überraschend groß, sodass man sich ruhig etwas Motorisiertes mieten sollte. Quan Lans zweitgrößter Ort Minh Chau liegt nur einen kurzen Fußweg vom traumhaften Minh-Chau-Strand entfernt. Er bietet nicht die Infrastruktur von Quan-Lan-Stadt, hat aber einige gute Hotels. Von Ort und Strand sind es 3 km bis zum Pier.

🛏 Schlafen & Essen

Ann Hotel HOTEL
(Quan-Lan-Stadt; Zi. 25 US$; ❄) In dieser brandneuen Bleibe warten große Zimmer, blendend weiße Bäder und Balkone mit Meerblick. Das Ann Hotel liegt nur etwa 200 m vom Stadtzentrum entfernt in Richtung der alten Pagode.

Ngan Ha Hotel HOTEL
(387 7296; Quan-Lan-Stadt; Zi. 300 000 VND; ❄) Ein Eckhaus im Herzen der Stadt mit kürzlich renovierten Zimmern und einem guten Restaurant im Erdgeschoss.

Quan Lan Ecotourism Resort RESORT
(387 7417; Quan-Lan-Stadt; Bungalows 500 000 VND) Außerhalb von Quan-Lan-Stadt auf dem Weg zum Fährenleger stößt man auf das leicht überteuerte Strandresort, das inmitten der Dünen an einem herrlichen Sandstrand liegt und nur von Mai bis August geöffnet hat.

Le Pont Hotel HOTEL
(www.leponttravel.com; Minh Chau; Zi. 25 US$; ❄) Ein Hotel mit neuen Zimmern, einem Restaurant im Erdgeschoss sowie einer Verleih-

stelle für Fahrräder und Motorräder. Demnächst will der Besitzer noch ein weiteres altes Haus auf dem Grundstück zum Hotel ausbauen. Der Minh-Chau-Strand ist nur einen kurzen Waldspaziergang entfernt.

Minh Chau Resort   RESORT
(Minh Chau; ☎0904 081 868; Zi. 80–120 US$) Bai Tu Longs stilvollste Hotelanlage erstreckt sich über zwei belaubte Grundstücke und wartet mit einem sehr guten Restaurant auf. An den Wochenenden steigen die Preise um etwa 15 %.

Bien Ngoc Hotel   HOTEL
(☎09 13 23 79 85; Son Hao Village; Zi. ohne/mit Klimaanlage 500 000/800 000 VND; ❄) Das Bien Ngoc liegt herrlich einsam, 9 km von Quan-Lan-Stadt und 3 km von Minh Chau entfernt. Es bietet einfach möblierte Zimmer einen Steinwurf weit weg von einem schönen Strand und hat nur von Juni bis August geöffnet. Besucher gelangen ausschließlich mit einem eigenen Fahrzeug dorthin.

❶ An- & Weiterreise
VON/NACH CAI RONG Boote aus Cai Rong legen an zwei Stellen an: am Quan-Lan-Pier 3 km von der Inselhauptstadt entfernt am Südende der Insel und in der Nähe vom Minh-Chau-Strand an der Nordostküste. Fähren nach Minh Chau (120 000 VND, 1 Std.) starten in Cai Rong um 7.30 und 13.30 Uhr. Ab Cai Rong fahren Boote um 8 und 14 Uhr zum Quan-Lan-Pier (100 000 VND, 1½ Std.).

VON/NACH HA-LONG-STADT Alternativ erreicht man den Quan-Lan-Pier auch vom Hon-Gai-Fähranleger in Ha-Long-Stadt auf der anderen Seite der Hängebrücke. Um 13.30 Uhr (120 000 VND, 1½ Std.) verkehrt ein Schnellboot. Die Anlegestelle befindet sich neben dem Vinashin-Busbahnhof. Normalerweise ist es nicht nötig, im Voraus zu buchen.

TRA-BAN- & NGOC-VUNG-INSEL
TRA BAN (Karte S. 101), eine der größten Inseln in der Bai-Tu-Long-Region, wartet mit den fantastischsten Karstklippen der ganzen Bucht auf. Der südliche Teil ist von dichtem Regenwald bedeckt und ein Lebensraum vieler farbenprächtiger Schmetterlinge. Boote starten von der Anlegestelle Cai Rong auf Van Don um 7 bzw. 14 Uhr (50 000 VND, 1 Std.). Unterkünfte gibt's nicht, deshalb sollte man die Rückfahrtszeiten überprüfen.

Dao Ngoc Vung (Karte S. 101) grenzt an die Ha-Long-Bucht und lockt Besucher mit dramatischen Kalksteinfelsen sowie einem herrlichen Strand mit einigen schlichten **Strandhütten** (200 000 VND) an der Südküste. Proviant muss man selbst mitbringen. Täglich verkehren Boote zwischen Cai Rong (Abfahrt 7.45 Uhr) und Ngoc Vung (Abfahrt 13.50 Uhr). Die Fahrt kostet 50 000 VND und dauert 2½ Stunden.

Ngoc Vung ist auch vom Quan-Lan-Pier auf der Quan-Lan-Insel zu erreichen, aber die Boote um 6 Uhr starten unregelmäßig und vorwiegend von Juni bis August.

CO-TO-INSEL
Die Co-To-Insel ist das vom Festland am weitesten entfernte Eiland, auf dem Menschen leben. Ihr höchster Gipfel ragt stattliche 170 m über dem Meeresspiegel auf. Daneben erheben sich zahlreiche weitere Hügel und ein hoher Leuchtturm. Die Küste besteht vorwiegend aus steilen Klippen und mächtigen Felsen, aber immerhin auch aus einem Sandstrand.

Auf Co To gibt's einige neu errichtete Hotels und Pensionen, darunter das **Coto Lodge Hotel** (www.coto.vn; DZ 500 000 VND; ❄@❅). Dessen angeschlossenes **Jellyfish Restaurant** ist überraschend schick. Die Angestellten können **Barbecues am Strand** oder **Inseltouren** organisieren und vermieten auch Campingausrüstung, z. B. Zelte und tragbare Kocher. Frühstück ist im Preis inbegriffen.

Langsame Fähren nach Dao Co To starten täglich um 7 Uhr vom Cai-Rong-Pier (70 000 VND, 3 Std.) sowie mittwochs, freitags und samstags um 13 Uhr ab Cai Rong.

Schneller geht's mit dem täglichen Expressboot, das um 13.30 Uhr in Cai Rong (125 000 VND, 2 Std.) ablegt. Den aktuellen Fahrplan findet man unter www.coto.vn.

MONG CAI & DIE CHINESISCHE GRENZE

Rund um Mong Cai sind riesige Industriegebiete entstanden und chinesische sowie ausländische Unternehmen reißen sich um Grundstücke. Außerdem gibt's in der Innenstadt zahlreiche Einkaufszentren. Vietnamesen werden geradezu magnetisch von der Aussicht auf Ramschware made in China angezogen, wohingegen die Chinesen gern die beiden riesigen Kasinos und die neuen Golfplätze besuchen. An anderen Orten der Grenzregion zählen die beeindruckende Karstlandschaft um Cao Bang, historische Höhlen und der donnernde Ban-Gioc-Wasserfall zu den Highlights für Touristen.

Mong Cai

☏ 033 / 76 700 EW.

Mong Cai ist ein aufstrebender Ort, der vom florierenden Handel mit China profitiert. Für Touristen ist hier abgesehen von dem Grenzübergang allerdings nichts weiter von Interesse.

🛏 Schlafen & Essen

Nha Nghi Thanh Tam — PENSION $
(☏ 388 1373; 71 Đ Trieu Duong; Zi. 250 000 VND; ❄) Das familienbetriebene Hotel bietet schlichte, blitzblanke und gemütliche Zimmer mit Warmwasserbädern für nur 10 US$ – gut für alle, die gerade erst angekommen sind, also Dong und Yuan noch nicht auseinander halten können. In derselben Straße finden sich zahlreiche ähnliche Unterkünfte. Die Đ Trieu Duong verläuft von der Đ Tran Phu aus nach Süden, zwei Häuserblocks vom Hauptmarkt von Mong Cai entfernt.

Hotel Hai Chi — PENSION $
(☏ 388 7939; 52 P Tran Phu; Zi. 200 000 VND; ❄) Dieses saubere, gepflegte Hotel liegt an der Đ Tran Phu, die vom Hauptverkehrskreisel nordöstlich durchs Zentrum verläuft. Viele der attraktiven Räume sind Dreibettzimmer mit Holzmöbeln und Holzvertäfelung. Perfekt für eine Übernachtung auf der Durchreise nach oder aus China.

Nam Phong Hotel — HOTEL $$
(☏ 388 7775; P Hung Vuong; Zi. 300 000– 400 000d; ❄@🛜) Ein gehobeneres Haus mit großen, gut ausgestatteten Zimmern samt Satelliten-TV. Es gibt eine Bar und ein Restaurant, in dem schmackhafte chinesische und vietnamesische Gerichte serviert werden. Man merkt dem Hotel sein Alter an, kann dafür aber den Preis verhandeln. Die Unterkunft liegt an der P Hung Vuong, die vom Hauptverkehrskreisel südöstlich durchs Zentrum verläuft. Bei unserem Besuch waren einige neue Hotels an derselben Straße, etwas näher bei der Brücke, so gut wie fertig.

ℹ GRENZÜBERGANG: MONG CAI–DONGXING

Die Grenzstadt Mong Cai liegt im äußersten Nordosten Vietnams. Hier befindet sich einer von drei offiziellen Grenzübergängen zu Lande nach China. Er ist täglich von 7 bis 19 Uhr geöffnet. Wer Vietnam verlässt, muss hier eine Gebühr von 5000 VND bezahlen. Zwischen der Grenze und dem Mong-Cai-Busbahnhof liegen 3 km. Für die Fahrt mit einem *xe om* (Motorradtaxi) zahlt man 15 000 VND und mit einem Taxi 30 000 VND.

Saigon Quan Banh Xeo — VIETNAMESISCH $
(P Hung Vuong; Hauptgerichte 30 000– 40 000 VND) Die Studenten der Stadt lieben dieses moderne Café-Restaurant. Es kredenzt vietnamesische Klassiker wie *banh xeo* (herzhaft gefüllte Pfannkuchen) und üppige Salate. Man findet es im Erdgeschoss des neuen Einkaufszentrums Mong Cai Plaza an der P Hung Vuong gegenüber der Post.

Lan Ly — CAFÉ $
(2 P Ho Xuan Houng; Kaffee ab 15 000 VND) Schnell noch einen Kaffee, bevor man sich Richtung Grenze aufmacht? In dieser freundlichen Bar mit Straßenterrasse kann man sich seine Koffeindosis holen und dabei den Verkehr von Mong Cai beobachten. Das Lan Ly befindet sich oberhalb des Hauptverkehrskreisels auf der anderen Seite der Brücke über den Ka-Long-Fluss.

Auf der P Hung Vuong reihen sich zudem zahlreiche **Imbissbuden** aneinander, darunter einige besonders gute in der Nähe des Nam Phong Hotel.

ℹ Praktische Informationen

Internetzugang gibt's unweit der **Post** an der P Hung Vuong südöstlich des Hauptverkehrskreisels.

BUSVERBINDUNGEN AB MONG CAI

ZIEL	FAHRPREIS	DAUER	ABFAHRT
Hanoi	200 000 VND	8 Std.	regelmäßig bis 13 Uhr
Ha-Long-Stadt	90 000 VND	4 Std.	alle 30 Min.
Lang Son	100 000 VND	7 Std.	6.30 & 12.30 Uhr

NACHBARSCHAFTSKONFLIKTE

Mong Cai ist eine freie Handelszone mit zahlreichen boomenden Märkten und Einkaufszentren. Von 1978 bis 1990 war die Grenze allerdings praktisch abgeriegelt und die früheren Freunde China und Vietnam erbitterte Feinde. China und Nordvietnam hatten nach der Niederlage der Franzosen 1954 gute Beziehungen gepflegt, aber nach der Wiedervereinigung näherte sich die vietnamesische Regierung Chinas Rivalen, der UdSSR, an.

Im März 1978 lancierte sie im Süden des Landes eine Kampagne gegen „Wirtschaftsopportunisten". Im Zeichen der „sozialistischen Transformation" wurde privates Eigentum beschlagnahmt. Das traf Chinesischstämmige besonders hart und so flohen rund 500 000 der 1,8 Mio. chinesischen Bürger Vietnams aus dem Land. Die Flüchtlinge mussten pro Kopf eine obligatorische „Ausreisegebühr" von 5000 US$ entrichten. Unternehmer in Ho-Chi-Minh-Stadt konnten das Geld aufbringen, doch die meisten Flüchtlinge im Norden waren bitterarm. Als Reaktion darauf stellte China die Unterstützung für Vietnam und viele Entwicklungsprojekte ein.

Vietnams Invasion in Kambodscha Ende der 1970er-Jahre brachte das Fass schließlich zum Überlaufen. China war ein enger Verbündeter der Roten Khmer. Angesichts des riesigen Truppenaufgebots von Sowjet-Streitkräften an der chinesisch-sowjetischen Grenze glaubte man in Peking, das sowjetisch-vietnamesische Bündnis versuche China mit feindlichen Truppen zu umzingeln. Paradoxerweise befürchtete Vietnam dasselbe von der Allianz zwischen China und den Roten Khmer.

Im Februar 1979 marschierte China entlang der Grenze in Nordvietnam ein. Nach 17 Tagen zog es seine Streitkräfte wieder ab und erklärte die Operation als erfolgreich, aber die meisten Beobachter kamen bald darin überein, dass die 200 000 Truppen starke chinesische Armee von den kampferprobten Vietnamesen vernichtend geschlagen worden war. China verzeichnete rund 20 000 Tote in 29 Kampftagen – und das, obwohl große Teile der stärksten Truppen Vietnams zu dieser Zeit in Kambodscha waren. Rund 15 000 vietnamesische Soldaten und Zivilisten wurden getötet oder verwundet.

Offiziell ist dieser Konflikt Schnee von gestern, doch während der Handel floriert, schwelen die politischen Streitigkeiten über die Spratly-Inseln und Ölförderrechte im Südchinesischen Meer weiter. In China wird behauptet, man habe aus Selbstverteidigung gehandelt, weil Vietnamesen immer wieder über die Grenze einfielen. Fast alle westlichen Beobachter sind anderer Ansicht.

Brother Enemy (1988) von Nayan Chanda ist ein hervorragender Bericht über diese Machtspiele im Kalten Krieg.

Vietcombank (P Van Don) Die Bankfiliale am Hauptverkehrskreisel wechselt Bares und hat einen Geldautomaten.

❶ An- & Weiterreise

Früher fuhren Tragflächenboote von Mong Cai nach Ha-Long-Stadt und Hai Phong, aber aufgrund der verbessserten Busverbindungen sind sie unrentabel geworden. Mong Cai liegt 340 km von Hanoi entfernt. Der Busbahnhof befindet sich an der Schnellstraße 18; zur Grenze sind es von dort 3 km.

Lang Son
🕿 025 / 79 200 EW.

Die nah an der chinesischen Grenze gelegene Stadt Lang Son boomt. Eingebettet zwischen Karstgipfeln, befindet sie sich in einer größtenteils von Tho, Nung, Man und Dao bewohnten Gegend. Im Ort selbst spürt man allerdings nur wenig von deren Einfluss.

Im Februar 1979 wurde Lang Son von chinesischen Streitkräften teilweise zerstört (s. oben). Die Ruinen der Stadt und des verwüsteten Dorfes Dong Dang an der chinesischen Grenze zeigte man ausländischen Journalisten als Beweis für die Attacke. Nach wie vor ist die Grenze schwer bewacht, aber inzwischen sind beide Orte wieder aufgebaut und der Handel zwischen China und Vietnam floriert.

Lang Son hat einen schönen Nachtmarkt und ein großartiges Restaurant. Viele Traveller kommen hierher, um die Grenze zwischen Vietnam und China zu überqueren, die 18 km nördlich direkt bei Dong Dang verläuft.

Sehenswertes & Aktivitäten

1200 m von Lang Sons Zentrum entfernt stößt man auf zwei große, wunderschöne Höhlen. Beide sind beleuchtet und beherbergen buddhistische Altäre. Im Inneren der faszinierenden **Tam-Thanh-Höhle** (Kombiticket mit der Nhi-Thanh-Höhle 5000 VND; ⊙6–18 Uhr) erstreckt sich ein See. Ein natürliches Fenster eröffnet einen weiten Blick über die Reisfelder der Umgebung. Einige Hundert Meter weiter führt eine steinerne Treppe zu den Überresten der **Zitadelle der Mac-Dynastie**. An diesem reizvollen, meist menschenleeren Ort genießt man ein beeindruckendes Landschaftspanorama.

Durch die **Nhi-Thanh-Höhle** (Kombiticket mit der Tam-Thanh-Höhle 5000 VND; ⊙6–18 Uhr), 700 m von der Tam Thanh entfernt, fließt der Ngoc-Tuyen-Fluss. Am Höhleneingang sind Gedichte des Soldaten Ngo Thi San eingemeißelt, der die Höhle im 18. Jh. entdeckt hat. Eine Steinplatte erinnert an einen der ersten französischen Einwohner von Lang Son: Sie zeigt seine Silhouette in europäischer Kleidung.

Lang Sons riesiger **Nachtmarkt** (⊙17–23 Uhr) mit billigen Elektrogeräten und Kleidung gilt als Eldorado für Schnäppchenjäger. Die zahlreichen Imbissstände und Cafés vor dem Eingang sind ideal, um vor oder nach dem Handeln ein Bier zu trinken.

Schlafen & Essen

Van Xuan Hotel HOTEL $
(☎371 0440; lsvanxuanhotel@yahoo.com.vn; 147 Đ Tran Dang Ninh; Zi. 320 000–500 000 VND; ❄@🛜) Alle Zimmer hier sind sehr gepflegt, hell und luftig, aber die ungewöhnlich großen und gemütlichen Familienzimmer (500 000 VND) übertreffen sie noch. Wenn möglich, sollte man sich in Zimmer 606 einquartieren. Es verfügt über einen Balkon mit Blick auf den Phai-Loan-See und die umliegenden Karsthügel. Das Hotel liegt am östlichen Ende des Sees 50 m vom Markt entfernt.

Hoa Binh Hotel HOTEL $
(☎025 870 807; 127 Đ Thanh Tam; Zi. 250 000 VND ❄🛜) Bambusmöbel, große Zimmer und makellose Bäder machen dieses zuverlässige Budgethotel in der Nähe des Markts und Miss Lans tollem Restaurant zum besten Schnäppchen der Stadt.

Thanh Lan Com Binh Dan `LP TIPP`
VIETNAMESISCH $
(Tran Quoc Tran; Gerichte 40 000–50 000 VND; ⊙11–22 Uhr) In einer ruhigen Gasse einen Häuserblock südlich des Markts serviert die entzückende Frau Lan jeden Tag um die 20 Gerichte zum Mittag- und Abendessen. Alle bestehen aus saisonalen und lokalen Produkten – man kann mit dem Finger zeigen,

---

GRENZÜBERGANG: YOUYI GUAN–HUU NGHI QUAN

Der „Freundschaftspass" bei Dong Dang/Pingxiang ist der beliebteste Grenzübergang im hohen Norden. Der Grenzposten selbst liegt bei Huu Nghi Quan (Freundschaftspass), 3 km nördlich von Dong Dang. Eine Fahrt mit dem *xe om* (Motorradtaxi) dorthin kostet 30 000 VND pro Person. Der Übergang ist täglich von 7 bis 17.30 Uhr geöffnet; zwischen beiden Grenzlinien geht man 500 m zu Fuß.

Wer nach Vietnam einreist, stößt an der Grenze auf einen Geldautomaten der Agribank (einen weiteren gibt es in Dong Dang). Traveller sollten sich keine vermeintlich günstigen Bustickets an der Grenze andrehen lassen, sondern direkt zu der Haltestelle für Minibusse in Dong Dang spazieren. Hier starten bis 18 Uhr halbstündlich Busse (130 000 VND, 3¼ Std.) nach Hanoi. Alternativ kann man auch einen Bus vom Lang-Son-Busbahnhof nehmen. Lokale Minibusse verkehren sehr regelmäßig, die 18 km lange Strecke kostet 15 000 VND.

Wenn man aus Vietnam ausreist, kostet ein Taxi vom Lang-Son-Busbahnhof 120 000 VND, für ein *xe om* bezahlt man 60 000 VND. Von der chinesischen Grenze fährt ein Bus oder Sammeltaxi innerhalb von 20 Minuten nach Pingxiang. Dort gibt's eine Zug- und eine Busverbindung nach Nanning, Hauptstadt der chinesischen Guangxi-Provinz.

Zusätzlich verkehren zwischen Hanoi und Lang Son täglich drei extrem langsame Züge, die für die Strecke mehr als fünf Stunden brauchen – mit dem Bus ist man also deutlich besser bedient. Züge von Hanoi nach Nanning und Beijing passieren hier die Grenze, man kann aber nicht in Lang Son oder Dong Dang zusteigen. Genaueres zu den grenzüberschreitenden Fahrten siehe S. 83.

BUSVERBINDUNGEN AB LANG SON

ZIEL	FAHRPREIS	DAUER	ABFAHRT
Hanoi	80 000 VND	3 Std.	regelmäßig bis 18 Uhr
Cao Bang	70 000 VND	4 Std.	6, 8, 10 und 14 Uhr
Mong Cai	100 000 VND	7 Std.	5 Uhr

was man möchte. Danach nimmt man draußen Platz und freut sich auf Vietnams kältestes Bier. Die *cha khaoi tay* (vietnamesische Kartoffelkroketten) sollte man sich nicht entgehen lassen.

New Dynasty Restaurant VIETNAMESISCH $$
(Phai-Loan-See; Eintöpfe 120 000 VND; ◉12–23 Uhr) Dieser Restaurant-Bar-Komplex auf einer kleinen Halbinsel, die in den See ragt, ist der berühmteste Ort der Stadt. Fast alle Gäste kommen wegen der Eintöpfe her und auch das Fassbier findet reißenden Absatz: Es ist die perfekte Entschädigung für die ziemlich holprige und staubige Busreise in die Gegend.

❶ Praktische Informationen

Die **Vietin Bank** (51 Đ Le Loi) hat einen Geldautomaten und wechselt Bargeld. Gleich nebenan befindet sich die **Post** (Đ Le Loi). Beide liegen 300 m vom See entfernt an der Straße Richtung Osten nach Mong Cai. In der Empfangshalle des Van Xuan Hotels stehen mehrere Computer mit Internetzugang bereit.

❶ An- & Weiterreise

BUS Alle Busse starten vom Busbahnhof an der Đ Le Loi 500 m östlich der Post. Infos zu den Verbindungen siehe oben. Um dorthinzukommen, nimmt man ein *xe om* oder ein Taxi (20 000 VND). Von der Vietin Bank und Post geht's rechts in die P Tran Dang Ninh und dann noch 200 m bis zum Markt sowie den Hotels und Restaurants.

ZUG Zwischen Lang Son und Hanoi (80 000 VND, 5½ Std.) verkehren nur wenige langsame Züge.

Cao Bang

♪ 026 / 48 200 EW.

Die bergige Cao-Bang-Provinz zählt zu den schönsten Regionen Vietnams. Cao-Bang-Stadt ist wesentlich nüchterner, eignet sich aber gut als Ausgangsbasis für Erkundungstouren in die nähere Umgebung. Das Klima ist mild, nur im Winter kann es kühl werden, wenn dichter Nebel über dem Fluss Bang Giang hängt.

◉ Sehenswertes

Wer schon mal da ist, sollte zum **Kriegsdenkmal** (Karte S.122) auf dem Berg steigen. Dazu nimmt man die zweite Abzweigung von der Đ Pac Bo, geht unter dem Eingangstor einer Grundschule durch und steigt die Stufen hinauf. Auf dem Gipfel wird man mit wunderbaren Panoramablicken und einer herrlichen Ruhe belohnt.

Märkte der Bergvölker MÄRKTE
In der Cao-Bang-Provinz bilden die Kinh (Vietnamesen) eine ausgeprägte Minderheit. Die größten Volksgruppen sind die Tay (46 %), Nung (32 %), Hmong (8 %), Dao (7 %) und Lolo (1 %). Mischehen und allgemeine Schulpflicht verdrängen jedoch allmählich stammestypische Kulturmerkmale. In Tim Dolings *Mountains and Ethnic Minorities: North East Vietnam* mit persönlichen Erfahrungsberichten regionaler Volksstämme erfährt man Genaueres darüber. Das Buch wird im Ethnologischen Museum (S.55) und den Buchläden in Hanoi verkauft.

Ein Großteil der Bergbewohner von Cao Bang ist recht gutgläubig gegenüber der Außenwelt geblieben. Die üblichen Preismogeleien auf den Märkten kennen sie praktisch nicht: Traveller zahlen hier den ortsüblichen Preis – und zwar ohne feilschen zu müssen. Ob diese Arglosigkeit der Touristenlawine standhalten kann oder nicht, wird sich noch zeigen.

Folgende große Märkte finden in der Cao-Bang-Provinz alle fünf Tage entsprechend dem Mondkalender statt. Der Na-Giang-Markt, der Tay, Nung und Hmong anzieht, zählt zu den besten und lebhaftesten der Provinz.

Nuoc Hai 1./6./11./16./21. und 26. Tag jedes Mondmonats

Na Giang 1./6./11./16./21. und 26. Tag jedes Mondmonats

Cao Bang

Cao Bang

⊚ Sehenswertes
1 Kriegsdenkmal B2

🛏 Schlafen
2 Hoanh Anh Hotel A2
3 Nguyet Nga Hotel B1
4 Thanh Loan Hotel A1

🍴 Essen
5 Men Quyen Restaurant A1
6 Nachtmarkt... A1
7 Trung-Tau-Markt.................................... A1

🍷 Ausgehen
8 Coffee Pho... A1

Tra Linh 4./9./14./19./24. und 29. Tag jedes Mondmonats

Trung Khanh 5./10./15./20./25. und 30. Tag jedes Mondmonats

🛏 Schlafen

Hoanh Anh Hotel   HOTEL $$
(Karte S.122; ☎385 8969; 131 Ð Kim Dong; Zi. 400 000 VND; ❄@☎) Dieses schicke Minihotel hat eine ansprechende Lobby und freundliche Mitarbeiter, die etwas Englisch sprechen. Die attraktiven, modern möblierten Zimmer sind mit hochwertigen Matratzen, WLAN und stilvollen Duschbädern ausgestattet, das Dekor kommt minimalistisch und kitschfrei daher. Am besten lässt man sich irgendein Zimmer mit der Ziffer 1 am Ende geben (z. B. 201, 301 bis 701), denn dann genießt man einen Ausblick auf den Ban-Giang-Fluss.

Thanh Loan Hotel   HOTEL $$
(Karte S.122; ☎385 7026; thanh_loan_hotel@hn.vnn.vn; 159 P Vuon Cam; Zi. 380 000 VND; ❄@☎) An einer netten ruhigen Straße mit Cafés findet man in diesem günstigen und sauberen Hotel große Zimmer mit hohen Decken, dunklen Holzmöbeln und Wannenbädern. Ein kleiner Barbereich bietet sich für einen Absacker an.

Nguyet Nga Hotel   PENSION $
(Karte S.122; ☎385 6445; Zi. ab 150 000 VND; ❄) Wer mit wirklich schmalem Geldbeutel unterwegs ist, sollte diese Pension ansteuern. Die Zimmer sind etwas dunkel, haben aber Fernseher und Kühlschränke, außerdem ist es von hier nicht weit bis zum Busbahnhof.

🍴 Essen & Ausgehen

Men Quyen Restaurant   VIETNAMESISCH $
(Karte S.122; Gerichte 35 000–60 000 VND) Hinter dem Markt versteckt sich das bescheidene kleine Men Quyen Restaurant mit Büfettcharakter: Der Gast zeigt einfach auf das Gericht, das er essen möchte. Wir empfehlen die *cha la lot* (Kohlrouladen).

Coffee Pho   VIETNAMESISCH $
(Karte S.122; 140 P Vuon Cam) Dieses stilvolle kleine Café kredenzt leckeren vietnamesischen Kaffee, Cappuccino, Säfte und Bier sowie den einen oder anderen Snack. Die Tische stehen auf dem Bürgersteig.

Günstige Imbissbuden entdeckt man unweit des **Nachtmarkts** (Gerichte ab 15 000 VND) an der P Vuon Cam nahe dem Thanh Loan Hotel, auf dem **Trung-Tau-Markt** (Karte S.122) sowie gegenüber dem Hoanh Anh Hotel an der Ð Kim Dong.

ℹ Praktische Informationen

Geldautomaten findet man im Stadtzentrum an der anderen Seite der Bang-Giang-Brücke und Internetcafés an der P Vuon Cam in der Nähe des Thanh Loan Hotels.

ℹ An- & Weiterreise

Cao Bang liegt 272 km nördlich von Hanoi und ist über die Nationalstraße 3 zu erreichen. Trotz des Komplettausbaus der Straße benötigt man für die Fahrt durch das bergige Gelände einen ganzen Tag. Busse fahren von Cao Bang nach Hanoi (140 000 VND, 9 Std., tgl.) und Lang Son (70 000 VND, 4 Std., 4-mal tgl. vor 14 Uhr).

Wer zu den Ba-Be-Seen reisen möchte, nimmt den Lokalbus nach Na Phuc und steigt hier in den Bus nach Cho Ra um. Von dort aus lässt man sich mit einem *xe om* zum Nationalpark bringen.

Ein Direktbus zum Ban-Gioc-Wasserfall fährt an den meisten Vormittagen um 6.30 und 7.30 Uhr in Cao Bang ab.

Pac-Bo-Höhle (Wasserradhöhle)

Im Januar 1941 kam Ho Chi Minh nach 30 Jahren Exil zurück ins Land. Er suchte Zuflucht in einer kleinen Höhle in einer der abgelegensten Regionen Vietnams 3 km von der chinesischen Grenze entfernt. Vietnamesische Revolutionäre betrachten die Pac-Bo-Höhle (Wasserradhöhle; Karte S. 93) und ihre nähere Umgebung als heilige Orte, denn von dort setzte Ho seine von langer Hand geplante Revolution in Gang.

Die Höhle liegt sehr schön inmitten von Nadelwäldern mit Schmetterlingen und Vogelgezwitscher vor einer Kulisse aus Kalksteinbergen. Ho Chi Minh bewohnte sie 1941 einige Wochen lang, schrieb Gedichte und übersetzte die wichtigsten Texte der Väter des Sozialismus. Hätten ihn französische Soldaten in seinem Versteck entdeckt, wäre er einfach ins nahe Nachbarland geflohen. Den Bach vor der Höhle nannte Ho Lenin-Bach und den von Urwald überwachsenen Berg oberhalb des Flusses Karl-Marx-Gipfel.

Am Eingang zum Pac-Bo-Gebiet steht ein kleines Ho-Chi-Minh-Museum (Eintritt 20 000 VND; Mi-So 7.30-11.30 & 13.30-17 Uhr). Vom 2 km entfernten Parkplatz gelangt man über einen schattigen Steinweg am Fluss entlang in 10 Minuten zur Höhle. Man kann die Öffnung betreten, jedoch nicht hineingehen. Der Weg passiert noch weitere interessante Stellen, z. B. einen Steintisch, den Ho angeblich als eine Art Dschungelbüro benutzte, wo er Texte übersetzte und schrieb.

In entgegengesetzter Richtung kommt man nach etwa 15 Minuten durch ein Wäldchen zu einer Dschungelhütte, einem weiteren Unterschlupf Hos. Auf dem Weg dorthin stößt man auf eine Felsnase, die ihm als „toter Briefkasten" diente.

Die Pac-Bo-Höhle liegt 58 km nordwestlich von Cao Bang. Für die Rückfahrt muss man etwa zwei Stunden einplanen; dazu eine weitere Stunde, um sich vor Ort umzusehen. Eine Halbtagestour mit dem *xe om* (Motorradtaxi) kostet rund 200 000 VND. Trotz der Nähe zur chinesischen Grenze ist derzeit keine spezielle Reisegenehmigung notwendig.

Ban-Gioc-Wasserfall & Nguom-Ngao-Höhle

Der eindrucksvolle Ban-Gioc-Wasserfall (Eintritt 15 000 VND; 7.30-17 Uhr) zählt zu den bekanntesten Kaskaden Vietnams; sein Motiv schmückt den Eingangsbereich von so mancher Budgetunterkunft. Er speist sich aus dem Quay-Son-Fluss, der die Grenze zu China bildet, und ist vor allem wegen der wunderschönen landschaftlichen Kulisse sehr sehenswert.

Wenn auch nicht der höchste, so ist der Wasserfall doch der größte in Vietnam. Über eine beeindruckende Breite von 300 m stürzt das Wasser nur rund 30 m in die Tiefe. Ein Teil gehört zu China, der andere liegt auf vietnamesischem Boden. Je nach Trocken- oder Regenzeit variiert die Wassermenge erheblich. Besonders imposant ist das Naturschauspiel von Mai bis September.

Auf einem der hübschen **Bambusflöße** (Fahrt 100 000 VND) wird man so dicht an die Kaskade gebracht, dass einen die Gischt besprüht. Die Flöße auf vietnamesischer Seite haben grüne Dächer, die auf chinesischer blaue. In dem großen natürlichen Pool auf vietnamesischer Seite darf man schwimmen, nicht jedoch im Fluss oder in der Nähe des Hauptwasserfalls.

Den Fuß des Wasserfalls erreicht man vom Parkplatz aus auf einem malerischen zehnminütigen Spaziergang durch Reisfelder. Ist man zur Erntezeit im September oder Oktober hier, lassen einen die Bauern vielleicht ihre pedalbetriebenen Dreschmaschinen ausprobieren.

Für den Besuch dieser Region benötigt jeder Traveller eine polizeiliche Genehmigung (200 000 VND, gilt für bis zu 10 Personen), die man im Voraus organisieren muss. Sämtliche Hotels in Cao Bang erledigen dies für ihre Gäste. Man muss seinen Reisepass vorzeigen.

Rund 4 km vom Wasserfall entfernt befindet sich die Nguom-Ngao-Höhle (Eintritt inkl. Führer 30 000 VND; 7.30-16.30 Uhr), eines der spektakulärsten Höhlensysteme Vietnams. Es wurde von einem unteriridischen Fluss geschaffen und erstreckt sich über mehrere Kilometer. Im Jahr 1979 versteckten sich hier Dorfbewohner während des Kriegs gegen China. Für Besucher ist ein Abschnitt mit einem 1 km langen Betonweg und hervorragender Beleuchtung zugänglich. Ein Führer (der nur sehr wenig

Englisch spricht) begleitet einen auf der 60-minütigen Tour durch das Höhlennetz, vorbei an gewaltigen Stalagmiten und Stalaktiten, die aussehen wie Wasserfälle und Kronleuchter, und durch eine etwa 100 m lange Kammer. Auch der zehnminütige Fußweg vom Parkplatz zur Höhle ist sehr reizvoll. Er windet sich zwischen den für die Cao-Bang-Provinz typischen Kalksteinhügeln hindurch und führt an Sojabohnenfeldern entlang.

Ein zweiter und noch größerer Bereich des Höhlensystems soll sich bis beinahe zum Wasserfall erstrecken, allerdings ist dieser Teil derzeit nicht zugänglich.

An der Höhle und am Wasserfall gibt's mehrere Imbiss- und Getränkestände. Die nächsten Unterkünfte befinden sich erst in Cao Bang.

❶ An- & Weiterreise

Die Fahrt zum Wasserfall und zur Höhle ist beeindruckend. Größtenteils mäandert der Weg an einem schönen Flusstal entlang und führt zwischen hohen Karstgipfeln hindurch. Auf der akzeptablen gepflasterten Straße benötigt man für die 87 km lange Strecke etwa 2½ Stunden.

AUTO & MOTORRAD Hotels und Gästehäuser in Cao Bang organisieren gerne Motorräder (zum Selberfahren) oder Fahrzeuge (mit Fahrer). Alternativ nimmt man den direkten Minibus von Ban Gioc, der um 6.30 und 19.30 Uhr am Busbahnhof von Cao Bang startet.

BUS & ROLLER Busse (50 000 VND, 2 Std., 12-mal tgl.) verbinden Cao Bang mit Trung Khanh, das 27 km vom Wasserfall entfernt liegt. Von dort lässt man sich von einem *xe om* zum Ban Gioc bringen. Inklusive zweistündiger Wartezeit sollte das Ganze etwa 200 000 VND kosten.

Nordwestvietnam

Inhalt »

Hoa Binh 127
Mai Chau 127
Son La 129
Tuan Giao 130
Pa-Khoang-See 131
Dien Bien Phu 131
Muong Lay 134
Lai Chau 134
Sa Pa 135
Lao Cai 142
Bac Ha 144
Ha-Giang-Provinz 147

Gut essen

» Sapa Rooms (S. 140)
» Red Dao House (S. 141)
» Viet Emotion (S. 141)
» Ngan Nga Gia Huy (S. 146)
» Café Pho Co (S. 151)

Schön übernachten

» Mai Chau Nature Place (S. 128)
» Hmong Mountain Retreat (S. 138)
» Truong Xuan Resort (S. 148)
» Pan-Hou-Dorf (S. 146)
» Rocky Plateau Hotel (S. 151)

Auf nach Nordwestvietnam

Mit seinen immergrünen Gipfeln, fruchtbaren Flusstälern und Bergdörfern ist Nordwestvietnam die spektakulärste und gebirgigste Region des Landes. Geprägt wird sie vor allem von der Kultur der Bergvölker, und so sieht man auf den Märkten purpurne Kopfbedeckungen der Dao-Frauen, indigofarbene Stoffe der Schwarzen Hmong sowie bestickte Schürzen der Blumen-Hmong.

Sa Pa ist ein großartiger Aufenthaltsort, um zu wandern und die herrliche Aussicht auf Vietnams höchsten Berg, den Fan Si Pan, zu genießen. Von der alten französischen Bergstation schlängelt sich die „Nordwestschleife" über kühle Hochgebirgspässe nach Dien Bien Phu und weiter durch grüne Tieflandtäler hinunter bis nach Mai Chau.

Highlights im Nordosten sind Bac Ha mit seinem faszinierenden Sonntagsmarkt und die malerische Ha-Giang-Provinz an der chinesischen Grenze.

Busverbindungen und Straßen werden besser, trotzdem erkunden viele Traveller die Region per Motorrad oder Jeep.

Reisezeit

Sa Pa

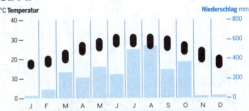

Jan.–Feb. Kälteste (und nebligste) Zeit mit Temperaturen bis zu 0 °C in Sa Pa.

März–Juni Das Wetter ist oft hervorragend, aber ab Juni nimmt der Regen zu.

Sept.–Dez. Stabiles Klima und eine gute Reisezeit für Sa Pa.

Geschichte

Im Nordwesten verlief die Geschichte Vietnams anders als im Tiefland. Seit jeher mieden Einheimische die Berge, da das schwierige Terrain sich nicht für die Reisproduktion in großem Umfang eignete. Viele Jahrhunderte bewohnten lediglich kleine Gruppen ethnischer Minderheiten die Gegend. Zu ihnen gesellten sich im 19. Jh. Einwanderer aus Yunnan, China und Tibet. Die Region war lange Zeit Ödland, eine Art Pufferzone zwischen China und Vietnam, in der Banditen ihr Unwesen trieben. Später, als Ho Chi Minh über den Norden herrschte, errichteten die Vietnamesen „spezielle Zonen" mit begrenzter Autonomie, doch nach der Wiedervereinigung wurden diese wieder abgeschafft.

Das Leben der Minderheiten war schon immer hart. Bis vor einiger Zeit rentierte sich der Opiumanbau, aber die vietnamesische Regierung hat energisch durchgegriffen, sodass es heute kaum noch angebaut wird. Bil-

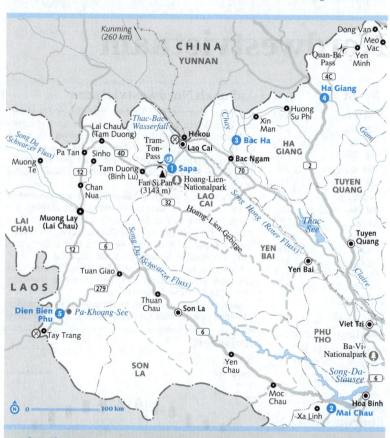

Highlights

❶ Bei **Sa Pa** (S. 135) auf nebligen Bergpfaden durch die herrliche Landschaft zu Bergdörfern spazieren

❷ Hanoi entfliehen und in der Region um **Mai Chau** (S. 127) wandern, radeln oder Kajak fahren

❸ Die Stammesmärkte rund um **Bac Ha** (S. 145) besuchen und die Farbenpracht der Blumen-Hmong bewundern

❹ Auf zur allerneuesten Herausforderung für Vietnamreisende: zu den beeindruckenden Bergen und Tälern der Provinz **Ha Giang** (S. 147)

❺ Die Bunker, Museen und Kriegsdenkmäler von **Dien Bien Phu** (S. 131), Ort der französischen Niederlage, erkunden

dungschancen waren stets sehr begrenzt, doch inzwischen werden auch in entlegenen Gegenden die meisten Kinder in Schulen unterrichtet. Dennoch bleiben die Aussichten auf wirtschaftliche Entwicklung gering und viele Hochlandbewohner wandern auf der Suche nach Arbeit in die Städte ab.

❶ An- & Weiterreise

In Dien Bien Phu befindet sich der wichtigste Flughafen dieser Gegend, aber die meisten Traveller nehmen den Zug von Hanoi nach Lao Cai, dem Tor zu Sa Pa. Eine Fahrt mit dem Bus bereitet auf den gebirgigen Straßen keine Freude. Alternativ kann man einen Privatjeep mit Fahrer oder ein Motorrad mieten.

Die „Nordwestschleife" beginnt in Mai Chau und führt über Son La und Dien Bien Phu Richtung Norden nach Lai Chau, Sa Pa und zurück nach Hanoi. Für den Trip sollte man eine Woche einplanen. Wenn man sich in die lokalen Busse wagt, nimmt das Unterfangen allerdings deutlich mehr Zeit in Anspruch.

Wer von Laos nach Vietnam reist, überquert die Grenze am Übergang Tay Tran–Sop Hun, 34 km von Dien Bien Phu (s. S. 131).

Hoa Binh

📞 0218 / 112 000 EW.

Hoa Binh heißt „Frieden", und tatsächlich ist die gelassene Atmosphäre hier nach dem wilden Verkehr in Hanois Vorstädten eine Wohltat. In der Gegend leben viele Bergvölker, darunter Hmong und Thai, die lokalen Märkten Farbe verleihen. Die Stadt bietet sich für einen Zwischenstopp auf dem Weg nach Mai Chau an.

⦿ Sehenswertes

Ein kleines **Museum** (Eintritt frei; ⦿ Mo-Fr 8-10.30 & 14-16.30 Uhr) zeigt Exponate aus dem Krieg, darunter einen rostigen, alten französischen Schwimmpanzer. Es liegt an der Nationalstraße 6 hinter der Abbiegung nach Cu Chinh Lan.

Nachdem man die neue Brücke nach Phu Tho überquert hat, sieht man rechts die **Staumauer** eines Wasserkraftwerks. Am anderen Flussufer erinnert ein eindrucksvolles Denkmal an die 161 Arbeiter, die während der Bauarbeiten starben.

🛏 Schlafen & Essen

Überall an der Nationalstraße 6 findet man Stände mit *com pho* (Reisnudelsuppe). Beide Hoa-Binh-Unterkünfte beherbergen Restaurants.

Thap Vang Hotel HOTEL $
(📞 385 2864; 213 Đ Cu Chinh Lan; Zi. 150 000–200 000 VND; ❄🛜) Das elegante Mini-Hotel nahe der Hauptstraße verfügt über saubere Zimmer mit Kühlschränken und Satelliten-TV. Die größeren lohnen den Aufpreis.

Hoa Binh Hotels I & II HOTEL $$
(📞 385 2051; EZ/DZ 30/35 US$; ❄🛜) Westlich des Zentrums liegen an der Nationalstraße 6 die Hoa Binh Hotels I und II mit komfortablen Unterkünften in nachgebauten Stelzenhäusern. Die Zimmer wirken etwas in die Jahre gekommen, aber die ruhige, fast schon ländliche Lage ist ein Plus.

❶ Praktische Informationen

Auf der Nationalstraße 6 gibt's Geldautomaten. Internetzugang bietet die **Hauptpost** (3000 VND pro Std.).

Hoa Binh Tourism Company (📞 385 4374; www.hoabinhtourism.com; Hoa Binh Hotels I & II) Hat Büros in beiden Hotels und bietet Ausflüge in die Region an.

❶ An- & Weiterreise

AUTO Wer von Hanoi kommt, kann unterwegs den Ba-Vi-Nationalpark (S. 89) besuchen und dann der Uferstraße nach Hoa Binh folgen.
BUS Hoa Binh liegt 74 km südwestlich von Hanoi und ist mit dem Bus (40 000 VND, 2 Std., alle 30 Min.) von Hanois My-Dinh-Busbahnhof zu erreichen. Busse nach Mai Chau fahren regelmäßig in Hoa Binh ab und halten an der Tong-Dau-Kreuzung an der Nationalstraße 6 (40 000 VND, 1 Std.).

Mai Chau

📞 0218 / 12 000 EW.

Mai Chau liegt in einem idyllischen Tal, Welten entfernt vom hektischen Trubel Hanois. Der Ort hat keine Attraktionen zu bieten, aber in der Umgebung verstecken sich entzückende Thai-Dörfer. Statt Verkehrslärm bilden der Bewässerung dienende Bäche und Vogelzwitschern die Geräuschkulisse.

Viele Dorfbewohner sind Weiße Thai, weitläufig verwandt mit den Stämmen in Thailand, Laos und China. Traditionelle Trachten trägt hier zwar kaum mehr jemand, doch die Frauen gelten als hervorragende Weberinnen. Beim Verkauf kommen keine aggressiven Techniken zum Einsatz; höfliches Handeln gehört zum guten Ton.

Mai Chau ist ein erfolgreiches Projekt der touristischen Entwicklung – auch wenn manche es zu aufgeräumt finden – und die

NICHT VERSÄUMEN

AUF PFÄHLEN SCHLAFEN

Wer eine exotische Begegnung à la Indiana Jones erwartet, bei der man sich eine Augapfelsuppe teilt, an einem alten Fruchtbarkeitsritual teilnimmt oder mit dem Medizinmann in Trance fällt, wird rasch eines Besseren belehrt. Übernachtungen in einem Dorf der ethnischen Minderheiten um Mai Chau sind eine sehr „zivilisierte" Erfahrung. Es gibt Elektrizität, westliche Toiletten, warme Duschen, Isomatten und Moskitonetze. Dieser Komfort entspricht also nicht unbedingt dem Bild, das mancher vor einer rustikalen Trekkingtour zu einem Bergvolk hat.

Trotz oder vielleicht auch wegen der modernen Annehmlichkeiten kommt man in den Genuss eines ganz besonderen Erlebnisses, und viele Leute bleiben letztendlich länger als geplant. Die grüne Umgebung betört durch ihre bezaubernde Schönheit, zudem sind die Dörfer der Thai attraktiv, sehr sauber und ihre Bewohner äußerst gastfreundlich. Trotz TV und summendem Kühlschrank erfreut man sich an der Ruhe und schläft trotzdem noch in einem strohgedeckten Pfahlhaus auf Bambusböden mit Ritzen.

Reservierungen sind nicht nötig. Besucher sollten aber möglichst vor Einbruch der Dunkelheit eintreffen, um sich zurechtzufinden und zu bekommen, was nötig ist.

---

nahen Dörfer werden oft von Reisegruppen besucht. Wer völlig Ursprüngliches entdecken möchte, ist hier falsch, dafür eignet sich Mai Chau aber als praktische Ausgangsbasis für Radtouren, Wanderungen und zum Entspannen.

Sehenswertes & Aktivitäten

Von Hanoi aus ist Mai Chau die nächstgelegene Möglichkeit, ein Bergdorf zu besuchen und in einem Pfahlbau zu übernachten. Hier kann man durch Reisfelder **wandern** und **Trekkingtouren** zu den Dörfern unternehmen. Eine typische Wanderung führt 7 bis 8 km querfeldein. Lokale Guides kosten ca. 10 US$. Fast alle *homestays* (Privatunterkünfte bei Familien) verleihen auch Räder, mit denen man die Orte auf eigene Faust erkunden kann.

Eine beliebte 18 km lange Trekkingtour verbindet das **Lac-Dorf** (Ban Lac) im Mai-Chau-Tal mit dem **Xa-Linh-Dorf** in der Nähe eines Passes (Höhe 1000 m) an der Nationalstraße 6. In Lac leben Weiße Thai, während die Bewohner von Xa Linh den Hmong angehören. Die anstrengende Tour dauert einen Tag und viele Traveller übernachten unterwegs in einem Dorf. Am besten organisiert man einen Führer vor Ort und ein Auto, um vom Bergpass zurück nach Mai Chau zu kommen. Dabei sind 600 m Höhenunterschied zu bewältigen, und nach Regenfällen kann der Weg rutschig sein.

Möglich sind auch Ausflüge zwischen drei und sieben Tagen; dazu einfach in Mai Chau herumfragen. Infos zu Kajak- und Mountainbiketouren gibt's in der Mai Chau Lodge.

Viele Reisebüros in Hanoi bieten günstige Touren nach Mai Chau an.

Schlafen & Essen

Die meisten Besucher übernachten in **Stelzenhäusern der Thai** (ca. 150 000 VND pro Pers. inkl. Frühstück) in den Dörfern Lac oder Pom Coong, die nur fünf Gehminuten voneinander entfernt liegen, und essen in ihren Unterkünften. Es empfiehlt sich, den Preis für die Mahlzeiten vorher auszuhandeln, denn manchmal muss man für ein Abendgericht bis zu 150 000 VND zahlen. Es gibt alles Mögliche, von Rührei bis Pommes, aber am besten probiert man die köstliche lokale Küche.

Mai Chau Lodge HOTEL $$$
(386 8959; www.maichaulodge.com; Zi. 90–160 US$; ✲@✇≋) Ein echter Reisegruppenfavorit. Das Hotel verfügt über moderne Zimmer mit Holzböden und Designerlampen und ist mit lokalen Stoffen dekoriert. Fast alle Räume haben Balkone mit Aussicht auf die Reisfelder. Das strohgedeckte Restaurant (Gerichte 10–16 US$) blickt auf einen kleinen See und den Pool. Im Angebot sind Veranstaltungen wie Besuche der nahe gelegenen Märkte, Höhlen und Handwerksdörfer, Kochkurse sowie geführte Wanderungen, Kajaktrips und Touren mit dem Mountainbike.

Mai Chau Nature Place HOMESTAY $
(www.maichaunatureplace.com; B 5 US$, DZ 20 US$) Das freundliche Naturzentrum im Dorf Lac bietet etwas mehr Niveau als die anderen *homestays* in Mai Chau. Die komfortablen

Privatzimmer sind mit Bambusmöbeln und lokalen Stoffen eingerichtet. Besucher können den Köchen beim Zubereiten der Speisen zusehen und auch gerne mithelfen.

❶ An- & Weiterreise

Von 6 bis 14 Uhr fahren von Hanois My-Dinh-Busbahnhof regelmäßig Direktbusse nach Mai Chau ab (80 000 VND, 3¾ Std.). Alternativ nimmt man einen der Busse nach Son La oder Dien Bien Phu und steigt an der Tong-Dau-Kreuzung aus (80 000 VND, 3½ Std.). Von hier sind es noch 5 km mit dem *xe om* (Motorradtaxi) bis nach Mai Chau (20 000 VND). Auch von Hoa Binh verkehren regelmäßig Busse nach Tong Dau (40 000 VND, 1 Std.).

Theoretisch müssen Ausländer 5000 VND Eintritt für Mai Chau bezahlen, aber der Kassenschalter ist nur selten besetzt.

Son La

022 / 66 500 EW.

Son La kam dank seiner Lage als Durchgangsstation zwischen Hanoi und Dien Bien Phu zu Wohlstand. Es gehört nicht unbedingt zum touristischen Pflichtprogramm, aber die Landschaft ist beeindruckend.

Die Region zählt zu den ethnisch vielfältigsten des Landes. Hier leben mehr als 30 verschiedene Bergvölker, darunter vor allem Schwarze Thai, Meo, Muong und Weiße Thai. Bis zum 20. Jh. war der vietnamesische Einfluss in dieser Gegend minimal; von 1959 bis 1980 gehörte das Gebiet zur Autonomen Region Tay Bac.

◉ Sehenswertes & Aktivitäten

Altes Französisches Gefängnis & Museum MUSEUM

(Eintritt 15 000 VND; ⊙ 7.30–11 & 13.30–17 Uhr) Einst war das Alte Französische Gefängnis Sitz einer französischen Sträflingskolonie für Revolutionäre. Es wurde von amerikanischen Fliegern beschädigt, die sich auf dem Rückflug von ihren Bombenangriffen ihrer Restmunition entledigten. Heute erheben sich wiederaufgebaute Gefechtstürme über den verbliebenen Zellen und einem berühmten Pfirsichbaum, dessen Blüten zum traditionellen Schmuck des Tet-Festes gehören. Gepflanzt wurde der Baum vom Revolutionär To Hieu, der hier in den 1940er-Jahren inhaftiert war.

In der Nähe liegt ein **Büro des Volkskomitees** mit einem kleinen Museum, das Ge-

---

> **ABSTECHER**
>
> ### LECKEREIEN IN MOC CHAU & YEN CHAU
>
> Viele Traveller, die nach Westen fahren, genießen die schöne Landschaft rund um Mai Chau, bevor sie via Dien Bien Phu nach Laos oder Sa Pa weiterreisen. Wer die lokalen Spezialitäten (besonders Süßmäuler kommen auf ihre Kosten) probieren möchte, sollte in einigen Orten an der Nationalstraße 6 einen Zwischenstopp einlegen.
>
> Moc Chau befindet sich rund 200 m westlich von Hanoi und betreibt eine wegweisende Milchindustrie, die Ende der 1970er-Jahre mit Unterstützung Australiens (und später der UN) aufgebaut wurde. Diese versorgt Hanoi mit Produkten wie frischer Milch, gesüßter Kondensmilch und kleinen süßen, kariesfördernden Riegeln namens *banh sua*. Frischmilch und Joghurt bekommt man überall. Darüber hinaus wird in Moc Chau auch der beste Tee Vietnams hergestellt. In der Umgebung leben Völker wie die Grünen Hmong, Dao, Thai und Muong.
>
> 60 km weiter westlich erstreckt sich die landwirtschaftliche Gegend Yen Chau, bekannt für ihr Obst, das hier in Hülle und Fülle gedeiht. Außer Bananen wird alles saisonal geerntet: Mangos, Pflaumen und Pfirsiche reifen von April bis Juni, Longans im Juli/August, Zimtäpfel im August/September.
>
> Die Mangos gelten als die besten des Landes, trotzdem finden einige Traveller sie enttäuschend, weil sie eher klein und grün sind und nicht groß, gelb und saftig wie im tropischen Süden. Viele Vietnamesen bevorzugen jedoch den leicht scharfen Geschmack und das Aroma der grünen Mangos und essen sie gerne mit *nuoc mam* (Fischsoße) sowie Zucker.
>
> Moc Chau und Yen Chau werden von öffentlichen Bussen angesteuert, die an Hanois My-Dinh-Busbahnhof starten und nach Son La oder Dien Bien Phu verkehren. Man steigt auf der Nationalstraße 6 aus und kann dort problemlos einen lokalen Mini- oder klimatisierten Reisebus heranwinken.

genstände der Bergvölker zeigt und eine gute Sicht auf die Gefängnisruinen bietet.

Aussichtsturm
ORIENTIERUNGSPUNKT

Vom Aussichtsturm genießt man einen schwindelerregenden Blick auf Son La und die Umgebung. Ein 20-minütiger Fußweg über die Steinstufen, die links neben dem Trade Union Hotel beginnen, führt hinauf.

Handwerkermärkte
MÄRKTE

Thuan Chau liegt 35 km nordwestlich von Son La und ist mit einem Lokalbus oder *xe om* zu erreichen. Wer frühmorgens vorbeikommt, trifft auf dem kleinen täglichen Markt zahlreiche farbenprächtig gekleidete Bergbewohnerinnen und kann bunte gewebte Schultertaschen und Schals sowie Silberknöpfe, Halsketten, Kleidung und Kunsthandwerk der Bergvölker kaufen.

Schlafen & Essen

Hanoi Hotel
HOTEL $$

(375 3299; www.khachsanhanoi299.com; 228 Đ Truong Chinh; Zi. 50 US$; ❄@🏠) Das prächtige Bauwerk auf der Hauptstraße hat geräumige, moderne Zimmer mit bunter Kunst, Holzmöbeln und gemütlichen Betten. Es gibt eine Bar, ein Restaurant und einen Jacuzzi, und die Massagestühle sind nach einer langen Busfahrt sehr wohltuend. Unbedingt feilschen!

Viet Trinh
HOTEL $

(385 2263; 15 Đ 26/8; Zi. 120 000 VND) Für Langzeitreisende ist dies die beste Budgetoption. Das kleine familiengeführte Hotel verfügt über einfache, aber saubere Zimmer. An den Ständen im nahe gelegenen Park kann man günstig essen und Bier trinken.

Trade Union Hotel
HOTEL $$

(385 2804; Zi. 25–40 US$; ❄🏠) Zwar nagt der Zahn der Zeit an der großen weitläufigen Unterkunft, die von der Regierung betrieben wird, aber das Personal ist freundlich und vermittelt auf Wunsch Verkehrsmittel und Ausflüge. Die geräumigen Zimmer haben Schreibtische, Garderoben, jeweils zwei Betten und Bäder mit Wannen. Im Preis ist ein üppiges Frühstück im seriösen Restaurant inbegriffen, wo man außerdem leckeres kühles Bier bekommt.

Long Phuong Restaurant
VIETNAMESISCH $

(P Thinh Doi; Hauptgerichte 30 000–70 000 VND) Dieses Lokal befindet sich an einer der belebteren Kreuzungen der Stadt und eignet sich wunderbar, um die lokale Küche der Bergvölker zu probieren. Wir empfehlen die saure Suppe aus *mang dang* (Bambussprossen). Sie wird mit Klebreis gegessen, den man in Sesamsalz dippt. Wer danach lokalen *ruou* (Reislikör) trinkt, wird sehr gut schlafen.

Restaurant Com Pho
VIETNAMESISCH $

(8 Đ 26/8; Gerichte 25 000–40 000 VND) In dem einfachen gastfreundlichen Lokal wird kein Englisch gesprochen. Gäste zeigen einfach mit dem Finger auf das Gewünschte.

ℹ️ Praktische Informationen

Agribank (8 Đ Chu Van Thinh) Hat einen Geldautomaten und wechselt Dollars. Die Hauptpost liegt westlich von hier.

ℹ️ An- & Weiterreise

Son La befindet sich 340 km von Hanoi und 140 km von Dien Bien Phu. Der Busbahnhof liegt 5 km südwestlich der Stadt. Verbindungen siehe Kasten S. 149.

Tuan Giao

0230 / 28 000 EW.

Die abgeschiedene Bergstadt erstreckt sich an der Abzweigung der Nationalstraßen 279 nach Dien Bien Phu (3 Std., 80 km) und 6 nach Muong Lay (3 Std., 98 km). Traveller übernachten hier meist nur, wenn sie spät dran sind und es nicht mehr bis Dien Bien Phu schaffen, doch man kann es in dem Ort durchaus aushalten. 200 m östlich der Hauptkreuzung stößt man auf eine Agribank (mit Geldautomat).

Das **Tuan Giao Guest House** (386 2316; Nguyen Trung Dao; Zi. 160 000–200 000 VND; 🏠) verfügt über ruhige Räume, die rund um einen Innenhof liegen. Am besten lässt man sich eines der neuen Zimmer im Haus „B" geben. Im belaubten Patio kann man seine Weiterreise planen: Entweder geht's Richtung Süden nach Dien Bien Phu und Laos oder gen Norden nach Sa Pa und China.

Mit schlichten Zimmern im Stadtzentrum, einem Internetcafé und einem einfachen Lokal wartet das **Hong Ky Hotel & Café** (386 2355; Zi. 220 000 VND; @🏠) auf. Die Angestellten sprechen etwas Englisch.

500 m westlich der Kreuzung, in Richtung Dien Bien Phu, befindet sich das **Hoang Quat Restaurant** (Gerichte 100 000–120 000 VND), ein beliebter Mittagsstopp für kleine Reisegruppen. Das Bier ist kühl und das vietnamesische Essen reichlich und lecker: Es gibt z. B. großartiges Grillhühnchen mit Ingwer und viel Reis.

Der Busbahnhof von Tuan Giao liegt gleich östlich der Kreuzung. Infos zu Busverbindungen siehe S. 149.

Pa-Khoang-See

Dieser schöne See erstreckt sich 17 km östlich von Dien Bien Phu an der Straße aus Son La, 4 km von der Nationalstraße entfernt. Nach 15 km Fahrt um den See oder einer einstündigen Bootstour und 3 km Fußmarsch durch den Wald erreicht man den restaurierten **Bunker des Generals Giap** (Eintritt 5000 VND; 7.30–11.30 & 13.30–16 Uhr), vietnamesischer Kommandant der Schlacht von Dien Bien Phu. Das Netzwerk aus Bunkern, Tunneln, und Wachhäuschen ist spannend für alle, die sich für den legendären Militärstrategen interessieren. Am anderen Seeufer befindet sich ein **Thai-Dorf**. Zum Bunker oder Dorf kann man ein Motorboot (200 000 VND inkl. Rückweg) mieten.

Dien Bien Phu

0230 / 72 700 EW.

Bei Dien Bien Phu (DBP) erlitten am 7. Mai 1954 die Truppen der französischen Kolonialmacht eine vernichtende Niederlage gegen die Vietminh, danach waren die Tage ihrer Herrschaft in Indochina gezählt.

Der Ort liegt im flachen, herzförmigen Muong-Thanh-Tal, das von bewaldeten Bergen umgeben ist. Auf dem Weg dorthin kommt man durch eine überwältigende Landschaft. Die Zugangsstraßen winden sich durch dichten Wald und steiles Gelände, die Stadt selbst befindet sich dagegen in einer weiten, trockenen Ebene. In den Bergen um DBP leben Angehörige der Volksstämme Thai, Hmong und Si La, während sich in der Stadt und im Tal vorwiegend Vietnamesen angesiedelt haben.

DBP erreichte erst 1992 den Status einer Kleinstadt. 2003 wurde es dann zur Großstadt und rückte im folgenden Jahr zur Provinzhauptstadt auf. Breite neue Boulevards und Bürgerhäuser wurden gebaut und vom Flughafen fliegen nun täglich Maschinen nach Hanoi. Seit der nahe gelegene Grenzübergang nach Laos, Tay Trang–Sop Hun, offiziell für Ausländer geöffnet wurde, kommen immer mehr Touristen hierher.

Wichtigste Attraktion, abgesehen vom Grenzübergang, sind die zahlreiche Bunker und Museen, die einem die spannende Stadtgeschichte näherbringen.

Dien Bien Phu

Highlights
- Hügel A1 ... B2
- Bunker von Kommandant de Castries ... A3
- Dien-Bien-Phu-Museum ... B2

Sehenswertes
1. Bunker von Artilleriekommandant Pirot ... B2
2. Dien-Bien-Phu-Friedhof ... B2
3. Französisches Kriegsdenkmal ... A3
4. Muong-Thanh-Brücke ... A2

Schlafen
5. Binh Long Hotel ... B1
6. Viet Hoang Hotel ... A1

Essen
7. Lien Tuoi Restaurant ... B2
8. Pho-Stände ... A1

Ausgehen
9. Bia-hoi-Gärten ... B2

Sehenswertes

Dien-Bien-Phu-Museum MUSEUM
(Đ 7-5; Eintritt 5000 VND; 7–11 & 13.30–17 Uhr) Das gepflegte Museum erinnert an die Schlacht im Jahr 1954 und präsentiert eine

DIE BELAGERUNG VON DIEN BIEN PHU

Anfang 1954 schickte General Henri Navarre, Oberbefehlshaber der französischen Truppen in Indochina, zwölf Bataillone, um das Muong-Thanh-Tal zu besetzen. Er wollte die Vietminh daran hindern, die laotische Grenze zu überqueren und die frühere Hauptstadt von Laos, Luang Prabang, zu bedrohen. Die französischen Einheiten bestanden zu 30 % aus Vietnamesen und waren bald von Vietminh-Truppen umzingelt. Kommandiert wurden deren 33 Infanteriebataillone, sechs Artillerieregimente und eine Division mit Ingenieuren von General Vo Nguyen Giap. Damit waren sie fünfmal stärker als die Franzosen. Mit einer logistischen Meisterleistung hatte die Vietminh schwere 105-Millimeter-Artilleriegeschosse und Fliegerabwehrkanonen durch den Regenwald und über Flüsse getragen. Die Kanonen wurden sehr sorgfältig versteckt, tief am Berg eingegraben und dabei so positioniert, dass man die Stellungen der Franzosen bestens überblicken konnte.

Als das Feuer losging, nahm sich der französische Chefkommandant der Artillerie Pirot das Leben. Er hatte angenommen, die Vietminh könnte unter keinen Umständen schwere Artillerie in die Gegend bringen. Da dies nun doch geschehen war, musste seiner Meinung nach die Schlacht um Dien Bien Phu in einer Niederlage enden. Einem ersten, gescheiterten Truppenangriff auf die Franzosen folgten Wochen intensiven Artilleriebeschusses. Als die Situation sich verschärfte, versuchten die Franzosen sechs Bataillone Fallschirmjäger nach Dien Bien Phu zu bringen, aber schlechtes Wetter und die für französische Luft- und Artillerieangriffe scheinbar unempfindlichen Vietminh-Kämpfer verhinderten, dass Verstärkung und Proviant im belagerten Dien Bien Phu ankamen. Zudem ermöglichte ein hoch entwickeltes System aus Gräben und Tunneln der Vietminh, französische Stellungen zu erreichen, ohne unter Beschuss zu geraten. Nachdem die Franzosen sich gegen den Einsatz konventioneller US-Bomber entschieden hatten, und auch den Vorschlag des Pentagons ablehnten, Atombomben einzusetzen, überrannte die Vietminh Gräben und Bunker. Alle 13 000 Männer der französischen Garnison wurden entweder getötet oder gefangen genommen. Verluste der Vietminh werden auf 25 000 Soldaten geschätzt.

Nur einen Tag bevor in Genf die Indochina-Konferenz beginnen sollte, überwältigten also Vietminh-Truppen nach 57-tägiger Belagerung die französische Garnison in Dien Bien Phu. Dies erschütterte die Moral der Franzosen und zwang ihre Regierung, alle Anstrengungen aufzugeben, ihre koloniale Macht über Vietnam wiederzuerlangen.

---

vielseitige Sammlung. Neben den üblichen Waffen und Gewehren sieht man eine Badewanne, die dem französischen Leutnant de Castries gehörte, ein Fahrrad, mit dem ganze 330 kg Munition transportiert werden konnten, sowie zahlreiche Fotografien und Dokumente (einige davon wurden ins Englische übersetzt).

Bunker von Kommandant de Castries
KRIEGSDENKMAL
(Eintritt 3000 VND; ☉7–11 & 13.30–17 Uhr) Am anderen Flussufer wurde das Bunkerhauptquartier des französischen Kommandanten Leutnant Christian de Castries rekonstruiert. In der Nähe stehen ein paar alte Panzer und vielleicht entdeckt man auch einige Touristen, die auf dem Bunker sitzen und mit der vietnamesischen Flagge wedeln: Sie stellen eine Fotografie nach, die am Ende der Schlacht aufgenommen wurde.

Hügel A1 KRIEGSDENKMAL
(Eintritt 5000 VND; ☉7–11 & 13.30–17 Uhr) Auf dem von Franzosen Eliane und Vietnamesen als A1 Hill bezeichneten Hügel sieht man weitere Panzer und eine Gedenkstätte für die Opfer der Vietminh. Hier wurde erbittert gekämpft. Die Schützengräben im Herzen der französischen Verteidigung sind Rekonstruktionen.

Friedhöfe KRIEGSDENKMAL
1984 wurde zum 30. Jahrestag der Schlacht ein Denkmal für etwa 3000 Soldaten der französischen Truppen errichtet, die unter den Reisfeldern begraben liegen. Am anderen Ufer des Flusses Ron erinnert der stilvolle, gepflegte **Friedhof von Dien Bien Phu** an die Toten auf vietnamesischer Seite. Jeden Grabstein schmücken der goldene Stern der vietnamesischen Flagge und ein Bündel Weihrauchstäbe.

Muong-Thanh-Brücke BRÜCKE
Die gut erhaltene alte Muong-Thanh-Brücke ist für vierrädrige Fahrzeuge gesperrt. In der Nähe des südlichen Brückenkopfs befindet sich der **Bunker**, in dem Artilleriekommandant Pirot Selbstmord beging.

Schlafen

Muong Thanh Hotel HOTEL $$
(381 0043; www.muongthanhthanhnien.com; Ð Muong Thanh; Zi. 45–75 US$; ✱☎@☒) Willkommen in einem der komfortabelsten Hotels des Nordwestens. Dank einer kürzlich erfolgten Renovierung verfügt das Haus nun über moderne Zimmer mit Satelliten-TV, eleganten Möbeln und Marmorbädern. Weitere Attraktionen sind der holzverkleidete Pub und ein Swimmingpool, der von einem eher friedlich wirkenden Betondrachen bewacht wird. Ein wunderbar luxuriöser Vietnamstart für Traveller, die in Laos besonders sparsam waren.

Him Lam Hotel RESORTHOTEL $$
(381 1999; www.himlamhotel.com.vn; Nationalstraße 279; Zi. 30–45 US$; ✱@☒) Das Hotel im Resortstil mit Holzbungalows und modernen Zimmern ist eine der besten staatlichen Unterkünfte. Auf der weitläufigen Anlage befinden sich Tennisplätze, Pools sowie eine Bar und ein Restaurant. Das Him Lam ist nicht ganz günstig, aber es lohnt sich, ein paar Nächte in einem der privaten Stelzenhäuser am See zu verbringen. An den Wochenenden wird die Idylle allerdings manchmal von einer lokalen Hochzeitsfeier unterbrochen.

Viet Hoang Hotel PENSION $
(373 5046; 67 Ð Tran Dang Ninh; EZ/DZ 100 000/120 000 VND; ✱@☎) Eine neue, freundliche Bleibe gleich gegenüber dem Busbahnhof – ideal, wenn man frühmorgens zur Grenze aufbrechen möchte. Die Zimmer sind klein, aber sauber und sehr bunt. Besitzer Duc und seine Familie empfangen einen mit offenen Armen und servieren kostenlosen Tee.

Binh Long Hotel PENSION $
(382 4345; 429 Ð Muong Thanh; DZ & 2BZ 10 US$; ✱☎) Diese ebenso nette Familienpension liegt an einer lebhaften Kreuzung mitten im Geschehen. Die Zweibettzimmer sind nicht besonders groß, aber sauber und ordentlich, und die Inhaber wissen alles über Fahrtmöglichkeiten nach Sa Pa und Laos. Frühstück kostet 2 US$ extra.

Essen & Ausgehen
Abends hat man wenig Auswahl, doch das Muong Thanh Hotel betreibt ein gutes Restaurant. Alternativ kann man im Him Lam Hotel einkehren. Ein Taxi vom Stadtzentrum dorthin kostet etwa 60 000 VND pro Strecke; ein *xe om* schlägt mit 30 000 VND zu Buche.

Für einen Snack eignen sich die preiswerten *pho*-Stände und die einfachen Restaurants gegenüber dem Busbahnhof; einige servieren köstlichen frischen Zuckerrohrsaft.

In den *bia-hoi*-Gärten an der Ð Hoang Van Thai werden regionale Biere serviert.

Lien Tuoi Restaurant VIETNAMESISCH $
(Ð Hoang Van Thai; Hauptgerichte 60 000–90 000 VND) Das seit Langem beliebte Restaurant ist für seine sättigenden vietnamesi-

---

> **GRENZÜBERGANG: TAY TRANG–SOP HUN**
>
> Die laotische Grenze liegt 34 km von Dien Bien Phu entfernt bei Tay Trang und ist täglich zwischen 7 und 17 Uhr geöffnet. Um hier nach Vietnam einzureisen, muss man im Voraus ein Visum beantragen, doch für die Einreise nach Laos bekommen Staatsangehörige zahlreicher Länder bei Ankunft an der Grenze ein Visum (mit einem Stempel für einen Monat). Banken gibt's auf beiden Seiten der Grenze nicht. Man sollte US-Dollars dabeihaben, um das Visum für Laos bezahlen zu können.
>
> Busse aus DBP starten täglich um 5.30 Uhr (88 000 VND). Tickets sollte man schon einen Tag vor der Ausreise besorgen. Der Bus überquert die Grenze und endet im laotischen Muang Khua. Meist dauert die Fahrt zwischen sieben und acht Stunden, je nach Straßenzustand und Formalitäten an der Grenze auch länger.
>
> In DBP kann man ein *xe om* (Motorradtaxi) für 200 000 VND zur Grenze mieten. Um Anschluss nach Muang May zu bekommen, muss man dann aber wahrscheinlich 5 km bis zum nächsten Dorf in Laos laufen. Muang May hat zwei einfache Pensionen und gute Verkehrsverbindungen nach Muang Khua. Für diese Variante braucht man Bargeld (US-Dollars oder laotische Kip), deshalb nimmt man am besten den Morgenbus von DBP.

schen und chinesischen Gerichte bekannt. Teilweise dauert es etwas, bis man die fantasievoll auf Englisch und Französisch übersetzten Speisekarten versteht.

❶ Praktische Informationen

In der Đ Hoang Van Thai gibt's mehrere Internetcafés.

Agribank (Đ 7-5) Hat einen Geldautomaten und wechselt US-Dollars.

Hauptpost (Đ 7-5)

❶ An- & Weiterreise

AUTO & MOTORRAD Die 480 km lange Fahrt von Hanoi nach Dien Bien Phu über die Nationalstraßen 6 und 279 dauert 11 Stunden.

BUS Der Busbahnhof liegt an der Nationalstraße 12, Ecke Đ Tran Dang Ninh. Siehe S. 149 für Details zu Verbindungen nach Hanoi und zu anderen Zielen.

FLUGZEUG Vietnam Airlines (☎ 382 4948; www.vietnamairlines.com; Nguyen Huu Tho; ⊙ 7.30–11.30 & 13.30–16.30 Uhr) verkehrt täglich zwischen Dien Bien Phu und Hanoi. Das Büro des Unternehmens befindet sich 1,5 km vom Stadtzentrum entfernt an der Straße nach Muong Lay gleich vor dem Flughafen.

Muong Lay
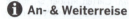

Die kleine Stadt Muong Lay (früher Lai Chau) liegt zwischen Dien Bien Phu und Sa Pa und hat sich in den letzten Jahren stark gewandelt. Bei unserem letzten Besuch war Muong Lay ein Meer hoher Gebäude am Ufer eines künstlichen Sees.

Das ehemalige Lai Chau erstreckte sich eingepfercht im spektakulären Da-Flusstal, wurde aber geflutet, um den Song-Da-Staudamm zu schaffen, der Teil eines riesigen Wasserkraftprojektes ist. Die Siedlung hat man weiter flussaufwärts verlegt. Inzwischen führt eine große neue Brücke über den neuen See. Hoch über dem Wasser haben ein paar Hotels geöffnet, aber während unserer Recherchen war der Zugang für Jeeps untersagt. Der See soll ein Touristenzentrum mit Bootsausflügen und Wassersport werden.

🛏 Schlafen & Essen

Lan Anh Hotel HOTEL $$
(☎ 385 2682; www.lananhhotel.com; Zi. 15–50 US$; ❄@) Das Hotel ist auf einen Hügel mit Seeblick umgezogen und bietet dort alle möglichen Unterkünfte, angefangen von rustikalen Stelzenhäusern bis zu VIP-Suiten mit marmornen Luxusbädern. Als sozialer Treffpunkt dient die Außenterrasse mit Biergarten. Vor Ort werden Trekkingtouren zu Bergdörfern veranstaltet, außerdem soll es bald auch Bootsausflüge geben. Auf Wunsch werden Gäste vom Busbahnhof in Muong Lay abgeholt.

❶ An- & Weiterreise

Bei unserem Besuch hatte Muong Lay nur einen provisorischen Busbahnhof (Verbindungen s. S. 149). Er lag an der Nationalstraße 12, an der bis heute intensiv gebaut wird. Wer ein Zimmer im Lan Anh Hotel bekommt, kann durchaus eine (etwas surreale) Nacht in Muong Lay verbringen, aber angesichts der vielen Bauarbeiten ist ein Direktbus von Dien Bien Phu nach Lai Chau die beste Option.

Lai Chau
☎ 0231 / 37 000 EW.

Nachdem, man gerade eine der entlegensten Gegenden des Landes durchquert hat, wirken die achtspurigen Boulevards und monumentalen Regierungsgebäude von Lai Chau auf den ersten Blick wie ein vietnamesisches Eldorado.

Früher wurde die Stadt Tam Duong genannt, doch seitdem die Entscheidung fiel, das „alte" Lai Chau – also das heutige bescheidene Muong Lay – zu fluten, heißt sie Lai Chau. Sie besteht aus der Altstadt mit einem Markt voller Stammesangehöriger aus nahen Bergdörfern und der Neustadt, die sich 3 km Richtung Südosten erstreckt.

Trotz der grandiosen Straßen und des neuen Status als Provinzhauptstadt ist Lai Chau nach wie vor ein echtes Kaff. Glücklicherweise hat die Landschaft mit ihren grünen kegelförmigen Gipfeln nichts von ihrem Zauber verloren.

Viele Besucher halten hier für eine Mittagspause zwischen Dien Bien Phu, Muong Lay und Sa Pa an. Die reizvolle Fahrt von Lai Chau nach Sa Pa über die Nationalstraße 4D führt über die Gebirgskette Fan Si Pan.

🛏 Schlafen & Essen

Phuong Tanh HOTEL $$
(☎ 387 5235; Main Sapa Rd; 23 US$; ❄🛜) Die Besitzer des Phuong Tanh betreiben auch ein nahe gelegenes Restaurant (Hauptgerichte 100 000–150 000 VND) und warten mit sauberen, gut beleuchteten Zimmern samt großen Bädern auf, die für den düsteren Rezeptionsbereich entschädigen. Im 2. Stock liegt das Café Phan Xi Pan, eine helle Oase mit

> **ABSTECHER**

SINHO

Sinho ist ein malerisches Bergdorf, in dem zahlreiche ethnische Minderheiten leben. Eigentlich sollte es viele Touristen anziehen, doch wenn man es besucht, sehen die Einwohner einen mit dem typischen „Die sind nicht von hier"-Blick an.

Dank des verbesserten Straßenzugangs, des neuen Hotels und des authentischen lokalen Markts lohnt sich ein Abstecher hierher aber trotzdem. Letzterer unterscheidet sich stark von den Märkten in Sa Pa und Bac Ha, die mittlerweile von Pauschaltouristen überlaufen werden, und findet samstags sowie sonntags statt. Der farbenprächtige Sonntagsmarkt ist am schönsten, allerdings darf man kein hippes Kunsthandwerk, sondern eher Rinder- und Schweinegebrüll erwarten.

Die beste (und einzige!) Unterkunft der Stadt, die Ausländer aufnimmt, ist das einladende **Thanh Binh Hotel** (0231-387 0366; Zone 5, Sinho; Zi. 25–27 US$; @). Es handelt sich um ein überraschend komfortables Haus mit 17 makellosen Zimmern samt Ausblick auf die Berge und Reisefelder. Das Frühstück ist im Preis inbegriffen und das Mittag- bzw. Abendessen (100 000 VND) wird in gemütlichen Bambuspavillons serviert. Darüber hinaus bieten die Besitzer Trekkingtouren von 3 bis 10 km Länge zu den nahe gelegenen Dörfern der Weißen Hmong und Roten Dao an.

Es gibt keine Geldautomaten und Banken in Sinho, aber das Thanh-Binh-Hotel verfügt über Internetzugang.

In Dien Bien Phu fährt täglich um 4.30 Uhr ein Bus nach Sinho ab (150 000 VND, 6 Std.), der gegen 7 Uhr Muong Lay passiert. Die Zeiten können variieren, deshalb sollte man sich am Tag vor der Abreise am Busbahnhof von Dien Bien Phu noch einmal genau informieren. Von Sinho trudelt täglich gegen 13.15 Uhr ein Bus nach Lai Chau (40 000 VND, 2 Std.) ein. Für Traveller, die Dien Bien Phu, Muong Lay und Lai Chau besuchen, ist der Abstecher nach Sinho eine lohnenswerte Alternative. Von Lai Chau verkehrt täglich um 6.30 und 13.30 Uhr ein Bus nach Sinho (35 000 VND, 2 Std.).

Die Fahrt mit öffentlichen Verkehrsmitteln dauert zwar lang, ist jedoch mit etwas Geduld und einer flexiblen Einstellung gut zu bewältigen. Für Autofahrer: Die Abzweigung in die Berge nach Sinho liegt 1 km nördlich von Chan Nua an der Hauptstraße von Muong Lay nach Lai Chau.

WLAN, kühlem Bier und leckeren Reis- sowie Nudelgerichten.

Tay Bac Hotel PENSION $
(387 5879; 143 Trung Hang Dao; Zi. 120 000–240 000 VND; ❄🛜) Eine Unterkunft mit Charakter. Einige Zimmer der drei Gebäude befinden sich in einem schönen Holzhaus mit Balkonen im Thai-Stil, andere verströmen dagegen eine eher nüchterne Atmosphäre.

Tuan Anh Restaurant VIETNAMESISCH $
(Gerichte 20 000–40 000 VND) Hier kann man ganz gut zu Mittag essen. Alternativ bekommt man an den vielen Ständen in der Nähe *com pho*.

ℹ Praktische Informationen

An der Hauptstraße der Altstadt befinden sich eine Agribank und Geldautomaten.

ℹ An- & Weiterreise

Der Busbahnhof liegt 1 km außerhalb der Stadt an der Straße nach Sa Pa. Wer diesen Ort besuchen möchte, steigt in Lao Cai in einen der regelmäßigen Minibusse um (Details s. S. 149).

Sa Pa

020 / 36 200 EW. / 1650 M

1922 von Franzosen als Bergstation gegründet, ist Sa Pa heute *der* boomende Touristenort im Nordwesten. Er steht auf dem Reiseplan der meisten Pauschaltouristen, deshalb begegnet man hier überall Leuten mit Wanderstäben und Allwetterkleidung.

Die Stadt liegt in einer geradezu verschwenderisch schönen Landschaft und strebt danach, die spektakuläre Sicht an klaren Tagen so effektiv wie möglich zu vermarkten. Unterhalb des steilen Hangs, auf dem der Ort thront, erstrecken sich Reisterrassen kaskadenartig bis hinunter ins Tal. An allen Seiten türmen sich Berge auf. Sa Pa hüllt sich oft in dichten Nebel, der über die Gipfel wallt, ist aber selbst dann faszinierend, besonders wenn die lokalen Bergvölker das Bild mit Farbe beleben.

EINE BESSERE ZUKUNFT FÜR DIE HMONG

Traditionell arbeiten die Hmong bei vietnamesisch geführten Trekkingagenturen, Restaurants und Unterkünften, aber die neue Generation versucht, eine unabhängigere und bessere Zukunft für ihr Volk zu schaffen. Das zeigen die folgenden Beispiele:

In der Hmong-Sprache bedeutet **Sapa O'Chau** (0915 351 479; www.sapaochau.com) „Danke, Sa Pa". Diese wunderbare Organisation wird von Shu Tan, einem echten Energiebündel, geleitet. Sie ist Mitte Zwanzig und hat eine bewegte Vergangenheit. Als Kind stand sie auf der Straße und verkaufte Kunsthandwerk an Touristen, heute konzentriert sie sich dagegen darauf, Hmong-Kindern eine Ausbildung und neue Perspektiven zu verschaffen.

Es ist nicht unüblich, dass die Kleinen von der Schule ferngehalten werden, um Kunsthandwerk zu verkaufen oder als Wanderführer zu arbeiten, wobei sie oftmals bis zu 10 km täglich von ihren Dörfern nach Sa Pa laufen. Das Sapa O'Chau Learning Centre ist eine Internatsschule, in der bis zu 20 Hmong-Kinder Englisch und Vietnamesisch büffeln, um sich auf eine bessere Zukunft vorzubereiten.

Sapa O'Chau nimmt gern Traveller auf, die als freiwillige Englischlehrer arbeiten wollen. Die Organisation veranstaltet außerdem hervorragende Tageswanderungen, Trekkingtouren mit *homestays* (Privatunterkünfte bei Familien) und anspruchsvolle Kletterausflüge zum Fan Si Pan. Nähere Infos gibt's auf der Website; dort kann man auch ein Formular herunterladen, um sich als Volontär zu bewerben.

Sapa Sisters (www.sapasisters.webs.com) ist ein Trekkinganbieter, der von vier geschäftstüchtigen Hmong-Mädchen geführt wird und hervorragende Bewertungen von Reisenden erhält. Per Mail kann man sich für Tageswanderungen, Gastfamilienaufenthalte in Stammesdörfern und Klettertouren zum Fan Si Pan anmelden. Die Mädchen sprechen sehr gut Englisch sowie ein wenig Französisch, Spanisch und Japanisch.

Während der Kriege mit den Franzosen, Amerikanern und Chinesen verfielen die französischen Kolonialvillen der Stadt, doch durch den Tourismusaufschwung hat Sa Pa eine Renaissance erlebt. In der Innenstadt schießen Hotels aus dem Boden, aber da kaum Höhenbeschränkungen festgeschrieben werden, wuchert die Skyline auf eine unschöne Weise.

Mit dem zunehmenden Wohlstand geht ein starker kultureller Wandel für die Bergvölker einher. Die Hmong sind pfiffige Händler, die stets versuchen, ihre handwerklichen Erzeugnisse und billigen Schmuck zu verkaufen. Viele Stammesangehörige haben wenig Schulbildung und sind Analphabeten, trotzdem sprechen zahlreiche junge Leute gut Englisch oder Französisch, manche auch weitere Sprachen.

◉ Sehenswertes & Aktivitäten

Markt — MARKT

An vielen Tagen strömen die Bewohner aus den umliegenden Bergdörfern zum Markt von Sa Pa, um Kunsthandwerk und Kleidung zu verkaufen. Samstags ist am meisten los, denn dann kommen Pauschaltouristen aus Hanoi hierher, die den abendlichen „Liebesmarkt" besuchen möchten. Zu diesem Anlass machen sich die Teenager der Bergvölker in die Stadt auf, um einen Partner zu finden. Der Markt ist immer noch sehr heimelig, wurde in den letzten Jahren aber immer kommerzieller. Heute sind dort mehr Touristen als liebeskranke Teenager unterwegs, zudem treiben sich in der Gegend ein paar Prostituierte herum.

Chieu Suong — MASSAGE

(16 P Thach Son; Massagen ab 150 000 VND) Wenn nach einer ausgiebigen Gebirgswanderung alle Gelenke schmerzen, locken an diesem schlichten Ort wunderbare Fuß- und Körpermassagen.

Victoria Spa — SPA

(387 1522; www.victoriahotels-asia.com; Victoria Sapa Resort & Spa) Ein hochmodernes Spa mit wunderbar gestalteten Räumen für Massage und Anwendungen.

Dörfer — WANDERN

Für Übernachtungen in Dörfern und längere Bergwanderungen ist es auf jeden Fall ratsam, jemanden zu engagieren, der die Gegend und Kultur kennt. Auf S. 503 kann man sich vor dem Besuch über Verhaltensregeln bei den Bergstämmen informieren. Am besten bucht man einen Guide bei den Bergvölkern, die damit ihren Lebensunterhalt verdienen (siehe Kasten oben).

Um seine Wunschroute festzulegen, sollte man freiberufliche Führer (die einen wahrscheinlich auf der Straße ansprechen) und Reisebüros um Rat fragen und eine ordentliche Karte besorgen. Sowohl die Dörfer als auch die umliegende Landschaft gehören inzwischen zum Hoang-Lien-Nationalpark.

Die nächste von Sa Pa aus zu Fuß erreichbare Siedlung ist das 3 km entfernte **Cat Cat** (Eintritt 25 000 VND). Zwar ist die Strecke dorthin steil, aber wunderschön, außerdem kann man sich von einem der bereitstehenden *xe om* zurück ins Hotel bringen lassen.

Eine weitere beliebte Wanderung führt ins **Ta-Phin-Dorf** (Eintritt 40 000 VND). Es befindet sich 10 km von Sa Pa und ist die Heimat der Roten Dao. Die meisten Traveller nehmen ein *xe om* zum Startpunkt 8 km außerhalb von Sa Pa und folgen dann dem 14 km langen Rundweg durch Siedlungen der Schwarzen Hmong und Roten Dao.

Spektakuläre Blicke ins Tal (wenn die Götter des Nebels und der Wolken es erlauben) genießt man auf einer schönen Kammwanderung östlich von Sa Pa. Diese führt durch **Sa Seng und Hang Da**, Siedlungen der Schwarzen Hmong, hinab zum Ta-Van-Fluss. Mit öffentlichen Verkehrsmitteln geht's wieder zurück in die Stadt.

Traveller können sich auch einer Gemeinschaftstour (mit Übernachtung) zum nahe gelegenen Hmong-Dorf **Sin Chai** anschließen, wo man Handarbeiten und Musikinstrumente bestaunen sowie einheimische Tänze lernen kann. Das Giay-Dorf **Ta Van** und das Schwarze-Hmong-Dorf **Matra** sind weitere gern besuchte Gemeinden (Eintritt je ca. 40 000 VND).

Fan Si Pan KLETTERN

Sa Pa ist vom Hoang-Lien-Gebirge umgeben, das von den Franzosen als Tonkinesische Alpen bezeichnet wird. Zu ihm gehört auch der oft nebelverhangene Fan Si Pan (3143 m), Vietnams höchster Berg. Mit guter Kondition und adäquater Ausrüstung kann man den Gipfel das ganze Jahr über erreichen, allerdings sollte man die Strecke nicht unterschätzen. Vor Ort ist es feucht, manchmal gefährlich glatt und sehr kalt. Wenn das Wetter in Fan Si Pan seine Kapriolen treibt, versucht man den Aufstieg am besten erst gar nicht, denn begrenzte Sicht kann auf dem Fan Si Pan lebensgefährlich sein.

Der Berg liegt 19 km von Sa Pa und kann nur zu Fuß bewältigt werden. Das Gelände ist rau und widrige Wetterverhältnisse keine Seltenheit. Für den Auf- und den Abstieg benötigt man drei Tage, sehr fitte und erfahrene Wanderer brauchen vielleicht nur zwei. Ab dem zweiten Tag sieht man keine Dörfer mehr, nur noch Wald, tolle Gebirgslandschaften und möglicherweise wilde Tiere wie Affen, Bergziegen sowie Vögel.

Seile oder technische Kletterfertigkeiten sind nicht erforderlich, dafür aber Ausdauer. Unterwegs gibt's zwar einige wenige Berghütten und Camps, trotzdem sollte man alles selbst mitbringen: Schlafsack, wetterfestes Zelt, Proviant, Spirituskocher, Regenkleidung, Kompass und sämtliche Dinge, die man sonst noch so als Selbstversorger braucht. Seinen Müll muss man wieder mitnehmen, denn einige Camps sind schon recht verschmutzt. Es empfiehlt sich unbedingt, einen erfahrenen Führer zu nehmen, eventuell auch Träger für die Ausrüstung.

Wer eine organisierte Bergtour bei einem örtlichen Veranstalter bucht, bezahlt zu zweit rund 130 US$ pro Person, 100 US$ pro Person in einer Vierergruppe und 80 US$ pro Nase bei sechs Personen (die größtmögliche Gruppe).

Wetterbedingt ist Mitte Oktober bis Mitte Dezember die beste Zeit für den Aufstieg und dann wieder im März, wenn die ersten Wildblumen blühen.

Tram-Ton-Pass RADFAHREN

Die Straße zwischen Sa Pa und Lai Chau überquert den Tram-Ton-Pass an der Nordseite des Fan Si Pan, 15 km von Sa Pa. Mit seinen 1900 m ist er der höchste Bergpass in Vietnam, außerdem bildet er eine Wetterscheide. Selbst wenn man den Nordwesten nicht ausführlicher bereisen möchte, lohnt es sich hochzufahren und den grimmigen Wind sowie den unvorstellbaren Ausblick zu erleben. Wirklich spektakulär ist die Abfahrt mit dem Mountainbike – Infos dazu gibt's in Sa Pas Reisebüros.

An der Bergseite von Sa Pa herrscht oft kaltes und nebliges Wetter. Nur einige hundert Meter unterhalb des Passes auf der Seite von Lai Chau ist es meist sonnig und warm. Sa Pa gilt als kältester Ort Vietnams, Lai Chau als einer der wärmsten.

An der Straße 12 km vor Sa Pa stürzt der **Thac Bac** (Silberner Wasserfall) 100 m in die Tiefe. Der **Rundweg** (Eintritt 3000 VND) um die Kaskade ist steil, aber malerisch.

Kurse

Sapa Rooms KOCHEN

(650 5228; www.saparooms.com; Đ Phan Si; 30 US$ pro Pers.) In dem Café kann man sich

über Kochkurse im Hmong Mountain Retreat informieren. Teilnehmer starten um 10 Uhr mit einem Besuch auf Sa Pas Markt, der nur 10 m vom Café entfernt stattfindet.

🛌 Schlafen

Sa Pa Hotels reichen von Budgetunterkünften über Boutique-Hotels bis zu einem Luxusresort. Viele der hier genannten Häuser bieten Zimmer mit Ausblick, aber da der Bauboom anhält, kann sich das über Nacht geändert haben, deshalb sollte man bei der Buchung noch einmal nachfragen.

Das große Angebot hält Preise konkurrenzfähig. An lebhaften Wochenenden – z. B. wenn der Liebesmarkt stattfindet – können sie sich allerdings verdoppeln. Einige Mittelklassehotels verfügen auch über exzellente Budgetzimmer.

Vorsicht ist angesagt bei Hotels, die zum Heizen noch altmodische Kohleöfen verwenden. Wird das Zimmer nicht gut entlüftet, kann der Rauch Atemprobleme verursachen. Inzwischen haben die meisten Häuser jedoch elektrische Heizöfen oder Kamine.

Hmong Mountain Retreat

ÖKOLODGE $$

(☎650 5228; www.hmongmountainretreat.com; 6 Ban Ho Rd, Lao Cai; 55 US$ pro Pers.; ⊙März–Dez.) Hier wohnt man in schlichten Bungalows, aber die eigentliche Attraktion ist es, über einem Meer grüner Reisterrassen einige Kilometer außerhalb von Sa Pa zu nächtigen. Im Preis sind alle Mahlzeiten inbegriffen. Gespeist wird im Restaurant der Lodge in einem 80 Jahre alten Stammeshaus. Bis zu 95 % der Zutaten stammen von den umliegenden Feldern. Das herrliche Grundstück ist gesprenkelt mit Kunstwerken des Besitzers. Vor Ort finden auch die Kochkurse des Cafés Sapa Rooms statt.

Boutique Sapa Hotel
BOUTIQUE-HOTEL $$

(☎387 2727; www.boutiquesapahotel.com; 41 Đ Phan Si; EZ/DZ ab 40/55 US$; @🛜) Ein Hotel mit klassischen Möbeln, Flachbildfernsehern und einem tollen Ausblick vom Terrassencafé. Im Speisesaal unten gibt's leckere Pizza (5–8 US$) und wärmende Eintöpfe. Wer etwas mehr zahlt, bekommt ein Zimmer mit Blick aufs Tal. Darüber hinaus kann man sich massieren lassen und an Kochkursen teilnehmen.

Luong Thuy Family Guesthouse
PENSION $

(☎387 2310; www.familysapa.com; 028 Đ Muong Hoa; EZ & DZ 10–15 US$; @🛜) Nur einen kurzen Spaziergang von Sa Pas Innenstadt entfernt wartet die familiengeführte Pension mit einfachen, makellosen Zimmern auf. Die Besitzer verleihen Motorräder oder Fahrräder und arrangieren Trekkingtouren sowie Beförderungsmöglichkeiten. Der Blick von den Balkonen auf das nebelverhangene Tal ist überwältigend.

Cat Cat View Hotel
HOTEL $$

(☎387 1946; www.catcathotel.com; 1 Đ Phan Si; EZ/DZ ab 25/30 US$; @🛜) Das exzellente Hotel hat 40 Zimmer auf neun Etagen, viele mit großartiger Aussicht. Hier findet sich etwas für jeden Geldbeutel: heimelige Räume mit Pinienverkleidung und sogar ein geräumiges Apartment mit zwei Betten (180 US$). Am besten sind tatsächlich die preiswertesten Zimmer: Schnäppchenjäger sollten sich in den Flügeln auf der anderen Straßenseite umsehen, denn dort gibt's hochwertige Quartiere zwischen 10 und 15 US$.

Sa Pa

◎ Highlights
- Markt.. A3

◎ Aktivitäten, Kurse & Touren
1. Chieu Suong B1
   Sapa Rooms .... (siehe 22)
2. Victoria Spa A1

◎ Schlafen
3. Boutique Sapa Hotel A3
4. Casablanca Sapa Hotel B3
5. Cat Cat View Hotel A3
6. Cha Pa Garden B3
7. Fansipan View Hotel A2
8. Luong Thuy Family Guesthouse ... B4
9. Pinocchio Hotel B4
10. Sapa Hostel A3
11. Sapa Luxury Hotel A3
    Sapa Rooms .... (siehe 22)
12. Thai Binh Hotel B2
13. Victoria Sapa Resort & Spa A1

◎ Essen
14. Baguette & Chocolat A2

15. Bombay B3
16. Delta Restaurant B3
17. Gecko B2
18. Gerbera Restaurant B3
19. Nature Bar & Grill A3
20. Nature View A3
21. Red Dao House A2
22. Sapa Rooms A3
23. Viet Emotion B3

◎ Ausgehen
24. Mountain Bar & Pub B3
25. Red Dragon Pub B4

◎ Praktisches
26. Duc Minh A2
27. Handspan Travel B4
28. Sapa Pathfinder Travel A2
29. Topas Travel B4

◎ Transport
30. Busbahnhof B1
31. Minibusse nach Lao Cai B2
32. Ticketschalter der Eisenbahn B1

Sapa Rooms
BOUTIQUE-HOTEL $$

(☏ 650 5228; www.saparooms.com; Ð Phan Si; Zi. 57–72 US$; @⚡) Diese Unterkunft bezeichnet sich selbst als Boutique-Hotel, ist höchst skurril eingerichtet und hat ein tolles Café. Etwas nüchterner präsentieren sich die Zimmer, weisen aber hübsche Details wie frische Blumen auf. Im Preis ist ein gutes Frühstück inbegriffen. Der australische Besitzer ist hilfsbereit und freundlich.

Victoria Sapa Resort & Spa
RESORTHOTEL $$$

(☏ 387 1522; www.victoriahotels-asia.com; Zi. ab 175 US$; ❄@⚡≋) Ein gepflegtes Berghotel im alpinen Stil mit schöner Rasenfläche. Die Zimmer sind nicht groß, aber mit handgeschnitzten Möbeln und Privatbalkonen ausgestattet. Es gibt zwei Bars, einen beheizten Swimmingpool und ein Fitnesszentrum. Wer will, kann von Hanoi aus mit dem hauseigenen Luxuszug *Victoria Express* anreisen.

Topas Eco Lodge
ÖKOLODGE $$$

(☏ 387 2404; www.topasecolodge.com; Zi. 99–129 US$; @) Die hochwertige Ökolodge schmiegt sich an einen Hang über einem tiefen Tal und besteht aus 25 hübschen strohgedeckten Steinbungalows, alle mit Balkonen. Das gesamte Projekt wurde so nachhaltig und umweltschonend wie möglich konzipiert. Strom wird aus Sonnenenergie gewonnen. Alle Angestellten und Guides (für örtliche Trekking- und Mountainbiketouren) sind Angehörige der Bergvölker. Die Lodge liegt in der Nähe des Dorfs Tan Kim, 18 km von Sa Pa entfernt in einer milderen Höhenlage. Leider verdirbt die neue Wasserkraftanlage den Ausblick einiger Bungalows, deshalb sollte man die Unterkünfte ab der Nummer 300 vermeiden.

Pinocchio Hotel
PENSION $

(☏ 387 1876; www.pinocchiohotel.com; 15 Ð Muong Hoa; Zi. 15–20 US$; @⚡) Lebhafte junge, überaus freundliche Angestellte machen dieses Gästehaus zu einer guten Wahl. Die einfachen, aber attraktiven Zimmer erstrecken sich am Hang. Von den Balkonen der oberen Räume bietet sich ein umwerfender Blick ins Tal. Getoppt wird das alles aber von dem herrlichen Dachrestaurant.

Baguette & Chocolat
PENSION $

(☏ 387 1766; www.hoasuaschool.com; Ð Thac Bac; Zi. 22 US$; ⚡) Das charmante, stilvolle Haus wird von Hoa Sua betrieben, einer Gruppe, die benachteiligten Jugendlichen hilft. Es gibt nur vier Zimmer, deshalb sollte man unbedingt im Voraus buchen. Die Pension liegt über einem erstklassigen französischen Café. Im Preis ist ein gutes Frühstück enthalten.

Sapa Hostel
PENSION $

(387 3073; www.sapahostel.com; 9 & 33 Đ Phan Si; B/EZ/DZ/3BZ 5/12/15/18 US$; @🛜) Nur wenige Schritte von der Đ Phan Si entfernt lockt das Sapa Hostel mit geräumigen Zimmern und einer entspannten Traveller-Atmosphäre. Die Einrichtung ist erstaunlich schick, zudem sind es nur ein paar Schritte bis zu den besten Restaurants der Stadt. Für die Zimmer im Sapa Hostel 2 (33 Đ Phan Si) muss man weniger zahlen, allerdings kommen sie weniger modern daher.

Cha Pa Garden
BOUTIQUE-HOTEL $$

(387 2907; www.chapagarden.com; 23B P Cau May; Zi. 65–85 US$; ✳@🛜) In der liebevoll restaurierten Villa aus der Kolonialzeit im Herzen von Sa Pa gibt's nur vier Zimmer, die modern eingerichtet sind, eine klare Linie aufweisen und über hippe Bäder verfügen. Mittlerweile ist das Hotel etwas abgenutzt, aber wir hoffen, dass die neuen Besitzer den Standard wieder verbessern.

Thai Binh Hotel
HOTEL $

(387 1449; 45 Đ Ham Rong; Zi. 22–25 US$) Dieses Haus in einer ruhigen Lage unweit der Kirche und dem Hauptplatz wird von einem Lehrerehepaar geführt. Alle Zimmer sind mit schicken Pinienmöbeln und gemütlichen Bettdecken ausgestattet. Das Frühstück ist im Preis inbegriffen, zudem haben die Inhaber eine Menge Tipps zu den Reisemöglichkeiten nach China.

Sapa Luxury Hotel
HOTEL $$

(387 2771; www.sapaluxuryhotel.com; 36 Đ Phan Si; EZ/DZ/3BZ ab 30/30/45 US$; @🛜) Eine neu eröffnete Bleibe auf der Đ Phan Si mit großen Zimmern, Holzfußböden und hippem asiatischem Dekor aus dem Möbelmarkt. Das Hotel bietet ein gutes Preis-Leistungs-Verhältnis in einem aufstrebenden Stadtteil.

Sapa View
HOTEL $$

(387 2388; www.sapaview-hotel.com; 41 Đ Muong Hoa; EZ/DZ/Suite ab 65/75/85 US$; @🛜) Im Sapa View kann man sich auf tolle Talblicke freuen, besonders vom hauseigenen Tam-Tam-Restaurant aus. Die Unterkunft wartet mit einer gewinnenden Kombination aus lokaler Stammeskunst und Holz im skandinavischen Stil auf.

Fan Si Pan View Hotel
HOTEL $

(387 3759; www.fansipanview.com; 45 Đ Xuan Vien; EZ/DZ ab 22/35 US$; @🛜) Versteckt in einer ruhigen Gasse unweit des Victoria Sapa Resort & Spa punktet das Hotel mit gemütlichen Zimmern. Am besten lässt man sich eines an der Vorderseite geben, um die gute Aussicht auf die Stadt zu genießen. Im Erdgeschoss ist ein empfehlenswertes Restaurant namens Sapa Cuisine untergebracht.

Casablanca Sapa Hotel
HOTEL $

(387 2667; www.sapacasablanca.com; Đ Dong Loi; EZ/DZ/3BZ 17/20/25 US$; 🛜) Obwohl das einst so trendige Dekor inzwischen etwas schäbig aussieht, ist das Hotel trotzdem seinen Preis wert. Die Zimmer auf der Rückseite kosten am wenigsten. Herr Kien, der aufmerksame Besitzer, spricht fließend Englisch.

Green Valley Hostel
PENSION $

(387 1449; 45 Đ Muong Hoa; Zi. 15–20 US$) Ein Mitglied des Jugendherbergsverbands Hostelling International. Das Haus könnte ein wenig gepflegter sein, verfügt aber über preiswerte Zimmer und eine unversperrte Sicht. Für 5 US$ pro Tag kann man ein Motorrad ausleihen, außerdem ist die Bar mit Billardtisch sehr gemütlich.

🍴 Essen

Vietnamesische und westliche Gerichte in komfortablem Ambiente bekommt man an der Hauptstraße P Cau May. Die meisten Lokale der Stadt sind ganztags geöffnet.

Ein beliebtes einheimisches Gericht ist Eintopf nach vietnamesischer Art (Fleisch mit lokalem Gemüse, Kohl und Pilzen). Wer ihn probieren will, sollte die Essensstände südlich des Busbahnhofs ansteuern.

Falls man auf sein Reisebudget achten muss, kann man die bescheidenen vietnamesischen Lokale unterhalb des Marktes an der Đ Tue Tinh oder die Nachtstände südlich der Kirche besuchen. Hier gibt's das beste *bun cha* (gegrilltes Schweinefleisch).

Sapa Rooms
CAFÉ $$

(www.saparooms.com; Đ Phan Si; Snacks 50 000 VND, Gerichte ca. 90 000 VND) Das extravagante Café mit ausdrucksstarker Kunst an den Wänden würde man eher in New York oder London erwarten als im nordvietnamesischen Hochland. Hier kann man einen Snack (z. B. Krapfen oder Baguettes) oder eine Mahlzeit (lecker: das karamellisierte Schweinefilet oder Fish 'n' Chips) zu sich nehmen oder nur Tee trinken und ein Stück Kuchen dazu essen. Wer einen Kochkurs belegen möchte, bekommt hier Infos über die Kurse im Hmong Mountain Retreat.

Red Dao House
VIETNAMESISCH $$
(4B Đ Thac Bac; Gerichte ab 100 000 VND) Schickes Restaurant in einem typischen Stammeshaus mit einer schönen Terrasse. Die Angestellten tragen Kostüme im Dao-Stil. Es gibt Mittags- und Abendmenüs sowie eine große Auswahl an vietnamesischen Meeresfrüchten und Hühnchengerichten. Das Lokal liegt nur ein paar Schritte von der Touristeninformation entfernt. Schon von Weitem leuchten einem die roten chinesischen Laternen entgegen.

Baguette & Chocolat
CAFÉ $
(Đ Thac Bac; Kuchen ab 20 000 VND, Snacks & Gerichte 70 000–160 000 VND) In der eleganten Villa gibt's gutes Frühstück mit Brot, Baguette oder einem Stück Torte. Es werden auch leckere Salate, Pasta sowie asiatische und vietnamesische Gerichte serviert. Wanderer werden sich über die Picknickpakete freuen. An nebligen, kühlen Tagen ist der wärmende Ingwertee des Hauses einfach unschlagbar.

Nature View
VIETNAMESISCH $
(Đ Phan Si; Gerichte ab 60 000 VND) Das relativ neue Lokal gegenüber dem Cat Cat View Hotel serviert eine gute Mischung vietnamesischer und westlicher Gerichte, darunter leckere Pizzas und Fruchtsmoothies. Toll ist auch das günstige Mittagsmenü mit vier Gängen (75 000 VND).

Viet Emotion
MEDITERRAN $$
(www.vietemotion.com; 27 P Cau May; Gerichte 70 000–150 000 VND) Dieses kleine, intime Lokal verströmt mit seinen von der Decke hängenden Weinflaschen und dem Kamin das Flair eines gemütlichen Bistros. Wir empfehlen das Trekking-Omelette, die hausgemachte Suppe und die Tapas, z. B. *gambas al ajillo* (Garnelen mit Knoblauch). Bei schlechtem Wetter kann man Bücher und Zeitschriften lesen, zudem stehen Spiele wie Schach bereit.

Gecko
FRANZÖSISCH $$
(Đ Ham Rong; Hauptgerichte 7–10 US$) Ein von Franzosen geführtes großes Restaurant im Stil einer Berghütte mit rustikalem Flair, einer Bar und einem kleinen Park vor der Terrasse. Die Küche ist herzhaft-ländlich: Es gibt z. B. *boeuf bourguignon* und Suppe des Hauses (mit Kartoffeln, Schinken und Käse).

Delta Restaurant
ITALIENISCH $$
(P Cau May; Hauptgerichte 7–12 US$) Das für die authentischste Pizza der Stadt berühmte Delta Restaurant ist stilvoll eingerichtet. Auch die Pastagerichte schmecken sehr gut. Dazu wird australisches Bier serviert.

Bombay
INDISCH $$
(36 P Cau May; Hauptgerichte 7–10 US$) Indische Küche in Sa Pa? Ja, hier gibt's alle beliebten Curry-, Dhal-, Naan- und vegetarischen Gerichte und sie schmecken tatsächlich authentisch. Allerdings mangelt es dem Restaurant an Atmosphäre.

Gerbera Restaurant
VIETNAMESISCH $
(P Cau May; Hauptgerichte ab 40 000 VND) Dank seiner sättigenden, preiswerten vietnamesischen Speisen und der reichen Auswahl erfreut sich das Gerbera schon seit Langem großer Beliebtheit bei Travellern.

Nature Bar & Grill
VIETNAMESISCH $
(P Cau May; Gerichte 60 000–100 000 VND) Das holzgetäfelte Lokal mit Kamin serviert die für Sa Pa übliche Mischung aus vietnamesischen und westlichen Gerichten.

Ausgehen & Unterhaltung

Mit seinen drei oder vier Kneipen ist Sa Pa wahrlich keine Partystadt.

Mountain Bar & Pub
BAR
(2 Đ Muong Hoa) Starke Cocktails, kühles Bier und Tischfußball machen das Mountain zum besten Laden in Sa Pa. An kalten Tagen wird eine Shisha am offenen Kamin selbst den unterkühltesten Traveller aufwärmen. Wir empfehlen außerdem den warmen Apfelwein aus dem Hochland.

Red Dragon Pub
PUB
(23 Đ Muong Hoa) Diese mit viel Nippes ausstaffierte Kneipe erinnert an eine Teestube in Wales und würde eher an die englische Küste passen. Besucher können in Ruhe etwas trinken und typische Pubkost wie Shepherd's Pie genießen.

Shoppen

In den Geschäften auf der P Cau May und der Đ Phan Si gibt's Kleidung, Accessoires und Schmuck von den Einheimischen. Zudem bieten vietnamesische Designer Kleidung und Möbel mit ethnisch inspirierten Motiven und Mustern an.

Viele Frauen und Mädchen der Bergvölker veräußern Souvenirs. Besonders ältere Frauen sind für ihre gewieften Verkaufstaktiken bekannt. Bei Preisverhandlungen sollte man sich behaupten, aber nicht aggressiv werden.

Vorsicht mit den billigen Textilien: Sie sind nicht fixiert, sondern färben alles, mit dem sie in Berührung kommen, blaugrün, auch die eigene Haut. Separates Waschen in kaltem Wasser verhindert, dass die Farben zu stark ausbleichen. Am besten wickelt man alles in Plastiktüten ein, bevor man die Koffer packt.

Wer mit zu leichter Kleidung angereist ist, kann die Läden an der P Cau May aufsuchen, die viele „Markenartikel" wie Wanderschuhe, Anoraks und Thermokleidung verkaufen. Manches davon ist sogar echt.

Praktische Informationen

Geld

Es gibt zwei Geldautomaten in Sa Pa, außerdem wechseln viele Hotels und Geschäfte US-Dollars und Euros.

BIDV (Đ Ngu Chi Son) Hat einen Geldautomaten und wechselt Bares.

Internetzugang

Internetzugang (auch WLAN) gibt's in vielen Hotels, Restaurants und Cafés.

Post
Hauptpost (Đ Ham Rong)

Reisebüros

Trekkingtouren, *homestays* und Klettertrips zum Fan Si Pan werden auch von zwei Unternehmen angeboten, die von ethnischen Minderheiten geleitet werden (s. Kasten S. 136).

Duc Minh (387 1881; www.ducminhtravel.vn; 10 P Cau May) Die englischsprachigen Angestellten organisieren Fahrkarten, Wanderungen zu Bergdörfern und Ausflüge zum Fan Si Pan.

Handspan Travel (387 2110; www.handspan. com; Chau Long Hotel, 24 Dong Loi) Trekking- und Mountainbiketouren zu Dörfern und Märkten.

Sapa Pathfinder Travel (387 3468; www. sapapathfinder.com; 13 Đ Xuan Vien) Trekking, Mountainbiking, Ausflüge zum Fan Si Pan und Tipps zu Beförderungsmöglichkeiten.

Topas Travel (387 1331; www.topastravel.vn; 24 Đ Muong Hoa) Anbieter mit Sitz in Sa Pa, der hochwertige Trekking- und Radtouren sowie Trips zu Bergdörfern organisiert. Viele Ausflüge beinhalten einen Aufenthalt in der Topas Eco Lodge.

Touristeninformation

Die *Sa Pa Tourist Map* im Maßstab 1:75 000 ist eine tolle Karte mit Wanderwegen und Attraktionen rund um Sa Pa. Auf der handgezeichneten *Sa Pa Trekking Map* mit einem Stadtplan von Sa Pa sind alle Trekkingrouten verzeichnet.

Sapa Tourism (387 3239; www.sapa-tourism.com; 103 Đ Xuan Vien; 7.30–11.30 & 13.30–17 Uhr) Das hilfsbereite englischsprachige Personal informiert über Verkehrsmittel, Wandermöglichkeiten und Wetterbedingungen. Auch die Website steckt voller Informationen.

An- & Weiterreise

Lao Cai ist das Tor zu Sa Pa. Bis zu der Stadt sind es 38 km über eine ebene Nationalstraße in gutem Zustand.

BUS Sa Pas Busbahnhof liegt im Norden. Abfahrtszeiten erfährt man auch in der Touristeninformation und in vielen Reisebüros. Auf S. 149 findet man eine Zusammenfassung aller Busverbindungen.

FAHRRAD & MOTORRAD Eine Motorradfahrt von Hanoi nach Sa Pa ist machbar, allerdings muss man 380 km bewältigen. Am besten befördert man sein Motorrad in Lao Cai in den Zug und spart sich das Ganze. Die 38 km zwischen Lao Cai und Sa Pa verlaufen bergauf – auf einem Fahrrad ist das die Hölle!

MINIBUS Zwischen 5 und 17 Uhr verkehren regelmäßig Minibusse von/nach Lao Cai (40 000 VND, 1 Std.). Sie starten vor der Kirche. Hotels und Reisebüros bieten Direktverbindungen zum Sonntagsmarkt in Bac Ha an (hin & zurück ab 15 US$). Günstiger, aber zeitaufwändiger ist es, mit dem öffentlichen Minibus nach Bac Ha zu fahren und in Lao Cai umzusteigen.

ZUG Es gibt keine Direktverbindung nach Sa Pa, aber es verkehren regelmäßig Züge zwischen Hanoi und Lao Cai. Fahrkarten nach Hanoi bucht man am **Ticketschalter der Eisenbahn** (7.30–11 & 13.30–16 Uhr), unweit von Sa Pas Busbahnhof.

Unterwegs vor Ort

In Sa Pa kommt man am besten zu Fuß voran, denn es ist fast überall nicht steil. Wer ein Fahrrad ausleiht, wird es wahrscheinlich die Hälfte der Zeit schwindelerregende Berge hochschieben.

Für Ausflüge in die Umgebung werden gegen eine Tagesgebühr von 7 US$ Motorräder vermietet. Wenn man noch nie gefahren ist, sollte man nicht gerade hier anfangen, es zu lernen. Zu jeder Jahreszeit kann es feucht sein, zudem schlägt das Wetter schnell um. Die Straßen sind steil und werden regelmäßig durch Überflutungen und Regen beschädigt. Es ist eine gute Idee, das Motorrad gleich mit einem einheimischen Fahrer (ca. 12 US$ pro Tag) zu buchen.

Darüber hinaus werden auch Autos, Allradfahrzeuge und Minibusse vermietet.

Lao Cai
020 / 46 700 EW.

Lao Cai liegt direkt an der Grenze zu China. Die Stadt ist bei der chinesischen Invasion 1979 zerstört worden, deshalb sieht man hier fast nur neue Häuser. Während des Kriegs wurde der Grenzübergang geschlossen und erst 1993 wieder geöffnet. Heute lebt der quirlige Ort vom Grenzhandel.

Außerdem ist er ein bedeutendes Ziel für Traveller, die von Hanoi oder Sa Pa nach Kunming in China reisen. In Lao Cai selbst verweilt allerdings kaum jemand, da Sa Pa nur eine Stunde von Lao Cai entfernt ist. Dennoch bietet die Stadt alles, was China-Besucher für eine Übernachtung brauchen.

Schlafen & Essen

Terminus Hotel & Restaurant HOTEL $
(383 5470; 342 P Nguyen Hue; Zi. 200 000–300 000 VND; ❄️@🛜) Gegenüber dem Bahnhof an der anderen Seite des Platzes stößt man auf ein gutes Plätzchen für ein frühes Frühstück oder eine üppige Mahlzeit. Die Zimmer des Hotels sind sauber, ordentlich und mit ein paar Rüschen aufgeputzt und die Angestellten sprechen ganz gut Englisch.

Nga Nghi Tho Huong PENSION $
(383 5111; 342a P Nguyen Hue; Zi. 150 000–250 000 VND; ❄️@🛜) Gleich um die Ecke liegt dieses familienbetriebene kitschige Lokal voller Puppen und Kuscheltiere. Nichtsdestotrotz sind die Zimmer sauber und bunt. Im Erdgeschoss gibt's ein gutes Teehaus.

Pineapple CAFÉ $
(Pha Dinh Phung; Gerichte 60 000–100 000 VND; ❄️@🛜) Das stilvolle Café (vom Bahnhof aus die Straße etwa 100 m hinunter) wird vom ehemaligen Guide Bui Duc Thinh betrieben, der fließend Englisch spricht. Wir empfehlen die englischen Frühstücksvarianten, Salat, Pizza und Baguette sowie die Shakes und die Fruchtsäfte.

Viet Emotion CAFÉ $
(65 Pha Dinh Phung; Gerichte 70 000–150 000 VND; ❄️@🛜) Eine harte Konkurrenz für das nahe gelegene Pineapple. Der Ableger des Sapa-Cafés wartet mit einer praktischen Lage zwischen Bahnhof und Busbahnhof auf. Durchreisende aus Hanoi lieben das Frühstück sowie die Pizza- und Pastagerichte.

🛈 Praktische Informationen

Vorsicht vor illegalen Geldwechslern, besonders auf der chinesischen Seite! Wer Geld tauschen muss, sollte nur kleine Summen wechseln.

Am Bahnhof befinden sich zwei Geldautomaten. Die **BIDV Bank** (Ð Thuy Hoa) am westlichen Flussufer wechselt Bargeld.

> ### 🛈 GRENZÜBERGANG: LAO CAI–HEKOU
>
> Der Grenzübergang Lao Cai–Hekou liegt auf dem Weg von Nordvietnam nach Yunnan in China und hat täglich von 7 bis 22 Uhr geöffnet. Das Nachbarland ist durch eine Brücke über den Roten Fluss sowie eine Eisenbahnbrücke von Vietnam getrennt.
>
> Da sich die Grenze nur 3 km vom Bahnhof in Lao Cai befindet, kann man die Strecke bequem mit einem *xe om* (Motorradtaxi, 20 000 VND) zurücklegen. Traveller erzählten uns, dass chinesische Beamte an der Grenze den Lonely Planet China konfisziert haben. Am besten tarnt man das Buch mit einem anderen Umschlag.
>
> Zwischen Hekou und Kunming verkehren keine Züge, aber es gibt mehrere Schlafbusse (150 Yen). Einer startet um 19 Uhr und erreicht Kunming um 7 Uhr. Darüber hinaus fahren auch frühere Busse. Am Grenzübergang muss man die Uhren umstellen, denn in China ist es eine Stunde später als in Vietnam. Das Visum für China muss man sich im Voraus besorgen.

🛈 An- & Weiterreise

BUS & MINIBUS Lao Cai liegt 340 km von Hanoi entfernt. Täglich starten neun Busse (155 000 VND, 9 Std.) am **Fernbusbahnhof** (P Nguyen Hué), aber die meisten Traveller nehmen vernünftigerweise den Zug.

Minibusse in Richtung Sa Pa (40 000 VND, 1 Std.) warten am Bahnhof auf die Züge aus Hanoi und fahren auch regelmäßig an der Haltestelle unweit der Brücke über den Roten Fluss ab. Von dort verkehren täglich fünf Minibusse nach Bac Ha (50 000 VND, 2½ Std.): um 6, 7, 10, 12 und 15 Uhr.

TAXI Ein Taxi nach Sa Pa kostet 20 US$ und nach Bac Ha 40 US$.

ZUG Fast jeder Traveller legt die Strecke von/nach Hanoi mit dem Zug zurück. Es gibt mehrere Klassen und Schlafwagen sowie schicke Privatabteile, die an den Hauptzug angehängt werden. Tickets bekommt man in Hotels und Reisebüros in Hanoi sowie direkt am Bahnhof. Die Fahrt dauert acht bis neun Stunden.

Einige Unternehmen verfügen über Privatabteile mit Schlafwagen, darunter der preiswerte **ET Pumpkin** (www.et-pumpkin.com), der Mittelklassezug **Livitrans** (www.livitrantrain.com) und der luxuriöse **Victoria Express** (www.victoria

ZUGVERBINDUNGEN ZWISCHEN HANOI UND LAO CAI

Ab Hanoi

ABFAHRT	HARD SEAT (PREIS AB)	SOFT SEAT (PREIS AB)	HARD SLEEPER (PREIS AB)	SOFT SLEEPER (PREIS AB)
6.10 Uhr	110 000 VND	133 000 VND	keine Angabe	keine Angabe
19.40 Uhr	125 000 VND	150 000 VND	195 000 VND	290 000 VND
20.35 Uhr	125 000 VND	150 000 VND	195 000 VND	290 000 VND
21.10 Uhr	125 000 VND	150 000 VND	195 000 VND	290 000 VND
21.50 Uhr	125 000 VND	150 000 VND	195 000 VND	290 000 VND
22 Uhr	120 000 VND	145 000 VND	190 000 VND	270 000 VND

Ab Lao Cai

ABFAHRT	HARD SEAT (PREIS AB)	SOFT SEAT (PREIS AB)	HARD SLEEPER (PREIS AB)	SOFT SLEEPER (PREIS AB)
18.55 Uhr	110 000 VND	133 000 VND	keine Angabe	keine Angabe
19.30 Uhr	125 000 VND	150 000 VND	195 000 VND	290 000 VND
20.05 Uhr	125 000 VND	150 000 VND	195 000 VND	290 000 VND
20.45 Uhr	125 000 VND	150 000 VND	195 000 VND	290 000 VND
21.20 Uhr	120 000 VND	145 000 VND	190 000 VND	270 000 VND

hotels-asia.com), der ausschließlich den Gästen des Victoria Sa Pa Resort & Spa vorbehalten ist.

Unter www.seat61.com gibt's aktuelle Infos zu allen Zügen zwischen Hanoi und Lao Cai.

Bac Ha

♪ 020 / 7400 EW.

Um das nördliche Hochland und die Bergdörfer zu erkunden, ist die gemütliche Kleinstadt Bac Ha ein erholsamer Ausgangspunkt. Hier herrscht eine ganz andere Atmosphäre als in Sa Pa, denn man kann durch die Straßen spazieren, ohne von Händlern behelligt zu werden. Wer das Leben in einer kleinen, kaum touristischen Bergstadt kennenlernen möchte, sollte diesen Ort ansteuern.

Bac Ha hat sich seinen Charme bewahrt, obwohl die traditionellen Lehmziegelhäuser zunehmend durch Betonbauten ersetzt werden. Rauch von verbranntem Holz füllt die Morgenluft, Hühner und Schweine laufen in den Gassen herum. Sechs Tage pro Woche schlummert Bac Ha vor sich hin, aber am Sonntag, wenn Blumen-Hmong zum Markt in den Ort strömen, füllen sich die Straßen mit jeder Menge Leuten.

Der Markt ist ein Rausch aus Farben und Verkaufslärm, und obwohl die zahlreichen Tagesbesucher aus Sa Pa vieles verändert haben, lohnt sich der Besuch noch immer. Da auch die anderen Märkte der Region zunehmend von Touristen frequentiert werden, sollte man nach Sinho fahren (S.135), wenn man auf der Suche nach Authentizität ist.

Von Bac Ha aus kann man die Bergwelt sehr gut erkunden. Vor Ort entstehen immer mehr preiswerte Hotels und das Klima ist milder als in Sa Pa. Rund um die Stadt leben zehn Bergstämme: die Dao (Dzao), Giay (Nhang), Han (Hoa), Xa Fang, Lachi, Nung, Phula, Tay, Thai und die Thulao. Die farbenfrohen Blumen-Hmong sind am auffälligsten.

Eine der Haupteinnahmequellen ist die Herstellung alkoholischer Getränke (Reiswein, Maniokwein und Kornlikör). Der Kornschnaps der Blumen-Hmong hat derart viele Umdrehungen, dass man ihn von offenem Feuer fernhalten sollte. Auf dem Sonntagsmarkt gibt's zahlreiche Stände, die nur Hochprozentiges verkaufen.

◉ Sehenswertes & Aktivitäten

In und um Bac Ha finden mehrere Märkte statt. Organisierte Ausflüge dorthin können vor Ort und in Sa Pas Reisebüros gebucht werden.

Bac-Ha-Markt　　　　　　　　　　MARKT

Der Sonntagsmarkt ist die größte Attraktion der Stadt, die zahlreiche Angehörige der Bergvölker anzieht – allen voran die exotischen Blumen-Hmong. Inzwischen werden zwar zunehmend handwerkliche Erzeugnisse verkauft, insgesamt spricht der Markt aber eher Einheimische an.

Frauen der Blumen-Hmong tragen mehrere Schichten grellbunter Kleidung. Dazu gehören ein raffinierter Schal mit Kragen, der im Nacken von einer Nadel zusammengehalten wird, und eine Art Schürze – beide bestehen aus dicht gewebten Streifen mehrfarbigen Tuchs und sind oft mit Rüschen umrandet – sowie kunstvoll verzierte Manschetten, Fesselschmuck aus Stoff und ein kariertes Kopftuch (oft in Pink oder Limettengrün).

Wer die Möglichkeit hat, sollte samstags in Bac Ha übernachten und den Markt besuchen, bevor Hunderte von Tagesausflüglern aus Sa Pa herbeiströmen. Das muntere Treiben beginnt bei Sonnenaufgang und dauert bis etwa 14 Uhr.

Can-Cau-Markt　　　　　　　　　MARKT

Der morgendliche Freiluftmarkt am Samstag 20 km nördlich von Bac Ha und 9 km von der chinesischen Grenze zieht immer mehr Touristen an. Reisegruppen aus Sa Pa besuchen Can Cau, bevor sie zum Sonntagsmarkt in Bac Ha weiterfahren. Zudem bieten hier auch einige Standbesitzer aus Bac Ha ihre Waren an. Nach wie vor strömen zahlreiche Angehörige einheimischer Bergvölker nach Can Cau, darunter Blumen-Hmong und Blaue Hmong (Letztere tragen faszinierende Gewänder mit Zickzackmuster).

Der Markt erstreckt sich über einen Hang. Unten im Tal wird mit Vieh und Hunden gehandelt, oben findet man die Essensstände. Einheimische animieren Besucher dazu, mit ihnen den lokalen *ruou* (Reiswein) zu trinken. Manche Touren von Bac Ha aus kombinieren den Besuch mit einer Wanderung am Nachmittag zum Dorf Fu La.

Lung Phin　　　　　　　　　　　MARKT

Der Sonntagsmarkt von Lung Phin liegt zwischen dem von Can Cau und Bac Ha, etwa 12 km außerhalb. Er ist weniger überlaufen als die anderen Märkte, sehr authentisch und eine gute Alternative zu Bac Ha, wenn dort die Ausflugsbusse aus Sa Pa eintreffen.

Coc Ly　　　　　　　　　　　　　MARKT

Dienstags lockt der eindrucksvolle Markt von Coc Ly Angehörige der Dao, Blumen-Hmong, Tay und Nung aus den umliegenden Bergen an. Der Ort liegt etwa 35 km südwestlich von Bac Ha und ist über eine recht gute Straße zu erreichen. Reisebüros in Bac Ha können Ausflüge hierher organisieren. Der Marktbesuch lässt sich mit einer netten Bootstour auf dem Fluss Chay kombinieren, bevor es schließlich zurück nach Bac Ha geht.

Vua Meo　　　　　BEMERKENSWERTES GEBÄUDE

(Haus des Katzenkönigs; Eintritt 5000 VND; ⊙7.30–11.30 & 13.30–17 Uhr) Das obskure Bauwerk am Nordrand der Stadt, ein Palast in bizarrem orientalisch-barockem Stil, wurde 1921 von Franzosen errichtet, um das Stammesoberhaupt der Blumen-Hmong Hoang A Tuong zufriedenzustellen. Es wirkt wie eine Kreuzung aus Kirche und französischem Schloss und beherbergt eine Touristeninformation sowie einen Laden, in dem Kunsthandwerk der Bergvölker verkauft wird.

Bac Ha

⊙ Highlights
　　Bac-Ha-Markt B2
　　Vua Meo B1

🛏 Schlafen
1　Congfu Hotel A2
2　Hoang Vu Hotel A2
3　Ngan Nga Gia Huy A2
4　Sao Mai Hotel A1
5　Toan Thang Hotel A1

🍴 Essen
6　Duc Tuan Restaurant B2
7　Hoang Yen Bar A2

DER TOURISMUSSPEZIALIST

Egal wie viel Zeit man in Bac Ha verbringt: **Herr Nghe** (0912 005 952; www.bachatourist.com) – den man gut an seinem schicken Anzug erkennt – wird einen finden. Er agiert von der Hoang-Vu-Pension und der Hoang Yen Bar aus und ist eine Art One-Man-Cheerleader für die Sehenswürdigkeiten von Bac Ha.

Am besten besucht man seine Website, auf der Wander- und Tagestouren zu den schönsten Lokalmärkten der Region, zwei- bis sechstägige Abenteuertrips mit *homestays* (Privatunterkünfte bei Familien) in Bergdörfern und anspruchsvolle Klettertouren angeboten werden.

Wer die Gegend auf eigene Faust erkunden will, kann bei Herrn Nghe auch Motorräder ausleihen (150 000–200 000 VND pro Tag). Der erfahrene Reiseführer weiß zudem jede Menge über die Weiterreise in die Provinz Ha Giang.

Bergdörfer der Region   WANDERN

In der Umgebung kann man mehrere großartige Wanderungen unternehmen und einige wunderschöne Bergdörfer besuchen. Am nächsten an Bac Ha liegt das Blumen-Hmong-Dorf **Ban Pho**. Von dort geht's zu Fuß zur Nung-Siedlung **Na Kheo** und wieder zurück in die Stadt. Zu den weiteren Dörfern der Umgebung zählen **Trieu Cai** (8 km Fußmarsch) und **Na Ang** (6 km Fußmarsch). Am besten lässt man sich von einem lokalen Guide führen.

Bis vor Kurzem hatte fast niemand aus den Bergvölkern eine Schulbildung, aber in den vergangenen Jahren eröffnete die Regierung mehrere Schulen. Nun besuchen viele Kinder den Unterricht (auf Vietnamesisch). Internate sind beliebt, weil Gemeinden so weit auseinander liegen. So verbringen die Kinder die Woche nicht bei ihren Familien, sondern übernachten vor Ort in Schlafsälen. Reiseleiter in Bac Ha arrangieren **Besuche in Landschulen** als Teil von Tagesausflügen mit dem Motorrad oder zu Fuß.

Thai-Giang-Pho-Wasserfall   WASSERFALL

In der Nähe des Dorfs Thai Giang Pho gibt es einen Wasserfall, an dem man gut baden kann. Das Örtchen befindet sich 12 km östlich von Bac Ha.

🛏 Schlafen

Bac Ha verfügt über einfache Pensionen und ein paar komfortable Unterkünfte. An Wochenenden, wenn Touristen zum Sonntagsmarkt strömen, steigen Zimmerpreise um 20 %. Bei den folgenden Optionen sind Wochentagspreise angegeben.

Hoang Vu Hotel   PENSION $

(388 0264; www.bachatourist.com; 5 Tran Bac; Zi. ab 8 US$) Für den günstigen Preis haben die geräumigen Zimmer eine gute Ausstattung mit TV und Ventilator. Bac Has Top-Touranbieter Herr Nghe ist hier oft anzutreffen. Er hat unzählige Ideen für Tagesausflüge, die einen dazu bringen, länger als geplant zu bleiben. Für Budgetreisende der beste Platz der Stadt.

Ngan Nga Gia Huy   HOTEL $$

(388 0231; www.nganngabacha.com; 133 Ngoc Uyen; Zi. 25–35 US$; ❄@🕽) Das freundliche Hotel liegt über einem beliebten Restaurant für Traveller und gelegentliche Reisegruppen. Im neuen Flügel im hinteren Obergeschoss gibt's brandneue Zimmer. Einige sind schon fast zu groß, aber makellos und ruhig. Die Angestellten organisieren Ausflüge, darunter *homestays* und Besuche von Märkten der Bergvölker.

Congfu Hotel   HOTEL $$

(388 0254; www.congfuhotel.com; 152 Ngoc Uyen; Zi. 30 US$; ❄@🕽) Eine neue Bleibe mit 21 herrlich eingerichteten Zimmern, die auf jeglichen Kitsch verzichten. Die Bettbezüge sind hochwertig, die Duschen sind modern. Darüber hinaus punktet das hauseigene Restaurant (Gerichte ab 60 000 VND) mit tollen Gerichten. Wir empfehlen die Räume 205, 208, 305 und 308 mit Fenstern vom Boden bis zur Decke und einer Aussicht über den Markt von Bac Ha. Es werden auch Exkursionen zu den Märkten von Can Cau (30 US$) und Coc Ly (50 US$) angeboten.

Sao Mai Hotel   HOTEL $$

(388 0288; www.saomaitours.com; Zi. 15–35 US$; ❄@🕽) Die Budgetzimmer sehen abgenutzt aus (die billigsten haben noch nicht einmal Fenster), aber die teureren Räume im neuen Flügel lohnen das Geld. Ein guter Tipp, wenn andere Unterkünfte voll sind. Die Angestellten an der Rezeption feilschen gern.

Toan Thang Hotel   HOTEL $
(☎388 0444; Zi. 10–20 US$) In dem Hotel gibt's zwei Zimmerkategorien. Die im alten Holzblock sind für ihren Preis akzeptabel: Sie haben jeweils zwei Betten, einen Fernseher sowie einen Ventilator und wirken ein wenig dunkel. Für die neuen Zimmer muss man zu tief in die Tasche greifen.

Essen

Von den Hotelrestaurants in Bac Ha bietet das Congfu durch seine großen Glasfenster einen tollen Blick auf den Viehmarkt, während das Ngan Nga Gia Huy großartige Gerichte serviert. Sonntagmittags und an Markttagen sind beide überfüllt.

Achtung: Touristen zahlen in den Cafés am Markt oft zu viel. Am besten fragt man vorher nach den Preisen.

Hoang Yen Bar   VIETNAMESISCH $
(Hauptgerichte 40 000–80 000 VND) Obwohl es sich selbst als „Bar" bezeichnet, ist das Hoang Yen eher ein Restaurant. Hier gibt's preiswerte Speisen, eine gute Frühstücksauswahl, leckere Reis- und Nudelgerichte und eine herzhafte Kürbissuppe. Auch billiges Bier und Da-Lat-Wein sind im Angebot. In dem Lokal gegenüber dem Sao Mai Hotel wird man sehr wahrscheinlich Herrn Nghe (s. Kasten S.146) treffen.

Duc Tuan Restaurant   VIETNAMESISCH $$
(Hauptgerichte 40 000–50 000 VND) Das Restaurant unweit des Markts serviert großzügige Portionen schmackhafter vietnamesischer Gerichte. Ein Plus: Hier verkehren keine Reisegruppen.

❶ Praktische Informationen

Es gibt keinen Geldautomaten in Bac Ha, aber die Agribank wechselt Dollars. Im Sao Mai Hotel kann man auch Euros und chinesisches Geld tauschen.

Im Vua Meo ist eine neu eröffnete **Touristeninformation** (◷7.30–11.30 & 13.30–17 Uhr) untergebracht. Internetzugang gibt's neben dem Hoang Vu Hotel.

❶ An- & Weiterreise

BUS Es fahren Busse von/nach Hanoi (400 000 VND, 11 Std., tgl. 20 Uhr) und Lao Cai (60 000 VND, 2½ Std., 6, 8, 12, 13 und 14 Uhr).

Wer nach Osten in Richtung Ha Giang reisen möchte, hat zwei Möglichkeiten. Entweder nimmt man ein xe om von Bac Ha 35 km nordöstlich nach Xin Man (15 US$) und dann den öffentlichen Bus (400 000 VND, 5 Std., 6 und 11 Uhr) nach Ha Giang. Alternativ fährt man mit dem Bus von Bac Ha südwärts nach Bac Ngam (40 000 VND, 45 Min., 6 Uhr) und steigt dort in den Bus nach Ha Giang um (350 000 VND, 5 Std., 7 Uhr). Der Anschluss ist allerdings ziemlich knapp.

Touren von Sa Pa nach Bac Ha kosten mindestens 15 US$ pro Person. Auf dem Rückweg kann man in Lao Cai aussteigen und den Nachtzug nach Hanoi nehmen.

MOTORRAD & TAXI Ein Motorrad/Taxi nach Lao Cai kostet 20/60 US$, nach Sa Pa zahlt man 25/75 US$.

Ha-Giang-Provinz

Ha Giang ist das äußerste Grenzgebiet Nordvietnams, eine Mondlandschaft aus Kalksteinspitzen und Granitblöcken. Im Norden der Provinz erstrecken sich einige der schönsten Landschaften Vietnam, und die Fahrt zwischen Dong Van und Meo Vac ist geradezu atemberaubend. Ha Giang könnte das beliebteste Ausflugsziel der Region sein, aber aufgrund seiner Nähe zur chinesischen Grenze benötigt man eine Reiseerlaubnis – und dieses bürokratische Prozedere hält viele Touristen fern. Doch die Straßen werden langsam besser, und die umwerfende Landschaft macht die Probleme bei der Beschaffung einer Reisegenehmigung wieder wett.

ABSTECHER

PAN-HOU-DORF

(☎383 3565; www.panhou-village.com; EZ/DZ 30/40 US$; ❄️📶) Versteckt in einem entlegenen Flusstal in den Song-Chau-Bergen stehen die Bungalows von Pan Hou inmitten tropischer Gärten und Reisfelder. Die Ökolodge ist ein guter Ausgangspunkt für Trekkingtouren und Ausflüge zu den Märkten der Bergvölker. Sie verfügt über hübsche Zimmer mit Holzmöbeln und Fliesenböden, außerdem dient der Restaurant-Pavillon (Mittagessen 10 US$, Abendessen 12 US$) als geselliger Treffpunkt. Für die traditionellen Spa-Behandlungen werden medizinische Heilkräuter verwendet. Pan Hou befindet sich 36 km westlich des Tan-Quang-Dorfes, das südlich von Ha Giang liegt, und ist über eine verschlungene Bergstraße zu erreichen.

DER MANN, DEN MAN IN HA GIANG KENNEN MUSS

Ähnlich wie in Bac Ha (s. Kasten S.146) gibt's auch in Ha Giang einen Spitzenmann für touristische Unternehmungen: Herr Anh ist der Inhaber von **Karst Plateau Travel** (0915 458 668; karstplateau@gmail.com; 50 P Hai Ba Trung, Ha Giang) und zurzeit *der* Mann für Informationen zur Erkundung dieser faszinierenden Region. Er betreibt das Rocky Plateau Hotel und das Café Pho Co in Dong Van sowie einen kompakten Minibus, der von Ha Giang nach Dong Van und Meo Vac fährt und unterwegs die Hauptattraktionen besucht. Dazu gehören der **Quan-Ba-Pass**, der **Lung-Cu-Flaggenturm** an der chinesischen Grenze und der beeindruckende Palast des Hmong-Königs im Dorf **Sa Phin**. Es ist immer ein englischsprachiger Guide an Bord, zudem geht's über den **Mai-Pi-Leng-Pass** nach Meo Vac, eine der spektakulärsten Routen der Welt.

Die Minibusse starten um 8 Uhr vor dem **iLike Café** (386 0368; buses.ilike@gmail.com; P Nguyen Trai; ohne/mit Mittagessen 150 000/200 000 VND pro Pers.) in Ha Giang und brauchen etwa sieben Stunden bis Dong Van via Meo Vac. Um 8 Uhr fährt ein Minibus von Meo Vac zurück nach Ha Giang, der gegen 9 Uhr am Café Pho Co in Dong Van ankommt. Am besten schreibt man Herrn Anh vorher eine E-Mail, um sich die Abfahrtszeiten bestätigen zu lassen (den Minibus-Service gibt's erst seit 2011).

Darüber hinaus organisiert Herr Anh auch Trekkingtouren zu den Hmong-Dörfern der Region sowie geführte und ungeführte Ausflüge von Hanoi aus. Er betreibt ebenfalls ein **Büro in Hanoi** (63B Lane, Dao Tan 101, Hanoi). Weitere Details siehe unter www.karstplateau.com.

HA GIANG
0219 / 49 000 EW.

In Ha Giang kann man sich von der langen Reise Richtung Norden erholen. Der breite Fluss Lo teilt die ländliche Provinzstadt mit den sauberen Straßen in zwei Hälften. Die Hauptstraße P Nguyen Trai verläuft 3 km von Norden nach Süden parallel zum Westufer des Lo. An ihr liegen Hotels, Banken und Restaurants.

Ha Giang ist keine aufregende Stadt und die spektakulären Kalksteinfelsen, die sich in den Vororten gen Himmel recken, sind nur ein Vorgeschmack auf die Landschaft im Hinterland. Wer weiter nach Norden fahren und die Regionen Yen Minh, Dong Van und Meo Vac erkunden möchte, muss sich hier eine Reiseerlaubnis besorgen.

🛏 Schlafen & Essen

Günstige Restaurants findet man an der P Nguyen Trai.

Truong Xuan Resort — RESORT $
(381 1102; www.hagiangresort.com; Km 5, P Nguyen Van Linh; DZ 15–20 US$; ❀❀) Dank der wunderbaren Flusslage und der 13 geräumigen Bungalows ist dies die schönste Unterkunft der Stadt. Es gibt ein gutes Restaurant (Hauptgerichte 80 000–220 000 VND) und man kann sogar Kajaks ausleihen, um die Wasserwege zu erkunden. Auch Massagen im Stil der Roten Dao (60 000 VND) und Kräuterbäder (60 000 VND) werden angeboten – ein tolles Erlebnis, wenn man nach vielen Tagen auf dem Motorrad sattelmüde ist. Das Resort liegt etwa 5 km außerhalb der Stadt. Vom Busbahnhof aus zahlt man 30 000 VND für ein *xe om* oder 70 000 VND für ein Taxi.

Huy Hoan Hotel — HOTEL $
(386 1288; P Nguyen Trai; Zi. 180 000–500 000 VND; ❀) Das große Hotel verfügt über geräumige, gut gepflegte Zimmer mit Orientmöbeln und harten Betten. Die neuen Räume sind sehr kitschig, die billigsten fensterlos. Einige Gehminuten entfernt stößt man auf mehrere gute Restaurants.

Duc Giang Hotel — PENSION $
(387 5648; 14 P Nguyen Trai; EZ/DZ/3BZ 140 000/150 000/200 000 VND; ❀) Ein familiengeführtes Gästehaus in zentraler Lage mit hellen, gefliesten Zimmern.

Bien Nho Thanh Thu Restaurant — RESTAURANT
(17 P Duong Huu Nghi; Gerichte ab 100 000 VND) Hier gibt's Exotisches wie Krokodilsteaks, außerdem Fisch und Meeresfrüchte, Gänsefleisch sowie traditionelle Gerichte der Bergvölker aus Ha Giang.

A...Lo — CAFÉ
(P Nguyen Trai; ❀) Freundlicher, verrauchter Laden mit WLAN.

Trung Nguyen Café CAFÉ
(P Nguyen Trai; ☎) Gegenüber dem A...Lo liegt diese hippe Kneipe mit WLAN, ein beliebter Treffpunkt der einheimischen Jugendlichen.

❶ Praktische Informationen

Reisegenehmigungen (300 000 VND) bekommt man in seiner Unterkunft oder in der **Einreisebehörde von Ha Giang** (22 P Tran Quoc Toan; ◷8–12 & 14–17 Uhr). Nebenan gibt's eine kleine Touristeninformation mit einem Modell der umliegenden Landschaften.

Die **Agribank** betreibt eine Filiale mit Geldautomat auf der P Nguyen Trai. Ganz in der Nähe befinden sich mehrere Internetcafés.

❶ An- & Weiterreise

Ha Giangs neuer Busbahnhof liegt am Nordende der Stadt unweit der Brücke des 3. Februar (Verbindungen siehe unten). Von Ha Giang nach Bac Ha gibt's keine Direktverbindungen. Die Strecke ist sehr reizvoll, aber man muss via Xin Man oder Bac Ngam fahren (s. S. 148).

Nach Dong Van oder Meo Vac kommt man auch mit dem Minibus von Karst Plateau Travel (S. 148).

RUND UM HA GIANG

Im Folgenden dreht sich alles um die Motorradfahrt nach Norden in die Regionen Dong Van und Meo Vac. Beide liegen an der Grenze zu China. Inzwischen ist auch eine komplette Nordschleife möglich, indem man die Fahrt von Bao Lac Richtung Nationalstraße 3 und Cao Bang fortsetzt. Öffentliche Verkehrsmittel fahren nur unregelmäßig. Auf alle Fälle braucht man eine gültige Reiseerlaubnis, denn die Polizei in Meo Vac nimmt Touristen, die ohne Erlaubnis in diese Gegend kommen, ein gepfeffertes Bußgeld ab und schickt sie sofort zurück nach Ha Giang.

Nachdem man Ha Giang verlassen hat, überquert man zunächst den **Quan-Ba-Pass** (Himmelstor), eine Strecke für echte

BUSVERBINDUNGEN NACH NORDWESTEN

VERBINDUNG	PREIS	DAUER	ABFAHRT
Dien Bien Phu–Hanoi	ab 300 000 VND	11½ Std.	regelmäßig bis 12 Uhr
Dien Bien Phu–Lai Chau	130 000 VND	6 Std.	5–14 Uhr
Dien Bien Phu–Muong Lay	57 000 VND	2 Std.	5–14 Uhr
Dien Bien Phu–Son La	97 000 VND	4 Std.	regelmäßig bis 12 Uhr
Ha Giang–Dong Van	100 000 VND	5 Std.	10.30 Uhr
Ha Giang–Hanoi	ab 170 000 VND	7 Std.	5–21 Uhr
Ha Giang–Meo Vac	100 000 VND	6 Std.	10.30 Uhr
Lai Chau–Dien Bien Phu	ab 120 000 VND	6 Std.	5–13.30 Uhr
Lai Chau–Hanoi	ab 280 000 VND	12 Std.	5 Uhr & regelmäßig 16–18 Uhr
Lai Chau–Lao Cai	65 000 VND	3½ Std.	5–16 Uhr
Lai Chau–Muong Lay	60 000 VND	3 Std.	5–13.30 Uhr
Lai Chau–Sinho	40 000 VND	2 Std.	6.30 & 13.30 Uhr
Muong Lay–Dien Bien Phu	57 000 VND	2 Std.	5–14 Uhr
Muong Lay–Lai Chau	60 000 VND	3 Std.	5–13.30 Uhr
Muong Lay–Sinho	70 000 VND	2½ Std.	7 Uhr
Sa Pa–Dien Bien Phu	ab 170 000 VND	8 Std.	7.30 Uhr
Sa Pa–Hanoi	ab 210 000 VND	12 Std.	7.30 & 17.30 Uhr
Sa Pa–Lai Chau	70 000 VND	3 Std.	6–16 Uhr
Son La–Dien Bien Phu	ab 97 000 VND	4 Std.	regelmäßig, 5.30–13.30 Uhr
Son La–Hanoi	ab 125 000 VND	8½ Std.	alle 30 Min., 5–13 Uhr
Son La–Ninh Binh	ab 135 000 VND	9 Std.	5.30 Uhr
Tuan Giao–Dien Bien Phu	46 000 VND	2½ Std.	regelmäßig bis 15.30 Uhr
Tuan Giao–Hanoi	210 000 VND	11½ Std.	regelmäßig bis 14 Uhr
Tuan Giao–Son La	65 000 VND	3 Std.	regelmäßig bis 15.30 Uhr

AUF DEM MOTORRAD DURCH DIE BERGE

Spektakuläre Landschaft, wenig Verkehr, verbesserte Straßen – immer mehr Traveller fahren mit dem Motorrad über die „Nordwestschleife" von Hanoi hinauf nach Lao Cai, hinüber nach Dien Bien Phu und zurück in die Hauptstadt. Eine neue Herausforderung für Wagemutige sind die Wege, die nach Norden Richtung China in die faszinierenden Provinzen Ha Giang und Cao Bang führen.

In Hanoi gibt's mehrere spezialisierte Motorradtouranbieter; hier kann man alles organisieren. Entwedermodus schließt man sich einer Gruppe an (S. 557) oder engagiert einen Guide, der die Straßen kennt und bei technischen oder sprachlichen Hindernissen hilft. Vor dem Start sollte man sich mit seinem Fahrzeug vertraut machen und sich über den aktuellen Zustand der Strecke kundig machen.

Ein Großteil der Motorräder in Vietnam hat nur kleine Motoren (unter 250 cm^3). Viele Jahre bevorzugten Reisende die in Weißrussland gebaute robuste Minsk, die nach wie vor eingeschworene Fans hat. Wer mehr wissen möchte, kann sich unter www.minskclubvietnam.com informieren. Dort lassen sich auch kostenlose Handbücher als PDF herunterladen. Die Minsk ist ein skurriles Motorrad und nicht gerade für Zuverlässigkeit bekannt, aber für holprige Straßen bestens geeignet. In Nordvietnam war sie jahrelang verbreitet und viele Mechaniker wissen, wie man sie repariert. Heute wird sie zunehmend von Mopeds und chinesischen Rennrädern verdrängt.

Hondas (wie die GL160) und Geländemotorräder eignen sich ebenfalls. Sie gelten als zuverlässig und haben gute Stoßdämpfer. Manche Leute fahren auch Mopeds (z. B. die 100 cm^3 der Honda-Wave-Serie), die ebenfalls verlässlich sind. Ihre automatische Schaltung erleichtert unerfahrenen Fahrern die Bedienung. Trotzdem verursachen Schlaglöcher Gesäßschmerzen.

Mietunternehmen helfen mit Checklisten aus; am wichtigsten sind ein guter Helm, ein Handy mit lokaler Sim-Karte für Notfälle, ein Regenschutz, ein Koffer mit Ersatzteilen und Werkzeug (inklusive Zündkerzen, Schraubenschlüssel, Reifenschlauch und Reifenmontiereisen), eine Luftpumpe und gute Karten. Auf Knie- und Ellenbogenschutz sollte man ebenfalls nicht verzichten.

Vietnams Nationalstraßen können höllisch sein. Es ist sinnvoll, die lange Strecke nach Norden bis Lao Cai mit dem Zug zu fahren. Man kann das Motorrad in einen Güterwagen verfrachten und im Schlafwagen übernachten. Den Sprit muss man (fast) ganz ablassen. In Lao Cai lädt man das Fahrzeug ab, bepackt es, tankt es voll – und los geht's.

Besonders bei Regen sollte man langsam machen: Dann verwandeln sich glatte Asphaltstraßen innerhalb kürzester Zeit in Matschpisten. Während oder direkt nach heftigen Gewittern sollte man nicht unterwegs sein, denn dann kann es zu Erdrutschen kommen (viele Straßen in den Bergen sind noch neu und die Böschungen vielleicht nicht ausreichend befestigt). Man muss mit einer Durchschnittsgeschwindigkeit von 35 km/h rechnen. Parken empfiehlt sich nur auf sicheren Hotelparkplätzen. An Tankstellen kann man davon ausgehen, dass Sprit dort nicht mit Wasser verdünnt wurde.

Reichen Zeit oder Energie nicht aus, ist es gut zu wissen, dass viele Busgesellschaften Motorräder auf dem Busdach transportieren, aber dazu benötigt man die Genehmigung des Mietunternehmens.

Zu den empfehlenswerten Motorradspezialisten in Hanoi zählen Cuong's Motorbike Adventure (S. 85) und Offroad Vietnam (S. 85).

Romantiker. Die Straße windet sich über einen Sattel und bietet einen fantastischen Ausblick. Bei der Vorstellung, welche Naturkräfte gewaltet haben müssen, um die unglaublichen Kalksteintürme hervorzubringen, wird einem ganz schwindelig zumute.

Auf der Spitze des Quan-Ba-Passes befindet sich ein neues Informationszentrum mit Aussichtspunkt, der einen tollen Blick auf Yen Minh bietet. Eine englischsprachige Informationstafel beschreibt das 2011 ins Leben gerufene Projekt, das **Dong-Van-Karstplateau** zum Teil des globalen Unesco-Netzwerks nationaler Geoparks zu erklären. Es ist der erste von der Unesco anerkannte Geopark in Vietnam bzw. zweite in Südostasien nach dem Langkawi-Park in Malaysia (siehe auch unter http://en.dongvangeopark.com).

Durch Kieferwälder geht's hinunter nach **Yen Minh**, wo sich eine Pause lohnt, bevor man das letzte Stück durch die surreale Landschaft nahe China antritt.

Dong Van ist ziemlich weit ab vom Schuss, aber im Ort wird ein großartiger Sonntagsmarkt abgehalten, außerdem ist es ein guter Startpunkt für Tageswanderungen zu Bergdörfern. Hier gibt's eine hübsche Altstadt und ein schönes, 100 Jahre altes Handelshaus zu sehen, in dem das flippige **Café Pho Co** (Alter Markt; 10–23 Uhr) untergebracht ist. Als beste Unterkunft am Ort – und als beste Informationsquelle – gilt das relaxte **Rocky Plateau Hotel** (385 6868; rocky plateau@gmail.com; Zi. 250 000 VND; @). Das Haus ist mit bunter Kunst dekoriert. Achtung: Der nächste Geldautomat steht erst in Ha Giang.

Hinter Dong Van verläuft der spektakuläre **Mai-Pi-Leng-Pass** für weitere 22 km nach **Meo Vac**. Die Straße wurde in den Fels gesprengt; tief unten tost das Wasser des Nho-Que-Flusses und oben türmen sich die Felsen über der mächtigen Schlucht auf.

Meo Vac ist eine zwischen Bergen eingezwängte Bezirkshauptstadt. Wie viele Orte im Nordwesten wurde sie stetig von Vietnamesen anderer Regionen besiedelt. Gegenüber dem Busbahnhof liegt das **Hoa Cuong Hotel** (387 2888; Zi. 15–20 US$; @❄🛜), eine beeindruckende Unterkunft für ein solches Kaff, mit großen Zimmern und Flachbildfernsehern. Nebenan werden im Supermarkt Instantnudeln und Snacks verkauft.

Es gibt ein paar *com-pho*-Lokale im Ort und einige Lebensmittelstände auf dem Markt. Man sollte nicht überrascht sein, wenn einem „Bienenwein", eine regionale Spezialität, angeboten wird. Wir wissen nicht, ob er aus Bienen und Honig oder aus „100 % Bienen" besteht, aber in kühlen Nächten ist er ein anregendes Getränk.

Wie Dong Van, hat auch Meo Vac einen guten Sonntagsmarkt, und man kann problemlos beide an einem Tag besuchen. Eine Fahrt mit dem *xe om* zwischen beiden Orten kostet ca. 220 000 VND.

RICHTUNG SÜDEN NACH CAO BANG

Inzwischen dürfen Ausländer von Meo Vac nach Bao Lac in der Provinz Cao Bang reisen. Für diese spektakuläre Strecke benötigt man allerdings eine Reiseerlaubnis aus Ha Giang. Ein Großteil der Straße ist mittlerweile asphaltiert, kann aber nach wie vor am besten mit Geländemotorrädern oder Jeeps bewältigt werden. Außerdem fährt täglich 9 Uhr ein öffentlicher Bus von Meo Vac (170 000 VND) nach Cao Bang (S. 121).

Südlich von Meo Vac erreicht man nach 20 km Khau Vai. Die Kleinstadt ist für ihren **Liebesmarkt** bekannt, der einmal im Jahr stattfindet. Hier halten die Bergvölker nach potenziellen Ehepartnern Ausschau. Das ist sicher eine faszinierende Tradition, aber durch die etwa fünfzig Busladungen vietnamesischer Touristen, die sich mittlerweile als Zaungäste einfinden, verkommt das einzigartige Event zu einer Art Zirkusveranstaltung. Der Markt wird am 27. Tag des dritten Mondmonats im vietnamesischen Kalender veranstaltet, also meist zwischen Ende April und Mitte Mai.

Hinter Khau Vai führt eine neue Brücke über den Nho-Que-Fluss und von dort verläuft die Straße weiter nach Süden bis Bao Lac. Nun folgen noch einmal sieben Stunden über Holperstraßen via Nguyen Binh nach Cao Bang.

Derzeit ist es nicht möglich, diese Strecke aus der anderen Richtung von der Provinz Cao Bang aus zu befahren, denn um die Grenzregion bereisen zu dürfen, braucht man eine in der Stadt Ha Giang ausgestellte Reiseerlaubnis.

Nördliches Zentralvietnam

Inhalt »

Ninh-Binh-Provinz 154
Vinh.............................. 161
Rund um Vinh 163
Phong-Nha-Ke-Bang-
Nationalpark 163
Dong Hoi & Umgebung.. 166

Gut essen

» Thuong Hai (S. 162)
» Huong Mai Restaurant (S. 155)
» Besucherzentrum im Cuc-Phuong-Nationalpark (S. 159)

Schön übernachten

» Phong Nha Farmstay (S. 165)
» Nam Long Hotel (S. 167)
» Thanh Thuy's Guest House & New Hotel (S. 154)

Auf ins nördliche Zentralvietnam

Das nördliche Zentralvietnam wird nie Asiens nächstes Strandmekka oder Kulturregion. Es ist vielmehr eine arme traditionelle Region mit kalten Wintern, deren Städte wie Vinh noch immer Spuren des Vietnamkriegs aufweisen. Wenn man ein wenig Zeit für die Gegend einplant, stößt man jedoch trotzdem auf bemerkenswerte Sehenswürdigkeiten, eine wunderschöne Landschaft und tolle Ausflugsmöglichkeiten.

In aller Munde ist die bemerkenswerte Umgebung von Phong Nha mit ihren drei riesigen Höhlensystemen (darunter die größte Höhle der Welt), die sich in einem beeindruckenden Nationalpark aus hohen Sandsteinfelsen und unberührten Wäldern erstrecken.

Die Ninh-Binh-Provinz wartet mit karstbewachsenen Bergen auf und hat ebenfalls ihren Charme, genauso wie die benachbarte grüne Schönheit Cuc Phuong. An der Küste eignet sich der Hafenort Dong Hoi als schöner Zwischenstopp für einen oder zwei Tage fernab der Touristenmassen.

Reisezeit
Ninh Binh

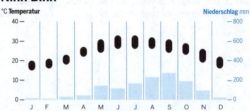

April Der Winterwind flaut ab, die Temperaturen steigen und Phong Nhas Flüsse bieten Abkühlung.

Okt. Ideale Reisezeit: Die Tage sind warm, die Abende mild und die Meerestemperatur hoch wie nie.

Dez. Zur Weihnachtszeit füllt sich die katholische Kathedrale von Phat Diem mit Gläubigen.

Highlights

1 Im **Phong-Nha-Ke-Bang-Nationalpark** (S. 163) die umwerfende Landschaft bewundern und abwechslungsreiche Wanderungen oder Radtouren unternehmen

2 Einen Ausflug in den herrlichen **Cuc-Phuong-Nationalpark** (S. 158) machen

3 Die unberührte **Paradieshöhle** (S. 164) erforschen

4 Während man in einem Boot über den Ngo Dong gleitet, die Karstmonolithen von **Tam Coc** (S. 156) bestaunen

5 An den **alten Tempeln von Hoa Lu** (S. 157) eine großartige Aussicht genießen

6 Seine Fantasie von der Ost-trifft-West-Architektur der **Kathedrale in Phat Diem** (S. 160) anregen lassen

7 Die gewaltige **Phong-Nha-Höhle** (S. 164) erkunden

Geschichte

Die heute ruhige Region hat zur Genüge historische Momente erlebt. Nachdem Vietnam im 10. Jh. fast ein Jahrtausend chinesischer Herrschaft abgeschüttelt hatte, wählte einer der frühesten Kaiser Hoa Lu zu seiner Hauptstadt. Seine Burg ließ er im Schutz der sich auftürmenden Karstkegel errichten. Im 13. und 14. Jh. führte die Tran-Dynastie einen besonderen verwaltungspolitischen Kompromiss ein: Die Thronerben traten die Nachfolge ihrer Väter als offizielle Könige an, während die Väter weiter aus der inoffiziellen Hauptstadt Tuc Mac 5 km von Nam Dinh entfernt regierten. Dies verhinderte Erbfolgestreitigkeiten und machte die Tran-Dynastie zu einer der politisch stabilsten und wohlhabendsten Perioden der vietnamesischen Geschichte.

Während des Vietnamkriegs legten amerikanische Bombenangriffe die meisten Städte der Region in Schutt und Asche und verseuchten das Umland mit tödlichen Blindgängern. Auch heute noch ist das nördliche Zentralvietnam eine arme, schlecht entwickelte Region, deshalb suchen viele Bewohner ihr Glück in den großen Städten.

An- & Weiterreise

Durch die Gegend führen die bedeutende Nord-Süd-Eisenbahnstrecke und die Nationalstraße 1. Außerdem gibt's in Vinh und Dong Hoi Flughäfen mit Verbindungen nach Ho-Chi-Minh-Stadt (HCMS) und Hanoi.

Ninh-Binh-Provinz

Die Provinz südlich von Hanoi lockt mit einer unglaublich schönen Landschaft, interessanten kulturellen Sehenswürdigkeiten und dem wunderschönen Cuc-Phuong-Nationalpark. Ninh Binh hat sich jedoch auch zu einem beliebten Reiseziel für Vietnamesen entwickelt und so sind viele der Sehenswürdigkeiten stark kommerzialisiert. Bei den wichtigsten Attraktionen muss man sich auf viele Bettler und eventuelle Scherereien einstellen.

NINH BINH
030 / 141 800 EW.

Ninh Binh ist eine durch und durch provinzielle Industriestadt und an sich kein Reiseziel, eignet sich jedoch als Ausgangsbasis für den Besuch typisch vietnamesischer Karstkegel. Im Ort selbst geht's nicht gerade ruhig zu (mitten durchs Zentrum donnert die Nationalstraße 1), es gibt aber einige schöne Seitenstraßen und traditionelle Viertel. Man trifft hier immer ein paar westliche Traveller, wobei die nahe gelegenen Sehenswürdigkeiten wie die größte Pagode des Landes (S. 161) und die Trang-An-Grotten (S. 158) deutlich mehr inländische Touristen anziehen.

Wer also keine Lust auf Backpackerkneipen mehr hat, kann Ninh Binh dazu nutzen, um tagsüber Ausflüge in die wunderschöne ländliche Umgebung zu unternehmen und sich abends wie die Einheimischen mit gegrilltem Ziegenfleisch und *bia hoi* (Bier vom Fass) in der Nähe der lokalen Brauerei die Zeit zu vertreiben.

Geführte Touren

Ausflüge zu den Sehenswürdigkeiten rund um Ninh Binh kann man in Hotels wie dem Thanh Thuy's buchen, wo man auf die Reiseleiter **Truong** (091 566 6911; truong_tour@yahoo.com) und **Binh** (094 422 9166) trifft. Für einen Motorradausflug mit Begleitung über kleine Straßen im Inland zahlt man etwa 10 US$ pro Tag. Am besten erkundigt man sich bei den beiden nach Wanderungen im Pu-Luong-Naturschutzgebiet, einem nahezu unberührten Gebiet, das sich über zwei Bergrücken erstreckt. Quartier bieten dort Thai- und Hmong-*homestays* (Privatunterkünfte bei Familien). Darüber hinaus besteht die Möglichkeit Minsk-Motorräder zu mieten und damit zu Märkten und Dörfern ethnischer Minderheiten zu fahren.

Schlafen

In Ninh Binh werden die hochwertigsten Unterkünfte des Landes angeboten. Viele Hotelangestellte vermitteln Touren und sprechen wie die Reiseführer gutes Englisch.

LP TIPP **Thanh Thuy's Guest House & New Hotel** HOTEL $
(387 1811; www.hotelthanhthuy.com; 128 Đ Le Hong Phong; Pension Zi. 7–10 US$, Hotel Zi.15–25 US$;) Wahrscheinlich ist das freundliche, beliebte Hotel der beste Ort, um andere Traveller kennenzulernen. Hier sind Reiseleiter beschäftigt, die sich bestens in der Gegend auskennen und tolle Ausflüge anbieten. Die sauberen Zimmer, von denen manche mit Balkonen aufwarten, haben alle eine etwas unterschiedliche Einrichtung und liegen zumeist abseits der Straße. Im Than Thuy's fühlt man sich wie zu Hause.

Thuy Anh Hotel HOTEL $$
(387 1602; www.thuyanhhotel.com; 55A Đ Truong Han Sieu; EZ/DZ im alten Flügel 20/25 US$, EZ/DZ im neuen Flügel 30/45 US$;) Eine 1993

Ninh Binh

😴 Schlafen
1. Kinh Do Hotel A1
2. Thanh Binh Hotel A1
3. Thanh Thuy's Guesthouse &
   New Hotel A1
4. Thuy Anh Hotel A2

🍴 Essen
5. Huong Mai Restaurant A1
6. Schneckenrestaurants A1

🍷 Ausgehen
7. Bia hoi B1
8. Bia hoi A1

eröffnete, gut geführte Bleibe, die sich zu Recht großer Beliebtheit erfreut. Die günstigeren Zimmer im alten Block lohnen ihren Preis ebenso wie die sauberen, modernen Räume im hinteren Teil, die makellos, sehr gut eingerichtet, geschmackvoll möbliert und gemütlich sind. Im Obergeschoss gibt's eine Bar und ein Restaurant mit westlichem Essen, darunter herzhaftes Frühstück.

Ninh Binh Legend Hotel HOTEL $$$
(☎389 9880; www.ninhbinhlegendhotel.com; Tien Dong Zone; Zi./Suite ab 77/126 US$; ❄@🌐💦) Das auffällige neue Vier-Sterne-Hotel 2 km nordwestlich des Zentrums verfügt über 108 wunderbar ausgestattete Zimmer in vier Preiskategorien. Alle sind hell und geräumig, haben Hartholzböden und bieten einen Blick auf Reisfelder. Zum Ninh Binh Legend gehören ein gutes Fitnessstudio, ein Spa, ein Tennisplatz und ein großes teures Restaurant.

Thanh Binh Hotel HOTEL $
(☎387 2439; www.thanhbinhhotelnb.com.vn; 31 Đ Luong Van Tuy; EZ 10–25 US$, DZ 15–30 US$; ❄@🌐) In der Nähe der Nationalstraße lockt diese beliebte Unterkunft mit einem hauseigenen Restaurant, einer Vielzahl verschiedener Zimmer (am besten sind die im Obergeschoss) und einem im Preis inbegriffenen Frühstück. Der Besitzer ist freundlich und es gibt einen günstigen Fahrrad- und Motorradverleih.

Kinh Do Hotel HOTEL $
(☎389 9152; http://kinhdohotel.vn; 18 Đ Phanh Dinh Phung; Zi. 250 000 VND; ❄@) An der Rezeption spricht kaum jemand Englisch, doch die geräumigen, sauberen Zimmer mit den hohen Decken punkten mit einem hervorragenden Preis-Leistungsverhältnis, auch wenn die Betten etwas hart sind. Außerdem ist im Gebäude ein (schlichter) Wellnessbereich mit Dampfbad und Massage untergebracht.

🍴 Essen & Ausgehen
Ninh Binh hat nur wenige Restaurants und nach 21 Uhr bekommt man kaum noch etwas zu essen. Die lokale Spezialität ist *de* (Ziegenfleisch), das mit frischen Kräutern und Reispapier zum Einrollen serviert wird. Es wird an der Straße zu den Trang-An-Grotten, 3 km außerhalb der Stadt, in zahlreichen **Ziegenfleischlokalen** serviert.

Darüber hinaus gibt's noch eine weitere Delikatesse: In den Gassen nördlich der Đ Luong Van Tuy liegen unweit des Stadions mehrere **Schneckenrestaurants**, wo köstliche *oc luoc xa* (mit Zitronengras und Chili gekochte Schnecken) auf der Karte stehen. Gleich um die Ecke stößt man auf entspannte Bars.

Trotz der englischen Speisekarten können die Angestellten im **Huong Mai Restaurant** (12 Đ Tran Hung Dao; Gerichte 20 000–80 000 VND) die Sprache nicht sprechen. Wir empfehlen die in Rindfleischbrühe gekochten Reisküchlein sowie das leckere Ziegenfleisch, den Fisch und die Meeresfrüchte und exotische Gerichte wie Aal mit Banane.

In den wärmeren Monaten schmeckt **bia hoi** am besten. Man bekommt es an den Straßenständen gegenüber vom Thanhthuy und in den Lokalen am Fluss nahe der Brauerei.

Praktische Informationen

BIDV (Đ Le Hong Phong) Geldautomat und Wechselstube.
Hauptpost (Đ Tran Hung Dao)
Internet (Đ Luong Van Tuy; 6 000 VND/Std.) In dieser Straße gibt's zahlreiche Internetcafés.
Krankenhaus (Benh Vien Da Khoa Tinh; ☎387 1030; Đ Hai Thuong Lan)
Vietin Bank & Geldautomat (Đ Tran Hung Dao)

An- & Weiterreise

BUS Der **Busbahnhof** (Đ Le Dai Hanh) befindet sich in der Nähe der Lim-Brücke gleich unterhalb der Überführung nach Phat Diem. Öffentliche Busse fahren bis 19 Uhr alle 15 Min. zu den Busbahnhöfen Giap Bat und Luong Yen in Hanoi (55 000 VND, 2½ Std., 93 km). Ninh Binh wird außerdem von Open-Tour-Bussen angesteuert, die zwischen Hanoi (6 US$, 2 Std.) und Hue (13 US$, 10 Std.) verkehren.

ZUG Ninh Binhs **Hauptbahnhof** (Ga Ninh Binh; 1 Đ Hoang Hoa Tham) ist ein Haltepunkt auf der Nord-Süd-Linie nach Hanoi (55 000 VND, 2–2 ½ Std., 4-mal tgl.), Vinh (90 000 VND, 6 Std., 3-mal tgl.) und Hue (275 000 VND, 12½– 13½ Std., 4-mal tgl.).

Unterwegs vor Ort

In vielen Hotels kann man Fahrräder (1–2 US$ pro Tag) und Motorräder (5–8 US$ pro Tag, mit Fahrer 10 US$) mieten.

TAM COC

Viele Traveller kommen nach Ninh Binh, um die Kalksteinformationen zu sehen, die sich aus hübschen Reisfeldern erheben. Am schönsten ist das Erlebnis bei einer verträumten Ruderbootfahrt flussabwärts, zu dem sanften Geräusch des Wassers, das gegen die Ruder plätschert.

Sehenswertes & Aktivitäten

Tam-Coc-Flussfahrten FLUSSFAHRT
(Eintritt 30 000 VND, Schiff 60 000 VND) Tam Coc („Drei Höhlen") erstreckt sich über 2 km am Ngo-Dong-Fluss und ist von einer unwirklichen landschaftlichen Schönheit, allerdings auch dementsprechend beliebt: Oft drängen sich zahlreiche Boote auf dem Wasser, was natürlich auch viel Lärm mit sich bringt. Um den Ausflug wirklich zu genießen, besucht man die Gegend am besten frühmorgens oder spätnachmittags.

Auf jedes Ruderboot passen zwei Personen. Während der Fahrt (ca. 2 Stunden) passiert man die drei Höhlen, für die Tam Coc berühmt ist: Hang Ca (127 m lang), Hang Giua (70 m lang) und Hang Cuoi (45 m lang).

Sonnencreme, einen Hut oder Sonnenschirm sollte man besser nicht vergessen, denn es gibt nirgendwo Schatten. Die Bootsführer können geschickt mit den Füßen rudern, was Touristen gerne mit ihren Kameras festhalten.

TAM-COC-THEATER

Die Kalksteinformationen von Tam Coc sind zwar umwerfend, allerdings muss man dafür aufdringliche Getränkeverkäufer, Kunsthandwerker und kameraschwenkende Straßenhändler, die einem ein Foto andrehen wollen, in Kauf nehmen. Oft wirken Touristen auf den aus Tam Coc zurückkehrenden Booten erschöpft. Ein freundliches, aber bestimmtes „Nein" und totales Desinteresse helfen am besten gegen unerwünschte Angebote.

Van Lan DORF
Hinter den Restaurants von Tam Coc liegt in der Nähe des Eingangs das für seine Stickereien berühmte Dorf Van Lan. Handwerker stellen hier Servietten, Tischdecken, Kissenbezüge und T-Shirts her. Einiges davon bekommt man vielleicht bei der Bootsfahrt angeboten. In dem Fall ist gnadenloses Feilschen angesagt!

GRATIS **Bich-Dong-Pagode** TEMPEL
(Jade Grotto) Diese bezaubernde Ansammlung mehrerer Höhlentempel liegt ein paar Kilometer nördlich von Tam Coc. Die Untere Pagode befindet sich am Fuß des Karstkegels, etwa 100 Schritte von der Mittleren Pagode entfernt. Der Zugang zur Oberen Pagode ist kürzer, aber steiler.

In jedem Höhlentempel sorgen hohe Statuen und Weihrauch für eine Atmosphäre der etwas anderen Art. Draußen genießt man einen unglaublichen Ausblick auf die Landschaft.

Schlafen & Essen

Es gibt in Van Lan ein paar Pensionen, darunter das **Lang Khanh** (☎361 8073; langkhanhtc@yahoo.com.vn; Zi. 6–12 US$; ❋), ein Familienbetrieb mit ordentlichen, sauberen Zimmern und einem einfachen Restaurant (Mahlzeiten 35 000–60 000 VND).

ℹ An- & Weiterreise

Tam Coc liegt 9 km südwestlich von Ninh Binh. Die Hotels in Ninh Binh bieten Touren dorthin an, doch man kann die Gegend auch auf eigene Faust mit Fahrrädern oder Motorrädern erkunden. Das Hotelpersonal empfiehlt gerne ein paar schöne Routen im Hinterland.

Reiseveranstalter in Hanoi organisieren Tagesausflüge nach Tam Coc und Hoa Lu für etwa 20 bis 30 US$.

MUA-HÖHLE

Die am Ende einer Straße zwischen Reisfeldern versteckte Höhle (Tanzhöhle; Eintritt 20 000 VND) ist nicht sonderlich eindrucksvoll, punktet aber mit einem tollen Ausblick von dem Hügel darüber. Eine Steintreppe neben dem Höhleneingang führt im Zickzack auf den Karstberg (Vorsicht vor dem Ziegenkot!). Bis zum Gipfel muss man 450 Stufen erklimmen. Oben steht ein einfacher Altar für Quan Am, Göttin der Barmherzigkeit. Richtung Westen sieht man den Ngo-Dong-Fluss, der sich durch Tam Coc schlängelt.

Der Aufstieg ist asphaltiert, aber teilweise steil. Für den Ausflug sollte man eine Stunde einplanen. Die Mua-Höhle befindet sich 5 km nördlich von Ninh Binh und gilt als beliebter Zwischenstopp auf Touren nach Tam Coc.

HOA LU

Während der Dinh-Dynastie (968–80) und der frühen Le-Dynastie (980–1009) war Hoa Lu die vietnamesische Hauptstadt. Die Dinh wählten diesen Standort, um auf diese Weise möglichst viel Abstand zwischen sich und den Chinesen zu bringen.

Ein Großteil der alten Zitadelle ist nur noch eine Ruine, aber der Berg Yen Ngua bildet eine reizvolle Kulisse für zwei übrig gebliebene Tempel (Eintritt 12 000 VND). Der Dinh Tien Hoang ist der Dinh-Dynastie geweiht und hat den Steinsockel eines Königsthrons. Im Inneren befinden sich Bronzeglocken und eine Statue des Kaisers Dinh Tien Hoang mit seinen drei Söhnen.

Der zweite Tempel ist dem Monarchen Le Dai Hanh geweiht. Er beherbergt Trommeln, Gongs, Weihrauchgefäße, Kerzenhalter und Waffen. In der Mitte sieht man eine Statue des Königs mit der Königin zur Rechten und ihrem Sohn zur Linken.

In einem schlichten Museum sind Teile der Stadtmauer aus dem 10. Jh. ausgestellt.

Einen tollen Blick auf die Ruinen hat man, wenn man 20 Minuten zum Grab Kaiser Dinh Tien Hoangs hinaufwandert. Der Pfad über den Hügel beginnt gegenüber dem Ticketbüro.

Hoa Lu liegt 12 km nordwestlich von Ninh Binh. 6 km nördlich der Stadt biegt man links von der Nationalstraße 1 ab. Es gibt hier keine öffentlichen Verkehrsmittel.

CHUA BAI DINH

GRATIS Der Chua Bai Dinh (⊙7–17.45 Uhr), ein bombastischer neuer buddhistischer Komplex nordwestlich von Ninh Binh, beeindruckt schon alleine durch sein Ausmaß. Er erstreckt sich über den Hügel eines runden Karstbergs.

Am kleinen Eingangstor geht's nach rechts an kreuzgangähnlichen Gängen sowie 500 Stein-*arhats* (erleuchtete Buddhisten) vorbei, die den Weg zur großen dreistöckigen Phap-Chu-Pagode säumen. In Letzterer steht ein 10 m hoher, 100 Tonnen schwerer Bronzebuddha (inmitten greller Lichter und ein paar Pyramiden), flankiert von zwei weiteren vergoldeten Buddhafiguren.

Die Treppenstufen dahinter führen zu einem Aussichtspunkt, einer 13-stöckigen Pagode (war bei unserem Besuch fast fertig) und einem riesigen Buddha. Wer mitten durch die Anlage zurückspaziert, passiert weitere Tempel. Einer davon beherbergt eine 36 t schwere Glocke, die 2006 in Hue gegossen wurde und die größte in Vietnam ist.

An manchen Tagen zieht der Chua Bai Dinh Tausende vietnamesische Besucher an, darunter viele Tagesausflügler. Allzu viel Spiritualität und Frieden herrschen hier also nicht. Der Komplex hat aber auch sein Gutes: Viele Gebäude wurden aus Naturmaterialien gebaut und an einigen finden sich beeindruckende Holzschnitzereien, Lackarbeiten und Steinritzungen.

Der Chua Bai Dinh liegt 11 km nordwestlich von Ninh Binh. Auf dem Weg dorthin passiert man Trang An sowie Dutzende Ziegenfleischlokale.

KENH GA

Wahrscheinlich wurde das schön gelegene Dorf Kenh Ga (Hühnerkanal) nach den zahlreichen wilden Hühnern benannt, die es hier einmal gab. Heute sind es das **Leben am Fluss** und die Karstformationen, die besonders anziehend auf Touristen wirken.

Die Einwohner scheinen den größten Teil ihres Lebens in und auf dem Wasser zu verbringen: Sie wachen über ihre schwimmenden Zuchtflöße, ernten Flussgras, mit dem sie Fische füttern, oder verkaufen von Boot zu Boot Gemüse. Sogar die Kinder nehmen den Wasserweg zur Schule. Bis vor einigen Jahren spielte sich fast das ganze Dorfleben auf dem

Wasser ab, aber mit zunehmendem Wohlstand wächst die Zahl der Häuser am Ufer.

Vom Pier aus kann man sich von Motorbooten (70 000 VND) etwa 1½ Stunden um das Dorf fahren lassen. Kenh Ga befindet sich 21 km von Ninh Binh an der Straße zum Cuc-Phuong-Nationalpark. Wer es besuchen möchte, folgt der Nationalstraße 1 etwa 11 km nach Norden. Dann geht's 10 km Richtung Westen bis zur Bootsanlegestelle.

VAN-LONG-NATURSCHUTZGEBIET
Zwischen mehreren spektakulären Kalksteinspitzen stößt man auf dieses ruhige **Naturschutzgebiet** (Eintritt 15 000 VND, Boot 90 000 VND), dessen schilfreiche feuchte Landschaft sich ideal zur **Vogelbeobachtung** eignet. Der seltene Schwarzstirnlöffler, Koromandelzwergenten und Brauenschnäpper wurden hier ebenso gesichtet wie vor dem Aussterben bedrohte Delacour-Languren. Das Reservat gehört zu einem ihrer letzten Rückzugsgebiete.

Eine **Fahrt mit dem Ruderboot** hierher (max. 2 Personen pro Boot) ist wunderbar entspannend.

Van Long liegt 2 km östlich von Tran Me, einer kleinen Stadt 23 km von Ninh Binh an der Straße nach Cuc Phuong.

TRANG-AN-GROTTEN
Eine bedeutende Neuerung am Fluss, **Trang An** (◐ 7.30–16 Uhr), ist vergleichbar mit Tam Coc, jedoch überaus kommerziell. Die Vielzahl der Boote, die Nähe zur Autobahn, die riesigen Parkplätze und die Staus am Wochenende sowie der allgegenwärtige Nepp machen es zu einer Art Touristenzirkus. Hat man es tatsächlich in ein Ruderboot geschafft, paddelt man auf dem Sao Khe durch eine Reihe von **Kalksteinhöhlen**. Die Lage bessert sich hier zwar, trotzdem ist die Sehenswürdigkeit total überlaufen.

Ausflüge durch die Höhlen und Tunnel (100 000 VND für max. 4 Pers.) dauern zwei Stunden. Es gibt keinen Schatten, deshalb sollte man seinen Hut und die Sonnenmilch nicht vergessen.

Trang An befindet sich 7 km nordwestlich von Ninh Binh. Besucher gelangen über die breite Nationalstraße, die aus der Stadt herausführt, dorthin.

CUC-PHUONG-NATIONALPARK
♪ 030 / 150–656 M

Der Primärwald dieses großartigen **Nationalparks** (Map S. 153; ♪ 384 8006; www.cucphuongtourism.com; Erw./Kind 20 000/10 000 VND) wartet mit einer erstaunlich vielfältigen Flora und Fauna auf, die ihn zu einem der wichtigsten Reservate Vietnams machen. Zu den hier beheimateten Wildtieren gehören 307 Vogel-, 133 Säugetier-, 122 Reptil- und über 2000 Pflanzenarten.

Der Park bedeckt ein Gebiet, das zwei Kalksteingebirgsketten in drei Provinzen umfasst. Sein höchster Gipfel ist der Dinh May Bac (Silberwolkengipfel) mit 656 m. Ho Chi Minh persönlich nahm sich 1962 während des Vietnamkriegs Zeit, um ihn als erstem Nationalpark des Landes zu erklären. Dazu sagte er folgenden Satz: „Wald ist Gold." Trotz Hos Mahnrede wird das Schutzgebiet nach wie vor von Wilderei und Zerstörung des natürlichen Lebensraums geplagt. Verbesserte Straßen erleichtern den illegalen Holzschlag, außerdem sind durch den menschlichen Einfluss bereits viele endemische Arten wie der Asiatische Schwarzbär, das Siam-Krokodil, Wildhunde und Tiger aus der Gegend verschwunden.

Mehr über die Anstrengungen, die der Park in Sachen Naturschutz unternimmt, erfahren Besucher des hervorragenden Endangered Primate Rescue Center und des Turtle Conservation Center (s. Kasten S. 159).

Im Reservat lebt auch das Volk der Muong. Die Regierung siedelte es in den 1980er-Jahren vom zentralen Tal in das westliche Ende des Parks um. Vordergründig sollten die Angehörigen dieser ethnischen Minderheit auf diese Weise ermutigt werden, von ihrer Anbautechnik des Rodens und Verbrennens zur sesshaften Landwirtschaft überzugehen, aber in Wirklichkeit ging es wohl eher darum, Platz für das Vorzeigeprojekt der Regierung zu schaffen: den Ho Chi Minh Highway, der später einen Teil des früheren Grünlandes der Muong durchschnitt.

Als Besuchszeit eignen sich am besten die trockenen Monate von November bis Februar. Von April bis Juni wird es zunehmend heißer, feuchter und matschiger. Zwischen Juli und Oktober kommt es zu starken Regenfällen und es gibt viele Blutegel. Im April und Mai können die Besucher mit etwas Glück einige der Millionen Schmetterlinge sehen, die hier ihre Eier ablegen. Am Wochenende, wenn die vietnamesischen Familien kommen, wird es oft voll.

Im Besucherzentrum arbeiten hilfreiche Englisch sprechende Angestellte, die auch Reiseleiter und Touren vermitteln.

◉ Sehenswertes & Aktivitäten
Cuc Phuong bietet hervorragende Wandermöglichkeiten und verfügt über einen gro-

RETTUNG FÜR AFFEN UND SCHILDKRÖTEN

Cuc Phuongs **Tierschutzzentren** (Eintritt frei, mit Führer 10 000 VND) gewähren einen Einblick in ihre faszinierende Arbeit. Das **Endangered Primate Rescue Center** (✆384 8002; www.primatecenter.org; ◷9.30–11.30 & 13.30–16.30 Uhr) beherbergt rund 150 Tiere: 12 Languren-, drei Gibbon- und zwei Lorisarten. Languren haben lange Schwänze und leben in Bäumen, Gibbons sind langarmige, Früchte essende Affen und Loris kleinere nachtaktive Primaten mit großen Augen. Besucher sollten die Augen nach Vinh, einem unglaublich agilen, wenn auch behinderten Gibbon (sein Arm wurde bei einem Kampf mit einem Jäger gebrochen), offenhalten.

Alle im Zentrum lebenden Tiere sind entweder hier aufgewachsen oder wurden vor illegalen Händlern gerettet (in China bringen Affen wegen ihres vermeintlichen „medizinischen" Werts viel Geld ein).

Bisher wurden hier bereits mehr als 100 Nachkommen gezüchtet, darunter der Cat-Ba-Langur sowie der Graue Kleideraffe, beide weltweit erstmals in Gefangenschaft geboren. Leider ist es sehr schwierig, Primaten auszuwildern, die einmal in Käfigen gelebt haben: Seitdem das Zentrum eröffnet wurde, konnten nur 30 Gibbons und Languren in halbwilden Gegenden (eine Stätte neben dem Zentrum, die andere im Phong-Nha-Ke-Bang-Nationalpark) wiederangesiedelt werden.

Vor Ort werden u. a. T-Shirts als Souvenirs verkauft.

Im **Turtle Conservation Center** (✆384 8090; www.asianturtlenetwork.org, siehe Project Profiles; ◷9–11.15 & 14–16.45 Uhr) hausen über 1000 Land- sowie teilweise im Wasser lebende Meeresschildkröten. Hier sind 20 der 25 in Vietnam heimischen Arten zu bewundern. Viele Tiere wurden Schmugglern abgenommen. Wieder kommt die Nachfrage aus China (und aus Vietnam), wo der Verzehr von Schildkröten ein langes Leben bescheren soll. Jäger und Sammler haben die Schildkrötenpopulationen in ganz Südostasien dezimiert, denn in den 1990er-Jahren wurde jährlich mit 10 Mio. Tieren Handel getrieben.

Im Zentrum gibt's hervorragende Infotafeln, zudem kann man den Reptilien beim Brüten und Schlüpfen zusehen. Die Pfleger züchten erfolgreich Schildkröten elf verschiedener Arten, darunter sechs heimische Gattungen, und wildern sie aus. Etwa 60 Tiere werden jedes Jahr in die Freiheit entlassen.

ßen **botanischen Garten**, in dem z. B. Wild- und Zibetkatzen, Gibbons sowie Languren leben. Über eine Treppe mit 220 Stufen führt ein Weg hinauf zur **Höhle des Prähistorischen Menschen**. Hier fand man 7500 Jahre alte Gräber und Werkzeuge. Seither gilt dies als eine der ältesten von Menschen besiedelten Stätten im Land.

Zu den beliebten Trekkingtouren zählen eine 6 km lange Wanderung (hin und zurück) zum tausendjährigen **alten Baum** (*Tetrameles nudiflora*) und ein vierstündiger Ausflug zum **Silberwolkengipfel**. Darüber hinaus führt ein anstrengender 15 km langer (5 Std.) Ausflug ins Muong-Dorf **Kanh**, wo man bei einheimischen Familien übernachten und auf dem Buoi-Fluss raften kann (50 000 VND).

Parkmitarbeiter verteilen einfache Karten, allerdings sind Guides für Tagestouren empfehlenswert und für längere Wandertrips unverzichtbar. Zu fünft kosten ein nächtlicher Ausflug mit Beobachtung nachtaktiver Tiere und die Wanderung zum Silberwolkengipfel je 20 US$. Der Deep-Jungle-Trek für 50 US$ führt in abgelegene Gebiete, in denen man mit etwas Glück Zibetkatzen und Flughörnchen beobachten kann.

🛏 Schlafen & Essen

Es gibt im Park drei Übernachtungsmöglichkeiten. Beim **Besucherzentrum** (Zi. pro Pers. 7 US$, Pension 23–27 US$, Bungalow 30 US$) neben dem Eingang zum Schutzgebiet kommt man in dunklen schlichten Räumen, Pensionszimmern mit Bad oder im einzigen Bungalow unter. Schöner sind die Bungalows mit Blick auf den **Mac-See** (Zi. 25 US$) 2 km im Parkinneren, die bei unserem Besuch gerade renoviert wurden. Zudem kann man (2 US$ pro Pers., inkl. Zelt 4 US$) am Besucherzentrum und am Mac-See sein Zelt aufschlagen.

Das **Parkzentrum** (Stelzenhaus 7 US$ pro Pers., 4BZ 20 US$, Bungalows 28 US$) in Bong, 18 km vom Eingang entfernt, ist der beste Ausgangspunkt für eine Wanderung am frühen Morgen oder zur Vogelbeobachtung. Hier gibt's einige schlichte Zimmer ohne

GRENZ-BLUES 1

Wer sich auf ein Inlandsabenteuer einlassen möchte, kann versuchen, die Grenze bei **Nam Xoi–Na Meo** (Karte S. 153; ☺7–17 Uhr) 175 km nordwestlich von Thanh Hoa (Vietnam) und 70 km östlich von Sam Neua (Laos) zu passieren, wo inzwischen Visa für Laos ausgestellt werden. Am besten setzt man sich in einen Direktbus und vermeidet einen Anschlussbus auf der vietnamesischen Seite, da Ausländer dort mächtig abgezockt werden.

Von Sam Neua besteht täglich eine Direktverbindung um 7.30 Uhr nach Thanh Hoa (190 000 KIP; 10 Std.), wo man in einen Anschlussbus nach Hanoi oder Richtung Süden nach Vinh steigen kann. Alternativ reist man in Etappen, was aber teurer ist und länger dauert. *Songthaew* und Minibusse (33 000 KIP, 4 Std.) fahren von Sam Neua zur Grenze. Leser berichteten zwar von Betrügereien am Grenzübergang, jedoch von schlechten Wechselkursen für Ausländer. Günstiger wird in Hotels in Na Meo getauscht. Wer jetzt nicht den Direktbus nimmt, muss sich auf einiges gefasst machen, denn vietnamesische Busfahrer schröpfen Ausländer auf der Strecke nach Thanh Hoa gnadenlos und fordern 50 US$ für die Fahrt (die tatsächlich etwa 7 US$ kosten sollte).

In die Gegenrichtung startet täglich um 8 Uhr ein Bus vom westlichen Busbahnhof in Thanh Hoa (Ben Xe Mien Tay) nach Sam Neua (275 000 VND). Auch hier wird man in Betrügereien verwickelt. Auf der laotischen Seite der Grenze bleibt man besser nicht hängen. Dort gibt's nur sehr unregelmäßig öffentliche Verkehrsmittel und keinerlei Unterkünfte. In Na Meo befinden sich ein paar schlichte brauchbare Pensionen.

---

warmes Wasser in einem Pseudo-Stelzenhaus, ein Gebäude mit großen Vierbettzimmern und ein paar Bungalows.

Darüber hinaus stehen einige schlichte **homestays im Dorf Kanh** (5 US$ pro Pers.) bei Muong-Familien zur Verfügung.

Das Park- und das Besucherzentrum beherbergen Restaurants (Mahlzeiten 25 000– 50 000 VND), in denen man bei telefonischer Vorbestellung zu Mittag und zu Abend essen kann. Frühstück muss man nicht vorab ordern.

An Wochenenden und in den Schulferien wird es im Schutzgebiet oft sehr voll. Dann ist eine Reservierung empfehlenswert.

❶ An- & Weiterreise

Der Nationalpark liegt 45 km von Ninh Binh entfernt. Nördlich der Stadt biegt man von der Nationalstraße 1 ab und folgt der Straße nach Kenh Ga sowie zum Van-Long-Naturschutzgebiet.

Von Ninh Binh fahren auch regelmäßig Busse nach Cuc Phuong (18 000 VND). Darüber hinaus startet am Giap-Bat-Busbahnhof in Hanoi um 9 Uhr ein Direktbus zum Park (85 000 VND). Um 15 Uhr geht's wieder zurück. Alternativ nimmt man einen Bus nach Nho Quan (48 000 VND, 2½–3½ Std., 6-mal tgl.) und lässt sich dann auf einem Motorrad (50 000 VND) zum Parkeingang bringen.

PHAT DIEM

Dank seiner riesigen berühmten **Kathedrale** (Karte S. 153) mit einem einzigartigen chinesisch-vietnamesisch-europäischen Stil ist Phat Diem eine beeindruckende Sehenswürdigkeit.

In der Kolonialzeit war der Ort ein bedeutendes Zentrum des Katholizismus. Der Bischof der Stadt regierte mit seiner privaten Armee über die Region, bis die französischen Truppen sie 1951 eroberten. Eine hervorragende Beschreibung der Kathedrale (1891) findet sich in Graham Greenes Erzählung *Der stille Amerikaner*. Vom Glockenturm aus erlebte der Autor die Schlacht zwischen nordvietnamesischer Armee und Franzosen.

Wenn viel Betrieb herrscht, muss man sich seinen Weg zum Eingang durch eine Menge aggressiver Verkäufer und Bettler bahnen, aber im größtenteils hölzernen Inneren des Gebäudes ist es ruhig wie in einer Grabkammer. Massive, 10 m hohe Säulen mit fast 1 m Durchmesser tragen das Deckengewölbe. Über dem Altar schweben Engel mit vietnamesischen Zügen und goldenen Flügeln sowie Wolken chinesischen Stils. Daneben sind Ikonen der Märtyrer zu sehen, die Kaiser Tu Duc während der Verfolgung der Katholiken in den 1850er-Jahren töten ließ.

Neben den Hauptportalen befindet sich der bereits erwähnte frei stehende Glockenturm. Seine Steinsäulen sind so bearbeitet, dass sie wie Bambus aussehen. Die beiden riesigen Steinplatten an der Basis dienten als Sitzplätze für die Mandarine. Von hier aus beobachteten sie die Rituale der katholischen Messe.

Zwischen Turm und Kathedrale liegt das Grab des Gründers, eines vietnamesischen Priesters names Six, und eine Lourdes-Grotte, daneben entdeckt man eine etwas unheimliche Büste des Priesters.

Hierher kommen ganze Horden vietnamesischer Touristen. Wenige sind katholisch, aber viele interessieren sich sehr für Kirchen und das Christentum. Die Messe findet täglich um 5 und 17 Uhr statt. Dann erklingt die massive Glocke und gut gekleidete Gläubige strömen in die Kathedrale.

Die **überdachte Brücke** in der Nähe stammt aus dem 19. Jh. Der größte Tempel der Gegend, die **Dong-Huong-Pagode**, wurde für die buddhistische Gemeinde errichtet, deren Mitglieder größtenteils zur ethnischen Minderheit des Muong-Volks gehören. Zu ihr gelangt man, indem man von Norden her auf die Stadt zukommend am Kanal rechts abbiegt. Danach geht's auf der kleinen Straße 3 km am Wasser entlang.

Das gotische Pendant zu der Kirche in Phat Diem ist die **Kathedrale** in Ton Dao an der Straße 10, etwa 5 km von Phat Diem entfernt mitten in den Reisfeldern. Hinter dem Kirchenhof leistet eine Statue der Jungfrau Maria kurioserweise Porzellanabbildern von Quan Am Gesellschaft.

ℹ️ An- & Weiterreise

Phat Diem, manchmal mit seinem früheren Namen Kim Son bezeichnet, liegt 121 km südlich von Hanoi und 26 km südöstlich von Ninh Binh. Von Ninh Binh kommt man mit Direktbussen (15 000 VND, 1 Std.) hierher. Alternativ nimmt man ein *xe om* (Motorrad), das mit Fahrer und Wartezeit insgesamt 140 000 VND hin und zurück kostet.

Vinh

📞 038 / 437 000 EW.

Die im Vietnamkrieg fast völlig zerstörte Stadt (Karte S.153) wurde mit ostdeutscher Hilfe schnell wieder aufgebaut, daher sieht man hier viele trostlose Betonbauten. Im Gegensatz zu zahlreichen anderen vietnamesischen Orten hat Vinh zwar breite Alleen und Bürgersteige sowie Parks, verströmt aber trotz dieser Verschönerungsversuche den Charme einer trostlosen Industriestadt. Es gibt nur wenige Gründe, hier einen Zwischenstopp einzulegen, z. B. auf der Durchreise nach Laos oder wenn man ein Fan von Ho Chi Minh ist, der in einem nahe gelegenen Dorf geboren wurde.

Geschichte

Vinh erlangte als Hauptstadt der Tay-Son-Rebellion Bekanntheit. 1930 unterdrückte die Polizei eine Mai-Demonstration, bei der sieben Menschen ihr Leben verloren. Trotzdem breitete sich der revolutionäre Geist weiter aus. Den kommunistischen Zellen, Gewerkschaften und Bauernvereinigungen verdankt Vinh den Beinamen „glorreiche rote Stadt". In den frühen 1950er-Jahren erlitt der Ort gleich drei Tiefschläge: französische Luftangriffe, die Vietminh-Politik der verbrannten Erde und ein riesiges Feuer. Im Vietnamkrieg diente Vinhs Hafen als Schlüsselversorgungspunkt für den Ho-Chi-Minh-Pfad (s. Kasten S.315). Die Stadt wurde acht Jahre lang immer wieder bombardiert, bis nur noch zwei Gebäude standen. 1972 belief sich die Bevölkerung offiziell auf null.

👁 Sehenswertes

Abgesehen vom matschig-grünen Burggraben und dem **Linken** (Cua Ta; Đ Dao Tan), dem **Rechten** (Cua Huu; Đ Dao Tan) sowie dem **Vorderen Tor** (Cua Tien; Khoi 5 Đ Dang Thai Than) kann man von Vinhs **Zitadelle** (1831) nicht mehr viel sehen. Der Spaziergang zwischen dem Linken und dem Rechten Tor ist eine angenehme Abwechslung. Dabei kommt man auch an dem wenig besuchten **Xo-Viet-Nghe-Tinh-Museum** (Đ Dao Tan; Eintritt frei; ⊙7–11 & 13–17 Uhr) vorbei, das lokalen Helden gewidmet ist. Draußen steht ein großes **Denkmal** aus Stein im Stil der sozialistischen Kunst. Es erinnert an die Opfer, die von den Franzosen getötet wurden.

🛏 Schlafen

Thanh An Hotel   HOTEL $
(📞384 3478; 156 Nguyen Thai Hoc; EZ/DZ 180 000 /200 000 VND; ❄️🛜) Das hervorragende neue Hotel mit Tiefgarage 300 m südlich des Busbahnhofs wartet mit makellos sauberen, modernen und ordentlichen Zimmern samt Minibar, guten Betten und schönen Holzmöbeln auf. Leider sprechen die Angestellten kaum Englisch.

Saigon Kimlien Hotel   HOTEL $$
(📞383 8899; www.saigonkimlien.com.vn; 25 Đ Quang Trung; Zi. 38–50 US$, Suite 100 US$; ❄️🛜@🏊) Dieses Hotel 1 km südlich des Busbahnhofs bietet Drei-Sterne-Komfort und -Service und ist eine Art Wahrzeichen der Stadt. Alle Zimmer sind gut eingerich-

tet, wenn auch etwas überaltert, außerdem gehören ein Restaurant, eine schicke Lobby und ein kleiner Pool zum Haus. Ärgerlicherweise wird der Frühstückstisch Punkt neun Uhr abgeräumt.

APEC Hotel HOTEL $
(📞358 9466; apec_hotel_na@yahoo.com; Ngo 1 Đ Ho Tung Mau; Zi. 190 000–240 000 VND; ❄🛜@) Eine ordentliche Unterkunft mit gemütlichen, gepflegten Zimmern und einem guten Preis-Leistungs-Verhältnis. Sie versteckt sich in einer Gasse hinter der Đ Ho Tung Mau und ist von der Đ Ho Tung Mau ausgeschildert.

Asian Hotel HOTEL $
(📞359 3333; 114 Tran Phu; Zi. 240 000–300 000 VND; ❄@) Vor ein paar Jahrzehnten war das mehrstöckige Hotel durchaus mal modern. Der Zustand der Zimmer ist okay, darüber hinaus gibt's sichere Parkmöglichkeiten, einen Fahrstuhl, ein Restaurant sowie Massagebehandlungen und eine Sauna. Das Asian liegt 300 m südöstlich des zentralen Stadtparks.

🍴 Essen & Ausgehen

Große Auswahl für das Abendessen bietet Vinh nicht. Die vermutlich beste Adresse für eine herzhafte Mahlzeit ist das quirlige **Thuong Hai** (144 Đ Nguyen Thai Hoc; Mahlzeiten 35 000–70 000 VND) mit seinem köstlichen Hühnchen nach Schanghai-Art. Auch gute vietnamesische Fisch- und Meeresfrüchtegerichte sowie vegetarische Speisen stehen auf der Karte. Straßensnacks bekommt man u. a. auf dem Hauptmarkt, wo Stände für **pho-bo** (Nudelsuppe mit Rindfleisch; Đ Phan Dinh Phung), **bun bo Hue** (würzige Nudelsuppe mit Rindfleisch im Hue-Stil; nahe der Đ Dinh Cong Trang) und **pho ga** (Nudelsuppe mit Hühnerfleisch; Đ Ho Sy Doung) zu finden sind.

Ein paar Bars liegen an der Đ Quang Trung und Billardhallen an der Đ Nguyen Thai Hoc.

 Praktische Informationen

Cap Quang Internet (33 Đ Dinh Cong Trang) Abseits der Đ Quang Trung.

Geldautomat der Vietcombank (33 Đ Le Mao) Westlich des zentralen Stadtparks.

Hauptpost (Đ Nguyen Thi Minh Khai) Unmittelbar nordwestlich des zentralen Stadtparks.

Saigon Commercial Bank (25 Đ Quang Trang) Geldautomat und Wechselstelle an der Hauptstraße.

Vinh City Hospital (Benh Vien Da Khoa Thanh Pho Vinh; 📞383 5279; 178 Đ Tran Phu) Unmittelbar südwestlich des zentralen Stadtparks.

🛈 An- & Weiterreise

BUS Vinhs **Busbahnhof** (Đ Le Loi) beherbergt ein recht modernes Buchungszentrum (inklusive einer Tafel mit Abfahrtszeiten und Preisen) und ist zentral gelegen. Busse nach Hanoi (110 000–145 000 VND, 7 Std.) fahren bis 16.30 Uhr alle 30 Minuten, außerdem gibt's zehn Verbindungen sowie Verbindungen zu allen vier Busbahnhöfen in Hanoi. Um nach Ninh Binh (70 000 VND) zu kommen, nimmt man einen Bus nach Hanoi. Darüber hinaus starten täglich acht Linien (darunter fünf Nachtbusse) nach Da Nang (190 000 VND, 11 Std.), die unterwegs in Dong Hoi (60 000 VND, 4½ Std.), Dong Ha (95 000 VND, 6 Std.) und Hue (145 000 VND,

---

GRENZ-BLUES 2

Der oft vernebelte Grenzübergang **Nong Haet–Nam Can** (⏱7–17 Uhr) liegt 119 km östlich von Phonsavan in Laos und 250 km nordwestlich von Vinh.

Busse auf der Strecke Vinh–Phonsavan überqueren die Grenze an dieser Stelle. In Phonsavan starten sie täglich (110 000 Kip, 13 Std., 403 km), in Vinh mittwochs, freitags, samstags und sonntags (235 000 VND). Einige fahren von Phonsavan aus bis Hanoi oder Da Nang, Reisegäste können aber ohne Probleme in Vinh aussteigen.

Alternativ nimmt man morgens einen Bus von Phonsavan nach Nong Haet (30 000 Kip, 4 Std., 119 km) und mietet anschließend ein *songthaew* für die 13 km bis zur Grenze (30 000 Kip, Touristen mussten jedoch schon das Doppelte oder Dreifache bezahlen). Auf der vietnamesischen Seite geht's per Motorrad (um den Preis feilschen) in die nächste Stadt: Muong Xen. Die Strecke ist atemberaubend, führt aber nur 25 km bergab und sollte nicht viel mehr als 5 US$ kosten; manche Fahrer verlangen allerdings bis zu 15 US$. Von Muong Xen verkehrt ein Bus nach Vinh (90 000 VND, 8 Std., 250 km).

Wer nach Laos unterwegs ist, kann am Morgen von Vinh aus den Bus nach Muong Xen nehmen. Für den Weg bergauf zur Grenze mietet man ein Motorrad. Nur wenige öffentliche Verkehrsmittel steuern Nong Haet in Laos an, wo Busse nach Phonsavan fahren.

7½ Std.) halten. Open-Tour-Busse auf der Strecke Hanoi–Hue fahren durch Vinh und lassen Passagiere dort auf Nachfrage aussteigen; etwas schwieriger ist es allerdings, mitgenommen zu werden.

Busse nach Vientiane in Laos (400 000 VND, 22 Std.) verkehren nur an geraden Tagen um 6.30 Uhr morgens. Außerdem bestehen täglich Verbindungen nach Phonsavan in Laos und Tay Son (auch Trung Tam genannt) an der Schnellstraße 8 unweit der laotischen Grenze. Weitere Infos siehe Kasten S. 162.

FLUGZEUG Vietnam Airlines (⌕359 5777; www.vietnamairlines.com; 2 Đ Le Hong Phong) fliegt fünfmal pro Woche von Vinh nach Hanoi und täglich nach Ho-Chi-Minh-Stadt. **Jetstar Pacific** (⌕355 0550; 46 Đ Nguyen Thi Min Khai) bietet tägliche Verbindungen nach Ho-Chi-Minh-Stadt an. Der Flughafen liegt etwa 20 km nördlich der Stadt.

ZUG Vinhs **Bahnhof** (Ga Vinh; Đ Le Ninh) befindet sich am nordwestlichen Stadtrand. Von hier gelangt man u. a. nach Hanoi (175 000 VND, 5½–8 Std., 8-mal tgl.), Ninh Binh (114 000 VND, 3½–4½ Std., 5-mal tgl.), Dong Hoi (110 000 VND, 3½–6½ Std., 8-mal tgl.) und Hue (196 000 VND, 6½–10½ Std., 8-mal tgl.).

Rund um Vinh

CUA-LO-STRAND

An der Küste erstrecken sich ein schattiger Pinienhain und ein schöner weißer Sandstrand mit sauberem Wasser, allerdings schrecken Beton, Karaoke, Massageangebote und Müll viele ausländische Touristen ab. Trotzdem: Wer in der Gegend ist, kann sich im Meer abkühlen und in einem der vielen Strandrestaurants zu Mittag essen.

Riesige von der Regierung betriebene Hotels säumen den Strand und gleich dahinter reihen sich mehrere gesichtslose **Pensionen** (Zi. 200 000–250 000 VND) aneinander. Die meisten Hotels bieten Massage und Karaoke an, vereinzelte Unterkünfte auch Prostituierte. Im Sommer sind die Zimmerpreise teilweise mindestens dreimal so teuer.

Cua Lo liegt 16 km nordöstlich von Vinh. Es ist leicht mit dem Motorrad (100 000 VND inklusive Wartezeit) oder Taxi (150 000 VND) zu erreichen.

KIM LIEN

Ho Chi Minhs Geburtshaus in Hoang Tru und das Dorf Kim Lien, in dem er während seiner Ausbildung einige Jahre verbrachte, befinden sich 14 km nordwestlich von Vinh. Für Parteifreunde sind beide Orte beliebte **Pilgerziele** (Eintritt frei; ◕Mo–Fr 7–11.30 & 14–17, Sa & So 7.30–12 & 13.30–17 Uhr) , aber außer den aus Bambus und Palmwedeln wiederhergestellten Häusern und ein paar Möbelstücken ist dort wenig zu sehen.

1890 wurde Ho Chi Minh in Hoang Tru geboren und wuchs hier bis 1895 heran. Dann zog seine Familie nach Hue um. Sie kehrte 1901 zurück, wohnte aber in einem Haus in Kim Lien 2 km von Hoang Tru. In der Nähe von Hos Chi Minhs Elternhaus liegen ein schreinartiges, von blassgrünen Mauern eingefasstes **Museum** und ein Laden voller Ho-Devotionalien.

Englischsprachige Infos gibt's in keiner der Stätten. Von Vinh aus kosten *xe om* (Motorräder) mit Fahrern 80 000 VND inklusive Wartezeit, Taxis rund 140 000 VND.

Phong-Nha-Ke-Bang-Nationalpark

⌕052

Der eindrucksvolle, 2003 zur Unesco-Welterbestätte ernannte **Phong-Nha-Ke-Bang-Nationalpark** (Eintritt frei) beherbergt das älteste Karstgebirge Asiens, das vor rund 400 Millionen Jahren entstand. Es ist durchzogen von Hunderten teils außergewöhnlich großen und langen Höhlensystemen sowie spektakulären unterirdischen Flüssen, die Phong Nha zu einem Paradies für Höhlenforscher machen.

Die schiere Menge an erstaunlichen trockenen und terrassierten Höhlen, hoch emporragenden Stalagmiten und funkelnden Stalaktiten mit Kristallrändern sind ein beeindruckendes Naturschauspiel und avancieren gerade zu einem wichtigen Thema in Vietnam, da immer mehr Schätze entdeckt werden.

Die ernsthafte Erkundung des Gebiets begann erst in den 1990er-Jahren unter der Leitung der British Cave Research Association und der Universität von Hanoi. Zu dieser Zeit drangen Höhlenkletterer tief in die Phong-Nha-Höhle ein, eines der größten Komplexe seiner Art auf der ganzen Welt. 2005 wurde die Paradieshöhle entdeckt und 2009 stieß man schließlich auf die größte Höhle der Welt, Son Doong (s. S. 166).

Oberirdisch besteht ein Großteil des bergigen 885 km^2 Nationalparks aus nahezu unberührtem tropischem immergrünem Dschungel, über 90 % davon Primärwald. Das Reservat grenzt an das von biologischer Vielfalt geprägte Hin-Namno-Naturschutzgebiet in Laos an. Gemeinsam bilden

GRENZ-BLUES 3

Der Grenzübergang **Nam Phao–Cau Treo** (☉7–18 Uhr) liegt 96 km westlich von Vinh und 30 km östlich von Lak Sao in Laos.

Er hat einen miesen Ruf bei Travellern, die von Abzocke und Ärger in Lokalbussen berichten (Fahrer setzen Ausländer z. B.gern mitten im Nirgendwo vor die Tür, wenn sie nicht einen Aufpreis zahlen). Fast alle Verkehrsmittel nach Phonsavan in Laos nutzen die Grenze Nam Can–Nong Haet weiter im Norden.

Wer sich die Strecke etappenweise vornimmt, kann von Vinh aus mit einem Lokalbus nach Tay Son (ehemals Trung Tam) fahren, der regelmäßig ab 6 Uhr startet (70 000 VND, 3 Std.). Von Tay Son sind es noch 25 km zur Grenze. Morgens verkehren Busse von Tay Son nach Lak Sao, allerdings sind sie nicht immer auf die aus Vinh kommenden Anschlussbusse abgestimmt (jedenfalls sofern man hier nicht vormittags ankommt). Mit dem Motorrad kostet die Strecke bis zu 150 000 VND. Auf der laotischen Seite verkehren Jumbos oder *songthaew* zwischen der Grenze und Lak Sao für ca. 45 000 Kip (kräftig handeln).

Reist man von Laos kommend in die Gegenrichtung, verlangen die Busfahrer bei der Einreise nach Vietnam bis zu 40 US$ für die Strecke nach Vinh. Ein Taxi mit Kilometerzähler schlägt mit 45 US$ zu Buche, ein Motorrad mit 270 000 VND. Manche Busse ab Lak Sao fahren angeblich nach Da Nang oder Hanoi, enden aber tatsächlich in Vinh.

---

beide ein beeindruckendes, durchgehendes geschütztes Habitat. In Phong Nha wurden bisher über 100 Säugetier- (darunter 10 Primatenarten, Tiger, Elefanten und der Saola, eine seltene asiatische Antilope), 81 Reptilien- und Amphibien- sowie über 300 Vogelarten registriert.

Bis vor Kurzem war der Zugang zum Park stark beschränkt und streng vom vietnamesischen Militär kontrolliert. Manche Teile bleiben unzugänglich, doch mittlerweile kann man die beeindruckende Paradieshöhle, den türkisfarbenen Fluss, den Nuoc-Mooc-Ökopfad sowie einen Kriegsschrein namens Eight-Lady-Höhle besuchen und zur Öffnung der Hang-Son-Doong-Höhle hinaufklettern (sie jedoch nicht betreten). In näher Zukunft sollen weitere Wanderwege und Sehenswürdigkeiten geöffnet werden.

☉ Sehenswertes & Aktivitäten

Phong-Nha-Höhlen & Bootsausflug HÖHLE
Die Höhlen sind das beliebteste Ausflugsziel der Region, denn die Flussfahrt ist spektakulär. Obwohl die **Phong-Nha-Höhle** (Eintritt Erw./Kind 40 000/20 000 VND, Boot 220 000 VND; ☉7–16 Uhr) knapp 55 km lang ist, kann nur der erste Kilometer besichtigt werden. Boote starten im Dorf Son Trach und fahren auf dem Son vorbei an badenden Büffeln, zerklüfteten Karstgipfeln und Kirchtürmen hierher. Phong Nha bedeutet „Höhle der Zähne" doch die besagten Zähne (Stalagmiten) an ihrem Eingang sind schon lange verschwunden. Vor Ort wird der Motor ausgemacht und man fühlt sich wie in einer anderen Welt, während man von Höhle zu Höhle gepaddelt wird. Etwas störend ist nur das grelle Licht, das einige Formationen anstrahlt.

Auf dem Rückweg kann man zur **Tien-Son-Höhle** (Eintritt Erw./Kind 40 000/20 000 VND; ☉7–16 Uhr), einer trockenen Höhle in den Bergen über Phong Nha, hinaufklettern. Bis nach oben muss man 330 Stufen bewältigen. Hier sind die Überreste von Cham-Altären und Inschriften aus dem 9. Jh. zu bewundern. Im Vietnamkrieg wurde die Höhle als Krankenhaus und Waffenlager genutzt und entsprechend stark bombardiert.

Der Ticketschalter für beide Attraktionen und die Bootsanlegestelle befinden sich im Son-Trach-Dorf. Besucher planen am besten zwei Stunden für Phong Nha und eine weitere für Tien Son ein. Im November und Dezember kann Erstere wegen Überflutung geschlossen sein. An Wochenenden erfreuen sich die Höhlen bei Einheimischen großer Beliebtheit, was sich durch ziemlich laute Echos und stehenden Zigarettenrauch bemerkbar macht.

Das Phong Nha Farmstay möchte zukünftig nächtliche Kajakausflüge zur Phong-Nha-Höhle anbieten.

Paradieshöhle HÖHLE
(Thien Dong; Erw./Kind unter 1,30 m 120 000/60 000 VND; ☉7.30–16.30 Uhr) Das erst seit 2011 öffentlich zugängliche beein-

druckende Höhlensystem erstreckt sich über 31 km, trotzdem ist nur der erste Kilometer zugänglich. Es gilt als größte Trockenhöhle der Welt und unterliegt strengen Auflagen, deshalb findet man hier keinen Müll. Elektrische Buggys bringen Besucher vom Ticketschalter zur Treppe, die über 500 Stufen zum unspektakulären Eingang führt. Sogar die Bäume an den Zugangswegen sind mit Infotafeln versehen.

Sobald man die Höhle betritt, wird man von ihrem schieren Ausmaß schlichtweg überwältigt. Über eine Holztreppe gelangt man in einen kathedralenähnlichen Raum voller gewaltiger Stalagmiten und funkelnder Stalaktiten aus weißen Kristallen, die wie Glassäulen aussehen.

Die Paradieshöhle ist deutlich weniger kommerziell als Phong Nha. Sie liegt 14 km südwestlich von Son Trach inmitten von dichtem Wald und hohen Karstgipfeln im Nationalpark. Neben dem Besucherzentrum befindet sich ein gutes **Restaurant** (Mahlzeiten 35 000–70 000 VND) und im Café beim Eingang zur Höhle werden kalte Getränke verkauft.

GRATIS **Primatenreservat** NATURSCHUTZGEBIET

Mithilfe des Kölner Zoos wurde rund um einen kleinen Hügel ein kleines Naturschutzgebiet für halbwilde Primaten angelegt, wo die stark vom Aussterben bedrohten Hatinh-Languren ihre Jungen zur Welt bringen und aufziehen. Der gesamte Berghang ist umzäunt. Auf einem 1,8 km langen Weg kann man um das Gehege gehen, darf es aber nicht betreten. Frühmorgens ist die Chance, einen Affen zu sehen, am größten.

Das Tierzentrum liegt etwa 3 km von Son Trach entfernt an der Anfahrtsstraße zum Nationalpark.

Schlafen & Essen

Im Son-Trach-Dorf gibt's rund ein Dutzend Pensionen, die alle ungefähr gleich teuer sind (200 000 VND pro Doppelzimmer).

LP TIPP **Phong Nha Farmstay** PENSION $$
(367 5135; www.phong-nha-cave.com; Cu-Nam-Dorf; B 8 US$; Zi. 25–35 US$; Mahlzeiten 30 000–90 000 VND; ❈@❀❊) Wahrscheinlich ist das herausragende neue Gästehaus unter der Leitung von Ben und Bich, einem herzlichen australisch-vietnamesischen Paar, die beste Unterkunft zwischen Hanoi und Hue. Es liegt an einem Teppich aus Reisfeldern und wartet mit einer Lounge-Bar samt Billardtisch, einem Fahrrad- und Motorradverleih, leckerem asiatischen und westlichem Essen sowie einer geselligen Atmosphäre auf. Die Zimmer sind recht klein, aber ordentlich und haben hohe Decken und Gemeinschaftsbalkone, von denen man eine traumhafte Sicht genießt. Der Schlafsaal mit zwölf Betten im Nachbargebäude ist nicht klimatisiert, bietet aber den gleichen schönen Blick. Vor Ort werden jede Menge Aktivitäten angeboten, darunter Kajakfahren, Tubing, Fahrradfahren und Wandern. Das Phong Nha Farmstay liegt im Cu-Nam-Dorf 13 km südöstlich von Son Trach. In Dong Hoi kann ein Abholservice organisiert werden.

Song Son Phong Nha HOTEL $$
(367 7241; Son Trach; Zi. 200 000 VND; ❈@❀) Ein neues Hotel an der Hauptstraße mit einem hervorragenden Preis-Leistungs-Verhältnis. Alle 27 Zimmer sind makellos sauber und einladend sowie mit Fernsehern und Minibars ausgestattet, allerdings sind die Betten sehr hart. Einen tollen Blick in die Landschaft bieten die Räume 214 bis 217. Im hauseigenen Restaurant gibt's günstige Menüs und kaltes Bier.

Preiswerte Abendgerichte bekommt man in vielen Lokalen rund um den Marktplatz von Son Trach, u.a. im **Thuy Thuyet** (Gerichte 10 000–22 000 VND).

❶ Praktische Informationen

Wer den Park erkunden möchte, heuert am besten einen Guide an. Die Reiseleiter des **Phong Nha Farmstay** (siehe links) sind besonders empfehlenswert. Bucht man sie mit einem Motorrad, zahlt man für diesen Service

---

ABSTECHER

DER NUOC-MOOC-ÖKOPFAD

Die schönen Bohlenwege und Pfade des **Nuoc-Mooc-Ökopfades** (Eintritt Erw. / Kind 6–16 J. 30 000/50 000 VND; ◷7–17 Uhr) entlang des Flusses im Nationalpark erstrecken sich 1 km durch die Wälder und führen zur Mündung zweier Flüsse. Hier kann man hervorragend schwimmen und im türkisfarbenen Wasser vor einer Kulisse aus Kalksteinbergen planschen. Am besten bringt man sich ein Picknick mit. Nuoc Mooc liegt 12 km südwestlich von Son Trach.

etwa 1 100 000 VND und mit einem Minibus 900 000 VND. **Oxalis** (090 337 6776, www.oxalis.com.vn) ist ein professioneller von Einheimischen geführter Abenteuertourismusveranstalter in Son Trach, der Trekkintouren und Ausflüge in das Naturschutzgebiet anbietet.

❶ An- & Weiterreise

Son Trach liegt 50 km nordwestlich von Dong Hoi. Von dort folgt man der Nationalstraße 1A 20 km Richtung Norden nach Bo Trach und biegt dann Richtung Westen nach Son Trach ab, das man nach weiteren 30 km erreicht.

An das Dorf grenzt der Phong-Nha-Ke-Bang-Nationalpark, der sich bis zur laotischen Grenze erstreckt. In Son Trach erhält man leider nur sehr wenige Informationen, zudem sind einige Angestellte Reisenden gegenüber alles andere als hilfsbereit. Bei unserem Besuch durften Traveller den Park über den Aufseherposten Tro Mung am Ho-Chi-Minh-Pfad frei betreten, doch das Personal am Haupteingang des Schutzgebietes an der Schnellstraße 20 hat einige Touristen zurückgewiesen. Zweifellos wird sich dies ändern, sobald sich die Organisation verbessert.

BUS Die Lokalbusse (45 000 VND, 2 Std.) verkehren unregelmäßig zwischen Dong Hoi und Son Trach. Täglich pendelt außerdem ein Minibus (200 000 VND) zwischen Da Nang und dem Phong Nha Farmstay via Dong Ha und Hue.

GEFÜHRTE TOUREN Ausflüge durch den Phong Nha können in Dong Hoi organisiert werden. Da die Gegend allerdings so viel zu bieten hat, sollte man sich am besten direkt vor Ort einquartieren.

Dong Hoi & Umgebung

♪ 052 / 116 000 EW.

Das erfreulich untouristische Dong Hoi ist ein einfacher Hafen- und Küstenort ohne Souvenirläden und Betrügereien in schöner Lage am Ufer des Nhat Le. Im Norden und Süden erstrecken sich Sandstrände.

Als Hauptschauplatz der nordvietnamesischen Armee wurde Dong Ha im Vietnamkrieg vergleichsweise stark zerstört. Seither hat es sich erholt und zu einer netten Provinzhauptstadt entwickelt. Am Nhat-Le-Strand wird gerade fleißig gebaut.

◉ Sehenswertes

Der Fluss Nhat trennt die Stadt von einer hübschen sandigen Landzunge und wartet mit einer schön gestalteten Uferpromenade auf. Hier kann man u. a. die zerfallene Fassade der **Tam-Toa-Kirche** besichtigen, die 1965 bombardiert wurde.

Die städtische Zitadelle (1825) verfügt über zwei restaurierte **Tore** dicht am Ufer und an der Đ Quang Trung.

Vuc-Quanh-Kriegsmuseum MUSEUM
(Khu Du Lich Sinh Thai – Van Hoa Vuc Quanh; ♪224 0042; vucquanh@yahoo.com; Nghia Ninh; Eintritt 20 000 VND; nur nach Vereinbarung) Das skurrile Freilichtmuseum 7 km außerhalb von Dong Hoi geht auf die Initiative eines einzigen Mannes – Herrn Lien – zurück, der an die Erfahrungen mit dem Krieg in der Provinz

---

WELTKLASSE

Ho Khanh, ein Jäger aus einer Siedlung im Dschungel nahe der vietnamesisch-laotischen Grenze, suchte oft Unterschlupf in den Höhlen seiner bergigen Heimat. Anfang der 1990er-Jahre stieß er zufällig auf die riesige **Hang Son Doong** (Bergflusshöhle). Die vollen Ausmaße und Pracht des Hauptraums (mit einer Länge von über 5 km, einer Höhe von 200 m und einer Breite von bis zu 150 m) wurden erst 2009 von britischen Forschern bestätigt, die sie zusammen mit Ho Khanh begutachteten und zur größten Höhle der Welt erklärten.

Behindert wurde das Expeditionsteam von einer riesigen Wand aus lehmigem Kalzit, die danach als „Große Vietnamesische Mauer" bekannt wurde. Als es diese überwunden hatte, zeigte sich das wahre Ausmaß der Höhle, in der selbst ein Kriegsschiff Platz finden würde. Licht flutet durch Löcher in der Decke hinein und enthüllt Stalagmitformationen, die als Kaktusgarten bezeichnet werden. Darüber hinaus entdeckten die Wissenschaftler gigantische Höhlenperlen mit einem Durchmesser von 10 cm. Diese entstanden über einen langen Zeitraum, in dem sich Kalzitkristalle um Sandkörner legten.

Hang Son Doong gilt als eine der spektakulärsten Sehenswürdigkeiten Südostasiens, leider ist der Zutritt bisher aber strikt auf Wissenschaftler und Höhlenforscher beschränkt. Trotzdem bietet der in Son Trach stationierte Veranstalter Oxalis (s. oben) Wanderungen zum Eingang an. Im Rahmen einer wunderbaren zweitägigen Tour (3–4 Personen, 170 US$ pro Pers.) schlägt man sich durch den unberührten Dschungel und kann immerhin einen Blick in den Schlund werfen.

Dong Hoi

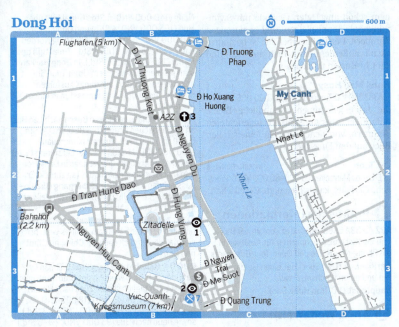

Quang Binh erinnern will. Dazu baute er ein Dorf nach, in dem seine persönliche Sammlung an Kriegsrelikten und Andenken ausgestellt ist.

Das Dorf besteht aus Hütten entlang eines Wegenetzes, die jeweils einen Aspekt des Alltagslebens darstellen: Es gibt z. B.einen Bauernhof, ein Klassenzimmer, ein Krankenhaus und eine Kinderkrippe. Hier sind sowohl ergreifende persönliche Gegenstände als auch viele militärische Hinterlassenschaften zu sehen, darunter Gehäuse amerikanischer Bomben, Peilgeräte und die Reproduktion eines Briefs von Ho Chi Minh, in dem er die Provinz für den Abschuss von über 100 US-Kriegsflugzeugen lobt.

Man erreicht das Museum, indem man der Đ Le Loi bis zum Ende folgt und dann links abbiegt. Nun muss man noch einen knappen Kilometer zurücklegen, bis man zu den Schildern mit der Aufschrift *chao sang bun be* kommt, wo es rechts abgeht. Nach einem weiteren Kilometer hat man sein Ziel erreicht. Alternativ kann man sich bei A2Z nach Führungen erkundigen.

Schlafen & Essen

LP TIPP **Nam Long Hotel** HOTEL $
(384 2851; sythang@yahoo.com; 22 Đ Ho Xuan Huong; Zi. 10–15 US$;) Dieses großartige

Dong Hoi

Sehenswertes
1 Tor der Zitadelle..................B3
2 Tor der Zitadelle..................B3
3 Tam-Toa-Kirche..................B1

Schlafen
4 Hotel Mau Hong..................B1
5 Nam Long Hotel..................B1
6 Sun Spa Resort..................D1

Essen
7 QB Teen..................B3

einladende und makellos saubere Hotel wird von Frau Nga und ihrem Mann geführt und wartet mit einem tollen Preis-Leistungs-Verhältnis auf. Es verfügt über helle, luftige Zimmer mit riesigen Fenstern, hohen Decken, Minibars, Kabelfernsehen und einer modernen Einrichtung. Am besten bucht man die Nummer 301 mit einem Balkon zum Fluss oder Nummer 201 mit einem herrlichen Panoramablick. Frühstück und Ausflugsmöglichkeiten gehören ebenfalls zum Angebot.

Sun Spa Resort RESORTHOTEL $$$
(384 2999; www.sunsparesortvietnam.com; My Canh; Zi. 122–165 US$, Suite ab 242 US$;) Ein großes Fünf-Sterne-Resort auf ei-

nem schön angelegten Gelände mit Swimmingpool, Tennisplätzen und geräumigen Zimmern. Der Wellnessbereich ist beeindruckend, außerdem kann man an Yoga- und Tai-Chi-Kursen teilnehmen.

Hotel Mau Hong HOTEL $
(382 1804; Đ Truong Phap; Zi. 8–10 US$; ❄) In die Jahre gekommene freundliche Bleibe mit großen, aber nur spärlich eingerichteten Zimmern, von denen manche einen tollen Blick auf den Fluss bieten.

QB Teen INTERNATIONAL $
(3 Đ Le Loi; Mahlzeiten 26 000–80 000 VND) Westliche Gerichte, kaltes Bier, nette Gesellschaft.

Praktische Informationen

A2Z (384 5868; info@atoz.com.vn; 29 Đ Ly Thuong Kiet) Ansprechpartner für Ausflüge in die Phong-Nha-Höhle und Open-Tour-Bustickets.
Agribank (2 Đ Me Suot) Hat einen Geldautomaten und einen Wechselservice.
Hauptpost (1 Đ Tran Hung Dao)

An- & Weiterreise

BUS Vom **Busbahnhof** (Đ Tran Hung Dao) gibt's Verbindungen Richtung Süden nach Da Nang (140 000 VND, 5 Std., 6-mal tgl.) über Hue (105 000 VND, 4 Std.) und Dong Ha (50 000 VND, 2 Std.) sowie Richtung Norden nach Vinh (95 000 VND, 4 Std., 7-mal tgl.) und Hanoi (145 000 VND, 7 Std.). In Dong Hoi kann man problemlos aus einem Open-Tour-Bus aussteigen, wer dort allerdings zusteigen möchte, bucht die Fahrt am besten in einem Reisebüro.

Darüber hinaus verkehren Busse nach Lao Bao an der laotischen Grenze (95 000 VND, 4 Std., 5-mal tgl.) und nach Muang Khammouan (230 000 VND, 11 Std.) in Laos. Letzterer startet montags, mittwochs und freitags in Dong Hoi und fährt jeweils am nächsten Tag zurück. Er passiert den ruhigen **Grenzübergang Cha Lo–Na Phao** (7–17 Uhr), wo man mittlerweile ein Visum für Laos erhält.

FLUGZEUG Der Flughafen liegt ungefähr 6 km nördlich der Stadt. Vietnam Airlines verkehrt viermal wöchentlich nach Ho-Chi-Minh-Stadt und Hanoi.

ZUG Der **Bahnhof** (Ga Dong Hoi; Đ Thuan Ly) befindet sich 3 km westlich des Stadtzentrums. Hier starten täglich sieben Züge nach Hanoi (278 000 VND, 9–12 Std.), Vinh (118 000 VND, 3½–6½ Std.) und Dong Ha (58 000 VND, 2–3 Std.) sowie neun nach Hue (95 000 VND, 2½–6 Std.), die auf ihrer Fahrt auch zahlreiche andere Orte ansteuern.

Zentralvietnam

Inhalt »

Entmilitarisierte Zone (EMZ)	171
Dong Ha	175
Hue	177
Bach-Ma-Nationalpark	193
Suoi Voi (Elefantenquellen)	194
Lang-Co-Strand	194
Hai-Van-Pass & -Tunnel	195
Ba-Na-Bergstation	196
Da Nang	196
Hoi An	207
My Son	230
Tra Kieu (Simhapura)	232
Chien Dan	232

Gut essen

» Morning Glory Street Food Restaurant (S. 220)
» Cargo Club (S. 220)
» Casa Verde (S. 220)
» Waterfront (S. 200)

Schön übernachten

» Pilgrimage Village (S. 184)
» New Moon Hotel (S. 198)
» Ha An Hotel (S. 218)
» Violet Hotel (S. 175)

Auf nach Zentralvietnam

Zentralvietnam, das kulturelle Zentrum des Landes, ist vollgepackt mit historischen Stätten, unterhaltsamen Attraktionen, atemberaubenden Stränden und nahezu unberührten Naturreservaten, in denen Wissenschaftler noch immer neue Arten entdecken. Selbst das lange ignorierte Da Nang entwickelt sich allmählich zu einem der dynamischsten Orte des Landes.

Die Kaiserstadt Hue wartet mit einer faszinierenden Zitadelle und Grabstätten auf, während Hoi An mit einzigartiger Anmut und einer schönen Lage am Fluss bezaubert. Ländlichen Nebenstraßen laden zu Touren durch schimmernde Reisfelder bis zu den entlegenen Cham-Ruinen ein und in Kochkursen lernt man die komplexe regionale Küche kennen. Der Besuch von Kriegsschauplätzen in der Entmilitarisierten Zone rückt all dies in einen geschichtlichen Kontext. Anschließend kann man am goldenen Sandstrand An Bang oder auf den idyllischen Cham-Inseln relaxen.

Reisezeit

Hue

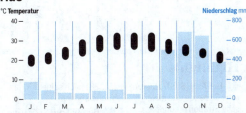

März Weniger kühle Winde und ein ruhigeres Meer, eine gute Zeit, um die Cham-Inseln zu besuchen.

Ende April Da Nangs Flussufer erlebt beim Feuerwerkwettbewerb eine wahre Farbexplosion.

Sept. Die Sommerhitze lässt nach, die Hochsaison endet und das Wasser ist angenehm warm.

Geschichte

Diese Region hat viel gesehen: Herrscher, Krieger und Besatzungsmächte, vietnamesische Streitkräfte und deren Herausforderer. Das alte Königreich Champa wurde hier im 2. Jh. gegründet und sollte daraufhin tausend Jahre lang blühen und gedeihen – davon zeugen unzählige Cham-Türme und Tempel, von denen die berühmtesten in My Son zu finden sind.

Im 15. Jh. unterwarfen die Vietnamesen Champa, und in den folgenden Jahrhunderten ließen sich europäische, japanische und chinesische Händler in Hoi An nieder.

1802 verlegte Vietnams letzte königliche Dynastie, die Ngyen, ihren Hof nach Hue. Dieser bildete damals den Mittelpunkt intellektueller Brillanz und geistiger Führung, aber auch politischer Intrigen. Spätere Kaiser wurden von der expandierenden franzö-

Highlights

1 **Hoi Ans** (S. 207) historische Gebäude und malerische Straßen erkunden

2 Den Spuren alter Kaiser von der Verbotenen Purpurstadt bis zu den Kaisergräbern von **Hue** (S. 177) folgen

3 Dem Festland entfliehen und auf den **Cham-Inseln** (S. 228) nach seinem Traumstrand suchen

4 Bei **My Son** (S. 230) die Magie der mysteriösen Cham-Ruinen spüren

5 Sein Biker-Talent bei einer **Motorradtour** (S. 226) auf idyllischen Landstraßen erproben

6 Sich die Welt in den **Vinh-Moc-Tunneln** (S. 171) in der Entmilitarisierten Zone mal aus einer anderen Perspektive anschauen

7 Bei einem **vietnamesischen Kochkurs** (S. 216) neue kulinarische Künste erlernen

sischen Kolonialmacht unterworfen und zur Zeit der Unabhängigkeit verlagerte sich das Machtzentrum schließlich wieder zurück nach Hanoi.

1954 kam es zur schicksalhaften Teilung des Landes und zur Schaffung der sogenannten Entmilitarisierten Zone (EMZ), in der einige der heftigsten Kämpfe des Vietnamkriegs ausgetragen wurden. Tausende verloren in den blutigen Gefechten ihr Leben. Selbst vor der ehemaligen Kaiserstadt Hue machte die Tet-Offensive keinen Halt. Fast alle Orte der Region wurden nach dem Krieg fast komplett wiederaufgebaut, nur Hoi An war wie durch ein Wunder verschont geblieben. Heute floriert die Wirtschaft in Zentralvietnam dank des erstarkenden Tourismussektors und der boomenden Stadt Da Nang.

An- & Weiterreise

In Hue gibt's einen betriebsamen regionalen und in Da Nang einen internationalen Flughafen (ein schickes neues Terminal befindet sich im Bau). Darüber hinaus wird Zentralvietnam sowohl von der Nord-Süd-Hauptzugstrecke als auch von der Nationalstraße 1A durchquert.

Entmilitarisierte Zone (EMZ)

053

Die meisten Stützpunkte und Bunker sind längst verschwunden, trotzdem ist dieser 5 km lange Streifen Land auf beiden Seiten des Ben-Hai-Flusses noch immer unter seinem Namen aus dem Vietnamkrieg als Entmilitarisierte Zone (EMZ) bekannt. Von 1954 bis 1975 diente er als Puffer zwischen Norden und Süden. Während des Vietnamkriegs wurde ironischerweise ausgerechnet dieses Gebiet zu einer der am heftigsten umkämpften Zonen weltweit. Durch die flächendeckende Kriegsberichterstattung in den Medien war der Zuschauer quasi hautnah dabei und so kannte über Nacht fast jeder in den USA Quang Tri, The Rockpile, Khe Sanh, Lang Vay oder Hamburger Hill.

Einige Dekaden später ist von den Kämpfen kaum noch etwas zu sehen. Fast alle Stätten wurden geräumt und das Land aufgeforstet oder für den Anbau von Gummi und Kaffee genutzt. Nur in Ben Hai, Vinh Moc und Khe Sanh gibt's kleine Museen. Wer nicht gerade Militärnarr ist, kann mit der Entmilitarisierten Zone wahrscheinlich wenig anfangen – ein guter Grund, einen sachkundigen Guide anzuheuern.

Sehenswertes

Vinh-Moc-Tunnel HISTORISCHE STÄTTE
Bei dem äußerst beeindruckenden Tunnelnetz von **Vinh Moc** (Eintritt 20 000 VND; 7–16.30 Uhr) handelt es sich um die Reste eines Dorf an der Nordküste, das komplett unter die Erde verlegt wurde, um die Bevölkerung vor den unablässigen Bombardierungen durch US-Truppen zu schützen. Mehr als 90 Familien fanden Zuflucht in der dreistöckigen Tunnelanlage, deren Gänge 2 km lang waren. Sie lebten und arbeiteten

---

VORSICHT, LANDMINEN!

Während des Vietnamkriegs wurden Millionen Tonnen Bomben über dem Land abgeworfen, doch rund ein Drittel davon ist Schätzungen zufolge nicht explodiert. Aus diesem Grund gibt's in der Entmilitarisierten Zone (EMZ) noch immer fast täglich Tote und Verletzte. An vielen in diesem Kapitel beschriebenen Orten könnten Granatsplitter, Artilleriegeschosse und Minen herumliegen. Besucher sollten aufpassen, wohin sie treten, und niemals die gekennzeichneten Wege verlassen. Übrig gebliebenes Militärmaterial darf nicht berührt werden: Wenn es die Einheimische noch nicht aufgesammelt haben, um es als Schrott zu verkaufen, ist das ein deutlicher Warnhinweis.

Aber nicht nur die Entmilitarisierte Zone ist betroffen: Noch heute sind etwa 20 % der Fläche des Landes mit mehr als 3,5 Mio. Minen und 350 000 bis 800 000 t Blindgängern (*unexploded ordnance*, kurz: UXO) nicht endgültig geräumt. Zwischen 1975 und 2007 führte dies zu 105 000 Verletzungen und über 45 000 Todesfällen. Jedes Jahr sterben durchschnittlich 1000 Menschen, 1700 werden verletzt. Kinder und ethnische Minderheiten sind besonders häufig unter den Opfern.

Für die Minenräumung ist in erster Linie die Volksarmee verantwortlich. Die Soldaten werden von ausländischen Nichtregierungsorganisationen (NROs) wie der **Mines Advisory Group** (www.maginternational.org) und **Clear Path International** (www.clearpathinternational.org) unterstützt. Jeder Einzelne kann mit Spenden helfen.

Rund um die EMZ

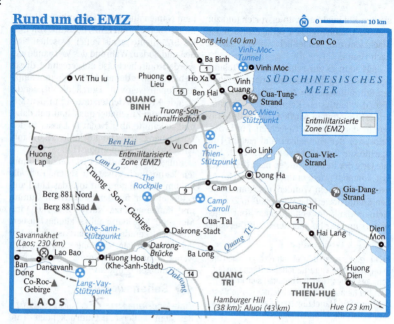

unter der Erde, während über ihnen der Bombenhagel niederging.

Viele Tunnel sind für Besucher zugänglich und in ihrer Originalform erhalten (abgesehen vom elektrischen Licht, einem Luxus, den die Dorfbewohner nicht hatten). Ein Englisch sprechender Führer begleitet einen durch den Komplex und zu den zwölf Eingängen. Am Ende der Tour verlässt man die Höhle an einem herrlichen Strand. Das **Museum** zeigt Fotos und Relikte des unterirdischen Lebens, darunter eine Karte des gesamten Tunnelnetzes.

Die Abzweigung nach Vien Moc geht 6,5 km nördlich des Ben-Hai-Flusses im Dorf Ho Xa von der Nationalstraße 1A ab. Ihr folgt man 13 km nach Osten.

Truong-Son-Nationalfriedhof   FRIEDHOF

Dieser Friedhof, ein aufrüttelndes Denkmal für die unzähligen nordvietnamesischen Soldaten, die entlang des Ho-Chi-Minh-Pfads ihr Leben verloren, bietet einen ernüchternden Anblick. Mehr als 10 000 Gräber liegen auf dem Hügel, alle mit einem einfachen weißen Grabstein mit der Inschrift *liet si* (Märtyer) versehen. Viele sind leer und tragen lediglich einen Namen – sie stehen für einen Bruchteil der 30 000 vietnamesischen Soldaten, die seit dem Krieg als vermisst gelten.

Von 1972 bis 1975 diente Truong Son als Stützpunkt des Armeekorps „Mai 1959". Die Einheit sollte eine Versorgungslinie nach Süden aufbauen und den Ho-Chi-Minh-Pfad instand halten.

Nur wenige Touristen besuchen den Friedhof, der aufgrund seiner isolierten Lage und Schlichtheit überaus beeindruckend ist. Er liegt 27 km nordwestlich von Dong Ha; der Abzweig von der Nationalstraße 1 befindet sich in der Nähe von Doc Mieu.

Khe-Sanh-Stützpunkt   KRIEGSSCHAUPLATZ

Die Stätte der berühmtesten Belagerung des Vietnamkriegs, der amerikanische Khe-Sanh-Stützpunkt, wurde niemals erobert, war aber Schauplatz der blutigsten Schlacht dieser Zeit (s. Kasten S. 174). 500 Amerikaner, 10 000 nordvietnamesische Soldaten und zahllose unbeteiligte Zivilisten starben rund um den abgelegenen Stützpunkt im Hochland. Heute wirkt er gespenstisch friedlich, doch 1968 erschütterten 1000-kg-Bomben, Geschosse mit weißem Napalm, Granatfeuer und nicht enden wollendes Artilleriefeuer die Hügel, als die verzweifelten amerikanischen Truppen versuchten, die nordvietnamesische Armee zurückzuschlagen, was ihnen schließlich auch gelang.

Inzwischen befindet sich auf dem ehemaligen Stützpunkt ein kleines **Museum** (Eintritt

20 000 VND; 7–17 Uhr), das einige faszinierende alte Fotos sowie ein paar rekonstruierte Bunker und amerikanische Flugzeuge zeigt. Der größte Teil des Gebiets ist nun mit Kaffee bepflanzt, und am Eingang verkaufen Händler erstklassige Arabica-Kaffeebohnen.

Khe Sanh liegt etwa 3 km nördlich von Huong Hoa.

Huong Hoa (Khe-San-Stadt)

Zwar wurde die für ihre Kaffeeplantagen bekannte Stadt offiziell in Huong Hoa umbenannt, doch im Westen erinnert man sich eher an Khe Sanh. Viele Einwohner gehören zum Stamm der Bru, deren weibliche Angehörige sarongartige Röcke tragen. Nur wenn nach Laos will, hat einen Grund, hier zu übernachten. **May Hong** (388 0189; Km 64, Khe Sanh; Zi. 12 US$;) verfügt über saubere, funktionale Zimmer. Der Busbahnhof befindet sich an der Nationalstraße 9, wo regelmäßig Busse nach Dong Ha (33 000 VND, 1½ Std.) und Lao Bao (22 000 VND, 1 Std.) abfahren. Wenn man woanders hinwill, muss man in Dong Ha umsteigen.

Con-Thien-Stützpunkt   KRIEGSSCHAUPLATZ

Von der US-Marinebasis, die sich ehemals über drei kleine Hügel erstreckte, ist heute lediglich ein Bunker erhalten. Im September 1967 wurde Con Thien von der Nordvietnamesischen Armee belagert. Die Amerikaner reagierten darauf mit 4000 Bombenangriffen. Bis heute ist die Region, obzwar von Minen geräumt, noch immer voll mit Blindgängern, darum muss man unbedingt auf den Wegen bleiben!

Der Stützpunkt liegt 15 km westlich der Nationalstraße 1A und 8 km südlich des Truong-Son-Nationalfriedhofs.

Ben-Hai-Fluss   FLUSS

Früher markierte der Ben-Hai-Fluss die Grenze zwischen Nord- und Südvietnam. Am Südufer steht ein grandioses Denkmal der Wiedervereinigung, dessen stilisierte Palmenblätter befremdlich an Raketen erinnern. Gleich östlich davon erstreckt sich der goldene Cua-Tung-Strand. Das Nordufer wird von einem rekonstruierten Flaggenturm und einem kleinen **Museum** (Eintritt 20 000 VND; 7–17 Uhr) voller Kriegserinnerungen geprägt.

Ben Hai befindet sich 22 km nördlich von Dong Ha an der Nationalstraße 1.

Hamburger Hill   KRIEGSSCHAUPLATZ

Am Hamburger Hill (Ap Bia), einen 900 m hohen Berg keine 2 km von der Grenze zu Laos entfernt, tobte im Mai 1969 eine heftige

EINGEGRABEN

1966 begannen die USA, Nordvietnam massiv aus der Luft und mit Artilleriegeschützen zu attackieren. Vinh Mocs Bewohner nördlich der Entmilitarisierten Zone sahen sich plötzlich unter heftigem Beschuss. Die kleinen Hütten hielten den Angriffen nicht lange stand, und so flohen die Einheimischen oder gruben mit bloßen Händen und einfachsten Werkzeugen Tunnel in den roten Lehmboden.

Der Vietcong (VC) machte den Ort zu einem seiner Stützpunkte und ermutigte die Menschen zu bleiben. Nach 18 Monaten Arbeit war ein riesiger unterirdischer Komplex entstanden, in dem die Dorfbewohner auf drei Ebenen zwischen 12 und 23 m unter der Erde ein neues Zuhause fanden. Auch Versammlungsräume und sogar eine Geburtsstation gab es (17 Babys kamen im Untergrund zur Welt). Hier lebten komplette Familien, die einmal ganze zehn Tage und Nächte unter Tage ausharren mussten. Später gesellten sich nordvietnamesische Soldaten zu den Zivilisten und Vietcong-Kämpfern. Sie hatten die Aufgabe, die Kommunikations- und Versorgungslinie zur nahen Con-Co-Insel aufrechtzuerhalten.

Andere Dörfer in der Entmilitarisierten Zone legten ebenfalls Tunnelsysteme an, aber keines war so ausgeklügelt wie das in Vinh Moc. Die schlecht konstruierten Schächte von Vinh Quang, an der Mündung des Ben-Hai-Flusses, stürzten nach mehreren Bombenangriffen ein – alle, die sich darin aufhielten, starben.

Vor der Küste stationierte US-Kriegsschiffe bombardierten die Vinh-Moc-Tunnel mehrfach; die Krater sind immer noch sichtbar. Gelegentlich wurden auch die dem Meer zugewandten Tunnelausgänge von Geschossen der Marine getroffen. Eine echte Bedrohung stellte aber ausschließlich die sogenannte *„drilling bomb"* dar. Nur einmal traf eine solche direkt, explodierte jedoch nicht und niemand wurde verletzt. Die Bewohner nutzten den entstandenen Krater daraufhin als Luftschacht.

DER KAMPF UM NICHTS IM NIRGENDWO

Gegen den Willen der Marinekorps-Führung wurde Ende 1966 eine kleine Basis der US-amerikanischen Spezialeinheit Green Beret in Khe Sanh zu einem Marinestützpunkt umgewandelt. Im April 1967 begannen die „Bergkämpfe" zwischen den US-Truppen und der gut versteckten nordvietnamesischen Infanterie, die alle nordwestlich liegenden Berge im Umkreis von 8 km kontrollierte. Innerhalb weniger Wochen kamen 155 Marines und Tausende Nordvietnamesen ums Leben.

Ende 1967 entdeckte der amerikanische Geheimdienst, dass sich Zehntausende Vietnamesen, bewaffnet mit Granaten, Raketen und Artilleriegeschossen, in die Khe-Sanh-Region begaben. General Westmoreland war überzeugt, dass die Nordvietnamesen ein weiteres Dien Bien Phu (s. S. 132) planten – ein törichter Vergleich angesichts der amerikanischen Feuerkraft und der Nähe Khe Sanhs zu Versorgungslinien und weiteren US-Stützpunkten. Auch Präsident Johnson wurde immer besessener von dem Gespenst eines zweiten „Din Bin Foo", wie er es in einer berühmten Ansprache nannte. Er ließ im Besprechungszimmer des Weißen Hauses ein Sandkastenmodell des Khe-Sanh-Plateaus bauen und verlangte erstmals eine schriftliche Garantie von den führenden Heereskommandanten, dass Khe Sanh gehalten werden könne.

Westmoreland war entschlossen, eine weitere Niederlage um jeden Preis zu verhindern. Er versammelte eine Armada von 5000 Flugzeugen und Hubschraubern und erhöhte die Truppenzahl in Khe Sanh auf 6000 Soldaten. Den Autoren von *Nineteen Sixty-Eight (Vietnam Experience)* zufolge ließ er sogar prüfen, ob man strategische Nuklearwaffen anwenden könne. Am 21. Januar 1968 begann die 75-tägige Belagerung von Khe Sanh mit einer kleinen Attacke in der Umgebung des Stützpunkts. Als die Marines und die südvietnamesischen Truppen zum Bodenangriff übergingen, geriet Khe Sanh in den Blickpunkt der Medien. Die Zeitschriften *Newsweek* und *Life* widmeten den Ereignissen sogar jeweils die Titelgeschichte, und Zeitungen weltweit berichteten darüber. Während der folgenden zwei Monate war der Stützpunkt kontinuierlichen Bodenangriffen und Artilleriefeuern ausgesetzt. Amerikanische Flugzeuge warfen 100 000 t Sprengstoff über der unmittelbaren Umgebung ab. Allerdings kam es nie zu dem erwarteten Versuch einer Einnahme. Am 7. April 1968 konnten US-Truppen nach heftigen Kämpfen die Nationalstraße 9 wieder öffnen und beendeten so die Belagerung.

Heute weiß man, dass die Kämpfe um Khe Sanh die Aufmerksamkeit der US-Streitkräfte von den südvietnamesischen Kriegsschauplätzen ablenken sollten. Dort wurde nämlich die Tet-Offensive vorbereitet, die eine Woche nach Beginn der Belagerung begann. Westmoreland hielt diese jedoch für ein Ablenkungsmanöver von Khe Sanh.

Nachdem im Juli 1968 Westmorelands Dienstzeit in Vietnam beendet war, wurden die US-Truppen umgruppiert. Plötzlich schien es nicht mehr nötig, Khe Sanh, für das so viele Menschen gestorben waren, zu halten. Nachdem die Toten begraben waren und alles mit LKWs abtransportiert oder in die Luft gejagt worden war, weil nichts übrig bleiben sollte, was für einen nordvietnamesischen Propagandafilm hätte verwendet werden können, verließen die US-Truppen heimlich ihre Basis. Die amerikanische Führung hatte schließlich gemerkt, was Brigadegeneral Lowell English, Assistant Commander der dritten Marine-Infanterie-Division, lange zuvor wie folgt ausgedrückt hatte: „Wer in Khe Sanh ist, ist eigentlich nirgendwo. Wenn man es verliert, hat man letztlich rein gar nichts verloren."

Schlacht zwischen US-Truppen und der Nordvietnamesischen Armee. Mehr als 600 Nordvietnamesen und 72 Amerikaner kamen dabei ums Leben. Der Infanteriekampf und der Tod der Soldaten sorgten in den USA für große Empörung (sogar ein Hollywoodfilm wurde darüber gedreht). Heute benötigt man eine spezielle Genehmigung, die in der Stadt Aluoi erteilt wird, und einen Guide, um einen Blick auf die verbleibenden Schützengräben und Bunker zu werfen. Gegenwärtig wird hier ein neues Kriegsdenkmal gebaut.

Der Hamburger Hill erhebt sich 8 km nordwestlich von Aluoi, 6 km von der Nationalstraße 14 entfernt.

Camp Carroll KRIEGSSCHAUPLATZ

Das 1966 errichtete Camp Carroll wurde nach dem Hauptmann eines Marinekorps benannt, der beim Versuch, eine Brücke in der Nähe einzunehmen, gefallen war. Mit den gewaltigen im Camp stationierten Kanonen konnten die Amerikaner weit entfernte Ziele wie Khe Sanh beschießen. Mittlerweile ist hier außer einem vietnamesischen Gedenkschild nicht mehr viel zu sehen. Der Abzweig nach Camp Carroll liegt 10 km westlich von Cam Lo, von der Nationalstraße 9 sind es 3 km.

The Rockpile KRIEGSSCHAUPLATZ

Auf dem Gipfel dieses 230 m hohen Karsthügels befand sich früher ein Aussichtspunkt des US-Marinekorps und in der Nähe lag ein Stützpunkt amerikanischer Langstreckenwaffen. Am besten engagiert man einen Führer, der einem die Überbleibsel zeigt. The Rockpile erhebt sich 29 km westlich von Dong Ha an der Nationalstraße 9.

Dakrong-Brücke BRÜCKE

Die 2001 wiederaufgebaute Dakrong-Brücke überspannt den gleichnamigen Fluss 13 km östlich des Busbahnhofs in Khe Sanh. Sie diente im Krieg als wichtige Verbindung zum Ho-Chi-Minh-Pfad.

❶ Anreise & Unterwegs vor Ort

Fast alle Besucher kommen im Rahmen einer günstigen geführten Tour (11–15 US$ für einen Tagesausflug) in die Entmilitarisierte Zone, die in jedem Hotel und Café in Hue bzw. Dong Ha arrangiert werden kann. Normalerweise ist man mit einer großen Gruppe unterwegs, außerdem geht wegen der weiten Entfernungen oft mehr Zeit für die Fahrt drauf als für Besichtigung. Meistens bekommt man The Rockpile, Khe Sanh, Vinh Moc und Doc Mieu zu sehen. In Hue starten die Ausflüge um 7 Uhr, die Rückkehr erfolgt gegen 17 Uhr.

Eine eindrucksvollere Erfahrung bietet der unabhängige Besuch der Entmilitarisierten Zone. Für ein Auto und einen sachkundigen Guide muss man etwa 100 US$ pro Tag einplanen.

Dong Ha
☏ 053 / 85 200 EW.

Dong Ha liegt an der Kreuzung der Nationalstraßen 1 und 9 und ist ein wichtiger Verkehrsknotenpunkt. Die staubige, von Autos und Motorrädern verstopfte Hauptstraße sieht ziemlich trostlos aus, was daran liegt, dass die Stadt während des Vietnamkriegs dem Erdboden gleichgemacht wurde. Der Ort hat aber auch angenehme Seiten, darunter vor allem die hervorragenden Fischrestaurants am Flussufer. Auch das Angebot an Unterkünften hat sich verbessert. Nun dient Dong Ha als praktische Basis für den Besuch der Entmilitarisierten Zone und die Reise zum Lao-Bao-Grenzübergang.

GRATIS **Bao Tang Quang Tri** (8 Ð Nguyen Hue; ⊙Di, Do, Sa & So 7.30–11 & 13.30–17 Uhr) ist ein bescheidenes Museum und die einzige wirkliche Sehenswürdigkeit der Stadt. Es widmet sich der Geschichte der Quang-Tri-Provinz mit Betonung der ethnischen Minderheiten.

☞ Geführte Touren

Verschiedene Veranstalter organisieren Ausflüge in die Entmilitarisierte Zone und zu anderen Zielen in der Gegend. Tam, der geniale Besitzer von Tam's Cafe, arrangiert eine auf Backpacker ausgerichtete Tour mit dem Motorrad.

Annam Tour MILITÄRTOUREN

(☏ 0905 140 600; www.annamtour.com; 207B Ð Nguyen Du) Hochempfohlene maßgeschneiderte Exkursionen, geleitet vom Militärhistoriker Herrn Vu, der hervorragend Englisch spricht.

DMZ Tours MILITÄR- & ABENTEUERTOUREN

(☏ 356 4056; www.dmztours.net; 260 Ð Le Duan) Erstklassige Touren in die Entmilitarisierte Zone und Abenteuertrips, z. B. Bootsfahrten zur Can-Co-Insel.

Sepon Travel MILITÄRTOUREN, TRANSPORT

(☏ 385 5289; www.sepontour.com; 189 Ð Le Duan) Ausflüge in die Entmilitarisierte Zone, außerdem kann man hier Flüge und Busse nach Savannakhet (Laos) buchen.

🛏 Schlafen

Im Stadtzentrum, wo die Nationalstraße 1 den Fluss überquert, wird gerade ein neues Vier-Sterne-Hotel gebaut.

LP TIPP Violet Hotel HOTEL $

(☏ 358 2959; Ð Ba Trieu; EZ 180 000 VND, 2BZ 230 000–300 000 VND; ✱ 🛜) Dieses moderne Minihotel wartet mit einem hervorragenden Preis-Leistungs-Verhältnis auf. Es bietet makellos saubere Zimmer, die alle über Minibar, Kabelfernsehen, Ventilator und WLAN verfügen. Einige haben auch einen Balkon und bieten einen Blick über Reisfelder. Das Haus befindet sich 1 km westlich der Hauptstraße in ruhiger Lage gegenüber mehreren tollen Restaurants mit Seeblick. Die Mitarbeiter sprechen kaum Englisch, tun aber ihr Bestes, um zu helfen.

Huu Nghi Hotel   HOTEL $
(📞385 2361; www.huunghihotel.com.vn; 68 Đ Tran Hung Dao; EZ/DZ/3BZ 350 000/390 000/510 000 VND; ❄@🛜) Während unseres Besuchs war die markante fünfstöckige Unterkunft zweifellos die beste Adresse der Stadt. Die renovierten geräumigen Zimmer punkten mit einer schicken Ausstattung, darunter jeweils ein Kleiderschrank, Leselampen, Betten mit bequemen Matratzen und ein Flachbildfernseher. Von einigen genießt man eine herrliche Aussicht. Das Frühstück ist inklusive.

Thuy Dien Guesthouse   HOTEL $
(📞385 7187; 9 Đ Le Van Huu; Zi. 160 000 VND; ❄) Ein Hotel gegenüber dem Busbahnhof mit sauberen, schlichten Zimmern, die ihr Geld wert sind.

 Essen & Ausgehen

Dong Ha ist für seine Meeresfrüchte berühmt. Entlang der Đ Hoang Dieu liegen einige Restaurants am Fluss, die wunderbare *cua rang me* (Krabben in Tamarindensoße), *vem nuong* (gerillte Muscheln) und gedünsteten oder gebratenen Tintenfisch auftischen. Am Violet Hotel gibt's außerdem ein paar hervorragende legere Lokale, in denen man vietnamesische Fleisch- und Fischgerichte bekommt.

🅻🅿 TIPP Tam's Cafe   CAFÉ $
(www.tamscafe.co.nr; 81 Đ Tran Hung Dao; Mahlzeiten 2 US$; 🛜) In diesem tollen kleinen Café mit der wahrscheinlich einzigen Espressomaschine in der ganzen Provinz bekommt man großartiges vietnamesisches Essen,

---

GRENZÜBERGANG: LAO BAO–DANSAVANH

Lao Bao am Fluss Sepon (Song Xe Pon) ist einer der beliebtesten und unproblematischsten **Grenzübergänge** (◯7–18 Uhr) zwischen Laos und Vietnam. Ein 30-tägiges Visum für Laos bekommt man direkt vor Ort. Visa für Vietnam muss man allerdings noch immer im Voraus beantragen, am besten im vietnamesischen Konsulat in Savannakhet.

Busse nach Savannakhet fahren von Hue über Dong Ha und Lao Bao. Der klimatisierte Bus (280 000 VND, 9½ Std.), der um 7 Uhr vor dem Sinh-Tourist-Reisebüro (S. 188) startet, verkehrt nur an ungeraden Tagen. Gegen 8.30 Uhr hält er in Dong Ha an der Sepon-Touristeninformation und nimmt weitere Fahrgäste auf (der Preis von Dong Ha nach Savannakhet beträgt 210 000 VND). Ankunft in Savannakhet ist um 16 Uhr. Am nächsten Tag erfolgt die Rückfahrt ab dem Savanbanhao Hotel in Savannakhet.

Die Grenze lässt sich auch leicht auf eigene Faust passieren. Von Dong Ha fahren etwa alle 15 Minuten Busse zum Busbahnhof in Lao Bao (50 000 VND, 2 Std., 85 km). Dort gelangt man per *xe om* (Motorradtaxis) für ca. 12 000 VND zur Grenze oder geht alternativ zu Fuß (20 Min.). Vom vietnamesischen bis zum laotischen Grenzposten sind es nur einige Hundert Meter.

Auf der vietnamesischen Seite gibt's einen riesigen uninteressanten Markt. Wer vor Ort übernachten will, kann im **Sepon Hotel** (📞377 7129; www.seponhotel.com.vn; Đ 82 Lao Bao; Zi. 20–27 US$; ❄@), einem ordentlichen Businesshotel, bleiben oder sich für ein billiges Bett im alternden **Bao Son Hotel** (📞387 7848; Zi. 15–17 US$; ❄) entscheiden. In Lao Bao tauscht man besser kein Geld, da hier schreckliche Kurse geboten werden.

Pro Tag verkehrt in Laos lediglich ein öffentlicher Bus nach Savannakhet (60 000 Kip, 5 Std., 250 km), der startet, sobald er voll ist. Außerdem fahren regelmäßig *sawngthaew* (Kleintransporter) nach Sepon. Von dort kann man mit dem Bus oder wieder mit einem *sawngthaew* nach Savannakhet weiterreisen.

In der anderen Richtung pendeln zwischen Savannakhet und Dansavanh tagsüber mehrere Busse. Darüber hinaus gibt's einen Nachtbus nach Hue, der um 22 Uhr abfährt. Allerdings kommt er um 3 Uhr morgens in Dansavanh an: Üblicherweise muss man aussteigen und auf der Straße warten, bis endlich der Morgen anbricht …

Wer einen Touristenbus nimmt, sollte eine Bestätigung verlangen (am besten schriftlich), dass derselbe Bus auch nach Überquerung der Grenze weiterfährt. Traveller haben uns erzählt, dass sie auf vietnamesischer Seite in einen komfortablen Bus eingestiegen sind, in Laos aber in überfüllte lokale Fahrzeuge verfrachtet wurden. Besteht die Wahrscheinlichkeit, dass der Bus nach Schließung der Grenze ankommt, sollte man prüfen, ob im Ticket eine Übernachtung enthalten ist, und sich andernfalls auf ungemütliche Stunden einstellen.

westliche Snacks wie Pizza, Smoothies und Säfte. Der Laden wird vom hilfsbereiten, putzmunteren Inhaber Tam geführt, der fließend Englisch spricht, voll nützlicher Reiseinfos steckt und sich viel Mühe gibt, seine Heimatstadt bekannter zu machen und Traveller herumzuführen. Außerdem werden hier Gehörlose beschäftigt und unterstützt.

Con Soi VIETNAMESISCH $
(Ð Ba Trieu; Mahlzeiten 50 000 VND) Die erste Wahl unter den Restaurants am See. Alle lokalen Gerichte sind wunderbar frisch und schmecken einfach köstlich, darunter gebratenes Spanferkel, gegrillter Fisch und Meeresfrüchte.

Praktische Informationen

In Tam's Café gibt's nützliche Reise- und Touristeninformationen.
Post (183 Ð Le Duan)
Vietcombank mit Geldautomat (Ð Tran Hung Dao)
Vietin Bank mit Geldautomat (Ð Hung Vuong)

An- & Weiterreise

AUTO & MOTORRAD Motorradtouren in die EMZ beginnen bei 15 US$. Eine einfache Fahrt mit dem Auto zur laotischen Grenze schlägt mit 45 US$ zu Buche. Motorräder (ab 5 US$ pro Tag) kann man in Tam's Cafe ausleihen.
BUS In der Nähe der Kreuzung der Nationalstraßen 1A und 9 liegt der **Dong-Ha-Busbahnhof** (Ben Xe Khach Dong Ha; 68 Ð Le Duan), von wo regelmäßige Verbindungen nach Dong Hoi (50 000 VND, 2 Std.), Hue (42 000 VND, 1½ Std.), Da Nang (65 000 VND, 3½ Std.), Khe Sanh (28 000 VND, 1½ Std.) und Lao Bao (45 000 VND, 2 Std.) bestehen.

Wer Lao Bao zum Ziel hat, muss manchmal in Khe Sanh umsteigen. Außerdem verkehren Busse nach Savannakhet in Laos, doch am Bahnhof werden keine Tickets an Ausländer verkauft. Stattdessen bekommt man sie bei Sepon Travel auf der anderen Straßenseite.

Es gibt auch einen täglichen Minibus von Tam's Cafe zum Phong Nha Farmstay (S. 165; 100 000 VND), Abfahrt ist um 15.40 Uhr. Um 7.30 Uhr geht's via Hue zurück Richtung Süden nach Da Nang (100 000 VND).

In Tam's Café hängen sämtliche Fahrpläne der Buslinien aus.
ZUG Der städtische **Bahnhof** (Ga Dong Ha; 2 Ð Le Thanh Ton) befindet sich 2 km südlich von der Brücke der Nationalstraße 1. Hier starten u. a. Züge nach Hanoi (Schlafwagen ab 480 000 VND, 12½–16 Std., 5-mal tgl.), Dong Hoi (ab 58 000 VND, 1½–3 Std., 7-mal tgl.) und Hue (ab 44 000 VND, 1½–2½ Std., 7-mal tgl.).

Quang Tri
053 / 28 600 EW.

Quang Tri hatte einst eine bedeutende Zitadelle, doch vom Glanz früherer Zeiten ist nicht viel geblieben. Während der Oster-Offensive 1972 belagerten nordvietnamesische Truppen die Stadt und eroberten sie. Daraufhin reagierten die amerikanischen und südvietnamesischen Kräfte mit Flächenbombardements und Artilleriebeschuss und zerstörten Quang Tri fast vollständig.

Heute sind noch einige Überreste des alten Burggrabens, der Mauern und der Tore der Zitadelle zu sehen, die sich nahe der Ð Tran Hung Dao, 1,6 km nördlich der Nationalstraße 1, befindet.

Außerhalb der Stadt, entlang der Nationalstraße 1A in Richtung Hue, stößt man auf die Ruine der Long-Hung-Kirche. Sie ist mit zahlreichen Kugeleinschlägen und Granatenhülsen übersät, die von den 1972 erfolgten Bombardierungen stammen.

Der Busbahnhof (Ð Tran Hung Dao) liegt 1 km von der Nationalstraße 1 entfernt, aber man kann die Busse auch vom Wegesrand heranwinken.

Hue
054 / 358 000 EW.

Paläste, Pagoden, Kriegsdenkmäler, Tempel, Kultur, Kulinarisches und Historisches: All das und noch viel mehr bietet Hue. Das atmosphärische ehemalige Machtzentrum der Nguyen-Dynastie ist eine Unesco-Welterbestätte, in der man noch immer die Pracht des kaiserlichen Vietnams spürt, obwohl viele der schönsten Bauwerke im Krieg zerstört wurden.

Hues Charme macht auch seine Lage am Parfümfluss aus, der die Stadt an sonnigen Tagen malerisch-idyllisch und bei unbeständigerem Wetter geheimnisvoll erscheinen lässt. Um ein wenig vom alten Glanz zu retten, werden ständig Restaurierungsarbeiten vorgenommen und so wartet der Ort inzwischen mit einer bunten Mischung aus Alt und Neu auf: Moderne Gebäude stehen direkt neben bröckelnden jahrhundertealten Festungsmauern und schicke neue Hotels überragen imposante Häuser aus der Kolonialzeit.

Der Tourismus hat zu einer Überzahl an Schleppern geführt, die einen auf Schritt und Tritt verfolgen, doch von kleineren Ärgernissen mal abgesehen, ist Hue nach wie vor ruhig und konservativ. Es gibt kaum

Bars, und die Tourismusbehörden beklagen sich gern darüber, dass die Einwohner schon vor 22 Uhr schlafen gehen.

Geschichte
Kaiser Gia Long begründete 1802 die Nguyen-Dynastie, verlegte die Hauptstadt in einem Versuch, Nord- und Südvietnam zu vereinen, von Hanoi nach Hue und begann mit dem Bau der Zitadelle. Die Stadt florierte, doch ihre Herrscher hatten zu kämpfen, um dem wachsenden Einfluss Frankreichs zu begegnen.

1885 reagierten die französischen Kräfte auf vietnamesische Angriffe, indem sie die Zitadelle stürmten, die kaiserliche Bibliothek niederbrannten und sämtliche Dinge von Wert aus dem Palast schafften. Danach residierten die Kaiser zwar weiterhin in Hue, Ereignisse von nationaler Bedeutung fanden jedoch woanders statt.

Erst 1968 während der Tet-Offensive stand Hue wieder im Zentrum der Aufmerksamkeit. Während sich die Amerikaner darauf konzentrierten, Khe Sanh zu halten, eroberten die Nordvietnamesen und der Vietcong Hue. Ihr wagemutiger Angriff beherrschte weltweit die Schlagzeilen.

Während der dreieinhalb Wochen, in denen Nordvietnam die Zitadelle kontrollierte, wurden 2500 Menschen erschossen, totgeschlagen oder bei lebendigem Leib begraben. Für den Norden waren die Soldaten der südvietnamesischen Armee, wohlhabende Kaufleute, Regierungsangestellte, Mönche, Priester und Intellektuelle „Lakaien, die eine Blutschuld zu begleichen hatten". Die USA und Südvietnam antworteten darauf mit der Zerstörung ganzer Stadtviertel und dem Sturm auf die Zitadelle, im Kaiserpalast setzten sie sogar Napalm ein. Laut einem US-Soldaten, der an den Angriffen beteiligt war, war die Maxime, „die Stadt zu zerstören, um sie zu retten" 10 000 Menschen starben in Hue, darunter Tausende Vietcong-Kämpfer, 400 südvietnamesische Soldaten und 150 US-Marines – vor allem aber Zivilisten.

⊙ Sehenswertes

Zitadelle HISTORISCHE STÄTTE
Viele Sehenswürdigkeiten befinden sich innerhalb der 2 m dicken und 10 km langen Mauern der Zitadelle (Kinh Thanh) am Nordufer des Flusses, wo auch ein Großteil der Bevölkerung wohnt. Die zwischen 1804 und 1833 erbaute Bastion verfügt über zehn Tore und ist von einem 30 m breiten und 4 m tiefen Burggraben umgeben.

Im Innern gibt's mehrere Bereiche. Die Kaiserstadt und das Gebiet hinter der Verbotenen Purpurstadt bildeten das Epizentrum des königlichen Lebens in Vietnam. Auf der südwestlichen Seite erstreckten sich die Tempelanlagen. Im Nordwesten lagen Residenzen und im Nordosten Gärten. Die **Mang-Ca-Festung** im Norden ist noch heute ein Militärstützpunkt.

Über dem gesamten Komplex ragt der 37 m hohe **Flaggenturm** (Cot Co) auf, der höchste des Landes. Während der Besatzung durch den Vietcong 1968 wehte die Fahne der nationalen Unabhängigkeit 3½ Wochen lang trotzig von diesem Bauwerk.

Innerhalb des Festungswalls stehen an beiden Seiten des Turms die **Neun Heiligen Kanonen** (1804), symbolische Beschützer des Palastes und des Königreichs. Kaiser Gia Long gab sie als reines Zierwerk in Auftrag. Jede Kanone ist 5 m lang, hat einen Durchmesser von 23 cm und wiegt ca. 10 t. Die vier am **Ngan-Tor** symbolisieren die Jahreszeiten und die fünf beim **Quang-Duc-Tor** repräsentieren die fünf Elemente: Metall, Holz, Wasser, Feuer und Erde.

Kaiserstadt HISTORISCHE STÄTTE
(Eintritt 55 000 VND; ⊙Sommer 6.30–17.30 Uhr, Winter 7–17 Uhr) Die Kaiserstadt ist sozusagen eine Zitadelle in der Zitadelle. Hinter einer 2,5 km langen und 6 m hohen Mauer befanden sich die Residenz des Kaisers und die wichtigsten öffentlichen Bauten. Heute ist nur noch ein Bruchteil der ursprünglichen Anlage zu sehen, denn im Indochina- und im Vietnamkrieg wurde sie heftig bombardiert, sodass nur 20 der 148 Gebäude erhalten blieben. Restaurierung und Wiederaufbau dauern bis heute an.

Die Anlage ist in mehrere ummauerte Komplexe mit der Verbotenen Purpurstadt im Zentrum unterteilt. Zwischen Haupttor und Purpurstadt, an deren Einfassungsmau-

---

EINE INSIDERGESCHICHTE

1997 erschienen die Memoiren des Journalisten Gavin Young: *A Wavering Grace*. Auf bewegende Weise erzählt er von seiner 30 Jahre dauernden Beziehung zu einer Familie aus Hue und der Stadt selbst während und nach dem Vietnamkrieg. Der Band ist ein ausgezeichneter literarischer Begleiter beim Besuch von Hue.

ern mehrere Tempel und Residenzen gebaut sind, liegen die offiziellen Staatspaläste. Die besser erhaltenen befinden sich an der südwestlichen Mauer. Im Südosten stößt man auf die Ruinen des **Thai-To-Mieu-Tempelkomplexes** (heute eine Baumschule), dahinter beherbergt das Gebäude der früheren königlichen Schatzkammer die **Kunsthochschule**. Auf ihrer Rückseite erstrecken sich Gärten, ein Park und ein See.

Dieser faszinierende Ort lohnt einen Tagesausflug. Er ist so erfreulich wie ein entspannter Spaziergang, außerdem sind einige der weniger bekannten Bereiche sehr stimmungsvoll.

HUE FEIERT

Die Stadt scheint wild entschlossen, nicht erneut in der Versenkung zu verschwinden. Alle zwei Jahre (immer in geraden Jahren) feiert sie das **Festival von Hue** (www.huefestival.com), bei dem zahlreiche lokale und internationale Künstler auftreten.

Ngo-Mon-Tor

Als Haupteingang in die Kaiserstadt dient das **Ngo-Mon-Tor** (Mittagstor; erbaut 1833) gegenüber dem Flaggenturm. Der mittlere Durchgang mit gelben Türen war einzig dem Kaiser vorbehalten, ebenso die Brücke über den Lotusteich.

Oben auf dem Tor thront der **Ngu Phung** (Wachtturm der Fünf Phönixe), mit einer riesigen Trommel und Glocke auf der oberen Ebene. Hier zeigte sich der Herrscher zu wichtigen Anlässen, meist zur Verkündigung des Mondkalenders. Am 30. August 1945 endete hier die Nguyen-Dynastie, als Kaiser Bao Dai vor der Delegation, die von Ho Chi Minh entsandt worden war, abdankte.

Thai-Hoa-Palast

Dieses 1803 errichtete Gebäude, der Palast der Höchsten Harmonie, ist eine weitläufige Halle mit einem schön verzierten Holzdach, das von 80 mit Schnitzereien geschmückten und lackierten Säulen getragen wird. Es diente offiziellen Empfängen des Kaisers und wichtigen Zeremonien. Bei Staatsanlässen saß der Herrscher auf dem erhöhten Thron und blickte auf die Besucher herab, die durch das Ngo-Mon-Tor kamen.

Die eindrucksvolle audiovisuelle Ausstellung sollte man sich nicht entgehen lassen, sie gewährt einen hervorragenden Überblick über die gesamte Zitadelle, ihre Architektur und ihren historischen Kontext.

Hallen der Mandarine

Direkt hinter dem Thai-Hoa-Palast befinden sich die Hallen, die den Mandarinen als Amtssitz dienten und von ihnen für höfische Zeremonien genutzt wurden.

Das Gebäude auf der linken Seite ist für kitschige Touristenfotos hergerichtet worden: Besucher können in kaiserlichen Kostümen auf einem Thron posieren (20 000–100 000 VND). Im gegenüberliegenden Saal sind einige faszinierende alte Fotografien (darunter eines von der Krönung des kindlichen Königs Vua Duya Tan), vergoldete Buddhafiguren und diverse royale Kuriositäten ausgestellt.

Hinter dem Hof stößt man auf die Ruinen des **Can-Chanh-Palasts**, in dem unlängst zwei herrliche lange **Galerien**, bemalt in glänzendem scharlachrotem Lack, restauriert wurden.

Verbotene Purpurstadt

Hinter den Palästen liegt das Herzstück der Kaiserstadt, die **Verbotene Purpurstadt** (Tu Cam Thanh), die im Vietnamkrieg fast vollständig zerstört wurde. Diese innerste Zitadelle diente als private Residenz des Herrschers und durfte ausschließlich von Eunuchen betreten werden, weil diese für die kaiserlichen Konkubinen keinerlei Gefahr darstellten.

Mittlerweile ist der größte Teil der Anlage überwuchert. Vorsicht vor den großen Löchern im Boden!

Das ursprünglich 1826 errichtete **Kaiserliche Theater** (Duyen Thi Duong; ☎351 4989; www.nhanhac.com.vn; Karten 50 000 VND; ⊙Vorstellungen 9, 10, 14.30 & 15.30 Uhr) zur Rechten wurde auf seinen einstigen Fundamenten wiederaufgebaut. Heute werden hier alte Tänze und Opern gezeigt.

Hinter dem Gebäude befindet sich die großartige (wenn auch verfallende) zweistöckige **Bibliothek des Kaisers** (Thai Binh Lau). Sie wurde als einziger Teil der Verbotenen Purpurstadt während der französischen Besatzung Hues im Jahr 1947 nicht zerstört. Zwar ist die Bibliothek nicht für die Öffentlichkeit freigegeben, doch es lohnt sich, die faszinierenden, an Gaudi erinnernden Dachmosaiken von außen zu bewundern.

To-Mieu-Tempelkomplex

Dieser ummauerte Komplex der Nguyen-Kaiser in der südlichen Ecke der Kaiserstadt wurde wunderbar restauriert.

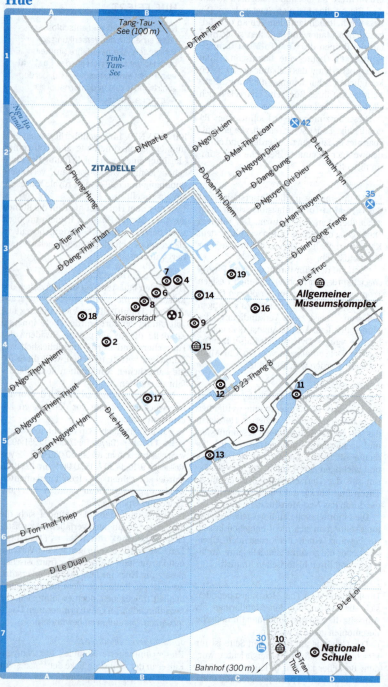

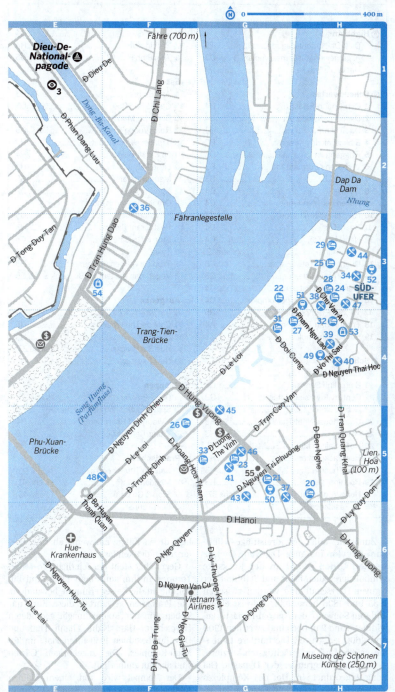

Hue

◉ Highlights
- Dieu-De-Nationalpagode E1
- Allgemeiner Museumskomplex D3
- Nationale Schule D7

◉ Sehenswertes
1. Can-Chanh-Palast B4
2. Dien-Tho-Residenz B4
3. Duc Thanh E1
4. Bibliothek des Kaisers B3
5. Flaggenturm C5
6. Verbotene Purpurstadt B3
7. Galerie B3
8. Galerie B4
9. Hallen der Mandarine C4
10. Ho-Chi-Minh-Museum C7
11. Ngan-Tor D4
12. Ngo-Mon-Tor C4
- Ngu Phung ..... (siehe 12)
13. Quang-Duc-Tor C5
14. Kaiserliches Theater C3
15. Thai-Hoa-Palast C4
16. Thai-To-Mieu-Tempelkomplex C4
17. To-Mieu-Tempelkomplex B5
18. Truong-San-Residenz A4
19. Kunsthochschule C3

🛌 Schlafen
20. Bamboo Hotel H5
21. Binh Minh Sunrise 1 ..... G5
22. Century Riverside Hotel G3
23. Google Hotel G5
24. Guesthouse Nhat Thanh H3
25. Halo H3
26. Hotel Saigon Morin F5
27. Hue Backpackers H4
28. Hue Thuong H3
29. Huenino H3
- Hung Vuong Inn ..... (siehe 37)
30. La Residence C7
31. Mercure G4
32. Orchid Hotel H4
33. Thai Binh Hotel 2 ..... G5

✖ Essen
34. Anh Binh H3
35. Caphé Bao Bao D3
36. Dong-Ba-Markt F2
37. Hung Vuong Inn G5
38. Japanese Restaurant H3
39. La Carambole H4
40. Little Italy H4
41. Mandarin Café G5
42. Ngo Co Nhan D2
43. Omar Khayyam's Indian Restaurant G5
44. Restaurant Bloom H3
45. Stop & Go Café G5
46. Take G5
47. Tropical Garden Restaurant H3
48. Vegetarian Restaurant Bo De E5

🍸 Ausgehen
49. Bar Why Not? H4
50. Café on Thu Wheels G5
51. DMZ Bar H3
- Hue Backpackers ..... (siehe 27)
52. New Sky H3

🛍 Shoppen
- Dong-Ba-Markt ..... (siehe 36)
53. Spiral Foundation Healing the Wounded Heart Center H4
54. Trang Tien Plaza E3

ℹ Praktisches
- Café on Thu Wheels ..... (siehe 50)
- Mandarin Café ..... (siehe 41)
- Stop & Go Café ..... (siehe 45)
55. Sinh Tourist G5

Zunächst fällt der dreistufige **Hien-Lam-Pavillon** ins Auge. Die **Neun Dynastischen Urnen** *(dinh)* an der Rückseite symbolisieren die Macht und Stabilität der Nguyen-Herrschaft und wurden zwischen 1835 und 1836 hergestellt. Jede ist einem anderen Souverän der Nguyen-Dynastie gewidmet, rund 2 m hoch und zwischen 1900 und 2600 kg schwer. Die mittlere Urne – die größte und am prächtigsten verzierte – wird dem Begründer der Dynastie Gia Long zugeordnet. Im Hof des Komplexes sind auch zwei gefangene Drachen zu sehen, deren Käfige ein wenig an rote Telefonzellen denken lassen.

Gegenüber steht der feierliche **To-Mieu-Tempel**. In ihm kann man Tafeln und Bilder, die an die Kaiser erinnern, bewundern. Die Franzosen gewährten diese Ehre nur sieben von der Kolonialmacht geduldeten Herrschern. Ham Nghi, Thanh Thai und Duy Tan bekamen 1959 ihren Platz im To-Mieu-Komplex. Die zugehörigen Gärten sind absolut zauberhaft.

Der Tempel wird von einem kleinen Ankleidehaus und einem Erntegott-Schrein flankiert. Ein Tor führt zu einem kleinen ummauerten Gelände, in dem sich der **Hung-To-Mieu-Tempel** befindet. Er ist eine Rekonstruktion des Originalbauwerks, das 1804 zu Ehren der Eltern Gia Longs errichtet wurde.

Dien-Tho-Residenz

Hinter den beiden Tempeln ragt die imposante, teils zerstörte Dien-Tho-Residenz aus dem Jahr 1804 auf. Sie beherbergte Wohnräume und den Audienzsaal der Kaisermutter aus der Nguyen-Dynastie.

Draußen befindet sich ein reizender, mit Holzschnitzereien verzierter Pavillon über einem Lilienteich. Links vom Audienzsaal steht die hübsche Tinh-Minh-Gebäude, das als Klinik genutzt wurde und auch Bao Dais Privatwohnsitz war.

Truon-San-Residenz

1844 bezeichnete Kaiser Thieu Tri diesen Ort als einen der 20 schönsten in Hue, doch im Krieg wurde das Gebäude vollständig zerstört. Besonders imposant ist das Eingangstor mit seinen Drachen und Phönixen. Das Innere wurde teilweise restauriert, ist abgesehen von kunstvollen Säulen und Kacheln aber leer.

GRATIS **Dieu-De-Nationalpagode** PAGODE

(Quoc Tu Dieu De; 102 Đ Bach Dang) Die Pagode über dem Dong-Ba-Kanal wurde im Auftrag von Kaiser Thieu Tri (1841–47) errichtet und unterstand diesem direkt. Sie ist für ihre vier niedrigen Türme bekannt, von denen zwei das Tor und zwei weitere das Heiligtum flankieren.

Während der Herrschaft Ngo Dinh Diems (1955–63) und bis in die 1960er-Jahre war Dieu De eine Bastion der buddhistischen und studentischen Opposition gegen die südvietnamesische Regierung und den Vietnamkrieg. Als die Polizei das Bauwerk 1966 stürmte, gab es viele Verhaftungen.

Die Pavillons an beiden Seiten des Haupteingangs enthalten die 18 La Ha, die in der Hierarchie direkt unter dem Bodhisattva stehen, sowie die acht Kim Cang, Beschützer Buddhas. In der hinteren Reihe der Empore sieht man Thich Ca Buddha mit zwei Helfern.

Nationale Schule BEMERKENSWERTES GEBÄUDE

(Truong Quoc Hoc; 10 Đ Le Loi; ⊙11.30–13 & ab 17 Uhr) Die Nationale Schule, eines der bedeutendsten Gymnasien Vietnams, wurde 1896 gegründet. Viele ihrer Abgänger wurden später berühmt, z. B. General Vo Nguyen Giap, Stratege des Siegs der Vietminh in Dien Bien Phu, Pham Van Dong, früherer Premierminister Nordvietnams, und Ho Chi Minh, der die Schule 1908 für ein Jahr besuchte.

Hier werden Jugendliche zwischen 16 und 18 Jahren aufgenommen, doch die extrem schweren Zulassungstests sind berüchtigt. Wer das Gebäude besichtigen will, kann dies während der Mittagspause und nach Unterrichtsschluss tun.

GRATIS **Museum der Schönen Künste** MUSEUM

(150 Đ Nguyen Hue; ⊙Sommer 6.30–17.30, Winter 7–17 Uhr) Dieses Museum befindet sich im vom Barock beeinflussten An-Dinh-Palast, der 1918 von Kaiser Khai Dinh in Auftrag gegeben wurde. Kunstvolle Wandbilder, Blumenmotive und illusionistische Details zieren den Bau. Hier lebte Kaiser Bao Dai nach seiner Abdankung 1945 mit seiner Familie. Im Inneren werden herausragende Keramiken, Gemälde, Möbel und kaiserliche Gewänder präsentiert.

GRATIS **Allgemeiner Museumskomplex** MUSEUM

(Đ 23 Thang 8; ⊙Di–So 7.30–11 & 13.30–17 Uhr) Früher war der etwas heruntergekommene Komplex eine Schule für Prinzen und die Söhne hochrangiger Mandarine. Eine Pagode ist der Archäologie gewidmet, ein anderes Gebäude den Naturwissenschaften, und ein drittes zeigt Ausstellungen zur Widerstandsbewegung gegen die französische Kolonialherrschaft. Draußen befinden sich Relikte aus der Schlacht von 1975, als Hue an den Norden fiel.

GRATIS **Bao-Quoc-Pagode** PAGODE

(Ham-Long-Hügel) Die 1670 gegründete Pagode steht auf einem Hügel am linken Ufer des Parfümflusses. Sie besitzt einen auffälligen Eingang mit drei Toren, zu dem eine breite Treppe führt. Rechts befindet sich eine Schule für Mönche, die 1940 gegründet wurde, und links erstreckt sich der Mönchsfriedhof.

Man erreicht die Pagode, indem man von der Đ Le Loi aus südlich der Đ Dien Bien Phu folgt und nach dem Bahnübergang in die erste Straße rechts einbiegt.

Ho-Chi-Minh-Museum MUSEUM

(7 Đ Le Loi; Eintritt 10 000 VND; ⊙Di–So 7.30–11 & 13.30–16.30 Uhr) Jede Stadt hat ihr Ho-Chi-Minh-Museum, doch dieses ist besser als die meisten anderen. Der Vater der vietnamesischen Nation verbrachte zehn Jahre in Hue,

und von dieser Zeit sind hier einige spannende englisch beschriftete Fotos zu sehen.

Tang-Tau-See SEE
(Đ Dien Tien Hoang) Eine der Inseln im Tang-Tau-See nordöstlich des Tinh-Tam-Sees diente einst als Sitz der kaiserlichen Bibliothek. Heute steht hier die kleine **Ngoc-Huong-Pagode**.

🛏 Schlafen

Hue wartet mit einem hervorragenden Angebot an Unterkünften in allen Preislagen auf. Die wichtigste Anlaufstelle für Touristen sind die Gassen zwischen der Đ Le Loi und der Đ Vo Thi Sau.

LP TIPP **Pilgrimage Village** RESORTHOTEL $$$
(388 5461; www.pilgrimagevillage.com; 130 Đ Minh Mang; Zi./Bungalows ab 121/172 US$; ❄✱@🕸☰) Diese schicke Lodge rund um ein grünes Tal verfügt über einen 40-m-Pool, Lotusteiche sowie einen topmodernen Spa- und Yogabereich und wirkt wie eine Art buddhistische Öko-Oase. Alle Zimmer sind herrlich komfortabel, doch als Nonplusultra gelten die Bungalows mit privatem Tauchbecken. Es gibt ein gutes Restaurant, einen reizenden Frühstücksraum und eine Bar. Das Pilgrimage Village liegt 3 km von Zentrum von Hue entfernt und wird von einem kostenlosen Shuttlebus angesteuert.

LP TIPP **Mercure** HOTEL $$
(393 6688; www.mercure.com; 38 Đ Le Loi; Zi. ab 58 US$; ❄✱@🕸☰) Hoch über dem Parfümfluss bietet dieses elegante neue Hotel ein tolles Preis-Leistungs-Verhältnis, eine erstklassige Lage und einen großartigen Service. Es punktet mit einer imposanten modernen Lobby mit vietnamesischem Flair und umwerfenden Zimmern samt einer Einrichtung aus poliertem Holz, hippen Bädern, Balkonen sowie tollen Extras. Im Restaurant werden französische und vietnamesische Gerichte serviert, außerdem gibt's eine Bar. Einzig der nierenförmige Pool ist etwas klein geraten. Günstigere Angebote findet man bei Buchung über die Website.

Google Hotel HOTEL $
(383 7468; www.googlehotel-hue.com; 26 Đ Tran Cao Van; DZ/3BZ 15/18 US$; ✱@🕸) Na gut, der Name ist ein bisschen frech, trotzdem lockt dieses hervorragende neue Hotel mit Flashpacker-Chic zu Backpacker-Preisen. Die hellen geräumigen Zimmer verfügen über luxuriöse Betten, riesige Flachbildfernseher und eigene Bäder. Im großen Bar-Restaurant unten bekommt man anständiges lokales und westliches Essen sowie kaltes Bier und trifft auf andere Traveller.

La Residence HOTEL $$$
(383 7475; www.la-residence-hue.com; 5 Đ Le Loi; Zi. ab 151 US$; ❄✱@🕸☰) Nach einem einfühlsamen Umbau ist aus der ehemaligen Residenz des französischen Gouverneurs dieses wundervolle Hotel entstanden, inzwischen eine der führenden Luxusbleiben der Stadt. Es liegt am Ufer des Parfümflusses, und seine Art-déco-Dekoration weckt Erinnerungen an Indochina. Die Zimmer sind üppig ausgestattet, der Pool ist perfekt und das Restaurant überzeugt mit einem exzellenten Angebot, darunter das unvergessliche Frühstücksbüfett.

Orchid Hotel HOTEL $$
(383 1177; www.orchidhotel.com.vn; 30A Đ Chu Van An; Zi. 36–60 US$; ✱@🕸) Dieses sehr gut geführte moderne Haus bietet freundlichen, effizienten Service und herrliche Quartiere inklusive Laminatböden, leuchtender Zierkissen und DVD-Player. Die teureren Zimmer haben PCs und manche warten sogar mit Whirlpools samt Ausblick auf. Das kostenlose Frühstück schmeckt lecker (Eier werden auf Wunsch zubereitet), zudem sind Kinder hier bestens aufgehoben.

Huenino PENSION $
(625 2171; www.hueninohotel.com; 14 Đ Nguyen Cong Tru; Zi. 14–22 US$; ✱@🕸) In der familiengeführten Pension scheuen die Inhaber keine Mühe, ihre Gäste zufriedenzustellen. Diese werden z. B. mit hausgemachten Snacks und Drinks verwöhnt. Die hübschen Zimmer sind mit Kunstwerken, Minibars, Kabelfernsehen und guten Betten ausgestattet. Das wunderbare Frühstück ist im Preis inbegriffen. Vorab buchen!

Hue Backpackers HOSTEL $
(382 6567; www.hanoibackpackershostel.com/hue; 10 Đ Pham Ngu Lao; B 6 US$, Zi. 20 US$; ✱@🕸) Die herrliche Lage direkt am Parfümfluss, das eifrige Personal, nützliche Infos und die Happy Hour machen dieses Hostel zu einem Paradies für Backpacker. Alle Schlafsäle (nach Geschlechtern getrennt oder gemischt, mit vier bis acht Betten) sind schön gestaltet und haben Qualitätsmatratzen, Ventilatoren, Klimaanlagen sowie Schließfächer. Im Gegensatz dazu wirken die privaten Zimmer für den Preis nur durchschnittlich.

Hue Thuong
HOTEL $

(☎388 3793; 11 Đ Chu Van An; Zi. 250 000 VND; ✱@☎) Ein tolles Minihotel mit kleinen frisch renovierten Zimmern, die blitzsauber funkeln und mit weiß-violetter Bettwäsche sowie hübschen Möbeln eingerichtet sind.

Guesthouse Nhat Thanh
PENSION $

(☎393 5589; nhatthanhguesthouse@gmail.com; 17 Đ Chu Van An; Zi. 13–15 US$; ✱☎) Diese familiengeführte saubere Unterkunft im Zentrum von Hue ist eine gute Wahl. Sie verfügt über helle geräumige Zimmer mit guten Betten, Minibars, Fernsehern und zumeist auch Schreibtischen.

Hotel Saigon Morin
HOTEL $$$

(☎382 3526; www.morinhotel.com.vn; 30 Đ Le Loi; Zi./Suite ab 112/222 US$; ⊜✱@☎≋) Das 1901 errichtete Hotel war das erste in Zentralvietnam und einst der Brennpunkt französischen Koloniallebens in Hue. Zimmer und Suiten liegen um zwei Innenhöfe und einen kleinen Pool. Die stattlichen, wunderschön gestalteten Räume sind mit üppigen Teppichen und beeindruckenden antiken Details geschmückt. Darüber hinaus ist das Frühstück im Preis enthalten.

Halo
HOTEL $

(☎382 9371; huehalo@yahoo.com; 10a/66 Đ Le Loi; Zi. 8–15 US$; ✱@☎) Dieses gut geführte Bollwerk der Budgetkategorie liegt mitten in der Backpackergasse und bietet winzige, hübsche Zimmer, viele davon mit Balkonen und Badewannen. Die Mitarbeiter sind sehr zuvorkommend.

Thai Binh Hotel 2
HOTEL $$

(☎382 7561; www.thaibinhhotel-hue.com; 2 Đ Luong The Vinh; Zi. 18–35 US$; ✱@☎) Obwohl sich das hellblaue Gebäude nur eine Straße vom Touristentrubel befindet, ist es trotzdem ruhig. Die Aussichten von den oberen Etagen sind hervorragend und die Angestellten ziemlich effizient, zudem gibt's ein hauseigenes Restaurant (Mahlzeiten ab 3 US$).

Hung Vuong Inn
HOTEL $

(☎382 1068; truongdung2000@yahoo.com; 20 Đ Hung Vuong; Zi. 11–17 US$; ✱@☎) Ein Hotel mit neun geräumigen Zimmern samt Kabelfernsehen und schönen Bädern. Es steht zwar an einer lebhaften Straße, dennoch ist die Lage praktisch. Das Restaurant zieht zahlreiche Traveller an.

Binh Minh Sunrise 1
HOTEL $

(☎382 5526; www.binhminhhue.com; 36 Đ Nguyen Tri Phuong; Zi. 10–30 US$; ✱@☎) Das sechsstöckige Hotel verfügt über eine zentrale Lage, freundliches Personal und saubere, halbwegs geräumige Zimmer (einige mit Balkonen). Die Budgetzimmer haben keine Klimaanlage, außerdem ist das Frühstück nicht im Preis inbegriffen.

Bamboo Hotel
HOTEL $

(☎832 8888; huuthuan@dng.vnn.vn; 61 Đ Hung Vuong; Zi. 11–16 US$; ✱@☎) Alle Zimmer in diesem ordentlichen, wenn auch gewöhnlichen Budgethotel sind mit sehr viel Bambus eingerichtet. Im Preis ist ein einfaches Frühstück enthalten.

Century Riverside Hotel
HOTEL $$

(☎382 3390; www.centuryriversidehue.com; 49 Đ Le Loi; EZ/DZ ab 60/70 US$; ✱@☎≋) Dieses große Hotel lockt mit seiner wunderbaren Lage am Fluss in einer grünen Anlage. Die Zimmer sind geräumig, aber etwas veraltet.

Essen

Seine kulinarische Vielfalt verdankt Hue dem einstigen Herrscher Tu Duc (s. S. 520). Für gewöhnlich ist ein kaiserliches Bankett ein denkwürdiges Ereignis.

Königliche Reiskuchen, eine lokale Spezialität, sollte man unbedingt probieren. Man bekommt sie in verschiedenen Varianten *(banh beo, banh loc, banh it* und *banh nam)*, am meisten verbreitet sind aber *banh khoai*. Sie werden in Straßenständen und Restaurants auf dem **Dong-Ba-Markt** (Đ Tran Hung Dao; Gerichte 5000–10 000 VND) sowie an vielen anderen Stellen in der Stadt angeboten.

Fleischlose Gerichte haben in Hue eine lange Tradition. An den Ständen auf dem **Dong-Ba-Markt** kommen Vegetarier jeweils am 1. und 15. des Monats nach dem Mondkalender voll auf ihre Kosten. Gerichte mit „Fleischersatz" aus Sojabohnen sind weit verbreitet.

LP TIPP Take
JAPANISCH $

(34 Đ Tran Cao Van; Mahlzeiten 50 000–120 000 VND; ⊙11.30–21.30 Uhr) Mit einem wunderbaren Abendessen zu unschlagbaren Preisen, einer authentischen Speisekarte und einer Einrichtung samt Laternen, Kalligrafie an den Wänden und Kirschblüten zieht dieses schöne japanische Restaurant zahlreiche Besucher an. Am besten beginnt man mit Sushi (ca. 24 000 VND für zwei Stück), genießt dann ein Yakitori-Gericht (45 000 VND) und trinkt dazu Sake (30 000 VND pro Tasse).

Anh Binh — VIETNAMESISCH $$

(382 5305; 65 Đ Vo Thi Sau; Gerichte 40 000–155 000 VND; 11.30–21.30 Uhr) Feinschmecker werden sich in diesem eleganten Restaurant mit edlem Ambiente und aufmerksamem Service wie im Paradies fühlen. Hier gibt's köstliche Hue-Klassiker, darunter frische Garnelen, Reiskuchen mit Krabben und Grillhühnchen mit Chili und Ingwer.

Lien Hoa — VEGETARISCH $

(3 Đ Le Quy Don; Mahlzeiten 30 000–50 000 VND; 11–21.30 Uhr) Das erstklassige, authentische vietnamesisch-vegetarische Restaurant ist dafür berühmt, dass es Spitzenessen zu Tiefstpreisen anbietet. Gäste können zum Tagelohn eines Bauern königlich speisen, z. B. frische *banh beo* (gedämpfte Reiskuchen), Nudelgerichte und Eintöpfe. Die Fotos und englischen Übersetzungen auf der Karte helfen bei der Bestellung, denn das Personal spricht kaum Englisch. Das Lokal liegt 800 m südlich der Trang-Tien-Brücke.

Restaurant Bloom — INTERNATIONAL, CAFÉ $

(14 Đ Nguyen Cong Tru; Snacks ab 15 000 VND;) In dem sympathischen kleinen Café bekommt man Sandwiches, Baguettes, Croissants und frischen Kuchen. Das Bloom beschäftigt benachteiligte Jugendliche und Absolventen des Trainingsprogramms ACWP (Aid to Children Without Parents).

Mandarin Café — VIETNAMESISCH $

(24 Đ Tran Cao Van; Hauptgerichte ab 26 000 VND) Gastgeber in dem empfehlenswerten Familienrestaurant, das auch als Reisebüro dient, ist der Fotograf Herr Cu, dessen inspirierende Bilder an den Wänden hängen. Auf der abwechslungsreichen, asiatisch-westlichen Karte stehen zahlreiche vegetarische und Frühstücksangebote. Darüber hinaus können Besucher in vielen Exemplaren der *National Geographic* blättern.

Tropical Garden Restaurant — VIETNAMESISCH $$

(384 7143; 27 Đ Chu Van An; Gerichte 25 000–140 000 VND) Hier isst man in einem üppigen tropischen Garten unter Strohdächern. Die Gerichte sind lecker und es gibt viele zentralvietnamesische Spezialitäten. Von 19 bis 21 Uhr spielt immer eine Liveband, allerdings sind die Tische oft von Reisegruppen besetzt.

Japanese Restaurant — JAPANISCH $

(12 Đ Chu Van An; Gerichte 1,50–9 US$; 18–21 Uhr) Ein ziemlich schlichter Laden mit sämtlichen typisch japanischen Klassikern im Angebot, darunter Teriyaki, Soba-Nudeln und Sushi. Es mangelt dem Lokal etwas an Atmosphäre, doch dafür werden hier ehemalige Straßenkinder beschäftigt und unterstützt.

Stop & Go Café — INTERNATIONAL $

(3 Đ Hung Vuong; Mahlzeiten 20 000–60 000 VND;) Das legere kleine Café im Chalet-Stil wartet mit vietnamesischen Köstlichkeiten und Backpacker-Gerichten wie Reiskuchen, Tacos, Pizzas und Nudeln sowie einem gehaltvollen westlichen Frühstück auf. Gleichzeitig dient es als Reisebüro und Radverleih.

La Carambole — FRANZÖSISCH $$

(381 0491; www.lacarambole.com; 19 Đ Pham Ngu Lao; Hauptgerichte 32 000–155 000 VND) Ein Franzose und seine vietnamesische Frau führen dieses alteingesessene Bistro, in dem es solide französische und lokale Speisen gibt, darunter Spezialitäten im Stil des kaiserlichen Hue. Die Weinkarte ist beeindruckend. Bei französischen Reisegruppen erfreut sich das Restaurant großer Beliebtheit, deshalb sollte man vorab reservieren. Weitere Tische befinden sich auf einer Terrasse neben dem Parkplatz.

Little Italy — ITALIENISCH $$

(www.littleitalyhue.com; 2A Đ Vo Thi Sau; Hauptgerichte 45 000–115 000 VND) Die große Trattoria hat ein ordentliches Angebot an italienischen Klassikern wie Pasta, Calzone, Pizzas und Meeresfrüchten, eine umfangreiche Palette an Biersorten und einen leckeren sizilianischen Hauswein.

Hung Vuong Inn — INTERNATIONAL $

(20 Đ Hung Vuong; Mahlzeiten 30 000–60 000 VND) In dem hellen hippen Lokal bestellt man am besten westliche Gerichte wie Pasta, Salate oder Burger. Das vietnamesische Essen ist eher fade.

Caphé Bao Bao — VIETNAMESISCH $

(38 Đ Le Thanh Ton; Mahlzeiten 15 000–25 000 VND) Ein ziemlich schlichtes Hofrestaurant, in dem köstliche, überaus günstige gegrillte Schweinekebabs mit Nudeln und Gemüse serviert werden.

Ngo Co Nhan — FISCH & MEERESFRÜCHTE $$

(47 Đ Nguyen Dieu; Gerichte 30 000–100 000 VND) Das riesige, ziemliche formelle zweistöckige Restaurant liegt in einer Wohngegend der Zitadelle. Es ist vor allem für seine gedämpften und gegrillten Fisch- und Meeresfrüchtegerichte bekannt.

KUNSTHANDWERKER IN KAISERLICHER MISSION

Für die Errichtung imperialer Bauwerke in Hue war der Einsatz Tausender Handwerker und Arbeiter nötig. Diese sorgten nicht nur für den eigentlichen Bau, sondern auch für die Herstellung einer entsprechenden Einrichtung inklusive Kunstgegenständen. Obwohl die Tage kaiserlicher Herrscher längst gezählt sind, verdienen Abkömmlinge alter Handwerkerfamilien immer noch Geld mit ihren traditionellen Fähigkeiten.

Im **Duc Thanh** (352 7707; 82 Đ Phan Dang Luu) in der Zitadelle gibt Besitzer Kinh Van Le die Kunst des Seidenstickens an den Nachwuchs weiter. Sein Vater hatte das Handwerk bereits in der dritten Generation erlernt und arbeitete für die Herrscher Khai Dinh und Bao Dai. Herr Kinh erlernte das Sticken, indem er seinem Vater und anderen Verwandten bei ihrer Tätigkeit zusah. Mit acht schuf er sein erstes eigenes Werk, das eingerahmt in seinem Laden zu bewundern ist. Als er schließlich erwachsen war, existierte die Nguyen-Dynastie nicht mehr.

Trotzdem konzentrierte er sich weiterhin auf diese traditionelle Kunst und gründete später eine Genossenschaft für Handwerker seines Fachs. Mit dem Alter wurde sein Augenlicht immer schlechter und schließlich musste er das Seidensticken aufgeben. Heute gibt er Kurse über Techniken; seine Teilnehmer lernen beispielsweise, wie Motive fantasievoller und lebendiger wirken, oder wie man es schafft, die Illusion sich ändernder Farben – je nachdem, aus welchem Winkel man die fertige Arbeit betrachtet – zu erzeugen. Darüber hinaus unterrichtet er kostenlos behinderte Kinder. Mit Stolz erzählt er, dass all die Stickarbeiten in seinem Laden in mühsamer Handarbeit hergestellt wurden und dass er sogar Aufträge aus Japan erhält.

De Van Nguyen, heute in den Siebzigern, trat ebenfalls in die Fußstapfen seiner Vorfahren. Er betreibt eine kleine **Gießerei** (383 2151; 324/7 Đ Bui Thi Xuan) nahe des Parfümflusses im Südwesten der Stadt und fertigt Glocken, Statuen sowie Kessel an, einige davon für die Tempel in Hue bzw. in Nachbarprovinzen.

Seine Familie kam im frühen 19. Jh. nach Hue und arbeitete für die kaiserliche Familie. Einige der Kanonen in der Zitadelle wurden von ihr gefertigt. Herr De selbst hat sich auf *kham tam khi* spezialisiert; dabei werden Bronze, Silber und Gold verarbeitet. In seiner Gießerei beschäftigt er zehn Mitarbeiter, darunter seinen Sohn. Selbst heute noch dauert die Anfertigung einer überlebensgroßen Buddhastatue zwei Monate.

Kinh Van Le und De Van Nguyen freuen sich, wenn sie ihr Wissen an junge interessierte Menschen weitergeben können, aber diese zu finden wird immer schwieriger. Man muss Jahre in die Verbesserung und Verfeinerung seiner Techniken sowie viel Geduld, Nerven und Schweiß investieren, um dann letztendlich sehr viel weniger als in anderen Berufen zu verdienen – sogar als Meister seines Fachs. Noch gibt's genügend Kunsthandwerker, doch der Glanz alter imperialer Zeiten verblasst immer mehr.

Vegetarian Restaurant Bo De
VEGETARISCH $

(11 Đ Le Loi; Gerichte 12 000–55 000 VND;) An einem ruhigen Plätzchen am Fluss kommt man in den Genuss geschmackvoller vietnamesischer vegetarischer Gerichte. Manchmal ist der Service etwas brüsk.

Omar Khayyam's Indian Restaurant
INDISCH $

(34 Đ Nguyen Tri Phuong; Hauptgerichte 35 000–95 000 VND; ⊙12–22 Uhr) Was das Ambiente und die Dekoration angeht, darf man nicht viel erwarten, doch wer scharfes Essen liebt, wird sich über die guten indischen Currys, Samosas und vegetarischen Gerichte freuen.

Ausgehen

Hue Backpackers
BAR

(10 Đ Pham Ngu Lao;) Mit ihren Wodkas und der billigen Cocktailkarte zieht die überdachte Bar im Freien zahlreiche junge Traveller in Partystimmung an. Zurückhaltende Naturen sollten sich vor dem „Passionfruit Leg-Opener" hüten. Das Hue Backpackers gilt als guter Ort, um Fußballspiele und große Sportevents zu sehen. Happy Hour ist von 20 bis 21 Uhr. Prost!

Café on Thu Wheels
BAR

(10/2 Đ Nguyen Tri Phuong;) Eine winzige wunderbare Kneipe für Backpacker: Die Wände sind mit Graffiti übersät und die

Stimmung ist gesellig, außerdem stecken die quirlige Besitzerin Thu und ihre Familie voll guter Infos.

DMZ Bar
BAR

(www.dmz-bar.com; 60 Đ Le Loi; 🛜) Der lebhafteste Schuppen der Stadt bietet einen wunderbaren Ausblick auf den Fluss, einen kostenlosen Billardtisch und jede Menge Trubel. Essen ist bis Mitternacht im Angebot, einschließlich der kompletten Speisekarte des Little Italy.

Bar Why Not?
BAR

(www.whynotbarhue.com; 21 Đ Vo Thi Sau) Die bei Travellern zweitbeliebteste Bar kommt relaxter daher als das Hue Backpackers und hat eine sensationelle Cocktailkarte sowie eine tolle Straßenterrasse.

New Sky
BAR

(34 Đ Vo Thi Sau) In dieser Club-Bar, die bei Hues schicken jungen Dingern mega-in ist, herrscht mehr vietnamesisches Flair. Hier legen talentierte aufstrebende DJs auf.

🛍 Shoppen

Aus Hue stammen die schönsten kegelförmigen Hüte Vietnams. Hiesige Besonderheit sind „dichtende Hüte". Wenn sie gegen das Licht gehalten werden, formt ihr Schatten eine Szene aus dem Alltag. Darüber hinaus ist die Stadt für Reispapier und Seidenmalerei bekannt.

🌿 Spiral Foundation Healing the Wounded Heart Center
KUNSTHANDWERK

(www.hwhshop.com; 23 Đ Vo Thi Sau) „Trash zu Cash" – das ist das Motto dieses Ladens, der wunderbares, umweltfreundliches Kunsthandwerk verkauft, darunter Bilderrahmen aus recycelten Bierdosen und handgewebte Taschen. Alle Produkte werden von behinderten Künstlern hergestellt. Mit den Einnahmen unterstützt die Stiftung Herzoperationen bedürftiger Kinder.

Dong-Ba-Markt
MARKT

(Đ Tran Hung Dao; ⏱6.30–20 Uhr) Auf Hues größtem Markt (am Parfümfluss nördlich der Trang-Tien-Brücke) wird alles an den Mann gebracht, was nicht niet- und nagelfest ist.

Trang Tien Plaza
EINKAUFSZENTRUM

(6 Đ Tran Hung Dao; ⏱8–22 Uhr) Kleines Einkaufszentrum zwischen der Trang-Tien-Brücke und dem Dong-Ba-Markt mit einem Coopmart-Supermarkt.

ℹ Praktische Informationen

Geld
Vietcombank (30 Đ Le Loi; ⏱So geschl.)
Vietin Bank (12 Đ Hung Vuong) Hat einen Geldautomaten und einen Wechselservice.

Internetzugang
In den touristischen Straßen Đ Hung Vuong und Đ Le Loi findet man viele Internetcafés.

Medizinische Versorgung
Krankenhaus (Benh Vien Trung Uong Hue; ☎382 2325; 16 Đ Le Loi)

Post
Post (8 Đ Hoang Hoa Tram) Post, Telefon- und Internetservice.

Reisebüros
Cafe on Thu Wheels (☎383 2241; minhthuhue@yahoo.com; 10/2 Đ Nguyen Tri Phuong) Preiswerte, gute Fahrrad- und Motorradtouren (ab 10 US$ pro Pers.) sowie Autofahrten (EMZ für 40 US$ pro Pers.) rund um Hue und darüber hinaus, die von Minh und seinen Freunden durchgeführt werden.

Mandarin Café (☎382 1281; www.mrcumandarin.com; 24 Đ Tran Cao Van) Wird vom Fotografen Herrn Cu, der Englisch und Französisch spricht, geleitet. Ideal, um sich zu informieren oder Fahrkarten und Touren zu buchen.

Sinh Tourist (☎382 3309; www.thesinhtourist.vn; 7 Đ Nguyen Tri Phuong) Tickets für Open-Tour-Busse und Busse nach Laos.

Stop & Go Café (☎382 7051; www.stopandgo-hue.com; 3 Đ Hung Vuong) Personalisierte Motorrad- und Autotouren. Eine ganztägige Autotour in die EMZ Zone unter Leitung eines vietnamesischen Kriegsveteranen kostet 42 US$ pro Person.

ℹ An- & Weiterreise

Bus Vom Hauptbusbahnhof 4 km südöstlich der Stadt fahren Busse nach Da Nang und Richtung Süden nach HCMS. Vom **An-Hoa-Busbahnhof** (Nationalstraße 1) nordwestlich der Zitadelle werden Ziele im Norden angesteuert, darunter Dong Ha (35 000 VND, 2 Std., alle 30 Min.).

Hue ist eine reguläre Station an der Open-Tour-Bus-Route. Viele Busfahrer lassen Traveller auf Nachfrage an zentral gelegenen Hotels in Hue ein- bzw. aussteigen. Bei der Ankunft sollte man auf hartnäckige Schlepper vorbereitet sein.

Das Mandarin, das Sinh und das Stop & Go verkaufen Tickets für Busse nach Savannakhet in Laos.

Hue Backpackers kann Plätze in einem Minibus (150 000 VND, 7½ Std., 13 Uhr) buchen, der täglich zum Phong Nha Farmstay verkehrt (S. 165).

VERKEHRSVERBINDUNGEN AB HUE

ZIEL	AUTO/ MOTORRAD	BUS	FLUGZEUG	ZUG
Hanoi	16 Std.	18–27 US$, 13–16 Std., 8-mal tgl.	ab 30 US$, 1 Std., 3-mal tgl.	20–41 US$, 12–16½ Std., 5-mal tgl.
HCMS	22 Std.	23–37 US$, 19–24 Std., 8-mal tgl.	ab 32 US$, 1¼ Std., 4-mal tgl.	27–54 US$, 19½–22 Std., 4-mal tgl.
Ninh Binh	11 Std.	13–22 US$, 10½–12 Std., 7-mal tgl.	keine Angabe	17–35 US$, 10–13 Std., 5-mal tgl.
Da Nang	2½–4 Std.	3 US$, 3 Std., alle 20 Min.	keine Angabe	3–6 US$, 2½–4 Std., 8-mal tgl.
Dong Hoi	3½ Std.	4–7 US$, 3½ Std., 12-mal tgl.	keine Angabe	5–10 US$, 3–5½ Std., 8-mal tgl.
Vinh	7 Std.	9–16 US$, 7½–9 Std., 7-mal tgl.	keine Angabe	21–38 US$, 6½–10 Std., 5-mal tgl.

FLUGZEUG Das Hauptbüro von **Vietnam Airlines** (☎382 4709; 23 Đ Nguyen Van Cu; ⊙So geschl.) 1,5 km südöstlich der Trang-Tien-Brücke nimmt Buchungen vor. Pro Tag gibt's drei Verbindungen zwischen Hue und Hanoi sowie HCMS. Auch **Jetstar** (☎395 5955; Đ 176 Hung Vuong; ⊙So geschl.) fliegt täglich zwischen Hue und HCMS.

ZUG Hues **Bahnhof** (2 Đ Phan Chu Trinh) liegt am südwestlichen Ende der Đ Le Loi.

❶ Unterwegs vor Ort

Der Phu-Bai-Flughafen liegt 14 km südlich der Stadt. Im Anschluss an alle Flüge stehen mit Kilometerzählern ausgerüstete Taxis bereit. Die Fahrt ins Zentrum kostet um die 175 000 VND. Es gibt auch einen Minibusservice für 40 000 VND. Vietnam Airlines betreibt außerdem einen Shuttle, der Fahrgäste vom Hotel abholt (Tickets 55 000 VND).

Es macht Spaß, Hue und die nahe gelegenen Gräber mit Fahrrädern zu erkunden. Viele Hotels verleihen welche für 1 bis 2 US$ pro Tag. Motorräder kann man für 4 bis 10 US$ mieten. Ein Auto mit Fahrer kostet täglich etwa 40 US$.

In der Stadt erreicht man alles leicht zu Fuß. Trotzdem sieht man häufig folgende Szene in den Straßen: Zwei *cyclos* (Fahrradrikschas) und ein Motorrad liefern sich mit einem ausländischen Touristen zu Fuß eine heiße Verfolgungsjagd. Die Fahrer kreischen „Hello cyclo!" und „Hello motorbike!" und der Ausländer ruft „No, thank you, no!" Alle Fahrer versuchen es erst mal mit einem viel zu hohen Preis – fair sind 12 000 VND pro Kilometer.

Zuverlässige Taxis kann man bei **Mai Linh** (☎389 8989) bestellen.

Rund um Hue
KAISERGRÄBER

(⊙Sommer 6.30–17.30, Winter 7–17 Uhr) Die Gräber der Nguyen-Kaiser (1802–1945) entlang des Parfümflusses 2 bis 16 km südlich von Hue sind luxuriöse Mausoleen. Fast alle Herrscher planten den Bau ihrer Grabmäler bereits zu Lebzeiten, manche nutzten sie sogar als Wohnsitze.

Viele Stätten bestehen aus fünf wesentlichen Elementen. Das erste ist ein Stelenpavillon, der den Verdiensten, Heldentaten und Tugenden des Kaisers gewidmet ist. Dann folgt ein Tempel, in dem das tote Kaiserpaar angebetet wird. Das dritte Element bildet die geschlossene Grabkammer, das vierte ein Ehrenhof mit steinernen Elefanten, Pferden und zivilen und militärischen Mandarinen. Schließlich gibt's noch einen von Frangipani und Pinien gesäumten Lotusteich.

Die meisten Gräber können per Boot angesteuert werden. Mit einem Fahrrad oder Motorrad hat man mehr Zeit, sie zu erkunden. Alternativ heuert man ein *xe om* (Motorradtaxi) an oder mietet für einen Tag ein Auto mit Fahrer.

Grab von Tu Duc
GRABSTÄTTE
(Eintritt 55 000 VND) Dieses Grabmal enstand zwischen 1864 und 1867 und ist das beliebteste sowie eines der beeindruckendsten kaiserlichen Mausoleen. Kaiser Tu Duc entwarf es selbst als Wohn- und Grabstätte. Enorm hohe Ausgaben und die Zwangsarbeit für den Bau lösten eine Verschwörung

Rund um Hue

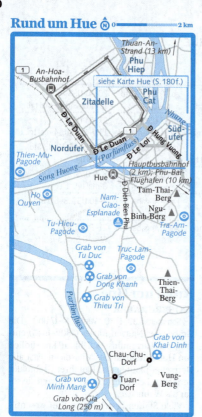

Ursprünglich sollte die **Minh-Khiem-Kammer** rechts hinter dem Hoa-Khiem-Tempel als Theater dienen. Inzwischen bildet sie die Kulisse für kitschige Fotos von Touristen in Verkleidung und für kulturelle Aufführungen. Gleich hinter dem Hoa-Khiem-Tempel stößt man auf den ruhigeren **Luong-Khiem-Tempel**, der Tu Ducs Mutter Tu Du gewidmet ist.

Ein Stück weiter liegt am Seeufer der **Ehrenhof**. Besucher spazieren an einer Garde aus Elefanten, Pferden und Mandarinen vorbei, deren Figuren kleiner als der Kaiser sein mussten, und erreichen bald darauf den **Stelenpavillon** mit einer 20 t schweren Steintafel. Tu Duc verfasste die Inschriften selbst. Dabei gab er offen zu, Fehler gemacht zu haben. Als Namen für sein Grab wählte er Khiem (bescheiden).

Die ummauerte **Stätte** liegt auf der anderen Seite der winzigen Lagune. In dem tristen grauen Monument fand der Kaiser allerdings niemals seine letzte Ruhe – wo seine Überreste und ein riesiger mit ihm vergrabener Schatz sind, weiß man bis heute nicht. Um das Geheimnis seiner Grabstelle zu wahren und diese vor Grabräubern zu schützen, wurden alle 200 Diener, die Tu Duc beerdigten, anschließend geköpft.

Tu Ducs Mausoleum liegt 5 km südlich von Hue auf dem Van-Nien-Berg im Duong-Xuan-Thuong-Dorf.

Grab von Minh Mang   GRABSTÄTTE
(Eintritt 55 000 VND) Das majestätische Grabmal ist für seine Architektur und die erlesene Lage inmitten eines Waldes bekannt. Es wurde während der Regierungszeit Minh Mangs (1820–1840) geplant, aber erst von seinem Nachfolger Thieu Tri errichtet.

Man erreicht den **Ehrenhof** durch drei Tore im östlichen Teil der Mauer. Drei Granittreppen führen von dort zum Platz mit dem **Stelenpavillon** (Dinh Vuong).

Zu dem Minh Mang und seiner Gattin geweihten **Sung-An-Tempel** geht's über drei Terrassen und durch das wiederaufgebaute Hien-Duc-Tor. Auf der anderen Seite des Tempels überspannen drei Steinbrücken den **Trung Minh Ho** (See der Ungetrübten Klarheit). Die mittlere Brücke durfte nur der Kaiser betreten. An der Spitze dreier übereinander angeordneter Terrassen, die Himmel, Erde und Wasser darstellen sollen, befindet sich der **Minh-Lau-Pavillon** (Pavillon des Lichts). Zur Linken sieht man den **Pavillon der Frischen Luft** und zur Rechten den **Angelpavillon**.

aus, die 1866 aufgedeckt und niedergeschlagen wurde.

Tu Duc lebte ein Leben in königlichem Luxus und voll fleischlicher Ausschweifungen (er hatte ganze 104 Ehefrauen und zahlreiche Konkubinen), zeugte aber keine Kinder. Alle Mitglieder seines Harems wurden auf Waffen untersucht, ehe sie in sein Schlafzimmer durften.

Vom Eingang führt ein Pfad zum Ufer des **Luu-Khiem-Sees**. Auf der Insel zur Rechten, Tinh Khiem, pflegte Tu Duc zu jagen. Zur Linken wurde der **Xung-Khiem-Pavillon** auf Pfählen im Wasser errichtet. Hier saß der Kaiser mit seinen Konkubinen und schrieb Gedichte bzw. trug diese vor.

Am **Hoa-Khiem-Tempel** wurden Tu Duc und seine Frau, Kaiserin Hoang Le Thien Anh, verehrt – heute ist hier nur noch ein Sammelsurium an staubigen, unbeschrifteten Artefakten aus der Kaiserzeit ausgestellt. Der größere Thron war für die Kaiserin bestimmt, Tu Duc maß nämlich nur 153 cm.

Von einer Steinbrücke über den sichelförmigen Tan-Nguyet-See (Neumondsee) führt eine monumentale Treppe mit Drachengeländern zur Grabkammer von Minh Mang. Das Tor zum Grab ist nur einmal im Jahr, zum Todestag des Herrschers, geöffnet.

Die Stätte liegt im An-Bang-Dorf am Westufer des Parfümflusses etwa 12 km von Hue entfernt.

Grab von Khai Dinh — GRABSTÄTTE

(Eintritt 55 000 VND) Das auf einem Hügel gelegene Monument ist eine Synthese vietnamesischer und europäischer Elemente. Von außen dominiert die prächtige Grabstätte geschwärzter Beton, der eine etwas düstere Atmosphäre schafft, ihr Inneres hingegen schmücken farbenprächtige Mosaiken.

Khai Dinh, Vietnams vorletzter Kaiser, regierte von 1916 bis 1925. Er hatte weithin den Ruf, eine Marionette der Franzosen zu sein. Der Bau seines imposanten Mausoleums dauerte elf Jahre.

Stufen führen hinauf zum Ehrenhof, wo die Ehrengarde der Mandarine eine Mischung aus vietnamesischen und europäischen Zügen aufweist. Drei Treppenaufgänge weiter stößt man auf das bemerkenswerten Hauptgebäude namens Thien Dinh. Malereien mit den vier Jahreszeiten, acht Kostbarkeiten und acht Feen schmücken Wände und Decken. Unter einem unauffälligen goldgesprenkelten Vordach aus Beton thront eine vergoldete Bronzestatue von Khai Dinh. Die Überreste des ehemaligen Kaisers befinden sich 18 m unter der Statue.

Das Grabmal liegt 10 km von Hue im Chau-Chu-Dorf.

Grab von Gia Long — GRABSTÄTTE

(Eintritt frei) 1802 begründete Kaiser Gia Long die Nguyen-Dynastie. Er regierte bis 1819 und wählte laut den kaiserlichen Annalen selbst den Ort seiner Grabstätte, indem er die Gegend auf dem Rücken eines Elefanten erkundete. Gia Long wurde hier zusammen mit seiner Frau begraben. Das selten besuchte Mausoleum besteht nur noch aus Ruinen und befindet sich etwa 14 km südlich von Hue bzw. 3 km vom Westufer des Parfümflusses entfernt.

Grab von Thieu Tri — GRABSTÄTTE

(Eintritt 55 000 VND) Diese unlängst restaurierte Stätte aus dem Jahr 1848) ist als einziges Kaisergrab nicht von einer Mauer umgeben. Thieu Tris Grab hat einen ähnlichen Grundriss wie das seines Vaters Minh Mang, ist aber wesentlich kleiner.

Es liegt 7 km von Hue entfernt. Vom Dong-Khanh-Grab führt querfeldein ein hübscher 2 km langer Weg hierher.

Grab von Dong Khanh — GRABSTÄTTE

Dong Khanhs bescheidenes Mausoleum wurde 1889 gebaut. Die Franzosen setzten ihn 1885 auf den Thron. Wie vorherzusehen, erwies sich Dong Khanh bis zu seinem Tod drei Jahre später als gefügig.

Sein Grabmal ist Gegenstand eines langwierigen Restaurierungsprojekts und war bei unserem Besuch geschlossen. Es befindet sich 500 m hinter der Stätte Tu Ducs.

BOOTSTOUREN AUF DEM PARFÜMFLUSS

Viele Sehenswürdigkeiten rund um Hue, darunter die Thien-Mu-Pagode und mehrere Kaisergräber, sind über den Parfümfluss zu erreichen. Eine einstündige Bootsfahrt inklusive Besichtigungen kostet 10 US$, eine Halbtagstour mindestens 20 US$.

Anmelden kann man sich direkt an den Anlegestellen für Schiffe auf der Südseite des Flusses. Das ist billiger als über einen Veranstalter, zudem hat man die Möglichkeit, eine individuelle Route auszuhandeln. Der genaue Ablauf einschließlich der finanziellen Bedingungen sollte allerdings vorher festgelegt werden – wenn möglich sogar schriftlich. Vorsicht: Wer nicht aufpasst, zahlt hinterher extra für Mittagessen oder Motorradfahrten vom Fluss zu den Gräbern.

Viele Hotels und Cafés für Traveller bieten Gemeinschaftstouren zu den wichtigsten Sehenswürdigkeiten an, und das schon ab 3 US$. Da es sonst zeitlich knapp wird, muss man von der Anlegestelle zum ersten Grab mit einem Motorrad fahren. Zur zweiten Stätte führt ein knapp 1 km langer Fußweg, trotzdem werden auch für dieses kleine Stück Fahrräder angeboten. Für das dritte Grab muss man 1,5 km landeinwärts wandern – das ist nicht wenig, vor allem da die Stätte meist zu einem der späteren Stopps gehört und es zu der Zeit besonders heiß ist. Angesichts der verschiedenen Eintrittsgelder und des schweißtreibenden Fußwegs wünschen sich viele Touristen im Nachhinein, sie wären mit dem Fahrrad gefahren oder hätten ein Motorrad gemietet.

FEURIGER PROTEST

Hinter dem Haupttheiligtum der Thien-Mu-Pagode steht der Austin, mit dem Thich Quang Duc 1963 zum Ort seines Selbstmordes fuhr. Der Mönch verbrannte sich öffentlich in Saigon, um gegen die Politik des südvietnamesischen Präsidenten Ngo Dinh Diem zu protestieren. Ein Foto seiner Tat erschien weltweit auf den Titelseiten der Zeitungen und sein Tod zog viele weitere Suizide nach sich.

Die berüchtigte Schwägerin des Präsidenten Tran Le Xuan, Madame Nhu, bezeichnete daraufhin die Selbstverbrennungen rüde als „Grillpartys" und erklärte öffentlich: „Lasst sie brennen und uns dazu klatschen." Der ohnehin schon sehr große Missmut gegen Diems Herrschaft verstärkte sich dadurch noch. Im November wurden der Präsident und sein Bruder Ngo Dinh Nhu, Madame Nhus Gatte, von Diems eigenen Militärsoldaten ermordet. Madame Nhu hielt sich zu diesem Zeitpunkt in Übersee auf.

1993 löste eine weitere Selbstverbrennung erneute Proteste aus: Ein Mann kam in eine Pagode, legte Opfergaben nieder und zündete sich an, während er immer wieder das Wort „Buddha" rief. Sein Motiv blieb ein Rätsel. Trotzdem führte die Tat zur Verhaftung von führenden Mönchen, die mit der unabhängigen Vereinten Buddhistischen Kirche Vietnams verbunden waren, einer verbotenen Alternative zur staatlich genehmen vietnamesischen Buddhistischen Kirche. In einer offiziellen Klage vor den Vereinten Nationen wurde daraufhin die vietnamesische Regierung von der Internationalen Menschenrechtsorganisation beschuldigt, gegen ihre eigene Verfassung zu handeln, die Religionsfreiheit garantiert.

THIEN-MU-PAGODE

(Linh Mu) Die Pagode auf einer Anhöhe über dem Parfümfluss 4 km südwestlich der Zitadelle ist ein Wahrzeichen Vietnams. Ihr 21 m hoher achteckiger Turm **Thap Phuoc Duyen** wurde 1844 unter Kaiser Thieu Tri errichtet. Jedes der sieben Stockwerke ist einem *manushi-buddha* (Buddha, der in Menschengestalt erscheint) geweiht.

Den Grundstein der Pagode legte Nguyen Hoang, Gouverneur der Thuan-Hoa-Provinz, im Jahr 1601. Über die Jahrhunderte wurden die Gebäude der Anlage mehrmals zerstört und wiederaufgebaut. Seit den 1960er-Jahren ist diese ein Brennpunkt für politische Demonstrationen (s. Kasten oben).

Der Pavillon zur Rechten des Turms enthält eine Stele aus dem Jahr 1715. Sie steht auf dem Rücken einer riesigen Schildkröte aus Marmor, einem Symbol für Langlebigkeit. Linker Hand befindet sich ein weiterer sechsseitiger Pavillon mit einer gewaltigen Glocke aus dem Jahr 1710. Sie wiegt 2052 kg und soll 10 km weit zu hören sein.

Der Tempel selbst, ein bescheidenes Bauwerk, erhebt sich im Innenhof. An den drei Toren, die als Eingang dienen, wachen drei buddhistische Wächterstatuen über die Anlage. Im Haupttheiligtum hinter dem lachenden Bronzebuddha sind drei weitere Statuen zu bewundern: A Di Da (Buddha der Vergangenheit), Thich Ca (Historischer Buddha, Sakyamuni) und Di Lac Buddha (Buddha der Zukunft).

Am besten kommt man frühmorgens, bevor die Touristengruppen einfallen. Eine reizvolle Fahrradtour führt Richtung Südwesten parallel zum Parfümfluss auf der Đ Tran Hung Dao entlang, die nach der Phu Xuan-Brücke in die Đ Le Duan übergeht. Nach den Bahngleisen folgt man der Đ Kim Long. Außerdem ist die Pagode mit dem Boot zu erreichen.

TU-HIEU-PAGODE

In einem Kiefernwald stößt man auf eine beliebte, im Jahr 1843 errichtete Pagode. Später wurde sie von Eunuchen der Zitadelle vereinnahmt, die auf der linken Seite einen eigenen Friedhof haben. Tu Hieu ist mit dem Zenmeister Thich Nhat Hanh verbunden, der hier in den 1940er-Jahren im Kloster studierte, dann aber über 40 Jahre im Exil lebte. Erst 2005 durfte er nach Vietnam zurückkehren. Heute leben 70 Mönche in Tu Hieu. Besucher sind in den beiden Zwillingstempeln (einer ist Cong Duc gewidmet, der andere Buddha) willkommen. Dem Gesang der Mönche kann man täglich um 4.30, 10, 12, 16 und 19 Uhr lauschen. Die Tu-Hieu-Pagode liegt auf dem Weg zum Grab von Tu Duc, etwa 5 km vom Zentrum Hues entfernt.

VON THUAN NACH VINH HIEN

15 km nordöstlich von Hue stößt man auf den Thuan-An-Strand. Er liegt an der herrlichen Tam-Giang-Cau-Hai-Lagune nahe der Mündung des Parfümflusses. Der Sandstrei-

fen an der Spitze einer langen, schmalen Insel ist schlichtweg traumhaft und hat bis auf wenige Stände kaum Infrastruktur. Zwischen September und April ist die See allerdings oft zu rau zum Baden. Abseits des Strandes verläuft entlang der Insel eine 50 km lange Straße von Thuan An bis Vinh Hien. Von Hue aus kann man gut einen Tagesausflug mit dem Motorrad oder Auto unternehmen. Ab Thuan An schlängelt sich der Weg durch Dörfer mit Garnelenzuchten und Gemüsegärten. Entlang der Route bietet sich ein toller Ausblick auf die farbenfrohen, opulenten Gräber und Familientempel. Von Vinh Hien aus verbindet die Tu-Hien-Brücke die Insel mit dem Festland; dort führt die Straße am Südostufer der Lagune entlang bis zur Nationalstraße 1.

HO QUYEN

(Tiger-Arena; Eintritt frei) Das heute stark überwucherte, jedoch immer noch faszinierende Ho Quyen wurde 1830 errichtet. Hier fanden Elefanten- und Tigerkämpfe statt, die zur kaiserlichen Unterhaltung beitragen sollten. Den Tigern (und Leoparden) wurden Krallen und Zähne zumeist entfernt, sodass die Elefanten – Zeichen der Macht des Herrschers – stets als Sieger aus den Duellen hervorgingen. Wenn man den grasbewachsenen Wall hochklettert, kann man in die alte Arena hinabschauen und sich die vergangenen Szenen vorstellen. Der letzte Kampf fand hier 1904 statt. Für die Familie des Kaisers war der nach Süden gerichtete Abschnitt vorgesehen. Direkt gegenüber befanden sich Tigerkäfige. Ho Quyen liegt 3 km außerhalb von Hue im Dorf Truong Da. Um hierher zu gelangen, folgt man der Ð Bui Thi Xuan westlich des Bahnhofs. In der Nähe des Markts nimmt man eine Abzweigung nach links, die auf einem blauen Schild angezeigt wird. Nach etwa 200 m kommt man zu einer Weggabelung und biegt rechts ab.

NAM-GIAO-ESPLANADE

Einst war die dreistöckige Esplanade Vietnams wichtigste religiöse Stätte. Hier brachten die Nguyen-Kaiser ihrer Gottheit Thuong De Tieropfer und aufwendige Gaben dar. Zu den Zeremonien (die letzte fand 1946 statt) gehörte auch eine prächtige Prozession. Ihr ging eine dreitägige Fastenzeit des Kaisers im benachbarten **Palast des Fastens** voraus. Anlässlich des Hue-Festivals wurde die Zeremonie 2006 zu Leben erweckt und wird seitdem wieder jedes Jahr durchgeführt. Im Palast (am entgegengesetzten Parkende) kann man sich eine interessante Fotoausstellung mit englischen Erklärungen ansehen. Die Nam-Giao-Esplanade liegt 2 km von den Eisenbahngleisen am südlichen Ende der Ð Dien Bien Phu.

THANH-TOAN-BRÜCKE

Ein schöner Abstecher von Hue führt zu dieser überdachten japanischen Fußgängerbrücke in malerischer Landschaft und ohne ein Souvenirgeschäft weit und breit. Die Brücke befindet sich in dem verschlafenen Örtchen Thuy Thanh 7 km östlich von Hue, das nicht ganz einfach zu entdecken ist. Sich zu verlaufen gehört aber zum Erlebnis dazu. Zunächst fährt man einige Hundert Meter über die Ð Ba Trieu nach Norden bis zu dem Schild zum Citadel Hotel. Hier geht's nach rechts und weitere 6 km durch Dörfer, Reisfelder sowie an mehreren Pagoden vorbei über eine holprige Schotterstraße bis zur Brücke.

Bach-Ma-Nationalpark

054 / 1450 M

Der **Nationalpark** (Vuon Quoc Gia Bach Ma; 387 1330; www.bachma.vnn.vn; Erw./Kind/Kind unter 6 J. 20 000/10 000 VND/frei) geht zurück auf eine Bergstation der französischen Kolonialzeit, die auf dem höchsten Gipfel, dem Bach-Ma-Berg (1450 m), nur 18 km von der Küste entfernt thront. Die Franzosen wurden von dem kühlen Klima angelockt und errichteten hier über 100 Villen. Wen wundert's, dass die Vietminh versuchte, ihnen den Urlaub zu verderben: Anfang 1950 und später im Vietnamkrieg wurde vor Ort heftig gekämpft.

Bei Redaktionsschluss fanden im Park viele Bauarbeiten statt, um die Straße zum Gipfel zu verbessern. Als wir das Gebiet besuchten, waren nur die unteren Bereiche geöffnet. Im Laufe des Jahres 2013 sollen die Arbeiten beendet werden.

2006 wurde das Schutzgebiet erweitert, das sich von der Küste bis zur Annamitischen Kordillere an der laotischen Grenze erstreckt. Über 1400 Pflanzenarten, darunter viele seltene Farne und Orchideen, sind im Park entdeckt worden – das ist ein Fünftel der gesamten Flora Vietnams. Darüber hinaus wurden 132 Säugetierarten gezählt, drei davon erst in den 1990er-Jahren: die Saola bzw. Vu-Quang-Antilope, der hirschähnliche Truong-Son-Muntjak und der Riesenmuntjak. Auch neun Primatenarten leben hier, darunter eine kleine Anzahl der seltenen Rotschenkligen Kleideraffen. Außerdem hofft man, dass wilde Elefanten von der laotischen Seite der Grenze wieder in den Park zurückkehren.

Viele Tiere sind nachtaktiv, deshalb erfordert es Mühe und Geduld, sie aufzustöbern. Man kann fantastisch Vögel beobachten, doch um die schönsten Exemplare der 358 hier lebenden Arten wie den berühmten Argusfasan zu sehen, muss man schon in der Morgendämmerung aufstehen.

Das **Besucherzentrum** am Parkeingang zeigt eine kleine Ausstellung zur Pflanzen- und Tierwelt des Reservats und verfügt über eine Broschüre mit Wanderwegen. Besucher können Touren in Dörfer oder zur Vogelbeobachtung mit englischsprachigen Guides buchen (200 000 VND pro Tag). In der Gegend liegen noch Blindgänger herum, darum muss man immer auf den Wegen bleiben. Autos und Motorräder sind nicht erlaubt.

Bach Ma ist Vietnams niederschlagsreichste Region. Im Oktober und November sind die Regenfälle am heftigsten, zudem kommen mit ihnen auch Blutegel. Die Niederschläge stellen nicht unbedingt ein Reisehindernis dar, allerdings sollte man sich über den Zustand der Straßen informieren. Von Februar bis September ist die beste Zeit – besonders zwischen März und Juni lohnt sich der Besuch.

🛏️ Schlafen & Essen

Nationalpark PENSION $
(☎ 387 1330; bachmaeco@gmail.com; Campingplatz 10 000 VND pro Pers., Zi. mit Ventilator/Klimaanlage 180 000/270 000 VND) In der Nähe des Eingangs betreibt die Parkbehörde einen kleinen Campingplatz und zwei zweckmäßige Pensionen mit einfachen Zweibettzimmern inklusive En-Suite-Bädern. Achtung: Abends muss man mit Karaokepartys rechnen!

Darüber hinaus gibt's vier Pensionen und ein Hotel in der Nähe des Gipfels, die aber erst 2013 wiedereröffnet werden. Eines der Häuser soll mit einem Schlafsaal ausgestattet werden. Mahlzeiten muss man mindestens vier Stunden vorher bestellen, denn frische Lebensmittel werden nur auf Anforderung in den Park gebracht.

ℹ️ Anreise & Unterwegs vor Ort

Bach Ma liegt 28 km westlich von Lang Co und 40 km südöstlich von Hue. Die Abzweigung von der Nationalstraße 1 in der Stadt Cau Hai ist ausgeschildert. Auch die Anreise von der Stadt Phu Loc ist möglich.

Vom Besucherzentrum, wo private Verkehrsmittel zur Verfügung stehen, führt eine bei Redaktionsschluss noch gesperrte Straße 16 km in steilen Serpentinen zum Gipfel. Der Aufstieg dauert drei bis vier Stunden. Wer ihn wagt, sollte Wasser und Sonnenschutz mitnehmen!

Busse von Da Nang (38 000 VND, 2 Std.) und Hue (22 000 VND, 1 Std.) halten in Cau Hai. Von dort kommt man mit einem *xe om* zum Eingang. Außerdem gibt's in Cau Hai einen **Bahnhof** (Dorf Loc Dien), allerdings verkehren pro Tag nur zwei Züge.

Suoi Voi (Elefantenquellen)

15 km nördlich vom Lang-Co-Strand erstreckt sich **Suoi Voi** (Eintritt 10 000 VND, Motorrad/Auto 3000/10 000 VND), ein abgeschiedenes Erholungsgebiet mit kristallklaren Quellen und grünen Wäldern. Wer sein eigenes Fahrzeug hat, kann hier einen schönen Zwischenstopp einlegen.

Das Hauptbecken ist von großen Felsen umringt, von denen einer einem Elefantenkopf ähnlich. Um diesen Eindruck noch zu verstärken hat man etwas nachgeholfen und ihn entsprechend bearbeitet. In der Umgebung stößt man auf weitere, weniger frequentierte Bassins.

Ausländer trifft man eher selten und ist an Wochentagen unter Umständen sogar ganz allein. Am Wochenende und zur Ferienzeit begegnet man dafür sehr vielen Einheimischen.

Auf der Nationalstraße 1A ist die Abfahrt zu den Quellen gut ausgeschildert. Sie befindet sich in der Nähe der Straßenschilder „Da Nang 52 km", wenn man von Norden kommt, und „Phu Bai 44 km" aus südlicher Richtung. Kurz danach entdeckt man die aus dem 19. Jh. stammende Thua-Luu-Kirche direkt vor sich, lässt sie links hinter sich und folgt der Schotterstraße 5 km bis zum Eingangstor. Die Eintrittskarte sollte man aufheben, denn man muss sie eventuell noch mehrmals vorzeigen. Holprige Wege führen weitere 1,5 km zu einem Parkplatz.

Bei den Quellen gibt's Essensstände, die allerdings nur geöffnet werden, wenn großer Andrang herrscht. Am besten bringt man einfach sein eigenes Picknick mit.

Lang-Co-Strand

☎ 054

Lang Co ist ein hübscher inselartiger weißer Sandstreifen, den schattenspendende Palmen säumen. Vom Inland trennt ihn eine kristallklare, türkisblaue Lagune. Viele Open-Tour-Busse legen dort eine Mittagspause ein. Bei schönem Wetter lässt es sich vor Ort gut ein oder zwei Nächte aushalten. Schwimmen kann man am besten ein Stück entfernt vom Hauptabschnitt, wo der Sand ziemlich schmutzig aussieht.

Die beste Zeit für einen Abstecher an den Strand ist zwischen April und Juni. Von Ende August bis November regnet es häufig und zwischen Dezember und März kann es kalt werden.

Schlafen

Fast alle Unterkünfte liegen nördlich des Strandortes an der Nationalstraße.

Vedana Lagoon RESORTHOTEL $$$
(✆381 9397; www.vedanalagoon.com; Phu Loc; Bungalows/Villen ab 300/450 US$; ❖✳@✆≋) Das komfortable Wellnesshotel verbindet zeitgenössischen Chic mit Naturmaterialien und verfügt über hinreißende Villen sowie Bungalows mit Strohdächern, modischen Möbeln und Bäder im Freien. Einige Quartiere haben eigene Pools, andere ragen in die Lagune hinein und locken mit einem herrlichen Ausblick. Zu der stilvollen Anlage gehört auch ein Spa, in dem man nach einem morgendlichen Start mit Tai-Chi oder Yoga viele glückliche Stunden bei Massagen und weiteren Behandlungen verbringen kann. Das Vedana liegt 15 km nördlich von Lang Co in der Nähe der Stadt Phu Loc. Sonderangebote findet man auf der Website.

Lang Co Beach Resort RESORTHOTEL $$
(✆387 3555; www.langcobeachresort.com.vn; EZ/DZ 35/40 US$, Villen ab 100 US$; ✳@✆≋) Obwohl es sich bei diesem Resorthotel um eine große, staatseigene Anlage handelt, ist es sehr gepflegt, jedoch auch ein bisschen langweilig. Es überzeugt mit bezaubernden Gärten und Villen, die auf den Strand hinausgehen sowie große Balkone mit Meerblick besitzen. Im Winter sind die Budgetzimmer sehr günstig (ab 15 US$).

Chi Na Guesthouse PENSION $
(✆387 4597; EZ/DZ 140 000/160 000 VND; ✳) Eine von mehreren einfachen, sauberen Pensionen nördlich des Ortszentrums. Sie wird von einer Familie geführt, die etwas Englisch spricht. Die Zimmer sind abgenutzt, aber brauchbar.

ⓘ An- & Weiterreise

Lang Co liegt auf der Nordseite des Hai-Van-Tunnels und von Da Nang und wird täglich von Touristenbussen durchquert. Wer auf zwei Rädern unterwegs ist, muss trotzdem die (landschaftlich schönere) 35 km lange Strecke über den Hai-Van-Pass bewältigen.

Lang Cos **Bahnhof** (✆387 4423) befindet sich 3 km vom Strand in Richtung der Lagune. Hier steht eigentlich immer ein *xe om* bereit. Die Bahnfahrt von Lang Co nach Da Nang (24 000 VND, 1½–2 Std., 4-mal tgl.) ist eine der spektakulärsten des ganzen Landes. Außerdem bestehen Zugverbindungen nach Hue (41 000 VND, 1½-Std., 3-mal tgl.).

Hai-Van-Pass & -Tunnel

Der Hai-Van-Pass (Seewolkenpass) überquert den ins Meer hineinragenden Ausläufer der Truong-Son-Gebirgskette. 30 km nördlich von Da Nang erklimmt die Straße eine Höhe von 496 m und verläuft südlich des Ai-Van-Son-Gipfels (1172 m). Auf dem bergigen Abschnitt genießt man atemberaubende Ausblicke, die auch im Vietnam-Special der BBC-Fernsehserie *Top Gear* zu sehen waren. Die Bahnstrecke mit vielen Tunneln folgt der schönen, einsamen Küste.

Im 15. Jh. bildete dieser Pass die Grenze zwischen Vietnam und dem Königreich Champa. Bis zum Vietnamkrieg war die Gegend dicht mit Wald bewachsen. Auf dem Gipfel steht ein mit Einschusslöchern übersätes französisches Fort, das südvietnamesische und US-Truppen als Bunker nutzten.

Im Winter verläuft am Pass die Klimagrenze zwischen Norden und Süden. Der Pass schützt Da Nang vor rauen „chinesischen Winden", die von Nordosten heranstürmen. Während die nördliche Lang-Co-Seite von November bis März feucht und kalt sein kann, ist es im Süden oft warm und trocken.

Am Gipfel lässt es sich ein Weilchen aushalten. Die Aussicht ist die Reise wirklich wert, aber man muss sich ganzer Horden sehr hartnäckiger Verkäufer und zwielichtiger Geldwechsler erwehren.

2005 wurde der 6280 m lange Hai-Van-Tunnel eröffnet. Da man jetzt nicht mehr über den Pass muss, verkürzt sich die Reisezeit zwischen Da Nang und Hue um eine Stunde. Motorräder und Fahrräder sind im Tunnel verboten. Viele Auto- und Busfahrer nutzen nun diese Route. Obwohl man mit der Fahrt durch den Tunnel Zeit spart, verpasst man bei schönem Wetter eine atemberaubende Aussicht.

Gelegentlich werden Traveller Zeuge haarsträubender Fahrmanöver, trotzdem ist die Passstraße heute sicherer als früher.

Wenn man sich dazu überwinden kann, den Blick etwas schweifen zu lassen, entdeckt man am Straßenrand kleine Altäre. Sie erinnern an Unfallopfer, die auf der Stecke ums Leben gekommen sind.

Ba-Na-Bergstation

♪ 0511 / 1485 M

Die von den Franzosen errichtete üppiggrüne Bergstation Ba Na (Eintritt 10 000 VND pro Pers., pro Auto/Motorrad 5000/10 000 VND) lockt mit einem erfrischend kühlen Klima und einer beeindruckenden Landschaft. Einst gab es in dem 1919 gegründeten Erholungsort rund 200 Villen, aber heute sind davon nur noch ein paar Ruinen übrig.

Bis zum Zweiten Weltkrieg ließen sich die Franzosen die letzten 20 km der Bergstraße in Sänften hochtragen. Inzwischen erleichtert eine Seilbahn (mit 5,5 km die längste der Welt) den Aufstieg. Bei der Fahrt, einem wahrhaft spektakulären Trip über dichten Dschungel, werden fast 1300 Höhenmeter überwunden. Der boomende Tourismus hat oben auf der Bergstation leider zu etlichen hässlichen Bauten und einem echten Müllproblem geführt.

Egal zu welcher Jahreszeit man auch herkommt, man sollte immer warme Sachen dabeihaben, denn auch wenn an der Küste 36 °C herrschen, könnten es auf dem Berg nur kühle 15 °C sein. Leider ist der Gipfel oft in Wolken und Nebel gehüllt, deshalb wählt man für den Besuch am besten einen klaren Tag.

Bergpfade führen zu Wasserfällen und Aussichtspunkten, außerdem befinden sich in der Nähe des Gipfels die Linh-Ung-Pagode (2004) und ein riesiger, 24 m hoher, meilenweit sichtbarer sitzender Buddha.

An der untersten Seilbahnstation Ga Suoi Mo gibt's einen Geldautomaten. Oben auf dem Berg wechseln die Hotels Geld.

🛏 Schlafen

Alle drei Hotels der Bergstation sind trotz ihrer kürzlichen Renovierung etwas überteuert. Am besten besucht man Ba Na auf einer Tagestour.

Indochine Hotel HOTEL $$
(♪ 379 1504; www.banahills.com.vn; Zi./Villen 930 000/1 100 000 VND; ❄@🛜) Das ehemalige Le Nim kombiniert auf bizarre Weise Architekturstile der französischen Kolonialzeit und der Champa-Kultur. Alle Zimmer wurden renoviert, sind aber nach wie vor ziemlich durchschnittlich und lohnen ihr Geld nicht wirklich. Wenigstens ist der Blick von den Terrassen und vom Restaurant grandios.

An- & Weiterreise

Ba Na liegt 42 km westlich von Da Nang. Am besten kommt man mit der neuen Kabinenseilbahn (Hin- & Rückfahrt 220 000 VND, 20 Min.) hierher, die in zwei Abschnitte unterteilt ist. An der Hauptstation befindet sich ein Café. Bei heftigem Wind kann es passieren, dass der Betrieb der Bahn eingestellt wird. Alternativ führt eine schöne, aber steile und kurvenreiche Straße hoch, die aber schwierig zu bewältigen ist, wenn man nicht ein Motorrad mit sehr starkem Motor hat. Einheimische bieten die Fahrt für 80 000 VND an.

Da Nang

♪ 0511 / 901 000 EW.

In Da Nang tut sich im Vergleich mit den anderen vietnamesischen Städten eindeutig am meisten. Jahrzehntelang hatte es einen Ruf als leicht mondäner Provinzort, doch mittlerweile sind große Veränderungen im Gang. Bei einem Spaziergang am Ufer des Han sieht man funkelnde modernistische Hotels, Apartments und Restaurants. Im Norden erhebt sich das neue Wahrzeichen, die D-City, über der Ebene, und im Süden wurde der gesamte China Beach für Fünf-Sterne-Hotels reserviert. Obendrein soll bald der aufgemotzte internationale Flughafen eröffnen.

Bis auf ein ganz gutes Museum hat Da Nang allerdings nach wie vor kaum klassische Sehenswürdigkeiten zu bieten. Für die meisten Traveller sind daher wohl ein paar Tage abseits ausgetretener Pfade genug, um die Restaurants und das Nachtleben der Stadt zu erkunden. Darüber hinaus ist Da Nang eine gute Basis für Tagestouren. Der Ort liegt am Westufer des Han-Flusses und ist Teil einer langen, schmalen Halbinsel, an deren Nordspitze der Nui Son Tra (von den US-Soldaten „Monkey Mountain" genannt) steht. Südwestlich der Stadt befinden sich der China Beach und die fünf Marmorberge.

Geschichte

Das während der französischen Kolonialzeit als Tourane bekannte Da Nang war nach Hoi An im 19. Jh. zweitwichtigste Hafenstadt in Zentralvietnam und ist es bis heute.

Im Vietnamkrieg nahmen 3500 US-Marines Da Nang als erste südvietnamesische Stadt ein. 1965 stürmten sie in kompletter Kampfausrüstung den Nam-O-Strand, wo sie ein Schwarm vietnamesischer Mädchen in ao-dai-Gewändern und mit Blumengirlanden erwartete. Zehn Jahre später, während sich Amerikaner und Südvietnamesen auf ganzer Linie auf dem Rückzug befanden, hatte sich das Bild komplett gewandelt und verzweifelte Zivilisten flohen aus der Stadt. Am 29. März 1975 erreichten zwei LKW-Ladungen kommunistischer Guerillas, mehr als die Hälfte von ihnen Frauen, Da Nang und erklärten es als befreit, ohne einen einzigen Schuss abgefeuert zu haben.

Heute hat der Ort eine der progressivsten Lokalregierungen und mit das dynamischste Wirtschaftsleben des Landes.

⊙ Sehenswertes & Aktivitäten

Cham-Museum MUSEUM

(Karte S.198; 1 Đ Trung Nu Vuong; Eintritt 30 000 VND; ⊘7–17 Uhr) Die Gebäudearchitektur des Museums, das Vietnams größte Ausstellung von Cham-Artefakten beherbergt und 1915 von der École Française d'Extrême Orient gegründet wurde, ist eine Mischung aus Elementen der französischen Kolonialzeit und der Cham-Kultur. Hier werden mehr als 300 verschiedene Exponate gezeigt, die auf das 5. bis 15. Jh. zurückgehen, darunter Altäre, Lingas, Garudas, Apsaras, Ganeshas sowie Bilder von Shiva, Brahma und Vishnu.

Die Kunstschätze stammen aus Dong Duong (Indrapura), Khuong My, My Son, Tra Kieu und von anderen Stätten. Weil die Organisation des Museums und die englischen Beschriftungen zu wünschen übrig lassen, lohnt es sich, einen sachkundigen Guide anzuheuern oder im Souvenirshop einen der englischsprachigen Führer zu kaufen.

Es gibt auch Ausstellungen zur heutigen Cham-Kultur, darunter einige zeitgenössische Exponate und Fotos des Kate-Festes (des Neujahrsfests der Cham).

Cao-Dai-Tempel TEMPEL

(Karte S.198; 63 Đ Hai Phong) Nach Tay Ninh ist dieser Tempel der größte seiner Art in Vietnam. Seine Gemeinde umfasst etwa 50 000 Anhänger in Zentralvietnam. Wie in allen Cao-Dai-Tempeln wird viermal am Tag gebetet: um 5.30, 11.30, 17.30 und 23.30 Uhr.

Das linke Tor zur Anlage ist für Frauen, das rechte für Männer. Auch zum Heiligtum selbst führen separate Türen. Priester beiderlei Geschlechts gehen durch die Pforte in der Mitte. Hinter dem Hauptaltar steht ein riesiger Globus mit dem Symbol des „heiligen Auges" der Cao Dai.

Von der Decke gegenüber dem Altar hängt ein Schild mit der Aufschrift *van giao nhat ly* („Alle Religionen dienen dem gleichen Zweck"). Hinter den vergoldeten Buchstaben befindet sich ein Bild der Begründer der fünf großen Weltreligionen. Von links nach rechts sieht man Mohammed, Laotse in einem ostorthodoxen Gewand, Jesus, porträtiert wie auf französischen Ikonen, einen südostasiatisch aussehenden Buddha und einen sehr chinesisch wirkenden Konfuzius.

GRATIS **Ho-Chi-Minh-Museum** MUSEUM

(Karte S.198; 3 Đ Nguyen Van Troi; ⊘7–11 & 13.30–16.30 Uhr) Das Museum ist zwar groß, aber ebenso wenig inspirierend wie viele andere Museen dieser Art. Im vorderen Teil werden amerikanische, sowjetische und chinesische Waffen gezeigt, hinter den Parteigebäuden versteckt sich ein Nachbau von Ho Chi Minhs Wohnhaus in Hanoi mit einer ihm gewidmeten Ausstellung.

Hierher verirren sich nur wenig Touristen, deshalb wird man eventuell von einem Museumsangestellten begleitet.

Kathedrale KATHEDRALE

(Karte S.198; Đ Tran Phu) 1923 wurde diese pinkfarbene **Kathedrale** für die französischen Einwohner der Stadt gebaut. Wegen des Wetterhahns auf dem Turm nennen Einheimische sie Con-Ga-Kirche (Hahnenkirche). Heute wird sie von der katholischen Gemeinde mit über 4000 Mitgliedern genutzt. Wer zu spät zum Gottesdienst kommt, findet keinen Sitzplatz mehr.

Messen finden von Montag bis Samstag um 5.30 und 17.30 Uhr und am Sonntag um 5.30, 6.30, 7.30, 15.30 und 17 Uhr statt.

Phap-Lam-Pagode PAGODE

(Karte S.198; 574 Đ Ong Ich Khiem; ⊘5–11.30 & 13–21.30 Uhr) Im Hof der erst vor Kurzem wiederaufgebauten Pagode stehen drei gigantische Buddhafiguren. Ein gleichermaßen imposantes großes goldenes Exemplar befindet sich im Tempel.

🛏 Schlafen

Am Flussufer im Stadtzentrum haben mehrere hervorragende Minihotels eröffnet. Gute Budgethotels sind allerdings nicht so leicht zu finden. Bei Redaktionsschluss wurden gleich nördlich der Song-Han-Brücke Hilton- und Novotel-Häuser errichtet. Infos zu Unterkünften auf der gegenüberliegenden Flussseite gibt's unter dem Abschnitt „My-Khe-Strand".

Da Nang

New Moon Hotel HOTEL $$
(Karte S.198; 382 8488; info@newmoonhotel.vn; 126 Đ Bach Dang; Zi. 300 000–800 000 VND; ✱ @ ☎) Mit seinen wunderbar gestalteten Zimmern in verschiedenen Preiskategorien trifft das 2011 eröffnete kleine Hotel mitten ins Schwarze. Alle Räume haben Flachbildfernseher, Minibars, WLAN und einladende Marmorbäder. Die mit Flussblick liegen direkt über dem Han-Fluss; ihre Aussicht über die Fischerboote hinweg zu den Hügeln von Nui Son Tra ist einfach atemberaubend. Es

Da Nang

Highlights
- Cao-Dai-Tempel..................................B3
- Kathedrale...D5
- Cham-Museum...................................D6
- Phap-Lam-Pagode..............................B6

Schlafen
1. Bao Ngoc Hotel................................C4
2. Elegant Hotel...................................D2
3. Green Plaza Hotel............................D5
4. HAGL Plaza Hotel Da Nang...............B6
5. Hai Van Hotel..................................B2
6. New Moon Hotel...............................D4
7. Phu An Hotel...................................B6
8. Prince Hotel....................................D4
9. Rainbow Hotel.................................D5
10. Stargazer Hotel...............................D4
- Sun River Hotel.........................(siehe 6)
11. Winn Hotel.....................................D4

Essen
12. Bread of Life..................................D1
13. Com Nieu.......................................D4
14. Com Tay Cam Cung Dinh B6
15. Le Bambino....................................B3
16. Memory Lounge..............................D3
17. Red Sky...D6
18. Vietnamese Home...........................D2
19. Waterfront.....................................D5

Ausgehen
20. Bamboo 2 Bar.................................D5
21. Chillout Cafe..................................D5
22. Le Funk...D5

Praktisches
23. Dana Tours....................................D4
24. Danang Family Medical Practice B6
25. Hospital C.....................................B3
26. Sinh Tourist...................................D5

---

gibt einen Lift, und das hilfsbereite Personal spricht etwas Englisch.

LP TIPP Rainbow Hotel HOTEL $$
(Karte S.198; 382 2216; www.rainbowhotel.com.vn; 220 Đ Bach Dang; Zi. 450 000–600 000 VND; ✲@🛜) Dieses funkelnagelneue Minihotel in bester Lage direkt am Fluss ist eine ziemlich hippe Budgetunterkunft mit einem Aufzug und einer einladenden Lobby. Die tollen Zimmer warten mit einer modernen Einrichtung, Kunstwerken und jeglichem Komfort auf. Raumhohe Flachglasfenster sorgen in den Räumen mit Flussblick für eine inspirierende Aussicht.

Winn Hotel HOTEL $
(Karte S.198; 388 8571; ngockhanh_nk@yahoo.com; 36 Hung Vuong; Zi. 17–20 US$; ✲@🛜) Eine weitere hervorragende und neue Bleibe mit 15 modernen Zimmern in Weiß und Pastellrosa und inklusive Fernsehern sowie WLAN. Die günstigeren sind fensterlos, aber trotzdem recht hell und wegen der hohen Decken auch luftig.

HAGL Plaza Hotel Da Nang HOTEL $$$
(Karte S.198; 222 3344; 1 Đ Nguyen Vanh Linh; Zi. 95–140 US$, Suite 365 US$; ⊖✲@🛜≋) Dank seines effizienten, freundlichen Services und seiner Einrichtungen hat sich dieser Hotelturm schnell als Nummer eins für Geschäftsreisende und gut betuchte Traveller etabliert. Die gepflegten modernen Zimmer sind riesig und gut ausgestattet, außerdem gibt's oben großartige Restaurants und eine Bar sowie einen Shuttlebus zum Flughafen.

Sun River Hotel HOTEL $$
(Karte S.198; 384 9188; www.sunriverhoteldn.com.vn; 132–134 Đ Bach Dang; Zi. 850 000–1 400 000 VND; ✲@🛜) Das Hotel am Fluss verfügt über tadellose moderne Räume mit schicken Bädern, allerdings haben die Standard-Zimmer keine Fenster und nur die VIP-Zimmer erlauben einen Blick auf den Fluss. Vom Restaurant im obersten Stockwerk genießt man eindrucksvolle Aussichten auf die Stadt und den Han-Fluss.

Green Plaza Hotel HOTEL $$$
(Karte S.198; 322 3399; www.greenplazahotel.vn; 238 Đ Bach Dang; EZ 83 US$, DZ 90–183 US$, Suite 246 US$; ✲@🛜≋) Im renommierten Green Plaza, einem Orientierungspunkt in der Stadt, gibt's einen Fitnessraum und einen 12 m langen Pool mit Ausblick. Viele Zimmer haben einen Balkon, außerdem sind alle mit schönen Rattanmöbeln, riesigen Betten und modernen Bädern ausgestattet.

Bao Ngoc Hotel HOTEL $
(Karte S.198; 381 7711; baongochotel@dng.vnn.vn; 48 Đ Phan Chu Trinh; Zi. 18–22 US$; ✲@🛜) Eine tolle Unterkunft mit herrlich geräumigen, komfortablen Zimmern samt Teppichböden und massiven dunklen Holzmöbeln. Einige Räume warten auch mit Sofas auf. Das altersschwache fünfstöckige Gebäude

hat noch einen Hauch seines Kolonialcharakters bewahrt, der sich z. B. an den schokoladenbraunen Fensterläden im französischen Stil zeigt.

Prince Hotel
HOTEL $$
(Karte S.198; 381 7929; princehotel2009@yahoo.com; 60 Ð Tran Phu; Zi. 350 000–550 000 VND; ✱@✆) Bis auf die billigsten Zimmer sind alle Gästequartiere dieses Minihotels im Stadtzentrum groß und gut eingerichtet. Die auf der Rückseite des Gebäudes haben winzige Fenster.

Elegant Hotel
HOTEL $$
(Karte S.198; 389 2893; elegant@dng.vnn.vn; 22a Ð Bach Dang; Zi. 32–70 US$, Suite 70–80 US$; ✱@✆) Das alteingesessene Hotel am nördlichen Ende des Flusses befindet sich in Hafennähe und besitzt mit Teppich ausgelegte gepflegte, aber etwas langweilige Zimmer. In der 6. Etage ist ein Restaurant mit einer tollen Panoramaaussicht untergebracht. Dort wird das kostenlose Frühstück serviert.

Stargazer Hotel
HOTEL $$
(Karte S.198; 381 5599; www.stargazer.net; 77 Ð Tran Phu; Zi. 350 000–600 000 VND; ✱@✆) Die Lobby überwältigt einen nicht gerade, doch die sehr ordentlichen, wenn auch etwas kleineren Zimmer sind in hervorragendem Zustand. Sie haben schöne Holzmöbel, große Fernseher und komfortable Betten mit richtigen Bettdecken. Nummer 301 verfügt über einen Balkon mit Aussicht auf den Fluss. Der Hotelbesitzer ist hilfsbereit und spricht fließend Englisch.

Hai Van Hotel
HOTEL $
(Karte S.198; 382 3750; kshaivan.dng@vnn.vn; 2 Ð Nguyen Thi Minh Khai; EZ/DZ 12/19 US$; ✱) Einen Designpreis wird diese altmodische Bleibe wohl nie gewinnen, doch die funktionellen, geräumigen Zimmer sind ihr Geld auf jeden Fall wert.

Phu An Hotel
HOTEL $
(Karte S.198; 382 5708; phuanhoteldng@gmail.com; 29 Ð Nguyen Van Linh; EZ 240 000 VND, DZ 275 000–300 000 VND; ✱@✆) Große Zimmer mit modernen Bädern, allerdings bekommen die zur Vorderseite viel Straßenlärm ab.

🍴 Essen

Das kulinarische Angebot auf Da Nangs Straßen ist enorm, und so gibt's kaum eine Gasse, in der kein *bun cha (gegrilltes Schweinefleisch)*, *com* (Reis) oder *mi quang* (Nudelsuppe) angeboten wird. Darüber hinaus locken einige Lokale mit vegetarischer Kost. Hier boomt die Restaurantszene und dementsprechend öffnen immer mehr gute Läden ihre Pforten.

LP TIPP Waterfront
INTERNATIONAL $$
(Karte S.198; 384 4373; www.waterfrontdanang.com; 150–152 Ð Bach Dang; Mahlzeiten 90 000–300 000 VND; ⏱10–23 Uhr) Diese herausragende Lounge mit einem ausgezeichneten Restaurant für besondere Gelegenheiten im Obergeschoss hat dazu beigetragen, Da Nang bekannt zu machen. Schon das Gebäude selbst ist erstaunlich: eine perfekt gestylte Betonmuschel am Flussufer mit hippen Sitzmöglichkeiten, einer ausladenden Bar und einer kleinen Garten- sowie einer Dachterrasse (hier befinden sich die besten Plätze; wer dort speisen möchte, sollte vorab reservieren). Die Gourmetsandwiches sind geradezu riesig, die leichten Snacks wie Tintenfisch in Pfeffer-Salz-Mischung schmecken wahrhaft köstlich und die Gerichte à la carte lohnen sich ebenfalls. Und so hip, dass es hochtrabend wäre, ist es im Waterfront auch nicht. In der zugehörigen legeren Bar kann man bei ein paar kühlen Bierchen wunderbar englische Zeitschriften lesen.

Red Sky
INTERNATIONAL $$
(Karte S.198; Ð 248 Tran Phu; Mahlzeiten 80 000–200 000 VND; ⏱11.30–22.30 Uhr) In dem entspannten Bar-Restaurant gibt's gut zubereitete westliche Gerichte, darunter preiswerte Steaks, Schweinekoteletts, üppige Salate, Hähnchenflügel und italienische Klassiker. Doch auch die vietnamesische Küche kann sich sehen lassen. Das Bier ist billig (Larue kostet nur 15 000 VND), das Personal aufmerksam und freundlich und die Happy Hour (17–20 Uhr) sehr beliebt.

Vietnamese Home
VIETNAMESISCH, INTERNATIONAL $$
(Karte S.198; 34 Ð Bach Dang; Mahlzeiten 50 000–250 000 VND) Auf der Karte des alteingesessenen rustikalen Lokals mit einem großen offenen Hof und angrenzenden Speiseräumen stehen Meeresfrüchte (etwa als Feuertopf), Fleischgerichte (wir empfehlen Schweinefleisch mit Chili und Zitronengras), Nudeln und Suppen. Außerdem gehören ein gehaltvolles westliches Frühstück und zahlreiche Weine zum Angebot.

Phi Lu Chinese Restaurant
CHINESISCH $$
(Karte S.198; 361 1888; 1-3 Ð 2/9; Gerichte 42 000–430 000 VND) Das geräumige formelle Restaurant mit den roten Laternen ist im

chinesischen Stil gestaltet. Die Fisch- und Meeresfrüchtegerichte sind hervorragend. In der Stadt gibt's zwei weitere Filialen.

Memory Lounge
INTERNATIONAL, VIETNAMESISCH $$$
(Karte S.198; www.loungememory.com; 7 Ð Bach Dang; Mahlzeiten 120 000–400 000 VND; ☺So geschl.) Gleich an der Song-Han-Brücke ragt dieses auffällige neue Bar-Restaurant in den Fluss hinein. Die ambitionierte Karte verbindet östliche und westliche Küche und bietet auch gesunde Snacks (Gerichte ca. 60 000 VND), Abendessen sowie Gehobenes wie pochiertes Lachsfilet mit dicker Krabbensoße, Kartoffeln, schwarzen Oliven, gebackener Artischocke und Spinatcreme (ab 250 000 VND). Darüber hinaus kann man hier luxuriöse Cocktails bestellen, die man am besten auf der Terrasse genießt.

Bread of Life
INTERNATIONAL $
(Karte S.198; www.breadoflifedanang.com; 4 Ð Dong Da; Mahlzeiten 40 000–100 000 VND; ☺So geschl.) Der Diner mit Bäckerei im amerikanischen Stil ist zwar umgezogen, doch seine Pfannkuchen, Burger, Sandwiches, Pizzas und anderen einfachen Gerichte sind so vertraut und beliebt wie eh und je. Alle Mitarbeiter sind taub und die Einkünfte werden für die Ausbildung von Gehörlosen in Da Nang verwendet (s. Kasten S.217).

Le Bambino
INTERNATIONAL $$
(Karte S.198; ☎389 6386; www.lebambino.com; 122/11 Ð Quang Trung; Mahlzeiten 120 000–300 000 VND) Ein Franzose und seine vietnamesische Frau leiten diese hinreißende europäische Oase. Sie haben eine tolle Karte zusammengestellt, auf der sich französische Klassiker, Pubessen, grilltes Fleisch (wir empfehlen die Rippchen) und beliebte vietnamesische Gerichte finden. Im Obergeschoss gibt's mehrere gut ausgestattete Zimmer (30 US$).

Com Nieu
VIETNAMESISCH $
(Karte S.198; 25 Ð Yen Bai; Gerichte 14 000–120 000 VND) In diesem modernen Lokal wird eine große Auswahl geschmackvoller vietnamesischer Gerichte kredenzt, darunter saftige Meeresfrüchte und die Hausspezialität Reis im Römertopf.

Com Tay Cam Cung Dinh
VIETNAMESISCH $
(Karte S.198; K254/2 Ð Hoang Dieu; die meisten Gerichte 15 000–40 000 VND) Hier gibt's gute lokale Gerichte wie *hoanh thanh*, eine an Wan Tan erinnernde Kombination aus Hackfleisch und Garnelen. Das einfache Restaurant liegt in einer kleinen Gasse.

Ausgehen

Wer gehobene Bars mit toller Aussicht bevorzugt, kann auch das Waterfront oder die Memory Lounge ansteuern.

Le Funk
BAR
(Karte S.198; 166 Ð Bach Dang) Abends macht man mit dieser herrlich lebhaften kleinen Kneipe nichts falsch, denn dann treffen sich hier die hippen jungen Einwohner der Stadt. Der geniale französische Besitzer ist ein DJ, der am liebsten kräftige House- und Dance-Sounds hört.

Tulip Brewery
BAR
(Karte S.204; 174 Ð 2/9) Dieses riesige Brauerei-Pub im tschechischen Stil mit zahlreichen ausgestellten Fässern lockt die Einheimischen zu Hunderten an. Es gibt frisches Pils und dunkles Bier sowie westliche und vietnamesische Gerichte.

Tam's Pub & Surf Shop
BAR
(Karte S.204; 38 An Thuong 5) Nur einen Katzensprung vom China Beach entfernt stößt man auf dieses freundliche und beliebte Bar-Restaurant mit preiswertem Essen. Wie der Name verrät, kann man hier Surfbretter ausleihen (5 US$ pro Tag) und bekommt zudem Tipps zum Wellenreiten.

Chillout Cafe
BAR
(Karte S.198; 36 Ð Thai Phien) In der netten, von vietnamesisch-westlichen Besitzern geführten Bar herrscht eine entspannte Atmosphäre. Das Chillout wartet mit reichhaltigen Gerichten, Quizabenden, Büchertausch und tollen örtlichen Infos auf.

Bamboo 2 Bar
BAR
(Karte S.198; 230 Ð Bach Dang) Eine typische Bar für hier lebende Ausländer mit vielen Stammgästen und einem heiß begehrten Billardtisch. Etwas bieder, aber angenehm für einen ruhigen Drink.

🛈 Praktische Informationen

Geld

Agribank (Karte S.198; 202 Ð Nguyen Chi Thanh) Geldautomat und Wechselstelle.

Vietcombank (Karte S.198; 140 Ð Le Loi) Die einzige Bank, die Reiseschecks eintauscht.

Infos im Internet

Aktuelle Rezensionen und Infos über die Stadt findet man auf www.indanang.com.

Internetzugang

In Da Nang gibt's Hunderte Internetcafés. 24 Stunden geöffnet hat **Skynet** (Karte S. 198; 172 Ð Tran Phu; 7000 VND pro Std.).

Medizinische Versorgung

Danang Family Medical Practice (Karte S. 198; 358 2700; www.vietnammedicalpractice.com; 50–52 Ð Nguyen Van Linh) Diese hervorragende Praxis unter Leitung eines australischen Arztes ist eine Art Minikrankenhaus und kann Patienten stationär aufnehmen.

Hospital C (Karte S. 198; Benh Vien C; 382 1483; 122 Ð Hai Phong) Das modernste der vier Krankenhäuser der Stadt.

Post

Hauptpost (Karte S. 198; 64 Ð Bach Dang)

Reisebüros

Dana Tours (Karte S. 198; 382 5653; 76 Ð Hung Vuong; So geschl.) Autovermietung, Bootstouren, Visaverlängerung und empfehlenswerte Tagestouren.

Sinh Tourist (Karte S. 198; 384 3258; www.thesinhtourist.vn; 154 Ð Bach Dang) Bucht Open-Tour-Busse sowie Ausflüge und wechselt Geld.

Trong's Real Easy Riders (0903 597 971; www.easyridersvietnam.wordpress.com) Motorradverband mit Sitz in Da Nang, der Tagestouren (ab 20 US$) sowie Ausflüge nach Hoi An und ins Zentrale Hochland anbietet.

An- & Weiterreise

AUTO & MOTORRAD Ein Auto nach Hoi An kostet bei Buchung über das Hotel oder ein örtliches Reisebüro 330 000 VND, ein *xe om* 120 000 VND. Wer unterwegs an den Marmorbergen oder am China Beach halten will, muss hart verhandeln.

BUS Da Nangs relativ neuer **Fernbusbahnhof** (Karte S. 204; Ð Dien Bien Phu) liegt 3 km westlich vom Stadtzentrum. Ein Taxi mit Kilometerzähler zum Flussufer schlägt mit 60 000 VND zu Buche.

Es gibt Verbindungen in alle großen Zentren, z. B. nach Qui Nhon (72 000–125 000 VND, 6 Std., 4-mal tgl.).

Richtung Laos fahren wöchentlich drei Busse nach Savannakhet (130 000 VND, 14 Std.), die um 20 Uhr starten und bei Lao Bao die Grenze überqueren. Außerdem verkehrt täglich um 6.30 Uhr ein Bus nach Pakxe (190 000 VND, 14 Std.). Busse, die nur bis zum Grenzübergang Lao Bao fahren, kosten 95 000 VND (6 Std.); eventuell muss man in Dong Ha umsteigen.

Gelbe, öffentliche Busse nach Hoi An (18,000 VND, 1 Std., stdl.) fahren im Stadtzentrum die Ð Tran Phu entlang. Hier wird häufig zu viel abkassiert.

Bei Sinh Tourist kann man Tickets für Open-Tour-Busse kaufen, die zweimal pro Tag vor dem Reisebüro Richtung Hue (70 000 VND, 2½ Std.), Hoi An (60 000 VND, 1 Std.) und Hanoi (300 000 VND, 14 Std.) starten.

FLUGZEUG Die einzige internationale Verbindung während unseres Besuchs bot **Silk Air** (356 2708; www.silkair.com; HAGL Plaza Hotel, 1 Ð Nguyen Van Linh) nach Singapur (4-mal pro Woche). Wenn 2012 der neue Flughafen eröffnet, dürften es aber mehr werden. Inlandsflüge gibt's bei **Jetstar Pacific** (Karte S. 198; 358 3538; www.jetstar.com; 307 Ð Phan Chu Trinh). Diese Airline verkehrt täglich von Da Nang nach HCMS. Darüber hinaus fliegt **Vietnam Airlines** (Karte S. 198; 382 1130; www.vietnamairlines.com; 35 Ð Tran Phu) direkt nach Hanoi, HCMS, Hai Phong, Buon Ma Thuot und Nha Trang.

ZUG Von Da Nangs **Bahnhof** (Karte S. 198; 202 Ð Hai Phong) bestehen Verbindungen zu allen Orten auf der Nord-Süd-Hauptstrecke.

VERKEHRSVERBINDUNGEN AB DA NANG

ZIEL	AUTO/ MOTORRAD	BUS	FLUGZEUG	ZUG
HCMS	18 Std.	20–34 US$, 19–25 Std., 7-mal tgl.	ab 35 US$, 1 Std., 4-mal tgl.	25–49 US$, 17–23 Std., 5-mal tgl.
Nha Trang	13 Std.	16–23 US$, 10–13 Std., 7-mal tgl.	ab 28 US$, 30 Min., 1-mal tgl.	15–28 US$, 9–12 Std., 5-mal tgl.
Hue	2½–4 Std.	3 US$, 3 Std., alle 20 Min.	keine Angabe	3–6 US$, 2½–4 Std., 8-mal tgl.
Dong Hoi	6–7 Std.	7–12 US$, 6½ Std., 5-mal tgl.	keine Angabe	8–16 US$, 5½–8½ Std., 6-mal tgl.
Hanoi	19 Std.	22–31 US$, 16–19 Std., 7-mal tgl.	ab 38 US$, 1 Std., 3-mal tgl.	22–43 US$, 15½–21 Std., 6-mal tgl.

Eine Zugfahrt nach Hue lohnt sich, weil die Strecke einfach wunderschön ist.

 Unterwegs vor Ort

CYCLO & XE OM In Da Nang sieht man jede Menge Motorradtaxis und *cyclo*-Fahrer. Wie überall in Vietnam muss man sich auf harte Preisverhandlungen einstellen. Stadtfahrten dürfen nicht mehr als 10 000 bis 15 000 VND kosten. Vorsicht ist geboten, wenn einen der Fahrer zu Bars/Mädchen bringen will, weil man in dem Fall um mehrere Hundert Dollar erleichtert werden könnte.

VOM/ZUM FLUGHAFEN Da Nangs Flughafen liegt 2 km westlich des Zentrums, also nah genug, um ihn in zehn Minuten mit dem *xe om* zu erreichen (40 000 VND). Ein Wagen mit Taxameter bis zur Stadtmitte schlägt mit 55 000 VND zu Buche.

TAXI Fahrzeuge mit Taxameter gibt's bei **Mai Linh** (356 5656).

Rund um Da Nang

0511

NUI SON TRA (MONKEY MOUNTAIN)
850 M

Wie ein großes Paar Micky-Maus-Ohren ragt die Son-Tra-Halbinsel ins Meer hinaus. Gekrönt wird sie von einem Berg, den amerikanische Soldaten Monkey Mountain tauften. In Richtung Süden genießt man einen tollen Ausblick auf Da Nang und in Richtung Norden auf den Hai-Van-Pass. Bis vor Kurzem war hier militärisches Sperrgebiet, das bis auf den Hafen Cang Tien Sa praktisch unberührt war, doch allmählich entstehen vor Ort neue Straßen und Strandresorts.

Absolutes Highlight ist die Aussicht vom **Gipfel** des Bergs, die einen an klaren Tagen regelrecht überwältigt. An die ehemalige Präsenz des US-Militärs erinnern ein paar Radarkuppeln (die noch vom vietnamesischen Militär genutzt werden und deswegen für Besucher tabu sind) gleich neben dem Hubschrauberlandeplatz, der nun als Aussichtspunkt herhalten muss. Zur Bergspitze führt eine steil ansteigende Straße, die ziemlich verlassen wirkt und nicht gerade im besten Zustand ist. Wer sich mit dem Motorrad auf den Weg macht, benötigt auf jeden Fall einige PS. Zur Straße führt eine mit dem blauen Schild „Son Tra Eco-Tourism" gekennzeichnete Abzweigung 3 km vor dem Tien-Sa-Hafen.

Bevorzugte Reiseziele vieler vietnamesischer Touristen sind Badeorte entlang der Südwestküste der Halbinsel. Als weitere große Attraktion gilt **Linh Ung**, eine gigantische neue Buddhafigur, die auf einer lotusblütenförmigen Plattform sitzt und Richtung Süden nach Da Nang blickt. Hier befindet sich ebenfalls ein Kloster. Wenn alle Straßen fertig sind, wird es möglich sein, die überaus reizvolle Strecke komplett um die Halbinsel herumzufahren.

Auf der anderen Seite des Nui Son Tra liegt neben dem Hafen der geschützte **Tien-Sa-Strand**. Eine Gedenkstätte ganz in der Nähe erinnert an ein Unglück während der Kolonialzeit: Im August 1858 griffen von Spaniern angeführte philippinische und französische Truppen Da Nang an, um der schlechten Behandlung der Katholiken durch Kaiser Tu Duc ein Ende zu bereiten. Die Stadt fiel schnell, doch die Eindringlinge hatten mit Cholera, Ruhr, Skorbut, Typhus und rätselhaftem Fieber zu kämpfen. Schon im Sommer 1859 waren zwanzigmal mehr Angreifer an einer Krankheit gestorben als an den Folgen der Schlacht.

Viele der **Gräber französischer und spanischer Soldaten** befinden sich unter einer Kapelle hinter dem Hafen Tien Sa.

Schlafen & Essen

Bei unserem Besuch gab's zwar noch keine große Auswahl, aber es wurden gerade einige neue Unterkünfte errichtet, darunter ein Fünf-Sterne-Resort.

Bien Dong Resort RESORT $$
(392 4464; www.biendongresortdanang.com; Son Tra; 34–39 US$; ❄@≋) In einer hübschen Bucht mit Strand, die vor den kühlen Nordwinden geschützt ist, wartet dieses gepflegte Resort mit geräumigen Bungalows voller Holzmöbel, zwei Swimmingpools und einem Restaurant auf.

Bay Ban FISCH & MEERESFRÜCHTE $$
(221 4237; Son Tra; Mahlzeiten 80 000–250 000 VND) Am Wochenende und in der Ferienzeit zieht das große authentische Fischlokal zahlreiche vietnamesische Familien an, ansonsten geht's im Bay Ban eher ruhig zu. Gäste essen direkt über dem Wasser in einer der mit Stroh überdachten Sitzgelegenheiten in der Bucht. Es gibt hier köstlichen frischen Fisch, Seespinne, Aal und Garnelengerichte.

NAM-O-STRAND

1965 war der kaum erschlossene Nam-O-Strand 15 km nordwestlich von Da Nang der erste Ort in Südvietnam, in den US-Soldaten einmarschierten. Inzwischen befindet er

Rund um Da Nang

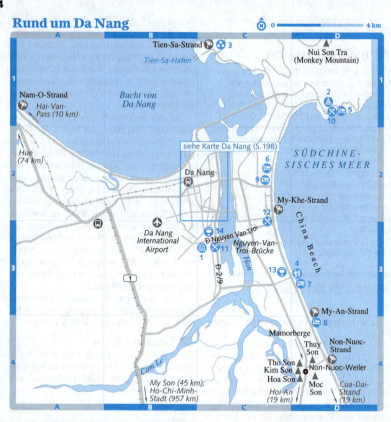

sich wieder in seinem früheren natürlichen Zustand. Es gibt zwar ein paar Hotels, der Sandstreifen kann es aber nicht mit jenen südlich von Da Nang aufnehmen.

Früher stellte man hier Feuerwerkskörper her, doch 1995 verbot die Regierung deren Produktion. Mittlerweile kennt man das Dorf für *nuoc mam* (Fischsoße) und *goi ca*, eine Art vietnamesisches Sushi: Dabei werden frische, rohe Fischfilets in einer besonderen Soße mariniert, mit einem scharfen Pulver bestreut und mit frischem Gemüse auf Reispapierröllchen serviert. Im Sommer kann man die Spezialität am Strand kaufen, ansonsten wird man im Dorf fündig.

MARMORBERGE

Gleich hinter der Küstenstraße zum China Beach erheben sich die **Marmorberge** (Ngu Hanh Son), fünf schroffe Erhebungen mit hübschen Pagoden auf ihren Gipfeln. Jeder Berg wurde nach einem Element der Natur benannt, für das er stehen soll: Thuy Son (Wasser), Moc Son (Holz), Hoa Son (Feuer), Kim Son (Metall oder Gold) und Tho Son (Erde). Die Dörfer zu ihren Füßen sind bekannt für die Herstellung von Skulpturen. Erfreulicherweise verwenden die Bewohner aber mittlerweile Marmor aus China, denn schließlich will man ja nicht die Berge aushöhlen, wegen denen kauffreudige Touristen überhaupt erst kommen.

Thuy Son (Eintritt 15 000 VND; 7–17 Uhr) ist die größte und berühmteste der fünf Erhebungen, in deren zahlreichen natürlichen Höhlen zunächst Hindus und später Buddhisten ihre Heiligtümer schufen. Zwei Wege führen hinauf; der hübschere befindet sich in Strandnähe (am Ende des Dorfes).

Durch das mit Einschusslöchern übersäte Tor oben an der Treppe, **Ong Chon**, gelangt man zur **Linh-Ong-Pagode**. Dahinter verläuft ein Pfad durch zwei Tunnel zu Höhlen, in denen man mehrere Buddhas und Bildhauerarbeiten der Cham sieht. Eine Treppe führt zu einer weiteren, nach

Rund um Da Nang

⊙ Sehenswertes
1 Ho-Chi-Minh-Museum.........................C3
2 Linh Ung D1
3 Gräber von französischen &
   spanischen Soldaten C1

⊙ Aktivitäten, Kurse & Touren
4 Da Boys Surf Shop D3

⊙ Schlafen
5 Bien Dong Resort..............................D1
6 Eena Hotel C2
7 Fusion Maia D3
8 Hoa's Place......................................D4
9 Jimmy Hotel C2

⊙ Essen
10 Bay Ban D1
11 Phi Lu Chinese Restaurant C3
12 Van Xuan C2

⊙ Ausgehen
13 Tam's Pub & Surf Shop C3
14 Tulip Brewery C3

oben teilweise offenen Höhle mit zwei sitzenden Buddhas.

Gleich links hinter dem Ong-Chon-Tor liegt der Hauptweg zum Gipfel des Thuy Son, dem man bis zur Xa-Loi-Pagode, einem wunderschönen Turm aus Stein mit Blick auf die Küste, folgen kann. Über Treppen erreicht man Vong Hai Da. Von diesem herrlichen Aussichtspunkt entdeckt man den China Beach, der allerdings ziemlich heruntergekommen wirkt. Der Steinweg setzt sich rechter Hand durch eine Minischlucht fort. Links befindet sich die Van-Thong-Höhle. Auf der anderen Seite thront ein Zementbuddha.

Nun verlässt man die Schlucht und geht durch ein gemauertes Tor mit Kampfspuren. Über einen holprigen Pfad klettert man rechts zur Linh Nham, einer großen, kaminförmigen Höhle mit einem kleinen Altar. In der Nähe führt ein weiterer Pfad zur Hoa Nghiem, einer flachen Grotte mit einem Buddha. Links davon erstreckt sich die kathedralenartige Huyen-Khong-Höhle, die durch eine Öffnung von oben erhellt wird. Der Eingang zu dieser spektakulären Kammer wird von zwei Zivilmandarinen (auf der linken Seite) und zwei Militärmandarinen (auf der rechten Seite) bewacht.

In der Höhle verteilen sich buddhistische und konfuzianische Schreine. Man beachte auch die in Steinmauern geritzten Inschriften. Durch eine Tür auf der rechten Seite kommt man zu einer Kaverne mit zwei Stalaktiten – während des Vietnamkriegs nutzte der Vietcong sie als Feldlazarett. Eine Gedenktafel erinnert an eine Truppe der Frauenartillerie, die 1972 von einer Basis unterhalb der Berge 19 US-Flugzeuge abschoss.

Zurück auf dem Hauptweg steht links neben dem gemauerten Tor die Tam-Thai-Tu-Pagode. Über einen Pfad schräg nach rechts erreicht man die Wohnbereiche der Mönche. Die Treppe linker Hand führt zum Vong Giang Dai, von wo sich ein fantastischer Ausblick auf die anderen Marmorberge bietet.

Für Erkundungstouren durch die Höhlen ist eine Taschenlampe praktisch, aber nicht unbedingt notwendig. Obwohl der Weg nach oben einen angenehmen Steigungsgrad hat, sollte man das erste Teilstück des tatsächlichen Anstiegs nicht unterschätzen.

Lokale Busse zwischen Da Nang und Hoi An (18 000 VND) lassen Fahrgäste an den Marmorbergen 10 km südlich von Da Nang aussteigen.

CHINA BEACH
Wegen der gleichnamigen TV-Serie wird China Beach immer mit hübschen jungen Militärkrankenschwestern in Verbindung gebracht, die sich zu *Paint It Black* von den Rolling Stones über ihr Liebesleben beklagen. Der 30 km lange, schöne weiße Sandstreifen, der sich vom Monkey Mountain bis Hoi An erstreckt, erhielt seinen Namen von den Amerikanern im Vietnamkrieg. Am besten kannten diese den Strandbereich in der Nähe Da Nangs, wo Soldaten aus aller Welt ihren Erholungsurlaub verbrachten. Für einige war ein Picknick hier die letzte Mahlzeit, bevor sie in den Kampf zurückkehrten.

Die Vietnamesen haben verschiedene Namen für die einzelnen Strandabschnitte, darunter My Khe, My An, Non Nuoc, An Bang und Cua Dai. My Khe im äußersten Norden ist inzwischen ein Vorort von Da Nang, während Cua Dai ganz im Süden zu Hoi An gehört. Das Gebiet dazwischen dominieren das Raffles und das Hyatt sowie andere Fünf-Sterne-Hotels, zudem ist durch den Bau schicker Strandresorts nur noch ein äußerst überschaubarer Teil des Strandes öffentlich zugänglich. Woher man später die Gäste für all diese Luxustempel nehmen will, steht auf einem anderen Blatt.

Die Zeit zwischen Mai und Juli bietet sich zum Schwimmen an, denn dann ist das Meer am ruhigsten. In anderen Monaten kann die See ziemlich rau werden. Vorsicht: Rettungsschwimmer bewachen nur einige Abschnitte des Strandes.

Von Mitte September bis Dezember kommen Sportler in den Genuss hervorragender hoher Wellen; besonders morgens sind die Windbedingungen ideal.

◉ Sehenswertes & Aktivitäten

My Khe STRAND

Allmählich wird My Khe direkt auf der anderen Seite der Song-Han-Brücke (10 000 VND mit dem *xe om*) zu Da Nangs östlichstem Vorort. Frühmorgens und abends füllt sich der Strand mit Stadtbewohnern, die Tai-Chi trainieren. Touristen kommen oft dann, wenn die Sonne so richtig schön knallt, während Einheimische erst in den Abendstunden auftauchen. Trotz seiner Beliebtheit bevölkern noch keine umherstreifenden Verkäufer den Sandstreifen. Das Einzige, was einem hier vielleicht aufgeschwatzt wird, sind Liegestühle (15 000 VND).

Vor allem im Winter entwickelt das Wasser einen recht gefährlichen Sog. Durch die geschützte Lage am Nui Son Tra ist es jedoch trotzdem sicherer als irgendwo sonst am China Beach.

My An & Non Nuoc STRÄNDE

Der mittlere Abschnitt des China Beach ist größtenteils für den Bau neuer Resorts vorgesehen, aber es gibt bereits ein paar Hotels, sodass man dem Wochenendtrubel am My-Khe-Strand entgehen kann. Im **Da Boys Surf Shop** (www.daboyssurf.com; Furama Resort, 68 Ð Ho Xuong Huong, My An) bekommt man hochwertige Surfbretter, Bodyboards sowie Paddleboards und kann Surfunterricht nehmen.

🛏 Schlafen & Essen

Am Strand gibt's keine Unterkünfte, doch alle folgenden Einrichtungen sind nur ein kurzes Stück vom Meer entfernt. Die Einwohner kommen wegen der leckeren Fischgerichte und des frischen Windes her.

LP TIPP **Eena Hotel** HOTEL $

(222 5123; www.geocities.jp/eenahotel; Khu An Cu 3, My Khe; EZ/DZ/2BZ 14/19/24 US$; ❄@⚡) Das Minihotel in japanischem Besitz wartet mit einem erstaunlichen Preis-Leistungs-Verhältnis auf und hat makellos saubere, geräumige weiße Zimmer mit festen Betten. Einige bieten einen Blick aufs Meer oder auf die Berge. Außerdem gibt's einen Lift, schnelles WLAN, freundliches Personal, das Englisch spricht, und ein gutes kostenloses Frühstück (japanisch, vietnamesisch oder westlich).

Jimmy Hotel HOTEL $$

(394 5888; www.jimmyhoteldanang.com.vn; Lot F 18, An Cu 3, My Khe; EZ 22 US$, DZ 33–40 US$; ❄@⚡) Hinter dem kitschigen Foyer dieses Hotels befinden sich 30 ordentliche, wenn auch gewöhnliche Zimmer mit Flachbildfernsehern, Minibars und En-Suite-Bädern – entweder mit einer noblen Duscheinheit oder einer Wanne.

Fusion Maia HOTEL $$$

(396 7999; www.fusionmaiadanang.com; Ð Truong Sa, Khue-My-Strand; Suite/Villa ab 305/520 US$; ❄@⚡≋) Dieses verlockende neue, moderne Hotel direkt am Strand punktet mit einer herausragenden Wellnesszone, in der alle Gäste jederzeit und unbegrenzt Behandlungen in Anspruch nehmen können. Es handelt sich um eines der beeindruckendsten Spas in ganz Asien mit 16 Behandlungszimmern, Saunas und Dampfräumen rund um einen hofähnlichen Garten samt einem künstlichen Wasserfall. Auch die Suiten und Villen dürften niemanden enttäuschen. Sie sind minimalistisch gestaltet und mit Privatpools, iPods sowie Espressomaschinen ausgestattet. Komplettiert wird das Ganze durch aufmerksame Gesten, z. B. gibt's den ganzen Tag über Frühstück.

Hoa's Place PENSION $

(396 9216; hoasplace@hotmail.com; 215/14 Ð Huyen Tran Cong Chua, My-An-Strand; Zi. 8 U$) Ein ausgesprochen gastfreundlicher Besitzer, der tolles Essen kocht, und die gesellige Atmosphäre sind die größten Pluspunkte von Hoa's Place, einer schlichten Pension unweit vom Strand. Auf der Minusseite stehen kahle Zimmer mit hauchdünnen Matratzen. Bevor man herkommt, sollte man sich telefonisch nach der aktuellen Lage erkundigen, denn aufgrund der Pläne für den Bau von Resorts könnte das Hoa's bald schließen.

Van Xuan FISCH & MEERESFRÜCHTE $

(233a Ð Nguyen Van Thoai, My Khe; Gerichte 25 000–125 000 VND; ⊘mittags & abends) In schöner Gartenlage werden leckere Fischgerichte, Meeresfrüchte und sogar Krokodil kredenzt, außerdem gibt's Five Mountains Beer aus der hauseigenen Kleinbrauerei.

ℹ Anreise & Unterwegs vor Ort

Der My-Khe-Strand ist nur 3 km vom Zentrum Da Nangs entfernt. Mit dem *xe om* kostet die Fahrt dorthin 20 000 VND, mit dem Taxi 35 000 VND.

Hoi An

📞 0510 / 131 000 EW.

Das hübsche, geschichtsträchtige Hoi An ist die stimmungsvollste und bezauberndste Stadt Vietnams. Einst ein bedeutender Hafen, betört sie heute mit grandioser Architektur und einer wunderbaren Lage am Fluss. Von den Übeln des 21. Jhs., Verkehr und Luftverschmutzung, bleibt Hoi An fast gänzlich verschont. Ob man nun einen Tag oder einen Monat in der Stadt verweilt – die Zeit lohnt sich in jedem Fall.

Die entspannte, provinziell anmutende Atmosphäre und den bemerkenswert harmonischen Charakter der Altstadt hat Hoi An mehr dem Glück als guter Stadtplanung zu verdanken. Wäre der Thu-Bon-Fluss nicht im späten 20. Jh. versandet, sodass Schiffe den Hafen nicht mehr erreichen konnten, dann sähe es hier heute sicher ganz anders aus. Ein Jahrhundert lang schrumpften Hoi Ans Anziehungskraft und Bedeutung, bis sich das Blatt in den 1990er-Jahren plötzlich wendete und ein Tourismusboom die lokale Wirtschaft völlig veränderte. Heute ist die Stadt wieder ein kosmopolitischer Schmelztiegel, einer der reichsten Orte des Landes, ein kulinarisches Mekka und eines der wichtigsten touristischen Zentren Vietnams.

Diese glückliche Wendung hat den Charakter der Altstadt und ihr erstaunliches Erbe wackliger japanischer Handelshäuser, chinesischer Tempel und alter Teelager bewahrt. Allerdings mussten die Einwohner und Reisfelder nach und nach der Tourismusindustrie weichen. Inzwischen wird das Bild nicht unwesentlich von Lounge-Bars, Boutique-Hotels, Reisebüros und viel zu vielen Schneiderläden bestimmt. Trotzdem hat sich das Leben unten am Markt oder auf der An-Hoi-Halbinsel und der Cam-Nam-Insel in der Umgebung kaum verändert. Nur wenige Kilometer entfernt – erreichbar auf großartigen Fahrrad-, Motorrad- und Bootstouren – warten die einladendsten, idyllischsten Landschaften und Strände von Zentralvietnam.

Geschichte

2200 Jahre alte Keramikfragmente sind der früheste Hinweis für eine menschliche Besiedlung der Region. Sie werden der Sa-Huynh-Kultur aus der späten Eisenzeit zugeschrieben, die mit Nordvietnams Dong-Son-Kultur verwandt ist. Vom 2. bis zum 10. Jh. n. Chr. befand sich hier ein geschäftiger Hafen des Champa-Königreichs. Archäologen entdeckten in der Umgebung Fundamente zahlreicher Cham-Türme.

1307 heiratete der Cham-König eine vietnamesische Prinzessin und übergab die Quang-Nam-Provinz als Geschenk. Als sein Nachfolger sich weigerte, diese Vereinbarung anzuerkennen, brach ein Krieg aus und ein Jahrhundert lang regierte das Chaos. Zu Beginn des 15. Jhs. war der Friede wiederhergestellt, und es konnte erneut Handel getrieben werden. In den folgenden 400 Jahren gehörte Hoi An – unter Händlern aus dem Westen auch Faifoo genannt – zu den wichtigsten internationalen Hafenstädten Südostasiens. Chinesische, japanische, holländische, portugiesische, indische, philippinische, indonesische, thailändische, französische, britische und amerikanische Schiffe verkehrten hier, und die Lagerhäuser der Stadt waren bis oben gefüllt mit Schätzen aus dem Orient: hochwertige Seide, für die diese Gegend berühmt ist, sowie farbige Stoffe, Papier, Porzellan, Tee, Zucker, Melasse, Betelnüsse, Pfeffer, chinesische Heilkräuter, Elefantenzähne, Bienenwachs, Perlmutt, Lack, Schwefel und Blei.

Spuren hinterließen insbesondere Händler aus China und Japan. Sie kamen, von Monsunwinden in Richtung Süden getrieben, in den Frühlingsmonaten und blieben bis zum Sommer in Hoi An, dann erleichterten ihnen Winde aus dem Süden die Heimreise. Während ihrer viermonatigen Aufenthalte mieteten die Kaufleute Lagerhäuser am Seeufer oder ganze Wohnviertel. Einige begannen, ganzjährig Vertreter in Hoi An zu beschäftigen, die sich auch in der Nebensaison um die Geschäfte kümmerten.

Nachdem die japanische Regierung alle Kontakte zur Außenwelt verboten hatte, kamen nach 1637 keine Japaner mehr. Die Chinesen blieben jedoch. Ihre Versammlungs-

> **WASSERWELT**
>
> Aufgrund seiner flussnahen Lage ist Hoi An während der Regenzeit im Oktober und November besonders anfällig für Überschwemmungen. Direkt am Fluss gelegene Stadtteile stehen zeitweise 1 m unter Wasser und Taifune lassen das Hochwasser gelegentlich auf mehr als 2 m ansteigen. 2006 und 2007 erlebte die Stadt ein paar der schlimmsten Überschwemmungen ihrer Geschichte.

Hoi An

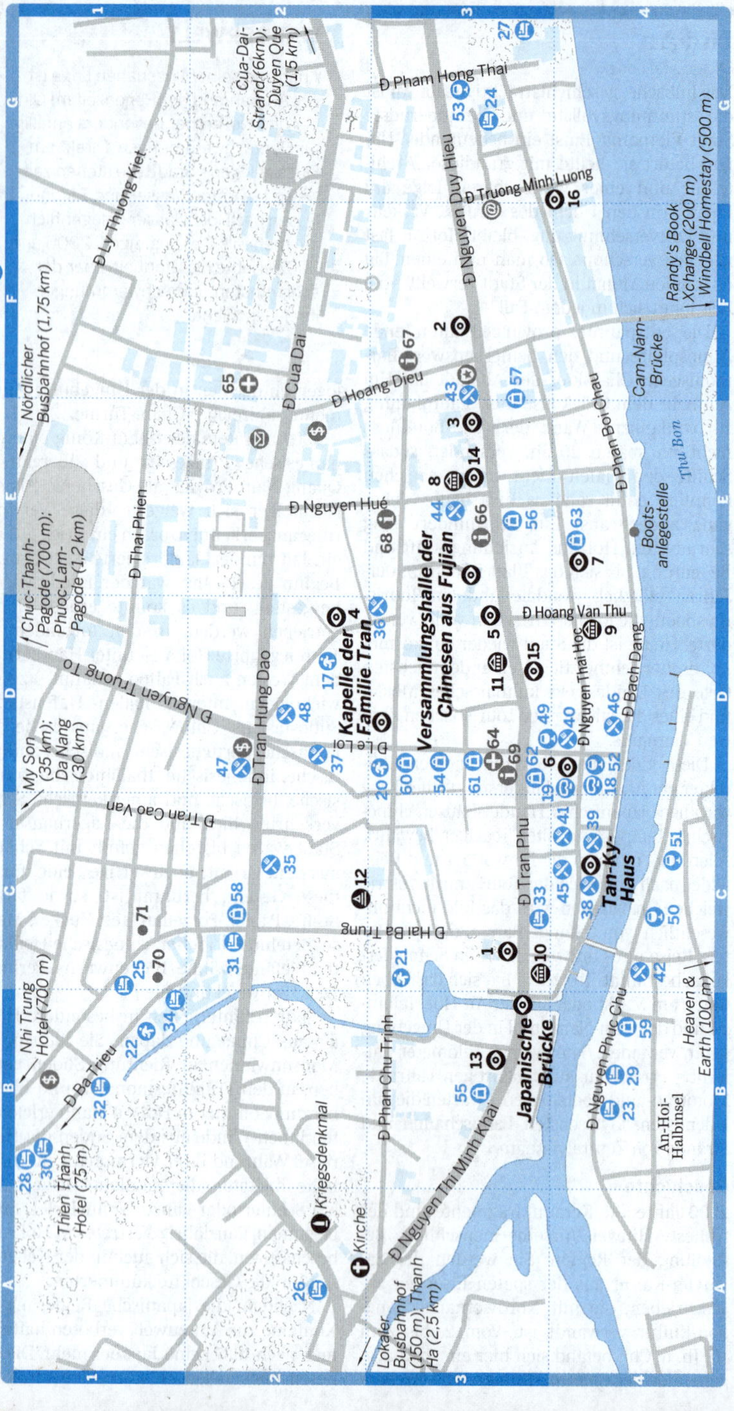

200 m
Đ Ly Thuong Kiet
Cua-Dai-Strand (6km); Duyen Que (1,5 km)
Đ Pham Hong Thai
Đ Nguyen Duy Hieu
Đ Truong Minh Luong
Randy's Book Xchange (200 m)
Windbell Homestay (500 m)
Nördlicher Busbahnhof (1,75 km)
Đ Cua Dai
Đ Hoang Dieu
Cam-Nam-Brücke
Thu Bon
Đ Phan Boi Chau
Đ Nguyen Hué
Đ Thai Phien
Chuc-Thanh-Pagode (700 m); Phuoc-Lam-Pagode (1,2 km)
Versammlungshalle der Chinesen aus Fujian
Bootsanlegestelle
Kapelle der Familie Tran
Đ Hoang Van Thu
Đ Nguyen Truong To
Đ Tran Hung Dao
Đ Le Loi
Đ Nguyen Thai Hoc
Đ Bach Dang
My Son (35 km); Da Nang (30 km)
Đ Tran Cao Van
Đ Tran Phu
Tan-Ky-Haus
Đ Hai Ba Trung
Nhi Trung Hotel (700 m)
Japanische Brücke
Heaven & Earth (100 m)
Đ Phan Chu Trinh
Đ Ba Trieu
Đ Nguyen Phuc Chu
An-Hoi-Halbinsel
Kriegsdenkmal
Thien Thanh Hotel (75 m)
Kirche
Đ Nguyen Thi Minh Khai
Lokaler Busbahnhof (150 m); Thanh Ha (2,5 km)

Hoi An

◉ Highlights
Versammlungshalle der Chinesen aus Fujian	E3
Japanische Brücke	B3
Tan-Ky-Haus	C4
Kapelle der Familie Tran	D3

◉ Sehenswertes
1. Versammlungshalle der Chinesen aus Kanton C3
2. Versammlungshalle der Chinesen aus Chaozhou F3
3. Versammlungshalle der Chinesen aus Hainan E3
4. Ba-Le-Brunnen D2
5. Versammlungshalle der chinesischen Gemeinden D3
   Conkhi-Cocktailkurse .... (siehe 19)
6. Diep-Dong-Nguyen-Haus D4
7. Werkstatt für Kunsthandwerk ... E4
8. Hoi-An-Museum für Geschichte & Kultur E3
9. Volkskundemuseum in Hoi An .. D4
10. Museum der Sa-Huynh-Kultur & Revolutionsmuseum C3
11. Keramikmuseum D3
12. Phac-Hat-Pagode C2
13. Ehemaliges Haus von Phun Hung ... B3
14. Quan-Cong-Tempel E3
15. Quan-Thang-Haus D3
16. Tran-Duong-Haus G4

● Aktivitäten, Kurse & Touren
Active Adventures .... (siehe 20)
17. Ba Le Beauty Salon D2
18. Blue Coral Diving D4
19. Cham Island Diving Center D4
20. Hoi An Motorbike Adventures ... D3
    Life Spa .... (siehe 27)
21. Love of Life C3
    Morning-Glory-Kochschule ...... (siehe 45)
22. Palmarosa B1

◉ Schlafen
23. An Hoi Hotel B4
24. Ha An Hotel G3
25. Hoa Binh Hotel C1
26. Hoang Trinh Hotel A2
27. Life Heritage Resort G3
28. Long Life Hotel B1
29. Long Life Riverside B4
30. Phuong Dong Hotel B1
31. Thanh Van Hotel C2
32. Thien Nga Hotel B1
33. Vinh Hung 1 Hotel C3
34. Vinh Hung 3 Hotel B1

◉ Essen
35. Alfresco's C2
36. Bale Well D3
37. Bobo Café D2
38. Cargo Club C4
39. Casa Verde C4
40. Gourmet Garden D4
41. Hai Café C4
42. Mango Mango C4
43. Mermaid Restaurant F3
44. Miss Ly Cafeteria 22 .... E3
45. Morning Glory Street Food Restaurant C4
46. Phone Café D4
47. Shree Ganesh Indian Restaurant D2
48. White Sail D2

◉ Ausgehen
49. Before & Now D3
    Dive Bar .... (siehe 19)
    Q Bar .... (siehe 19)
50. River Lounge C4
51. Sun Bar C4
52. White Marble D4
53. Why Not? G3

◉ Shoppen
54. A Dong Silk D3
55. Kunstgalerien B3
    Avana .... (siehe 40)
56. B'lan E3
57. Stoffmarkt F3
58. Kimmy C2
59. Long Life Silk B4
    Lotus Jewellery .... (siehe 41)
60. Mosaique Decoration D3
    Reaching Out .... (siehe 38)
61. Thu Thuy D3
62. Tuoi Ngoc D3
63. Yaly E4

◉ Praktisches
64. Praxis von Dr. Ho Huu Phuoc .. D3
65. Krankenhaus F2
66. Infostand in der Altstadt E3
67. Infostand in der Altstadt F3
68. Infostand in der Altstadt E3
69. Infostand in der Altstadt D3
70. Rose Travel Service C1
71. Sinh Tourist C1

häuser in der Stadt spielen bis heute eine bedeutende Rolle für die Auswanderer, die für gemeindeübergreifende Feste aus der gesamten Region nach Hoi An strömen.

Vietnam kam hier außerdem erstmals mit dem Christentum in Berührung. Zu den Missionaren des 17. Jhs. gehörte der Priester Alexandre de Rhodes. Er entwickelte die auf dem Lateinischen basierende *quoc-ngu*-Schrift für die vietnamesische Sprache.

Während der Tay-Son-Rebellion wurde Hoi An fast völlig zerstört. Nach dem Wiederaufbau diente es weiterhin als bedeutender Handelshafen für ausländische Waren. Im späten 19. Jh. versandete allerdings der Thu-Bon-Fluss. Daraufhin errang Da Nang (Tourane) den Status als wichtigster Hafenort der Region.

In der französischen Kolonialzeit war Hoi An ein Verwaltungszentrum. Während des Kriegs blieb die Stadt dank der Kooperation mit beiden Seiten fast unversehrt. 1999 erklärte die Unesco sie zur Welterbestätte, deshalb sorgen mittlerweile strenge Regeln für den Schutz des einzigartigen Erbes.

◉ Sehenswertes

Auf Anordnung der Unesco wurden über 800 historische Gebäude in Hoi An restauriert, daher sieht ein großer Teil der **Altstadt** (www.hoianworldheritage.org.vn; Tickets 90 000 VND) noch genauso aus wie Hunderte von Jahren zuvor.

Chinesische Einwanderer, die sich hier niederließen, identifizierten sich ebenso wie ihre Landsleute in anderen Teilen Asiens mit der jeweiligen Provinz, aus der sie kamen. Jede Gemeinde errichtete eine eigene *hoi quan* (Versammlungshalle), in der Zusammenkünfte und Feiern stattfanden.

In allen alten Gebäuden außer dem Diep-Dong-Nguyen-Haus und dem Quan-Thang-Haus werden kurze Führungen angeboten. Bei diesen effizienten, aber etwas oberflächlichen Touren sitzen die Besucher auf schweren Holzstühlen, dann rattert der Führer eine sorgfältig vorbereitete Beschreibung des Hauses herunter und versucht dabei gleich noch, ein paar Souvenirs an den Mann zu bringen. Anschließend kann jeder das Haus selbst besichtigen.

Leider sind die alten Bauwerke nicht mehr wie früher vom Leben ihrer Bewohner erfüllt, sondern wirken einsam und fast wie Museen, denn die Familien gehen neugierigen Blicken aus dem Weg. Auch große Reisegruppen können den intimen Charakter des Besuchs komplett verderben, wenn sie sich um gute Plätze zum Fotografieren drängeln. Sie bleiben jedoch immer nur kurz, darum lohnt es sich, etwas später zurückzukommen und das Gebäude nun ganz in Ruhe zu genießen.

Die vier kleinen Museen der Stadt präsentieren schlichte Ausstellungen, die nur mit den wichtigsten Infos ausgestattet sind.

18 Bauten sind für Besucher geöffnet, für alle benötigt man ein Altstadtticket. Das Eintrittsgeld wird in Instandhaltungsmaßnahmen investiert. Tickets bekommt man bei den vier Touristeninformationsständen, allerdings muss man sich erst einen Überblick über das etwas unübersichtliche Tarifsystem verschaffen. Mit jeder Eintrittskarte kann man fünf verschiedene Sehenswürdigkeiten besichtigen: Museen, Versammlungshallen, alte Häuser und eine traditionelle Musikvorführung in der Werkstatt für Kunsthandwerk. Die Tickets sind drei Tage gültig.

Fast alle Häuser sind sehr gewissenhaft beim Einsammeln der Ticketabschnitte, deshalb bleibt zu hoffen, dass das Geld tatsächlich in Restaurierung und Erhaltung investiert wird. Zur Mittagszeit schließen viele Gebäude und Hallen, aber die Museen haben durchgängig geöffnet.

Trotz der vielen Touristen ist Hoi An eine konservative Stadt. Traveller sollten auf angemessene Kleidung achten, insbesondere da einige der historischen Gebäude nach wie vor bewohnt werden.

GRATIS Überdachte japanische Brücke
BRÜCKE

(Cau Nhat Ban) Das schöne kleine Bauwerk gilt als modernes Wahrzeichen Hoi Ans.

An dieser Stelle wurde bereits in den 1590er-Jahren von der japanischen Gemeinde der Stadt eine Brücke errichtet, um damit eine Verbindung zu den chinesischen Vierteln am anderen Flussufer zu schaffen. Aus Furcht vor Erdbeben war sie solide gebaut. Jahrhundertelang hielt man sich bei den Verzierungen an das originale dezente japanische Design. Nachdem die Franzosen den Fahrweg der Brücke geebnet hatten, damit sie mit ihren Autos darüberfahren konnten, wurde 1986 die ursprünglich gewölbte Form wiederhergestellt.

Verwitterte Statuen bewachen den Eingang, zwei Affen auf der einen und zwei Hunde auf der anderen Seite. Angeblich wurden diese Tiere verehrt, weil viele japanische Kaiser im Jahr des Hundes oder des Affen geboren wurden. Einer anderen Version der Geschichte zufolge begann der

Brückenbau im Jahr des Affen und endete im Jahr des Hundes. Die Säulen tragen Namen aller vietnamesischen und chinesischen Sponsoren für die laufenden Restaurierungsarbeiten. Weil die *nom*-Schrift damals in dieser Gegend noch nicht beliebt war, sind diese in *chu nho* (chinesische Zeichen) verfasst.

Der Zugang zur japanischen Brücke ist kostenlos, aber man benötigt das Altstadtticket, um den kleinen, nicht besonders beeindruckenden **Tempel** (Chua Cau; Eintritt mit Altstadtticket) an der Nordseite des Bauwerks zu besuchen. Einer Legende nach lebte hier einst ein riesiges Monster namens Cu. Sein Kopf befand sich in Indien, sein Schwanz in Japan und sein Körper in Vietnam. Immer wenn es sich bewegte, kam es im Land zu furchtbaren Katastrophen. Um das Monster zu töten, baute man die Brücke über seinem schwächsten Punkt. Ihre scharfen Pfeiler durchbohrten sein Herz, doch die Bewohner von Hoi An hatten Mitleid und errichteten den Tempel, wo sie für seine Seele beteten. Über dem Tempeltor steht der Name, den die Brücke 1719 erhielt, Lai Vien Kieu (Brücke für Passanten aus der Ferne), der sich allerdings nie durchsetzen konnte.

Versammlungshalle der Chinesen aus Fujian
TEMPEL

(Phuc Kien Hoi Quan; gegenüber von der 35 Ð Tran Phu; Eintritt mit Altstadtticket; ☉7–17.30 Uhr) Einst eine traditionelle Versammlungshalle, wurde dieses Gebäude später zu einem Tempel umfunktioniert, der Thien Hau, einer Göttin aus der Provinz Fujian, gewidmet ist. Das kitschige, grün gekachelte dreifache Tor stammt aus dem Jahr 1975.

An der rechten Seite zeigt ein Wandbild Thien Hau. Laternen erleuchten ihren Weg über die stürmische See; sie eilt herbei, um ein sinkendes Schiff zu retten. An der Wand gegenüber sind die Oberhäupter der sechs Familien aus Fujian abgebildet, die im 17. Jh. nach dem Sturz der Ming-Dynastie aus China nach Hoi An flohen.

Der vorletzte Raum beherbergt eine Statue von Thien Hau. Rechts und links des Eingangs stehen zwei Gottheiten, der rothäutige Thuan Phong Nhi und der grünhäutige Thien Ly Nhan. Sie warnen Seeleute in Not geraten, wenn Seeleute in Not geraten.

Auf dem Hauptaltar im letzten Raum sitzen die Oberhäupter der sechs Familien aus Fujian. Kleinere Figuren darunter repräsentieren ihre Nachfolger als Stammesführer. Rechter Hand hinter dem Altar sieht man drei Feen und kleinere Figuren. Sie zeigen die zwölf *ba mu* (Mittelfrauen). Jede von ihnen lehrt Neugeborenen eine andere Fähigkeit, die man im ersten Lebensjahr braucht, z. B. das Saugen. Kinderlose Paare beten hier für Nachwuchs und bringen frisches Obst als Opfergabe dar.

Tan-Ky-Haus
HISTORISCHES GEBÄUDE

(101 Ð Nguyen Thai Hoc; Eintritt mit Altstadtticket; ☉8–12 & 14–16.30 Uhr) Das vor etwa 200 Jahren für einen wohlhabenden vietnamesischen Händler errichtete Haus wurde von sieben Generationen derselben Familie liebevoll erhalten. Nicht erschrecken: In der Eingangshalle blickt eine Matriarchin mit gestrengem Blicke aus einem Gemälde auf die Besucher hinab. Das Gebäude ist ein echtes Schmuckstück und einen Besuch unbedingt wert.

Im Architekturstil lassen sich japanische und chinesische Einflüsse erkennen. Zu den japanischen Elementen zählt die Decke im Sitzbereich, die von drei Pfeilern getragen wird. Vergleichbare Träger sieht man im Salon. Unter dem Dach aus Krabbenschalen sind Schnitzereien mit gekreuzten Säbeln und Seidenbändern zu entdecken. Die Säbel symbolisieren Kraft, die Seide Geschmeidigkeit.

Kunstvolle Details schmücken das Innere des Hauses. Perlmutt-Intarsien mit chinesischen Gedichten hängen an einigen der Säulen; die Schriftzeichen auf den 150 Jahre alten Tafeln haben die Form von Vögeln in verschiedenen anmutigen Flugpositionen.

Der Hof hatte mehrere Funktionen. Er ließ Licht und Luft herein und brachte einen Hauch Natur ins Haus; außerdem konnte man Regenwasser sammeln und Abwasser entsorgen. Die Holzpfeiler des Balkons, der sich rund um den Hof erstreckt, zieren Weinlaubschnitzereien. Es handelt sich dabei um einen europäischen „Import" – ein Zeichen für die kulturellen Vermischungen in Hoi An.

Früher wurde der hintere Gebäudeteil am Fluss an ausländische Händler vermietet. An einer Wand sind verschiedene Hochwassermarken vermerkt, darunter die Rekordflut von 1964, bei der fast das gesamte Erdgeschoss überschwemmt wurde, sowie eine 2 m hohe Markierung von 2007. An einem Balken im Lagerhaus hängen zwei Flaschenzüge, die für den Transport von Waren in den Speicher verwendet wurden und heute dazu dienen, bei Hochwasser die Möbel in Sicherheit zu bringen.

EIN BLICK AUF HOI ANS HÄUSER

Hoi Ans historische Gebäude haben nicht nur die Kriege des 20. Jhs. überstanden, sondern weisen auch Elemente traditioneller Architektur auf, die man heute nur noch selten sieht. Wie seit Jahrhunderten üblich, sind einige Ladenfronten nachts mit Querbalken gesichert. Sie liegen in Aushöhlungen der dachtragenden Säulen.

Die Dächer bestehen oft aus Tausenden farbigen *am*- und *duong*-Ziegeln (Yin & Yang), benannt nach den wechselnden Reihen konkaver und konvexer Kacheln, die sich ideal ergänzen. In der Regenzeit erwachen Flechten und Moose auf den Ziegeln zum Leben und lassen die Flächen in leuchtendem Grün erstrahlen.

Über dem Eingang einiger Häuser hängen runde Holzstücke. In deren Mitte befindet sich ein *am-duong*-Symbol, umgeben von einer Spiralzeichnung. Diese *mat cua* (Türaugen) sollen die Bewohner vor Leid beschützen.

Nicht nur einzelne Gebäude, sondern ganze Straßenzüge sind erhalten, insbesondere in der Gegend rund um die Đ Tran Phu und die Flusspromenade Đ Bach Dang. Im früheren französischen Viertel östlich der Cam-Nam-Brücke stößt man auf einen ganzen Block von Kolonnadenhäuser in dem für französische Kolonialvillen typischen Senfgelb.

Hoi Ans historische Bauwerke werden nach und nach und mit viel Sorgfalt restauriert und die hässlichen Stromleitungen langsam, aber sicher unter die Erde verlegt. Alte Gebäude dürfen nur mit einer Lizenz restauriert werden, damit Modernisierungsmaßnahmen im Rahmen bleiben. Auch für die Farben der Häuser und für die Schilder, die benutzt werden dürfen, gelten strenge Regeln.

Das Dach ist mit Ziegeln gedeckt, im Innern bestehen die Decken aus Holz. So blieb es im Sommer kühl und im Winter warm.

Kapelle der Familie Tran
HISTORISCHES GEBÄUDE

(21 Đ Le Loi; Eintritt mit Altstadtticket; ⊘ 7.30–12 & 14–17.30 Uhr) Die 1802 errichtete Kapelle diente der Verehrung verstorbener Familienangehöriger. Auftraggeber war Tran Tu, Abkömmling des Tran-Clans, der in den Rang eines Mandarins aufstieg und eine Zeit lang Botschafter von China war. Sein Bild hängt rechts von dem Gebäude, das chinesische (ein Dach im „Schildkröten-Stil"), japanische (dreifache Balken) und einheimische (die Pfeil-und-Bogen-Verzierungen) Einflüsse aufweist. Der Haupteingang ist den Toten vorbehalten. Geöffnet wird er nur an Tet und am 11. November, dem Geburtstag des Ahnherrn. Traditionell betraten Frauen die Kapelle von links und Männer von rechts, aber heute wird kein Unterschied mehr gemacht.

Einst bargen die Holzkisten auf dem Altar Steintafeln mit Informationen über die Verstorbenen der Tran-Familie. Die fein gemeißelten chinesischen Schriftzeichen gaben die Geburts- und Todesdaten und andere Fakten zur Person an. Jährt sich der Todestag eines Familienmitglieds, wird die entsprechende Kiste geöffnet. Dann verbrennt man Weihrauch und opfert Essen.

Im kleinen Garten wurde die Nachgeburt der Neugeborenen begraben, was verhindern sollte, dass Geschwister gegeneinander kämpfen. Dieses Ritual praktiziert man allerdings seit etwa 20 Jahren nicht mehr.

Nach einer kurzen Führung werden Besucher in den „antiken" Raum gebracht, in dem Münzen verkauft werden, außerdem gibt's ein Seitenzimmer voller Souvenirs.

Quan-Cong-Tempel
TEMPEL

(Chua Ong; 24 Đ Tran Phu; Eintritt mit Altstadtticket) Dieser 1653 gegründete kleine Tempel ist Quan Cong gewidmet, dem chinesischen General, der als Sinnbild für Loyalität, Ehrlichkeit, Integrität und Gerechtigkeit verehrt wird. Seine teilweise vergoldete Statue aus Pappmaschè steht auf einem Holzrahmen im zentralen Altarraum, dem hinteren Teil des Heiligtums. Leistet jemand dem würdevoll dreinblickenden Quan Gong eine Opfergabe, schlägt ein Wächter feierlich auf eine Schale aus Bronze, woraufhin ein glockenähnliches Geräusch ertönt.

Links neben Quan Cong erblickt man die Statue des Generals Chau Xuong, einer seiner Leibwächter, in Pose eines harten Kerls. Rechts gibt sich der schlichte Verwaltungsmandarin Quan Binh eher bescheiden. Das lebensgroße weiße Pferd erinnert an das Tier, das Quan Cong ritt.

Man beachte die karpfenförmigen Wasserspeier am Dach um den Innenhof: Dieser

Fisch ist in der chinesischen Mythologie ein Symbol für Geduld und in Hoi An beliebt.

Wer die Plattform vor der Statue Quan Congs betritt, sollte seine Schuhe ausziehen.

Phuoc-Lam-Pagode
PAGODE

(Thon 2a, Cam Ha; ⊙8–17 Uhr) Mitte des 17. Jhs. wurde diese Pagode erbaut und Ende des Jahrhunderts von An Thiem geleitet, einem vietnamesischen Wunderkind, das schon mit acht Jahren Mönch geworden war. Als er 18 Jahre alt war, wollte der König seine Brüder als Soldaten einziehen, um einen Aufstand niederzuschlagen. An Thiem bot sich an, an ihrer Stelle in der Armee einzutreten, und stieg schließlich zum General auf. Nach dem Krieg wurde er wieder Mönch, fühlte sich jedoch schuldig wegen der vielen Menschen, die er getötet hatte. Um für seine Sünden zu büßen, fegte er freiwillig 20 Jahre lang den Marktplatz von Hoi An, danach wurde er Vorsteher der Pagode.

Das Gebäude liegt 500 m hinter der Chuc-Thanh-Pagode. Der Weg dorthin führt an einem Obelisk vorbei, der über dem Grab von 13 Chinesen errichtet wurde. Während des Zweiten Weltkriegs wurden diese von Japanern hingerichtet, weil sie im Widerstand aktiv waren.

Keramikmuseum
MUSEUM

(80 Ð Tran Phu; Eintritt mit Altstadtticket; ⊙7–17.30 Uhr) In dem einfachen, restaurierten Holzhaus sind Ausstellungsstücke aus ganz Asien zu sehen, zudem stammen einige Exponate aus dem weit entfernten Ägypten – ein Verweis auf Hoi Ans beeindruckendes Handelsnetz in vergangenen Zeiten. Allerdings wissen wohl nur Fachleute die Artefakte zu schätzen. Immerhin gibt die kleine Ausstellung über die Restaurierung historischer Gebäude einen interessanten Crashkurs zur Architektur der Altstadt.

GRATIS Versammlungshalle der chinesischen Gemeinden
HISTORISCHES GEBÄUDE

(Chua Ba; 64 Ð Tran Phu; ⊙8–17 Uhr) Die 1773 errichtete Versammlungshalle wurden von Hoi Ans Kongregationen aus Fujian, Kanton, Hainan, Chaozhou und Hakka genutzt. Auf der rechten Seite hängen Porträts von chinesischen Widerstandskämpfern in Vietnam, die im Zweiten Weltkrieg ums Leben kamen. Mit seinen großen qualmenden Räucherspiralen, den dämonisch wirkenden Gottheiten und Drachen und dem üppig aufgetragenen roten Lack ist der schön restaurierte und Thien Hau gewidmete Haupttempel ein regelrechter Angriff auf die Sinne.

Versammlungshalle der Chinesen aus Chaozhou
HISTORISCHES GEBÄUDE

(Trieu Chau Hoi Quan; gegenüber von der 157 Ð Nguyen Duy Hieu; Eintritt mit Altstadtticket; ⊙8–17 Uhr) Absolutes Highlight dieser 1752 erbauten Versammlungshalle sind die schimmernden, äußerst kunstvoll gearbeiteten Holzschnitzarbeiten, die Balken, Wände und den Altar zieren. Hier kann man sich stundenlang in Geschichten verlieren, die durch die Wandbilder erzählt werden. Wer nicht ganz so viel Zeit hat, sollte sich auf jeden Fall die Schnitzereien an den Türen gegenüber vom Altar ansehen. Sie zeigen zwei chinesische Frauen mit japanischen Frisuren.

Chuc-Thanh-Pagode
PAGODE

(Khu Vuc 7, Tan An; ⊙8–18 Uhr) Die 1454 von einem buddhistischen Mönch aus China gegründete Pagode ist die älteste in Hoi An. Unter den antiken rituellen Gegenständen, die noch verwendet werden, befinden sich mehrere Glocken, ein 200 Jahre alter Steingong und ein karpfenförmiger Holzgong, der angeblich noch älter ist.

Wer das Gebäude besichtigen möchte, geht bis zum nördlichen Ende der Ð Nguyen Truong To, biegt dann links ab und folgt der Gasse 500 m.

Werkstatt für Kunsthandwerk
KUNSTHANDWERK

(9 Ð Nguyen Thai Hoc; Eintritt mit Altstadtticket) In dieser Werkstatt kann man Künstlern bei der Herstellung von Seidenlaternen zusehen und im hinteren Bereich des 200 Jahre alten chinesischen Handelshauses selbst traditionelle Handarbeitstechniken wie Sticken erlernen. Vorne finden die typischen auf Touristen zugeschnittenen kulturellen Aufführungen mit traditionellen Sängern, Tänzern und Musikern statt (10.15 & 15.15 Uhr), die eine willkommene Abwechslung zum üblichen Besichtigungsprogramm sind.

Tran-Duong-Haus
HISTORISCHES GEBÄUDE

(25 Ð Phan Boi Chau; Eintritt 20 000 VND; ⊙9–18 Uhr) An der Ð Phan Boi Chau zwischen den Hausnummern 22 und 73 liegt ein ganzer Block französischer Kolonialvillen mit Säulen, darunter das Tran-Duong-Haus. In dem Gebäude fühlt man sich wie in einem Museum für antike chinesische und französische Möbel. Es gibt eine An-

richte und einen mit kunstvollen Einlegearbeiten aus Perlmutt bestückten Wohnraum. Einen echten Kontrast dazu bildet der große Holztisch im vorderen Raum, der als Familienbett dient.

Hoi-An-Museum für Geschichte & Kultur
MUSEUM
(7 Ð Nguyen Hue; Eintritt mit Altstadtticket; ⊗7–17.30 Uhr) In der Quan-Am-Pagode zeigt dieses Museum Exponate aus der Zeit vor und während der Cham-Kultur sowie aus der Periode, als Hoi An eine wichtige Hafenstadt war, z. B. gigantische Glocken, historische Fotos, alte Waagen und Gewichte sowie jede Menge Keramik.

Quan-Thang-Haus
HISTORISCHES GEBÄUDE
(77 Ð Tran Phu; Eintritt mit Altstadtticket; ⊗7–17 Uhr) Das 300 Jahre alte Haus mit japanischen und chinesischen Elementen wurde von einem chinesischen Kapitän errichtet. Die Teakholzwände der Zimmer rund um den Hof sind mit besonders feinen Schnitzereien verziert, die Pfauen und Blumen darstellen, ebenso wie die Dachbalken und die Stützen unter dem Krabbenschalendach im Salon neben dem Hof.

Versammlungshalle der Chinesen aus Kanton
HISTORISCHES GEBÄUDE
(Quang Trieu Hoi Quan; 176 Ð Tran Phu; Eintritt mit Altstadtticket; ⊗8–17 Uhr) 1786 wurde diese Versammlungshalle gegründet. Eine eindrucksvolle Mosaikstatue, die einen Drachen und einen Karpfen darstellt, schmückt die hohe Eingangshalle. Der Hauptaltar wurde Quan Cong geweiht. Im Garten dahinter steht eine noch beeindruckendere Drachenstatue.

GRATIS Versammlungshalle der Chinesen aus Hainan
HISTORISCHES GEBÄUDE
(Hai Nam Hoi Quan; 10 Ð Tran Phu; ⊗8–17 Uhr) Die 1851 erbaute Versammlungshalle ist eine Gedenkstätte für 108 Händler von der Hainan-Insel. Da man sie für Piraten hielt, wurden sie 1851 in der Quang-Nam-Provinz hingerichtet. An den kunstreichen Emporen befinden sich Gedenktafeln. Gegenüber dem Hauptaltar bildet eine fein vergoldete Holzschnitzerei chinesisches Hofleben ab.

Ehemaliges Haus von Phung Hung
HISTORISCHES HAUS
(4 Ð Nguyen Thi Minh Khai; Eintritt mit Altstadtticket; ⊗8–19 Uhr) Dieses alte Haus befindet sich nur ein paar Schritte von der Japanischen Brücke entfernt. Es besitzt eine einladende weite Eingangshalle, die von kunstvollen Laternen, Wandteppichen und Stickarbeiten geschmückt ist. Ebenfalls beeindruckend: der hängende Altar.

GRATIS Diep-Dong-Nguyen-Haus
HISTORISCHES HAUS
(58 Ð Nguyen Thai Hoc; ⊗8–12 & 14–16.30 Uhr) Das Diep-Dong-Nguyen-Haus wurde im späten 19. Jh. für einen wohlhabenden chinesischen Händler errichtet. Es ähnelt einer Apotheke aus längst vergangenen Zeiten. Im vorderen Raum wurde *thuoc bac* (chinesische Medizin) verkauft; die Medikamente lagerten in gläsernen Kästen an den Wänden.

Volkskundemuseum in Hoi An
MUSEUM
(33 Ð Nguyen Thai Hoc/62 Ð Bach Dang; Eintritt mit Altstadtticket; ⊗7–17.30 Uhr) In dem schrecklich verstaubten, 150 Jahre alten chinesischen Handelshaus geben Exponate Einblicke in Leben und Kultur der Einheimischen, doch nach einem roten Faden sucht man hier vergeblich. Vom oberen Stockwerk genießt man einen malerischen Ausblick auf den Fluss.

Phac-Hat-Pagode
PAGODE
(673 Ð Hai Ba Trung) Im riesigen Hof dieser Pagode mit einer farbenfrohen Fassade aus Keramiken und Wandbildern und einem kunstvollen Dach mit schlangenartigen Drachen befinden sich Hunderte Topfpflanzen und Bonsaibäume.

Museum der Sa-Huynh-Kultur & Revolutionsmuseum
MUSEUM
(149 Ð Tran Phu; Eintritt mit Altstadtticket; ⊗7–17.30 Uhr) Die beiden Museen in diesem Gebäude wollen nicht so recht zusammenpassen, doch bei unserem Besuch war das Revolutionsmuseum im oberen Stockwerk ohnehin geschlossen. Im Erdgeschoss sind Schmuck aus Stein, Bronze, Glas, Gold und Achat sowie diverse Keramikfragmente und Beerdigungskrüge aus der frühen Dong-Son-Kultur von Sa Huynh zu sehen.

Ba-Le-Brunnen
WAHRZEICHEN
Der Ruhm des Ba-Le-Brunnens, der aus der Zeit der Cham stammen soll, gründet sich darauf, dass Hoi Ans Spezialität *cao lau* nur mit Wasser aus demselbigen zubereitet werden darf. Täglich pilgern ältere Leute hierher, um ihre Eimer zu füllen. Auf der Ð Phan Chu Trinh biegt man gegenüber der Hausnummer 35 in eine kleine Gasse ab; die zweite Straße nach rechts führt direkt zum Brunnen.

> **INSIDERWISSEN**
>
> ## MARK WYNDHAM, LEITER VON HOI AN MOTORBIKE ADVENTURES
>
> Mark, ein Australier aus dem Hochland von Queensland, arbeitete als Tourenleiter für Intrepid Travel, ehe er sich in Hoi An niederließ.
>
> **Was hat dich ursprünglich nach Hoi An gebracht?** Das gute Wetter, das tolle Essen, die Strände, die Nähe der Berge und die internationale Atmosphäre durch den heutigen Tourismus und die alte Händlerära. Für mich war es eine Lifestyle-Entscheidung, nach Hoi An zu kommen, ich wollte raus aus den asiatischen Großstädten.
>
> **Was macht die Stadt so besonders?** Das einzigartige Gefühl in der Altstadt, als ob die Zeit stehen geblieben wäre, aber auch die entspannte Lebensweise und die lockeren Einwohner. Es ist eine kleine Stadt, die alles bietet, was zu einer Metropole gehört.
>
> **Wo gibt's das beste einheimische Essen in Hoi An?** Frische Meeresfrüchte in Mr. Ca's Restaurant. Wenn man zum An-Bang-Strand kommt, geht man nach links, und dort ist es das letzte vietnamesische Lokal.
>
> **Und westliches Essen?** Im Alfresco's (S. 222) oder Jasper's Beach Club am An-Bang-Strand.
>
> **Was ist deine Lieblingstour mit dem Motorrad rund um Hoi An?** Unser zweitägiger Hill Tribe Village Adventure Loop mit Übernachtung im Dorf Ba Hon. Bei dieser Tour sind Reisfelder im Delta, Dörfer ethnischer Minderheiten, Abseilen, Trekking und erstaunliche Landschaften dabei.
>
> **Verrätst du uns einen Insidertipp?** Man sollte der Versuchung widerstehen, die ganze Zeit mit Shoppen zu verbringen. Das Hinterland ist wunderschön – einfach auf den Weg machen und erkunden!

 ## Aktivitäten

Tauchen & Schnorcheln

Zwei renommierte Tauchschulen, die beide von Briten geleitet werden, bieten Touren zum Cu-Lao-Cham-Meerespark. Sie nehmen dieselben Preise: Für einen PADI-Discover-Scuba-Tauchgang werden 65 US$ und für zwei Fun-Tauchgänge 75 US$ fällig, Open-Water-Kurse kosten 370 US$. Die Ausflüge sind nicht überwältigend, können aber reizvoll sein, außerdem ist allein schon die Fahrt zu den Cham-Inseln großartig. Schnorcheln kostet je nach Trip inklusive Ausrüstung 30 bis 40 US$. Tauchen und Schnorcheln sind nur zwischen Februar und September möglich, die besten Bedingungen und die beste Sicht herrschen im Juni, Juli und August.

Cham Island Diving Center TAUCHEN
(391 0782; www.chamislanddiving.com; 88 Đ Nguyen Thai Hoc) Das 2002 eröffnete Tauchzentrum hat ein großes Boot und ein Schnellboot für zügige An- bzw. Abfahrten.

Blue Coral Diving TAUCHEN
(627 9297; www.divehoian.com; 77 Đ Nguyen Thai Hoc) Ein professioneller Anbieter mit einem 18 m langen Tauchboot und einem zusätzlichen Schnellboot sowie einem sehr erfahrenen Team.

Massage & Spa

In Hoi An wimmelt es von Massage- und Behandlungszentren. Fast alle bieten sehr durchschnittliche Qualität und werden von Einheimischen mit wenig oder gar keiner Erfahrung und minimaler Ausbildung geführt. Bei ihnen kosten Massagen etwa 12 US$ pro Stunde. Mehrere solcher Einrichtungen liegen an der Đ Ba Trieu. Am anderen Ende der Skala gibt's prachtvolle Spas, die eine fantastische Erfahrung zum entsprechenden Preis bieten; sie sind meistens in Luxushotels untergebracht.

 Palmarosa SPA
(393 3999; www.palmarosaspa.vn; 90 Đ Ba Trieu; 1 Std. Massage ab 19 US$) In dem hochprofessionellen und angenehmen Spa kann man die ganze Palette von Anwendungen (40-minütiges Körperpeeling 16 US$), Gesichtsbehandlungen, Hand- und Fußpflege (Maniküre ab 5 US$) und andere Schönheitsbehandlungen buchen. Die wunderbaren Massagen (z. B. im asiatischen Stil, indische Kopfmassagen sowie schwedische und Thai-Massagen) sind ausgesprochen preiswert.

Duyen Que   SPA
(📞350 1584; 512 Đ Cua Dai; 1 Std. Massage ab 15 US$) Dieses Behandlungszentrum etwa 2 km östlich der Stadt an der Straße zum Strand gehört dem ehemaligen Manager des Spas im Hotel Victoria. Alle Mitarbeiter sind gut ausgebildet und wissen genau, was sie tun. Empfehlenswert: das Food Beauty Ritual für 15 US$ oder eine pflanzliche Packung (17 US$).

Life Spa   SPA
(📞391 4555, Durchwahl -525; www.life-resorts.com; Life Heritage Resort, 1 Đ Pham Hong Thai; 1 Std. Massage ab 58 US$) Ein wunderbarer Ort zum Entspannen. In dem Spa des Luxushotels Life Heritage Resort gibt's die ganze Bandbreite an Behandlungen und Massagen, darunter Antioxidans-Gesichtsbehandlungen (52 US$), Meersalzpeelings (26 US$) und Massagen mit warmen Steinen (57 US$).

Ba Le Beauty Salon   SPA
(📞0905 226 974; www.balewellbeautysalon.com; 45-11 Đ Tran Hung Dao; ⊙So geschl.) Ba Les Inhaberin spricht fließend Englisch, wurde in Großbritannien ausgebildet und bietet preiswerte Haarentfernung mit Faden (Threading), sonstige Haarentfernung und Gesichtsbehandlung. Der Salon liegt in einer kleinen Seitengasse der Tran Hung Dao.

Kurse

Hoi An ist nicht nur der ideale Ort, um die hiesige Küche zu genießen, die zu den köstlichsten und komplexesten des Landes gehört, sondern auch, um zu lernen, wie das Essen gekocht wird. Viele lokale Spezialitäten gibt's nur in der Region, doch die meisten sind höllisch schwer herzustellen – ein Grund mehr, sich von Experten helfen zu lassen. Fast jedes Restaurant bietet Kochkurse an, die von schlichten Einführungsstunden bis zu mehr in die Tiefe gehenden Lehrgängen für passionierte Köche reichen. Und das Beste: Hinterher kann man essen, was man gekocht hat.

Zwanglose Kurse finden im Phone Café (12 US$) und im Lighthouse Café & Restaurant (21 US$ mit Marktbesuch und Bootsfahrt zum Restaurant) statt.

Morning-Glory-Kochschule   KOCHEN
(📞224 1555; www.restaurant-hoian.com; 106 Đ Nguyen Thai Hoc) Der bekannteste Kochkurs der Stadt wird von der gefeierten Trinh Diem Vy, die in Hoi An geboren und aufgewachsen ist und mehrere Restaurants in der Stadt besitzt, oder von ihrem Schützling Lu geleitet. Zunächst geht's auf den Markt, um die wichtigsten vietnamesischen Zutaten kennenzulernen. Danach werden lokale Gerichte wie *cao lau* (flache Nudeln mit Croutons, knusprigem Reispapier, Bambussprossen und Gemüse, garniert mit Schweinefleischstreifen), *banh khoai* und „White Rose" (gedämpfte Klöße aus gehackten Garnelen, serviert mit einer Dipsoße) sowie ein oder zwei Speisen aus Nord- und Südvietnam zubereitet. Die Kurse finden in sehr professionell organisierter, klassenzimmerartiger Atmosphäre statt und jeder Teilnehmer hat einen eigenen Gasherd samt Küchenutensilien und Zubehör. Allerdings können bis zu 30 Personen an einem Kurs teilnehmen.

Red-Bridge-Kochschule   KOCHEN
(📞393 3222; www.visithoian.com/redbridge) In dieser Schule gehört eine entspannte 4 km lange Bootsfahrt den Fluss hinab zum Unterricht. Halbtägige Kurse kosten 23, ganztägige 43 US$, beide umfassen auch einen Besuch auf dem Markt. Bei Ersteren liegt der Schwerpunkt auf der Zubereitung lokaler Spezialitäten, dazu zählen auch die Herstellung von Reispapier und Tipps zum Anrichten der Speisen. Bei den ganztägigen Kursen mit maximal acht Personen geht's anspruchsvoller zu. Die Teilnehmer lernen, *cha ca* (Fisch mit Dill im Tontopf) zu kochen und besuchen die Tra-Que-Biokräutergärten. Um auf den Geschmack zu kommen, bietet sich der Abendkurs für 16 US$ an. Ein zusätzliches Plus: Die Schule besitzt einen 20 m langen Swimmingpool! Gebucht werden können die Kurse im Hai Café.

Conkhi-Cocktailkurse   COCKTAILS
(Dive Bar, 88 Đ Nguyen Thai Hoc; Kurse 20–30 US$) Hier lernt man auf vergnügliche Weise alles über die Kunst des Mixens. Die Kurse (entweder ohne oder mit Alkohol) beinhalten einen Besuch auf dem Markt, Drinks, Barsnacks und ein Rezeptbuch. Der Viet Espresso Martini wird ganz neu schmecken!

Feste & Events

Besonders schön ist es in Hoi An immer am 14. Tag des Monats nach dem Mondkalender, denn dann feiert die Stadt ein **Vollmondfest** (⊙17–23 Uhr). Zu diesem Anlass wird die Altstadt für Motorfahrzeuge gesperrt, auf Straßenmärkten wird Kunsthandwerk verkauft, Souvenir- und Essensstände öffnen und alle Laternen werden angezündet. Außerdem kann man traditionelle Stücke sehen und Konzerte besuchen.

🛏 Schlafen

In Hoi An gibt's ein hervorragendes Angebot an Unterkünften in allen Preiskategorien. Die besten sind immer schnell ausgebucht, darum sollte man möglichst lange im Voraus reservieren und die Buchung kurz vor der Ankunft noch mal bestätigen – in vielen Hotels gehen Reservierungen nämlich auf mysteriöse Weise verloren. Während der Hochsaison ist das besonders wichtig.

Clevere Hoteliers haben sich perfekt auf die Wünsche der Traveller eingestellt: Sogar einige Budgetunterkünfte verfügen über einen Pool, und kostenloses WLAN im Zimmer ist praktisch überall Standard.

Es befinden sich zwar einige Hotels in der Altstadt, die meisten Budget- und Mittelklasseunterkünfte liegen aber weiter nordwestlich in der Gegend um die Ð Hai Ba Trung und die Ð Ba Trieu oder im Osten der

ENGAGEMENT FÜR BEHINDERTE MENSCHEN

In Vietnam leben etwa 9 Mio. Menschen mit Behinderungen. Sie haben nur sehr wenige Möglichkeiten, eine Schule zu besuchen oder sonstige Fähigkeiten zu erlernen, mit denen sie als Erwachsene ein unabhängiges Leben führen können. Ein Großteil der Schulen ist nicht behindertengerecht ausgestattet und Arbeitgeber haben Behinderten gegenüber keine positive Haltung. So leben viele bei ihrer Familie, pflegen wenig soziale Kontakte und sind auf die Unterstützung ihrer Verwandten oder der Regierung angewiesen.

Einzelne Vietnamesen und hier lebende Ausländer haben diesen trostlosen Perspektiven den Kampf angesagt. In ihren Unternehmen beschäftigen, fördern und bilden sie Behinderte aus.

In Hoi An führt Herr Binh Nguyen Le seit 2001 den Fairtrade-Laden **Reaching Out** (S.223). Er ist aufgrund einer falschen medizinischen Behandlung seit seinem 16. Lebensjahr an den Rollstuhl gefesselt und hat so die zahlreichen Frustrationen, die junge behinderte Menschen durchmachen, selbst kennengelernt. Im Reaching Out beschäftigt er Menschen mit Handicap, die zunächst ausgebildet werden und dann in einer gut eingerichteten Werkstatt hinter dem Geschäft (für Besucher zugänglich) arbeiten. Herr Binh qualifiziert seine Angestellten nicht nur für den Arbeitsmarkt, er führt sein Unternehmen auch nach den Fairtrade-Prinzipien, beschäftigt Menschen mit Behinderungen in ganz Vietnam und investiert die Gewinne in den Ausbau seiner Firma.

Eine weitere Organisation, die behinderten Kindern hilft, ist die britische gemeinnützige **Kianh Foundation** (www.kianh.org.uk). Seit 2001 bietet sie in Hoi An Programme für Sonderpädagogik, Physiotherapie und Sprachtherapie an. Gegenwärtig ist sie in einem verarmten Viertel tätig, das Dien Ban genannt wird und 15 Minuten außerhalb der Stadt liegt. Während des Vietnamkriegs litt es unter massiven Bombardements und heute gibt's hier den größten Anteil von Behinderten in der ganzen Provinz. Vor Ort leben über 900 Kinder mit Behinderungen, die keinen Zugang zu grundlegenden Bildungs- und Therapieangeboten haben. Bei Redaktionsschluss errichtete die Kianh Foundation gerade ein Tageszentrum, um einige dieser Kinder zu unterstützen. Traveller, die helfen möchten, können Geld spenden, außerdem werden Freiwillige mit besonderen Fähigkeiten gesucht.

Tam's Cafe (www.tamscafe.co.nr; 81 Ð Tran Hung Dao) in Dong Ha ist ein gemeinnütziges Unternehmen, das von der Global Community Service Foundation unterstützt wird und Gehörlose beschäftigt und fördert. Hörgeschädigte junge Menschen finden dort Gastfreundschaft und erhalten Unterricht in der Gebärdensprache mit dem Ziel, später besser Arbeit zu finden.

Tam's Cafe hat Verbindungen zu **Bread of Life** (www.breadoflifedanang.com; 4 Ð Dong Da) in Da Nang, einer Bäckerei mit Restaurant. Sie wird von den Amerikanern Kathleen und Bob Huff geleitet und finanziert Kurse in Gebärdensprache sowie die berufliche Ausbildung für Hörgeschädigte. Das Prinzip ist dasselbe wie in Tam's Cafe: Gehörlose erhalten eine Ausbildung, sodass sie später selbst für ihren Lebensunterhalt aufkommen können. In diesem Fall lernen sie Backen und Kochen, und zwar alles von Pizza über Gebäck bis zu „Sloppy Joes" (Rindergehacktes mit Tomate in einem Brötchen). Der gesamte Profit fließt in den Gebärdensprachenunterricht für gehörlose Kinder, der in Schulen nicht gelehrt wird.

Stadt an der Đ Cua Dai. Auch auf der An-Hoi-Halbinsel eröffnen gegenwärtig einige tolle neue Häuser.

Viele Luxusbleiben reihen sich ein paar Kilometer außerhalb der Stadt am Strand aneinander, doch alle bieten einen Bustransfer. Bei unserem Besuch gab es in Hoi An keine Hostels, und daran dürfte sich demnächst auch nichts ändern, denn die Stadtverwaltung ist wild entschlossen, den Hochpreistourismus zu fördern.

Ha An Hotel HISTORISCHES HOTEL $$
(386 3126; www.haanhotel.com; 6–8 Đ Phan Boi Chau; Zi. 58–115 US$; ✴@🛜) Dieses wunderbare Haus im französischen Viertel besitzt einen schönen zentralen Garten mit Palmen und Bambus und erinnert eher an eine Kolonialvilla als an ein Hotel. Alle Zimmer sind mit netten individuellen Details gestaltet, etwa einem textilen Wandbehang oder einem Bild von einem Volksstamm. Die hilfsbereiten, gut ausgebildeten Angestellten sorgen dafür, dass der Aufenthalt hier etwas ganz Besonderes ist, obendrein gibt's ein kleines Café. Das Ha An liegt etwa zehn Gehminuten vom Zentrum der Altstadt entfernt.

Long Life Riverside HOTEL $$
(391 1696; www.longlifehotels.com; 61 Nguyen Phuc Chu; Zi. 45–90 US$; ✴@🛜🏊) Beeindruckendes neues Hotel auf der friedlichen An-Hoi-Halbinsel auf der anderen Seite der Brücke, die direkt in die Altstadt führt. Alle Zimmer sind riesig und bis aufs letzte Detail von höchstem Standard. Sie warten mit geschmackvollen modernen Möbeln, PCs und erstklassigen Bädern samt Wannen im Jacuzzi-Stil auf. Frühstück wird im Speisesaal mit Blick auf den Fluss serviert. Leider ist der Poolbereich ziemlich beengt, deshalb schnappt man sich besser eines der kostenlosen Gästefahrräder und radelt zum Strand.

Thien Nga Hotel HOTEL $$
(391 6330; thienngahotel@gmail.com; 52 Đ Ba Trieu; Zi. 30–35 US$; ✴@🛜🏊) Ein Hotel mit einem erstaunlichen Preis-Leistungs-Verhältnis. Die reizenden, geräumigen, hellen und luftigen Zimmer haben alle Balkone und wirken sehr modern, nur die Bäder sind etwas nüchterner. Am besten fragt man nach einem Zimmer nach hinten, denn die schauen auf den Garten. Die Mitarbeiter sind freundlich und entgegenkommend, und in der schicken Lobby liegen Zeitschriften aus. Darüber hinaus gibt's ein Restaurant und einen überdachten Pool.

Hoang Trinh Hotel HOTEL $
(391 6579; www.hoianhoangtrinhhotel.com; 45 Đ Le Quy Don; Zi. 20–28 US$; ✴@) Von der aufdringlichen grünen Fassade sollte man sich nicht abschrecken lassen, denn das gut geführte Hotel mit hilfsbereiten, freundlichen Mitarbeitern ist sein Geld wirklich wert. Die Zimmer sind etwas vollgestellt, aber trotzdem geräumig und haben hohe Decken, Kabelfernsehen sowie ein Doppelbett oder zwei Einzelbetten. Auch das im Preis inbegriffene Frühstück ist gut und vielfältig, u. a. kommt man in den Genuss von Smoothies, Pfannkuchen und Omeletts.

Hoa Binh Hotel HOTEL $
(391 6838; www.hoianbinhhotel.com; 696 Đ Hai Ba Trung; Zi. 12–18 US$; ✴@🛜🏊) Mit einer guten Auswahl an einfachen, modernen und komfortablen Zimmern samt WLAN, Kabelfernsehen, Minibars und Klimaanlagen ist das Hoa Binh schon auf dem Weg zum Budget-Chic. Ärgerlicherweise ändert das Personal die Preise je nach Nachfrage täglich. Auch der Pool ist ziemlich bizarr, er befindet sich praktisch in der Lobby unter einem niedrigen Dach.

Life Heritage Resort HOTEL $$$
(391 4555; www.life-resorts.com; 1 Đ Pham Hong Thai; Zi. 141 US$, Suite ab 216 US$; ✴@🛜🏊) Dank ihrer zeitgenössischen Möblierung und der schicken Bäder wirken die Zimmer in diesem großen Resort im Kolonialstil richtig hip. Die weitläufige Anlage ist gepflegt und verfügt über eine elegante Bar, ein nobles Restaurant, ein Café, ein Spa und einen einzigartigen Poolbereich am Fluss. Gäste können hier zudem kostenlos Fahrräder benutzen.

Windbell Homestay HOMESTAY $$
(393 0888; www.windbellhomestay.com.vn; Chau Trung, Cam-Nam-Insel; Zi. 55 US$, Villen 80–110 US$; ✴@🛜🏊) Was vietnamesische familiengeführte Unterkünfte mit allen Annehmlichkeiten angeht, ist diese luxuriöse Bleibe zweifellos kaum zu toppen. Die reizenden geräumigen Zimmer und Villen schauen entweder auf den Swimmingpool oder den Garten und haben Schreibtische und riesige Flachbildfernseher mit Kabelanschluss. Die Gastfamilie ist hinreißend, und die Lage auf der Cam-Nam-Insel, zehn Gehminuten von der Altstadt, sehr ruhig. Man überquert die Brücke zur Cam-Nam-Insel, geht 300 m Richtung Süden und biegt links ab, schon hat man das Windbell (auf der linken Seite) erreicht.

Vinh Huy
HOTEL $

(☎391 6559; www.vinhhuyhotel.com; 203 Đ Ly Thuong Kiet; Zi. 10-12 US$; ❋@☎≋) Die billigen, sauberen und gut ausgestatteten Zimmer haben Minibars, Ventilatoren sowie Kabelfernsehen und manche besitzen sogar große Bäder mit Wanne. Sie bieten alle ein tolles Preis-Leistungs-Verhältnis. Das Hotel wird von freundlichen Leuten geführt, die an westliche Traveller gewöhnt sind. Zu den Nachteilen zählen die Lage 15 Gehminuten von der Altstadt (man geht die Đ Nguyen Truong To hoch und biegt links in die Đ Ly Thuong Kiet ein) und der winzige Swimmingpool.

Vinh Hung 1 Hotel
HISTORISCHES HOTEL $$$

(☎386 1621; www.vinhhunghotels.com.vn; 143 Đ Tran Phu; Zi. 80-100 US$; ❋@☎) Eine einzigartigere Unterkunft als dieses Hotel in einem 200 Jahre alten Altstadthaus dürfte in Hoi An nicht zu finden sein. Das Holzhaus hat ein historisches und mystisches Flair, und fast scheint man die Stimmen der Vorfahren zu hören, die hier mit Händlern aus Japan und der Mandschurei über Gewürzkäufe verhandelten. Die Zimmer auf der Rückseite des Hauses sind ziemlich dunkel. Wir empfehlen die Nummer 208 (ist in dem Film *Der stille Amerikaner* mit Michael Caine zu sehen) mit einem wunderbaren Holzbalkon zur Straße.

Vinh Hung Resort
RESORTHOTEL $$$

(☎391 0393; www.vinhhungresort.com; 111 Ngo Quyen, An-Hoi-Halbinsel; Zi. 70-100 US$, Suite 125 US$; ❋@☎≋) Dieses große Resort ist eine ruhige Ausgangsbasis mit einem hinreißenden Garten voller Kokospalmen, der an die Flussmündung grenzt. Alle Zimmer sind geräumig und die schönsten blicken direkt aufs Wasser. Gäste können das Spa, den Fitnessraum und den 30-m-Pool benutzen, außerdem ist das üppige Frühstücksbüfett eine wahre Freude. Von der Altstadt sind es nur fünf Minuten bis zur Hotelanlage: Wer sie zum Ziel hat, überquert die Brücke zur An-Hoi-Halbinsel, biegt am dritten Abzweig rechts ab und achtet auf das Schild.

Thien Thanh Hotel
HOTEL $$

(Blue Sky Hotel; ☎391 6545; www.hoianthienthanhhotel.com; 16 Đ Ba Trieu; Zi. 40-60 US$; ❋@☎≋) Der Weg zu diesem Hotel führt über einen Koiteich. In den großen, einladenden und gut ausgestatteten Zimmern mit vietnamesischen Anklängen gibt's DVD-Player und Badewannen. Der 8 m lange Pool ist halb drinnen, halb draußen. Darüber hinaus ist im Thien Thanh ein kleines Spa untergebracht. Das Frühstück wird auf einer oasenähnlichen Terrasse hinter dem Haus serviert.

Vinh Hung 3 Hotel
HOTEL $$

(☎391 6277; www.hoianvinhhung3hotel.com; 96 Đ Ba Trieu; Zi. 35-40 US$; ❋@☎≋) Das unlängst modernisierte, schicke vierstöckige Minihotel bietet elegante, moderne Zimmer, in denen viel Wert aufs Detail gelegt wurde. Zur Einrichtung gehören riesige Betten, dunkle Holzmöbel, Schreibtische, Satellitenfernseher. Einige Zimmer haben auch Balkone. Die Bäder sind gepflegt und einladend, und Frühstück ist inklusive.

Long Life Hotel
HOTEL $$

(☎391 6696; www.longlifehotels.com; 30 Đ Ba Trieu; Zi. 45-55 US$; ❋@☎≋) Zu den Trümpfen dieser guten Mittelklasseoption zählen der erlesene Garten und der Poolbereich samt dem strohgedeckten Bar-Restaurant, das man über eine Bambusbrücke erreicht. Auch die Zimmer sind sehr schön und verfügen über schicke Badewannen. Die etwas teureren Räume lohnen die Extraausgabe, denn sie sind heller, luftiger und haben einen Balkon.

Orchid Garden Hotel
HOTEL $$

(☎386 3720; www.hoian-homestay-orchidgarden.com; 382 Đ Cua Dai; Zi. 39-60 US$; ❋@☎≋) Auf halbem Weg zwischen der Stadt und dem Strand stößt man auf diese charmante kleine Unterkunft mit Böden aus Massivholz und Marmor. Die einladenden Bungalows mit Küche eignen sich wunderbar für Selbstversorger. Ein gut geführtes und gepflegtes Hotel mit im Preis inbegriffenem Frühstück und kostenloser Nutzung von Fahrrädern.

Phuong Dong Hotel
HOTEL $

(☎391 6477; www.hoianphuongdonghotel.com; 42 Đ Ba Trieu; EZ/DZ/3BZ 10/12/15 US$; ❋@☎) Die Zimmer des Hotels sind schlicht, aber ihr Geld wert. Sie haben bequeme Matzatzen, Leselampen, Ventilatoren und Klimaanlage sowie WLAN und in einigen gibt's sogar Bäder mit Wanne.

Nhi Trung Hotel
HOTEL $

(☎386 3436; 700 Đ Hai Ba Trung; Zi. 16-25 US$; ❋@☎) Ein tolles Hotel 1,5 km nördlich der Altstadt mit geräumigen, hellen Zimmern samt Balkonen. Im Erdgeschoss gibt's günstigere Optionen. Die Mitarbeiter sind sehr aufmerksam, zudem stehen in der Rezeption ein paar PCs für Gäste bereit. Das Frühstück ist inklusive.

An Hoi Hotel
HOTEL $$

(☏391 1888; www.anhoihotel.com.vn; 69 Đ Nguyen Phuc Chu; Zi. 20–35 US$; ✼@🛜☀) In dem Hotel, das mit einer friedlichen Lage nur einen Katzensprung von der Altstadt aufwartet, locken saubere große, moderne Zimmer, allerdings bekommen die Räume im Erdgeschoss etwas wenig Tageslicht ab. Den (überaus flexiblen) Zimmerpreis sollte man sich vor dem Einchecken schriftlich geben lassen!

Thanh Van Hotel
HOTEL $

(☏391 6916; www.thanhvanhotel.com; 78 Đ Tran Hung Dao; Zi. 15–20 US$; ✼@☀) Dieses wunderbare Hotel verfügt über gemütliche Zimmer in der Nähe des lebendigeren Teils der Altstadt. Das Frühstück ist im Preis inbegriffen und das Personal hilft gerne mit Infos und Ratschlägen weiter.

✘ Essen

Essen gehen ist in Hoi An ein wahres Vergnügen. Die zentralvietnamesische Küche dürfte wohl zu den komplexesten und schmackhaftesten des Landes gehören. Sie kombiniert den sorgfältigen Einsatz frischer Kräuter aus nahe gelegenen Biogärten mit Einflüssen aus jahrhundertelangen Verbindungen mit China, Japan und Europa.

Auf jeden Fall sollte man beim Besuch der Stadt einmal die Spezialitäten Hoi Ans probieren, etwa die unglaublich leckeren und subtilen *banh bao* oder „White Rose" (in Reispapier gewickelte und gedünstete Garnelen). *Cao lau* ist ein anderes einzigartiges Gericht. Zu den Spezialitäten zählen außerdem gebratene *hoanh thanh* (Wan Tan) und *banh xeo*, knusprige schmackhafte Pfannkuchen, mit Kräutern in frisches Reispapier gewickelt. Serviert werden diese Leckereien in fast allen Restaurants, qualitativ bestehen jedoch große Unterschiede.

Besonders toll an Hoi An ist seine beeindruckende Bandbreite. Auf dem Markt und in vielen Lokalen bekommt man ungemein leckere und günstige Gerichte, kann sich aber auch von ausgezeichneter gehobener Küche verwöhnen lassen. In der Stadt gibt's einige unglaublich talentierte einheimische und ausländische Köche, die eine ganz neue vietnamesische Küche kreieren, und das zu Preisen, die selbst für die meisten Traveller noch erschwinglich sind.

Kosmopolitisch, wie Hoi An ist, wimmelt es hier auch von westlichen Restaurants, darunter Bäckereien im Pariser Stil, Feinkostläden sowie italienische, mediterrane, japanische, indische und Tapas-Restaurants.

LP TIPP Morning Glory Street Food Restaurant
VIETNAMESISCH $$

(☏224 1555; www.restaurant-hoian.com; 106 Đ Nguyen Thai Hoc; Gerichte 42 000–120 000 VND; 🛜✘) Dieses herausragende Restaurant konzentriert sich auf Straßenküche und traditionell zubereitete vietnamesische Gerichte (in erster Linie aus Zentralvietnam sowie einige Klassiker aus dem Norden und Süden). Man könnte einen ganzen Monat jeden Tag hier essen und würde nicht eine durchschnittliche Mahlzeit erleben, sondern immer irgendein Highlight genießen, etwa die Garnelenmousse auf Zuckerrohrspießen oder das karamellisierte Schweinefleisch mit jungem Bambus. Auch das vegetarische Angebot ist mit vielen tollen Salaten und Gerichten wie geräucherter Aubergine im Tontopf hervorragend. Die historischen Räumlichkeiten sind riesig und im Erdgeschoss befindet sich eine offene Küche.

LP TIPP Cargo Club
INTERNATIONAL, VIETNAMESISCH $$

(☏391 0489; www.restaurant-hoian.com; 107 Đ Nguyen Thai Hoc; Gerichte 35 000–105 000 VND; 🛜) Mit dem Frühstück geht's los: Die westlichen Angebote hier sind die besten der Stadt und unglaublich gut für ihr Geld. Als Nächstes lockt die Patisserie- und Boulangerie-Auswahl mit perfekten Croissants und einem Schokoladentrüffelkuchen, so reichhaltig, dass er verboten werden müsste. Abends kann man im Cargo Club tolle vietnamesische oder westliche Speisen bestellen. Der gegrillte Seebarsch und die Lammschenkel sind hervorragend. Auf der Terrasse oben bieten sich fantastische Aussichten auf den Fluss.

LP TIPP Casa Verde
EUROPÄISCH $$$

(☏391 1594; www.casaverde-hoian.com; 99 Đ Bach Dang; Hauptgerichte 85 000–190 000 VND; ⊙12–22 Uhr) Der österreichische Wirt und Koch setzt sehr hohe Standards und übertrifft sie immer wieder. Sein Ethos ist es, die besten Zutaten zu wählen (belgische Schokolade, australisches Rind) und sie mit den frischesten Erzeugnissen vom Markt zu kombinieren. Das am Fluss gelegene Restaurant selbst kommt eher bescheiden daher, doch die Küche mit mediterranen Klassikern, dünnkrustiger Pizza und authentischen asiatischen Gerichten ist es zweifellos nicht! Man sollte unbedingt darauf achten, noch Platz für das hausgemachte Eis zu lassen, das ohne Zweifel das beste der Stadt ist.

LP TIPP Shree Ganesh Indian Restaurant
INDISCH $$

(386 4538; www.ganeshindianrestaurant.com; 24 Ð Tran Hung Dao; Mahlzeiten 60 000–120 000 VND; 12–22.30 Uhr) In Vietnam gibt's zwar einige ziemlich enttäuschende indische Restaurants, doch das authentische Shree Ganesh gehört nicht dazu. Die *thalis* schmecken wunderbar, das *nan*-Brot wird im Tandur-Ofen gebacken und die Currys gelten als wahrhaft feurig. Alle Preise sind vernünftig und die Portionen großzügig bemessen.

Mango Mango
FUSIONSKÜCHE $$$

(391 0839; www.mangorooms.com; 111 Ð Nguyen Thai Hoc; Mahlzeiten 30 US$;) Dies ist das dritte und schönste Restaurant des gefeierten Kochs Duc Tran in Hoi An. Es befindet sich in wunderbarer Lage direkt über der Brücke in An Hoi und wartet mit fantastischen Blicken über die Altstadt auf. Bei der herrlich schäbig-schicken Dekoration wurde knallbunte Farbe im Übermaß verwendet. Die Küche gibt vietnamesischen Gerichten einen globalen Touch und nutzt dazu frische, unerwartete Kombinationen, etwa gewürzten Thunfisch in einer Mango-Avocado-Soße. Manchmal sind die Geschmackskombinationen ein bisschen zu ausgefallen, doch der Ehrgeiz des Kochs ist bewundernswert. Die anderen beiden Mango-Restaurants haben ganz ähnliche Speisekarten.

Mermaid Restaurant
VIETNAMESISCH $

(386 1527; www.restaurant-hoian.com; 2 Ð Tran Phu; Gerichte meistens 35 000–90 000 VND) Dank der Spezialitäten aus Hoi An und der Familienrezepte ist das 1992 eröffnete unauffällige Mermaid nach wie vor gut im Geschäft. Der Besitzer, die örtliche Legende Vy, wählte den Ort aufgrund seiner Nähe zum Markt aus, sodass er immer frische Zutaten zur Hand hatte. Dieses Prinzip merkt man bis heute am herrlichen Geschmack und an der Authentizität des Essens. Wir empfehlen die Makrele im Bananenblatt und den Papayasalat. Vorab reservieren!

Bale Well
VIETNAMESISCH $

(45-51 Ð Tran Cao Van; Mahlzeiten 40 000–75 000 VND; 11.30–22 Uhr) Das Lokal in einer kleinen Gasse in der Nähe des berühmten Brunnens ist besonders für ein Gericht bekannt: gegrilltes Schweinefleisch im Satay-Stil. Kombiniert mit frischem Gemüse und Kräutern entstehen daraus dann ganz individuelle Frühlingsrollen. Touristen gibt's hier kaum, dafür herrscht abends aber eine tolle Atmosphäre.

White Sail
FISCH & MEERESFRÜCHTE $$

(47/6 Trang Hung Dao; Gerichte 45 000–140 000 VND; 11.45–22 Uhr) Wer mal richtig mit den Einheimischen futtern will, macht sich zu diesem schnörkellosen Restaurant ohne jegliche Dekoration in einem Vorgarten auf. Hier geht's nur um die Frische der Gerichte. Englisch wird kaum gesprochen, deshalb nimmt man besser den Sprachführer mit, um sich durch die Karte zu arbeiten, auf der z. B. duftende Feuertöpfe, knuspriger, mit Kurkuma eingeriebener Fisch und Riesengarnelen stehen.

Hai Café
INTERNATIONAL $$

(www.visithoian.com; 98 Ð Nguyen Thai Hoc; Hauptgerichte 60 000–105 000 VND;) Auf der Terrasse des hippen, einladenden Hai Café, das in einem wunderbaren Handelshaus in der Altstadt untergebracht ist, kann man prima Leute beobachten. Hinten gibt's einen Hofgarten und einen stimmungsvollen Speisesaal. Zu den angebotenen Gerichten gehören gute Sandwiches, westliches Frühstück, vietnamesische und europäische Speisen sowie Specials für Vegetarier. Außerdem kann man Grillfleisch wie geräucherte Schweinerippchen und zahlreiche unterschiedliche Weine bestellen.

Lighthouse Café & Restaurant
VIETNAMESISCH, INTERNATIONAL $$

(393 6235; www.lighthousecafehoian.com; To 5 Khoi Xuyen Trung, Cam-Nam-Insel; Gerichte 24 000–110 000 VND; Di geschl.;) Das von einem vietnamesisch-holländischen Paar geführte Restaurant auf der Cam-Na-Insel in ruhiger Lage gewährt von den oberen Etagen einen weiten Blick über den Fluss. Zu den vietnamesischen Klassikern zählen gefüllter Tintenfisch und Tontopf-Gerichte, zum Dessert gibt's einen verführerischen holländischen Apfelkuchen. Um hierher zu gelangen, überquert man die Cam-Nam-Brücke und biegt an der ersten Gasse links ab oder nimmt das kostenlose Boot (mit „Hai Dang" gekennzeichnet), das am Ufer an der Ð Bach Dang startet. Ab 19 Uhr ist eine Reservierung erforderlich.

Dingo Deli
WESTLICH $$

(www.dingodeli.com; 229 Ð Cua Dai; Snacks & Mahlzeiten 50 000–105 000 VND;) An der Strandstraße auf halbem Weg zwischen Stadt und Küste bietet dieses noble Deli-Restaurant hervorragende Sandwiches, Salate, Frühstück, Pasta und sättigende westliche Gerichte, darunter z. B. australische Pasteten, sowie alle erdenklichen Espresso- und

Kaffeevariationen. Innen befindet sich ein schicker klimatisierter Bereich mit Ledersofas zum Entspannen und Mac-Computern zum Surfen und im Garten hinten gibt's Klettergerüste für Kinder.

Gourmet Garden INTERNATIONAL $$
(55 Đ Le Loi; Tapas 40 000–60 000 VND, Hauptgerichte 80 000–110 000 VND; 🕿) Das schön restaurierte Stadthaus mit einer Terrasse im mediterranen Stil punktet mit einer vielfältigen asiatischen und westlichen Küche. Hier kann man u. a. spanische Tapas, Kürbis-, Parmesan- und Salbeicrêpes sowie knusprige Tintenfische mit süßer Chilisoße bestellen.

Miss Ly Cafeteria 22 VIETNAMESISCH $$
(☏386 1603; 22 Đ Nguyen Hue; Gerichte 28 000–110 000 VND) Ein vietnamesisch-nordamerikanisches Paar führt dieses sehr kultivierte und angenehme Restaurant mit sanfter Musik und alten Drucken an den Wänden. Auf der Karte stehen z. B. geschmackvolle *cao lau* und andere vietnamesische Standardgerichte, die herrlich angerichtet werden. Der Service ist ebenso hervorragend wie die Weinkarte.

Bobo Café VIETNAMESISCH $
(18 Đ Le Loi; Gerichte 16 000–55 000 VND) Einfacher, verlässlicher Familienbetrieb mit Tischen im Innenhof.

Phone Café VIETNAMESISCH $
(80b Đ Bach Dang; Gerichte 22 000–62 000 VND) Das bescheidene Lokal hat die üblichen Lieblingsgerichte sowie Tontopfspezialitäten im Angebot.

Alfresco's INTERNATIONAL $$
(www.alfrescosgroup.com; 83 Đ Tran Hung Dao; Gerichte 60 000–130 000 VND) Das Alfresco's ist zwar eine Kette, aber die Pastas, Pizzen, Steaks, Rippchen und anderen typisch westlichen Gerichte treffen direkt ins Schwarze.

🍷 Ausgehen

Hoi An gilt nicht gerade als Partystadt, denn die örtlichen Behörden haben ein wachsames Auge auf nächtliche Vergnügungen. Trotzdem ist hier allerlei los, das reicht von gehobenen Weinbars bis zu schmuddeligen Kneipen. In der Altstadt selbst ist das Angebot zwar begrenzt, doch in An Hoi gleich auf der anderen Seite des Flusses eröffnen immer mehr quirlige Läden. Die Happy Hour trägt viel dazu bei, dass Ausgaben im Rahmen bleiben.

Fast alle Bars in Hoi An schließen spätestens um 1 Uhr, doch das Why Not? hat meistens bis in die frühen Morgenstunden geöffnet. Wer dann immer noch nicht genug hat, der kann einen der kostenlosen Minibusse nehmen, die vom Before & Now zum Club Zero SeaMile am Cua-Dai-Strand verkehren.

Auf Angebote von *xe-om*-Fahrern, die einen zu abgelegenen Kneipen bringen wollen, sollte man nicht eingehen, denn einige verlangen unverschämte Preise für die Rückfahrt.

🅛🅟 Dive Bar BAR
TIPP
(88 Đ Nguyen Thai Hoc; 🕿) Das muntere britische Team dieser Bar sorgt mit Freundlichkeit und zeitgenössischen elektronischen Klängen für Partyatmosphäre. Auch den bezaubernden Garten und die Bar hinten sollte man besuchen. Wer sich selbst im Mixen von Cocktails versuchen will, kann diese Kunst in Kursen erlernen. Vor Ort befindet sich auch das Cham Island Diving Center.

Why Not? KNEIPE
(10B Đ Pham Hong Thai; @) Tolle Kneipe für spätabends, geführt von einem netten Einheimischen, der schon seit Jahrzehnten im Geschäft ist. Es gibt einen beliebten Billardtisch und oben eine Terrasse, zudem herrscht oft eine gesellige Stimmung. Auch die Jukebox verlockt: Man wählt ein Stück bei YouTube aus und schon kommt es aus dem Soundsystem. Das Why Not? liegt 1 km östlich vom Stadtzentrum.

Q Bar LOUNGE-BAR
(94 Đ Nguyen Thai Hoc; 🕿) Hoi Ans angesagteste Bar platzt immer aus allen Nähten und wartet mit toller Beleuchtung, Lounge- und Elektromusik sowie hervorragenden Cocktails auf. Billig ist das Ganze nicht, aber dafür hat der Laden Klasse und ist zudem schwulenfreundlich.

White Marble WEINBAR
(www.visithoian.com; 99 Đ Le Loi; 🕿) Wunderbare neue Weinbar mit Restaurant auf einem tollen Eckgrundstück im Herzen der Altstadt. Die historischen Räumlichkeiten wurden sorgfältig renoviert. Hier gibt's eine gute Auswahl an Weinen (zwölf davon werden auch gläserweise serviert, ab 4 US$).

Before & Now BAR
(www.beforennow.com; 51 Đ Le Loi; 🕿) Eine Traveller-Bar wie aus dem Bilderbuch samt Billardtisch und etwas klischeehaften Bildern von Ikonen wie Che, Marilyn und, tja, Charles Manson. Trotz des Mainstream-Pops und -Rocks aus den Lautsprechern ist es im

Before & Now stets voll. Die Happy Hour dauert von 18 bis 21 Uhr.

River Lounge
LOUNGE-BAR

(www.lounge-collection.com; 35 Đ Nguyen Phuc Chu; ☎) Die Bar im minimalistischen Look sieht klasse aus und verfügt über eine tolle Lage am Flussufer. Auf der Terrasse kann man wunderbar Cocktails schlürfen, vor allem während der Happy Hour (18–21 Uhr), oder einen Kaffee und ein Croissant genießen. Das Essen schmeckt allerdings nur mittelmäßig.

Sleepy Gecko
BAR

(To 5 Khoi Xuyen Trung, Cam-Nam-Insel) Bei Einwanderern erfreut sich die relaxte Bar auf Cam Nam großer Beliebtheit. Sie bietet einfache Gerichte, gute Aussichten auf Hoi An und eiskaltes Bier. Zum Sleepy Gecko nimmt man die erste Gasse nach links hinter der Brücke und folgt der Straße.

Sun Bar
BAR

(44 Đ Ngo Quyen, An Hoi) Auf der anderen Flussseite in An Hoi liegt dieser bei Backpackern favorisierte, etwas gammelig wirkende Treff mit einem dröhnenden Soundsystem (wer will, kann einen Song von der studententypischen Playlist auswählen), einem Dancefloor und recht später Happy Hour (20–23 Uhr).

🛍 Shoppen

Waren an Ausländer zu verschachern hat in Hoi An Tradition, und die Einwohner der Stadt haben ihren Geschäftssinn bis heute nicht verloren. Nicht selten verlassen Traveller, die eigentlich überhaupt nichts kaufen wollten, den Ort beladen mit mehreren zusätzlichen Taschen, die man sehr günstig bekommen kann.

Maßgeschneiderte Kleidung übt auf viele Besucher einen geradezu unwiderstehlichen Reiz aus. Die Stadt ist für ihre langjährige Erfahrung in der Textilverarbeitung bekannt und die große Nachfrage seitens der Touristen hat zahlreiche Schneidereien aus dem Boden schießen lassen. Auf dem **Stoffmarkt** (Đ Tran Phu) werden regionale Produkte verkauft.

Auf Platz zwei der beliebtesten Shoppingartikel rangieren Schuhe im westlichen Design – Turnschuhe, Stiefel, hochhackige Pumps und andere. Die Preise sind niedrig, doch auch die Qualität variiert sehr.

In Hoi An gibt's mehr als zwei Dutzend Galerien, die von der typischen vietnamesischen Landschaft bis zu atemberaubenden zeitgenössischen Arbeiten einfach alles bieten. Viele befinden sich in der Nähe der überdachten japanischen Brücke in den Straßen Đ Nguyen Thi Minh Khai, Đ Tran Phu und Đ Nguyen Thai Hoc.

Auch Holzschnitzereien sind etwas ganz Besonderes. Wer die Cam-Nam-Brücke zum gleichnamigen Dorf überquert, kann den Schnitzern bei ihrer Arbeit über die Schulter blicken. Mit einer Fähre gelangt man auf die Cam-Kim-Insel, wo in der Nähe der Anlegestelle viele Holzwerkstätten locken.

📍 LP TIPP Reaching Out
SOUVENIRS, KLEIDUNG

(www.reachingoutvietnam.com; 103 Đ Nguyen Thai Hoc) Dieser wunderbare Fairtrade-Laden wurde von einem vietnamesischen Paar eröffnet. Der Mann ist selbst behindert. Hier gibt's Seidentücher, Kleidung, Schmuck, handbemalte vietnamesische Hüte sowie niedliche handgemachte Spielsachen und Teddybären. Der Laden beschäftigt behinderte Kunsthandwerker und die Gewinne werden wieder in das Unternehmen investiert, um Menschen mit Behinderungen in ganz Vietnam zu unterstützen. Mehr Infos dazu siehe Kasten S. 217.

Lotus Jewellery
ACCESSOIRES

(www.lotusjewellery-hoian.com; 100 Đ Nguyen Thai Hoc) Wer auf der Suche nach interessantem Schmuck ist, findet in diesem Laden sehr schöne, preiswerte handgearbeitete Stücke, die von Schmetterlingen, Libellen, vietnamesischen Sampan-Booten, konischen Hüten sowie von chinesischen Symbolen inspiriert sind.

Mosaique Decoration
KUNSTHANDWERK

(www.mosaiquedecoration.com; 6 Đ Ly Quoc) Ein Besuch lohnt sich, denn hier werden ausgesprochen stilvolle moderne Lampen, Seiden-, Leinen- und Hanfkleidung, Bambusmatten, handbestickte Kissenbezüge, Geschenke und Möbel verkauft.

Avana
KLEIDUNG

(www.hoiandesign.com; 57 Đ Le Loi) Die stilvolle Boutique wird von einer europäischen Modedesignerin geleitet und führt fabelhafte Kleider und Blusen von der Stange sowie Schuhe und Accessoires, beispielsweise tolle Hüte und Taschen.

Tuoi Ngoc
KUNSTHANDWERK

(103 Đ Tran Phu) Das Familienunternehmen stellt bereits seit Generationen Laternen im chinesischen Stil her und bietet eine sehr gute Auswahl an.

DES TOURISTEN NEUE KLEIDER

Hoi Ans Schneiderszene ist vollkommen außer Kontrolle geraten. Hier sind schätzungsweise zwischen 300 und 500 Schneider tätig. Hotels und Touristenführer arbeiten jeweils mit bestimmten Handwerkern zusammen, die einem mit Sicherheit („We give you good price") empfohlen werden. Dabei handelt es sich meist um irgendwelche Tanten, Cousinen oder Schwiegertöchter, die ihrem Lockvogel für die neuen Kunden sicherlich eine großzügige Provision zahlen.

Wie geht man also auf solch steinigem Terrain vor? Erste Regel: Immer feilschen und einen für sich akzeptablen Preis aushandeln. Dabei muss man aber bedenken, dass Qualität ihren Preis hat. Wird einem ein Angebot gemacht, das sehr viel günstiger ist als das der Konkurrenz, spart der Schneider an allen Ecken und Enden, ohne dass man etwas davon mitbekommt. Bessere Handwerker und Stoffe kosten etwas mehr, das gilt auch für kurze Lieferzeiten. Wenn einem die neue Garderobe innerhalb von 24 Stunden versprochen wird, sollte man sich die Sache lieber zweimal durch den Kopf gehen lassen. Entweder werden in diesen Schneidereien Armadas von Lehrlingen unter sklavenähnlichen Bedingungen beschäftigt oder die Qualität der fertigen Produkte ist mehr als fragwürdig (manchmal ist auch beides der Fall).

Hoi Ans Schneider haben einen Ruf als Meisterkopierer: Zeigt man ihnen ein Foto aus einer Zeitschrift, hält man nach ein bis zwei Tagen eine perfekte Imitation des gewünschten Outfits in Händen. Wenn man nicht so recht weiß, was man will, versorgen einen hilfsbereite Angestellte mit dicken Katalogen zur Inspiration. In den Schneidereien werden nicht nur *ao dai* (das vietnamesische Nationalkleid) und Sommerkleider genäht, auch Winterjacken, Hochzeitskleider oder komplette zwei- und dreiteilige Anzüge gehören zum Repertoire.

Es hilft, wenn man bis ins kleinste Detail genau weiß, was man will. Achtung: Seide kann auch gefälscht sein. Dies lässt sich nur mit einem Streichholz oder einer Zigarette testen – synthetische Faser schmilzt, Seide brennt. Genauso wenig sollte man die Bezeichnung 100 % Baumwolle oder Wolle allzu wörtlich nehmen. Es gilt nichts zu kaufen, wenn es sich nicht gut und qualitativ hochwertig anfühlt. Momentan liegen die Preise bei 12 bis 15 US$ für ein Männerhemd und bei 22 US$ für Röcke und Hosen. Kostet ein Anzug weniger als 100 US$, sollte man sich davon überzeugen, dass Material und Verarbeitung auch wirklich von guter Qualität sind.

Viele Urlauber möchten nicht mehr als zwei Tage auf das fertige Produkt warten. Dabei muss man aber bedenken, dass diese Zeit kaum für angemessene Ankleideproben und Änderungen ausreicht. Außerdem sollte man die Säume des fertigen Kleidungsstücks prüfen: Eine einzelne Naht an den Innenrändern verursacht meist schnelles Ausfransen und schließlich große Löcher. Alle gut geschneiderten Gewänder haben eine zweite Naht, im Handel Steppnaht *(blanket stitching)* genannt, die den Rand so fixiert, dass er nicht ausfransen kann.

Wenn man sich etwas Anspruchsvolles schneidern lassen möchte, ist es durchaus sinnvoll, erst einmal ein paar Geschäfte mit etwas weniger aufwendigen Bestellungen zu testen. Die Läden können das Verpacken und Verschicken von Kleidung übernehmen. Obwohl man gelegentlich davon hört, dass Sendungen verloren gehen oder man eine falsche Lieferung geschickt bekommt, sind die lokalen Postämter in der Regel recht zuverlässig.

Bei so viel Konkurrenz fällt es schwer, die Spreu vom Weizen zu trennen, vor allem weil in zahlreichen Läden Aufträge an unbekannte Arbeiter weitergegeben werden. Es lohnt sich, in der Altstadt nach kleinen Schneidereien Ausschau zu halten, die vertrauenswürdig erscheinen. Für alle, die dafür keine Zeit haben, hier eine kleine Auswahl an Schneidergeschäften mit gutem Ruf (in alphabetischer Reihenfolge): **A Dong Silk** (386 3170; www.adongsilk.com; 40 Đ Le Loi); **B'lan** (386 1866; www.hoianblan.com; 23 Đ Tran Phu); **Kimmy** (386 2063; www.kimmytailor.com; 70 Đ Tran Hung Dao); **Long Life Silk** (391 1955; www.longlifesilk.com; 47 Đ Nguyen Phuc Chu); **Thu Thuy** (386 1699; www.thuthuysilk.com; 60 Đ Le Loi) und **Yaly** (391 0474; www.yalycouture.com; 47 Đ Nguyen Thai Hoc).

Randy's Book Xchange BÜCHER (www.randysbookxchange.com; To 5 Khoi Xuyen Trung) Dieser gediegene Buchladen liegt auf der Cam-Nam-Insel in der ersten Straße rechts. Er ist wie eine persönliche Bibliothek gestaltet und wartet mit 5000 gebrauchten Büchern zum Verkauf oder Tausch auf.

Praktische Information

Gefahren & Ärgernisse
Hoi An zählt zu den sicheren Städten Vietnams, doch gelegentlich hört man von nächtlichen Handtaschendiebstählen und Überfällen auf Frauen. Wer weiblichen Geschlechts ist, sollte also im Dunkeln möglichst nicht alleine durch die Gegend ziehen.

Die Kinder, die Touristen billigen Schmuck, Postkarten und Zeitungen andrehen, dürfen von dem Geld selbst nichts behalten.

In Hoi An gibt's überdurchschnittlich viele Schlepper, die versuchen, Touren, Bootsfahrten, Motorräder, Souvenirs etc. an den Mann zu bringen, man sollte also auf darauf gefasst sein, dass man eine Menge Aufmerksamkeit erregt.

Geld
In der Agribank (Ð Cua Dai), der **Vietcombank** (642 Ð Hai Ba Trung) und der **Vietin Bank** (4 Ð Hoang Dieu) kann man Bargeld und Reiseschecks wechseln. Außerdem befinden sich hier Geldautomaten.

Infos im Internet
Ein Blick auf die Website www.livehoianmagazine.com lohnt sich. Die Macher produzieren auch ein monatliches Magazin mit kulturellen Beiträgen, Features und Kritiken.

Internetzugang
Min's Computer (2 Truong Minh Luong; 5000 VND pro Std.) In diesem Laden gibt's viele Computerplätze, darüber hinaus kann man drucken, scannen, brennen und skypen.

Medizinische Versorgung
Krankenhaus (386 1364; 4 Ð Tran Hung Dao) In ernsten Fällen sollte man besser nach Da Nang fahren.

Praxis von Dr. Ho Huu Phuoc (386 1419; 74 Ð Le Loi; 11–12.30 & 17–21.30 Uhr) Der einheimische Arzt spricht Englisch.

Notfall
Polizeiwache (386 1204; 84 Ð Hoang Dieu)

Post
Hauptpost (386 1480; 6 Ð Tran Hung Dao)

Reisebüros
Der Wettbewerb ist hart, deswegen lohnt es sich, Preise zu vergleichen und zu handeln.

Rose Travel Service (391 7567; www.rosetravelservice.com; 111 Ð Ba Trieu) Touren in ganz Vietnam, Autovermietung, Bustickets sowie Boots-, Jeep und Motorradfahrten.

Sinh Tourist (386 3948; www.thesinhtourist.vn; 587 Ð Hai Ba Trung) Bucht seriöse Open-Tour-Busse.

Touristeninformation
Es gibt in Hoi An zwar keine offiziellen Touristeninformationen, aber man kann es bei Reisebüros und Tourveranstaltern versuchen. In der Altstadt werden an vier **Infoständen** (7–17 Uhr) Tickets für die Sehenswürdigkeiten in diesem Viertel verkauft. Die Buden befinden sich an folgenden Standorten: 30 Ð Tran Phu, 10 Ð Nguyen Hue, 5 Ð Hoang Dieu und 78 Ð Le Loi.

An- & Weiterreise

AUTO & MOTORRAD Nach Da Nang (30 km) fährt man entweder Richtung Norden über die Nationalstraße 1A oder nimmt Richtung Osten bzw. Cua-Dai-Strand die Küstenstraße am China Beach. Ein Motorradtaxi zwischen Da Nang und Hoi An kostet 120 000 VND, Taxis 330 000 VND.

Touren im Auto nach Hue gibt's ab 70 US$ (der Preis ist abhängig von der Anzahl der Stopps, die man einlegen möchte), Halbtagesausflüge in die Umgebung einschließlich My Son, kosten 35 US$.

BUS Viele Nord-Süd-Busse halten nicht in Hoi An, denn die Nationalstraße 1 führt 10 km weiter westlich an der Stadt vorbei. Man kann sich aber nach Vinh Dien aufmachen und dort einen Bus heranwinken.

Einfacher ist es, mit dem Open-Tour-Bus zu reisen. Von/nach Hue (5 US$, 4 Std.) und Nha Trang (Sitz-/Schlafplatz 10/17 US$, 11–12 Std.) bestehen sehr regelmäßige Verbindungen.

Der **Hauptbusbahnhof** (96 Ð Hung Vuong) liegt 1 km westlich vom Stadtzentrum. Hier starten hauptsächlich Regionalbusse. Von Ausländern wird stets zu viel Geld verlangt. Busse fahren nach Da Nang (18 000 VND, 1 Std.), Quang Ngai und zu anderen Zielen. Häufigere Verbindungen nach Da Nang gibt's vom **Nordbusbahnhof** (Ð Le Hong Phong) aus.

FLUGZEUG Der nächste Flughafen ist 45 Minuten entfernt in Da Nang.

Unterwegs vor Ort

In Hoi An kommt man am besten zu Fuß voran, denn die Altstadt ist kompakt und fußgängerfreundlich. Um die Umgebung zu erkunden, leiht man ein Fahrrad (20 000 VND pro Tag). Die Route Richtung Osten zum Cua-Dai-Strand ist malerisch und führt an Reisfeldern sowie einer Flussmündung vorbei.

Ein Motorrad ohne/mit Fahrer kostet etwa 5/12 US$ pro Tag. Für ein Taxi zum Strand muss man 50 000 VND einplanen.

GEFÜHRTE TOUREN RUND UM HOI AN

Die immergrüne, typisch vietnamesische Landschaft und die kleinen Straßen rund um Hoi An warten regelrecht darauf, erkundet zu werden, und es gibt mehrere hervorragende Reiseveranstalter, die Ausflüge in der Region anbieten.

Motorrad- und Fahrradtouren erfreuen sich großer Beliebtheit, denn besser als auf zwei Rädern kann man die Gegend nicht erleben. **Hoi An Motorbike Adventures** (391 1930; www.motorbiketours-hoian.com; 54a Đ Phan Chu Trinh; Touren 35–910 US$) hat sich auf Exkursionen mit kultigen Minsk-Motorrädern spezialisiert. Die Guides kennen sich in der Region gut aus und fahren über schöne Nebenstraßen und Wege am Fluss.

Auch die Fahrradtrips von **Heaven & Earth** (386 4362; www.vietnam-bicycle.com; 57 Đ Ngo Quyen, An Hoi; Touren 15–19 US$) sind gut durchdacht und nicht zu anstrengend. Sie führen ins Delta des Song-Thu-Flusses und nutzen u. a. Boote und schwimmende Brücken. Das Büro liegt in Hoi An 250 m südlich der Brücke.

Love of Life (393 9399; www.hoian-bicycle.com; 95 Đ Phan Chu Trinh; Touren 19 US$) organisiert ebenfalls schöne Radtouren entlang ruhiger Landstraßen, vorbei an Gemüsegärten, Garnelenteichen und Fischerdörfern.

In der Nähe des Cua-Dai-Strands veranstaltet **Hoi An Eco Tour** (392 8900; www.hoianecotour.vn; Phuoc-Hai-Dorf; Touren 35–70 US$) Ausflüge auf dem Fluss, bei denen man die traditionelle Leben in Phuoc Hai kennenlernt und sich beim Fischen oder Paddeln eines Korbboots versuchen kann. Zum weiteren Programm gehören Fahrradtouren bzw. Bootsfahrten bei Sonnenauf- bzw. Sonnenuntergang. Das Dorf befindet sich 5 km westlich von Hoi An.

Active Adventures (391 1930; www.homestay-vietnam.com; 54a Đ Phan Chu Trinh; Touren 90–250 US$) bietet Ausflüge in amerikanischen Jeeps an, die in ein Stammesdorf der Co Tu führen. Übernachtet wird bei einer Gastfamilie im Stelzenhaus. In der Gegend gibt's heiße Quellen und schöne Wanderwege. Das Unternehmen will zukünftig auch Kajaktouren arrangieren.

Toll ist auch der Besuch der idyllischen Cham-Inseln in der Saison von März bis September. Beide Tauchschulen in Hoi An veranstalten Ausflüge dorthin.

BOOT Eine Bootsfahrt über den Thu-Bon-Fluss kann ein faszinierendes Erlebnis sein. Für einen Kahn mit Ruderer zahlt man pro Stunde (das langt zumeist auch schon) ca. 60 000 VND. Im Rahmen einiger gebuchter Touren nach My Son kehrt man mit einem Boot zurück.

Außerdem kann man Motorboote (120 000–170 000 VND pro Stunde) für kleine Gruppen ausleihen, um Handwerks- und Fischerdörfer in der Gegend zu besuchen. Viele Kapitäne werden versuchen, einen auf ihr Schiff zu locken. Sie warten im Zentrum Hoi Ans am Ufer zwischen der Cam-Nam-Brücke und der An-Hoi-Brücke.

TAXI Die Fahrzeuge von **Hoi An Taxi** (391 9919) und **Mai Linh** (392 5925) sind mit Taxametern ausgestattet.

Rund um Hoi An

THANH HA

In diesem kleinen, schon lange für die Herstellung von Töpferwaren bekannten Dorf leben etwa 70 Familien. Mittlerweile ist die Nachfrage jedoch gesunken und viele Bewohner, die sich früher um die Erzeugung von Back- und Ziegelsteinen kümmerten, haben das Touristengeschäft für sich entdeckt. Nun fertigen sie Krüge und Souvenirs an. Die Töpfer haben nichts dagegen, wenn man ihnen bei ihrer schweißtreibenden und anstrengenden Arbeit über die Schulter guckt, wobei es ihnen natürlich lieb ist, wenn man außerdem etwas kauft.

Thanh Ha befindet sich 3 km westlich von Hoi An und ist gut mit dem Fahrrad oder auf der Rückfahrt von My Son zu erreichen.

CAM-KIM-INSEL

Die Meister der Holzschnitzerei, deren kunstvolle Arbeiten in früheren Jahrhunderten Häuser der Kaufleute Hoi Ans und öffentliche Gebäude der Stadt zierten, stammten aus dem Dorf Kim Bong auf der Cam-Kim-Insel. Fast alle Schnitzarbeiten, die man in Hoi An kaufen kann, werden hier hergestellt.

Boote auf die Insel fahren vom Kai auf der Đ Bach Dang in Hoi An (15 000 VND, 30 Min.) ab. Es lohnt sich auch, das Dorf und das recht ländliche Eiland per Fahrrad zu erkunden.

CUA-DAI-STRAND

Richtung Osten geht's von Hoi An durch Reisfelder und 5 km an mäandernden Fluss entlang zu goldenen Sandstränden. Die von Palmen gesäumte Küste zieht sich im Norden bis nach Da Nang und es gibt hier noch einige wunderbar unberührte Abschnitte.

Der Cua-Dai-Strand liegt Hoi An am nächsten. Vor Ort wird umfangreich erschlossen und gebaut, deshalb verzichtet man am besten auf einen Besuch. Außerdem warten Scharen aufdringlicher Verkäufer auf Touristen, denen man selbst mit iPod und Augenmaske nicht entgehen kann. Es gibt einige Fischrestaurants und den Zero-SeaMile-Club, aber ganz in der Nähe locken schönere Lokalitäten. Der 5 km lange Küstenstreifen Richtung Süden zum Hafen Cua Dai (von wo die Boote zu den Cham-Inseln abfahren) wird zurzeit komplett umgewandelt. Über den Sanddünen schießen mehrere Fünf-Sterne-Resorts aus dem Boden. Ein Riesenproblem ist die Küstenerosion: Wegen der schrumpfenden Strände und der damit einhergehenden baulichen Schwierigkeiten mussten bereits mehrere Hotels ihre Eröffnungszeremonien um Jahre verschieben.

Das am Ufer gelegene Zero SeaMile (www.zeroseamile.com; ☎☒) wartet mit einer großen überdachten Tanzfläche, die eine frische Meeresbrise abbekommt, einer stilvollen Deko und sogar einem Pool auf. Allzu viel sollte man aber nicht erwarten, denn es schallen zumeist die üblichen Party- und Chartsongs aus den Boxen. Tagsüber ist der Club zum Essen und Trinken geöffnet. Von April bis September pendeln ab Mitternacht stündlich kostenlose Busse von bzw. zur Bar Before & Now in Hoi An.

🛏 Schlafen

Victoria Hoi An Resort   STRANDRESORT $$$
(☎392 7040; www.victoriahotels.asia; Zi./Suite ab 170/260 US$; ✴❄@☎☒) Das etablierte Hotel am Strand kombiniert französische Kolonialarchitektur mit dem Stil Hoi Ans und verwöhnt mit erlesenem Geschmack sowie Komfort. Die Zimmer sind ausgesprochen nobel, modern und bis ins Detail perfekt gestaltet. Einige haben Teakholzböden und Jacuzzis. Weitere Verlockungen sind der 30 m lange Pool am Meer und mehrere Tennisplätze.

Hoi An Riverside Resort   HOTEL $$$
(☎386 4800; www.hoianriverresort.com; 175 Đ Cua Dai; Zi. ab 115 US$; ✴❄@☎☒) Mit seinen stilvollen, schön gestalteten Zimmern samt Hartholzböden bietet dieses Hotel ein tolles Preis-Leistungs-Verhältnis. Viele Räume haben einen Balkon direkt über dem Fluss. Das gut geführte Haus liegt 1 km vom Strand entfernt und wartet mit einem erstklassigen Restaurant sowie Massage- und Fitnessmöglichkeiten auf.

AN-BANG-STRAND

An Bang erstreckt sich 3 km nördlich von Cua Dai und entwickelt sich immer mehr zu einem der angesagtesten und angenehmsten Strände Vietnams. Der Weg dorthin ist verwahrlost, doch wenn man erst mal geparkt hat und zum Meer läuft, versteht man schnell die Begeisterung. Der Blick fällt auf einen wunderbaren Streifen mit schönem Sand, den riesigen, leeren Ozean und einen gewaltigen Horizont, auf dem nur die Cham-Inseln in der Ferne die Symmetrie unterbrechen.

Immer mehr coole kleine Strandbars mit Restaurants eröffnen hier und alles ist für den großen Aufbruch bereit. Während unseres Besuchs wurden Touristen nicht von Verkäufern belästigt, doch das wird sich wahrscheinlich mit An Bangs zunehmender Beliebtheit ändern. Glücklicherweise ist die Küste weiter nördlich – ein herrlicher breiter Sandstreifen mit Kasuarinen- und Schraubenbäumen, an dem einige der merkwürdigen Korbboote einheimischer Fischer liegen – nach wie vor unberührt.

🛏 Schlafen

Am Strand sind ein Novotel und verschiedene andere Luxushotels im Bau, allerdings hat die Küstenerosion zahlreiche Bauprojekte verzögert.

Nam Hai   HOTEL $$$
(☎394 0000; www.thenamhai.com; Dien-Duong-Dorf; Villen/Poolvillen ab 525/845 US$; ✴❄@☎☒) In diesem luxuriösen Strandtempel 8 km nördlich von An Bang und 15 km von Hoi An kann man sich über drei Pools (ei-

SICHER SCHWIMMEN

An der Küste östlich von Hoi An kann das Meer sehr rau werden, besonders von Oktober bis März. Viele Einwohner geraten bei schwerer See in Schwierigkeiten, die immer wieder zu Todesfällen führen. Im Mai 2011 wurden vier Rettungsschwimmer angestellt und ein Wachtturm errichtet, trotzdem ist Vorsicht angebracht.

ner davon beheizt), einen Butlerdienst, riesige Villen mit allem modernen Zubehör und privaten Tauchbecken, hervorragende Fitnesseinrichtungen und ein hervorragendes Spa (wir empfehlen die vierhändige Jade-Massage) freuen. Das alles hat natürlich einen frappierenden Preis, doch dafür ist der Service sowohl durchdacht als auch exzellent.

🍴 Essen & Ausgehen

Jeden Monat eröffnen im angesagten An Bang neue Hotels, darum dürften bis zur nächsten Auflage dieses Reiseführers etliche neue entstanden sein. In den Wintermonaten ist die Gegend viel ruhiger.

LP TIPP **Soul Kitchen** INTERNATIONAL $$
(📞0906 440 320; www.soulkitchen.sitew.com; Mahlzeiten 70 000–160 000 VND; ⊗Mo abends geschl.; 📶) Das wunderbare Strandrestaurant befindet sich in exklusiver Lage über den Wellen und hat eine täglich wechselnde Karte. Tagesangebote werden mit Kreide auf eine Tafel geschrieben, darunter z. B. Sardellen-Carpaccio, Hühnchen mit Kartoffelpüree und grüner Pfeffersoße oder Meeresfrüchtesalat. Außerdem gibt's gute Weine und Cocktails mit und ohne Alkohol. Für die hier lebenden Ausländer ist das Lokal mit dem grasbewachsenen Garten ein wichtiger Treffpunkt. Der Speisebereich liegt unter einem Strohdach.

La Plage INTERNATIONAL $
(📞392 8244; www.laplagehoian.com; Snacks/Mahlzeiten 60 000/100 000 VND; 📶) Dieses schlichte Restaurant aus Bambus und Stroh wird von französisch-vietnamesischen Besitzern geführt und eignet sich wunderbar für einen entspannten Tag am Meer. Zu den hier servierten köstlichen Snacks gehören *croque monsieur/madame* (raffinierte Käse- und Schinken-Toasts; die *madame* wird zusätzlich mit einem gebratenen oder pochierten Ei belegt), *tartine du pêcheur* (belegtes Sandwich mit Fisch) und *merguez* nach arabischer Art (scharfe Würstchen) mit Fritten. Es gibt immer ein Tagesangebot mit frischem Fisch, englisches Frühstück, Cocktails, Pastis und französische Weine.

Luna D'Autunno ITALIENISCH $$
(Mahlzeiten 10–15 US$; 📶) In dem schönen neuen italienischen Lokal kommen authentische Pasta, Salate, Fleischgerichte und die beste Holzofenpizza Zentralvietnams auf den Tisch! Das Restaurant liegt dicht hinter der Küste.

CHAM-INSELN
📍 0510 / 2700 EW.

15 km vor der Küste von Hoi An erstreckt sich eine atemberaubende Gruppe von Granitinseln, die friedlichen Cham-Inseln. Erfreulicherweise sind sie kaum erschlossen, allerdings wird sich das in den nächsten Jahren ändern, deshalb sollte man besser schnell herkommen. Bis vor Kurzem waren sie für Touristen geschlossen und standen unter Militäraufsicht, inzwischen kann man sie aber auf einem Tagesausflug besuchen, in den Riffen tauchen oder schnorcheln und auch vor Ort übernachten. Die hinreißenden Inselchen inmitten der aquamarinblauen See können nur etwa sieben Monate im Jahr erreicht werden (von März bis September), in der restlichen Zeit verhindert das raue Meer die Anfahrt.

Nur die Hauptinsel Hon Lao ist bewohnt, die anderen sieben Eilande sind winzige felsige Fleckchen, überwuchert von dichtem Gebüsch. Im Meer gibt's eine vielfältige Unterwasserwelt mit 135 Hart- und Weichkorallenarten sowie buntem Makroleben. Inzwischen sind die Inseln als Meerespark geschützt. Als wichtigste Wirtschaftszweige gelten der Fischfang und das Sammeln von Vogelnestern (für Suppen).

Bai Lang, Hon Laos kleiner Hafen, ist im Prinzip die einzige Ortschaft, wenn man mal von zwei entlegenen Weilern absieht. Lange Zeit diente das hübsche, sehr entspannte und üppig grüne Dorf, das leewärts liegt, Bootsleuten als Zuflucht im Südchinesischen Meer. Es macht Spaß, durch die Gassen zu bummeln, denn die relaxte Atmosphäre und das gemächliche Tempo des hiesigen Lebens wirken wie ein Heilmittel auf die vom Herumreisen erschöpften Traveller. In Bai Lang befinden sich alle drei Pensionen der Insel.

⊙ Sehenswertes & Aktivitäten

Ong Ngu TEMPEL
Der winzige, aber sehr ungewöhnliche Tempel Ong Ngu ist Bai Langs einzige richtige Sehenswürdigkeit. Sein schlichtes Aussehen verrät nichts von seiner faszinierenden Geschichte, denn er ist Walen (und Walhaien) gewidmet, die es rund um die Cham-Inseln einst im Überfluss gab. Die Einheimischen beteten die Wale als ozeanische Gottheiten an, damit sie ihnen Schutz auf dem Meer gewährten. Wenn ein Kadaver an Land gespült wurde, reinigten sie die Knochen und führten am Tempel eine aufwendige Zeremonie durch, ehe sie die Knochen begruben. Ähnli-

DAS KÖNIGREICH CHAMPA

Das Königreich Champa hatte seine Blütezeit vom 2. bis zum 15. Jh. Es entstand in der Gegend des heutigen Da Nang und breitete sich Richtung Süden bis nach Nha Trang und Phan Rang aus. Champa war durch Handelsverbindungen von Indien beeinflusst: Das Königreich nahm den Hinduismus an, verwendete Sanskrit als heilige Sprache und orientierte sich an der indischen Kunst.

Weil die Cham nicht genügend fruchtbares Ackerland hatten, griffen sie vorbeifahrende Schiffe an. Infolgedessen befanden sie sich permanent im Krieg mit den Vietnamesen im Norden und den Khmer im Südwesten. Im 12. Jh. befreiten sie sich erfolgreich aus der Khmer-Herrschaft und im 17. Jh. gingen sie vollständig im vietnamesischen Volk auf.

Die vielen Cham-Heiligtümer aus Ziegelsteinen (Türme), die sich über den gesamten Süden verteilen, sind weithin bekannt. Im Cham-Museum in Da Nang kann man die größte Sammlung von Kunstwerken besichtigen. My Son gilt als die bedeutendste Stätte, weitere Ruinen findet man in Qui Nhon und Umgebung, Tuy Hoa, Nha Trang, Thap Cham und in Mui Ne mit den Po-Shanu-Türmen.

Mit 140 000 Angehörigen stellen die Cham bis heute eine große ethnische Minderheit in Vietnam. Sie leben vorwiegend in der Gegend von Phan Rang. Elemente ihrer Kultur haben sich bis heute sichtbar in der Töpferei, Fischerei, Zuckerproduktion, Bewässerung, Seidenherstellung und Architektur entlang der Küste sowie im Reisanbau niedergeschlagen. Heute leben sowohl muslimische als auch hinduistische Cham in Vietnam, zudem werden die Türme der Hindu-Cham im Süden noch immer als Stätten des Gebets genutzt.

che Rituale finden in Mui Ne, Vung Tau und in anderen Küstengegenden Vietnams statt. Leider werden heute rund um die Cham-Inseln nur noch selten Wale gesichtet.

Strand
SCHWIMMEN

Ein Sandweg führt von Bai Lang 2 km Richtung Südwesten an einigen tollen kleinen Buchten vorbei bis zu einem schönen geschützten Strand. Dort kann man wunderbar im azurblauen Wasser schwimmen und im feinen Sand oder unter den Strohsonnenschirmen des hervorragenden Cham Restaurant in der Hängematte relaxen. Andere Wege winden sich hinauf in die bewaldeten Hügel hinter Bai Lang.

Tauchgänge
TAUCHEN

Es ist keine Überraschung, dass Taucher und Schnorchler zu den häufigsten Besuchern der Inseln zählen. Die Bedingungen sind zwar nicht erstklassig (die Sicht kann schlecht sein und Überfischung stellt ein Problem dar), aber dennoch reizvoll: Im Wasser leben zahlreiche endemische Arten, darunter 84 Mollusken- und 202 Fischarten. Touren und Übernachtungen können in Hoi Ans Tauchzentren arrangiert werden, z. B. im **Cham Island Diving Center** (391 0782; www.chamislanddiving.com; 88 Ð Nguyen Thai Hoc, Hoi An), dessen Angebot häufig empfohlen wird: Ein Tagesausflug inklusive Schnorcheln, einer kurzen Wanderung, Mittagessen und Zeit am Strand kostet 40 US$.

Schlafen & Essen

An der Südwestspitze der Insel hat bereits der Bau eines riesigen neuen Vier-Jahreszeiten-Resorts begonnen, vor 2013 oder 2014 dürfte es aber kaum fertig werden.

Luu Ly
PENSION $

(393 0240; Zi. mit Gemeinschaftsbad 200 000 VND) Tolle neue Unterkunft mit ordentlichen kleinen Zimmern samt Moskitonetzen, Fernsehern und Garderoben. Für 200 000 VND können sich Gäste drei Mahlzeiten pro Tag zubereiten lassen. Es gibt einen Notstromgenerator.

Thu Trang
PENSION $

(393 0007; Zi. mit Gemeinschaftsbad 200 000 VND) Das saubere, ordentliche Thu Trang direkt beim Waltempel ist nach dem Luu Ly die zweite Wahl. Leider wird es in den Zimmern sehr warm, zudem fällt der Strom häufiger aus. Auch hier kann man sich verpflegen lassen (200 000 VND für drei Mahlzeiten).

Cham Restaurant
RESTAURANT $

(224 1108; Mahlzeiten 50 000–90 000 VND) An einem umwerfenden Sandstrand 2 km außerhalb des Ortes bietet das Cham Restaurant köstliche vietnamesische Gerichte, darunter viele mit Fisch oder Meeresfrüchten. Am besten ruft man vorher an und bestellt das Essen, damit die Zutaten rechtzeitig besorgt werden können.

ℹ An- & Weiterreise

Die öffentlichen Boote zu den Inseln legen in Bai Lang an. Es gibt eine planmäßige Verbindung von Đ Bach Dang in Hoi An (20 000 VND, 2 Std., tgl. 7.30 Uhr), allerdings wird Ausländern regelmäßig zu viel Geld abgeknöpft – bis zu 100 000 VND. Bei schwerer See fahren die Boote nicht. Besucher müssen eine Kopie des Reisepasses sowie des Visums mitbringen, weil der Kapitän nur so eine Erlaubnis für den Inselbesuch bekommt.

Tourveranstalter verlangen für Ausflüge zur Insel 25 bis 40 US$.

My Son

My Son (Eintritt 60 000 VND; ⊙ 6.30–16 Uhr), Vietnams Stätte mit den größten Cham-Ruinen, liegt in einem zauberhaften, üppig-grünen Tal, über dem der Katzenzahnberg (Hon Quap) aufragt. Die Tempel sind in einem schlechten Zustand, nur 20 von mindestens 68 Bauwerken blieben überhaupt erhalten. Dank ihres intimen Charakters ist die von sprudelnden Bächen umgebene Anlage aber trotzdem faszinierend.

Einst galt My Son als wichtigstes intellektuelles und religiöses Zentrum des Champa-Königreiches. Möglicherweise diente es als Begräbnisstätte für die Cham-Könige. Im späten 19. Jh. entdeckten es die Franzosen und restaurierten Teile des Komplexes, doch amerikanische Bomben zerstörten die Tempel. Heute steht My Son auf der Liste der Unesco-Welterbestätten.

Bei den Ruinen ist oft viel los, daher sollte man sehr früh oder spät herkommen. Wer sich um 5 oder 6 Uhr morgens in Hoi An auf den Weg macht, kommt bei Sonnenaufgang an und fährt wieder zurück, wenn die ersten Reisegruppen eintreffen.

Die großen **Ausstellungsgebäude** zeigen Steine mit Sanskrit-Inschriften und historische Erläuterungen (z. B. zu den Frisuren der Cham-Frauen und eine große Karte).

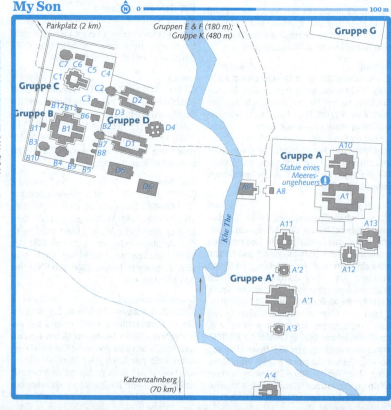

Archäologen haben die Fundstellen in My Son in zehn Hauptgruppen unterteilt und jeder Gruppe einen Buchstaben gegeben: A, A', B, C, D, E, F, G, H und K. Die einzelnen Gebäude der zehn Einheiten sind mit einer Ziffer versehen.

Nur einige wenige Bauten sind ordentlich beschildert, zudem gibt's auf dem Gelände kaum Infotafeln.

Geschichte

My Son (gesprochen *mi san*) wurde unter König Bhadravarman im späten 4. Jh. ein religiöses Zentrum und war bis zum 13. Jh. kontinuierlich bewohnt. Keine andere Kulturstätte in Südostasien hatte eine längere Wirkungsperiode. Viele Tempel waren Cham-Königen und Göttern geweiht, insbesondere Shiva, dem Begründer und Beschützer der Champa-Dynastien.

Da manche der Verzierungsarbeiten in My Son nie fertig geworden sind, wissen die Archäologen, dass die Cham zuerst die Gebäude errichteten und anschließend die Dekoration ins Mauerwerk einbrachten.

Eine Zeit lang bedeckten die Cham Turmspitzen komplett mit einer Goldschicht. Nachdem die Anlage dem Verfall ausgesetzt war, verloren viele der Tempel ihre Pracht. Glücklicherweise brachten die Franzosen einige der verbliebenen Skulpturen und Objekte ins Cham-Museum nach Da Nang, denn während des Vietnamkriegs benutzte der Vietcong My Son als Stützpunkt und im amerikanischen Bombenhagel wurden viele der wichtigsten Bauwerke zerstört.

GRUPPE C

C1 aus dem 8. Jh. diente der Anbetung Shivas, der hier in menschlicher Gestalt dargestellt ist. Auf dem Altar im Inneren stand früher eine Shiva-Statue, die sich jetzt in Da Nang im Cham-Museum befindet. Die in die Außenmauern geritzten Motive sind typisch für das 8. Jh. Angesichts des großen Bombenkraters davor wundert man sich, dass überhaupt noch etwas steht.

GRUPPE B

Das größte *kalan* (Haupttheiligtum), **B1**, war Bhadresvara geweiht. Dieser Name ist eine Kurzform von König Bhadravarman; er ließ den ersten Tempel in My Son errichten, kombiniert mit „-esvara", was so viel wie Shiva bedeutet. Das erste Bauwerk entstand im 4. Jh., wurde im 6. Jh. zerstört und im 7. Jh. wiederaufgebaut. Erhalten ist nur ein Fundament aus großen Sandsteinblöcken aus dem 11. Jh. In den Wandnischen standen Lampen, denn Cham-Heiligtümer besaßen keine Fenster. Bei Ausgrabungsarbeiten 1985 entdeckte man 1 m unterhalb des jetzigen Standorts das Linga im Inneren.

In **B5** aus dem 10. Jh. wurden heilige Bücher und Gegenstände für Zeremonien aufbewahrt, die in B1 stattfanden. Das bootsförmige Dach – Bug und Heck sind abgefallen – belegt den malaysisch-polynesischen architektonischen Einfluss. Anders als die Heiligtümer hat dieses Gebäude Fenster und das Cham-Mauerwerk im Inneren ist original erhalten. Über den Fenstern in der äußeren Mauer, die ans Gebäude B4 angrenzt, befindet sich ein Relief aus Ziegeln mit zwei Elefanten unter einem Baum, in dem zwei Vögel sitzen.

Die Verzierung der äußeren Wand von **B4** dient als hervorragendes Beispiel für den typisch dekorativen Stil der Cham im 9. Jh., der angeblich Würmer darstellt. Man findet nichts Vergleichbares aus anderen südostasiatischen Kulturen.

B3 hat ein indisch beeinflusstes pyramidenförmiges Dach, wie es für Cham-Türme charakteristisch ist. In **B6** steht ein wannenförmiges Becken, in dem heiliges Wasser gesammelt wurde, das man über das Linga in B1 goss. Es ist das einzige bekannte Exemplar eines Cham-Beckens. **B2** ist ein Tor.

Auf dem Gelände von Gruppe B befinden sich außerdem kleine Tempel, **B7** bis **B13**. Sie waren Göttern der Kompassrichtungen (*dikpalaka*) geweiht.

GRUPPE D

Heute beherbergen die Gebäude **D1** und **D2**, früher Meditationshallen, kleine Ausstellungen von Cham-Skulpturen.

GRUPPE A

Gruppe **A** wurde durch US-amerikanische Bomben fast völlig vernichtet. Einheimischen zufolge trotzte das massive Bauwerk **A1**, das als wichtigstes Monument in My Son galt, lange Zeit den Luftangriffen und wurde schließlich gezielt von einer Pioniertruppe aus einem Helikopter zerstört. Heute sind nur eingestürzte Steinmauern übrig. Nach der Zerstörung von A1 schrieb Philippe Stern, ein Experte für Cham-Kunst, einen Protestbrief an den amerikanischen Präsidenten Nixon. Daraufhin befahl dieser den US-Truppen, solche Monumente zukünftig zu verschonen.

A1 war das einzige Cham-Heiligtum mit zwei Türen. Eine war nach Osten zu den Hindugöttern ausgerichtet, die andere blickte nach Westen zu den Gruppen B, C und D und zu den Seelen der Ahnenkönige, die hier standesgemäß begraben wurden. In A1 befindet sich ein Steinaltar. Zwischen den Ruinen kann man noch etwas von dem einzigartigen, für das 10. Jh. charakteristischen Mauerwerk erkennen. Im unteren Bereich von A1, an der zu A10 gerichteten Seite, entdeckt man die Schnitzerei einer kleinen betenden Figur zwischen zwei runden Säulen und mit einem *kala-makara* (Meeresungeheuer) aus Java darüber, im Stil des 9. Jhs. verziert.

WEITERE GRUPPEN

Die Gruppe A' stammt aus dem 8. Jh. Sie ist überwuchert und nicht zugänglich. An der Gruppe G finden Restaurierungsarbeiten statt und über den Tempeln aus dem 12. Jh. wurden Gerüste und Dächer errichtet. Gruppe E wurde vom 8. bis zum 11. Jh. errichtet, während Gruppe F ins 8. Jh. datiert. Beide litten sehr unter den Bombardements. Wenn man dem Pfad Richtung K, einem kleinen frei stehenden Turm, folgt, gelangt man zurück zum Parkplatz.

 An- & Weiterreise

AUTO My Son liegt 55 km von Hoi An entfernt. Ein Mietauto mit Fahrer kostet 35 US$.
BUS & MINIBUS Fast jedes Hotel in Hoi An kann einen Tagesausflug nach My Son (4–7 US$) arrangieren. Minibusse starten um 8 Uhr und kehren zwischen 13 und 14 Uhr zurück. Wer eine Tour mit Bootsfahrt für die Rückfahrt wählt, sollte eine Stunde mehr einplanen.
MOTORRAD Die Stätte ist gut ausgeschildert, sodass man sie leicht findet, wenn man mit dem eigenen Motorrad herkommt. Für eine xe-om-Fahrt von Hoi An muss man mit mindestens 150 000 VND rechnen (inklusive Wartezeit).

Tra Kieu (Simhapura)

Das Simhapura (Löwenzitadelle) genannte Tra Kieu war vom 4. bis zum 8. Jh. die erste Hauptstadt des Cham-Reiches. Heute ist außer rechteckigen Schutzwällen nichts mehr von diesem Ort erhalten. Hier fand man zahlreiche Kunstgegenstände, darunter feinste Schnitzereien, die in Da Nangs Cham-Museum bestaunt werden können.

Auf dem Gipfel des Buu-Chau-Hügels thront die moderne Bergkirche (Nha Tho Nui). Sie wurde 1970 gebaut, um eine frühere Kirche zu ersetzen, die von amerikanischen Bomben zerstört worden war. Hier oben genießt man einen herrlichen Ausblick. Die Kirche liegt 200 m vom morgendlichen Markt (Cho Tra Kieu) entfernt.

In der Tra-Kieu-Kirche (Dia So Tra Kieu) aus dem 19. Jh. ist ein Museum (Van Hoa Cham) mit einer Cham-Ausstellung untergebracht. Ein Priester hat die von Einheimischen gesammelten Stücke zusammengesucht. Die Artefakte werden in einem abgeschlossenen, verstaubten Raum aufbewahrt, der sich im zweiten Stock des Gebäudes rechts der Kirche befindet. Einheimische glauben, dass sich dort 1885 ein Wunder ereignet hat: Katholische Dorfbewohner, die von antifranzösischen Kräften angegriffen wurden, sahen die Vision einer Dame in Weiß, die sie für Maria hielten. Sie soll die Menschen während des intensiven Beschusses beschützt haben. Um zur Kirche zu kommen, folgt man den Schildern von der Bergkirche.

Tra Kieu befindet sich 6,5 km von der Nationalstraße 1 und 19,5 km von My Son entfernt. Einige Tagesausflüge von My Son nach Hoi An beinhalten einen Zwischenstopp in Tra Kieu.

Chien Dan

Die eleganten Cham-Türme bei Chien Dan (Chien Dan Cham; Nationalstraße 1; Eintritt 12 000 VND; ⊙Mo-Fr 8–11.30 & 13–17.30 Uhr) erheben sich direkt vor den Toren der Stadt Tam Ky auf einem weiten offenen Feld. Einziges Gebäude in der Nähe ist ein kleines Museum. Alle Heiligtümer (*kalan*) aus dem 11. und 12. Jh. blicken nach Osten und viele der dekorativen Friese auf den äußeren Mauern sind erhalten geblieben.

Der mittlere Turm war Shiva geweiht. Vorne im linken unteren Bereich erkennt man tanzende Mädchen und eine Kampfszene. Die grinsenden Gesichter hoch oben zwischen diesem und dem linken, Brahma geweihten Turm sowie die beiden Elefanten im hinteren Teil gelten als besonders sehenswert. Der Turm rechts ist Vishnu gewidmet.

Obwohl die Türme von dem Bombenhagel, der My Son verwüstete, verschont blieben, hinterließ der Vietnamkrieg auch hier deutliche Spuren, z. B. die vielen Einschusslöcher in den Wänden.

Auf der Straße nach Tam Ky, 47 km südlich von Hoi An, sieht man die selten besuchte Stätte auf der rechten Seite.

Südliche Zentralküste

Inhalt »

Quang Ngai	235
Qui Nhon	238
Rund um Cha Ban Cham	243
Tuy Hoa	244
Nha Trang	247
Phan Rang & Thap Cham	265
Ninh-Chu-Strand	268
Ca Na	268
Mui Ne	269
Phan Thiet	278
Long Hai	280
Vung Tau	281
Con-Dao-Inseln	286

Gut essen

» Veranda (S. 260)
» Lanterns (S. 259)
» Sandals Restaurant im Sailing Club (S. 260)
» La Taverna (S. 276)
» Lam Tong (S. 276)

Schön übernachten

» Full Moon Resort (S. 272)
» Cham Villas (S. 272)
» Violet Hotel (S. 257)
» Jungle Beach (S. 246)
» Six Senses Con Dao (S. 291)

Auf zur südlichen Zentralküste

Vietnams Küste ist kurvenreich, besonders in dieser Region, die als eines der neuen Küstenmekkas Asiens gilt und mit weiten unberührten Landschaften voll hoch aufragender Klippen sowie versteckter Buchten lockt. Viele der herrlichen Strände sind noch weitgehend unerschlossen, allerdings wird sich das wohl bald ändern.

Nha Trang, Mui Ne und Con Dao stehen bei Travellern hoch im Kurs, doch auch die Strände können in diesem Teil des Landes überzeugen. Während man sich mit Blick auf das türkisfarbene Meer im Sand räkelt und eine Massage oder einen Mojito genießt, glaubt man fast, im Paradies gelandet zu sein. Darüber hinaus gibt's zahlreiche Möglichkeiten, das geruhsame Dasein aufzupeppen. Zum Angebot gehören Tauchen, Schnorcheln, Wellenreiten oder Windsurfen, also kommen sowohl gemächliche Strandgänger als auch Adrenalinjunkies ganz auf ihre Kosten.

Reisezeit
Quang Ngai

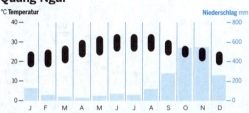

April Rund um die küstennahen Inseln vor Nha Trang kommen Taucher auf ihre Kosten.

Okt. Die Cham feiern *kate*, ihr Neujahrsfest, im Tempel von Po Klong Garai.

Dez. Weihachten in Mui Ne verspricht tolle Bedingungen zum Kite- und Windsurfen.

Highlights

1 Im Adrenalinmekka **Mui Ne** (S. 269) auf Sand oder im Meer surfen und kiteboarden

2 Nach einer Bootsfahrt zu den küstennahen Inseln in **Nha Trang** (S. 251) auf Kneipentour gehen

3 Auf den **Con-Dao-Inseln** (S. 286) Traumstrände erkunden, Schnorchelausflüge zu Korallenriffen machen und Motorradtouren entlang verlassener Küstenstraßen unternehmen

4 In der ergreifenden **Son-My-Gedenkstätte** (S. 236) den Grauen des Kriegs ins Auge blicken

5 Bei einer Autotour die Küste hinauf über die endlosen Sandstreifen von **Long Hai** (S. 280), **Ho Tram** (S. 280) und **Ho Coc** (S. 279) staunen

6 Im hübschen, bodenständigen **Qui Nhon** (S. 238) frische Meeresfrüchte probieren und sich an einsamen Stränden sonnen

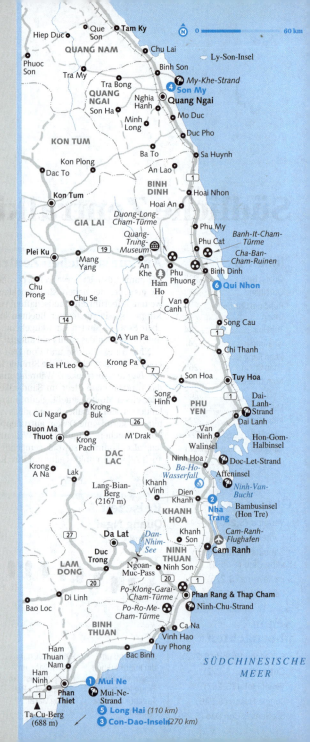

Quang Ngai

☎ 055 / 145 000 EW.

Quang Ngai, auch bekannt als Quang Nhia oder Quangai und Hauptstadt der gleichnamigen Provinz, erhielt erst 2005 den offiziellen Status als Stadt. Ihm haftet nicht ganz zu Unrecht das Image eines ländlichen Ortes an, bietet es doch keine besonderen Sehenswürdigkeiten. Daher unternehmen viele Urlauber nur einen kleinen Abstecher hierher. Die wenigen Touristen kommen meist nur, um den Opfern des Vietnamkriegs an der Son-My-Gedenkstätte ihre Ehre zu erweisen (s. S. 237). Womöglich liegt es an der düsteren Aura der Stadt, dass Besucher einen der unerschlossensten Strände des Landes, My Khe, trotz seiner Nähe zu Quang Ngai bisher fast völlig übersehen haben.

Vor dem Zweiten Weltkrieg war der Ort eine Hochburg des Widerstands gegen die Franzosen und diente den Vietnamesen während des Indochinakriegs (1946–54) als militärischer Stützpunkt. 1962 zwang die südvietnamesische Regierung alle Einwohner zur Umsiedlung in befestigte Dörfer. Dieses strategische Vorgehen schürte heftige Wut in der entwurzelten Zivilbevölkerung und brachte dem Vietcong breite Unterstützung ein. Einige der heftigsten Partisanenkämpfe gegen die Amerikaner fanden in dieser Gegend statt.

🛏 Schlafen

Wer unbedingt eine Nacht unter freiem Himmel verbringen möchte, hat am nahe gelegenen My-Khe-Strand (S. 237) die Möglichkeit dazu.

Central Hotel HOTEL $$
(☎ 382 9999; www.centralhotel.com.vn; 784 Đ Quang Trung; Zi. 40–80 US$; ✳@🛜🏊) Quang Ngais elegantestes Hotel bietet ein gutes Preis-Leistungs-Verhältnis. Zur Standardausstattung gehören einfache Duschen, es gibt jedoch auch eine luxuriöse Variante mit riesigen Badewannen. Zu den Extras zählen kostenfreies WLAN, ein Tennisplatz und ein großer Pool, in dem man für Olympia trainieren könnte.

Hung Vuong Hotel HOTEL $
(☎ 381 8828; 33 Đ Hung Vuong; Zi. 180 000–250 000 VND; ✳🛜) Die Besitzer dieser Budgetunterkunft, eine freundliche Familie, sprechen kaum Englisch, warten aber mit ordentlicher Qualität zu fairen Preisen auf. Wer ein bisschen tiefer in die Tasche greift, kann sich über herrlich geräumige Zimmer freuen.

Hung Vuong Hotel HOTEL $$
(☎ 371 0477; www.hungvuong-hotel.com.vn; 45 Đ Hung Vuong; Zi. 30–50 US$; ✳@🛜) Déjà-vu? In der Đ Hung Vuong sorgen zwei Hotels mit demselben Namen für Verwirrung. Gemessen an lokalen Verhältnissen ist dies die glamourösere Variante mit mehr als 64 großen, gut ausgestatteten Zimmern.

🍴 Essen

Die Quang-Ngai-Provinz ist berühmt für *com ga*, ein Gericht aus gedünstetem Hühnerfleisch auf gelbem, in Hühnerbrühe gekochtem Reis mit Minze, Eiersuppe und eingelegtem Gemüse. Bei diesem Essen muss man nicht mit Stäbchen herumhantieren, denn selbst die Einheimischen verspei-

---

VIETNAMS GROSSE MAUER

Die „Lange Mauer von Vietnam" erstreckt sich über 127 km durch das Hinterland der Provinzen Quang Ngai und Binh Dinh und ist der Weltöffentlichkeit erst seit Anfang 2011 bekannt. Das historische Bauwerk ist kürzer als die Chinesische Mauer, jedoch länger als der Hadrianswall in Großbritannien und gilt als das längste Monument Südostasiens.

2005 entdeckte Dr. Andrew Hardy, Leiter der École Française d'Extrême Orient (EFEO) in Hanoi, in einem Dokument von 1885 Hinweise auf die Mauer, die 1819 entstand. Sie soll ein Gemeinschaftsprojekt der Viet aus dem Tiefland und der Tre aus dem Hochland gewesen sein, die damit Handel und Steuern regulieren wollten. Im März 2011 wurde das Bauwerk zur nationalen Kulturerbestätte erklärt. Nun gibt's Pläne, es in Absprache mit English Heritage für den Tourismus zu öffnen. U. a. sollen Spazierwege entstehen und Privatunterkünfte organisiert werden, allerdings vergehen bis dahin wohl noch einige Jahre.

Derzeit kann man keine geführten Touren oder Guides hierher buchen. Wer Vietnams Große Mauer trotzdem besichtigen möchte, fragt am besten beim erfahrenen Anbieter Easy Riders in Hoi An, Nha Trang, Mui Ne oder Da Lat nach, ob er diese in eine individuelle Tour durch Quang Ngai integrieren kann.

sen das Ganze lieber mit dem Löffel. Ursprünglich stammt das Gericht aus dem weiter nördlich gelegenen Tam Ky. *Com-ga*-Restaurants gibt's in der ganzen Stadt, darunter das **Nhung 1** (474 Đ Quang Trung; Gerichte 20 000–35 000 VND), ein stets gut besuchtes Lokal an der Hauptstraße.

Das 1943 eröffnete, von einem freundlichen Besitzer geführte **Bac Son** (23 Đ Hung Vuong; Hauptgerichte 25 000–75 000 VND) wartet mit gutem vietnamesischen Essen und einer englischen Speisekarte auf. Nebenan befindet sich das ebenso empfehlenswerte und ganz ähnliche **Mimosa** (21 Đ Hung Vuong; Hauptgerichte 25 000–70 000 VND).

❶ Praktische Informationen

Deluxe Taxis (☏383 8383)

Hauptpost (80 Đ Phan Dinh Phung) Internetzugang.

Vietcombank (45 Đ Hung Vuong) Filiale im Hung Vuong Hotel mit Geldautomat.

❶ An- & Weiterreise

AUTO & MOTORRAD Straßenentfernungen von Quang Ngai in andere Städte: 100 km nach Hoi An, 174 km nach Qui Nhon und 412 km nach Nha Trang.

BUS Der **Busbahnhof** (Đ Le Thanh Ton) liegt südlich des Stadtzentrums, 50 m östlich der Đ Quang Trung. Von hier bestehen regelmäßige Verbindungen zu allen großen Haltestellen an der Nationalstraße 1, z. B. nach Da Nang (ab 35 000 VND, 2 Std.) und Qui Nhon (ab 60 000 VND, 3½ Std.). Wer mit einem Open-Tour-Bus reist, kann unterwegs aussteigen, muss dann allerdings selbst das Problem der Rückfahrt lösen.

FLUGZEUG Der Tam-Ky-Flughafen (VCL) befindet sich 36 km nördlich von Quang Ngai. **Vasco** (www.vasco.com.vn) fliegt für 1 200 000 VND nach Hanoi und für 1 050 000 VND nach HCMS. Ein Taxi mit Taxameter zum Flughafen kostet etwa 350 000 VND.

ZUG Züge halten am **Bahnhof** (Ga Quang Nghia; ☏382 0280; 204 Đ Nguyen Chi Thanh) 1½ km westlich der Stadtmitte und bedienen u. a. Da Nang (70 000 VND, 3 Std.), Qui Nhon (82 000 VND, 5 Std.) sowie Nha Trang (225 000 VND, 7 Std.).

Rund um Quang Ngai

SON MY (MY LAI)

Wie diese ruhige ländliche Landschaft zum Schauplatz abscheulicher Kriegsverbrechen werden konnte, ist bis heute schwer zu begreifen. Am frühen Morgen des 16. März 1968 überfielen US-Truppen vier Dörfer im Unterbezirk Son My und töteten 504 Dorfbewohner, darunter vor allem ältere Leute und Kinder. In Xom Lang (Thuan Yen) forderte der Massenmord die meisten Menschenleben, dort befindet sich heute auch die **Son-My-Gedenkstätte** (Eintritt 10 000 VND; ◐Mo–Fr 8–11.30 & 13–16.30 Uhr). Ein anderes Dorf gab dem Drama seinen Namen, an das sich die ganze Welt nur ungern erinnert: das My-Lai-Massaker.

In der Mitte der Gedenkstätte ragt dramatisch die Steinskulptur einer älteren Frau mit erhobener Faust auf; umgeben von Sterbenden und Verletzten hält sie ein totes Kind im Arm. Der Ort des Geschehens wurde rekonstruiert und führt der Nachwelt die Grausamkeit dieses schicksalhaften Tages vor Augen. Es sind ausgebrannte Häuserskelette und Schilder mit Namen und Alter der getöteten Menschen zu sehen. Zwischen den Ruinen windet sich ein farbig gestalteter Pfad aus Beton entlang, in den tiefe Stiefelabdrücke amerikanischer Soldaten und Spuren barfuß flüchtender Dorfbewohner eingeprägt sind. Allerdings wirkt dieser Bereich recht kitschig aufgemacht und ähnelt eher einer Filmkulisse als einer Gedenkstätte.

Das Massaker wurde von einem amerikanischen Kriegsfotografen festgehalten. Ein Teil seiner Bilder ist als Fotodokumentation in einem kleinen **Museum** vor Ort zu sehen. Bei aller Tragik der Ereignisse entdeckt man am Ende doch noch eine Schlussnote, die Hoffnung macht: Einige Bilder zeigen nämlich, wie die Menschen hier nach Kriegsende ihr Leben neu aufgebaut haben. Ein besonders gestalteter Abschnitt ist den GIs gewidmet, die versucht haben, das Blutbad zu verhindern, und sich als Schutzschild vor eine Gruppe todgeweihter Dorfbewohner stellten.

Die Straße nach Son My verläuft durch eine wunderschöne Landschaft mit Reisfeldern, unterbrochen von Parzellen mit Maniokstäuchern und Gemüsegärten im Schatten von Kasuarinen und Eukalyptusbäumen. Wer genau hinschaut, sieht da und dort immer noch die tiefen Bombenkrater. Auch die kahlen Bergkuppen sind traurige Nachwirkungen der Umweltzerstörung durch das Entlaubungsmittel Agent Orange im Vietnamkrieg.

Am besten erreicht man Son My mit Motorrad (100 000 VND inklusive Wartezeit) oder Taxi (350 000 VND inkl. Wartezeit). Ab Quang Ngai geht's auf der Đ Quang Trung (Nationalstraße 1) nordwärts, dann weiter über eine lange Brücke, die sich über den

DAS MASSAKER VON MY LAI

My Lai, 16. März 1968, 7.30 Uhr: Über der ganzen Gegend ist ein Bombenhagel niedergegangen, die Landezone gleicht nach Raketeneinschlägen und Maschinengewehrfeuer einem gepflügten Acker. Hubschrauber der amerikanischen Charlie Company landen westlich von Son My, bekannt als Vietcong-Festung. Der Angriff stößt auf keinerlei Widerstand und die US-Soldaten geraten während der ganzen Operation nicht einmal unter Beschuss. Trotzdem beginnen mit ihrem Vorstoß Richtung Osten grausame Verbrechen.

Als die erste Aufklärungstruppe des US-Militärs das Dorf Xom Lang durchkämmt, werden fliehende Bewohner erschossen oder mit Bajonetten getötet, Häuser und Schutzbunker mit Handgranaten angegriffen und niedergebrannt, Vieh niedergemetzelt. Soldaten treiben die unbewaffneten Dorfbewohner in Gruppen von 75 bis 150 Personen vor einem Graben zusammen und exekutieren sie.

In den folgenden Stunden gehen die Übergriffe weiter. Beteiligt sind die zweite und dritte Aufklärungstruppe sowie der Kommandostab. Während der ganzen Zeit kreisen Militärhubschrauber in der Luft, und draußen vor der Küste patrouilliert die US-Marine. Die Zivilbevölkerung, darunter Frauen und Kinder, wird gejagt und niedergeschossen, flüchtende Dorfbewohner laufen auf dem Weg nach Quang Ngai direkt in den Kugelhagel. Außerdem werden mindestens vier Mädchen und Frauen von US-Soldaten vergewaltigt.

Laut vietnamesischer Berichte wurden bei dem Massaker insgesamt 504 Vietnamesen getötet, die US-Armee hingegen spricht von 347 Toten.

Obwohl die beteiligten Truppen nichts davon bekannt werden lassen sollten, ließen sich einige Soldaten nach ihrer Rückkehr nicht mundtot machen und gingen mit ihren Erlebnissen an die Öffentlichkeit, u. a. Hubschrauberpilot Hugh Thompson Jr., der an jenem verhängnisvollen Tag mehreren Frauen und Kindern das Leben retten konnte. Die Schlagzeilen wirkten sich nicht nur fatal auf die Militärmoral aus, sondern heizten auch die Antikriegsproteste in der amerikanischen Bevölkerung an. Dass die US-Armee im „Auftrag" des vietnamesischen Volkes gekämpft hatte, war so kaum zu vermitteln. Im Gegensatz zu den ruhm- und glorreichen Kriegsveteranen des Zweiten Weltkriegs wurden die Vietnamheimkehrer nun oft als „Babymörder" geächtet.

Auf allen Ebenen der US-Militäradministration versuchte man die Gräueltaten zu vertuschen, trotzdem fanden Nachforschungen statt. Willliam Calley, der die erste US-Aufklärungstruppe angeführt hatte, wurde als Hauptverantwortlicher vors Militärgericht gestellt und des Mordes an 22 unbewaffneten Zivilisten für schuldig befunden. 1971 zu lebenslanger Haft verurteilt, sollte er noch drei Jahre unter Hausarrest auf den Ausgang des Berufungsverfahrens warten. 1974 erfolgte schließlich seine Begnadigung, nachdem der Oberste Gerichtshof die Anhörung seines Falles abgelehnt hatte. Der Fall Calley ist und bleibt kontrovers – in den Augen vieler Menschen musste er aufgrund seines relativ niedrigen Ranges nur als Sündenbock herhalten. Die Drahtzieher des Massakers müssen höhere Offiziere gewesen sein. Sicher ist, dass Calley nicht allein gehandelt hat.

Die ganze Geschichte dieser Gräueltaten erzählen Michael Bilton und Kevin Sim in ihrem mitreißenden Buch *Four Hours in My Lai*, das 2006 von Jerry Bruckheimer verfilmt wurde.

Tra-Khuc-Fluss spannt. Bei der nächsten Ausfahrt fährt man rechts Richtung Osten ab. Dort weist eine dreieckige Betonstele den Weg auf eine 12 km lange Straße entlang des Flusses.

MY-KHE-STRAND

Es liegen Welten zwischen der andächtigen Atmosphäre der Son-My-Gedenkstätte und dem My-Khe-Strand (nicht zu verwechseln mit dem gleichnamigen Strand bei Da Nang) nur ein paar Kilometer die Straße herunter. Dieses Paradies aus weißem Sand und glasklarem Wasser zieht sich kilometerweit einen schmalen, von Kasuarinen gesäumten Küstenstreifen entlang, den eine Lagune vom Festland trennt. Weil ihm viele Traveller auf ihrem Weg von Hoi An nach Nha Trang kaum Beachtung schenken, kann man es nach wie vor relativ ungestört genießen. Einziger Nachteil ist der Müll, der die Postkartenkulisse trübt.

Aufgrund der wenigen Besucher gibt's vor Ort nur wenige Unterkünfte, darunter das manchmal geradezu verlassen wirkende

My Khe Resort (☎368 6111; ks_mytra@dng.vnn.vn; Tinh Khe; Zi. ab 20 US$; ✱☎). Personal ist hier meist schwer ausfindig zu machen, zudem zeichnet sich der Service nicht gerade durch Schnelligkeit aus. Die Zimmer verfügen über Satellitenfernsehen sowie Badewannen, und das Frühstück wird – zumindest theoretisch – auf der gegenüberliegenden Straßenseite im Strandlokal kredenzt.

Eine bessere Option ist eventuell das **My Khe Hotel** (☎384 3316; My Khe), das bei Redaktionsschluss noch im Baun war, aber bereits mit einem hübschen Pavillon-Restaurant aufwartete.

Am Strand reihen sich Dutzende klappriger Strandlokale aneinander, deren Verkaufsstrategie jedoch etwas gewöhnungsbedürftig ist. Unter der Woche sind die Läden so gut wie leer, doch am Wochenende füllen sie sich mit erholungssuchenden Städtern. Zum Angebot gehören leckere, frische Meeresfrüchte. Über den Preis sollte man sich vorher einig werden.

Sa Huynh

☎055

Sa Huynh ist ein beliebter Mittagsstopp für Lastwagenfahrer und Traveller, die auf der Nationalstraße 1 nord- oder südwärts unterwegs sind. Am Straßenrand gibt's viele Lokale, die *com ga* und teilweise auch anständige Meeresfrüchte anbieten. Ein Hauptgericht kostet rund 50 000 VND.

In der Nähe der Bucht erstreckt sich ein wunderschöner, halbkreisförmiger Strand, der sich bei näherem Hinsehen aufgrund diverser Müllansammlungen jedoch als nicht ganz so traumhaft entpuppt. Außerdem ist Sa Huynh für seine Salzmoore und Salinen sowie für die Herstellung der würzigen Fischsoße *nuoc mam* bekannt. Archäologen haben in der näheren Umgebung Relikte der Dong-Son-Zivilisation ausgegraben.

Das Städtchen liegt 60 km südlich von Quang Ngai (25 000 VND; 1½ Std. mit dem Bus) an der Nationalstraße 1 bzw. 114 km nördlich von Qui Nhon (40 000 VND; 2 Std mit dem Bus).

Qui Nhon

☎056 / 275 000 EW.

Trotz seiner herrlichen Strände und der mit antiken Cham-Türmen gespickten Landschaft wirkt Qui Nhon (ausgesprochen *oui njon*) im Vergleich zu Nha Trang und Hoi An wenig touristisch. Dies lässt sich u. a. mit seiner Weitläufigkeit und mangelnden Attraktivität erklären. Allerdings übt das geringe Besucheraufkommen einen gewissen Reiz aus. Die paar Ausländer, die sich hierher verirren, treffen auf freundliche Einheimische und erleben eine sehr viel relaxtere Atmosphäre als in den bekannteren Strandorten im Süden. Zudem verfügt die Hauptstadt der Binh-Dinh-Provinz über einen der aktiveren Seehäfen und ist der Geheimtipp für fangfrischen Fisch. Kurz gesagt: Qui Nhon eignet sich bestens, um Reisegruppen aus dem Weg zu gehen.

Während des Vietnamkriegs wimmelte es vor Ort von Militärs verschiedenster Lager: Südvietnamesen, US-Truppen, Vietcong-Armee und südkoreanische Streitkräfte. Um aus der US-Präsenz Kapital zu schlagen, verwandelte Qui Nhons Bürgermeister seinen Amtssitz in einen riesigen Massagesalon.

◉ Sehenswertes

Stadtstrand STRAND

Der lange Stadtstrand erstreckt sich in einem Bogen vom nordöstlich gelegenen Hafen bis zu den Bergen im Süden. In den letzten Jahren wurde er ordentlich aufgepeppt und ist jetzt fast genauso hübsch wie der Strand in Nha Trang, allerdings trifft man hier auf sehr viel weniger Urlauber.

Unweit des Saigon Quy Nhon Hotel lockt der schönste Abschnitt mit einer Allee von Kokospalmen. Frühmorgens und am Abend gehen Einheimische dort ihren Tai-Chi-Übungen nach. In der Ferne ragt eine riesige **Tran-Hung-Dao-Statue** mit einem drohend in Richtung China erhobenen Zeigefinger auf (s. Kasten S. 94). Ist die Tür geöffnet, kann man die Statue hinaufsteigen und den Ausblick genießen. Im Süden der Stadt fällt auf einem kleinen Platz ein kommunistisches **Kriegsdenkmal** ins Auge.

Von dieser Stelle aus geht die Küste in eine parkähnliche Strandpromenade über. Sie reicht, immer wieder von großen Hotelbauten unterbrochen, bis zum südlichen Ende der Bucht, wo sich der Sandstreifen abseits vom Trubel ruhiger und schöner präsentiert. Bei Nacht erwecken hell erleuchtete Fischerboote den Eindruck, als schwimme eine Stadt weit draußen auf dem Meer.

GRATIS Binh-Dinh-Museum MUSEUM

(28 Ð Nguyen Hue; ⊙April–Sept. 7–11 & 14–17 Uhr, Okt.–März 7.30–11 & 13.30–16.30 Uhr) In der Eingangshalle des kleinen Museums mit Expo-

naten aus der Region steht der einst gelebte Kommunismus im Mittelpunkt. Ein interessanter Seidendruck (von Zuy Nhat, 1959) zeigt die französische Kolonialherrschaft: Umringt vom aufgebrachten Volk thront ein korpulenter französischer Kolonialherr erhaben über den Mandarinen, die wiederum von Bürokraten und grausamen Ordnungshütern begleitet werden. Der linke Ausstellungsbereich ist der Naturgeschichte gewidmet. Einige Cham-Statuen sind Teil einer erstklassigen Sammlung, die sich im hinteren Bereich fortsetzt. Rechts vom Eingang beschäftigt sich ein ganzer Raum mit dem Vietnamkrieg.

Thap-Doi-Cham Türme HISTORISCHER TEMPEL
(Eintritt 5000 VND; 8–11 & 13–18 Uhr) Mitten in der Stadt ragen in einer kleinen Gartenanlage zwei alte Cham-Türme auf. Über steile Stufen betritt man die ehemaligen nach oben hin offenen Tempel. Im Gegensatz zu den für die Cham-Architektur typischen, meist terrassenartigen Dächern sind die Türme pyramidenförmig gewölbt. Das größere Bauwerk (20 m) ist mit Ziegelmauern verziert. Überreste einer Granitstatue schmücken den Dachfirst. An den Dachecken sitzen nicht mehr ganz vollständig erhaltene Garuda-Figuren (halb mensch- halb adlergestaltige Fabeltiere).

Wer die Türme besichtigen möchte, geht vom Stadtzentrum aus Richtung Westen die Ð Tran Hung Dao hinunter, wo sie sich auf der rechten Seite befinden.

Long-Khanh-Pagode TEMPEL
Die Gallionsfigur der größten Pagode Qui Nhons, ein 17 m hoher Buddha aus dem Jahr 1972, ist kaum zu verfehlen. Der 1715 von einem chinesischen Kaufmann errichtete Sakralbau liegt in der Nähe der Ð Tran Cao Van 143 etwas abseits der Straße. Hier lebende Mönche wachen über das religiöse Leben der aktiven buddhistischen Gemeinde.

Nach dem Indochinakrieg wurde die Pagode 1957 wieder instand gesetzt. Mosaikdrachen mit Mähnen aus Glassplittern wachen am Aufgang zum Hauptgebäude, das von zwei Türmen beherrscht wird. Der eine birgt eine gewaltige Trommel, der andere eine riesige Glocke. Im Inneren, direkt vor dem gewaltigen kupfernen Buddha von Thich Ca mit schimmernder Neonaura, stößt man auf eine Illustration von Chuan De, dem Gott der Gnade. Dieses mehräugige und vielarmige Wesen vermag alles zu berühren und zu sehen.

Tam-An-Pagode TEMPEL
(58B Ð Ngo Quyen) Zweitwichtigste Sehenswürdigkeit von Qui Nhon ist die anmutige Tam-An-Pagode. Obwohl sie für alle offensteht, zieht sie überwiegend weibliche Besucher an.

Queen's Beach & Qui-Hoa-Strand STRÄNDE
Südlich der Stadt hinter dem Berg Ganh Rang verbessert sich die Wasserqualität deutlich. Einige Strände sind gut mit dem Fahrrad zu erreichen.

Queen's Beach
Einst war der kleine, steinige Strand am Fuße des Ganh Rang Lieblingsurlaubsort der Königin Nam Phuong, und auch heute noch ist er bei Einheimischen beliebt. Vom Strandcafé aus schweift der Blick über Qui Nhon. Die Anreise führt über die Ð An Duong Vuong bis ans südlichste Ende des Stadtstrands, wo es dann weiter die Bergstraße hinaufgeht. Man überquert eine kleine Brücke, biegt links ab und durchquert ein Tor (Eintritt 5000 VND). Anschließend folgt man dem Pfad bergauf bis zu einer Weggabelung. Dort weist ein Schild nach links zum Queen's Beach.

Qui-Hoa-Strand & Lepra-Krankenhaus
Obwohl der Gedanke an Lepra nicht gerade Bilder unbeschwerter Badefreuden heraufbeschwört, hat dieser Ort trotzdem seinen Reiz. Im Gegensatz zu gewöhnlichen, eher deprimierenden Heilanstalten erwartet einen hier ein „Vorzeigedorf" an der Küste, wo Patienten während der Behandlung mit ihrer Familie in kleinen, gepflegten Häusern zusammenleben. Je nach Fähigkeit arbeiten die Erkrankten auf Reisfeldern, in der Fischerei sowie in kleinen Handwerksläden oder reparieren bzw. stellen nützliche Dinge her, z. B. Prothesen in Zusammenarbeit mit Handicap International.

Die Krankenhausanlage (364 6343; Eintritt 5000 VND; 7–19 Uhr) ist so gut in Schuss, dass sie ein wenig einem Resort ähnelt. In einem gitarrenförmigen Pavillon sind zahlreiche Büsten renommierter Ärzte aus dem In- und Ausland zu sehen, die hier Medizingeschichte geschrieben haben. Vor dem Dorf erstreckt sich der Qui-Hoa-Strand, einer der schöneren Sandstrände rund um Qui Nhon. Am Wochenende tummeln sich dort gern die in der Stadt beschäftigten Ausländer. Vom Strand führt ein unbefestigter Weg den Berg hinauf zum Grab von Han Mac Tu, einem mystischen Dichter, der 1940 starb.

Qui Nhon

Wer zu Fuß oder mit dem Fahrrad unterwegs ist, fährt hinter Queen's Beach die Straße bis zum Krankenhaustor 1,5 km südlich von Qui Nhon hinunter. Alternativ nimmt man die Strecke nach Song Cau, überquert die Hügel südlich der Stadt und biegt links ab, sobald die Küste wieder zu sehen ist.

Schlafen

Qui Nhons Unterkünfte bieten ein gutes Preis-Leistungs-Verhältnis. Es lohnt sich, etwas mehr zu investieren, weil man dafür in den Genuss zahlreicher Extras kommt.

Hotel Au Co – Ben Bo Bien HOTEL $
(374 7699; hotel_auco@yahoo.com; 8 & 24 Ð An Duong Vuong; Zi. 180 000–300 000 VND;) Beide Hotels teilen sich Namen und Besitzer. Um die Verwirrung perfekt zu machen, hat eines auch noch die gleiche Adresse wie das Anh Vy Hotel (siehe S.241). Das mit der Hausnummer 8 ist atmosphärischer und sieht wie die vietnamesische Version eines adretten Reihenhauses aus. Über eine schmale Treppe, auf deren Geländer geschnitzte Holzdrachen sitzen, geht's hinauf zu sauberen Zimmern mit kleinen Bädern und Balkonen samt Meerblick. Hausnummer 24 wirkt mit seinen künstlichen Bäumen im Foyer kitschiger. Das freundliche Management spricht gut Englisch, außerdem kann man vor Ort Fahrräder (30 000 VND pro Tag) und Motorräder (120 000 VND pro Tag) leihen.

Hoang Yen Hotel HOTEL $$
(374 6900; www.hoangyenhotel.com.vn; 5 Ð An Duong Vuong; Zi. 400 000–950 000 VND;) Die schicken Zimmer in diesem zehnstöckigen Hotelblock mit Blick auf den südlichen Strandabschnitt sind ihr Geld wert. Zur Ausstattung gehören Satellitenfernsehen und Minibar sowie schwere Holzmöbel. Es lohnt sich, ein Zimmer mit Meerblick zu buchen – der Aufpreis ist gering und Frühstück inbegriffen.

Qui Nhon

⊙ Sehenswertes
1. Binh-Dinh-Museum C2
2. Long-Khanh-Pagode B2
3. Tam-An-Pagode C2

🛏 Schlafen
4. Anh Vy Hotel A4
5. Hoang Yen Hotel A4
6. Hotel Au Co – Ben Bo Bien A4
7. Hotel Au Co – Ben Bo Bien A4
8. Lan Anh Hotel D2
9. Quy Nhon Hotel C2
10. Saigon Quynhon Hotel C2

🍴 Essen
11. 2000 Seafood Resto B3
    Barbara's: The Kiwi Connection ..(siehe 8)
12. Khanh My B2
13. Que Huong B2
    Tinh Tam ....(siehe 2)

🛍 Shoppen
14. Co-op Mart A2
15. Lon-Markt C2

Life Resort
BOUTIQUE-HOTEL $$$

(📞384 0132; www.life-resorts.com; Bai-Dai-Strand; Zi. 106–120 US$, Suiten 147 US$; ❄@🛜≋) Dieses wunderschöne Resort 18 km südlich der Stadt mit einem Privatstrand gilt als luxuriöseste Unterkunft in Binh Dinh. Innen wie außen entdeckt man Elemente der Cham-Architektur. Die weiten Räume bringen einen ins Schwärmen und die großzügigen Bäder sind traumhaft. Hier kann man es sich richtig gut gehen lassen, sei es mit Wellnessbehandlungen, beim Tai-Chi-Kurs am Strand oder beim Schnorcheln. Sowohl die Weinauswahl als auch das Essen sind hervorragend. Darüber hinaus spricht das hilfsbereite Personal ausgezeichnet Englisch

Anh Vy Hotel
HOTEL $

(📞384 7763; 8 Đ An Duong Vuong; Zi. 130 000–220 000 VND; ❄) Das Familienunternehmen teilt sich die Adresse mit dem bereits erwähnten Hotel Au und verfügt über saubere Zimmer mit Satellitenfernsehen und Warmwasserduschen. Wer nichts gegen Treppensteigen hat, kann auch in einem Zimmer mit Meerblick schlafen. Dreibettzimmer gehören ebenfalls zum Angebot.

Quy Nhon Hotel
HOTEL $$

(📞389 2401; www.quynhonhotel.com.vn; 8 Đ Nguyen Hue; Zi. ab 400 000 VND; ❄@🛜) Hinter der eindrucksvollen Kolonialfassade verbirgt sich ein altmodisches staatliches Hotel. Gemessen an Größe und Ausstattung der Zimmer bietet es ein tolles Preis-Leistungs-Verhältnis.

Lan Anh Hotel
HOTEL $

(📞389 3109; 102 Đ Xuan Dieu; Zi. 200 000–300 000 VND; ❄@🛜) Direkt neben Barbara's, Qui Nhons Interpretation eines Backpackercafés, beherbergt das Lan Anh Zimmer mit Fernsehern, Kühlschränken und Warmwasserbädern. Unmittelbar nördlich des Hauses gibt's einige recht gute vietnamesische Restaurants.

Saigon-Quy Nhon Hotel
HOTEL $$

(📞382 0100; www.saigonquynhonhotel.com.vn; 24 Đ Nguyen Hue; EZ 40–50 US$, DZ 50–60 US$, Suiten ab 120 US$; ❄@🛜≋) Das von Saigon Tourist betriebene Hotel verfügt über schicke, moderne Zimmer mit weichen Teppichen, Bademänteln und Tresoren. Zum Programm gehören außerdem kostenloses WLAN, ein kleiner Pool und eine Dachterrassenbar mit herrlichem Meerblick.

Royal Hotel & Healthcare Resort
RESORTHOTEL $$

(📞374 7100; www.royalquynhon.com; 1 Đ Han Mac Tu; Zi. 55–65 US$, Suiten 110 US$; ❄@🛜≋) Bei unserem letzten Besuch konnte das Resort mit niedrigen Preisen punkten. Inzwischen sind diese allerdings wieder stark gestiegen (vielleicht wegen des neuerdings royalen Namens). Die riesige Anlage umfasst 133 Zimmer, ein großes Schwimmbecken, ein Fitnessstudio, Tennisplätze und die üblichen Massageangebote.

🍴 Essen & Ausgehen

In der Innenstadt gibt's jede Menge Straßenstände mit leckerem Angebot.

Barbara's: The Kiwi Connection
BACKPACKERCAFÉ $

(102 Đ Xuan Dieu; Hauptgerichte 25 000–75 000 VND) Das gut besuchte Café zieht allabendlich eine Mischung aus Backpackern und ortsansässigen Ausländern an und serviert einfache internationale Gerichte. Beliebt sind z. B. die Fish 'n' Chips, gesunden Smoothies und internationalen Frühstücksteller. Zudem hat man die Auswahl aus mehreren günstigen lokalen Biersorten.

2000
FISCH & MEERESFRÜCHTE $

(1 Đ Tran Doc; Gerichte 40 000–250 000 VND) Gäste müssen sich keine Gedanken darüber machen, ob die Meeresfrüchte wirklich frisch sind, denn im unteren Stockwerk

sieht man sein späteres Essen in Bottichen und Wasserbecken schwimmen. Oben befindet sich ein Speiseraum mit Balkon. Die Fischeintöpfe sind legendär.

Que Huong — FISCH & MEERESFRÜCHTE $
(125 Đ Tang Bat Ho; Gerichte 30 000–190 000 VND) Das bei Einheimischen beliebte Lokal mit den freundlichen Angestellten kredenzt alles Mögliche von Fisch und Meeresfrüchten bis hin zu Schlangen. Hierher verirren sich nur wenige Ausländer.

Tinh Tam — VEGETARISCH $
(141 Đ Tran Cao Van; Hauptgerichte 10 000–20 000 VND;) In dem kleinen einfachen Imbiss neben der Long-Khanh-Pagode gibt's vegetarische Kost. Besonders Hungrige bestellen am besten den herzhaften gemischten Teller.

Khanh My — CAFÉ $
(100 Đ Pham Hung; Hauptgerichte 30 000–90 000 VND) Seit Schließung des Vespa Cafés gehört das Khanh My zu den beliebtesten Cafés des Stadtviertels. Hoch im Kurs stehen Kaffeegetränke und verschiedene vietnamesische Fischgerichte. Kostenloses WLAN.

Shoppen

Lon-Markt — MARKT
(Cho Lon, Đ Tang Bat Ho) Im Dezember 2006 ist dieser berühmte Markt komplett abgebrannt. Das neue Gebäude im Stil eines Einkaufszentrums kommt weniger interessant daher, aber die Verkaufsstände in den umliegenden Straßen geben sehr hübsche Fotomotive ab.

Co-op Mart — SUPERMARKT
(382 1321; 7 Đ Le Duan) Offiziell handelt es sich bei diesem riesigen Einkaufszentrum um einen Supermarkt, allerdings wird hier wie auf einem traditionellen Markt alles querbeet verkauft. Besucher können sich wunderbar mit Proviant für einen Tagesausflug zu den nahe gelegenen Cham-Türmen oder für eine lange Busfahrt versorgen.

Nguyen Nga Centre — KUNSTHANDWERK
(381 8272; www.nguyennga.org; 91 Đ Dong Da) Zur Auswahl stehen hübsche handgemachte Webarbeiten, Kunsthandwerk, Kleidung und Schmuck. Die Einnahmen fließen an ein Zentrum für behinderte Kinder.

Praktische Informationen

Barbara's: The Kiwi Connection (389 2921; nzbarb@yahoo.com; 102 Đ Xuan Dieu) Kostenlose Infos für Touristen, Fahrrad- und Motorradvermietung, Stadtpläne und Vermittlung von englischsprachigen Fahrern.

Binh Dinh Tourist (389 2524; 10 Đ Nguyen Hue) Staatliche Touristeninformation.

Hauptpost (197 Đ Phan Boi Chau; 6.30–22 Uhr) Günstiger Internetzugang.

Vietcombank (148 Đ Le Loi) Der Geldautomat in der Filiale an der Ecke der Đ Tran Hung Dao ist rund um die Uhr in Betrieb.

An- & Weiterreise

Auto & Motorrad
Straßenentfernungen von Qui Nhon in andere Städte: 238 km nach Nha Trang, 186 km nach Plei Ku, 198 km nach Kon Tum, 174 km nach Quang Ngai und 303 km nach Da Nang.

Bus
Der **Busbahnhof** (Đ Tay Son) liegt im Süden der Stadt. Nächstgrößerer Halt im Norden ist Quang Ngai (60 000 VND, 3½ Std.), außerdem gibt's regelmäßige Verbindungen nach Da Nang (75 000 VND, 6 Std.) sowie eine nach Hue (120 000 VND, 9 Std.). In Richtung Süden verkehren regelmäßig Busse nach Nha Trang (80 000 VND, 5 Std.).

Qui Nhon ist das Tor ins zentrale Hochland. Hier starten Busse nach Plei Ku (70 000 VND, 4 Std.) mit Anschlüssen nach Kon Tum (80 000 VND, 5 Std.) sowie nach Buon Ma Thuot (120 000 VND, 7 Std.).

Mittlerweile fährt auch ein Bus bis nach Pakxe in Laos (ab 250 000 VND, 20 Std., 4-mal pro Woche), der den Grenzübergang bei Bo Y passiert (s. Kasten S. 321).

Flugzeug
Vietnam Airlines (382 5313; 1 Đ Nguyen Tat Thanh) verkehrt täglich zwischen Qui Nhon und Ho-Chi-Minh-Stadt (HCMS; 983 000 VND). Viermal wöchentlich gibt's Flüge nach Hanoi (2 033 000 VND) via Da Nang (983 000 VND).

Zudem bietet die Fluggesellschaft einen Shuttleservice im Minibus (40 000 VND) zum 36 km nördlich der Stadt gelegenen Phu-Cat-Flughafen an.

Zug
Der nächste größere Bahnhof ist Dieu Tri, 10 km westlich der Stadt. Qui Nhons **Bahnhof** (Đ Le Hong Phong) liegt am Ende einer 10 km langen Straße auf der Nord-Süd-Hauptstrecke. Weil nur sehr langsame Regionalzüge bis ins Zentrum fahren, steigt man besser für 150 000 VND in Dieu Tri aufs Taxi oder für 80 000 VND aufs *xe om* (Motorradtaxi) um.

Zu den Reisezielen gehören u. a. Quang Ngai (82 000 VND, 5 Std.), Da Nang (178 000 VND, 7 Std.) und Nha Trang (132 000 VND, 4 Std.).

Rund um Cha Ban Cham

Die ehemalige Cham-Hauptstadt Cha Ban (auch bekannt als Vijay und Qui Nhon) befand sich 26 km nördlich von Qui Nhon und 5 km von Binh Dinh. Für Archäologen ist sie zwar von Bedeutung, doch für den durchschnittlichen Urlauber gibt's kaum noch etwas zu sehen. Dafür birgt die Umgebung einige interessante Überreste der Cham-Zeit.

BANH-IT-CHAM-TÜRME
Die eindrucksvollste aller Cham-Stätten sind die vier Türme von Banh It. Sie thronen auf einem Hügel 20 km nördlich von Qui Nhon und sind bereits von der Nationalstraße gut sichtbar. Obwohl sie alle aus dem 11. bzw. 12. Jh. stammen, ist jedes Gebäude architektonisch individuell gestaltet. Eine geheimnisvolle Schnitzerei ziert den kleineren Turm mit dem tonnenförmigen Dach. Darüber schaut ein wundersames, zähneblitzendes Konterfei vom höchsten Punkt herab. An die Bergseite unterhalb der niedrigsten Turms schmiegt sich eine große buddhistische Pagode. Von oben schweift der Blick weit über die Landschaft.

Die **Türme** (Phuoc Hiep, Tuy-Phuoc-Viertel; Eintritt frei; ☺7–11 & 13.30–16.30 Uhr) sind unkompliziert zu erreichen. Zunächst geht's auf der Ð Tran Hung Dao 30 Minuten stadtauswärts, dann tauchen bereits ihre Silhouetten am Horizont rechts neben der Straße auf. Nach der letzten Ampel Richtung Nationalstraße biegt man hinter einer Brücke rechts ab. Danach schlendert man links die Straße hinauf bis zum Eingang.

DUONG-LONG-CHAM-TÜRME
Die Ende des 12. Jhs. errichteten **Türme** (Binh Hoa, Tay-Son-Viertel; Eintritt frei; ☺7–11 & 13.30–16.30 Uhr) liegen 50 km nordwestlich von Qui Nhon mitten in der Landschaft und sind daher etwas schwieriger zu finden. Den höchsten der drei Ziegeltürme (24 m) zieren eine *naga*-Figur, eine mythische Schlange mit göttlichen Kräften, sowie die namengebenden Elefanten (Duong Long heißt Elfenbeintürme). Die Türstöcke sind mit Reliefs geschmückt, auf denen man Frauen, Tänzer, Ungeheuer sowie verschiedene Tiergestalten erkennt, und an den Ecken sitzen riesige Drachenköpfe.

Da die Gebäude nur durch ein Labyrinth kleiner Landstraßen quer durch Reisfelder und über wacklige Brücken erreichbar sind, besichtigt man sie am besten mit einem ortskundigen Fahrer oder im Rahmen einer Tour.

Quang-Trung-Museum

Dieses Museum ist Nguyen Hue gewidmet, dem mittleren von drei Brüdern, die einst die Tay-Son-Rebellion (1771–1802) anführ-

---

DIE WECHSELVOLLE GESCHICHTE VON CHA BAN

Immer wieder wurde Cha Ban – von 1000 (nach dem Verlust von Indrapura/Dong Duong) bis 1471 Hauptstadt der Cham – von Vietnamesen, Chinesen und Khmer angegriffen und geplündert.

1044 eroberte der vietnamesische Prinz Phat Ma die Stadt. Mit reicher Kriegsbeute sowie dem gesamten Harem des Cham-Königs, seinen Tänzerinnen, Musikerinnen und Sängerinnen zog er wieder ab. Danach geriet Cha Ban von 1190 bis 1200 unter die Kontrolle von Jayavarman VII. und der Khmer. 1377 erlitten die Vietnamesen eine Niederlage: Beim Versuch, die Stadt zu erstürmen, wurde ihr König getötet. 1471 drang der vietnamesische Kaiser Le Thanh Ton durch das östliche Tor in Cha Ban ein und nahm den gegenwärtigen Herrscher zusammen mit 50 Familienmitgliedern gefangen. Dieser letzten großen Schlacht der Cham fielen 60 000 Mann zum Opfer, 30 000 gerieten in vietnamesische Gefangenschaft.

Während der Tay-Son-Rebellion war Cha Ban die Hauptstadt Zentralvietnams und wurde vom Ältesten der drei Tay-Son-Brüder regiert. 1793 griffen die Heere von Nguyen Anh (späterer Kaiser Gia Long) erfolglos an. 1799 wurde der Ort erneut belagert und unter dem Kommando des Feldherrn Vu Tinh eingenommen.

1800 eroberten die Tay-Son-Rebellen den Hafen von Thi Nai (heute Qui Nhon) zurück und zogen vor die Tore von Cha Ban. Nach einjähriger Belagerung gingen dort die Vorräte zur Neige. Vu Tinh aber wollte nicht schmachvoll kapitulieren und ließ einen achteckigen Holzturm bauen. Festlich bekleidet begab er sich in den mit Schießpulver gefüllten Turm und jagte sich selbst in die Luft. Nguyen Anh weinte, als er vom Tod seines treuen Feldherrn hörte.

ten. 1788 krönte er sich selbst zum Kaiser Quang Trung und führte ein Jahr später nahe Hanoi einen Feldzug gegen die chinesische Invasionsarmee, bei dem er 200 000 Chinesen vernichtend schlug. Noch heute wird die historische Schlacht in Vietnam als größter Triumph aller Zeiten gefeiert.

Während seiner Herrschaft setzte sich Quang Trung für soziale Verbesserungen ein. Er unterstützte eine Bodenreform, modernisierte das Steuersystem, optimierte das Militär und nahm sich darüber hinaus der Bildung an. Zu seinen besonderen Verdiensten zählen die Gründung vieler Schulen sowie die Förderung vietnamesischer Poesie und Literatur. 1792 starb Quang Trung im Alter von 40 Jahren. Die kommunistische Literatur porträtiert ihn als Anführer einer friedlichen Revolution, dessen fortschrittliche Maßnahmen von der reaktionären Nguyen-Dynastie nach ihrer Machtübernahme 1802 wieder rückgängig gemacht wurden. Letztere wiederum wurde 1945 von Ho Chi Minh gestürzt.

Das Quang-Trung-Museum (Phu Phong; Eintritt 10 000 VND; Mo–Fr 8–11.30 & 13–16.30 Uhr) wurde an der gleichen Stelle erbaut, wo einst das Haus der Brüder stand. Vor Ort sind noch der Brunnen und eine über 200 Jahre alte Tamarinde zu sehen, die von den Brüdern gepflanzt worden sein soll. Zu den meist englisch beschrifteten Exponaten gehören verschiedene Statuen, Kostüme, Dokumente und Artefakte aus dem 18. Jh. sowie die bemerkenswerten Schlachttrommeln aus Elefantenhaut und die Gongs des Bahnar-Volksstammes. Darüber hinaus ist das Museum für seine *binh-dinh-vo*-Vorführungen (traditionelle asiatische Kampfsportart, die mit einem Bambusstock ausgeübt wird) bekannt.

Von Qui Nhon bis hierher sind es 50 km. Über die Nationalstraße 19 geht's zunächst 40 km Richtung Westen nach Plei Ku. Das Museum liegt 5 km nördlich der Nationalstraße (die Ausfahrt ist ausgeschildert) in Phu Phong, Tay-Son-Bezirk.

Ham-Ho-Naturschutzgebiet

Eine Fahrt zum Quang-Trung-Museum lässt sich leicht mit einem Besuch dieses wunderschönen Naturschutzgebiets (388 0860; Tay Phu; Eintritt 12 000 VND; 7–11.30 & 13–16.30 Uhr) 55 km von Qui Nhon verbinden. Die vergnüglichste Variante ist eine Erkundungstour per Kajak entlang eines von Dschungel gesäumten 3 km langen glasklaren Flussabschnitts, in dem es von Fischen nur so wimmelt (60 000 VND). Stromaufwärts werden die Badeplätze immer besser. Im Reservat gibt's auch Übernachtungsmöglichkeiten. Ein Zweibettzimmer kostet 220 000 VND.

Richtung Süden ist der Weg nach Ham Ho auf der Nationalstraße 19 bei Tay Son ausgeschildert.

Song Cau
057

Song Cau ist ein düsteres, leicht zu übersehendes Dorf, wäre da nicht eine fantastische Bucht in nächster Nähe. Wer von Nha Trang nach Hoi An fährt, kann hier einen Zwischenstopp einlegen.

Das Dorf liegt etwa 170 km nördlich von Nha Trang und 30 km südlich von Qui Nhon. Mit ein wenig Glück halten die Busse auch an der Nationalstraße zum Ein- und Aussteigen. Wer dagegen mit einem eigenen Fahrzeug unterwegs ist, sollte sich die eindrucksvolle Küstenstraße nördlich von Song Cau, die sich bis nach Qui Nhon schlängelt, nicht entgehen lassen; auf dem Weg kommt man an mehreren herrlich einsamen Stränden vorbei.

Tuy Hoa
057 / 165 000 EW.

Tuy Hoa ist die Provinzhauptstadt von Phu Yen und ein großer, aber freundlicher Ort mit einem weitläufigen menschenleeren Strand aus goldschimmerndem Sand – gut geeignet für einen Zwischenstopp mit Übernachtung, insbesondere für die wenigen Fahrradfahrer, die sich auf die Nationalstraße 1 trauen.

Die Sehenswürdigkeiten auf den Hügeln der Stadt sind schon von der Nationalstraße aus zu sehen. Wer aus dem Norden kommt, wird von einem sitzenden Buddha willkommen geheißen. Der Nhan-Cham-Turm südlich der Stadt ist im nächtlichen Mondschein besonders beeindruckend. Beim Aufstieg dorthin durchquert man einen kleinen botanischen Garten. Oben angekommen belohnen einen fantastische Ausblicke für die Anstrengungen. Auf demselben Hügel ragt ein gewaltiges weißes Denkmal empor, dessen flügelartige Form ein wenig an die Oper in Sydney erinnert.

> **ABSTECHER**
>
> ## BAI-BAU-STRAND
>
> Während das Life Resort Nichtgästen 10 US$ abknöpft, nur um am Strand zu relaxen (egal ob man im Restaurant gespeist hat oder nicht), fahren Insider 2 km weiter Richtung Süden und stoßen dort sogar auf einen noch besseren Sandstreifen für einen Bruchteil des Preises. Der wunderschöne halbmondförmige, weiße **Bai Bau** (Eintritt 10 000 VND) ist höchstens 150 m breit und von einer felsigen Landspitze sowie Bergen umgeben. An Wochenenden und zu Ferienzeiten kann es hier voll werden, alltags geht's jedoch traumhaft ruhig zu.
>
> Der gut ausgeschilderte Strand liegt 20 km südlich von Qui Nhon abseits der Straße nach Song Cau und ist ab Qui Nhon mit dem Motorrad oder Taxi zu erreichen.

Schlafen & Essen

Neben den folgenden Unterkünften findet man entlang der Nationalstraße und der Đ Tran Hung Dao eine noch größere Auswahl an unauffälligen Minihotels, Restaurants und Straßenimbissen von bescheidenerer Qualität, doch wegen des starken Verkehrsaufkommens ist die Gegend nicht sehr attraktiv.

Besonders leckeres Essen gibt's am Strand, wo sich mehrere Essensstände und *bia-hoi*- Buden aneinanderreihen, die frische Fischgerichte verkaufen. Oft wird pro Kilogramm abgerechnet. Man sollte die Preise immer vorab klären, um keine böse Überraschung zu erleben.

Cong Doan Hotel   HOTEL $
(382 3187; 53 Đ Doc Lap; Zi. 200 000 VND; ✳@⛱) Manchmal wirkt das Trade Union Hotel direkt am Strand so verlassen, dass es glatt als *Shining*-Kulisse durchgehen könnte. Die geräumigen Zimmer mit Satellitenfernsehen und Warmwasser sind für einen fairen Preis von 10 US$ zu haben. Wir empfehlen die mit Meerblick.

Cendeluxe Hotel   HOTEL $$
(381 8818; cendeluxe.com; Đ Hai Duong; Zi. ab 65 US$; ✳@⛱) Das im Stadtzentrum gelegene vierzehnstöckige Fünf-Sterne-Hotel ist schon von Weitem zu sehen. Im Internet gibt's spezielle Vollpensionangebote inklusive Nutzung des Hotelpools am Strand.

🛈 Praktische Informationen

Geldautomat der Incombank (239 Đ Tran Hung Dao) Gegenüber dem Markt.
Hauptpost (Ecke Đ Tran Hung Dao & Nguyen Thai) Internetzugang.

🛈 An- & Weiterreise

BUS Von Tuy Hoa fahren regelmäßig Busse nach Qui Nhon (40 000 VND, 2 Std., 110 km) und Nha Trang (60 000 VND, 3 Std., 123 km).

FLUGZEUG Das Büro von **Vietnam Airlines** (382 6508; 353 Đ Tran Hung Dao) liegt im Stadtzentrum, während sich der Flughafen 8 km weiter südlich befindet. Jede Woche bietet Vasco mehrere Verbindungen zwischen Tuy Hoa und HCMS (780 000 VND) an.

ZUG Vom **Bahnhof** (Đ Le Trung Kien) an der Straße parallel zur Autobahn, nördlich der Hauptstraße, geht's nach Da Nang (8 Std.) und Nha Trang (2½ Std.).

Von Tuy Hoa nach Nha Trang

058
Wer an der Küste zwischen Tuy Hoa und Nha Trang auf der Nationalstraße 1A unterwegs ist, entdeckt unterwegs immer wieder wunderschöne abgelegene Plätze. Weitere herrliche Stellen verstecken sich im Dschungel entlang der Kaps oder auf abgeschiedenen Inseln. Am besten legt man einfach mal den Reiseführer aus der Hand und erkundet die Gegend auf eigene Faust. Wechselstuben und Geldautomaten sind hier rar gesät, deshalb sollte man sich um alles Finanzielle schon in Nha Trang, Tuy Hoa oder Qui Nhon kümmern.

DAI-LANH-STRAND

Der sichelförmige Dai-Lanh-Strand hat zwei Gesichter: Im Norden liegt ein verwahrlostes Fischerdorf, im Süden ein schöner von Tamarinden eingerahmter Strand. 1 km weiter südlich weckt ein gewaltiger Sanddamm den Entdeckergeist. Er verbindet das Festland mit Hon Gom, einer hügeligen, fast 30 km langen Halbinsel. Dort fahren Boote vom Dorf **Dam Mon** durch eine geschützte Bucht zur Walinsel.

Man kann direkt am Dai-Lanh-Strand unter freiem Himmel übernachten, allerdings gibt's rund um Doc Let sehr viel bessere Möglichkeiten. Im **Thuy Ta Restaurant** (384 2117; Zi. 300 000 VND) werden einige

> **ABSTECHER**

GANZ IM OSTEN: DIE VUNG-RO-BUCHT

Die Vung-Ro-Bucht, östlichster Punkt des vietnamesischen Festlandes, ist für ihre schönen einsamen Strände und einen der tiefsten Tiefwasserhäfen in diesem Teil Vietnams bekannt. Sie gelangte im Februar 1965 in die Schlagzeilen, als ein US-Hubschrauber ein nordvietnamesisches Versorgungsschiff in der Gegend aufspürte. Vung Ro war Teil des alternativen Ho-Chi-Minh-Seepfads und wurde dazu genutzt, Vietcong-Truppen in Südvietnam mit Waffen zu versorgen. Die Entdeckung einer von Norden nach Süden verlaufenden Nachschublinie auf dem Seeweg bestätigte den Verdacht der USA und wurde als Rechtfertigungsgrund für eine Intensivierung des Kriegseinsatzes genutzt. Der kleine Hauptort von Vung Ro liegt 33 km südöstlich von Tuy Hoa und ist per Motorrad oder Auto zu erreichen.

einfache Strandbungalows mit Klimaanlagen und Gemeinschaftsbädern vermietet. Ganz oben auf der Speisekarte stehen Meeresfrüchte. Hauptgerichte kosten zwischen 50 000 und 150 000 VND.

Dai Lanh befindet sich 40 km südlich von Tuy Hoa und 83 km nördlich von Nha Trang an der Nationalstraße 1.

WALINSEL

Auf dieser Insel, einem winzigen Flecken auf der Landkarte, nur eine Viertelstunde mit dem Boot von Dam Mon entfernt, befindet sich das idyllische und abgeschiedene **Whale Island Resort** (384 0501; www.whaleislandresort.com; EZ/DZ ab 29/41 US$). Die atmosphärischen Bungalows der Ferienanlage sind im rustikalen Schick mit Bambus- und Rattanmöbeln gestaltet und punkten vor allem mit ihrer Lage. Wer hier etwas essen möchte, muss die herzhaften Gerichte (24 US$ pro Pers. und Tag) mitbuchen. Es gibt einen täglichen Transportservice ab Nha Trang in Form von Bus und Boot (19 US$/Pers.) sowie eines Minibusses (56 US$).

Rainbow Divers betreibt vor Ort eine Tauchbasis. Das Büro in Nha Trang (s. S. 256) hilft bei Reservierung der Unterkunft sowie der Transfers. Die Tauchsaison dauert von Mitte Januar bis Mitte Oktober. Zwischen April und Juli ziehen an der Insel Walhaie auf der Suche nach Krill vorbei.

DOC-LET-STRAND

Doc Let (gesprochen *jop leck*), ein langer, breiter Küstenstreifen aus weißem Sand und mit seichtem Wasser, ist von Nha Trang aus leicht zu erreichen und der Traum eines jeden Touristen. Eine Tagestour oder eine Übernachtung mit Badestopp, Strandgebühr 10 000 VND, lohnt sich also. Leider ist der Abschnitt rund um das staatlich betriebene Doc Let Resort auch ein beliebter Stopp bei Küstentouren einheimischer Reisegruppen, deswegen erkundet man die Gegend am besten auf eigene Faust mit einem Mietmotorrad. Obwohl sich ganz in der Nähe ein Städtchen befindet, haben die Strandresorts eine ziemlich abgeschiedene Lage, sodass sich Besucher auf vollkommene Entspannung einstellen können.

🛏 Schlafen

Jungle Beach PENSION **$**
(366 2384; syl@dng.vnn.vn; Zi. 450 000 VND) Gerade ist man endgültig davon überzeugt, Vietnam sei zu konservativ für jegliche Art von Hippie-Flair – und dann stößt man auf das Jungle Beach. Die Pension ist schwer zu finden, aber manch ein Besucher hat schon behauptet, dass es trotz der eher spartanischen Quartiere noch schwerer sei, überhaupt wieder abzureisen. Gäste können im Garten zelten oder in einer Strandhütte nächtigen, wo lediglich Rattanrollos für Privatsphäre sorgen. Außerdem gibt's einige solidere Zimmer in einem Langhaus. Alle Mahlzeiten sind im Preis eingeschlossen, was die entspannte Gemeinschaftsatmosphäre noch verstärkt. Wegen der eher zwielichtigen Umgebung ist es durchaus sinnvoll, per *xe om* oder Taxi herzukommen.

Paradise Resort HOTEL **$$**
(367 0480; www.vngold.com/doclet/paradise; Bungalows EZ 25 US$, DZ 40–50 US$, Apartments 70 US$; ❄@🌐) Bei Urlaubern, die vor der lebhaften Partyszene Nha Trangs Reißaus nehmen, erfreut sich diese Wohlfühloase großer Beliebtheit. Das von Franzosen geführte Resort liegt im ruhigen Dom Hai, wo der Strand noch wenig erschlossen ist. Es gibt einfache Hütten mit Strandblick, aber auch exklusivere, klimatisierte Apartments. Tollerweise sind im Preis drei leckere Mahlzeiten pro Tag sowie Wasser, Tee, Kaffee und Früchte enthalten. Gleich hinter der Abzweigung weisen blaue Schilder den Weg zum Doc Let Resort (2 km). An der Tankstelle

geht's rechts ab und dann auf halber Wegstrecke durchs Dorf noch mal rechts.

White Sand Doclet Resort & Spa
RESORTHOTEL $$$
(367 0670; www.whitesandresort.com.vn; Zi. 77–85 US$, Villen 92–123 US$; ✳@🛜🏊) In der schicken Anlage gehören geschmackvoll eingerichtete Zimmer mit allen Extras von Bademänteln bis hin zu Tresoren zum Programm. Die Zimmer liegen direkt am Strand und die Villen warten mit gigantischen Fernsehern sowie DVD-Playern auf.

Ki-em Art House
BOUTIQUE-HOTEL $$$
(367 0952; www.ki-em.com; Bungalows 160–190 US$; ✳@🛜🏊) Dieses wunderbare Hotel befindet sich auf dem Grundstück eines vietnamesisch-deutschen Künstlers. Die eleganten Bungalows sind mit wunderschönen Kunstwerken und Himmelbetten aus Holz ausgestattet. Sie liegen inmitten eines prächtigen Gartens mit Blick auf den malerischen Strand. Außerdem gibt's ein Antiquitätenmuseum und eine Galerie mit Werken des Besitzers. Die Website verkündet „Dies ist kein Hotel …" – und das stimmt, denn es ist sehr viel besser!

ⓘ An- & Weiterreise
Zunächst fährt man 35 km nördlich von Nha Trang auf der Nationalstraße 1 und biegt 4 km hinter Ninh Hoa hinten Osten ab, wo ein großes Schild den Weg zum Hyundai-Hafen weist. Dann geht's 10 km an malerischen Salzfeldern vorbei. Hier sind die Resorts (abgesehen vom Jungle Beach) bereits ausgeschildert. Links führt der Weg durch das Doc-Let-Dorf. Zum Strand nimmt man die nächste Straße rechts. Ein Großteil der Hotels und Resorts bietet auch einen kostenpflichtigen Transportservice an.

NINH-VAN-BUCHT
Willkommen in einem Paralleluniversum, das u. a. von europäischen Königsfamilien und Filmstars bevorzugt wird. Die traurige Nachricht für Durchschnittstouristen: für sie ist dieser Ort unerreichbar. Das **Six Senses Ninh Van Bay** (372 8222; www.sixsenses.com; Villen 734–2401 US$; ✳@🛜🏊) befindet sich an einem abgelegenen Strand am Ende einer dschungelbedeckten Halbinsel. An diesen einzigartigen Ort führen keine Straßen und die Anlage ist so exklusiv, dass hier sogar die Uhren anders ticken – sie gehen nämlich eine Stunde vor. Durch landestypische Architekturelemente und verschlungene Pfade zwischen den einzelnen Bauten entsteht der Eindruck eines Urwalddorfes, allerdings entpuppen sich die Häuser als elegante zweistöckige Villen mit jeweils eigenem Schwimmbad und Butlerdienst rund um die Uhr. Dem Preis entsprechend sind der Service und die Ausstattung erstklassig. Zum Resort gehören mehrere Restaurants und Bars, darunter das Dining on the Rocks über dem Resort, und das hervorragende Six Senses Spa.

Nha Trang
058 / 375 000 EW.

Nha Trang mag nicht den Charme Mui Nes haben oder die historischen Schätze Hoi Ans besitzen, übt aber dennoch eine Art magische Anziehungskraft auf Touristen aus. Natürlich liegt das in erster Linie daran, dass dieser Ort mit dem besten Stadtstrand Vietnams auftrumpfen kann. Zu seiner Attraktivität tragen auch die vor der Küste gelegenen Inseln und ausgezeichnete Tauchmöglichkeiten bei.

Die Kulisse ist atemberaubend: Gewaltige Berge erheben sich über der Stadt, der schier endlose Strand erstreckt sich bis weit in die Ferne und zu all dem gesellt sich noch das türkisfarbene, von kleinen Inseln durchsetzte Meer. In den letzten Jahren wurde der Strandbereich neu gestaltet und entlang der Küste kann man durch Parks sowie Skulpturgärten schlendern. Nachts ist es allerdings vorbei mit der Ruhe, denn dann geben sich motorisierte Zuhälter und Dealer die Klinke in die Hand und eine Schar von Prostituierten hofft, betrunkene Touristen von ihren Diensten überzeugen zu können.

Nha Trang ist eine Stadt der Gegensätze. Einerseits herrscht hier ein emsiges und geschäftiges Treiben, das den Touristenscharen kaum Beachtung schenkt, andererseits reihen sich an der Küste zahlreiche internationale Urlaubsanlagen mit hohen Hotels, Souvenirläden, schicken Restaurants und eleganten Bars aneinander. Dieser Teil Nha Trangs unterscheidet sich durch nichts von anderen Orten dieser Welt, aber das ständige Surren der xe-om-Fahrer holt einen sehr schnell wieder in die vietnamesische Realität zurück.

Doch die Stadt steht nicht nur für wunderbare Strände und eine grandiose Küstenlandschaft, sondern punktet auch mit ihrer Küche, die dank ausgezeichneter Fischgerichte und eines breiten Spektrums an internationalen Köstlichkeiten zu einer der besten zwischen Hanoi und Saigon zählt. Wie in jedem Urlaubsort, der etwas auf sich hält, hat die Partyszene einiges zu bieten. Es gibt keinen Zapfenstreich wie in der Hauptstadt

Nha Trang

Nha Trang

◉ Sehenswertes
1 Buddha A2
2 Long-Son-Pagode A2
3 Nationales Meereskunde-
   museum B5
4 Po-Nagar-Cham-Türme A1

◉ Aktivitäten, Kurse & Touren
5 Con Se Tre B4
6 Phu-Dong-Wasserpark A4
7 Thap Ba Hot Spring Center A1

◉ Schlafen
8 Bao Dai's Villas B5
9 Evason Ana Mandara Resort &
   Spa B4

◉ Essen
10 Lang Nuong Phu Dong Hai San A4

Meist regnet es von Oktober bis Dezember; wenn man also an einem entspannten Strandurlaub oder Tauchausflügen in kristallklarem Wasser interessiert ist, sollte man die Region während dieser Zeit eher meiden.

◉ Sehenswertes

Nha-Trang-Strand
STRAND

Während der Trockenzeit von Juni bis Anfang Oktober ist es an dem 6 km langen Strand mit türkisfarbenem Wasser am schönsten. Bei heftigen Regenfällen verfärbt sich die Bucht durch das Schlammwasser der Flüsse braun. Meistens ist es jedoch so klar wie in den Werbeprospekten. Selbst in den Monaten mit den häufigsten Niederschlägen regnet es gewöhnlich nur nachts oder morgens. Vor 13 Uhr herrscht normalerweise das allerbeste Strandwetter, am Nachmittag sorgt hingegen die Meerbrise für Sandverwehungen.

In einem gemieteten Strandkorb kann man bei einem Drink oder kleinen Snack wunderbar entspannen. Oder wie wäre es mit einer Massage? Müßiggänger werden höchstens durch ein dringendes Bedürfnis bzw. die herannahende Flut vertrieben. Die beiden beliebtesten Adressen zum Faulenzen sind der Sailing Club und das Louisiane Brewhouse. Das Four Seasons Cafe gegenüber der Nha Trang Lodge wiederum strahlt das authentischste Vietnam-Flair aus. Weiter südlich hinter dem Evason Ana Mandara Resort ist es immer noch möglich, ein einsames Fleckchen zu finden.

und so manche Partynacht dauert bis in die frühen Morgenstunden.

Wer weniger auf Cocktails und Shooters steht, dem eröffnen sich neben verschiedenen Wassersportmöglichkeiten viele Möglichkeiten an gediegeneren Aktivitäten. Beispielsweise kann man sich bei traditionellen Kurbehandlungen inklusive Schlammbädern entspannen oder die jahrhundertealten Cham-Türme im Zentrum der Stadt bestaunen. Oder man lässt Kultur einfach mal Kultur sein und vergnügt sich im Vinpearl Land, Nha Trangs Version von Disneyworld. Bei dieser breiten Palette ist wirklich für jeden etwas dabei.

Po-Nagar-Cham-Türme TEMPEL

(Thap Ba; Muttergöttin der Cham; Karte S. 248; Eintritt 16 000 VND; ◷6–18 Uhr) Die Türme von Po Nagar stammen aus der Zeit zwischen dem 7. und 12. Jh., wobei es die Kultstätte selbst schon seit Anfang des 2. Jhs. gibt. Bis heute kommen Cham ebenso wie chinesischstämmige und vietnamesische Buddhisten hierher, um zu beten oder traditionelle Opfergaben darzubringen. Besucher müssen an dieser religiösen Stätte ihre Schuhe ausziehen.

Die heiligen Türme sind Yang Ino Po Nagar gewidmet, Göttin des Dua-(Liu-)Volks, die einst über das südliche Königreich der Cham einschließlich der Gebiete von Kauthara und Pan Duranga, die heutigen Provinzen Khanh Hoa und Thuan Hai, herrschte. Durch den Angriff der Javaner 774 wurde die ursprüngliche Holzkonstruktion dem Erdboden gleichgemacht, worauf 784 erstmalig ein Tempel aus Stein und Ziegel folgte. In der ganzen Anlage stößt man auf mit Inschriften versehene Steinplatten, die von der Geschichte und Religion der Cham erzählen und Einblicke in deren Spiritualität sowie soziales Leben geben.

Ursprünglich erstreckte sich der Gebäudekomplex mit sieben oder acht Türmen, von denen nur noch vier erhalten sind, über 500 m². Die Tempel blicken alle nach Osten, so auch der frühere Eingang zur Anlage rechter Hand am Fuß einer Anhöhe. Pilger kamen damals durch den Säulengang der Meditationshalle, von dem man noch zehn Säulen sieht. Vor Ort führte eine steile Treppe zu den Türmen hinauf.

Mit seinem terrassenförmigen Pyramidendach, dem Mauergewölbe im Inneren und der Vorhalle gilt der 28 m hohe **Nordturm** (Thap Chinh) als Paradebeispiel der Cham-Architektur. Er war einer der höchsten Bauwerke und wurde 817 errichtet, nachdem die ursprünglichen Tempel geplündert und niedergebrannt worden waren. Die Diebe entwendeten auch ein Linga (stilisierter Phallus, Symbol der Hindu-Gottheit Shiva) aus Edelmetall. 918 schmückte König Indravarman III. den Turm mit einem goldenen *mukha*-Linga, ein geschnitzter Phallus mit aufgemaltem Menschengesicht, der später den Khmer in die Hände fiel. So setzte sich das Spiel fort: Statuen wurden zerstört oder gestohlen und wieder ersetzt, bis 965 König Jaya Indravarman IV. den goldenen *mukha*-Linga durch die Steinfigur der Uma (*shakti*, Gefährtin von Shiva) ersetzte. Diese ist bis heute erhalten.

Über dem Eingang zum Nordturm flankieren zwei Musiker einen tanzenden vierarmigen Shiva, dessen Fuß auf dem Kopf eines Nandi-Stieres steht. Inschriften zieren die Türpfosten aus Sandstein wie auch teilweise die Wände der Vorhalle. Unter der pyramidenförmigen Decke des Vorraums fallen ein Gong und eine Trommel auf. Die 28 m hohe Hauptkammer birgt eine schwarze steinerne Figur der zehnarmigen Göttin Uma. Sie sitzt, ein Armpaar unter dem Gewand verborgen, angelehnt an eine Art Tierungeheuer.

Im 12. Jh. entstand – teils aus gebrauchten Ziegelsteinen – der **Hauptturm** (Thap Nam) auf alten Fundamenten aus dem 7. Jh. Er ist einfacher gearbeitet und weniger geschmückt als die anderen Türme: Sein pyramidenförmiges Dach hat weder Stufen noch Pfeiler, allerdings waren die Innenaltäre einst mit Silber bedeckt. Der Hauptraum birgt ein Linga.

Im **Südturm** (Mieu Dong Nam), Sandhaka (Shiva) geweiht, befindet sich ebenfalls ein Linga. Der reich verzierte **Nordwestturm** (Thap Tay Bac) war Ganesha gewidmet. Im hinteren Teil der Tempelanlage ist ein weniger beeindruckendes **Museum** mit ein paar Beispielen des Mauerwerks der Cham untergebracht.

Die Türme thronen auf einer Anhöhe aus Granitgestein 2 km nördlich vom Stadtzentrum Nha Trangs am Ufer des Cai-Flusses. Man erreicht sie über die Đ Quang Trung, die in die Đ 2 Thang 4 übergeht, nordwärts über die Brücken Ha Ra und Xom Bong. Alternativ nimmt man die Tran-Phu-Brücke an der Küstenstraße.

Long-Son-Pagode PAGODE

(Karte S. 248; ◷7.30–11.30 & 13.30–17.30 Uhr) Diese beeindruckende Pagode aus dem späten 19. Jh. wurde mehrmals wiederaufgebaut. Mosaikdrachen aus Glas und Keramikfliesen zieren Eingang und Dächer. Die Halle des Hauptheiligtums ist mit modernen Interpretationen traditioneller Motive geschmückt. Zu beiden Seiten des Hauptaltars sieht man farbenprächtige Drachen, deren fürchterliche Nasenhaare um die Säulen gewickelt sind.

Auf dem Hügel hinter der Pagode wacht ein riesiger, auf einer Lotusblüte sitzender weißer **Buddha** (Karte S. 248; Kim Than Phat To), der von jedem Punkt der Stadt aus gut sichtbar ist. Rund um die Statue stehen Reliefbüsten von Thich Quang Duc sowie sechs anderen buddhistischen Mönchen, die sich 1963 selbst verbrannten (s. S. 192). Von der

VINPEARL LAND

Vinpearl Land (359 0111; www.vin pearlland.com; Hon-Tre-Insel; Erw./Kind 320 000/230 000 VND; 8–22 Uhr) ist so etwas wie Nha Trangs Antwort auf Disneyland. In dem Inselresort gibt's verschiedene Fahrgeschäfte wie die Evolution-Achterbahn, einen Wasserpark, Spielautomaten und viele weitere Attraktionen, die Kinder bei Laune halten, darunter auch ein Unterwasseraquarium mit Meerestieren, die sonst nur Tauchern zu sehen bekommen. Das Angebot ist zwat nicht erstklassig, trotzdem können die lieben Kleinen hier einen ganzen Tag lang Spaß haben. Außerdem lockt Vinpearl Land mit der längsten übers Meer führenden Seilbahn und dem größten Wellenbad Südostasiens. Als absolutes Highlight gilt der Wasserpark mit mehr als 20 Rutschbahnen, bei denen Adrenalinjunkies voll auf ihre Kosten kommen.

Viele Besucher reisen per Seilbahn oder Schnellboot an, das an der Küste südlich des Cau-Da-Hafengebiets startet. Tickets für beide sind im Eintrittspreis enthalten.

Plattform der 14 m hohen Figur genießt man grandiose Ausblicke auf Nha Trang und seine ländliche Umgebung. Wer sich der Pagode von der Straße her nähert, erreicht die Anlage von rechts über eine Steintreppe mit 152 Stufen. Es lohnt sich zudem, eine weitere Pagodenhalle auf der linken Seite zu erkunden.

Innerhalb des Gebäudekomplexes tummeln sich Bettler und einige Langfinger. Traveller sollten sich vor folgender betrügerischer Masche in Acht nehmen: Touristen werden von Kindern (gelegentlich auch von älteren Leuten) angesprochen, die behaupten, sie arbeiteten für die Mönche. Nach einer mehr oder weniger freiwilligen Führung rund um die Pagode bitten sie um „Geld für die Mönche" oder drängen einen zum Kauf einer Postkarte für 100 000 VND. Am besten lehnt man ihre Dienste von vornherein strikt ab. Sollten sie einen weiter belästigen, stellt man unverhohlen klar, dass man sie durchschaut hat. Wer den Mönchen Geld schenken und damit die Instandhaltung der Tempelanlage unterstützen möchte, kann dafür wie gewohnt die Spendenboxen nutzen.

Die Pagode liegt etwa 400 m westlich des Bahnhofs in einer Seitenstraße der Đ 23 Thang 10.

Kathedrale   KATHEDRALE

(Karte S.252; Ecke Đ Nguyen Trai & Đ Thai Nguyen) Die zwischen 1928 und 1933 im Stil der französischen Gotik errichtete Kathedrale thront auf einem kleinen Hügel oben dem Bahnhof. Obwohl aus einfachen Zementblöcken errichtet, wirkt sie überraschend elegant. Dank seiner Farbenpracht sticht der vietnamesische Einfluss besonders hervor: Er zeigt sich am roten Neonlichtkranz rund um das Kruzifix, der rosafarbenen Beleuchtung des Tabernakels und dem blauen Lichtbogen über der Marienfigur mit weißem Heiligenschein. 1988 musste der katholische Friedhof in der Nähe der Kirche dem Bau eines neuen Eisenbahngebäudes weichen. Daraufhin wurden die sterblichen Überreste der hier Begrabenen zur Kathedrale gebracht und in den Hohlräumen unter den Grabplatten bestattet, die sich den Hügel hinauf erstrecken.

Nationales Meereskundemuseum   MUSEUM

(Karte S.248; 359 0037; haiduong@dng.vnn.vn; 1 Cau Da; Erw./Kind 15 000/7000 VND; 6–18 Uhr) Im Hafenviertel von Cau Da am Südende der Stadt liegt das Nationale Meereskundemuseum, ein prächtiges Gebäude im französischen Kolonialstil. Das Ozeanografische Institut wurde 1923 gegründet. In den beschrifteten Vitrinen kann man das farbenfrohe Meeresleben bewundern. Zur Sammlung gehören 60 000 Gefäße mit konservierten Spezien sowie ausgestopfte Vögel und Meeressäugetiere, Fischerboote und Fischfangartefakte. Eine Führung ist nicht nötig, da viele Schilder auch auf Englisch beschriftet sind.

Alexandre-Yersin-Museum   MUSEUM

(Karte S.252; 10 Đ Tran Phu; Eintritt 26 000 VND; Mo–Fr 7.30–11 & 14–16.30, Sa 8–11 Uhr) 1895 gründete Dr. Alexandre Yersin (1863–1943) das Pasteur-Institut von Nha Trang. Wahrscheinlich war er der beliebteste Ausländer im ganzen Land. Der geborene Schweizer kam 1889 nach Vietnam, nachdem er zuvor in Paris für Pasteur gearbeitet hatte. Er lernte fließend Vietnamesisch und verbrachte die nächsten Jahre auf Forschungsreisen durchs zentrale Hochland. Diese führten ihn auch zum heutigen Da Lat, wo auf seine Empfehlung hin eine Bergstation errichtet wurde. Yersin brachte den Kautschuk- und den Chinarindenbaum nach Vietnam und entdeckte während eines Aufenthalts in

Hongkong 1894 den Erreger der Beulenpest. Auf seinen Wunsch hin wurde er nahe Nha Trang beerdigt.

Heute führt das Pasteur-Institut von Nha Trang in der südlichen Küstenregion Impfungen und Hygieneprogramme durch. Hier werden Impfstoffe hergestellt sowie medizinische Forschungsarbeit und Testverfahren nach EU-Standards betrieben. Klinikärzte bieten täglich für etwa 70 Patienten Sprech-

NICHT VERSÄUMEN

BOOTSTOUREN

Die 71 küstennahen Inseln rund um Nha Trang sind für ihr glasklares Wasser berühmt. Fahrten dorthin lassen sich in fast jedem Hotel oder Reisebüro der Stadt buchen. Eine luxuriösere Bootstour mit weniger Passagieren ist etwas teurer, bietet jedoch ein breiteres Programm. Wer schnorcheln möchte, kommt um diese Variante herum.

Die beliebtesten Ausflüge sind die hedonistischen Partys, die Mama Hanh in den 1990er-Jahren erfand. Mittlerweile wurde sie zwar von offizieller Seite in Rente geschickt, weil ihre schwimmende Bar und kostenlosen Joints wohl zu konterrevolutionär waren, aber jetzt führen eben Mama Linh, Funky Monkey und andere die Partytradition in verschiedenen Formen weiter (allerdings ohne Drogen).

Zu einem typischen Tagestrip gehören ein Besuch des Tri Nguyen Aquarium (Eintritt 50 000 VND) auf Hon Mieu, ein Schnorchelausflug bei Hon Mun und ein Mittagsessen auf Hon Mot. Nach dem „kulturellen" Teil beginnt nachmittags die Party mit DJs an Deck und einer schwimmenden Bar. Bei allem Spaß sollte man an Sonnencreme denken und genügend Wasser trinken. Viele Teilnehmer vergessen das und holen sich in der Nachmittagssonne fast einen Hitzeschock. Die Fahrten enden meist mit einem Zwischenstopp auf Hon Mieu, wo man sich am Strand erholen kann (Eintritt 20 000 VND inkl. Liegestuhl). Anschließend ziehen die meisten Passagiere weiter in verschiedene Bars – schließlich muss Nha Trang seinem Ruf als Partyhochburg gerecht werden.

Das Boot ist sozusagen die Backpackervariante der 18 bis 30-Jährigen und nicht unbedingt für Familien mit Kindern bzw. für Verkaterte geeignet, die stattdessen gediegenere Ausflüge buchen können.

Beliebte Touren:

Booze Cruise (Karte S. 252; ☏016-8844 7233; Đ Nguyen Thien Thuat; Bootsfahrt 350 000 VND) Um 16.30 Uhr geht's los. Der unbegrenzte Genuss von Cocktails und Shots sowie ein Abendbüfett sind im Preis inbegriffen.

Con Se Tre (Karte S. 248; ☏381 1163; www.consetre.com.vn; 100/16 Đ Tran Phu; ⊗8–18 Uhr) Etwas gesetztere Touren nach Hon Tam inklusive Schnorcheln und Mittagessen (ab 13 US$ pro Pers.) sowie Schnorchelausflüge nach Hon Mun (ab 18 US$ pro Pers.).

Funky Monkey (Karte S. 252; ☏352 2426; www.funkymonkeytour.com.vn; 75A Đ Hung Vuong; Bootsfahrt inkl. Abholservice 100 000 VND) Bei einer Fahrt auf diesem hippen neuen Partyboot gehören Liveunterhaltung von der Boygroup Funky Monkey und die üblichen Stopps zum Angebot.

Mama Linh's Boat Tours (Karte S. 252; ☏352 2844; mamalinhvn@yahoo.com; 23C Đ Biet Thu) Der Anbieter ist einer der ältesten vor Ort und punktet nach wie vor mit seinen Partytrips, auch wenn es mittlerweile zahlreiche Nachahmer gibt.

Khanh Hoa Tourist Information (Karte S. 252; ☏352 8000; khtourism@dng.vnn.vn; Đ Tran Phu; Bootsfahrt inkl. Mittagessen 349 000 VND) Für etwas Abwechslung sorgen längere Ausflüge zur wunderschönen Van-Phong-Bucht. Von der zweistündigen Fahrt sollte man sich nicht abschrecken lassen, denn abseits des Touristentrubels locken abgeschiedene, einsame Strände und Buchten. In der Touristeninformation erfährt man mehr darüber und kann die Tour auch gleich buchen.

Wer aufs Geld achten muss, aber trotzdem das tolle Wasser genießen möchte, nimmt einfach die Fähre zum Vinpearl Land auf Hon Tre (Erw./Kind 45 000/20 000 VND, einfache Strecke), die am Phu-Quy-Hafen gleich hinter der Anlegestelle von Cau Da startet. Alternativ geht's mit der Vinpearl-Land-Seilbahn über die Bucht (10 Min.). Viele Besucher nutzen sie in Verbindung mit ihrer Eintrittskarte für den Freizeitpark.

Nha Trang Zentrum

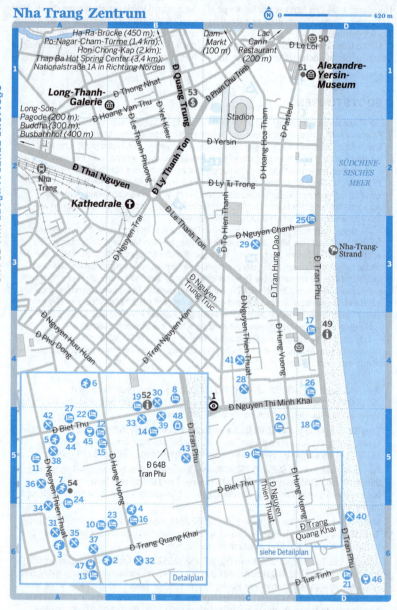

stunden an. In Da Lat und HCMS gibt's weitere Pasteur-Institute.

Die ehemalige Bücherei und das frühere Büro des Doktors beherbergen ein Museum mit interessanten Exponaten, darunter astronomische Laborinstrumente, Bücher, ein faszinierendes 3D-Gerät, mit dem man Fotos ansehen kann, sowie Tausende von Briefen an Yersins Mutter. Das Modellboot war ein Geschenk örtlicher Fischer, mit denen der Arzt viel Zeit verbrachte. Museumsführungen werden in Französisch, Englisch

Nha Trang Zentrum

◎ Highlights
- Alexandre-Yersin-Museum D1
- Long Thanh Gallery B1
- Kathedrale B2

◎ Sehenswertes
1. Do Dien Khanh Gallery C4

◎ Aktivitäten, Kurse & Touren
2. Angel Dive B6
3. Booze Cruise A6
- Crazy Kim Spa & Gym .... (siehe 39)
4. Funky Monkey B6
5. Mama Linh's Boat Tours A5
6. Rainbow Divers A4
- Sailing Club Divers .... (siehe 40)
- Shamrock Adventures .... (siehe 2)
7. Su Spa A5
- Waves Watersports .... (siehe 46)

◎ Schlafen
8. 62 Tran Phu Hotel B4
9. AP Hotel C5
10. Axar Hotel A6
11. Backpacker's House A5
12. Golden Rain Hotel A5
- Green Peace E Hotel .... (siehe 31)
- Ha Tram Hotel .... (siehe 14)
13. Ha Van Hotel A6
14. Hotel An Hoa B5
15. King Town Hotel A5
- La Suisse Hotel .... (siehe 13)
16. Mai Huy Hotel B6
17. Nha Trang Lodge Hotel D4
18. Novotel Nha Trang D5
19. Perfume Grass Inn B4
20. Phong Lan Hotel C5
21. Phu Quy 2 Hotel D6
- Quang Vinh Hotel .... (siehe 21)
22. Rainbow Hotel A5
23. Rosy Hotel B6
24. Sao Mai Hotel A5
25. Sheraton Nha Trang Hotel & Spa D3
- Summer Hotel .... (siehe 9)
26. T78 Guesthouse D4
27. Violet Hotel A5

◎ Essen
28. Artful Ca Phe C4
29. Au Lac C3
30. Café des Amis B4
31. Da Fernando A6
32. Grill House B6
33. Kirin Restaurant B5
34. La Mancha A6
35. La Taverna A6
36. Lanterns A5
37. Le Petit Bistro A6
- Louisiane Brewhouse .... (siehe 46)
38. Omar's Tandoori Cafe A5
39. Romy's B5
40. Sandals Restaurant im Sailing Club ... D6
- Something Fishy .... (siehe 22)
41. Thanh Thanh Cafe C4
42. Truc Linh 2 .... A5
43. Veranda B5

◎ Ausgehen
- Altitude .... (siehe 25)
44. Crazy Kim Bar A5
45. Guava A5
46. Louisiane Brewhouse D6
- Nghia Bia Hoi .... (siehe 16)
47. Oasis A6
- Red Apple Club .... (siehe 11)
- Sailing Club .... (siehe 40)

◎ Shoppen
- A Mart .... (siehe 45)
- Bambou .... (siehe 45)
- Sagu du Mekong .... (siehe 32)
48. XQ B5

◎ Praktisches
- Highland Tours .... (siehe 11)
49. Khanh-Hoa-Touristeninformation D4
50. Hauptpost D1
51. Pasteur Institute D1
52. Sinh Tourist B4
53. Vietcombank B1
54. Vietnam Airlines A5

---

und Vietnamesisch angeboten. Im Rahmen der Tour erzählt ein kurzes Video von Yersins Leben.

Das Museum eignet sich in erster Linie für Besucher, die sich für die Geschichte der Medizin interessieren.

Fotogalerien KUNSTMUSEUM

In Nha Trang gibt's mehrere großartige Museen für Schwarz-Weiß-Fotografien. Die **Long Thanh Gallery** (Karte S.252; ☎382 4875; www.longthanhart.com; 126 Ð Hoang Van Thu; ⊙Mo–Fr 9–19 Uhr) zeigt Werke des berühmtesten vietnamesischen Kunstfotografen Long Thanh, der 1964 seine erste Arbeit entwickelte. Bis heute beeindruckt er mit außergewöhnlichen Schwarzweißbildern, Momentaufnahmen des vietnamesischen Lebens. Seine kraftvollen Fotografien zeigen Vietnams Herz und Seele. *Under the Rain* zählt zu seinen Meisterwerken: Genau im richtigen Moment fängt er zwei Mädchen ein, die inmitten eines plötzlichen Regengusses von einem Sonnenstrahl erleuchtet werden. Bemerkenswert ist auch *Sulkiness*, ein eindrucksvolles Porträt von Kindern bei Alltagsstreitigkeiten. Seine Arbeiten wurden weltweit auf Wettbewerben ausgezeichnet.

Auch die private **Do Dien Khanh Gallery** (Karte S.252; 351 2202; www.ddk-gallery.com; 126B Ð Hong Bat; Mo-Fr 8–18 Uhr) präsentiert moderne Fotografien. Der Künstler Do Dien Khanh ist ein herzlicher Gastgeber und fesselt Besucher mit seinen Werke über Cham-Gemeinschaften aus der Umgebung.

Hon-Chong-Kap ORIENTIERUNGSPUNKT
Von der **Landzunge** (Karte S.248; Eintritt 11 000 VND) aus Granit wandert der Blick weit über den hügeligen Küstenstreifen mit seinen vorgelagerten Inseln nördlich von Nha Trang. Der hiesige Strand hat noch mehr Lokalkolorit als der von Nha Trang, allerdings trübt der herumliegende Müll die Badefreuden. Vor Ort befindet sich der Nachbau eines Ruong-Wohngebäudes, bekannt als Haus der Bucht. Es ist zwar ein nettes Fotomotiv, im Inneren erwartet Besucher jedoch eher touristischer Kitsch als eine traditionelle Einrichtung.

An der Spitze des Kaps steht ein massiver Felsbrocken mit einem gewaltigen Handabdruck. Der Legende nach entglitt der Stein einem betrunkenen Riesenzauberer, der einer Elfe beim Nacktbaden am Feenstrand Bai Tien nahe Hon Rua zusah. Das ungleiche Paar verliebte sich ineinander, aber die Götter erhoben Einspruch und schickten den Riesen davon. Die Elfe wartete geduldig auf die Rückkehr ihres Liebsten, versank aber schließlich in tiefen Kummer und verwandelte sich in den **Nui Co Tien** (Feenberg). Wer vom Kap in nordöstliche Richtung blickt, kann in der Bergspitze zur Rechten ihr zum Himmel gewandtes Gesicht erkennen. Die Kuppen in der Mitte zeigen ihre Brüste und der höchste Gipfel links ihre gekreuzten Beine.

300 m südlich von Hon Chong, in Richtung Nha Trang, liegt nur ein paar Meter vom Strand entfernt das Inselchen **Hon Do** (Rote Insel) mit einem buddhistischen Tempel. Nordöstlich davon erinnert **Hon Rua** (Schildkröteninsel), wie es der Name besagt, tatsächlich an eine Schildkröte. Weiter östlich befinden sich die Zwillingsinseln von **Hon Yen** (Vogelnestinsel).

Aktivitäten

In den letzten zehn Jahren entwickelte sich Nha Trang zu einem regelrechten Mekka für Adrenalinjunkies. Zur Auswahl stehen Sportarten wie Tauchen, Surfen, Wakeboarden, Parasailing, Rafting, Mountainbiken, Bootsfahrten rund um die Bucht und vieles mehr.

Inseln
Zum Erlebnisurlaub in Nha Trang gehören auch Inseltouren. Einzelheiten zu Bootsausflügen und -verleihstellen siehe S.251.

Hon Tre (Bambusinsel) FREIZEITPARK
Die Schönheit der größten und nächstgelegenen Insel vor Nha Trang hat inzwischen einen Makel: Ein riesiges, unübersehbares Werbeschild à la Hollywood macht auf den Freizeitpark Vinpearl Land (S.250) aufmerksam. Man erreicht die Insel per Boot oder Seilbahn.

Hon Mieu INSELTOUREN
Fast alle Reiseführer werben für Hon Mieu (auch Tri Nguyen genannt). Hier gibt's ein **Meeresaquarium** (Ho Ca Tri Nguyen; Eintritt 50 000 VND), in dem mehr als 40 Fisch- und Krustentierarten sowie andere Meereslebewesen herangezogen werden. Direkt am Ufer befindet sich ein Café auf Pfählen.

Die meisten Besucher buchen ihre Bootstour in einem Hotel oder Café. Wer's individueller mag, nimmt eine der Fähren, die regelmäßig von der Cau-Da-Anlegestelle nach Tri Nguyen verkehren.

Hon Mun (Ebenholzinsel) SCHNORCHELN
Südöstlich von Hon Tre liegt die für ihre Schnorchelplätze bekannte Ebenholzinsel.

Hon Mot SCHNORCHELN
Zwischen Hon Mun und Hon Tam (Seidenspinnerinsel) lockt die winzige Hon-Mot-Insel mit guten Schnorchelbedingungen.

Hon Yen (Vogelnestinsel) INSELTOUREN
Die beide oft auch als Salanganeninsel bezeichneten zwei runden Eilande liegen in Sichtweite vor dem Strand von Nha Trang. Sie sind für Vietnams feinste Delikatesse, Vogelnester (s. Kasten S.260), berühmt, die auch noch auf anderen zur Khanh-Hoa-Provinz gehörenden Inseln gesammelt werden.

Außerdem erstreckt sich hier ein idyllischer Strand. Mit einem kleinen Boot ab Nha Trang dauert die 17 km lange Fahrt drei bis vier Stunden.

Hon Lao (Affeninsel) — INSELTOUREN

Diese Insel trägt ihren Namen aufgrund der hier lebenden Affenkolonie. Die Tiere ziehen die hauptsächlich einheimischen Touristen wie magisch an. Viele haben sich an die Fütterung aus der Hand und ihren Status als begehrte Fotomodelle gewöhnt. Dennoch sollte man ihnen mit Vorsicht begegnen, insbesondere wenn man mit Kindern unterwegs ist, denn durch Affenbisse kann man sich durchaus mit Tollwut anstecken.

Nach Streicheleinheiten ist den Tieren nicht zumute, vielmehr reißen sie einem die Sonnenbrille vom Gesicht und stibitzen Stifte aus der Hemdtasche. Bei so viel krimineller Energie sollte man ein Auge auf seine Habseligkeiten haben.

Bären- und Affenshows sind eher zu meiden. Traveller haben davon berichtet, dass manche Dompteure die Tiere während der Vorführung schlagen und diese Erfahrung sollte man sich besser ersparen!

Long Phu Tourist (📞383 9436; www.longphutourist.com; Vinh Luong) bietet Touren in die Region an, darunter ein Besuch der Orchideeninsel mit Schnorchelausflug ab 230 000 VND. Wer unbedingt möchte, kann Extras wie Elefanten- und Straußenritte mitbuchen.

Tauchen

Nha Trang ist Vietnams populärstes, aber nicht unbedingt bestes Taucherzentrum. Die Sichtweite reicht bis 15 m Tiefe, je nach Saison manchmal sogar bis 30 m. Von Fe-

---

VERANTWORTUNGSVOLL TAUCHEN

Tauchen erfreut sich immer größer werdender Beliebtheit, allerdings wird damit die Umwelt gefährdet. Damit die Schönheit der Riffe erhalten bleibt, sollte man folgende Richtlinien beherzigen:

» Niemals am Riff ankern oder mit dem Boot die Korallen beschädigen: Veranstalter und Behörden sollen vielmehr dazu ermutigt werden, an beliebten Tauchspots Anlegestellen einzurichten.

» Lebende Meeresorganismen möglichst nicht berühren oder betreten. Aufpassen, wenn Ausrüstung über ein Riff geschleppt wird – Korallen können schon beim geringsten Kontakt verletzt werden. Niemals auf Korallen treten, auch wenn sie noch so kompakt und kräftig aussehen. Sich im Riff nur an hervorstehenden Felsen oder an toten Korallen festhalten.

» Selbst ohne direkten Kontakt können durch Flossenschläge verursachte Wasserwirbel direkt am Riff zarte Organismen zerstören. Beim Waten durch seichtes Wasser sollte man möglichst wenig Sand aufwirbeln, denn dadurch werden empfindliche Lebewesen erstickt.

» Auf- und Abtrieb müssen geübt werden. Taucher, die zu schnell sinken und mit dem Riff kollidieren, verursachen oft große Schäden. Daher vorher das Gewicht des Bleigürtels und dessen Position am Körper genau überprüfen, damit während des Tauchens die Schwimmhaltung horizontal bleibt. Wer schon länger nicht mehr tauchen war, sollte vorher im Pool üben. Die Tarierung kann sich bei einem längeren Trip ändern. Anfangs geht der Atem schwerer, d. h. es ist mehr Gewicht nötig. Einige Tage später atmet man schon leichter und braucht weniger Gewicht.

» Keine Korallen oder Muscheln sammeln oder kaufen. Abgesehen vom Schaden für die Natur zerstört dies die Schönheit des Tauchreviers und verdirbt anderen die Freude. Gleiches gilt für archäologische Unterwasserstätten, etwa Schiffswracks. Das Plündern solcher Stätten steht zudem unter Strafe.

» Abfall – seinen eigenen und den anderer – sollte man mit nach Hause nehmen. Besonders Plastik bedroht das Meeresleben, z. B. wenn Schildkröten den Müll mit einem Tintenfisch verwechseln.

» Fische dürfen nicht gefüttert werden. Das stört möglicherweise ihr normales Fressverhalten, fördert Aggressivität und schadet ihnen.

» Meerestiere sollten so wenig wie möglich gestört werden.

bruar bis September sind die Bedingungen am besten, von Oktober bis Dezember am schlechtesten.

In der Gegend locken 25 Tauchbasen in tiefen oder seichten Gewässern. Schiffswracks gibt's nicht, aber an einigen Stellen führen Tauchgänge zu kleinen Unterwasserhöhlen. Im klaren Wasser gedeihen zahlreiche Stein- und Weichkorallen und schaffen Lebensraum für zahlreiche Rifffische.

Eine Tagestour mit Bootstransfer, zwei Tauchgängen und Mittagessen kostet zwischen 40 und 70 US$. Zahlreiche Veranstalter bieten auch eine Palette verschiedener Tauchkurse an, u. a. einen Schnupperkurs für Anfänger in Begleitung eines qualifizierten Tauchlehrers. SSI-Kurse sind in der Regel 50 US$ günstiger als PADI-Kurse und erfreuen sich rund um Nha Trang wachsender Beliebtheit.

Im Touristenzentrum von Nha Trang haben sich ein Dutzend Tauchanbieter niedergelassen. Die im Folgenden genannten verantwortungsbewussten Veranstalter sind schon lange etabliert.

Angel Dive TAUCHEN
(Karte S.252; ☎352 2461; www.angeldivevietnam.info; 1/33 Đ Tran Quang Khai) Anweisungen auf Deutsch, Englisch und Französisch sowie PADI- und SSI-Zertifikate.

Rainbow Divers TAUCHEN
(Karte S.252; ☎352 4351; www.divevietnam.com; 90A Đ Hung Vuong) Vietnams ältestes Tauchunternehmen betreibt im ganzen Land Tauchschulen und hat hier seinen Hauptsitz mit einem beliebten Restaurant samt Bar.

Sailing Club Divers TAUCHEN
(Karte S.252; ☎352 2788; www.sailingclubdivers.com; 72–74 Đ Tran Phu) Wird auch Octopus Diving genannt und gehört zum berühmten Sailing Club.

Noch mehr Wasserspaß

Phu-Dong-Wasserpark SCHWIMMEN
(Karte S.248; Đ Tran Phu; Erw./Kind 40 000/20 000 VND; ⊙9–17 Uhr) Am Strand wartet der Phu-Dong-Wasserpark mit Rutschen, flachen Pools und verschiedenen Fontänen auf. Wer sich nicht für Salzwasser begeistern kann, ist hier am richtigen Ort.

Waves Watersports WASSERSPORT
(Karte S.252; ☎090-544 7393; www.waveswatersports.com; Louisiane Brewhouse, 29 Đ Tran Phu) Salzwasserfans sollten dagegen Waves Watersports ansteuern, wo Aktivitäten wie Windsurfen, Kajak- und Wasserskifahren, Wakeboarden sowie Segelkurse zum Programm gehören. Der Veranstalter bietet eine moderne Ausstattung und Zugang zu einigen tollen Surfspots am Bai-Dai-Strand unweit der Cam-Ranh-Bucht.

Shamrock Adventures RAFTING
(Karte S.252; ☎090-515 0978; www.shamrockadventures.vn; Đ Tran Quang Khai; pro Pers. ab 35 US$ inkl. Mittagessen) Zurück im Süßwasser lockt sanftes Rafting – Vergleiche mit dem Sambesi oder Nil sollte man also besser nicht anstellen. Dennoch kann man hier einen unterhaltsamen Tag abseits der Stadt erleben und das Ganze mit einer Mountainbiketour kombinieren. Das Unternehmen befindet sich in der Nähe von Angel Dive an der Đ Tran Quang Khai.

Thap Ba Hot Spring Center THERMALBÄDER
(Karte S.248; ☎383 4939; www.thapbahotspring.com.vn; 25 Ngoc Son; ⊙7–19.30 Uhr) Wer sich in Nha Trang einer Tiefenreinigung unterziehen möchte, muss sich zunächst einmal richtig dreckig machen. Im Thap Ba Hot Spring Center erwartet Gäste eines der denkwürdigsten Erlebnisse der Gegend: Für 220 000/400 000 VND sitzt man allein/zu zweit in einer hölzernen, bis zum Rand mit Thermalschlick gefüllten Wanne. Mehr Geselligkeit gibt's für 100 000 VND pro Person, dann kann man mit Freunden in einem größeren Becken herumplanschen. Das Zentrum bietet außerdem heiße und kalte Mineralpools (50 000 VND) mit „Wasserfällen" sowie teurere Behandlungen wie das Tien-Sa-Mineralbad und das VIP-Spa. Um hierher zu gelangen, folgt man dem Schild an der zweiten Straße links hinter den Cham-Türmen von Po Nagar und erreicht nach 2,5 km auf der kurvigen Straße sein Ziel. Gäste können einen Transportservice (hin & zurück 40 000 VND) in Anspruch nehmen.

Spas

Spas erfreuen sich in Nha Trang großer Beliebtheit. Hier ein paar der besten Adressen:

Crazy Kim Spa & Gym SPA, FITNESSSTUDIO
(Karte S.252; ☎352 7837; 1D Đ Biet Thu) Unterstützt die von Kimmy Le von der Crazy Kim Bar initiierte Kampagne „Hands off the Kids!" (s. S.262). Eine Trainingseinheit gibt's für 60 000 VND, Maniküre für nur 30 000 VND und eine Körpermassage ab 160 000 VND.

Su Spa SPA
(Karte S.252; ☎352 3242; www.suspa.vn; 93 Đ Nguyen Thien Thuat) Ein stilvolles Spa mit

einem breiten Wellnessangebot (Gesichtsbehandlungen ab 27 US$, Körpermassagen ab 21 US$).

🛏 Schlafen

Bei Nha Trangs Hunderten Übernachtungsmöglichkeiten hat man die Qual der Wahl. Für jeden Geldbeutel ist etwas dabei und es schießen ständig neue Häuser aus dem Boden, darunter viele momentan noch im Bau befindliche Hotelketten wie das riesige Crowne Plaza. Es ist durchaus sinnvoll, sein Quartier in der Nähe des Strands aufzuschlagen, schließlich gilt dieser als größtes Highlight der Stadt. Vor Ort findet man entlang der Ð Tran Phu jede Menge Mittel- und Spitzenklasseunterkünfte. Außerdem gibt's nicht weit von hier zahlreiche preiswerte Alternativen. Bei vielen günstigeren Optionen ist das Frühstück zwar nicht im Preis enthalten, doch man erlebt zumindest keine bösen Überraschungen in puncto Extrakosten für Steuern und verschiedene Serviceleistungen wie in einem Großteil der teureren Hotels.

In einer kleinen Straße bei der 64 Ð Tran Phu reihen sich einen Steinwurf vom Strand zahlreiche Minihotels aneinander. Alle haben ähnlich ausgestattete klimatisierte Zimmer für etwa 10 US$ und es wird sogar noch günstiger, wenn man sich mit einem Ventilator begnügt. Schnäppchenjäger sind auch auf beiden Seiten der Ð Hung Vuong in der Gegend rund um die Chanh-Quang-Pagode an der richtigen Adresse, die eine Menge bodenständiges Lokalkolorit versprüht.

Strandunterkünfte nördlich von Nha Trang siehe S. 245.

LP TIPP **Ha Van Hotel** HOTEL $$
(Karte S. 252; 352 5454; www.in2vietnam.com; 3/2 Ð Tran Quang Khai; Zi. 22–32 US$; ✱@🛜) Dieses Hotel unter französischer Leitung möchte sich servicetechnisch von der Nachbarschaft absetzen und wartet mit hübsch gestalteten Zimmern auf, die etwas mehr Flair als die Konkurrenz haben. Darüber hinaus gibt's auf dem Dach ein einladendes Restaurant mit Bar und eine Fanny-Eistheke an der Rezeption. Das Ha Van liegt in einer kleinen Straße bei der Ð Tran Quang Khai.

LP TIPP **Violet Hotel** HOTEL $$
(Karte S. 252; 352 2314; www.violethotelnhatrang.com; 12 Ð Biet Thu; Zi. 450 000–800 000 VND; ✱@🛜☷) In Sachen Lage und Preis-Leistungs-Verhältnis ist diese neue Bleibe kaum zu schlagen. Hier werden geschmackvoll eingerichtete Zimmer, ein kleiner Pool im Innenhof und ein im Preis enthaltenes Frühstück geboten.

LP TIPP **Evason Ana Mandara Resort & Spa** RESORTHOTEL $$$
(Karte S. 248; 352 2522; www.evasonresorts.com; Ð Tran Phu; Villen 279–537 US$; ✱@🛜☷) Nha Trangs wohl bestes Resort beherbergt zauberhafte, an einem Privatstrand gelegene Strandvillen mit Himmelbetten und trumpft noch dazu mit einer tollen Bali-Atmosphäre auf. Außerdem besitzt es zwei Pools und ein exklusives (kostspieliges) Six Senses Spa. Für eine persönliche Note sorgen Besuche bei einheimischen Köchen (inklusive Straßenstandsnacks) und ein Cocktailabend am Strand.

Mai Huy Hotel HOTEL $
(Karte S. 252; 352 7553; maihuyhotel.vn@gmail.com; 7H Quan Tran, Ð Hung Vuong; Zi. 7–15 US$; ✱@🛜) In diesem familiengeführten Hotel mit den makellosen Zimmern fühlen sich die Gäste wie zu Hause. Für ganz Sparsame gibt's auch Quartiere mit Ventilatoren.

AP Hotel HOTEL $
(Karte S. 252; 352 7545; 34 Ð Nguyen Thien Thuat; Zi. 290 000–450 000 VND; ✱@🛜) Angesichts des exzellenten Angebots samt Zimmern mit Flachbildfernsehern, Minibars und Badewannen hat das Minihotel mehr als einen offiziellen Stern verdient. Günstigere Zimmer besitzen leider keine Fenster, dafür verfügen die VIP-Varianten mit Balkon über Meerblick.

Axar Hotel HOTEL $
(Karte S. 252; 352 1655; axarhotel@vnn.vn; 148/10 Ð Hung Vuong; Zi. 12 US$; ✱@🛜) Dieses in einer Seitengasse versteckte neue Hotel beherbergt geräumige, helle Zimmer – in dieser Preisklasse keineswegs Standard. Auch in puncto Einrichtung und Dekoration übertrumpft es die einschlägige Konkurrenz und bietet so ein exzellentes Preis-Leistungs-Verhältnis.

Perfume Grass Inn HOTEL $$
(Karte S. 252; 352 4286; www.perfume-grass.com; 4A Ð Biet Thu; Zi. 12–30 US$; ✱@🛜) Ein beliebtes, einladendes Hotel mit ansprechenden Zimmern, das gilt vor allem für die etwas teureren Optionen mit Holzverkleidung. Die günstigeren Räume verfügen über Satellitenfernsehen und Warmwasserduschen. Das kostenlose Frühstück und die gemütliche Lobby im Erdgeschoss runden das gute Gesamtpaket ab.

La Suisse Hotel
HOTEL $$

(Karte S.252; 352 4353; www.lasuissehotel.com; 3/4 Đ Tran Quang Khai; Zi. 22–45 US$; ✱@⚡) Die Schweiz ist für ihre Hoteliers bekannt und tatsächlich scheint sich das effiziente Personal einiges von dem Alpenland abgeschaut zu haben. Alle Zimmer sind mit schicken Möbeln ausgestattet und die Familiensuiten haben sogar whirlpoolähnliche Badewannen sowie große Balkone mit Sonnenliegen.

King Town Hotel
HOTEL $$

(Karte S.252; 352 5818; www.kingtownhotel.vn; 92 Đ Hung Vuong; Zi. 20–40 US$; ✱@⚡≋) Das schicke neue Hotel an der beliebten Hung Vuong bietet eine gute Auswahl an Zimmern mit Seidenstoffen und geschmackvollen Bädern. Im obersten Stock gibt's einen Dachpool, von dem man einen tollen Ausblick auf die Stadt genießt.

Golden Rain Hotel
HOTEL $$

(Karte S.252; 352 7799; www.goldenrainhotel.com; 142 Đ Hung Vuong; Zi. 26–55 US$; ✱@⚡≋) Ein adrettes 2010 eröffnetes Hotel an der Đ Hung Vuong mit eleganten Zimmern, die teilweise über große Fenster verfügen, einem Dachpool und einem Fitnessraum.

Hotel An Hoa
HOTEL $

(Karte S.252; 352 4029; www.anhoahotel.com.vn; 64B/6 Đ Tran Phu; Zi. 8–14 US$; ✱@⚡) Diese bewährte Unterkunft im Herzen der „Budgetgasse" hat kleine Zimmer ohne Fenster und Klimaanlagen sowie größere, besser ausgestattete Zimmer mit großzügig geschnittenen Bädern und einer ansprechenderen Einrichtung, darunter „VIP"-Quartiere für 14 US$.

Phong Lan Hotel
HOTEL $

(Karte S.252; 352 2647; orchid hotel2000@yahoo.com; 24/44 Đ Hung Vuong; Zi. 6–12 US$; ✱@⚡) Im familienbetriebenen „Orchideenhotel" (so die wörtliche Übersetzung), das sich in einer kleinen Gasse abseits der Hung Vuong befindet, gibt's saubere Zimmer mit Fernsehern und Kühlschränken. Die Besitzer sprechen Englisch und Französisch.

Sao Mai Hotel
HOTEL $

(Karte S.252; 352 6412; saomai2hotel@yahoo.com; 99 Đ Nguyen Thien Thuat; B 4 US$, Zi. 6–12 US$; ✱@⚡) Eine alteingesessene Bleibe und genau die richtige Adresse für alle, die sich auf der Suche nach einem echten Schnäppchen befinden. Die Zimmer sind einfach, aber sauber, außerdem kann man sich auf der schönen Dachterrasse vom Trubel unten entspannen. Herr Mao Loc, der Rezeptionist, verkauft klassische Schwarz-Weiß-Fotografien und vermittelt individuelle Fototouren.

Rainbow Hotel
HOTEL $

(Karte S.252; 352 5480; rainbowhotel@dng.vn; 10A Đ Biet Thu; Zi. 15–25 US$; ✱@⚡) Zwar lässt es der Name vermuten, trotzdem gehört das Hotel nicht zum nahe gelegenen Rainbow-Divers-Tauchzentrum. Dank der 50 preiswerten Zimmer erfreut es sich großer Beliebtheit und kann zusätzlich mit solarbeheiztem Wasser und einem Restaurant im obersten Stockwerk punkten, das eine tolle Aussicht bietet.

Rosy Hotel
HOTEL $

(Karte S.252; 352 2661; 20 Quan Tran, Đ Hung Vuong; Zi. 250 000–300 000 VND; ✱@⚡) Auch dieser Neuzugang ist im Stil der in vietnamesischen Städten so populären hohen, schmalen Hotels gebaut. Das saubere, komfortable Rosy an einer kleinen Gasse bei der Đ Hung Vuong wartet mit einer geschmackvollen Einrichtung auf. Gegen einen Aufpreis von 50 000 VND bekommt man eines der Zimmer mit einem Balkon auf der Vorderseite.

Backpacker's House
HOSTEL $

(Karte S.252; 352 3884; www.backpackershouse.net; 54G Đ Nguyen Thien Thuat; B 7–8 US$, Zi. 12–24 US$; ✱@) Partyfreudige Backpacker bevorzugen das Hostel, weil es nur einen Katzensprung vom Red Apple Club entfernt ist. Die Schlafsäle sind gemischt und haben vier bis sechs Betten, während die Zimmer mit ihren DVD-Playern und Bädern über etwas mehr Komfort verfügen. Allerdings sollte man nicht einchecken, wenn man ausschlafen will, da es hier ziemlich laut werden kann.

Novotel Nha Trang
HOTEL $$$

(Karte S.252; 625 6900; www.novotel.com/6033; 50 Đ Tran Phu; Zi. 116–162 US$, Suiten 231 US$; ✱@⚡≋) Dieses Hotel gehört zu einer Reihe von eleganten neuen Novotels in Vietnam und zeichnet sich durch moderne Zimmer mit verschiedenen Ebenen sowie in den Boden eingelassenen Badewannen aus. Die teureren Quartiere im oberen Stockwerk bieten tolle Ausblicke aufs Meer und die Stadt.

Sheraton Nha Trang Hotel & Spa
HOTEL $$$

(Karte S.252; 388 0000; sheraton.com/nhatrang; 26–28 Đ Tran Phu; Zi. ab 176 US$, Suiten ab 287 US$; ✱@⚡≋) Das Sheraton ist eines der höchsten Gebäude Nha Trangs und wird den Erwartungen an eine Fünf-Sterne-Hotelkette gerecht. Es besitzt geräumige, moderne Zimmer mit offenen Bädern und Suiten (inklusive Zugang zur Club Lounge).

Phu Quy 2 Hotel   HOTEL $$
(Karte S.252; 352 5050; www.phuquyhotel.com.vn; 1 Đ Tue Tinh; Zi. 33–53 US$, Suiten 86 US$; ❄@🌐≋) Ein hoch aufragendes Gebäude mit einem Dachpool samt Aussicht auf den Strand und makellosen, gut ausgestatteten Zimmern. Es lohnt sich, ein wenig mehr für ein größeres mit Meerblick auszugeben. Frühstück ist im Preis inbegriffen.

Bao Dai's Villas   HOTEL $$
(Karte S.248; 359 0148; www.vngold.com/nt/bao dai; Cau Da; Zi. 25–80 US$; ❄@🌐) In den 1920er-Jahren für königliche Würdenträger erbaut, stehen die ehemaligen Villen des Kaisers Bao Dai nun der breiten Masse zur Verfügung. Leider bekommt man heute nur noch wenig vom einstigen Glanz mit. Wenn man das historische Flair und die üppig bewachsene Anlage beiseite lässt, sind die Zimmer für ihren Preis eher durchschnittlich. Nichtgäste dürfen gegen eine Gebühr von 10 000 VND auf das Gelände, allerdings sieht der kleine Strand mit Hafenkulisse recht verwahrlost aus.

Summer Hotel   HOTEL $$
(Karte S.252; 352 2186; www.thesummerhotel.com.vn; 34C Đ Nguyen Thien Thuat; Zi. 25–90 US$; ❄@🌐≋) Gäste des schicken neuen Drei-Sterne-Hotels können sich auf bezahlbare Preise und einen Dachpool freuen. Die Standardzimmer wurden bei unserem Besuch gerade mit Fenstern ausgestattet.

Green Peace E Hotel   HOTEL $$
(Karte S.252; 352 2835; www.greenpeacehotel.com.vn; 102 Đ Nguyen Thien Thuat; Zi. 20–30 US$; ❄@🌐) Ein neues Hotel mit schicken, modernen Zimmern inklusive Flachbildfernsehern und Regenduschen. Wir empfehlen die auf der Vorderseite mit großem Fenster.

62 Tran Phu Hotel   HOTEL $
(Karte S.252; 352 5095; 62 Đ Tran Phu; Zi. 10–15 US$; ❄@🌐) Die alte Rezeption könnte eine Renovierung gut vertragen, aber dafür lockt im hinteren Bereich eine neuer Block mit günstigen Zimmern.

Ha Tram Hotel   HOTEL $
(Karte S.252; 352 1819; 64B/5 Đ Tran Phu; Zi. 10–15 US$; ❄@🌐) Aufgrund seiner hellen Zimmer und schicken Bäder zählt das Ha Tram zu den netteren Budgetunterkünften der Stadt. Außerdem gibt's einen Aufzug.

Quang Vinh Hotel   HOTEL $
(Karte S.252; 352 4258; 84A Đ Tran Phu; Zi. 15–20 US$; ❄@🌐) Diese Unterkunft liegt in einer Gegend mit landestypischen Strandhotels. Für unschlagbare 20 US$ bekommt man ein Zimmer mit tollem Meerblick.

Nha Trang Lodge Hotel   HOTEL $$
(Karte S.252; 352 1500; www.nhatranglodge.com; 42 Đ Tran Phu; Zi. 65–140 US$; ❄@🌐) Das hohe Businesshotel bietet wenig Atmosphäre, aber Traumblicke. Obwohl es fast zur Spitzenklassekategorie gehört, kann man online Schnäppchen zu Mittelklassepreisen ergattern.

T78 Guesthouse   HOTEL $$
(Karte S.252; 352 3445; 44 Đ Tran Phu; Zi. 220 000–1 400 000 VND; ❄) Dieses wunderschöne alte Gebäude aus der französischen Kolonialzeit strebt nach Höherem, ist bis jetzt allerdings nicht über den Status eines abgewirtschafteten staatlichen Hotelbetriebs mit einem gewissen rauen Charme hinausgekommen.

Essen

Nha Trang hat in kulinarischer Hinsicht einiges zu bieten. Die Küche ist international: Egal ob man vietnamesisch, französisch, italienisch oder indisch bevorzugt – hier findet sich etwas für jeden Geschmack, das gilt vor allem für die Đ Tran Quang Khai und Đ Biet. Authentische lokale Gerichte gibt's allerdings eher an etwas abgelegeneren Orten. Liebhaber von Meeresfrüchten haben die Qual der Wahl zwischen frischem Fisch, Krabben, Garnelen und verschiedenen exotischen Weichtieren.

Wer es traditioneller mag, sollte den **Dam-Markt** (Karte S.252; Đ Trang Nu Vuong; ⊙Frühstück & Mittagessen) besuchen. Im Gastronomiebereich gibt's verschiedene Stände, die u. a. mit *com-chay*-Varianten (vegetarische Speisen) locken.

LP TIPP Lanterns   VIETNAMESISCH $$
(Karte S.252; 72 Đ Nguyen Thien Thuat; Gerichte 35 000–178 000 VND; ⊙mittags & abends) Im Lanterns dominiert die vietnamesische Küche, darunter z. B. im Römertopf geschmortes Schwein oder gebratener Tofu mit Zitronengras. Doch die Speisekarte listet auch ein paar internationale Speisen auf, falls man Reisgerichte allmählich nicht mehr sehen kann. Das Restaurant unterstützt ein Wai-

> **VOGELNESTSUPPE**
>
> Was den Salanganen ihr Nest, ist den Vietnamesen ihr Aphrodisiakum. Aus Nestern der Vögel werden entweder Suppen oder traditionelle Arzneimittel hergestellt. Kaiser Minh Mang (1820–40) soll ihr seine außergewöhnliche Potenz verdankt haben.
>
> Die aus seidenähnlichem Speichelsekret gebauten Nester haben einen Durchmesser von fünf bis acht Zentimetern. Gewöhnlich werden sie zweimal pro Jahr gesammelt. Am teuersten sind die roten Nester. In den Provinzen Khanh Hoa und Phu Yen verarbeitet man jährlich etwa 1000 kg. Der Exportpreis beträgt 2000 US$ pro Kilogramm.

senhaus im Ort und lädt Kinder und Betreuer einmal im Monat zum Essen ein. Dienstags, donnerstags, samstags und sonntags finden ab 9 Uhr Kochkurse (18 US$) statt.

LP TIPP Lac Canh Restaurant
VIETNAMESISCH $$

(Karte S.252; 44 Ð Nguyen Binh Khiem; Gerichte 30 000–150 000 VND; ⊙mittags & abends) Bei den Einheimischen erfreut sich das Lac Canh Restaurant großer Beliebtheit. Hier kann man selbst Fleisch, Tintenfisch, Garnelen, Hummer und vieles mehr auf den Tischgrills brutzeln lassen. Außerdem trägt eine große Auswahl an Beilagen zur Popularität des Lokals bei.

LP TIPP Veranda
INTERNATIONAL $

(Karte S.252; 66 Ð Tran Phu; Hauptgerichte 40 000–120 000 VND; ⊙Mittag- & Abendessen) Auf der überschaubaren, aber raffinierten Speisekarte des eleganten kleinen Restaurants stehen vietnamesische Gerichte mit internationalen Einflüssen. Es gibt eine große Auswahl an Drei-Gänge-Menüs für nur 5 US$ inklusive eines Getränks.

LP TIPP Sandals Restaurant im Sailing Club
INTERNATIONAL $$

(Karte S.252; 72–74 Ð Tran Phu; Hauptgerichte 50 000–250 000 VND; @) In drei Essbereichen hat man die Wahl zwischen vietnamesischer, italienischer und indischer Küche sowie einigen internationalen Gerichten. Die Strandterrasse ist besonders schön: Tagsüber beobachtet man das bunte Treiben, nachts genießt man das laue Lüftchen. Es können Speisen von jeder der drei Karten bestellt werden, man muss also nicht im Garten zur Straße hin essen, wenn es einen nach italienischen oder indischen Klassikern gelüstet.

Le Petit Bistro
FRANZÖSISCH $$

(Karte S.252; ☎352 7201; 26D Ð Tran Quang Khai; Hauptgerichte 50 000–250 000 VND; ⊙mittags & abends; ❋) In Nha Trangs beliebtestem französischem Restaurant tummeln sich zahlreiche Gäste aus Frankreich, was der beste Beweis für gute Qualität ist. Der Käse schmeckt himmlisch, zudem gehören Fleischplatten und Enten-Spezialitäten zur Auswahl. Auch die Weinkarte kann sich sehen lassen.

La Mancha
SPANISCH $$

(Karte S.252; 78 Ð Nguyen Thien Thuat; Hauptgerichte 45 000–210 000 VND; ⊙10–24 Uhr) Das spanische Restaurant mit Bar überzeugt mit seinen zahlreichen Tapas wie *gambas con ajillo* und Serrano-Schinken, Hauptgerichten wie Paella und mehreren guten spanischen Weinen.

Louisiane Brewhouse
INTERNATIONAL $$

(Karte S.252; 29 Ð Tran Phu; www.louisianebrewhouse.com.vn; Hauptgerichte 50 000–350 000 VND; ⊙7–1 Uhr; @✉) Nicht nur das Bier lockt die Massen an, sondern auch eine abwechslungsreiche Speisekarte mit internationalen Klassikern, feurigen Thai-Gerichten sowie vietnamesischen und japanischen Klassikern. Naschkatzen können sich mit leckerem Kuchen und Gebäck vollstopfen. Anschließend entspannt man sich am Swimmingpool.

Nha Trang Xua
VIETNAMESISCH $$

(Thai Thong, Vinh Thai; Gerichte 50 000–180 000 VND; ⊙8–22 Uhr) Nha Trangs Einwohner sind begeistert von diesem klassischen vietnamesischen Restaurant, das in einem wunderschönen alten Haus auf dem Land 5 km westlich der Stadt untergebracht ist. Das Erfolgsrezept: gehobene Speisen nach Hue- oder Hoi-An-Machart, eine großartige Präsentation und eine atmosphärische Kulisse.

Truc Linh 2
VIETNAMESISCH $$

(Karte S.252; www.truclinhrest.vn; 21 Ð Biet Thu; Gerichte 40 000–190 000 VND; ⊙mittags & abends) Zum Truc-Linh-Imperium gehören mehrere Lokale im Herzen von „Backpackersville". Dieses hat einen schönen Garten und tischt authentische Mahlzeiten zu angemessenen Preisen auf.

Omar's Tandoori Cafe
INDISCH $

(Karte S.252; 89B Ð Nguyen Thien Thuat; Gerichte 40 000–120 000 VND) Wer Lust auf authentische indische Küche hat, ist im Omar's an der richtigen Adresse. Hier gibt's eine große Auswahl an Currygerichten und Tandoori-Spezialitäten, die sich bei ortsansässigen Ausländern großer Beliebtheit erfreuen.

Grill House
INTERNATIONAL $$$

(Karte S.252; 1/18 Ð Tran Quang Khai; www.grill-house.org; Hauptgerichte 50 000–450 000 VND; ☺Mittag- & Abendessen) Das moderne neue Grillrestaurant ist die perfekte Adresse für Fleischliebhaber. Neben Halbpfünder-Burgern und 600 g schweren T-Bone-Steaks locken auch Fisch- und Meeresfrüchtegerichte.

Artful Ca Phe
CAFÉ $

(Karte S.252; 20A Ð Nguyen Thien Thuat; Hauptgerichte 20 000–100 000 VND) Die Kombination aus Fotogalerie und Café mit intimer Atmosphäre eignet sich bestens für einen entspannten Kaffee, Saft oder kleinen Snack. Oben befindet sich eine romantische kleine Terrasse.

Café des Amis
CAFÉ $

(Karte S.252; 2D Ð Biet Thu; Gerichte 25 000–100 000 VND) Günstiges Essen und reichlich Bier machen das Lokal zu einem beliebten Backpackertreff. Auf der Karte stehen vietnamesische Spezialitäten, preiswerter Fisch sowie internationale Klassiker. An den Wänden hängt lokal hergestellte Kunst.

Lang Nuong Phu Dong Hai San
FISCH & MEERESFRÜCHTE $

(Karte S.248; Ð Tran Phu; Gerichte 30 000–150 000 VND; ☺14–3 Uhr) Zwar ist das Lokal mit seinen Plastikstühlen sehr viel weniger edel als das benachbarte Ngoc Suong, dafür locken hier leckere frische Meeresfrüchte wie Jakobsmuscheln, Krebse, Garnelen und Hummer. Das Ganze wird zu Marktpreisen verkauft, denn der Besitzer exportiert die Leckereien nach HCMS.

Something Fishy
FISCH & MEERESFRÜCHTE $

(Karte S.252; 12A Ð Biet Thu; Hauptgerichte 50 000–80 000 VND; ☺mittags & abends) In dem kleinen, gemütlichen und preiswerten Café-Restaurant kommt alles auf den Tisch, was aus dem Meer stammt, beispielsweise Fish 'n' Chips.

Da Fernando
ITALIENISCH $$

(Karte S.252; 96 Ð Nguyen Thien Thuat; Hauptgerichte 50 000–180 000 VND; ☺mittags & abends) Das solide italienische Restaurant punktet mit frischen Pastagerichten und Weinen aus der Heimat.

Kirin Restaurant
VIETNAMESISCH $

(Karte S.252; 1E Ð Biet Thu; Gerichte 20 000–120 000 VND) Sowohl die Terrasse im Obergeschoss als auch der Innenhof des alten kolonialen Anwesens dienen als atmosphärische Kulissen für die günstige, authentische vietnamesische Küche.

Thanh Thanh Cafe
CAFÉ $

(Karte S.252; 10 Ð Nguyen Thien Thuat; Gerichte 25 000–105 000 VND) Der einst angesagteste Backpackertreff ist immer noch eine verlässliche Adresse für vietnamesische Spezialitäten und erstaunlich gute Pizzas.

Romy's
ITALIENISCH $

(Karte S.252; 1C Ð Biet Thu; Kugel 25 000 VND; ☺7–22 Uhr) Es gibt Eis in verschiedenen Geschmacksrichtungen, Gebäck, Kuchen und guten Kaffee.

Au Lac
VEGETARISCH $

(Karte S.252; 28C Ð Hoang Hoa Tham; Gerichte ab 12 000 VND, 🌱) Das alteingesessene vegetarische Restaurant nahe der Ecke der Ð Nguyen Chanh wartet mit einem hervorragenden gemischten vegetarischen Teller auf.

🍷 Ausgehen

Oasis
BAR

(Karte S.252; 3 Ð Tran Quang Khai) Gäste der beliebten Bar schätzen in erster Linie die Cocktails, Riesengetränke und Wasserpfeifen. Die Happy Hour dauert von 16 bis 24 Uhr und auf der Gartenterrasse werden große Sportevents in geselliger Atmosphäre gezeigt. Gute Nachrichten für Nachtschwärmer: Das Oasis schließt erst im Morgengrauen.

Sailing Club
BAR

(Karte S.252; 72–74 Ð Tran Phu; @) Trotz offensichtlicher Gentrifizierungsmaßnahmen bleibt der Sailing Club Nha Trangs die Ausgehadresse Nummer eins. Die Getränke sind teurer als in den anderen Locations, deshalb füllt sich der Schuppen erst spätabends. Wir empfehlen die Strandpartys bei Vollmond, für gut besuchte Events muss man allerdings Eintritt zahlen. Um das edle Image nicht zu beschädigen, werden Betrunkene ohne viel Federlesens der Bar verwiesen.

Louisiane Brewhouse
BRAUEREI

(Karte S.252; 🕿352 1948; 29 Ð Tran Phu; @🏊) Die schicke Kleinbrauerei stellt Gerstensäfte nach Nha-Trang-Art her und ist ein Pflichtstopp für Bierliebhaber. Jenseits der glänzenden Kupferfässer befinden sich ein einladender Swimmingpool und ein kleiner Privatstrand.

Guava
LOUNGE-BAR

(Karte S.252; www.clubnhatrang.com; 17 Ð Biet Thu; @) In dieser angesagten Lounge-Bar kann man seinen Cocktail stilvoll genießen. Drinnen gibt's gemütliche Sofas, draußen einen schönen grünen Innenhof. Zudem finden regelmäßig Aktionen statt, so bekommt man z. B. zwei Überraschungsgetränke zum Preis von einem (beim Katerfrühstück am Sonntag ist es übrigens eine Bloody Mary). Auch das Essen schmeckt.

Red Apple Club
BAR

(Karte S.252; 54H Ð Nguyen Thien Thuat; @) Nach einer Bootstour (oder vor der nächsten) treffen sich hier gern ausgehfreudige Backpacker. Dank des billigen Biers, Shots in rauen Mengen, regelmäßigen Aktionen und Indie-Rhythmen ist der Laden jede Nacht gerammelt voll. Es gibt einen Pool, freien Internetzugang und einen sehr beliebten Billardtisch. Vorsicht vor dem Biertrichter – das kann böse enden …

Crazy Kim Bar
BAR

(Karte S.252; www.crazykimbar.com; 19 Ð Biet Thu; @) Besitzerin Kimmy verbindet in ihrer beliebten Bar gastronomisches mit sozialem Engagement im Rahmen der Antipädophilie-Kampagne „Hands off the kids". In dem Gebäude hat sie ein Klassenzimmer für gefährdete Straßenkinder eingerichtet. Ein Teil ihrer Einnahmen aus Essen und T-Shirt-Verkauf ist für diesen guten Zweck reserviert. Wer als Freiwilliger Englisch unterrichten will, kann sich an der Bar als Lehrer/in eintragen. Außerdem finden im Crazy Kim regelmäßig Themenpartys mit fetziger Musik sowie teuflischen Riesencocktails statt. Gäste können kostenlos im Internet surfen.

Altitude
BAR

(Karte S.252; 26–28 Ð Tran Phu) Die Bar im 28. Stock des Sheraton Nha Trang bietet nicht nur Fünf-Sterne-Panoramablicke auf die Küste, sondern auch Fünf-Sterne-Preise.

Nghia Bia Hoi
BAR

(Karte S.252; 7G/3 Ð Hung Vuong) Mit dem wohl günstigsten Bier der Stadt, darunter helle und dunkle Sorten, lockt dieser Schuppen jede Menge Backpacker an.

Shoppen

Nha Trang hat sich zu einer Einkaufsoase für Kunst und Kunsthandwerk entwickelt. Rund um die Häuserblocks an der Straßenecke Ð Tran Quang Khai und Ð Hung Vuong locken zahlreiche Geschäfte.

Saga du Mekong
BEKLEIDUNG

(Karte S.252; 1/21 Ð Nguyen Dinh Chieu) Die stilvolle Modeboutique ist auf Leinen- und Baumwollkleidung spezialisiert – perfekt für das tropische Klima.

Bambou
BEKLEIDUNG

(Karte S.252; 15 Ð Biet Thu) In der Filiale der Bambou-Kette kann man legere Kleidung mit Vietnam-Motiven kaufen, z. B. Strandklamotten.

A Mart
ESSEN

(Karte S.252; 17A Ð Biet Thu) Dieser kleine, zentral gelegene Supermarkt hat eine gute Auswahl an importierten Artikeln im Angebot, darunter Sonnencreme und Pflegeprodukte.

XQ
KUNSTHANDWERK

(Karte S.252; www.xqhandembroidery.com; 64 Ð Tran Phu; 8–20 Uhr) Im XQ, das einem traditionellen ländlichen Dorf nachempfunden wurde, wird man mit einem grünen Tee empfangen. Besucher können in aller Ruhe an Stickereiateliers vorbeischlendern und den Künstlern bei ihrer Arbeit zuschauen.

Praktische Informationen

Gefahren & Ärgernisse

In Nha Trang kann man auf mancherlei Art sein Geld loswerden. In der Stadt sind viele Langfinger unterwegs, sei es am Strand, wo sich nach Körperkontakt mit Fremden z. B. Schmuck in Luft auflöst, oder während Massagebehandlungen, wenn sich eine dritte Person in den Raum schleicht und in Hemd- sowie Hosentaschen

---

GEPANSCHTE GETRÄNKE

Laut vielen Erzählungen machen in beliebten Bars und Kneipen nachts Eimer mit alkoholischen Mischgetränken die Runde. Eventuell werden dem Inhalt Drogen oder selbstgebrannte Getränke beigemengt, die für die Gesundheit gefährlich sein können. Zwar kann das gemeinsame Trinken aus einem Eimer lustig sein, aber man sollte trotzdem Vorsicht walten lassen und darauf achten, was in den Behälter so alles hineingeschüttet wird. Schließlich will niemand seine Nacht mit paranoiden Anfällen beenden oder gar ausgeraubt werden.

greift. Auch Hotelzimmer sind nicht unbedingt sicher! Man sollte nicht zu viel Bares dabeihaben und Bares an der Rezeption hinterlegen – falls es abhanden kommt, haftet die Unterkunft. Leider gibt's auch unter Hotelbetreibern skrupellose Diebe. Es passiert immer häufiger, dass einem im Vorbeifahren die Tasche entrissen wird, was sehr gefährlich sein kann, wenn man gerade auf einem xe om sitzt. Darüber hinaus hört man von jugendlichen Gangs, die ihre Opfer nachts am Strand mit Elektrowaffen außer Gefecht setzen, um sie auszurauben.

Einige Touristinnen berichteten uns davon, nach dem Baden oder am Strand von jungen Vietnamesen fotografiert worden zu sein. Diese Typen erwiesen sich oft als ziemlich aufdringlich und beharrlich.

Bei Sehenswürdigkeiten wird sorglosen ausländischen Besuchern schon mal zusätzlich Geld abgeknöpft. Deshalb sollte man sich immer die Preise auf den vorgedruckten Eintrittskarten einprägen und das Wechselgeld nachzählen. Bei den Kosten für Fahrrad- oder Motorradstellplätze wird man ebenfalls leicht abgezockt.

Geld

Geldautomaten findet man überall in der Stadt. **Vietcombank** (Karte S. 252; 17 Đ Quang Trung; ☺Mo–Fr) Tauscht Reiseschecks und leistet Bargeldzahlungen.

Internetzugang

Die meisten Hotels und Urlaubercafés haben Internetanschlüsse. Zudem bietet ein Großteil der Restaurants und Bars WLAN. Vor allem auf der Đ Trang Quang Khai und Đ Biet Thu sind jede Menge Netzwerke zugänglich.

Medizinische Versorgung

Pasteur Institute (Karte S. 252; ✆382 2355; 10 Đ Tran Phu) Ärztliche Beratung und Impfungen auf dem Gelände des Alexandre-Yersin-Museums (s. S. 250).

Post

Hauptpost (Karte S. 252; 4 Đ Le Loi; ☺6.30–22 Uhr)

Reisebüros

Highland Tours (Karte S. 252; ✆352 4477; www.highlandtourstravel.com; 54G Đ Nguyen Thien Thuat) Tolle Auswahl an erschwinglichen Touren ins zentrale Hochland.

Khanh-Hoa-Touristeninformation (Karte S. 252; ✆352 8000; khtourism@dng.vnn.vn; Đ Tran Phu) Die staatliche Touristeninformation an der Küste bietet verschiedene Ausflüge an, darunter Bootsfahrten.

Sinh Tourist (Karte S. 252; ✆352 2982; www.thesinhtourist.vn; 2A Đ Biet Thu) Günstige Touren in die Umgebung sowie Fahrten mit Open-Tour-Bussen.

❶ An- & Weiterreise

Auto & Motorrad

Straßenentfernungen ab Nha Trang: 235 km nach Qui Nhon, 523 km nach Da Nang, 104 km nach Phan Rang, 250 km nach Mui Ne, 448 km nach HCMS, 205 km nach Da Lat und 205 km nach Buon Ma Thuot.

In der Stadt gibt's mehrere Easy-Riders-Filialen. Manche Besucher buchen hier Motorradtouren durch das zentrale Hochland, noch schöner ist jedoch die Fahrt über den neuen Gebirgspass, der von Nha Trang nach Da Lat führt und in der BBC-Reihe Top Gear vorgestellt wurde. Außerdem kann man einen Ausflug auf der Bergstraße von Da Lat nach Mui Ne unternehmen. Die Gegend wartet mit einigen der besten Routen im Süden auf, von denen kurze Abschnitte erkundet werden können. Weitere Infos zu den Easy Riders siehe Kastentext „Immer sachte!" auf S. 306.

Bus

Der **Phia-Nam-Nha-Trang-Busbahnhof** (Đ 23 Thang 10) 500 m westlich des Bahnhofs ist Nha Trangs Ankunftsort für Fernbusse. Von hier aus verkehren täglich Busse nach Qui Nhon im Norden (100 000 VND, 5 Std.) und ein paar davon fahren noch weiter bis nach Da Nang (170 000 VND, 12 Std.). Richtung Süden bestehen regelmäßige Verbindungen nach Phan Rang (40 000 VND, 2 Std.) und nach HCMS (180 000 VND, 11 Std.), darunter Schlafbusse, die um 19 Uhr starten. Außerdem geht's ins Hochland von Da Lat (100 000 VND, 5 Std.) und Buon Ma Thuot (85 000 VND, 4 Std.).

Nha Trang ist eine wichtige Haltestelle für Besichtigungstouren in Open-Tour-Bussen, mit denen man am besten nach Mui Ne gelangt, weil der Ort nicht an den Nahverkehr angebunden ist. Meistens fahren die Busse zwischen 7 und 8 Uhr ab und kommen zur Mittagszeit in Mui Ne an, bevor es weiter nach HCMS geht. Darüber hinaus verkehren regelmäßig Busse nach Da Lat (5 Std.) und Hoi An (11 Std.).

Flugzeug

Vietnam Airlines (Karte S. 252; ✆352 6768; 91 Đ Nguyen Thien Thuat) bietet tägliche Verbindungen zwischen Nha Trang und HCMS (ab 680 000 VND), Hanoi (ab 1 700 000 VND) und Da Nang (ab 980 000 VND). **Jetstar** (www.jetstar.com) hat günstigere Flüge nach Hanoi ab 775 000 VND im Programm.

Zug

Nha Trangs **Bahnhof** (Karte S. 232; Đ Thai Nguyen; ☺Ticketschalter 7–11.30, 13.30–18 & 19–21 Uhr) liegt westlich der Kathedrale. Zu den von hier aus bedienten Zielen gehören Qui Nhon (132 000 VND, 4 Std.), Da Nang (285 000 VND Soft-Seat-Klasse/475 000 VND Soft-Sleeper-Klasse, 10 Std.) und HCMS

VERKEHRSVERBINDUNGEN AB NHA TRANG

ZIEL	AUTO/ MOTORRAD	BUS	FLUGZEUG	ZUG
HCMS	10 Std.	9–12 US$, 11 Std., regelmäßig	ab 34 US$, 1 Std., 3-mal tgl.	8–23 US$, 9–12 Std., regelmäßig
Mui Ne	5 Std.	5–7 US$, 6 Std., regelmäßig	keine Angabe	keine Angabe
Da Lat	4 Std.	3,50–6 US$, 5 Std., regelmäßig	keine Angabe	keine Angabe
Qui Nhon	4 Std.	5–7 US$, 5 Std., regelmäßig	keine Angabe	3–7 US$, 4–6 Std., regelmäßig
Da Nang	11 Std.	9–12 US$, 12 Std., regelmäßig	ab 49 US$, 1 Std., 1-mal tgl.	9–24 US$, 12–15 Std., regelmäßig

(247 000 VND Soft-Seat-Klasse/420 000 VND Soft-Sleeper-Klasse, 9 Std.).

Unterwegs vor Ort

Fahrrad

Mit dem Fahrrad kann man leicht alle Sehenswürdigkeiten einschließlich Thap Ba abklappern. Viele Hotels vermieten Räder ab 30 000 VND pro Tag. Vorsicht: Rund um den Bahnhof gibt's fast nur Einbahnstraßen, deshalb geht's dort chaotisch zu.

Von/Zum Flughafen

28 km südlich der Stadt liegt der Cam-Ranh-Flughafen. Er ist mit Nha Trang über eine wunderschöne Küstenstraße verbunden, auf der jeweils zwei Stunden vor Abflug ein Shuttlebus (40 000 VND) verkehrt. Dieser startet am alten Flughafen (bei der 86 Đ Tran Phu) und benötigt 40 Minuten. Von der Stadt aus ist ein Taxi die bequemere Variante, zudem erspart man sich die Wartezeit am Flughafen. Eine Fahrt mit einem der Taxis vom offiziellen Unternehmen **Nha Trang Taxi** (382 6000), erkennbar an ihrer dunkelroten Farbe, kostet vom Flughafen bis ins Zentrum 320 000 VND. Für die umgekehrte Strecke, also von der Stadt bis zum Flughafen, zahlt man hingegen nur 190 000 VND. Andere Firmen berechnen den Preis mit einem Taxameter, das sind für die gleiche Strecke mindestens 300 000 VND.

Taxi, Cyclo & Xe Om

Von diesen drei Verkehrsmitteln hat Nha Trang mehr als genug. Die xe-om-Fahrer sind mit Abstand am aufdringlichsten, allerdings scheinen sie, ähnlich wie alle Taxis dieser Welt, wie vom Erdboden verschluckt, wenn man sie tatsächlich braucht. Eine Stadtfahrt mit dem Motorradtaxi sollte höchstens 20 000 VND kosten. In der Nacht ist Vorsicht geboten, denn einige weniger seriöse Taxifahrer gehen als Schlepper und Drogendealer ihren Nebengeschäften nach. Auf der sicheren Seite ist man mit Wagen von einem verlässlichen Anbieter wie Mai Linh.

Rund um Nha Trang

THANH-ZITADELLE

Diese Zitadelle geht auf die Trinh-Dynastie (17. Jh.) zurück. Sie wurde 1793 von Prinz Nguyen Anh, später Kaiser Gia Long, während seines erfolgreichen Feldzuges gegen die Tay-Son-Rebellen errichtet. Heute sind nur noch einige Mauerabschnitte und Burgtore erhalten. Die Festung liegt 11 km westlich von Nha Trang in der Nähe des Ortes Dien Khanh.

BA-HO-WASSERFÄLLE

Die drei Wasserfälle und -becken bei **Ba Ho** (Suoi Ba Ho) sind Teil einer bewaldeten Zone und 20 km nördlich von Nha Trang bzw. 2 km westlich vom Phu-Huu-Dorf gelegen. Man erreicht sie, indem man nördlich vom Quyen Restaurant die Nationalstraße verlässt. Hier trifft man sehr viel weniger Touristen als an anderen Naturattraktionen in der Gegend. Es macht eine Menge Spaß, flussaufwärts durch die Becken zu kraxeln.

SUOI TIEN (MÄRCHENQUELLE)

Wie aus dem Nichts taucht die entzückende **Märchenquelle** (10 000 VND) vor einem auf, eine kleine Oase mit tropischer Vegetation und glatten Felsbrocken. Der Ort soll das nächste große Ökotourismuszentrum werden und bekam bei unserem Besuch gerade einen betonierten Eingangsbereich. Trotzdem kann man nach wie vor noch einen schönen Spaziergang flussaufwärts unternehmen. Vietnamesische Besucher picknicken hier gerne, deshalb liegt oft Müll herum. Die Verunreinigung nimmt jedoch ab, je näher man der Quelle kommt.

Wer sich Suoi Tien ansehen möchte, benötigt ein Auto oder Motorrad. Von Nha Trang geht's auf der Nationalstraße 1 etwa 27 km Richtung Süden nach Suoi Cat. Am blau-weißen Schild „Ho chua nuoc Suoi Dau" biegt man rechts (gen Westen) ab. 5 km später stößt man auf einen Wegweiser zur Quelle.

CAM-RANH-HAFEN
Der traumhafte natürliche Hafen der **Cam-Ranh-Bucht** liegt 25 km südlich von Nha Trang und 56 km nördlich von Phan Rang. Seitdem der neue, ausgezeichnete Flughafenzubringer eröffnet wurde, ist der wunderschöne **Bai-Dai-Strand** („Langer Strand") am nördlichen Ende der Bucht viel besser angebunden. Bis jetzt blieb der Küstenstreifen größtenteils vom Tourismus verschont, doch die Regierung fördert seine Entwicklung. Als Vorzeichen des internationalen Windes, der hier bald wehen soll, wurden im August 2008 die Wahlen zur Miss Universe im Diamond Bay Resort abgehalten. Was hätte Ho Chi Minh wohl dazu gesagt?

Trotz anhaltender militärischer Kontrolle dieses Geländes kommt die Zusammenarbeit mit Reiseveranstaltern langsam in Schwung. So hat Nha Trangs Waves Watersports (s. S. 256) die Strandabschnitte mit der besten Wellenbrandung in Vietnam besetzt. Auch **Shack Vietnam** (www.shackvietnam.com) verleiht am Bai-Dai-Strand Surfbretter und bietet Kurse an.

An Nha-Trang-Standards gemessen ist der Strand größtenteils naturbelassen und lädt zu einem ruhigen Tag abseits des Tourismustrubels ein. In der Gegend gibt's mehrere Essensstände mit frische Meeresfrüchten.

Vom Flughafen fährt abhängig von An- und Abflugzeiten ein Shuttlebus (s. S. 263) bis zum Strand. Für ein Taxi zahlt man rund 250 000 VND pro Strecke, ein *xe om* ist billiger (Verhandlungsziel ca. 150 000 VND inklusive Wartezeit).

Phan Rang & Thap Cham
068 / 170 000 EW.

Die Nachbarorte Phan Rang (nahe der Nationalstraße 1) und Thap Chamin (wird von der Nationalstraße 20 gekreuzt) bilden zusammen die Hauptstadt der Provinz Ninh-Thuan. Wer Vietnam von Nord nach Süd bereist, nimmt einen auffälligen Vegetationswechsel wahr. Üppig grüne Reisfelder werden von buschigen Steppengewächsen auf sandigem Boden abgelöst, Flamboyants und stachelige Feigenkakteen prägen die Flora. Bekannt ist die Region auch für den Anbau von Trauben. Weinspaliere zieren viele Häuser am Stadtrand.

Die Cham-Türme von Po Klong Garai sind die bekannteste Sehenswürdigkeit der Gegend. Tap Cham (Cham-Turm) verdankt ihnen seinen Namen. Seit der Inbetriebnahme einer neuen Bergstraße zwischen Da Lat und Nha Trang zieht der Turm allerdings weit weniger Besucher an als in der Vergangenheit. Viele weitere Türme liegen rundherum in der Landschaft verstreut. In der Provinz leben Tausende Angehörige des Cham-Volkes. Wie andere ethnische Minderheiten des Landes leiden sie unter Diskriminierungen und sind meist ärmer als ihre vietnamesischen Nachbarn. Außerdem wohnen in der Region mehrere Tausend Chinesen. Viele pilgern jedes Jahr zur farbenprächtigen,

---

AHOI, SOWJETS!

Der Hafen von Cam Ranh war lange Zeit eine Drehscheibe des Ostens. 1905, gegen Ende des russisch-japanischen Kriegs, diente der Hafen als russischer Marinestützpunkt. Während des Zweiten Weltkriegs gehörte er dagegen den Japanern. Zu jener Zeit galt die nähere Umgebung noch als ausgezeichnetes Tigerjagdrevier. Mitte der 1960er-Jahre schufen die Amerikaner ein riesiges Hafenareal mit Reparaturwerften und einer Landebahn für ihre Luftstreitkräfte.

Nach der Wiedervereinigung Vietnams 1975 kamen die Russen zurück und fanden sehr viel bessere Anlagen vor, als sie sieben Jahrzehnte zuvor verlassen hatten. Nun wurde Can Ranh zum größten sowjetischen Marinestützpunkt außerhalb der UdSSR. Mit dem Zusammenbruch der Sowjetunion 1991 und dem Ende des Kalten Krieges mussten die Russen ihre Ausgaben für überseeische Militäranlagen stark drosseln. Obwohl der ursprüngliche Nutzungsvertrag bis 2004 laufen sollte, machten sie hier schon 2002 alles dicht. Damit war das letzte Ahoi der Sowjetmarine in Can Ranh verhallt.

135 Jahre alten Quang-Cong-Pagode (Đ Thong Nhat), einem chinesischen Tempel im Stadtzentrum.

Zwei der Hauptverkehrsadern Vietnams (die Nationalstraßen 1 und 20) führen durch die Stadt, daher bietet sie sich als Zwischenstopp bei Fahrten entlang der Küste an. Der nahe gelegene ruhige Ninh-Chu-Strand (S. 268) ist eine willkommene Alternative zum Trubel vieler anderer Orte an der Küste. In der Innenstadt wird die Nationalstraße 1 zur Đ Thong Nhat. Vom Hauptkreisverkehr führt die Đ 16 Thang 4 ostwärts zum Ninh-Chu-Strand.

⊙ Sehenswertes

Po-Klong-Garai-Cham-Türme TEMPEL

(Thap Cham; Eintritt 10 000 VND; ⊙7.30–18 Uhr) Ende des 13. bzw. Anfang des 14. Jhs. wurden die vier Ziegeltürme als hinduistische Tempel errichtet. Sie thronen auf dem Cho'k Hala, einem mit Kakteengestrüpp bewachsenen Granithügel diesseits des Rio Grande.

Am Fuß des Hügels lädt das moderne Museum im Cham-Stil zu einem Besuch ein. In verschiedenen Ausstellungsräumen zeigen Fotografien, Bilder und Keramikexponate, dass die Cham eine bedeutende ethnische Minderheit in der Region sind, obwohl das Königreich längst der Vergangenheit angehört (s. S. 229).

Über dem Eingangsportal des höchsten Turms (Hauptkalan oder Heiligtum) ist ein tanzender sechsarmiger Shiva eingemeißelt. Ebenfalls bemerkenswert sind die mit alter Cham-Schrift gravierten Türpfosten. Sie erzählen von früheren Sanierungsarbeiten sowie der Darbringung von Opfergaben und Sklaven. Wer das gut besuchte Gebäude betreten möchte, muss seine Schuhe ausziehen. Im Vorraum wacht eine Statue des Shiva-Reittiers (Nandi), ein Symbol für die landwirtschaftliche Fruchtbarkeit der Umgebung. Damit Nandi ihnen eine gute Ernte beschert, opfern ihm die Bauern regelmäßig frisches Gras, Kräuter und Betelnüsse. Im Hauptturm steht auf einer hölzernen Pyramide ein geschnitzter *mukha-linga* mit aufgemaltem Menschengesicht.

Gleich gegenüber dem Eingang zum Heiligtum befindet sich ein kleinerer Turm, eines von vielen Beispielen für die hochentwickelte Baukunst der Cham, bei dem Holzsäulen das filigrane Dach stützen. Ursprünglich diente ein Vorbau als Haupteingang zum Tempelkomplex.

Po Klong Garai liegt direkt nördlich der Nationalstraße 20, 6 km westlich von Phan Rang in Richtung Da Lat. Die Türme der Stätte ragen hinter den Schienentrassen von Thap Cham auf. Einige Open-Tour-Busse machen hier auf ihrer Küstenroute Halt.

Po-Ro-Me-Cham-Türme TEMPEL

(Eintritt frei, Spenden sind willkommen) Wunderbar idyllisch auf einem felsigen Hügel gelegen, strahlen die Türme von Po Ro Me eine besondere Atmosphäre aus. Hier schweift der Blick weit über die kakteenreiche Landschaft. Der Tempelkomplex wurde zu Ehren des letzten unabhängigen Cham-Königs, Po Ro Me (Regierungszeit 1629–51), errichtet, der in vietnamesischer Gefangenschaft starb. In den Fassadenverzierungen wurden sein Konterfei sowie Gesichter von Familienangehörigen verewigt. Auffällig ist auch das Flammenmotiv rund ums Gewölbe, ein Symbol für Reinheit, das bei schlechtem Karma Abhilfe schaffen kann.

Die Anlage wird immer noch genutzt: Zweimal im Jahr finden hier religiöse Festlichkeiten statt. Eigentlich bleibt der Komplex für Besucher an allen anderen Tagen geschlossen, allerdings zeigen sich die Tempelhüter am Fuße des Hügels gegen eine

---

NEUJAHRSFEST DER CHAM

Im siebten Monat des Cham-Kalenders (um den Oktober herum) wird im Po-Klong-Garai-Komplex das Kate-Fest gefeiert, das an die Vorfahren und Nationalhelden der Cham sowie an den Erntegott Po Ino Nagar erinnert.

Am Vorabend des Neujahrsfests findet eine feierliche Prozession statt, die um Mitternacht endet. Begleitet von traditioneller Musik wird das Gewand des Königs von Po Klong Garai umhergetragen. Am darauffolgenden Morgen bringen die Feiernden das Kleidungsstück mit musikalischer Untermalung zum Tempelturm. Dabei schwenken sie singend und tanzend ihre Banner und Flaggen. Würdenträger, Prominente und Dorfälteste schließen sich dem Festzug an. Die farbenprächtige Zeremonie dauert bis in den Nachmittag.

Noch den ganzen restlichen Monat wird gefeiert. In dieser Zeit besuchen die Cham Freunde und Verwandte und beten für Glück und Erfolg.

kleine Spende gerne bereit, Interessierten Zugang zum Heiligtum zu gewähren. Schuhe ausziehen nicht vergessen!

Die im Turm hausenden Fledermäuse sind nicht daran gewöhnt, in ihrer Ruhe gestört zu werden. Es kann ein wenig unheimlich werden, wenn die kleinen Tiere einem im Dunkeln mit wildem Fiepen um den Kopf flattern. Im Dämmerlicht erkennt man ein blutrot und schwarz bemaltes Halbrelief, das den zum Gott erhobenen König in Gestalt von Shiva symbolisiert. Hinter der Hauptgottheit bzw. zu seiner Linken wacht Thanh Chanh, eine seiner Königinnen. Interessant sind auch die Inschriften am Eingang und eine Skulptur des heiligen Stieres Nandi.

Am besten erreicht man die Anlage mit einem eigenen Motorrad oder per *xe om* (Motorradtaxi). Ein Ausflug lohnt sich allemal, auch wenn man sich in der Gegend leicht verirren kann. Südlich von Phan Rang fährt man zuerst 9 km auf der Nationalstraße 1. Bei der Abzweigung nach Ho Tan Giang, hinter der Tankstelle, verlässt man die Schnellstraße und biegt rechts in eine enge Straße ein. Von dort muss man weitere 6 km zurücklegen. In einem staubigen Dorf biegt man an der Pferdekoppel, ungefähr doppelt so groß wie ein Fußballfeld, links ab und folgt der mäandernden Straße nach rechts, bis die Türme ins Blickfeld kommen. Das letzte Stück (500 m) ist ausgeschildert.

Bau Truc   DORF

Das Cham-Dorf ist für sein Töpferhandwerk bekannt. Vor den typischen Bambushütten bieten verschiedene Töpferfamilien ihre selbst hergestellten Waren an. Auf dem Weg nach Po Ro Me biegt man in der Nähe eines Kriegsdenkmals rechts von der Nationalstraße 1 ab; dort kündigt ein Banner mit der Aufschrift „Lang Nghe Gom Bau Truc" die Gemeinde an. Im Dorf geht's links in eine Seitenstraße, wo sich einige der besseren Läden befinden.

🛏 Schlafen

Am Ninh-Chu-Strand gibt's viele luxuriösere Unterkünfte (S. 268).

Ho Phong Hotel   HOTEL $

(☏ 392 0333; www.hophong.co.net; 363 Đ Ngo Gia Tu; Zi. 230 000–450 000 VND; ✳@🛜) Dank seiner Festbeleuchtung ist das imposante Hotel unweit der Hauptbrücke schon von Weitem zu sehen. Es bietet das beste Gesamtpaket in der Stadt. Die hübschen Zimmer verfügen über nette Extras wie Duschen mit ordentlichem Wasserdruck und Toiletten inklusive goldener Bordüre.

Viet Thang Hotel   HOTEL $

(☏ 383 5899; 430 Đ Ngo Gia Tu; EZ/DZ/4BZ 160 000/ 180 000/300 000 VND; ✳🛜) Von außen wirkt das Hotel an der Đ Ngo Gia Tu nahe der Hauptstraße etwas verwittert, doch es hat Zimmer zu fairen Preisen und sehr freundliche Besitzer, die leider kein Englisch sprechen.

Essen

Zu den lokalen Delikatessen gehört gerösteter oder im Ofen gebratener mit *ky nhong* (Gecko) mit grüner Mango (s. S. 269). Wer selbst versorgen möchte und schnell ist, kann sein Essen in den meisten Hotelzimmern des Landes theoretisch selbst fangen.

Com ga (Hühnchen mit Reis) ist eine weitere Spezialität der Gegend. Vietnamesische Urlauber auf Durchreise machen hier sogar extra Halt, um das Geflügel zu kaufen oder wenigstens einen Snack zu sich zu nehmen. In der Đ Tran Quang Dieu befinden sich mehrere *com-ga*-Restaurants, darunter das empfehlenswerte **Phuoc Thanh** (3 Đ Tran Quang Dieu; Hauptgerichte 20 000–50 000 VND) unmittelbar nördlich der D 16 Thang 4, der Straße zum Ninh-Chu-Strand.

Was Weintrauben betrifft, ist Phan Rang landesweit die Nummer eins. An den Marktständen werden frische und getrocknete Trauben (saftiger als Rosinen) sowie Traubensaft angeboten. Auch die grüne *thanh long* (Drachenfrucht) lohnt eine Kostprobe; ihr milder, kiwiähnlicher Geschmack ist eisgekühlt besonders erfrischend.

ℹ Praktische Informationen

Agriculture Bank (540–544 Đ Thong Nhat) In der Filiale unweit des Markts kann man Geld wechseln.

Hauptpost (217A Đ Thong Nhat) Das Postamt in der Nähe des Busbahnhofs bietet Internetzugang.

ℹ An- & Weiterreise

AUTO & MOTORRAD Von Phan Rang sind es 344 km nach HCMS, 147 km nach Phan Thiet, 104 km nach Nha Trang und 108 km nach Da Lat.

BUS Der **Busbahnhof** (gegenüber 64 Đ Thong Nhat) liegt am nördlichen Stadtrand. Von dort bestehen u. a. regelmäßige Verbindungen nach Nha Trang im Norden (42 000 VND, 2½ Std.), Da Lat im Nordwesten (55 000 VND, 4 Std.) und Ca Na (15 000 VND, 1 Std.) im Süden.

ZUG Der **Bahnhof von Thap Cham** (7 Đ Phan Dinh Phung) befindet sich 6 km westlich der Nationalstraße 1 in Sichtweite der Po-Klong-Garai-Türme. Leider halten hier nur langsamere Züge. Zu den Zielen gehören Nha Trang (2 Std.) und HCMS (8 Std.).

Ninh-Chu-Strand
068

Bei einheimischen Urlaubern wird dieser Strand südöstlich von Phan Rang immer beliebter. Bis auf vereinzelten Müll ist der 10 km lange Sandstreifen hübsch und unter der Woche recht leer; zudem geht's im Ort, der sich als guter Ausgangspunkt für einen Abstecher zu den Cham-Türmen eignet, ruhiger zu als in Phan Rang.

Das **Hoan Cau Resort** (389 0077; www.hoancautourist.com.vn; Wasserpark Erw./Kind 20 000/10 000 VND) ist eine bizarr anmutende Attraktion. Urkomische Gipsfiguren verpassen der Anlage, die scheinbar teils von Disneyland, teils von vietnamesischer Folklore inspiriert wurde, eine eigenartige Kulisse. Die Zimmer sehen wie hohle Baumstümpfe aus. Ein kurzer Besuch macht definitiv mehr Spaß als eine Übernachtung in den kitschigen, auf Baumhäuser gemachten Bungalows. Insgesamt wirkt die Anlage so, als hätten Partyfunktionäre einen Besuch in Dalats Crazy House (S. 295) so genossen, dass sie nach diesem Vorbild ein ganzes Resort bauen ließen.

🛌 Schlafen & Essen

LP TIPP **Den Gion Resort** BOUTIQUE-HOTEL $$
(387 4223; www.dengion-resort.com; Zi. 40–60 US$; ❄@🛜🏊) Vor Kurzem wurde das atmosphärische Resort mit Liebe zum Detail neu gestaltet. Es wartet mit Bungalows auf, die im dicht bewachsenen Garten am Strand stehen und über schicke Duschen sowie elegante Möbel verfügen. Das Frühstück ist im Preis inbegriffen und wird im **Restaurant** (Hauptgerichte 50 000–125 000 VND) unter freiem Himmel serviert.

Con Ga Vang Resort RESORTHOTEL $$
(387 4899; www.congavangresort.com; Zi. 700 000–1 500 000 VND; ❄@🛜🏊) Eines von vielen neuen Resorts am Ninh-Chu-Strand. In Anbetracht der schicken, geräumigen Zimmer, des Pools und der Tennisplätze sind die Preise absolut angemessen, außerdem kann man im empfehlenswerten hauseigenen **Huong Dua Restaurant** (Hauptgerichte 40 000–100 000 VND) am Strand leckere, günstige Meeresfrüchte wie einen Teller Austern mit Knoblauch für weniger als 5 US$ verspeisen. Die Angestellten sprechen ein wenig Englisch.

Anh Duong Hotel HOTEL $
(389 0009; 200 000–400 000 VND; ❄🛜) Fernab vom Strand entstanden am Straßenrand viele moderne Hotels mit preiswerten Angeboten. Zu den neueren gehört das stilvoll eingerichtete Anh Duong nur ein paar Gehminuten vom Meer entfernt.

ℹ An- & Weiterreise

Unmittelbar vor der Cai-Brücke in Phang Hang geht's links (südöstliche Richtung) in die Đ Ngo Gia Tu ab. Dann folgt man den Schildern 7 km bis zum Strand. Wer nicht selbst fährt, mietet am besten ein xe om (30 000 VND) oder nimmt ein Taxi mit Kilometerzähler (80 000 VND).

Ca Na
068

Im 16. Jh. jagten die Söhne der Cham-Könige hier noch Tiger, Elefanten und Nashörner oder angelten Fische. Heute ist Ca Na dagegen weitaus bekannter für seine weißen, von riesigen Granitfelsen durchsetzten Sandstrände. Abseits der Nationalstraße 1, etwa 1 km nördlich des Fischerdorfes, erstreckt sich der schönste Abschnitt. Abgesehen vom unüberhörbaren Verkehrsgetöse und Lastwagenhupe ist dies ein hübscher Ort.

Prächtige Feigenkakteen prägen die Landschaft und am Hang lädt die kleine hellgelbe **Lac-Son-Pagode** zu einer Kletterpartie ein.

In der Gegend braucht man Bargeld, denn es gibt weder Banken noch Geldautomaten, zudem akzeptiert niemand Kreditkarten oder Reiseschecks.

Das kleine **Ca Na Hotel** (376 0922; www.canahotel.com.vn; Zi. 180 000–250 000 VND; ❄@🛜) verfügt über acht Bungalows und zwölf Motelzimmer. Es wirkt etwas verlassen, da sich nur wenige Touristen hierher verirren.

ℹ An- & Weiterreise

Ca Na liegt 114 km nördlich von Phan Thiet und 32 km südlich von Phan Rang. Viele Langstreckenbusse auf der Nationalstraße 1 lassen Passagiere hier aussteigen – sich abholen zu lassen ist schon schwieriger. Ab Phan Rang verkehren regionale Busse (15 000 VND, 1 Std.) ins Fi-

> **EIDECHSEN ANGELN**
>
> Spricht man vom Fischen in den Bergen, tauchen vor dem geistigen Auge wahrscheinlich Männer auf, die nach Forellen oder Flussbarschen angeln. Allerdings wird in der ausgedörrten Bergsteppe der südlichen Zentralküste, vor allem rund um Ca Na, Phan Rang, Phan Thiet und Mui Ne, eine ganze andere Art des Angelns praktiziert: das Eidechsenfischen.
> Die *than lan nui* genannten Tiere gehören zur Geckofamilie und gelten als echte Delikatesse. Ihr Fleisch soll an Hühnchen erinnern. Die „Fischer" klettern auf einen Felsen und werfen ihre Bambusangelrute mit baumelndem Köder aus. Dann ist es nur noch eine Frage der Zeit, bis die hungrigen kleinen Reptilien anbeißen.
> Eidechsen werden gegrillt, geröstet oder gebraten, oft auch zu Pastete (inklusive fein gemahlenem Knochenpulver) verarbeitet und als Dip zu Reispapiercrackern verspeist.

scherdorf von Ca Na; einfach fragen, ob man an der Nationalstraße aussteigen darf, und für den letzten Kilometer ein *xe om* nehmen.

Mui Ne

062 / 15 000 EW.

Einst war Mui Ne ein einsamer Sandstreifen, doch ein so schönes Stück Land bleibt natürlich nur selten unentdeckt und so reiht sich hier heute ein Resort an das nächste. Ein Baustopp ist dabei noch lange nicht in Sicht. Trotzdem hat sich der Strand viel von seinem ursprünglichen Charme bewahrt, zudem fügen sich viele Anlagen aufgrund ihrer niedrigen Bauweise und Lage inmitten hübscher Gärten harmonisch in die Landschaft ein. Das ursprüngliche Fischerdorf gibt's noch immer, aber inzwischen sind Touristen den Einheimischen zahlenmäßig überlegen. Mui Ne wird zunehmend exklusiver: Vermehrt öffnen Luxusresorts ihre Pforten, noble Restaurants und edle Geschäfte gesellen sich dazu. Dennoch haftet der Stadt weiterhin eine entspannte Surferatmosphäre an.

Mui Ne gilt als Südvietnams ultimatives Mekka für Adrenalinjunkies. Ums Tauchen und Schnorcheln, dem Zugpferd von Nha Trang und Hoi An, ist es zwar nicht so gut bestellt, doch dafür stehen Wellenreiten und Windsurfen hoch im Kurs. Die besten Wellen locken zwischen August und Dezember. Windsurfer finden dank der Taifunausläufer über den Philippinen insbesondere von Ende Oktober bis Ende April tolle Bedingungen vor. Kitesurfen ist schwer im Kommen und immer öfter sieht man am weiten Horizont in der Luft zappelnde Anhänger dieser Sportart. Wem das alles nach zu viel Freizeitstress klingt, kann sich auch einfach nur am Strand räkeln und Ambitioniertere bei ihrem anstrengenden Treiben beobachten.

In Mui Ne regnet es nur halb so viel wie in Phan Thiet. Das einzigartige Mikroklima verdankt die Gegend den Sanddünen. Selbst während der Regenzeit (Juni–Sept.) fällt nur sporadisch und verhalten Niederschlag.

Die Küstenerosion ist ein zunehmendes Problem. Viele Resorts nördlich von Km 12 haben ihre Strände schon fast komplett ans Meer verloren. Mit Sandsäcken versuchen sie nun zu retten, was noch zu retten ist. Immerhin kann man sich in Mui Ne unmöglich verlaufen, da sich der schmale Ort über eine Länge von 10 km entlang der Küstenstraße erstreckt. Ein Großteil der Unterkünfte liegt zum Strand hin, Restaurants und Geschäfte befinden sich auf der anderen Straßenseite.

Ironischerweise übernachten die meisten Gäste während ihres Aufenthalts nicht in Mui Ne, also dem Fischerdorf am östlichen Ende der Route 706, sondern in Ham Tien!

◉ Sehenswertes

Sanddünen STRAND

Mui Ne ist für seine riesigen roten und weißen Sanddünen berühmt, die bereits von vielen vietnamesischen Fotografen zu ihrem Lieblingsmotiv erkoren wurden. Einige hocken wie Kamele stundenlang auf dem glühend heißen Sand, bis der Wind das passende Muster für den perfekten Schnappschuss in den Sand zeichnet. Wer schon mal hier ist, sollte unbedingt rodeln.

Um die Gegend zu erkunden, benötigt man einen Geländewagen. Die genaue Strecke vereinbart man aber besser vorher, und zwar schriftlich, denn es gab bereits Beschwerden, insbesondere über die „Sonnenuntergangsfahrten": Manchmal stand die Sonne bei der Rückkehr nämlich noch hoch am Himmel – und zur Rede gestellt, reagierten die Guides äußerst ungehalten. Zudem sollte man wissen, dass die weißen Dünen in

Mui-Ne-Strand

den letzten Jahren massiv für den Tourismus genutzt wurden und Quads sowie Strandbuggys die Idylle des Ortes empfindlich stören.

Großer Beliebtheit erfreut sich auch die **Märchenquelle** (Suoi Tien), ein Strom durch eine Dünenlandschaft mit interessanten Sand- und Felsformationen. Eine Wanderung auf eigene Faust durch kniehohes Wasser vom Meer stromaufwärts bis zur Kaskade ist einfach wunderschön. Es bietet sich allerdings an, einen ortskundigen Führer zu engagieren. Zwar kann man barfuß loszichen, doch spätestens beim Marsch über heiße Sanddünen wünscht man sich Ledersohlen. In der Mittagssonne reichen nicht einmal Sandalen aus. Neuerdings gehören seltsamerweise Straußenritte (40 000 VND) zum Angebot, wir raten jedoch davon ab.

Po-Shanu-Cham-Türme TEMPEL
(Km 5; Eintritt 5000 VND; 7.30–11.30 & 13.30–16.30 Uhr) Weiter westwärts thronen die Türme von Po Shanu hoch oben auf einem Hügel nahe Phan Thiet. Hier schweift der Blick weiter über die Stadt und einen Friedhof mit zahlreichen kerzenähnlichen Grabsteinen. Die Tempelanlage, von der nur noch die Ruinen dreier Türme erhalten sind, stammt aus dem 9. Jh. Eine kleine Pagode, eine Galerie und ein Souvenirladen ergänzen die Anlage.

Aktivitäten

Golf

Tropical Minigolf Mui Ne MINIGOLF
(97 Đ Nguyen Dinh Chieu; 10–22.30 Uhr; 100 000 VND) Zerklüftete Felsformationen sorgen in dem hübschen Minigolfpark für die gewisse Herausforderung. Im Eintrittspreis ist ein Getränk enthalten. Abends kostet der Spaß 120 000 VND, ein Mojito oder Tequila Sunrise inklusive.

Sealinks Golf & Country Club GOLF
(374 1777; www.sealinksvietnam.com; Km 8, Mui Ne; 18-Loch-Platz ab 1 945 000 VND) Dieser neue Golfplatz mit Meerblick gilt als einer der anspruchsvollsten des ganzen Landes. Ab 14.30 Uhr gibt's einen Dämmerungsrabatt. Zur Anlage gehören ein Resorthotel und schicke Wohnhäuser.

Ocean Dunes Golf Club GOLF
(382 3366; www.oceandunesgolf.vn; 1 Đ Ton Duc Thang; ab 77 US$ pro Runde zzgl. Caddie & Wagen) Der erstklassige, von Nick Faldo entworfene 18-Loch-Golfplatz (Par 72) liegt außerhalb der Stadt unweit des Strandes in Phan Thiet. Über die Website kann man erschwingliche Golfpauschalreisen, z. B. mit Übernachtung im nahe gelegenen Novotel Ocean Dunes, buchen..

Kurse

Taste of Vietnam KOCHEN
(091-665 5241; atasteofvietnam@gmail.com; Sunshine Beach Resort, 82 Đ Nguyen Dinh Chieu; 9–12.30 & 13.30–16 Uhr) Die Kochkurse am Strand geben Einblicke in Vietnams kulinarische Geheimnisse. Morgens (25 US$) gehört ein Marktbesuch zum Programm, nachmittags zahlt man etwas weniger (20 US$). Zurück in der Heimat können die Teilnehmer ihre Lieben dann mit *banh xeo*, Frühlingsrollen und *pho bo* überraschen.

Spas

Viele der gehobenen Hotels haben hauseigene Wellnesszentren.

Mui-Ne-Strand

Aktivitäten, Kurse & Touren
- Jibes .... (siehe 10)
- 1 Nina Spa C1
- Sankara Kitesurfing Academy ... (siehe 12)
- 2 Sealinks Golf & Country Club A2
- Taste of Vietnam .... (siehe 12)
- 3 Tropical Minigolf Mui Ne B1
- Vietnam Kitesurfing Tours .... (siehe 17)

Schlafen
- 4 Allez Boo Resort B2
- Bao Quynh Bungalow .... (siehe 18)
- 5 Beach Resort B2
- Bien Dua Resort .... (siehe 38)
- 6 Cham Villas B2
- 7 Coco Beach Resort B1
- 8 Duy An Guesthouse D1
- 9 Duyen Vu Guesthouse D1
- 10 Full Moon Resort C1
- 11 Golden Sunlight Guesthouse D1
- Hai Yen Resort .... (siehe 38)
- 12 Hiep Hoa Beachside Bungalow C1
- 13 Hoang Kim Golden C1
- Hotel 1 & 10 .... (siehe 32)
- Indochina Dreams .... (siehe 12)
- 14 L'Anmien Resort B2
- 15 Little Mui Ne Cottages D1
- 16 Lu Hoang Guesthouse C1
- 17 Mellow C1
- 18 Mia Resort B2
- Mui Ne Backpackers .... (siehe 10)
- Mui Ne Lodge .... (siehe 19)
- 19 Mui Ne Resort C1
- Paradise Huts .... (siehe 10)
- Paris Mui Ne Plage .... (siehe 10)
- Rang Garden Bungalows .... (siehe 29)
- Salina Resort .... (siehe 19)
- 20 Sea Winds Resort C1
- 21 Shades C1
- 22 Sunsea Resort B2
- 23 Thai Hoa Mui Ne Resort D1
- 24 Victoria Phan Thiet Beach Resort A2

Essen
- Bo De .... (siehe 25)
- 25 Bo Ke C1
- 26 Ziegenfleischrestaurants D1
- Guava .... (siehe 31)
- 27 Hoa Vien Brauhaus A2
- Hoang Vu .... (siehe 20)
- 28 Info Café C1
- 29 La Taverna C1
- Lam Tong .... (siehe 10)
- Le Chasseur Blanc .... (siehe 3)
- 30 Luna d'Autunno B1
- Mui Ne Health Bar .... (siehe 35)
- 31 Peaceful Family Restaurant B1
- 32 Phat Hamburgers C1
- 33 Rung Forest B1
- 34 Shree Ganesh B1
- 35 Snow B1

Ausgehen
- 36 Deja Vu B2
- DJ Station .... (siehe 25)
- Fun Key .... (siehe 25)
- 37 Joe's Café C1
- 38 Pogo C1
- Sankara .... (siehe 12)
- 39 Wax B1

Nina Spa SPA

(384 7577; 165 Đ Nguyen Dinh Chieu; 9–22 Uhr) Mui Nes hübscheste Spa befindet sich in einem wunderschönen traditionellen Haus mit eigenem Pool. Massagen gibt's ab 21 US$. Zweistündige Behandlungen kosten 65 US$.

Wassersport

Bevor man einen mehrtägigen Kurs bucht, nimmt man am besten eine Kitesurf-Schnupperstunde, weil sich damit manch einer ziemlich schwer tut. Man sollte nicht vergessen, dass es sich um einen Extremsport handelt und die meisten Veranstalter keine Rückerstattung leisten, wenn man vorzeitig aussteigen will.

Jibes KITESURFEN

(384 7405; www.windsurf-vietnam.com; 90 Đ Nguyen Dinh Chieu; 7.30–18 Uhr) Der Pionier unter den Kitesurfschulen vor Ort bietet Unterrichtsstunden sowie topmoderne Ausrüstung fürs Surfen, Windsurfen, Kitesurfen und Kajakfahren. Versicherung kostet extra.

Sankara Kitesurfing Academy KITESURFEN

(91-491 0607; www.kiteschoolmuine.com; 78 Đ Nguyen Dinh Chieu) Ein Veranstalter mit Sitz im hippen Sankara (s. S. 277), der von erfahrenen Kitesurfern betrieben wird. Hier kann man Kurse buchen und Ausrüstung leihen.

Vietnam Kitesurfing Tours KITESURFEN

(090-946 9803; www.vietnamkitesurfingtours.com) Bei dem Anbieter vor der Pension Mellow gibt's Kitesurfausflüge zu schwer zugänglichen Strandabschnitten. Tagestouren kosten 80 US$, zweitägige Ausflüge sind ab 180 US$ zu haben.

Mystic Fish Charters SEGELN
(☎012-7287 8801; www.mysticfishcharters.com; 108 Ð Huynh Thuc Khang) Segeltörns an Bord eines Corsair-Marine-Sprint-Katamarans für einen Gesamtpreis von 295 US$ (maximal 7 Pers.).

Surf Vietnam SURFEN
(www.surf-vietnam.com) Kurse (50 US$) an verschiedenen Orten rund um Mui Ne und Verleihstelle von Shortboards (18 US$ pro halber Tag).

Schlafen

In Mui Ne steigt das Angebot an Unterkünften rasant, zudem wird etwas für jeden Geldbeutel geboten. Früher war der Ort das Lieblingsrefugium der in HCMS arbeitenden Ausländergemeinde sowie wohlhabender Vietnamesen, die vor dem Großstadtsmog die Flucht ergreifen, sodass viele der schickeren Bleiben an Wochenenden und während der Ferienzeit belegt waren. Aufgrund des furchtbaren Verkehrs auf der Nationalstraße 1A hat sich dies jedoch geändert, da kaum jemand sechs Stunden pro Fahrt für einen Küstenabstecher investieren möchte. Wer sich nicht gerade ein bestimmtes Hotel ausgesucht hat, muss also nicht unbedingt reservieren.

Achtung: Die meisten Unterkünfte der oberen Preisklasse erheben zusätzlich Gebühren von 10 % an Steuern und 5 % für den Service.

Mui Ne Backpackers PENSION $
(☎384 7047; www.muinebackpackers.com; 88 Ð Nguyen Dinh Chieu; B 6–10 US$; Zi. 20–60 US$; ✱@☎≋) Aufgrund der wunderbar gastfreundlichen australischen Besitzer und der großen Bandbreite an Zimmern gehört diese Pension zu Mui Nes beliebtesten Unterkünften. Zur Auswahl stehen mehrere hübsche Vierbetträume mit Zugang zu Warmwasserduschen sowie komplett renovierte separate Quartiere. Wir empfehlen die Strandbungalows mit einem freien Ausblick auf das Meer. Gäste können an abendlichen Ausflügen inklusive eines Dinners und des Besuchs ausgewählter Bars teilnehmen. Dabei lernt man viele Leute kennen, außerdem herrscht dank der Touren im Resort eine angenehme Ruhe.

MUI NE IM WANDEL

Vor der explosionsartigen Resortentwicklung in Mui Ne wurden alle Adressen nach der Kilometerentfernung von der Nationalstraße 1 im westlich davon gelegenen Phan Thiet benannt. Heute sind alle Anwesen nach einem neuen System nummeriert. Inzwischen teilt sich die einstige Route 706 westwärts in die Ð Nguyen Dinh Chieu und ostwärts in die Ð Huynh Thuc Khang hinter Ham Tien mit entsprechenden Hausnummern auf.

Von Phan Thiet bis Km 8 und zur imposanten Universität von Phan Thiet ist die Bebauung eher sporadisch. Danach ändert sich das Bild und es reihen sich Ferienanlagen, Restaurants sowie ein Golfplatz aneinander. Von Km 10 bis 12 sorgen Souvenirgeschäfte und Spas mit kyrillischer Beschriftung für russisches Flair, von Km 12 bis 14 wiederum haben sich viele beliebte Mittelklasseresorts und Lokale angesiedelt. Danach folgt ein Abschnitt mit Straßenständen, an denen Fisch verkauft wird, und ein paar Strandclubs. Rund um Km 16 findet man verschiedene Backpackerunterkünfte und Bar-Restaurants. Hier beginnt das Ham-Tien-Dorf, bis an Km 18 wieder Backpackerquartiere dominieren. Wunderbare Ausblicke über die Fischereiflotte von Mui Ne bieten sich rund um Km 20, dem Ende des Straßenabschnitts.

Full Moon Resort BOUTIQUE-HOTEL $$
(☎384 7008; www.windsurf-vietnam.com; 84 Ð Nguyen Dinh Chieu; Zi. 48–165 US$; ✱@☎≋) Die engagierten Besitzer kümmern sich um die ständige Verschönerung und Modernisierung ihres Resorts, das zu den ersten der Stadt gehört. Ihre direkt am Strand gelegenen Bungalows trumpfen mit hübschem Wandschmuck, whirlpoolähnlichen Badewannen und viel Flair auf. Es gibt auch Familienzimmer mit einem ausziehbaren Sofa für die Kleinen.

Cham Villas BOUTIQUE-HOTEL $$$
(☎374 1234; www.chamvillas.com; 32 Ð Nguyen Dinh Chieu; Zi. 150–185 US$; ✱@☎≋) Mui Nes wohl edelstes Boutique-Resort besteht aus 20 stilvollen Villen, die zur Hauptsaison

schnell ausgebucht sind. Inmitten grüner Gärten erstreckt sich ein großer Pool, außerdem wartet die Anlage mit einem 60 m langen Privatstrand auf.

Indochina Dreams — BOUTIQUE-HOTEL $$

(384 7271; www.indochinadream.com; 74 Đ Nguyen Dinh Chieu; Zi. 40–55 US$; ✳@🛜☲) Ein Hotel mit zwölf Zimmern und neu errichteten Steinbungalows, die in einem weitläufigen Park liegen. Der Pool lädt zu erholsamen Stunden ein. In naher Zukunft sollen weitere Quartiere entstehen.

Mia Resort — BOUTIQUE-HOTEL $$$

(384 7440; www.sailingclubvietnam.com; 24 Đ Nguyen Dinh Chieu; Zi. 66 US$, Bungalows 85–170 US$; ✳@🛜☲) Obwohl der Sailing Club seine Ferienanlagen in Mia Resorts umbenannte, bleibt das Konzept dasselbe. Der schicke, stilvolle Komplex bietet nach wie vor Zimmer zu fairen Preisen mit Designermöbeln, Holzeinrichtung und eigenen Balkonen an. Im exzellenten Sandals Restaurant am Strandpool sind auch Gäste willkommen, die hier nicht übernachten, zudem gibt's Kochkurse.

Shades — APARTMENTS $$$

(374 3236; www.shadesmuine.com; 98A Đ Nguyen Dinh Chieu; Zi. 74–380 US$; ✳@🛜☲) Die luxuriösen Einzimmerapartments sind zwar klein, wirken mit ihren eleganten, modernen Linien jedoch sehr geschmackvoll. Alle Wohnungen verfügen über Flachbildfernseher, elektrisch verstellbare Betten und offene Küchenbereiche. Darüber hinaus kann man sich über ein schmackhaftes Frühstück und einen Wäscheservice freuen.

Sunsea Resort — BOUTIQUE-HOTEL $$$

(384 7700; www.sunsearesort-muine.com; 50 Đ Nguyen Dinh Chieu; Zi. 75–150 US$; ✳@🛜☲) Aufgrund umfangreicher Renovierungsmaßnahmen gehört das Resort nun zu den attraktivsten Bleiben am Strand. Die schickeren Zimmer sind in einem wunderschönen Gebäude im indonesischen Stil mit Aussicht auf Pool und Meer untergebracht. Ein zweiter schattiger Pool wird von den günstigeren Zimmern mit Gartenblick gesäumt. Das stilvolle Sukothai Restaurant ist für seine Thai-Küche bekannt.

Coco Beach Resort — BOUTIQUE-HOTEL $$$

(384 7111; www.cocobeach.net; 58 Đ Nguyen Dinh Chieu; Zi. 110–270 US$; ✳@🛜☲) Der Pionier unter den Resorts wurde 1995 eröffnet, als es in der Gegend weder Restaurants noch Spas oder Bars gab. Er hat sich dem Wandel angepasst und bleibt mit seinen geräumigen Bungalows und seinem grünen Garten eine der hübschesten Anlagen vor Ort.

Victoria Phan Thiet Beach Resort — RESORTHOTEL $$$

(381 3000; www.victoriahotels-asia.com; Km 9; Zi. 170–460 US$; ✳@🛜☲) Mui Nes erstes Luxusresort ist immer noch eine empfehlenswerte Adresse. Es verfügt über offene Häuschen mit riesigen eingelassenen Badewannen und Freiluftduschen im balinesischen Stil, einem Strand und zwei Pools.

Paris Mui Ne Plage — HOTEL $$

(090-278 8020; www.parismuineplage.com.vn; 94 Đ Nguyen Dinh Chieu; Zi. 20–75 US$; ✳@🛜☲) Zu dieser Anlage gehören zwei Hotels. Das am Strand ist schicker und bietet Zimmer ab 55 US$. Die zur Straße hin sind sehr preiswert. Beide Häuser haben jeweils einen Pool.

Bien Dua Resort — PENSION $

(Coconut Beach; 384 7241; www.bienduaresort.com; 136 Đ Nguyen Dinh Chieu; Zi. 10–20 US$; ✳@) Ein Resort unter freundlicher französischer Leitung mit intimer Atmosphäre und für den Preis hervorragenden Zimmern im Bungalowstil direkt am Strand. Alle Quartiere haben Warmwasser und Fernseher. Die billigeren sind mit Ventilatoren ausgestattet.

Rang Garden Bungalow — HOTEL $

(374 3638; 233A Đ Nguyen Dinh Chieu; Zi. 10–30 US$; ✳@🛜☲) Diese 2011 eröffnete Anlage verfügt über schicke Zimmer zu fairen Preisen, die in hübschen, um den weitläufigen Pool angeordneten Villen untergebracht sind. Die teureren Optionen haben Drei-Sterne-Standard. Am Eingang befindet sich ein kleines Restaurant.

Paradise Huts — HOTEL $$

(384 7177; www.chezninaresort.com; 86 Đ Nguyen Dinh Chieu; Zi. 35–50 US$; ✳@🛜) Das Hotel ist auch unter dem Namen Chez Nina bekannt (so erklärt sich der Name der Website) und punktet mit hübschen Bungalows, die in einem schönen Garten mitten in Mui Ne liegen. Es gibt zwar keinen Pool, dafür erstreckt sich der Strand direkt vor der Tür.

Thai Hoa Mui Ne Resort — HOTEL $$

(384 7320; www.thaihoaresort.com; 56 Đ Huynh Thuc Khang; Zi. 20–50 US$; ✳@🛜) Mit den Jahren wurde das Resort immer luxuriöser und teurer, erfreut sich jedoch wegen der hübschen Bungalows mit Blick auf einen weitläufigen Garten immer noch großer Be-

INSIDERWISSEN

TIPPS FÜR BESUCHER VON MUI NE

Reiseschriftsteller Adam Bray hat an über 20 Reiseführern mitgearbeitet und in zahlreichen Magazinen Artikel über Vietnam veröffentlicht. Er lebt in Mui Ne und spricht fließend Vietnamesisch sowie Cham. Seine Abenteuer sind unter www.muinebeach.net und www.fisheggtree.com nachzulesen.

Welche Unterkünfte in Mui Ne empfiehlst du deinen Freunden? Meist schicke ich sie ins Mia Resort, eine gemütliche Boutique-Ferienanlage mit tollen Landschaftsgärten und einer der hübschesten Strandpoolbars der Gegend.

Wo bekommt man die besten und authentischsten Meeresfrüchte? An den Fischständen mitten im Ort. Am beliebtesten ist Bo Ke, allerdings nennen sich deshalb alle anderen Snackbars in typisch vietnamesischer Manier ebenfalls so. Man sollte einfach den größten Stand am östlichen Ende ansteuern, denn dort gibt's großartige gegrillte Jakobsmuscheln.

Welches ausländische Restaurant ist dein Favorit? Das Shree Ganesh, unser authentisches indisches Restaurant, und Joe's Café (S. 277) mit leckeren Burgern, Sandwiches, Pasta und Kaffee.

Mui Nes Nachtleben boomt – hast du irgendwelche Lieblingsadressen? Ich mag die entspannte Atmosphäre in der neuen Fun-Key-Strandbar, die außerdem leckeres Essen und günstige Cocktails serviert.

Dein Großvater ist der bekannte Archäologe Dr. David Livingston; konntest du in der letzten Zeit interessante Entdeckungen machen? In den letzten zwei Jahren bin ich auf die Ruinen von drei alten Cham-Tempeln gestoßen. Außerdem habe ich letztes Jahr als erster Journalist die Lange Mauer von Quang Ngai (S. 235) besucht und von dort aus für die BBC berichtet.

---

liebtheit. Die teuersten Unterkünfte befinden sich direkt am Strand.

Lu Hoang Guesthouse   HOTEL $
(☎ 350 0060; 106 Đ Nguyen Dinh Chieu; Zi. 15–20 US$; ✴@🛜) Dank der herzlichen Gastgeber fühlt man sich im liebevoll dekorierten Lu Hoang Guesthouse wie in einer charmanten Pension. Die Zimmer punkten mit makellosen Bädern und teilweise auch mit Meerblick sowie luftigen Balkonen.

Salina Resort   HOTEL $$
(☎ 374 3666; www.salinaresort.net; 130D Đ Nguyen Dinh Chieu; Zi. 600 000–700 000 VND; ✴@🏊) Das neue Familienunternehmen bei Km 16 wirkt wie eine hübschen Privatunterkunft. Alle Zimmer sind groß, zudem haben die an der Vorderseite Balkone mit Meerblick.

Hai Yen Guesthouse   PENSION $
(☎ 384 7243; www.haiyenguesthouse.com; 132 Đ Nguyen Dinh Chieu; Zi. 15–25 US$; ✴@🛜🏊) Eine freundliche Bleibe mit einer guten Auswahl an klimatisierten Zimmern hinter dem am Meer gelegenen Pool. Für 25 US$ sind Meerblick und Kühlschrank inklusive. Es gibt einen Zugang zum Strand und ein hauseigenes kleines Restaurant.

Sea Winds Resort   PENSION $
(☎ 384 7018; 139 Đ Nguyen Dinh Chieu; Zi. 7–18 US$; ✴@🛜) Hinter dem kleinen Hotel mit toll ausgestatteten Zimmern versteckt sich ein hübscher kleiner Garten. Für diese Preisklasse sind die Räume mit Ventilatoren sehr geräumig.

Hotel 1 & 10   PENSION $
(☎ 384 7815; 261A Đ Nguyen Dinh Chieu; B 3 US$, Zi. 5–15 US$; ✴@🛜) Wo sonst in Mui Ne kann man für nur 3 US$ pro Nacht in einem Mai-Chau-Haus übernachten? Der alte Holzbau beherbergt 25 Zimmer mit Matratzen auf dem Boden sowie komfortablere Räumlichkeiten im hinteren Bereich. In dem Bar-Restaurant gibt's billige Wasserpfeifen für 4 US$.

Duy An Guesthouse   PENSION $
(☎ 384 7799; 87 Đ Huynh Thuc Khang; Zi. 7–20 US$; ✴@🛜) Das von freundlichen, Englisch sprechenden Besitzern betriebene Duy An liegt gemeinsam mit weiteren günstigen Pensionen auf der anderen Seite von Ham Tien. Für 20 US$ kommt man in Vierbettzimmern unter, außerdem können die meisten Quartiere mit einer Extramat-

ratze ausgestattet werden. Räder werden für 30 000 VND verliehen.

Little Mui Ne Cottages   HOTEL $$$
(384 7550; www.littlemuine.com; 10B Huynh Thuc Khang; Zi. 55–176 US$; ✱@☎≋) In dieser von weitläufigen Gärten umgebenen Oase legt man viel Wert auf persönlichen Service. Die Ferienhäuschen stehen in einigem Abstand zueinander, sodass man in den Genuss von Ruhe und Privatsphäre kommt. Im Pool kann man entspannt seine Runden drehen.

Mui Ne Resort   HOTEL $$
(384 7542; www.thesinhtourist.vn; 114 Đ Nguyen Dinh Chieu; Zi. 30–60 US$; ✱@☎≋) Das von Sinh Tourist geführte Resort ist ein toller Ort für anspruchsvolle Backpacker mit makellosen Zimmern, freundlichem Personal und einem hübschen Pool im Grünen.

Bao Quynh Bungalow   HOTEL $$
(374 1007; www.baoquynh.com; 26 Đ Nguyen Dinh Chieu; Zi. 36–115 US$; ✱@☎≋) Gepflegte Anlage mit günstigen Zimmern, geräumigen Bungalows und einem privaten kleinen Strandabschnitt.

Mellow   PENSION $
(374 3086; 117C Đ Nguyen Dinh Chieu; Zi. 6–15 US$; ✱@☎) Wer Erholung und ein gutes Preis-Leistungs-Verhältnis sucht, ist hier richtig. Die günstigsten Zimmer teilen sich ein Gemeinschaftsbad.

Mui Ne Lodge   PENSION $
(384 7327; www.muinelodge.com; 150 Đ Nguyen Dinh Chieu; Zi. 12–25 US$; ✱@☎) Kleine atmosphärische, strohgedeckte Backpackerlodge mit zwölf Zimmern. Im Barbereich gibt's einen Billardtisch.

Hiep Hoa Beachside Bungalow   HOTEL $$
(384 7262; www.muinebeach.net/hiephoa; 80 Đ Nguyen Dinh Chieu; Zi. 20–30 US$; ✱@☎≋) Das kleine familiengeführte Hotel bietet mehr Komfort als die billigen Pensionen und faire Preise.

Hoang Kim Golden   HOTEL $$
(384 7689; www.hoangkim-golden.com; 140 Đ Nguyen Dinh Chieu; Zi. 15–40 US$; ✱@☎≋) In den letzten Jahren wurde das alteingesessene Hotel rundum renoviert. Es verfügt über bungalowähnliche Zimmer, die teils an dem kleinen Pool, teils am Strand liegen.

Golden Sunlight Guesthouse   PENSION $
(374 3124; 19B Đ Nguyen Dinh Chieu; Zi. 8–12 US$; ✱@☎) Diese freundliche Pension gehört zu den ersten Budgetunterkünften, die rund um Km 18 öffneten und ist noch immer eine verlässliche Wahl. Alle Zimmer sind sauber und luftig und haben Ventilatoren sowie angebaute Bäder.

Duyen Vu Guesthouse   PENSION $
(374 3404; 77A Đ Huynh Thuc Khang; Zi. 10 US$; ✱@☎) Gegenüber einem großen Restaurant bietet das Duyen Vu eine kleine Auswahl an günstigen bungalowähnlichen Zimmern mit Blick auf einen sandigen, schattigen Garten.

Beach Resort   RESORTHOTEL $$
(384 7626; www.thebeachresort.com.vn; 18 Đ Nguyen Dinh Chieu; Zi. ab 1 300 000 VND; ✱@☎≋) Das beliebte Drei-Sterne-Resort im Herzen des Geschehens soll bald ausgebaut werden.

Allez Boo Resort   RESORTHOTEL $$$
(374 1081; www.allezboo.com; 8 Đ Nguyen Dinh Chieu; Zi. 80–410 US$; ✱@☎≋) Angesichts der kolonialen Einrichtung der Zimmer, des großen Pools und des sprudelnden Whirlpools glaubt man kaum, dass dieses Resort und die Backpackerbar von Pham Ngo Lao zusammengehören.

L'Anmien Resort   LUXUSRESORT $$$
(374 1888; www.lanmienresort.com; 12A Đ Nguyen Dinh Chieu; Zi. 250–980 US$; ✱@☎≋) Mui Nes schickste Unterkunft, Mitglied von Small Luxury Hotels of the World, bezeichnet sich selbst als Lifestyleresort.

Princess d'Annam   LUXUSRESORT $$$
(368 2222; www.princessannam.com; Zi. 350–1370 US$; ✱@☎≋) Im ersten selbst ernannten reinen Villaresort Vietnams trifft man auf puren und ungebremsten Luxus. Die Anlage erstreckt sich 30 km südlich von Mui Ne am Ke-Ga-Strand.

✗ Essen

Jenseits von Km 14 öffnen abends verschiedene günstige Fischstände. Am besten steuert man die an, vor denen sich viele vietnamesische Gäste tummeln, oder entscheidet sich für das von Einheimischen empfohlene **Bo Ke** (Đ Nguyen Dinh Chieu; Hauptgerichte 30 000–80 000 VND) – allerdings ist dieser Imbiss nicht leicht auszumachen, da inzwischen viele andere Läden den Namen kopiert haben. Auch das **Bo De** (Đ Nguyen Dinh Chieu; Hauptgerichte 30 000–80 000 VND) hat einen guten Ruf.

Beliebt und authentisch sind außerdem die **Ziegenfleischrestaurants** in Ham Tien rund um Km 18, die Grillfleisch und Eintopf mit Kräutern servieren.

LP TIPP Lam Tong
VIETNAMESISCH $

(92 Đ Nguyen Dinh Chieu; Gerichte 25 000–75 000 VND) Eingequetscht zwischen Mui Nes schicken Resorts macht das Lam Tong rein äußerlich nicht viel her, doch die Küche des familiengeführten Strandrestaurants zählt zu denen mit den besten Preis-Leistungs-Verhältnis der Stadt. Die frischen Meeresfrüchte sind günstig und erfreuen sich sowohl bei Urlaubern als auch bei Einheimischen großer Beliebtheit.

LP TIPP Phat Hamburgers
INTERNATIONAL $

(374 3502; 253 Đ Nguyen Dinh Chieu; Burger 50 000–75 000 VND; mittags & abends) Hier gibt's Vietnams beste Burger und zwar in allen Formen und Größen. Der Baby Phat eignet sich für den kleinen Hunger, der Phatarella mit Cashewkern-Pesto und Mozzarella für Experimentierfreudige. Darüber hinaus kann man Phat-Hotdogs bestellen.

LP TIPP La Taverna
ITALIENISCH $$

(374 3272; 229C Đ Nguyen Dinh Chieu; Hauptgerichte 50 000–150 000 VND; 10–23 Uhr) Muis Nes neues italienisches Restaurant bei Km 16 zieht mit seinen knusprigen Pizzas und der hausgemachten Pasta zahlreiche Gäste an. Zur umfangreichen Auswahl gehören auch vietnamesische Klassiker, frische Meeresfrüchte und italienischer Wein.

Info Café
INTERNATIONAL $

(241 Đ Nguyen Dinh Chieu; Getränke 20 000–50 000 VND; 7–22 Uhr) Urlauber schwören auf den Kaffee, der in vielen verschiedenen Varianten und Geschmacksrichtungen serviert wird. Der Laden gilt auch als gute Adresse für Touristeninfos über Mui Ne.

Hoa Vien Brauhaus
INTERNATIONAL $$

(www.hoavien.vn; 2A Đ Nguyen Dinh Chieu; Hauptgerichte 50 000–150 000 VND; mittags & abends) Spezialität des Hauses ist frisch gezapftes Pilsner Urquell, auch wenn der Genuss desselbigen nicht ganz zum Blick auf das Südchinesische Meer passen will. In dem weitläufigen Restaurant werden tschechische und internationale Speisen sowie eine gute Auswahl an vietnamesischen Speisen, Fisch und Meeresfrüchten aufgetischt.

Peaceful Family Restaurant
VIETNAMESISCH $

(Yen Gia Quan; 53 Đ Nguyen Dinh Chieu; Gerichte 30 000–70 000 VND; mittags & abends) Unter dem luftigen Schilfdach des alteingesessenen Familienunternehmens wird traditionelle vietnamesische Küche serviert. Die Preise sind fair und die Servicekräfte immer professionell und freundlich.

Hoang Vu
VIETNAMESISCH $$

(121 Đ Nguyen Dinh Chieu; Gerichte 40 000–90 000 VND; mittags & abends) Aus einem erfolgreichen Restaurant hat man kurzerhand zwei gemacht, wobei uns dieses besser gefällt. Auf der Karte finden sich in erster Linie asiatische (vietnamesische, chinesische und thailändische) Gerichte, die in atmosphärischer Kulisse von aufmerksamen Bedienungen kredenzt werden.

Rung Forest
VIETNAMESISCH $$

(65A Đ Nguyen Dinh Chieu; Gerichte 49 000–179 000 VND; mittags & abends) Im Rung Forest mit seinen Lianen, Dschungelmotiven und indigenem Kunsthandwerk dreht sich von der Deko her alles ums Thema Wald. Die Meeresfrüchte sind gut, von Schildkröte und Schlange sollte man allerdings die Finger lassen.

Le Chasseur Blanc
FRANZÖSISCH $$

(www.chasseurblanc.com; 97 Đ Nguyen Dinh Chieu; Hauptgerichte 80 000–200 000 VND; mittags & abends) Angeblich ist das Le Chasseur Blanc das beste französische Restaurant der Stadt. Neben saftigen Steaks und Ente kann man auch Exotisches wie Krokodil, Känguru und Strauß bestellen. Außerdem gibt's kostenloses WLAN und einen Billardtisch.

Luna d'Autunno
ITALIENISCH $$

(51A Đ Nguyen Dinh Chieu; Hauptgerichte 80 000–200 000 VND; mittags & abends) Die kleine Restaurantkette bietet gehobene italienische Küche und ist in der Gegend von Hanoi bis Phnom Penh mit fünf Zweigstellen gut vertreten. Zwar liegen die Preise über dem Durchschnitt, aber dafür überzeugen Pizza und Pasta mit authentischem Geschmack. Die eigens kreierten Fischgerichte haben einen italienischen Touch.

Snow
FUSIONSKÜCHE $$

(109 Đ Nguyen Dinh Chieu; Hauptgerichte 50 000–250 000 VND; mittags & abends) Der Name passt zweifellos, denn das Snow gehört zu den wenigen klimatisierten Restaurants in Mui Ne. Zur Auswahl stehen anständiges Sushi und Sashimi sowie russische, vietnamesische und internationale Küche. Abends verwandelt sich das Lokal in eine Cocktailbar.

Shree Ganesh
INDISCH $$
(57 Đ Nguyen Dinh Chieu; Hauptgerichte 50 000–150 000 VND; ◌mittags & abends; ☎) Ein stilvolles indisches Lokal, das mit tollen Geschmackserlebnissen vom Subkontinent lockt und sich bei ortsansässigen Ausländern großer Beliebtheit erfreut.

Guava
INTERNATIONAL $$
(57 Đ Nguyen Dinh Chieu; Hauptgerichte 40 000–160 000 VND; ◌mittags & abends; ☎) Das Pendant im Süden zum angesagten Guava in Nha Trang, allerdings handelt es sich in diesem Fall eher um ein Restaurant als um eine Bar. Es gibt frischen Fisch, Fusionsküche und Cocktails.

Mui Ne Health Bar
VEGETARISCH $
(101 Đ Nguyen Dinh Chieu; Hauptgerichte 40 000–80 000 VND; ◌mittags & abends; ✒☎) Neue Bar für gesunde vegetarische Küche. Zum Angebot gehören auch Yogastunden und Fitnesstraining.

Ausgehen

Wie es sich für eine echte Surferstadt gehört, wartet auch Mui Ne mit einer Reihe von Strandbars auf.

Sankara
BAR, CLUB
(www.sankaravietnam.com; 78 Đ Nguyen Dinh Chieu; ☎) Diese schicke Strandbar mit Pavillons und Liegen zum Entspannen, einem Pool und internationaler Speisekarte verleiht Mui Nes Nachtleben eine ganz neue Raffinesse und versprüht Bali-Schick. Leider sind die Preise entsprechend hoch.

DJ Station
BAR, CLUB
(120C Đ Nguyen Dinh Chieu; ☎) Im beliebtesten Club der Stadt, auch als El Vagabundo bekannt, gehören ein ortsansässiger DJ und gefährlich günstige Getränkespecials zum Programm. Richtig los geht's erst meist gegen 22 Uhr. Oft wird bis in die Morgenstunden gefeiert.

Fun Key
BAR
(124 Đ Nguyen Dinh Chieu; ☎) Bei partyverrückten Backpackern ist die 2011 eröffnete Bar schwer angesagt. Getränkespecials locken jede Menge Gäste an.

Wax
BAR
(68 Đ Nguyen Dinh Chieu; ☎) Dank der feuchtfröhlichen Stimmung und des tollen Strandflairs zieht die alteingesessene Bar zahlreiche Besucher an. Die Happy Hour dauert bis Mitternacht, dann wird im Sand ein Feuer entzündet.

> **BETRUNKEN UND GEWALTBEREIT**
>
> In Mui Ne kommt es häufig zu Schlägereien, vielleicht auch wegen der wahnwitzigen Getränkeangebote in den Nachtclubs. Besucher sollten Ärger aus dem Weg gehen, besonders wenn Einheimische beteiligt sind – schließlich weiß man nie, wen man vor sich hat, wie viele Freunde dahinter stehen und was diese so in ihren Taschen tragen.

Joe's Café
BAR, RESTAURANT
(139B Đ Nguyen Dinh Chieu; ☎) In der einzigen rund um die Uhr geöffneten Restaurant-Bar vor Ort tummelt sich zur Livemusik ab 20 Uhr ein gesetzteres Publikum. Darüber hinaus kann man hier bei einer nächtlichen Hungerattacke seinen Magen beruhigen. Im Loft und im Garten werden Filme gezeigt.

Deja Vu
BAR, RESTAURANT
(21 Đ Nguyen Dinh Chieu; ☎) Die hippe Lounge-Bar an der Straße bei Phan Thiet bietet Wasserpfeifen, Cocktails und internationale Küche.

Pogo
BAR
(138 Đ Nguyen Dinh Chieu; ☎) Eine entspannte Bar mit verrückten Cocktail-Specials, einem Pool und Sitzsäcken.

Praktische Informationen

Gute Infos über Mui Ne erfährt man unter www.muinebeach.net. Auf der Website sind z. B. Aktivitäten in der Gegend aufgelistet.

Internet und WLAN ist in fast allen Hotels und Resorts sowie in vielen Restaurants und Bars verfügbar. Am Küstenstreifen stehen mehrere Geldautomaten.

Hauptpost (348 Đ Huynh Thuc Khang) Im Ort.
Postfiliale (44 Đ Nguyen Dinh Chieu) Etwas praktischer beim Swiss Village gelegen.
Sinh Tourist (144 Đ Nguyen Dinh Chieu) Ein vom Mui Ne Resort unabhängiger Veranstalter, der Reisebustouren im Programm hat. Wer eine Kreditkarte besitzt, kann sich Bargeld auszahlen lassen.

An- & Weiterreise

In Mui Ne gibt's sowohl in südlicher als auch in nördlicher Richtung Verbindungen zur Nationalstraße 1. Auf der neueren nördlichen Anbindung, einem malerischen Küstenabschnitt, der an einsamen Stränden und einem zauberhaften, von Wasserlilien umrahmten See vorbeiführt, vergeht die Reise wie im Flug. Außerdem fahren Open-Tour-Busse ohne große Umwege durch den Ort. Parallel zum Strand verläuft eine größere Straße durch die Dünen nach Mui Ne; sie soll das Verkehrsaufkommen auf der schmalen Strandstraße etwas reduzieren.

BUS Für einen Trip nach Mui Ne sind Open-Tour-Busse die praktischste Variante, weil viele öffentlichen Linien die Route nach Phan Thiet bedienen. Mehrere Reiseveranstalter bieten zusätzlich eine tägliche Verbindung von/nach HCMS (90 000 VND, 6 Std.), Nha Trang (90 000 VND, 5 Std.) und Da Lat (100 000 VND, 5 Std.). Zudem verkehren Nachtbusse nach HCMS (160 000 VND), Nha Trang (160 000 VND) und Hoi An (200 000 VND). **Phuong Trang** (97 Đ Nguyen Dinh Chieu) fährt pro Tag viermal von Mui Ne nach HCMS und wieder zurück (90 000 VND). Zwischen dem Phan-Thiet-Busbahnhof und Mui Ne pendelt alle 15 Minuten ein Bus des öffentlichen Nahverkehrs; Abfahrtsort ist der Coopmart, Ecke Đ Nguyen Tat Thanh und Đ Tran Hung Dao.

MOTORRAD In Mui Ne gibt's ein paar Büros von Easy Riders, allerdings nicht so viele wie in Da Lat oder Nha Trang. Die Dreiecksroute zwischen den drei Städten zählt dank der herrlichen Bergstraßen von Mui Ne nach Da Lat und Nha Trang zu den schönsten Motorradstrecken in Südvietnam. Mehr zu dem Veranstalter erfährt man unter „Immer sachte!" auf S. 306. Mit dem *xe om* kostet eine Fahrt von Phan Thiet nach Mui Ne etwa 60 000 VND.

❶ Unterwegs vor Ort

AUTO & MOTORRAD Da es sich um ein nur spärlich besiedeltes Gebiet handelt, das nicht direkt an der Nationalstraße liegt, kann man in Hotels oder Reisebüros gut ein Fahrrad oder ein Motorrad mieten. Trotzdem sollte man den Straßenverkehr nicht unterschätzen: Es gab bereits einige Unfälle, in die Touristen verwickelt waren, deshalb muss man unbedingt vorsichtig fahren.

TAXI Ein ganzes Bataillon von *xe-om*-Taxis fährt den Küstenstreifen rauf und runter. Je nach Strecke darf die Fahrt nicht mehr als 20 000 bis 40 000 VND kosten. Etwas komfortabler sind die mit Taxametern ausgestatteten Wagen von **Mai Linh** (✆ 389 8989). Abendliche und nächtliche Fahrten reserviert man am besten vorab telefonisch; auf Nachfrage kümmern sich auch Bars und Restaurants darum.

Phan Thiet

✆ 062 / 175 000 EW.

Bevor man Mui Ne als beliebtes Urlaubsziel entdeckt hat, war Phan Thiet ein vielversprechender Erholungsort. Mittlerweile steht die Stadt allerdings im Schatten des beliebten Nachbars. Bekannt ist Phan Thiet seit jeher für seine *nuoc mam* (Fischsoße). Pro Jahr werden hier 16 bis 17 Millionen Liter der stinkenden Delikatesse hergestellt. Bis 1692 beherrschten die Cham diese Gegend und auch heute noch leben hier einige ihrer Nachfahren. Während der Kolonialzeit wohnten die Europäer in einem abgeschirmten Viertel am nördlichen Flussufer von Phan Thiet. Vietnamesen, Cham, Südchinesen, Malaien und Indonesier siedelten sich hingegen am südlichen Ufer an.

Der Fluss bahnt sich seinen Weg direkt durchs Stadtzentrum mit einem kleinen **Fischerhafen**, der ständig mit einer ganzen Armada von Booten übersät ist – ein tolles Fotomotiv! Zum **Strand** geht's von der Đ Tran Hung Dao (Nationalstraße 1) in die Đ Nguyen Tat Thanh, eine Straße gegenüber dem **Siegesdenkmal**, einem Betonpfeiler mit einem Grüppchen siegreicher Patrioten auf seinem Sockel.

Binh Thuan Tourist (www.binhthuantourist.com; 82 Đ Trung Trac; ◷ Mo–Fr 7–11 & 13.30–17, Sa & So 8–10.30 Uhr) ist die richtige Anlaufstelle für Karten und Besucherinfos.

❶ An- & Weiterreise

Phan Thiet liegt 198 km östlich von HCMS an der Nationalstraße 1, 250 km von Nha Trang und 247 km von Da Lat. Der **Busbahnhof** (Đ Tu Van Tu) befindet sich am nördlichen Stadtrand. Im staubigen Örtchen Muong Man 12 km weiter westlich ist der nächste Bahnhof.

Ta-Cu-Berg

✆ 062

Ta Cus Hauptattraktion ist der 49 m lange **weiße liegende Buddha** (Tuong Phat Nam), Vietnams längste Statue dieser Art. Die Pagode wurde bereits 1861 errichtet, während die Figur erst 1972 dazukam. Für Buddhisten ist Ta Cu ein bedeutendes Pilgerzentrum. Besucher können im Schlafsaal übernachten, allerdings brauchen Ausländer dafür eine polizeiliche Erlaubnis. Alternativ bietet das auf dem Berg gelegene **Thien Thay Hotel** (✆ 386 7484; Zi. 250 000 VND; ❄) einfache Zimmer.

Der Berg erhebt sich in der Nähe der Nationalstraße 1 etwa 28 km südlich von Phan Thiet. Zum Buddha führen ein malerischer Wanderpfad (2 Std., 15 000 VND) oder eine zehnminütige Seilbahnfahrt (hin & zurück 75 000 VND) mitsamt einem kurzen, steilen Anstieg.

Heiße Quellen von Binh Chau

🎵 064

150 km von HCMS und 60 km nordöstlich von Long Hai stößt man auf die **Heißen Quellen von Binh Chau** (Suoi Khoang Nong Binh Chau; Eintritt 30 000 VND) und das **Binh Chau Hot Springs Resort** (📞 387 1131; www.saigonbinhchauecoresort.com; Zi. 800 000–3 000 000 VND, Villen 2 200 000–4 500 000 VND; ✱@🛜♒). Die Preise der Ferienanlage sind gesalzen, aber auf der Website gibt's sehr viel günstigere Spezialangebote für mehrtätige Aktivitäten.

Als Hauptattraktion des 35 ha großen Geländes gilt ein Außenpool, der von den heißen Quellen gespeist wird (Eintritt 150 000 VND). Außerdem kann man sich hier ein Schlammbad (400 000 VND) gönnen. Die Beckentemperatur beträgt rund 37 °C und der Mineralgehalt des Wassers soll gut für Knochen, Muskeln und Haut sein, den Blutkreislauf anregen sowie psychischen Problemen entgegenwirken. Zu den weiteren Annehmlichkeiten gehören ein Spa mit Massageangebot, ein Golfplatz, ein Tennisplatz, ein Restaurant und ein Spielplatz.

Das Resort verfügt über luftige, saubere Zimmer mit gepflegter Einrichtung, allerdings sind die Optionen der unteren Preisklasse recht klein. Familien buchen am besten einen der geräumigen Bungalows. Im Preis ist der Eintritt für die Quellen enthalten, zudem gibt's bei den teureren Unterkünften verschiedene Extras wie ein Schlammbad oder kostenlose Eier (Wow!).

Bis vor etwa zehn Jahren lebten in dem Gebiet noch jede Menge Tiere, doch inzwischen scheint der Mensch diese vollständig vertrieben zu haben. 1994 wurden in der Nähe der Quellen sechs Elefanten gefangen, die ein paar Monate als Haustiere gehalten und dann dem Zoo in HCMS übergeben wurden. Heute sieht man hier nur noch Löwen, Geparden und Panther aus Keramik, die das Sumpfgebiet rund um die Quellen schmücken.

Im 82 °C warmen Wasser der heißesten Quelle kann man in zehn bis 15 Minuten Eier kochen. Vietnamesische Besucher tun dies in den extra für diesen Zweck bereitgestellten Bambuskörbchen. Auch bei den riesigen Hühnerfiguren an den Becken hat man die Möglichkeit, sich an den dort verkauften rohen Eiern einen kleinen Snack zuzubereiten. Das Ganze ist zwar recht albern, die Dschungelkulisse trotzdem großartig.

An- & Weiterreise

Weil das Resort 6 km nördlich von Binh Chau nicht von öffentlichen Verkehrsmitteln angesteuert wird, muss man ein Motorrad oder Auto mieten. Wer sich den Wagen mit anderen Urlaubern teilt, spart Kosten.

Von Phan Thiet nach Long Hai

🎵 064

Eine wunderschöne Straße windet sich entlang der Küste zwischen Binh Chau und Long Hai an den Stränden von Ho Coc, Ho Tram und Loc An vorbei und führt durch die Orte La Gi sowie Phuoc Hai, bevor sie schließlich Mui Ne mit Vung Tau verbindet. Die Strecke eignet sich hervorragend für Motorradfahrer mit ersten Erfahrungen. Alternativ kann man mit dem Motorrad auch eine tolle Tagestour ab Vung Tau oder Long Hai unternehmen. Die neue Straße ist in einem guten Zustand und verläuft durch riesige Sanddünen mit weiten Blicken aufs Meer, insbesondere zwischen Ho Coc und Ho Tram.

Mit dem Auto ist die Fahrt nicht halb so aufregend, jedoch zweifellos der furchtbaren Nationalstraße 1 vorzuziehen. Wer eine Mittagspause und den ein oder anderen Stopp am Strand einlegt, erlebt sogar einen großartigen Roadtrip. Mit öffentlichen Verkehrsmitteln gestaltet sich das Unterfangen weniger einfach. Jeden Tag verkehren Busse zwischen Phan Thiet und Vung Tau, deren Fahrer einen auf Wunsch unterwegs aussteigen lassen, allerdings gilt die Weiterreise als große Herausforderung. Zwischen Long Hai und La Gi pendeln Regionalbusse, die an den tollen Stränden halten. Unser Fazit: Das Motorrad ist die beste Wahl.

HO-COC-STRAND

Die Straße führt weiter die Küste entlang, bis man 12 km hinter Ho Tram den abgeschiedenen schönen Ho-Coc-Strand erreicht. Goldener Sand, hügelige Dünen, klares Wasser und eine ursprüngliche Landschaft machen ihn zu einem tollen Ausflugsziel, besonders unter der Woche, wenn man ihn fast für sich allein hat. Wie überall am Meer kommen am Wochenende jede Menge vietnamesische Touristen hierher, was der Idylle wenig zuträglich ist.

🛏 Schlafen

Hotel Ven Ven
HOTEL $$
(📞379 1121; http://venvenhotel.com; Zi. 350 000–800 000 VND; ❄@🛜) Das Hotel liegt zwar nicht am Strand, wartet dafür aber mit grünen Gärten auf. Zur Auswahl schicke Räumlichkeiten, darunter Vierbettzimmer für 600 000 VND und etwas teurere Bungalows.

Saigon-Ho Coc Beach Resort
RESORTHOTEL $$$
(📞387 8175; Zi. 800 000–3 500 000 VND; ❄@🛜🏊) Dieses großflächige Resort umfasst drei Komplexe: das Prosperity Sea Village Resort, das Viet Village Resort und das South East Wind Seaside Resort. Gäste werden in Golfwagen herumkutschiert und am Wochenende übernachten hier jede Menge vietnamesische Urlauber. Eine hübsche Unterkunft, die jedoch eher auf den einheimischen Markt ausgerichtet ist.

HO-TRAM-STRAND
Mit seinen gewaltigen Dünen gehört der malerische, windgepeitschte Ho-Tram-Strand zu den schönsten Flecken an diesem Teil der Küste. Bisher konnte er sich seine Ursprünglichkeit weitgehend bewahren, allerdings ist in der Nähe ein teures Bauprojekt namens Ho Tram Strip geplant, der ein riesiges MGM Grand Resort mit Kasinokomplex, Restaurants und Geschäften umfassen soll. Es stehen also Veränderungen ins Haus!

🛏 Schlafen & Essen

Ho Tram Beach Resort & Spa
BOUTIQUE-HOTEL $$$
(📞378 1525; www.hotramresort.com; Bungalow 2 781 000–6 336 000 VND; ❄@🛜🏊) Diese herrliche Hotelanlage ist auch als Ho Tram Osaka bekannt und wartet mit hübschen, individuell gestalteten Bungalows im Hoi-An-Stil samt hohen Decken und schicken Möbeln auf. Außerdem gibt's ein Spa, eine Strandbar und ein erstklassiges Restaurant, das auch Nichtgästen ein unvergessliches Mittagessen garantiert.

Sanctuary
BOUTIQUE-RESORT $$$
(📞378 1631; www.sanctuary.com.vn; Villen 420–780 US$; ❄@🛜🏊) Hierher kommen vor allem gut betuchte Urlauber aus HCMS. Die supermodernen Villen verfügen über drei Schlafzimmer, offene Küchen, eigene Pools und Flachbildfernseher. In allen ist die Liebe zum Detail spürbar, und für Familien oder drei Pärchen, die sich zusammentun, sind die Preise nicht allzu abschreckend. Ho Tram Deluxe!

Long Hai
📞064

Wenn einem Vung Tau zu touristisch ist, kann man auch Long Hai, einen ruhigen Küstenort ein paar Autostunden von HCMS entfernt, ansteuern. Das Fischerdorf, das dank einer neuen Brücke nur noch 15 km nordöstlich von Vung Tau liegt, hat einen hübschen weißen Sandstrand. Zudem profitiert die Gegend von einem Mikroklima, das ihr weniger Niederschläge als anderen Teilen Südvietnams beschert. Aus diesem Grund ließ sich Bao Dai, der letzte vietnamesische Kaiser, hier seine Privatresidenz (das heutige Anoasis Beach Resort) errichten.

Unter der Woche ist Long Hai ein idyllisches Ausflugsziel, am Wochenende verliert es jedoch aufgrund des Ansturms vietnamesischer Touristen seinen gediegenen Charme. Rund um das Örtchen gibt's zwar ein paar kleinere Resorts, auf ausländische Touristen trifft man aber selten. Wer also einen lebendigen Urlaubsort mit lebendiger Gastronomie- und Ausgehszene sucht, ist in Mui Ne (S. 269) besser aufgehoben.

👁 Sehenswertes & Aktivitäten

Am westlichen Ende von Long Hais Strand ankern Fischerboote, deshalb ist es dort nicht sehr sauber. Dafür wartet der hübsche östliche Teil mit weißem Sand und hohen Palmen auf. Gen Osten ist die Landschaft noch malerischer.

Nach dem Tet-Fest findet im Ort jedes Jahr das **Fest der pilgernden Fischer** statt, die sich zu Hunderten in ihren Booten zum **Mo-Co-Tempel** aufmachen.

🛏 Schlafen

Thuy Lan Guesthouse
PENSION $
(📞366 3567; Rte 19; Zi. 250 000–450 000 VND; ❄@🛜) Diese Pension gehört zu einer Reihe kleiner familiengeführter Unterkünfte hinter dem Military Guesthouse 298 und ist sauberer und neuer als die staatlich betriebener Nachbar. Alle Zimmer sind schön gepflegt und die Bäder kommen erstaunlich schick daher. Das Personal spricht ein wenig Englisch.

Tropicana Beach Resort & Spa
RESORTHOTEL $$$
(📞367 8888; Zi. 100–160 US$; ❄@🛜🏊) Unter der Woche hat man die Ferienanlage mit Blick auf einen windgepeitschten Strand und die Long-Hai-Hügel oft für sich allein.

Von den Zimmern im modernen vietnamesischen Stil genießt man einen tollen Ausblick auf das Meer. Die Chalets eignen sich gut für Familien. Zum Resort gehört auch ein Tennisplatz.

Anoasis Beach Resort BOUTIQUE-RESORT $$$
(386 8227; www.anoasisresort.com.vn; Provincial Rd 44; Bungalows 189–1500 US$; ❄@🛜🏊) Kaiser Bao Dais ehemalige Residenz zählt zu den charmantesten Strandresorts der Südküste. Die Bungalows und Ferienhäuschen verteilen sich inmitten makelloser Gärten, die an den hauseigenen Privatstrand grenzen. Das Unterhaltungsprogramm umfasst Radfahren, Angeln, Tennis und ein schickes Spa. Nach Erweiterungs- und Renovierungsmaßnahmen gibt's hier nun auch luxuriöse Villen mit Privatpools.

Thuy Duong Tourist Resort HOTEL $$
(388 6215; www.thuyduongresort.com.vn; Zi. 700 000–2 200 000 VND; ❄@🛜🏊) Die riesige Hotelanlage 4 km südlich von Long Hai erstreckt sich über die Küstenstraße. Zur Auswahl stehen Unterkünfte in jeder Form und Größe, darunter Suiten und Villen. Darüber hinaus ist der Strandabschnitt besonders schön und lockt mit Felsen, auf denen Kinder herumklettern können. Der Eintritt beträgt 60 000/70 000 VND (werktags/am Wochenende) pro Tag.

🍴 Essen

In der Nähe des Military Guesthouse 298 gibt's eine Reihe einfacher schilfgedeckter Strandlokale namens **Can Tin 1, 2, 3** und **4** (Hauptgerichte ca. 30 000–100 000 VND; ⏱7–21 Uhr), die verlässliche vietnamesische Gerichte servieren, z. B. frische Meeresfrüchte. Nachdem man sich satt gegessen hat, kann man sich im Liegestuhl entspannen und später ins kühle Nass springen.

❶ An- & Weiterreise

Long Hai ist 124 km bzw. eine dreistündige Fahrt von HCMS entfernt. Wir empfehlen die Anreise mit einer Kombination aus Tragflügelboot und per Landweg über Vung Tau (S. 286). Die 15 km lange Strecke zwischen Vung Tau und Long Hai kostet mit dem *xe om* rund 100 000 VND und mit dem Taxi (eines mit Kilometerzähler nehmen!) 200 000 VND.

Ab Mui Ne folgt man der weniger befahrenen Küstenstraße 55. Die malerische Route führt an verschiedenen Traumstränden vorbei, zudem ist das Verkehrsaufkommen für vietnamesische Verhältnisse angenehm gering.

Vung Tau

📞 064 / 270 000 EW.

Vung Tau gilt als beliebtes Urlaubsziel vieler Einwanderer und einheimischer Großstadtbewohner. Ausländische Urlauber, die aus HCMS die Küste hinauf nach Mui Ne oder Nha Trang reisen, übersehen den Ort hingegen häufig. Schon bald könnte sich das jedoch ändern: Vung Tau ist nämlich mittlerweile durch eine schöne neue Küstenstraße, die an idyllischen, einsamen Stränden vorbeiführt, mit Phan Thiet und Mui Ne verbunden. Am Wochenende strömen zahlreiche Besucher aus HCMS herbei, während es unter der Woche recht ruhig zugeht. Die hiesigen Strände erfreuen sich bei den Bewohnern des ehemaligen Saigon bereits seit den 1890er-Jahren großer Beliebtheit – damals entdeckten französische Kolonisten den Ort für sich. Natürlich hat sich Vung Tau seitdem verändert, ist größer, rauer und auch zwielichtiger geworden, wie z. B. der unrühmliche Fall des britischen Glam-Rock-Musikers Gary Glitter 2005 und 2006 zeigte. Über die Jahre haben sich hier viele pensionierte Anzac-Soldaten angesiedelt und die Stadt in eine Art vietnamesisches Pattaya verwandelt.

Der von den Franzosen Cap Saint-Jacques genannte Ort liegt auf einer ins Südchinesische Meer hineinragenden Halbinsel 128 km südöstlich von HCMS. Obwohl die Strände nicht zu den besten des Landes gehören, eignet sich Vung Tau wunderbar für einen Ausflug mit dem Tragflügelboot ab HCMS. Erdöl ist ein wichtiger Wirtschaftsfaktor: Am Ho-

> ### ℹ HINTERER & VORDERER STRAND
>
> Im Süden der Halbinsel von Vung Tau erhebt sich der Nui Nho (Kleiner Berg), im Norden der Nui Lon (Großer Berg). Der beliebte kilometerlange Bai Sau (Hinterer Strand) ist ein langer Sandstreifen mit einer Reihe von Pensionen und Hotels. Mehr Unterhaltung, dafür aber kaum Sand, bietet der Bai Truoc (Vorderer Strand), der in einige hübsche Parks mit marmorgepflasterten Straßen verwandelt wurde. Wer Ruhe sucht, ist wiederum am Kieselstrand Bai Dau (Maulbeerstrand) an der Nordwestküste gut aufgehoben.

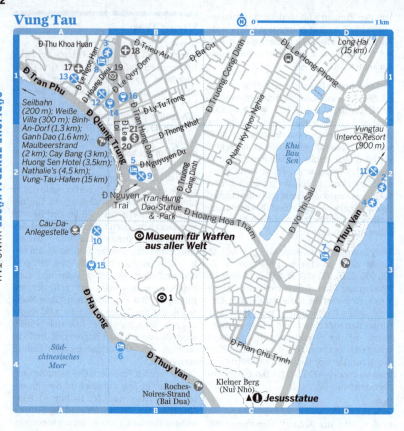

Vung Tau

◎ Highlights
- Jesusstatue C4
- Museum für Waffen aus aller Welt B3

◎ Sehenswertes
1. Leuchtturm B3

⊕ Aktivitäten, Kurse & Touren
2. Dolphin D2
3. Lam-Son-Stadion A1
   Seagull .... (siehe 2)
4. Surf Station D2

🛏 Schlafen
5. Grand Hotel B2
6. Lan Rung Resort & Spa B4
7. Lua Hong Hotel D3
8. Son Ha Hotel A1

🍴 Essen
9. Ali Baba B2
10. David Italian Restaurant A3
11. Imperial Plaza D2
12. Nine A1
13. Tommy's 3 .... A1
    Tommy's 3 .... (siehe 16)

🍸 Ausgehen
- Another Bar .... (siehe 16)
14. Red Parrot B1
15. Tommy's Bar A3
16. Vitamin C B1

ℹ Praktisches
17. International SOS A1
18. Le-Loi-Krankenhaus B1
19. Hauptpost B1
20. OSC Vietnam Travel B2
21. Vietcombank B2

rizont ziehen regelmäßig Tanker vorbei und die Erdölindustrie lockt viele Russen in die Stadt, die auch einen beträchtlichen Anteil der Touristen stellen.

◉ Sehenswertes & Aktivitäten

Willkommen in Rio di Vietnam! Auf dem Nui No thront eine **riesige Jesusstatue** (Eintritt frei, Parken 2000 VND; ⊙ 7.30–11.30 & 13.30–17 Uhr), die mit ihren ausgestreckten Armen vermeintlich das Südchinesische Meer umarmen möchte. Mit ihren angeblich 32 m – 6 m höher als die berühmte brasilianische Version – ist sie die größte Figur dieser Art weltweit. Besucher können bis auf Armhöhe hochsteigen und die herrliche Aussicht auf Vung Tau genießen. Zu Füßen der Statue stößt man auf mehrere Feldkanonen aus der französischen Kolonialzeit. Rund 900 Stufen führen den Berg hinauf, schneller geht's jedoch mit dem Motorrad über eine holprige Bergstraße, die bei der Hem 220 abseits der Đ Phan Chu Trinh beginnt, allerdings muss man dafür einen ortskundigen Einheimischen anheuern.

1 km nordwestlich bietet der 1910 errichtete **Leuchtturm** (Eintritt frei, Parken 2000 VND; ⊙ 7–17 Uhr) einen spektakulären Blick auf Vung Tau. Vom Cau-Da-Pier an der Đ Ha Long nimmt man einfach die scharfe Rechtskurve auf die nördlich des Hai Au Hotels verlaufende Allee, dann geht's den Berg hinauf. Jesusstatue und Leuchtturm scheinen einander sehr nahe, aber dazwischen gibt's keinen direkten Weg (weder zu Fuß noch motorisiert), da sich in den Bergen ein Militärstützpunkt befindet.

Die **Weiße Villa** (Bach Dinh oder Villa Blanche; Đ Tran Phu; Eintritt 15 000 VND) war das Wochenendhaus des französischen Generalgouverneurs und späteren Präsidenten Frankreichs Paul Doumer. Diese wunderschöne, prächtige Residenz aus der Kolonialzeit ist geradezu prädestiniert dafür, in ein Boutique-Hotel umgebaut zu werden. Besucher können durch die weitläufigen Gärten spazieren und die in die Jahre gekommene Fassade mit Jugendstilelementen betrachten. Innen sind ein paar Ming-Keramiken zu sehen, die aus Schiffswracks von der Küste stammen. Das Gebäude liegt 30 m über der Straße und ist über eine gewundene Gasse zu erreichen.

An der Tran Phu hinter dem Maulbeerstrand führt eine hübsche Straße den Hügel hoch zu alten **französischen Feldkanonen** (Eintritt frei). Die sechs massiven Exemplare mit Schützengräben zeugen von der strategischen Bedeutsamkeit Vung Taus für die französische Kolonialmacht als Kontrollpunkt der Wasserwege nach Saigon. Um hierherzugelangen, hält man in dem Fischerdorf 8 km von der Stadt entfernt nach der Hem 444 Ausschau und biegt rechts in einen schmalen Weg ein.

Auf der gesamten Länge der Đ Ha Long reihen sich Pagoden aneinander. Die hübsche **Hon-Ba-Pagode** steht hingegen auf einem der Küste vorgelagerten Inselchen und ist bei Sonnenaufgang und gleichzeitiger Ebbe ein perfektes Fleckchen.

Wer genug vom Salzwasser hat, kann sich in den beiden Swimmingpools **Seagull** und **Dolphin** (Đ Thuy Ban, Hinterer Strand) austoben. Die Becken liegen fast direkt gegenüber dem Imperial Plaza. Ihre Nutzung kostet jeweils 50 000 VND pro Tag.

Am selben Abschnitt des Hinteren Strandes bietet die **Surf Station** (www.vungtausurf.com; 8 Đ Thuy Ban) im Vung Tau Beach Club bei entsprechenden Windverhältnissen Kitesurf- und Surfkurse an.

Für Unterhaltung der ganz anderen Art sorgen Windhundrennen im **Lam-Son-Stadion** (⌕ 380 7309; 15 Đ Le Loi; Eintritt Tribüne/VIP 30 000/60 000 VND; ⊙ Sa 19–22.30 Uhr).

> **ABSTECHER**
>
> ### MUSEUM FÜR WAFFEN AUS ALLER WELT
>
> Eine der in einer Seitenstraße von Vung Tau versteckten weißen Villen über dem Vorderen Strand beherbergt das überraschend gute **Museum für Waffen aus aller Welt** (14 Đ Hai Dong; Eintritt gegen Spende) mit einer Sammlung von Militäruniformen sowie verzierten Waffen und Pistolen. Bei unserem Besuch stand die offizielle Eröffnung noch aus, mit der eventuell eine feste Eintrittsgebühr eingeführt werden wird.
>
> Hinter dem Museum befindet sich eine privat betriebene Schutzstation für Affen. In den weitläufigen Gehegen leben Gibbons und andere Affen, die aus den Händen von Tierhändlern gerettet wurden. Die Leidenschaft und Liebe des Museumsbesitzers zu seinen Schützlingen geht sogar so weit, dass er eine bisher einzigartige Operation finanzierte, um das Augenlicht eines an Grauem Star erkrankten Gibbon-Weibchens wiederherzustellen.

🛏 Schlafen

Am Wochenende und in der Ferienzeit sind die zahlreichen Hotels der Stadt meist gut besucht, deshalb ist eine Reservierung sinnvoll. Viele Ausländer quartieren sich in Unterkünften am Vorderen Strand ein, wo es jede Menge Restaurants und Bars gibt, während vietnamesische Urlauber den Hinteren Strand bevorzugen.

HINTERER STRAND

Lua Hong Motel HOTEL $
(381 8992; 137 Ð Thuy Van; Zi. 250 000–350 000 VND; ❋@🛜) Bei einheimischen Touristen erfreut sich die von vielen Hotels und Pensionen gepflasterte Gegend großer Beliebtheit. In diesem „Motel" wird ein kleines bisschen mehr Wert auf Dekor gelegt als bei der benachbarten Konkurrenz, außerdem lockt das Lua Hong mit Meerblicken.

Vungtau Intourco Resort RESORTHOTEL $$
(385 3481; www.intourcoresort.com; 1A Ð Thuy Van; Zi. ab 850 000 VND, Bungalows ab 1 250 000 VND; ❋@🛜≋) Das Resort in Strandlage – eine Seltenheit in dieser Gegend – wartet mit Gärten und einem Pool auf. Alle Zimmer sind sehr schick und es gibt für Familien geeignete Bungalows.

VORDERER STRAND

Lan Rung Resort & Spa HOTEL $$
(352 6010; www.lanrungresort.com; 3–6 Ð Ha Long; EZ/DZ ab 60/80 US$; ❋@🛜≋) Eines der stilvollsten Hotels der Stadt und eine weitere Unterkunft am Strand, wobei er in diesem Fall felsig ist. Die makellosen Zimmer verfügen über schwere Holzmöbel und die üblichen Extras. Zu der Anlage gehören auch ein Pool mit Meerblick und Restaurants, in denen man Meeresfrüchte und italienische Gerichte schlemmen kann.

Son Ha Hotel HOTEL $
(385 2356; 17A Ð Thu Khoa Huan; Zi. 18 US$; ❋@🛜) Dieses kleine familiengeführte Hotel ist eine der wenigen günstigen Bleiben am Vorderen Strand. Hier wird man herzlich willkommen geheißen und darf sich auf gepflegte Zimmer mit Satellitenfernsehen und Kühlschränken freuen.

Grand Hotel HOTEL $$
(385 6888; www.grand.oscvn.com; 2 Ð Nguyen Du; EZ/DZ ab 75/90 US$; ❋@🛜≋) Im passend benannten Grand Hotel gibt's elegante Zimmer mit Tresoren und Bademänteln sowie einen überaus hübschen Pool samt riesigem, Schatten spendenden Banyanbaum.

MAULBEERSTRAND

Binh An Village BOUTIQUE-HOTEL $$$
(351 0016; www.binhanvillage.com; 1 Ð Tran Phu; Zi. & Suiten 85–250 US$; ❋@🛜≋) Vung Taus wohl schönste Unterkunft versprüht eine Menge Bali-Flair und besitzt geschmackvoll mit asiatischen Antiquitäten eingerichtete Bungalows vor einer idyllischen Meerkulisse. Gäste können in den zwei Pools (einer mit Meer-, einer mit Süßwasser) unweit der Küste relaxen und das gute Freiluftrestaurant besuchen, in dem abends an vielen Wochenenden Livejazz gespielt wird.

Huong Sen Hotel HOTEL $$
(355 1711; 182 Ð Tran Phu; Zi. 29–49 US$; ❋@🛜) Wer Erholung vom Trubel in der Stadt sucht, ist hier gut aufgehoben: Das Hotel am Ende des Maulbeerstrandes ist ein Ableger des alteingesessenen Huong Sen in HCMS und bietet ein gutes Preis-Leistungs-Verhältnis.

🍴 Essen

Vung Tau wartet mit einem guten kulinarischen Angebot auf, darunter traditionelle vietnamesische Meeresfrüchtegerichte und Internationales wie indische oder italienische Küche.

VORDERER STRAND

Tommy's 3 INTERNATIONAL $$
(3 Ð Ba Cu; Hauptgerichte 50 000–300 000 VND; 🛜) Mit seinem großen Innenhof zieht das auch als Someplace Else bekannte Lokal eine bunte Mischung aus Einheimischen, ortsansässigen Ausländern und Touristen an. Der Schwerpunkt liegt auf internationalen Gerichten, z. B. aus Australien importiertem Fleisch und Grilltellern, zudem werden einige authentische vietnamesische Klassiker serviert. Bei Redaktionsschluss stand gerade ein Umzug in die Nähe des International SOS an. Das erste **Tommy's** an der 94 Ð Halong ist ein ruhigerer Ort mit Blick auf den Trubel am Strand.

Nine FRANZÖSISCH $$
(9 Ð Truong Vinh Ky; Hauptgerichte 50 000–150 000 VND) Das ehemalige Plein Sud gilt als bestes französisches Restaurant der Stadt. Tagsüber gibt's im Innenhof guten Kaffee, Gebäck und Eis, außerdem stehen auf der Speisekarte frische Meeresfrüchte, Pizzas und hausgemachte Desserts wie Windbeutel.

David Italian Restaurant ITALIENISCH $$
(130 Ð Halong; Hauptgerichte 50 000–200 000 VND) Ein authentisches Restaurant

unter italienischer Leitung mit einem tollen Ausblick auf den Anlegesteg der Tragflügelboote, frisch gemachter Pasta und den besten Pizzas der Stadt.

Ali Baba INDISCH $$
(351 0685; 7 Ð Nguyen Trai; Hauptgerichte ca. 50 000–120 000 VND) Dieses beliebte indische Lokal liegt an einer der Ausgehmeilen der Stadt. Vor hübscher Küstenkulisse werden Tandoori-Kebab-Teller, an denen sich gleich zwei Gäste satt essen können, sowie wunderbare Currys mit Meeresfrüchten serviert. Bietet auch einen Lieferservice.

HINTERER STRAND

Imperial Plaza VIETNAMESISCH $
(159 Ð Thuy Van; ❄) In dem schicken neuen Einkaufszentrum kann man seinen Hunger hervorragends stillen. Unten lockt eine Filiale der beliebten Kette Highlands Coffee mit guten Frappés und Mixgetränken, während es im kleinen klimatisierten Gastronomiebereich oben Pizza und *pho* gibt.

MAULBEERSTRAND

Ganh Hao FISCH & MEERESFRÜCHTE $$
(3 Ð Tran Phu; Hauptgerichte 40 000–180 000 VND; ⏱mittags & abends) Das Restaurant über der Bucht an der Straße zum Maulbeerstrand zieht vor allem Einheimische an. Es bietet eine große Auswahl an Meeresfrüchten wie Hummer und Königskrabben zu absolut fairen Preisen.

Cay Bang FISCH & MEERESFRÜCHTE $$
(69 Ð Tran Phu; Hauptgerichte 30 000–200 000 VND; ⏱11–22 Uhr) Auch das Cay Bang in toller Lage am Meer unter dem Schatten der Jungfrau Maria samt Jesuskind ist auf Fisch und Meeresfrüchte spezialisiert. Am Wochenende strömen jede Menge Fischliebhaber herbei.

Nathalie's THAI $$
(220 Ð Tran Phu; Hauptgerichte 50 000–220 000 VND; ⏱mittags & abends) Vung Taus erstes thailändisches Restaurant wartet mit einer dramatischen Kulisse in einem großen Haus über dem Meer auf. Hier werden Klassiker der Thai-Küche serviert, darunter zahlreiche Meeresfrüchtegerichte.

 Ausgehen

Für vietnamesische Verhältnisse ist das Nachtleben der Stadt mit seinen vielen Hostessbars und gelegentlichen Kabarettshows recht anrüchig.

Another Bar BAR
(3 Ð Ba Cu) Die australische Sportbar liegt auf dem demselben Gelände wie das Someplace Else und bietet eine gediegenere Atmosphä-

---

ANZAC-STÄTTEN RUND UM VUNG TAU

In den 1960er- und 1970er-Jahren kämpften fast 60 000 australische Soldaten im Vietnamkrieg. Das Long-Tan-Kreuz erinnert an eine besonders erbitterte Schlacht am 18. August 1966 zwischen australischen Truppen und dem Vietcong. Das ursprüngliche Kreuz wurde von überlebenden Australiern errichtet, bei dem jetzigen handelt es sich um eine Replik, die 2002 von den Vietnamesen aufgestellt worden ist. Die Gedenkstätte befindet sich 18 km von Ba Ria bzw. 55 km von Vung Tau entfernt nahe der Stadt Nui Dat. Mittlerweile benötigen Besucher keine Genehmigung mehr, zudem kann man eine Besichtigung mit einem Ausflug zu den wenig touristischen Lon-Phuoc-Tunneln verbinden. Bei dem unterirdischen System handelt es sich um eine kleinere Version der bekannteren Cu-Chi-Tunnel.

Bei Minh Dam 5 km von Long Hai erstrecken sich **Höhlen**, die während des Indochinakriegs und des Vietnamkriegs genutzt wurden. Zwischen 1948 und 1975 versteckten sich in den Zwischenräumen der Felsen Vietcong-Kämpfer und noch immer sind in den Wänden Einschusslöcher von Gefechten zu sehen. In den Felsen geschlagene Stufen führen zu den Höhlen, von wo aus man spektakuläre Ausblicke auf die Küstenebene genießt.

Nicht weit von hier bietet der **Tempel** auf der Bergspitze weitere tolle Panoramablicke über die Küste.

Das **Tommy's** (351 5181; 3 Ð Ba Cu; www.tommysvietnam.com) veranstaltet u. a. Touren nach Long Tan, Long Phuoc und Minh Dam. Der Preis inklusive Transport und Führer beläuft sich auf 120 US$ für zwei Personen bzw. 40 US$ pro Person bei Gruppen ab drei Teilnehmern.

Alternativ lässt man sich von einem *xe-om*-Fahrer für 10 bis 15 US$ zu den verschiedenen Sehenswürdigkeiten bringen.

re als die anzüglichen Bars auf der Đ Nguyen Trai sowie eisgekühltes Bier und eine gesellige Stimmung.

Vitamin C BAR
(27 Đ Ba Cu) Hier tummeln sich jede Menge Hostessen und die Bar fungiert auch als Restaurant. Das Dekor ist etwas netter als bei der einschlägigen Konkurrenz, außerdem kann man Billard spielen.

Red Parrot BAR
(6 Đ Le Quy Don) Mit fortschreitendem Abend steigt im Red Parrot die Stimmung und Vung Tau zeigt sich von seiner zwielichtigen Seite. Neben Kriegsveteranen, Ölarbeitern und Alkoholikern geben sich Prostituierte die Klinke in die Hand.

Praktische Informationen

Relativ aktuelle Infos zu Vung Tau gibt's unter www.vungtau-city.com.
Hauptpost (8 Đ Hoang Dieu) Im Erdgeschoss des Petrovietnam-Towers-Gebäudes.
International SOS (📞385 8776; 1 Đ Le Ngoc Han; ⏰24 Std.) Internationale Klinik mit internationalen Standards und internationalen Preisen.
Le-Loi-Krankenhaus (📞383 2667; 22 Đ Le Loi) Die größte Klinik vor Ort, allerdings bietet HCMS eine bessere Versorgung.
OSC Vietnam Travel (📞385 2008; www.oscvietnamtravel.com.vn; 2 Đ Le Loi) In der staatlichen Touristeninformation kann man verschiedene Ausflüge in die Umgebung buchen.
Vietcombank (27–29 Đ Tran Hung Dao) Wechselt Bargeld und Reisechecks und leistet Vorauszahlungen auf Kreditkarten.

An- & Weiterreise

BUS Vom Mien-Dong-Busbahnhof in HCMS verkehren tagsüber bis etwa 16.30 Uhr klimatisierte Minibusse (40 000 VND, 3 Std., 128 km) nach Vung Tau. Eine *xe om* von Vung Taus **Busbahnhof** (192A Đ Nam Ky Khoi Nghia) zum Maulbeerstrand oder zum Hinteren Strand kostet rund 40 000 VND.
SCHIFF/FÄHRE Sehr viel mehr Spaß macht eine Fahrt mit dem Tragflächenboot. **Greenlines** (HCMS 📞08-3821 5609; Vung Tau 📞351 0720), **Petro Express** (HCMS 📞08-3821 0650; Vung Tau 📞351 5151) und **Vina Express** (HCMS 📞08-3825 3333; Vung Tau 📞385 6530) bieten regelmäßige Verbindungen nach HCMS (Erw./Kind 200 000/100 000 VND, 75 Min.). Bis 16.30 Uhr starten die Boote alle halbe Stunde, am Wochenende noch öfter, dann sollte man im Voraus reservieren. In Vung Tau legen sie am Cau-Da-Pier gegenüber dem Hai Au Hotel ab.

Etwa jeden zweiten Tag verbinden zwei Fähren die Con-Son-Insel mit Vung Tau (weitere Infos s. S.292). Tickets bekomt man im Büro von **BQL Cang Ben Dam Huyen Con Dao** (⏰Mo–Fr 7.30–11.30 & 13.30–16.30 Uhr) in der 1007/36 Đ 30/4. Die Boote starten um 17 Uhr am Hafen von Vung Tau 15 km westlich der Stadt.

Unterwegs vor Ort

Vung Tau lässt sich gut auf zwei oder vier Rädern erkunden. Pensionen und Restaurants vermitteln Fahrräder (2 US$ pro Tag) und Motorräder (7–10 US$ pro Tag). Taxis mit Kilometerzähler sind in der Regel günstiger als *cyclos* oder *xe oms* mit ihren knallhart verhandelnden Fahrern. Mai Linh ist ein verlässlicher Anbieter mit einer großen Wagenflotte.

Con-Dao-Inseln

064 / 5500 EW.

Die vom Festland isolierten Con-Dao-Inseln gehören zu Vietnams absoluten Highlights. Lange galt die Gegend als Teufelsinsel Indochinas, denn hier wurden politische Häftlinge und Ausgestoßene gefangen gehalten. Heute sind sie dagegen vor allem wegen ihrer atemberaubenden Naturlandschaft bekannt.

Con Son, mit einer Gesamtfläche von 20 km² die größte der 15 Inseln umfassenden Archipels, wird von wunderschönen Stränden, Korallenriffen und malerischen Buchten gesäumt und ist teilweise mit dichten Wäldern bedeckt. Besucher können wandern, tauchen, einsame Küstenstraßen entdecken oder Tiere beobachten. Das Eiland ist auch unter dem europäisierten malaiischen Namen Ile Poulo Condore (Pulau Kundur) bekannt, was so viel wie „Kürbisinsel" bedeutet.

Etwa 80 % des Landgebiets dieser Inselkette gehören zum Con-Dao-Nationalpark mit der wichtigsten **Eiablagestätte von Meeresschildkröten** des Landes. In den letzten zehn Jahren führte die World Wildlife Foundation (WWF) zusammen mit örtlichen Rangern ein Überwachungsprogramm durch. Während der Brutzeit (Mai–Nov.) richtet der Park Aufsichtsstationen ein, um bedrohte Gelege zu schützen.

Rund um Con Dao ist ein weiteres interessantes Tier beheimatet: der **Dugong**. Der Lebensraum dieser seltenen und scheuen Meeressäugetiere, die zur Familie der Seekühe zählen, reicht Richtung Norden bis nach Japan und erstreckt sich gen Süden bis zu den subtropischen Küsten Australiens. Da ihre Anzahl stetig zurückgeht, bemüht man sich zunehmend, die sanften Kreaturen zu schützen. Bedroht werden die Dugongs u. a. durch die Erschließung immer neuer Küstenstraßen. Dies führt zur Zerstörung von Flachwasserbecken, in denen ihr Grundnahrungsmittel, das Seegras, gedeiht.

Con Dao gehört zu den wenigen Flecken in Vietnam, wo es fast keine Gebäude mit mehr als zwei Stockwerken gibt und Besucher eine stressfreie Urlaubsidylle genießen können. Wegen des hohen Kostenfaktors und der eingeschränkten Zugänglichkeit blieb der Archipel bisher vom Massentourismus verschont.

Bei einem Großteil der Besucher von Con Son handelt es sich um Reisegruppen ehemaliger Vietcong-Soldaten, die auf der Insel gefangen gehalten wurden. Als Anerkennung ihrer Opferbereitschaft bezuschusst die vietnamesische Regierung die Ausflüge großzügig. So langsam entdecken jedoch auch andere Urlauber die Gegend für sich, deshalb ist es nur eine Frage der Zeit, bis der Archipel zu einer großen Attraktion wird.

Von November bis Februar herrscht in Con Dao ein recht trockenes Klima, aber das Meer ist von März bis Juli am ruhigsten. Die Regenzeit dauert von Juni bis September. Zwischen September und November bringen Nordost- und Südwestmonsune kräftige Winde mit sich. Im November 1997 wütete hier der Taifun Linda: 300 Fischerboote versanken, außerdem wurden Riffe zerstört und ganze Wälder verwüstet. Selbst in den heißesten Monaten (September und Oktober), sorgt eine kühle Inselbrise für angenehmere Temperaturen als in HCMS oder Vung Tau.

Im Vergleich zu den Resorts in Nha Trang und Mui Ne steckt der Tourismus hier noch in den Kinderschuhen, was sich jedoch allmählich ändert. Davon zeugt der Bau eines superluxuriösen Six Senses Spa, das Con Dao für den internationalen Jetset interessant macht.

Geschichte

In der Vergangenheit war Con Son sowohl von den Khmer als auch von Malaien und Vietnamesen besetzt und diente den Europäern schon früh als Handelsstützpunkt in der Region. Berichten zufolge kamen 1560 mit

DIE RÜCKKEHR DER SUPPENSCHILDKRÖTE

Vor 20 Jahren galt die Suppenschildkröte (Chelonia mydas) in Con Dao noch als stark gefährdet. Ihr Fleisch war begehrt und ihr Panzer wurde als Souvenir verkauft. Darüber hinaus dezimierten zerstörerische Angelmethoden ihre Population. Heute tragen die vietnamesischen und ausländischen Initiativen der letzten zehn Jahre Früchte und so erleben die Tiere ein bemerkenswertes Comeback. Inzwischen gehören die Strände des Con-Dao-Archipels zu den bedeutendsten Brutstätten Vietnams. Die World Wildlife Foundation (WWF) und andere internationale Organisationen richteten Schutzstationen auf den Inseln Bay Canh, Tre Lon, Tai und Cau ein und laut WWF wurden seit 1995 über 800 000 Junge ins Meer entlassen. Bis zu 85 % der Eier können hier erfolgreich ausgebrütet werden – nirgendwo im Land ist die Quote höher. WWF startete außerdem ein Satelliten-Überwachungsprogramm, das erste seiner Art in Vietnam, um den Naturschützern bessere Einblicke in das Wanderverhalten der Tiere zu ermöglichen. Das Programm zeigt auch wichtige Lebensräume wie Futterplätze und Paarungsgebiete auf. Obwohl die Population Im Laufe der Zeit deutlich angestiegen ist, sterben noch immer viele Schildkröten nach dem Schlüpfen, oft weil sie sich in Fischernetzen verfangen.

Wer die Meeresschildkröten in ihrem natürlichen Lebensraum erleben möchte, kann einen Ausflug zur Bay-Canh-Insel unternehmen und dort direkt im Schutzgebiet übernachten. Schildkröten legen ihre Eier nur nachts: Jede gräbt dabei drei bis zehn Löcher in den Sand und legt durchschnittlich 90 Eier pro Gelege ab. Dies geschieht von Mai bis November, wenn die Tiere am besten zu beobachten sind. Infos zu den Touren gibt's in der Zentrale des Con-Dao-Nationalparks (S. 292). Die Preise richten sich nach der Teilnehmergröße, man muss jedoch mit rund 5 000 000 VND für das Boot im Nationalpark, 400 000 VND für einen Guide, 40 000 VND an Gebühren für die Übernachtung im Park und 150 000 VND für eine einfache Unterkunft rechnen. Dive! Dive! Dive! organisiert ebenfalls Bootsfahrten zu den Schildkröten inklusive zwei Tauchgängen am Nachmittag und Abend sowie Verpflegung und Camping. Wer nicht tauchen oder nur schnorcheln möchte, zahlt einen ermäßigten Preis.

Con-Dao-Inseln

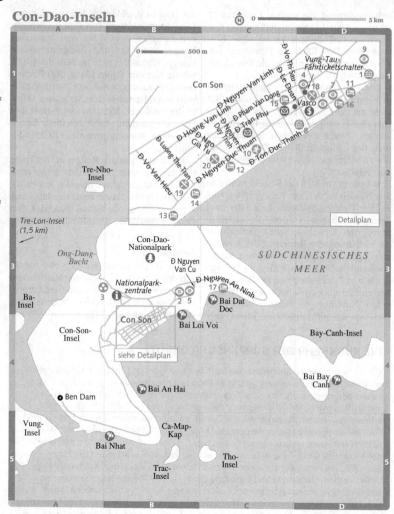

einem portugiesischen Schiff die ersten Europäer auf die Insel. Von 1702 bis 1705 unterhielt hier die Britische Ostindienkompanie einen befestigten Handelsposten. Das Experiment endete, als die Engländer bei einem Aufstand von Soldaten aus Makassar, die sie auf der indonesischen Halbinsel Sulawesi rekrutiert hatten, niedergemetzelt wurden.

Con Son blickt auf eine bewegte politische und kulturelle Zeit zurück. Auf dem Eiland waren bedeutende vietnamesische Revolutionshelden inhaftiert, nach denen viele Straßen im Land benannt wurden. Die Franzosen nutzten die Insel als Gefängnis für Gegner des Kolonialregimes, die dort misshandelt und gefoltert wurden. 1954 übernahm die südvietnamesische Regierung Con Son und nutzte die Abgeschiedenheit, um Oppositionelle, darunter auch Studenten, unter grausamen Bedingungen wegzusperren. Im Vietnamkrieg leisteten US-Truppen den Südvietnamesen Gesellschaft.

◉ Sehenswertes

Con Son ist ein verschlafenes Küstenstädtchen, das sich bestens als Kulisse für einen Historienfilm eignen würde. An der Đ Ton Duc Thang, der Hauptstraße an der Küste, reihen sich mehrere verlassene und verfallene einstöckige französische Villen aneinan-

Con-Dao-Inseln

Sehenswertes
1. Con-Dao-Museum D1
2. Hang-Duong-Friedhof B3
3. Ma-Thien-Lanh-Brücke A3
4. Markt D1
5. Phu-Binh-Camp B3
6. Phu-Hai-Gefängnis D1
7. Phu-Son-Gefängnis D1
8. Revolutionsmuseum D2
9. Tigerkäfige D1

Aktivitäten, Kurse & Touren
10. Dive! Dive! Dive! C2
    Rainbow Divers .... (siehe 17)

Schlafen
11. ATC Con Dao Resort & Spa D1
12. Con Dao Camping C2
13. Con Dao Resort B2
14. Con Dao Seatravel D2
15. Hai Nga Mini Hotel C1
16. Saigon Con Dao Resort D1
17. Six Senses Con Dao C3

Essen
18. Phuong Hang D1
19. Thu Tam B2
20. Tri Ky C2

---

der. Mittlerweile sind für die Gegend ehrgeizige Bauprojekte geplant. Ganz in der Nähe findet der städtische **Markt** statt, auf dem zwischen 7 und 8 Uhr am meisten los ist.

Historische Gefängnisse
HISTORISCHE GEBÄUDE

Zu den wichtigsten Sehenswürdigkeiten der Con-Son-Insel gehören ein Museum, mehrere Gefängnisse der Franzosen und Amerikaner und ein düsterer Friedhof. Eintrittstickets, mit denen man aber theoretisch auch alle anderen Attraktionen besichtigen kann, bekommt man nur im **Phu-Hai-Gefängnis** (20 000 VND; Mo–Sa 7–11.30 & 13–17 Uhr).

Neben dem Saigon Con Dao Hotel zeigt das **Revolutionsmuseum** (Mo–Sa 7–11 & 13.30–17 Uhr) Exponate zum vietnamesischen Widerstand gegen die Franzosen sowie zur kommunistischen Opposition gegen die Republik Vietnam und zur Behandlung politischer Häftlinge, darunter einige grausame Fotos mit Folterszenen. Außerdem sind ein Modell der Inseln und einige merkwürdig präparierte Tiere wie ein Pfeife rauchender Affe zu sehen. Am östlichen Ende der Đ Nguyen Hue soll bald ein **Con-Dao-Museum** öffnen und u. a. Exponate aus dem Revolutionsmuseum präsentieren.

Einen kleinen Spaziergang vom Museum entfernt stößt man auf das **Phu-Hai-Gefängnis**, die größte der insgesamt elf Haftanstalten auf der Insel. Die 1862 erbaute Anlage umfasst mehrere riesige Gebäude. In einem wird mit ungefähr 100 Puppen die grausame Realität der abgemagerten, gefesselten Häftlinge dargestellt. Genauso schaurig sind die leeren Einzelzellen mit Fußfesseln; das auf Vietnamesisch geschriebene Verbot an den Wänden bedeutet übrigens „Keine Flöhe töten", denn die Gefängnisinsassen durften die Wände nicht beschmutzen. Ganz in der Nähe liegt das gleichermaßen aufwühlende **Phu-Son-Gefängnis**.

In den 1940er-Jahren errichteten die Franzosen die berüchtigten **Tigerkäfige**. Von 1957 bis 1961 waren in den winzigen Zellen fast 2000 politische Häftlinge eingepfercht. Aufseher konnten von oben durch Deckengitter in die 120 Kammern zu den Gefangenen wie auf Tiger im Zoo hinabblicken. Weitere 60 Kammern, auch „Solarien" genannt, haben kein Dach.

Auf Con Son kamen in vier Kriegsjahrzehnten rund 20 000 Menschen ums Leben, 1994 davon fanden auf dem friedlichen **Hang-Duong-Friedhof** am Ostende der Stadt ihre letzte Ruhe. Traurigerweise tragen nur 700 Gräber Namen. Vietnams berühmteste Heldin, Vo Thi Sau (1933–52), wurde am 23. Januar 1952 als erste Frau auf der Insel durch ein Exekutionskommando getötet. Heute pilgern viele zu ihrem Grab, zünden Räucherkerzen an und legen Spiegel sowie Kämme als Symbole für ihren frühen Tod ab. Hinter dem Friedhof erhebt sich ein großes **Denkmal**, das drei riesige Räucherstäbchen darstellt.

Obwohl es am Stadtrand liegt, gehört das **Phu-Binh-Camp** zur Gefängnisrundtour. 1971 von den Amerikanern mit 384 Zellen erbaut, hieß es zunächst Camp 7. Zwei Jahre später musste es geschlossen werden, weil die Öffentlichkeit erfuhr, dass dort gefoltert wurde. Nach den Pariser Abkommen von 1973 wurde der Name in Phu-Binh-Camp geändert. Zwischen den Zellen nisten Fledermäuse.

Con-Son-Strände & andere Inseln STRÄNDE

Auf Con Son erstrecken sich einige lohnenswerte Strände. Verschiedene Hotels verleihen Schnorchelausrüstung für rund 100 000 VND pro Tag, bei Dive! Dive! Dive! gibt's allerdings moderneres Material für eine Leihgebühr von 10 US$. **Bai Dat Doc**, ein schöner langer Sandstrand, gehört leider größtenteils zum neu eröffneten Six Senses Con Dao. Vor dem nahe gelegenen Kap sind im Wasser tollende Dugongs zu sehen.

Bai Nhat ist klein und sehr hübsch, allerdings nur bei Ebbe zugänglich. **Bai An Hai** sieht nett aus, aber in der Nähe ankern einige Fischerboote und es schwirren jede Menge Sandfliegen durch die Luft. **Bai Loi Voi**, eine weitere Option, ist oft von Muscheln und Müll bedeckt. **Bai Dam Trau**, eine abgeschiedene Bucht an der Südspitze der Insel, bietet Strandgängern das beste Gesamtpaket.

Auf den kleineren Inseln findet man die unberührtesten Strände, z. B. den wunderschönen weißen **Tre Lon** westlich von Con Son. Als facettenreichstes Eiland gilt **Bay Canh** im Osten, das mit tollen Stränden, Primärwald, Mangroven und Korallenriffen aufwartet. Bei Ebbe eignen sich Letztere wunderbar zum Schnorcheln. Darüber hinaus tummeln sich hier in der passenden Jahreszeit zahlreiche Meeresschildkröten. Eine fantastische zweistündige Wanderung inklusive eines steilen 325 m langen Aufstiegs führt zu einem von den Franzosen errichteten **Leuchtturm**, der nach wie vor in Betrieb ist. Er liegt an der Ostspitze von Bay Canh und lockt mit einem atemberaubenden Panoramablick.

🏃 Aktivitäten

Mehr Infos über Wanderungen und Bootsfahrten rund um die Con-Dao-Inseln findet man auf der offiziellen Website des Con-Dao-Nationalparks (www.condaopark.com.vn). Tagsüber beträgt die Parkgebühr 20 000 VND, abends 40 000 VND.

Tauchen & Schnorcheln

Unter erfahrenen Tauchern, die sich in den Gewässern Vietnams gut auskennen, gilt Con Dao schon lange als ursprünglichste Meereslandschaft des Landes. Da die Wasserwelt rund um die Insel größtenteils unter Schutz steht, sieht man hier jede Menge Korallen sowie verschiedene größere Fische wie Rochen und Haie. Tauchausflüge lohnen sich das ganze Jahr, die besten Bedingungen und die weiteste Sicht gibt's allerdings von März bis September. Normalerweise sind die Kosten etwas höher als in touristischeren Reisezielen auf dem Festland wie Nha Trang. Rund um Con Dao wurden unter Wasser einige Wracks entdeckt, die sich wunderbar für erfahrene Taucher eignen.

Zwei Veranstalter bieten Touren rund um Con Dao an:

Dive! Dive! Dive! TAUCHEN
(📞383 0701; www.dive-condao.com; 36 Đ Ton Duc Thang) Larry, der ortsansässige Tauchlehrer des neuen US-Unternehmens, blickt auf eine langjährige Erfahrung in den Gewässern Vietnams zurück. Zum Angebot gehören tägliche Tauch- und Schnorcheltouren sowie SSI-Kurse für Anfänger. Der am Meer gelegene Laden hält gute allgemeine Infos über die Insel bereit.

Rainbow Divers TAUCHEN
(📞090-557 7671; www.divevietnam.com; Six Senses Con Dao) Rainbow Divers zählt zu den etabliertesten Tauchanbietern Vietnams und ist auf der Insel im Six Senses Con Dao vertreten. An den Kursen kann man auch dann teilnehmen, wenn man nicht dort übernachtet. Die verschiedenen Programme werden bei Bedarf täglich ab 17 Uhr im Con Dao Seatravel vorgestellt.

Trekking

Auf der Con-Son-Insel gibt's viele Wanderwege. Das Innere ist größtenteils dicht bewaldet, deshalb benötigt man einen Guide des Nationalparks, um in das Dickicht vorzudringen. Je nach Dauer der Tour liegen die Preise zwischen 150 000 und 250 000 VND.

Eine schöne Strecke führt durch dichte Wälder und Mangrovenhaine, vorbei an einem Gebirgsbach zur herrlichen **Bambuslagune** (Dam Tre), die sich bestens zum Schnorcheln eignet. Für die gemächliche zweistündige Strecke, die in der Nähe der Flugzeuglandebahn beginnt, muss man einen Führer engagieren.

Die 1 km lange Wanderung (ca. 25 Min. pro Weg) durch den Regenwald zur **Ong-Dung-Bucht** kann man hingegen auch gut auf eigene Faust unternehmen. Sie beginnt ein paar Kilometer nördlich der Stadt. Auf dem Weg zum Ausgangspunkt kommt man an den Ruinen der **Ma-Thien-Lanh-Brücke** vorbei, die während der französischen Besatzungszeit von Häftlingen errichtet wurde. Der Strand der Bucht ist felsig, doch 300 m vor der Küste erstreckt sich ein tolles Korallenriff.

Besucher können sich auch zu den alten Obstplantagen von **So Ray** aufmachen, die inzwischen zur Fütterung und Stabilisierung der in den Hügeln von Dao lebenden Tierwelt dienen. Von hier aus bieten sich tolle Ausblicke über den Hauptort und die dahinter gelegenen Inseln.

Schlafen

Auf Con Son gibt's etwa ein Dutzend Hotels und Resorts. Einige der kleinen Hotels und das National Park Guesthouse werden allerdings das ganze Jahr über von Mitarbeitern des Six Senses Con Dao bewohnt und können von Besuchern deshalb nicht gebucht werden.

Con Dao Camping HOTEL $$
(383 1555; condaocamping.com; Ð Nguyen Duc Thuan; Zi. 600 000 VND; ❄@🌐) Die am Strand gelegenen Bungalows in witziger Dreiecksform versprühen zwar eher Ferienlagercharme als Luxus, warten aber mit einem guten Preis-Leistungs-Verhältnis auf. Zur Ausstattung gehören Satellitenfernsehen, Minibars und Duschen mit Blick auf den Nachthimmel.

Six Senses Con Dao BOUTIQUE-HOTEL $$$
(383 1222; www.sixsenses.com; Dat-Doc-Strand; Villen ab 685 US$; ❄@🌐🏊) Six Senses steht für Erholung pur, da ist die neue Dependance in Con Dao keine Ausnahme. Gäste erwartet rustikaler Designerluxus in Form von eindrucksvollen Strandvillen mit eigenen Pools, Bose-Stereoanlagen und Weinkellern. Für einen abgeschiedenen Ort wie Con Dao schmeckt das Essen hervorragend.

Hai Nga Mini Hotel HOTEL $
(363 0308; 7 Ð Tran Phu; Zi. 200 000–550 000 VND; ❄@🌐) Ein kleines von einer freundlichen Familie betriebenes Hotel im Herzen der Stadt. Die Inhaber sprechen sowohl Deutsch als auch Englisch und Französisch. Hier gibt's einfach Zimmer, die jedoch mit Klimaanlagen, Fernsehern und Warmwasserduschen ausgestattet sind. In den teureren Räumlichkeiten haben vier bis fünf Personen Platz.

Con Dao Seatravel HOTEL $$
(363 0768; www.condaoseatravel.com; 6 Ð Nguyen Duc Thuan; Zi. 70 US$; ❄@🌐) Dieses überschaubare Resort verfügt über attraktive, im Garten verteilte Bungalows mit geräumigen, hellen Zimmern, Kiefernholzmöbeln und schicken Bädern samt Regenduschen. Die Restaurant-Bar ist das beliebteste Lokal der Insel und zieht abends jede Menge Gäste an.

ATC Con Dao Resort & Spa HOTEL $$
(383 0111; www.atcvietnam.com; 8 Ð Ton Duc Thang; EZ 55–80 US$, DZ 65–90 US$; ❄@🌐🏊) Unter seinem neuen Namen bietet das ehemalige A Resort villaähnliche Unterkünfte, die um einen einladenden Pool angeordnet sind. Zur Auswahl stehen außerdem zwei geräumige Pfahlbauten mit Strohdach, die von Hoa Binh in die wunderschönen Gärten der Anlage verlegt, bei Redaktionsschluss allerdings gerade renoviert wurden.

Saigon Con Dao Resort HOTEL $$$
(383 0155; www.saigoncondao.com; 18 Ð Ton Duc Thang; EZ 75–145 US$, DZ 80–150 US$; ❄@🌐🏊) Neben den in mehreren alten französischen Häusern am Meer untergebrachten Zimmern gibt's nun einen neuen Flügel mit Pool, wo die meisten ausländischen Gäste übernachten. Der alte Flügel ist Veteranen und Parteiangehörigen vorbehalten, die sich die Con-Dao-Gefängnisse ansehen.

Con Dao Resort HOTEL $$
(383 0939; www.condaoresort.com.vn; 8 Ð Nguyen Duc Thuan; Zi. 58–94 US$; ❄@🌐🏊) Eines der größten Resorts der Inselgruppe umfasst einen einladenden Strand und einen weitläufigen Pool. Allmählich sieht man den Zimmern, insbesondere den Bädern, ihr Alter an, deshalb würde eine Renovierung sicherlich nicht schaden.

Essen & Ausgehen

Con Sons kulinarische Szene wird immer besser. Ein Großteil der Meeresfrüchte ist für den Verzehr auf dem Festland oder für den Export vorgesehen, aber mittlerweile verkaufen ortsansässige Fischer ihren Fang auch in der Stadt. Unter den Hotels bietet das **Con Dao Seatravel** die schönste Atmosphäre für eine Stärkung oder einen Drink. Luxus pur und meisterhafte Küche erwarten Gäste des **Six Senses Con Dao**.

Thu Tam VIETNAMESISCH $
(Ð Nguyen Hue; Hauptgerichte 20 000–100 000 VND; ⏱mittags & abends) Das Restaurant ist vom Ben-Dam-Hafen in die Hauptstraße Con Sons gezogen und serviert frische Meeresfrüchte aus sprudelnden Wassertanks, darunter Muscheln in jeder Form und Größe sowie ein riesiger Fisch für die ganze Familie.

Tri Ky VIETNAMESISCH $$
(7 Ð Nguyen Duc Thuan; Hauptgerichte 40 000–200 000 VND; ⏱mittags & abends) In dem beliebten Lokal gibt's ebenfalls frische Lecke-

> ### MITTELLOS IM PARADIES
>
> Vor einem Besuch der Con-Dao-Inseln sollte man sich mit genügend Geldvorräten eindecken. In der Stadt gibt's zwar eine Bank, wirklich verlässlich sind die Automaten jedoch nicht. Fast alle Mittelklassehotels akzeptieren Kreditkarten, wer allerdings Bares benötigt, muss in dieser abgelegenen Gegend sehr schlechte Wechselkurse akzeptieren.

reien aus dem Meer. Wir empfehlen den gegrillten Tintenfisch mit fünf Gewürzen und den gehaltvollen Meeresfrüchteeintopf.

Phuong Hanh VIETNAMESISCH $
(38 Đ Nguyen Hue; Hauptgerichte 40 000–120 000 VND; ⏱mittags & abends) Auch das alteingesessene Restaurant hinter dem Phu-Hai-Gefängnis serviert Fisch und Meeresfrüchte sowie vietnamesische Klassiker vom Festland.

❶ Praktische Informationen

Die **Nationalparkzentrale** (📞383 0669; ecotourism@condapark.com.vn; www.condaopark.com.vn; 29 Đ Vo Thi Sau; ⏱tgl. 7–11.30 & 13.30–17 Uhr) ist eine gute Infoquelle. Da in Teilen des Reservats militärische Kontrollen durchgeführt werden, sollte man sich hier zunächst über mögliche Inselausflüge und Wanderungen informieren. Zudem liegen nützliche Prospekte über Spazierwege aus. Einige Wanderrouten sind mit Infotafeln auf Englisch und Vietnamesisch versehen. In der Zentrale befindet sich auch ein Ausstellungsraum, dessen Exponate die Artenvielfalt in den Wäldern und im Meer, Gefahren für die hiesige Umwelt und Maßnahmen zum Umweltschutz zeigen.

Mittlerweile gibt's vor Ort eine Filiale der **Vietin Bank** (Đ Le Duan) mit zwei Geldautomaten, die allerdings oft nicht bestückt sind. Leider wechselt die Bank keine Fremdwährungen, man sollte also ausreichend Bargeld mitbringen.

Die Hotels vor Ort warten mit kostenlosem WLAN für Gäste sowie mit Terminals in der Lobby auf.

❶ An- & Weiterreise

FLUGZEUG Zwischen Con Son und HCMS bestehen mehrere Verbindungen pro Tag. **Vasco** (📞383 1831; www.vasco.com.vn; 44 Đ Nguyen Hue) verkehrt dreimal täglich für einen Preis von 863 000 VND (einfache Strecke), wobei man auf der Website oft Spezialangebote findet. Aufgrund Con Daos steigender Beliebtheit plant mittlerweile auch **Air Mekong** (📞08-3514 6666; www.airmekong.info) tägliche Flüge.

Der winzige Flughafen liegt 15 km vom Stadtzentrum entfernt. Alle Hotels auf der Insel bieten einen kostenlosen Transfer dorthin und zurück. Es ist zwar ratsam, die Unterkunft im Voraus zu buchen, aber man kann auch einen der auf die Flugzeiten abgestimmten Hotelshuttles für 60 000 VND nehmen.

SCHIFF/FÄHRE Etwa jeden zweiten Tag pendeln zwei Fähren zwischen der Con-Son-Insel und Vung Tau. Sie legen um 17 Uhr am Hafen von Ben Dam ab und benötigen rund zwölf Stunden. Sitzplätze kosten 125 000 VND, es lohnt sich jedoch, eine Schlafkabine mit sechs Betten für 200 000 VND zu buchen. Die Boote sind recht einfach, außerdem können die Überfahrten je nach Jahreszeit recht unruhig sein und werden häufig abgesagt. Oft ist man der einzige Ausländer an Bord.

Tickets bekommt man in einem kleinen Büro unweit des Markts. Einfach nach dem Kiosk auf der Đ Vo Thi Sau mit der Aufschrift **BQL Cang Ben Dam Huyen Con Dao** (⏱8–11.30 & 13–17 Uhr) Ausschau halten. Xe oms nach Ben Dam kosten rund 80 000 VND, sind allerdings nicht leicht ausfindig zu machen.

❶ Unterwegs vor Ort

MOTORRAD & FAHRRAD Einige der Sehenswürdigkeiten Con Sons wie das Revolutionsmuseum und das Phu-Hai-Gefängnis kann man vom Zentrum aus gut zu Fuß erreichen. Für weiter entfernte Ziele mietet man am besten ein Motorrad: Die meisten Hotels bieten welche für rund 7 bis 10 US$ pro Tag an. Fahrräder kosten etwa 2 US$ pro Tag. An der Küste erstrecken sich verschiedene Straßen, die sich für Radtouren eignen, z. B. von Con Son nach Bai Nhat sowie zur winzigen Siedlung Ben Dam. Die Strecke ist nur sanft gewellt und es gibt kaum Verkehr. Wer mit dem Motorrad oder Fahrrad nach Ben Dam fährt, sollte sich vor den starken Winden rund um Mui Ca Map in Acht nehmen. Einheimische wurden bei Stürmen schon vom Rad geweht.

SCHIFF/FÄHRE Wenn man die Inseln per Boot erkunden möchte, sollte man sich an das Büro des Nationalparks wenden. Je nach Ausflugsziel kostet der Spaß für zwölf Personen 2 000 000 bis 5 000 000 VND pro Tag.

Zentrales Hochland

Inhalt »
Da Lat & Umgebung.....295
Bao Loc..........................307
Ngoan-Muc-Pass..........307
Cat-Tien-Nationalpark...307
Buon Ma Thuot............309
Rund um Buon Ma
Thuot 314
Plei Ku 316
Kon Tum...................... 318

Gut essen
» V Café (S. 303)
» Nam Phan (S. 303)
» Black & White Restaurant (S. 312)
» Dakbla Restaurant (S. 321)

Schön übernachten
» Dalat Hotel du Parc (S. 301)
» Dreams Hotel (S. 301)
» Forest Floor Lodge (S. 308)
» Ana Mandara Villas Dalat (S. 302)

Auf ins zentrale Hochland

Die hügelige Landschaft, die einst Vietcong-Soldaten auf dem Ho-Chi-Minh-Pfad Schutz bot und charmante raue Dörfer, Täler, Wasserfälle sowie Serpentinenstraßen beherbergt, ist inzwischen ein Reiseziel abseits touristischer Pfade. Viele Traveller kommen in die Region, um die Siedlungen der Bergvölker zu besuchen, da die Gegend ursprünglicher und weniger überlaufen ist als im Nordwesten.

Im zentralen Hochland gibt's zwei bedeutende Nationalparks: Cat Tien, ein Unesco-Biosphärenreservat mit beeindruckend vielfältiger Flora und Fauna, und Yok Don, Vietnams größtes Naturschutzgebiet, in dem sich Affen und Wild tummeln.

Trotz der historischen Last lässt sich die Region sicher und leicht bereisen. Da Lat eignet sich perfekt für einen Wochenendausflug auf der Flucht vor der Hitze, während man überall sonst gut eine Woche lang untertauchen kann, um Hektik und Menschenmengen zu entkommen.

Reisezeit
Da Lat

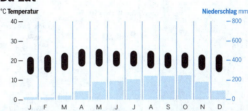

März Großartiges Kaffeefestival in Buon Ma Thuot und Elefantenrennen im nahe gelegenen Don.

Okt. Der Herbst in Da Lat ist ideal, um sich in adrenalinfördernde Aktivitäten zu stürzen.

Dez. Gut zum Wandern und Radfahren durch den von Gibbons bevölkerten Cat-Tien-Nationalpark.

Highlights

① Den Alltag der Bergvölker in Privatunterkünften entlegener Dörfer rund um **Kon Tum** (S. 318) kennenlernen

② Frische Luft und französisches Flair in Vietnams Bergkurort **Da Lat** (S. 295) genießen

③ Mit dem Motorrad den Kurven und Windungen des **Ho Chi Minh Highway** (S. 315) folgen

④ Bei einem Abenteuer in den Bergen **rund um Da Lat** (S. 300) den Puls in die Höhe treiben

⑤ In den Wäldern des **Cat-Tien-Nationalparks** (S. 307) wandern, radeln und sich auf die Suche nach wilden Gibbons machen

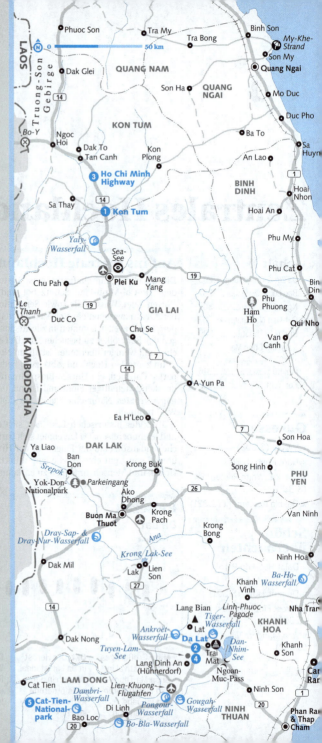

Da Lat & Umgebung

♪ 063 / 250 000 EW. / 1475 M

Da Lat ist anders als alles, was man ansonsten von Vietnam kennt: Das Klima ist frühlingshaft kühl statt tropisch-heiß, die Stadt eher von eleganten Villen aus der französischen Kolonialzeit statt von massiver sozialistischer Architektur geprägt und auf den Feldern im Umland wachsen statt Reis saftige Erdbeeren sowie bunte Blumen. Als Ferienort in den Bergen heißt Da Lat schon seit einem Jahrhundert Touristen willkommen und wartet mit einer wunderbaren Fülle an Attraktionen auf.

Als Erste kamen die Franzosen auf der Flucht vor Saigons Hitze hierher. Sie hinterließen nicht nur Ferienhäuser, sondern auch europäisches Flair und die Vorliebe der lokalen Bohème, mit Baskenmützen herumzuflanieren. Anschließend fügten die Vietnamesen noch ein paar Kleinigkeiten hinzu, darunter ein eiffelturmähnlicher Radioturm, Pferdekutschen und farbenfrohe herzförmige Durchbrüche im Tal der Liebe: Die Stadt nimmt Romantik also sehr ernst, bewegt sich allerdings am Rand des Kitsches.

Trotzdem sollte einen dieses Disneylandfeeling nicht davon abhalten, die wunderschöne Landschaft und den bezaubernden Ort zu genießen. Früher diente Da Lat auch als Jagdgebiet, das in den 1950er-Jahren als „reich an Hirschen, Rehen, Pfauen, Fasanen, Wildschweinen, Schwarzbären, Panthern, Tigern und Elephanten" beschrieben wurde. Leider waren die Jäger so erfolgreich, dass heute nur noch ausgestopfte Tiere übrig sind, die man im örtlichen Museum betrachten kann.

Bei einheimischen Touristen erfreut sich Da Lat großer Beliebtheit. Es gilt gleichzeitig als „Le Petit Paris", Hauptstadt der Flitterwochen und Stadt des ewigen Frühlings (Tagestemperaturen schwanken zwischen 15 und 24 °C). Vietnamesische Urlauber kommen im Sommer, doch die bessere Reisezeit ist in der Trockenzeit von Dezember bis März. Während des restlichen Jahres bleibt es vormittags meist trocken, sodass man Zeit für die Besichtigung von Sehenswürdigkeiten hat, aber dann beginnt es oft zu schütten.

Geschichte

Seit Jahrhunderten ist dieses Gebiet Heimat vieler Bergvölker. „Da Lat" bedeutet „Fluss des Lat-Volkes" in ihrer Sprache.

Dr. Alexandre Yersin war 1893 der erste Europäer in der Gegend. 1912 wurde die Stadt gegründet, die bei den Europäern schnell in Mode kam. In der französischen Kolonialzeit waren ungefähr 20 % der hiesigen Bevölkerung Ausländer, wovon die etwa 2500 schlossartigen Villen rund um den Ort noch immer zeugen.

Im Vietnamkrieg wurde Da Lat durch ein stillschweigendes Abkommen aller Beteiligten verschont, obwohl gerade hier in der Militärakademie südvietnamesische Soldaten ausgebildet wurden. Die wohlhabenden Mitglieder des Saigoner Regimes ruhten sich in ihren Residenzen aus, während die Vietcong-Kader nicht weit davon genau dasselbe taten. Am 3. April 1975 fiel Da Lat kampflos an die nordvietnamesischen Streitkräfte.

⊙ Sehenswertes

DA LAT
Verrücktes Haus von Hang Nga

BEMERKENSWERTES GEBÄUDE

(3 Đ Huynh Thuc Khang; Eintritt 30 000 VND) Das Verrückte Haus von Hang Nga, eine freie architektonische Interpretation des Surrealismus, ist nicht leicht zu beschreiben. Architekturfans bestaunen Anspielungen auf Antoni Gaudí, Touristen posieren für lustige Fotos in seltsam dekorierten Zimmern (einige mit Spiegeln an der Decke, andere mit gruseligen rotäugigen Tierstatuen) und Kinder verirren sich begeistert im Geflecht aus Tunneln, Gängen und Leitern.

Jeder der zehn Räume wurde nach einem merkwürdigen Tier oder einer Pflanze benannt. Alle vereinen sich zu einer organischen Struktur, die einem gewaltigen Baum ähnelt. Man kann frei in dem Haus herumgehen, sich zu verlaufen gehört einfach dazu. Ganz oben bieten die Zimmer einen herrlichen Blick auf Da Lat – vorausgesetzt man schafft es, seine Augen lange genug von dem Haus loszureißen, um ihn zu genießen.

Das Gebäude wurde 1990 von seiner Besitzerin Dang Viet Nga kreiert und seitdem fantasievoll immer weiter ausgestaltet. Hang Nga, wie man sie im Ort nennt, hat in Moskau im Fach Architektur promoviert und weitere Gebäude in der Umgebung von Da Lat entworfen, z. B. den Kinderkulturpalast und die katholische Kirche in Lien Khuong. Eines ihrer früheren Meisterwerke, das „Haus mit hundert Dächern", wurde offiziell wegen Brandgefahr abgerissen, in Wirklichkeit aber wohl deshalb, weil das Volkskomitee der Stadt befand, es sehe antisozialistisch aus.

Mit dem Verrückten Haus wollte Hang Nga Menschen den Weg zurück zur Natur

ERNEUT KONFLIKTE IM ZENTRALEN HOCHLAND

2001 und 2004 revoltierten die Einwohner Buon Ma Thuots, Plei Kus und anderer Teile des Hochlands gegen die Umsiedlungs- und Landpolitik der Regierung sowie die Diskriminierung der Bergvölker. Inzwischen hat sich die Situation beruhigt, allerdings könnten sich aktuelle Konflikte in der Gegend von Dien Bien Phu Richtung Süden ausweiten und den schwelenden Missmut wieder anfachen. Internationale Menschenrechtsorganisationen berichten immer noch von der ungerechten Behandlung der Angehörigen von Bergstämmen.

Das Hochland ist schön, wurde aber teilweise zerstört: zunächst im Vietnamkrieg durch Agent Orange, später durch Brandrodungen für die Landwirtschaft. Expandierende Farmen und Staudämme tragen weiter zur Verschandelung bei. Wer auf der Suche nach atemberaubenden Landschaften ist, sollte dem Ho Chi Minh Highway nach Norden folgen oder in den äußersten Norden des Landes reisen.

---

weisen. Obwohl es Jahr für Jahr bizarrer wirkt, wird sie wohl keine Schwierigkeiten mehr mit den Behörden bekommen. Ihr Vater, Truong Chinh, war Ho Chi Minhs Nachfolger und von 1983 bis zu seinem Tod 1988 Vietnams zweiter Präsident. In einem der unteren Räume – teils Wohnzimmer, teils Kalksteinhöhle – gibt eine interessante Ausstellung Einblick in sein Leben und seine Arbeit.

Wem ein paar Stunden in dieser kitschigen Extravaganz nicht genügen, der kann hier übernachten (DZ ab 35 US$) und sich beim Aufwachen fast wie Alice im Wunderland fühlen.

Crémaillère-Bahnhof — HISTORISCHES GEBÄUDE
(Ga Da Lat; 1 Đ Quang Trung; Entritt frei; ◷6.30–17 Uhr) Heute dient Da Lats schöner Bahnhof vorwiegend dekorativen Zwecken. Von 1928 bis 1964 verband eine Zahnradbahn Da Lat und Thap Cham, wurde aber wegen Angriffen des Vietcongs stillgelegt. Seit 1997 ist die kurze Strecke bis zum Dorf Trai Mat wieder in Betrieb, außerdem hat die Regierung versprochen, den Rest der Schienen zu restaurieren. Nach der Fertigstellung wäre dies eine großartige touristische Reiseverbindung mit Anschluss an die Hauptstrecken Richtung Norden und Süden.

Im Bahnhof sind alte Lokomotiven zu sehen, darunter eine japanische Dampflok. Laut Fahrplan starten zwischen 7.45 und 16.05 Uhr täglich fünf Züge nach Trai Mat (hin & zurück 100 000 VND, 30 Min., 8 km). Das Ticket muss man eine halbe Stunde vorher kaufen. der Zug fährt nur dann, wenn sich mindestens zwei Passagiere einfinden.

Xuan-Huong-See — SEE
1919 wurde dieser bananenförmige See mittels eines Damms geschaffen. Er trägt den Namen einer vietnamesischen Dichterin aus dem 17. Jh., die mit ihren mutigen Versen gesellschaftliche Heuchelei und Falschheit von Gelehrten, Mönchen, Mandarinen sowie Königen anprangerte. Mit einem Boot kann man den See auf einer 7 km langen Route erkunden und dabei einige Sehenswürdigkeiten bestaunen: die Blumengärten, den Golfclub und das auf einer Bergkuppe gelegene majestätische Da Lat Palace Hotel. Es werden auch Schwanen-Paddelboote vermietet, die sich bei vietnamesischen Besuchern großer Beliebtheit erfreuen.

Blumengärten — GÄRTEN
(Vuon Hoa Thanh Pho; Đ Tran Nhan Tong; Eintritt 10 000 VND; ◷7.30–16 Uhr) Diese für Vietnam ungewöhnlichen Gärten wurden 1966 angelegt. Hier wächst eine gepflegte Mischung aus Da Lats Pflanzenwelt, u.a. Hortensien, Fuchsien und – in schattigen Gewächshäusern links vom Eingang – Orchideen. Wie alle hübschen Parks der Stadt ist auch diese Anlage mit ein wenig kitschiger Formschnittgärtnerei verschönert worden. Zur Unterhaltung für Kinder (oder Paare) fahren Pferdekutschen durch die Gegend, außerdem wurden heroische Skulpturen von Bergstammesangehörigen aufgestellt.

Bao-Dai-Sommerpalast — HISTORISCHES GEBÄUDE
(von Đ Trieu Viet Vuong; Eintritt 10 000 VND; ◷7–17 Uhr) 1933 entstand diese Villa mit Art-déco-Einflüssen als einer von drei Palästen, die Bao Dai in Da Lat besaß.

Die Ausstattung ist unverändert erhalten. Auf dem Bücherschrank in Bao Dais Arbeitszimmer steht eine weiße lebensgroße Büste des ehemaligen Hausherrn, der 1997 starb. Die kleineren goldenen und braunen Plastiken zeigen Bao Dais Vater, Kaiser Khai Dinh. Sehenswert sind auch das schwere königliche Messingsiegel (rechts) und das Militärsiegel (links). Auf den Fotografien über dem Kamin entdeckt man Bao Dai, seinen ältesten Sohn Bao Long in Uniform und seine Frau, Kaiserin Nam Phuong.

Die Wohnräume befinden sich im oberen Stockwerk. Bei Familienzusammenkünften setzte sich das Herrscherpaar auf die große halbrunde Couch, seine drei Töchter nahmen in gelben und seine zwei Söhne in rosafarbenen Sesseln Platz.

Die Zimmer im hinteren Teil wurden in einen bei vietnamesischen Besuchern sehr beliebten Verkleidungssalon verwandelt. Für nur 15 000 VND kann man ein Königskostüm anziehen und sich auf einem nachgemachten Thron fotografieren lassen.

Bao Dais Sommerpalast liegt in einem Pinienhain 2 km südwestlich des Stadtzentrums. Bevor man das Gebäude betritt, muss man Stoffhüllen über seine Schuhe ziehen.

Lam-Dong-Museum MUSEUM
(4 Ð Hung Vuong; Eintritt 10 000 VND; ⊗Mo–Sa 7.30–11.30 & 13.30–16.30 Uhr) Das Museum in einem neueren pinkfarbenen Gebäude auf dem Hügel präsentiert antike Stücke und Keramik, traditionelle Kleidung und Musikinstrumente lokaler Bergvölker sowie Werbematerial über die Unterstützung der Regierung der Nachbarn in den Bergen. Im Obergeschoss sind informative Exponate über Alexandre Yersin und Da Lats Geschichte zu sehen.

Du-Sinh-Kirche KIRCHE
(Ð Huyen Tran Cong Chua; Eintritt frei) Diese Kirche ähnelt eher einem Tempel als einem traditionellen Gotteshaus. Sie wurde 1955 von katholischen Flüchtlingen aus dem Norden errichtet. Auf Drängen eines in Hue geborenen Priesters königlicher Abstammung baute man den sinovietnamesischen Vier-Pfosten-Kirchturm. Wenn man durch den Bogen des Eingangs geht und nach oben schaut, entdeckt man eine Statue in klassisch-griechischem Stil, flankiert von zwei wilden goldenen chinesischen Drachen.

Das Gebäude thront auf einer Bergspitze und bietet einen herrlichen Rundblick. Um es zu erreichen, folgt man der Ð Tran Phu aus dem Stadtzentrum, bis sie zur Ð Hoang

ATTRAKTIONEN AN DER NATIONALSTRASSE 20

Die kurvige Strecke zwischen Ho-Chi-Minh-Stadt und Da Lat wird von Open-Tour-Bussen und Autos befahren. Unterwegs gibt's viele Möglichkeiten für Zwischenstopps.

Langa-See

Die Straße von HCMS nach Da Lat (Nationalstraße 20) überquert diesen Stausee auf einer Brücke. Auf dem Wasser sieht man zahlreiche schwimmende Häuser, unter denen Familien Fische züchten. Der malerische Ort lädt zum Fotografieren ein, deshalb machen hier fast alle Touristenfahrzeuge auf der Strecke kurz Halt.

Vulkankrater

In der Nähe von Dinh Quan stehen drei längst erloschene, aber nach wie vor beeindruckende Vulkane. Die Krater stammen aus dem späten Jura vor 150 Mio. Jahren. Um sie zu sehen, muss man ein wenig wandern. Einer liegt links der Nationalstraße, 2 km südlich von Dinh Quan, ein weiterer auf der rechten Seite, etwa 8 km hinter Dinh Quan Richtung Da Lat.

Unterirdische Lavaröhren

Ein Stück hinter den Vulkankratern Richtung Da Lat erstrecken sich unterirdische Lavaröhren. Diese seltenen Höhlen bildeten sich, als die Oberfläche der Lava abkühlte und aushärtete, während heißere Lava darunter weiterfloss und einen Hohlraum hinterließ. Lavaröhren unterscheiden sich deutlich von Kalksteinhöhlen, die von unterirdischen Quellen gebildet werden. Während Letztere zahlreiche Stalaktiten und Stalagmiten aufweisen, sind die Wände von Lavahöhlen glatt.

Am leichtesten findet man die Röhren von dem Teakbaumwald zwischen Km 120 und 124 an der Nationalstraße. Allerdings sollte man sie niemals allein betreten, da man sich verlaufen oder stecken bleiben kann. An der Straße warten jede Menge Kinder, die Besuchern den Weg zum Eingang zeigen und einen gern für ein kleines Honorar von etwa 40 000 VND herumführen. Taschenlampe mitnehmen.

Da Lat Zentrum

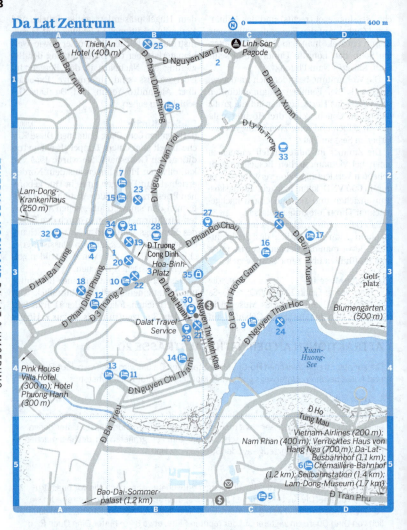

Van Thu wird, und biegt nach links in die Đ Huyen Tran Cong Chua zum ehemaligen **Couvent des Oiseaux**, das heute als Lehrerschule dient. Die Kirche liegt 500 m Richtung Südwesten die Straße hoch.

RUND UM DA LAT

Tal der Liebe PARK

(Thung Lung Tinh Yeu; Đ Phu Dong Thien Vuong; Erw./Kind 10 000/5000 VND; 7–17 Uhr) Selbst die Einheimischen finden diesen Ort kitschig, was einiges heißen will. Der Park umrahmt einen See in einem Tal und ist an sich attraktiv, aber leider versucht er seinem Namen, den ihm Studenten der Universität von Da Lat 1972 gaben, allzu sehr Ehre zu machen. Requisiten romantischer Themen sowie Statuen verteilen sich in den Landschaftsgärten und es gibt zahlreiche Kanus, Paddel- und Motorboote, durch die es unangenehm laut werden kann.

Zu dieser surrealen Atmosphäre tragen auch die „Cowboys von Da Lat" bei: Diese verkleideten, netten vietnamesischen Jungs vermieten Pferde für geführte Ausritte um den See.

Das Tal der Liebe ist ein sehr beliebter Zwischenstopp der Touristenbusse und erstreckt sich etwa 5 km nördlich des Xuan-Huong-Sees.

Da Lat Zentrum

⊕ Aktivitäten, Kurse & Touren
1	Groovy Gecko Adventure Tours	B3
2	Phat Tire Ventures	C1
3	Youth Action	B3

🛏 Schlafen
4	Cam Do Hotel	A3
5	Dalat Hotel du Parc	C5
6	Dalat Palace	D5
7	Dreams Hotel	B2
8	Dreams Hotel (Nordfiliale)	B1
9	Empress Hotel	C4
10	Hoan Hy Hotel	B3
11	Hotel Chau Au – Europa	B4
12	Hotel Phuong Hanh	A3
13	Le Phuong Hotel	B4
14	Ngoc Lan Hotel	B4
15	River Prince Hotel	B2
16	Thi Thao Hotel	C3
17	Trung Cang Hotel	D3

🍴 Essen
18	An Lac	A3
	Art Café	(siehe 31)
	Café de la Poste	(siehe 5)
19	Chocolate Café	B3
20	Da Quy	B3
21	Essensstände	B4
	Le Rabelais	(siehe 6)
22	Long Hoa	B3
23	Nhat Ly	B2
24	Thanh Thuy Blue Water Restaurant	C4
25	Trong Dong	B1
26	V Café	C3

🍸 Ausgehen
27	100 Roofs Café	C2
28	Café Tung	B3
29	Café-Bars	B4
30	Envy Lounge Bar	B3
31	Peace Café	B3
32	Saigon Nite	A3
33	Stop & Go Café	C2
34	The Hangout	B3

🛍 Shoppen
35	Hauptmarkt	B3

Traditionelles Seidenzentrum von Cuong Hoan SEIDENFABRIK
(☉7.30–17 Uhr) In der kleinen familiengeführten Seidenfabrik lernt man den gesamten Produktionsprozess der feinen Textilfaser vom Sortieren kultivierter Seidenraupen über das Kochen und Abwickeln der Fäden bis zum Färben und Weben glänzender neuer Stoffe kennen. Wer will, darf die gekochten Raupen sogar probieren, sie haben einen nussartigen Geschmack. Im Shop werden hübsche Kleider und Seidenstoffe verkauft.

Das Unternehmen befindet sich im Nam-Ban-Dorf 30 km westlich von Da Lat unweit der Elefantenfälle. Hier halten auch viele Motorradfahrer.

Wasserfälle ORIENTIERUNGSPUNKTE
Zahlreiche Wasserfälle prägen die Umgebung von Da Lat, allerdings ist keiner besonders spektakulär. Seit in der Gegend immer mehr Staudämme gebaut werden, sind einige Kaskaden deutlich geschrumpft. Der größten Beliebtheit erfreuen sich der Datanla- und der Elefanten-Wasserfall, denn man kann sie von Da Lat aus bequem erreichen. Alle anderen dienen eher als nützliche Orientierungspunkte, wenn man die Landschaft auf eigene Faust erkundet. Zu den hübschesten zählen der **Ankroët-Wasserfall**, der **Gougah-Wasserfall** und der **Pongour-Wasserfall** (kosten jeweils 5000 VND Eintritt).

Datanla-Wasserfall
(Eintritt 5000 VND) Dieser nicht sonderlich beeindruckende Wasserfall liegt sehr nah bei Da Lat und ist deshalb so populär. Ein asphaltierter Weg führt dorthin. Vor Ort gibt's eine **Bobschlittenbahn** (Erw. einfach/hin & zurück 30 000/40 000 VND). Laute Musik und Besucherscharen am Wochenende verwandeln den einst friedlichen Flecken in eine Art Zirkus.

Wer die Kaskade 7 km südlich von Da Lat besuchen möchte, nimmt die Nationalstraße 20 und biegt 200 m hinter der Abzweigung zum Tuyen-Lam-See rechts ab. Alles ist gut ausgeschildert.

Elefanten-Wasserfall
(Eintritt frei) Über eine Easy-Rider-Route gelangt man zu der beeindruckenden bogenförmigen Kaskade, die man sich am besten von unten anschaut. Ein unebener und teilweise abenteuerlicher Pfad führt dorthin. Außerdem kann man hinter den Wasserfall klettern, muss dabei aber gut aufpassen, wo man seinen Fuß aufsetzt, und wird wahrscheinlich nass.

2004 wurde ganz in der Nähe die **Linh-An-Pagode** erbaut, die über gute Feng-Shui-Bedingungen verfügt: vorne Wasser, hinten ein Berg. Innen sind drei große Buddhas zu sehen, die von zwei bewaffneten Buddhas flankiert werden. Im Garten stehen weitere Skulpturen, darunter ein auffällig fröhlicher Buddha mit neonfarbenem Heiligenschein, in dessen üppigem Bauch sich ein Raum befindet.

Der Wasserfall liegt unweit des Nam-Ban-Dorfes 30 km westlich von Da Lat. Man kann den Besuch gut mit einer Besichtigung des traditionellen Seidenzentrums Cuong Hoan verbinden.

Tuyen-Lam-See & Truc-Lam-Pagode   SEE
(Ho Tuyen Lam; Eintritt frei) 1980 entstand durch einen Damm dieses auch als Quang-Trung-Stausee bekannte Gewässer. Den Hügel zu seiner Rechten krönt die Truc-Lam-Pagode. Trotz ihrer Beliebtheit sind beide Attraktionen nicht überfüllt und locken mit herrlichen Ausblicken. Besucher können sich zu einer Sitzung im **Meditationszentrum** (◎6–17 Uhr) anmelden, außerdem lädt die Gegend zum Wandern und Kanufahren ein (Infos dazu gibt's bei den Outdoor-Veranstaltern in Da Lat). Der See erstreckt sich 7 km außerhalb von Da Lat und ist über die Nationalstraße 20 zu erreichen, indem man 5 km hinter der Stadt an dem Schild rechts abbiegt. Von dort sind es noch 2 km. Es macht Spaß, mit der Seilbahn (Erw. einfach/hin & zurück 50 000/70 000 VND, Kind 30 000/40 000 VND) hochzufahren, allerdings ist das nichts für schwache Nerven. Von der **Station** (Cap Treo; abseits Đ 3 Thang 4, Da Lat; ◎7–11.30 & 13.30–17 Uhr) in Da Lat schwebt man an einem 2,3 km langen Drahtseil über majestätische Pinien bis zu dem Hügel mit der Truc-Lam-Pagode.

Lang-Bian-Berg   NATURSCHUTZGEBIET
(Eintritt 10 000 VND) Der auch als Lam Vien bezeichnete Berg hat fünf vulkanische Gipfel, die zwischen 2100 und 2400 m hoch sind. Die beiden höchsten tragen den Frauennamen K'Lang (östlich gelegen) und den Männernamen K'Biang (westlich). Heute sind nur noch die oberen Bereiche bewaldet, vor einem halben Jahrhundert waren die Gebirgsausläufer jedoch üppig bewachsen und boten Schutz für Wildtiere. Vom Ticketschalter dauert die Wanderung bis zur Bergspitze drei bis vier Stunden. Oben genießt man eine spektakuläre Aussicht.

Um einen Ausflug zum Lang Bian 13 km nördlich von Da Lat zu unternehmen, folgt man der Đ Xo Viet Nghe bis zum Tung-Lam-Dorf. Dort hält man sich eher geradeaus in Richtung Nordwesten als nach links. Mit dem Fahrrad braucht man für die Strecke etwa 45 Minuten. Am Berg wird u. a. Paragliding angeboten.

Lat & Lang Dinh An   DÖRFER
In der Nähe von Da Lat liegen zwei Bergdörfer, die trotz ihrer großen Beliebtheit recht unscheinbar wirken. Wer sich für das Leben ethnischer Minderheiten interessiert, fährt besser nach Kon Tum im äußersten Norden des Landes.

Weniger als 1 km vom Fuß des Lang Bian entfernt erstreckt sich das Lat-Dorf (gesprochen „lak"), eine Gemeinde mit 6000 Einwohnern und neun Weiler. Nur fünf sind wirklich von Lat bewohnt, die übrigen beherbergen Angehörige der Bergstämme Chill, Ma und Koho. In der verschlafenen Siedlung gibt's nur ein paar Kunsthandwerksläden. Manchmal finden für Ausflugsgruppen Weinproben oder Gong-Vorstellungen statt.

Lang Dinh An (Hühnerdorf) wartet mitten im Ort mit einem riesigen Hahn aus Beton auf. Die Statue ist Teil eines schon lange nicht mehr funktionierenden Bewässerungssystems. Als noch Wasser gepumpt wurde, krähte er jedes Mal. Im Dorf leben 600 Koho. Sie haben sich heute weitgehend an das Leben der Vietnamesen angepasst und bieten dieselben gewebten Waren und „kulturellen Aktivitäten" an wie die Einwohner des Lat-Dorfes. Ihr Weiler liegt an der Nationalstraße 20 etwa 17 km von Da Lat entfernt.

🏃 Aktivitäten

Da Lats kühles Klima und die Berge der Umgebung bieten großartige Voraussetzungen für viele Outdoor-Aktivitäten. An der Đ Truong Cong Dinh haben sich zahlreiche Veranstalter niedergelassen, die Trekking, Mountainbiking, Kajakfahrten, Canyoning, Abseilen und Klettern sowie Ausflüge in das Zentrale Hochland organisieren. Ein Preisvergleich schadet nicht, aber man sollte darauf achten, dass man sich mit der Ausrüstung und den Sicherheitsmaßnahmen wohlfühlt.

Phat Tire Ventures   ABENTEUERTOUREN
(✆382 9422; www.ptv-vietnam.com; 109 Đ Nguyen Van Troi) Zum Programm des erfahrensten Touranbieters rund um Da Lat gehören Trekkingtouren (ab 26 US$), Kajakfahrten (ab 37 US$) und Canyoning (ab 40 US$). Außerdem gibt's Tages- (77 US$) und Zweitagestouren (169 US$) mit dem Rad nach

> **ABSTECHER**
>
> ## MADAGUI-WALDRESORT
>
> Das **Madagui-Waldresort** (061-394 6999; www.madagui.com.vn; Km 152, Nationalstraße 20; Erw./Kind 30 000/ 20 000 VND) gilt als eine der Haupttouristenattraktionen für Vietnamesen und ist für Abenteuer die einzige Anlaufstelle auf der Strecke von bzw. nach Da Lat. Hier kann man z. B. **Paintball** (47 000 VND, plus 1500 VND pro Schuss) spielen – eine ziemlich bizarre Erfahrung. Und nein, es gibt keine Rambo- oder Vietcong-Kostüme. Auch Wildwasserrafting, Kajaktrips, Mountainbiking, Reiten und Angeln gehören zum Programmangebot. Die ins Englische übersetzte Website bietet außerdem stolz *drug-out canoes* an, was sich merkwürdig anhört, aber wir sind uns trotzdem sicher, dass die Fahrt nichts mit Drogen zu tun hat und sehr lustig ist. Wer vor Ort übernachten möchte, muss mindestens 1 300 000 VND pro Nacht zahlen. Wir empfehlen allerdings, hier nur einen Halt zwischen Da Lat und HCMS einzulegen.

Mui Ne und Nha Trang. Für kürzere Ausflüge wie den ziemlich treffend benannten „Skid Marks" (Bremsspuren) zahlt man mindestens 42 US$.

Groovy Gecko Adventure Tours
ABENTEUERTOUREN
(383 6521; www.groovygeckotours.net; 65 Đ Truong Cong Dinh) Einer der beliebteren und erfahreneren Veranstalter. Preise für Canyoning bzw. Mountainbiking beginnen bei rund 25 US$. Längere Fahrradtouren nach Mui Ne oder Nha Trang kosten mindestens 63 US$.

Youth Action ABENTEUERTOUREN
(351 0357; www.youthactiontour.com; 45 Đ Truong Cong Dinh) Die Angebote ähneln denen von Groovy Gecko und Phat Tire (Trekking ab 20 US$, Mountainbiking ab 24 US$, Klettern ab 30 US$). Überdies kann man hier Ausritte auf Pferden (halber Tag 34 US$) und Paragliding (80 US$) am Long-Bian-Berg buchen.

Dalat Palace Golf Club GOLF
(382 1202; www.dalatpalacegolf.vn; Đ Tran Nhan Tong) Besucher können auf diesem attraktiven Platz am Seeufer, wo seinerzeit schon Kaiser Bao Dai spielte, 18-Loch-Runden ab 95 US$ absolvieren. Am besten erkundigt man sich nach den günstigen Abendpreisen ab 45 US$. Golfschläger, Caddies und Wagen kosten extra. Man erreicht den Platz, indem man der Đ Ba Huyen Thanh Quan nördlich des Xuan-Huong-Sees folgt und links in die Đ Tran Nhan Tong einbiegt. Das Clubhaus liegt 300 m weiter auf der linken Seite.

Schlafen

Da Lat gehört zu den wenigen Orten Vietnams, in denen man keine Klimaanlage braucht. Weil sich die Stadt auch bei einheimischen Touristen großer Beliebtheit erfreut, gibt's eine ausreichende Auswahl an Budget- und mittelpreisigen Unterkünften sowie ein paar der günstigsten Luxuszimmer im ganzen Hochland.

Einige gute Budgethäuser liegen unweit der Đ Hai Thuong gegenüber dem Lam-Dong-Krankenhaus, allerdings muss man auf dem Weg zurück ins Hotel einen steilen Hügel hochklettern. Wir empfehlen folgende Adressen:

LP TIPP **Dreams Hotel** HOTEL $
(383 3748; dreams@hcm.vnn.vn; 151 Đ Phan Dinh Phung; Zi. 20–25 US$; @) Unbestritten das gastfreundlichste und komfortabelste Hotel vor Ort mit einem geradezu legendären Frühstücksbüfett, bei dem es Baguettes, Marmelade, Käse, frisches Obst und Eier in allen Varianten gibt. Die Zimmer sind ihren Preis absolut wert. Gäste müssen sich nicht mit Ausflugsangeboten herumschlagen, denn es werden gar keine Touren verkauft. Zum Dreams gehören auch eine Sauna, ein Dampfbad und ein Whirlpool, die man von 16 bis 19 Uhr kostenlos nutzen kann. Ein Stück weiter die Straße hinunter befindet sich in der Hausnummer 164b ein zweites Hotel dieses Namens mit demselben ansprechenden Konzept.

LP TIPP **Dalat Hotel du Parc** HOTEL $$
(382 5777; www.hotelduparc.vn; 7 Đ Tran Phu; Zi. 55–85 US$, Suite 105 US$; @) Das originalgetreu restaurierte Haus von 1932 bietet Kolonialzeitchic und verlockende Preise und ist etwas ganz Besonderes für alle auf der Suche nach dem Da Lat vergangener Tage. In der Empfangshalle gibt's einen tollen alten Aufzug, zudem sind die Zimmer mit Holzmöbeln, historischen Fotos und modernen Elementen wie Flachbildfernsehern ausgestattet.

Thi Thao Hotel HOTEL $$
(☎383 3333; www.thithaogardenia.com/en; 29 Đ Phan Boi Chau; Zi. ab 25 US$; ✱@⚡) Verwirrenderweise wird diese geschmackvoll gestaltete Bleibe auch Gardenia Hotel genannt, doch das sollte einen nicht abschrecken, denn sie wartet mit dem besten Preis-Leistungs-Verhältnis in der Stadt auf. Die neuen großen Zimmer verfügen über Flachbildfernseher und tolle Bäder.

Ana Mandara Villas Dalat
BOUTIQUE-HOTEL $$$
(☎355 5888; www.anamandara-resort.com; Đ Le Lai; Zi. 142–259 US$, Suite 372–435 US$; ✱@⚡) Beeindruckende Ferienanlage, deren 70 Zimmer und Suiten sich auf 17 hübsch restaurierte Villen aus der französischen Kolonialzeit verteilen. Jedes Haus ist mit historischen Möbeln eingerichtet und besitzt eine Lounge, einen Kamin sowie die Möglichkeit privater Abendessen. Das aufwendige Spa wurde von Six Senses entworfen. Die Unterkunft versteckt sich am Rande Da Lats und ist gut ausgeschildert – man muss nur vom Stadtzentrum aus den Schildern folgen.

Hotel Chau Au – Europa HOTEL $
(☎382 2870; europa@hcm.vnn.vn; 76 Đ Nguyen Chi Thanh; Zi. 10–20 US$; ✱@⚡) Der sympathische Besitzer dieses angenehmen Hotels spricht Englisch und Französisch. Am besten nimmt man ein Zimmer nach vorne raus mit Balkon und Blick auf die Kathedrale und den „Eiffelturm".

Trung Cang Hotel HOTEL $
(☎382 2663; www.thesinhtourist.vn; 4a Đ Bui Thi Xuan; Zi. 15–25 US$; @⚡) Mittlerweile hat das elegante Hotel von Sinh Tourist seine Preise gesenkt. Die Zimmer sind stilvoll ausgestattet, u. a. mit Seidenstoffen aus lokaler Produktion. Am hauseigenen Schalter der Reiseagentur gibt's jede Menge Infos zu Touren und Verkehrsverbindungen.

Le Phuong Hotel HOTEL $
(☎382 3743; lephuonghotel@gmail.com; 80 Đ Nguyen Chi Thanh; Zi. 250 000–330 000 VND; ✱@⚡) Diese neue familiengeführte Unterkunft in einer lebhaften Gegend mit zahlreichen Hotels hebt sich durch große Zimmer, riesige Betten und geschmackvolle Bäder von den anderen Bleiben ab.

Empress Hotel HOTEL $$
(☎383 3888; www.empresshotelvn.com; 5 Đ Nguyen Thai Hoc; Zi. ab 60 US$; ✱@⚡) Ein Haus in erstklassiger Lage mit Blick über den Xuan-Huong-See und einer persönlichen, stimmungsvollen Atmosphäre. Viele der 20 großen und hübschen Zimmer grenzen an den friedlichen Garten im Innenhof. Es gibt häufig Ermäßigungen von 30 %.

Dalat Palace HOTEL IM KOLONIALSTIL $$$
(☎382 5444; www.dalatpalace.vn; 12 Đ Tran Phu; EZ 246–306 US$, DZ 260–320 US$, Suite 446–510 US$; ✱@⚡) Da Lats Grande Dame unter den Hotels der Stadt wurde 1922 erbaut und gewährt eine ungehinderte Sicht auf den Xuan-Huong-See. Innen wurde die Opulenz der französischen Kolonialzeit von den freistehenden Badewannen auf Klauenfüßen und funktionierenden Kaminen bis zu den prunkvollen Lüstern und Gemälden wunderbar erhalten. Obwohl die Unterkunft nicht mehr zur Sofitel-Kette gehört, hat sie nichts von ihrem Glanz verloren.

Hoan Hy Hotel HOTEL $
(☎351 1288; hoanhyhotel@yahoo.com; 16 Đ 3 Thang 2; Zi. 15 US$; @⚡) Die Zimmer des neuen zentrumsnahen Hotels sind ihr Geld wirklich wert und mit tollen Extras wie Flachbildfernsehern ausgestattet. Das Hoan Hy befindet sich gleich über einer beliebten Bäckerei, sodass man jeden Morgen in den Genuss von frischem Brot kommt.

Thien An Hotel HOTEL $
(☎352 0607; thienanhotel@vnn.vn; 272a Đ Phan Dinh Phung; Zi. 18–25 US$; @⚡) Mit seinem Hotel setzt der Bruder des Dreams-Inhabers die erfolgreiche Familientradition fort. Das Thien An wartet mit großen Zimmern, einem tollen Frühstück und herzlicher Gastfreundschaft auf. Es liegt ein wenig außerhalb und ist ideal, wenn man das städtische Neonlicht meiden möchte. Gäste können gratis Fahrräder leihen.

Cam Do Hotel HOTEL $$
(☎382 2732; 81 Đ Phan Dinh Phung; Zi. 30–60 US$; @⚡) Das elegante Mittelklassehotel im Stadtzentrum hat drei Sterne und bietet viele Extras wie kostenlosen Tee, Karaoke und Massagen.

Ngoc Lan Hotel BOUTIQUE-HOTEL $$
(☎382 2136; www.ngoclanhotel.vn; 42 Đ Nguyen Chi Thanh; Zi. ab 65 US$; ✱@⚡) Da Lats erste Bleibe einer neuen Hotelgeneration im Boutique-Stil. Hier dominieren klare weiße Linien mit Akzenten in Purpur. Holzfußböden und französische Fenster verleihen dem Haus etwas koloniales Flair, alles andere ist absolut modern.

River Prince Hotel HOTEL $$
(356 5888; 135 Đ Phan Dinh Phung; Zi. ab 60 US$; ✵@⚡) Die 104 Zimmer des neuen Hotels im Stadtzentrum verfügen über Parkettböden, moderne Bäder und riesige Fernseher.

Hotel Phuong Hanh HOTEL $
(383 8839; phuonghanhhotel@gmail.com; 80–82 Đ 3 Thang 2; Zi. 10–20 US$; @⚡) Wegen des (manchmal überschwänglich) herzlichen Personals und der preiswerten Zimmer zieht das Phuon Hang viele Traveller an. Am besten vergleicht man mehrere Zimmer, denn für ein paar zusätzliche Dollars bekommt man ein größeres oder leiseres Quartier.

Hotel Phuong Hanh HOTEL $
(356 0528; 7/1 Đ Hai Thuong; Zi. 6–10 US$; @⚡) Der Vorgänger des gleichnamigen Hauses an der Đ 3 Thang 2 ist ein gepflegtes Hotel mit viel Charakter und günstigen Zimmern.

Pink House Villa Hotel HOTEL $
(381 5667; ahomeawayfromhome_dalat@yahoo.com; 7 Đ Hai Thuong; EZ/DZ/3BZ 10/15/20 US$; @⚡) Ein großartiges kleines Hotel: sehr freundlich, gepflegt und preisgünstig. Herr Rot, der nette Chef, organisiert auf Anfrage traditionelle Landausflüge abseits der touristischen Pfade.

✗ Essen

Da Lat bietet eine attraktive Auswahl eleganter Restaurants, die lokale Produkte verwenden. Wer tagsüber günstig essen möchte, wird am oberen Ende des **Hauptmarkts** (Cho Da Lat) fündig. Abends kann man die **Essensstände** (Đ Nguyen Thi Minh Khai) außerhalb des Geländes ansteuern.

V Café INTERNATIONAL $$
(352 0215; 1/1 Đ Bui Thi Xuan; Gerichte 25 000–79 000 VND; ☼mittags & abends) Reisende lieben dieses nette Bistro mit chinesischen Laternen, das eine Mischung aus asiatischen und westlichen Hauptgerichten mit Beilagen aus püriertem und frischem Gemüse serviert. Der Besitzer ist ein amerikanischer Musikfan und an den meisten Abenden wird hier von einem Duo Livemusik geboten.

Chocolate Café INTERNATIONAL $
(40a Đ Truong Cong Dinh; Gerichte 20 000–70 000 VND; ☼mittags & abends) Dank der günstigen Pizzas sowie der Pasta und der leckeren vietnamesischen Gerichte erkämpfte sich das relativ neue Restaurant in der lebhaften Traveller-Gegend rasch einen guten Ruf. Die Einrichtung hat Stil und auf der Kaffeekarte stehen Latte macchiato und Espresso.

Art Café VIETNAMESISCH $$
(70 Đ Truong Cong Dinh; Gerichte 25 000–75 000 VND; ☼mittags & abends) In dem eleganten Lokal speisen Gäste an abgeschirmten Tischen und bei gedämpftem Licht. Das Haus gehört einem Künstler, dessen Werke die Wände schmücken. Auf der Speisekarte stehen vietnamesische Gerichte mit Pfiff, darunter auch Vegetarisches. Dazu kann man sich ein Glas Wein gönnen.

Da Quy VIETNAMESISCH $
(Wild Sunflower; 49 Đ Truong Cong Dinh; Gerichte 25 000–65 000 VND; ☼mittags & abends) Trotz seines gehobenen Ambientes ist das Essen günstig und bekommt ständig gute Kritiken von Reisenden mit ganz unterschiedlichem Geschmack. Man sollte unbedingt eines der traditionellen Tontopfgerichte probieren, beispielsweise mit Fisch oder Garnelen.

Nam Phan VIETNAMESISCH $$$
(381 3816; 7 Đ Tran Hung Dao; Gerichte 55 000–1 500 000 VND; ☼mittags & abends) In dem schönen restaurierten Herrenhaus aus der

---

KÖSTLICHES DA LAT

Das Klima von Da Lat ist wie geschaffen, um Erbsen, Karotten, Radieschen, Tomaten, Gurken, Avocados, Paprika, Salat, Rüben, Brechbohnen, Kartoffeln, Knoblauch, Spinat, Kürbisse und Süßkartoffeln anzubauen, und somit ein echtes Paradies für Landwirte. Was hier aufgetischt wird, bekommt man nirgendwo sonst im Land.

Darüber hinaus ist die Region auch für Erdbeermarmelade, getrocknete schwarze Johannisbeeren, kandierte Pflaumen, Datteln und Pfirsiche berühmt. Aprikosen erfreuen sich großer Beliebtheit und werden oft in einem stark salzhaltigen Getränk serviert. Zu weiteren lokalen Delikatessen zählen Avocado-Eis, süße Bohnen *(mut dao)* sowie Erdbeer-, Brombeer- und Artischockenextrakte zur Getränkeherstellung. Artischockentee soll angeblich den Blutdruck senken und gut für Leber und Nieren sein.

Weine aus Da Lat trinkt man in ganz Vietnam. Der hiesige Rotwein ist angenehm leicht, der Weißwein eher schwer mit Eichennote.

Kolonialzeit mit einem gepflegten Garten und einem weiten Blick ist ein Ableger des berühmten Nam Phan in Ho-Chi-Minh-Stadt untergebracht. Abendmenüs kosten 20 bis 90 US$ und reichen von erstklassigen Meeresfrüchten bis zu kunstvoll präsentierten Klassikern.

Café de la Poste FRANZÖSISCH $$$
(382 5777; Đ Tran Phu; Gerichte 6–58 US$) Das stilvolle französische Restaurant in einem hübschen alten Gebäude aus der Kolonialzeit gehört dem Dalat Hotel du Parc. Die Speiskarte wirkt sehr ambitioniert, doch am besten und günstigsten sind Salate, Sandwiches, Pasta sowie das frische Gebäck.

Thanh Thuy Blue Water Restaurant
INTERNATIONAL $$
(2 Đ Nguyen Thai Hoc; Gerichte 30 000–105 000 VND) Auf der vielseitigen Speisekarte dieses Lokals in unschlagbarer Lage direkt am See steht vorwiegend kantonesische Küche, ergänzt durch einige vietnamesische und westliche Gerichte. Die eigentliche Attraktion ist aber der Ausblick.

Le Rabelais FRANZÖSISCH $$$
(382 5444; 12 Đ Tran Phu; Hauptgerichte 10–47 US$) In dem vornehmen Restaurant des Dalat Palace gibt's feine französische Speisen. Hier kann man geruhsam mit einem Digestif und zu live gespielter Klaviermusik die Nacht verstreichen lassen. Gourmands möchten vielleicht gern das siebengängige Degustationsmenü für 85 US$ probieren.

An Lac VEGETARISCH $
(71 Đ Phan Dinh Phung; Mahlzeiten ab 10 000 VND) Auf der englischen Karte reicht die Auswahl von Nudelsuppen über Reis bis zu *banh bao* (gedünstete Reismehl-Teigtaschen mit köstlicher Füllung). In der 26 Đ Bui Thi Xuan befindet sich eine zweite Filiale.

Trong Dong VIETNAMESISCH $
(220 Đ Phan Dinh Phung; Hauptgerichte 25 000–80 000 VND; mittags & abends) Dank der Spiegeldekoration wirkt das nette, einfache Lokal im französischen Bistrostil größer, als es eigentlich ist. Leckere Kaninchenspezialitäten und Aalgerichte tragen zu seiner Beliebtheit bei.

Long Hoa INTERNATIONAL $$
(6 Đ 3 Thang 2; Gerichte 25 000–100 000 VND; mittags & abends) Das gemütliche Bistro mit Bildern aus Frankreich an den Wänden hat einen frankophilen Besitzer. Gäste aus dem Westen kommen wegen der vietnamesischen Küche hierher, Vietnamesen bevorzugen dagegen die Steaks. Ein Glas des lokalen Weins rundet das Mahl ab.

Nhat Ly VIETNAMESISCH $$
(88 Đ Phan Dinh Phung; Gerichte 30 000–120 000 VND; mittags & abends) Hier lockt Herzhaftes in lokalem Ambiente, z. B. üppiger Eintopf. Auf der Speisekarte stehen auch Kaninchen und – für Abenteuerlustige – Froschschenkel.

Ausgehen

Da Lat hat zwar einige lebhafte Abendmärkte, doch das Nachtleben selbst ist leider recht ruhig. Am besten besucht man die trubeligen **Café-Bars** in der Đ Le Dai Hanh, die auch von vielen Einheimischen angesteuert werden. Die Musik ist nichts Besonderes, aber man kann wunderbar Leute beobachten.

The Hangout KNEIPE
(71 Đ Truong Cong Dinh) Der Name sagt bereits alles über diesen beliebten Treffpunkt für Motorradfahrer aus Da Lat und Traveller. Es gibt kühles Bier und einen Billardtisch.

Saigon Nite KNEIPE
(11a Đ Hai Ba Trung) Brüstet sich stolz damit, die älteste Bar der Stadt zu sein, was man allmählich auch sieht. Die Kneipe hat einen netten Besitzer, außerdem kommen die Leute, um Bier zu trinken und Billard zu spielen, nicht wegen der Einrichtung.

100 Roofs Café CAFÉ, BAR
(57 Đ Phan Boi Chau) Für das surreal anmutende Design ist ein Student der Crazy House School of Architecture verantwortlich. Hier würden sich Gandalf und seine Hobbit-Freunde sicherlich wohlfühlen, denn der Schuppen sieht tatsächlich so aus, als stünde er direkt in Mittelerde.

Peace Café BAR
(64 Đ Truong Cong Dinh) Das laute Café gehört zum Peace Hotel und scheint immer voll zu sein – vermutlich weil die Besitzerinnen ihr Möglichstes tun, um jeden vorbeigehenden Traveller hereinzulocken. Abends trifft man in dem Laden viele andere Backpacker, tagsüber auch Motorradfahrer.

Envy Lounge Bar LOUNGE-BAR
(Đ Le Dai Hanh) In der mit Veloursofas ausgestatteten Bar fühlt man sich mehr wie in HCMS als in Da Lat. Hier tritt häufig eine Liveband auf, die Lady-Gaga-Songs zum Besten gibt. Die Getränke sind teuer.

Café Tung CAFÉ
(6 Hoa Binh Sq) Eines der wenigen Künstlercafés in Da Lat, in dem während der 1950er-Jahre Intellektuelle aus Saigon ihre Zeit verbrachten. Bis heute ist das berühmte Café genau so geblieben wie damals. Nach wie vor hört man hier ruhige französische Musik und kann ausschließlich Tee, Kaffee, heiße Schokolade sowie Zitronen- und Orangenlimonade bestellen.

Stop & Go Café CAFÉ
(2a Đ Ly Tu Trong) Eigentlich ist dieses Künstlercafé eines gastfreundlichen bärtigen Poeten eher ein Zuhause als ein Geschäft. Weibliche Gäste bekommen eine Blume und die männlichen Besucher lauschen gerne mehrsprachigen Gedichtlesungen.

Shoppen
Wenn man nicht nach Buon Ma Thuot weiterreist, lohnt es sich eventuell, in Da Lat vietnamesischen Kaffee zu kaufen. Wer gern etwas stöbern und feilschen möchte, sollte die Läden auf dem **Hauptmarkt** (◷6–18 Uhr) ansteuern.

Historisches Dorf XQ KUNSTHANDWERK
(http://tranhtheuxq.com; 258 Đ Mai Anh Dao, Ward 8) Zu diesem Komplex, der eher eine historische Einkaufsgalerie ist als ein historisches Dorf, gehören „Museen" zu verschiedenen Handwerkstechniken, außerdem kann man alles Mögliche von Seidenmalerei-Artikeln bis zu besticktem Leinen kaufen. Am besten erreicht man XQ mit einem Taxi, denn es liegt recht weit außerhalb und ist auf eigene Faust schwer zu finden.

Praktische Informationen
Geld
Vietcombank (6 Đ Nguyen Thi Minh Khai) Wechselt Reiseschecks und ausländische Währungen.

Vietin Bank (1 Đ Le Dai Hanh) Wechselt Reiseschecks und ausländische Währungen.

Medizinische Versorgung
Lam-Dong-Krankenhaus (☎ 382 1369; 4 Đ Pham Ngoc Thach)

Post
Hauptpost (14 Đ Tran Phu) Internationale Telefongespräche und Fax.

Reisebüros
Mehr über geführte Motorradtouren siehe Kasten S. 306. Zu Abenteuertouren rund um Da Lat, z. B. Mountainbiking, Klettern und Trekking, siehe Abschnitt „Aktivitäten" auf S. 300.

Dalat Travel Service (☎ 382 2125; dalattravelservice@vnn.vn; Đ Nguyen Thi Minh Khai) Touren und Fahrzeugvermietung.

The Sinh Tourist (☎ 382 2663; www.thesinhtourist.vn; 4a Đ Bui Thi Xuan) Buchungsschalter für Touren und Open-Bus-Tickets im Trung Cang Hotel (S. 302).

An- & Weiterreise
AUTO & MOTORRAD Von HCMS führt die Inlandstraße (Nationalstraße 20) schneller nach Da Lat als die Küstenstraße (Nationalstraße 1A). Von Nha Trang kürzt eine neue Verbindung fast 70 km der alten Strecke ab und bietet noch dazu herrliche Ausblicke – ein Traum für Motorrad- und Fahrradfahrer. Sie windet sich über weite Teile durch bewaldetes Bergland. Am Berg Hon Giao, wo es 33 km über einen atemberaubenden Pass geht, erklimmt sie eine Höhe von 1700 m. Die Straßen von Da Lat nach Mui Ne sowie nach Nha Trang gehören zu den schönsten Routen im Süden. Mit dem Motorrad kann man hier eine Rundfahrt im Dreieck unternehmen.

Entfernungen ab Da Lat: Nha Trang (140 km), Phan Rang (108 km), Phan Thiet (247 km) und HCMS (308 km). Die Nationalstraße 27 führt durch schöne Landschaft bis Buon Ma Thuot (200 km).

BUS Da Lats **Fernbusbahnhof** (Đ 3 Thang 4) liegt 1 km südlich des Xuan-Huong-Sees, aber viele private Dienste übernehmen auf Nachfrage den

VERKEHRSVERBINDUNGEN AB DA LAT

ZIEL	AUTO/MOTORRAD	BUS	FLUGZEUG
HCMS	9 Std.	7–10 US$, 11 Std., häufig	ab 34 US$, 1 Std., 4-mal tgl.
Mui Ne	5 Std.	keine Angabe	keine Angabe
Nha Trang	4 Std.	3,50–6 US$, 5 Std., häufig	keine Angabe
Buon Ma Thuot	4 Std.	4–6 US$, 5 Std., keine Angabe	keine Angabe
Da Nang	15 Std.	keine Angabe	ab 49 US$, 1 Std., 1-mal tgl.

Transport vom bzw. zum Hotel. Von hier bestehen Verbindungen in zahlreiche Städte, z. B. nach HCMS (110 000 VND, 6–7 Std.), Phan Rang (45 000 VND, 4½ Std.), Nha Trang (70 000– 100 000 VND, neue Straße 4 Std., alte Straße 7 Std.) und Buon Ma Thuot (ab 85 000 VND, 4 Std.). **Phuong Trang** (⏷358 5858) betreibt einen Nachtbus nach HCMS (160 000 VND), der zwischen 22 und 1 Uhr einmal stündlich startet.

Da Lat ist eine wichtige Zwischenstation für Open-Tour-Busse, außerdem fährt täglich ein Bus von Sinh Tourist (S. 305) nach Mui Ne (100 000 VND, 4 Std.) und Nha Trang (100 000 VND, 5 Std.).

FLUGZEUG **Vietnam Airlines** (⏷383 3499; 2 Đ Ho Tung Mau) bietet jeden Tag Verbindungen vom Lien-Khuong-Flughafen 30 km südlich der Stadt nach HCMS (680 000 VND), Da Nang (980 000 VND) und Hanoi (1 700 000 VND).

Unterwegs vor Ort

AUTO Mietwagen (mit Fahrer) kosten mindestens 40 US$ pro Tag. Infos dazu gibt's im Hotel oder beim Dalat Travel Service (S. 305).

FAHRRAD Mit dem Fahrrad kann man Da Lat wunderbar erkunden, allerdings sind das hügelige Gelände und die weiten Distanzen zwischen den Sehenswürdigkeiten etwas anstrengend.

IMMER SACHTE!

Der Höhepunkt einer Reise ins zentrale Hochland ist für viele Reisende eine Motorradtour durch abgelegenes Gelände mit einem Easy Rider. Diese Begleiter bieten einem Gesellschaft und Insiderwissen und gewähren kurze, aber intensive Einblicke in das Leben im Hochland.

Ihre Beliebtheit hat allerdings den Nachteil, dass sich inzwischen fast jeder Guide als Easy Rider ausgibt. Im Zentrum von Da Lat kann man kaum über die Straße gehen, ohne zu einer Tour überredet (bzw. genötigt) zu werden. Deshalb haben sich einige Easy Riders zusammengeschlossen, um ihre Marke zu schützen: Sie tragen blaue Jacken und erheben Mitgliedsgebühren. Auch in Hoi An, Nha Trang und Da Nang (wo die Motorradguides angeblich ihr Geschäft begonnen haben, bevor sie durch Reiseführer Bedeutung erlangten) heben sich Easy Riders inzwischen durch verschiedenfarbige Jacken von anderen Begleitern ab.

Doch egal, mit was für einem Easy Rider man es zu tun hat, ist es auf jeden Fall ratsam herauszufinden, ob er Orte kennt, die man auf eigene Faust nicht entdecken würde. Preiswert ist das Ganze jedoch nicht. Aktuell zahlt man 20 US$ oder mehr. Ausgedehnte Touren starten bei 50 US$ pro Tag. Sie führen durch das zentrale Hochland, den Süden und sogar die gesamte Strecke hoch in den Norden bis Hanoi. Am besten überprüft man auch, wie gut der Fahrer Englisch spricht. Traveller, die zwei Easy Riders engagierten, berichteten, der eine habe die Kommunikation übernommen und der andere kaum ein Wort Englisch gesprochen.

Nicht jeder Easy Rider ist automatisch ein guter Guide, außerdem sind auch viele freie Führer empfehlenswert, was u. a. daran liegen kann, das ihnen kein Verein den Rücken freihält. Die komplizierte Politik in der Welt der Motorradguides hat dazu geführt, dass sich einige Tourenbegleiter nicht mehr Easy Rider, sondern Free Rider nennen oder unter keinem bestimmten Namen einfach nur Motorradausflüge anbieten.

Bevor man sich auf eine mehrtägige Tour einlässt, empfiehlt es sich, den Führer bei einem Tagestrip zu testen: Fährt er sicher? Kann man sich vorstellen, die nächsten 48 Stunden oder sogar noch längere Zeit mit ihm zu verbringen? Hält das Gepäck gut auf dem Motorrad? Ist der Sitz gepolstert und der Helm bequem (und sauber)? Viele Fahrer haben Gästebücher, in denen Lobeshymnen früherer Klienten festgehalten wurden. Außerdem erhält man Empfehlungen in Internetforen.

Ein wichtiger weiterer Aspekt ist die Strecke. Zu den schönsten Routen im Süden gehören die neuen Küstenstraßen zwischen Da Lat, Mui Ne und Nha Trang sowie die alte Straße, die über Phan Rang zu Küste führt, auch wenn sie derzeit in schlechtem Zustand ist. Die Hauptstraßen durch das zentrale Hochland, insbesondere das Stück von Buon Ma Thuot nach Plei Ku, sind landschaftlich nicht besonders reizvoll, sodass man besser Nebenstrecken nimmt. Wenn man auf atemberaubende Landschaften Wert legt, sollte man einen Ausflug im hohen Norden unternehmen und sich für die Nordwestschleife, Sa Pa, Ha Giang und Cao Bang entscheiden. Oder man schaut sich die Gegend zwischen der Entmilitarisierten Zone (EMZ) und dem Phong-Nha-Ke-Bang-Nationalpark an.

Etliche Hotels vermieten Räder und manche stellen sie sogar gratis zur Verfügung. Außerdem lohnt es sich, Angebote für Touren anzuschauen.

VOM/ZUM FLUGHAFEN Der Shuttlebus von Vietnam Airlines zwischen dem Lien-Khuong-Flughafen und Da Lat (35 000 VND, 30 Min.) fährt zeitlich auf die Flüge abgestimmt. Er hält immer zwei Stunden vor jedem Abflug vor dem Terminal bzw. in Da Lat an der 40 Đ Ho Tung Mau.

Privattaxis verkehren für 300 000 VND zum Flughafen. Für ein Motorradtaxi muss man 200 000 VND einplanen.

MOTORRAD Leider ist Da Lat für *cyclos* zu hügelig, aber mit einem Motorrad lässt sich die Gegend gut erkunden. Wer kurze Ausflüge rund um die Stadt unternehmen möchte, kann beim Hauptmarkt für 10 000–20 000 VND ein *xe om* (Motorradtaxi) nehmen. Wenn man selbst mit dem Motorrad fahren möchte, sollte man mit 150 000 bis 200 000 VND pro Tag rechnen.

TAXI Taxis findet man leicht. Wer doch mal eines rufen muss, kann es bei **Mai Linh** (352 1111) oder **Dalat Taxi** (355 6655) probieren.

Bao Loc

145 000 EW.

Tee, Seide und der Anbau von Maulbeerbäumen für die Aufzucht der Seidenraupen sind Bao Locs wichtigste Erwerbsquellen. Ersteren kann man kostenlos in einigen Raststätten an der Durchgangsstraße testen. Wegen seiner Pensionen bietet sich der Ort als Zwischenstopp auf der Fahrt zwischen HCMS (180 km) und Da Lat (118 km) an. Motorradfahrer halten hier häufig auf der Durchreise.

Der nahe gelegene **Dambri-Wasserfall** (Eintritt 10 000 VND) ist eine der höchsten (90 m), faszinierendsten und am leichtesten zugänglichen Kaskaden in Vietnam. Wer ihn sehen will, verlässt die Hauptstraße nördlich von Bao Loc und folgt der Straße 18 km durch Tee- und Maulbeer-Plantagen. Rechts erblickt man einen hohen Gipfel namens May Bay.

Ngoan-Muc-Pass

980 M

Der Ngoan-Muc-Pass, von den Franzosen Bellevue Pass genannt, liegt etwa 43 km von Da Lat, 64 km von Phan Rang und 5 km vom Da-Nhim-See (auf 1042 m Höhe) entfernt. An klaren Tagen kann man von hier 55 km weit bis zum Meer sehen. Die Straße windet sich den Berg hinunter und unter zwei gigantischen Wasserröhren hindurch, die den See mit dem Kraftwerk am Fuß des Passes verbinden.

Südlich der Straße, in Richtung Meer gesehen rechts, erkennt man die steilen Gleise der Crémaillère (Zahnradbahn), die Thap Cham mit Da Lat verbindet. Am höchsten Punkt des Passes liegt inmitten von Pinien der alte Bellevue-Bahnhof und neben der Straße stürzt ein **Wasserfall** in die Tiefe.

Cat-Tien-Nationalpark

061 / 700 M

Cat Tien (366 9228; www.cattiennationalpark.vn; Erw./Kind 50 000/20 000 VND; 7–22 Uhr) ist ein Tiefland-Regenwaldgebiet mit erstaunlicher Artenvielfalt. Der rund 72 000 ha große Park zählt zu Vietnams herausragenden Naturschätzen und bietet in Südvietnam die besten Möglichkeiten zum Wandern, Mountainbiken sowie zur Vogelbeobachtung. Weil es nur Unterkünfte für eine begrenzte Besucherzahl gibt, sollte man sein Zimmer im Voraus telefonisch buchen. Leider bekommt man die großen im Schutzgebiet lebenden Säugetiere nur selten zu sehen, daher darf man nicht mit der Erwartung hierher kommen, Tigern oder Elefanten zu begegnen.

Im 2. Jh. v. Chr. war das Cat-Tien-Gebiet ein religiöses Zentrum des Funan-Reichs und im Park wurden Relikte der Oc-Eo-Kultur gefunden. Während des Vietnamkriegs ist Cat Tien durch Entlaubungsmittel sehr geschädigt worden, aber viele alte große Bäume haben überlebt und die kleineren Pflanzen sind inzwischen nachgewachsen. Auch der Bestand an Wildtieren ist wieder gestiegen. Seit 2001 steht der Cat-Tien-Nationalpark auf der Liste der Unesco-Biosphärenreservate. Mittlerweile wurde die Infrastruktur stark verbessert, dazu gehören auch gute Übernachtungsmöglichkeiten. Am besten verbringt man hier mindestens zwei volle Tage.

Im Park leben 326 Vogel-, 100 Säugetier-, 79 Reptilien- und 41 Amphibienarten sowie eine unglaubliche Anzahl an Insekten, darunter allein 400 Schmetterlingsarten. Anfang der 1990er-Jahre wurde vor Ort eine Gruppe seltener Java-Nashörner entdeckt, Umweltschützer befürchteten, dass die Population auf eine nicht überlebensfähige Größe von nur noch ein oder zwei erwachsenen Tieren geschrumpft ist. Auch Leoparden sollen durch die Gegend streifen. Zu den seltenen Vogelarten zählen Davidwaldrebhuhn, Ährenträgerpfau und Prälatfasan, außerdem gibt's eine gesunde Affenpopulation. Blutegel sind unangenehmere Vertreter der lokalen Fauna, deshalb sollte man besonders in der Regenzeit entsprechende Vorsicht walten lassen.

◉ Sehenswertes & Aktivitäten

Der Cat-Tien-Nationalpark lässt sich zu Fuß, per Mountainbike, per Allradwagen oder mit einem Boot auf dem Dong-Nai-Fluss erkunden. Für die im Park zahlreich vorhandenen Wanderwege braucht man einen **Guide** (ab 250 000 VND) sowie einen Transfer vom bzw. zum Startpunkt.

Der Park bietet auch eine **Nachtsafari** (300 000 VND) an, aber dabei sieht man in der Regel nur Hirsche und Rehe. Bei jedem Ausflug sollte man rechtzeitig vorab einen Führer engagieren und viel Insektenschutzmittel mitnehmen.

Krokodilsumpf SEE
(Bau Sau; Eintritt 100 000 VND, Guide 300 000 VND, Bootsfahrt 300 000 VND) Viele Traveller möchten den Krokodilsumpf besuchen. Vom Büro der Parkverwaltung legt man die ersten 9 km mit einem Fahrzeug und die restlichen 4 km zum See zu Fuß zurück (für die gesamte Wanderung inklusive des Rückwegs muss man etwa drei Stunden einplanen). Kleinere Gruppen (höchstens vier Personen) können in der Rangerstation übernachten – ideal, um Wildtiere zu beobachten, die zum Trinken an den See kommen.

ELEFANT GEGEN MENSCH

Im Cat-Tien-Nationalpark leben Elefanten, allerdings hat das zu Schwierigkeiten geführt. Anfang der 1990er-Jahre fiel eine hungrige Herde in einen Bombenkrater direkt hinter dem Nationalpark. Daraufhin hatten die Dorfbewohner Mitleid und errichteten eine Rampe aus Erde, um die Tiere zu retten. Seither sind jedoch einige Einheimische von tobenden Elefanten getötet worden. Langfristig werden sich solche tragischen Ereignisse wahrscheinlich nicht vermeiden lassen, denn die wachsende Bevölkerung und die Wildtiere Vietnams kämpfen zunehmend um denselben Lebensraum. Laut Nationalparkmitarbeitern wurden bereits mehrere Elefanten von Dorfbewohnern vergiftet und die Zahl der Dickhäuter hat inzwischen erschreckend abgenommen.

Dao-Tien-Zentrum für bedrohte Primaten
NATURRESERVAT
(www.go-east.org; Erw./Kind inkl. Bootsfahrt 150 000/50 000 VND; ◉8 & 14 Uhr) Dieses Tierschutzzentrum auf einer Insel im Dong-Nai-Fluss unweit des Parkeingangs ist eine wunderbare Einrichtung und mit der Monkey World in Großbritannien verbunden. Es beherbergt Gibbons, Languren und Faulaffen (Loris), die als Haustiere gehalten oder von Händlern konfisziert wurden. Später sollen die Tiere wieder ausgewildert werden. Manchmal bekommt man hier sogar die Schreie der Gibbons zu hören. Das Zentrum verkauft tolle Fund-Raising-Produkte, z. B. Kuschelgibbons, Taschen und T-Shirts.

☞ Geführte Touren

In HCMS bieten zwar viele Reisebüros Touren durch den Park an, allerdings wurde uns über die günstigen Veranstalter nicht nur Positives berichtet. Renommierte, an Kundenwünschen orientierte Vogelbeobachtungs-, Fahrrad- oder Wandertouren kann man bei **Sinhbalo Adventures** (✆3837 6766; www.sinhbalo.com; 283/20 Đ Pham Ngu Lao; ◉ Mo–Fr 7.30–12 & 13.30–17.30, Sa 7.30–12 Uhr) in HCMS buchen.

🛏 Schlafen & Essen

Im Nationalpark gibt's mehrere Übernachtungsmöglichkeiten und eine hübsche, privat geführte Ökolodge. Wochenenden und Ferienzeiten sollte man möglichst meiden, denn dann kommen scharenweise Vietnamesen hierher.

LP TIPP ▸ Forest Floor Lodge ÖKOLODGE
(✆366 9890; www.vietnamforesthotel.com; luxuriöse Zelte ab 100 US$, traditionelle Häuser ab 100 US$; ✲@) Diese neue Ökolodge setzt Maßstäbe für stimmungsvolle Nächte in Vietnams Nationalparks. Sie verfügt über mehrere hübsche Safarizelte mit Blick über den Dong-Nai-Fluss und eine Reihe von Zimmern in erneuerten, traditionellen Holzhäusern, darunter familienfreundliche Suiten mit zusätzlichem Bett.

Das **Hornbill Bar-Restaurant** (Mahlzeiten ab 75 000 VND) serviert gute vietnamesische und internationale Gerichte sowie eine große Auswahl an Weinen und Spirituosen. Unterkunft und Lokal liegen gegenüber dem Dao-Tien-Primatenzentrum, sodass man häufig Gelegenheit hat, die Gibbons zu sehen und zu hören. Die Betreiber der Lodge können auch Transfers zum Park sowie zahlreiche Aktivitäten im Park organisieren.

NICHT VERSÄUMEN

DER GIBBON-TREK

Trekkingtouren, bei denen man Berggorillas, Schimpansen und Goldmeerkatzen beobachten kann, sind in Ostafrika ein großes Geschäft. Inzwischen ist es auch in Vietnam möglich, solche Ausflüge zu unternehmen. Im Cat-Tien-Nationalpark wurde eine Gibbon-Familie an Menschen gewöhnt und ermöglicht seltene Einblicke in das Leben der Primaten. Die täglich angebotene Wanderung (60 US$ pro Pers., maximal 4 Teilnehmer) beginnt um 4 Uhr, damit man die Gibbons bei ihrem Chor in der Morgendämmerung erleben kann. Während der Wald langsam erwacht, lauscht man den tierischen Gesängen entspannt von der Hängematte aus und kann die Familie anschließend in ihrem Alltag beobachten.

Nachmittags gibt's eine Führung durch das Dao-Tien-Primatenzentrum. Alle Erträge fließen in den Nationalpark und helfen den Rangern bei ihren Bemühungen zum Schutz der Natur. Um Enttäuschungen zu vermeiden, bucht man am besten im Voraus bei ecotourism@cattiennationalpark.vn oder telefonisch (366 9228). Weitere Infos zu Kleidung und Verhaltensregeln siehe unter www.go-east.org. Sehr empfehlenswert.

Cat-Tien-Nationalpark PENSION
(366 9228; kleines Zelt/großes Zelt 200 000/300 000 VND, Bungalows ab 500 000 VND; ❄) Die Zimmer in den Bungalows und die Zelte in der Nähe des Verwaltungsbüros sind recht einfach, aber mit Bädern ausgestattet. In den großen Gemeinschaftszelten gibt's bis zu zwölf Schlafplätze, die zwar eher für kleine vietnamesische Studenten geeignet scheinen, jedoch trotzdem eine lustige Übernachtungsmöglichkeit für Gruppen darstellen.

Park Restaurants CAFÉ, RESTAURANT
(7–21 Uhr) In der Nähe des Parkeingangs befinden sich zwei kleine Restaurants, darunter eine einfache strohgedeckte Kantine (Hauptgerichte 25 000–75 000 VND) und ein richtiges Lokal (Hauptgerichte 25 000–220 000 VND), das ein Stück weiter den Weg hinunter ein breiteres Spektrum an Gerichten serviert. Für 220 000 VND bekommt man einen kompletten, typisch vietnamesischen Eintopf.

ℹ Anreise & Unterwegs vor Ort

AUTO & MOTORRAD Der gängigste Weg zum Park führt über die Nationalstraße 20, die HCMS mit Da Lat verbindet. Um den Park zu erreichen, folgt man der schmalen 24 km langen Straße, die westlich der N20 in Tan Phu (125 km nördlich von HCMS und 175 km südlich von Da Lat) abzweigt. Die Straße zum Park ist an der Kreuzung ausgeschildert, deshalb sollte man den Weg problemlos finden.

BOOT Auch mit einer Bootsfahrt über den Langa-See und anschließender Wanderung kann man den Cat-Tien-Nationalpark erreichen. **Phat Tire Ventures** (063-382 9422; www.ptv-vietnam.com) ist ein renommierter Anbieter für Ökotouren in Da Lat und eine gute Infoquelle zu Bootstouren.

BUS Jeder Bus nach Da Lat (ca. 50 000 VND, 4 Std.) hält auf Wunsch am Vuon Quoc Gia Cat Tien. Von dieser Kreuzung legt man die restlichen 24 km zum Park mit einem Motorrad (ca. 150 000 VND, hart verhandeln!) zurück. Oder man wendet sich an die Forest Floor Lodge, um den Transfer von der Hauptstraße mit dem Auto zu arrangieren.

Aus allen Richtungen wird man am Büro der Parkverwaltung, 100 m vor der Fähre über den Dong Nai, abgesetzt. Hier bekommt man das Ticket inklusive der Fährüberfahrt.

FAHRRAD Im Park gibt's Leihfahrräder für 20 000 VND pro Tag.

Buon Ma Thuot

0500 / 312 000 EW. / 451 M

Der Name der Stadt stammt aus der Sprache der Ede und heißt „Dorf von Thuots Vater". Inzwischen ist der Ort aus seinen rustikalen Ursprüngen herausgewachsen, hat aber leider nicht an Charme gewonnen. Das blühende moderne Buon Ma Thuot (auch Ban Me Thuot; ausgesprochen *buun mi tout*) wird von drei Nationalstraßen mit Verkehr überschwemmt und ist von orangebraunem Staub überzogen. Sein einziger Trumpf ist der Kaffee: In der Region wird einer der besten Sorten Vietnams angebaut und ein Großteil wird vor Ort verkauft und getrunken. Während des Kaffeefestivals im März fließt das braune Getränk in Strömen. Im nahe gelegenen Don-Dorf werden zu diesem Anlass Elefantenrennen abgehalten.

Buon Ma Thuot

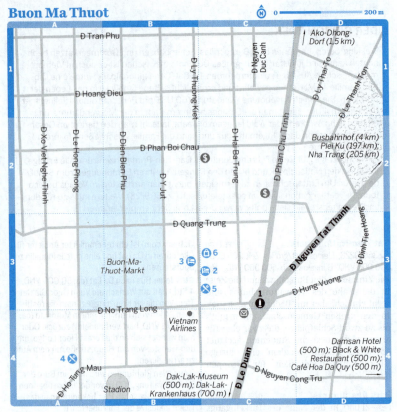

Buon Ma Thuot

- **Sehenswertes**
  1 Siegesdenkmal..................C3
- **Schlafen**
  2 Thanh Binh Hotel..............C3
  3 Thanh Cong Hotel.............B3
- **Essen**
  4 Hanoi Bakery.....................A4
  5 Thanh Loan C3
- **Shoppen**
  6 Kaffeeläden.......................C3
- **Praktisches**
  DakLak Tourist.............(siehe 3)
  Vietnam Highland Travel ....(siehe 2)

Die meisten Traveller legen hier einen Halt auf der Durchreise zu den Attraktionen der Umgebung ein: den Yok-Don-Nationalpark, imposanten Wasserfällen und Dörfern ethnischer Minderheiten. Insgesamt beherbergt die Provinz 44 Ethnien; einige der Völker sind von Norden her eingewandert. Neben einheimischen Bergstämmen leben hier vor allem Ede, Jarai, Mnong und Lao. Doch die Assimilationspolitik der Regierung war effektiv: Heute sprechen fast alle fließend Vietnamesisch.

Vor dem Zweiten Weltkrieg wurde im großen Stil Großwildjagd betrieben, an der sich auch Kaiser Bao Dai erfreute. Mittlerweile sind die Tiere allerdings komplett verschwunden. Gegen Ende des Vietnamkriegs bildete Buon Ma Thuot eine strategische, aber schlecht verteidigte Basis für Südvietnam. Im März 1975 fiel es nach einem eintägigen Überraschungsangriff an den Norden, eine Niederlage, von der sich der Süden nie wieder erholte.

Rund um Buon Ma Thuot dauert die Regenzeit von Mai bis Oktober, doch gewöhnlich regnet es immer nur kurz. Wegen der geringeren Höhenlage ist die Stadt wärmer und feuchter als Da Lat; außerdem ist es sehr windig.

◉ Sehenswertes

Siegesdenkmal
DENKMAL

Das Siegesdenkmal, das den Platz im Stadtzentrum beherrscht, erinnert an die Ereignisse vom 10. März 1975, als der Vietcong und nordvietnamesische Truppen Buon Ma Thuot befreiten. Es ist ein interessantes Werk sozialistisch-realistischer Bildhauerei. Auf der Säule steht eine Menschengruppe, die eine Flagge hochhält; daneben spannt sich ein modernistisch gestalteter Regenbogen über einem Panzer.

Ako Dhong
WOHNVIERTEL

Am nördlichen Ende von Buon Ma Thuot liegt dieses Ede-Dorf, eine gepflegte kleine Vorortgemeinde mit Pfahlbauten. Ein Spaziergang durch die Siedlung ist nach dem Lärm in der Stadt eine angenehme Abwechslung. Vielleicht trifft man auch ein paar Bewohner, die traditionelle Webarbeiten anfertigen.

Ako Dhong befindet sich 1,5 km vom Stadtzentrum entfernt und ist zu Fuß leicht zu erreichen, indem man der Ð Phan Chu Trinh nach Norden folgt und dann links in die Ð Tran Nhat Duat einbiegt. Das Dorf erstreckt sich 500 m weiter an dieser Straße. Am östlichen Rand ist das Yang Sing Hotel zu sehen, am westlichen ein Friedhof.

Dak-Lak-Museum
MUSEUM

(4 Ð Nguyen Du; Eintritt 10 000 VND; ⊙7.30–11 & 14–17 Uhr) Dieses leicht muffige, wenig besuchte Museum zeigt eine kleine Ausstellung kultureller Artefakte und Fotografien einheimischer Bergvölker. Ein Zitat von Ho Chi Minh, das in großen Lettern über seiner goldenen Büste in der Haupthalle prangt, verkündet, alle ethnischen Minderheiten seien „Kinder Vietnams" und „Blutsbrüder" der Vietnamesen.

Das Museum ist in der Bao-Dai-Villa untergebracht, einem stattlichen Gebäude aus der französischen Kolonialzeit, das eine der vielen Residenzen des einstigen Kaisers war.

Dak-Lak-Wasserpark
SCHWIMMBAD

(Ð Nguyen Chi Thanh; Erw./Kind 35 000/ 25 000 VND; ⊙8–17.30 Uhr) Wenn einem lang-

---

DAS VOLK DER BERGE

Seit Jahrhunderten ist das Verhältnis zwischen den Bergvölkern und der vietnamesischen Mehrheit im Zentralen Hochland angespannt. Dies reicht in die Zeit zurück, als die Einheimischen immer mehr Land für sich beanspruchten und die Stämme in die Berge vertrieben. Während die Franzosen in der Kolonialzeit die Bergvölker als eigenständige Gemeinschaft akzeptierten, versuchten die Südvietnamesen später, sie zu assimilieren, indem sie z. B. ihre Schulen und Gerichte abschafften, den Bau von Häusern auf Pfählen verboten und ihr Land aneigneten.

Darauf antworteten die Bergvölker mit nationalistischen Guerilla-Bewegungen. Größte Bekanntheit erlangte die Front Unifié de Lutte des Races Opprimées (FULRO), die Vereinte Front für die Befreiung unterdrückter Völker. In den 1960er-Jahren umwarben die USA Bergstämme als Verbündete gegen Nordvietnam und bildeten sie mithilfe der CIA und US-Sondereinsatztruppen militärisch aus.

Nach dem Krieg bezahlten die ethnischen Minderheiten bitter dafür: Als Folge der Regierungspolitik zogen immer mehr Vietnamesen in das Hochland und gingen rigoros gegen die Schulbildung in einheimischen Sprachen sowie die religiöse Freiheit vor. Viele Bergvölker gehören Kirchen an, die nicht offiziell anerkannt werden. Um die landwirtschaftliche Brandrodung zu unterbinden, vor allem aber um den Assimilationsprozess voranzutreiben, wurden viele Stämme in moderne Dörfer umgesiedelt.

2001 und 2004 brachen Aufstände der Bergvölker aus, die von der Regierung schnell und vermutlich mit Gewalt unterdrückt wurden. Internationalen Menschenrechtsorganisationen zufolge hat es mehr Tote gegeben, als offizielle Stellen sagen. Anschließend flohen Tausende Stammesangehörige nach Kambodscha oder in die USA. Fragt man ethnische Vietnamesen, erzählen viele die staatliche Version, nämlich dass die Proteste von Außenstehenden angezettelt worden seien. Mitglieder von Organisationen, die mit den Bergvölkern arbeiten, vertreten eine völlig andere Ansicht und berichten von ständiger Überwachung durch die Regierung, Belästigungen, religiöser Verfolgung und Missbrauch.

weilig ist, sind die Rutschen im Dak-Lak-Wasserpark ein passabler Zeitvertreib. Das Schwimmbad befindet sich 4 km von der Stadt entfernt kurz vor dem Busbahnhof.

Schlafen

Damsan Hotel HOTEL $$
(385 1234; www.damsanhotel.com.vn; 212-214 Đ Nguyen Cong Tru; Zi. 25–50 US$; ✳@🛜🏊) Das Hotel mit dem umfassendsten Angebot der Stadt bietet Extras wie einen Pool und einen Tennisplatz, die beide in einem liebevoll gepflegten Garten liegen. Von den großen, komfortablen Zimmern reicht der Blick über grüne Kaffeplantagen. Auch das Restaurant ist für hiesige Verhältnisse gut.

Thanh Cong Hotel HOTEL $
(385 8243; daklaktour@dng.vnn.vn; 51 Đ Ly Thuong Kiet; Zi. 220 000–400 000 VND; ✳@🛜) Dieses von Dak Lak Tourist betriebene Hotel gehört zu den schöneren Bleiben an der Ly Thuong Kiet. Zimmer mit Badewanne kosten mindestens 280 000 VND. Frühstück ist inklusive.

Thanh Binh Hotel HOTEL $
(385 3812; 24 Đ Ly Thuong Kiet; Zi. 200 000–240 000 VND; ✳@🛜) Preisgünstige Zimmer in einem Hotel an einer Straße mit zahlreichen weiteren Unterkünften. Am besten fragt man nach einem Raum mit Fenster.

Dakruco Hotel HOTEL $$$
(397 0888; www.dakrucohotels.com; 30 Đ Nguyen Chi Thanh; Zi. 65–200 US$; ✳@🛜🏊) Buon Ma Thuots schickstes Hotel ist recht neu und strebt den Status eines Vier-Sterne-Hauses an – entsprechend tief muss man in die Tasche greifen. Da es in der Nähe des Busbahnhofs liegt, übernachten hier gern Kaffeehändler und Reisegruppen. Folgt man der Đ Nguyen Tat Thanh stadtauswärts, kann man es nicht verpassen. Es liegt an dem großen Verkehrskreisel in der Nähe des Busbahnhofs.

Essen & Ausgehen

Buon Ma Thuot ist für seine Küche nicht gerade berühmt.

Black & White Restaurant VIETNAMESISCH $$
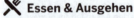
(171 Đ Nguyen Cong Tru; Hauptgerichte 30 000–200 000 VND; ⏱mittags & abends) Das bei Weitem stilvollste Restaurant der Stadt hat zwei Stockwerke und könnte auch in Hanoi oder HCMS stehen. Auf der Speisekarte findet man u. a. köstliche Meeresfrüchte, Sperling und Taube.

Thanh Loan VIETNAMESISCH $
(22 Đ Ly Thuong Kiet; Hauptgerichte 25 000 VND; ⏱mittags & abends) Hier gibt's nur ein einziges Gericht: Reispapierröllchen zum Selberrollen mit Salat und Kräutern, gebratenem Schweinefleisch, knusprigem Reispapier und rohem Knoblauch. Entweder tunkt man die Röllchen in Fleischbrühe oder in eine Mischung aus Fischsoße und Chili. Eine leichte Mahlzeit voll frischer Aromen.

Café Hoa Da Quy CAFÉ $
(173 Đ Nguyen Cong Tru) Diese gestylte und trotzdem gemütliche dreistöckige Café-Bar neben dem Black & White Restaurant gilt als beliebter nächtlicher Treffpunkt. Die angenehm kühle Dachterrasse ist ideal, um ein lokales Bier oder einen starken heimischen Kaffee zu trinken.

Hanoi Bakery BÄCKEREI $
(123-125 Đ Le Hong Phong) Das im Viertel beliebte Geschäft ist teils Bäckerei, teils Tante-Emma-Laden und berühmt für sein Gebäck sowie seine Brote. Außerdem gibt's eine große Auswahl an Käse und Schokolade.

Shoppen

In der Stadt sollte man sich mit Kaffee eindecken, denn er ist billiger und hochwertiger als in HCMS oder Hanoi. Am besten sieht man sich erst einmal die zahlreichen benachbarten **Kaffeeläden** in der Đ Ly Thuong Kiet an und entscheidet sich dann, wo man einkauft.

Praktische Informationen

Geld

Agribank (37 Đ Phan Boi Chau) Tauscht ausländische Währungen und Reiseschecks.
Dong A Bank (9 Đ Phan Chu Trinh) Tauscht ausländische Währungen und hat einen Geldautomaten.

Medizinische Versorgung

Dak-Lak-Krankenhaus (385 2665; 2 Đ Mai Hac De)

Post & Internetzugang

Hauptpost (1 Đ No Trang Long) Bietet auch Internetzugang.

Reisebüros

Hier kann man Ausflüge zu Dörfern, Wasserfällen, dem Lak-See und in den Yok-Don-Nationalpark buchen.

DakLak Tourist (385 8243; www.daklaktourist.com.vn; 51 Đ Ly Thuong Kiet) Im Erdgeschoss des Thanh Cong Hotel.

Damsan Tours (📞385 2505; damsantour@dng.vnn.vn; 212–214 Đ Nguyen Cong Tru) An das Damsan Hotel angeschlossen.

Vietnam Highland Travel (📞385 5009; highlandco@dng.vnn.vn; Thanh Binh Hotel 24 Đ Ly Thuong Kiet) Erfahrene Guides, Privatunterkünfte und Trekkingtouren abseits der ausgetretenen Pfade.

Reisegenehmigungen

Für den Besuch einiger Minderheitendörfer in der Umgebung von Buon Ma Thuot sind Genehmigungen erforderlich, das gilt jedoch nicht für Ako Dhong und Ban Don. Um die Papiere kümmern sich alle örtlichen Reisebüros.

ℹ️ An- & Weiterreise

AUTO & MOTORRAD Die befestigte, aber stellenweise ziemlich steile Nationalstraße 26 verbindet Buon Ma Thuot mit der Küste. 34 km nördlich von Nha Trang kreuzt sie die Nationalstraße 1A in Ninh Hoa (157 km). Die Nationalstraße 14 nach Plei Ku (199 km) ist in sehr gutem Zustand. Zwischen Buon Ma Thuot und Da Lat (200 km, am Lak-See vorbei) verläuft die Nationalstraße 27, eine landschaftlich schöne, asphaltierte Straße. Sie ist zwar voller Kurven und Kehren, aber im Großen und Ganzen gut befahrbar.

BUS Buon Ma Thuots **Busbahnhof** (71 Đ Nguyen Chi Thanh) liegt 4 km vom Stadtzentrum. Von

---

AUS DEM LEBEN EINES ELEFANTEN

Hinter dem ruhmreichen Status des Elefanten in Vietnam verbirgt sich eine Geschichte jahrhundertelanger Qualen. Die bei den Kaisern hoch im Kurs stehenden sanften und intelligenten Tiere wurden von Mnong-Jägern im Gebiet des heutigen Yok-Don-Nationalparks in Fallen gelockt. Sie machten die Tiere durch Schläge gefügig und übergaben sie dem Herrscher als Geschenk oder ließen sie für ihren Stamm arbeiten.

Elefanten wurden (und werden) als Bulldozer, Gabelstapler und Sattelschlepper eingesetzt. Heute nutzt man sie häufiger für das lukrative Touristengeschäft, indem man sie Urlauber durch den Wald tragen oder bei Festen der Minderheiten auftreten lässt.

Dieses Leben ist nicht unbedingt besser. Viele Elefanten wurden bereits als Jungtiere gefangen, um sie leichter trainieren zu können. Dabei kümmerte es niemanden, dass sie in den ersten vier Jahren die Milch ihrer Mütter brauchen, um sich gesund zu entwickeln. Außerdem wird schnell überschätzt, was ein erwachsener Elefant aushält. Seine Haut wirkt zwar rau und undurchdringlich, ist aber so sensibel wie die eines Menschen und reagiert empfindlich auf die Sonne, Schmutz sowie Infektionen.

Entgegen ihrem Ruf sind Elefanten auch nicht stark und unermüdlich. Ihre Wirbelsäule ist nicht dafür ausgelegt, längere Zeit schwere Lasten zu tragen. Darüber hinaus braucht ein Tier täglich 250 kg Futter, was selbst für einen wohlhabenden Besitzer teuer ist.

Aus all diesen Gründen sollte man sich das Tier und sein Umfeld genau ansehen, bevor man einen Ritt bucht:

» Der Elefant braucht eine schattige Stelle zum Ausruhen, sauberes Wasser und Futter. Seine Kette muss so lang sein, dass er ausreichend Bewegungsfreiheit hat. Wenn sie genug Platz haben, verrichten Dickhäuter ihre Geschäfte nicht dort, wo sie fressen.

» Der Sitz auf dem Elefantenrücken sollte aus leichtem Bambus bestehen, nicht aus schwerem Holz. Zwischen Sitz und Elefantenhaut müssen mindestens sieben Schichten Polster liegen und die Befestigungsseile mit Gummischläuchen ummantelt sein, da sie sonst furchtbar scheuern.

» Der Elefant sollte nur 4 bis 5 Stunden pro Tag arbeiten und höchstens zwei Erwachsene gleichzeitig tragen.

» Der Pfleger sollte weder den Haken verwenden noch den Elefanten bei jedem Befehl mit der Peitsche schlagen.

Zwar wurde 1990 das Fallenstellen für Elefanten verboten, allerdings überwacht man das nicht sonderlich streng. Seit 1976 stehen Vietnams Dickhäuter auf der Liste der vom Aussterben bedrohten Tierarten. Im Hochland leben schätzungsweise nur noch wenige Hundert Elefanten. Ohne Schutzstationen und alternative Einsatzmöglichkeiten sieht ihre Zukunft düster aus: Sie erwarten lebenslängliche Touristentouren, illegale Beschäftigung beim Holzfällen und auf Baustellen oder – wenn das Geld nicht reicht – Aussetzung und Tod.

Unter Mitarbeit von Jin Pyn Lee

hier aus gibt's viele Verbindungen nach Da Lat (80 000 VND, 4 Std.), Nha Trang (85 000 VND, 5 Std.), Plei Ku (85 000 VND, 4 Std.) und Kon Tum (90 000 VND, 5 Std.).

FLUGZEUG Vietnam Airlines (395 4442; 17-19 Đ No Trang Long) fliegt täglich nach HCMS (ab 983 000 VND) sowie Hanoi (ab 2 044 000 VND) und viermal pro Woche nach Da Nang (ab 983 000 VND). Der Flughafen liegt 8 km östlich der Stadt. Für ein Taxi dorthin sollte man weniger als 120 000 VND bezahlen.

TAXI Mai Linh (381 9819) ist zuverlässig und mit Taxametern ausgestattet.

Rund um Buon Ma Thuot

0500

YOK-DON-NATIONALPARK

Der **Yok-Don-Nationalpark** (378 30 49; www.yokdonnationalpark.vn; Eintritt frei im Rahmen von Touren), das größte Naturschutzgebiet des Landes, wurde schrittweise vergrößert und umfasst heute eine Fläche von 115 545 ha, die vorwiegend von Laubwald bedeckt ist. Er erstreckt sich bis an die Grenze zu Kambodscha und wird von dem schönen Fluss Srepok durchquert.

Hier leben 67 Säugetierarten – 38 davon stehen auf der Liste der in Indochina gefährdeten Arten, 17 sind weltweit vom Aussterben bedroht –, darunter Elefanten, Tiger, Leoparden und seltene Wölfe. Dazu kommen etwa 250 Vogelarten, einschließlich eines Paars stark bedrohter Riesenibisse (*Thaumatibis gigantea*). Außerdem stößt man häufig auf Hirsche, Muntjaks, Affen und Schlangen.

Innerhalb der Parkgrenzen befinden sich vier Dörfer von ethnischen Minderheiten. Dort wohnen vorwiegend Mnong, aber auch Ede und Lao. Drei dieser Orte sind zugänglich, während sich der vierte tief im Park versteckt. Mnong leben im Matriarchat (deshalb tragen die Töchter die Namen ihrer Mütter) und sind für ihr Geschick beim Elefantenfang bekannt.

Die Armut der regionalen Völker und ihre traditionellen Überlebensmethoden wie die Jagd machen den Balanceakt zwischen dem Bewahren natürlicher Lebensräume und dem Erhalten heimischer Kultur zur großen Herausforderung. Inzwischen arbeitet die vietnamesische Regierung mit internationalen Einrichtungen und den Vereinten Nationen zusammen, um die aktuellen Probleme zu bewältigen. Ziel ist es, die Bevölkerung gut zu informieren und an Erhaltungsmaßnahmen zu beteiligen.

Um den Nationalpark zu erkunden, muss man entweder in Buon Ma Thuot oder am Parkeingang einen Guide engagieren. Führer (150 000 VND für normales Sightseeing oder 250 000 VND für Trekkingtouren) stehen zur Verfügung und leiten auch Wanderausflüge mit Übernachtung (1 000 000 VND, inklusive einer Nacht in einer der Rangerstationen). Für die Überfahrt mit dem Boot über den Srepok-Fluss zahlt man 100 000 VND. Darüber hinaus kann man einen Nachtausflug buchen, um die nachtaktiven Tiere zu sehen.

Zu den weiteren Möglichkeiten zählen Elefantenritte und -trekking. Wer vor Ort im Park bucht, muss 200 000 VND pro Stunde und Person einplanen, ganztägige Trekkingtouren schlagen mit mindestens 4 000 000 VND zu Buche.

Sehenswertes & Aktivitäten

Viele Touristen konzentrieren sich auf **Ban Don** im Ea-Sup-Bezirk 45 km nordwestlich von Buon Ma Thuot. Das Dorf liegt 5 km hinter der Abzweigung zum Nationalpark und wird mitunter von ganzen Busladungen an Reisenden überrannt – das gilt insbesondere für das **Touristenzentrum** (378 3020; ttdl.buondon@gmail.com). Zur Unterhaltung der Besucher veranstaltet man traditionelle Aktivitäten wie Gong-Vorführungen und Weintrinken aus einem Gemeindekrug (alle trinken gleichzeitig aus riesigen Strohhalmen). In der Nähe des Touristenzentrums lädt eine 200 m lange **Hängebrücke** (Gebühr 20 000 VND) aus Bambus über dem Srepok-Fluss zu einem kurzen Spaziergang im Schatten ein.

Schlafen & Essen

Das **Yok Don Guesthouse** (378 3049; Zi. 19 US$; ❄) am Parkeingang 5 km südöstlich von Ban Don bietet Zimmer mit Warmwasser an. Außerdem kann man in einer der drei **Waldstationen** (5 US$ pro Pers.) schlafen. Sie liegen 7, 17 und 25 km weit im Parkinneren und sind einfache Hütten, die von den Rangern genutzt werden.

Wer ein paar Nächte in **Pfahlbauten** der Bergvölker (150 000 VND pro Pers.) oder in **Bungalows** (300 000 VND pro Pers.) buchen möchte, muss sich an das Ban-Don-Touristenzentrum wenden. Die Bungalows stehen am See und auf der nahen Aino-Insel, die man über einige wackelige Hängebrücken erreicht. In Ban Don gibt's ein Restaurant, wo für Gruppen manchmal Gong-Vorführungen oder Tänze aufgeführt werden.

HO-CHI-MINH-PFAD

Diese legendäre Straße bestand nicht aus einem einzigen, sondern aus vielen, oft parallelen Wegen und war im Vietnamkrieg für Nordvietnamesen und Vietcong-Kämpfer die wichtigste Versorgungslinie. Lieferungen und Truppen verließen den Hafen von Vinh, steuerten auf unwirtlichen Dschungelpfaden, die immer wieder die Grenze zum benachbarten Laos überschritten, das Inland an und gelangten schließlich ins Gebiet um Saigon. Bei aller Geheimnistuerei, Propaganda und Verwirrung, die den Pfad umgibt, lässt sich schwer sagen, wie lang er insgesamt ist. Schätzungen reichen von 5500 km (laut US-Armee) bis zu 13 000 km (so die Nordvietnamesen).

Während anfangs noch Elefanten genutzt wurden, um über das Truong-Son-Gebirge nach Laos zu kommen, waren es am Ende menschliche Kräfte, die Versorgungsgüter über den Pfad transportierten, manchmal unterstützt durch Ponys, Fahrräder oder Lastwagen. Mitte der 1960er-Jahre brauchte man vom 17. Breitengrad bis nach Saigon etwa sechs Monate. Einige Jahre später war das Netzwerk an Pfaden dichter geworden und die Reise dauerte nur noch sechs Wochen, war aber weiterhin sehr beschwerlich.

Jede Person startete mit einem 36 kg schweren Vorratspaket und einigen persönlichen Dingen (z. B. ein Zelt, eine Ersatzuniform und Gegengift gegen Schlangenbisse). Vor ihnen allen lag eine raue, gebirgige Strecke voller Gefahren: Überflutung, Krankheitserreger und permanente Bedrohung durch amerikanische Bomben. Über 500 amerikanische Luftangriffe täglich trafen den Pfad in den Hochzeiten des Kriegs und es wurden mehr Geschütze über ihm abgeworfen als über allen Schauplätzen des Zweiten Weltkriegs.

Trotz dieser taktischen Schockmethode und ausgefeilter elektronischer Sensoren entlang der McNamara-Linie konnte der Weg nie blockiert werden. Ein Großteil der Route ist wieder von Regenwald überwachsen, aber man kann ihr immer noch auf mehreren Abschnitten folgen. Meist handelt es sich dabei um Teile des besser ausgebauten Pfads aus den frühen 1970er-Jahren, denn der ältere Pfad befand sich jenseits der Grenze in Laos. Einen ersten Eindruck bekommt man auf dem Ho Chi Minh Highway, einer spektakulären Gebirgsstraße, die sich über das Rückgrat des Landes windet. Sie beginnt in der Nähe von Hanoi und führt auf dem Weg nach HCMS an einigen beliebten touristischen Zielen und früheren Schlachtfeldern vorbei, darunter die Phong-Nha-Höhle, Khe Sanh, Aluoi, Kon Tum und Buon Ma Thuot. Zu den spektakulärsten Abschnitten zählt die Berg- und-Tal-Fahrt durch den Phong-Nha-Ke-Bang-Nationalpark, wo geheimnisvolle, vom Dschungel umgebene Karstkegel aufragen, sowie das hübsche Karstgebiet voll traditioneller Dörfer nördlich der Phong-Nha-Höhle. Man kann diese Straße mit dem Auto (oder Allradwagen), Motorrad oder – falls man für die Tour de France trainieren will – sogar mit einem Rad befahren. Alternativ engagiert man einen Easy Rider in Da Lat (s. Kasten S. 306) bzw. bucht einen Trip bei einem der führenden Motorradtourenveranstalter in Hanoi (S. 557), z. B. bei **Explore Indochina** (www.exploreindochina.com). **Hoi An Motorbike Adventures** (www.motorbiketours-hoian.com) organisiert kürzere Fahrten über Teilabschnitte zwischen Hoi An und Phong Nha.

❶ An- & Weiterreise

BUS Vom Busbahnhof in Buon Ma Thuot fahren Regionalbusse zum Yok-Don-Nationalpark (20 000 VND, 40 km, stdl.).

Xe om Motorradtaxis verkehren von Buon Ma Thuot zum Reservat (einfach/hin- & zurück 200 000/300 000 VND).

DRAY SAP & DRAY NUR

Die beiden eindrucksvollen Wasserfälle (Eintritt 20 000 VND) am Krong-Ana-Fluss befinden sich in einem guten Wandergebiet. Vom Parkplatz aus erreicht man zuerst den 100 m breiten Dray Sap („rauchiger Wasserfall" in der Sprache der Ede). Um ihn besser sehen zu können, folgt man dem Pfad neben dem Fluss bis zu einer Hängebrücke.

Nachdem man diese überquert hat, geht's 250 m durch Kornfelder zu einer zweiten Brücke, von der man den 30 m breiten **Dray-Nur-Wasserfall** bestaunen kann. Über einen Feldweg am Ende der Brücke gelangt man etwas näher an die Kaskade heran.

In der Trockenzeit führen die beiden Wasserfälle wegen der vielen Staudämme am Srepok-Fluss leider kein Wasser.

Wer sie sehen möchte, folgt der Đ Le Du-an aus Buon Ma Thuot heraus, die zur Đ

Nguyen Thi Dinh wird und später in die Nationalstraße 14 mündet. Nach 12 km ist der Abzweig zu den Kaskaden auf der linken Seite ausgeschildert. Die Fahrt geht weitere 11 km durch ein kleines Gewerbegiet und an Feldern vorbei, bis man schließlich den Eingang zu den Wasserfällen erreicht.

LAK-SEE

Während der Regenzeit bedeckt der Lak-See (Ho Lak) als größtes natürliches Wasserreservoir im zentralen Hochland eine Fläche von 700 ha. In der Trockenzeit schrumpft er auf 400 ha zusammen und ist von Reisfeldern umgeben. Es gibt erste Ansätze einer touristischen Entwicklung, doch nirgends sind sie so ausgefeilt wie im Ban-Don-Dorf beim Yok-Don-Nationalpark.

Die Landschaft um den See ist eine Postkartenidylle des Landlebens. Kaiser Bao Dai beeindruckte der Ausblick so sehr, dass er hier einen weiteren seiner Paläste bauen ließ. In der näheren Umgebung befinden sich zwei Dörfer ethnischer Minderheiten, die häufig von Travellern besucht werden. Am Südufer in der Nähe des Ortes Lien Son liegt **Jun**, ein traditionelles Mnong-Dorf mit Pfahlhäusern aus Rattan und Holz. Seine Bewohner sind immer noch überraschend verblüfft über Besucher, obwohl das Unternehmen DakLak Tourist dort eine kleine Einrichtung betreibt und Elefantenritte (30 US$ pro Std.) anbietet. **M'lieng**, das zweite Dorf, erstreckt sich am Südwestufer und ist mit dem Elefant oder einem Boot zu erreichen. Infos gibt's bei DakLak Tourist.

Schlafen & Essen

Wer gern in einem Dorf der Bergvölker übernachten möchte, sollte sich an Herrn Duc vom **Café Duc Mai** (358 6280; 268 Ð Nguyen Tat Thanh; 5 US$ pro Pers.) wenden, der in einem der traditionellen Pfahlbauten eine Matratze besorgen und Aktivitäten wie Gong-Konzerte, Elefantenritte sowie Kajak- und Wanderausflüge organisieren kann.

Lak Resort   HOTEL $$
(358 6164; Bungalows 27 US$, gemeinschaftliche Langhäuser 10 US$; ✳@🛜🏊) In hübscher Lage am See wartet die Ferienanlage mit großen Bungalows auf, die um einen halbwegs sauberen Pool liegen. Die günstigeren Schlafsäle befinden sich in traditionellen Pfahlbauten, allerdings ist der Preis von 10 US$ für eine abgenutzte Matratze eindeutig zu teuer. Am Seeufer bietet ein Restaurant vietnamesische Gerichte für 30 000 bis 100 000 VND an. Was uns wirklich beeindruckt, ist das Konzept der Resortbetreiber, zu mindestens 51 % Mnong-Personal zu beschäftigen.

Bao Dai Villa   HOTEL IM KOLONIALSTIL $$
(358 6164; Zi. 30–50 US$) Die ehemalige kaiserliche Residenz auf einem Hügel mit Seeblick ist zwar kein Palast, aber immerhin schmücken Fotografien des Kaiserpaars die sechs riesigen Zimmer. In dem kleinen Café gibt's nur Getränke; zum Essen geht man hinunter zum Lak Resort.

❶ An- & Weiterreise

BUS Vom Busbahnhof in Buon Ma Thuot bestehen regelmäßig Verbindungen zum Lak-See (20 000 VND).

MOTORRAD Der Lak-See liegt an der Gebirgsstraße zwischen Da Lat (154 km südöstlich) und Buon Ma Thuot (50 km nördlich) und ist ein beliebtes Ausflugsziel auf der Easy-Rider-Route. Ein Tagesausflug mit einem Motorrad (samt Fahrer) kostet von Buon Ma Thuot rund 200 000 VND inklusive Wartezeit. Alle Reisebüros in Buon Ma Thuot bieten derartige Touren an.

Plei Ku

059 / 250 000 EW. / 785 M

Plei Ku (auch Play Cu), die recht uninteressante Hauptstadt der Gia-Lai-Provinz, ist eher als strategische amerikanische und südvietnamesische Basis im Vietnamkrieg bekannt als für ihre Nachkriegsaktivitäten. Sie eignet sich für einen Zwischenstopp, bietet aber kaum etwas, um Traveller länger als ein paar Stunden zu halten. 1975 wurde sie von abziehenden südvietnamesischen Soldaten abgebrannt und in den 1980er-Jahren mit sowjetischer Hilfe wiederaufgebaut – was ihren heutigen Mangel an Attraktivität erklärt.

2001 und 2004 war Plei Ku Schauplatz der Proteste der Bergvölker gegen die Regierung (s. Kasten S.311). Diese reagierte darauf mit einem Besuchsverbot für Ausländer in der Gegend. Mit der Zeit wurde diese Maßnahme aber aufgehoben. Heute ist das Reisen sicher, allerdings braucht man eine Genehmigung, um die Bergdörfer zu besichtigen. Wer nicht scharf auf Polizeiverhöre ist, sollte sich besser nicht darüber hinwegsetzen.

Nach dem Abzug der US-Armee 1973 nutzten die Südvietnamesen Plei Ku weiterhin als Hauptkampfbasis. Als sie 1975 vor den vorrückenden Vietcong-Soldaten zurückwichen, floh mit ihnen die gesamte zivile Bevölke-

> **BESTATTUNGSRITEN BEI DEN JARAI**
>
> Die Jarai gedenken ihrer Toten in der Gegend rund um Plei Ku auf Friedhöfen, die wie Miniaturdörfer gestaltet sind und an der Westseite des Dorfs liegen.
>
> Jedes Grab hat ein Schutzdach oder ist mit Bambuspfählen gekennzeichnet. Am Rand sitzen einfach geschnitzte Holzpuppen, oft mit den Händen vor dem Gesicht in Trauerhaltung kauernd. Ein Krug auf dem Grab repräsentiert den Verstorbenen. Dinge, die der Tote im Jenseits vielleicht gebrauchen könnte, werden ihm mitgegeben.
>
> Nach dem Begräbnis legen Verwandte sieben Jahre lang Speisen am Grab nieder und halten am jeweiligen Todestag vor Ort Wache. Sie betrauern und feiern die Verstorbenen mit Festessen und Reiswein. Nach dem siebten Jahr glauben sie, dass der Geist vom Dorf weggezogen ist, und geben das Grab auf.

rung der Stadt und des benachbarten Kon Tum. Die panische Flucht zur Küste über die einzige Straße, die Nationalstraße 7, wurde als „Konvoi der Tränen" bekannt. Von den 100 000 Menschen, die unterwegs pausenlos von nordvietnamesischen Truppen beschossen wurden, überlebte nach Schätzungen höchstens ein Drittel.

◉ Sehenswertes

Ho-Chi-Minh-Museum MUSEUM
(1 Phan Dinh Phuong; Eintritt frei; ⊙Mo–Fr 8–11 & 13–16.30 Uhr) Dokumente und Fotos demonstrieren Onkel Hos Verbundenheit mit den Bergvölkern und deren Liebe zu ihm. Außerdem erfährt man hier mehr über das Leben des Bahnar-Helden Anh Hung Nup (1914–98), der die Stämme gegen Franzosen und Amerikaner anführte. Ganz in der Nähe befindet sich seine **Statue** (Ecke Ð Le Loi & Ð Tran Hung Dao).

🛏 Schlafen & Essen

Duc Long Gia Lai Hotel HOTEL $
(✆387 6303; thienhc@diglgroup.com; 95–97 Ð Hai Ba Trung; Zi. 180 000–300 000 VND; ❈@❀) Mit seinen eleganten und tadellos sauberen Zimmern bietet dieses Hotel das beste Preis-Leistungs-Verhältnis der Stadt. In den teureren Räumen gibt's Balkone und Eckbadewannen. Das Personal spricht nur wenig Englisch. Im benachbarten Café bekommt man guten Kaffee.

Dien Hong Lake Tourist Village HOTEL $
(✆371 6450; Ð Ho Dien Hong; EZ/DZ 300 000/360 000 VND; ❈) Etwas Ruhe abseits des hektischen Stadtzentrums verspricht diese schmucke Bungalowreihe am Ufer eines künstlichen Sees. Die Zimmer sind in gutem Zustand und warten mit allem üblichen Komfort auf.

My Tam VIETNAMESISCH $
(3 Ð Quang Trung; Hauptgerichte ab 30 000 VND; ⊙mittags & abends) Hier kann man sich an wunderbar knusprigen, mit Tomaten-Knoblauch-Reis servierten leckeren Grillhühnchen satt essen.

Hoang Ha Cafe CAFÉ
(26 Ð Nguyen Van Troi) Ein Paar würdevoller Arowana-Fische begrüßt die Gäste am Eingang dieses dreistöckigen Cafés. Es ist so modern eingerichtet wie in Plei Ku nur möglich. Die Auswahl an Cocktails kann sich sehen lassen.

❶ Praktische Informationen

Wer Dörfer in der Gia-Lai-Provinz besuchen möchte, benötigt eine Genehmigung (10 US$) und einen Guide (20 US$). Das schreckt viele Traveller ab, die Plei Ku aus diesem Grund meist auslassen und stattdessen Kon Tum weiter nördlich ansteuern. Gia Lai Tourist kann die Erlaubnis und den Führer als Teil eines Pauschalangebots besorgen.

BIDV (1 Ð Nguyen Van Troi) Wechselt ausländische Währungen und gewährt Bargeldvorschüsse auf Kreditkarten.

Gia Lai Tourist (✆387 4571; www.gialaitourist.com; 215 Ð Hung Vuong) Beschäftigt englisch- und französischsprachige Guides und bietet u. a. Trekkingausflüge an.

Hauptpost (69 Ð Hung Vuong)

Vietin Bank (1 Ð Tran Hung Dao) Wechselt ausländische Währungen und gibt Bargeldvorschüsse auf Kreditkarten.

❶ An- & Weiterreise

BUS Der **Busbahnhof** (45 Ð Ly Nam De) liegt 2,5 km südöstlich der Stadt. Von hier geht's regelmäßig nach Buon Ma Thuot (85 000 VND, 4 Std.), Kon Tum (15 000 VND, 1 Std.) und Qui Nhon (85 000 VND, 4 Std.). Darüber hinaus fahren Busse bis nach Kambodscha (s. Kasten S. 318) und Laos (s. Kasten S. 321).

GRENZÜBERGANG: LE THANH–O YADAW

Dieser entlegene, selten von Ausländern genutzte Grenzübergang liegt 90 km von Plei Ku sowie 64 km vom kabodschanischen Ban Lung entfernt. Wer von Vietnam nach Kambodscha reist, erhält an der Grenze ein Visum. Auf dem umgekehrten Weg ist das allerdings nicht möglich, deshalb muss man das Visum für Vietnam in Kambodscha im Voraus besorgen.

Die Straße auf kambodschanischer Seite wurde inzwischen verbessert, deshalb verkehren nun täglich Minibusse von Ban Lung bis zur Grenze (aber nicht weiter) und wieder zurück.

Von Plei Ku fährt mehrmals täglich ein Bus nach Moc Den (30 000 VND, 2 Std., 80 km), wo man in einen Bus zur Grenze (20 000 VND, 15 km) umsteigen muss. Nachdem man in O Yadaw die Grenze zu Kambodscha überquert hat, gilt es einen Platz in einem Minibus (30 000 Riel oder 7,50 US$) oder auf einem Motorrad (15 US$) nach Ban Lung zu bekommen. Wer die Reise früh am Morgen beginnt, findet in Kambodscha leichter erschwingliche Verkehrsmittel.

Für die Fahrt von Ban Lung nach Plei Ku nimmt man einen Minibus zur Grenze und wartet dort auf einen Bus Richtung Moc Den oder Duc Co (20 000 VND). Von beiden Städten gibt's Verbindungen nach Plei Ku. Auf der vietnamesischen Seite stehen *xe om* bereit. Die Fahrer behaupten gerne, es würden keine Busse nach Plei Ku verkehren, um so eine bessere Verhandlungsposition zu schaffen.

Plei Ku befindet sich an der Kreuzung der Nationalstraßen 14 und 19, die den Ort mit Buon Ma Thuot (199 km), Qui Nhon (186 km) und Kon Tum (47 km) verbinden.

FLUGZEUG Vietnam Airlines (382 4680; 18 Đ Le Lai) fliegt täglich nach Hanoi (ab 1 500 000 VND), HCMS (ab 900 000 VND) und Da Nang (ab 900 000 VND). Auch **Air Mekong** (08-3514 6666; www.airmekong.info) bietet häufige Verbindungen und teilt sich mit Vietnam Airlines das Büro. Der Flughafen liegt 5 km von der Stadt entfernt und wird von Taxis (80 000 VND) sowie *xe om* (ca. 40 000 VND) angesteuert.

Kon Tum

060 / 145 000 EW. / 525 M

Richtig viel los ist in Kon Tum zwar nicht, aber dafür eignet sich der Ort als Basis für Ausflüge in die umgebende Landschaft. Die meisten Traveller, die hierherkommen, möchten Dörfer der Bergvölker besuchen (davon gibt's in der Gegend etwa 700). Oft sind sie auf dem Weg zum Ho Chi Minh Highway oder auf der Durchreise zur entlegenen Grenze nach Laos. Neben ein paar Bahnar-Dörfern am Rand der Stadt bietet die Gegend wenig klassische Sehenswürdigkeiten.

Während des Vietnamkriegs wurden auch in Kon Tum Kämpfe ausgetragen. Eine wichtige Schlacht zwischen Süd- und Nordvietnamesen fand im Frühjahr 1972 in bzw. rund um den Ort statt, bei der das Gebiet durch Hunderte amerikanischer B-52-Angriffe verwüstet wurde. Nachdem Buon Ma Thuot an den Norden gefallen war, zogen sich die Südvietnamesen im März 1975 aus der Provinz zurück. Viele Zivilisten schlossen sich ihnen an und bildeten gemeinsam den „Konvoi der Tränen".

2004 gerieten hiesige Bergstämme mit Polizei und Armee aneinander, als sie gegen die Regierungspolitik im Hochland protestierten. Oberflächlich gesehen hat sich die Lage beruhigt, aber das Verhältnis zwischen den ethnischen Minderheiten und den Autoritäten bleibt angespannt.

Sehenswertes

Dörfer ethnischer Minderheiten DÖRFER
Am Rand von Kon Tum liegen mehrere ärmliche Bahnar-Dörfer, in denen Kühe, Schweine, Hühner und unbekümmerte Kinder durch die Gassen streifen. Das Leben dort konzentriert sich auf das traditionelle *rong*-Haus *(nha rong)*, ein großes strohgedecktes Gemeinschaftsgebäude auf Pfählen, das ursprünglich zum Schutz vor Elefanten, Tigern und anderen Tieren gedacht war. Wenn nicht gerade Treffen der Gemeinde, Hochzeiten, Feste oder Gebete stattfinden, ist es in der Regel verschlossen.

Die drei nächsten Siedlungen erstrecken sich im Osten, Süden und Westen des Stadtgebiets. Im Osten findet man das ursprüngliche Dorf Kon Tum, über dessen Grenzen der heutige Ort inzwischen längst hinausgewachsen ist. Es besteht aus zwei Teilen: **Kon Tum Konam** (Unteres Kon Tum) und **Kon Tum Kopong** (Oberes Kon Tum), beide mit einem eigenen *rong*-Haus. Im Süden stößt man auf **Kon Harachot** mit dem Vinh-Son-2-Waisenhaus (s. Kasten unten) im Zentrum. Die nächste Dorfgruppe im Westen unweit des Krankenhauses umfasst etwa fünf Ansiedlungen.

Normalerweise heißen die Bewohner Touristen herzlich willkommen. Bevor man sie oder ihre Wohnungen fotografiert, sollte man jedoch um Erlaubnis fragen. Einige Ältere sprechen möglicherweise nur Französisch, kein Englisch. Menschen in traditioneller Tracht trifft man wahrscheinlich nicht, außer vielleicht sonntagabends auf dem Weg zur Messe. Diese wird in der Kathedrale der Unbefleckten Empfängnis in Bahnar-Sprache gehalten.

Wenn man Zeit genug hat, um hier gleich mehrere Tage zu verbringen, kann Kon Tum Tourist *homestays* (Privatunterkünfte bei einheimischen Familien) in den Dörfern arrangieren. Da die Guides darauf achten, nicht zu häufig dieselben Orte aufzusuchen, freuen sich die Einheimischen über Besucher, außerdem sind die Traditionen noch intakt. Auch Tagesausflüge lassen sich organisieren: Für den Führer zahlt man etwa 25 US$ sowie zusätzlich 2 bis 12 US$ pro Person. Preise hängen davon ab, welche Siedlung man besucht. Genehmigungen benötigt man mittlerweile nicht mehr, erkundigt sich aber trotzdem besser bei Kon Tum Tourist danach, bevor man auf eigene Faust loszieht.

Kathedrale der Unbefleckten Empfängnis KATHEDRALE

(Đ Nguyen Hue) Diese hübsche französische Holzkirche hat eine dunkle Fassade, himmelblaue Verzierungen und breite Vorplätze. Innen ist sie leicht, luftig und elegant. Sie bildet das Herz des 160 Jahre alten Bistums von Kon Tum und wird vorwiegend von den Bergvölkern genutzt. Der Altar ist mit bunten traditionell gewebten Stoffen geschmückt.

DIE ARMEN KLEINEN

Die beiden **Vinh-Son-Waisenhäuser 1 & 2** sind ein beliebtes Ziel für Touristen, die durch Kon Tum reisen. Sie werden von den Ordensschwestern der Wundertätigen Medaille geleitet. In jedem Heim leben etwa 200 Kinder, die meisten stammen aus Bergvölkern. Nicht alle haben ihre Eltern verloren – einige wurden auch von ihren Familien hergebracht, die nicht für sie sorgen können.

In beiden Häusern freut man sich über Besucher und Spenden aus dem Ausland, aber wenn plötzlich große Urlaubergruppen auftauchen, kann das den Unterricht und andere Aktivitäten der Kleinen stören. Wie überall auf der Welt lieben auch diese Kinder Ablenkung. Sie lassen sich gerne verwöhnen und in den Arm nehmen. Obwohl sie solche Wohlfühlmomente genießen, sollten Besucher die emotionalen Folgen bedenken, wenn dies für sie zur Gewohnheit im Umgang mit Ausländern wird.

Wer die Kinder besucht, bringt ihnen laut ihren Betreuern am besten keine Süßigkeiten mit; ihre Zahnärzte werden dafür dankbar sein. Wer möchte, kann ihnen stattdessen Obst oder nahrhafte frische Lebensmittel schenken. Andere passende Präsente sind Kleidung und Schulmaterial, auch wenn es schwierig ist, genau das zu treffen, was gerade gebraucht wird.

Spenden sind natürlich willkommen, aber die Standards der Transparenz und Steuerfähigkeit entsprechen nicht dem, was man im Westen kennt. Man kann außerdem Geldgeschenke über Mittlerorganisationen machen, darunter die **Friends of Vinh Son Montagnard Orphanage** (www.friendsofvso.org), die **Friends of Central Highlands, Vietnam** (www.fochvn.org) aus Pennsylvania oder die amerikanische Nichtregierungsorganisation **East Meets West Foundation** (www.eastmeetswest.org). Letztere betreibt für Waisenhäuser ein Zahnpflegeprogramm und weitere Ausbildungsprojekte im Hochland. In Kon Tum (und überall sonst in Vietnam) gibt's viele Kinderheime und Projekte, die Hilfe benötigen.

Vinh Son 1 befindet sich direkt hinter der Kathedrale der Unbefleckten Empfängnis an der Đ Nguyen Hue. Vinh Son 2 liegt in Kon Harachot, einem Weiler südlich der Stadt (am Ende des zweiten Feldwegs rechts hinter der kleinen Koppel).

Kon Tum

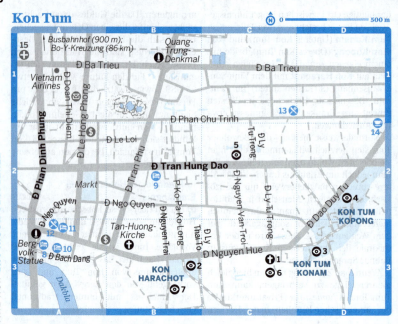

Kon Tum

◉ Sehenswertes
1 Kathedrale der Unbefleckten
  Empfängnis..........................C3
2 Kon Harachot....................................B3
3 Kon Tum Konam..............................D3
4 Kon Tum Kopong.............................D2
5 Priesterseminar & Bergvolk-
  museum..............................C2
6 Vinh-Son-Waisenhaus 1.....................C3
7 Vinh-Son-Waisenhaus 2.....................B3

🛏 Schlafen
8 Dakbla Hotel......................................A3
9 Family Hotel......................................B2
10 Indochine Hotel..............................A3
11 Viet Nga Hotel................................A3

🍴 Essen
12 Dakbla Restaurant.........................A3
13 Quan 58..C1

🍸 Ausgehen
14 Eva Café..D1

ℹ Praktisches
   Highlands Eco Tours................(siehe 11)
15 Kon-Tum-Krankenhaus.......................A1
   Kon Tum Tourist.......................(siehe 8)

Priesterseminar & Bergvolkmuseum

(Đ Tran Hung Dao; Eintritt frei; ⊙Mo–Sa 8–11 & 14–16 Uhr) Das bezaubernde katholische Priesterseminar würde auch in die französische Provinz passen. Es wurde 1934 errichtet, hat eine Kapelle mit schönen Holzschnitzereien und im Obergeschoss einen „Traditionsraum", der als inoffizielles Museum über das Leben der Bergvölker und der Diozöse Kon Tum dient. Eventuell muss man einen Bewohner des Seminars bitten, die Museumstür aufzuschließen.

🛏 Schlafen

Family Hotel
HOTEL $

(☎386 2448; phongminhkt@yahoo.com; 55 & 61 Đ Tran Hung Dao; Zi. 15–25 US$; ❄@🛜) Von der Straße aus ist der Zauber dieses Ortes nicht auf den ersten Blick ersichtlich, doch im hinteren Teil des Anwesens entdeckt man einen hübschen Innenhof mit Garten und Bungalowzimmern. Die sympathische Inhaberfamilie betreibt auch ein kleines hauseigenes Restaurant und an manchen Abenden gibt's Livemusik.

Dakbla Hotel HOTEL $
(386 3333; 2 Đ Phan Dinh Phung; Zi. 10 US$; ❄@☎) Vom Äußeren des alten staatlich betriebenen Hochhauses sollte man sich nicht abschrecken lassen, denn die kürzlich renovierten Zimmer bieten mit ihren schmucken neuen Bädern ein tolles Preis-Leistungs-Verhältnis.

Viet Nga Hotel HOTEL $
(224 0247; 160 Đ Nguyen Hue; Zi. 8–15 US$; ❄@☎) Die Zimmer in diesem einfachen, familiengeführten Minihotel sind groß und hell. Zur Ausstattung gehören Satelliten-TV, kleine Kühlschränke und Warmwasserduschen.

Indochine Hotel HOTEL $$
(386 3335; www.indochinehotel.vn; 30 Đ Bach Dang; Zi. 25–33 US$; ❄@☎) Weil die Preise des elegantesten Hotels in der Stadt seit einigen Jahren sinken, wird es für Traveller immer interessanter. Von der wunderbaren Lage profitiert man am besten in den großen Zimmern mit Flussblick.

Essen & Ausgehen

Dakbla Restaurant VIETNAMESISCH $
(168 Đ Nguyen Hue; Gerichte 20 000–120 000 VND; ⊙8–22 Uhr) Eines von Kon Tums wenigen soliden Restaurants. Es ist liebevoll im Stil der Bergvölker eingerichtet und seine Wände sind mit Kunsthandwerk geschmückt. Die attraktive vietnamesische Speisekarte wird durch Gerichte wie Wildschwein und Froschschenkel aufgepeppt.

Quan 58 VIETNAMESISCH $
(58 Đ Phan Chu Trinh; Eintopf 90 000 VND; ⊙mittags & abends) Das bescheidene Lokal serviert ausschließlich Ziegenfleischgerichte: *de hap* (gedünstet), *de nuong* (gegrillt), *de xao lan* (sautiert), *de cari* (als Curry) und *lau de* (ein beliebter Eintopf).

Eva Cafe CAFÉ $
(1 Đ Phan Chu Trinh) In dem gemütlichen Café mit zahlreichen Kuriositäten, die von der baumhausartigen Lage bis zu den feierlichen Stammesmasken an der Decke reichen, treffen sich viele einheimische Pärchen und trinken Bier oder Kaffee.

ⓘ Praktische Informationen

BIDV (1 Đ Tran Phu) Hat einen Geldautomaten und wechselt US-Dollars. Mit gängigen Kreditkarten kann man Bargeld abheben.

Highlands Eco Tours (391 2788; www.vietnamhighlands.com; 41 Đ Ho Tung Mau) Das privat betriebene Reiseunternehmen ist auf Dorfbesuche und *homestays* (Privatunterkünfte) in entlegenen Gemeinden spezialisiert.

Hauptpost (205 Đ Le Hong Phong)

Kon-Tum-Krankenhaus (386 2565; 224a Đ Ba Trieu)

GRENZÜBERGANG: BO Y–PHOU KEAU

Dieser Grenzübergang liegt 86 km nordwestlich von Kon Tum und 119 km nordöstlich von Attapeu (Laos). Obwohl er bereits seit 2006 für Touristen geöffnet ist, behaupten manche Einheimische nach wie vor, er sei geschlossen. Ein Visum für Vietnam wird hier nicht ausgestellt, aber immerhin bekommt man ein Visum für Laos.

Von Plei Ku fahren täglich um 8 Uhr Busse nach Attapeu (240 000 VND, 8 Std., 250 km) und von dort aus nach Pakxe (320 000 VND, 12 Std., 440 km). Kon Tum Tourist kann arrangieren, dass der Bus einen mitnimmt, wenn er um 9.30 Uhr Kon Tum passiert. In der Gegenrichtung starten Busse in Pakxe und verkehren via Attapeu nach Kon Tum und Plei Ku. Auch **Mai Linh Express** (391 3888; www.mailinh.vn) bietet eine tägliche Verbindung auf der Strecke an.

In Qui Nhon starten ebenfalls mehrere Busse pro Woche nach Attapeu und Pakxe via Plei Ku und Kon Tum. Der Fahrplan ändert sich häufig, deshalb erkundigt man sich am besten am Busbahnhof nach den aktuellen Zeiten. Je nach Busunternehmen betragen die Preise zwischen 250 000 VND und 16 US$.

Für Individualreisende kann die Grenzüberquerung zur Herausforderung werden. In Vietnam ist Ngoc Hoi die am nächsten gelegene größere Stadt. Dorthin fahren Busse von Kon Tum (30 000 VND, 1½ Std., 60 km). Für die restlichen 14 km zur Grenze muss man in Ngoc Hoi einen Minibus oder ein *xe om* nehmen. Auf der laotischen Seite gibt's noch weniger Verkehrsmittel, deshalb kann man hier nur hoffen, dass Fahrzeuge vorbeikommen und einen mitnehmen. Stattdessen sollte man lieber in einen Direktbus von Kon Tum oder Plei Ku steigen, denn die lokalen Verkehrsmittel bergen Risiken wie Diebstahl oder Abzocke.

Kon Tum Tourist (386 1626; ktourist@dng.vnn.vn; 2 Đ Phan Dinh Phung) Das Reisebüro im Dakbla Hotel beschäftigt englischsprachiges Personal und vermittelt Ausflüge sowie *homestays* in den Dörfern der Bahnar und Jarai.

Vietcombank (108 Đ Le Hong Phong)

An- & Weiterreise

BUS Von Kon Tums **Busbahnhof** (279 Đ Phan Dinh Phung) bestehen zahlreiche Verbindungen nach Plei Ku (49 km südlich, 20 000 VND, 1 Std.) und Da Nang (300 km nördlich, 107 000 VND, 4 Std.), die man über die Nationalstraße 14 erreicht.

FLUGZEUG Vietnam Airlines (386 2282; 131 Đ Ba Trieu) bietet Flüge mit Vietnam Airlines und Air Mekong. Der nächste Flughafen befindet sich in Plei Ku.

TAXI Mai Linh (395 5555) gilt als zuverlässiges Taxiunternehmen.

XE OM Kon Tum lässt sich leicht zu Fuß erkunden, aber es gibt auch viele *xe om*. Eine Motorradfahrt innerhalb der Stadt sollte nicht mehr als 20 000 VND kosten.

Ho-Chi-Minh-Stadt

📍 08 / EINWOHNER: 7,4 MIO.

Inhalt »
Sehenswertes	326
Aktivitäten	345
Kurse	346
Geführte Touren	346
Feste & Events	347
Schlafen	347
Essen	352
Ausgehen	359
Unterhaltung	362
Shoppen	364
Rund um Ho-Chi-Minh-Stadt	371

Gut essen
» Cuc Gach Quan (S. 356)
» Nha Hang Ngon (S. 352)
» Lion City (S. 357)
» Pho Hoa (S. 357)
» Temple Club (S. 352)

Schön übernachten
» Giang & Son (S. 350)
» Hong Han (S. 350)
» Ma Maison (S. 352)
» Park Hyatt (S. 347)
» Ngoc Son (S. 351)

Auf nach Ho-Chi-Minh-Stadt

Ho-Chi-Minh-Stadt (HCMS) entwickelt sich rasant. Mit schier unerschöpflicher Energie treibt die brodelnde Wirtschafts- und Kulturmetropole das ganze Land voran und überträgt ihre Vitalität auf alle, die sich in ihr niederlassen. Besucher erwartet also ein Abenteuer der Extraklasse.

Vom nobelsten Hotel bis zur billigsten Pension, vom elegantesten Restaurant bis zum leckersten Straßenstand, von der erlesensten Boutique bis zum turbulentesten Markt – hier gibt's nichts, was es nicht gibt. Nach einem Bummel durch zeitlose Gassen mit uralten Pagoden geht's im Zeitraffer Richtung Zukunft an Konsumtempeln und modernen Wolkenkratzern vorbei. In den Gebäuden, die vor einer Generation eine Stadt im Aufruhr erlebten, sind die Geister der Vergangenheit noch zu spüren. Der wahre Reiz des ehemaligen Saigon ist jedoch die Mühelosigkeit, mit der beide Welten scheinbar übergangslos zu einer aufregenden, brodelnden Metropole verschmelzen. Diese Stadt ist einfach einzigartig.

Reisezeit
Ho-Chi-Minh-Stadt

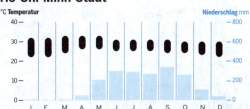

Feb. Kaum Regen, die geringste Luftfeuchtigkeit und eine Stadt voller Blüten für das Tet-Fest.

März Immer noch wenig Regen, eine niedrige Luftfeuchtigkeit und das jährliche *cyclo*-Rennen.

Dez. Im Dezember ist es einen Hauch kühler als sonst und relativ trocken.

Highlights

① Die manische Energie der Stadt von einer der **Dachterrassenbars** (S. 360) in sich aufsaugen

② Im **Kriegsrestemuseum** (S. 334) den Spuren der aufwühlenden jüngeren Geschichte folgen

③ Die vielfältige **lokale und internationale Küche** (S. 352) in Restaurants und Straßenständen kosten

④ Durch dichten Weihrauch die mystische **Pagode des Jadekaisers** (S. 330) betreten

⑤ Chinesische Pagoden im farbenprächtigen **Cholon** (S. 338) bestaunen

6 Inmitten archäologischer Funde des **Historischen Museums** (S. 331) in die Vergangenheit eintauchen

7 Die surreale unterirdische Welt des Vietcong im klaustrophobischen **Cu-Chi-Tunnel** (S. 374) erleben

8 Im wahrhaft fantastischen **Großen Cao-Dai-Tempel** (S. 375) in Tay Ninh einer Andacht lauschen

Geschichte

Ursprünglich gehörte Saigon zum Königreich Kambodscha und war bis ins 17. Jh. hinein eine kleine Hafenstadt mit Namen Prey Nokor. Dann drangen vietnamesische Siedler in den Süden vor, die den Ort übernahmen und zum Sitz der Nguyen-Herrscher machten.

Während der Tay-Son-Rebellion im 18. Jh. gründete eine Gruppe chinesischer Flüchtlinge in der Nähe eine Siedlung, die bei ihren vietnamesischen Nachbarn Cholon (großer Markt) genannt wurde. Nachdem Nguyen Anh die Rebellen vertrieben hatte, baute er hier eine mächtige Zitadelle (etwa dort, wo heute die Amerikanische und die Französische Botschaft stehen).

Sowohl Saigon als auch Cholon wurden 1859 von den Franzosen eingenommen, die dabei die Zitadelle zerstörten, ein paar Jahre später wurde Saigon Hauptstadt von Cochinchina. Erst 1931, als die Nachbarstädte zusammengewachsen waren, vereinte man sie offiziell zu Saigon-Cholon (der Name Cholon fiel 1956 weg).

Ab 1956 fungierte der Ort als Hauptstadt der Republik Vietnam, bis die Nordvietnamesen 1975 einfielen und ihn in Ho-Chi-Minh-Stadt umbenannten.

◉ Sehenswertes

Auch wenn kaum jemand die Stadt schön nennen würde, wartet HCMS doch mit einigen faszinierenden Sehenswürdigkeiten auf: Versteckte Pagoden in abgelegenen Gässchen, Museen, historische Stätten und bunte Märkte sind Teil der chaotischen Metropole.

Eigentlich ist HCMS keine Stadt, sondern eine kleine Provinz. Sie erstreckt sich vom Südchinesischen Meer bis fast an die kambodschanische Grenze. Das tatsächliche Stadtgebiet macht nur 10 % der Gesamtfläche aus, hier leben jedoch 75 % der Bevölkerung, die restlichen 25 % verteilen sich auf die Umgebung.

HCMS besteht aus 19 Stadtbezirken, den *quan* (abgeleitet vom französischen *quartier*), und fünf Bezirken auf dem Land, den *huyen*. Die Metropole wächst schnell: In besseren Wohnvierteln wie An Phu im Bezirk 2 und in Saigon Süd (auch als Bezirk 7 bekannt) werden derzeit viele neue Bauprojekte umgesetzt.

Dieses Kapitel widmet sich hauptsächlich den Orten und Sehenswürdigkeiten im Bezirk 1, darunter das Backpackerviertel Pham Ngu Lao (PNL) und der etwas edlere Stadtteil Dong Khoi, in dem man die beste Auswahl an Restaurants, Bars und Boutiquen hat. Bezirk 1 heißt nach wie vor Saigon, allerdings meinen Einheimische oft die komplette Stadt, wenn sie von Saigon sprechen. Gebäude im neoklassizistischen und europäischen Stil sowie die von Geschäften, Cafés und Lokalen gesäumten Alleen verleihen Vierteln wie dem Bezirk 3 ein ansprechendes, fast französisch anmutendes Flair.

HO-CHI-MINH-STADT IN ...

... einem Tag

Der Tag beginnt mit einer dampfenden Schüssel pho (Reisnudelsuppe), dann geht's der Route unseres **Stadtspaziergangs** nach. Nach dem Mittagessen im **Shri** steht ein Besuch des nahe gelegenen **Kriegsrestemuseums**, des **Wiedervereinigungspalasts** und, wenn noch Zeit ist, des **Stadtmuseums** auf dem Programm. Abends genießt man den Sonnenuntergang von der Dachterrasse des **Sheraton Saigon** und steuert zum Essen das **Nha Hang Ngon** oder den **Temple Club** an. Im **Vasco's** oder in einer der anderen Bars im Hof dieser ehemaligen Opiumraffinerie lässt man den Tag bei einem letzten Drink ausklingen.

... zwei Tagen

Der Vormittag gehört **Cholon** mit seinen Märkten und alten Pagoden. Mit einem Taxi geht's in den 3. Bezirk, wo man sich bei einem günstigen traditionellen Mittagessen im **Pho Hoa** oder **Banh Xeo 46A** stärkt und dann durch Da Kao zur **Pagode des Jadekaisers** sowie zum **Historischen Museum** schlendert. Weil dies der letzte Abend in HCMS ist, wird er richtig ausgenutzt. Man beginnt in einem der großartigen Restaurants der Stadt, z. B. im **Cuc Gach Quan**, **Camargue** oder **Lion City**, und lauscht danach im **Acoustic** oder **Yoko** einer Band. Wer Lust hat, sich in ein für HCMS typisches Durcheinander zu stürzen, setzt die Nacht im **Apocalypse Now** und im **Go2** fort.

DONG KHOI

In dieser Gegend gleich westlich vom Saigon-Fluss liegt das Herz des alten Saigon inmitten eines glamourösen Bezirks voller Designerläden und Wolkenkratzer. Die Haupteinkaufsstraße ist die Đ Dong Khoi, die von der Notre-Dame-Kathedrale über das Opernhaus (Städtisches Theater) ins Verwaltungszentrum und zentrale Geschäftsviertel führt. Stärkeren Eindruck (besonders, wenn man sie zu Fuß überquert) hinterlassen jedoch die breiten, von Bäumen gesäumten Boulevards Le Loi und Nguyen Hue, auf denen es stets von Motorrädern wimmelt. In den großen Hauptstraßen prallen die Ambitionen der französischen Kolonialzeit und die turbulente moderne Stadt ungebremst aufeinander.

Stadtmuseum MUSEUM
(Bao Tang Thanh Pho Ho Chi Minh; Karte S. 327; www.hcmc-museum.edu.vn; 65 Đ Ly Tu Trong; Eintritt 15 000 VND; ⊙8–16 Uhr) Das 1886 errichtete Stadtmuseum befindet sich in einem einmalig schönen und beindruckenden Gebäude im neoklassizistischen Stil. Zunächst war es als Gia-Long-Palast, später als Revolutionsmuseum bekannt.

Mit archäologischen Fundstücken, Keramiken, alten Stadtplänen und Ausstellun-

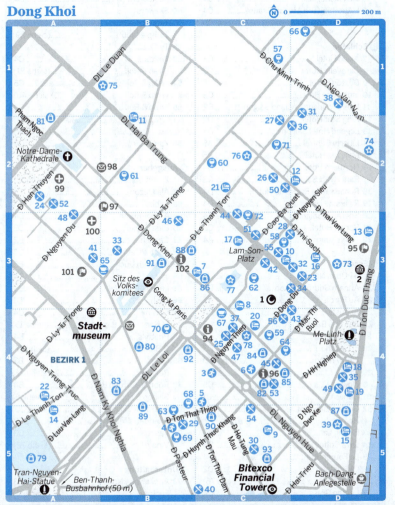

Dong Khoi

◉ Highlights
- Bitexco Financial Tower C5
- Stadtmuseum A4

◉ Sehenswertes
- 1 Zentralmoschee C3
- 2 Ton-Duc-Thang-Museum D3

◉ Aktivitäten, Kurse & Touren
- Aqua Day Spa ....(siehe 20)
- Diamond Superbowl ....(siehe 81)
- 3 Glow C4
- 4 Jasmine B5
- 5 Just Men C4
- 6 L'Apothiquaire Artisan Beauté C4
- Saigon Cooking Class ....(siehe 72)

◉ Schlafen
- 7 Asian Hotel C3
- 8 Caravelle Hotel C3
- 9 Duxton Hotel C5
- 10 Indochine Hotel C3
- 11 Intercontinental Asiana Saigon B2
- 12 King Star Hotel D2
- 13 Legend Hotel Saigon D3
- 14 Liberty Central A5
- 15 Majestic Hotel D5
- 16 Northern Hotel D3
- 17 Park Hyatt Saigon C3
- 18 Renaissance Riverside Hotel D4
- 19 Riverside Hotel D4
- 20 Sheraton Saigon C4
- 21 Spring Hotel C2
- 22 Thien Xuan A4

◉ Essen
- 3T Quan Nuong ....(siehe 29)
- 23 Annam Gourmet Shop D3
- 24 Au Parc A2
- 25 Augustin C4
- 26 Bernie's Bar & Grill C2
- 27 Cepage C2
- 28 El Gaucho C3
- Elbow Room ....(siehe 40)
- 29 Fanny B5
- 30 Flow C5
- 31 Ganesh D1
- 32 Golden Elephant D3
- Hoa Tuc ....(siehe 72)
- 33 Huong Lai B3
- 34 Java Coffee Bar D3
- 35 La Fourchette D4
- 36 La Hostaria D2
- Le Jardin ....(siehe 76)
- 37 Lemon Grass C4
- 38 Mandarine D1
- 39 Maxim's Nam An D5
- 40 Mogambo C5
- 41 Nha Hang Ngon A3
- 42 Pacharan C3
- 43 Pasha D4
- 44 Pat a Chou C3
- 45 Pho 24 .... C4
- 46 Pho 24 .... B3
- Pho 24 ....(siehe 88)
- 47 Pho 24 .... C4
- Pho 24 ....(siehe 81)
- 48 Pho 24 .... A3
- 49 Restaurant 13 .... D4
- 50 Skewers C2
- 51 Tandoor C3
- Temple Club ....(siehe 29)
- 52 Ty Coz A2
- 53 Warda C4
- Wrap & Roll ....(siehe 81)
- 54 Wrap & Roll C5
- Wrap & Roll ....(siehe 46)
- 55 Wrap & Roll C3
- Wrap & Roll ....(siehe 88)
- Xu ....(siehe 42)
- 56 Zan Z Bar C4

◉ Ausgehen
- 2 Lam Son ....(siehe 17)
- 57 Ala Mezon C1
- 58 Alibi C3
- 59 Amber Room C4
- 60 Blue Gecko C2
- 61 Casbah B2
- 62 Centro Caffe C3
- 63 Drunken Duck B5
- 64 Juice C4
- 65 La Fenêtre Soleil B3
- 66 Lush D1
- 67 L'Usine C4
- M Bar ....(siehe 15)
- 68 Phatty's B4
- Q Bar ....(siehe 77)
- 69 Qing B5
- Refinery ....(siehe 82)
- 70 Rooftop Garden Bar B4
- Saigon Saigon ....(siehe 8)
- Sheraton Saigon ....(siehe 20)
- 71 Sheridan's Irish House C2
- 72 Vasco's C3
- Vino ....(siehe 72)

◉ Unterhaltung
- 73 Apocalypse Now D3
- Factory ....(siehe 6)

74	Fuse	D2	89 Saigon Centre	B5
75	Hard Rock Café	B1	90 Sapa	C5
76	Idecaf	C2	91 Song	B3
	Lotte Cinema Diamond	(siehe 81)	92 Tax Trade Centre	B4
77	Städtisches Theater	C3	93 Vietnam Quilts	C5
78	Villa	C4		

ⓘ Praktisches
94 Asiana Travel Mate.....C4

🛍 Shoppen
Art Arcade.....(siehe 67)
95 Australisches Konsulat.....D3
96 Buffalo Tours.....C4
79 Ben-Thanh-Markt.....A5
97 Kanadisches Konsulat.....B2
80 Chi Chi.....B4
98 Hauptpost.....B2
81 Diamond-Kaufhaus.....A2
  HCMC Family Medical Practice...(siehe 81)
  Dogma.....(siehe 4)
99 International Medical Centre.....A2
82 Fahasa Bookshop.....C4
100 International SOS.....A3
83 Fahasa Bookshop.....B4
101 Laotisches Konsulat.....A3
84 Khai Silk.....C4
  Neuseeländisches Konsulat......(siehe 97)
85 Lucky Plaza.....C4
102 Saigon Tourist.....B3
86 Mai's.....C3
87 Nguyen Frères.....D5
88 Parkson Plaza.....B3

---

gen zu den Hochzeitstraditionen der verschiedenen ethnischen Gruppen erzählt es die Geschichte der Metropole. Auch der Kampf um die Unabhängigkeit nimmt viel Raum ein – ihm ist nahezu die gesamte obere Etage gewidmet.

Unter dem Gebäude erstreckt sich ein verzweigtes Netzwerk von befestigten Fluren und Schutzbunkern mit Wohnbereichen, einer Küche und einer gigantischen Versammlungshalle. Einige Gänge führen bis zum Wiedervereinigungspalast. 1963 hielten sich Diem und sein Bruder hier versteckt, bevor sie in die Cha-Tam-Kirche flohen. Da fast alle Tunnel überflutet sind, kann die Anlage nicht besichtigt werden.

In den Gärten rund um das Museum sieht man verschiedene militärische Kriegsgeräte, darunter ein amerikanischer F-5E-Flieger, der am 8. April 1975 von einem südvietnamesischen Überläufer verwendet wurde, um den heutigen Wiedervereinigungspalast zu bombardieren.

Bitexco Financial Tower
BEMERKENSWERTES GEBÄUDE

(Karte S.327; 36 Đ Ho Tung Mau; Eintritt 200 000 VND; ⊙Mo–Fr 13–21, Sa & So 10–22 Uhr) Dieser grandiose, 262 m hohe Wolkenkratzer mit 68 Stockwerken, von Carlos Zapata entworfen und Ende 2010 eröffnet, lässt die gesamte Umgebung zwergenhaft erscheinen. Er soll an eine Lotuspflanze erinnern, auf uns wirkte er allerdings wie ein CD-Ständer, in das ein Tamburin geschoben wurde. Letzteres ist eigentlich das **Saigon Skydeck** in der 48. Etage mit einem Hubschrauberlandeplatz auf dem Dach. Die Aussichten sind natürlich außergewöhnlich, ansonsten gibt's da oben aber nichts Interessantes.

GRATIS Ton-Duc-Thang-Museum
MUSEUM

(Bao Tang Ton Duc Thang; Karte S.327; 5 Đ Ton Duc Thang; ⊙Di–So 7.30–11.30 & 13.30–17 Uhr) Das kleine, wenig besuchte Museum ist Ton Duc Thang gewidmet, Ho Chi Minhs Nachfolger als Präsident Vietnams. Er wurde 1888 in Long Xuyen im Mekong-Delta geboren und starb 1980 während seiner Amtszeit. Fotos und Ausstellungsstücke illustrieren seine Rolle bei der vietnamesischen Revolution, darunter auch einige faszinierende Exponate zur Brutalität der französischen Kolonialherrschaft. Oben befindet sich eine reizvolle schrullige Sammlung von Porträts von „Onkel Ton" in Mosaikform, angefertigt aus Telefonkabeln, Sesamsamen, Reis, Briefmarken und Knöpfen.

Zentralmoschee
MOSCHEE

(Karte S.327; 66 Đ Dong Du) Südindische Muslime errichteten 1935 am Standort einer früheren Moschee ein ganz neues Gebäude. Inmitten des hektischen Treibens von Dong Khoi ist es eine saubere und gepflegte Oase der Ruhe. Vor dem strahlend weiß-blauen Bauwerk mit vier Zierminaretten steht ein Wasserbecken für rituelle Waschungen, die

MEHR ALS NUR SCHALL UND RAUCH

Nichts hat die Vietnamesen in den letzten 40 Jahren so sehr beschäftigt wie die Suche nach dem richtigen Namen für Provinzen, Bezirke, Städte, Straßen und Institutionen des Landes. Manch ein Ort ist seit dem Zweiten Weltkrieg bereits dreimal umbenannt worden, und so sind oft mehrere Bezeichnungen in Gebrauch.

Als die Franzosen 1954 Vietnam verließen, wurden fast alle französischen Ortsbezeichnungen sowohl im Norden als auch im Süden durch vietnamesische ersetzt. Von da an hieß z. B. Saigons Rue Catinat (wird all jenen ein Begriff sein, die Graham Greenes *Der stille Amerikaner* gelesen haben) Ð Tu Do (Freiheit), allerdings nur bis zur Wiedervereinigung; seither trägt die Straße den Namen Ð Dong Khoi (Allgemeiner Aufstand). 1956 ließ das von den USA unterstützte Regime außerdem die Namen einiger Provinzen und Städte im Süden ändern, da diese an den Widerstand der Vietminh gegen die Kolonialherrschaft erinnerten. Die Kommunisten wiederum, die zu jener Zeit bereits im Untergrund operierten, behielten in ihren regionalen und lokalen Organisationen frühere Bezeichnungen und Grenzen bei. Nun hatten es die Bauern gleich mit zwei neuen Machthabern zu tun, passten sich jedoch rasch an: Kommunisten gegenüber verwendeten sie die „roten" Namen, im Gespräch mit südvietnamesischen Beamten griffen sie auf deren Bezeichnungen zurück.

Erste Amtshandlung der neuen provisorischen Regierung in Saigon nach der Wiedervereinigung war es, den Ort in Ho-Chi-Minh-Stadt umzubenennen. Diese Entscheidung wurde ein Jahr später in Hanoi bestätigt. Danach wurden auch Straßennamen, die man als „unangemessen" erachtete, ausgewechselt. Im Wesentlichen ersetzte man englische und französische Benennungen durch vietnamesische. Die einzigen französischen Persönlichkeiten, die nach wie vor auch namentlich geehrt werden, sind Albert Calmette (1893–1934), der einen Impfstoff gegen Tuberkulose fand, Marie Curie (1867–1934), die den Nobelpreis für ihre Forschung im Bereich Radioaktivität gewann, der Chemiker und Bakteriologe Louis Pasteur (1822–95) sowie Alexandre Yersin (1863–1943), Entdecker des Pesterregers.

Die neuen Straßennamen haben sich zwar durchgesetzt, für die Stadt selbst benutzen jedoch viele Vietnamesen noch ihren alten Namen Saigon.

---

vom islamischen Gesetz vor dem Gebet vorgeschrieben sind.

Die Schlichtheit der Moschee bildet einen starken Kontrast zu den überladenen chinesischen Tempeln und den mit Figuren und Ritualobjekten gefüllten buddhistischen Pagoden. Die Scharia verbietet die Verwendung von Menschen- oder Tierfiguren zu Dekorationszwecken. Vor dem Betreten des Gebäudes muss man die Schuhe ausziehen.

Rund um die Moschee bieten diverse malaysische und indische Restaurants *halal*-Essen an, darunter ein hervorragendes, aber unauffälliges Lokal gleich hinter dem Bauwerk. Für die rund 6000 Muslime in HCMS gibt's noch zwölf weitere Moscheen.

DA KAO & UMGEBUNG

In diesem alten Stadtteil im Bezirk 1 gleich nördlich des Stadtzentrums befinden sich die meisten Konsulate und schöne Gebäude der französischen Kolonialzeit. Die historischen Straßen (und jene, die in der östlichen Ecke von Bezirk 3 anschließen) beherbergen einige der angesagtesten neuen Restaurants und Bars sowie ein paar der besten traditionellen Lokale in HCMS.

Pagode des Jadekaisers PAGODE
(Phuoc Hai Tu oder Chua Ngoc Hoang; Karte S.334; 73 Ð Mai Thi Luu) Das 1909 von der Gemeinde in Kanton (Quang Dong) errichtete Gebäude ist dem höchsten taoistischen Gott (Jadekaiser oder König des Himmels: Ngoc Hoang) gewidmet und eine der farbenprächtigsten Pagoden der Stadt. Ihre Innenräume füllen zahlreiche Statuen aus Pappmaché, die fantastische Gottheiten und groteske Helden sowohl der buddhistischen als auch der taoistischen Tradition darstellen. Beißender Rauch von Räucherstäbchen wabert über wunderschöne, mit goldenen chinesischen Schriftzeichen versehene Schnitzereien. Das Dach ist kunstvoll gedeckt.

Im Hauptgebäude erheben sich zwei schreckenerregende Figuren: Zur Rechten (in Richtung Altar) steht eine etwa 4 m hohe Statue des Generals, der den Grünen

Drachen besiegte; gegenüber die Skulptur eines Generals, der den Weißen Tiger bändigte. Beide Ungetüme liegen ihren Bezwingern zu Füßen.

Über dem Hauptaltar thront der in edle Gewänder gehüllte Jadekaiser. Er wird von seinen Wächtern flankiert, die man wegen ihrer unnachgiebigen Härte und Unbeugsamkeit die Vier Großen Diamanten (Tu Dai Kim Cuong) nennt.

Durch die linke Tür gelangt man in einen weiteren Raum. Hier sitzt Höllenkönig Thanh Hoang und links steht sein rotes Pferd. Andere Figuren repräsentieren Götter, die schlechte Taten bestrafen und gute belohnen. Dahinter liegt die berühmte Halle der Zehn Höllen: Zehn geschnitzte Tafeln zeigen verschiedene Folterszenen und geben Bösewichten einen Vorgeschmack auf ihr Schicksal.

Im nächsten Raum stößt man auf faszinierende Keramikfiguren. Zwölf bunt gekleidete Frauen sitzen umringt von vielen Kindern in zwei Reihen von je sechs Figuren. Jede Frauenstatue stellt eines der zwölf Jahre im chinesischen astrologischen Kalender dar und symbolisiert eine gute oder schlechte Tugend. Kim Hoa Thanh Mau, die Höchste aller Frauen, wacht über das Geschehen.

Historisches Museum MUSEUM

(Bao Tang Lich Su; Karte S.334; Ð Nguyen Binh Khiem; Eintritt 15 000 VND; ⊙Di-So 8-11 & 13.30-17 Uhr) Das 1929 von der Société des Études Indochinoises erbaute Historische Museum lohnt allein schon wegen seiner eindrucksvollen chinesisch-französischen Architektur. Es beherbergt eine herausragende Sammlung an Artefakten, die die Entwicklung der Kulturen in Vietnam illustrieren, von der Dong-Son-Kultur (ab 2. Jh. v. Chr.) der Bronzezeit und der Funan-Kultur (1. bis 6. Jh. n. Chr.) bis zu den Cham, Khmer und Vietnamesen. Zu den Highlights zählen wertvolle Relikte aus Angkor Wat (Kambodscha).

Das Museum befindet sich gleich innerhalb des Haupttors zum Botanischen Garten und Zoo der Stadt, Tierfreunden können wir den Besuch dieses deprimierenden Ortes allerdings nicht empfehlen. Achtung: Das Ticketbüro für den Zoo liegt vor dem Gebäude, die Eintrittskarten für das Museum muss man aber erst am Eingang zu diesem kaufen.

Tempel von König Hung Vuong TEMPEL

(Karte S.334; Ð Nguyen Binh Khiem) Direkt gegenüber dem Historischen Museum ehrt dieser aufwendig gebaute hohe Tempel den ersten der legendären Hung-Könige. Angeblich waren sie Vietnams früheste Herrscher und errichteten ihr Reich im Gebiet des Roten Flusses, bis es von Chinesen eingenommen wurde. Hung Vuong ist sowohl eine halb mythische Figur (Sohn des Drachengottes und einer Bergelfe) als auch der Name vieler früher Könige.

GRATIS Militärmuseum MUSEUM

(Bao Tang Quan Doi; Karte S.334; ☏3822 9387; 2 Ð Le Duan; ⊙Di-Sa 7.30-11 & 13.30-16.30 Uhr) Nur ein kurzes Stück vom Historischen Museum entfernt kann man sich eine kleine Sammlung ansehen, die sich Ho Chi Minhs Befreiungskampagne für den Süden des Landes widmet. Sie ist nicht sonderlich spektakulär, doch draußen stehen einige US-amerikanische, chinesische und sowjetische Kriegsartefakte, darunter eine Cessna A-37 und eine F-5E Tiger, deren 20-Millimeter-Lauf noch immer geladen ist. Der hier gezeigte Panzer war beim Angriff auf den Wiedervereinigungspalast am 30. April 1975 im Einsatz.

Pho Binh HISTORISCHE STÄTTE

(Karte S.334; 7 Ð Ly Chinh Thang, Bezirk 3; Nudelsuppe 30 000 VND) Ein bescheidenes Nudelsuppen-Restaurant als Sehenswürdigkeit? Der Schein trügt. Tatsächlich war Pho Binh das geheime Hauptquartier des Vietcong, in dem während der Tet-Offensive im Jahr 1968 Anschläge auf die amerikanische Botschaft und andere Orte in der Stadt geplant wurden. Unzählige US-amerikanische Soldaten haben hier gegessen, ohne dies zu ahnen. Die *pho* ist übrigens auch ein tolles Frühstück oder Mittagessen.

Tran-Hung-Dao-Tempel TEMPEL

(Den Tho Tran Hung Dao; Karte S.334; 36 Ð Vo Thi Sau; ⊙Mo-Fr 6-11 & 14-18 Uhr) Dieser beliebte kleine Tempel ist Tran Hung Dao gewidmet. Der Nationalheld besiegte 1287 eine Invasionsarmee von angeblich 300 000 Mann, die der mongolische Herrscher Kublai Khan entsendet hatte.

WIEDERVEREINIGUNGSPALAST & UMGEBUNG

In dem Viertel, das zu den Bezirken 1 und 3 gehört, liegen der Tao-Dan-Park und das Gelände des Wiedervereinigungspalastes inmitten lebhafter Straßen. Hier befinden sich einige der beliebtesten Sehenswürdigkeiten der Stadt und tolle Restaurants.

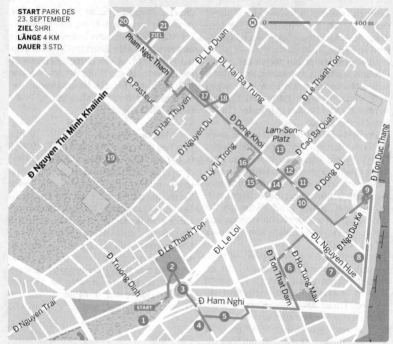

START PARK DES 23. SEPTEMBER
ZIEL SHRI
LÄNGE 4 KM
DAUER 3 STD.

Stadtspaziergang:
Das alte Saigon

› HCMS hat sich zwar mit rasanter Geschwindigkeit auf den Weg in die Zukunft gemacht, doch im Herzen des Bezirks 1 leben noch die Geister der Vergangenheit. Auf diesem Spaziergang soll die historische Stadt unter den modernen Schichten aufgedeckt werden.

Am ① **Park des 23. September**, der an die Đ Pham Ngu Lao und das infoffizielle Backpackerviertel der Stadt grenzt, geht's los. Seine lange, schmale Form rührt von seiner Geschichte als wichtigster Kopfbahnhof Saigons. Durch den Park spaziert man zum ② **Ben-Thanh-Markt**, der morgens am lebhaftesten ist. Die Franzosen nannten den 1914 errichteten Stahlbetonbau Les Halles Centrales. Inzwischen ist sein Haupteingang mit Glockenturm und Uhr ein Symbol für HCMS geworden.

Nach einem Streifzug über den Markt überquert man – sehr vorsichtig! – den großen Kreisverkehr mit der ③ **Reiterstatue von Tran Nguyen Han**, einem mit dem Herrscher Le Loi aus dem 15. Jh. befreundeten General. Auf einer Säule am Fuß des Denkmals erhebt sich eine kleine weiße Büste von Quach Thi Trang, einem 15-jährigen Mädchen, das 1963 bei Protesten gegen die Regierung getötet wurde.

Mit viel Mut geht's ein zweites Mal über die Straße und nun am Busbahnhof vorbei. An der Đ Pho Duc Chinh stößt man auf das reizende chinesisch-französische ④ **Museum der Schönen Künste**. Ein wohlhabender Kaufmann ließ das Gebäude als sein Wohnhaus errichten – es war das erste Haus in Saigon mit einem Fahrstuhl. Danach biegt man in die kurze Đ Le Cong Kieu mit vielen ⑤ **Antiquitätenläden** ein. Am Ende der Straße geht's nach links, gleich wieder nach links und dann nach rechts auf die Đ Ham Nghi. Vor 1870 war diese breite Chaussee ein Kanal mit Wegen zu beiden Seiten.

Anschließend wendet man sich nach links in die Đ Ton That Dam und schlendert über den farbenfrohen ⑥ **Straßenmarkt**. Nun geht's rechts in die Đ Huynh Thuc Khang und bis zur ĐL Nguyen Hue, ein weiterer ehemaliger Kanal und heute ein prächtiger Boulevard. Hier biegt man erneut rechts ab und kommt am ⑦ **Bitexco Financial Tower** vorbei. Dieser glitzernde moderne Wolkenkratzer ragt hinter einer kolonialen Fassade auf.

Links zweigt die verkehrsreiche Uferstraße Đ Ton Duc Thang ab. An der Ecke mit der Đ Dong Khoi steht die stattliche ❽ **Majestic Hotel** von 1925. Während des Zweiten Weltkriegs beschlagnahmten Japaner das Gebäude und machten es zur Kaserne.

Die Route führt weiter am Fluss entlang bis zur ❾ **Statue von Tran Hung Dao**, Sieger über die Mongolen. Sie thront auf einer halbrunden Plaza, von der mehrere Straßen abgehen. Über die zweite, die Đ Ho Huan Nghiep, gelangt man in die Đ Dong Khoi, einst Rue Catinat. Bis heute ist sie die berühmteste Straße der Stadt. In der Nr. 151 befindet sich das ehemalige ❿ **Brodard Café**, das durch Graham Greenes Roman *Der stille Amerikaner* unsterblich wurde und mittlerweile von einer Filiale der australischen Cafékette Gloria Jean's in Beschlag genommen worden ist.

Wenn man der Đ Dong Khoi ein Stück hinauf folgt, erreicht man das ⓫ **Caravelle Hotel**. In dem geschwungenen Eckbau waren 1959 während des Vietnamkriegs ausländische Nachrichtenagenturen, die Botschaften Australiens und Neuseelands sowie Mitglieder des Pressecorps untergebracht. Im August 1964 explodierte in der fünften Etage eine Bombe. Zwar wurde niemand getötet, doch für den Rest des Kriegs blieben die Fenster abgeklebt, um weitere Bombenanschläge zu verhindern.

Auf der gegenüberliegenden Straßenseite stößt man auf das ⓬ **Städtische Theater**, so der offizielle Name – die meisten bezeichnen es aber immer noch als Opernhaus. Das prächtige Kolonialgebäude mit einer ausladenden Eingangstreppe wurde 1897 errichtet und ist beispielhaft für die Extravaganz der französischen *Belle Époque*. Während der 1950er- und 1960er-Jahre tagte hier die Nationalversammlung von Südvietnam.

An der nächsten Ecke erhebt sich das vielleicht berühmteste Hotel von Ho-Chi-Minh-Stadt, das ⓭ **Continental**. 1880 gebaut, war es zur Zeit des Ersten Indochinakriegs beliebt beim Pressecorps. Graham Greene übernachtete regelmäßig in Zimmer 214, auch in *Der stille Amerikaner* hat das Haus eine wichtige Rolle inne. Schlüsselszenen spielen in dem Café namens Continental Shelf (einst auf dem Balkon der ersten Etage).

Im ⓮ **Lam-Son-Park** gegenüber dem Stadttheater werden oft interessante Propagandaausstellungen gezeigt. Wenn man ihn durchquert, entdeckt man eine weitere kleine Grünanlage mit einer auffälligen ⓯ **Ho-Chi-Minh-Statue** vor dem ⓰ **Sitz des Volkskomitees**. Das ehemalige Hôtel de Ville (Rathaus), eines der bekanntesten Wahrzeichen der Stadt, wartet mit einer ornamentalen, von der Renaissance inspirierten Fassade und einem eleganten Inneren samt Kristallkronleuchtern auf. Es wurde zwischen 1901 und 1908 errichtet und ist ein wunderbares Gegenstück zum Opernhaus sowie eines der meistfotografierten Bauwerke Vietnams. Nachts sind die Wände übersät mit Geckos auf Insektenjagd. Besucher müssen sich mit einem Blick von außen begnügen, denn der Öffentlichkeit ist der Zutritt untersagt. Anfragen von Touristen werden schroff abgewiesen.

Jetzt geht's nach rechts, dann nach links zurück auf die Đ Dong Khoi mit der ⓱ **Notre-Dame-Kathedrale** und eine weiße Statue der hl. Maria samt Himmelskugel. Die Kirche wurde zwischen 1877 und 1883 gebaut und das Material dafür kam per Schiff aus Frankreich. Romanische Bogen und 40 m hohe Zwillingstürme bilden eine imposante Fassade, doch das Gebäude selbst ist relativ schmucklos und nicht sonderlich interessant. Leider wurden die im Zweiten Weltkrieg zerstörten Buntglasfenster nie ersetzt.

Rechts von der Kathedrale befindet sich das beeindruckende ⓲ **Hauptpostamt** im französischen Stil, zwischen 1886 und 1891 nach einem Entwurf von Gustave Eiffel errichtet. Die Wände der großen Halle zieren faszinierende historische Karten von Südvietnam, Saigon und Cholon, außerdem besetzt ein Mosaik von Ho Chi Minh den Ehrenplatz gegenüber dem Eingang.

Nach der Besichtigung überquert man den Platz vor der Kathedrale und biegt rechts in den Park des 30. April ab, in dem der prächtige ⓳ **Wiedervereinigungspalast** liegt. Wer Zeit hat, kann sich darin umschauen. Ansonsten folgt man der Pham Ngoc Thach Richtung Norden zum großen Verkehrskreisel namens ⓴ **Schildkrötensee** (Ho Con Rua) mit betonierten Fußwegen und ungewöhnlichen blumenartigen Skulpturen.

Anschließend geht's einen Block zurück und dann nach links in die Đ Nguyen Thi Minh Khai, wo man sich im ㉑ **Shri** in der 23. Etage des Centec Tower einen Drink genehmigt und die Aussicht genießt.

Da Kao & Umgebung

Kriegsrestemuseum
MUSEUM

(Bao Tang Chung Tich Chien Tranh; Karte S. 336; 28 Đ Vo Van Tan; Eintritt 15 000 VND; 7.30–12 & 13.30–17 Uhr) Obwohl einst unter dem Namen „Museum der chinesischen und amerikanischen Kriegsverbrechen" bekannt, ist dies das bei westlichen Touristen beliebteste Museum der Stadt. Über viele hier dokumentierte Ereignisse wurde zwar im Westen berichtet, man hat jedoch nur selten Gelegenheit für einen Einblick in die vietnamesische Sichtweise der Dinge. Die Ausstellungen sind eher einseitig und könnten sogar als propagandistisch angehaucht bezeichnet werden, andererseits stammen viele der verstörendsten Fotos aus US-amerikanischen Quellen, darunter die des My-Lai-Massakers (S. 237).

Im Außenbereich stehen gepanzerte US-Fahrzeuge, Bomben, Artillerie- und Infanteriewaffen. Eine Ecke der Anlage ist den berüchtigten französischen und südvietnamesischen Gefängnissen auf den Inseln Phu Quoc und Con Son gewidmet. Unter den Exponaten befinden sich das Symbol der französischen Straftradition, die Guillotine, und die unmenschlichen „Tigerkäfige", in denen Vietcong-Gefangene eingesperrt wurden.

Im Erdgeschoss ist eine Sammlung von Plakaten und Fotos der internationalen Antikriegsbewegung zu sehen. Diese etwas aufheiternde Ausstellung ermöglicht eine Pause vom Horror des Obergeschosses.

Nur wenige Museen weltweit veranschaulichen auf so eindrucksvolle Weise, dass Kriege immer Leid und Schrecken bringen und ihre Opfer meist Zivilisten sind. Die Fotografien der durch Bomben verletzten und getöteten Kinder dürften selbst Kriegsbefürwortern nahegehen. Daneben kann man einige der neuen und damals streng geheimen Waffen besichtigen, die im Kampf zum Einsatz kamen, etwa die Fléchette, eine mit Tausenden kleinen Pfeilen gefüllte Artilleriegranate. Andere Fotos zeigen körperlich behinderte Babys, deren Missbildungen auf die von den Amerikanern eingesetzten chemischen Herbizide zurückgeführt werden.

Interessant ist auch die Requiem-Ausstellung im Obergeschoss. Die Aufnahmen, u. a. von Larry Burrows und Robert Capa, dokumentieren die Arbeit von Fotografen, die während des Vietnamkriegs auf beiden Seiten ums Leben kamen. Zusammengestellt wurde die fantastische Sammlung vom legendären Kriegsfotografen Tim Page.

Das Kriegsrestemuseum ist im früheren Gebäude des US-Informationsdienstes an der Kreuzung mit der Le Quy Don untergebracht. Die Ausstellungsstücke sind auf Vietnamesisch und Englisch beschriftet.

Wiedervereinigungspalast
HISTORISCHES GEBÄUDE

(Dinh Thong Nhat; Karte S. 336; Đ Nam Ky Khoi Nghia; Erw./Kind 30 000/3000 VND; 7.30–11 & 13–16 Uhr) Seine auffällige moderne Architektur und die gespenstische Atmosphäre in den verlassenen Hallen machen dieses Bauwerk zu einem der faszinierendsten Sehenswürdigkeiten von HCMS. Die ersten kommunistischen Panzer, die Saigon erreichten, fuhren hier am Morgen des 30. April 1975 vor, und es scheint, als sei seitdem die Zeit stehen geblieben.

Nachdem sie die schmiedeeisernen Tore durchbrochen hatten – in einer dramatischen Szene, die von Pressefotografen festgehalten wurde und um die ganze Welt

Da Kao & Umgebung

🔵 Highlights
- Historisches Museum............................D1
- Pagode des Jadekaisers........................C1

🔵 Sehenswertes
1. Militärmuseum...D2
2. Pho Binh A1
3. Tempel von König Hung Vuong............D2
4. Tran-Hung-Dao-Tempel........................B1

🟢 Aktivitäten, Kurse & Touren
5. University of Social Sciences & Humanities D2

🟠 Essen
6. Au Lac do Brasil B2
7. Banh Xeo 46A..B1
8. Camargue B2
9. Cuc Gach Quan A1
10. Pho Hoa A2
11. Tib B2
12. Tib Vegetarian..A1

🟢 Ausgehen
13. Hoa Vien...C2

🟢 Unterhaltung
14. Bar Bui B2
15. Barocco A2
16. Saigon Water Puppet Theatre... D1

🔴 Shoppen
17. Adidas Puma Factory shop....................B2
18. Cham Khanh A2
    Orange ....(siehe 17)
19. Thu Quan Sinh Vien C2

🔵 Praktisches
20. Amerikanisches Konsulat.....................C2
21. Britisches Konsulat C2
22. Kambodschanisches Konsulat..............B2
23. Niederländisches Konsulat...................C2
24. Französisches Konsulat........................C2
25. Deutsches Konsulat B2

---

ging –, lief ein Soldat in das Gebäude und die Treppen hinauf und hisste vom Balkon die nordvietnamesische Flagge. Währenddessen hielt sich General Minh, erst seit 43 Stunden Regierungschef Südvietnams, mit seinem Kabinett in einem prunkvollen Empfangszimmer auf. Als ein Vietcong-Beamter den Raum betrat, erklärte Minh: „Ich warte seit dem frühen Morgen darauf, Ihnen die Macht zu übertragen" und der Beamte erwiderte: „Das ist keine Machtübergabe. Man kann nicht abgeben, was man nicht hat."

Ursprünglich befand sich der Sitz des französischen Gouverneurs von Cochinchina auf dem Gelände. Das 1868 erbaute Gebäude wurde allmählich erweitert und schließlich als Norodom-Palast bezeichnet. Nach dem Abzug der französischen Truppen wohnte hier der südvietnamesische Präsident Ngo Dinh Diem. Er war so unbeliebt, dass seine eigene Luftwaffe 1962 einen (erfolglosen) Anschlag auf ihn verübte und den Palast bombardierte. Daraufhin ließ Diem eine neue Residenz mit einem großen Bombenschutzkeller bauen. Ihre Fertigstellung 1966 erlebte er jedoch nicht mehr, weil er 1963 von seinen Truppen getötet wurde.

Das neue Gebäude taufte man „Unabhängigkeitspalast". Es diente als Sitz des nächsten südvietnamesischen Präsidenten, Nguyen Van Thieu, bis dieser ihn 1975 überstürzt räumen musste. Mit seiner luftigen und offenen Atmosphäre gilt der von dem in Paris ausgebildeten vietnamesischen Architekten Ngo Viet Thu entworfene Bau als wunderbares Beispiel für den Stil der 1960er-Jahre.

Im Erdgeschoss befinden sich verschiedene Sitzungsräume und oben liegen mehrere prachtvolle Empfangssäle, die für Treffen mit in- und ausländischen Würdenträgern genutzt wurden. Auf der Rückseite des Gebäudes sind die Wohnräume des Präsidenten untergebracht; hier sieht man u. a. Modellboote, Pferdeschweife und abgetrennte Elefantenfüße. Die zweite Etage beherbergt ein kurioses Kartenspielzimmer mit runder Lederbank, tonnenförmiger Bar, Radkappenlampen und coolen dreibeinigen Stühlen um einen Kartentisch mit geschwungenen Beinen. Es gibt auch ein Kino und einen Nachtclub auf dem Dach samt Hubschrauberlandeplatz – James Bond und Konsorten würden vor Neid erblassen.

Der vielleicht interessanteste Teil des Palasts ist der Keller mit der Kommandozentrale, einem weit verzweigten Tunnelsystem und einer hervorragenden Vietnamkarte. Am hinteren Ende erreicht man Räume, wo ein mehrsprachiges Video über das Bauwerk und seine Geschichte gezeigt wird. Zum Abschluss ertönt die Nationalhymne, bei der sich alle erheben sollten – es wäre unhöflich, dies nicht zu tun.

Der Wiedervereinigungspalast ist für Besucher geöffnet, solange keine offiziellen Empfänge oder Sitzungen stattfinden. Während der Öffnungszeiten stehen englisch- und französischsprachige Guides bereit (Preis nach eigenem Ermessen).

Mariamman-Hindu-Tempel TEMPEL

(Chua Ba Mariamman; Karte S. 336; 45 Đ Truong Dinh; ◎7.30–19.30 Uhr) In HCMS leben zwar kaum Hindus, aber dieser farbenfrohe südindische Tempel ist auch vielen vietnamesischen und chinesischen Minderheiten heilig und gilt als magischer Ort. Errichtet wurde das der hinduistischen Göttin Mariamman geweihte Bauwerk Ende des 19. Jhs.

Die Löwenfigur links vom Eingang ist früher alljährlich im Herbst bei einer Prozession durch die Stadt getragen worden. In einem Schrein in der Mitte des Tempels steht Mariamman, flankiert von den Wächtern Maduraiveeran (an ihrer linken Seite) und Pechiamman (an der rechten). Davor sieht man zwei *linga*, stilisierte Phalli, die den Hindugott Shiva repräsentieren. Als Opfergaben werden Räucherstäbchen, Jasmin, Lilien und Gladiolen dargebracht.

Nach der Wiedervereinigung funktionierte die Regierung einen Teil des Gebäudes zu einer Räucherstäbchenfabrik um. In einem anderen Bereich wurden Fisch und Meeresfrüchte für den Export vorbereitet und auf dem Dach in der Sonne getrocknet.

Der Tempel liegt drei Häuserblocks westlich des Ben-Thanh-Marktes. Achtung: Man darf die leicht erhöhte Plattform nur barfuß betreten.

Tao-Dan-Park PARK

(Karte S. 336; Đ Nguyen Thi Minh Khai) Eine Stadt dieser Ausmaße braucht offene Plätze zum Atmen, beispielsweise den beliebten, 10 ha großen Tao-Dan-Park mit seinen von Bänken gesäumten Spazierwegen im Schatten riesiger tropischer Bäume.

Besonders interessant ist es hier am frühen Morgen und am späten Nachmittag, wenn Tausende Einheimische die Kühle nutzen und ihre Übungen machen. Vor allem die gemeinsamen Aktivitäten von der lässigen Anmut beim Tai-Chi bis zu den unkoordinierten Bewegungen beim Al-Fresco-Dance sind ein unterhaltsamer Anblick. Ebenso ungewöhnlich ist das tägliche Treffen der hiesigen Vogelfreunde (überwiegend ältere Herren), die mit Käfigen in der Hand im sogenannten Bird Café eintreffen.

Die Đ Truong Dinh teilt den Park in zwei Hälften. Südwestlich davon erstrecken sich Landschaftsgärten mit kunstvollen Hecken, die zu Drachen und Miniaturen architektonischer Highlights Vietnams, darunter die

Wiedervereinigungspalast & Umgebung

◉ Highlights
- Wiedervereinigungspalast C2
- Kriegsrestemuseum C1

◉ Sehenswertes
1. Mariamman-Hindu-Tempel C3
2. Tao-Dan-Park C2
3. Xa-Loi-Pagode A2

✪ Aktivitäten, Kurse & Touren
4. La Maison de L'Apothiquaire A1
5. Workers' Club C2
6. X-Rock Climbing C1

◉ Schlafen
7. Lavender Hotel D3
8. Saigon Star Hotel B2
9. Sherwood Residence C1

◉ Essen
10. Au Manoir de Khai B1
11. Beefsteak Nam Son C1
12. Lion City C3
13. Marina C1
14. Ngoc Suong B1
15. Pho 2000 .... D3
16. Shri D1
17. Tib Express C1

◉ Ausgehen
18. Cloud 9 .... D1
19. Serenata B1
    Shri .... (siehe 16)

◉ Unterhaltung
20. Acoustic B1
21. Konservatorium C3
22. Galaxy C3
23. Golden Dragon Water Puppet
    Theatre C2
    Metallic .... (siehe 26)
24. MZ Bar B3
25. Yoko B2

◉ Shoppen
26. Vinh Loi Gallery B2

Cham-Türme in Nha Trang, geschnitten wurden. Während der Vorbereitung zum Tet-Fest ist dieser Teil voller farbenfroher Blumenschauen.

Nördlich der Đ Truong Dinh befinden sich ein kleiner **Skulpturengarten** und der alte Cercle Sportif, in der französischen Ära ein Elitesportclub und heute der durch und durch egalitäre **Workers' Club**. Hier gibt's elf Tennisplätze, einen Pool im Art-déco-Stil mit Kolonnaden (s. S.345) und ein Clubhaus. Alle Einrichtungen verströmen noch einen Hauch Kolonialzeitflair.

Xa-Loi-Pagode
PAGODE

(Chua Xa Loi; Karte S.336; 89 Đ Ba Huyen Thanh Quan; ◷7–11 & 14–17 Uhr) In dem großen Gebäude aus dem Jahr 1956 wird eine heilige Buddhareliquie aufbewahrt, interessanter ist die Pagode aber vielleicht wegen ihrer dramatischen Geschichte. Im August 1963 überfielen sie bewaffnete Männer unter dem Kommando von Präsident Ngo Dinh Diems Bruder, Ngo Dinh Nhu, plünderten sie und nahmen 400 Mönche und Nonnen fest. Dieser und weitere Angriffe an anderen Orten trieben viele buddhistische Gläubige in die Opposition gegen das Regime, was für die Intervention der US-Amerikaner im Kampf gegen den Diktator ausschlaggebend war. Vor der Pagode verbrannten sich mehrere Mönche, um gegen Diem und den Vietnamkrieg zu protestieren.

Frauen betreten die Haupthalle, in der sich ein riesiger goldener Buddha befindet, über die Treppe rechts vom Eingangstor, Männer nehmen die Stufen zur Linken. Bilder an den Wänden des Heiligtums erzählen Buddhas Lebensgeschichte.

Jeden Sonntag von 8 bis 10 Uhr predigt hier ein Mönch. Bei Voll- und Neumond finden zwischen 7 und 9 sowie 19 und 20 Uhr spezielle Gebete statt.

NGUYEN THAI BINH & UMGEBUNG

Dieses Viertel im Bezirk 1 ist ein geschäftiger Stadtteil, eingerahmt vom Zentrum, dem Ben-Tanh-Markt, der Backpackergegend Pham Ngu Lao und dem Ben-Nghe-Kanal.

Museum der Schönen Künste
KUNSTMUSEUM

(Bao Tang My Thuat; Karte S.338; www.baotangmythuatphcm.vn; 97A Đ Pho Duc Chinh; Eintritt 10 000 VND; ◷Di–So 9–17 Uhr) In einem klassischen gelb-weißen Haus, dessen Stil leichte chinesische Einflüsse aufweist, ist das Museum der Schönen Künste untergebracht. Die Sammlung umfasst Lack- und Emaillearbeiten sowie moderne Ölgemälde von vietnamesischen und ausländischen Künstlern. Falls dies nicht Anreiz genug für einen Besuch ist, sollte man wenigstens den riesigen Saal mit seinem wunderschön gefliesten Boden bestaunen.

Neben zeitgenössischer Kunst, die – wenig überraschend – oft von den Kriegen inspiriert wurde, zeigt das Museum historische Stücke, die bis ins 14. Jh. zurückreichen. Darunter sind elegante Holz- und Steinskulpturen von Vishnu, Buddha und anderen verehrten Figuren aus der Funan-Periode sowie Cham-Kunst aus dem 7. bis 14. Jh. Ein Raum ist einer Sammlung totemartiger Begräbnisskulpturen der Bergstämme des Zentralen Hochlands gewidmet.

Im Außengelände und im zentralen Innenhof, den man von der Rückseite des Gebäudes erreicht, stehen weitere Skulpturen.

Nguyen Thai Binh & Umgebung

Nguyen Thai Binh & Umgebung

◉ Highlights
Museum der Schönen Künste B1

🛏 Schlafen
1 Blue River Hotel 2 .... B2
2 Ouvnh Kim A2

🍽 Essen
3 Anh Ky A1
4 Tiem Com Ga Hai Nam A1
5 Tin Nghia A1

✴ Unterhaltung
6 Gossip A2

🛍 Shoppen
7 Blue Space B1
8 Dan-Sinh-Markt A2
Lacquer & Oil .... (siehe 7)

Im hinteren Teil der Anlage befinden sich einige Kunstgalerien, deren Besuch lohnt, auch wenn man nichts kaufen möchte.

CHOLON

Cholon (Bezirk 5) wartet mit einem Schatz interessanter Tempel und Pagoden auf. Der chinesische Einfluss ist in der Chinatown von HCMS heute deutlich weniger spürbar als früher, was vor allem auf die antikapitalistischen und -chinesischen Kampagnen 1978/79 zurückzuführen ist. Damals flohen die Chinesen scharenweise und Vietnam verlor nicht nur deren Kaufkraft, sondern auch ihre unternehmerischen Fertigkeiten. Inzwischen sind viele zurückgekehrt und suchen nach neuen Investitionsmöglichkeiten.

Cholon bedeutet „großer Markt": Während des Vietnamkrieges florierte hier der Schwarzmarkt. Die historischen Ladenfronten des Viertels verschwinden immer schneller unter Werbung oder fallen den Bulldozern der Bauunternehmer zum Opfer, doch zwischen der Đ Luong Nhu Hoc und der Đ Trieu Quang Phuc gibt's noch eine stimmungsvolle Reihe **traditioneller Kräuterläden** (Karte S. 340; Đ Hai Thuong Lan Ong), deren Anblick und Düfte an den alten chinesischen Stadtteil erinnern.

Binh-Tay-Markt MARKT
(Cho Binh Tay; Karte S. 340; www.chobinhtay.gov.vn; 57A ĐL Thap Muoi) Cholons größter Markt ist ein architektonisches Meisterstück im chinesischen Stil mit großem Uhrenturm und einem zentralen Innenhof mit Gärten. Er zieht vor allem Großhändler, aber auch zahlreiche Reisegruppen an, deshalb sind hier viele Ausländer unterwegs.

Thien-Hau-Pagode PAGODE
(Ba Mieu, Pho Mieu oder Chua Ba Thien Hau; Karte S. 340; 710 Đ Nguyen Trai) Diese wunderbare Pagode ist der Göttin Thien Hau geweiht und wurde im frühen 19. Jh. von der kantonesischen Gemeinde errichtet. Touristen und Gläubige versammeln sich unter den großen Räucherstäbchenspiralen, die von der Decke hängen.

Es heißt, dass Thien Hau die Meere auf einem Vlies überqueren kann und dass Wolken sie tragen, wohin auch immer sie möchte. So vermag sie Menschen in Seenot zu retten. Die Pagode steht auf dem Programm vieler Touristengruppen aus Hongkong und Taiwan, denn dort ist Thien Hau besonders beliebt.

Zwar posieren zwei Wächter zu beiden Seiten des Eingangs, aber es heißt, dass die eigentlichen Beschützer des Bauwerks die beiden hier lebenden Landschildkröten sind. Vom Innenhof aus kann man Keramikfriese auf dem Dach bestaunen. Neben den großen Räucherstäbchenhaltern hängen zwei hölzerne Vorrichtungen. In ihnen wird eine kleine Figur von Thien Hau am 23. Tag des dritten Mondmonats durch die Straßen des Viertels getragen.

Auf dem Hauptpodium sind drei Figuren von Thien Hau hintereinander aufgereiht, jeweils flankiert von zwei Dienern bzw. Wächtern. Rechts erhebt sich die Statue der Göttin Long Mau, Beschützerin von Müttern und Neugeborenen. Links neben dem Podium steht ein Bett für die Göttin.

Khanh-Van-Nam-Vien-Pagode   PAGODE
(Karte S. 340; 269/2 Ð Nguyen Thi Nho) Zwischen 1939 und 1942 wurde diese Pagode von der kantonesischen Gemeinde errichtet. Sie gilt als Vietnams einzige rein taoistische Pagode. Außergewöhnlich sind die bunten Statuen der Schüler. In HCMS leben nur etwa 5000 „richtige" Taoisten, aber viele Chinesen praktizieren eine Mischung aus Taoismus und Buddhismus.

Im Obergeschoss steht eine 150 cm hohe Statue von Laotse, neben dessen Heiligenschein Spiegel hängen. Links davon befinden sich zwei Steintafeln mit Anleitungen für Atemübungen. Erstaunlich ist die schematische Zeichnung einer chinesischen Landschaft, die menschliche Organe versinnbildlicht. Unten erkennt man das Zwerchfell; der Magen wird durch einen Bauern verkörpert, der mit einem Wasserbüffel das Feld pflügt. Vier Yin- und Yang-Symbole kennzeichnen die Niere, die Leber wird durch einen baumbestandenen Hain repräsentiert und das Herz ist ein Kreis mit einem Bauern darin, über dem ein Sternbild steht. Die hohe Pagode soll die Kehle darstellen und der unterbrochene Regenbogen den Mund. Die Berge und die sitzende Figur ganz oben symbolisieren das Gehirn bzw. die Vorstellungskraft.

Die Pagode betreibt ein Heim für einige Dutzend ältere Menschen (zumeist Frauen), die keine Familie haben. Jeder hat seinen eigenen, holzbefeuerten Ziegelofen zum Kochen. In dem ebenfalls zur Pagode gehörenden Krankenhaus nebenan erhalten die Gemeindemitglieder kostenlos chinesische Heilmedizin und Akupunkturbehandlungen. Die Mönche freuen sich über Spenden.

Quan-Am-Pagode   PAGODE
(Chua Quan Am; Karte S. 340; 12 Ð Lao Tu) Dieses Bauwerk, eine der aktivsten und farbenfrohesten Pagoden Cholons, wurde zu Beginn des 19. Jhs. von der Gemeinde aus Fujian errichtet und zeigt deutlich chinesische Einflüsse. Sie ist der Göttin der Barmherzigkeit, Quan The Am Bo Tat, gewidmet.

Fantastische Keramikfiguren aus traditionellen chinesischen Theaterstücken und Geschichten zieren das Dach, darunter Schiffe, Bauernhäuser und garstige Drachen. Bemerkenswert sind auch die golden lackierten Paneele an den Eingangstüren. An den Wänden der Vorhalle zeigen feine Reliefs Szenen aus der Zeit von Quan Cong, einem vergöttlichten General aus dem 3. Jh. Kunstvolle Schnitzereien runden das Ganze ab.

Phuoc-An-Hoi-Quan-Pagode   PAGODE
(Karte S. 340; 184 Ð Hong Bang) Das 1902 von der Gemeinde in Fujian errichtete Bauwerk zählt zu den am kunstvollsten verzierten Pagoden in der ganzen Stadt. Leider dämpfen aus praktischen Erwägungen verwendete Ziegel, schlechte Resopalfliesen und Neonlampen die Schönheit etwas. Besonders sehenswert sind die rituellen Gegenstände aus Messing und feine Schnitzereien an Altären, Wänden, Säulen und Hängelampen. Das Dach schmücken Szenarien mit kleinen Keramikfigurinen.

Links neben dem Eingang befindet sich eine lebensgroße Statue des heiligen Pferdes von Quan Cong. Bevor Gläubige eine Reise unternehmen, bringen sie dem Tier Opfergaben dar, streicheln seine Mähne und läuten die Glocke um seinen Hals. Auf dem Altar stehen Räucherstäbchenhalter aus Messing; dahinter wacht die Figur von General Quan Cong.

Tam-Son-Hoi-Quan-Pagode   PAGODE
(Chua Ba; Karte S. 340; 118 Ð Trieu Quang Phuc) Auch diese Pagode ließ die Gemeinde aus Fujian im 19. Jh. bauen. Sie ist der Göttin der Fruchtbarkeit Me Sanh gewidmet und vor allem bei einheimischen Frauen mit Kinderwunsch beliebt.

Ein Großteil der ursprünglichen Ornamente blieb erhalten. Zu den auffälligsten Figuren gehört der vergöttlichte General Quan Cong mit langem schwarzem Bart. Seine Statue erhebt sich rechts vom überdachten Innenhof, umringt von seinen Wächtern, dem militärischen Mandarin Chau Xuong (links) und dem Beamten-Mandarin Quan Binh (rechts). An der Seite von Chau Xuong steht Quan Congs heiliges rotes Pferd.

Jenseits des Innenhofs werden in einem kleinen Raum Gläser mit Knochen und Bilder von Verstorbenen aufbewahrt. In der

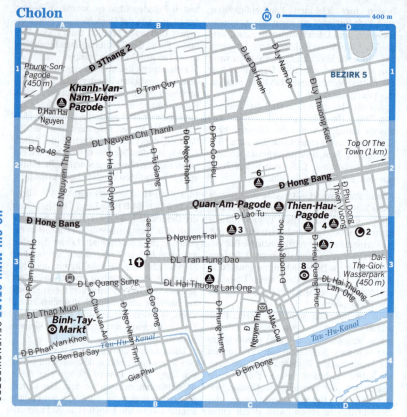

Cholon

Highlights
- Binh-Tay-Markt A4
- Khanh-Van-Nam-Vien-Pagode A1
- Quan-Am-Pagode C2
- Thien-Hau-Pagode D3

Sehenswertes
1. Cha-Tam-Kirche B3
2. Jamail-Moschee D3
3. Ha-Chuong-Hoi-Quan-Pagode C3
4. Nghia-An-Hoi-Quan-Pagode D3
5. Ong-Bon-Pagode C3
6. Phuoc-An-Hoi-Quan-Pagode C2
7. Tam-Son-Hoi-Quan-Pagode D3
8. Traditionelle Kräuterläden D3

Ong-Bon-Pagode PAGODE

(Chua Ong Bon oder Nhi Phu Hoi Quan; Karte S. 340; 264 ĐL Hai Thuong Lan Ong) Die von der Fujian-Gemeinde errichtete stimmungsvolle Pagode voller vergoldeter Schnitzarbeiten, Räucherstäbchenduft und tobenden Kindern aus der benachbarten großen Schule ist Ong Bon geweiht, dem Wächter über Glück und Wohlstand. Um seinen Segen zu erlangen, verbrennen Gläubige falsches Papiergeld in dem Ofen im Hof gegenüber dem Eingang.

Sehenswert sind auch der kunstvoll geschnitzte und vergoldete Altar sowie die Wandmalereien, die fünf Tiger auf der linken und zwei Drachen auf der rechten Seite zeigen.

Nghia-An-Hoi-Quan-Pagode PAGODE

(Karte S. 340; 678 Đ Nguyen Trai) Gestiftet wurde die Pagode von der chinesischen Chaozhou-Gemeinde. Besonders auffallend sind die vergoldeten Holzarbeiten. Über dem Portal

Kammer nebenan lagert ein Drachenkopf aus Pappmaché – jene Art Ungeheuer, die von der Fujian-Gemeinde für den Drachentanz verwendet wird.

hängt ein großes hölzernes Boot und im Inneren, links hinter dem Eingang, steht eine riesige Statue von Quan Congs rotem Pferd neben seinem Stallburschen. General Quan Cong entdeckt man in einem Glaskasten hinter dem Hauptaltar, die Gehilfen an seiner Seite. Am 14. Tag des ersten Mondmonats präsentiert sich die Pagode in all ihrer Pracht. Dann werden verschiedene Tänze aufgeführt und Gläubige bringen Opfergaben für Geister dar.

Ha-Chuong-Hoi-Quan-Pagode PAGODE
(Karte S. 340; 802 Ð Nguyen Trai) Diese typische Fujian-Pagode ist Thien Hau geweiht, die in Fujian geboren wurde. Vier mit Drachenbildern übersäte Steinsäulen wurden in China gefertigt und mit dem Boot nach Vietnam verschifft. Besonders interessant sind die Wandmalereien zu beiden Seiten des Hauptaltars und die Keramikreliefs auf dem Dach.

Beim Laternenfest, einem chinesischen Feiertag, ist hier jede Menge los. Es findet am 15. Tag des ersten Mondmonats statt, also jeweils beim ersten Vollmond im neuen Mondjahr.

Cha-Tam-Kirche KIRCHE
(Karte S. 340; 25 Ð Hoc Lac) Die um 1900 erbaute, langsam verfallende Kirche verströmt einen verträumten, tropischen Charme. Nichts deutet darauf hin, dass sie eine wichtige Rolle in einer der schrecklichsten Epochen der Stadt spielte.

Nach ihrer Flucht aus dem Präsidentenpalast am 2. November 1963 suchten Präsident Ngo Dinh Diem und sein Bruder Ngo Dinh Nhu hier Zuflucht und mühten sich vergeblich, loyale Offiziere zu finden. Schließlich kapitulierten sie bedingungslos und gaben ihren Aufenthaltsort preis. Die Anführer des Aufstandes schickten einen M-113-Schützenpanzer zur Kirche und ließen beide Männer festnehmen. Doch noch bevor der Panzer ins Stadtzentrum zurückgekehrt war, hatten die Soldaten Diem und Nhu getötet. Man erschoss sie aus kürzester Distanz und stach wiederholt auf ihre Körper ein.

Als sich die Neuigkeit ihres Todes verbreitete, wurde Saigon von einem Freudentaumel ergriffen. Bilder der verhassten Anführer wurden öffentlich zerrissen, politische Gefangene, die teilweise gefoltert worden waren, kamen frei und Clubs, die Diem als konservativer Katholik hatte schließen lassen, öffneten wieder. Drei Wochen später wurde der US-amerikanische Präsident John F. Kennedy ermordet. Verschwörungstheorien zufolge soll Diems Familie an dem Anschlag beteiligt gewesen sein, da Kennedys Regierung den Putsch unterstützt hatte.

Im Kirchturm steht eine Statue von François Xavier Tam Assou (1855–1934), einem in China geborenen apostolischen Vikar und Abgesandten des Papstes. Der Gemeinde gehören 3000 Vietnamesen und 2000 Chinesen an. Täglich wird die Messe gefeiert.

Jamail-Moschee MOSCHEE
(Karte S. 340; 641 Ð Nguyen Trai) Mit ihren klaren Linien und der schmucklosen Ausstattung bildet die Moschee einen starken Kontrast zu den chinesischen und vietnamesischen Pagoden rundum. Zu den bemerkenswertesten Einrichtungsgegenständen gehören die Wasserbecken für rituelle Waschungen im Innenhof und die gekachelte Nische in der Wand der Gebetshalle, die die Blickrichtung nach Mekka anzeigt. Die Moschee wurde 1935 von tamilischen Muslimen erbaut und wird seit 1975 von den malaysischen und indonesischen Gemeinden genutzt.

Cho-Quan-Kirche KIRCHE
(Karte S. 324 f.; 133 Ð Tran Binh Trong; ⊙Mo–Sa 4–7 & 15–18, So 4–9 & 13.30–18 Uhr) Die Cho-Quan-Kirche, eines der größten Gotteshäuser in HCMS, wurde von den Franzosen errichtet. Ein neonfarbener Heiligenschein schmückt die Jesusfigur auf dem Altar, doch der Hauptgrund für einen Besuch ist der Ausblick vom Glockenturm, zu dem eine steile Treppe führt. Die Kirche liegt am östlichen Rand des Bezirks 5 zwischen der ÐL Tran Hung Dao und der Ð Nguyen Trai.

BEZIRK 11
Im Bezirk 11 gleich westlich von Cholon leben 312 000 Menschen auf 5 km². Hier gibt's einige interessante alte Pagoden, einen beliebten Wasserpark und eine Pferderennbahn zu sehen. Ein Taxi von Pham Ngu Lao in diese Gegend sollte etwa 100 000 VND kosten.

Giac-Vien-Pagode PAGODE
(Karte S. 324 f.; Ð Lac Long Quan, Bezirk 11; ⊙7–11.30 & 13.30–19 Uhr) In einem Land, wo so viele historische Bauwerke mit Beton und Neonlicht „restauriert" wurden, ist es ein Vergnügen, auf ein Gebäude zu stoßen, dem man sein Alter ansieht. Die Pagode wurde im späten 18. Jh. von Hai Tinh Giac Vien gegründet. Schon der 1819 verstorbene Herrscher Gia Long soll hier gebetet haben. Architektonisch erinnert sie an die Giac-Lam-Pagode (S. 343), mit der sie auch die

Atmosphäre abgeklärter Gelassenheit teilt, allerdings wird Giac Vien seltener besucht und steht abgeschiedener an einer Allee in der Nähe des Dam-Sen-Sees.

Der Zugang zur Pagode versteckt sich hinter einem Gewirr gewundener Gassen und ist rechts gesäumt von beeindruckenden Grabmälern, einem beliebten Spielplatz einheimischer Kinder. Das Gebäude selbst beherbergt über 100 aufwendige Schnitzereien verschiedener Gottheiten. Grabtafeln füllen die erste Kammer des Eingangsraums, während in der zweiten eine Statue von Hai Tinh Giac Vien zu sehen ist, der eine Gerte aus Pferdehaar hält. Auf den Porträts ringsum sind seine Schüler und Nachfolger abgebildet.

Auf der anderen Seite der Mauer, hinter der Figur von Hai Tinh Giac Vien, liegt das Haupheiligtum. Vor dem Podium steht ein fantastisches Räucherbecken aus Messing mit garstigen Drachenköpfen an den Seiten. Auf dem linken Altar erblickt man Dai The Chi Bo Tat (Mahasthamaprapta), einen Bodhisattva, der Weisheit und Stärke repräsentiert, auf dem Altar rechts Quan The Am Bo Tat. Dazwischen thront eine Statue des Jadekaisers vor der zentralen Buddhafigur. An der gegenüberliegenden Wand entdeckt man den Pagodenwächter. Nahebei befindet sich ein Gebetsbaum ähnlich dem in der Giac-Lam-Pagode. Zehn Höllenrichter mit Schriftrollen in den Händen und 18 andere Bodhisattvas säumen die Mauern.

Phung-Son-Pagode PAGODE

(Phung Son Tu oder Chua Go; Karte S. 324 f.; 1408 ĐL 3 Thang 2, Bezirk 11) Die vietnamesisch-buddhistische Pagode (erbaut zwischen 1802 und 1820) steht auf alten Strukturen der Funan-Periode, die mindestens in die Zeitenwende datieren. Rundherum wurden weitere Fundamente der Funan gefunden. Die Pagode ist außerordentlich reich an vergoldeten, bemalten und wunderschön geschnitzten Statuen aus Bronze, Holz, Keramik sowie Kupfer. Auf dem Hauptpodium mit vielen Ebenen befindet sich ein großer vergoldeter A-Di-Da-Buddha (Buddha des Unendlichen Lichts).

Vor langer Zeit hatte man beschlossen, die Pagode an eine andere Stelle zu versetzen. Alle rituellen Objekte, darunter Glocken, Trommeln und Statuen, wurden auf einen weißen Elefanten geladen, doch das Tier brach unter der Last zusammen und die kostbaren Gegenstände stürzten in einen Teich. Dieses Ereignis sah man als Zeichen,

Pham Ngu Lao

Pham Ngu Lao

Aktivitäten, Kurse & Touren
- Delta Adventure Tours ....(siehe 31)
- 1 Vietnam Vespa Adventure B2
- 2 Institut für traditionelle vietnamesische Massage.. A6

Schlafen
- 3 An An Hotel B2
- 4 Beautiful Saigon B2
- 5 Beautiful Saigon 2 .... B2
- 6 Bich Duyen Hotel A4
- 7 Diep Anh A3
- 8 Elios Hotel A3
- 9 Giang & Son A4
- 10 Hong Han Hotel B5
- 11 Madame Cuc's 127 .... B6
- 12 Mai Phai Hotel A2
- 13 Nhat Thao B2
- 14 Spring House Hotel A3
- 15 Xuan Mai Hotel B6

Essen
- 16 Asian Kitchen A2
- 17 Bread & Butter B2
- 18 Chi's Café B2
- 19 Coriander B5
- 20 Dinh Y A6
- 21 Hong-Hoa-Minimarkt A2
- 22 Margherita & An Lac Chay A1
- 23 Mumtaz B5
- 24 Pho 24 .... A3
- 25 Pho Hung B7
- 26 Pho Quynh A4
- 27 Sozo B3
- 28 Stella B3
- 29 Vietnamese Aroma A2
- 30 Zen B2

Ausgehen
- 31 Allez Boo Bar A2
- 32 Bobby Brewers B2
- 33 Go2 .... B2
- 34 Le Pub A2
- 35 Long Phi B5
- 36 Spotted Cow B3
- 37 Street Pub.. A5

Unterhaltung
- 38 Galaxy Cinema B7

Shoppen
- 39 Blue Dragon B2
- 40 Hanoi Gallery B3
- 41 Mekong Creations B4
- 42 SahaBook... A2

Transport
- Café Zoom ....(siehe 1)

---

dass die Pagode an ihrem angestammten Platz bleiben sollte. Daraufhin wurden fast alle Objekte geborgen und zurückgebracht, nur eine Glocke fehlte. Einheimische erzählen, dass ihr Läuten noch bis vor etwa einem Jahrhundert bei Voll- und Neumond zu hören gewesen sein soll.

Dreimal täglich finden in der Phung-Son-Pagode Gebete statt: von 4 bis 5, von 16 bis 17 und von 18 bis 19 Uhr. Der Haupteingang ist meist geschlossen, aber durch die Seitentür (wenn man vorm Eingang steht, rechts) gelangt man zu den Gebetsstunden ins Innere.

WEITERE STADTVIERTEL

Giac-Lam-Pagode   PAGODE
(Chua Giac Lam; Karte S. 324 f.; 118 Ð Lac Long Quan, Tan-Binh-Bezirk; ⊙6–12 & 14–20.30 Uhr) Die 1744 errichtete Giac-Lam-Pagode gilt in der Stadt als ältestes Bauwerk dieser Art und ist ein unglaublich stimmungsvoller Ort in einer friedlichen, gartenähnlichen Anlage. Der 1953 gepflanzte Bodhibaum im vorderen Teil war das Geschenk eines Mönchs aus Sri Lanka. Daneben zeigt eine strahlend weiße Statue Quan The Am Bo Tat auf einer Lotusblüte, dem Symbol für Reinheit.

Wie in vielen vietnamesischen buddhistischen Pagoden finden sich auch in dieser Elemente des Taoimus und Konfuzianismus. Alte und Kranke pilgern hierher, um die bronzene Glocke zu läuten; sie hoffen, dass so ihre Gebete erhört werden.

Im Empfangsbereich des **Hauptgebäudes** stößt man auf die 18-armige Chuan De, eine weitere Erscheinungsform der Göttin der Barmherzigkeit. Säulen aus geschnitztem Hartholz tragen vergoldete vietnamesische Inschriften, und Porträts von angesehenen Mönchen vergangener Generationen schauen auf das Geschehen hinab.

Dahinter betritt man das **Hauptheiligtum** voller vergoldeter Figuren. Auf dem Podium in der Mitte der letzten Reihe sitzt der A-Di-Da-Buddha (Amitabha), der dank seines farbenfrohen Heiligenscheins leicht auszumachen ist. Der dicke, lachende Kerl, auf dem fünf Kinder herumklettern, ist Ameda, Buddha der Erleuchtung, des Mitgefühls und der Weisheit. Verschiedene Bodhisattvas (Erleuchtete Wesen) zieren die Altäre entlang der Seitenwände.

Der rotgoldene hölzerne Altar hat die Form eines Weihnachtsbaums und ist mit 49 Lichtern sowie 49 winzigen Bodhisattva-Statuen geschmückt. Hier beten Menschen für kranke Verwandte und wünschen sich Glück. Im Tausch stiften sie Kerosin für die Lampen. Namen der Bittsteller und kranker Familienmitglieder werden auf Papierstreifen geschrieben und an die Zweige des „Baums" geheftet.

Gebetet wird täglich von 4 bis 5, 11 bis 12, 16 bis 17 und 19 bis 21 Uhr. Die von Trommeln und Glockengeläut begleiteten Gesänge folgen einem alten Ritual, das heute nur noch selten vollführt wird.

Die Pagode liegt 3 km von Cholon im Tan-Binh-Bezirk und ist am besten per Taxi (von Pham Ngu Lao ca. 100 000 VND) oder *xe om* zu erreichen.

Le-Van-Duyet-Tempel — TEMPEL
(Ð Dinh Tien Hoang, Bezirk Binh Thanh) In diesem Schrein ruht Le Van Duyet (1763–1831) mit seiner Frau. Der südvietnamesische General und Vizekönig war an der Niederschlagung der Tay-Son-Rebellion und der Wiedervereinigung Vietnams beteiligt. Als die Nguyen-Dynastie 1802 an die Macht kam, wurde Le Van Duyet von Herrscher Gia Long zum Marschall befördert. Doch dann überwarf er sich mit Gia Longs Nachfolger, Minh Mang, der ihn posthum anklagen und sein Grab entweihen ließ. Thieu Tri, Minh Mangs Nachfolger, richtete es wieder her – damit erfüllte sich eine Prophezeiung von der Zerstörung und Wiederherstellung des Grabmals. Le Van Duyet galt im Süden des Landes bis 1975 als Nationalheld, ist jedoch bei Kommunisten verpönt, da er zur Ausweitung des französischen Einflusses beigetragen hatte.

Zu den ausgestellten Stücken gehören ein Porträt des Generals, persönliche Gegenstände (z. B. einige Kristallkelche), zwei wunderschöne, lebensgroße Pferdestatuen und ein ausgestopfter Tiger.

Viele Pilger besuchen das Grab während des Tet-Festes sowie am 30. Tag des siebten Mondmonats, dem Todestag von Le Van Duyet. Sie kaufen in Käfige gesperrte Vögel, die es im und um den Tempel gibt, und lassen sie als gute Tat frei. Allerdings werden die unglücklichen Tiere oft wieder eingefangen (und erneut befreit). Einst schworen die Einheimischen hier auf Treu und Glauben, wenn sie nicht für Gerichtskosten aufkommen konnten.

Wer den Tempel besuchen möchte, nimmt von Da Kao aus die Ð Dinh Tien Hoang Richtung Norden.

Ho-Chi-Minh-Museum — MUSEUM
(Bao Tang Ho Chi Minh; Karte S. 324 f.; 1 Ð Nguyen Tat Thanh, Bezirk 4; Eintritt 10 000 VND; ☺ Di–So 7.30–11.30 & 13.30–17 Uhr) Das ehemalige Zollgebäude mit dem Spitznamen „Drachenhaus" (Nha Rong) wurde 1863 von den französischen Behörden errichtet. Die Verbindung zwischen Ho Chi Minh und diesem Gebäude ist unspektakulär: Als 21-Jähriger heuerte Ho als Heizer und Schiffsjunge auf einem französischen Frachtschiff an und verließ 1911 an dieser Stelle vietnamesischen Boden. So begann sein 30-jähriges Exil in Frankreich, der Sowjetunion, China und anderen Ländern.

Im Museum werden viele Gegenstände aus Hos persönlichem Besitz gezeigt, z. B. Kleidungsstücke, Sandalen und seine Brille. Außerdem beschäftigt es sich mit der Biografie des in Nguyen Tat Than geborenen Politikers – von seiner Kindheit über das Erwachen seines politischen Bewusstseins, seine Rolle beim Rauswurf der Franzosen sowie als Führer Nordvietnams bis zu seinem Tod 1969. Zu sehen sind vor allem Fotos mit vietnamesischen und englischen Beschriftungen.

Das Museum liegt am Ben-Nghe-Kanal gegenüber vom Bezirk 1. Vom Zentrum erreicht man es bequem zu Fuß, indem man auf der Ð Ton Duc Thang dem Fluss Richtung Süden folgt und die Brücke überquert.

Saigon Süd — STADTVIERTEL
(außerhalb der Karte S. 324 f.) Bezirk 7 ist Saigons Variante des im Film *District 9* gezeigten Quartiers am Rand von Johannisburg: eine geradezu außerirdisch anmutende, schicke und moderne Enklave der Wohlhabenden am Stadtrand. Geschäftsleute – sowohl Auswanderer als auch einheimische Neureiche – lieben dieses sorgfältig geplante Viertel mit breiten Straßen, eleganten Geschäften und gepflegten Parks. Ihr Herz ist der **Crescent** (Ho Ban Nguyet), eine glitzernde Promenade an einem trockengelegten Kanalabschnitt.

Saigon Süd lohnt einen Besuch, um spazieren zu gehen und sich umzuschauen. Fitnessfreaks können relativ abgasfrei joggen. Viele namhafte Restaurants und Ketten aus dem Zentrum haben sich beeilt, hier ihre Pforten zu öffnen, hungern muss also niemand. Der Crescent liegt 7 km südlich von Pham Ngu Lao; außerhalb der Stoßzeiten dauert es mit dem Taxi nur 15 Minuten.

🏃 Aktivitäten

Bootsfahrten auf dem Fluss

In der Nähe des Bach-Dang-Piers (Karte S. 327; Đ Ton Duc Thang) sind fast immer Bootsbesitzer auf der Suche nach Kundschaft unterwegs. Ein kleines Boot kostet pro Stunde etwa 10 US$, ein größeres und schnelleres 15–30 US$. Da die Boote pro Stunde gemietet werden, lassen sich einige viel Zeit, denn die bringt ihnen Geld. Darum vereinbart man besser vor der Abfahrt eine Route und einen Zeitrahmen. Man sollte die Besitzer auch bitten, einen abzuholen.

Die Regierung hat die schlimmsten Baracken neben den Kanälen in der Innenstadt abreißen lassen und verwandelt die Ufer nach und nach in Parks und Promenaden. Bisher hat das aber kaum geholfen, die Qualität des Wassers zu verbessern – es ist immer noch eine abschreckende schwarze Brühe, die ziemlich stinkt.

Bonsai River Cruise   DINNERKREUZFAHRT
(✆3910 5095; www.bonsaicruise.com.vn; Tickets 36 US$) Ausflüge mit einem auffälligen Boot, das wie ein Drachen angemalt ist. An Bord gibt's Livemusik, außerdem sind im Preis ein Willkommensgetränk, Kanapees, das Abendbüfett, ein Softdrink sowie eine nicht ganz dazu passende Kopf- und Schultermassage enthalten.

Tau Sai Gon   DINNERKREUZFAHRT
(✆3823 0393; www.tausaigon.com) Das große schwimmende Restaurant von Saigon Tourist legt jeden Abend ab und bietet ein asiatisches sowie ein europäisches Menü. Sonntags gibt's ein Mittagsbüfett zum Festpreis (Erw./Kind 150 000/100 000 VND; Abfahrt 11.30, Rückkehr 13.30 Uhr).

Indochina Junk   DINNERKREUZFAHRT
(✆3824 8299; www.indochinajunk.com.vn) Bei dieser Kreuzfahrt auf einer stimmungsvollen Dschunke werden feste Menüs serviert (15–35 US$).

Pools & Wasserparks

Wenn es richtig schwül wird, sind die Bäder der Stadt eine willkommene Erfrischung. In mehreren Hotels in der Innenstadt können Nichtgäste gegen eine Gebühr den Pool benutzen, z. B. im Legend (S. 348), Park Hyatt (S. 347), Majestic (S. 348), Renaissance Riverside (S. 349) und Rex (S. 360).

Dam-Sen-Wasserpark   WASSERPARK
(Karte S. 334f.; ✆3858 8418; www.damsenwaterpark.com.vn; 3 Đ Hoa Binh, Bezirk 11; Erw./Kind 80 000/50 000 VND; ◷9–18 Uhr) Wasserrutschen, „Flüsse" mit schneller sowie langsamerer Strömung und Seilschaukeln.

Workers' Club   POOL
(Karte S. 336; Rückseite 55B Đ Nguyen Thi Minh Khai, Bezirk 3; Eintritt 14 000 VND) Der Swimmingpool des alten Cercle Sportif hat noch seine Kolonnaden und verströmt einigen Art-déco-Charme.

Dai-The-Gioi-Wasserpark   WASSERPARK
(außerhalb der Karte S. 340; Đ Ham Tu, Cholon; Eintritt 35 000–65 000 VND; ◷Mo–Fr 8–21, Sa & So 10–21 Uhr) Großer Pool mit Wasserrutschen.

Massage & Spas

In HCMS gibt's großartige Oasen für ein ordentliches Verwöhnprogramm – genau das Richtige, wenn man den ganzen Tag Tausenden von Rollern ausgewichen ist. Viele Hotels bieten gute oder auch weniger gute Massagen an. Männer sollten aufpassen, denn selbst die „traditionelle Fußmassage" kann in höher gelegenen Regionen enden. Leider ist es oft ziemlich schwer, seriöse Anbieter von zweifelhaften zu unterscheiden. Nach unserem Wissen sind die hier aufgeführten Einrichtungen empfehlenswert. Ausführliche Kritiken findet man auf www.spasvietnam.com, wo man Behandlungen auch online buchen kann.

L'Apothiquaire   SPA
(www.lapothiquaire.com) La Maison de L'Apothiquaire (Karte S. 336; ✆3932 5181; 64A Đ Truong Dinh, Bezirk 3; ◷9–21 Uhr; 🅟); Artisan Beauté (Karte S. 327; ✆3822 2158; 100 Đ Mac Thi Buoi, Bezirk 1); Saigon Süd (✆5413 6638; 103 Đ Ton Dat Thien, Bezirk 7) L'Apothiquaire, das seit Langem als elegantestes Spa der Stadt gilt, ist in einer schönen weißen Villa mit Pool und Sauna untergebracht. Hier bekommen Gäste Ganzkörperpackungen, Massagen, Gesichts- und Fußbehandlungen sowie Kräuterbäder. Das Spa bietet zudem eine eigene Produktlinie mit Cremes und Kosmetikartikeln an. Die anderen Filialen sind kleiner und konzentrieren sich auf Schönheitsbehandlungen.

Aqua Day Spa   SPA
(Karte S. 327; ✆3827 2828; www.aquadayspasaigon.com; Sheraton Saigon, 88 Đ Dong Khoi; einstündige Massage 1 350 000 VND; ◷10–23 Uhr) Eines der luxuriösesten Hotel-Spas der Stadt. Hier kann man sich z. B. eine Massage mit heißen Steinen und Fuß- sowie Gesichtsbehandlungen gönnen.

Institut für traditionelle vietnamesische Massage
MASSAGE

(Karte S.342; 3839 6697; 185 Đ Cong Quynh, Bezirk 1; Raum mit Ventilator/Klimaanlage 50 000/60 000 VND pro Std.; ⊗9–20 Uhr) Dies ist vielleicht nicht das vornehmste Wellnesszentrum der Stadt, aber dafür sind die Massagen günstig und professionell. Die sehbehinderten Angestellten wurden sehr gut ausgebildet und gehören der Blindenvereinigung von HCMS an.

Just Men
SPA

(Karte S.327; 3914 1407; 40 Đ Ton That Thiep, Bezirk 1; ⊗9–20 Uhr) In den meisten Einrichtungen, die sich exklusiv an Männer wenden, geht's mehr um Stimulation als um Entspannung, doch das Just Men ist eine Ausnahme. Hier gibt's Haarschnitte, Rasuren und Gesichtsbehandlungen und darüber hinaus kann man sich auch manikürten und pedikürten lassen.

Jasmine
SPA

(Karte S.327; 3827 2737; 45 Đ Ton That Thiep, Bezirk 1; ⊗9–20 Uhr) Die Schwesterfiliale des Just Men für beide Geschlechter.

Glow
SPA

(Karte S.327; 3823 8368; www.glowsaigon.com; 129A DL Nguyen Hue, Bezirk 1, einstündige Massage 32 US$; ⊗11–21 Uhr) Breite Palette an aromatherapeutischen Gesichtsbehandlungen, Haarpflege und medizinischen Massagen.

Noch mehr Aktivitäten

Diamond Superbowl
BOWLING

(Karte S.327; 3825 7778; 4. OG, Diamond-Kaufhaus, 34 ĐL Le Duan; Bowlen 35 000–60 000 VND; ⊗10–1 Uhr; 🛜) Wer hat noch mal den Krieg gewonnen? Das mag sich mancher fragen angesichts der Bowlingbahn zwischen lauter amerikanischen Junkfood-Ketten. Sie erfreut sich großer Beliebtheit bei Einheimischen, was wahrscheinlich auf die leuchtenden Kugeln und modernen Anzeigetafeln zurückzuführen ist. Nebenan befindet sich ein Vergnügungszentrum mit Billardtischen und Videospielen.

Vietnam Golf & Country Club
GOLF

(Cau Lac Bo Golf Quoc Te Viet Nam; 6280 0101; www.vietnamgolfcc.com; Dorf Long Thanh My, Bezirk 9; 18-Loch-Parcours wochentags/Wochenende 109/143 US$) Golf spielen ist in Vietnam ein Statussymbol geworden, und in diesem Club etwa 20 km östlich vom Stadtzentrum treffen sich die (Möchtegern-)Überflieger der Stadt. Neben 36 Löchern zum Golfen gibt's auch Tennisplätze und einen Pool.

X-Rock Climbing
KLETTERN

(Karte S.336; 6278 5794; www.xrockclimbing.com; 75 ĐL Nguyen Dinh Chieu, Bezirk 3; Schnupperpaket/Tagespass 80 000/180 000 VND) An der etwa 16 m hohen Wand kann man sich für die Cat-Ba-Insel oder die Ha-Long-Bucht fit machen.

Kurse

Saigon Cooking Class
KOCHEN

(Karte S.327; 3825 8485; www.saigoncookingclass.com; 74/7 ĐL Hai Ba Trung, Bezirk 1; Erw./Kind über 14 Jahre 39/25 US$; ⊗Di–So 10 & 14 Uhr) Im Hoa Tuc sieht man den Köchen über die Schulter, während sie drei Hauptgerichte (darunter *pho bo* und eine der Spezialitäten des Hauses) und ein Dessert zubereiten. Ein Marktbesuch ist optional (Erw./Kind über 14 Jahre 44/25 US$ inklusive 3-Std.-Kochkurs).

Vietnam Cookery Centre
KOCHEN

(3512 7246; www.vietnamcookery.com; 362/8 Đ Ung Van Khiem, Bezirk Binh Thanh) Einführungskurse, Marktbesuche und VIP-Premium-Kurse.

University of Social Sciences & Humanities
SPRACHEN

(Dai Hoc Khoa Hoc Xa Hoi Va Nhan Van; Karte S.334; 3822 5009; www.vns.edu.vn; 12 Đ Dinh Tien Hoang) Wer länger in HCMS bleiben will, kann in den Gruppenkursen der Universität relativ preiswert Vietnamesisch lernen.

👉 Geführte Touren

Dutzende Reisebüros bieten Stadtbesichtigungen, Tagesausflüge in die Umgebung und längere Touren zu Sehenswürdigkeiten im ganzen Land an (empfohlene Veranstalter s. S.367). Die preiswertesten Ausflüge gibt's bei Agenturen rund um Pham Ngu Lao; günstigere Preise bedeuten aber oft auch größere Gruppen, weniger Flexibilität und sehr schlichte Unterkünfte für Übernachtungen. Meistens bekommt man gegen einen Aufpreis ein besseres Zimmer.

Stadtrundgänge führen in der Regel zur Notre-Dame-Kathedrale, zum alten Postamt, zum Wiedervereinigungspalast, zum Kriegsrestemuseum und zur Thien-Hau-Pagode in Cholon. Weitere Ziele können die Pagode des Jadekaisers, der Binh-Tay-Markt oder eine Lackwerkstatt sein. Gruppentouren kosten 7 bis 9 US$ pro Person, individuelle Einzeltouren bis zu 80 US$.

Auf der beliebtesten Tagesfahrt besichtigt man die Cu-Chi-Tunnel. Der Besuch ist sowohl als Halbtagestour (4–7 US$) als auch

> **HCMS FÜR KINDER**
>
> Die chaotischen Straßen von Ho-Chi-Minh-Stadt wirken auf den ersten Blick nicht gerade kinderfreundlich, doch es gibt Wasserparks (S. 345), etliche grüne Gärten sowie jede Menge familientaugliche Cafés und Eisdielen. Auf ältere Kinder warten zahlreiche spaßige Aktivitäten wie Bowling (S. 346) und Klettern (S. 346). Außerhalb der Stadt lockt zudem der Dai-Nam-Freizeitpark (S. 379), das – schlichtere – vietnamesische Pendant zu Disneyland.

kombiniert mit dem Großen Cao-Dai-Tempel in Tay Ninh (7-9 US$) möglich. Tagestouren ins Mekong-Delta beinhalten immer eine Bootsfahrt und führen entweder nach My Tho und Ben Tre (8-28 US$) oder nach Vinh Long und zum schwimmenden Markt von Cai Be (13-33 US$). Darüber hinaus werden auch Ausflüge zum Can-Gio-Mangrovenwald (25 US$) angeboten.

Eine interessante Alternative ist es, für einen halben oder ganzen Tag Stadtbesichtigung ein *cyclo* zu mieten, den Preis sollte man vorab aushandeln (die meisten Fahrer nehmen ca. 2 US$ pro Stunde).

Vietnam Vespa Adventure (Karte S. 342; 0122 565 6264; www.vietnamvespaadventure.com; 169A Đ De Tham) im Café Zoom organisiert Stadtfahrten auf klassischen Motorrollern (ab 48 US$) sowie mehrtägige Trips durch Südvietnam.

Feste & Events

Tet — NATIONALFEIERTAG
(1. Tag des 1. Mondmonats) Erst feiert die komplette Stadt, dann fahren die Bewohner mit ihren Familien in Urlaub. Die Đ Nguyen Hue wird für eine großen Blumenausstellung gesperrt, Blüten füllen den Tao-Dan-Park und alle schenken einander „Glücksgeld".

Saigon Cyclo Race — CHARITY-RENNEN
(Mitte März) Zu diesem Anlass messen sich *cyclo*-Fahrer, Profis und Amateure, miteinander. Der Erlös kommt lokalen Hilfsprojekten zugute.

Schlafen

Zweifellos ist der Bezirk 1 die beste Gegend zum Übernachten, denn er liegt in der Nähe der meisten interessanten Orte, ist relativ dicht am Flughafen und bietet eine riesige Auswahl an Unterkünften in allen Preisklassen. Besucher haben die Wahl zwischen dem östlichen Teil Richtung Đ Dong Khoi mit noblen Bleiben sowie einigen der besten Restaurants und Bars der Stadt, dem westlichen Teil Richtung Đ Pham Ngu Lao mit Budgetpensionen und billigen Touren oder dem Bereich dazwischen (sowohl geografisch als auch preislich).

Am unteren Ende können wenige Dollars den Unterschied zwischen einer feuchten, schmutzigen, fensterlosen Kammer und einem angenehmen, sauberen, gut eingerichteten Zimmer mit kostenlosem WLAN und Klimaanlage ausmachen. Natürlich gibt's auch noch günstigere Unterkünfte als die hier aufgeführten, wo man allerdings auch genau das bekommt, was man für den Preis erwarten darf. Wer nur wenig Geld zur Verfügung hat, steuert einfach Pham Ngu Lap an, denn dort wird man schnell etwas für 10 US$ oder weniger finden.

Der Aufpreis für ein Zimmer der Mittelklasse scheint kaum nötig, denn in Pham Ngu Lao warten hervorragende, komfortable und sogar recht hippe Räume mit allem Drum und Dran für 20 US$. Traveller, die genau hinschauen, können ganz ähnliche Unterkünfte zu etwas niedrigeren Preisen in benachbarten Vierteln wie Co Giang und Nguyen Thai Binh vorab buchen.

Am oberen Ende liegen die besten Hotels der Stadt, viele in historischen Bauwerken mit viel Charakter untergebracht und mit Pools sowie luxuriösen Spas ausgestattet. Hier gelten internationale Standards und internationale Preise.

Bei Buchung im Voraus lassen zahlreiche Hotels ihre Gäste für 5 bis 10 US$ vom Flughafen abholen.

DONG KHOI

In Dong Khoi haben sich die meisten Spitzenhotels, aber auch einige hervorragende Mittelklasseunterkünfte niedergelassen.

LP TIPP **Park Hyatt Saigon** — HOTEL $$$
(Karte S. 327; 3824 1234; www.saigon.park.hyatt.com; Lam-Son-Platz 2; Zi. ca. 350 US$; ✲@☎≋) In absoluter Toplage gegenüber vom Opernhaus befindet sich das nobelste Hotel der Stadt. Seine neoklassizistische Architektur ist genauso ansprechend wie die wunderbar ausgestatteten Zimmer. Zum Haus gehören ein einladender Pool, das renommierte Xuan Spa und das angesehene, aber trotzdem erschwingliche italienische Restaurant Opera.

Intercontinental Asiana Saigon · HOTEL $$$
(Karte S.327; 3520 9999; www.intercontinental.com; Ecke ĐL Hai Ba Trung & ĐL Le Duan; Zi. ab 189 US$; ✱@🛜🏊) Modern und geschmackvoll, ohne langweilig zu wirken, und ein willkommener Neuzugang im beständig wachsenden Luxushotelsektor. Die Zimmer verfügen über Bäder mit separaten Duschkabinen und frei stehenden Badewannen, außerdem bieten einige eine großartige Aussicht. Ein benachbarter Turm beherbergt Wohnungen im Apartmentstil für Langzeitbesucher.

🔖 Caravelle Hotel · HOTEL $$$
(Karte S.327; 3823 4999; www.caravellehotel.com; Lam-Son-Platz 19; Zi. ab 218 US$; ✱@🛜🏊) Als eines der ersten Luxushotels öffnete das Caravelle nach dem Krieg wieder seine Pforten, und noch heute herrschen hier hohe Standards. Die gut eingerichteten Zimmer verströmen stille Eleganz. Sie erstrecken sich über 16 Etagen und den historischen Flügel. Die Saigon Saigon Bar auf dem Dach ist ein spektakulärer Ort für einen Cocktail.

Legend Hotel Saigon · HOTEL $$$
(Karte S.327; 3823 3333; www.legendsaigon.com; 2A-4A Đ Ton Duc Thang; EZ 160-390 US$, DZ 175-415 US$; ✱@🛜🏊) Die Lobby dieses großen Hotels gilt als Musterbeispiel für asiatische Pracht: Marmor, Buntglas, Sessel im römischen Stil, goldene Störche, die auf goldenen Schildkröten stehen, Brunnen, märchenhaft beleuchtete Palmen und zwei mächtige Bronzepferde. Von der Lobby blickt man auf den schönsten Pool der Stadt. Die Zimmer wirken leicht altmodisch, sind aber außerordentlich komfortabel und mit luxuriöser Bettwäsche ausgestattet.

Spring Hotel · HOTEL $$
(Karte S.327; 3829 7362; www.springhotelvietnam.com; 44-46 Đ Le Thanh Ton; EZ 35-55 US$, DZ 40-60 US$, Suite 72-97 US$; ✱@🛜) Das seit Langem geschätzte, einladende Hotel liegt in der Nähe Dutzender Restaurants und Bars an den beliebten Straßen Le Thanh Ton und Hai Ba Trung. Die Zimmer sind ein bisschen altmodisch, doch Flachreliefs und Stuckarbeiten verleihen ihnen einen Hauch von Klasse.

Liberty Central · HOTEL $$$
(Karte S.327; 3823 9269; www.libertycentralhotel.com; 177 Đ Le Thanh Ton; EZ 100-140 US$, DZ 110-150 US$; ✱@🛜🏊) Eine Fülle von hellem Marmor und ein gigantisches Gemälde des alten Saigon in Sepiatönen prägen dieses elegante neue Hotel. Alle Zimmer wurden toll eingerichtet, zudem bietet die Dachbar eine faszinierende Aussicht auf die Stadt. Angesichts der Lage in der Nähe des geschäftigen Ben-Thanh-Markts ist Straßenlärm unvermeidlich.

Northern Hotel · HOTEL $$$
(Karte S.327; 3825 1751; www.northernhotel.vn; 11A Đ Thi Sach; EZ 70-110 US$, DZ 80-120 US$; ✱@🛜) Asiatischer Glamour zum Budgetpreis – für diese Preise dürfte kaum ein schickeres Zimmer in der Stadt zu finden sein. Die Bäder sind einen Tick über dem Durchschnitt und es gibt eine Bar auf dem Dach sowie einen Fitnessraum.

Majestic Hotel · HOTEL $$$
(Karte S.327; 3829 5517; www.majesticsaigon.com.vn; 1 Đ Dong Khoi; EZ/DZ ab 148/158 US$ ✱@🛜🏊) Vielleicht findet man in HCMS bessere (und preisgünstigere) Unterkünfte, aber das koloniale Ambiente dieses 1925 erbauten altehrwürdigen Hotels am Fluss verleiht ihm romantisches Flair. An heißen Nachmittagen kann man in den Pool hüpfen und abends einen Cocktail in der Dachbar trinken. Das Frühstück und ein Obstkorb sind im Preis inbegriffen.

King Star Hotel · HOTEL $$
(Karte S.327; 3822 6424; www.kingstarhotel.com; 8A ĐL Thai Van Lung; Zi. 40-70 US$; ✱@🛜) Seit der Generalüberholung 2008 wirkt das King Star fast wie ein Boutique- oder Businesshotel. Das Dekor ist supermodern und alle Zimmer sind mit Flachbildfernsehern sowie edlen Duschen ausgestattet.

Duxton Hotel · HOTEL $$$
(Karte S.327; 3822 2999; www.duxtonhotels.com; 63 Đ Nguyen Hue; Zi. ab 110 US$; ✱🛜🏊) Wer dieses schicke Geschäftshotel betritt, wird über die grandiose Lobby (samt überdimensioniertem Brunnen) staunen. Die Lage des Duxton ist sehr günstig, wenn man die Stadt zu Fuß erkunden möchte.

Sheraton Saigon · HOTEL $$$
(Karte S.327; 3827 2828; www.sheraton.com/saigon; 88 Đ Dong Khoi; Zi. ab 225 US$; ⊖✱@🏊) Mit den luxuriösen Zimmern, einem hervorragenden Spa und einem eleganten Swimmingpool wird das Sheraton den Erwartungen gerecht.

Riverside Hotel · HOTEL $$$
(Karte S.327; 3822 4038; www.riversidehotelsg.com; 18 Đ Ton Duc Thang; EZ 59-150 US$, DZ 69-169 US$; ✱@🛜) Das grandiose Gebäude

aus den 1920er-Jahren mag besseren Tagen nachtrauern, doch das Riverside Hotel bietet noch immer ein hervorragendes Preis-Leistungs-Verhältnis in Toplage.

Renaissance Riverside Saigon HOTEL $$$
(Karte S.327; ☎3822 0033; www.renaissance-saigon.com; 8–15 Đ Ton Duc Thang; Zi. ab 162 US$; ✷@☎≋) Ein Hochhaus mit schicken Zimmern und vorbildlichem Service. Die tollen Aussichten auf den Fluss lohnen wirklich jeden Extra-Dollar.

Indochine Hotel HOTEL $$
(Karte S.327; ☎3822 0082; www.indochinehotel.com; 40–42 DL Hai Ba Trung; Zi. 30–50 US$, Suite 65–100 US$; ✷@☎) Das solide Mittelklassehotel wartet mit einer herrlichen Lage auf. Die billigsten Räume haben keine Fenster, darum lohnen sich die zusätzlichen 10 US$ für ein Superior-Zimmer.

Asian Hotel HOTEL $$
(Karte S.327; ☎3829 6979; asianhotel@hcm.fpt.vn; 150 Đ Dong Khoi; EZ/DZ 43/48 US$; ✷@☎) Zentral gelegenes Hotel mit sauberen und komfortablen Zimmern; nach Designerflair sucht man hier allerdings vergeblich.

Thien Xuan HOTEL $$
(Karte S.327; ☎3824 5680; www.thienxuanhotel.com.vn; 108 Đ Le Thanh Ton; Zi. 39–51 US$; ✷@☎) Nur ein paar Meter vom Ben-Thanh-Markt entfernt liegt diese freundliche Unterkunft aus dem mittleren Preisbereich. Die Zimmer ohne Fenster sind billiger und ruhiger.

WIEDERVEREINIGUNGSPALAST & UMGEBUNG

Sherwood Residence APARTMENTS $$$
(Karte S.327; ☎3823 2288; www.sherwoodresidence.com; 127 Đ Pasteur; Apt. 128–143 US$; ✷☎≋) Die Epauletten der uniformierten Türsteher sind ein erster Hinweis auf die prunkvolle (fast theatralische) Lobby mit ihrer bemalten und vergoldeten Kastendecke, dem gigantischen Kronleuchter und dem prächtigen runden Teppich. Deutlich zurückhaltender kommen die Apartments mit zwei oder drei Schlafzimmern daher, die man auch pro Monat mieten (2000 US$) kann. Im Komplex gibt's einen Fitnessraum, eine Sauna, einen Kinderspielbereich, einen kleinen Supermarkt und einen tollen Hallenpool.

Lavender Hotel HOTEL $$$
(Karte S.336; ☎2222 8888; www.lavenderhotel.com.vn; 208 Đ Le Thanh Ton; Zi. 70–110 US$, Suite 140 US$; ✷☎) Den altbackenen Beigeschmack seines Namens (Lavendel) will das Lavender

> **ⓘ DIE KUNST, EINE ADRESSE ZU FINDEN**
>
> HCMS wirkt modern, doch die Metropole ist über viele Jahre planlos gewachsen. Jedes Stückchen Land ist kostbar und die meisten Einwohner leben in dem dichten Netz von Gassen, das die Hauptstraßen verbindet.
>
> Diese Gassen haben keine Namen, sondern tragen die Nummer der nächstgelegenen Hauptstraße. 175 Đ Pham Ngu Lao heißt z. B. die Gasse, die bei Hausnummer 175 von der Đ Pham Ngu Lao abgeht. Innerhalb einer Gasse sind die Gebäude fortlaufend nummeriert, die Hausnummer wird durch einen Schrägstrich abgetrennt. So lautet die Adresse von Le Pub beispielsweise 175/22 Đ Pham Ngu Lao. In besonders überfüllten Gassen gibt's eine verwirrende Vielzahl an Unternummern und Buchstaben, die manchmal hinter einem zweiten Schrägstrich stehen.
>
> Wenn eine Gasse von einer Hauptstraße zu einer anderen verläuft, werden beide Hälften oft unterschiedlich benannt. Die Häuser am südlichen Ende der 175 Đ Pham Ngu Lao etwa haben die Adresse 28 Đ Bui Vien. Alles klar?

vermeiden und wartet mit stilvollem hellem Marmor sowie gedämpften Farben auf. Die Lage direkt am Ben-Thanh-Markt ist großartig, aber mit Lärm verbunden.

Saigon Star Hotel HOTEL $$
(Karte S.336; ☎3930 6290; www.saigonstarhotel.com.vn; 204 Đ Nguyen Thi Minh Khai; EZ 50–75 US$, DZ 60–85 US$; ✷☎) Allmählich sieht man dem Geschäftshotel sein Alter an, doch angesichts seiner Lage gegenüber dem Tao-Dan-Park ist es für Familien durchaus interessant.

PHAM NGU LAO
Viele Budgetreisende lassen sich direkt nach Pham Ngu Lao bringen, da man die Unterkunftssuche dort problemlos zu Fuß erledigen kann. Das Herz dieses Backpackerviertels bilden vier Straßen (Đ Pham Ngu Lao, Đ De Tham, Đ Bui Vien und Đ Do Quang Dau) zusammen mit einem Gewirr sich kreuzender Gassen. Vom Ruf als Backpackerhochburg sollte sich niemand abschrecken lassen. Auch wer mehr der Mittelklasse zuneigt, findet hier tolle Angebote – und das oft zu Budgetpreisen. Das Frühstück ist zumeist im

Preis enthalten, allerdings häufig ziemlich einfach und nicht gerade abwechslungsreich.

Unter den Unterkünften sind zahlreiche familiengeführte Pensionen (10-35 US$) und Minihotels (25-55 US$), gelegentlich sogar ein Schlafsaal. Wir haben einige der besseren ausgewählt, doch es gibt Dutzende mehr und ständig öffnen neue. Leider können auch nagelneue Herbergen wegen schlechter Bauausführung und mangelnder Instandhaltung schnell feucht und muffig werden, darum sollte man das Zimmer vorher anschauen.

Giang & Son   PENSION $
LP TIPP
(Karte S.336; 3837 7548; www.giangson.net firms.com; 283/14 Đ Pham Ngu Lao; Zi. 16-25 US$; ✻@🛜) Es ist schwer, eine teurere Übernachtung zu rechtfertigen, wenn es so saubere, komfortable und freundliche Bleiben wie diese gibt. Sie liegt in unserer Lieblingsgasse, der überraschend ruhigen PNL. Einziger Nachteil des hohen, schmalen Gebäudes mit drei Räumen auf jeder Etage ist der fehlende Fahrstuhl, was ein bisschen vom Besuch der Dachterrasse abschreckt. Wir empfehlen, die 20 US$ für ein Zimmer mit Fenster hinzulegen.

Hong Han Hotel   PENSION $
LP TIPP
(Karte S.342; 3836 1927; www.honghan.netfirms. com; 238 Đ Bui Vien; Zi. 20-25 US$; ✻@🛜) Eine weitere tolle Pension des Modells „hoch & schlank" (sieben Etagen und kein Lift). In puncto Stil legt das Hong Han noch eins drauf. Die Zimmer nach vorne bieten fantastische Aussichten von der Đ Bui Vien bis zum Bitexco-Gebäude, aber die kleineren Räume nach hinten sind ruhiger und billiger. Das kostenlose Frühstück wird auf der zur Straße liegenden Terrasse im ersten Stock serviert.

Bich Duyen Hotel   PENSION $
(Karte S.342; 3837 4588; bichduyenhotel@ yahoo.com; 283/4 Đ Pham Ngu Lao; Zi. 17-25 US$; ✻@🛜) Diese einladende Pension liegt in der gleichen hübschen Gasse wie das Giang & Son und folgt einem ähnlichen Geschäftsmodell. Auch hier lohnt es sich, die teureren Zimmer für 25 US$ zu nehmen, um den Luxus eines Fensters zu genießen. Es gibt sehr gute Duschkabinen, aber ungewöhnlicherweise keine Seife.

Diep Anh   PENSION $
(Karte S.342; 3836 7920; dieptheanh@hcm.vnn. vn; 241/31 Đ Pham Ngu Lao; Zi. 20 US$; ✻@🛜) Das Diep Anh steht eine Stufe über den meisten Pensionen in der PNL, sowohl wortwörtlich (es gibt unzählige Treppenstufen) als auch im übertragenen Sinn. Das hohe, schmale Gebäude sorgt dafür, dass die oberen Zimmer hell und luftig sind. Liebenswürdige Mitarbeiter halten sie gut in Schuss.

An An Hotel   HOTEL $$
(Karte S.342; 3837 8087; www.anan.vn; 40 Đ Bui Vien; Zi. 40-5 US$0; ✻@🛜) Unaufdringlich, unprätentiös und freundlich: Das schmale, aber elegante Minihotel der Mittelklasse bietet wohlproportionierte Räume im Stil eines Businesshotels. In den Bädern gibt's eine Kombination aus Badewannen und Duschen. Zu den Extras, die man nicht erwarten würde, gehören Safes und Computer im Zimmer.

Elios Hotel   HOTEL $$
(Karte S.342; 3838 5584; www.elioshotel.vn; 233 Đ Pham Ngu Lao; EZ 48-102 US$, DZ 53-107 US$; ✻@🛜) Der vornehme Eingangsbereich dieses Hotels ist ein Beleg für die zunehmende Aufwertung der Gegend um die PNL. Die Zimmer halten nicht ganz, was die Lobby verspricht, doch sie sind sauber, modern und mit Safe und Schreibtisch ausgestattet. Vom Blue Sky Restaurant auf dem Dach genießt man tolle Aussichten.

Beautiful Saigon 2   HOTEL $$
(Karte S.342; 3920 8929; www.beautifulsaigon 2hotel.com; 40/19 Đ Bui Vien; EZ 26-37 US$, DZ 29-42 US$; ✻@🛜) Im Gegensatz zu seinem Schwesterhotel Beautiful Saigon, das um die Ecke an der belebten Đ Bui Vien liegt, versteckt sich dieses neue Minihotel in einer kleinen Gasse. Weil das Erdgeschoss von einem Restaurant eingenommen wird, wirkt die Unterkunft fast wie eine Pension. Die Deluxe-Zimmer warten mit Balkonen auf.

Beautiful Saigon   HOTEL $$
(Karte S.342; 3836 4852; www.beautifulsaigon hotel.com; 62 Đ Bui Vien; EZ 26-45 US$, DZ 29-55 US$; ✻@🛜) Dieses Minihotel gehört zur Kategorie der hohen, schmalen Häuser und hat eine moderne Rezeption, deren Mitarbeiterinnen rote *ao dai* (traditionelle Kleider) tragen. Ein Fahrstuhl aus Glas und Marmor führt zu ordentlichen Zimmern; die billigeren Quartiere sind ziemlich klein und fensterlos.

Green Suites   HOTEL $$
(außerhalb der Karte S.342; 3836 5400; www. greensuiteshotel.com; 102/1 Đ Cong Quynh; EZ 22-40 US$, DZ 26-50 US$; ✻@🛜) Ganz in

Grün präsentiert sich dieses recht große Hotel in einer ruhigen Gasse, die direkt südlich der Đ Bui Vien von der Đ Cong Quynh abgeht. Hinter der pastellgrünen Fassade können neue Gäste auf einer erbsengrünen Couch darauf warten, dass Mitarbeiter in waldgrünen Anzügen ihnen ihr Zimmer zeigen. Die gefliesten Räume sind sauber und zum Glück gar nicht grün.

Mai Phai Hotel — HOTEL $
(Karte S.342; 3836 5868; maiphaihotel@saigon net.vn; 209 Đ Pham Ngu Lao; Zi. 18–25 US$; ❄@≋) Direkt an der PNL liegt dieses Minihotel mit freundlichem Service und gut ausgestatteten Zimmern. Zu den Extras zählen ein Fahrstuhl und merkwürdige plastische Bilder in den Fluren.

Nhat Thao — PENSION $
(Karte S.342; 3836 8117; Nhatthaohotel@yahoo.com; 35/4 Đ Bui Vien; Zi. 20–22 US$; ❄≋) Die familiengeführte Unterkunft hat nicht sehr große, aber saubere Zimmer, die hinter einem kleinen Hof liegen. Es lohnt sich, die zusätzlichen 2 US$ für ein Zimmer mit Fenster auszugeben.

Madame Cuc's 127 — PENSION $
(Karte S.342; 3836 8761; www.madamcucho tels.com; EZ 16–20 US$, DZ 25–30 US$; 127 Đ Cong Quynh; ❄@≋) Das Original mit Weitem das beste der drei Hotels unter der Leitung der herzlichen Madame Cuc und ihrer freundlichen Mitarbeiter. Alle Zimmer sind sauber und geräumig.

Spring House Hotel — HOTEL $
(Karte S.342; 3837 8312; www.springhouseho tel.com.vn; 221 Đ Pham Ngu Lao; Zi. 18–40 US$; ❄@≋) Mitten auf der Pham Ngu Lao liegt dieses gemütliche Hotel, ausgestattet mit viel Bambus und Rattan. Die Zimmer sind in Form und Größe ganz unterschiedlich.

Xuan Mai Hotel — PENSION $
(Karte S.342; 3838 6418; xuan_mai_hotel@yahoo.com; 140 Đ Cong Quynh; EZ/DZ 22/24 US$; ❄@≋) Von der schäbigen Rezeption sollte man sich nicht abschrecken lassen, denn die Zimmer sind ganz in Ordnung.

NGUYEN THAI BINH & UMGEBUNG

Blue River Hotel 2 — PENSION $
(Karte S.338; 3915 2852; www.blueriverhotel.com; 54/13 Đ Ky Con; Zi. 17–25 US$; ❄@≋) Die freundliche familiengeführte Pension ist eine tolle Option: nahe bei Dong Khoi und Pham Ngu Lao, und trotzdem weit genug weg, um sich fernab der Touristenmeile zu fühlen. Sie liegt in einer ruhigen Gasse und gibt Einblick in das normale Stadtleben. Wir können auch die Schwesterpension in der PNL empfehlen.

Quynh Kim — PENSION $
(Karte S.338; 3821 0533; 28 Đ Trinh Van Can; Zi. 17–25 US$; ❄) Die Treppe zur Rezeption ist mit Plastikblumen und -pilzen geschmückt. Oben wartet eine freundliche Familie mitsamt ihren vielen Hausgöttern. Die Zimmer sind sauber und relativ groß.

CO GIANG

Eine ruhigere und etwas günstigere Alternative zu Pham Ngu Lao sind die hervorragenden Pensionen im Co-Giang-Viertel (Bezirk 1) innerhalb einer stillen Gasse zwischen der Đ Co Giang und der Đ Co Bac. Man erreicht sie, indem man der ĐL Tran Hung Dao nach Südwesten folgt, an der Đ Nguyen Kac Nhu links abbiegt und dann rechts die erste Straße, die Đ Co Bac, nimmt. Die Unterkünfte liegen in der ersten Gasse zur Linken.

Angesichts seines häuslichen, alltäglichen Charakters ist die Gegend sehr beliebt bei Langzeitbesuchern (ausländische Englischlehrer und dergleichen), deshalb muss man sein Zimmer rechtzeitig im Voraus buchen. Gäste, die länger bleiben, werden bevorzugt.

LP TIPP Ngoc Son — PENSION $
(3836 4717; ngocsonguesthouse@yahoo.com; 178/32 Đ Co Giang; EZ/DZ 12/17 US$; ❄≋) Frisch wie ein Tausendschönchen: Unten befindet sich eine Familienlounge mit Fototapeten und oben warten Zimmer, die ihr Geld wirklich wert sind. Bücher und Kunstwerke verleihen den Räumen der kleinen Pension eine schöne Note.

California — PENSION $
(3837 8885; guesthousecaliforniasaigon@yahoo.com; 171A Đ Co Bac; Zi. 15–18 US$; ❄@≋) „Such a lovely place...", hätten die Eagles gesagt. Das California ist anheimelnd, freundlich und sauber. Es bietet eine Gästeküche (eine Seltenheit!) mit Kaffe und Kuchen (beispiellos!) und der Möglichkeit, kostenlos Wäsche zu waschen (ein Wunder!)

Miss Loi's — PENSION $
(3837 9589; missloi@hcm.fpt.vn; 178/20 Đ Co Giang; Zi. 12–25 US$; ❄@≋) Die seinerzeit erste Pension in Co Chiang wartet mit einer gemütlichen Atmosphäre und hilfsbereitem Personal auf. Fräulein Loi ist eine aufmerksame Gastgeberin. Im Preis ist ein kleines Frühstück einbegriffen.

Dan Le Hotel
PENSION $

(☏3836 9651; danle_hotel@yahoo.com.vn; 171/10 Đ Co Bac; EZ/DZ 12/16 US$; ❄) Diese elegante Unterkunft mit ordentlichen Zimmern, vielen Kübelpalmen, Koi-Teichen und einer Dachterrasse befindet sich am Ende einer Sackgasse, die von der Hauptgasse abgeht.

WEITERE STADTVIERTLEL

Ma Maison Boutique Hotel
HOTEL $$

(☏3846 0263; www.mamaison.vn; 656/52 Cach Mang Thang Tam, Bezirk 3; EZ 65–90 US$, DZ 75–95 US$; ❄🛜) Auf halbem Weg zwischen Flughafen und Zentrum (mit dem Taxi ca. 80 000 VND) lockt in einer friedlichen Gasse, die von einer verkehrsreichen Hauptstraße abgeht, diese freundliche Bleibe Gäste an. Die Dekoration erinnert mehr an das ländliche Frankreich, außerdem verschönern hölzerne Fensterläden das Äußere des mittelhohen Neubaublocks. Alle Zimmer sind im Stil französischer Provinzhäuser gestrichen, erstklassige Bäder geben ihnen ein wenig Schwung.

Thien Thao
HOTEL $$

(außerhalb der Karte S.342; ☏3929 1440; www.thienthaohotel.com; 89 Đ Cao Thang, Bezirk 3; Zi. 32–60 US$; ❄@🛜) Hier findet man alles, was man sich von einem Mittelklassehotel wünscht: freundliche Mitarbeiter und komfortable, eher kleine Zimmer mit Bademänteln, Safes und anständigen Duschen. Die Deluxe-Räume sind ruhiger, unterscheiden sich aber ansonsten kaum von den Standardzimmern. Wer im Thien Thao einchecken will, folgt von Pham Ngu Lao aus der Đ Bui Thi Xuan, die nach einiger Zeit zur Đ Cao Thang wird.

✖ Essen

Hanoi mag sich zwar selbst für kultivierter halten, doch die kulinarische Hauptstadt des Landes ist HCMS. Ob an kleinen Straßenständen oder in traumhaften Villen, überall werden traditionelle vietnamesische Gerichte mit individueller Note serviert.

Neben köstlichen regionalen Spezialitäten verwöhnt die Stadt Besucher mit indischem, japanischem, thailändischem und italienischem Essen sowie asiatisch-europäischer Fusionsküche. Angesichts der Geschichte überrascht es nicht, das HCMS eine gute Auswahl an französischen Restaurants hat, vom zwanglosen Bistro bis zur Haute Cuisine. Mittlerweile gibt's in den meisten Lokalen englischsprachige Speisekarten.

In Dong Khoi findet man eine Menge erstklassiger Restaurants, aber auch die angrenzenden Gebiete des Bezirks 3 müssen sich nicht verstecken. Die Optionen in Pham Ngu Lao befriedigen alle erdenklichen geschmacklichen Gelüste und sind preiswert, aber generell weniger ansprechend. Cholon ist natürlich *die* Adresse für chinesisches Essen, obwohl es hier weniger Lokale als Pagoden zu geben scheint! Darüber hinaus kann man etwas weiter außerhalb das eine oder andere kulinarische Refugium entdecken.

Auf den Märkten gibt's immer eine breite Auswahl an Ständen, in denen leckere Köstlichkeiten zubereitet werden. Besonders gut ist der Ben-Thanh-Nachtmarkt. Viele Buden haben sich ebenso wie die Straßenverkäufer auf ein einziges Gericht spezialisiert.

Banh mi (Sandwiches, die französisch aussehen und sehr vietnamesisch schmecken) bekommt man bei Straßenhändlern. Oft sind die frischen Baguettes mit einer Art Pastete (besser nicht nach den Inhaltsstoffen fragen), eingelegten Gewürzgurken und diversen anderen Dingen gefüllt. Ein Sandwich kostet je nach Zutaten zwischen 15 000 und 25 000 VND.

Die größte Konzentration vegetarischer Restaurants findet sich rund um Pham Ngu Lo, auch in der Nähe buddhistischer Pagoden gibt's häufig eins. Am ersten und fünfzehnten Tag des Mondmonats, an denen im vietnamesischen Buddhismus vegetarisches Essen Pflicht ist, servieren die Essenstände im Zentrum und besonders auf den Märkten fleischlose Versionen von vietnamesischen Gerichten. Zwar ist das Essen dort schnell zubereitet, an diesen Tagen sind sie aber häufig total überlaufen. Geduld – das Warten lohnt sich!

DONG KHOI

Nha Hang Ngon
VIETNAMESISCH $

(Karte S.327; ☏3827 7131; 160 Đ Pasteur; Hauptgerichte 35 000–205 000 VND; ⏱7–22 Uhr; 🍴🛜) In dem üppig grünen Garten wimmelt es unentwegt von Einheimischen und Ausländern, die hier die Gelegenheit nutzen, in stilvollem Ambiente aus einer breiten Palette der allerbesten Straßenküche zu wählen. An verschiedenen Ständen bereiten Köche jeweils eine traditionelle Spezialität zu. Einfach dem Geruch folgen!

Temple Club
VIETNAMESISCH $

(Karte S.327; ☏3829 9244; 29 Đ Ton That Thiep; Hauptgerichte 59 000–98 000 VND; ⏱11.30–22.30 Uhr; 🍴🛜) Dieses noble Restaurant

FAST PHO

Fast Food muss weder fade noch eintönig noch ungesund sein – das beweisen die Kettenrestaurants der Stadt, denn sie servieren leckere, traditionelle Gerichte, die nicht vor Fett triefen.

Pho 24 VIETNAMESISCH
(www.pho24.com.vn; Hauptgerichte 45 000–68 000 VND; ◐7 Uhr–open end; 🕾); 71–73 Đ Dong Khoi (Karte S. 327); 5 Đ Nguyen Thiep (Karte S. 327); 82 Đ Nguyen Du (Karte S. 327); Diamond-Kaufhaus (Karte S. 327; 34 Đ Le Duan); Parkson Plaza (Karte S. 327; Le Thanh Ton); Vincom Centre (Karte S. 327; 72 Le Thanh Ton); 271 Đ Pham Ngu Lao (Karte S. 342) Dies ist zwar die führende Nudelsuppenkette des Landes, aber kein McPho. Die Kunden wählen das Fleisch selbst aus und genießen das Ganze mit einer dampfenden Schale Nudeln, die hervorragend abgeschmeckt sind.

Wrap & Roll FAST FOOD
(Karte S. 327; www.wrap-roll.com; Hauptgerichte 38 000–98 000 VND; ◐10.30–22.30 Uhr; 🖉); 62 Đ Hai Ba Trung; 115 ĐL Nguyen Hue; Vincom Centre (UG, 72 Le Thanh Ton); Diamond-Kaufhaus (34 Đ Le Duan); Parkson Plaza (Le Thanh Ton) Die Restaurants dieser Kette sind stilvoll und bieten eine große Auswahl an fertigen oder individuell zusammenstellbaren Wraps aus dem ganzen Land. Perfekt für alle, die gern mit ihrem Essen spielen.

---

befindet sich in der zweiten Etage einer schönen Kolonialzeitvilla und ist mit spirituellen Motiven dekoriert. Es serviert eine riesige Auswahl köstlicher vietnamesischer Gerichte, darunter eine Reihe vegetarischer Spezialitäten. Zur Einstimmung kann man einen feurigen Cocktail bestellen.

Huong Lai VIETNAMESISCH $
(Karte S. 327; ☏3822 6814; 38 Đ Ly Tu Trong; Hauptgerichte 40 000–120 000 VND) Im Dachgeschoss eines alten französischen Ladenhauses wartet ein ganz besonderes Genusserlebnis. Alle Angestellte kommen aus benachteiligten Familien bzw. sind ehemalige Straßenkinder, die hier eine Bleibe und eine Ausbildung erhalten. Viele wurden bereits von Spitzenhotels und -restaurants übernommen. Ein Muss für alle, die schön angerichtetes, traditionell vietnamesisches Essen lieben.

Xu VIETNAMESISCH $$
(Karte S. 327; ☏3824 8468; www.xusaigon.com; 1. OG, 75 ĐL Hai Ba Trung; Mittagessen 50 000–165 000 VND, Abendessen 175 000–340 000 VND; ◐11–24 Uhr; 🕾) In dieser superschicken Restaurant-Lounge wird Fusionsküche mit vietnamesischer Note aufgetischt. Der Name bedeutet so viel wie „Münze" – und davon wird man einige springen lassen müssen, doch das Geld ist gut angelegt: Gäste dürfen sich auf den erstklassigen Service, eine tolle Weinkarte und die angenehme Lounge-Bar-Atmosphäre freuen. Ein kulinarisches Abenteuer bietet das leckere Menü (850 000 VND).

Flow EUROPÄISCH $$
(Karte S. 327; ☏3915 3691; www.flowsaigon.com; 88 Đ Ho Tung Mau; Hauptgerichte 130 000–365 000 VND; ◐Mo-Sa 10–24, So 10–15.30 Uhr; 🖉🕾) Fürs Flow spricht eine Menge: Da ist erstens das elegante Ambiente des Speiseraums im Rockstarstil (schwarze Nietenstühle, purpurrote Bänke, moderne Kunst) und zweitens die wunderbar kreative Küche. Hinzu kommen wahre Cocktail-Zauberer in der Parterre-Bar, eine ansprechende Terrasse und gelegentliche Veranstaltungen – das alles ergibt eine der hippsten Locations der Stadt.

Warda ORIENTALISCH $$
(Karte S. 327; ☏3823 3822; 71/7 Đ Mac Thi Buoi; 140 000–258 000 VND; ◐8–24 Uhr; 🖉🕾) Passenderweise liegt dieses schicke Lokal in einer Medina-ähnlichen Gasse, die von der Mac Thi Buoi abgeht. Seine verführerischen Geschmackrichtungen reichen von Marokko bis zum Iran. Zum Angebot gehören Lamm-Pflaumen-Tajine, brutzelnde Kebabs, Mezze und die obligatorische Shisha nach dem Essen.

El Gaucho ARGENTINISCH $$$
(Karte S. 327; ☏3825 1879; www.elgaucho.com.vn; 5 Đ Nguyen Sieu; 250 000–690 000 VND; ◐16–23 Uhr) Fleischliebhaber landen hier im Paradies: In schönem Ambiente wird Herzhaftes wie zarte Lammschenkel, Grillspieße und saftige Steaks aufgetischt. Das El Gaucho stellt sogar seine eigene Chorizo und *salchicha* (scharfe Wurst) her.

Cepage
INTERNATIONAL $$
(Karte S.327; ☎3823 8733; www.cepage.biz; Lancaster Building, 22 Đ Le Thanh Ton; Hauptgerichte 200 000–350 000 VND; ◎Mo-Sa 7.30–24, So 17–24 Uhr; ⊜☎) Die hippe Weinbar mit einer Lounge unten und einem wahren Feinschmeckerpalast oben ist eine beeindruckende Säule der internationalen Restaurantszene. Wir empfehlen die „Black Box", ein mysteriöses dreigängiges Mittagessen für 135 000 VND.

Golden Elephant
THAILÄNDISCH $
(Karte S.327; ☎3822 8544; 34 Đ Hai Ba Trung; Hauptgerichte 75 000–250 000 VND; ◎11–22 Uhr; ⊜) Wohlwollend blickt die allgegenwärtige thailändische Königsfamilie auf dampfende Teller mit den Lieblingsgerichten der Thaiküche (samt einigen kambodschanischen Zugaben), die auf mit Leinen gedeckte Tische gestellt werden. Die gehobene Atmosphäre wird durch Livemusik betont.

Augustin
FRANZÖSISCH $$
(Karte S.327; ☎3829 2941; 10 Đ Nguyen Thiep; Hauptgerichte 140 000–380 000 VND; ◎Mo-Sa) Dieses kleine Bistro wirkt zwar bescheiden, serviert aber köstliche französische Speisen und Weine. Einige Gerichte (z. B. die karamellisierte Entenbrust mit Ingwer und Gewürzen) sind im Geschmack vietnamesisch inspiriert, andere (wie das Soufflé mit Grand Marnier) schmettern auf dem Weg zum Tisch praktisch die Marseillaise.

Hoa Tuc
VIETNAMESISCH $
(Karte S.327; ☎3825 1676; 74/7 ĐL Hai Ba Trung; Hauptgerichte 50 000–190 000 VND; ◎10.30–22.30 Uhr; ⊜☎) Das Hoa Tuc hält im trendigen Hof einer früheren Opiumraffinerie die Fahne der vietnamesischen Küche hoch und bietet passend zum hervorragenden Essen viel Stil und Atmosphäre. Typische Gerichte sind gerollte Senfblätter mit knackigem Gemüse und Garnelen oder der würzige Rindfleischsalat mit Kumquats, weißen Miniauberginen und Zitronengras. Hobbyköche können sich bei den Kochkursen im Haus viele Tipps holen (S. 346).

Pacharan
SPANISCH $$
(Karte S.327; ☎8825 6024; www.pacharan.com.vn; 97 Đ Hai Ba Trung; Tapas 80 000–120 000 VND, Hauptgerichte 260 000–340 000 VND; ◎9–24 Uhr; ⊜☎) In dem dreistöckigen Restaurant in einer der begehrtesten Ecken der Stadt bereiten die Köche köstliche Häppchen (z. B. saftige Chorizo, marinierte Anchovis, Chili-*gambas (Garnelen)*, aber auch sättigende Hauptspeisen wie Paella zu. Um ein Gläschen spanischen Wein zu genießen, ist die Dachterrasse der perfekte Ort. Unten befindet sich zudem eine gemütliche Bar.

Au Parc
CAFÉ $
(Karte S.327; 23 Đ Han Thuyen; Hauptgerichte 95 000–165 000 VND; ◎Mo-Sa 7.30–22.30, So 8–17 Uhr; ⊜☎) Einwanderer strömen scharenweise in dieses kleine Café, das eine mediterran angehauchte Auswahl an Salaten, Quiches, Baguettes, Focaccia, Pasta, Mezze und leichten Grillgerichten bietet. Die Smoothies und Säfte sind großartig, der Kaffee aber leider nicht.

Bernie's Bar & Grill
INTERNATIONAL $$
(Karte S.327; 19 Đ Thai Van Lung; Hauptgerichte 85 000–660 000 VND; ◎7.30–23 Uhr; ☎) Das Bernie's ist die Art von Bar, die leicht zum Stammlokal wird. Zugezogene Ausländer genießen hier ausgezeichnete Hausmannskost und kaltes Bier. Auf der Karte stehen australische Steaks und Burger (natürlich mit Roter Bete), Pizza, Pasta, Sandwiches, Salate und hervorragende glutamatfreie vietnamesische Gerichte.

Elbow Room
AMERIKANISCH $$
(Karte S.327; www.elbowroom.com.vn; 52 Đ Pasteur; Hauptgerichte 100 000–350 000 VND; ◎Mo-Sa 8–22, So 8–17 Uhr; ☎) Ein Holzfäller wird sich in diesem gehobenen Café-Bistro im amerikanischen Stil pudelwohl fühlen: Es gibt mächtiges Frühstück (Pfannkuchen, Schinken, Eier, Speck, Pommes frites, Toast) und eine Karte mit deftigen Gerichten wie Burger, Burritos, Hotdogs, Pizza, Pasta sowie Sandwiches. Die Wraps sind ein Zugeständnis an Leute mit Herzproblemen.

Ty Coz
FRANZÖSISCH $$
(Karte S.327; ☎3822 2457; 178/4 Đ Pasteur; Hauptgerichte 190 000–300 000 VND; ◎Di-So; ⊜☎) Die Brüder, die dieses anheimelnde Restaurant führen, sind der personifizierte Enthusiasmus und versessen darauf, die klassischen französischen Gerichte für sich sprechen zu lassen. Auf einer Tafel steht das ständig wechselnde Angebot. Der Zugang zum altmodischen Speisesaal in der ersten Etage ist ungewöhnlich – er führt durch die Wohnung der Besitzer. Bei schönem Wetter sind die Tische auf der Dachterrasse mit Blick auf die Kathedrale schnell besetzt.

Skewers
MEDITERRAN $$
(Karte S.327; ☎3822 4798; www.skewers-restaurant.com; 9A Đ Thai Van Lung; Hauptgerichte 250 000–400 000 VND; ◎Mo-Sa mittags, tgl.

abends; ⊜☎) Hier bekommt man mediterrane Spezialitäten à la Maghreb, Marseille etc. mit einem Schwerpunkt auf Fleischspießen. Das atmosphärische Skewers hat eine offene Küche und ist gewöhnlich gut besucht.

Tandoor INDISCH $
(Karte S.327; ✆3930 4839; www.tandoorvietnam.com; 74/6 Đ Hai Ba Trung; Hauptgerichte 55 000–120 000 VND; ⊜☎) In dem wunderbaren alteingesessenen Restaurant, das mehrere Etagen einnimmt, trifft man immer viele indische Gäste – ein gutes Zeichen. Auf der langen Karte stehen vegetarische und südindische, vor allem aber authentische nordindische Gerichte.

Fanny EISCREME $
(Karte S.327; 29–31 Đ Ton That Thiep; Kugel 26 000–30 000 VND; ☎) Spezialität der in derselben Villa wie der Temple Club untergebrachten Eisdiele ist hervorragendes französisch-vietnamesisches Eis in vielen hausgemachten Geschmacksrichtungen wie Durian (eine Neuschöpfung), Sternanis und Grüner Tee.

Le Jardin FRANZÖSISCH $$
(Karte S.327; ✆3825 8465; 31 Đ Thai Van Lung; Hauptgerichte 100 000–160 000 VND; ⊙Mo–Sa; ☎) Bei Exilfranzosen, die genug von den hektischen Boulevards haben und einen ruhigen Ort zum Durchatmen suchen, erfreut sich das Jardin großer Beliebtheit. Das schattige Terrassencafé befindet sich im Garten des französischen Idecaf-Kulturzentrums und serviert bekömmliche Gerichte im Bistrostil.

3T Quan Nuong VIETNAMESISCH $
(Karte S.327; ✆3821 1631; 29 Đ Ton That Thiep; Hauptgerichte 75 000–130 000 VND; ⊙17–23 Uhr) Wirkt die Adresse vertraut? Kein Wunder, denn das Restaurant befindet sich auf der Dachterrasse über dem Temple Club und dem Fanny. Fleisch, Fisch, Meeresfrüchte und Gemüse bereitet man selbst auf dem Tischgrill zu.

Mandarine VIETNAMESISCH $$$
(Karte S.327; ✆3822 9783; www.orientalsaigon.com.vn; 11A Đ Ngo Van Nam; festes Menü 38–120 US$ pro Pers.) So viel ist sicher: Das Mandarine zielt auf wohlhabende Touristen ab. Die traditionelle Architektur und die abendlichen Musikaufführungen schaffen ein magisches Ambiente und die festen Menüs bieten eine verführerische Vielfalt an Gerichten aus allen Landesteilen.

Maxim's Nam An VIETNAMESISCH $$
(Karte S.327; ✆3829 6676; 15 Đ Dong Khoi; Hauptgerichte 160 000–350 000 VND) Mit seinem überspannten Jazzclub-Ambiente und der Livemusik hebt sich das geradezu legendäre, abends geöffnete Restaurant von allen anderen Lokalen ab. Das Essen ist zwar gut, aber nicht weltbewegend. Wer auf einen denkwürdigen Abend aus ist, macht mit einem Besuch des Maxim's nichts falsch.

Lemon Grass VIETNAMESISCH $
(Karte S.327; ✆3822 0496; 4 Đ Nguyen Thiep; Hauptgerichte 69 000–119 000 VND) Das alteingesessene Lemon Grass erstreckt sich über drei Stockwerke und ist relativ touristisch, steht aber auch bei vielen Einheimischen hoch im Kurs. Ohne Reservierung geht in diesem Laden gar nichts.

Ganesh INDISCH $
(Karte S.327; www.ganeshindianrestaurant.com; 15B4 Đ Le Thanh Ton; Hauptgerichte 52 000–99 000 VND; ☎) Hier gibt's in angenehmer Umgebung eine Palette authentischer nord- und südindischer Speisen, darunter Tandoori-Gerichte, Thalis und zahlreiche vegetarische Angebote.

Zan Z Bar INTERNATIONAL $$
(Karte S.327; ✆3822 7375; www.zanzbar.com; 41 Đ Dong Du; Mahlzeiten 8–25 US$; ⊙7–1 Uhr; ☎) Die ultrahippe Bar in der Dong Du hat rasch von sich reden gemacht. Ursache dafür ist die pazifische Fusionsküche.

La Hostaria ITALIENISCH $$
(Karte S.327; ✆3823 1080; www.lahostaria.com; 17B Đ Le Thanh Ton; Hauptgerichte 140 000–670 000 VND; ☎) Das gemütliche Restaurant im Trattoria-Stil ist der richtige Ort, um italienisches Essen zu genießen.

Java Coffee Bar CAFÉ $
(Karte S.327; 38–42 Đ Dong Du; Hauptgerichte 65 000–195 000 VND; ⊙7.30–24 Uhr; ☎) In dem stilvollen Eckcafé gibt's westliches Frühstück sowie samtige Smoothies. Die Lounge-Stühle sind extrem gemütlich.

Pasha TÜRKISCH $$
(Karte S.327; ✆6291 3677; www.pasha.com.vn; 25 Đ Dong Du; Hauptgerichte 140 000–360 000 VND; ⊙10–2 Uhr; ⊜☎) Die überschwängliche, vom Osmanischen Reich inspirierte Dekoration passt wunderbar zum Essen: Mezze, Köfte und Shishkebab mit Lamm.

La Fourchette FRANZÖSISCH $$
(Karte S.327; ✆3829 8143; 9 Đ Ngo Duc Ke; Hauptgerichte 160 000–180 000 VND; ⊜☎) Wie in

INSIDERWISSEN

NICK ROSS: CHEFREDAKTEUR, *THE WORD HCMC*

Wir baten den Mann hinter der HCMS-Einwanderer-Bibel, uns einige seiner Lieblingsorte zu nennen.

Wo würden Sie mit Gästen hingehen, die Sie beeindrucken wollen? Ich würde wohl das Camargue (S. 357) wählen. Es ist ein klassisches Restaurant mit einer frischen Note; hier gibt's hochwertige gehobene Küche, die lecker zubereitet wird.

Ihre bevorzugten vietnamesischen Gourmetrestaurants? Das Hoa Tuc (S. 354), das Cuc Gach Quan (siehe unten), der Temple Club (S. 352), das Tib (S. 357) und für moderne vietnamesische Küche das Xu (S. 353).

Andere südostasiatische Restaurants? Das Lion City (S. 357), das Golden Elephant (S. 354), das Coriander (S. 358).

Indische Restaurants? Das Ganesh (S. 355), das Mumtaz (S. 358), das Tandoor (S. 355).

Preiswerte Restaurants? Zwei Hainan-Lokale in der Ð Le Thi Hong Gam: das Tien Com Ga Hai Nam (S. 359) und das Anh Ky (S. 359).

Französische Restaurants? Das Ty Coz (S. 354) und das Refinery (S. 361).

Internationale Restaurants? Das Au Parc (S. 354), das Bernies (S. 354), der Elbow Room (S. 354), das Warda (S. 353), das Pasha (S. 355), das Skewers (S. 354), das Flow (S. 353), das Au Lac do Brazil (S. 357), das El Gaucho (S. 353), das Shri (S. 357) und das Deck (S. 359).

Die beste Retrobar? Die Zan Z Bar (S. 355), das Ala Mezon (S. 360), das Long Phi (S. 362) und das Pacharan (S. 354).

Die besten Cocktails? Im Cepage (S. 354); dort gibt's auch die beste moderne europäische Küche mit japanischem Einfluss.

Die beste Sportbar? Das Phatty's (S. 361).

Die beste Weinbar? Das Qing (S. 361).

Die stilvollste Bar? Das 2 Lam Son (S. 361).

Frankreich üblich serviert dieses überaus beliebte, zentral gelegene Restaurant jeden Abend nur ein paar wenige Gerichte.

Mogambo AMERIKANISCH $$
(Karte S. 327; 3825 1311; 50 Ð Pasteur; Hauptgerichte 120 000–200 000 VND; 9–23 Uhr;) Einige Einheimische sind überzeugt davon, dass man nirgendwo in der Stadt bessere Burger bekommt. Außerdem gibt's gute Tex-Mex- und amerikanische Küche.

Restaurant 13 VIETNAMESISCH $
(Karte S. 327; 3823 9314; 15 Ð Ngo Duc Ke; Hauptgerichte 42 000–240 000 VND) Dieses bei einer ganzen Generation von Abenteuertourenleitern beliebte Lokal ist eines von mehreren in dieser Gegend, die leckere vietnamesische Standardgerichte ohne Schnickschnack servieren.

Annam Gourmet Shop MINIMARKT $$
(Karte S. 327; 16 Ð Hai Ba Trung; 9–20 Uhr) Ein kleiner Laden mit hochwertigen Waren. Hier bekommt man importierten Käse, Wein, Schokolade und andere Delikatessen, die man anderswo nicht findet.

Pat a Chou BÄCKEREI $
(Karte S. 327; 74B Ð Hai Ba Trung; belegte Baguettes 29 000–37 000 VND) Leckereien im französischen Stil.

DA KAO & UMGEBUNG

LP TIPP Cuc Gach Quan VIETNAMESISCH $
(Karte S. 334; 3848 0144; http://en.cucgachquan.com; 10 Ð Dang Tat; Hauptgerichte 50 000–200 000 VND; 9–24 Uhr) Schon beim Betreten dieser clever renovierten alten Villa zeigt sich, dass der Besitzer Architekt ist. Die Einrichtung ist ebenso wie das Essen gleichzeitig rustikal und elegant. Trotz seiner versteckten Lage im nordöstlichsten Teil des Bezirks 1 hat sich der gute Ruf des Cuc Gach Quan schnell herumgesprochen, deshalb sollte man vorher reservieren.

Pho Hoa
LP TIPP — VIETNAMESISCH $

(Karte S.334; 260C Đ Pasteur; Hauptgerichte 45 000–50 000 VND; ⊙6–24 Uhr) Im Wettbewerb um das beste *pho*-Restaurant der Stadt ist das alteingesessene Lokal ein ernsthafter Kandidat. Es kommt nobler daher als andere Läden, außerdem schmeckt das Essen einfach wunderbar, wie die vielen Stammgäste beweisen. Die Tische sind voller Kräuter, Chilis und Limetten, dazu gibt's *gio chao quay* (gebratenes chinesisches Brot), *banh xu xe* (Kokosnussküchlein mit Mungobohnenpaste) und *cha lua* (in Bananenblätter gewickelte Schweinswurst).

Banh Xeo 46A
VIETNAMESISCH $

(Karte S.334; 46A Đ Dinh Cong Trang; Hauptgerichte 25 000–50 000 VND; ⊙10–21 Uhr) Besonders beliebt bei Einheimischen sind die Restaurants, die sich auf ein einziges Gericht spezialisiert haben, darunter dieser Laden, wo einige der besten *banh xeo* der Stadt serviert werden. Die Eierkuchen aus Reismehl sind mit Bohnensprossen, Garnelen und Schweinefleisch gefüllt, es gibt aber auch vegetarische Varianten. Köstlich!

Camargue
FRANZÖSISCH $$$

(Karte S.334; ☎3520 4888; www.vascosgroup.com; 191 Đ Hai Ba Trung; Hauptgerichte 370 000 VND; ⊙18–22.30 Uhr; ☻☏) Das Camargue ist seit Langem ein Klassiker der Restaurantszene in Saigon und belegt die romantische Terrasse im ersten Stock einer alten französischen Villa. Auf der Karte stehen rustikale Gerichte wie Entenbrust und Kaninchen.

Au Lac do Brazil
BRASILIANISCH $$$

(Karte S.334; ☎3820 7157; www.aulacdobrazil.com; 238 Đ Pasteur; Hauptgerichte 440 000–530 000 VND; ⊙17–22.30 Uhr; ☻☏) Wer Lust auf brasilianisches Essen hat, kommt am besten hierher. Die *churrascaria* (Barbecuerestaurant) ist mit Karnevalsmotiven dekoriert und serviert All-you-can-eat-Steaks sowie elf weitere Fleischvarianten (ganz wie in Rio).

Tib
VIETNAMESISCH $

(www.tibrestaurant.com.vn); Hai Ba Trung (Karte S.334; ☎3829 7242; 187 Đ Hai Ba Trung; Hauptgerichte 60 000–240 000 VND; ☏); Express (Karte S.336; 162 Đ Nguyen Dinh Chieu; Hauptgerichte 28 000–50 000 VND; ☏); Vegetarian (Karte S.334; 11 Đ Tran Nhat Duat; Hauptgerichte 30 000–40 000 VND; ☏) Der mit Laternen und Lichtern geschmückten Gasse zu diesem stimmungsvollen alten Haus sind bereits Präsidenten und Premierminister auf Besuch gefolgt, um Tibs Küche des kaiserlichen Hue zu genießen. Wahrscheinlich gibt's anderswo ganz ähnliches Essen für weniger Geld, doch die Atmosphäre hier ist einfach wunderbar. Das Tib Express und das Tib Vegetarian sind preiswertere, relaxtere Varianten.

WIEDERVEREINIGUNGSPALAST & UMGEBUNG

Lion City
LP TIPP — SINGAPURISCH $

(Karte S.336; www.lioncityrestaurant.com; 45 Đ Le Anh Xuan; Hauptgerichte 65 000–200 000 VND; ⊙7–15 Uhr; ☻) Die Küche eines Stadtstaates zu repräsentieren, der sich durch Leidenschaft für Essen auszeichnet, ist eine große Herausforderung, doch dem Lion City gelingt dies mit Bravour. Es ist zu Recht für sein Froschporridge und seine Chiligarnelen berühmt, außerdem waren wir vom Curry im malaysischen Stil und den Sambal-Gerichten begeistert.

Shri
JAPANISCHE FUSIONSKÜCHE $$

(Karte S.336; ☎3827 9631; 23. OG, Centec Tower, 72-74 Đ Nguyen Thi Minh Khai; Hauptgerichte 200 000–400 000 VND; ⊙11–24 Uhr; ☻☏) In luftiger Höhe bietet das noble Shri unangefochten die beste Aussicht der Stadt. Entweder reserviert man einen Tisch auf der Terrasse oder lässt sich im dunklen Speiseraum mit schickem Industriedesign nieder. Zwei Speisekarten stehen zur Wahl: eine mit japanisch beeinflussten westlichen Gerichten und eine traditionellere (wesentlich billigere) Auswahl an japanischem Essen, darunter Sushi, Sashimi, Udon und Ramen.

Marina
VIETNAMESISCH, FISCH & MEERESFRÜCHTE $$

(Karte S.336; ☎3930 2379; www.ngocsuong.com.vn; 172 Đ Nguyen Dinh Chieu; Hauptgerichte 50 000–500 000 VND) Wenn man gut situierte Stadtbewohner nach einem Meeresfrüchterestaurant fragt, stehen die Chancen gut, dass sie dieses oder das Schwesterrestaurant **Ngoc Suong** (Karte S.336; 17 Đ Le Quy Don) gleich um die Ecke empfehlen. Beide zielen auf den Geschmack der Einheimischen (helle Beleuchtung, Sport im TV und schreckliche Musikberieselung), doch das Essen ist einfach köstlich, das gilt besonders für die Butterkrebse.

Au Manoir de Khai
FRANZÖSISCH $$$

(Karte S.336; ☎3930 3394; www.khaisilkcorp.com; 251 Đ Dien Bien Phu; Hauptgerichte 370 000–520 000 VND; ⊙18–23 Uhr; ☻☏) Als glamourösestes Restaurant der Stadt residiert dieses französische Fünf-Sterne-Haus in einer stattlichen Kolonialvilla, umrahmt von Teichen und Schachbrettkacheln, ganz wie man es von führenden Seidenhändlern Ho-Chi-Minh-Stadts erwartet. Es wirkt ein klein bisschen abgehoben, hat aber zweifellos Klasse.

Beefsteak Nam Son
VIETNAMESISCH $

(Karte S.336; 88 Đ Nam Ky Khoi Nghia; Hauptgerichte 35 000–75 000 VND; 6–22 Uhr;) Lust auf Fleisch, aber zu knapp bei Kasse, um in eines der teureren Restaurants zu gehen? Dann ist dies die richtige Adresse: Hier gibt's vietnamesische Steaks, Rindfleischgerichte (wie die scharfe Rindfleischsuppe *bun bo Hue*), importierte kanadische Filets und sogar cholesterinarmes Straußenfleisch.

Pho 2000
VIETNAMESISCH $

(Karte S.336; 1–3 Đ Phan Chu Trinh; Hauptgerichte 42 000–58 000 VND; 6–2 Uhr) Im Pho 2000 unweit des Ben-Thanh-Markts legte der frühere amerikanische Präsident Bill Clinton eine Suppenpause ein.

PHAM NGU LAO

Mumtaz
INDISCH $

(Karte S.342; 3837 1767; www.mumtazrest.com; 226 Đ Bui Vien; Hauptgerichte 45 000–90 000 VND; 11–23 Uhr;) Exzellenter Service, nette Umgebung und leckeres Essen sind die Markenzeichen dieses populären Restaurants. Auf der umfangreichen Karte stehen vegetarische Angebote, Tandoori-Gerichte und die beliebtesten Klassiker der nord- und südindischen Küche. Mit 110 000 VND sind das Mittagsbüfett und die Thali-Teller ein Schnäppchen für ausgehungerte Gäste.

Coriander
THAILÄNDISCH $

(Karte S.342; 185 Đ Bui Vien; Hauptgerichte 40 000–140 000 VND; 9.30–23.30 Uhr) Das Coriander zählt zu den kleineren thailändischen Restaurants in der Stadt, kann aber dank der authentischen Küche problemlos mit den Großen mithalten. Das *pad Thai* ist hervorragend und der grüne Curry ganz besonders pikant.

Dinh Y
VEGETARISCH $

(Karte S.342; 171B Đ Cong Quynh; Hauptgerichte 12 000–40 000 VND;) Dieses bescheidene, von einer liebenswerten Cao-Dai-Familie betriebene Lokal befindet sich in einem untouristischen Teil des Viertels unweit des Thai-Binh-Markts. Das Essen ist schmackhaft und günstig und die Speisekarte gibt's auch auf Englisch.

Margherita & An Lac Chay
INTERNATIONAL, VEGETARISCH $

(Karte S.342; 175/1 Đ Pham Ngu Lao; Hauptgerichte 22 000–77 000 VND; 8–22 Uhr;) In dem schlichten, alteingesessenen Lokal wird vietnamesisches, italienisches und mexikanisches Essen zu Schnäppchenpreisen serviert. Oben, im hinteren Bereich des Speiseraums, bietet das An Lac Chay rein Vegetarisches mit der gleichen internationalen Vielfalt. Puristen werden sich freuen, denn das Restaurant hat eine vollkommen separate Küche, die vom schlechten Karma der Fleischprodukte unberührt bleibt.

Mon Hue
VIETNAMESISCH $

(außerhalb der Karte S.342; 98 Đ Nguyen Trai; Hauptgerichte 29 000–150 000 VND; 6–23 Uhr) Einst Herrschern vorbehalten, ist die berühmte Hue-Küche dank dieser Kette mit acht Restaurants nun auch dem einfachen Mann aus HCMS zugänglich. Die praktische Filiale in der Đ Nguyen Trai bietet Travellern, die es nicht bis in die alte Hauptstadt schaffen, eine gute Einführung.

Sozo
CAFÉ $

(Karte S.342; www.sozocentre.com; 176 Đ Bui Vien; Bagels 40 000 VND; Mo-Sa 7–22.30 Uhr;) Ein stilvolles kleines Café in der Budgetgegend, in dem sozial benachteiligte Einheimische ausgebildet werden. Zu den Highlights zählen hervorragende Smoothies, Zimtröllchen, hausgemachte Kekse und andere süße Leckereien. Dank kostenlosem WLAN kann man es gleich weiterempfehlen.

Pho Quynh
VIETNAMESISCH $

(Karte S.342; 323 Đ Pham Ngu Lao; Pho 40 000 VND) Dieses nette Lokal an einer geschäftigen Ecke der Pham Ngu Lao scheint immer mit Backpackern und Einheimischen gefüllt zu sein. Es hat sich auf *pho* (Nudelsuppe) und *pho bo kho*, eine Art Eintopf, spezialisiert.

Asian Kitchen
PANASIATISCH $

(Karte S.342; 3836 7397; 185/22 Đ Pham Ngu Lao; Hauptgerichte 15 000–60 000 VND; 7–24 Uhr;) Ein wunderbar verlässliches Budgetlokal in der PNL. Auf der Speisekarte stehen japanische, vietnamesische, chinesische und indische Gerichte.

Pho Hung
VIETNAMESISCH $

(Karte S.342; 241 Đ Nguyen Trai; Hauptgerichte 40 000–50 000 VND; 6–3 Uhr) Beliebtes *pho-Lokal* unweit des Backpackerviertels, das bis in den frühen Morgen geöffnet ist.

Tan Hai Van
CHINESISCH $
(außerhalb der Karte S.342; 162 Ð Nguyen Trai; Hauptgerichte 52 000–260 000 VND; ☺24 Std.) Wer spätnachts plötzlich Heißhunger bekommt, ist hier goldrichtig, denn das Tan Hai Van ist rund um die Uhr offen.

Vietnamese Aroma
VIETNAMESISCH, INTERNATIONAL $
(Karte S.342; 175/10 Ð Pham Ngu Lao; Hauptgerichte 45 000–89 000 VND; ✈) Würziges typisch vietnamesisches Essen und ein paar italienische und mexikanische Gerichte.

Stella
ITALIENISCH, CAFÉ $
(Karte S.342; ✆3836 9220; www.stellacaffe.com; 119 Ð Bui Vien; Hauptgerichte 25 000–119 000 VND; ☺7–3.30 Uhr; ☎) Das überwiegend italienische Café ist eine Klasse besser als die anderen Budgetlokale in der Gegend und hat Salate, Pasta, Gnocchi und Pizza im Angebot. Auch der Kaffee schmeckt ziemlich gut.

Bread & Butter
INTERNATIONAL, CAFÉ $
(Karte S.342; 40/24 Ð Bui Vien; Hauptgerichte 75 000–110 000 VND; ☺Di–So; ☎) Bei hier lebenden Englischlehrern erfreut sich das winzige Lokal in der „Hotelstraße" großer Beliebtheit. Es serviert rustikale Gerichte wie Burger und Sonntagsbraten.

Zen
VEGETARISCH $
(Karte S.342; 185/30 Ð Pham Ngu Lao; Hauptgerichte 30 000–120 000 VND; ✈) Im alteingesessenen Zen ist das Essen unverändert gut und günstig. Von geschmorten Pilzen im Tontopf bis zu gebratenem Tofu mit Chili und Zitronengras strotzt die Speisekarte nur so vor Köstlichkeiten.

Chi's Cafe
INTERNATIONAL, CAFÉ $
(Karte S.342; 40/27 Ð Bui Vien; Hauptgerichte 30 000–80 000 VND; ☺7–23 Uhr; ☎✈) Eines der besseren Budgetcafés in der Umgebung. Die Kellner kredenzen große Frühstücksgedecke, westliche Leibgerichte und ein paar vietnamesische Speisen.

Hong-Hoa-Minimarkt
MINIMARKT $
(Karte S.342; Hong Hoa Hotel, 185/28 Ð Pham Ngu Lao; ☺9–20 Uhr) Klein, aber vollgestopft mit Drogerieartikeln, Alkohol und westlichem Junkfood wie Schokoriegeln.

NGUYEN THAI BINH & UMGEBUNG

Tiem Com Ga Hai Nam
CHINESISCH $
(Karte S.338; http://comgahainam.vn; 67 Ð Le Thi Hong Gam; Hauptgerichte 27 000–80 000 VND) Im Fenster dieses bescheidenen Lokals hängen gekochte Hühner und Pekingenten. Das Essen wird draußen zubereitet und die meisten Kunden ziehen es vor, es auf der Straße zu verspeisen. Spezialität des Hauses ist Hainan-Hühnchen, ein leckeres, billiges und sättigendes Gericht.

Anh Ky
CHINESISCH $
(Karte S.338; 80 Ð Le Thi Hong Gam; Hauptgerichte 30 000 VND; ☺6.30–24 Uhr) In dem Lokal am Straßenrand kann man köstliche Wan-Tan-Suppe genießen.

Tin Nghia
VEGETARISCH $
(Karte S.338; 9 ÐL Tran Hung Dao; Hauptgerichte 22 000–35 000 VND; ☺7–20.30 Uhr) Die Ausstattung ist schlicht, aber die buddhistischen Besitzer kochen traditionelle Gaumenfreuden ganz ohne Fleischimitate.

AN PHU (BEZIRK 2)
Das An-Phu-Viertel im Bezirk 2 östlich vom Saigon-Fluss ist sehr beliebt bei in der Stadt lebenden Ausländern, deshalb haben sich viele gastronomische Einrichtungen auf diese wohlhabende Gruppe eingestellt. Traveller müssen mit dem Taxi herkommen (130 000–150 000 VND von Pham Ngu Lao), sollten aber aufpassen, dass der Fahrer verstanden hat, wohin es gehen soll.

Deck
FUSIONSKÜCHE $$
(✆3744 6632; www.thedecksaigon.com; 33 Ð Nguyen U Di; Hauptgerichte 105 000–425 000 VND; ☺8–24 Uhr; ☎) Der architektonisch beeindruckende Pavillon zwischen einem vornehmen Garten und dem Fluss ist die Art von Ort, wo man bei ein paar Flaschen Wein und einigen Dim-Sum-Tellern glücklich den ganzen Nachmittag zubringen kann. Die Hauptgerichte sind europäisch zubereitet, schmecken aber asiatisch.

Mekong Merchant
CAFÉ, BISTRO $$
(✆3744 6788; 23 Ð Thao Dien; Frühstück 40 000–200 000 VND, Hauptgerichte 95 000–170 000 VND; ☺8–22 Uhr; ☺☎) Die mit Strohdächern versehenen Gebäude rings um einen Hof schaffen ein stimmungsvolles Ambiente für diese legere, aber gehobene Café-Bistro-Bar. Der Weg lohnt wegen der besten Eier Benedikt und Pizzas in der ganzen Stadt, doch die eigentliche Spezialität sind Meeresfrüchte aus Phu Quoc, die hier frisch angeliefert werden. Das tägliche Menü steht auf einer Kreidetafel.

Ausgehen

Zu Kriegszeiten war Saigons ausschweifendes Nachtleben berüchtigt. 1975 setzte die Befreiung Spaß und Spiel vorübergehend ein Ende, aber inzwischen sind Kneipen und

COCKTAILS MIT AUSSICHT

Es hat etwas unglaublich Aufregendes, nachts über die Neonstadt zu schauen, am besten mit einem Drink in der Hand. Von oben wirken die unzähligen Motorräder wie fluoreszierende Fischschwärme, die sich hinter Taxis und anderen Hindernissen teilen und neu formieren. Um das manische Tempo des Lebens auf den Straßen von einem luftigen Aussichtspunkt in einer Dachbar zu beobachten, werden zwar ein paar Dong mehr fällig, doch die Ausgabe lohnt sich. Einige unserer Lieblingsorte:

Rooftop Garden Bar (Karte S. 327; www.rexhotelvietnam.com; 141 ĐL Nguyen Hue; 24 Std.) Die geringe Höhe des Rex Hotel ist ein Vorteil, denn die Gäste sind nah genug dran, um die Energie der Straßen aufzusaugen. Das Dekor schillert in allen Facetten: lebensgroße Elefanten, Vogelkäfiglaternen, mit Lichtern behängte Formschnitthecken und als Krönung eine riesige goldene Krone, die sich dreht. An den meisten Abenden gibt's Livemusik.

Sheraton Saigon (Karte S. 327; www.sheraton.com/saigon; 88 Đ Dong Khoi; 16–24 Uhr) Von der am höchsten gelegenen Bar im Stadtzentrum (23. Stock) kann man sich ein Bild von der immensen Größe der Metropole machen und die Verkehrsströme beobachten. Restaurantbetrieb plus Livemusik.

Shri (Karte S. 336; 3827 9631; 23. OG, Centec Tower, 72–74 Đ Nguyen Thi Minh Khai) Gäste, die nichts essen möchten, können sich in einem separaten Bereich der stilvollen Terrasse des Shri in der 23. Etage aufhalten, den man über einen winzigen Bach erreicht.

Saigon Saigon (Karte S. 327; www.caravellehotel.com; Lam-Son-Platz 19; 11–2 Uhr;) Die Dachbar des Caravelle Hotel war eine der ersten Hochhausbars der Stadt. Sie bietet Livemusik, teure Drinks, tolle Aussichten und ein paar Tische im Freien.

M Bar (Karte S. 327; www.majesticsaigon.com.vn; 1 Đ Dong Khoi; 16–1 Uhr) Für einen abendlichen Absacker ist die M Bar im achten Stock des Majestic Hotel eine gute Adresse, Panoramablick auf den Fluss und koloniales Flair inklusive.

Top Of The Town (www.windsorplazahotel.com; 18 Đ An Duong Vuong, Bezirk 5; 17–24 Uhr) Wer einen ganz neuen Blickwinkel sucht, findet ihn in Cholon in der 25. Etage des Windsor Plaza Hotel: Der Rundumblick rückt das Stadtzentrum in eine ungewohnte Perspektive.

Clubs wieder geöffnet. Allerdings finden nach wie vor sporadische „Aufräum- und Säuberungsaktionen" statt; offiziell, um Drogenkonsum, Prostitution und Lärm zu kontrollieren. Dementsprechend wirkt das Nachtleben gemessen an der Größe der Stadt verhalten (und endet zudem früh).

Die Ausgehszene konzentriert sich auf Dong Khoi. Dort findet man so gut wie alles von der Spelunke bis zur Designerbar. Sämtliche Lokale werden jedoch von den Behörden aufmerksam überwacht und schließen daher in der Regel schon gegen 1 Uhr. In Pham Ngu Lao feiert man hingegen bis in die Morgenstunden.

DONG KHOI

Viele der coolsten Bars in Dong Khoi sind gleichzeitig Restaurants (siehe Flow, Cepage, Pacharan, Bernie's Bar & Grill und Zan Z Bar) oder liegen ganz oben in Hotels (siehe Kasten „Cocktails mit Aussicht").

LP TIPP Vasco's BAR, NACHTCLUB
(Karte S. 327; www.vascosgroup.com; 74/7D ĐL Hai Ba Trung; 16 Uhr–open end;) Eine der hippsten Locations der Stadt und das höchste Gebäude im Hof der ehemaligen Opiumraffinerie. Unten kann man sich in luftiger Umgebung Cocktails und Pizza schmecken lassen, während der obere Teil eher an einen Nachtclub erinnert, denn dort treten regelmäßig DJs und Livebands auf.

Ala Mezon BAR
(Karte S. 327; 10 Đ Chu Minh Trinh; 11.30–1 Uhr;) So viel Chic hat nur eine französisch geführte und japanisch eingerichtete Bar! Hier werden in mehreren gemütlichen Räumen einfallsreiche Cocktails und japanische Tapas serviert. In einem Raum in verspieltem Pink, der wie das Schlafzimmer eines Harajuku-Mädchens aussieht, können die Gäste Brettspiele, Wii oder Xbox spielen. Auf der Dachterrasse geht's eleganter zu.

2 Lam Son
COCKTAILBAR
(Karte S. 327; www.saigon.park.hyatt.com; Lam-Son-Platz 2, Eingang ĐL Hai Ba Trung; ⊙16–2 Uhr; ➋) Der letzte Schrei in Sachen Opiumhöhlenopulenz (und passend direkt gegenüber der alten Opiumraffinerie gelegen): Die Cocktailbar des Park Hyatt ist die stilvollste und zugleich auch eine der teuersten Kneipen der Stadt.

Alibi
COCKTAILBAR
(Karte S. 327; www.alibi.vn; 5A Đ Nguyen Sieu; ⊙10 Uhr–open end; ➋) Diese angesagte Bar im New Yorker Stil mit Schwarz-Weiß-Fotos an den Wänden und einem langen Tisch in der Mitte serviert kreative Cocktails und im oberen Bereich tolle Fusionsküche.

Q Bar
BAR
(Karte S. 327; www.qbarsaigon.com; Lam-Son-Platz 7; ⊙17 Uhr–open end) Die Mutter aller Nachtlokale in HCMS scheint es schon fast so lange zu geben wie das Opernhaus, in dem es sich befindet. Hierher kommen wunderschöne Menschen, die angesagte Musik und durchdachtes Dekor schätzen.

Lush
BAR, NACHTCLUB
(Karte S. 327; www.lush.vn; 2 Đ Ly Tu Trong; ⊙19.30 Uhr–open end) Wenn man sich lange genug in der Gartenbar unterhalten hat, geht's weiter in die Hauptbar, um Leute zu beobachten und mit den Hüften zu wackeln. Das Lush ist im Manga-Stil eingerichtet und mit coolen Grafiken gepflastert. An den meisten Abenden sorgen DJs für Musik. Der Freitag gehört dem Hip-Hop.

La Fenêtre Soleil
CAFÉ, BAR
(Karte S. 327; 1. OG, 44 Đ Ly Tu Trong; ⊙10–24 Uhr; ➋) Freiliegendes Mauerwerk, Balken, edle Leuchter und prunkvolle Spiegel – die noble Bar macht das Beste aus dem französischen Kolonialgebäude. Toll für einen ruhigen Drink und eine Kleinigkeit von der japanisch-vietnamesischen Karte.

L'Usine
CAFÉ
(Karte S. 327; www.lusinespace.com; 151/1 Đ Dong Khoi; ⊙9–22 Uhr; ➋) Zu dem megacoolen versteckten Café in einem interessanten Kolonialgebäude gehört auch ein Designerladen für Geschenke und Kleidung. Wer hier etwas trinken möchte, durchquert die Kunstarkade, wendet sich in der geschlossenen Gasse zwischen den Gebäuden nach rechts und geht nach oben.

Refinery
BISTRO
(Karte S. 327; 74/7C ĐL Hai Ba Trung; ⊙11–22.30 Uhr; ➋) Diese Location löste die Übernahme der französischen Opiumraffinerie durch die Hipster aus. In der Bistro-Bar gibt's tolle Cocktails (z. B. Granatapfel-Martini) und Appetithäppchen.

Vino
WEINBAR
(Karte S. 327; www.vinovietnam.com; 74/17 ĐL Hai Ba Trung; ⊙10–22 Uhr; ➋) Das Vino, das auf den Hof der Opiumraffinerie hinausgeht, ist das einladende Aushängeschild eines führenden Weinimporteurs und hält darum immer eine große Auswahl an alkoholischen Getränken bereit.

Centro Caffe
CAFÉ
(Karte S. 327; Lam-Son-Platz 11–13; ➋) Zentraler geht es kaum. In diesem Café gibt's hervorragende italienische Kaffees in allen Varianten und eine italienische Speisekarte.

Amber Room
COCKTAILBAR
(Karte S. 327; www.theamberoom.com; 1. OG, 59 Đ Dong Du; ⊙15–24 Uhr; ➋) Durch einen unauffälligen Eingang gelangt man nach oben in eine schicke Cocktailbar, die in bernsteinfarbenes Licht getaucht ist. Von der kleinen Terrasse aus kann man das Kommen und Gehen im Sheraton beobachten.

Qing
WEINBAR
(Karte S. 327; 110 Đ Pasteur; ➋) Gemütliche, gehobene Bar mit großer Weinauswahl.

Casbah
BAR
(Karte S. 327; 57 Đ Nguyen Du; ➋) In einer Gasse hinter der Hauptpost versteckt sich dieser exotische, arabisch angehauchte Ort, wo man wunderbar einen Kaffee oder Cocktail genießen kann.

Phatty's
SPORTBAR
(Karte S. 327; www.phattysbar.com; 46–48 Đ Ton That Thiep; ⊙9–24 Uhr; ➋) Einwanderer, die nach der Arbeit herkommen, sorgen für eine gesellige Atmosphäre, außerdem gibt's gutes Essen und Sport auf Großbildschirmen.

Juice
SAFTBAR
(Karte S. 327; 49 Đ Mac Thi Buoi; ➋) Auf vier Etagen werden frische Säfte und Smoothies sowie gesunde Snacks serviert.

Drunken Duck
SPORTBAR
(Karte S. 327; 58 Đ Ton That Thiep; ⊙16 Uhr–open end; ➋) Angesichts der teuflischen Cocktails hier ist der Name der Bar gut gewählt.

Sheridan's Irish House
PUB
(Karte S. 327; www.sheridansbarvn.com; 17/13 Đ Le Thanh Ton; ⊙8–24 Uhr; ➋) Natürlich befindet sich in HCMS auch ein irisches Pub –

und zwar ein ziemlich authentisches. Im Angebot sind eine gefährliche Auswahl irischer Whiskeys und leckere Pubkost.

Blue Gecko SPORTBAR
(Karte S. 327; www.bluegeckosaigon.com; 31 Ð Ly Tu Trong; 17–24 Uhr;) In dieser australischen Bar gibt's ordentlich kaltes Bier, Billardtische und jede Menge Fernseher für Sportübertragungen.

DA KAO & UMGEBUNG

Hoa Vien KLEINBRAUEREI
(Karte S. 334; www.hoavien.vn; 28 Ð Mac Dinh Chi; 8–24 Uhr;) Wahrscheinlich erwartet man in den versteckten Gassen nicht unbedingt ein tschechisches Restaurant, in dem täglich frisches Pils gebraut wird.

WIEDERVEREINIGUNGSPALAST & UMGEBUNG

Serenata CAFÉ
(Karte S. 336; 3930 7436; 6D Ð Ngo Thoi Nhiem; 7.30–22.30 Uhr;) In derselben lebendigen Gasse wie die angesagte Acoustic Bar (S. 363) lockt dieses schöne Haus mit dem perfekten romantischen Ambiente zum Kaffee: Draußen im Hof reihen sich Tische um einen Teich und jeden Abend ab 20.30 Uhr gibt's Livemusik. Am Wochenende spielt vormittags ein Pianist.

Cloud 9 BAR
(Karte S. 336; 6. OG, 2 bis Cong Truong Quoc Te; 17.30–24 Uhr) Hier treffen sich zahlreiche modisch gekleidete junge Leute. Die Bar liegt über dem Café Gloria Jean's, wo die Ð Tran Cao Van auf den Kreisverkehr stößt. Im unteren Raum hämmert Dance-Musik.

PHAM NGU LAO & UMGEBUNG

Le Pub PUB
(Karte S. 342; www.lepub.org; 175/22 Ð Pham Ngu Lao; 7 Uhr–open end;) Der Name sagt bereits alles – Pub trifft französische Café-Bar, und das gefällt sowohl Einwanderern als auch Travellern, die wegen der umfangreichen Bierauswahl, der Cocktails und des leckeren Essens kommen.

Go2 BAR
(Karte S. 342; 187 Ð De Tham;) Nirgends lässt sich das verrückte Treiben, das jedes Straßentheater schlägt, besser beobachten als von den Plätzen vor dieser die ganze Nacht geöffneten Bar. Die Musik ist in der Regel hervorragend. Oben befinden sich ein Club für Tanzwütige und eine Dachbar, wo man sich hinterher wunderbar abkühlen kann. Bis in die frühen Morgenstunden wird Essen serviert, und beruhigende Shishas stehen auch bereit.

Allez Boo BAR
(Karte S. 342; 195 Ð Pham Ngu Lao; 7 Uhr–open end) Stolz zeigt das Allez Boo an einer belebten Straßenecke seine tropische Verrücktheit. Seine Wände sind mit Bambus bedeckt und die Bar ziert ein Rattandach. Nächtlicher Trubel und ein steter Strom von Backpackern sorgen für ein stets volles Haus.

Spotted Cow SPORTBAR
(Karte S. 342; 111 Ð Bui Vien; 11–24 Uhr) Von Australiern geführte Sportbar mit zahlreichen alkoholischen Specials und einem Faible für Kuhmuster.

Street Pub PUB
(Karte S. 342; 43–45 Ð Do Quang Dau) Der Klon von Le Pub erstreckt sich über zwei Etagen und hat einen Billardtisch sowie eine kleine Terrasse im oberen Bereich.

Long Phi BAR
(Karte S. 342; 207 Ð Bui Vien; Di–So) Eine der ältesten Bars in Pham Ngu Lao. Sie ist in französischem Besitz und bis in die frühen Morgenstunden geöffnet. Manchmal treten Livebands auf.

Bobby Brewers CAFÉ
(Karte S. 342; www.bobbybrewers.com; 45 Ð Bui Vien;) Das moderne Café einer lokalen Kette erstreckt sich über drei Etagen. Hier gibt's Säfte, Sandwiches, Pasta und Salate. Oben werden Filme gezeigt.

WEITERE STADTVIERTEL

Himiko Visual Café CAFÉ, GALERIE
(außerhalb der Karte S. 342; www.himikokoro.com; 1. OG, 324B Ð Dien Bien Phu, Bezirk 10; 10–23 Uhr;) Café-Bar und Galerie in einem – ein ausgefallenes Ambiente für einen Drink. Der vietnamesische Besitzer, ein Künstler, hat in Japan studiert und gerät ab und zu in Konflikt mit der konservativen Obrigkeit.

☆ Unterhaltung

The Word HCMC, *Asialife HCMC* oder *The Guide* informieren über kulturelle Highlights, ebenso die Webseiten www.anyarena.com und www.thewordhcmc.com. In den monatlichen Veranstaltungshinweisen sind Clubnächte, Livemusik, Kunstveranstaltungen und Theatervorführungen aufgeführt.

Nachtclubs

Als angesagteste Clubnacht der Stadt gilt die Loftparty **Everyone's a DJ** (www.everyonesad

HO-CHI-MINH-STADT FÜR SCHWULE & LESBEN

Auch wenn man in HCMS nur wenige erklärte Schwulen- und Lesbentreffs findet, sind die meisten beliebten Clubs und Bars der Stadt in der Regel schwulenfreundlich. Das **Villa** (Karte S. 327; 131 Đ Dong Khoi) über dem Brodard Café (heute Gloria Jean's) ist ein winziger Club, in dem sich an Wochenenden gepflegte junge vietnamesische Männer einfinden. Ins **Apocalypse Now** (siehe unten) kommen neben dem ansonsten heterosexuellen Publikum manchmal auch einige Schwule, ebenso in die **Q Bar** (S. 361) und den **Amber Room** (S. 361). Als angesagtestes Ereignis gilt die monatliche **Bitch Party** (www.bitchpartysaigon.com; Eintritt inkl. erstem Drink 100 000 VND), die eigentlich an wechselnden Orten stattfindet, oft aber im **Factory** (Karte S. 327; Đ 102 Mac Thi Buoi) veranstaltet wird.

Eine Warnung: Masseure brausen auf dem Drahtesel durch Pham Ngu Lao, klingeln und bieten ihre Knetkünste sowie einiges mehr zum kleinen Preis an. Manche versuchen anschließend, ihren Kunden mehr Geld abzuknöpfen als vereinbart. Das kann unschön enden, deshalb sollte man besser ganz auf ihre Dienste verzichten.

jvietnam.wordpress.com), die relativ regelmäßig im La Fenêtre Soleil (S. 361) steigt. Andere gute Events, auf die man achten sollte, sind **dOSe** und **The Beats Saigon** (www.thebeatssaigon.com).

In den meisten der nachfolgend aufgelisteten Clubs geht's erst ab 22 Uhr richtig los. Welche Locations gerade am beliebtesten sind, erfährt man in den populären Bars. Eine sichere Sache ist das **Lush** (S. 361), eigentlich eher eine Bar als ein Nachtclub. Wenn überall sonst die Rollläden runtergehen, können Nachtschwärmer im **Go2** (S. 362) weiterfeiern.

Apocalypse Now NACHTCLUB
(Karte S. 327; 2C Đ Thi Sach; 19–2 Uhr) Das geräumige „Apo" hat schon viele Clubs kommen und gehen sehen und ist nach wie vor ein Muss für Partygänger. Es gibt eine große Tanzfläche und einen Hof im Freien (zum Abkühlen). Zwischen unternehmungslustigen Travellern, Auswanderern und Einheimischen erspäht man die eine oder andere Prostituierte, Bässe dröhnen und die Stimmung ist wild. Am Wochenende zahlt man 150 000 VND Eintritt, ein Drink inklusive.

Gossip NACHTCLUB
(Karte S. 338; 79 ĐL Tran Hung Dao; Eintritt 120 000 VND; 21.30–2.30 Uhr) Pünktlich zum Wochenende erwacht das alteingesessene Gossip im Dai Nam Hotel zum Leben: Dann tummeln sich hier gut gekleidete Wahl-Saigoner und Einheimische zu heftigen Technoklängen.

Fuse NACHTCLUB
(Karte S. 327; 3A Đ Ton Duc Thang; 19 Uhr–open end) Kleiner Club, laute Technomusik.

Barocco NACHTCLUB
(Karte S. 334; 254B Đ Nam Ky Khoi Nghia) Go-go-Tänzerinnen zeigen ihr Können, während rote und grüne Laserstrahlen die Tanzfläche zerteilen.

Livemusik
Die Lust der Vorkriegszeit auf Live-Rockmusik ist im modernen HCMS wieder erwacht und bringt Musiker aller Stilrichtungen auf die Bühnen der Stadt. In **Bernie's Bar & Grill** (S. 354) spielen an jedem Wochenende Bands, im **Pacharan** (S. 354) mittwoch- und freitagabends und im **Sheridan's** allabendlich (S. 361). Im **Saigon Saigon** (S. 361) heizt fast jeden Abend eine kubanische Truppe ein und im **Vasco's** (S. 360) treten regelmäßig internationale Künstler auf.

Acoustic LIVEMUSIK
(Karte S. 336; 6E1 Đ Ngo Thoi Nhiem; 19–24 Uhr;) Der Name führt in die Irre, denn die meisten Musiker sind voll verkabelt und gefährlich, wenn sie die kleine Bühne der führenden Livemusik-Location in HCMS betreten. Das Publikum, das jeden Abend herbeiströmt, kann einfach nicht genug von diesem Schuppen bekommen.

Yoko BAR
(Karte S. 336; 22A Đ Nguyen Thi Dieu; 8 Uhr–open end;) Ab etwa 21 Uhr geht's los – dann reicht das Spektrum von Funkrock bis zu Metal. Mit der kleinen Bühne, bequemen Sesseln und wechselnden Kunstwerken kommt die Bar ziemlich cool daher.

Hard Rock Café BAR
(Karte S. 327; www.hardrock.com; 39 Đ Le Duan; 11–24 Uhr;) Im Hard Rock Cafe sorgen

jeden Freitag- und Samstagabend Livebands oder DJs für Musik.

Stadttheatrer
KONZERTSAAL

(Nha Hat Thanh Pho Ho Chi Minh; Karte S. 327; ☎3829 9976; Lam-Son-Platz) Inzwischen ist das Opernhaus der französischen Kolonialzeit die Heimat des HCMC Ballett sowie der Symphony Orchestra & Opera (www.hbso.org.vn), außerdem treten hier zahlreiche Gastkünstler auf.

Konservatorium
KONZERTSAAL

(Nhac Vien Thanh Pho Ho Chi Minh; Karte S. 336; ☎3824 3774; 112 Ð Nguyen Du) Hier finden Konzerte mit traditioneller vietnamesischer und klassischer westlicher Musik statt.

MZ Bar
NACHTCLUB

(Karte S. 336; 56 Ð Bui Thi Xuan) Eine Coverband gibt dröhnend alle möglichen tanzbaren Klassiker zum Besten.

Bar Bui
BAR

(Karte S. 334; 39/2 Ð Pham Ngoc Thach; ⏰10–24 Uhr) Jeden Abend ab 20.30 Uhr kann man in der Bar Bui Flamenco und Country erleben.

Metallic
BAR

(Karte S. 336; www.metallicbar.com; 41 Ð Ba Huyen Thanh Quan; ⏰21–1 Uhr; 🍽🛜) Metal ist in der Stadt so populär, dass es sogar eine eigene Location dafür gibt – wer hätte das gedacht?

Wasserpuppentheater

Obwohl diese Tradition eigentlich aus dem Norden stammt, hat sie im letzten Jahrzehnt selbst in HCMS Fuß gefasst, wohl auch, weil sich diese Kunstform bei Touristen großer Beliebtheit erfreut.

Golden Dragon Water Puppet Theatre
WASSERPUPPEN

(Karte S. 336; ☎3930 2196; www.goldendragonwaterpuppet.com; 55B Ð Nguyen Thi Minh Khai) Im wichtigsten Wasserpuppentheater der Stadt finden um 17 und 18.30 Uhr 50-minütige Vorstellungen statt.

Saigon Water Puppet Theatre
WASSERPUPPEN

(Karte S. 334; Historisches Museum, Ð Nguyen Binh Khiem; Eintritt 40 000 VND) Die Aufführungen in diesem kleinen Theater im Historischen Museum beginnen um 9, 10, 11, 14, 15 und 16 Uhr und dauern etwa 20 Minuten.

Kino

Im Zentrum gibt's jede Menge Kinos (rap), die internationalen Standards entsprechen. Einige zeigen auch Blockbuster in englischer Sprache. Karten kosten etwa 60 000 bis 70 000 VND.

Lotte Cinema Diamond
KINO

(Karte S. 327; 13. OG, Diamond-Kaufhaus, 34 Ð Le Duan) In drei Sälen werden Filme in der Originalsprache mit vietnamesischen Untertiteln gezeigt.

Galaxy
KINO

(www.galaxycine.vn; Karten 60 000–160 000 VND) 116 Ð Nguyen Du (Karte S. 336) 230 Ð Nguyen Trai (Karte S. 342) Hollywood-Blockbuster und lokale Kinohits.

Idecaf
FRANZÖSISCHES KINO

(Karte S. 327; ☎3829 5451; www.idecaf.gov.vn; 31 Ð Thai Van Lung) Im *Institut d'Échanges Culturels avec la France* kann man Filme in französischer Sprache und manchmal auch Theateraufführungen sehen.

Pferderennen

Saigon Racing Club
PFERDERENNEN

(Cau Lac Bo The Thao Phu To; Karte S. 334 f.; ☎3855 1205; www.vietnamracing.net; 2 Ð Le Dai Hanh, Bezirk 11; ⏰Sa & So 12–17 Uhr) Als Südvietnam 1975 befreit wurde, richtete sich die Politik gegen „verwerfliche, kapitalistische Aktivitäten", u. a. das Glücksspiel. Damals wurden alle Rennbahnen geschlossen. Schließlich gab die Regierung dann aber doch finanziellen Erwägungen den Vorzug. Seit 1989 ist die Bahn wieder in Betrieb.

Ebenso wie die staatliche Lotterie hat sie sich als wahre Goldgrube erwiesen. Obwohl die meisten Zocker Einheimische sind, dürfen natürlich auch Ausländer ihr Glück versuchen. Bei legalen Wetten müssen mindestens 10 000 VND gesetzt werden – nach oben gibt's keine Grenzen. Wer ernst macht und Dong-Milliardär werden möchte, sollte sich die Leitfadenbroschüre mit statistischen Daten zulegen.

Die Taxifahrt zum Saigon Racing Club kostet etwa 100 000 VND.

🔒 Shoppen

Touristen wird zwar auf den lebhaften Straßen der Stadt gerne unnützes Zeug angedreht, aber man kann auch richtige Schätze entdecken. Das „Jagdrevier" erstreckt sich von großen Märkten und Antiquitätenläden über Seidenboutiquen bis zu spezialisierten Geschäften für Keramik, Stoffe, lackierten Bambus und maßgeschneiderte Kleidung. Obwohl die Kunstszene im Norden Vietnams spannender ist, findet man auch in HCMS immer mehr Galerien, in denen Gemälde, Fotografien und alte Propagandaposter verkauft werden.

Außerdem kann man so manche Kuriosität wie Miniatur-*cyclos* und Hubschrauber aus zusammengeklebten Bierdosen aufstöbern. Wer auf der Suche nach solchen Souvenirs ist, sollte es im Andenkenladen des Kriegsrestemuseums (S. 334) versuchen.

Viele Geschäfte bieten trendige Kleidung an, man kann sich aber auch eine *ao dai,* die nationale Tracht Vietnams, maßschneidern lassen. Das figurschmeichelnde Outfit besteht aus einer seidenen Tunika und Hosen und wird u. a. von Schneidern in der Nähe des Ben-Thanh-Markts sowie am oberen Ende der Đ Pasteur angefertigt. Auch Männer tragen *ao dai.* Ihre Varianten sitzen lockerer und werden mit einem seidenen Kopftuch kombiniert.

In Vietnam werden zudem zahlreiche Rucksäcke, Koffer und andere teure Gepäckstücke produziert, die man in der Stadt für wenig Geld erwerben kann. In Bezirk 1 befinden sich jede Menge Geschäfte, die North Face, Samsonite und zahlreiche weitere Marken führen – meist Originale und wesentlich günstiger als zu Hause. Also sollte man sich nicht den Kopf über zu viele Einkäufe zerbrechen, sondern einfach eine weitere Tasche kaufen.

DONG KHOI

Der beste Ausgangspunkt für eine Shoppingtour sind die von Galerien und Boutiquen gesäumte Đ Dong Khoi und ihre Seitenstraßen. Hier findet man auch jede Menge hochwertiges Kunsthandwerk. Wer nur wenig Zeit hat, kann eines der zahlreichen Einkaufszentren ansteuern.

Ben-Thanh-Markt — MARKT
(Karte S. 327; Cho Ben Thanh; ĐL Le Loi, ĐL Ham Nghi, ĐL Tran Hung Dao & Đ Le Lai) Der Hauptmarkt von HCMS ist zusammen mit den umliegenden Straßen eine der belebtesten Ecken der Stadt. Hier bekommt man alles, was der durchschnittliche Stadtbewohner isst, trägt und braucht: Gemüse, Fleisch, Gewürze, Süßigkeiten und Tabak ebenso wie Kleidung, Haushaltswaren und vieles mehr. Auch die Auswahl an Souvenirs ist umfangreich. Allerdings muss man feilschen, was das Zeug hält, da die Preise etwas höher sind als anderswo.

Vietnam Quilts — KUNSTHANDWERK
(Karte S. 327; www.mekong-quilts.org; 64 Đ Ngo Duc Ke) Schöne seidene Quilts, die von armen Vietnamesen aus ländlichen Regionen angefertigt werden. Der Erlös garantiert ihnen ein vernünftiges Einkommen.

Dogma — SOUVENIRS
(Karte S. 327; www.dogmavietnam.com; 1. OG, 43 Đ Ton That Thiep; ⊙9–22 Uhr) Dieser bewusst kitschige Laden verkauft Reproduktionen von Propagandapostern, deren Motive auch auf Kaffeetassen, Bierdeckeln, Puzzles und T-Shirts zu finden sind. Wer behauptet, die Behörden hätten keinen Humor?

Mai's — KLEIDUNG
(Karte S. 327; www.mailam.com.vn; 132–134 Đ Dong Khoi) Obwohl der Shop eher wie eine Avantgardegalerie aussieht, ist er tatsächlich eine wahnsinnig hippe Designerboutique, die schöne, aber teure handgenähte Kleidung für Männer und Frauen sowie Accessoires anbietet.

Nguyen Frères — ANTIQUITÄTEN, KUNSTHANDWERK
(Karte S. 327; 2 Đ Dong Khoi) Neue und antike Möbel, Textilien, Kopfkissenbezüge, Seiden- und Töpferwaren sowie Lampen.

Khai Silk — KLEIDUNG
(Karte S. 327; www.khaisilkcorp.com; 107 Đ Dong Khoi) Eine von mehreren Filialen des landesweiten Seidenimperiums in HCMS. Teuer, aber qualitativ hochwertig.

Song — KLEIDUNG
(Karte S. 327; 76D Đ Le Thanh Ton) In der zentral gelegenen Boutique bekommt man hochwertige Leinen- und Baumwollkleidung für Männer und Frauen.

Sapa — KUNSTHANDWERK, ACCESSORIES
(Karte S. 327; 7 Đ Ton That Thiep) Ein kleiner Laden, der Stoffe mit ethnischen Motiven in modernem Design, Geschenkartikel und Schmuck verkauft.

> **KOMISCH, DER KAFFEE SCHMECKT JA NACH ...**
>
> Vietnam exportiert Kaffee in alle Welt. Als besonders gut gelten die in Butter gerösteten Produkte aus Buon Ma Thuot. Wer auf Kuriositäten steht, sollte „Wieselkaffee", *ca phe chon* (Nr. 8 der Vorzeigemarke Trung Nguyen) kosten. Die Kaffeebohnen werden an die kleinen Nager verfüttert und, nachdem sie wieder ausgeschieden wurden, eingesammelt und verkauft (z. B. in größeren Märkten). Wohl bekomms!

Art Arcade
KUNST

(Karte S.327; 151 Đ Dong Khoi) In dem Durchgang, der von der Dong Khoi abgeht, haben sich zahlreiche interessante Kunsthandlungen niedergelassen.

Fahasa Bookshop
BUCHLADEN

(Karte S.327; ⊗8–22 Uhr) ĐL Nguyen Hue (40 ĐL Nguyen Hue) ĐL Le Loi (60–62 ĐL Le Loi) Staatlicher Buchladen mit Wörterbüchern, Karten sowie Standardwerken in Englisch und Französisch.

Lucky Plaza
EINKAUFSZENTRUM

(Karte S.327; 69 Đ Dong Khoi) Das Einkaufszentrum erstreckt sich über eine Etage und bietet viele günstige Waren an, darunter die üblichen Lackprodukte und Bambusschüsseln. Toll, um preiswerte Koffer und Taschen zu kaufen.

Tax Trade Centre
EINKAUFSZENTRUM

(Karte S.327; Thuong Xa Tax; Ecke Đ Nguyen Hue & Đ Le Loi; ⊗9–21.30 Uhr) Überwiegend kleine Läden. Im obersten Stock gibt's jede Menge Kunsthandwerk.

Diamond-Kaufhaus
KAUFHAUS

(Karte S.327; 34 Đ Le Duan) Auf den vier Etagen dieses Kaufhauses kann man elegant im westlichen Stil shoppen. Das oberste Stockwerk wirkt dank Bowlingbahn, Spielautomaten und Junkfood durch und durch amerikanisch.

Saigon Centre
EINKAUFSZENTRUM

(Karte S.327; 65 ĐL Le Loi) Hochhaus mit noblen internationalen Geschäften und Cafés in den unteren Etagen.

Parkson Plaza
KAUFHAUS

(Karte S.327; 41–45 Đ Le Thanh Ton) Kleidung und Kosmetik.

Chi Chi
KLEIDUNG

(Karte S.327; 138 Đ Pasteur) Maßgeschneiderte Stücke.

DA KAO & UMGEBUNG
Thu Quan Sinh Vien
BUCHLADEN

(Karte S.334; 2A ĐL Le Duan; ⊗8–22 Uhr; 🛜) Ein anspruchsvoller Laden voller Studenten, die das kostenlose WLAN im ansprechenden Café nutzen. Hier gibt's importierte Bücher und Zeitschriften auf Englisch, Französisch und Chinesisch.

Adidas Puma Factory Shop
SCHUHE, KLEIDUNG

(Karte S.334; 232 Đ Pasteur) Original-Turnschuhe zu einem Fünftel des Preises, der im Heimatland fällig wäre.

Orange
KLEIDUNG, ACCESSORIES

(Karte S.334; 238B Đ Pasteur) Funkige T-Shirts und Taschen.

Cham Khanh
KLEIDUNG, SCHNEIDER

(Karte S.334; 256 Đ Pasteur) Einer der zahlreichen *ao-dai*-Läden auf der Đ Pasteur, in dem man aufgemotzte Versionen des traditionellen Kleidungsstücks bekommt. Das Cham Khanh ist eine verlässliche Adresse, um eines dieser Stücke nähen zu lassen.

WIEDERVEREINIGUNGSPALAST & UMGEBUNG
Gaya
HAUSHALTSWAREN, KLEIDUNG

(außerhalb der Karte S.336; www.gayavietnam.com; 1 Đ Nguyen Van Trang) Designerboutique für Haushaltswaren und Kleidung, darunter die Kollektion der führenden kambodschanisch-französischen Designerin Romyda Keth. Der Laden liegt gegenüber der Pham Ngu Lao auf der anderen Seite des Parks.

Vinh Loi Gallery
KUNST

(Karte S.336; www.galerievinhloi.com; 41 Đ Ba Huyen Thanh Quan; ⊗9–18 Uhr) Schöne Kunstgalerie.

PHAM NGU LAO
Billige Reproduktionen berühmter Kunstwerke bekommt man in den Kunsthandlungen in der Đ Bui Vien.

Mekong Creations
KUNSTHANDWERK

(Karte S.342; www.mekong-creations.org; 141 Đ Bui Vien) Die Gewinne aus dem Verkauf von Bambusschüsseln und Serviertellern fließen zurück an die Einwohner abgelegener Mekong-Dörfer.

Hanoi Gallery
PROPAGANDA-POSTER

(Karte S.342; 79 Đ Bui Vien; ⊗9–22 Uhr) Fans des sozialistischen Realismus sollten diesen ausgesprochen coolen kleinen Laden besuchen, der sowohl originale (so sagte man uns jedenfalls) Propaganda-Poster für 600 US$ als auch Drucke im Format DIN A3 für 8 US$ verkauft.

SahaBook
BUCHLADEN

(Karte S.342; www.sahabook.com; 175/24 Đ Pham Ngu Lao) Hat sich auf Reiseführer und Reiseliteratur spezialisiert. Im Gegensatz zu den vielen Fälschungen, die man auf den Straßen sieht, sind die Lonely Planet Bücher Originalausgaben mit lesbaren Karten.

Blue Dragon
KUNSTHANDWERK

(Karte S.342; 1B Đ Bui Vien) Das beliebte Souvenirgeschäft führt u. a. Kunstwerke aus recycelten Motorradteilen.

NGUYEN THAI BINH & UMGEBUNG

Wer sich für Kunsthandel interessiert, findet hinter dem Museum der Schönen Künste einige tolle gewerbliche Galerien, darunter **Blue Space** (Karte S. 338; www.bluespacearts.com; 1A Đ Le Thi Hong Gam) und **Lacquer & Oil** (Karte S. 338; 97A Đ Pho Duc Chinh). Antiquitätenjäger sollten sich zur Đ Le Cong Kieu direkt gegenüber dem Museum aufmachen, allerdings gibt's keine Garantie, dass die angebotenen Objekte wirklich alt sind, deshalb ist beim Kauf Vorsicht angebracht.

Dan-Sinh-Markt MARKT

(Karte S. 338; 104 Đ Yersin) Auf diesem Platz, auch als Kriegsrestemarkt bekannt, findet man Original-Springerstiefel und verrostete (aber weniger authentische) Hundemarken. An den zahllosen Ständen wird so gut wie alles von praktischen Gasmasken und Bahren über Regenkleidung und Moskitonetzen bis zu Kochgeschirr, Seesäcken und Ponchos verkauft. Wer demnächst in ein Krisengebiet reist, kann zudem relativ günstig eine Splitterschutzweste erwerben.

WEITERE STADTVIERTEL

Mai Handicrafts KUNSTHANDWERK

(3844 0988; www.maihandicrafts.com; 298 Đ Nguyen Trong Tuyen, Tan-Binh-Bezirk; ⊙Mo-Sa 10–19 Uhr) Der Fair-Trade-Laden handelt mit Keramikwaren, Stoffen sowie anderen Geschenkartikeln und unterstützt mit dem Erlös benachteiligte Familien und Straßenkinder. Wer hier einkaufen möchte, muss der ĐL Hai Ba Trung (sie wird später zur Đ Phan Dinh Phung) Richtung Nordwesten folgen und an der Đ Nguyen Trong Tuyen links abbiegen.

Praktische Informationen

Geld

In der Ankunftshalle am Flughafen Tan Son Nhat gibt's direkt hinterm Zoll mehrere Wechselstuben, die Geld meist zu offiziellen Kursen tauschen. Geldautomaten findet man rechts, wenn man aus dem Terminal kommt, sowie überall in der Stadt. An vielen kann man allerdings nur einen Höchstbetrag von 2 000 000 VND pro Tag abheben. Einige ANZ-Automaten im Zentrum haben jedoch auch ein Limit von 4 000 000 VND. Den höchsten Auszahlungsbetrag mit 8 000 000 VND bekamen wir bei der **Citibank** (Karte S. 327; 115 Đ Nguyen Hue) im Foyer des Sun Wah Tower. Mit Kreditkarten (MasterCard oder Visa) werden einem während der Öffnungszeiten in den Banken per Barvorschuss auch höhere Beträge in Dong oder US-Dollars ausgezahlt.

Gefahren & Ärgernisse

Vorsicht in Dong Khoi und am Flussufer: Dort treiben sich „Motorradcowboys" herum, die Touristen ihre Taschen und Fotoapparate entreißen! Zu verbreiteten Abzocken in Taxis und *xe om* siehe Kasten S. 371.

Medien

In zahlreichen Unterkünften, Bars und Restaurants liegen kostenlose Stadtmagazine aus, darunter das hervorragende Monatsheft **The Word HCMC** (www.wordhcmc.com), **Asialife HCMC** (www.asialifehcmc.com) und *The Guide*, ein monatliches Magazin, das von der *Vietnam Economic Times* (VET) herausgegeben wird.

In Buchläden und etwas eleganteren Hotels erhält man zudem eine umfangreiche Auswahl an ausländischen Zeitungen und Zeitschriften. Straßenhändler in Dong Khoi und Pham Ngu Lao verkaufen ebenfalls Magazine, bei denen man allerdings unbedingt einen Blick aufs Datum werfen und feilschen sollte!

Medizinische Versorgung

FV Hospital (Franco-Vietnamese Hospital; 5411 3333; www.fvhospital.com; 6 Đ Nguyen Luong Bang, Bezirk 7; ⊙24 Std.) Hier sprechen die Ärzte Englisch und Französisch. Die Versorgung und die Ausstattung sind ausgezeichnet.

HCMC Family Medical Practice (Karte S. 327; 24-Std.-Notdienst 3822 7848; www.vietnammedicalpractice.com; hinter dem Diamond-Kaufhaus, 34 ĐL Le Duan; ⊙24 Std.) Gut geführte Praxis mit Niederlassungen in Hanoi und Da Nang.

International Medical Centre (Karte S. 327; 3827 2366, 24-Std.-Notdienst 3865 4025; www.cmi-vietnam.com; 1 Đ Han Thuyen; ⊙24 Std.) Gemeinnützige Organisation mit Englisch sprechenden französischen Ärzten.

International SOS (Karte S. 327; 8382 8424, 24-Std.-Notdienst 3829 8520; www.internationalsos.com; 65 Đ Nguyen Du; ⊙24 Std.) Das internationale Ärzteteam spricht u. a. Englisch, Französisch, Japanisch und Vietnamesisch.

Post

Hauptpostamt (Karte S. 327; 2 Cong Xa Paris; ⊙7–21.30 Uhr) Dieses prachtvolle Postamt im französischen Stil liegt gleich neben der Notre-Dame-Kathedrale. In der Innenstadt gibt's zahlreiche weitere Filialen.

Federal Express (Karte S. 327; 3829 0995; www.fedex.com; 146 Đ Pasteur; ⊙Mo–Fr 8–18, Sa 8–14 Uhr)

Reisebüros

Saigon Tourist (Karte S. 327; 3824 4554; www.saigontourist.net; 45 Đ Le Thanh Ton;

8–11.30 & 13–17.30 Uhr) ist das offizielle staatlich betriebene Reisebüro von HCMS. Über 70 Hotels, zahlreiche Restaurants, eine Autovermietung, Golfclubs und andere „Touristenfallen" gehören vollständig oder teilweise zu diesem Unternehmen.

Darüber hinaus sind eine Menge Reisebüros in der Stadt ansässig, die fast alle teils staatlich, teils privat betrieben werden. Sie organisieren Mietwagen sowie Visaverlängerungen und buchen Flugtickets. Der Wettbewerb ist hart, und wer sich aufmerksam umsieht, bekommt Touren um einiges günstiger als bei Saigon Tourist! Zahlreiche Agenturen beschäftigen mehrsprachige Guides.

Die meisten Führer und Chaffeure verdienen nicht viel. Wenn sie gute Arbeit geleistet haben, sollte man ihnen ein ordentliches Trinkgeld geben. Bei Bustouren nach Cu Chi oder ins Mekong-Delta sammeln Traveller häufig 1 bis 2 US$ pro Person für Guide und Fahrer.

Am besten sucht man mehrere Reiseveranstalter auf, um sich einen Überblick zu verschaffen. In Pham Ngu Lao werden viele preiswerte Touren von unterschiedlicher Qualität angeboten. Es lohnt sich auch, andere Reisende nach ihren Erfahrungen zu fragen.

Für ein Maximum an Unabhängigkeit empfiehlt sich eine private Tour im Mietwagen inklusive Fahrer und Guide. Wenn man sich mit anderen Touristen zusammenschließt, kann dies eine erstaunlich günstige Alternative sein.

Sinhbalo Adventures (Karte S. 342; 3837 6766; www.sinhbalo.com; 283/20 Đ Pham Ngu Lao; Mo–Fr 7.30–12 & 13.30–17.30, Sa 7.30–12 Uhr) Eines der besten Reisebüros des Landes für maßgeschneiderte Touren. Das Unternehmen hat sich auf Ausflüge mit dem Fahrrad spezialisiert, organisiert aber auch ausgefallene Exkursionen, z. B. ins Mekong-Delta, ins zentrale Hochland und in noch entferntere Gebiete. Seine beliebtesten Ausflugspakete sind der zweitägige Mekong-Trip und die dreitägige Mekong-Radtour.

Handspan Adventure Travel (3925 7605; www.handspan.com; 7. OG, Titan Building, 18A Đ Nam Quoc Cang, Bezirk 1) Die Filiale der in Hanoi ansässigen Agentur ist für ihre guten Touren bekannt.

Sinh Tourist (Karte S. 342; 3838 9593; www.thesinhtourist.vn; 246 Đ De Tham; 6.30–22.30 Uhr)

Buffalo Tours (Karte S. 327; 3827 9170; www.buffalotours.com; 81 Đ Mac Thi Buoi)

Innoviet (Karte S. 342; 6291 5406; www.innoviet.com; 158 Đ Bui Vien)

Café Kim Tourist (Karte S. 342; 3836 5489; www.thekimtourist.com; 270 Đ De Tham)

PXN Travel (Karte S. 342; 6271 9208; www.pxntravel.com; 38 Đ Do Quang Dau)

Asiana Travel Mate (Karte S. 327; 3525 0615; www.asianatravelmate.com; 92–96 Đ Nguyen Hue)

❶ An- & Weiterreise

Auto & Motorrad

In nahezu jedem Touristencafé, Reisebüro oder Hotel kann man einen Mietwagen organisieren, immer inklusive Fahrer – ohne vietnamesischen Führerschein darf man in Vietnam nämlich nicht ans Steuer. Am günstigsten sind die Anbieter in Pham Ngu Lao. **Budget Car Rental** (3930 1118; www.budget.com.vn) bietet neue Autos mit englischsprachigen Fahrern zu vernünftigen Preisen.

In Pham Ngu Lao kann man Motorräder/Roller für etwa 10 US$ mieten. HCMS zählt zu den Städten, in denen sich ein wenig Fahrpraxis auszahlt. Unbedingt die Qualität des Helms prüfen, vor allem, wenn man eine längere Tour unternehmen möchte!

Bus

Intercity-Busse starten von drei großen Busbahnhöfen, die am Stadtrand von HCMS liegen und mit Nahverkehrsbussen vom Ben-Thanh-Markt aus erreichbar sind. Wer mit Open-Tour-Bussen unterwegs ist, darf sich freuen: Praktischerweise fahren sie direkt nach Pham Ngu Lao (die Abfahrt ist ebenfalls dort). So spart man Geld fürs Taxi bzw. den Nahverkehrsbus. Sie steuern u. a. Mui Ne (5–10 US$), Nha Trang (7–20 US$), Da Lat (8–15 US$), Hoi An (15–37 US$) und Hanoi (31–49 US$) an.

Der gigantische **Mien-Tay-Busbahnhof** (Ben Xe Mien Tay; Đ Kinh Duong Vuong) bedient alle

VERKEHRSVERBINDUNGEN AB HCMS

ZIEL	BUS	FLUGZEUG	ZUG
Da Lat	7 Std./8–15 US$	50 Min./ab 39 US$	keine Angabe
Nha Trang	13 Std./7–20 US$	55 Min./ab 44 US$	6½ Std./13–27 US$
Hue	29 Std./26–37 US$	80 Min./ab 37 US$	18 Std./32–54 US$
Hanoi	41 Std./31–49 US$	2 Std./ab 70 US$	30 Std./50–79 US$

Gebiete südlich von HCMS, also vor allem das Mekong-Delta. Er liegt 10 km westlich der Stadt in An Lac, einem Viertel des Binh-Chanh-Berzirks (Huyen Binh Chanh). Ein Taxi von der Pham Ngu Lao hierher kostet ca. 150 000 VND. Von dem Busbahnhof aus erreicht man fast alle Städte im Delta mit klimatisierten Express- und Minibussen. Ungefähre Preise sind im Mekong-Delta-Kapitel bei den jeweiligen Reisezielen nachzulesen.

Wer in den Norden möchte, muss sich zum großen **Mien-Dong-Busbahnhof** (Ben Xe Mien Dong) aufmachen. Er befindet sich im Binh-Thanh-Bezirk 5 km vom Stadtzentrum. Um dorthin zu gelangen, folgt man der Đ Xo Viet Nghe Tinh, die in die Nationalstraße 13 (Quoc Lo 13) übergeht. Der Busbahnhof liegt 2 km hinter der Kreuzung zwischen der Đ Xo Viet Nghe Tinh und Đ Dien Bien Phu. Achtung: Expressbusse fahren auf der Ostseite ab, Nahverkehrsbusse halten an der Westseite des Gebäudekomplexes.

Busse nach Tay Ninh, Cu Chi und in Orte nordwestlich von HCMS starten vom neueren **An-Suong-Busbahnhof** (Ben Xe An Suong) im Bezirk 12. Um hierhinzukommen, muss man der Đ Cach Mang Thang Tam und Đ Truong Chinh folgen. Der Busbahnhof befindet sich in der Nähe der Überführung zur Quoc Lo 1 (Nationalstraße 1). Es lohnt sich übrigens nicht wirklich, mit Nahverkehrsbussen zu den Cu-Chi-Tunneln zu fahren, da diese meist abseits der Hauptstraße liegen und kompliziert zu erreichen sind. Im Gegensatz dazu kosten es nicht viel, mit den Touristenbussen zu reisen, die vom Bezirk 1 aus verkehren.

INTERNATIONALE BUSSE Zahlreiche internationale Busse verbinden HCMS und Kambodscha miteinander. Die meisten fahren in Pham Ngu Lao ab. **Sapaco** (Karte S. 342; ☏3920 3623; 309 Pham Ngu Lao) bietet täglich neun Direktverbindungen nach Phnom Penh (Abfahrt ist zwischen 6 und 15 Uhr, 10 US$) und eine nach Siem Reap (20 US$).

Flugzeug

Tan Son Nhat International Airport (SGN; www.tsnairport.hochiminhcity.gov.vn; Bezirk Tan Binh) In den späten 1960er-Jahren war der Tan-Son-Nhat-Flughafen einer der drei verkehrsreichsten Flughäfen weltweit. Bis heute werden die Start- und Landebahnen gesäumt von mit Flechten bedeckten minensicheren Schutzvorrichtungen, Hangars und militärischen Gebäuden.

Mehr Infos zu internationalen Flügen siehe S. 557. Die folgenden Unternehmen bieten Inlandsverbindungen mit HCMS:

Vietnam Airlines (☏3832 0320; www.vietnamairlines.com) Von/nach Hanoi, Hai Phong, Vinh, Dong Hoi, Hue, Da Nang, Qui Nhon, Nha Trang, Da Lat, Buon Ma Thuot, Plei Ku und Rach Gia sowie von/zu der Phu-Quoc-Insel.

Air Mekong (☏3846 3666; www.airmekong.com.vn) Von/nach Hanoi, Qui Nhon, Da Lat, Buon Ma Thuot und Plei Ku sowie von/zu den Con-Dao-Inseln und der Phu-Quoc-Insel.

Jetstar Pacific Airlines (☏1900 1550; www.jetstar.com) Von/nach Hanoi, Hai Phong, Vinh, Hue und Da Nang.

Vietnam Air Service Company (VASCO; www.vasco.com.vn) Von/nach Tuy Hoa, Chu Lai und Ca Mau sowie von/zu den Con-Dao-Inseln.

Schiff/Fähre

Fast jede Stunde legen am **Bach-Dang-Pier** (Karte S. 327; Đ Ton Duc Thang) auf der Đ Ton Duc Thang Tragflügelboote (Erw./Kind 200 000/100 000 VND, 1¼ Std.) nach Vung Tau ab. Die wichtigsten Unternehmen:

Greenlines (☏3821 5609; www.greenlines.com.vn)
Petro Express (☏3821 0650)
Vina Express (☏3825 3333; www.vinaexpress.com.vn)

Zug

Züge vom **Saigon-Bahnhof** (Ga Sai Gon; Karte S. 334 f.; ☏3823 0105; 1 Đ Nguyen Thong, Bezirk 3; ⊙Fahrkartenschalter 7.15–11 & 13–15 Uhr) steuern Ziele im Norden an, darunter:

Nha Trang (272 000–550 000 VND; 6½–9 Std., 8-mal tgl.)

Da Nang (616 000–1 019 000 VND, 15½–20¾ Std., 6-mal tgl.)

Hue (655 000–1 100 000 VND, 18–24½ Std., 6-mal tgl.)

Dong Hoi (759 000–1 199 000 VND, 21–26 Std., 5-mal tgl.)

Hanoi (1 036 000–1 622 000 VND, 30–41 Std., 4-mal tgl.)

In der Pham Ngu Lao kann man Fahrkarten mit einem geringen Aufpreis bei **Saigon Railway Tours** (Karte S. 342; ☏3836 7640; www.railtour.com.vn; 275C Đ Pham Ngu Lao; ⊙7.30–20 Uhr) und auch in den meisten Reisebüros kaufen.

❶ Unterwegs vor Ort

Auto & Motorrad

Sowohl Reisebüros als auch Hotels und Touristencafés vermieten Autos (mit Fahrer) und Motorräder. Viele Auswanderer schwören, dass man mit dem Motorrad am schnellsten und leichtesten durch die Stadt kommt – oder ins Krankenhaus, wenn man sich überschätzt. Selbst erfahrene Biker sollten sich erst mit den Verkehrsverhältnissen vertraut machen, bevor sie sich ins Getümmel stürzen. 100-ccm-Motorräder kosten 7 bis 10 US$ am Tag (ein mehr oder weniger guter Helm ist inklusive). Manchmal wird der Reisepass als Sicherheit einbehalten.

Achtung: Bevor man zahlt, sollte man sichergehen, ob das Motorrad auch wirklich fährt!

Das **Saigon Scooter Centre** (✆3848 7816; www.saigonscootercentre.com; 25/7 Đ Cuu Long, Bezirk Tan Binh; ☉Di–Fr 12–17, Sa 10–16 Uhr) vermietet zuverlässig restaurierte Klassiker der Marke Vespa sowie neue Geländemotorräder. Bei einer Mindestmietdauer von vier Tagen kosten die Fahrzeuge mindestens 20 US$ pro Tag (100 US$ pro Woche). Für eine Extragebühr holt der Verleiher sie überall zwischen HCMS und Hanoi wieder ab.

Bus

Es gibt jede Menge günstige Nahverkehrsbusse, die mehr als 130 Strecken in und um HCMS bedienen. Am **Ben-Thanh-Busbahnhof** (außerhalb der Karte S. 327; ĐL Tran Hung Dao) bekommt man den praktischen und kostenlosen Linienplan *Ho Chi Minh Bus Route Diagram*.

Interessante Linien für Touristen, die am Ben-Thanh-Markt abfahren, sind z. B. die Nummern 152 (zum Tan-Son-Nhat-Flughafen), 149 (zum Saigon-Bahnhof) und 1 (zum Binh-Tay-Markt in Cholon). Bus 102 fährt zum Mien-Tay-Bahnhof und mit der 26 gelangt man zum Mien-Dong-Bahnhof. Alle Fahrzeuge sind klimatisiert. Tickets (durchschnittlich 3000 VND) kann man direkt in den Bussen kaufen.

Cyclo

Früher wimmelte es in HCMS nur so von diesen Fahrzeugen, heute sieht man sie dagegen nur noch auf bestimmten Straßen, vor allem auf der Đ Pham Ngu Lao und rund um die Đ Dong Khoi. Obwohl einige Vietnamesen sie nach wie vor gern benutzen, ist doch ein deutlicher Trend zum Motorrad bzw. Taxi zu verzeichnen. Inzwischen unterstützen hauptsächlich Touristen das schlecht bezahlte Gewerbe. Einige der älteren *cyclo*-Fahrer waren früher südvietnamesische Soldaten und sprechen ein paar Brocken oder sogar fließend Englisch. Einige haben Kriegsgeschichten auf Lager und wissen von „Umerziehung", Verfolgung und Armut zu berichten. Sie lassen sich gerne am Ende des Tages zu einer Schüssel *pho* oder einem Bier einladen!

Um das Verkehrsproblem in den Griff zu bekommen, sind in vielen Straßen der Stadt keine Fahrradrikschas mehr zugelassen. Um diese Zonen und eventuelle Strafgelder zu vermeiden, müssen Fahrer häufig Umwege machen. Das ist auch der Grund, weshalb man nicht immer genau dorthin gebracht werden kann, wohin man eigentlich möchte. Statt sich zu ärgern, sollte man Verständnis haben: Der Fahrer kann schließlich nichts dafür.

Allerdings müssen Touristen oft tiefer in die Tasche greifen. Am besten handelt man im Voraus einen Preis aus und nimmt genügend Kleingeld mit. Ist man zu zweit unterwegs, sollte man ausdrücklich einen Preis für zwei Personen ausmachen. Manchmal ist es auch sinnvoll, die Zahlen aufzuschreiben, damit beide Parteien genau wissen, was Sache ist. Leider kommt es dennoch zu „Missverständnissen": Falls der *cyclo*-Fahrer einen nicht durch sämtliche Bezirke kutschiert hat, sind 25 US$ definitiv zu viel!

Kurze Fahrten im Stadtzentrum kosten 15 000 bis 25 000 VND, die Strecke von Bezirk 1 nach Cholon etwa 40 000 VND. Ein *cyclo* kann man auch stundenweise für rund 40 000 VND mieten, was für eine Stadtbesichtigung ideal ist. Viele Fahrer in Pham Ngu Lao machen gute Vorschläge für eine Sightseeingtour.

Einen Ausflug mit dem *cyclo* sollte man genießen, solange es noch geht, denn die Regierung will die Fahrzeuge komplett aus dem Verkehr ziehen, und so wird es wohl nicht mehr lange dauern, bis sie ganz aus den Straßen der Stadt verschwunden sind.

Fahrrad

Passionierte Radfahrer werden schnell feststellen, dass es praktisch (und manchmal beängstigend) sein kann, sich per Drahtesel in HCMS fortzubewegen. Räder können z. B. in Hotels, Cafés und Reisebüros ausgeliehen werden.

Stellplätze (2000 VND) sind meist nicht mehr als kleine, mit Seilen abgetrennte Abschnitte auf dem Bürgersteig. Hier ist der fahrbare Untersatz sicher untergebracht (Diebstähle stellen nämlich ein großes Problem dar). Sattel oder Lenker werden mit einer Nummer versehen und man bekommt einen Zettel in die Hand gedrückt, den man nicht verlieren sollte. Kommt man zurück und das Rad ist unauffindbar, haftet der Betreiber des Parkplatzes.

Vom/zum Flughafen

Der Tan-Son-Nhat-Flughafen liegt 7 km nordwestlich vom Stadtzentrum. Bei unserem Besuch hatte **Saigon Airport Taxis** das Monopol über die Wagen vor dem internationalen Terminal, während **Sasco Taxi** die Konzession für das Inlandsterminal besaß. Englisch sprechende Kontrolleure schieben einen in ein wartendes Taxi und sagen dem Fahrer, wo man hinwill. Vorab mit dem Fahrer klären – am besten in Gegenwart des Kontrolleurs –, ob er einen Taxameter benutzt, oder einen Festpreis ausmachen (bis ins Stadtzentrum kann dieser bis zu 10 US$ betragen).

Wagen mit Kilometerzähler dürften nur um die 100 000 VND kosten. Wer wenig Gepäck hat und gern etwas Geld opfert, um Geld zu sparen, sollte hinauf zum Ankunftsbereich oder den Parkplatz des Inlandsterminals ansteuern und versuchen, ein konkurrierendes Taxi zu finden, das jemanden hergebracht hat. Dabei muss man aber darauf achten, dass es sich um ein seriöses Unternehmen handelt (s. S. 371).

Fast alle Fahrer empfehlen ihren Reisegästen ein „gutes und günstiges Hotel", denn für diesen „Tipp" kassieren sie eine Provision. Schwierig

XE OM ODER TAXI?

Verglichen mit einer nervenzerfetzenden Motorradfahrt ist das klimatisierte Taxi komfortabel und sicher, aber nicht ganz günstig. Da viele *xe-om*-Fahrer jedoch unverschämte Wucherpreise verlangen, wird der Unterschied dazu verschwindend gering. Solange man die Entfernungen und angemessenen Preise noch nicht genau kennt, bietet ein Taxi mit Kilometerzähler eine gute Alternative zu der Angst, übers Ohr gehauen zu werden. Bei mehr als einer Person sind Taxis wahrscheinlich ohnehin billiger. Andererseits kommt das Motorrad oft rascher durch den Verkehr, besonders zu Stoßzeiten.

Leider gibt's nicht nur skrupellose *xe-om*-Fahrer, sondern auch zwielichtige Taxifahrer, deren Kilometerzähler sich schneller drehen als Kylie Minogue in ihren goldenen Hotpants. Aus diesem Grund greift man am besten immer auf bewährte Unternehmen wie Vinasun und Mai Linh zurück. Aber Vorsicht: Beide haben eine Flut von Nachahmern hervorgebracht, die ganz ähnliche Logos, leicht geänderte Namen (Vinasum, Vina, Vinamet, Ma Lin, M.Group) und manipulierte Taxameter haben.

Bevor man auf ein *xe om* steigt, sollte man den Preis ausmachen. Eine Fahrt von Pham Ngu Lao nach Dong Khoi dürfte nicht mehr als 20 000 VND kosten. Ein verbreiteter Trick ist, dass die Fahrer die Fahrt für 15 000 VND anbieten, dann aber darauf beharren, 50 000 VND gesagt zu haben.

kann es werden, wenn Touristen eine Reservierung in einem Haus haben, das keine Vermittlungsgebühr zahlt. In dem Fall versucht der Fahrer, einen umzustimmen, und behauptet, dass das Hotel geschlossen, niedergebrannt, schmutzig, gefährlich oder sonst irgendwas ist!

Um zum Flughafen zu kommen, bittet man am besten einen Hotelangestellten, ein vertrauenswürdiges Taxi zu bestellen. Einige Cafés in Pham Ngu Lao bieten Fahrten zum Flughafen an, bei manchen kann man sich auf einem Zettel für Sammeltaxis anmelden (ca. 4 US$ pro Pers.).

Am günstigsten ist der klimatisierte Flughafenbus 152 (6–18 Uhr, 4000 VND inkl. einer variablen Gepäckgebühr). Er startet alle 15 Minuten und hält auf der Đ De Tham (in Pham Ngu Lao) sowie vor internationalen Hotels wie dem Caravelle und dem Majestic entlang der Đ Dong Khoi. Entweder haben die Busse englischsprachige Aufschriften oder sind an den Worten „*Xe Buyt San Bay*" zu erkennen.

Ein Motorradtaxi sollte man nur in Betracht ziehen, wenn man wenig dabeihat, denn sich mit großem Gepäck durch den chaotischen Verkehr zu schlängeln ist nicht sehr angenehm. Hinzu kommt, dass *xe-om*-Fahrer keinen Zutritt zum Flughafengelände haben; man muss also erst ein Stück laufen, um sie zu erreichen. Üblicherweise kostet eine Fahrt ins Stadtzentrum 60 000 VND.

Motorradtaxi

Deutlich häufiger zu finden und viel schneller als ein *cyclo* sind die *xe om* oder Motorradtaxis (manchmal *Honda om* genannt). *Xe-om*-Fahrer warten normalerweise an Straßenecken und werben dort um Kundschaft. Wer eines sucht, dürfte selten mehr als ein paar Meter gehen, ehe sich ein Fahrer anbietet. Kurze Strecken, z. B. von der Pham Ngu Lao nach Dong Khoi, kosten 20 000 VND. Wer ein Motorradtaxi mieten möchte, zahlt 3 US$ pro Stunde bzw. 15 US$ pro Tag.

Taxi

So gut wie überall in HMCS sind Taxis mit Kilometerzähler unterwegs. Wenn man sich allerdings in einem abgelegenen Teil der Stadt aufhält, ist es sinnvoll, ein reguläres Taxi zu bestellen. Der Grundpreis beträgt etwa 15 000 VND für den ersten Kilometer. Die meisten Fahrten innerhalb des Stadtzentrums kosten nur ein paar Dollars. Vorsicht vor manipulierten Taxametern, die zu schnell laufen (siehe Kasten links).

Renommierte und zuverlässige Unternehmen:
Mai Linh Taxi (☎ 3838 3838)
Vinasun Taxi (☎ 3827 2727)

RUND UM HO-CHI-MINH-STADT

Da HCMS sich unvermindert in alle Richtungen ausbreitet und dabei ländliche Gemeinden und das Hinterland schluckt, wird es zunehmend schwierig, eine Pause vom städtischen Leben einzulegen. Zum Glück gibt's immer noch einige lohnende Oasen der Ruhe wie Wildnisgebiete und faszinierende historische sowie kulturelle Sehenswürdigkeiten, die nur eine kurze Fahrt von der Metropole entfernt liegen.

Cu Chi

Wenn es ein Symbol für die beharrliche Willenskraft der Vietnamesen gäbe, wäre dies wohl Cu Chi. In dem Bezirk im Großraum von HCMS leben heute 350 000 Menschen, während des Vietnamkriegs waren es etwa 80 000. Auf den ersten Blick erinnert kaum noch etwas an die unerbittlichen Kämpfe, Bombardierungen und Zerstörungen, die Cu Chi erlebt hat. Um sich ein Bild davon zu machen, muss man tiefer gehen – in den Untergrund.

In den 1960er-Jahren wurde das Tunnelnetz von Cu Chi legendär, weil es dem Vietcong ermöglichte, ein großes ländliches Gebiet nur 30 bis 40 km von HCMS entfernt zu kontrollieren. Zu seinen besten Zeiten reichten seine Gänge von der südvietnamesischen Hauptstadt bis zur kambodschanischen Grenze; allein im Cu-Chi-Bezirk gab es 250 km Tunnel. Zu dem System, das teilweise mehrere Stockwerke umfasste, gehörten unzählige Falltüren, Wohnbereiche, Lager, Waffenfabriken, Feldlazarette, Kommandozentren und Küchen.

Das unterirdische Netz ermöglichte die Kommunikation und Koordination zwischen den vom Vietcong kontrollierten Enklaven, die durch südvietnamesische und amerikanische Land- und Luftangriffe voneinander abgeschnitten waren. Außerdem konnte der Vietcong aus dem Tunnelgebiet heraus Überraschungsangriffe starten – selbst innerhalb der US-Militärbasis bei Dong Du – und danach blitzschnell durch versteckte Falltüren verschwinden. Nachdem sich Bodenoperationen gegen die Tunnel als ineffektiv erwiesen und zahlreiche Opfer unter den Amerikanern gefordert hatten, verlegten sich diese auf massiven Beschuss. So verwandelten sie die 420 km² von Cu Chi schließlich in das, was die Autoren von *The Tunnels of Cu Chi* „das am meisten bombardierte, beschossene, begaste, entwaldete und verwüstete Gebiet der Kriegsgeschichte" nannten.

Heute ist Cu Chi ein Wallfahrtsort für vietnamesische Schulkinder und Kader der Kommunistischen Partei.

Geschichte

Die Tunnel von Cu Chi wurden ab Ende der 1940er-Jahre innerhalb von 25 Jahren gebaut. Sie waren die improvisierte Antwort einer schlecht ausgerüsteten Bauernarmee auf die Hightechausrüstung ihrer Gegner, die moderne Geschütze, Helikopter, Artillerie, Bomber und chemische Waffen hatten.

Die ersten Gänge in der harten roten Erde von Cu Chi baute die Vietminh während des Indochinakrieges. Sie wurden überwiegend für die Kommunikation zwischen den Dörfern genutzt und machten es möglich, sich den Angriffen der französischen Armee in der Gegend zu entziehen.

Als um 1960 der Aufruhr der Nationalen Befreiungsfront (NLF) des Vietcong begann, wurden die alten Vietminh-Tunnel ausgebessert und erweitert. Innerhalb weniger Jahre wuchs die strategische Bedeutung des Tunnelsystems enorm, und der größte Teil des Cu-Chi-Bezirks sowie seiner Umgebung kam unter Kontrolle des Vietcong. Cu Chi diente auch als Basis, um Geheimdienstagenten und Sabotageteams nach Saigon einzuschleusen. Die massiven Angriffe auf die südvietnamesische Hauptstadt während der Tet-Offensive 1968 wurden von Cu Chi aus geplant und koordiniert.

Anfang 1963 setzte die Diem-Regierung ihr „Programm der strategischen Dörfer" um: Einwohner aus kommunistisch kontrollierten Gebieten wurden in befestigte und mit Reihen von Bambusspitzen geschützte Lager „umgesiedelt". Das erste dieser Dörfer lag im Ben-Cat-Bezirk bei Cu Chi. Anhänger des Vietcong gelangten jedoch durch die Tunnel in die Ortschaften und lenkten sie quasi von unten, sodass jenes erste Musterdorf bereits Ende 1963 wieder komplett in Vietcong-Hand war.

Im Lauf der Jahre entwickelte der Vietcong einfache, aber effektive Methoden, um die Entdeckung oder Beschädigung seiner Tunnel zu erschweren. Hölzerne Einstiegstüren wurden mit Erde und Zweigen getarnt und teilweise mit Sprengfallen versehen. Versteckte Unterwassereingänge wurden in Flüssen gebaut. Zum Kochen benutzte man „Dien-Bien-Phu-Küchen", deren Rauch durch Öffnungen abzog, die viele Meter von der Kochstelle entfernt waren. Im ganzen Tunnelnetz wurden Falltüren installiert, die verhinderten, dass sich Tränengas, Rauch und Wasser von einem Teil des Netzes in andere ausbreiten konnten. In einigen Abschnitten gab es sogar elektrisches Licht.

Eine Reihe von Rückschlägen und Niederlagen der südvietnamesischen Truppen im Gebiet von Cu Chi rückte Ende 1965 einen Sieg des Vietcong in den Bereich des Möglichen. Zu Beginn des Jahres hielten die Guerillas mitten in Cu Chi demonstrativ eine Siegesparade ab. Die Stärke des Vietcong in und um Cu Chi war einer der Gründe für die Johnson-Regierung, US-Truppen nach Vietnam zu entsenden.

Dass der Vietcong ein Gebiet so nahe bei der südvietnamesischen Hauptstadt kontrollierte, war höchst gefährlich. Aus diesem Grund war eine der ersten Aktionen der

Rund um Ho-Chi-Minh-Stadt

Amerikaner die Errichtung eines großen Basislagers im Cu-Chi-Bezirk. Nichtsahnend bauten sie es genau über einer Tunnelanlage. Erst nach Monaten fand die 25. US-Division heraus, warum sie ständig bei Nacht in ihren Zelten beschossen werden konnte.

Amerikanische und australische Truppen versuchten verschiedene Methoden, um das bald als „Eisernes Dreieck" bekannte Cu-Chi-Gebiet zu „pazifizieren". Trotz groß angelegter Bodenoperationen mit Zehntausenden Soldaten konnten die Tunnel nicht ausfindig gemacht werden. Um den Vietcong-Kämpfern ihre Deckung und ihre Versorgung zu entziehen, vernichteten die Amerikaner Reisfelder, holzten riesige Dschungelflächen ab und evakuierten und zerstörten ganze Dörfer. Außerdem sprühten sie aus der Luft chemische Entlaubungsmittel über das Gebiet. Mehrere Monate später übergossen sie die Vegetation, die trocken wie Zunder war, mit Benzin und Napalm und zündeten sie an. Allerdings führte die starke Hitze zusammen mit der feuchten tropischen Luft zu kräftigen Regengüssen, die das Feuer wieder löschten – und so blieben die Vietcong unter der Erde unversehrt.

Weil die US-Armee den Kampf mit chemischen Mitteln nicht gewinnen konnte, schickte sie nun Soldaten in die Tunnel hinunter. Unter diesen sogenannten „Tunnelratten", die oft in Untergrundgefechte gerieten, gab es fortan erschreckend hohe Verluste.

Als die Amerikaner begannen, ausgebildete Deutsche Schäferhunde zu nutzen, die mit ihrem scharfen Spürsinn Falltüren und Guerillas aufspüren sollten, ging der Vietcong dazu über, sich mit amerikanischer Seife zu waschen. Diesen Geruch ordneten die Hunde freundlich gesinnten Personen zu. Um sie noch mehr zu verwirren, wurden eroberte US-Uniformen herausgehängt. Vor allem aber waren die Tiere nicht in der Lage, Sprengfallen zu erkennen. Nachdem zahlreiche Hunde getötet oder verstümmelt wurden, weigerten sich die entsetzten Hundeführer, weitere Tiere in die Tunnel zu schicken.

Nun erklärten die USA Cu Chi zur offenen Kampfzone. Schon beim kleinsten Anlass durfte geschossen werden. Willkürlich wurden nachts Artilleriegeschosse ins Gebiet gefeuert; Piloten hatten die Anweisung, vor der Rückkehr zum Stützpunkt nicht eingesetzte Bomben und Napalm hier abzuwerfen. Doch auch dadurch konnte der Vietcong nicht vertrieben werden. Schließlich zerstörten Ende der 1960er-Jahre amerikanische B-52-Bomber die meisten Tunnel und alles in ihrer Umgebung. Militärisch war diese Aktion nutzlos, denn die USA hatten bereits ihren Abzug eingeleitet. Die Tunnel hatten ihren Zweck erfüllt.

Die Vietcong-Guerillas, die im Untergrund Dienst leisteten, lebten unter extrem schwierigen Bedingungen und erlitten hohe Verluste. Nur etwa 6000 von 16 000 Mann, die in den Tunneln kämpften, überlebten. In der Region kamen außerdem Tausende Zivilisten ums Leben. Angesichts der Bombardierungen, des wochen- oder monatelangen klaustrophobischen Alltags unter der Erde sowie unzähliger getöteter Freunde und Kameraden war die Zähigkeit der Tunnelbewohner außergewöhnlich hoch.

Die Regierung überhäufte die Orte von Cu Chi mit Ehrenpreisen, Orden und Würdigungen. Viele wurden zu „Heldendörfern" ernannt. Seit 1975 gründete man hier zahlreiche neue Gemeinden und die Bevölkerung in dieser Region explodierte. Allerdings sind die chemischen Gifte immer noch im Boden und im Wasser, sodass die Ernten bis heute gering ausfallen.

The Tunnels of Cu Chi von Tom Mangold und John Penycate ist ein herausragendes Werk, das die Geschichte der Tunnel und der beteiligten Menschen beider Seiten darstellt und erläutert.

◉ Sehenswertes

Cu-Chi-Tunnel HISTORISCHE STÄTTE
(www.cuchitunnel.org.vn; Erw./Kind 80 000/ 20 000 VND) Zwei Abschnitte dieses bemerkenswerten Tunnelsystems – vergrößerte und verbesserte Versionen der ursprünglichen Gänge – sind für Besucher zugänglich. Einer befindet sich in der Nähe des Dorfes Ben Dinh, der andere liegt 15 km entfernt bei Ben Duoc. Viele Touristen landen in Ben Dinh, weil der Ort für Reisebusse leichter zu erreichen ist.

Die Besichtigung beider Orte beginnt in der Regel mit einem total veralteten Propagandavideo, dann führen armeegrün gekleidete Guides kleine Gruppen durch kurze Abschnitte des Tunnels. Sogar wenn man kneift und lieber oben bleibt, ist der Besuch eine interessante Erfahrung.

Zu beiden Stätten gehören Schießanlagen, wo man für ein kleines Vermögen mit echten AK-47 und Maschinengewehren schießen darf. Vorsicht: Bezahlt wird nach Zahl der Patronen, und die kommen bei automatischen Waffen ziemlich schnell raus.

Ben Dinh
Dieser kurze, restaurierte Tunnelabschnitt ist der am häufigsten besuchte Tunnel. Er liegt 50 km von HCMS entfernt in der Nähe von Ben Dinh. In einem Schulungsraume des Besucherzentrums ist auf einer großen Karte die gesamte Ausdehnung des Tunnelnetzwerks zu sehen, eine andere zeigt Querschnittszeichnungen des Tunnels.

Der für Besucher zugängliche Abschnitt erstreckt sich ein paar Hundert Meter südlich des Besucherzentrums. Hier schlängeln sich unterirdische Wege über eine Länge von 50 m auf und ab und führen durch verschiedene Kammern. Die unbeleuchteten Gänge sind 1,20 m hoch und 80 cm breit – für manchen Besucher zu eng und unbequem. Neben dem Ausgang befinden sich in einem wieder aufgeforsteten Eukalyptushain ein ausrangierter M-41-Lastwagen und ein Bombentrichter.

Da der Ort meistens sehr überlaufen ist, kommt man sich bisweilen wie am Fließband abgefertigt vor.

Ben Duoc
Genau wie in Ben Dinh wurden die Tunnel auch hier für die Touristen vergrößert, sind aber immer noch ziemlich eng. In den unterirdischen Kammern sind Bunker, ein Krankenhaus und eine Kommandozentrale zu sehen, die bei der Tet-Offensive 1968 eine wichtige Rolle spielte. Auch Tische, Stühle, Betten, Lampen und lebensgroße Puppen in Guerillatracht gehören zur Einrichtung.

Außerdem gibt's hier etwas, was man in Ben Dinh nicht findet: den massiven **Ben-Duoc-Tempel**, der 1993 zur Erinnerung an die in Cu Chi getöteten Vietnamesen errichtet wurde. Daneben steht ein neunstöckiger Turm samt Blumengarten. Nur Besucher in angemessener Kleidung dürfen ihn betreten, allerdings ist Tempelkleidung (z. B. lange Hosen) nicht unbedingt geeignet, um durch Erdtunnel zu klettern.

GRATIS **Cu-Chi-Kriegsgeschichtsmuseum**
MUSEUM
(Nha Truyen Thong Huyen Cu Chi) Das kleine Museum liegt nicht direkt bei den Tunneln, sondern in der Nähe der Hauptstraße im Zentrum Cu Chis. Wie in vielen solcher Häuser sind drinnen vor allem Fotos zu sehen (darunter einige sehr eindrückliche), während draußen ein paar militärische Kriegsgeräte vor sich hin rosten. Die Ausstellung ist relativ interessant, im Kriegsrestemuseum in HCMS wird das gleiche Thema aber wesentlich umfassender behandelt. Einige der Fotos sieht man auch schon an den Tunneln selbst.

Cu-Chi-Tierschutzzentrum TIERE
(www.wildlifeatrisk.org; Erw./Kind 5 US$/frei; ⏱7.30–11.30 & 13–16.30 Uhr) Dieses Zentrum

ist eine willkommene Bereicherung der Stätte rund um Cu Chi. Es liegt nur ein paar Kilometer von den Tunneln bei Ben Dinh entfernt und hat sich dem Schutz von Tieren verschrieben, die von Besitzern oder illegalen Händlern beschlagnahmt wurden, darunter Bären, Otter und Gibbons. Um bessere Lebensräume für die tierischen Bewohner zu schaffen, wurde die Einrichtung bei unserem Besuch gerade vergrößert. Hier wird auch eine informative Ausstellung zur deprimierenden Situation von wilden Tieren in Vietnam gezeigt, z. B. in einem „Raum des Todes" mit einer großen Zahl an Fallen und Ködern. Der Weg über Nebenstraßen lässt sich allein schwer finden, darum sollte man die Angestellten im Reisebüro bitten, das Zentrum in die Tour zu den Cu-Chi-Tunneln einzubauen.

ⓘ Anreise & Unterwegs vor Ort

Der Cu-Chi-Bezirk umfasst ein großes Gebiet, Teile davon sind nur 30 km vom Zentrum in HCMS entfernt. Während das Cu-Chi-Kriegsgeschichtsmuseum ganz in der Nähe liegt, sind es von der Metropole zu den Tunneln von Ben Dinh und Ben Duoc 50 bzw. 65 km.

AUTO Wer das Tierschutzzentrum und die Tunnel besuchen will, sollte erwägen, ein Auto mit Fahrer zu mieten, was bei mehreren Personen relativ preiswert sein kann. Die Stätten sind schwer zu finden, deshalb sollte man sicherstellen, dass der Fahrer weiß, wo er hinmuss.

GEFÜHRTE TOUREN Die bei Weitem einfachste Art, zu den Tunneln zu kommen, ist eine geführte Tour (s. S. 346). Dank des harten Wettbewerbs sind die Preise günstig. Etwas ungewöhnlichere Erlebnisse verspricht die halbtägige Bootsfahrt (12 US$) zu den Tunneln von **Delta Adventure Tours** (Karte S. 342; ☏ 3920 2112; www.deltaadventuretours.com; 267 Đ De Tham; Tour 378 000 VND).

ÖFFENTLICHE VERKEHRSMITTEL Diese Anfahrtmöglichkeit gestaltet sich eher schwierig, da man mehrfach umsteigen muss. Busse nach Tay Ninh fahren durch Cu Chi, allerdings gelangt man von dort aus mit öffentlichen Verkehrsmitteln nur schwer zu den Tunneln.

Tay Ninh

127 000 EW.

Tay Ninh, die Hauptstadt der gleichnamigen Provinz, fungiert als Hauptquartier einer der faszinierendsten indigenen Religionen, des Caodaismus. Der Große Cao-Dai-Tempel, der Heilige Stuhl der Sekte, ist eines der ungewöhnlichsten Bauwerke in ganz Asien. Zwischen 1933 und 1955 errichtet, vereint die opulente Rokokobau so gegensätzliche architektonische Elemente wie die einer französischen Kirche, einer chinesischen Pagode und des Tiger-Balm-Gartens in Hongkong in sich.

Die Tay-Ninh-Provinz erstreckt sich nordwestlich von HCMS und grenzt mit drei Seiten an Kambodscha. Geografisch wird sie vom Nua Ba Den (Berg der Schwarzen Dame) dominiert, der hoch über den umliegenden Ebenen aufragt. Der Saigon-Fluss bildet die östliche Grenze der Region. Von Kambodscha fließt der Vam-Co-Fluss durch ihren westlichen Teil.

Wegen der einst großen politischen und militärischen Macht der Cao Dai war die Gegend im Indochinakrieg Schauplatz lang anhaltender und heftiger Kämpfe. Im Vietnamkrieg endete hier der Ho-Chi-Minh-Pfad. 1969 eroberte der Vietcong die Stadt Tay Ninh und hielt sie einige Tage.

Während der Konfliktperiode zwischen Kambodscha und Vietnam in den späten 1970er-Jahren griffen die Roten Khmer die Provinz mehrmals von Kambodscha aus an und verübten Gräueltaten an Zivilisten. Mehrere Friedhöfe rund um Tay Ninh erinnern eindringlich an diese Ereignisse.

⊙ Sehenswertes

Heiliger Stuhl der Cao Dai TEMPEL

Der Heilige Stuhl der Cao Dai, in dem sich der **Große Cao-Dai-Tempel** (Thanh That Cao Dai) befindet, wurde 1926 gegründet und liegt 4 km östlich von Tay Ninh im Dorf Long Hoa. Neben dem Großen Tempel be-

---

GRENZÜBERGANG: MOC BAI–BAVET

Die schnellste Verbindung zwischen HCMS und Phnom Penh führt über diesen geschäftigen Grenzübergang. Rund um die Pham Ngu Lao werden in zahlreichen Touristencafés Bustickets verkauft. Für die Fahrt einschließlich der Grenzformalitäten muss man etwa sechs Stunden einplanen. Visa für Kambodscha (20 US$) werden an der Grenze ausgestellt, man braucht aber ein Passfoto. In Moc Bai, das sich für die Vietnamesen zu einem wichtigen zollfreien Einkaufsgebiet entwickelt hat, gibt's ein paar große Märkte. Bavet auf der anderen Seite der Grenze erinnert mit einem halben Dutzend Kasinos an eine Art Macao in Kleinformat.

CAODAISMUS

Der Caodaismus (*Dai Dao Tam Ky Pho Do*) ist eine faszinierende Fusion aus Ost und West, eine synkretistische Religion, die im 20. Jh. in Vietnam entstand. Er enthält Elemente aus Buddhismus, Konfuzianismus, Taoismus, vietnamesischem Spiritualismus, Christentum und Islam sowie eine kleine Prise säkulärer Aufklärung. Cao Dai bedeutet Hoher Turm oder Palast und ist ein Euphemismus für Gott. Weltweit gibt's schätzungsweise zwei bis drei Millionen Anhänger.

Geschichte

Begründet wurde der Caodaismus durch den Mystiker Ngo Minh Chieu (auch als Ngo Van Chieu bekannt, geb. 1878). Er war Staatsbeamter sowie Bezirksvorsteher der Phu-Quoc-Insel und sehr belesen in den Religionen des Ostens und Westens. Dann engagierte er sich bei Séancen. Ab 1919 wurden ihm Offenbarungen zuteil, die die Grundsätze des Caodaismus beinhalteten.

1926 ist der Caodaismus offiziell als Religion gegründet worden und gewann in den folgenden Jahrzehnten Tausende Anhänger. Die Ta-Ninh-Provinz wurde von Caodaisten fast wie ein unabhängiger Feudalstaat geleitet. 1956 waren die Cao Dai bereits eine ernstzunehmende politische Kraft mit einer 25 000 Mann starken Armee. Nachdem sie sich im Vietnamkrieg geweigert hatten, den Vietcong zu unterstützen, fürchteten sie nach der Wiedervereinigung das Schlimmste, und das zu Recht: Die neue Regierung verstaatlichte das gesamte Land der Cao Dai, vier Mitglieder der Sekte wurden 1979 hingerichtet. Erst 1985, als die Cao Dai gründlich befriedet worden waren, erhielten sie wieder die Kontrolle über den Heiligen Stuhl und etwa 400 Tempel.

Philosophie

Große Teile der Caodaistischen Lehre stammen aus dem Mahayana-Buddhismus, dazu kommen Elemente des Taoismus und des Konfuzianismus (die „Dreifache Religion" Vietnams). Die Cao-Dai-Ethik basiert auf dem buddhistischen Ideal des „guten Menschen", enthält aber auch andere, insbesondere traditionelle vietnamesische Glaubenswerte. Höchstes Ziel der Cao-Dai-Jünger ist, dem Kreislauf der Reinkarnation zu entkommen. Das kann nur erreichen, wer nicht tötet, nicht lügt, nicht verschwenderisch lebt, nicht stiehlt und auf Sinnesfreuden verzichtet.

Die wichtigsten Grundsätze des Caodaismus sind die Existenz der Seele, der Einsatz von Vermittlern, um mit der geistlichen Welt zu kommunizieren, und der Glaube an einen einzigen Gott, der aber die Dualität des chinesischen Yin und Yang in sich vereint. Zu den Praktiken gehören neben Séancen auch das priesterliche Zölibat, der Vegetarismus und die Selbstbildung durch Meditation.

Gemäß dem Caodaismus ist die Geschichte in drei große Perioden göttlicher Offenbarung eingeteilt. Im ersten Abschnitt verkündeten Laotse (Laozi) und Figuren aus Buddhismus, Konfuzianismus und Taoismus der Menschheit Gottes Willen. Menschliche Vermittler der Offenbarung in der zweiten Periode waren Buddha (Sakyamuni), Mohammed, Konfuzius, Jesus und Moses. Die dritte und letzte Offenbarung ist das Ergebnis des „Dritten Bundes zwischen Gott und dem Menschen", dabei spielen spiritistische Sitzungen eine Rolle. Anhänger glauben, dass der Caodaismus Fehler der ersten beiden Perioden vermeidet, weil Geister der Toten die Lebenden leiten. Zu den kontaktierten, aus dem Westen stammenden Geistern gehören Johanna von Orléans, William Shakespeare, Wladimir Iljitsch Lenin und Victor Hugo, der wegen seiner häufigen Erscheinung posthum zum führenden Geist der ausländischen missionarischen Arbeit ernannt wurde.

In allen Cao-Dai-Tempeln finden täglich um 6, 12, 18 und 24 Uhr Zeremonien statt. Bei diesen Ritualen tragen die Würdenträger zeremonielle Kleidung und es werden Weihrauch, Tee, Alkohol, Früchte und Blumen als Gaben dargebracht. Über allen Cao-Dai-Altären befindet sich das „Göttliche Auge", das zum Symbol der Religion wurde, nachdem es Ngo Minh Chieu in einer Vision erschienen war.

Weitere Informationen gibt's auf der offiziellen Cao-Dai-Webseite www.caodai.org.

herbergt der Komplex Verwaltungsbüros, die Wohnungen von Amtsträgern und Meistern sowie ein Krankenhaus für traditionelle vietnamesische Kräutermedizin, in dem sich Menschen aus ganz Südvietnam behandeln lassen. Nach der Wiedervereinigung übernahm die Regierung Teile der Anlage zur eigenen Verwendung (und vielleicht auch, um die Sekte im Auge zu haben).

Viermal täglich finden im Großen Tempel Gebete statt (außer während des Tet-Fests). Es lohnt sich, eine Andacht zu besuchen – die um 12 Uhr ist bei Reisegruppen aus HCMS am beliebtesten –, man sollte aber die Betenden nicht stören. An Werktagen nehmen nur einige Hundert Anhänger in speziellen Gewändern teil, doch bei Festen können es mehrere Tausend sein.

Die Cao-Dai-Geistlichen haben nichts dagegen, dass Besucher Gegenstände im Tempel fotografieren, Personen sollte man nur ablichten, wenn sie ihre Erlaubnis geben, allerdings erhält man die nur selten. Dafür ist es möglich, den Gebeten von einem Balkon zu lauschen – offensichtlich ein Zugeständnis an die Touristenmassen, die jeden Tag herkommen.

Besucher sollten im Tempel unbedingt angemessene und respektvolle Kleidung tragen, also keine Shorts oder auch ärmellosen T-Shirts.

Über dem Säulengang am Haupteingang befindet sich das **göttliche Auge**. Frauen betreten den Großen Tempel durch eine Tür am Fuß des Turms und laufen innen im Uhrzeigersinn um das Äußere der großen Säulenhalle herum. Männer gehen auf der rechten Seite hinein und entgegen dem Uhrzeigersinn um die Halle. Hüte müssen beim Betreten des Gebäudes abgenommen werden. Der Bereich im Zentrum des Heiligtums ist den Cao-Dai-Priestern vorbehalten.

Ein **Wandbild** in der Haupteingangshalle stellt die drei Unterzeichner des „Dritten Bundes zwischen Gott und dem Menschen" dar: Der chinesische Staatsmann und Revolutionsführer Dr. Sun Yatsen (1866–1925) hält einen Tintenstein, während der vietnamesische Dichter Nguyen Binh Khiem (1492–1587) und der französische Schriftsteller Victor Hugo (1802–85) auf Chinesisch und Französisch „Gott und Humanität" sowie „Liebe und Gerechtigkeit" schreiben (Nguyen Binh Khiem mit einem Pinsel, Victor Hugo mit einem Federkiel). In der Nähe erzählen Tafeln auf Englisch, Französisch und Deutsch in jeweils etwas anderen Versionen von den Grundlagen des Caodaismus.

Der Große Tempel erstreckt sich über neun Ebenen, entsprechend den neun Stufen zum Himmel. Sie werden von neun flachen Stufen mit je einem Säulenpaar repräsentiert. Am hinteren Ende des Heiligtums tragen acht von farbenfrohen Drachen umschlungene Gipspfeiler eine Kuppel, die den Himmel symbolisiert. Darunter befindet sich eine riesige, sternenübersäte Weltkugel mit dem „Göttlichen Auge" darauf.

Der größte der sieben Stühle vor der Weltkugel ist für den Cao-Dai-Papst reserviert, ein Amt, das seit 1933 unbesetzt ist. Die drei Sitze daneben sind für die drei Männer bestimmt, die für die Gesetzesbücher der Religion verantwortlich zeichnen. Auf den übrigen drei Plätzen nehmen die Führer der drei Richtungen des Caodaismus Platz, die durch die Farben Gelb, Blau und Rot repräsentiert werden.

Zu beiden Seiten des Bereiches zwischen den Säulen befinden sich zwei Kanzeln, die an Minbars in Moscheen erinnern. Bei Festen sprechen die Amtsträger von dort zu den Betenden. Die Balkone werden genutzt, wenn es unten zu voll wird.

In der Nähe des Altars hängen oben kaum zu erkennende Porträts von sechs Figuren, die im Caodaismus eine wichtige Rolle spielen: Sakyamuni (Siddhartha Gautama, der Gründer des Buddhismus), Ly Thai Bach (Li Taibai, eine Fee aus der chinesischen Mythologie), Khuong Tu Nha (Jiang Taigong, ein chinesischer Heiliger), Laotse (der Gründer des Taoismus), Quan Cong (Guangong, der chinesische Gott des Krieges) und Quan Am (Guanyin, die Göttin der Barmherzigkeit).

Nui Ba Den TEMPEL, BERG
(Berg der Schwarzen Dame; Erw./Kind 10 000/ 5000 VND) 15 km nordöstlich von Tay Ninh erhebt sich der Nui Ba Den 850 m über die Reisfelder sowie die Mais-, Maniok- und Kautschukplantagen der Umgebung. Im Laufe der Jahrhunderte diente er verschiedenen Völkern, die in der Gegend lebten, als heilige Stätte, darunter die Khmer, die Cham, die Vietnamesen und die Chinesen, wovon mehrere interessante **Höhlentempel** zeugen. Auf den Gipfeln des Bergs ist es deutlich kühler als in der übrigen Provinz, die großteils nur wenige Meter über dem Meeresspiegel liegt.

Sowohl die Vietminh als auch der Vietcong nutzten den Nui Ba Den als Stützpunkt. Während des Indochinakrieges und des Vietnamkrieges fanden hier erbitterte Kämpfe statt, und im Vietnamkrieg wurde er von amerikanischen Flugzeugen bombardiert und entlaubt.

Um den Namen „Berg der Schwarzen Dame" ranken sich verschiedene Geschichten. Eine davon beruht auf der Legende von Huong: Die junge Frau heiratete trotz der Avancen eines wohlhabenden Mandarins ihre große Liebe. Während ihr Ehemann beim Militärdienst war, wollte sie eine magische Buddhastatue auf dem Gipfel des Berges besuchen und wurde von Räubern überfallen. Weil sie den Tod der Entehrung vorzog, stürzte sie sich hier von einem Felsen. Danach erschien sie einem Mönch, der auf dem Berg lebte, und erzählte ihm ihre Geschichte.

Die etwa anderthalbstündige Wanderung vom Fuß des Berges bis zum Haupttempel ist teilweise zwar steil, aber nicht schwierig. Viele ältere Pilger unternehmen sie in Sandalen, um am Tempel zu beten. Rund um die Anlage gibt's einige Stände mit Snacks und Getränken.

Wer Lust auf eine längere Wanderung hat, kann bis zum Gipfel und zurück gehen (etwa 6 Std.). Am einfachsten und schnellsten kommt man mit dem **Sessellift** (einfach/ hin- & zurück 50 000/90 000 VND, Kind 30 000/ 50 000 VND) nach oben. Einen lustigeren Abstieg bietet die „Rutschbahn", die sich 1700 m kurvenreich den Berg hinabwindet – eine bessere „Rodelbahn" findet man in ganz Vietnam nicht.

Am Fuß des Berges erstrecken sich Seen und gepflegte Gärten, die wie viele heilige Stätten in Asien eine Mischung aus religiösen und kitschigen Vergnügungspark-Attraktionen sind. Dort kann man Boote ausleihen und mit einer Touristenbahn fahren, um ein kleines Stück Weg zu sparen.

Nur wenige ausländische Touristen besuchen den Berg, doch bei den Vietnamesen ist er sehr beliebt. Sonntags und an Ferien- oder Festtagen kommt man wegen des Gedränges besser nicht her.

Der Nui Ba Den spielt eine wichtige Rolle in den Memoiren des früheren amerikanischen Soldaten Larry Heinemann: *Black Virgin Mountain: A Return to Vietnam.*

ⓘ An- & Weiterreise

Tay Ninh liegt 96 km von HCMS entfernt an der Nationalstraße 22 (Quoc Lo 22). Die Straße führt durch **Trang Bang**, wo das weltberühmte Foto von dem kleinen Mädchen Kim Phuc entstand, das während eines Napalmangriffs mit schweren Verbrennungen schreiend davonlief. Mehr über seine Geschichte erfährt man in dem Buch *Das Mädchen hinter dem Foto* (2001) von Denise Chong.

BUSSE & GEFÜHRTE TOUREN Vom An-Suong-Busbahnhof in HCMS fahren Busse nach Tay Ninh (Minibus 50 000 VND), doch am einfachsten ist es, an einer der Touren nach Tay Ninh und Cu Chi teilzunehmen, die im Bezirk 1 beginnen. Bei einem billigen Ausflug (7 US$) könnte man sich z. B. am Heiligen Stuhl absetzen. Ein Taxi von dort nach Nui Ba Den kostet 100 000 VND, ein xe om 40 000 VND. Etwa genauso viel zahlt man für die Rückfahrt zum Busbahnhof in Tay Ninh.

Einsäulenpagode

Offiziell heißt es Nam Thien Nhat Tru, doch die meisten nennen das buddhistische Bauwerk **Einsäulenpagode von Thu Duc** (Chua Mot Cot Thu Duc; ☎3896 0780; 1/91 Đ Nguyen Du, Thu-Duc-Bezirk). Als Vorbild diente das Pendant in Hanoi: Die Anlage im Thu-Duc-Bezirk ist ähnlich, aber nicht identisch, und besteht aus einer kleinen, einräumigen Pagode, die auf einer Säule über einem Teich aufragt. Im Inneren befindet sich eine Figur der Göttin der Barmherzigkeit, ringsum stehen weitere Schreine (bei unserem Besuch war zudem ein großer neuer Schrein im Bau). Am hinteren Ende der Anlage enthalten Urnengräber die Überreste von Mönchen und anderen gläubigen Buddhisten.

Die Einsäulenpagode in Hanoi wurde im 11. Jh. errichtet, 1954 von den Franzosen zerstört und später wieder neu errichtet. Als Vietnam im gleichen Jahr geteilt wurde, flohen viele buddhistische Mönche und katholische Priester in den Süden, um einer möglichen Verfolgung zu entgehen. Einer dieser Mönche aus Hanoi, Thich Tri Dung, bat die südvietnamesische Regierung um Erlaubnis, eine Nachbildung der berühmten Pagode von Hanoi zu bauen. Präsident Ngo Dinh Diem, ein Katholik mit wenig Toleranz für die buddhistische Geistlichkeit, verweigerte die Zustimmung. Thich und seine Anhänger sammelten jedoch das nötige Geld und errichteten die Pagode 1958 trotz des Verbots.

Einmal verlangte die Diem-Regierung von den Mönchen, den Tempel wieder niederzureißen. Diese weigerten sich aber selbst dann noch, als ihnen mit Gefängnis gedroht wurde. Angesichts so heftigen Widerstands beließ es die Regierung beim Status quo. Allerdings kamen die Versuche des Präsidenten, die Mönche zu schikanieren und einzuschüchtern, in einem Land mit 90 % Buddhisten nicht gut an. Letztlich trug

ABSTECHER

DAI-NAM-FREIZEITPARK

Der Dai-Nam-Freizeitpark (Lac Canh Dai Nam Van Hien; www.laccanhdainamvanhien.vn; Erw./Kind 50 000/25 000 VND; ◷8–18 Uhr), eine Mischung aus Disneyland, buddhistischer Fantasie, historischer Hommage und nationaler Propaganda, ist ein herrlich kitschiges Erlebnis 30 km von HCMS entfernt an der Nationalstraße 13. Das ambitionierte Projekt besteht aus vier Teilen, versteckt hinter gigantischen Wänden, die von lebensgroßen Soldatenfiguren bewacht werden – näher kommt man der Großen Chinesischen Mauer in Vietnam wohl nicht!

Im Vergnügungspark (◷8–18 Uhr) gibt's eine Achterbahn mit Schrauben und Loopings, eine Wildwasserbahn, eine Indoor-Schneewelt und jede Menge Fahrgeschäfte für kleinere Kinder. Am lustigsten ist der Ngu-Lan-Palast (Palast der fünf Einhörner), eine buddhistische Variante von Disneys „It's A Small World": In Gummibooten gleiten die Besucher durch lebende Bilder, die Leben, Tod, Wiedergeburt und den Abstieg in die Hölle repräsentieren (Letztere ist eine Blutorgie aus Körperteilen, Folter und sadistischen Dämonen), schließlich landen sie im Nirwana. Garantiert nichts für kleine Kinder! Das Gegenstück, der Ngu-Phung-Palast (Palast der Fünf Phönixe) „gibt den Touristen das Gefühl, im Himmel zu sein". Für jede Fahrt muss man extra zahlen (20 000–50 000 VND).

Der 12,5 ha große Zoo (Erw./Kind 40 000/20 000 VND) ist der einzige im Großraum von HCMS, wo die Tiere ein Mindestmaß an Platz haben, und ganz sicher der einzige, dessen Besuch wir empfehlen würden. Zu den größeren Bewohnern zählen Tiger, Löwen, Breitmaulnashörner und Bären. Am benachbarten Strand (Erw./Kind 50 000/20 000 VND) gibt's Süß- und Salzwasserpools. Hier können sich die Kids wunderbar erholen, wenn ihnen der ganze Trubel zu viel wird.

Das Beste, zumindest was Disneylandkitsch im großen Stil betrifft, ist der Tempelkomplex hinter einer weitläufigen Plaza. Er umfasst künstliche Seen, Berge, Spazierwege, Türme und Pagoden. In dem riesigen Gebäude ist Platz für sämtliche Götter, Göttinnen und berühmten Persönlichkeiten der vietnamesischen Geschichte, aber die größte Ehre wird natürlich wieder Ho Chi Minh zuteil.

Der Regionalbus 18 fährt täglich vom Ben-Thanh-Busbahnhof nach Dai Nam. Am Vergnügungspark sind reichlich Parkplätze vorhanden.

Wer Interesse am Kauf von Lackerzeugnissen hat, sollte unterwegs in Tuong Binh Hiep anhalten. Bereits seit dem frühen 18. Jh. ist das Dorf für seine ausgezeichneten Lackwaren bekannt. Hier bekommt man die Sachen zu einem Bruchteil des Preises, den man in HCMS zahlen muss. Tuong Binh Hiep liegt 5 km südlich vom Vergnügungspark – aus HCMS kommend biegt man direkt hinter der zweiten Gruppe von Mauthäuschen links in die Đ Le Chi Dan ein. An dieser Straße stößt man auf einzelne Werkstätten.

---

dies dazu bei, dass Diem 1963 Opfer eines Attentats seiner eigenen Truppen wurde.

Die Pagode liegt im Thu-Duc-Bezirk 15 km nordöstlich des Zentrums von HCMS. Touristencafés und Reisebüros können eine „maßgeschneiderte" Tour zusammenstellen oder ein Mietauto mit Fahrer organisieren.

Can Gio

Die flache, von Palmen gesäumte Insel an der Mündung des Saigon-Flusses erstreckt sich 25 km südöstlich von HCMS. Sie ist vor allem wegen ihrer ausgedehnten Mangrovenwälder interessant, die manche für eine Art natürliches Gegengewicht zur zunehmenden Umweltverschmutzung der Stadt halten. Das Eiland entstand aus Schlammablagerungen, die der Fluss mitgeführt hat, strahlend weiße Sandstrände darf man deshalb nicht erwarten. Trotzdem haben sich an der trüben, 10 km langen Küste ein paar optimistische Resorts angesiedelt. Weitere sind in Planung – auch wenn wir uns nur schwer vorstellen können, dass sie internationale Besucher anlocken.

Sehenswerter ist der Wald, ein sehr artenreiches Unesco-Biosphärenreservat mit 200 Tier- und 150 Pflanzenarten. Wer Lust auf einen halbwegs verkehrsfreien Motorradausflug hat, kann eine schöne Tagestour nach Can Gio unternehmen.

Sehenswertes

Monkey Island & Ökowaldpark
NATURSCHUTZGEBIET

(www.cangioresort.com.vn; Eintritt 30 000 VND) Wie bei vielen Aktivitäten im Bereich Ökotourismus in Vietnam hat sich Saigon Tourist auch hier etabliert und aus dem Besuch ein Event gemacht. Dies ist zwar der interessanteste und am leichtesten zugängliche Teil des Waldes, doch die harten Bedingungen, unter denen die Stars dieses Tierzirkusses, darunter Bären und Affen, leben müssen, sind schwer zu ertragen.

Auf der Insel befindet sich außerdem ein Affenschutzgebiet, in dem mindestens 100 wilde, aber überhaupt nicht ängstliche Affen leben. Vorsicht zahlt sich aus, denn der Grat zwischen charmanten Frechdachsen, aufdringlichen Dieben und gefährlichen Biestern ist schmal, deshalb sollte man seine Sachen gut festhalten.

Eines der Highlights ist die Motorbootfahrt (ca. 150 000 VND) über die Wasserwege zur Rung-Sac-Militärbasis. In dem nachgebauten Stützpunkt stellen Puppen Vietcong-Kämpfer dar, die nicht explodierte amerikanische Bomben aufsägen, um den Sprengstoff zu retten, oder die mit Krokodilen kämpfen, die es hier früher reichlich gab – heute findet man die Tiere allerdings nur noch in Krokodilfarmen, z. B. in der Nähe des Eingangs. Ein kleines Museum zeigt Ausstellungen zur Tier- und Pflanzenwelt, Exponate, die mit der örtlichen Kriegsgeschichte zu tun haben, und archäologische Funde.

Wenn man von HCMS kommt, liegt der Ökowaldpark 34 km hinter der Fähranlegestelle rechts von der Hauptstraße.

Vam Sat
NATURSCHUTZGEBIET

In diesem Bereich des Waldes werden Krabben gefischt, außerdem gibt's hier eine Krokodilfarm und Dam Doi (Fledermaussumpf), ein Gebiet, in dem Flughunde nisten. Boote nach Vam Sat (ca. 150 000 VND) legen unter der Dan-Xay-Brücke ab; sie befindet sich 22 km südlich der Fähranlegestelle und 12 km nördlich von Monkey Island an der Hauptstraße.

Duyen Hai
ORTSCHAFT

In der kleinen Stadt, die an der Südostspitze des Bezirks Can Gio gegenüber von Vung Tau liegt, gibt's einen Cao-Dai-Tempel und einen großen Markt, der sonderbare, starke Gerüche verströmt. Die hiesigen Spezialitäten sind Meeresfrüchte und Salz. Obst und Gemüse sowie Reis werden mit Booten aus der Umgebung von HCMS hergebracht. Neben der örtlichen Garnelenzucht erstreckt sich ein riesiger Friedhof mit Kriegsdenkmal (Nghia Trang Liet Si Rung Sac). Der Ort ist 2 km vom Markt in Can Gio entfernt.

An- & Weiterreise

AUTO & MOTORRAD Can Gio liegt 60 km südöstlich des Zentrums von HCMS. Am schnellsten erreicht man es mit dem Auto oder Motorrad (ca. 2 Std.). 15 km südlich von HMCS bei Binh Khanh (Cat Lai), einem früheren US-Marinestützpunkt, muss man mit der Fähre übersetzen (Motorrad/Auto 2000/10 000 VND). Auf der anderen Seite herrscht kaum noch Verkehr und die Straße führt durch Mangrovenwälder. Allein die Motorradfahrt ist ein wunderbarer Tagesausflug.

GEFÜHRTE TOUREN Café Kim Tourist (25 US$) und Saigon Tourist (ab 56 US$) bieten Tagestouren von HCMS aus an (s. S. 367).

Mekong-Delta

Inhalt »

My Tho	383
Ben Tre	388
Tra Vinh	390
Vinh Long	393
Can Tho	397
Soc Trang	404
Ca Mau	407
Rach Gia	410
Phu-Quoc-Insel	413
Ha Tien	424
Chau Doc	430
Long Xuyen	436
Cao Lanh	438
Sa Dec	441

Gut essen

» Dinh-Cao-Abendmarkt (S. 421)

» Bassac Restaurant (S. 433)

» Tan Phat (S. 429)

» Noi Ben Tre (S. 389)

Schön übernachten

» Kim Tho Hotel (S. 400)

» La Veranda (S. 419)

» Victoria Can Tho Resort (S. 400)

» Bamboo Cottages (S. 421)

Auf ins Mekong-Delta

Vietnams „Reiskammer" wartet mit einer umwerfenden Vielfalt saftiger Grüntöne auf. Fast das gesamte Leben spielt sich auf oder am Wasser ab: Boote, Häuser, Restaurants und selbst Märkte schwimmen auf den unzähligen Flüssen und Kanälen des Deltagebiets.

Obwohl die Region ländlich wirkt, zählt sie zu den dichtesten besiedelten Gegenden Vietnams. Fast jeder Hektar wird landwirtschaftlich genutzt. Traveller können in den kaum besuchten Flussstädten die Mentalität des Südens kennenlernen, Früchte kosten, die auf den bunten schwimmenden Märkten verkauft werden, und bei Einheimischen übernachten. Ausflüge führen zu Vogelschutzgebieten, beeindruckenden Khmer-Pagoden und den allgegenwärtigen Andenken an die Kriegszeiten.

Wer einen tropischen Rückzugsort sucht, steuert am besten die Phu-Quoc-Insel an. Ihre weißen Sandstrände und leeren, unbefestigten Straßen kann man wunderbar mit einem Motorrad erkunden.

Reisezeit

My Tho

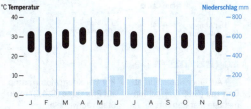

November Zum Beginn der Trockenzeit finden in Tra Vinh und Soc Trang Langbootfeste statt.

Januar Während man im Norden bibbert, ist es auf Phu Quoc angenehm warm und trocken.

März Das Chaos rund um Tet endet, zudem ist es nicht so heiß und verregnet wie im Sommer.

Geschichte

Das Mekong-Delta war die letzte Region, die zum heutigen Staatsgebiet Vietnams hinzukam. Einst gehörte sie zum Königreich der Khmer und wurde bis ins 18. Jh. von Kambodschanern kontrolliert, die das Delta noch heute als Kampuchea Krom (Unteres Kambodscha) bezeichnen.

Die Roten Khmer versuchten, das Gebiet zurückzuerobern, überfielen vietnamesische Dörfer und töteten deren Bewohner. Daraufhin marschierte die vietnamesische Armee am 25. Dezember 1978 in Kambodscha ein und entmachtete das Regime.

Inzwischen leben im Mekong-Delta vor allem Menschen vietnamesischer Herkunft, aber auch zahlreiche Chinesen und Khmer sowie eine kleinere Cham-Gemeinde. Mehr zur Geschichte der Khmer erfährt man im Kastentext auf S. 394.

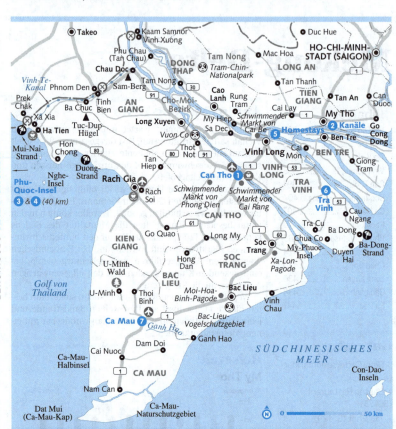

Highlights

❶ Auf einer Bootsfahrt ab **Can Tho** (S. 397) an schwimmenden Märkten vorbeischippern

❷ Die **Kanäle** (S. 384) zwischen My Tho und Ben Tre erkunden und auf üppig grünen Inseln frischen Fisch verspeisen

❸ Bei einem Motorradtrip auf **Phu Quoc** (S. 413) roten Staub aufwirbeln

❹ Besagten Staub an einem der weißen **Sandstrände** (S. 413) der Insel wieder abwaschen

❺ Das Leben am Fluss aus nächster Nähe erleben, wenn man rund um Vinh Long bei **Einheimischen übernachtet** (S. 397)

❻ Beeindruckende Khmer-Pagoden in **Tra Vinh** (S. 391) besichtigen

❼ Abgeschiedene, untouristische Städte wie **Ca Mau** (S. 407) besuchen

Als die Regierung 1975 die kollektiv betriebene Landwirtschaft im Mekong-Delta einführte, gingen die Erträge erheblich zurück. Es kam zu Lebensmittelengpässen in Saigon, obwohl die Bauern eigentlich mehr als genug anbauten. Daraufhin reisten die Stadtbewohner ins Mekong-Delta, um säckeweise Reis auf dem Schwarzmarkt zu kaufen. Allerdings schob die Polizei dieser „Geschäftemacherei" schnell einen Riegel vor, richtete Kontrollstationen ein und konfiszierte Reis von jedem, der mehr als 10 kg bei sich hatte. 1986 endete diese Ausnahmesituation. Mittlerweile gehört Vietnam zu den wichtigsten Reisexporteuren der Welt.

An- & Weiterreise

Viele Traveller besuchen das Mekong-Delta im Rahmen einer organisierten Tour – eine günstige, einfache Option. Individualreisende haben dagegen die Möglichkeit, auch weniger touristische Orte zu entdecken.

Früher kamen die meisten Touristen über die Grenze bei Moc Bai und Bavet nach Kambodscha, aber mittlerweile ziehen viele die Grenzübergänge im Delta vor, darunter die Flussgrenze in Vinh Xuong (nahe Chau Doc) und der Grenzposten in Xa Xia (nahe Ha Tien). An allen Übergängen werden Visa für Kambodscha ausgestellt.

AUTO, MOTORRAD & FAHRRAD Am flexibelsten ist man natürlich mit einem eigenen fahrbaren Untersatz. Das Delta auf zwei Rädern zu bereisen, macht eine Menge Spaß, besonders wenn man in dem verzweigten Netz aus Landstraßen unplanmäßige Abstecher unternimmt. Achtung: Es gibt viele gebührenpflichtige Straßen und man muss zwischendurch oft mit Fähren reisen (sie sind günstig und verkehren häufig), die allerdings nach und nach durch Brücken ersetzt werden. In den Wartebereichen kann man Obst, alkoholfreie Getränke und Klebreissnacks kaufen.

BUS Es ist verblüffend einfach, sich mit öffentlichen Verkehrsmitteln im Delta fortzubewegen. Die Busverbindungen sind hervorragend, weil es in der Region so viele Ballungsgebiete gibt. Jede Stadt hat einen Bahnhof für Busse und Minibusse, der sich gewöhnlich am Ortsrand befindet. Aus diesem Grund muss man meist ein Stück mit dem *xe om* (Motorradtaxi) oder Taxi zurücklegen, um zu seiner Unterkunft zu gelangen. Minibusse sind tendenziell schneller, einen Hauch komfortabler und kaum teurer.

In Ho-Chi-Minh-Stadt (HCMS) fahren die Busse ins Mekong-Delta am Mien-Tay-Busbahnhof 10 km westlich des Stadtzentrums ab. Wer sich den etwas umständlichen Weg nach Mien Tay sparen möchte, kann eine der günstigen Tagestouren nach My Tho buchen (Abfahrt ist an der Đ Pham Ngu Lao) und sich nach der Bootsfahrt vom Rest der Gruppe abseilen.

FLUGZEUG Es bestehen Verbindungen zwischen Hanoi und Can Tho sowie zwischen HCMS, Rach Gia und Ca Mau. Auf der Phu-Quoc-Insel landen Maschinen aus Hanoi, HCMS, Can Tho und Rach Gia.

SCHIFF/FÄHRE Fähren pendeln zwischen ein paar Städten im Delta. Dies ist eine faszinierende Art zu reisen, insbesondere wenn man auf dem Weg von Ca Mau nach Rach Gia ist. Von Rach Gia und Ha Tien aus nehmen Boote Kurs auf die Phu-Quoc-Insel.

Geführte Touren

In HCMS beginnen Dutzende geführter Touren ins Mekong-Delta (ein- oder mehrtägig). Obwohl sie eine praktische Option für diejenigen sind, die nur wenig Zeit haben, muss man sich darüber im Klaren sein, dass man Planung und Unterkunftswahl komplett aus der Hand gibt.

Besonders preiswerte Schnäppchen kann man in der Pham Ngu Lao machen. Bevor man etwas bucht, sollte man sich allerdings erst einen Überblick verschaffen und bedenken, dass man bei besonders billigen Ausflügen nicht zuviel erwarten darf. Teure Anbieter sind zwar nicht unbedingt besser, aber wer sich für eine extrem günstige Tour entscheidet, wird möglicherweise nur einen kurzen Blick auf das Delta aus einem voll besetzten Bus werfen können. Letztendlich hängt der Preis von der jeweiligen Strecke ab, außerdem spielen natürlich auch die Qualität der Unterkunft, des Fahrzeugs, des Essens und die Gruppengröße eine Rolle.

My Tho

073 / 180 000 EW.

My Tho, die Hauptstadt der Tien-Giang-Provinz, ist das Tor zum Mekong-Delta und ein wichtiger Marktort. Wer allerdings die berühmten schwimmenden Märkte sehen möchte, muss nach Can Tho weiterreisen.

Aufgrund der Nähe zu Ho-Chi-Minh-Stadt (HCMS) dient My Tho als beliebtes Tagesausflugsziel für diejenigen, die nur kurz Mekong-Luft schnuppern wollen. Jede Menge Boote schippern täglich zu den Inseln in der Umgebung, damit Besucher die Heimgewerbe der Bewohner und deren Alltag kennenlernen können.

Um 1680 wurde der Ort nach dem Sturz der südlichen Ming-Dynastie von politischen Flüchtlingen aus Taiwan gegründet. Wichtige Wirtschaftszweige neben dem Tourismus sind vor allem Fischerei und der Anbau von Reis, Kokospalmen, Bananen, Mangos, Longan- sowie Zitrusfrüchten. My Tho kann problemlos zu Fuß erkundet werden. Das Flussufer lädt z. B. zu einem netten Spaziergang ein.

My Tho

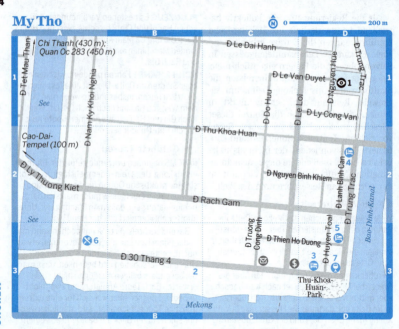

My Tho

⊙ Sehenswertes
1 My-Tho-Markt D1

✪ Aktivitäten, Kurse & Touren
2 My Tho Tourist Boat Station B3

🛏 Schlafen
3 Minh Quan Hotel D3
4 Song Tien D2
5 Song Tien Annex D3

⊗ Essen
6 Hu Tieu 44 .... A3
Hu Tieu Chay 24 .... (siehe 6)

🍸 Ausgehen
7 Lac Hong D3

⊙ Sehenswertes

Vinh-Trang-Pagode PAGODE
(60A Đ Nguyen Trung Truc; Eintritt frei; ⊙9–11.30 & 13.30–17 Uhr) Riesige Buddhastatuen thronen auf dem schönen Pagodengelände, wo sich die Mönche um ein mit vergoldeten Schnitzereien verziertes Heiligtum kümmern. Darüber hinaus sorgen sie für Waisen sowie behinderte und andere bedürftige Kinder, deshalb sind Spenden immer willkommen!

Das Gebäude befindet sich 1 km vom Stadtzentrum entfernt und ist zu erreichen, indem man der Le Loi nach Norden folgt, dann rechts in die Nguyen Trai einbiegt und die Flussbrücke überquert. Nach 400 m zweigt links die Nguyen Trung Truc ab. Der Eingang zur Pagode liegt von hier aus 200 m weiter auf der rechten Seite des Bauwerks, wenn man sich diesem von dem verzierten Tor aus nähert.

My-Tho-Markt MARKT
(Cho My Tho; Đ Trung Trac) Der Markt erstreckt sich bis auf die Straße am Bao-Dinh-Kanal und bietet das übliche Sortiment: getrockneten Fisch, exotische Früchte, Tiere und eigenartige Gerüche.

Cao-Dai-Tempel TEMPEL
(85 Đ Ly Thuong Kiet) Ein kurzer Besuch des bunten kleinen Tempels lohnt sich.

☞ Geführte Touren

Die **My Tho Tourist Boat Station** (8 Đ 30 Thang 4), ein auffälliges Gebäude am Fluss, ist Sitz mehrerer Reisebüros, die Bootsfahrten zu den benachbarten Inseln und auf dem verzweigten Netz aus Wasserstraßen organisieren. Je nach Tour besucht man eine Werkstatt, in der Kokosnussbonbons hergestellt werden, eine Honigfarm (unbedingt den Bananenwein probieren!) und einen Orchideengarten. Ein zweieinhalbstündiger Ausflug kostet 350 000 VND für eine bzw. 450 000 VND für zwei Personen. Wer einen Tagestrip unternimmt, sollte in HCMS ein Komplettpaket inklusive des Weitertransports buchen. Die Preise sind wesentlich günstiger, wenn man sich einer Gruppe anschließt, dafür kann man das Programm vielleicht ein bisschen freier gestalten, falls man der einzige Teilnehmer ist. Einige Veranstalter in der Boat Station:

Tien Giang Tourist (387 3184; www.tiengiangtourist.com)

Vietnamese Japanese Tourist (397 5559; www.dulichvietnhat.com).

Schlafen

In HCMS zu übernachten liegt nahe, da die Stadt nicht weit entfernt ist, doch es gibt auch in My Tho ein paar tolle Unterkünfte.

Song Tien Annex HOTEL $$
(387 7883; www.tiengiangtourist.com; 33 Đ Thien Ho Duong; Zi. 30–40 US$; ❄️🛜) Die Ausdrücke „Boutique-Hotel" und „staatliches Tourismusunternehmen" passen nur selten zusammen, aber in diesem Fall ist die Kombination wirklich gelungen. Eine schmale Terrasse (führt einmal um das Haus) bietet Zugang zu den Zimmern, in denen man polierte Holzfußböden, nette Extras wie Bademäntel und Haartrockner und so ziemlich die schönsten Bäder findet, die man zu diesem Preis bekommen kann – inklusive freistehender Badewannen mit Löwenfüßen! Das Dachrestaurant entschädigt dafür, dass man auf den Zimmern keinen tollen Mekong-Blick genießt.

Song Tien HOTEL $
(387 2009; www.tiengiangtourist.com; 101 Đ Trung Trac; Zi. ab 400 000 VND; ❄️🛜) Eine zuverlässige Adresse mit sieben Stockwerken (es gibt einen Aufzug – puh!). Die Zimmer sind mit Satelliten-TV, Minibars und Warmwasser ausgestattet, die „Suiten" haben ein eleganteres Mobiliar. Einige der günstigeren Räume sind fensterlos, aber wenigstens nicht so feucht wie das Gros der nach innen liegenden Zimmer.

Minh Quan HOTEL $
(397 9979; minhquanhotel@gmail.com; 69 Đ 30 Thang 4; Zi. 400 000–750 000 VND; ❄️@🛜) Zugegebenermaßen sind die Pilaster in den Fluren einfach grässlich, aber dafür wartet das Hotel mit schicken, geschmackvoll aufgemachten, leider etwas klein geratenen Zimmern auf. Im Dachcafé wird es manchmal laut, aber ab 23 Uhr hat man gewöhnlich seine Ruhe.

🍴 Essen & Ausgehen

My Tho ist für seine besondere Fadennudelsuppe *hu tieu My Tho* berühmt, die mit reichlich frischem und getrocknetem Fisch, Schwein, Huhn, Innereien sowie frischen Kräutern zubereitet und entweder mit oder ohne Brühe serviert wird. Es gibt auch einige vegetarische Varianten.

Hu tieu bekommt man nahezu überall in der Stadt. Eine Handvoll Restaurants hat sich auf dieses Gericht spezialisiert. Fleischfans sollten das **Hu Tieu 44** (46 Đ Nam Ky Khoi Nghia; Suppen 20 000 VND) ansteuern, Vegetarier das **Hu Tieu Chay 24** (24 Đ Nam Ky Khoi Nghia; Hauptgerichte 10 000–14 000 VND).

Ngoc Gia Trang VIETNAMESISCH $
(196 Đ Ap Bac; Hauptgerichte 45 000–150 000 VND) Bei Reisegruppen erfreut sich das nette Lokal an einer Gasse, die von der Hauptstraße zwischen HCMS und My Tho abgeht, großer Beliebtheit. Die Tische stehen neben Teichen und sind von viel Grün umgeben, außerdem gibt's die umfangreiche Speisekarte auch auf Englisch und Französisch. Wir empfehlen die Meeresfrüchte.

Quan Oc 283 VIETNAMESISCH, FISCH & MEERESFRÜCHTE $
(283 Đ Tet Mau Than; Hauptgerichte 15 000–100 000 VND) Das beste Restaurant für günstige gegrillte Fisch- und Meeresfrüchtegerichte. Einfach vorne auf einen der Teller mit Bergen von Venus-, Mies- und Jakobsmuscheln sowie Schnecken deuten oder in einem der Wasserbehälter hinten Fische, Krebse und Krabben auswählen. Das Quan Oc 283 liegt gegenüber dem Kriegsdenkmal. Es ist zu erreichen, indem man der Đ Ly Thuong Kiet folgt und direkt hinter dem See rechts abbiegt.

Chi Thanh CHINESISCH, VIETNAMESISCH $
(279 Đ Tet Mau Than; Hauptgerichte 35 000–80 000 VND) In dem kleinen, extrem beliebten Lokal unweit des Quan Oc 283 wird leckere chinesische und vietnamesische Küche zubereitet (Rind, Huhn, Schwein, Krebs, Tintenfisch, Krabben, Nudeln, Eintöpfe). Es gibt auch eine Karte in englischer Version.

Lac Hong BAR, CAFÉ
(3 Đ Trung Trac; 🛜) Das in einem wunderschönen alten Haus aus der Kolonialzeit unterge-

DER FLUSS DER NEUN DRACHEN

Der Mekong ist einer der längsten Flüsse der Welt und sein Delta eines der größten. Er entspringt auf dem tibetischen Hochplateau, fließt 4500 km durch China, verläuft zwischen Myanmar und Laos, bildet dann die Grenze zwischen Laos und Thailand, schlängelt sich weiter durch Kambodscha und Vietnam und ergießt sich zuletzt ins Südchinesische Meer. In Phnom Penh (Kambodscha) teilt er sich in zwei Hauptarme: Der Hau Giang (Unterer Fluss, auch Bassac genannt) fließt via Chau Doc, Long Xuyen und Can Tho zum Meer, der Tien Giang (Oberer Fluss) spaltet sich bei Vinh Long in mehrere Flussläufe auf und mündet an fünf Stellen ins Meer. Es sind diese zahlreichen Arme, die dem Mekong den vietnamesischen Namen Song Cuu Long (Fluss der Neun Drachen) eingetragen haben.

Der Pegelstand steigt ab Ende Mai und erreicht seinen Höchststand im September; je nach Jahreszeit beläuft sich die Abflussmenge auf 1900 bis 38 000 m³ pro Sekunde. In Phnom Penh fließt das Wasser aus dem Tonlé-Sap-See durch den gleichnamigen Fluss in den Mekong ab. Wenn Letzterer aber während der Regenzeit viel Wasser führt, ändert der Tonlé Sap seine Fließrichtung und speist den See, der so als gigantischer natürlicher Überschwemmungsschutz dient. Leider bringt die zunehmende Abholzung in Kambodscha dieses fragile Ökosystem aus dem Gleichgewicht, sodass die Zahl der Hochwasser auf vietnamesischer Seite steigt.

In den letzten Jahren haben die Überschwemmungen Hunderte von Menschenleben gefordert und Zehntausende waren gezwungen, ihre Häuser zu verlassen. In manchen Gegenden können die Einwohner erst wieder zurückkehren, wenn sich der Pegel Monate später vollständig normalisiert hat. Die Fluten richten Schäden in Millionenhöhe an, von den katastrophalen Folgen für die Reis- und Kaffeeernte ganz zu schweigen.

In einem solchen Risikogebiet zu wohnen ist eine bautechnische Herausforderung. Da es keine erhöhten Landmassen gibt, auf denen man Schutz vor dem Wasser suchen könnte, stehen viele Gebäude auf Bambusstelzen. Bei Hochwasser sind zahllose Straßen überflutet oder verwandeln sich in Schlammpisten; Allwetterstraßen müssen auf erhöhten Dämmen gebaut werden, doch das ist teuer. Die traditionelle Lösung für dieses Problem waren Kanäle und die Fortbewegung per Boot. Dementsprechend gibt's im Mekong-Delta Tausende von Kanälen – sie gut auszuheben und schiffbar zu halten gilt als unvermeidliche Sisyphusarbeit.

Eine ebenso große Herausforderung ist ihre Sauberhaltung. Die gängige Praxis, Abfälle und Abwässer hinter den Häusern direkt ins Wasser zu werfen bzw. zu leiten, sorgt in dichter bevölkerten Gegenden für unschöne Müllberge. Zu den Organisationen, die mit den Kommunal- und Provinzregierungen zusammenarbeiten, Aufklärungsarbeit leisten und Nachhaltigkeitsprogramme finanzieren, gehört z. B. die World Wildlife Foundation (WWF).

2011 gab das schmuddelige Mekong-Wasser erneut Anlass zu einer Krise, denn in Laos plante man den Bau des ersten Staudamms am unteren Flusslauf. Dämme auf chinesischem Territorium wurden bereits als Ursachen für niedrigere Pegelstände genannt, und die 263 Umweltgruppen, die Petitionen gegen die Pläne der laotischen Regierung eingereicht haben, befürchten, dass ein Damm den Fortpflanzungszyklus Dutzender Fischarten durcheinander bringen wird. Außerdem gehen sie davon aus, dass in Folge geringerer Fließgeschwindigkeiten mehr Salzwasser in den vietnamesischen Flussabschnitt gelangen kann, was wiederum verheerende Auswirkungen auf den Reisanbau haben könnte.

Im Mekong tummeln sich zahlreiche Welsarten, darunter der seltene Mekong-Riesenwels. Mit seiner Länge von bis zu 3 m ist er der größte Süßwasserfisch der Welt. Weiter nördlich, in Kambodscha und Laos, leben darüber hinaus noch ein paar Irrawaddy-Delfine. Neben Unmengen von Fischen bietet der Fluss auch verschiedenen Wasserschlangen, Schildkröten und Wasserinsekten einen Lebensraum. Mehr Infos liefert das **WWF Greater Mekong Programme** (www.worldwildlife.org).

---

brachte Lac Hong hat Stil und würde sich auch in der Innenstadt von HCMS gut machen. Unten wartet der Laden mit Lounge-Stühlen und kostenlosem WLAN auf, während man sich oben die Brise um die Nase wehen lassen und den Blick auf den Fluss genießen kann. Donnerstags wird Livemusik gespielt.

ℹ️ Anreise & Unterwegs vor Ort

Dank neuer Brücken und Autobahnen gelangt man mittlerweile relativ schnell nach My Tho. Von HCMS (70 km) sind es je nach Verkehrslage nur noch 60 bis 90 Minuten, außerdem hat sich die Strecke bis nach Ben Tre wegen der neuen Brücke auf 17 km verkürzt.

Der **My-Tho-Busbahnhof** (Ben Xe Tien Giang; 42 Đ Ap Bac) liegt 3 km westlich des Stadtzentrums an der Đ Ap Bac, der Hauptstraße nach HCMS. Von hier aus bestehen Verbindungen zum Mien-Tay-Busbahnhof in HCMS (30 000 VND), Can Tho (50 000 VND), Cao Lanh (25 000 VND), Chau Doc (51 000 VND) und Ca Mau (100 000 VND).

Rund um My Tho

PHOENIXINSEL

Ein paar Kilometer von My Tho entfernt liegt die Phönixinsel (Con Phung). Hier lebte der Kokosnussmönch (Dao Dua), bis er aufgrund seiner regierungskritischen Aktionen inhaftiert wurde. Daraufhin zerstreute sich seine kleine Gemeinde in alle Winde. Während ihrer Blütezeit war die Insel vor allem für ihr ziemlich schräges **Heiligtum** (admission 5000 VND; ⏰ 8–11.30 & 13.30–18 Uhr) bekannt. Wahrscheinlich erstrahlten die drachenverzierten Säulen und der außergewöhnliche Turm mit der riesigen Metallkugel damals in kräftigen Farben, heute wirkt der gesamte Komplex jedoch etwas blass, vernachlässigt und einsam. Der Kitschfaktor ist allerdings beachtlich: Zwischen den Buddhastatuen steht sogar ein Modell einer Apollo-Rakete! Mit etwas Fantasie kann man sich vorstellen, wie der Kokosnussmönch flankiert von gigantischen Stoßzähnen auf seinem reich verzierten Thron saß und zu seinen Anhängern sprach. Private Bootsbetreiber bringen Touristen im Rahmen organisierter Touren zur Insel.

Wer dort etwas mehr Zeit verbringen möchte, kann in dem schlichten **Con Phung Hotel** (☎ 075-382 2198; www.conphungtourist.com; Zi. 200 000 VND; ❄) übernachten. TV, Kühlschränke und warmes Wasser sind Standard in allen Zimmern, die VIP-Unterkünfte bieten zudem einen Ausblick auf den Fluss. Im Restaurant werden diverse deltatypische Speisen serviert (Hauptgerichte 40 000–220 000 VND).

WEITERE INSELN

Die Bootsfahrt von My Tho zur **Dracheninsel** (Con Tan Long) dauert nur fünf Minuten. Sie ist berühmt für ihre Longangärten und eignet sich wunderbar für einen ausgedehnten Spaziergang. An dem von Palmen gesäumten Ufer ankern hölzerne Fischerboote und einige Inselbewohner arbeiten als Schiffbauer. Ein paar kleine Restaurants und Cafés laden zu einer Pause ein.

Die **Schildkröteninsel** (Con Qui) und die **Einhorninsel** (Thoi Son) sind vor allem wegen ihrer Kokosnussbonbon- und Bananenwein-Werkstätten beliebte Ausflugsziele.

TAN-TACH-DORF

Seit der Eröffnung der neuen Brücke ist diese frühere Fähranlegestelle am anderen Flussufer (gehört bereits zur Ben-Tre-Provinz) in Vergessenheit geraten. Ein Besuch lohnt sich, wenn man in einer der rustikalen Pensionen entspannen oder in einem der Restaurants am Fluss einkehren möchte, die bei vielen Bootstouren auf dem Programm stehen.

🛏️ Schlafen & Essen

Thao Nhi Guesthouse PENSION $
(☎ 075-386 0009; thaonhitours@yahoo.com; Dorf 1, Tan Thach; Zi. 6–15 US$; ❄) Die nette ländliche Pension verströmt ein traditionelles Flair und liegt mitten im Grünen. Viele Zimmer kommen recht einfach daher, manche haben allerdings Klimaanlagen und Fernseher. Die günstigeren Räume mit Ventilator sind in Bungalows untergebracht. Im Thao Nhi kann man herzhafte Gerichte wie Elefantenohrfisch kosten und gratis Fahrräder leihen. Der Sohn des Besitzers spricht ausgezeichnet Englisch und bietet Touren rund um Ben Tre sowie in die benachbarten Provinzen an.

Hao Ai VIETNAMESISCH $
(Dorf 2, Tan Thach; Hauptgerichte 50 000–80 000 VND) In diesem ansprechenden Restaurant auf einer Insel inmitten eines üppig grünen, gepflegten Gartens samt Hühnern und Büffeln kehren viele Reisegruppen ein. Individualreisende werden jedoch problemlos einen Pavillon etwas abseits der Menschenmassen finden, um sich dort eines der großzügigen Menüs für zwei oder mehr Personen zu Gemüte zu führen. Das Lokal hat nur mittags geöffnet.

ℹ️ An- & Weiterreise

Tan Tach gehört zum Chau-Thanh-Bezirk und erstreckt sich 6 km nördlich des Busbahnhofs von Ben Tre (30 000 VND mit dem *xe om*). Wer den Ort besuchen möchte, fährt nach der Nationalstraße 60 zurück Richtung My Tho, biegt an der großen Kreuzung mit dem Schild „Chau Thanh" rechts ab und folgt der Straße bis zum Ende. Die Pension und das Restaurant befinden sich in der letzten schmalen Gasse rechter Hand. Das Thao Nhi Guesthouse ist nach 300 m rechts ausgeschildert und liegt von dort noch mal 50 m eine kleine Straße hinunter.

Ben Tre

075 / 120 000 EW.

Aufgrund ihrer geografischen Lage hat sich die malerische kleine Stadt in der gleichnamigen Provinz langsamer entwickelt als das restliche Mekong-Delta. My Tho war ihr gewissermaßen immer eine Fährfahrt voraus und daran hat bislang auch die Fertigstellung der neuen Brücke nicht viel geändert. Betagte Villen säumen die Uferpromenade, die man genauso wie die rustikale Siedlung jenseits der Brücke südlich des Ortszentrums problemos zu Fuß erkunden kann. In Ben Tre lassen sich auch sehr gut Bootstouren in die Umgebung organisieren – besonders interessant für alle, die keine Lust auf Reisebusse und damit einhergehende Menschenmassen haben.

Spezialität der Stadt sind *keo dua* (Kokosnussbonbons). Viele Frauen aus der Region arbeiten in kleinen Bonbonfabriken. Sie rühren die klebrige Masse in Kesseln an, die anschließend ausgerollt, in Stücke geschnitten und zuletzt in Papier gewickelt wird.

Sehenswertes

GRATIS **Ben-Tre-Museum** MUSEUM
(Bao Tang Ben Tre; Đ Hung Vuong; 8–11 & 13–17 Uhr) Die alte Villa mit der gelben Fassade beherbergt das kleine Stadtmuseum, in dem rostige Waffen und Fotos aus dem Vietnamkrieg präsentiert werden. Zumeist sind die Exponate mit englischen Erklärungen versehen. Im hinteren Raum sieht man ein paar Ausgrabungsgegenstände ohne englische Beschriftungen.

Vien-Minh-Pagode PAGODE
(Đ Nguyen Trai; 7–11 & 13–21 Uhr) Da vor dem Eingang der zentral gelegenen Pagode große weiße Statuen von Buddha und Quan The Am Bo Tat, Göttin der Barmherzigkeit, thronen, kann man das Gebäude kaum verpassen. Früher befand sich an diesem Standort ein Holzschrein (wahrscheinlich aus dem 19. Jh.), der zerstört wurde, um Platz für dieses Bauwerk aus den 1950er-Jahren zu schaffen. Einer der ersten Mönche ist für die Ausschmückung mit chinesischer Kalligrafie verantwortlich.

Geführte Touren

Ben Tre Tourist RADFAHREN, BOOTSTOUREN
(382 9618; www.bentretourist.vn; 65 Đ Dong Khoi; 7–11 & 13–17 Uhr) Dieses Unternehmen verleiht Fahrräder (1/4 US$ pro Std./Tag) sowie Motor- (10 US$ pro Tag) und Schnellboote (100 US$ pro Std.). Darüber hinaus kann man Ausflüge buchen, beispielsweise mit dem Motorkart oder einem Kanalboot zur Honigfarm und der Kokosbonbon-Werkstatt (25/30/42/52 US$ für 1/2/3/4 Teilnehmer), oder eine „Ökotour" mit dem Rad unternehmen, die zu Kokosnuss-, Guaven- und Grapefruitplantagen führt.

DER KOKOSNUSSMÖNCH

Es heißt, er habe sich drei Jahre lang ausschließlich von Kokosnüssen ernährt. Andere behaupten, er habe nichts als Kokoswasser getrunken und jungen Mais gegessen. Tatsache ist jedenfalls, dass der Kokosnussmönch 1909 in der heutigen Ben-Tre-Provinz als Nguyen Thanh Nam geboren wurde und von 1928 bis 1935 Chemie und Physik in Frankreich studierte. Anschließend kehrte er nach Vietnam zurück, heiratete und wurde Vater einer Tochter.

1945 verließ er seine Familie, um Mönch zu werden. Drei Jahre lang saß er auf einer Steinplatte unter einem Flaggenmast und meditierte Tag und Nacht. Die südvietnamesische Regierung war von seiner Philosophie einer friedlichen Wiedervereinigung wenig begeistert und verhaftete ihn mehrmals. 1990 starb Nguyen Thanh Nam.

Auf der Phönixinsel (Con Phung) erzählen Gedenktafeln an einem 3,5 m hohen Porzellankrug von 1972 die Geschichte des Mönchs. Dieser begründete eine Religion namens Tinh Do Cu Si, die buddhistische und christliche Elemente in sich vereinte. Auf Darstellungen waren Jesus und Buddha gemeinsam zu sehen, die Mutter Gottes stand neben buddhistischen Frauen, das Kreuz neben buddhistischen Symbolen. Heute sind nur noch die Symbole übrig, denn die Gemeinde des Kokosnussmönchs hat sich inzwischen aufgelöst.

Ben Tre

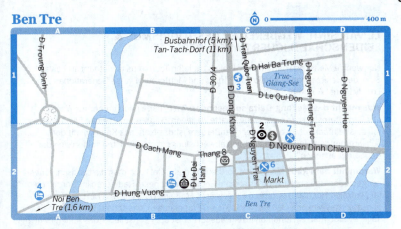

🛏 Schlafen

Ham Luong   HOTEL $
(☎356 0560; www.hamluongtourist.com.vn; 200 Đ Hung Vuong; EZ 18–23 US$, DZ 23–29 US$; ❄@☎) Zweifellos setzen die Besitzer dieses großen modernen Hotels am Flussufer darauf, dass die neue Brücke Ben Tre einen wahren Touristensegen bescheren wird. Die Flure sind riesig und kahl, doch dafür warten die Zimmer mit einer hübschen Einrichtung auf. Es gibt sogar einen Swimmingpool und einen Fitnessraum – eine echte Rarität im verschlafenen Ben Tre. Kein WLAN, aber kostenloser Internetzugang mit Kabel.

Hung Vuong   HOTEL $
(☎382 2408; 166 Đ Hung Vuong; DZ/2BZ/Suite 350 000/370 000/530 000 VND; ❄☎) Eine Unterkunft in netter Flusslage mit geräumigen, sauberen Zimmern samt Fliesenböden, polierten Holzmöbeln und modernen Bädern (allerdings merkt man, dass einige ein paar Jahre mehr auf dem Buckel haben). Das Preis-Leistungs-Verhältnis ist in Ordnung, wobei das Ganze abgesehen von der Meerjungfrau in dem Goldfischteich an der Rezeption nicht besonders viel Charme hat.

🍴 Essen

Wer nicht viel für sein Essen ausgeben möchte, sollte den Markt mit seinen zahllosen **Ständen** (Gerichte ca. 15 000 VND) ansteuern. Die beste Adresse für einen Drink oder ein Eis ist das Dachcafé des Ham Luong.

Noi Ben Tre   VIETNAMESISCH $
(Đ Hung Vuong; Hauptgerichte 20 000–60 000 VND) Dieser mehrstöckige Kahn liegt im Fluss vor Anker. Abends weht hier eine angenehme Brise. Auf der englischsprachigen Speisekarte stehen pikante Garnelensalate, köstlicher Frosch in Zitronengras, Eiersuppen sowie Gerichte mit Fisch, Huhn und Schweinefleisch.

Nam Son   VIETNAMESISCH $
(40 Đ Phan Ngoc Tong; Hauptgerichte 20 000–60 000 VND) Dank der zentralen Lage tummeln sich hier immer viele Einheimische, die zum beliebten gegrillten Hühnchen gern ein Bier vom Fass bestellen.

ℹ An- & Weiterreise

Der große neue **Busbahnhof** (Ben Xe Ben Tre; Hwy 60) befindet sich 5 km nordöstlich der Stadt (30 000 VND mit dem *xe om*). Von hier aus gibt's Verbindungen nach HCMS (67 000 VND), Can Tho (55 000 VND), Ca Mau (103 000 VND) und Ha Tien (134 000 VND). Die letzten Busse nach HCMS fahren zwischen 16 und 17 Uhr.

INSIDERWISSEN

LE VAN SINH: WEGBEREITER DES TOURISMUS & LEIDENSCHAFTLICHER RADFAHRER

Nur wenige Menschen hatten mehr Einfluss auf den Tourismus in Vietnam als Le Van Sinh, der Besitzer von Sinhbalo Adventures und Mentor für diverse Generationen von Lonely Planet Autoren.

Was macht das Mekong-Delta so besonders? Ich habe mich immer für Wasserstraßen interessiert. In einer Hängematte zu liegen, während man einen Fluss entlangfährt, ist einfach total entspannend. Außerdem ist das Netz aus Kanälen mit den schwimmenden Märkten unglaublich abwechslungsreich. Touristen sollten sich das unbedingt ansehen.

Warum mit dem Rad? Mit keinem Fortbewegungsmittel kann man die Landschaft besser genießen und auch in untouristische Gebiete vordringen. Radtouren im Norden oder im zentralen Hochland erfordern ein gewisses Maß an Erfahrung und Durchhaltevermögen, aber das Mekong-Delta ist flach wie ein Pfannkuchen, das schafft jeder für ein paar Tage, egal ob man ein ambitionierter Radsportler ist oder sonst lieber das Auto nimmt. In dieser Gegend gibt's viele schöne Strecken zu entdecken.

Die besten Routen? Eine meiner liebsten Routen ist der schmale Pfad, der im Schatten der Kokospalmen von Ben Tre durch Mo Cay und die hübsche Stadt Tra Vinh nach Can Tho führt. Die meisten Touristen nehmen dagegen die Nationalstraße 1A nach Can Tho und verpassen dadurch eine Menge.

Unterwegs vor Ort

An dem öffentlichen Bootssteg in der Nähe des Markts werden langsame Boote vermietet. Ein Ausflug auf den Kanälen in der Umgebung kostet 70 000 bis 90 000 VND pro Stunde (minimale Fahrtzeit 2 Std.).

Tra Vinh

 074 / 131 000 EW.

Tra Vinh gilt als eine der hübschesten Städte im Delta. Viele Bäume säumen die Boulevards, die an längst vergangene Zeiten erinnern. In der Umgebung können mehr als 140 Khmer-Pagoden besichtigt werden, die auf die historischen Bande zwischen Kambodscha und Vietnam hinweisen. In der Stadt selbst geht's beschaulich zu, da sich aufgrund der abgeschiedenen Lage kaum Touristen dorthin verirren. Wer mit öffentlichen Verkehrsmitteln reist, muss im Prinzip hin und zurück derselben Route folgen, denn auf den Flüssen sind keine Autofähren unterwegs. Motorrad- und Fahrradfahrer haben die Möglichkeit, ein paar nette Nebenstraßen nach Ben Tre abzufahren.

In der Tra-Vinh-Provinz leben etwa 300 000 Khmer. Auf den ersten Blick kann man sie kaum von Einheimischen unterscheiden, weil sie fließend Vietnamesisch sprechen und sich auch in Sachen Kleidung und Lebensstil der Allgemeinheit angepasst haben. Wer sich jedoch aufmerksam umsieht, findet rasch heraus, dass die Khmer-Kultur in diesem Teil Vietnams nach wie vor höchst lebendig ist. Viele Pagoden beherbergen Schulen, in denen die Sprache der Khmer unterrichtet wird, und zahlreiche Einheimische können Khmer ebenso gut lesen und schreiben wie Vietnamesisch.

Die in Vietnam lebenden Khmer sind fast alle Anhänger des Theravada-Buddhismus. Wer schon die Khmer-Klöster in Kambodscha besucht hat, wird dort vielleicht erfahren haben, dass die Mönche ihre Nahrung nicht selbst anbauen, sondern von Spenden der Gemeindemitglieder leben. Vietnamesische Guides in Tra Vinh präsentieren Besuchern stolz die Reisfelder der Ordensbrüder und weisen darauf hin, dass dies eine der positiven Begleiterscheinungen der „Befreiung" sei – der vietnamesischen Regierung waren die untätigen Mönche nämlich ein Dorn im Auge. Khmer vertreten diesen Standpunkt nur bedingt und unterstützen die Klöster noch heute mit Spenden.

Im Alter von 15 bis 20 Jahren verbringen die meisten Jungen einige Monate im Kloster. Über die Aufenthaltsdauer können sie selbst entscheiden. Khmer-Mönche dürfen übrigens Fleisch essen, aber keine Tiere töten.

Neben den Khmer lebt eine kleine chinesische Gemeinde in Tra Vinh, eine der wenigen, die es im Mekong-Delta noch gibt.

◎ Sehenswertes

Ba-Om-Teich & Ang-Pagode   PAGODE, MUSEUM
Der Ao Ba Om (Quadratischer See), ein großer eckiger Teich, ist von hohen Bäumen umgeben und ein netter Ort für einen Spaziergang. Den Khmer ist dieses Fleckchen heilig, und die Vietnamesen kommen gern her, um zu picknicken. Einst war dies der „Badesee" eines Tempels aus der Angkor-Zeit (10. Jh.), der sich früher an diesem Standort befand.

Auf den Tempelruinen wurde die Ang-Pagode (Chua Ang auf Vietnamesisch, Angkor Rek Borei auf Khmer) errichtet, ein wunderschönes Bauwerk, das die klassische Khmer-Architektur und den französischen Kolonialstil in sich vereint. Drinnen kann man sich Szenen aus Buddhas Leben in kräftigen Farben ansehen.

Gegenüber liegt das nett aufgemachte **Museum der Khmer-Minderheit** (Bao Tang Van Hoa Dan Tac; Eintritt frei; ⊙Fr–Mi 7–11 & 13–17 Uhr), in dem Fotos, Trachten und andere Exponate gezeigt werden. Schon das Gebäude an sich mit seinem zentralen Teich ist interessant, denn auf den modernen Außenwänden ruht ein verziertes Khmer-Dach.

Der Ba-Om-Teich liegt 5 km südwestlich von Tra Vinh, an der Nationalstraße Richtung Vinh Long.

Ong-Pagode   PAGODE
(Chua Ong & Chua Tau; 44 Dien Bien Phu) Die reich verzierte, farbenfrohe Ong-Pagode ist durch und durch chinesisch und zieht zahlreiche Besucher an. Das rotgesichtige Götterbild auf dem Altar zeigt General Quan Cong, eine historische Figur aus dem 3. Jh. Es heißt, Cong biete Schutz vor Kriegen. Mehr Infos zu seinem Leben liefert der chinesische Klassiker *Die Geschichte der Drei Reiche*.

Errichtet wurde die Pagode 1556 von der chinesischen Gemeinde aus Fujian, allerdings hat man sie seither einige Male umgebaut. Unlängst spendeten Besucher aus Taiwan und Hongkong für ihre Instandhaltung, deshalb ist sie momentan sehr gut in Schuss.

Ho-Chi-Minh-Tempel   TEMPEL
(Den Tho Chu Tich Ho Chi Minh; Parkplatz 5000/2000 VND pro Auto/Fahrrad; ⊙7–11 & 13–17 Uhr) Dieser ausgesprochen ungewöhnliche Tempel ist Ho Chi Minh geweiht und beherbergt einen Onkel-Ho-Schrein sowie ein kleines Museum, in dem Fotos aus seinem Leben ausgestellt sind. Mittlerweile befindet sich der kleine Schrein mit dem Rattandach in einem runden Betongebäude. Er wurde 1971 noch zu Kriegszeiten gebaut, was davon zeugt, dass der Kommunismus in der Mekong-Region viele Befürworter hatte. Auf dem parkähnlichen Gelände können außerdem einige Riesenpythons (in Käfigen), ein US-Helikopter, ein Jeep und eine 105-mm-Haubitze besichtigt werden. Der Tempel steht in der Long-Duc-Gemeinde 5 km nördlich von Tra Vinh.

Hang-Pagode   PAGODE
(Chua Hang; Kampongnigrodha; Ð Dien Bien Phu) Diese moderne, pastellfarbene Khmer-Pagode ist auch als „Storchenpagode" bekannt, denn die großen weißen Vögel nisten gern in den hohen Bäumen der Umgebung. Die Anlage ist wunderschön und herrlich friedlich und die Vögel allein sind schon sehenswert. Um sie zu beobachten, sollte man möglichst in der Regenzeit bei Einbruch der Dämmerung herkommen, wir haben aber auch schon in der Trockenzeit am frühen Nachmittag einige Tiere zu Gesicht bekommen. Chua Hang liegt 6 km südlich der Stadt, etwa 300 m hinter dem Busbahnhof.

Ong-Met-Pagode   PAGODE
(Chua Ong Met, Chua Bodhisalaraja-Kompong; Ð Ngo Quyen) Als Hauptgrund für einen Besuch der großen Khmer-Pagode muss man wohl ihre gute Erreichbarkeit nennen, denn sie erhebt sich mitten im Stadtzentrum. Der Gebäudekomplex umfasst ein paar riesige neue Bauwerke.

☞ Geführte Touren

Tra Vinh Tourist   TOUREN
(☏385 8556; tvtourist@yahoo.com; 64 Ð Le Loi; ⊙7.30–11 & 13.30–17 Uhr) Ausflüge zu verschiedenen Orten in der Provinz, darunter eine Bootsfahrt zu nahe gelegenen Inseln (500 000 VND).

🛏 Schlafen

Tra Vinh Palace 2   HOTEL $
(☏386 3999; 48 Ð Pham Ngu Lao; EZ/2BZ/3BZ 180 000/220 000/250 000 VND; ❄@☎) Ein freundliches neues Minihotel mit sauberen, modernen Quartieren samt Fliesenböden und Bade- oder Duschwannen. Die Doppelzimmer liegen auf der Innenseite und haben keine Fenster, deshalb lohnt es sich vielleicht ein Dreibettzimmer zu buchen. Das darf ruhig in den oberen Etagen liegen, es gibt nämlich einen Aufzug.

Hoan My   HOTEL $
(☏386 2211; 105A ÐL Nguyen Thi Minh Khai; Zi. 200 000–360 000 VND; ❄☎) In diesem Mini-

Tra Vinh

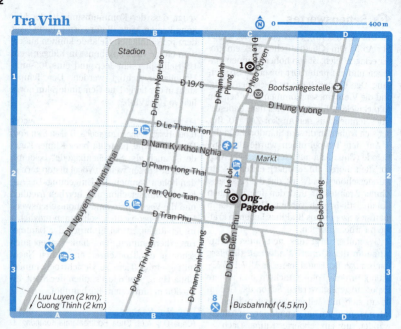

Tra Vinh

⊙ Highlights
Ong-Pagode..C2

⊙ Sehenswertes
1 Ong-Met-Pagode................................. C1

✪ Aktivitäten, Kurse & Touren
2 Tra Vinh Tourist C2

🛏 Schlafen
3 Hoan My A3
4 Tan Hang C2
5 Tra Vinh Palace B2
6 Tra Vinh Palace 2 ....B2

✴ Essen
7 Cuu Long Restaurant A3
8 Vi Huong C3

hotel sorgen u. a. die Steinwände, polierte Holzfußböden, Möbel aus dunklem Holz und der Aufzug für einen Hauch von Design. Die teureren Zimmer sind luxuriös mit großen Fernsehern, DVD-Playern, viel Platz und sogar einem Balkon ausgestattet. Obwohl die Unterkunft noch relativ neu ist, zeigt sie schon jetzt erste Abnutzungserscheinungen, außerdem haben wir auch ein paar Spinnennetze entdeckt.

Luu Luyen
HOTEL $

(☏384 2306; 16 ĐL Nguyen Thi Minh Khai; Zi. mit Ventilator 90 000–120 000 VND, klimatisiert 190 000–550 000 VND; ❄) Etwas weiter ab vom Schuss an der Straße nach Vinh Long wartet das Luu Luyen mit stilvollen Zimmern auf. Leider schmälern die abgewetzten Teppiche die Wirkung der großen Blumenbilder an den Wänden. Das Hauptgebäude befindet sich hinter einem kleinen Garten.

Tra Vinh Palace
HOTEL $

(☏386 4999; www.travinh.lofteight.com; 3 Đ Le Thanh Ton; Zi. 250 000–350 000 VND; ❄@) Das vierstöckige Tra Vinh Palace an der Ecke einer ruhigen Nebenstraße wird seinem Namen mit pinkfarbenen Säulen, dekorativen Stuckarbeiten, Terrakottafliesen und Balkonen gerecht. Die geräumigen Zimmer haben hohe Decken und die Holzmöbel weisen schmucke Perlmuttintarsien auf.

Tan Hang
HOTEL $

(☏626 6999; 14 Dien Bien Phu; Zi. 200 000–500 000 VND; ❄@) Mitten im Stadtzentrum stößt man auf diese hohe, schmale Unterkunft, die neu genug ist, um gegenüber den älteren, schlecht gepflegten Nachbarhotels eine gute Figur zu machen. Die blassen Ziegelsteinwände und Holzmöbel mit Einlegearbeiten unten vermitteln einen guten ersten Eindruck. Für 200 000 VND bekommt man einen der kleinen, nach innen gelegenen Räumen mit guten Duschen, die (bislang noch) schimmelfrei sind. Ein Zimmer mit Fenster kostet etwas mehr.

Essen

Cuu Long Restaurant
VIETNAMESISCH $
(386 2615; 999 ĐL Nguyen Thi Minh Khai; Hauptgerichte 60 000–190 000 VND) Hinter der schwerfälligen Fassade des staatlich betriebenen Cuu Long Hotels befindet sich ein Restaurant unter einem großen Strohdach. Auf der englischsprachigen Karte steht eine ansehnliche Auswahl an Gerichten, darunter köstliche Salate und dickflüssige Suppen sowie Schlangen und Schnecken für die Wagemutigeren. An manchen Abenden sorgen Bands für (laute) Unterhaltung.

Cuong Thinh
VIETNAMESISCH $
(18A ĐL Nguyen Thi Minh Khai; Hauptgerichte 25 000–180 000 VND) Das weitläufige, palmengesäumte Cuong Thinh 2 km südlich der Stadt an der Straße nach Vinh Long überzeugt mit seinen traditionellen Speisen und einem tollen Ambiente. Die Speisekarte (nur auf Vietnamesisch) umfasst eine große Auswahl an lokalen Spezialitäten und beliebten Importen, z. B. Nudeln nach Singapur-Art.

Vi Huong
VIETNAMESISCH $
(37A Đ Dien Bien Phu; Hauptgerichte 15 000– 40 000 VND) In dem günstigen Lokal mit netter Atmosphäre wird Althergebrachtes wie saure Suppe, im Tontopf gegarter Fisch und Schweinefleisch mit Reis zubereitet.

An- & Weiterreise

Tra Vinh befindet sich 65 km von Vinh Long und 185 km von HCMS. Von Ben Tre aus ist man schnell dort, indem man die neue Brücke überquert und dann die Autofähre über den Co-Chien-Fluss (35 000 VND pro Wagen) nimmt. Letztere soll bald durch eine weitere Brücke ersetzt werden.

Der Busbahnhof (Ben Xe Khach Tra Vinh) liegt 5 km südlich des Stadtzentrums an der Nationalstraße 54, der Verlängerung der Hauptstraße Đ Dien Bien Phu. Von hier aus bestehen Verbindungen nach HCMS (85 000 VND), Cao Lanh (45 000 VND) und Ha Tien (116 000 VND).

Rund um Tra Vinh

CHUA CO
Das Khmer-Kloster Chua Co ist vor allem wegen der großen **Vogelkolonie** sehenswert, die auf dem Gelände haust und nistet: Kurz vor Sonnenuntergang lassen sich ganze Schwärme verschiedener Storch- und Ibisarten nieder. Ihre Brutplätze dürfen natürlich nicht gestört werden.

Chua Co befindet sich 43 km von Tra Vinh. Wer es besuchen möchte, fährt zunächst nach Tra Cu (36 km) und folgt dann der sandigen Straße (7 km).

BA-DONG-STRAND
Viele Traveller beschweren sich über das schmutzige Ufer, das trübe Wasser, die eingesperrten Affen und die heruntergekommenen Unterkünfte, aber wer gern einmal abseits ausgetretener Pfade ein paar nette Sonnenuntergänge erleben möchte, ist in Ba Dong an der richtigen Adresse. An den Wochenenden kann es voll werden, denn dann unternehmen Einheimische aus der Region Ausflüge an den Strand. Ansonsten geht's hier aber recht ruhig zu.

Das größte Event (wer sich gerade in der Gegend befindet, sollte es nicht verpassen) ist das **Oc-Bom-Boc-Festival** an einem Wochenende Ende Oktober bzw. Anfang November, das mit farbenprächtigen Bootsrennen gefeiert wird. Mehr Infos gibt's bei Tra Vinh Tourist.

Wer hierherkommen möchte, folgt von Tra Vinh aus zunächst der Straße nach Duyen Hai (50 km). Von dort sind es noch 12 km entlang einer unbefestigten (und ziemlich hubbeligen!) Strecke bis zum Strand. Etwa fünfmal täglich fahren Busse von Tra Vinh nach Duyen Hai; das letzte Stück kann man mit einem *xe om* (ca. 50 000 VND) zurücklegen.

Vinh Long

 070 / 130 000 EW.

Vinh Long, Hauptstadt der gleichnamigen Provinz, ist zwar nicht der größte Ort im Mekong-Delta, aber ein wichtiger Verkehrsknotenpunkt, der entsprechend laut und chaotisch sein kann. Wer keine Lust auf Trubel hat, sollte das Flussufer mit den zahlreichen Cafés und Restaurants aufsuchen. Die Stadt selbst hat keine Sehenswürdigkeiten zu bieten, bietet sich jedoch als Ausgangspunkt für Touren zu den Flussinseln sowie anderen Attraktionen wie dem schwimmenden Markt von Cai Be und den vielen Obstgärten an. Außerdem gehören *homestays* (Übernachtungen bei einheimischen Familien) – ein besonderes Highlight auf der Reise durchs Mekong-Delta – zu den Möglichkei-

KAMPUCHEA KROM

In einigen Delta-Provinzen gibt's Städte, deren Bewohner eine andere Sprache sprechen, einem anderen buddhistischen Glauben anhängen und eine völlig andere Kultur haben als die Vietnamesen. Die Khmer sind zwar eine Minderheit in der Region, waren aber die ersten Siedler im Mekong-Delta. Sie ließen sich vor mehr als 2000 Jahren hier nieder.

Kampuchea Krom („Niederkambodscha") ist die inoffizielle Khmer-Bezeichnung für das Delta, dessen indigene Bevölkerung die Khmer Krom sind, eine ethnische Minderheit, die sich in Südvietnam angesiedelt hat. Ihre Geschichte reicht bis ins 1. Jh. zum Reich Funan zurück, ein Seekönigreich, das sich von der Malaiischen Halbinsel bis zum Mekong erstreckte. Archäologen glauben, dass die Funan-Zivilisation hoch entwickelt und politisch sehr gut organisiert war, Kanäle baute, mit Edelmetallen handelte und über profunde landwirtschaftliche Kenntnisse verfügte. Auf Funan folgten das Chenla-Reich (630–802 n. Chr.) und das Reich der Khmer, das mächtigste Imperium Südostasiens. Zu den größten Leistungen der Khmer gehört der Bau von Angkor Wat. Im 17. Jh. jedoch lag ihre Macht aufgrund von Vorstößen der Thai und Vietnamesen in Trümmern. In dieser Zeit gewannen die Vietnamesen an Einfluss, expandierten nach Süden, besiegten die Cham und eroberten danach auch das Herrschaftsgebiet der Khmer im Mekong-Delta.

1623 erteilte König Chey Chettha vietnamesischen Siedlern die Erlaubnis, sich in Prey Nokor niederzulassen. Damals lebten hier einigen Historikern zufolge etwa 40 000 Khmer-Familien. Prey Nokor war ein wichtiger Hafen im kambodschanischen Königreich und wurde ab 1698 in Saigon umbenannt. Bald bevölkerten Scharen vietnamesischer Siedler die Stadt und Gegenden weiter im Süden. Bei ihrer Ankunft gab es in diesem Gebiet noch 700 Khmer-Tempel. In den folgenden Jahrzehnten trugen die Khmer Krom in einigen unbedeutenden Schlachten gegen die Eindringlinge den Sieg davon, nur um in nachfolgenden Kämpfen die frisch zurückeroberten Gebiete wieder zu verlieren.

Als die Franzosen im 19. Jh. Indochina unterwarfen, war die Hoffnung auf ein unabhängiges Kampuchea Krom für immer zerstört. Obwohl die Khmer hier zur damaligen Zeit in der Überzahl waren, gehörte die Region nicht zu Kambodscha, sondern bildete ein eigenständiges Protektorat namens Cochinchina. Der 4. Juni 1949 war ein schwarzer Tag für viele Kambodschaner, denn an diesem Datum annektierten die Franzosen Kampuchea Krom offiziell. Dass es einmal so weit kommen würde, hatte sich bereits Jahrhunderte zuvor angekündigt, als das Gebiet kolonisiert wurde.

Seit der vietnamesischen Unabhängigkeit 1954 verfolgt die Regierung eine Politik der Integration und erzwungenen Anpassung. Beispielsweise müssen die Khmer Krom vietnamesische Familiennamen annehmen und die vietnamesische Sprache erlernen. Der Kampuchea-Krom Federation (KKF; www.khmerkrom.org) zufolge werden Khmer nach wie vor verfolgt und aufgrund ihrer Religionszugehörigkeit diskriminiert (Khmer Krom sind Theravada-Buddhisten und keine Mahayana-Buddhisten wie die Vietnamesen). Außerdem haben sie Schwierigkeiten, Zugang zu medizinischer Versorgung zu erhalten. In den vergangenen Jahren wurden einige Mönche ihres Amtes enthoben, weil sie gewaltlose Proteste durchgeführt hatten, und Human Rights Watch (www.hrw.org) zufolge hat die kambodschanische Regierung die Abschiebung einiger Unruhestifter sogar unterstützt.

Die Khmer sind die ärmsten Bewohner Vietnams. Ihre Bevölkerungszahl ist umstritten: Vietnamesische Behörden sprechen von 1 Mio. Khmer Krom, die als „Nguoi Viet Goc mien" (Vietnamesen mit Khmer-Wurzeln) bezeichnet werden. Die KKF hingegen schätzt ihre Zahl in Südvietnam auf 7 Mio.

---

ten. Vinh Long liegt auf halber Strecke zwischen My Tho und Can Tho.

◉ Sehenswertes

Mekong-Inseln   INSELN
Eine Tour nach Vinh Long lohnt sich vor allem wegen der wunderschönen Flussinseln, die in erster Linie landwirtschaftlich genutzt werden. Hier angebaute tropische Früchte kann man beispielsweise auf den Märkten von Ho-Chi-Minh-Stadt kaufen. Wasser bestimmt das Landschaftsbild dieser Region, deshalb stehen die meisten Häuser auf Stelzen.

Viele Touristen steuern die Inseln **Binh Hoa Phuoc** und **An Binh** an, wobei es noch viele weitere Attraktionen gibt. Man erreicht die beiden mit der öffentlichen Fähre (500/ 1000 VND pro Pers./Motorrad) und kann dann zu Fuß oder mit dem Rad auf Entdeckungstour gehen, allerdings sind die Bootstouren interessanter, da man bei den Ausflügen auch die schmalen Kanäle entlangtuckert. Zwei- bis dreistündige Trips sind für weniger als 300 000 VND zu haben, wenn man mit den Anbietern am Hafen geschickt verhandelt.

Schwimmender Markt von Cai Be
SCHWIMMENDER MARKT

(5–17 Uhr) Am besten besucht man diesen lebendigen schwimmenden Markt im Rahmen einer organisierten Tour von Vinh Long aus. Großhändler, die jeweils auf nur wenige Obst- oder Gemüsesorten spezialisiert sind, preisen auf großen Booten ihre Waren an. Die Kundschaft schippert in kleineren Booten zwischen den „Ständen" umher und findet das Gesuchte meist recht schnell, denn die Verkäufer hängen Muster ihrer Produkte gut sichtbar an hölzernen Pfählen auf. Frühmorgens erlebt man den Markt von seiner schönsten und quirligsten Seite.

Am Flussufer thront eine gigantische katholische Kathedrale, die ein einzigartiges und beliebtes Fotomotiv darstellt.

Die reine Fahrtzeit von Vinh Long bis zum Markt beträgt etwa eine Stunde, wobei viele Besucher auf der Hin- oder Rückfahrt noch ein paar Abstecher machen und einen Blick auf die Kanäle oder Obstplantagen werfen. Für alle, die eine organisierte Delta-Tour unternehmen: Üblicherweise geht man hier an Bord eines Boots, erkundet die Inseln und legt dann in Vinh Long an, bevor es nach Can Tho weitergeht.

Van-Thanh-Mieu-Tempel
TEMPEL

(Phan Thanh Gian Temple; Đ Tran Phu; 5–11 & 13–19 Uhr) Für einen Ort wie Vinh Long ist der Van-Thanh-Mieu-Tempel auf einem hübschen Grundstück am anderen Flussufer eher ungewöhnlich. Konfuzianische Heiligtümer wie dieses sind ein seltener Anblick im Süden Vietnams. Die vordere Halle ist Phan Thanh Gian gewidmet, der 1930 einen Aufstand gegen die französischen Kolonialherren anführte. Als klar wurde, dass seine Revolte zum Scheitern verurteilt war, nahm Phan sich das Leben. Lieber wollte er sterben, als den Franzosen in die Hände zu fallen.

Die hintere Halle stammt aus dem Jahr 1866. Ein Porträt von Konfuzius ziert die Wand über dem Altar. Das Gebäude im konfuzianischen Stil sieht aus, als hätte man es direkt aus China hierherversetzt.

Der Van-Thanh-Mieu-Tempel liegt südöstlich der Stadt. Achtung: Nicht mit der kleineren Quoc-Cong-Pagode verwechseln, an der man unterwegs vorbeikommt.

Geführte Touren

Cuu Long Tourist
BOOTSTOUREN

(382 3616; www.cuulongtourist.com; 2 Phan Boi Chau; 7–17 Uhr) Hat Ausflüge im Programm, die von drei Stunden bis drei Tagen dauern. Zu den Zielen gehören z. B. die schmalen Kanäle, Obstgärten und Ziegeleien, eine Kegelhutwerkstatt und der schwimmende Markt vor Cai Be. Was weitere Reiseangebote betrifft, ist Cuu Long Tourist nicht unbedingt unsere erste Wahl.

Schlafen

Homestays (s. Kasten S. 397) haben viel Flair, doch davon abgesehen sind die Unterkünfte in Ben Tre, Tra Vinh und Can Tho um einiges besser als in Vinh Long. Wenn einem nichts anderes übrig bleibt, als sich hier einzuquartieren, können wir diese beiden Bleiben noch am ehesten empfehlen:

Cuu Long Hotel
HOTEL $$

(382 3656; www.cuulongtourist.com; 2 Phan Boi Chau; EZ 440 000–580 000 VND, DZ 560 000– 700 000 VND;) Ein sauberes, staatlich betriebenes Hotel ohne jeden Charakter, in dem fast alle Reisegruppen (mittleres Preissegment) übernachten, weil die Boote direkt an der anderen Straßenseite ablegen. Die Zimmer sind geräumig und mit Bädern ausgestattet. Zudem warten sie entweder mit einem Balkon oder mit Flussblick auf.

Van Tram Guesthouse
PENSION $

(382 3820; 4 Đ 1 Thang 5; Zi. 250 000– 300 000 VND;) Diese kleine Pension verfügt über fünf ausreichend große Zimmer, allerdings sind die Bäder winzig. Ihr eigentliches Highlight ist die Lage in der Nähe des Flusses und des gut besuchten Markts.

Essen & Ausgehen

Dong Khanh
VIETNAMESISCH $

(49 Đ 2 Thang 9; Hauptgerichte 30 000– 50 000 VND) Auf der abwechslungsreichen englischen Karte stehen jede Menge Eintöpfe und Reisgerichte. Die Tischdecken verleihen dem Ganzen einen Hauch von Stil.

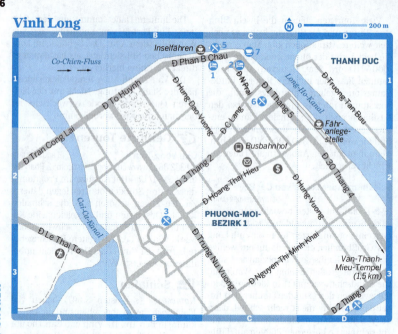

Vinh Long

Aktivitäten, Kurse & Touren
Cuu Long Tourist .... (siehe 1)

Schlafen
1 Cuu Long Hotel C1
2 Van Tram Guesthouse C1

Essen
3 Com 36 .... B2
4 Dong Khanh D3
5 Phuong Thuy C1
6 Vinh-Long-Markt C1

Ausgehen
7 Hoa Nang Café C1

Vinh-Long-Markt MARKT $
(Đ 3 Thang 2) Gute Anlaufstelle, wenn man Früchte aus der Gegend und günstige Snacks kaufen will.

Com 36 VIETNAMESISCH $
(36 Đ Hoang Thai Hieu; Hauptgerichte 20 000–40 000 VND) Ein authentisches vietnamesisches Restaurant mit einer recht nüchternen Einrichtung und ohne englischsprachige Speisekarte. Hinter einem gläsernen Tresen wartet das Essen darauf, ausgesucht und verzehrt zu werden.

Phuong Thuy VIETNAMESISCH $
(Đ Phan Boi Chau; Hauptgerichte 25 000–80 000 VND) Tolle Lage am Flussufer, der Laden platzt aber leider häufig aus den Nähten (Reisegruppenalarm!), was der Atmosphäre nicht sonderlich gut bekommt.

Hoa Nang Café CAFÉ, BAR
(Đ 1 Thang 5) Dieses nette Café am Flussufer ist die richtige Adresse für einen Eiskaffee, einen duftenden Tee oder ein Belohnungsbier nach der Rückkehr von einer Mekong-Exkursion.

An- & Weiterreise

AUTO & MOTORRAD Vinh Long liegt direkt an der Nationalstraße 1A, 33 km von Can Tho, 66 km von My Tho und 136 km von HCMS entfernt.

BUS Der **Hauptbusbahnhof** (Ben Xe Thanh Pho Vinh Long; Đ 3 Thang 2) befindet sich mitten in der Stadt und bietet Verbindungen nach HCMS (70 000 VND) sowie Sa Dec (9 000 VND). Andere Reiseziele wie Can Tho (34 000 VND) und Cao Lanh (17 000 VND) erreicht man am besten vom **Provinzbusbahnhof** (Ben Xe Khach Vinh Long; Nationalstraße 1A) 3 km südlich der Stadt an der Straße nach Can Tho aus.

SCHIFF/FÄHRE Manche Frachtschiffe nehmen Passagiere von Vinh Long bis nach Chau Doc nahe der kambodschanischen Grenze mit (am Fähranleger nachfragen).

Can Tho

📞 071 / 1,1 MIO. EW.

Can Tho, die größte Stadt am Mekong, ist das politische, wirtschaftliche, kulturelle und logistische Zentrum der Region. Wer ein paar Tage damit zugebracht hat, Kanäle und Flussarme im Umland zu erkunden, wird das Gefühl haben, eine vor Leben sprühende Metropole zu betreten: Am Ufer mit seinen gepflegten Grünanlagen herrscht reges Treiben und breite Boulevards sowie

---

„HOMESTAYS" RUND UM VINH LONG

Für viele Traveller ist die Möglichkeit, den Alltag am Fluss kennenzulernen und eine authentische Mahlzeit mit einer einheimischen Familie zu erleben, der Höhepunkt ihres Mekong-Abenteuers. Mittlerweile gilt das Konzept „Übernachtung mit Familienanschluss" als echter Hit auf den Inseln rund um Vinh Long, wobei das Wort „Familienanschluss" in diesem Fall nicht ganz zutrifft: In den meisten Fällen übernachtet man nämlich nicht im Wohnhaus, sondern in eigens für die Touristen gebauten Unterkünften, die mehr an schlichte Hostels erinnern.

Manchmal gibt's große, gemeinschaftlich genutzte Räume mit Etagenbetten, manchmal einfache Bungalows mit Gemeinschaftsbädern, wobei oft einige Zimmer auch private Bäder haben. Abendessen und Frühstück sind gewöhnlich im Preis inbegriffen. Wer Glück hat, isst gemeinsam mit der Familie, während man sich in größeren Unterkünften mehr wie in einem Restaurant fühlt. Allen Bleiben sind die rustikale Lage mitten in der Natur und die Erfahrung des Landlebens gemeinsam.

Zahlreiche Touristen buchen in HCMS eine Gruppentour, doch man kann den Ausflug auch allein organisieren, indem man die Fähre in Vinh Long nimmt und dann mit einem *xe om* weiterreist. Zwar sprechen nur wenige Gastgeber Englisch, aber Besucher aus dem Ausland werden trotzdem herzlich aufgenommen. Ein Großteil der hier aufgelisteten Unterkünfte befindet sich am Ufer eines Flusses oder Kanals.

Bay Thoi (📞385 9019; Binh Thuan 2 im Hoa-Ninh-Dorf; 13–15 US$ pro Pers.) Eine der nettesten Optionen mit Übernachtungsmöglichkeiten rund um ein schönes Wohnhaus aus Holz. In dem neueren Flügel hinten sind die Böden gefliest und manche Zimmer haben ein eigenes Bad – es lohnt sich, dafür 2 US$ extra auszugeben. Fahrräder werden umsonst verliehen.

Song Tien (📞385 8487; An Thanh im An-Binh-Dorf; 10 US$ pro Pers.) Die kleine Bleibe jenseits des Co-Chien-Flusses in einer dicht bewachsenen Umgebung verströmt eine nette familiäre Atmosphäre und verfügt über Schlafgelegenheiten in kleinen Bungalows. Gelegentlich holen die Besitzer die Mandoline hervor und unterhalten ihre Gäste mit traditioneller Musik.

Tam Ho (📞385 9859; info@caygiong.com; Binh Thuan 1 im Hoa-Ninh-Dorf; B/Zi. 11/15 US$ pro Pers.) 1,5 km von Vinh Long erstreckt sich eine Obstplantage, die von einer herzlichen Familie mit drei Gästezimmern betrieben wird. Eventuell stört einen der Lärm, der manchmal vom Kanal her herüberschallt.

Ngoc Sang (📞385 8694; 95/8 Binh Luong, An-Binh-Dorf; 15 US$ pro Pers.) Unsere Leser lieben die freundliche Unterkunft am Kanal. Die Fahrradnutzung ist kostenlos und man kann im Garten mithelfen, wenn man möchte.

Mai Quoc Nam 1 (📞385 9912; maiquocnam@yahoo.com; Phuan 1 im Binh-Hoa-Phuoc-Dorf; 250 000–300 000 VND pro Pers.) Mit dem Boot ist das Mai Quoc Nam 1 nur einen Katzensprung von Vinh Long entfernt. Vorne befindet sich ein modernes Gebäude aus Beton mit einem großen Mehrbettsaal im Obergeschoss und im Garten dahinter stehen ansprechendere Holzbungalows. Die Besitzer unterstützen ihre Gäste beim Organisieren von Bootsfahrten auf den Kanälen. Eine der größeren Unterkünfte mit einem weniger heimeligen Flair.

Mai Quoc Nam 2 (📞385 9912; maiquocnam@yahoo.com; Binh Hoa 2 im Binh-Hoa-Phuoc-Dorf; 300 000 VND pro Pers.) Dieser Mai-Quoc-Nam-Ableger auf Stelzen über dem breiten Co-Chien-Fluss wartet mit einer herrlichen Aussicht und Atmosphäre auf, ist aber nicht wirklich eine Privatunterkunft. Die Mehrbettzimmer sind in gut belüfteten Gebäuden mit Rattandächern untergebracht. Das Essen wird im Haupthaus serviert.

Can Tho

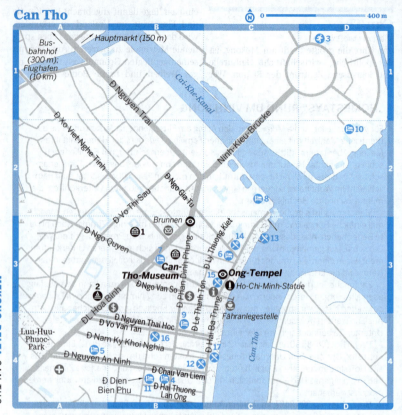

schmale Gässchen laden zum Bummeln und Entdecken ein. Touristen zieht es vor allem deshalb hierher, weil man Bootsausflüge zu den nahe gelegenen schwimmenden Märkten unternehmen kann.

⊙ Sehenswertes

Ong-Tempel TEMPEL
Die interessanteste religiöse Stätte der Stadt befindet sich in der **Guangzhou-Versammlungshalle** (Đ Hai Ba Trung) und wartet mit einem tollen Blick auf den Can-Tho-Fluss auf. Im späten 19. Jh. wurde das Gebäude zu Ehren von Kuang Kung errichtet, einer Gottheit der Loyalität, Gerechtigkeit, Vernunft, Intelligenz, Ehre etc. Seine Form ist dem chinesischen Zeichen für „Nation" nachempfunden. Die Seite rechts der verzierten Trennwand ist der Schicksalsgöttin gewidmet, links wird General Ma Tien gehuldigt. Im Zentrum des Tempels steht Kuang Kung, flankiert vom Gott der Erde und dem Gott des Geldes.

Früher lebten zahlreiche Chinesen in Can Tho, aber während der antichinesischen Kampagne (1978–1979) flohen die meisten.

GRATIS **Can-Tho-Museum** MUSEUM
(1 ĐL Hoa Binh; ⊙Di–Do 8–11 & 14–17, Sa & So 8–11 & 18.30–21 Uhr) Das große, schön aufgemachte Museum haucht der Lokalgeschichte mit Modellpuppen und maßstabsgetreuen Reproduktionen von Gebäuden Leben ein, darunter eine chinesische Pagode und die Innenräume eines Wohnhauses. Die Exponate sind mit englischen Erklärungen versehen und konzentrieren sich auf die Khmer- sowie die chinesischen Gemeinden, Pflanzen- und Fischarten, die Reisproduktion und, natürlich, den Krieg. Neben blutrünstigen Fotos ist auch ein echtes Skelett zu sehen.

GRATIS **Militärmuseum** MUSEUM
(6 ĐL Hoa Binh; ⊙Di, Do & Fr 8–11 & 14–16.30, Sa 8–11 & 19–21 Uhr) Hier gibt's das übliche Sorti-

Can Tho

◎ Highlights
- Can-Tho-Museum.................................B3
- Ong-Tempel...C3

◎ Sehenswertes
1. Militärmuseum....................................B3
2. Munirensay-Pagode............................A3

◎ Aktivitäten, Kurse & Touren
3. Can-Tho-Wasserpark..........................D1

◎ Schlafen
4. Hello 2..B4
5. Kim Lan Hotel....................................A4
6. Kim Tho Hotel....................................C3
7. Ninh Kieu 2.......................................B3
8. Ninh Kieu Hotel..................................C2
9. Saigon Cantho...................................B4
   Tay Do Hotel..............................(siehe 11)
10. Victoria Can Tho Resort....................D2
11. Xuan Mai Minihotel...........................B4

◎ Essen
12. Café Dong Tau.................................B4
13. Du Thuyen......................................C3
14. Hop Pho...C3
15. Mekong..C3
    Phuong Nam.............................(siehe 15)
16. Quan Com 16..................................B4
17. Sao Hom..C4

◎ Shoppen
Alter Markt....................................(siehe 17)

---

ment an Waffen aus dem Vietnamkrieg und Fotos. Vor dem Gebäude stehen einige paar Raketen und ein Kampfflugzeug und auf dem Haupthof wurde ein Dschungelcamp nachgebaut.

In einem separaten Gebäude innerhalb desselben Komplexes befindet sich das **Ho-Chi-Minh-Museum** mit noch mehr Fotos (allerdings ohne englische Erklärungen) und Gegenständen von kultureller Bedeutung, wie der Plastikseifenablage und den Essstäbchen des früheren Präsidenten.

Munirensay-Pagode PAGODE
(36 ĐL Hoa Binh) Bei unserem letzten Besuch waren gerade zahlreiche Baumaßnahmen im Gange. Die Pagode aus dem Jahr 1946 wurde für die Khmer-Gemeinde von Can Tho errichtet. Ihre Schmuckelemente sind typisch für den Theravada-Buddhismus. Hier findet man weder Darstellungen von Bodhisattvas noch von taoistischen Geistern, die zur Grundausstattung vietnamesischer Mahayana-Pagoden gehören.

🏃 Aktivitäten

Van Tho MASSAGE
(56/68 Tran Quan Khai; Massage 40 000 VND; ☺9–22 Uhr) Wer sich in diesem Haus durchkneten lässt, unterstützt ein tolles Projekt, denn die Arbeitsagentur für Blinde stellt ausgebildete Therapeuten ein, die an der Universität von Ho-Chi-Minh-Stadt vietnamesische und japanische Massagetechniken gelernt haben. Die Behandlungen sind sehr günstig und professionell.

Das Van Tho befindet sich nahe dem Markt und ist zu erreichen, indem man der Đ Nguyen Trai folgt und dann rechts in die dritte Straße hinter der Brücke einbiegt.

Can-Tho-Wasserpark WASSERPARK
(Đ Le Loi; Wasserpark/nur Pool 40 000/25 000 VND; ☺9–18 Uhr) Lust auf eine kleine chlorgetränkte Abkühlung? Dann nichts wie rein ins Wellenbad und auf die Wasserrutschen dieser großen Anlage. Kinder, die kleiner sind als 1 m, dürfen umsonst hinein.

Hat man die Ninh-Kien-Brücke überquert, sieht man die Rutschen hinter dem großen Kreisverkehr direkt vor sich.

👉 Geführte Touren

Das absolute Highlight eines Aufenthalts in Can Tho ist eine Bootsfahrt entlang der Kanäle zu einem der **schwimmenden Märkte**. Ein kleines Boot für zwei bis drei Personen kostet etwa 5 US$ pro Stunde. Die Anbieter (zumeist Frauen) findet man am Flussufer in der Nähe der riesigen Statue von Ho Chi Minh. Auch Can Tho Tourist organisiert Touren, allerdings hat man hier beim Preis kaum Verhandlungsspielraum.

Größere Motorboote bewältigen längere Strecken und bieten sich für einen Trip auf dem gewaltigen Mekong an. Zunächst holt man zunächst bei Can Tho Tourist ein Angebot ein und erkundigt sich dann am Bootssteg nahe dem Ninh Kieu Hotel nach günstigeren Optionen. Für einen dreistündigen Ausflug muss man 200 000 VND, für eine fünfstündige 350 000 VND einplanen. Feilschen nicht vergessen!

🛏 Schlafen

Can Tho lockt mit den besten Unterkünften in der gesamten Region.

LP TIPP Kim Tho Hotel — HOTEL $$

(☎ 381 7517; www.kimtho.com; 1A Đ Ngo Gia Tu; Zi. 40–120 US$; ❄@🛜) Eine schicke Unterkunft, die fast als Boutique-Hotel durchgehen könnte. Sie setzt in der Mekong-Region neue Maßstäbe im mittleren Preissegment und wartet mit Zimmern auf, die über ein stilvolles Dekor und Designerbäder verfügen. Für nur 50 US$ sind die Räume mit Flussblick ein echtes Schnäppchen. Auf dem Dach befindet sich eine Café-Bar.

LP TIPP Victoria Can Tho Resort — RESORT $$$

(☎ 381 0111; www.victoriahotels.asia; Cai-Khe-Viertel; Zi. 91–230 US$, Suite 277–310 US$; ❄@🛜☀) Das Resort im französischen Kolonialstil gilt als Inbegriff von Stil und Klasse. Es bietet wunderschöne, rund um einen einladenden Swimmingpool mit Ausblick auf den Fluss gruppierte Zimmer, ein exzellentes Restaurant, eine nette Bar unter freiem Himmel und ein gepflegtes Wellnesszentrum. Darüber hinaus gehören Aktivitäten wie Fahrradtouren, Kochunterricht und Fahrten auf der Lady Hau, einem ehemaligen Reisfrachter, zum Programm.

📍 Kim Lan Hotel — HOTEL $

(☎ 381 7049; www.kimlancantho.com.vn; 138A Đ Nguyen An Ninh; Zi. 18–50 US$; ❄@🛜) Von außen sieht das Kim Lan wie ein 08/15-Minihotel aus, doch dafür überzeugt die Inneneinrichtung umso mehr: In den eleganten Zimmern stehen moderne Bambus- und Holzmöbel, und allerlei Kunst ziert die Wände. Selbst die kleinen, fensterlosen Standardzimmer sind angesichts des Preises einfach super. Das Wasser wird mittels Solarenergie erhitzt (ein ganz dickes Plus!) und es gibt WLAN.

Xuan Mai Minihotel — HOTEL $

(☎ 382 3578; tcdac@yahoo.com; 17 Đ Dien Bien Phu; Zi. 12 US$; ❄🛜) Von der spartanischen Rezeption sollte man sich nicht abschrecken lassen, denn das bei Budgetreisegruppen beliebte Hotel verfügt über ein authentisches Ambiente. Es steht in einer schmalen Straße, auf der tagsüber der An-Lac-Markt stattfindet. Die geräumigen, sauberen Zimmer sind mit Fernsehern, Kühlschränken sowie Warmwasserduschen ausgestattet und überraschend ruhig.

Hello 2 — HOTEL $

(☎ 381 0666; 31 Đ Chau Van Liem; Zi. 200 000–260 000 VND; ❄🛜) Die Tatsache, dass es einen Aufzug gibt, hebt dieses Minihotel bereits von den meisten anderen Billigunterkünften in Can Tho ab, aber das ist noch nicht alles: Für 260 000 VND bekommt man ein geradezu elegantes Zimmer mit großen Fenstern, schönen Tapeten und einer Eckebadewanne. Die günstigeren Räume sind fensterlos, aber dennoch völlig ausreichend.

Phuong Nam — HOTEL $

(☎ 376 3959; 118/9/39 Đ Tran Van Kheo; Zi. 20 US$; ❄@🛜) Wer keine Lust auf Touristenmassen hat, könnte in diesem schicken Hotel mit sieben Stockwerken und Aufzug einchecken. Es liegt in einem lebendigen Teil des Stadtzentrums (an derselben Straße wie der Hauptmarkt) und ist näher am Busbahnhof als die übrigen Unterkünfte. Die Zimmer verfügen über große Bäder und WLAN.

Tay Do Hotel — HOTEL $$

(☎ 382 7009; www.taydohotel.com.vn; 61 Đ Chau Van Liem; Zi. 28–35 US$; ❄@🛜) Drei Sterne sind vielleicht etwas übertrieben, aber das stilvolle Hotel bietet trotzdem einen ganz guten Standard: In allen Zimmern steht ein Fernseher und meistens kommt man auch in den Genuss einer Badewanne sowie eines Balkons. Das Frühstück ist inbegriffen.

Saigon Cantho — HOTEL $$

(☎ 382 5831; www.saigoncantho.com; 55 Đ Phan Dinh Phung; EZ 35–65 US$, DZ 40–70 US$; ❄@) Das Saigon Cantho ist gepflegt und die Preise sind schon seit einer ganzen Weile nicht mehr erhöht worden. Gäste können umsonst im Internet surfen (auch WLAN) und haben die Wahl zwischen diversen Zimmerkategorien. Die Variante „Deluxe" bietet mit einem Flachbildfernseher und einem Obstkorb den Komfort einer Suite. Schließfächer gehören zur Standardausstattung.

Ninh Kieu 2 — HOTEL $$

(☎ 625 2377; www.ninhkieuhotel.com; 3 ĐL Hoa Binh; Zi. 35–70 US$, Suite 110 US$; ❄🛜) Das große neue Ninh Kieu 2 gehört dem Militär, außerdem kann das Personal ein bisschen aufdringlich sein, doch die Lage unweit der Museen und die sauberen, bequemen Zimmer machen es zu einer guten Anlaufstelle. Mit ausladenden Kronleuchtern, Marmorfliesen und einem Neonschild über der Rezeption verkörpert die Lobby die vietnamesische Version von Glamour.

Ninh Kieu Hotel   HOTEL $$

(✆382 1171; 2 Đ Hai Ba Trung; Zi. alter Flügel 41–46 US$, neuer Flügel 48–99 US$; ✳@🛜) Auch diese Bleibe ist im Besitz des Militärs, trotzdem sind Assoziationen wie Strammstehen und Salutieren fehl am Platz. Das Hotel nimmt gleich mehrere cremefarbene Kolonialgebäude ein, wobei der neue Flügel um einiges eleganter daherkommt als der alte. Die Lage am Flussufer ist toll.

🍴 Essen & Ausgehen

Die **Stände des Hauptmarkts** (Đ Tran Quang Khai) verkaufen leckere, günstige Gerichte. Sie befinden sich in einem eigenen überdachten Abschnitt gerade mal zwei Häuserblocks nördlich des Hauptgebäudes.

Hop Pho   VIETNAMESISCH, CAFÉ $

(6 Đ Ngo Gia Tu; Hauptgerichte 30 000–130 000 VND; 🛜) Wer extravagant speisen, aber nicht allzu viel ausgeben möchte, steuert am besten dieses stilvolle Café-Restaurant an, in dem vietnamesische Klassiker zubereitet werden. Die Lage und die Aufmachung lassen darauf schließen, dass es für Touristen gemacht wurde, die Einheimischen sind jedoch gewöhnlich in der Überzahl: ein Beweis für die gute Qualität und die fairen Preise. Das Hop Pho eignet sich auch gut für einen Kaffee oder Cocktail, die man entweder im klimatisierten Innenbereich oder im Garten genießen kann.

Sao Hom   VIETNAMESISCH, INTERNATIONAL $

(✆381 5616; 50 Đ Hai Ba Trung; Hauptgerichte 35 000–150 000 VND; ⏱8–0 Uhr) Nach wie vor zählt das Sao Hom zu Can Thos schönsten Restaurants, was es auch der tollen Lage am Fluss zu verdanken hat. Es ist im eleganten ehemaligen Marktgebäude untergebracht und kredenzt vietnamesische sowie internationale Speisen und Fusionsküche, etwa knusprige Frühlingsrollen oder Tandoorgerichte. Mittags herrscht hier viel Andrang.

Mekong   VIETNAMESISCH, PIZZA $

(✆382 1646; 38 Đ Hai Ba Trung; Hauptgerichte 25 000–105 000 VND; ⏱8–14 & 16–22 Uhr) Wegen der guten Mischung aus vietnamesischen und internationalen Gerichten zu vernünftigen Preisen zieht das Lokal zahlreiche Backpacker an. Abends verwandelt es sich in eine Art Bar. Es befindet sich gleich gegenüber der Ho-Chi-Minh-Statue.

La Ca   VIETNAMESISCH $

(118/15A Đ Tran Van Kheo; Hauptgerichte 45 000–180 000 VND; ⏱8–22 Uhr) Dieses stilvolle Grillrestaurant liegt östlich des Hauptmarkts an derselben Straße und hat einen hohen Unterhaltungsfaktor: So sausen hier z. B. die Kellner auf Inlinern von Tisch zu Tisch. Die einzigen, die nichts zu lachen haben, sind die Spanferkel, die Spezialität des Hauses (ein ganzes Tier kostet 360 000 VND). Darüber hinaus ist das Speisenangebot riesig, darunter sogar ein paar westliche sowie koreanische Gerichte.

Café Dong Tau   ITALIENISCH $

(✆346 1981; Đ Hai Ba Trung; Hauptgerichte 35 000–90 000 VND) Das Aussehen ist nebensächlich, denn im Dong Tau kommen Gäste in den Genuss von superleckerem Essen zu geradezu lächerlich günstigen Preisen. Auf der Karte stehen Pastagerichte, Risottos, Pizzas, Steaks, Gulasch, mexikanische und vietnamesische Speisen.

Quan Com 16   VIETNAMESISCH $

(45 Đ Vo Van Tan; Hauptgerichte 20 000–50 000 VND) Fast so etwas wie eine Institution und sehr beliebt bei den Stadtbewohnern. Der Name weist bereits auf die wichtigste Zutat hin: com (Reis). Dieser wird mit haufenweise frisch zubereitetem Fisch, Fleisch und Gemüse serviert. Ein weiterer Pluspunkt: Die Kellner sind auf Zack.

Phuong Nam   VIETNAMESISCH $

(48 Đ Hai Ba Trung; Hauptgerichte 50 000–110 000 VND) Gegenüber dem Mekong nebenan hat dieses Restaurant einen Riesenvorteil: Von der Terrasse oben kann man nämlich wunderbar Leute beobachten. Der Bereich unten wirkt etwas eleganter. Schlange ist die Spezialität des Hauses, aber es gibt noch viele andere Gerichte.

Du Thuyen   VIETNAMESISCH $

(✆381 0841; Đ Hai Ba Trung; Hauptgerichte 45 000–130 000 VND) Das schwimmende Restaurant erstreckt sich über drei Etagen. Um 20 Uhr geht's los.

Xe Loi   BAR, NACHTCLUB

(Hau Riverside Park; ⏱17 Uhr–open end) Nirgendwo in Can Tho ist nachts mehr los, allerdings erst zu weit vorgerückter Stunde. In dem großen Garten des auch als Cyclo Club bekannten Schuppens stehen zahlreiche Tische und es gibt sogar einen (unechten) Strand am Fluss. Die Aufmachung des Xe Loi erinnert an einen Wildwestsaloon. Hier legen DJs auf und es wird regelmäßig Livemusik gespielt. Wenn gerade kein Konzert o. Ä. geplant ist, muss man keinen Eintritt zahlen, allerdings sind die Getränke teurer.

Shoppen

Alter Markt
MARKT

(50 Đ Hai Ba Trung) Das atmosphärische Marktgebäude aus der Kolonialzeit ist mit Terrakottaschindeln samt Keramikzierelementen gedeckt. Es gilt als absolutes Prachtstück im hübschen Touristenviertel am Flussufer. Blutspritzer, Innereien und Chaos sind inzwischen nicht mehr hier, sondern weiter nördlich im Hauptmarkt und z. T. auch in den angrenzenden Straßen zu finden. Stattdessen gibt's vor Ort nun teurere Stände für Touristen, an denen Lackarbeiten, Kleidung, Kopfkissenbezüge u. Ä. verkauft werden.

Hauptmarkt
MARKT

(Đ Tran Van Kheo) Dieser Markt nimmt vier Gebäude ein und erstreckt sich über mehrere Häuserkarrees am Cai-Khe-Kanal, auf den viele einheimische Bauern und Großhändler bis heute ihre Waren transportieren. Im Hauptgebäude gibt's vor allem Lebensmittel – ein buntes, geruchsintensives Chaos aus Fleisch, Fisch, Obst und Gemüse. Gegenüber liegt der Kleidermarkt. Dahinter locken Essensstände sowie ein anderes großes Gebäude voller Taschen, Gürtel und Schmuck.

Wer den Markt besuchen will, folgt der Đ Nguyen Trai über die Brücke und biegt dort rechts ab.

Praktische Informationen

Can Tho Tourist (382 1852; www.canthotourist.com.vn; 50 Đ Hai Ba Trung) Die Angestellten sind sehr hilfsbereit, sprechen Englisch und Französisch und versorgen Besucher mit allgemeinen Infos sowie einem ganz guten Stadtplan. Darüber hinaus befindet sich hier ein Schalter von Vietnam Airlines und Jetstar.

Hauptpost (2 ĐL Hoa Binh) Bietet den üblichen Service und Internetzugang.

Krankenhaus (Benh Vien; 382 0071; 4 Đ Chau Van Liem)

An- & Weiterreise

BUS Vom **Busbahnhof** (Ben Xe Khach Can Tho; Ecke Đ Nguyen Trai & Đ Hung Vuong) am nördlichen Ende des Stadtzentrums bestehen regelmäßige Verbindungen nach HCMS (Mien-Tay-Busbahnhof 75 000 VND, 5 Std.). Mit den Express-Minibussen (90 000 VND) spart man knapp eine Stunde Fahrtzeit. Weitere Ziele sind Cao Lanh (30 000 VND), My Tho (50 000 VND), Tra Vinh (55 000 VND), Vinh Long (34 000 VND), Soc Trang (50 000 VND), Ca Mau (65 000 VND) und Ha Tien (83 000 VND).

FLUGZEUG Seit Anfang 2011 gibt's einen neuen internationalen Flughafen in Can Tho, doch bei Redaktionsschluss bot **Vietnam Airlines** (www.vietnamairlines.com) ausschließlich Flüge zur Phu-Quoc-Insel (ab 500 000 VND, tgl.), den Con-Dao-Inseln (ab 400 000 VND, 4-mal wöchentl.) und nach Hanoi (ab 1 700 000 VND, tgl.) an. Der Flughafen liegt 10 km nordwestlich des Stadtzentrums und ist über die Đ Le Hong Phong, die Verlängerung der Đ Nguyen Trai, zu erreichen.

SCHIFF/FÄHRE Diverse Fähren nehmen Kurs auf Städte im Mekong-Delta, darunter Tragflügelboote, die via Phung Hiep nach Ca Mau (150 000 VND, 3–4 Std.) verkehren.

Unterwegs vor Ort

Xe loi, das Hauptfortbewegungsmittel in Can Tho und Umgebung, sieht man nur im Mekong-Delta. Dabei handelt es sich um zweirädrige Anhänger, die an ein Motorrad gehängt werden. Das Ganze sieht aus wie ein motorisiertes *cyclo* und bietet Platz für zwei oder manchmal auch noch mehr Personen. Eine Fahrt innerhalb der Stadt kostet etwa 10 000 VND pro Kopf.

Rund um Can Tho

Das wahrscheinlich größte Highlight des Mekong-Deltas sind die bunten **schwimmenden Märkte** am Flussufer. Zahlreiche Händler treffen bereits frühmorgens ein, um so der Mittags- und Nachmittagshitze zu entgehen. Am besten tut man es ihnen gleich und kommt zwischen 6 und 8 Uhr, dann trifft man außerdem noch nicht auf so viele Touristen. Bei der Planung des Besuchs müssen allerdings auch die Gezeiten berücksichtigt werden: Größere Boote können oft erst starten, wenn die Flut einsetzt.

Kleine schwimmende Märkte auf dem Land verschwinden allmählich, weil Straßen ausgebaut werden und die meisten Menschen Zugang zu öffentlichen oder privaten Verkehrsmitteln haben. Die größeren Märkte rund um die Städte sind jedoch nach wie vor gut besucht.

Bekannt ist die Region vor allem für ihre Durian-, Mangostan- und Orangenhaine, die man von Can Tho aus problemlos per Boot oder Fahrrad erreicht.

Sehenswertes

Schwimmender Markt von Cai Rang
SCHWIMMENDER MARKT

Nur 6 km von Can Tho entfernt (in Richtung Soc Trang) findet der größte schwimmende Markt des Mekong-Deltas statt. Auf der Brücke kann man die beladenen Boote wunderbar fotografieren (tolle Motive).

EINE NACHT AUF DEM MEKONG

Traveller können nicht nur bei Einheimischen, in Pensionen, Hotels und Ferienresorts übernachten, sondern auch an Bord eines Bootes. Wer sich für diese Alternative entscheidet, betrachtet die Wasserstraßen dieser unvergleichlichen Region einmal aus einer anderen Perspektive und erfährt mehr über das Leben am Fluss. Interessante Optionen:

Bassac (0710-382 9540; www.transmekong.com; mit Übernachtung 232 US$) Mehrere wunderschöne Holzboote für kleine Gruppen. Normalerweise verbringt man die Nacht an einer Stelle zwischen Cai Be und Can Tho, es werden aber auch maßgeschneiderte Touren organisiert.

Le Cochinchine (08-3993 4552; www.lecochinchine.com; Preis auf Anfrage) Dieses Unternehmen betreibt zwei luxuriöse Hotelschiffe: einen umgebauten Reisfrachter und ein traditionelles Sampan. Die Hauptrouten führen von Cai Be nach Can Tho (mit Übernachtung) und Cai Be nach Sa Dec, Ving Long und Can Tho (2 Übernachtungen). Individuelle Exkursionen sind ebenfalls möglich.

Mekong Eyes (0710-246 0786; www.mekongeyes.com; Preis auf Anfrage) Auch mit diesem beeindruckenden, stilvollen Boot wurde vor seiner Umgestaltung Reis transportiert. Sein Name spielt auf die Augen an, die auf allen Fischerkähnen im Delta zu sehen sind. Normalerweise folgt das Boot einer Route zwischen Can Tho und Cai Be, es kann aber ebenso für maßgeschneiderte Touren gechartert werden.

Neben diesen Unternehmen gibt's noch weitere Anbieter für gehobene Kreuzfahrten auf der Strecke zwischen My Tho (inkl. Transfer ab Ho-Chi-Minh-Stadt) und Siem Reap, darunter **Pandaw Cruises** (www.pandaw.com; 7 Nächte 1132–2713 US$), der Favorit in der Luxusklasse. **Compagnie Fluviale du Mekong** (www.cf-mekong.com; 5 Nächte ab 2415 US$) ist kleiner und bietet einen persönlichen Service sowie superleckeres Essen. **AmaWaterways** (www.amawaterways.com; 6 Nächte 1599–2599 US$) und **Heritage Line** (www.heritage-line.com; 7 Nächte 3384–8129 US$) überzeugen derweil mit einer ganz neuen Dimension von Opulenz. Da sich die Uferlandschaft nicht groß verändert, ist es vielleicht cleverer, eine kürzere Bootsfahrt zu buchen, z. B. von My Tho nach Phnom Penh.

Manche Händler bleiben bis mittags, aber die günstigste Zeit für einen Besuch ist vor 9 Uhr morgens, wenn noch keine Reisegruppen vor Ort sind. Später am Vormittag sieht man zuweilen fast genauso viele Touristen wie Einheimische.

Zwar erreicht man Cai Rang auch mit dem Wagen, doch sehr viel interessanter gestaltet sich die einstündige Bootsfahrt von Can Tho aus (Abfahrt am Markt). Alternativ besteht die Möglichkeit, bis zur Anlegestelle von Cau Dau Sau an der Dau-Sau-Brücke zu fahren und dort in ein Boot zu steigen (10 Min. bis zum Markt).

Schwimmender Markt von Phong Dien
SCHWIMMENDER MARKT

Dies ist der wohl schönste schwimmende Markt des Mekong-Deltas. Hier sieht man vor allem Ruderboote und es geht um einiges ruhiger zu als in Cai Rang. Am besten legt man einen Besuch auf die Zeit zwischen 6 und 8 Uhr morgens. Zahlreiche Besucher kommen auf dem Landweg zu dem Markt 20 km südwestlich von Can Tho.

Wer möchte, kann eine Bootstour auf den kleinen Kanälen unternehmen, dabei Phong Dien besuchen und sich auf der Rückfahrt den Markt von Cai Rang ansehen. Ein solcher Ausflug mit Start- und Zielpunkt Can Tho dauert insgesamt fünf Stunden.

Vuon Co
VOGELBEOBACHTUNG

(Eintritt 20 000 VND; 5–18 Uhr) Dieses 1,3 ha große Vogelreservat befindet sich an der Straße zwischen Can Tho und Long Xuyen. Auf der großen Holzplattform tummeln sich Touristengruppen, die einen Blick auf die vielen Störche in ihren Nestern erhaschen wollen. Am ehesten sieht man die Tiere während der Morgen- bzw. Abenddämmerung.

Vuon Co liegt im Thot-Not-Bezirk 15 km südöstlich von Long Xuyen. Im kleinen Thoi-An-Dorf weist ein Schild mit der Aufschrift „Ap Von Hoa" Besuchern den Weg. Wer aus Can Tho kommt, entdeckt es auf der linken Straßenseite direkt hinter einer kleinen Brücke. Der Storchengarten ist ein paar Kilometer von der Nationalstraße entfernt. Zu Fuß braucht man etwa 30 Minuten, kann aber auch ein Motorradtaxi nehmen (ca. 20 000 VND).

Soc Trang

079 / 174 000 EW.

Soc Trang ist nicht unbedingt die hübscheste Stadt im Delta, aber ein bedeutendes Zentrum der Khmer (sie stellen 28 % der Provinzbevölkerung) und eine gute Basis, wenn man die beeindruckenden Tempel der Umgebung erkunden möchte – das kann man sich jedoch sparen, falls man als Nächstes nach Kambodscha reist. Jedes Jahr, für gewöhnlich im November, findet in Soc Trang ein buntes Festival statt, das durchaus einen Abstecher lohnt.

Sehenswertes

Fledermauspagode PAGODE

Die Fledermauspagode (Chua Doi) ist ein großes, friedliches Khmer-Heiligtum, das sich zu einem beliebten Ausflugsziel für ausländische wie einheimische Touristen gemausert hat. Grund dafür sind die hier heimischen Flughunde, die zu Hunderten in den Bäumen auf dem Klostergelände hängen. Die größten Exemplare wiegen etwa 1 kg und haben eine Flügelspanne von 1,50 m.

Leider sind die Tiere nicht stubenrein, deshalb sollte man sich besser nicht unter den Bäumen aufhalten oder alternativ einen Schirm mitbringen. Abends gehen sie auf Nahrungssuche und fallen zum Ärger der Bauern über die Obstplantagen des Deltas her. Die Landwirte rächen sich, indem sie die Viecher fangen und verspeisen. Weil die Flughunde auf dem Pagodengelände in Sicherheit sind, haben sie sich dort immer mehr ausgebreitet und scheinen sich sehr wohlzufühlen.

Die hiesigen Mönche betteln nicht um Geld, nehmen eine kleine Spende aber gerne an. Vergoldete Buddhas und Wandmalereien, die von im Ausland lebenden Vietnamesen finanziert wurden, schmücken das Innere der Pagode. In einem der Räume steht eine lebensgroße Statue eines Mönchs, der die Anlage einst leitete.

Das Heiligtum befindet sich etwa 2 km südlich von Soc Trang. Man kann entweder ein *xe om* (20 000 VND) nehmen oder auch zu Fuß dorthingehen. Auf der Đ Le Hong Phong muss man sich Richtung Süden halten und nach 1 km rechts in die Đ Van Ngoc Chinh abbiegen.

Lehmpagode PAGODE

(163 Đ Ton Duc Thang) Vor mehr als 200 Jahren wurde der Buu Son Tu (Kostbarer Bergtempel) von einer chinesischen Familie namens Ngo erbaut. Heute kennt man das Bauwerk unter dem Namen Chua Dat Set oder auch Lehmpagode.

Von außen wirkt es zwar wenig spektakulär, aber das Innere ist äußerst ungewöhnlich, denn nahezu alle Gegenstände bestehen aus Lehm. Die Hunderte von Statuen und Skulpturen wurden von dem Mönch Ngo Kim Tong, einem genialen Künstler, gefertigt. Von seinem 20. Lebensjahr an bis zu seinem Tode mit 62 Jahren widmete er sich der recht kitschigen Dekoration des Gebäudes. Dieses unterscheidet sich erheblich von den übrigen buddhistischen Pagoden der Khmer und Vietnamesen in Soc Trang und zieht die Gläubigen in Scharen an.

Nachdem man das Bauwerk betreten hat, sieht man sogleich eines von Tongs größten Werken: einen Lehmelefanten mit sechs Stoßzähnen, der Buddhas Mutter im Traum erschienen sein soll. Hinter der Statue befindet sich der Hauptaltar, der aus über 5 t Lehm besteht und mit mehr als tausend auf Lotosblüten sitzenden Buddhas verziert ist. Ein besonderes Highlight bildet auch der 4 m hohe, 13-stöckige Turm chinesischer Bauweise. Er ist mit 156 Drachenfiguren geschmückt und in den 208 kleinen Kämmerchen sitzt jeweils ein winziger Buddha.

Da die Lehmobjekte sehr empfindlich sind, sollte man bei einem Streifzug durch das Bauwerk Vorsicht walten lassen. Spenden werden gern entgegengenommen.

Kh'leang-Pagode PAGODE

(Chua Kh'leang; 68 Đ Ton Duc Thang) Abgesehen von ihrem grellen Anstrich sieht diese Pagode so aus, als sei sie direkt aus Kambodscha hierher versetzt worden. 1533 wurde sie ursprünglich aus Bambus errichtet, aber 1905 komplett umgebaut, dieses Mal mit viel Beton. Jedes Jahr finden sieben religiöse Feste statt, zu denen Besucher aus den entlegensten Winkeln der Provinz herbeiströmen.

In der Pagode leben ein paar Mönche, die sich darüber freuen, Gäste herumzuführen und über den Buddhismus zu diskutieren. Gegenüber steht die buddhistische Akademie, in der 150 Novizen aus dem gesamten Deltagebiet studieren.

GRATIS Khmer-Museum MUSEUM

(23 Đ Nguyen Chi Thanh; Mo–Fr 7.30–11 & 13.30–17 Uhr) Dieses kleine Museum widmet sich

der Geschichte der Khmer-Minderheit in Vietnam und dient gleichzeitig als eine Art Kulturzentrum, in dem traditionelle Tänze sowie Musikvorführungen für größere Besuchergruppen veranstaltet werden. Die Ausstellung beschränkt sich auf Fotos, ein paar Trachten und Artefakte.

Das Museum befindet sich gegenüber der Kh'leang-Pagode. Oft stehen Besucher vor verschlossenen Türen: In dem Fall muss man sich durch Rufe bemerkbar machen, um eingelassen zu werden.

GRATIS **Soc-Trang-Museum** MUSEUM
(Bao Tang Tinh Soc Trang; So 4 Đ Hung Vuong) Interessantester Bereich dieses stattlichen Gebäudes ist die maßstabsgerechte Innere eines traditionellen holzvertäfelten Hauses. Davon abgesehen besteht die Sammlung hauptsächlich aus Fotos (ohne englische Bildunterschriften) sowie ein paar Bronze- und Keramikgegenständen, Modellen von Khmer-Gebäuden und Trachten. Natürlich dürfen auch der obligatorische US-Panzer und eine Flak im Vorhof nicht fehlen.

Hung-Vuong-Kreisverkehr DENKMAL
Fans des sozialistischen Realismus werden das Denkmal am Ortseingang am Ende der Đ Hung Vuong lieben: Drei Riesen mit in die Höhe gereckten Armen stehen vor einem kolossalen Obelisken.

✨ Feste & Events

Einmal im Jahr feiert die Khmer-Gemeinde das **Oc-Bom-Boc-Festival** (in Kambodscha unter dem Namen Bon Om Touk oder Wasserfest bekannt), bei dem Langbootrennen auf dem Soc-Trang-Fluss ausgetragen werden. Das Spektakel zieht Besucher aus ganz Vietnam und Kambodscha an und dem Sieger winkt ein Preisgeld von mehr als 1000 US$, deshalb ist die Stimmung unter den Teilnehmern entsprechend angespannt. Die Bootsrennen finden am 15. Tag des zehnten Mondmonats statt (November) und starten um 12 Uhr, aber das eigentliche Fest beginnt schon am Abend zuvor. An diesen Tagen sind die Hotels für gewöhnlich ausgebucht.

🛏 Schlafen & Essen

Zwar hat man die Wahl zwischen mehreren Hotels, aber wirklich vom Hocker reißen wird einen wohl keines. Die Übernachtungsmöglichkeiten in Can Tho sind um einiges netter. Entlang der Nationalstraße außerhalb der Stadt haben sich neue Unterkünfte niedergelassen. Wer einen eigenen Wagen o. Ä. hat, kann sich im Vorbeifahren dasjenige Gebäude aussuchen, das am neuesten aussieht. Mit etwas Glück ist es noch frei von Schimmelflecken und Muffgeruch.

Leider besitzen nur wenige Restaurants in Soc Trang englischsprachige Speisekarten, und auf den vietnamesischen stehen häufig keine Preise.

Que Huong Hotel HOTEL $
(☎ 361 6122; khachsanquehuong@yahoo.com; 128 Đ Nguyen Trung Truc; Zi. 270 000 VND, Suite 450 000–600 000 VND; ❄ ⓐ) Das Beste der insgesamt nur mittelmäßigen Hotels wird vom lokalen Volkskommitee betrieben. Die Zimmer sind in Ordnung, was man beim Anblick der nüchternen Fassade vielleicht nicht vermuten würde. In den Suiten gibt's eine im Boden eingelassene Badewanne und eine Bar, die Getränke muss man aber extra zahlen. Der WLAN-Empfang ist auf die Lobby beschränkt.

Quan Hung VIETNAMESISCH $
(24/5 Đ Hung Vuong; Hauptgerichte 40 000–120 000 VND) Liegt an einer Gasse, die von der Hauptstraße in die Stadt abgeht. Das große, zu den Seiten hin offene Restaurant ist ein Dauerbrenner, denn es kredenzt köstlichen Fisch und Fleisch vom Grill. Wenn

---

ABSTECHER

XA-LON-PAGODE

Diese prächtige Khmer-Pagode liegt 12 km von Soc Trang an der Nationalstraße 1A in Richtung Bac Lieu. Das ursprüngliche Holzgebäude wurde im 18. Jh. errichtet und 1923 komplett umgebaut. Wie sich jedoch herausstellte, war es zu klein. Also baute man zwischen 1969 und 1985 mithilfe von Spenden die jetzige, deutlich größere Pagode. Die Keramikkacheln an der Außenseite sind eine besondere Augenweide.

Ähnlich wie in anderen Heiligtümern führen auch die Mönche hier ein entsagungsreiches Leben. Sie frühstücken um 6 Uhr und bitten bis 11 Uhr um Spenden. Anschließend beten sie eine Stunde. Nach dem Mittagessen (kurz vor 12 Uhr) wird gelesen und gelernt. Abends nehmen sie keine Mahlzeit zu sich. Zur Pagode gehört eine Schule, wo die buddhistische Lehre und Sanskrit unterrichtet werden.

man mit mehreren Leute herkommt, könnte man einen Eintopf bestellen.

Hang Ky VIETNAMESISCH $
(67 Ð Hung Vuong; Hauptgerichte ca. 70 000 VND) Eine gute Adresse mit einer großen Auswahl an traditionellen Gerichten, darunter Ziegencurry und Eintöpfe. Der Anblick der Roller, die um den Kreisverkehr heizen, lenkt ein wenig vom dem grell beleuchteten, wenig stimmungsvollen Ambiente ab.

An- & Weiterreise

Von Soc Trang aus kann man mit Bussen in die meisten Städte des Deltas gelangen. Der Busbahnhof befindet sich an der Nationalstraße 1A unweit der Kreuzung mit der Ð Hung Vuong, der Hauptstraße in die Stadt. Die 90-minütige Fahrt nach Can Tho kostet 50 000 VND, bis Cao Lanh zahlt man 55 000 VND, nach Bac Lieu 65 000 VND und nach Ha Tien 105 000 VND.

Bac Lieu

0781 / 136 000 EW.

Abgesehen von Vogelfans auf ihrem Weg zu dem erstklassigen Schutzgebiet in der Nähe der Stadt sehen sich nur wenige Traveller Bac Lieu an. Das einzig Sehenswerte sind einige elegante, aber verlassene französische Kolonialbauten am Flussufer.

Am prachtvollsten ist das **Cong Tu Hotel** (395 3304; 13 Ð Dien Bien Phu; Zi. 300 000–500 000 VND;), das 1919 als privater Wohnsitz errichtet wurde. Die verwendeten Materialien stammen aus Frankreich. Der älteste Sohn der Familie war ein echter Playboy (*cong tu*): Einmal verbrannte er z. B. Geldscheine und kochte ein Ei über den Flammen, um einer Frau zu imponieren. Nachdem er das Familienerbe verprasst hatte, wurde das Haus verkauft und zu einem Hotel umfunktioniert. Man kann noch immer hier übernachten, das Gebäude müsste allerdings dringend renoviert werden. Alternativ kommt man in den günstigen Pensionen an der Straße von Soc Trang unter (Zi. ca. 10 US$).

Weil die Böden in der Region teilweise sehr salzhaltig sind, ist landwirtschaftliche Nutzung nur bedingt möglich. Die Provinz hat sich in erster Linie auf den Anbau von Longan spezialisiert, aber manche Einwohner verdienen sich ihren Lebensunterhalt auch, indem sie fischen, Austern und Krabben sammeln oder Salz abbauen. Dazu werden Salzwasserteiche in der Sonne zu großen Salzflächen eingedampft.

Essen & Ausgehen

Die hiesige Spezialität *bun nuoc leo Soc Trang* ist eine Nudelsuppe mit Fisch, Krabben und gebratenem Schweinefleisch. Man bekommt sie z. B. für 20 000 VND an dem Stand, der tagsüber vor einem hübschen blassblauen Haus (179 Ð Tran Phu) aufgebaut wird.

Pho Ngheu Thanh Huong VIETNAMESISCH $
(43 Tran Quynh; Hauptgerichte 25 000–47 000 VND) An jedem x-beliebigen Straßenstand kann man ähnliche *pho* (Nudelsuppen) oder *banh mi* (gefüllte Baguettes) wie in diesem schicken Restaurant genießen, aber nur hier ist der Blick auf den Straßenverkehr von dem mit Lichterketten verzierten Dach Gold wert. Zu essen gibt's verschiedene *pho*-Sorten, z. B. mit Pilzen.

Sai Gon 3 VIETNAMESISCH $
(38 Ba Trieu; Suppe 19 000 VND) Im hektischsten Morgentrubel ist der Boden dieses beliebten *pho-bo*-Ladens mit verschmähten Kräutern und herrenlosen Servietten übersät. Es wird nur ein Gericht serviert – einfach Platz nehmen und das duftende Chaos ringsum beobachten.

Kitty CAFÉ, BAR
(Ecke Ð Tran Phu & Ba Trieu) Für eine Provinzstadt wirkt dieses Café im ersten Stock ungewöhnlich elegant. Es gewährt einen Blick auf einen der vielen stark befahrenen Kreisverkehre an der Ð Tran Phu und wartet mit einem verspielten Dekor (Schwarz und Weiß und viel Chrom), schicken Stühlen sowie einer Wand voller TV-Bildschirmen auf. Eine gute Adresse, wenn man einen vietnamesischen Kaffee oder ein Stück Kuchen essen möchte, es gibt aber auch härtere Sachen.

Praktische Informationen

Bac Lieu Tourist (382 4273; www.baclieu tourist.com; 2 Ð Hoang Van Thu; 7–11 & 13–17 Uhr) Hier arbeiten wunderbar hilfsbereite Angestellte, die einfache Stadtpläne verteilen und über Ausflüge zum Vogelschutzgebiet informieren.
Post (20 Ð Tran Phu)

Anreise & Unterwegs vor Ort

Der **Busbahnhof** (Ben Xe Tinh Bac Lieu) liegt 1 km nördlich des Zentrums an der Hauptstraße in die Stadt. Von hier bestehen regelmäßige Verbindungen nach Ho-Chi-Minh-Stadt (130 000 VND), Soc Trang (65 000 VND), Ha Tien (89 000 VND), Ca Mau (30 000 VND), Can Tho (65 000 VND) und Cao Lanh (65,000 VND).

Rund um Bac Lieu

BAC-LIEU-VOGELSCHUTZGEBIET
(Vuon Chim Bac Lieu; ☎383 5991; Eintritt 10 000 VND; ⊙7.30–17 Uhr) Eine der interessanteren Sehenswürdigkeiten in dieser verschlafenen Ecke des Mekong-Deltas ist das Vogelschutzgebiet von Bac Lieu. Es beherbergt etwa 50 Arten, darunter eine große Population eleganter weißer Reiher, und erfreut sich großer Beliebtheit bei vietnamesischen Touristen. Ausländische Besucher trifft man dagegen eher selten, was vermutlich daran liegt, dass Bac Lieu recht weit ab vom Schuss ist.

Am besten kommt man während der Regenzeit von Mai bis Oktober hierher, denn dann sind die Vogelpopulationen am größten. Sie nisten hier bis in den Januar hinein und ziehen später in grünere Gefilde weiter. Zwischen Februar und dem Beginn der Regenzeit bekommt man so gut wie keine Vögel zu Gesicht.

Das Schutzgebiet liegt zwar nur 5 km von Bac Lieu entfernt, aber die Straße ist sehr schlecht und das letzte Wegstück führt durch dichten und oft schlammigen Dschungel. Unbedingt mitnehmen: Insektenspray, gute Schuhe, Wasser und ein Fernglas.

Eintrittsgeld zahlt man am Eingang zum Vogelpark. Dort kann und sollte man einen Führer organisieren, weil die Gefahr, sich hier zu verlaufen, recht groß ist. Leider sprechen die Guides zumeist kein Englisch. Eigentlich dürfen sie kein Geld annehmen, aber man kann ihnen durchaus heimlich etwas zustecken. Touren inklusive Transport und Guide können auch über die Touristeninformation in Bac Lieu organisiert werden (kostet etwas mehr).

MOI-HOA-BINH-PAGODE
13 km westlich von Bac Lieu stößt man an der Nationalstraße 1A auf diese Khmer-Pagode (Chua Moi Hoa Binh oder Se Rey Vongsa) im Hoa-Binh-Dorf.

Die Architektur des Gebäudekomplexes aus dem Jahr 1952 ist einzigartig und der riesige 1990 errichtete Turm fällt einem wahrscheinlich auch dann ins Auge, wenn man gar nicht explizit nach ihm sucht. In Letzterem werden die Knochen von Verstorbenen aufbewahrt. Davor befindet sich eine beeindruckende Empfangshalle.

Nur wenige Jungmönche besuchen die Schule in der Pagode, denn die meisten Khmer zieht es eher in die Tempelschulen in Soc Trang.

Ca Mau

☎0780 / 205 000 EW.

An den Ufern des Ganh-Hao-Flusses liegt Ca Mau, Hauptort – und gleichzeitig einzige Stadt – der gleichnamigen Provinz. Die abgeschiedene und ungastliche Region an der südlichsten Spitze des Mekong-Deltas wurde erst im späten 17. Jh. urbar gemacht und ist der am dünnsten besiedelte Landstrich im Süden des Landes. Sie umfasst das größte Sumpfgebiet Vietnams und ist für ihre unersättlichen Moskitoschwärme berüchtigt.

Angesichts dieser Tatsachen rechnet man eigentlich nicht damit, ein derart nettes Fleckchen vorzufinden. Ca Mau hat viele breite Boulevards, Parks, gut besuchte Einkaufsstraßen und ist relativ sauber (jedenfalls wenn man sich nicht gerade den Fluss und die Bretterbuden am Ufer ansieht). In den letzten Jahren hat sich die Stadt ordentlich gemacht, Sehenswürdigkeiten gibt's allerdings nicht. Dementsprechend halten sich die Besucherzahlen auch sehr in Grenzen. Hier wird man überall gegrüßt und angestarrt, vor allem von Kindern, und fühlt sich deshalb ein bisschen wie ein VIP.

Zu den Hauptattraktionen der Umgebung zählen die Sümpfe und Wälder, die man problemlos mit dem Boot erreicht. Vor allem Vogelkundler und Hobbybotaniker kommen auf ihre Kosten: Sie können die zahlreichen Störche beobachten oder die faszinierende Sumpflandschaft erkunden.

⊙ Sehenswertes

Markt — MARKT
(Đ Le Loi) Traditionell spielte sich der Alltag in Ca Mau am Flussufer ab. Der schwimmende Markt ist inzwischen vollständig verschwunden, aber der Hauptmarkt nimmt nach wie vor die Straßen westlich des Phung-Hiep-Kanals ein, der sich südlich der Đ Phan Ngoc Hien erstreckt.

Cao-Dai-Tempel — TEMPEL
(Đ Phan Ngoc Hien) So wie alle Tempel seiner Art ist auch dieses 1966 errichtete Bauwerk opulent und wunderbar farbenfroh mit Drachen, Störchen, die auf Schildkrötenrücken stehen, sowie Wolkenbildern an der Decke geschmückt.

🛏 Schlafen

Quoc Te Hotel — HOTEL $
(International Hotel; ☎366 6666; www.hotelquocte.com; 179 Đ Phan Ngoc Hien; Zi. 280 000–

Ca Mau

Ca Mau

⊙ Sehenswertes
1 Markt..B2
2 Cao-Dai-Tempel..............................C2

🛏 Schlafen
3 Anh Nguyet Hotel D3
4 Quoc Te Hotel D3
5 Than Son Hotel B2

🍴 Essen
6 Pho Xua A1
7 Thanh Truc.. A1

480 000 VND; ❄🛜🏊) Im Quoc Te quartieren sich vor allem Geschäftsleute ein. Das Frühstück und der Abholservice vom Flughafen sind im Preis inbegriffen, es gibt einen Swimmingpool und einen Aufzug und man kann sich massieren lassen. Mit internationalen Businesshotels hält das Hotel nicht unbedingt mit, aber die Zimmer sind recht schick und mit Badewannen, TV sowie Minibars ausgestattet.

Anh Nguyet Hotel　　　　　　　HOTEL $$
(☎356 7666; www.anhnguyethotel.com; 207 Ð Phan Ngoc Hien; Zi. 29–59 US$; ❄🛜) Trotz des romantischen Namen („Mondlichthotel") ist das Streben nach einem glamourösen Auftritt nach hinten losgegangen, denn das Anh Nguyet erinnert ein wenig an ein Kinderspielzeug. Die Zimmer sind absolut in Ordnung, wenn auch nicht so elegant, wie das Management es gern hätte, mit papierdünnen Wänden und billigen Teppichen.

Thanh Son Hotel　　　　　　　PENSION $
(☎355 0992; 23 Ð Phan Ngoc Hien; Zi. 80 000–230 000 VND; ❄) Ein typisches Minihotel mit fünf Etagen. Die sauberen Zimmer haben Fliesenböden und sind schön hell. Zu den Extras gehören Fernseher und Warmwasser, und wer mehr bezahlt, darf sich sogar auf

eine Wanne freuen. Leider wird hier kaum Englisch gesprochen.

Essen

Ca Maus Spezialität – Krabben – wird in Teichen und Mangrovenwäldern gezüchtet. Das beste Essen bekommt man in den kleinen billigen Restaurants und an den *banh-mi*-Ständen rund um den Markt, vor allem am Ende der Đ Nguyen Huu Le. Abends verwandelt sich das östliche Ende der Đ Pham Ngoc Hien in ein einziges großes Freiluftcafé.

Pho Xua VIETNAMESISCH, FISCH & MEERESFRÜCHTE $
(126 Đ Phan Ngoc Hien; Hauptgerichte 50 000–290 000 VND) Auf der Karte stehen Fisch-, Krabben- und andere Meeresfrüchtespeisen, außerdem kann man hier Ziegenhoden kosten. Das Pho Xua verströmt viel Atmosphäre und verfügt über einen mit Lichterketten geschmückten, gepflegten Garten.

Thanh Truc VIETNAMESISCH $
(126 Đ Phan Ngoc Hien; Hauptgerichte 30 000–80 000 VND) Gleich neben dem Pho Xua werden Gäste mit brutzelnd heißen Eintöpfen und Grillfleischgerichten verwöhnt.

Praktische Informationen

Krankenhaus (Benh Vien Ca Mau; ☎383 1015; Đ Ly Thuong Kiet)
Ca Mau Tourist (☎381 7057; www.camau travel.vn; 1B Đ An Duong Vuong) Bootstouren nach Dat Mui (Kap Ca Mau) und zu den Da-Bac-Inseln.

Anreise & Unterwegs vor Ort

AUTO & MOTORRAD Die Nationalstraße 1A führt bis Nam Can (50 km), der südlichsten Stadt Vietnams. Ca Mau ist 176 km von Can Tho (3 Std.) und 329 km von HCMS (7 Std.) entfernt.
BUS In HCMS fahren Busse nach Ca Mau am Mien-Tay-Bahnhof ab. Expressbusse legen die Strecke in acht bis neun Stunden zurück, die mehrmals täglich verkehren. Die Abfahrt in Ca Mau erfolgt zwischen 5 und 10.30 Uhr, Tickets kosten mindestens 130 000 VND. Außerdem bestehen täglich Verbindungen nach Rach Gia (50 000 VND), Ha Tien (89 000 VND), Bac Lieu (50 000 VND), Can Tho (65,000), Cao Lanh (83 000 VND), My Tho (100 000 VND) und Ben Tre (103 000 VND). Ca Maus Busbahnhof befindet sich 2,5 km vom Stadtzentrum. Um dorthinzukommen, folgt man einfach der Nationalstraße 1A Richtung Bac Lieu.
FLUGZEUG Vietnam Air Service Company (VASCO; www.vasco.com.vn), eine Tochter von Vietnam Airlines, bietet täglich zwei Verbindungen nach HCMS und zurück (399 000–863 000 VND). Der Flughafen liegt 3 km östlich des Stadtzentrums an der Nationalstraße 1A.
SCHIFF/FÄHRE Mindestens dreimal am Tag verkehren Tragflügelbooten von Ca Mau nach Rach Gia (110 000 VND, 3 Std.). Abfahrt ist am Can-Ganh-Hao-Pier. Von hier aus nimmt zudem ein Schnellboot Kurs auf Nam Can im Süden (60 000 VND, 1 Std.). Die Boote nach Can Tho (via Phung Hiep; 150 000 VND, 3–4 Std.) legen am Cong-Ca-Mau-Pier (Đ Quang Trung) 3 km östlich der Stadt ab.

Rund um Ca Mau

U-MINH-WALD

Ca Mau grenzt an den U-Minh-Wald, ein riesiges Mangrovengebiet, das sich auf etwa 1000 km^2 in den Provinzen Ca Mau und Kien Giang erstreckt. Einheimische verarbeiten bestimmte Mangrovenpflanzen zu Nutzholz, Kohle, Dachstroh und Tannin. Wenn die Bäume blühen, wimmelt es von Bienen, die Wachs und Honig produzieren. Außerdem dient die Gegend als wichtiger Lebensraum für unzählige Wasservögel.

Der U-Minh-Wald ist das größte Mangrovengebiet außerhalb des Amazonasbeckens und war während des Vietnamkriegs ein bevorzugtes Versteck der Vietcong-Soldaten. Regelmäßig lockten sie hier amerikanische Patrouillenboote in den Hinterhalt und präparierten die Kanäle mit Minen. Daraufhin setzten die Amerikaner chemische Substanzen ein, um die Bäume zu entlauben, und richteten damit verheerende Umweltschäden an. Lange schlug die Wiederaufforstung fehl, weil auf den vergifteten Böden nichts wachsen konnte. Nach und nach spülten aber starke Regenfälle das Dioxin ins Meer, sodass sich die Region langsam erholt. Außerdem wurden zahlreiche widerstandsfähige Eukalyptusbäume gepflanzt, die unempfindlicher gegenüber Dioxin sind.

Leider werden die Wälder nun durch ansässige Industrien (Krabbenfarmen, Kohle- und Tapetenwerke) in Mitleidenschaft gezogen. Die Regierung versucht die Abholzung einzuschränken, aber der Konflikt zwischen Natur und Mensch scheint kaum lösbar zu sein. Aufgrund der stetig wachsenden Bevölkerungszahl verschlechtert sich die Situation in Zukunft wohl weiter.

2002 wurde ein 80 km^2 großes Areal als U-Minh-Thuong- (Oberer-U-Minh-)Nationalpark unter Schutz gestellt, der für seine große Vogelpopulation bekannt ist. Passionierte Vogelkundler kommen hier bei einer Bootsfahrt rund um Ca Mau auf ihre Kosten. Die

Vogelschwärme sind allerdings lange nicht so zahlreich wie die hungrigen Moskitos!

Ca Mau Tourist organisiert Bootsausflüge für etwa 140 US$ (verhandelbar), aber vielleicht machen einem die Einheimischen unten an den Fähranlegestellen ein günstigeres Angebot.

NAM CAN

Nam Can ist Vietnams südlichste Siedlung, wenn man mal von dem winzigen Fischerdorf Tran De und der Hon-Khoai-Insel absieht. In diese einsame Gegend, die vor allem von der Krabbenindustrie lebt, verschlägt es nur wenige Touristen. Regelmäßig setzen Fähren von Ca Mau nach Nam Can über (60 000 VND, 1 Std.).

CA-MAU-NATURSCHUTZGEBIET

Dieses 130 ha große Gelände wird manchmal auch als Ngoc-Hien-Vogelschutzgebiet bezeichnet. Es handelt sich um eines der am wenigsten erschlossenen und am besten geschützten Gebiete des gesamten Mekong-Deltas. Krabbenfischerei ist verboten und man gelangt nur per Boot hierher.

DAT MUI (KAP CA MAU)

Ebenso entlegen, aber von Nam Can aus per Boot erreichbar (ca. 70 000 VND, 1½ Std.) ist die südwestliche Landesspitze Dat Mui (Kap Ca Mau). Mit einem Motorradtaxi kann man sich vom Kap zu dem Stein bringen lassen, der 2 km entfernt den südlichsten Punkt des vietnamesischen Festlandes markiert. Viele Traveller berichten allerdings, dass sich dieser Ausflug nicht lohnt.

Rach Gia

♪ 077 / 206 000 EW.

Rach Gia boomt. Einerseits wirft der Hafen am Golf von Thailand eine Menge Geld ab, andererseits investieren Viet Kieu (Exilvietnamesen) beträchtliche Summen in Bauprojekte vor Ort. Viele Reisende machen sich direkt nach Rach Gia auf, um mit einem Boot zur Phu-Quoc-Insel überzusetzen. Wer sich entscheidet, ein bisschen zu bleiben, kann das geschäftige Treiben am Flussufer auf sich wirken lassen und entdeckt in versteckten Gassen günstige Fischrestaurants. In der Stadt leben zahlreiche Chinesen und Khmer.

Fischerei und Landwirtschaft bilden die wichtigsten Wirtschaftszweige der Provinz; begünstigt durch die Lage am Meer sowie die Nähe zu Kambodscha und Thailand hat sich außerdem ein lebhafter Handel mit Schmuggelwaren entwickelt. Früher kamen

Rach Gia

◎ **Sehenswertes**
1 Kien-Giang-Museum..........................C4
2 Nguyen-Trung-Truc-Tempel..............B3
3 Phat-Lon-Pagode................................A1

🛏 **Schlafen**
4 Hoang Gia 2 Hotel............................... B1
5 Kim Co Hotel C4
6 Phuong Hong Hotel A3
7 Thanh Nhan Hotel A3

✕ **Essen**
8 Hai Au C4
9 Quan F28 .... B1
10 Song Binh Bakery................................C3
11 Than Binh D4

aus dieser Region die riesigen Federn, aus denen Fächer für den kaiserlichen Hof gefertigt wurden.

Ähnlich wie Ha Tien wird vermutlich auch Rach Gia weiter wachsen. An der Küste im Süden entstanden bereits neue Vororte mit Hotels und Cafés.

◎ Sehenswertes

Nguyen-Trung-Truc-Tempel TEMPEL

(18 Ð Nguyen Cong Tru) Dieser Tempel erinnert an Nguyen Trung Truc, der in den 1860er-Jahren den Widerstand gegen die Franzosen leitete. Neben anderen Heldentaten führte er auch den Angriff auf das französische Kriegsschiff *Esperance* an, das dabei in Flammen aufging. Die Franzosen versuchten lange vergeblich, ihn zu fassen. Erst als 1868 seine Mutter und einige Zivilisten als Geiseln genommen wurden, stellte sich Nguyen Trung Truc und wurde am 27. Oktober 1868 auf dem Marktplatz von Rach Gia hingerichtet.

Das Originalbauwerk war eine einfache Konstruktion mit Strohdach. Im Laufe der Jahre wurde es vergrößert und mehrfach verändert. Ein Porträt von Nguyen Trung Truc ziert den Altar im Zentrum der Haupthalle.

Phat-Lon-Pagode PAGODE

(Chua Phat Lon; 151 Ð Quang Trung) Der Name dieser großen kambodschanischen Theravada-Pagode aus dem 19. Jh. bedeutet so viel wie „Großer Buddha". Obwohl die hier lebenden Mönche ausschließlich Khmer sind, wird das Bauwerk auch von einigen Vietnamesen besucht.

Rach Gia

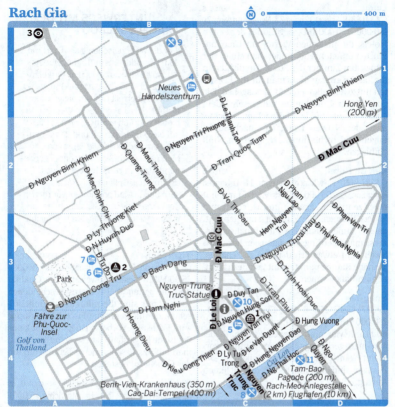

Im Heiligtum *(vihara)* befinden sich Statuen des Thich-Ca-Buddhas (Sakyamuni, der historische Buddha) mit spitzen Hüten. Acht kleine Altäre reihen sich an der Außenseite der Haupthalle aneinander. In beiden Türmen nahe dem Haupteingang werden verstorbene Ordensbrüder eingeäschert; ganz in der Nähe liegen etwa 24 Gräber. Gebetet wird täglich zwischen 4 und 6 sowie 17 und 19 Uhr.

Tam-Bao-Pagode PAGODE
(3 Ð Su Thien An; ⊙Gebete 4.30–5.30 & 17.30–18.30 Uhr) Kaiser Gia Long ließ die Chua Sac Tu Tam Bao (Drei-Juwelen-Pagode) 1803 zu Ehren einer Frau aus der Gegend errichten, die ihm nach dem Tay-Son-Aufstand geholfen hatte. 1917 fanden hier umfassende Renovierungsarbeiten statt. Den Garten zieren kunstvoll zurechtgestutzte Bäume, die Drachen, Rehe und andere Tiere darstellen. Die Pagode spielte auch eine Rolle für die antikolonialistische Revolutionsbewegung; einige Mönche wurden ins Gefängnis gesteckt, nachdem die Franzosen bei einem Überfall selbst zusammengeschusterte Waffen in dem Gebäude gefunden hatten.

GRATIS **Kien-Giang-Museum** MUSEUM
(21 Ð Nguyen Van Troi; ⊙Mo–Fr 7.30–11 & Mo–Mi 13.30–17 Uhr) In dem traumhaft schönen Gebäude aus der Kolonialzeit, das ursprünglich als Wohnhaus diente, kann man eine Sammlung mit zahlreichen Kriegsfotografien und ein paar Oc-Eo-Gegenständen (z. B. Tonwaren) bewundern.

Cao-Dai-Tempel TEMPEL
(189 Ð Nguyen Trung Truc) Ein kurzer Besuch des 1969 errichteten kleinen Tempels lohnt sich auf jeden Fall.

🛌 Schlafen

Unweit des Busbahnhofs auf der Ð Le Thanh Ton und der Bootsanlegestelle auf der Ð Tu Do stößt man auf mehrere Hotels.

Linda HOTEL $
(391 8818; Ecke Đ 3 Thang 2 & Nguyen An Ninh; Zi. 180 000–400 000 VND; ✱ ⓢ) Eines der ersten Hotels, die im neuen Viertel am Ufer ihre Pforten öffneten. Hier findet man einige der schicksten Zimmer der Stadt. Am tiefsten in die Tasche greifen muss man für die Ecksuiten mit zwei Balkonen und Massagebad. Die günstigsten Unterkünfte fallen sehr klein aus. Wer im Linda übernachten möchte, muss der Nguyen Trung Truc nach Süden folgen und rechts in die Nguyen An Ninh einbiegen.

Kim Co Hotel HOTEL $
(387 9610; www.kimcohotel.com; 141 Đ Nguyen Hung Son; Zi. 300 000 VND; ✱ ⓢ) Trumpft mit einer zentralen Lage auf und ist ein Traum in Pastelltönen. Die Zimmer sind gepflegt; da sie zumeist auf den Flur hinausgehen, muss man allerdings die Jalousien herunterlassen, um etwas Privatsphäre zu schaffen. Manche Räume punkten mit geradezu dekadenten Badewannen.

Hong Yen HOTEL $
(387 9095; 259 Đ Mac Cuu; Zi. 150 000–250 000 VND; ✱@ⓢ) Ansprechendes Minihotel mit vier pinkfarbenen Etagen, in denen man geräumige, saubere Zimmer vorfindet (ein paar inklusive Balkone). Die Besitzer sind freundlich und es gibt einen Aufzug.

Phuong Hong Hotel PENSION $
(387 8777; phuonghonghotel@ymail.com; 5 Đ Tu Do; Zi. Ventilator/Klimaanlage 10/15 US$; ✱@ⓢ) Nette kleine Unterkunft unweit der Bootsanlegestelle. Die Zimmer sind klein, aber sauber und verfügen teilweise über Warmwasser sowie Klimaanlagen.

Thanh Nhan Hotel PENSION $
(394 6694; 21 Đ Tu Do; Zi. 10–13 US$; ✱@ⓢ) Eine weitere einladende kleine Pension nahe dem Fähranleger.

Hoang Gia 2 Hotel HOTEL $
(Royal Hotel; 392 0980; www.hoanggiahotels.com.vn; 31 Đ Le Than Thon; EZ 250 000, DZ 350 000–400 000 VND; ✱ⓢ) Einen Tick besser als die Konkurrenz rund um den Busbahnhof. Die Zimmer sind sehr rosa und sehr ordentlich.

Essen

Rach Gia ist bekannt für seine Spezialitäten aus dem Meer, darunter getrockneter Tintenfisch, *ca thieu* (getrocknete Fischstücke) und Fischsoße, sowie für schwarzen Pfeffer.

UNTERWEGS MIT DEM TRAGFLÜGELBOOT

Wer die Wahl zwischen einer Fahrt mit dem Bus oder einem Tragflügelboot hat, sollte sich auf jeden Fall für Letzteres entscheiden. Die langen Boote sind nicht so überfüllt und um einiges komfortabler. Sie liegen tief im Wasser und bieten dadurch einen herrlichen Blick auf die Uferlandschaft und das Leben rund um den Fluss. Die Fahrt von Ca Mau nach Rach Gia ist besonders spannend, da man zunächst ein grünes, urtümliches Gelände mit Rattanhäusern bei Ca Mau passiert, bevor man in der Nähe von Rach Gia stark bebaute Flächen und Industriegebiete erreicht.

Than Binh VIETNAMESISCH $
(2 Đ Nguyen Thai Hoc; Hauptgerichte 18 000–35 000 VND) Bester Beweis für die Qualität und die guten Preise dieses bescheidenen Restaurants sind die zahlreichen Einheimischen, die hier auf eine Fisch-Nudel-Suppe zum Frühstück vorbeischauen. Es gibt keine Speisekarte, deshalb ist es vertretbar, wenn man auf das Essen anderer Leute zeigt, um das Gleiche zu bestellen.

Hai Au VIETNAMESISCH, INTERNATIONAL $$
(2 Đ Nguyen Trung Truc; Hauptgerichte 25 000–200 000 VND; ⓢ) Verglichen mit den übrigen Lokalen in Rach Gia ist das Hai Au eine teure Adresse, doch das Geld ist gut angelegt: Gäste genießen die herrliche Lage am Cai-Lon-Fluss und nehmen entweder im klimatisierten Innenbereich oder auf der lebendigeren Terrasse Platz. Besonders beliebt sind die Meeresfrüchtegerichte, es gibt aber auch westliche Speisen, z. B. Brot und Eier zum Frühstück und Spaghetti Bolognese.

Quan F28 VIETNAMESISCH, FISCH & MEERESFRÜCHTE $
(28 Đ Le Than Thon; Hauptgerichte 25 000–60 000 VND) Abends herrscht in dem Restaurant unweit des Busbahnhofs reger Andrang. Zum Angebot gehören u. a. günstige Krabben, Schnecken und Herzmuscheln.

Song Binh Bakery BÄCKEREI $
(9 Đ Ly Tu Trong; Brötchen 8000 VND) Köstliche herzhafte und klebrig-süße Brötchen.

Praktische Informationen

Benh-Vien-Krankenhaus (394 9494; 80 Đ Nguyen Trung Truc) Dieses private Kranken-

haus ist eine der besseren medizinischen Einrichtungen im Mekong-Delta.
Hauptpost (387 3008; 2 Đ Mau Than) Mit Internetzugang.
Kien Giang Tourist (Du Lich Lu Hanh Kien Giang; 386 2081; ctycpdulichkg@vnn.vn; 5 Đ Le Loi; 7–17 Uhr) Die örtliche Touristeninformation.

ⓘ An- & Weiterreise

AUTO & MOTORRAD Rach Gia ist 90 km von Ha Tien, 120 km von Can Tho und 270 km von HCMS entfernt.

BUS Vom **Hauptbusbahnhof** (Đ Nguyen Binh Khiem) bestehen regelmäßige Verbindungen nach Ca Mau (50 000 VND, 3 Std.), Ha Tien (38 000 VND, 2 Std.) und in andere Städte der Region.

FLUGZEUG Vietnam Airlines verkehrt täglich nach HCMS (ab 500 000 VND) und zur Phu-Quoc-Insel (ab 500 000 VND). Der Flughafen liegt 15 km südöstlich des Zentrums und ist über die Nationalstraße 80 in Richtung Long Xuyen zu erreichen.

SCHIFF/FÄHRE Von der zentralen Anlegestelle am westlichen Ende der Đ Nguyen Cong Tru setzen Boote zur Phu-Quoc-Insel über. Mehr Infos zu diesen Verbindungen siehe S. 424. Pro Tag wird Ca Mau von etwa drei Tragflügelbooten angesteuert (110 000 VND, 3 Std.); Abfahrt ist an der **Rach-Meo-Anlegestelle** (Đ Ngo Quyen) 2 km südlich der Stadt.

Phu-Quoc-Insel

077 / 85 000 EW.

Weiße Sandstrände und viel dichter, tropischer Dschungel sind charakteristisch für Phu Quoc. Sie haben aus dieser verschlafenen Gegend in kürzester Zeit einen beliebten Rückzugsort für Aussteiger aus dem Westen und Touristen auf der Suche nach der perfekten Bräune gemacht. Jenseits der Resorts am Long Beach findet man ein größtenteils naturbelassenes Gelände vor. Anders als auf Phuket, Phu Quocs heimlichem Vorbild, ist hier nach Sonnenuntergang nur wenig los. Tagsüber locken derweil die verschiedensten Abenteuer, z. B. Tauchgänge an den Riffen, Kajakfahrten in den Buchten oder Motorradtrips auf den Nebenstraßen. Natürlich kann man es auch ruhig angehen und die Tage am Strand verbringen, sich eine Massage gönnen und jede Menge frische Meeresfrüchte genießen.

Das tropfenförmige Eiland liegt mitten im Golf von Thailand, 45 km westlich von Ha Tien und 15 km von der kambodschanischen Küste entfernt. Mit 48 km Länge und 1320 km² Fläche ist dies Vietnams größte und zugleich umstrittenste Insel, denn Kambodscha erhebt Anspruch darauf. Aus diesem Grund errichteten die Vietnamesen im Norden einen großen Armeestützpunkt. Phu Quoc (Koh Tral auf Kambodschanisch) gehört erst seit 1949 zum vietnamesischen Staatsgebiet.

Anders als das Mekong-Delta eignet sich die Insel nicht für den Reisanbau, doch stattdessen wächst hier schwarzer Pfeffer. Traditionell verdienen sich die Einwohner ihren Lebensunterhalt mit Fischerei. In ganz Vietnam ist Phu Quoc außerdem für die Produktion von *nuoc mam* (Fischsoße) bekannt.

Die Insel beheimatet eine ungewöhnliche Jagdhundart, die sich durch einen gegen den Strich verlaufenden Fellstreifen auf dem Rücken auszeichnet. Sie sollen ihre Herrchen über eine Distanz von mehr als 1 km riechen können – deren *nuoc-mam*-Atem erleichtert das Ganze vielleicht. Leider jagen sie auch Wildtiere und haben die Inselfauna bereits beeinträchtigt.

Zwar sollen in naher Zukunft ein internationaler Flughafen, ein Golfplatz und ein Kasino gebaut werden, aber 2001 wurde ein Großteil von Phu Quoc, genauer gesagt 31 422 ha, zum Nationalpark erklärt und steht nun unter Naturschutz.

Die Regenzeit dauert von Juli bis November und die Hauptreisezeit ist im Winter, wenn sich der Himmel strahlend blau und die See ruhig präsentiert. Im April und Mai kann es glühend heiß werden.

Bei Redaktionsschluss waren ein paar große Straßenbauprojekte ausgesetzt worden. Zurückgeblieben ist ein verwirrendes Durcheinander aus unfertigen Straßen und Umleitungen. Unsere Karten (und alle anderen auch) sind daher nicht hundertprozentig korrekt. Man wird sich vermutlich ein paar Mal verfahren, aber keine Bange, den Weg zum Ziel findet man auf jeden Fall. Letzten Endes handelt es sich doch um eine eher kleine Insel.

Geschichte

In den 1760er- und 1780er-Jahren lebte und arbeitete der französische Missionar Pigneau de Behaine auf der Insel. Prinz Nguyen Anh, der spätere Herrscher Gia Long, fand bei ihm Unterschlupf, als er von den Tay-Son-Rebellen verfolgt wurde.

Da Phu Quoc sowohl abgelegen als auch wirtschaftlich eher unbedeutend war, wurde die Insel von französischen Kolonialherren

Phu-Quoc-Insel

Alter Militärstützpunkt

- Hon Ban
- KAMBODSCHA / VIETNAM
- 319 m
- 365 m
- 683 m
- Thom-Strand
- Dai-Strand
- Hon Doi Moi (Schildkröteninsel)
- Gang Dau
- Phu-Quoc-Nationalpark
- 539 m
- Cua Can
- Vung-Bao-Strand
- Bai Bung
- Cua-Can-Strand
- 333 m
- Khu Tuong
- Ong Thay
- Ong-Lang-Strand
- Flughafen
- Duong Dong
- Suoi Da Ban (Quelle der Steinigen Oberfläche)
- 365 m
- Duong Dong
- 410 m
- Cai Lop
- Suoi Tranh
- Ham Ninh
- siehe Detailplan
- Bai Vong
- Long Beach
- Vong-Strand
- 242 m
- Đ-Tran Hung Dao
- Dam-Strand
- *Hon Chong (60 km); Ha Tien (65 km)*
- Cau Sau
- Sao-Strand
- Tau-Ru-Bucht
- Khem-Strand
- *Golf von Thailand*
- An Thoi
- Hon Dam Trong
- Hon Dam Ngoai
- Hon Dua
- Hon Roi
- *An-Thoi-Inseln*
- Hon Thom
- Hon Vang

Detailplan

- Duong Dong
- 15
- 22
- 2
- 19
- 24
- 13
- 23, 21
- 16
- Đ-Tran Hung Dao
- 5
- 18
- 10, 6
- 8
- 9, 25
- 14
- 4

Phu-Quoc-Insel

⊙ Sehenswertes
1. Phu Quoc Pearls C5

🛌 Schlafen
2. A74 Hotel B5
3. Bamboo Cottages & Restaurant D3
4. Beach Club B7
   Bo Resort .... (siehe 17)
5. Cassia Cottage B6
6. Charm B6
7. Chen Sea Resort & Spa C3
   Freedomland .... (siehe 11)
8. La Veranda B6
9. Lien Hiep Thanh Hotel B7
10. Mai House B6
11. Mango Bay C3
12. Mango Garden D6
13. Moon Resort A5
14. Nhat Lan B7
    Paris Beach .... (siehe 4)
15. Saigon-Phu Quoc Resort A4
16. Sea Star Resort B5
17. Thang Loi C3
18. Thanh Kieu Beach Resort B6
19. Thien Hai Son Resort A5

🍴 Essen
20. Ai Xi D6
21. Ganesh B5
22. Hop Inn B5
23. Mondo B5
    My Lan .... (siehe 12)
24. Pepper's Pizza & Grill B5
    Peppertree Restaurant .... (siehe 8)
    Restaurant Chez Carole .... (siehe 23)

🍸 Ausgehen
Amigo's .... (siehe 8)
Luna Bar .... (siehe 13)
25. Oasis B7
    Rainbow Bar .... (siehe 18)

---

als Gefangenenlager genutzt. Die Ausstellung im Kriegsrestemuseum von HCMS illustriert anschaulich die schlechten Haftbedingungen.

Später machten die US-Amerikaner da weiter, wo die Franzosen aufgehört hatten, und internierten hier etwa 40 000 Vietcong-Soldaten. Die größte Strafanstalt, die noch heute genutzt wird, war als Kokospalmengefängnis (Nha Lao Cay Dua) bekannt und befindet sich in der Nähe von An Thoi. Trotz ihres Status als historische Stätte sind die Pläne zur Errichtung eines Museums bislang nicht in die Tat umgesetzt worden.

⊙ Sehenswertes

Duong Dong   STADT
Phu Quocs Hauptort und wichtigster Fischerhafen ist Duong Dong an der Westküste. Hier befindet sich auch der kleine Flughafen. Weiter südlich erstreckt sich der Long Beach. Dieser Teil der Insel ist am besten erschlossen und beherbergt die meisten Hotels sowie Ferienanlagen.

Die Stadt an sich kommt unspektakulär daher, aber der Besuch des schmutzigen, lebendigen Markts lohnt sich trotzdem. Im Gegensatz dazu ist der hervorragende Abendmarkt extrem sauber und wartet mit zahlreichen tollen Essensständen auf. Von der alten Brücke aus kann man zudem Fischerboote fotografieren, die sich im schmalen Kanal drängen.

Cau-Burg
(Dinh Cau; Đ Bach Dang) Eigentlich handelt es sich hierbei nicht um eine Burg, sondern eher um eine Kombination aus Tempel und Leuchtturm. Dinh Cau wurde 1937 zu Ehren von Thien Hau, der Göttin des Meeres und Beschützerin der Seemänner und Fischer, errichtet. Wer einen kurzen Abstecher hierher unternimmt, genießt einen guten Ausblick auf die Hafeneinfahrt. Gegen Abend flanieren Einheimische über die Promenade, die von der Burg zur Đ Tran Hung Dao führt.

Fischsoßenfabrik
(Eintritt frei; ⊙8–11 & 13–17 Uhr) Sie mag vielleicht keine typische Touristenattraktion sein, aber schon so mancher ist beim Besuch der Destillerie von Nuoc Mam Hung Thanh, Phu Quocs größter Fischsoßenfabrik, auf den Geschmack gekommen. Beim Anblick der gigantischen Holzfässer könnte man sich möglicherweise auf einer Weinprobe wähnen, wäre da nicht der unverwechselbare Geruch der *nuoc-mam*-Essenz. An den Gestank gewöhnt man sich zum Glück schon nach ein paar Minuten.

Ein Großteil der Ware wird zum Festland befördert und dort verkauft, erstaunlich viel davon wird jedoch auch nach Japan, Europa und Nordamerika exportiert.

Die Fabrik ist nicht weit vom Markt in Duong Dong entfernt. Wer kein Vietnamesisch spricht, sollte sich besser von einem

Duong Dong

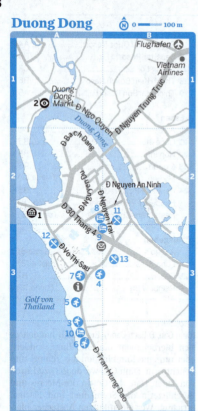

Duong Dong

Sehenswertes
1 Cau-Burg...................................A2
2 Fischsoßenfabrik......................A1

Aktivitäten, Kurse & Touren
3 Coco Dive Centre....................A4
4 Rainbow Divers A3
5 Searama A3
6 Vietnam Explorer....................A4
7 X Dive......................................A3

Schlafen
8 Hiep Phong Hotel....................A2
9 My Linh Hotel A3
10 Sea Breeze A4

Essen
11 Buddy Ice Cream.....................B2
12 Dinh-Cao-Nachtmarkt............A3
13 Le Giang...................................B3
Tuoi Tham ....(siehe 13)

Führer begleiten lassen. Eigentlich wäre *nuoc mam* wunderbar als Mitbringsel geeignet, aber leider ist die Mitnahme von Fischsoße in den Maschinen von Vietnam Airlines sowie einigen anderen Fluggesellschaften nicht erlaubt.

Long Beach STRAND
(Bai Truong) Der Name passt, denn der Long Beach erstreckt sich von Duong Dong an der Westküste fast bis zum Hafen von An Thoi im Süden. Die Infrastruktur ist auf den nördlichen Abschnitt bei Duong Dong beschränkt, wo auf nahezu jedem Quadratzentimer Sand ein Liegestuhl oder Rattanschirm der verschiedenen Resorts steht. Nur hier werden die Strände auch saubergehalten. Normalerweise findet man problemlos ein Plätzchen für sein Handtuch, doch wenn man den zahlenden Gästen zu nahe kommt, wird man rasch verscheucht.

Der Strand ist von Duong Dong aus leicht zu Fuß zu erreichen. Wer allerdings die entlegenen Bereiche an der Südspitze der Insel erkunden möchte, benötigt ein Motorrad oder Fahrrad. Mehrere schmale Straßen mit netten Unterkünften und Restaurants führen von der Đ Tran Hung Dao, der Hauptstraße, zum Long Beach. Es gibt ein paar Bambushütten, an denen man etwas zu trinken bekommt, wer aber einen längeren Strandspaziergang unternehmen möchte, sollte ausreichend Wasser mitnehmen. Massagen am Strand erfreuen sich großer Beliebtheit, doch Vorsicht: Eine Nackenmassage wird gern mal um eine Fußmassage, eine Maniküre und eine Enthaarungsbehandlung ergänzt – manchmal alles gleichzeitig – und entsprechend teurer!

Phu Quoc Pearls
(www.treasuresfromthedeep.com; ⊗8–17 Uhr) An einem abgeschiedenen Strandabschnitt des Long Beach liegt Phu Quoc Pearls, ein absolutes Muss für alle Perlenhändler. In einem kleinen Laden werden Ketten und Ohrringe verkauft, und Wandtafeln in englischer Sprache erläutern, wie diese Kostbarkeiten gezüchtet werden. Zum Geschäft gehören auch eine Ausstellung von Tonwaren aus dem 16. Jh., die aus Schiffswracks in der Umgebung geborgen wurden, und ein kleines Café. Preiswerteren Schmuck ergattert man an den Verkaufsständen im Dorf Ham Ninh, doch im Gegensatz dazu kann man sich bei Phu Quoc Pearls sicher sein, dass die Perlen echt sind.

Bai Sao, Bai Dam & Bai Vong STRÄNDE

(Bai Sao; Bai Dam & Bai Vong) Der Bai Sao und der Bai Dam sind zwei wunderschöne weiße Sandstrände nur ein paar Kilometer von An Thoi, dem Hauptfrachthafen an der Südspitze der Insel, entfernt. Am Sao-Strand stößt man auf ein paar Restaurants mit Liegestühlen, deren Betreiber verschiedene Wassersportaktivitäten anbieten.

Weiter nördlich erstreckt sich der Vong-Strand, wo die Schnellboote vom Festland anlegen und Mui Duong Watersports u. a. mit Jetskis und Wasserskis aufwartet. Bei unserem letzten Besuch wimmelte es rund um den Pier von Quallen, deshalb sollte man vorm Eintauchen besser einen Blick ins Wasser werfen.

Südlich der Strände befindet sich der unberührte Bai Khem, einer der schönsten Strände Phu Quocs. Leider gehört er zum militärischen Sperrgebiet – Zutritt verboten!

Bai Cua Can & Bai Ong Lan STRÄNDE

(Bai Cua Can & Bai Ong Lan) Bai Cua Can ist 11 km von Duong Dong entfernt und der am einfachsten zugängliche Strand im Norden. Alltags trifft man hier kaum andere Menschen, aber an Wochenenden kommen die Leute oft in Scharen. Im Süden schließt sich der Bai Ong Lan mit mehreren sandigen Buchten an, die geschützt hinter felsigen Landzungen liegen. Übernachten kann man in einem der Mittelklasseresorts in der Umgebung: Sie werden gerne von Reisenden gebucht, die Entspannung suchen.

Außerdem lohnt sich ein Ausflug durch die Dörfer rund um Cua Can. Unterwegs muss man den Fluss mehrfach überqueren, allerdings sind die Holzbrücken nicht wirklich vertrauenerweckend.

Bai Vung Bau, Bai Dai & Bai Thom STRÄNDE

(Bai Vung Bau, Bai Dai & Bai Thom) Normalerweise sind diese abgelegenen Strände im Norden menschenleer, deshalb konnten sie bisher ihren tropischen Charme bewahren. Eine relativ neue Straße folgt dem Küstenverlauf am Bai Vung und Bai Dai; dank ihr geht die Fahrt mit dem Motorrad jetzt deutlich schneller und man muss auch nicht mehr so viel roten Staub einatmen. Die wunderschöne Route vom Bai Dai über Ganh Dau bis zum Bai Thom führt durch dichte Wälder und bietet herrliche Ausblicke auf die Küste.

Phu-Quoc-Nationalpark NATURSCHUTZGEBIET

Karge Böden und Wassermangel haben seit jeher verhindert, dass Phu Quoc großflächig für die Landwirtschaft genutzt wird. Was Generationen von Bauern frustrierte, bedeutete gleichzeitig die Rettung der Umwelt: Etwa 90 % der Insel sind heute von Wald bedeckt, und sowohl die Bäume als auch die angrenzende maritime Landschaft stehen offiziell unter Naturschutz. Tatsächlich handelt es sich um das letzte größere Waldgebiet im Süden des Landes. Im Juli 2010 wurde der Park zum Unesco-Biosphärenreservat erklärt.

Um das im Norden eingerichtete Waldreservat (Khu Rung Nguyen Sinh) zu besuchen, wo die Bäume besonders dicht sind, benötigt man ein Motorrad oder Mountainbike. Es gibt zwar ein paar einfache unbefestigte Straßen, aber keine wirklichen Wanderwege.

Suoi Tranh & Suoi Da Ban WASSERFÄLLE

(Eintritt 3000 VND, Motorrad 1000 VND) Verglichen mit dem Mekong-Delta kommt einem Phu Quoc eher trocken vor, doch in den Hügeln entspringen einige Quellen. Am leichtesten zugänglich ist der Suoi-Tranh-Wasserfall (nach dem Schild und dem Betonbaum an der Straße zwischen Duong Dong und dem Vong-Strand Ausschau halten). Vom Ticketverkauf am Eingang bis zum Wasserfall sind es zehn Gehminuten durch den Wald.

Der Suoi-Da-Ban-Wasserfall (Quelle der Steinigen Oberfläche) schießt über große Granitbrocken und sammelt sich in tiefen Becken, die sich für eine kurze Abkühlung eignen. Insektenspray nicht vergessen!

Beide Kaskaden besucht man am besten zwischen Mai und September, denn gegen Ende der Trockenzeit sind sie meist auf ein dünnes Rinnsal reduziert.

An-Thoi-Inseln INSELN

(Quan Dao An Thoi) Vor der südlichen Spitze Phu Quocs liegen die insgesamt 15 An-Thoi-Inseln. Man kann sich mit einem Boot hinausfahren lassen und die Umgebung erkunden, angeln, schwimmen oder schnorcheln. Die größte der fünfzehn Eilande ist die 3 km lange Hon Thom (Ananasinsel). Daneben liegen u. a. Hon Dua (Kokosnussinsel), Hon Roi (Lampeninsel), Hon Vang (Echoinsel), Hon May Rut (Kalte Wolke), Hon Dam (Schatteninseln), Chan Qui (Gelbe Schildkröte) und Hon Mong Tay (Kurze Pistole). Bislang sind sie noch relativ unerschlossen, doch in den kommenden Jahren wird sich in dieser Hinsicht sicherlich einiges tun.

Viele Boote legen in An Thoi auf Phu Quoc ab. Außerdem kann man in Hotels und Ferienanlagen am Long Beach Ausflüge buchen oder mit Booten der Tauchschulen hinausfahren. Die Inseln können nur während der Trockenzeit besucht werden.

Aktivitäten

Kajakfahren
Am Sao-Strand ist das Meer relativ ruhig und eignet sich wunderbar für eine Kajaktour. Man kann die Boote nicht nur bei den offiziellen Verleihstellen, sondern auch bei vielen Restaurantbesitzern am Strand mieten (etwa 60 000 VND pro Std.).

Tauchen & Schnorcheln
Nha Trang gilt als beste Adresse für Taucher in ganz Vietnam, aber auch Phu Quoc muss sich in Sachen Unterwasserspaß nicht verstecken. Die Saison geht allerdings nur von November bis Mai (Trockenzeit). Zwei Schnuppertauchgänge kosten je nach Gegend und Anbieter 40 bis 80 US$; 4-tägige PADI-Open-Water-Kurse schlagen mit 320 bis 360 US$ zu Buche, Schnorchelausflüge liegen bei 20 bis 30 US$.

Rainbow Divers TAUCHEN, SCHNORCHELN
(Karte S.416; 0913-400 964; www.divevietnam.com; 17A Đ Tran Hung Dao; 9–18 Uhr) Die angesehene PADI-Tauchschule war die erste auf der Insel. Sie bietet diverse Tauch- und Schnorcheltouren an und hat sowohl in Duong Dong als auch in Resorts am Long Beach Filialen.

Coco Dive Center TAUCHEN, SCHNORCHELN
(Karte S.416; 398 2100; www.cocodivecenter.com; 58 Đ Tran Hung Dao) Alteingesessener, beliebter Anbieter mit Hauptsitz in Nha Trang.

Searama TAUCHEN, SCHNORCHELN
(Karte S.416; 629 1679; www.searama.com; 50 Đ Tran Hung Dao) Französisch- und englischsprachige Angestellte, recht neue Ausrüstung und tendenziell günstigere Preise als bei der Konkurrenz.

Vietnam Explorer TAUCHEN
(Karte S.416; 384 6372; 36 Đ Tran Hung Dao) Bekannte Tauchschule, ebenfalls mit Hauptsitz in Nha Trang

X Dive TAUCHEN, SCHNORCHELN
(Karte S.416; 399 4877; www.phuquocdiving.com.vn; 12 Đ Tran Hung Dao) In Duong Dong zu finden.

Geführte Touren

Da es in Duong Dong kein staatlich betriebenes Touristenbüro gibt, bucht man Touren am besten in seinem Hotel oder Resort. Viele Traveller mieten ein Motorrad, um die Gegend zu erkunden. Für einen solchen Trip kann man auf der Insel eine Handvoll englischsprachiger Führer anheuern.

Boots- und Angeltouren werden u. a. von folgenden Veranstaltern organisiert:

Anh Tu's Tours BOOTSTOUREN
(399 6009; anhtupq@yahoo.com) Schnorchel- und Inseltouren, Tintenfischangeln und Motorradverleih.

John's Tours BOOTSTOUREN
(091-910 7086; www.johnsislandtours.com; 4 Đ Tran Hung Dao) Der Anbieter ist in Hotels bzw. Resorts vertreten und hat Schnorchel- und Angeltrips sowie Inselhopping im Programm.

Schlafen

Unterkunftspreise auf Phu Quoc hängen von der jeweiligen Saison ab und das macht sich stärker bemerkbar als im übrigen Vietnam. Generell sind die Preissprünge in den Budget- und Mittelklassehotels größer als in den Spitzenklasseresorts. In manchen Hotels muss man während der Hauptreisezeit von Dezember bis Januar sogar dreimal so viel für ein Zimmer zahlen wie in der Nebensaison! In dieser Zeit ist eine Reservierung unerlässlich. Übrigens wird hier in sämtlichen Preiskategorien ein schlechterer Standard geboten, als man angesichts der Preise erwarten würde.

DUONG DONG

Fast alle Traveller zieht es direkt an den Strand, aber wenn die Unterkünfte dort aus allen Nähten platzen, kann man sich in einer der folgenden Bleiben mit relativ humanen Preisen einquartieren:

Sea Breeze HOTEL $
(Gio Bien; 399 4920; www.seabreezephuquoc.com; 62A Đ Tran Hung Dao; Zi. mit Ventilator/Klimaanlage 15/25–40 US$;) Genauso tropischfrisch wie der gleichnamige Cocktail präsentiert sich dieses kurvenreiche neue Hotel mit den schicken, modernen Zimmern. Auf der Dachterrasse weht eine angenehme Brise, und die Lage am Anfang der Strandstraße ist günstig, wenn man die Abendmärkte besuchen will.

Hiep Phong Hotel PENSION $
(384 6057; nguyet_1305@yahoo.com; 17 Đ Nguyen Trai; Zi. 280 000 VND;) Sehr nettes, familienbetriebenes Minihotel mitten in der Stadt. Die Zimmer verfügen über Satellitenfernseher, Kühlschränke und Warmwas-

ser. Am Strand bekommt man diesen Komfort nicht zu einem derart günstigen Preis.

My Linh Hotel PENSION $
(📞384 8674; 9 Ð Nguyen Trai; Zi. 300 000 VND; ❄) Dieses Minihotel befindet sich ganz in der Nähe des Hiep Phong und bietet einen ähnlichen Standard. Die Holzbetten sind solide und manche Zimmer haben Balkone. Das Personal spricht Englisch.

LONG BEACH
Am Long Beach reihen sich inzwischen einige Dutzend Ferienanlagen aneinander. Fast alle Unterkünfte können über die Ð Tran Hung Dao erreicht werden. Manche bieten einen kostenlosen Abhol- und Bringservice zum Flughafen an (am besten gleich bei der Reservierung nachfragen).

LP TIPP La Veranda RESORTHOTEL $$$
(📞398 2988; www.laverandaresort.com; 118/9 Ð Tran Hung Dao; Zi. 275–375 US$; ❄@≋) Phu Quocs eleganteste Unterkunft besticht durch ihren kolonialen Stil und ist mit 44 Zimmern noch klein genug, um eine angenehm intime Atmosphäre auszustrahlen. Der Pool hat einen Kinderbereich und es gibt ein stilvolles Spa. Alle Zimmer punkten mit großen Betten und Designerbädern. Außerdem ist der hiesige Strandabschnitt sehr hübsch. Seinen Hunger kann man im Gartencafé oder im Peppertree Restaurant im Obergeschoss stillen.

Sea Star Resort RESORTHOTEL $$
(📞398 2161; www.seastarresort.com; Zi. 40 US$, Bungalows 50–75 US$; ❄@🛜) In dieser netten Bleibe mit hohem Unterhaltungswert nehmen sich die Angestellten den Bedürfnissen ihrer Gäste an, wobei sie einen etwas eigenartigen Humor haben. Auf dem weitläufigen Gelände befinden sich viele der 37 Bungalows und Zimmer an einem gepflegten Strandabschnitt. Während der Nebensaison werden die Preise um 20 % gesenkt – ein echtes Schnäppchen also.

Beach Club RESORTHOTEL $
(📞398 0998; www.beachclubvietnam.com; Zi. 25–35 US$; 🛜) Der entspannte Beach Club wird von einem englisch-vietnamesischen Pärchen betrieben und ist der richtige Ort, wenn man keine Lust auf das hektische Treiben an der Hauptstraße hat. Gäste schlafen in einfachen, aber gepflegten und geräumigen Bungalows, die dicht beieinander stehen, und bekommen tolle Infos vom Besitzer, der sich sehr gut in der Umgebung auskennt. Vor Ort befindet sich außerdem ein nettes Strandrestaurant (genial bei Sonnenuntergang!).

Cassia Cottage RESORTHOTEL $$$
(📞384 8395; www.cassiacottage.com; 100C Ð Tran Hung Dao; Zi. 120–190 US$; ❄🛜≋) Alle Zimmer dieses Resorts im Boutique-Stil sind toll eingerichtet, gewähren einen Blick auf den Pool oder das Meer und liegen in einem blühenden Garten. Dort gibt's auch ein Restaurant mit ein paar Tischen am Strand.

Mai House RESORTHOTEL $$
(📞384 7003; maihouseresort@yahoo.com; 118 Ð Tran Hung Dao; Zi. mit Ventilator/Klimaanlage 75/85 US$; ❄@🛜) Mit seinen gepflegten Gärten, dem zu den Seiten hin offenen Restaurant, den Liegestühlen und Rattanschirmen ist das Mai House, das an einer besonders schönen Ecke des Long Beach liegt, der Inbegriff eines Tropenparadieses. Auf dem Rasen verteilen sich Bungalows mit viel Flair; die in den vorderen Reihen sind allerdings weit geräumiger als die hinteren Bleiben. Das Essen schmeckt hervorragend.

Thanh Kieu Beach Resort RESORTHOTEL $$
(📞384 8394; www.thanhkieuresort.com; 100C/14 Ð Tran Hung Dao; Zi. 39–49 US$; @🛜) Die hübschen Bungalows aus Backstein blicken auf einen ebenso hübschen Strandabschnitt mit der beliebten Rainbow Bar und sind von einem Garten voller Palmen und Bambus umgeben. Alle Zimmer sind toll eingerichtet.

Saigon-Phu Quoc Resort RESORTHOTEL $$$
(📞384 6999; www.sgphuquocresort.com; 1 Ð Tran Hung Dao; Zi. 159–480 US$; ❄🛜@≋) Eine elegante, weitläufige Anlage mit 98 Zimmern in Villen bzw. Bungalows (zumeist mit Strandblick), die Extras wie eine Disco, ein Karaokezimmer, ein Spa, Minigolf, Tennisplätze und Boule-Spielfelder bietet. Am besten schaut man auf der Website nach saisonalen Schnäppchen.

Thien Hai Son Resort RESORTHOTEL $$$
(📞398 3044; www.phuquocthienhaison.com; 68 Ð Tran Hung Dao; Zi. 90–99 US$, Bungalows 132–161 US$; ❄🛜≋) Dieser ausgedehnte Komplex am Strand wartet mit einer Mischung aus Hotelgebäuden und Bungalows auf. Breite Betonpfade und vereinzelte Betonbäume deuten darauf hin, dass Einheimische die Hauptzielgruppe sind.

Lien Hiep Thanh Hotel RESORTHOTEL $
(📞384 7583; lienhiepthanh2007@yahoo.com.vn; 118/12 Tran Hung Dao; Zi. mit Ventilator/Klimaanlage

15/20–45 US$; ❄☎) In dem auch als Family Hotel bekannten Resort hat man die Wahl zwischen 21 einfachen Zimmern und Bungalows. Die Quartiere am Strand (dort befindet sich auch ein kleines Restaurant) sind klimatisiert und verfügen über Warmwasser.

A74 Hotel   HOTEL $
(☎398 2772; www.a74hotel.com; 74 Đ Tran Hung Dao; Zi. 10–25 US$; ❄) Wenn am Strand alles ausgebucht ist, gilt diese Bleibe an der Hauptstraße unweit des Long Beach als verlässliche Alternative. Die Zimmer sind ziemlich einfach, gewähren aber z. T. einen Blick aufs Wasser.

Paris Beach   HOTEL $
(☎399 4548; www.phuquocparisbeach.com; Zi. mit Ventilator/Klimaanlage 25/30 US$; ❄@☎) Ein Minihotel gleich neben dem Beach Club südlich der Resortmeile mit schlichten Zimmern und einer großen Terrasse am Strand.

Moon Resort   RESORTHOTEL $
(☎399 4520; www.moonresort.vn; 82 Tran Hung Dao; Bungalow mit Ventilator/Klimaanlage 15/30–35 US$; ❄@☎) Diese rustikalen Rattan-Bungalows direkt am Wasser bieten ein super Preis-Leistungs-Verhältnis. An der Strandbar ist immer etwas los.

Charm   HOTEL $$
(☎399 4606; www.phuquoccharm.com; 118/1 Đ Tran Hung Dao; Zi. 40–75 US$; ❄@☎) Wenn die Angestellten etwas freundlicher wären und sich besser um die Zimmer kümmern würden, könnte das traditionell aufgemachte Hotel ein Stück abseits vom Strand seinem Namen eher gerecht werden.

Nhat Lan   PENSION $
(☎384 7663; nhanghinhatlan@yahoo.com; 118/13 Đ Tran Hung Dao; Bungalow mit Ventilator/Klimaanlage 20/40 US$) Das Nhat Lan steht am Ende einer Reihe von günstigen Strandunterkünften und wartet mit ein paar Bungalows auf, die sich in einem schattigen Garten befinden. Zwei gewähren sogar einen Blick aufs Meer.

SAO-STRAND

Mango Garden   B&B $$
(☎629 1339; mangogarden.inn@gmail.com; Zi. 35 US$; ⏱Sept.–April; ❄@☎) Hier fühlen sich am ehesten Leute mit zweirädrigem Untersatz wohl, denn das Mango Garden liegt abgeschieden an einer unbefestigten Straße (unmittelbar vorm Sao-Strand links abbiegen und den Schildern folgen). Das B&B im westlichen Stil wird von einem vietnamesisch-kanadischen Pärchen betrieben, ist von herrlichen Blumen- und Mangogärten umgeben und versteckt sich hinter einem hohen Zaun. Die wenigen Zimmer gehen auf ein zentrales, mit Blumenampeln voller Orchideen verziertes Wasserspiel hinaus. Weit im Voraus buchen.

ONG-LANG-STRAND

Dieser Strand 7 km nördlich von Duong Dong ist felsiger als der Long Beach, hat dafür aber den Vorteil, weit weniger überlaufen zu sein. Hier hat man viel eher das Gefühl, sich auf einer entlegenen Tropeninsel zu befinden. Aufgrund der relativ abgeschiedenen Lage muss man sich darauf einstellen, den Großteil der Zeit auf dem jeweiligen Resortgelände zu verbringen. Die meisten Unterkünfte stellen aber Leihräder und -motorräder zu Verfügung. Achtung: Ohne Reservierung geht hier gar nichts!

📖 LP TIPP Chen Sea Resort & Spa   RESORTHOTEL $$$
(☎399 5895; www.chenla-resort.com; Bungalows 234–473 US$; ❄@☎≋) Phu Quocs wahrscheinlich edelstes Resort verfügt über hübsche Villen mit tiefen Veranden, die an traditionelle Häuser mit Terrakottaschindeln erinnern sollen. Vom großen Pool aus hat man den wunderschönen Sandstrand im Blick, und es werden zahlreiche Aktivitäten angeboten: Beispielsweise kann man ein Fahrrad, Kajak oder einen Katamaran leihen oder es sich im Spa bzw. im Freiluftrestaurant gut gehen lassen.

🌊 Mango Bay   RESORTHOTEL $$
(☎398 1693; www.mangobayphuquoc.com; Zi. 75–80 US$, Bungalows 90–145 US$; @☎) Über eine staubige Straße, die durch einen Mangohain führt, gelangt man zu diesem Ökoresort an einer kleinen Bucht. Das Hotelgebäude besteht aus recycelten bzw. organischen Materialien, und es werden Photovoltaikmodule eingesetzt. Alle Bungalows warten mit einer eigenen Terrasse auf. Ein romantisches, wenn auch rustikales Refugium für Gäste, die sich nach Privatsphäre sehnen.

Freedomland   HOMESTAY $$
(☎399 4891; www.freedomlandphuquoc.com; Zi. 30–40 US$; @) Diese Privatunterkunft erinnert eher an eine kleine Hippie-Kommune als an eine Ferienanlage. Auf dem schattigen Grundstück stehen elf einfache Bungalows mit Moskitonetzen und Ventilatoren, aber ohne Warmwasser. Wer keine Lust hat, die fünf Minuten bis zum Strand zu spazieren,

kann sich einfach in eine der Hängematten zwischen den Bäumen fallen lassen. Eine beliebte Adresse, besonders bei alleinreisenden Backpackern, mit freundlicher, heimeliger Atmosphäre. Die Mahzeiten nimmt man gemeinsam ein.

Bo Resort   RESORTHOTEL $$
(✆ 398 6142; www.boresort.com; Bungalows mit Kalt-/Warmwasser 50/80 US$; @) Das von Franzosen betriebene Resort bietet Privatsphäre und Abgeschiedenheit sowie hervorragendes Essen. Die Bungalows sind kreuz und quer über einen mit Dschungel bewachsenen Hügel verteilt, der bis zu einem felsigen Strand reicht.

Thang Loi   RESORTHOTEL $$
(✆ 398 5002; www.phu-quoc.de; Bungalows 29–47 US$; 🐟) Gleich neben dem Bo Resort liegt das Thang Loi mit einem ähnlich hügeligen Gelände. Die Bungalows werden von schattenspendenden Cashew- und Mangobäumen sowie Palmen überragt. Es gibt kein warmes Wasser.

VUNG-BAU-STRAND

 Bamboo Cottages & Restaurant
    RESORTHOTEL $$
(✆ 281 0345; www.bamboophuquoc.com; Zi. 50–85 US$; ❄🐟@) Das Hotel direkt am Vung-Bau-Strand verfügt über ein großes, zu den Seiten hin offenes Bar-Restaurant. Auf der Rasenfläche des Resorts verteilen sich 14 ansprechende zitronengelbe Villen mit eigenen Bädern unter freiem Himmel; das Wasser ist solarbeheizt. Die nette Betreiberfamilie finanziert ein Bildungsstipendium für bedürftige Kinder aus der Gegend. Zu ihr gehören übrigens auch die frechen Hunde.

Essen

Viele der bereits genannten Ferienanlagen beherbergen hervorragende Restaurants. Häufig befinden sich diese direkt am Strand und bieten einen tollen Ausblick. Wer in einem abgeschiedeneren Resort übernachtet, etwa am Ong-Lang-Strand, wird wahrscheinlich direkt vor Ort essen, denn der Weg in die Stadt ist ziemlich weit.

Aus der Masse stechen das **Bo Resort** (Hauptgerichte ca. 14 US$), das **Mai House** (Hauptgerichte 4–18 US$) und das **Peppertree Restaurant** (La Veranda; Hauptgerichte 6–20 US$) heraus, die jeweils eine Kombination aus vietnamesischer und französischer Küche servieren. Das Restaurant des **Charm** (Hauptgerichte 70 000–160 000 VND) verströmt ein traditionell vietnamesisches Ambiente, das eher nach Hoi An als nach Phu Quoc passt.

Soll es etwas authentischer sein? Dann sind die Restaurants im Fischerdorf Ham Ninh eine gute Anlaufstelle. Am Bootsanleger am Ende der Hauptstraße findet man ein paar, darunter das **Kim Cuong I** (Hauptgerichte 30 000–300 000 VND).

DUONG DONG

Dinh-Cao-Nachtmarkt   MARKT $
(Đ Vo Thi Sau) Die zweifellos schönste Atmosphäre und gleichzeitig das günstigste und beste Essen auf der gesamten Insel bekommt man auf dem Nachtmarkt von Duong Dong. An etwa ein Dutzend Ständen wird eine fantastische Auswahl an vietnamesischen Meeresfrüchten, gegrilltem Fleisch und Fisch und vegetarischen Gerichten verkauft. Wir empfehlen, sich an den größten Menschentrauben zu orientieren, denn die Einheimischen wissen, was gut ist. Tollen Fisch und Meeresfrüchte vom Grill bekommt man z. B. bei **Thanh Xuan** (45 000–100 000 VND).

Buddy Ice Cream   EISCREME $
(www.visitphuquoc.info; 26 Đ Nguyen Trai; Hauptgerichte 25 000–130 000 VND; @🐟) Wunderbarer Treffpunkt für Budgetreisende, die kostenloses Internet und viele praktische Reiseinfos in Verbindung mit Eiscreme aus Neuseeland genießen wollen (25 000 VND pro Kugel). Zu den weiteren Angeboten gehören getoastete Sandwiches, Fish 'n' Chips und vieles mehr.

Le Giang   VIETNAMESISCH $
(289 Đ Tran Hung Dao; Hauptgerichte 40 000–80 000 VND) Eine umfangreiche Auswahl an vietnamesischen Klassikern wird in diesem großen traditionellen Restaurant mit Obergeschossterrasse zubereitet, darunter leckerer karamellisierter Fisch aus dem Tontopf. Es gibt auch eine englische Speisekarte.

Tuoi Tham   VIETNAMESISCH $
(289 Đ Tran Hung Dao; Hauptgerichte 35 000–100 000 VND) Gutes Essen und eine einladende Atmosphäre.

LONG BEACH

Mondo   TAPAS $
(82 Đ Tran Hung Dao; Tapas 50 000–90 000 VND) Das schicke kleine Mondo ist ein willkommener Neuzugang am Long Beach. Hier laben sich die Gäste an einer Mischung aus typisch spanischen Tapas (gegrillter Halloumi-Käse, Chorizo, scharfe Fleischbällchen, Knoblauchgarnelen etc.) und anderen regio-

VIETNAMS FRÜCHTE

Eine Reise durch das Mekong-Delta ist eine fantastische Gelegenheit, sich durch das außergewöhnlich vielfältige Angebot an Früchten zu schlemmen. Verkauft werden diese überall in der Region auf Märkten, Obstplantagen und an Essensständen. Folgende Sorten sollte man unbedingt einmal kosten:

Buoi (Pampelmuse) Die große Frucht hat eine dickere Schale und süßeres Fleisch als eine gewöhnliche Grapefruit.

Chom chom (Rambutan) Diese kleinen, feuerroten Früchte mit der haarigen Schale und dem süßen weißen Fleisch bekommt man vor allem in der Regenzeit (Mai–Okt.).

Du du (Papaya) In Vietnam gibt's mehr als 45 Papayasorten. Sind sie noch grün, passen sie gut in würzige Salate, reif (mit orangefarbenem bis rotem Fleisch) schmecken sie auch roh oder als Saft.

Dua (Ananas) Ebenfalls verbreitet, manchmal nicht ganz so süß. Einheimische verzehren sie gerne mit Salz und Chilipulver.

Khe (Sternfrucht) Diese glänzende Frucht ist besonders saftig.

Mang cau (Zimtapfel) Unter der schrumpeligen grünen Schale liegt weißes Fleisch mit schwarzen Kernen, das ein wenig nach Vanille schmeckt.

Mang cut (Mangostane) Eine violette Frucht so groß wie ein Tennisball mit köstlichem weißem Fruchtfleisch.

Mit (Jackfrucht) Die großen länglichen Früchte sind wahre Vitaminbomben! Ihr Inneres ist gelb und etwas zäh.

Nhan (Longan) Diese winzige Frucht hat eine hellbraune Schale, saftiges, fast durchsichtiges Fruchtfleisch und dient verschiedenen Zwecken – getrocknet wird sie sogar zum Feuermachen genutzt.

Oi (Guave) Unter der grünen, essbaren Schale kommt rosafarbenes Fleisch zum Vorschein. Diese Vitaminbombe ist sowohl roh als auch zu Saft gepresst köstlich.

Sau rieng (Durian) Entweder liebt man diese große, stachelige Frucht oder aber man hasst sie. Sie besitzt cremiges Fruchtfleisch, dessen Geschmack ein wenig an Vanille erinnert, und verströmt einen unverwechselbaren Geruch.

Thanh long (Drachenfrucht) Eine rote Frucht mit stacheligen Auswüchsen, deren Spitzen grün sind. Ihr Inneres schmeckt mild und auch die Kerne sind essbar.

Trai vai (Litschi) Die kleinen roten, stacheligen Früchte haben weißes, sehr süßes Fleisch.

Xoai (Mango) In verschiedenen Sorten erhältlich. Sie schmecken am besten im April und Mai – die Hitze lässt die Früchte perfekt reifen. Besonders süß sind die großen runden mit hellgelber Schale.

Vu sua (Sternapfel) Eine runde, glatte Frucht, die einen süßen, milchigen Saft produziert. Ihr vietnamesischer Name bedeutet so viel wie „Muttermilch".

---

naltypischeren Leckereien (duftendes Thai-Hühnchen, eingewickelt in Bananenblätter). Darüber hinaus kann man den ganzen Tag über westliches Frühstück bestellen.

Ganesh INDISCH $$
(www.ganeshindianrestaurant.com; 97 Ð Tran Hung Dao; Hauptgerichte 52 000–99 000 VND; ◷11–22 Uhr; 🌱) Authentische nord- und südindische Küche ist das Markenzeichen dieses ansprechenden luftigen Restaurants. Es gibt u. a. Speisen aus dem Tandoor-Ofen und eine große Auswahl für Vegetarier. Wer allein is(s)t, sollte die *thali*-Platten – Probierteller mit mehreren Gerichten – in Erwägung ziehen (vegetarisch 110 000 VND, mit Fleisch oder Fisch 160 000 VND).

Hop Inn VIETNAMESISCH $
(Ð Tran Hung Dao; Hauptgerichte 50 000–130 000 VND) Das Känguru-Logo lässt nicht darauf schließen, aber das Hop Inn wartet mit dem besten vietnamesischen Essen an der Tran Hung Dao auf. Auf der umfangrei-

chen Speisekarte stehen jede Menge Fisch und Meeresfrüchte, aber auch Sandwiches, falls man sich nach etwas Vertrauterem sehnt. Laternen verleihen dem Ganzen ein gemütliches Flair.

Pepper's Pizza & Grill ITALIENISCH, DEUTSCH $
(384 8773; 89 Đ Tran Hung Dao; Hauptgerichte 65 000–190 000 VND) Laut den Einheimischen wird hier die beste Pizza auf der ganzen Insel zubereitet, die man sich sogar ins Resort liefern lassen kann. Daneben gibt's weitere italienische, aber auch deutsche und asiatische Gerichte wie Steaks und Rippchen.

Restaurant Chez Carole
VIETNAMESISCH, FRANZÖSISCH $
(88 Đ Tran Hung Dao; Hauptgerichte 50 000–200 000 VND) Mutet französisch an, aber auf der Speisekarte stehen auch jede Menge vietnamesische Fischgerichte. Spezialität des Hauses sind Krabben in Cognac oder Pastis.

SAO-STRAND
Um zu diesen beiden Restaurants zu gelangen, muss man auf der asphaltierten Straße, die aus An Thoi hinausführt, ein paar Kilometer Richtung Norden fahren und nach dem Schild mit der Aufschrift „My Lan" auf der rechten Straßenseite Ausschau halten. Über eine unbefestigte Straße erreicht man den Strand.

My Lan VIETNAMESISCH, FISCH & MEERESFRÜCHTE $
(Hauptgerichte 55 000–110 000 VND) Im weißen Sand des Bai Sao kann man sich saftigen gegrillten Fisch und Meeresfrüchte aus dem Tontopf zu Gemüte führen. Nur wenige Meter von den Tischen entfernt schwappt das Wasser ans Ufer.

An Xi VIETNAMESISCH, FISCH & MEERESFRÜCHTE $
(Hauptgerichte 50 000–100 000 VND) 400 m nördlich des My Lan bietet das An Xi ähnlich guten Fisch und Meeresfrüchte mit demselben verführerischen Strandfeeling.

Ausgehen & Unterhaltung

Angesichts der ungeheuren Beliebtheit der Insel während der Trockenzeit ist es wirklich seltsam, dass Phu Quocs Nachtleben so wenig hergibt. Selbst wenn die Resorts komplett ausgebucht sind, treiben sich nie mehr als ein paar Dutzend Nachtschwärmer in den Bars und Clubs herum. Folgende Läden befinden sich am Long Beach:

Oasis BAR
(118/5 Đ Tran Hung Dao;) Im Oasis, das an der Gasse liegt, die zum La Veranda und Mai House führt, läuft toller Brit Pop. Eine Wand zieren bizarre Leinwandcollagen mit Persönlichkeiten wie Muhammad Ali, Shane Warne, Jonny Wilkinson und den Gallagher-Brüdern. Hinten gibt's einen Billardtisch und vorne eine Terrasse, auf der man etwas essen kann.

Amigo's BAR, NACHTCLUB
(www.amigosphuquoc.com; 118/10 Đ Tran Hung Dao;) Wenn es irgendein Schuppen verdient hätte, vor lauter tanzenden Urlaubern aus allen Nähten zu platzen, dann das riesige Amigo's. In dem Club gleich neben La Veranda erhellen rote und grüne Laser die Tanzfläche, außerdem ist hier eine eine nette Strandbar untergebracht. Leider folgen nur wenige Leute der Aufforderung an der Wand („Du möchtest jeden Abend von 22 Uhr bis frühmorgens tanzen"), deshalb muss man selbst für Partystimmung sorgen. Die extrem starken Cocktails sollten dabei helfen.

Rainbow Bar BAR
(Thanh Kieu Beach Resort, 100C/14 Đ Tran Hung Dao) Eine Strandbar mit Billardtisch, in der tropische Shakes und Cocktails serviert werden. Rainbow Divers ist hier jeden Abend von 18 bis 21 Uhr vertreten.

Luna Bar BAR
(Moon Resort, 82 Tran Hung Dao) Noch eine Bar am Wasser samt Billardtisch.

Shoppen

Die besten Souvenirs bekommt man auf dem Nachtmarkt in Duong Dong, aber auch die Perlenfarm in der Nähe des Zentrums von Long Beach ist eine Option.

Praktische Informationen

Es gibt Geldautomaten in Duong Dong und in zahlreichen Resorts am Long Beach, darunter beispielsweise der am oberen Ende der Gasse Đ Tran Hung Dao (Nr. 118) gleich gegenüber dem Charm.

Post (Karte S. 416; Đ 30 Thang 4)

An- & Weiterreise

FLUGZEUG In der Hochsaison sind Tickets oftmals heiß begehrt, deshalb sollte man sie möglichst weit im Voraus buchen. Ein neuer internationaler Flughafen soll Ende 2012 eröffnet werden; die aktuellsten Informationen erhält man online.

Air Mekong (04-3718 8199; www.airmekong.com.vn) Von/nach HCMS (ab 450 000 VND, 4-mal tgl.) und Hanoi (ab 2 230 000, 2-mal tgl.).

BELIEBTE ROUTEN NACH PHU QUOC

Viele Traveller fahren von HCMS über Land durch das Mekong-Delta, setzen dann von Rach Gia oder Ha Tien mit der Fähre nach Phu Quoc über und kehren ein paar Tage (oder Wochen) später, schön gebräunt und ausgeruht, mit dem Flieger nach HCMS zurück (1 Std. Flugzeit). Seit der Öffnung des vietnamesisch-kambodschanischen Grenzübergangs bei Xa Xia und Prek Chak kann man Phu Quoc auch als Teil einer Schleife durch das Mekong-Delta und entlang der Südküste Kambodschas besuchen.

Vietnam Airlines (Karte S. 416; 399 6677; www.vietnamairlines.com; 122 Đ Nguyen Trung Truc) Von/nach Rach Gia (ab 500 000 VND, tgl.), Can Tho (ab 500 000 VND, tgl.) und HCMS (ab 450 000 VND, 10-mal tgl.).

SCHIFF/FÄHRE Schnellboote verbinden die Insel mit Ha Tien (1½ Std.) und Rach Gia (2½ Std.). In den Reisebüros auf Phu Quoc, z. B. bei **Green Cruise** (397 8111; www.greencruise.com.vn; 14 Đ Tran Hung Dao, Duong Dong), erhält man die aktuellsten Fahrpläne und kann Tickets buchen.

In Ha Tien legen täglich zwei kleine Boote (Abfahrt um 8 Uhr: 180 000 VND; Abfahrt um 13 Uhr: 230 000 VND) sowie eine riesige Autofähre für 200 Passagiere (Abfahrt um 9.30 Uhr in Ha Tien und um 14.30 Uhr auf Phu Quoc; pro Passagier/Motorrad/Auto 145 000 VND/100 000 VND/50 US$) ab.

In Rach Gia bedienen zwei namhafte Unternehmen die Strecke:

Savanna Express (369 2888; www.savannaexpress.com; Erw./Kind 295 000/200 000 VND) Fährt um 8.05 Uhr in Rach Gia und um 13.05 Uhr auf Phu Quoc ab. Dauer: 2½ Std.

Superdong (Rach Gia 077-387 7742, Phu Quoc 077-398 0111; www.superdong.com.vn; Erw./Kind 225 000/295 000 VND) Abfahrt in Rach Gia um 8, 13 und 13.30 Uhr sowie auf Phu Quoc um 8, 8.30 und 13 Uhr. Dauer: 2½ Std.

Die Boote legen am Pier des Vong-Strandes ab. Busse, deren Abfahrtszeiten auf den Fährfahrplan abgestimmt sind, sammeln Passagiere auf der Đ Tran Hung Dao und Đ 30 Thang 4 ein (20 000 VND).

Unterwegs vor Ort

BUS Alle ein bis zwei Stunden besteht eine Verbindung zwischen Duong Dong und An Thoi. Am Hafen von Bai Vong wartet ein Bus auf die Fähren und bringt Passagiere nach Duong Dong (20 000 VND). Einige Hotels verfügen über Shuttlebusse und bieten einen kostenlosen Abhol- und Bringservice an.

FAHRRAD Wer tropische Hitze und staubige, schlechte Straßen nicht scheut, kann in vielen Hotels ein Fahrrad mieten (ab 3 US$ pro Tag).

VOM/ZUM FLUGHAFEN Der Inselflughafen befindet sich derzeit noch im Zentrum von Duong Dong, doch ab Ende 2012 sollte der neue internationale Flughafen 10 km außerhalb der Stadt den Betrieb aufnehmen (bei der Buchung nachfragen). Bis dahin muss man 1 bis 2 US$ für eine Motorradfahrt zu den meisten Unterkünften am Long Beach zahlen, allerdings sind Fahrer berüchtigt: Oft versuchen sie, Passagiere zu bestimmten Hotels zu kutschieren, um eine Provision zu kassieren. Wer schon weiß, wo er übernachten will, sollte behaupten, ein Zimmer reserviert zu haben.

Ein Taxi mit Kilometerzähler kostet ca. 90 000 VND bis zum Long Beach und 250 000 VND bis zum Ong-Lang-Strand.

MOTORRAD Normalerweise kommen Motorradfahrer von sich aus auf die Reisenden zu und bieten diesen ihre Dienste an (Handeln ist durchaus angebracht). Für kurze Fahrten sollten sie nicht mehr als 20 000 VND verlangen. Eine 5 km lange Strecke schlägt mit etwa 50 000 VND zu Buche, und wer von Duong Dong nach Bai Vong will, zahlt 70 000 VND.

In vielen Hotels und Bungalowanlagen werden Motorräder für 7 US$ (Halbautomatik) bzw. 10 US$ (Automatik) pro Tag vermietet. Günstigere Modelle sind oft schon ziemlich alt und in schlechtem Zustand – sie sollten sorgfältig inspiziert werden, bevor man sich damit auf den Weg macht. Fast alle Anbieter verleihen ihre fahrbaren Untersätze nur ungern über Nacht, deshalb muss man die genauen Konditionen vorab klären.

TAXI Es gibt auf der Insel mehrere seriöse Taxiunternehmen. In den Fahrzeugen von **Mai Linh** (397 9797) läuft der Kilometerzähler immer mit. Die Fahrt von Duong Dong zum Hafen von Bai Vong kostet rund 250 000 VND.

Ha Tien

077 / 93 000 EW.

Ha Tien liegt am Golf von Thailand. Rein geografisch gehört es zwar zum Mekong-Delta, die Landschaft ringsum ist jedoch nicht von Reisfeldern und Flüssen geprägt, sondern von beeindruckenden Kalksteinformationen mit zahlreichen Höhlen, die häufig Tempel beherbergen. Pfefferbaumplantagen ziehen sich an den Hängen entlang und an klaren Tagen kann man im Westen die Phu-Quoc-Insel erspähen.

In der Stadt geht's beschaulich zu, obwohl die Besucherzahlen unlängst rasant gestiegen sind. Ursachen hierfür sind die Öffnung des nahen Grenzübergangs bei Xa Xia und die Schaffung einer Wirtschaftszone, die einen visumsfreien Personenverkehr in der Stadt und der direkten Umgebung ermöglicht. Zu Ha Tiens Sehenswürdigkeiten zählen betagte Villen aus der Kolonialzeit und ein farbenfroher Markt.

Der Ort ist definitiv ein Touristenziel und wächst immer mehr: Bald sollen entlang der Küste Richtung Südwesten große Bauprojekte umgesetzt werden. Bisher ist bereits ein neues Markt- und Hotelviertel auf zurückgewonnenem Land zwischen dem Ende der Phuong Thanh und der noch recht neuen Brücke entstanden (sie ersetzte eine nette alte Pontonbrücke). Da vor allem in dieser Gegend gebaut wird, lässt man den Zahn der Zeit in aller Ruhe weiter an den hübschen kolonialen Häuserfassaden rund um den alten Markt nagen.

Geschichte

Bis 1708 war Ha Tien eine kambodschanische Provinz. Als das Gebiet von thailändischen Truppen angegriffen wurde, ersuchte der von den Khmer ernannte Gouverneur, ein chinesischer Einwanderer namens Mac Cuu, die Vietnamesen um Schutz und Hilfe.

Ha Tien

⦿ Highlights
Mac-Cuu-Familiengräber A1
Tam-Bao-Pagode C1

⦿ Sehenswertes
1 Fischmarkt B3
2 Nachtmarkt C2

⬛ Schlafen
3 Du Hung Hotel C3
4 Ha Tien Hotel C3
5 Hai Phuong B3
6 Hai Yen Hotel D2

⊗ Essen
7 Xuan Thanh D2

⦿ Ausgehen
8 Oasis C3
9 Thuy Tien D2

So wurde die Region zu einem Lehen des Hauses Nguyen, das zunächst von Mac Cuu und später von dessen Sohn Mac Thien Tu verwaltet wurde. Im Verlauf des 18. Jhs. plünderten die Thailänder Ha Tien noch mehrfach. 1798 gingen Rach Gia und die südliche Spitze des Mekong-Deltas schließlich vollständig in den Besitz der Nguyen über.

Während der Herrschaft der Roten Khmer fielen kambodschanische Truppen wiederholt in Vietnam ein und ermordeten Tausende von Zivilisten. Alle Bewohner Ha Tiens und der umliegenden Ortschaften flohen. Während dieser Zeit wurden die Gebiete nördlich von Ha Tien entlang der kambodschanischen Grenze vermint und mit Sprengfallen versehen – sie sind teilweise noch immer nicht geräumt!

◉ Sehenswertes

Mac-Cuu-Familiengräber GRABSTÄTTEN
(Lang Mac Cuu, Nui Binh San; Ð Mac Cuu) Unweit der Stadt liegt das Familiengrab von Mac Cuu, in der Gegend auch als Nui Lang (Hügelgrab) bekannt. Hier wurden Dutzende seiner Verwandten in traditionellen chinesischen Gräbern bestattet, die mit Figuren von Drachen, Phönixen, Löwen und Wächtern geschmückt sind.

Ein aufwendig verzierter Schrein am unteren Ende der Anlage ist der Familie gewidmet. Geht man den Hügel hinauf, stößt man auf Mac Cuus Grabstätte (die größte von allen). Der Herrscher Gia Long veranlasste ihren Bau 1809 und ließ sie mit geschnitzten Figuren von Thanh Long (dem Grünen Drachen) sowie Bach Ho (dem Weißen Tiger) verzieren. Drachen und Phönixe flankieren das Grab von Mac Cuus erster Frau.

Tam-Bao-Pagode PAGODE
(Sac Tu Tam Bao Tu; 328 Ð Phuong Thanh; ⊙Gebete 8–9 & 14–15 Uhr) 1730 ließ Mac Cuu die Tam-Bao-Pagode errichten, in der heute einige buddhistische Nonnen leben. Die Statue vor dem Gebäude zeigt Quan The Am Bo Tat, die Göttin der Barmherzigkeit, auf einer Lotusblüte. Die größte Statue auf der Plattform im Heiligtum besteht aus bemalter Bronze und stellt A Di Da (Buddha der Vergangenheit) dar. Draußen sind die Gräber von 16 Mönchen zu sehen.

Ganz in der Nähe erstreckt sich ein Teil der alten Stadtmauer aus dem frühen 18. Jh.

Phu-Dung-Pagode PAGODE
(Phu Cu Am Tu; Ð Phu Dung; ⊙Gebete 4–5 & 19–20 Uhr) Diese Pagode wurde Mitte des 18. Jhs. von Mac Thien Tichs Frau Nguyen Thi Xuan erbaut. Ihr Grab und das einer ihrer Dienerinnen befinden sich an dem Hang hinter dem Gebäude. Zudem liegen nicht weit von hier die Grabstätten von vier Mönchen.

Die interessanteste Statue auf der zentralen Plattform in der Haupthalle ist eine Bronze des Thich-Ca-Buddhas aus China. Der kleine Dien-Ngoc-Hoang-Tempel dahinter ist dem taoistischen Jadekaiser geweiht. Steile, blaue Treppenstufen führen zum Schrein hinauf, in dem Ngoc Hoang (der Jadekaiser) steht, flankiert von Nam Tao, dem taoistischen Gott des Südlichen Polarsterns und des Glücks (rechte Seite), und Bac Dao, dem taoistischen Gott des Nördlichen Polarsterns und des langen Lebens (linke Seite). Die Figuren wurden aus Pappmaché über Bambusgerüsten geformt.

Um zu der Pagode zu gelangen, muss man hinter dem Familiengrab von Mac Cuu Richtung Norden gehen und dann bei der ersten Gelegenheit rechts auf die Ð Phu Dung abbiegen.

Thach-Dong-Höhlenpagode PAGODE
Der unterirdische buddhistische Tempel 4 km nordöstlich der Stadt ist auch als Chua Thanh Van bekannt. Links vom Eingang steht die Stele des Hasses (Bia Cam Thu), geformt wie eine erhobene Faust. Sie erinnert an die Ermordung von 130 Menschen durch die Roten Khmer am 14. März 1978.

Einige Räume enthalten Grabtafeln. Altäre sind Ngoc Hoang, Quan The Am Bo Tat und den beiden buddhistischen Mönchen gewidmet, die diese Pagode gründet haben. Wenn der Wind durch die Höhlengänge bläst, ertönt ein außergewöhnliches Pfeifkonzert. Von den Felsöffnungen in einigen Seitengängen genießt man einen Blick bis nach Kambodscha.

Märkte MÄRKTE
In Ha Tien werden östlich der Brücke, entlang des To-Chau-Flusses, mehrere Märkte in großen Pavillons abgehalten. Dort bekommt man viele Waren aus Thailand und Kambodscha, zudem sind die Preise günstiger als in HCMS. Der Zigarettenschmuggel boomt ganz besonders. Sehenswert ist auch der Fischmarkt (cho ca) am Fluss. Am besten besucht man ihn frühmorgens, wenn die frischen Köstlichkeiten aus dem Meer ausgeladen werden.

Im Kolonialviertel (zwischen der Ð Tuan Phu Dat und Ð Tham Tuong Sanh) öffnet um 15 Uhr ein Abendmarkt mit verschiedenen Ständen, an denen man Kleidung und Essen kaufen kann.

Ngoc-Tien-Kloster KLOSTER
(Tinh Xa Ngoc Tien) Vom Ufer aus betrachtet bietet das buddhistische Kloster auf dem Hügel jenseits des Flusses einen beeindruckenden Anblick. Die Gebäude selbst sind eher unspektakulär, aber der anstrengende

Aufstieg lohnt sich wegen der schönen Aussicht auf die Stadt und das Umland.

Normalerweise findet man die schmale Straße am Fuß des Hügels recht schnell. Zum Kloster gelangt man, wenn man der winzigen Gasse bei der Hausnummer 48 folgt – einfach nach dem gelben Schild mit der Swastika (steht für die Ewigkeit) Ausschau halten.

Dong Ho MEERESARM
Dong Ho bedeutet so viel wie Ostsee, allerdings handelt es sich nicht um einen See, sondern vielmehr um einen Meeresarm. Dieser liegt östlich von Ha Tien und wird im Osten von Granithügeln begrenzt, die als Ngu Ho (Fünf Tiger) bekannt sind. Im Westen erheben sich die To-Chan-Hügel. Es heißt, dass der Dong Ho in Vollmondnächten am schönsten ist – dann wimmelt es hier der Legende zufolge von tanzenden Feen!

🛏 Schlafen

In der Stadt gibt's eine ganze Reihe Minihotels, doch deren Standard ist nicht besonders gut. Immerhin kosten sie auch nicht viel. Da dies sehr lokaltypische Unterkünfte sind, darf man nicht mit Bettdecken und Spannbettlaken rechnen. Bei Redaktionsschluss wurde gerade ein elegantes, architektonisch interessantes Hotel am Ufer gebaut, das angeblich fünf Sterne bekommen soll.

Hai Phuong HOTEL $
(⌂385 2240; So 52, Đ Dong Thuy Tram; Zi. 200 000– 700 000 VND; ❄🛜) Ein nettes, familienbetriebenes, schickes sechsgeschossiges Hotel. Bei unserem Besuch war es die neueste Unterkunft von Ha Tien und in einem entsprechend besseren Zustand als die übrigen Bleiben. Manche Zimmer bieten von ihren Balkonen erstklassige Ausblicke auf den Fluss.

Anh Van Hotel HOTEL $
(⌂395 9222; So 2, Đ Tran Hau; DZ/2BZ/FZ 200 000/400 000/500 000 VND; ❄🛜) Im neuen Stadtteil bei der Brücke erhebt sich einer der besseren „Allrounder" Ha Tiens: Die günstigeren Zimmer sind zwar klein und fensterlos, warten aber dafür mit vielen Extras auf. Trotzdem lohnt es sich, etwas mehr für ein Quartier mit Flussblick und netterem Bad zu bezahlen.

Ha Tien Hotel HOTEL $$
(⌂395 2093; 36 Đ Tran Hau; EZ 30–50 US$, DZ 40–60 US$; ❄🛜) Vor nicht allzu langer Zeit war dies das prächtigste Hotel in Ha Tien. Davon zeugen die geräumigen Zimmer, die breiten Flure, Marmorbäder (mit Wannen) und das hauseigene Restaurant. Am Preis gemessen sieht das Ganze allerdings mittlerweile etwas angeschlagen aus, z. B. was die dünnen Teppiche und die unbequemen Betten betrifft. Die Zimmer sind aber unverändert sauber und geräumig, und die Lage ist schön zentral.

Hai Yen Hotel HOTEL $
(⌂385 1580; 15 Đ To Chau; Zi. 250 000– 400 000 VND; ❄) Für Ha-Tien-Verhältnisse ist das riesige Hai Yen ein echter Oldtimer. Inzwischen hat es sich auf zwei miteinander verbundene Flügel ausgedehnt, die Zimmer mit viel Holz beherbergen. Die teureren Quartiere verfügen über hübsche Fliesenbäder und eine Aussicht auf den Fluss.

Du Hung Hotel HOTEL $
(⌂395 1555; duhung@hcm.vnn.vn; 27A Đ Tran Hau; Zi. 250 000 VND; ❄) Minihotel mit preiswerten Zimmern und Aufzug an der Hauptstraße der Stadt. In den Eckzimmern kann man den Blick wunderbar über den Fluss und die Küste schweifen lassen. Es gibt hier auch einen Fahrrad- (80 000 VND pro Tag) und Motorradverleih (200 000 VND pro Tag).

🍴 Essen & Ausgehen

Ha Tiens Spezialität ist eine Kokosnusssorte, die nur in Kambodscha und in diesem Teil Vietnams wächst. Die Steinfrüchte enthalten keine Milch, haben aber köstlich zartes Fleisch. In den Restaurants der Stadt wird es in einem Glas mit Eis und Zucker serviert.

Die neuen Märkte und der Abendmarkt sind gute Anlaufstellen für leckeres Essen.

Xuan Thanh VIETNAMESISCH $
(20 Đ Tran Hau; Hauptgerichte 30 000– 60 000 VND) Serviert günstige Krabbengerichte und hat eine englische Speisekarte. Außer Fisch, Meeresfrüchten und Kreationen vom Grill gibt's in dem traditionellen Lokal auch günstiges Frühstück.

Huong Bien VIETNAMESISCH $
(Đ Khu Trung Tam Thuong Mai; Hauptgerichte 25 000–70 000 VND) Das alteingesessene und bei Einheimischen beliebte Huong Bien befindet sich im neuen Teil der Stadt nahe der Brücke. Auf der bodenständigen Speisekarte stehen weniger als 20 Gerichte.

Oasis BAR
(www.oasisbarhatien.com; 42 Tuan Phu Dat; ⏲9– 21 Uhr; @) Diese nette kleine Bar wird von Ha Tiens einzigem dauerhaft umgesiedelten „Westler" und dessen vietnamesischer Frau

> ### GRENZÜBERGANG: XA XIA–PREK CHAK
>
> Dieser Grenzübergang ist ideal, wenn man von Ha Tien nach Kep und Kampot an der kambodschanischen Südküste reisen will. Er ermöglicht es Touristen, von Kambodscha aus problemlos und ohne Umwege nach Phu Quoc zu gelangen. Direktbusse passieren die Grenze zweimal täglich; die Endstationen sind Sihanoukville oder Phnom Penh. Im Niemandsland zwischen den beiden Grenzposten stößt man auf Kasinos und ein riesiges Hotel (das ominös benannte Ha Tien Vegas; www.hatienvegas.com). Zwar gibt's in beiden Ländern Kasinos, allerdings dürfen Einheimische dort nicht spielen. Schon allein deshalb ist diese „Grauzone" eine echte Attraktion.
>
> Direktbusse nehmen in Ha Tien täglich um 12 und 16 Uhr Kurs auf Kambodscha. Sie fahren nach Kep (12 US$, 1 Std., 47 km), Kampot (15 US$, 1½ Std., 75 km), Sihanoukville (20 US$, 4 Std., 150 km) und Phnom Penh (18 US$, 4 Std., 180 km). Tickets und Visa für Kambodscha bekommt man bei Ha Tien Tourism.

betrieben. Sie lädt zu einem kalten Bier oder Kaffee ein, ist aber auch eine gute Adresse, wenn man objektive Reisetipps bekommen möchte. Bei unserem Besuch war die Einführung von ein paar kleinen Gerichten im Gespräch, darunter englisches Frühstück, Sandwiches und Salate.

Thuy Tien CAFÉ
(☎385 1828; Đ Dong Ho) Das schwimmende Café mit Blick auf die Dong Ho bietet sich für einen Eiskaffee oder ein Feierabendbier an.

❶ Praktische Informationen

Ha Tien Tourism (☎395 9598; 1 Đ Phuong Thanh) Organisiert Tickets, z. B. für Boote nach Phu Quoc und Busse nach Kambodscha, sowie Visa für Kambodscha (25 US$).

Post (☎385 2190; 3 Đ To Chau; ⊙7–22 Uhr; @)

❶ An- & Weiterreise

AUTO & MOTORRAD Ha Tien liegt 90 km von Rach Gia, 95 km von Chau Doc, 206 km von Can Tho und 338 km von HCMS entfernt. Die Straße zwischen Ha Tien und Chau Doc ist schmal und voller Schlaglöcher, aber interessant, da sie einem Kanal entlang der Grenze folgt. In der Nähe von Ha Tien verwandelt sich das Land in einen unfruchtbaren und nahezu unbewohnten Mangrovenwald. Die Fahrt dauert drei Stunden; unterwegs sind Stopps in Ba Chuc und Tuc Dup möglich. Wer sich nicht selbst ans Steuer setzen möchte, kann ein *xe om* buchen (20–30 US$) oder sich in einem der Reisebüros oder Hotels der Stadt einen Fahrer vermitteln lassen.

BUS Ha Tiens **Busbahnhof** (Ben Xe Ha Tien; Nationalstraße 80) befindet sich an der Hauptstraße zum Mui-Nai-Strand und zur kambodschanischen Grenze 1 km nördlich des Stadtzentrums. Von hier bestehen Verbindungen nach Chau Doc (52 000 VND), Long Xuyen (67 000 VND), Rach Gia (38 000 VND), Ca Mau (89 000 VND), Soc Trang (105 000 VND), Can Tho (83 000 VND), Tra Vinh (116 000 VND), Ben Tre (134 000 VND) und Ho-Chi-Minh-Stadt (132 0000 VND, ca. 10 Std.).

Informationen zu Bussen nach Kambodscha siehe Kasten oben.

SCHIFF/FÄHRE Die Fähren legen von der Stadt aus gesehen am anderen Flussufer ab. Mehr Informationen zu den täglichen Verbindungen siehe S. 424.

Rund um Ha Tien

MUI NAI

In diesem Teil des Landes liegen die Strände am Golf von Thailand, dessen ruhiges und unglaublich warmes Wasser wunderbar zum Schwimmen und Tauchen, aber nicht zum Surfen geeignet ist. Einige der schönsten Sandstreifen erstrecken sich auf Mui Nai (Hirschkopf-Halbinsel; Eintritt pro Pers./Wagen 2500/10 000 VND) 8 km westlich von Ha Tien. Die Form der Halbinsel soll an einen röhrenden Hirsch erinnern. Im oberen Teil steht ein Leuchtturm und zu den beiden Seiten erstrecken sich Strände mit einfachen Restaurants und Pensionen.

Öffentliche Verkehrsmittel fahren leider nicht hierher. Für ein *xe om* zahlt man etwa 40 000 VND.

HON GIANG & NGHE

Vor der Küste liegen viele Inseln. Manche Einheimische verdienen sich dort ihren Lebensunterhalt, indem sie Salanganennester auf den felsigen Klippen suchen, denn diese sind die wichtigste Zutat für die chinesische Delikatesse Vogelnestsuppe. 15 km von Ha Tien entfernt erstreckt sich die mit kleinen Booten erreichbare Hon-Giang-Insel samt einem hübschen, einsamen Strand.

Die in der Nähe von Hon Chong gelegene **Nghe-Insel** wird vor allem von buddhistischen Pilgern angesteuert. Gleich neben einer **Höhlenpagode** (Chua Hang) steht eine große Statue von Quan The Am Bo Tat, die auf das Meer hinausblickt. Wer diesen Ort besuchen möchte, kann sich mit einem der Boote herbringen lassen, die unweit der Höhlenpagode von Hon Chong vertäut sind (150 US$).

HON CHONG

Hon Chong brüstete sich einst mit dem schönsten Sandstrand des gesamten Delta-Festlands und war im Begriff, ein tolles Ferienresort zu werden, doch mittlerweile schwappen die Abwässer einer Zementfabrik ohne Unterlass an das von Unrat verschandelte Ufer. Darüber hinaus befindet sich ganz in der Nähe ein riesiges Kohlekraftwerk – Hon Chong wird also wohl noch länger ein Schattendasein führen. Der Hauptgrund für einen Abstecher dorthin sind malerische Steingrotten und ein stimmungsvoller buddhistischer Höhlenschrein.

Hat man das heruntergekommene, schmutzige Dorf passiert, führt die Straße um eine Landspitze herum und folgt dem **Duong Beach** (Bai Duong) 3 km lang. Das Eintrittsgeld muss ganz am Ende des Strandes bezahlt werden (5000/10 000 VND pro Pers./Auto), wo es Essensstände, Karaokebars sowie freilaufende Schweine und Hühner gibt. Vom Strand aus erspäht man die Überreste der **Vater-Sohn-Insel** (Hon Phu Tu). Einst soll ihre Form an einen Vater erinnert haben, der seinen Sohn umarmt; allerdings wurde der Teil 2006 fortgespült. Wer das Eiland aus der Nähe betrachten möchte, kann am Ufer ein Boot mieten.

Durch den Markt gelangt man zur **Höhlenpagode** (Chua Hang), die sich vor einer felsigen Landzunge erhebt. Der Eingang zu der Höhle mit dem **Hai Son Tu** (Meerbergtempel) ist in der Pagode. Besucher zünden hier Räucherstäbchen an und beten, bevor sie durch einen Eingang hinter dem Altar die eigentliche Grotte betreten. Im Inneren befinden sich Statuen von Buddha und Quan The Am Bo Tat. 15 Tage vor und einen Monat nach dem Tet-Fest wimmelt es in der Pagode von Pilgern, aber auch im März und April strömen Buddhisten in Scharen herbei.

🛏 Schlafen & Essen

Hontrem Resort   RESORTHOTEL **$$**
(✆385 4331; ctycpdulichkg@vnn.vn; Zi. 60 US$; ❄🛜) Hon Chongs mit Abstand komfortabelste Unterkunft erstreckt sich auf einem Hügel fast am Ende der Hauptstraße. Sie besteht aus sechseckigen Bungalows mit Meerblick, großen Betten und Bädern sowie Safes. Die Grünanlage wirkt gepflegt, außerdem gibt's hier ein namhaftes Strandrestaurant. Frühstück ist inbegriffen.

Green Hill Guesthouse   PENSION **$**
(✆385 4369; Zi. 500 000 VND; ❄) Eine beeindruckende Villa auf der nördlichen Landzunge des Duong-Strandes beherbergt diesen netten Familienbetrieb mit geräumigen Zimmern (wir empfehlen das im Obergeschoss) und einem Gemeinschaftsbalkon.

Tan Phat   RESTAURANT **$**
(Hauptgerichte 60 000–90 000 VND; ❄) 1 km vor dem Duong-Strand stößt man an der Hauptstraße von Hon Chong auf dieses von außen ziemlich baufällig aussehende Fischrestaurant. Hier wird in Pavillons über dem Wasser köstliches Essen serviert. Dabei genießt man einen netten Blick auf die Boote der Einheimischen. Auf der englischen Speisekarte steht z. B. leckerer süßsaurer Tintenfisch.

ℹ An- & Weiterreise

Hon Chong liegt 32 km von Ha Tien entfernt. Die Zufahrtsstraße zweigt bei der kleinen Ortschaft Ba Hon von der Nationalstraße zwischen Rach Gia und Ha Tien ab. Wer mit dem Bus unterwegs ist, kann in Ba Hon aussteigen und dort ein Motorradtaxi nach Hon Chong nehmen (60 000 VND).

TUC-DUP-HÜGEL

Während des Vietnamkriegs war dieser Hügel (216 m) ein wichtiger strategischer Punkt, da sich hier zahlreiche miteinander verbundene Höhlen erstrecken. *Tuc dup* ist ein Khmer-Ausdruck und bedeutet so viel wie „Wasser, das nachts läuft". In der Gegend wird die Anhöhe auch „Zwei-Millionen-Dollar-Hügel" genannt – so viel kostete es die US-Amerikaner nämlich, das Gelände zu sichern.

Obwohl dieser Ort von historischer Bedeutung ist, gibt's nicht viel zu sehen. Wenn man über die Nebenstraße via Ba Chuc nach Chau Doc fährt, kommt man nah daran vorbei.

BA CHUC

Ba Chucs **Knochenpagode** erinnert an die grausamen Taten der Roten Khmer, die zwischen 1975 und 1978 regelmäßig in vietnamesisches Staatsgebiet eindrangen und Zivilisten ermordeten. Alleine in Kambodscha fielen dem Pol-Pot-Regime fast 2 Millionen Menschen zum Opfer.

Zwischen dem 12. und dem 30. April 1978 töteten die Roten Khmer 3157 Einwohner in Ba Chuc; nur sieben Personen überlebten das Massaker. Viele Opfer wurden zu Tode gequält. Nicht zuletzt deshalb ließ die vietnamesische Regierung ihre Soldaten Ende 1978 in das Nachbarland einmarschieren.

Im Massengrab der Knochenpagode liegen Schädel und Gebeine von mehr als 1100 Opfern. Das Szenario lässt einen an die Killing Fields von Choeung Ek in Kambodscha denken, wo ebenfalls Tausende Schädel von Opfern der Roten Khmer zu sehen sind. In einem Gebäude werden Fotos gezeigt, die kurz nach dem Gemetzel entstanden – sie sind selbst für vietnamesische Verhältnisse zu plastisch und grausam und brennen sich regelrecht ins Gedächtnis ein.

Ba Chuc befindet sich nahe der kambodschanischen Grenze und ist über die Straße zu erreichen, die am Kanal entlang von Ha Tien nach Chau Doc führt. Von ihr zweigt die Nationalstraße 3T ab, der man etwa 4 km folgen muss.

Chau Doc

076 / 112 000 EW.

Chau Doc schmiegt sich an die Ufer des Hau-Giang-Flusses (Bassac-Fluss). Viele Traveller passieren die nette Stadt auf dem Wasserweg von Vietnam nach Kambodscha und umgekehrt. Hier leben zahlreiche Chinesen, Cham und Khmer. Von dieser kulturellen Vielfalt zeugen Moscheen, Tempel, Kirchen sowie nahe gelegene Pilgerstätten. Es handelt sich um einen faszinierenden Ort und ein Besuch lohnt sich auch dann, wenn Kambodscha nicht auf dem Reiseplan steht. Eines der Highlights ist eine Bootsfahrt zu den Cham-Gemeinden jenseits des Flusses, aber auch der lebendige Markt und die spannende Atmosphäre am Flussufer liefern gute Gründe, um ein paar Tage zu verweilen.

◉ Sehenswertes

30-Thang-4-Park PARK
(Đ Le Loi) Dieser gepflegte Park erstreckt sich vom Markt bis zum Victoria Chau Doc Hotel. Er ist der beste Ort in der Stadt für einen Spaziergang und wartet mit einem schönen Blick über den Fluss auf. Wer Lust auf eine Bootstour (s. S. 432) hat, kann eine solche direkt bei den vielen Anbieterinnen in der Grünanlage buchen. Zwischen ordentlichen Rasenflächen und Pfaden stehen interessante Skulpturen und ein Springbrunnen.

Chau-Phu-Tempel TEMPEL
(Dinh Than Chau Phu; Ecke Đ Nguyen Van Thoai & Đ Gia Long) 1926 wurde der Tempel zu Ehren von Thoai Ngoc Hau, einem wichtigen Repräsentanten der Nguyen-Dynastie, errichtet. Dieser fand seine letzte Ruhestätte am Sam-Berg (S. 434). Das Gebäude ist mit vietnamesischen und chinesischen Motiven verziert und beherbergt Grabtafeln mit Namen und Kurzbiografien der Verstorbenen. Außerdem befindet sich hier ein Ho-Chi-Minh-Schrein.

Moscheen MOSCHEEN
Die **Chau-Giang-Moschee** in der kleinen Ortschaft Chau Giang wird von Mitgliedern der örtlichen muslimischen Cham-Gemeinde besucht. Wer sie besichtigen möchte, muss die Autofähre an der Chau-Giang-Fähranlegestelle nehmen und den Hau Giang überqueren. Dann folgt man der Straße, die vom Fluss wegführt, und biegt 30 m weiter links ab. 50 m später erreicht man die Moschee.

Die **Mubarak-Moschee** (Thanh Duong Hoi Giao) steht ebenfalls auf dieser Seite des Flusses, 800 m östlich der Chau-Giang-Moschee. Hier lesen Kinder den Koran in arabischer Schrift. Während der täglichen fünf Gebete dürfen sich im Gebäude ausschließlich Muslime aufhalten.

GRENZÜBERGÄNGE: TINH BIEN–PHNOM DEN

Dieser Grenzübergang liegt nicht besonders günstig, wenn das Reiseziel Phnom Penh heißt, ist aber eventuell eine interessante Alternative für diejenigen, die dubiose Grenzposten mögen. Er wird noch seltener genutzt als zuvor, seitdem es den Grenzübergang in Xa Xia in der Nähe von Ha Tien gibt. Letzterer ist praktisch, wenn man von der Phu-Quoc-Insel in die Kolonialstädte Kep und Kampot in Kambodscha reisen will. In Tinh Bien erhält man Visa für das Nachbarland, muss allerdings häufig 25 US$ dafür zahlen (etwas mehr als üblich).

Busse von Chau Doc nach Phnom Penh fahren um 7.30 Uhr ab und können bei Mekong Tours in Chau Doc gebucht werden (15–21 US$, 5 Std.). Die Straßen zur Grenze sind in einem erbärmlichen Zustand.

Chau Doc

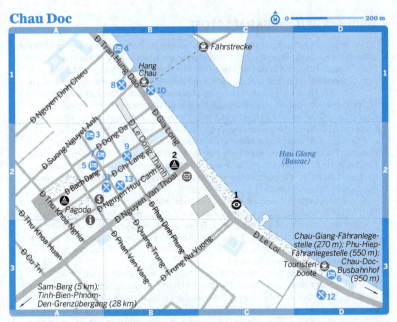

Rund um Chau Doc verteilen sich weitere kleine Moscheen, die per Boot angesteuert werden können, allerdings findet man sie nur mithilfe eines ortskundigen Guides.

Schwimmende Häuser SCHWIMMENDE HÄUSER
Diese Häuser werden von Flößen aus leeren Metallfässern getragen. Sie bieten ihren Bewohnern nicht nur ein Heim, sondern sichern auch deren Existenzgrundlage: Unter den Hütten werden Fische in aufgehängten Metallkörben gezüchtet und mit Nahrungsresten gefüttert. So wachsen sie in ihrem natürlichen Lebensraum auf und können bei Bedarf schnell gefangen werden. Schwimmende Häuser finden sich überall in der Umgebung von Chau Doc. Wer sie aus der Nähe betrachten möchte, mietet am besten ein Boot, sollte aber Rücksicht auf die Privatsphäre der Bewohner nehmen.

Schlafen

Abgesehen von den nachfolgend aufgeführten Übernachtungsmöglichkeiten in Chau Doc gibt's noch einige Unterkünfte in der Nähe des Sam-Bergs.

LP TIPP Victoria Chau Doc Hotel HOTEL $$$
(☎386 5010; www.victoriahotels-asia.com; 32 Đ Le Loi; Zi. 162–210 US$, Suite 220–275 US$; ❄@ ☏≋) Eine ziemlich stilvolle Bleibe für eine Stadt wie Chau Doc: Der klassische Kolonialbau trumpft mit einer erstklassigen Lage direkt am Fluss auf und die wunderbaren Zimmer verfügen über Holzböden, einladen-

Chau Doc

◎ Sehenswertes
1 30-Thang-4-Park C2
2 Chau-Phu-Tempel B2

🛏 Schlafen
3 Hai Chau A2
4 Thuan Loi Hotel B1
5 Trung Nguyen Hotel A2
6 Victoria Chau Doc Hotel D3
7 Vinh Phuoc Hotel A2

🍴 Essen
   Bassac Restaurant .... (siehe 6)
8 Bay Bong B1
9 Überdachter Markt B2
10 Chau Giang Floating
    Restaurant B1
11 Lam Hung Ky B2
12 Mekong D3
13 Thanh Tinh B2

🍷 Ausgehen
   Bamboo Bar .... (siehe 6)
   Tan Chau Salon Bar .... (siehe 6)

FISCHFARMEN & BIOKRAFTSTOFF

20 % der gesamten Fischproduktion Vietnams werden auf Fischfarmen erwirtschaftet, vor allem in der An-Giang-Provinz nahe der kambodschanischen Grenze. Auf dem Hau-Giang-Fluss (Bassac-Fluss) vor Chau Doc, unweit der Mündung in den mächtigen Mekong, sieht man besonders viele schwimmende Häuser mit aufgespannten metallenen Fischkörben.

Obwohl der Fluss täglich zwei Tiden hat, ist er nicht salzhaltig. Die hier aufgezogenen Fische gehören zu den asiatischen Welsarten Basa (*Pangasius bocourti*) und Tra (*Phypophthalmus*). Jedes Jahr werden ca. 1,1 Mio. Tonnen Fisch in Form von tiefgefrorenen Filets nach Europa und Amerika, aber auch nach Australien und Japan exportiert.

Fischlaich wird in der freien Natur gesammelt, gewöhnlich im Tonlé-Sap-See in Kambodscha. Danach füttert man die Tiere mit einer Mischung aus Getreide, Gemüse und Fischabfällen, bis sie etwa 1 kg schwer und damit marktreif sind. Die größten Becken messen 2000 m³ und können während eines zehnmonatigen Produktionszyklus bis zu 400 t Fisch hervorbringen.

Eine interessante Entwicklung für die Zucht ist die Verarbeitung des Abfallprodukts Fischfett in Biokraftstoff. Spezialisten zufolge kann man aus 1 kg Fett 1 l Biodiesel gewinnen. Der Biokraftstoff soll effizienter sein als herkömmlicher Diesel, ist ungiftig und produziert weniger Abgase. All jene, die schon mal eine volle Nase *nuoc mam* (Fischsoße) genommen und gedacht haben, dass man mit diesem Zeug einen Kipplader befeuern könnte, liegen also gar nicht so falsch.

Eine Weile stand der vietnamesische Pangasius auf der roten Liste, um umweltbewusste Europäer davon abzuhalten, den gezüchteten Fisch zu verzehren. Der World Wildlife Fund (WWF) befürchtete nämlich, dass die Zucht negative Auswirkungen haben würde, insbesondere was die Müllentsorgung, die Verwendung von Antibiotika und anderen Chemikalien betrifft. 2011 wurde der Fisch wieder von der Liste genommen. Inzwischen hat der WWF eine Reihe von Standards festgelegt und eine Agentur gegründet, die vietnamesische Biozüchter auszeichnet.

---

de Badewannen sowie schöne Vorhänge. Vom Pool hat man das bunte Treiben am Ufer bestens im Blick. Oben lockt ein kleines Wellnesscenter, außerdem werden ein paar Touren für die Gäste angeboten, u. a. ein zweistündiger Bootsausflug entlang der Grenze (25 US$) oder eine Exkursion zum Sam-Berg (32 US$).

Trung Nguyen Hotel `LP TIPP` HOTEL $
(📞386 6158; trunghotel@yahoo.com; 86 Đ Bach Dang; Zi. 13–15 US$; ✱@🛜) Seit seiner Generalüberholung ist das Trung Nguyen zweifellos die beste Budgetunterkunft des Ortes. Ausstattung und Aufmachung gehen eindeutig in Richtung Mittelklassehotel. Die Einrichtung der Zimmer wirkt durchdachter als bei der Konkurrenz, und von den Balkonen genießt man einen guten Blick auf den Markt. Achtung, ringsum herrscht reges Treiben, deshalb sollte man die Ohrstöpsel nicht vergessen!

Hai Chau HOTEL $
(📞626 0026; www.haichauhotel.com; 61 Đ Suong Nguyet Anh; Zi. 360 000–560 000 VND; ✱🛜) Eine empfehlenswerte, zentral gelegene Option mit 16 Zimmern auf vier Etagen über einem Restaurant. Anders als im Trung Nguyen können sich die Gäste hier sogar über einen Aufzug freuen. Die gepflegten Zimmer sind schick ausgestattet und punkten mit dunklen Holzmöbeln sowie guten Duschkabinen.

Thuan Loi Hotel HOTEL $
(📞386 6134; ksthuanloi@yahoo.com; 275 Đ Tran Hung Dao; Zi. mit Ventilator/Klimaanlage 200 000/230 000 VND; ✱) Das einzige günstige Hotel am Fluss nutzt seine tolle Lage bestmöglich aus. Es betreibt ein schwimmendes Restaurant mit Strohdach und hat ordentliche Zimmer ohne besonderes Flair. In denen mit Ventilator gibt's nur kaltes Wasser, es lohnt sich also, einen der größeren Räume mit Klimaanlage zu nehmen.

Vinh Phuoc Hotel HOTEL $
(📞386 6242; www.hotels-chaudoc.com/Vinh_Phuoc_hotel; 12 Đ Quang Trung; Zi. mit Ventilator/Klimaanlage 7–10/10–12 US$; ✱@) Die netten Angestellten in diesem beliebten Budgethotel wissen eine Menge über die Region zu berichten. Gäste haben die Auswahl zwischen supergünstigen Zimmern mit Ventilator und der komfortableren Variante samt

Klimaanlage und Warmwasser. Das Restaurant ist preiswert und gut; dort trifft man eigentlich immer ein paar Leute mit einem Bier in der Hand.

Essen

Eine tolle Anlaufstelle für vietnamesisches Essen (10 000–20 000 VND) ist der **überdachte Markt** (Đ Bach Dang). Spätabends kann man verschiedene Varianten einer kalten *che* (Dessertsuppe) an den Ständen auf der Đ Bach Dang probieren (gleich neben der Pagode). Darüber hinaus gibt's noch viele andere günstige Anbieter, die ihre Gerichte auf großen Schildern anpreisen.

Bassac Restaurant
FRANZÖSISCH, VIETNAMESISCH $$
(386 5010; 32 Đ Le Loi; Hauptgerichte 9–18 US$) Nobler als im Restaurant des Victoria Chau Doc kann man in der Stadt nicht speisen. Auf der Karte stehen vietnamesische und fantasievolle französische Kreationen, bei deren Anblick einem das Wasser im Mund zusammenläuft.

Bay Bong
VIETNAMESISCH $
(22 Đ Suong Nguyet Anh; Hauptgerichte 40 000–90 000 VND) Sieht nicht sehr vielversprechend aus, tischt aber wahrhaft köstliche Gerichte auf, darunter Eintöpfe, Suppen und Kreationen mit frischem Fisch, z. B. *ca kho to* (im Tontopf geschmorter Fisch) oder *canh chua* (süßsaure Suppe).

Mekong
VIETNAMESISCH $
(41 Đ Le Loi; Hauptgerichte 35 000–70 000 VND) Das Lokal direkt gegenüber dem Victoria Chau Doc hat einen großen überdachten Sitzbereich, Gäste können ihr Essen aber auch draußen vor der in Würde alternden Villa verspeisen. Eine tolle Adresse für klassisch vietnamesische Speisen zu erschwinglichen Preisen.

Chau Giang Floating Restaurant
VIETNAMESISCH $
(Đ Tran Hung Dao; Hauptgerichte 40 000–90 000 VND) Auf dem Oberdeck des ständig vor Anker liegenden Boots werden Fisch und Meeresfrüchte serviert. Dies ist die richtige Adresse, wenn man die Mekong-Spezialität *hu tieu* kosten möchte, eine Nudelsuppe, die mit Rind, Meeresfrüchten oder Huhn zubereitet wird.

Lam Hung Ky
CHINESISCH $
(71 Đ Chi Lang; Hauptgerichte 50 000–120 000 VND) Eines von mehreren chinesischen Restaurants an der Chi Lang. Im Fenster hängen gekochte Enten und Hühnchen und es gibt eine ins Englische übersetzte Speisekarte.

Thanh Tinh
VIETNAMESISCH $
(42 Đ Quang Trung; Hauptgerichte 30 000–80 000 VND;) Der Name dieses Restaurants bedeutet so viel wie „den Körper beruhigen". Vegetarier sind hier an der richtigen Adresse.

Ausgehen

Das Disco-Outfit kann man im Rucksack lassen, denn Chau Doc ist ein ziemlich verschlafenes Nest. Zu den besten abendlichen Treffpunkten gehören die **Bamboo Bar** und die **Tan Chau Salon Bar** im Victoria Chau Doc Hotel. Ein nettes Ambiente für einen Drink zu günstigeren Preisen bietet das **Chau Giang Floating Restaurant**.

🛈 Praktische Informationen

Mekong Tours (386 8222; www.mekongvietnam.com; 14 Đ Nguyen Huu Canh) Die Angestellten dieses Anbieters organisieren Boots- und Busfahrten nach Phnom Penh, Touren auf dem Mekong und Mietwagen inklusive Fahrer.

Post (386 9200; 2 Đ Le Loi; @)

🛈 An- & Weiterreise

AUTO & MOTORRAD Auf dem Landweg sind es 95 km von Chau Doc nach Ha Tien, 117 km nach Can Tho, 181 km nach My Tho und 245 km nach HCMS. Mehr Infos zur Straße nach Ha Tien siehe S. 438.

BUS Vom Mien-Tay-Busbahnhof in HCMS bestehen Verbindungen hierher. Expressbusse legen die Strecke in sechs Stunden zurück und kosten etwa 120 000 VND. Der **Busbahnhof von Chau Doc** (Ben Xe Chau Doc) liegt am östlichen Stadtrand, wo die Đ Le Loi in die Nationalstraße 91 übergeht. Zu den weiteren Reisezielen gehören Ha Tien (52 000 VND) und My Tho (51 000 VND).

SCHIFF/FÄHRE Infos zu Bootstouren nach Kambodscha siehe Kasten S. 432.

🛈 Unterwegs vor Ort

Boote in den Chau-Giang-Bezirk legen an zwei Orten ab: Autofähren starten an der **Chau-Giang-Anlegestelle** (Ben Pha Chau Giang) gegenüber der 419 Đ Le Loi und kleinere Boote an der **Phu-Hiep-Anlegestelle** (Ben Pha FB Phu Hiep) etwas weiter südöstlich. Letztere fahren häufiger.

Privatboote werden im Stehen gerudert und können an beiden Anlegestellen oder im 30 Thang 4 Park gebucht werden (80 000 VND für ein paar Stunden). Mit ihnen gelangt man zu den

GRENZÜBERGANG: VINH XUONG–KAAM SAMNOR

Einer der schönsten Grenzübergänge zwischen Kambodscha und Vietnam ist dieser am Mekong gelegene Grenzposten nordwestlich von Chau Doc. Wer aus Kambodscha kommt, muss sich im Voraus um ein Visum kümmern. Traveller, die von Vietnam nach Kambodscha unterwegs sind, können sich am Grenzübergang Visa ausstellen lassen. Leider passiert es häufiger, dass Touristen etwas zu viel berechnet wird (man sollte sich auf ca. 23 US$ einstellen).

Einige Reiseveranstalter in Chau Doc organisieren Bootstouren nach Phnom Penh. Die Grenze wird in Vinh Xuong überquert. **Hang Chau** (Chau Doc ☎076-356 2771; Phnom Penh ☎855-12-883 542; www.hangchautourist.com.vn) startet um 7.30 Uhr in Chau Doc an der Anlegestelle in der 18 Đ Tran Hung Dao und erreicht sein Ziel um 12.30 Uhr (24 US$). Abfahrt in Phnom Penh ist um 12 Uhr.

Der noblere Anbieter **Blue Cruiser** (www.bluecruiser.com; HCMS ☎08-3926 0253; Phnom Penh ☎855-236-333 666) verkehrt um 7 Uhr (55 US$). Inklusive der Grenzkontrollen dauert die Fahrt etwa 4½ Stunden. Los geht's am Pier des Victoria Chau Doc. Dort starten um 7 Uhr auch die **Victoria Speedboats** (www.victoriahotels-asia.com); Abfahrt in Phnom Penh ist um 13.30 Uhr. Sie sind den Gästen des Victoria Chau Doc vorbehalten, legen die Strecke in fünf Stunden zurück und kosten satte 97 US$ pro Person.

---

schwimmenden Häusern, den Cham-Dörfern sowie den Moscheen in der Umgebung. Motorboote sind teurer (100 000 VND pro Std.).

Rund um Chau Doc

SAM-BERG

Der Sam-Berg (Nui Sam, 284 m) ist Buddhisten jeglicher Couleur heilig, doch außer ihnen pilgern auch zahlreiche Chinesen hierher. Ringsum stehen zig Pagoden und Tempel, und von oben hat man bei gutem Wetter eine tolle Aussicht bis weit nach Kambodscha hinein. Auf dem Gipfel befindet sich ein Militäraußenposten. Er stammt noch aus der Zeit, als die Roten Khmer wiederholt die Grenze überschritten und vietnamesische Dörfer überfielen.

Der steile Pfad hinauf ist von Schreinen und Grabstätten gesäumt, aber auch fest im Griff des weniger besinnlichen Kommerzes: Es gibt eine große Auswahl an Cafés und Ständen, sodass man jederzeit Zuflucht vor der Sonne suchen und etwas trinken und essen gehen bzw. Räucherstäbchen, eine Sonnenbrille oder einen Hut kaufen kann. Wandermuffel lassen sich mit einem Motorradtaxi hinauffahren (ca. 20 000 VND). Die hübsche Strecke zum Gipfel liegt auf der Ostseite des Bergs. Am Fuß des Nui Sam hält man sich links und biegt nach 1 km rechts ab, wo der Weg langsam ansteigt.

◉ Sehenswertes

Tay-An-Pagode PAGODE
(Chua Tay An) Die Pagode wurde 1847 am ehemaligen Standort eines Bambusschreins errichtet, allerdings ist hier inzwischen ein Bauwerk aus dem Jahr 1958 zu sehen. In der ungewöhnlichen Architektur (man beachte vor allem den Kuppelturm) spiegelt sich die Verschmelzung hinduistischer und islamischer Einflüsse wider.

Das Haupttor zeigt den traditionellen vietnamesischen Baustil. Auf dem Dach kämpfen Löwen- und zwei Drachenfiguren um Perlen, Chrysanthemen, Aprikosenbäume und Lotusblüten. Ganz in der Nähe sieht man eine Statue von Quan Am Thi Kinh, Beschützerin von Mutter und Kind.

Die Pagode selbst wird von zwei Statuen bewacht, einem schwarzen Elefanten mit zwei Stoßzähnen und einem weißen Elefanten mit sechs Stoßzähnen. Sie beherbergt Hunderte fein gearbeiteter religiöser Figuren, von denen die meisten aus Holz bestehen. Einige haben psychedelisch anmutende Heiligenscheine.

Wer auf der Nationalstraße 91 aus Chau Doc kommt, findet die Tay-An-Pagode direkt vor sich am Fuß des Bergs.

Tempel der Dame Xu TEMPEL
(Mieu Ba Chua Xu) Diese große Anlage mit Blick auf den Sam-Berg (er liegt an derselben Straße wie die Tay-An-Pagode) wurde als Aufbewahrungsort für die Statue der Dame Xu geschaffen, die Gegenstand eines beliebten Kults geworden ist. Das Originalgebäude aus den 1820er-Jahren bestand aus Bambus und Blättern, ist seither jedoch mehrfach umgebaut worden, zuletzt zwischen 1972 und 1976. Nun kombiniert es Stilelemente aus der Mitte des 20. Jhs. mit vietnamesisch-

buddhistischer Dekoration. Möglicherweise ist die Statue eine Hinterlassenschaft der Oc-Eo-Kultur (6. Jh.) und könnte auch einen Mann darstellen – allerdings sollte man das nicht in Gegenwart der Gläubigen erwähnen. Einer von mehreren Legenden zufolge befand sie sich einst auf dem Gipfel des Sam-Bergs. Im frühen 19. Jh. marschierten siamesische Truppen in der Gegend ein. Sie waren so fasziniert von der Figur, dass sie diese mit nach Thailand nehmen wollten. Doch während sie die Statue zu Tal trugen, wurde sie schwerer und schwerer, bis die Soldaten schließlich aufgeben mussten und sie am Wegesrand zurückließen.

Dort entdeckten sie eines Tages ein paar Dorfbewohner, die sie zurück in ihre Siedlung bringen und ihr zu Ehren einen Tempel errichten wollten. Aber auch sie konnten die Figur nicht bewegen. Plötzlich tauchte ein Mädchen auf, das von einem Geist besessen war und sich als Dame Xu vorstellte. Es verkündete, dass nur neun Jungfrauen in der Lage sein würden, die Statue zu tragen. Also rief man so viele Mädchen zusammen und ließ sie die Skulptur den Berg hinunterschleppen. Als sie die Ebene erreichten, wurde ihnen die Last allerdings so schwer, dass sie diese absetzen mussten. Daraus schlossen die Dorfbewohner, dass die Dame Xu diese Stelle für ihren Tempel erwählt hatte und errichteten hier prompt ein Gebäude.

Häufig werden ganze Schweine als Opfer dargebracht (ein interessantes Fotomotiv). Das wichtigste Fest findet vom 23. bis zum 26. Tag des vierten Mondmonats statt (Ende Mai oder Anfang Juni) und zieht zahlreiche Pilger an, die im zweistöckigen Haus neben dem Tempel übernachten.

Grab von Thoai Ngoc Hau GRABSTÄTTE
(Lang Thoai Ngoc Hau) Thoai Ngoc Hau (1761–1829) war ein hochrangiger Beamter, der erst den Herrschern aus dem Hause der Nguyen und später der Nguyen-Dynastie diente. 1829 ordnete er den Bau seines eigenen Grabmals am Fuß des Sam-Bergs an. Dieses liegt ziemlich genau gegenüber vom Tempel der Dame Xu.

Die Stufen bestehen aus rotem Stein *(da ong)*, der aus dem Südosten des Landes stammt. In der Mitte der Plattform sind die Gräber von Thoai Ngoc Hau und seinen beiden Ehefrauen, Chau Thi Te und Truong Thi Miet, eingelassen. Hinten sieht man einen Schrein und in der Nähe stößt man auf mehrere Dutzend Grabstellen; dort fanden Haus Untergebene ihre letzte Ruhe.

Höhlenpagode PAGODE
(Chua Hang) Die auch als Phuoc Dien Tu bekannte Pagode thront auf halber Strecke zum Gipfel des Sam-Bergs auf dessen äußerster Westseite. Im unteren Bereich liegen die Unterkünfte der Mönche. Schneiderin Le Thi Tho, die Gründerin der Pagode, und Mönch Thich Hue Thien, der frühere Vorsteher, wurden in zwei sechseckigen Grabmälern bestattet.

Im oberen Bereich befindet sich das Haupttheiligtum mit Statuen des A Di Da (Buddha der Vergangenheit) und Thich Ca Buddha (historischer Buddha Sakyamuni). Hinter dem Gebäude erstreckt sich eine Höhle mit einem dem Quan The Am Bo Tat gewidmeten Schrein.

Der Legende zufolge kam Le Thi Tho vor 50 Jahren hierher, um zu meditieren. Dabei entdeckte sie zwei riesige Schlangen, eine weiße und eine dunkelgrüne. Le Thi Tho bekehrte die Tiere, die daraufhin ein frommes Leben führten. Nach dem Tod der Schneiderin verschwanden sie spurlos.

🛏 Schlafen & Essen
Am Fuße des Sam-Bergs ist eine lebendige Siedlung entstanden. Hotels, Pensionen und Restaurants säumen die Straße.

Long Chau RESORTHOTEL $
(386 1249; www.vamcotravel.com; Hwy 91; Zi. 10–20 US$; ❄🌐) Inmitten von Reisfeldern liegt 4 km außerhalb von Chau Doc auf dem Weg zum Sam-Berg dieses nette Resort. Es verfügt über mit Rattan gedeckte Bungalows und einen zentralen Seerosenteich. Der Blick auf den heiligen Berg ist toll, zudem bieten die Zimmer ein gutes Preis-Leistungs-Verhältnis. Räume mit Klimaanlage sind schon ab 15 US$ zu haben. Auch das Restaurant ist zu empfehlen, selbst wenn man nicht hier übernachtet.

Ben Da Nui Sam RESORTHOTEL $
(386 1745; www.angiangtourimex.com.vn; Hwy 91; Zi. 300 000–720 000 VND; ❄🌐) Die komfortablen Zimmer in dem großen, staatlich betriebenen Hotel sind mit Satelliten-TV sowie Minibars ausgestattet und blicken teilweise auf den weitläufigen Garten. Frühstück ist inbegriffen.

Long Bo VIETNAMESISCH $
(Hwy 91; Hauptgerichte 40 000–90 000 VND) In dem vor allem bei Einheimischen beliebten Restaurant 1 km westlich des Tempels der Dame Xu gibt's Spezialitäten vom Grill, die man selbst am Tisch zubereitet, darunter *bo*

lui xa (Rind mit Zitronengras). Die Kellner versorgen Gäste mit Kohle.

ⓘ An- & Weiterreise
Viele Traveller fahren mit einem gemieteten Motorrad zum Sam-Berg oder nehmen ein *xe om* (ca. 40 000 VND pro Strecke), es verkehren aber auch Busse aus Chau Doc in diese Richtung (5000 VND).

PHU-CHAU-BEZIRK (TAN CHAU)
Der Phu-Chau-Bezirk, auch Tan Chau genannt, ist im gesamten Süden Vietnams für die traditionelle Seidenherstellung bekannt. Auf dem hiesigen Markt werden zudem preiswerte thailändische und kambodschanische Waren feilgeboten.

Wer die Gegend besuchen möchte, überquert in Chau Doc mit einem der Boote an der Phu-Hiep-Anlegestelle den Hau-Giang-Fluss und bucht anschließend ein *xe om* (ca. 60 000 VND) für die 18 km lange Reststrecke.

Long Xuyen
♪ 076 / 300 000 EW.

Abgesehen von ein paar kleineren Sehenswürdigkeiten und einem lebendigen Markt gibt's kaum einen Grund für Reisende, länger in der Hauptstadt der An-Giang-Provinz zu verweilen. Long Xuyen ist relativ wohlhabend. Die wichtigsten Standbeine der lokalen Wirtschaft sind die Landwirtschaft – vor allem der Anbau von Cashewnüssen – und die Fischindustrie.

Früher war Long Xuyen eine Hochburg der 1939 gegründeten Hoa-Hao-Sekte. Ihre Anhänger praktizieren eine sehr schlichte Form der Anbetung: Sie glauben nicht daran, dass eine Person zwischen den Menschen und dem Höheren Wesen vermitteln muss, und haben auch keine Tempel. Bis 1956 unterhielt die Sekte eine eigene Armee – damals eine der größten Streitkräfte in der gesamten Region.

Vietnams zweiter Präsident Ton Duc Thang wurde in Long Xuyen geboren. Eine große Statue erinnert an den berühmten Sohn und ein Museum widmet sich dem Leben von Bac Ton (Onkel Ton).

Geschichte
Zwischen dem 1. und 6. Jh., als Südvietnam und Südkambodscha zum kambodschanischen Königreich Funan gehörten, hatte Oc-Eo (die wenigen Überreste des Ortes befinden sich 37 km südwestlich von Long Xuyen) den Status einer bedeutenden Handelsstadt. Ein Großteil der Informationen über Funan, dessen Blütezeit im 5. Jh. war, entstammt alten chinesischen Quellen oder wurde aus den Funden in Oc-Eo und Angkor Borei im benachbarten Kambodscha abgeleitet. Diese untermauern außerdem die Vermutung, dass Oc-Eo nicht nur Handelsbeziehungen mit Thailand, Malaysia und Indonesien unterhielt, sondern auch mit Persien und dem Römischen Reich.

Das weit verzweigte Kanalsystem rund um Oc-Eo diente neben der Bewässerung auch als Transportweg und verleitete zeitgenössische chinesische Händler dazu, ihre Reisen zur malaiischen Halbinsel als „Segelfahrt durch Funan" zu bezeichnen. Viele Gebäude in der Stadt standen auf Pfählen. Ihre Überreste geben Aufschluss darüber, wie hoch entwickelt die Funan-Zivilisation war. Funde aus Oc-Eo sind im Historischen Museum und im Museum der Schönen Künste in HCMS sowie im Historischen Museum von Hanoi zu bewundern.

⊙ Sehenswertes

GRATIS Blue Sky Crocodile Land
KROKODILFARM
(Ca Sau Long Xuyen; 44/1A Đ Tran Hung Dao; ⊙ 7-18 Uhr) Wer einen ausgiebigen Blick auf die Reptilien werfen möchte, die einst den Mekong beherrschten, sollte sich diese Krokodilfarm ansehen. Dort leben Tausende von Krokos, die zwischen 10 cm und 4 m lang sind – die Pfauen in dem angrenzenden Stall tun uns übrigens aufrichtig leid, weil sie den ganzen Tag von scharfäugigen Augenpaaren beobachtet werden! Fleisch und Haut der Tiere sind zum größten Teil für den Export bestimmt, aber hin und wieder kommen auch Einheimische vorbei, um ein wenig frisches oder tiefgefrorenes Krokosteak zu kaufen oder um in dem vor Ort gelegenen Restaurant zu speisen. In einem kleinen Laden werden zudem Portemonnaies und Taschen aus Krokoleder verkauft. Die Farm befindet sich 8 km südlich der Stadt an der Straße nach Can Tho.

Katholische Kirche
KIRCHE
(Đ Tran Hung Dao) Dieses beeindruckende moderne Gebäude mit dem 50 m hohen Glockenturm ist eine der größten Kirchen im Mekong-Delta, denn sie bietet 1000 Gläubigen Platz und ist tatsächlich häufig voll! Sie entstand zwischen 1966 und 1973, hat ein höhlenartiges Interieur und ein gutes Belüftungssystem (in Vietnam sind nur ein paar der neueren protestantischen Kirchen kli-

Long Xuyen

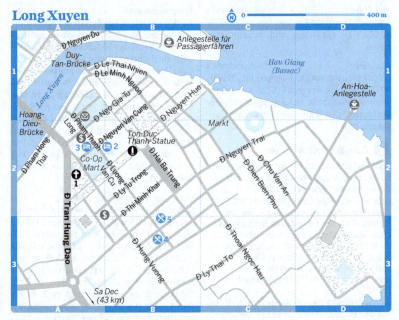

matisiert; Katholiken und Buddhisten halten generell nicht viel von irdischem Komfort dieser Art). Im Mittelpunkt steht ein riesiges Kreuz auf einem Globus, der von zwei Händen gehalten wird.

Cho Moi VIERTEL

Jenseits des Flusses erstreckt sich das für seine stattlichen Obstplantagen bekannte Cho-Moi-Viertel. Hier werden Bananen, Durian- und Longans, Guaven, Mangos und Mangostanen, Jackfrüchte sowie Pflaumen angebaut. Von der Fähranlegestelle setzen Boote zur anderen Flussseite über.

Schlafen

Dong Xuyen Hotel HOTEL $

(394 2260; www.angiangtourimex.com.vn; Đ 9A Luong Van Cu; Zi. 400 000–770 000 VND, Suite 800 000 VND; ❄︎⊛) Long Xuyens schickstes Hotel ruht sich nicht auf seinen Lorbeeren aus: Bei unserem letzten Besuch waren gerade Renovierungsarbeiten im Gange. Die Zimmer inklusive Extras wie Minibar etc. sind mit hübschen Holzmöbeln ausgestattet, zudem sprechen die netten, hilfsbereiten Angestellten gut Englisch.

Long Xuyen Hotel HOTEL $

(384 1927; www.angiangtourimex.com.vn; 19 Đ Nguyen Van Cung; Zi. 300 000–420 000 VND;

Long Xuyen

⦿ **Sehenswertes**

1 Katholische Kirche..................A2

⚑ **Schlafen**

2 Dong Xuyen Hotel..................B2
3 Long Xuyen Hotel A2

⊗ **Essen**

Buu Loc ....(siehe 4)
4 Hai Thue B3
5 Hong Phat B3

❄︎⊛) Der auf der anderen Straßenseite gelegene ältere Bruder des Dong Xuyen gehört ebenfalls dem Staat. Eine Instandsetzung würde sicher nicht schaden, dafür bleiben die Preise aber konstant günstig. Auch die Zimmer sind ganz nett, denn sie warten mit Satelliten-TV, Warmwasser und gemeinschaftlich genutzten Balkonen auf.

Essen

Hong Phat VIETNAMESISCH $

(242/4 Đ Luong Van Cu; Hauptgerichte 30 000–80 000 VND) In dem Restaurant gibt's eine Klimaanlage, englische Speisekarten, leckere Grill- sowie zahlreiche Fisch- und Meeresfrüchtegerichte und nette Angestellte.

Hai Thue
VIETNAMESISCH $

(245/3 Ð Luong Van Cu; Hauptgerichte 15 000–40 000 VND) Günstiges und authentisches Essen.

Buu Loc
VIETNAMESISCH $

(246/3 Ð Luong Van Cu; Hauptgerichte 20 000–40 000 VND) Ein weiteres beliebtes vietnamesisches Restaurant, in dem es großzügige Portionen, aber leider keine englische Speisekarte gibt.

❶ An- & Weiterreise

AUTO & MOTORRAD Um nach Cao Lanh oder Sa Dec zu gelangen, muss man die Autofähre an der An-Hoa-Anlegestelle nehmen.

BUS Vom Mien-Tay-Busbahnhof in HCMS bestehen Verbindungen nach Long Xuyen (ab 85 000 VND). Der **Long-Xuyen-Busbahnhof** (Ben Xe Khach Long Xuyen) liegt etwa 1,5 km die Ð Phan Cu Luong hinunter außerhalb der Ð Tran Hung Dao am südlichen Ende der Stadt. Hier starten Busse nach Can Tho (62 km), Chau Doc (55 km), Ha Tien (130 km) und Rach Gia (75 km).

SCHIFF/FÄHRE Wer von der Ð Pham Hong Thai aus die Fähranlegestelle von Long Xuyen erreichen möchte, muss die Duy-Tan-Brücke überqueren und sich dann rechts halten. Passagierfähren steuern von dort aus Sa Dec und andere Ziele im Mekong-Delta an.

Cao Lanh

🎵 067 / 150 000 EW.

Diese relativ junge Stadt mitten in den Dschungelwäldern und Sümpfen des Mekong-Deltas ist ein wichtiges Handelszentrum, wird aber nur von wenigen Touristen besucht. Ihre Nähe zum Rung Tram (Tram-Wald) und zum Tran-Nong-Nationalpark ist sehr praktisch. Beide Attraktionen kann man mit dem Boot erreichen.

◉ Sehenswertes

Dong-Thap-Museum
MUSEUM

(226 Ð Nguyen Thai Hoc; ⊙7–11.30 & 13.30–17 Uhr) Das beeindruckende Museum zählt zu den besten in der Mekong-Region. Im Erdgeschoss erfährt man alles Wissenswerte zur anthropologischen Geschichte der Dong-Thap-Provinz. Neben Werkzeugen, Skulpturen und Modellen von traditionellen Häusern sind auch ausgestopfte Tiere und eingelegte Fische zu sehen. Das Obergeschoss widmet sich der Kriegsgeschichte und, natürlich, Ho Chi Minh. Leider gibt's nur vietnamesische Infotafeln.

Kriegsdenkmal
DENKMAL

An den östlichen Ausläufern der Stadt nahe der Nationalstraße 30 stößt man auf Cao Lanhs auffälligstes Wahrzeichen, das im sozialrealistischen Stil gestaltete Kriegsdenkmal (Dai Liet Si). Es besteht aus der großen weißen Betonstatue eines dekorierten Soldaten, der vor einem stilisierten Stern Blumen in der Hand hält. Auf seiner Rückseite sind Störche (ein Symbol für den Mekong) zu sehen. Hinter einem Lotusteich steht ein mit Flachreliefs verzierter Schrein. Auf dem Gelände befinden sich die Gräber von 3112 Vietcong-Soldaten, die im Vietnamkrieg gefallen sind.

Grab von Nguyen Sinh Sac
PARK

(Lang Cu Nguyen Sinh Sac; abseits der Ð Pham Huu Lau; Parkplatz 6000 VND) Das Grab von Ho Chi Minhs Vater Nguyen Sinh Sac (1862–1929) liegt im Zentrum eines hübschen 9,6 ha großen Parks mit einem Modelldorf aus Holzhäusern, in dem Puppen traditionelle Beschäftigungen darstellen (Reis mahlen, Tabak verarbeiten, musizieren etc.). Es befindet sich unter einem ungewöhnlichen muschelförmigen Schrein hinter einem sternförmigen Lotusteich. Obwohl zahlreiche Gedenktafeln und Broschüren Nguyen Sinh Sac als großen Revolutionär rühmen, gibt's kaum Beweise dafür, dass er aktiv am Kampf gegen die französischen Kolonialherren beteiligt war – aber dafür war sein Sohn ja umso engagierter. Neben dem Schrein steht ein kleines Ho-Chi-Minh-Museum, dessen Sammlung in erster Linie aus Fotos mit vietnamesischen Bildunterschriften besteht. Man beachte das gruselige Porträt in Raum 2 mit einem echten Bart (wer hätte gedacht, dass Onkel Ho ein Rotschopf war?).

Der Park erstreckt sich am südwestlichen Ortseingang. Er ist zu erreichen, indem man hinter der Hoa-Long-Pagode rechts abbiegt und dem Zaun bis zum Eingang folgt.

🛏 Schlafen

Hoa Anh
HOTEL $

(🎵224 567; hoaanhhotel@yahoo.com.vn; 40 Ð Ly Tu Trung; Zi. 170 000–350 000 VND; ❄🌐) Das in Zitronengelb und Orange gehaltene Hoa Anh bringt Schwung in Cao Lanhs Hotelszene. Für 200 000 VND bekommt man ein ordentliches, recht kleines Doppelzimmer mit Marmorfliesen und kleinem Bad. Die Zimmer für 250 000 VND sind größer und verfügen über zwei Betten und in den Unterkünften für 350 000 VND hat eine ganze Familie Platz.

REISANBAU

Dhanya („Erhalter der menschlichen Rasse"), das alte indigene Wort für Reis, bringt die Bedeutung des „weißen Goldes" für die vietnamesische Bevölkerung auf den Punkt.

Eine vietnamesische Fabel berichtet von der Zeit, als Reis noch nicht angebaut und geerntet, sondern durch Gebete herbeigerufen wurde. In Form eines riesigen Balls kam er direkt aus dem Himmel in die Häuser. Eines Tages befahl ein Mann seiner Frau, vor dessen Ankunft noch den Boden zu fegen. Als der Reisball das Haus erreichte, fegte die Frau jedoch noch immer. Dabei streifte sie den Ball versehentlich mit ihrem Besen und zerbrach ihn dummerweise in tausend Stücke: Seither müssen die Vietnamesen ihren Reis selbst anbauen.

Manch entlegener Teil des Landes hat sich in den vergangenen Jahrhunderten kaum verändert: Frauen mit *non bai tho* (Kegelhüten) bewässern die Äcker von Hand, Bauern bestellen in gebeugter Haltung ihre überfluteten Reisfelder oder spannen Wasserbüffel vor den Pflug. Weil die Regierung die Produktion hochgefahren hat, werden mittlerweile aber immer häufiger Maschinen eingesetzt.

Etwa die Hälfte der vietnamesischen Bevölkerung verdient ihren Lebensunterhalt mit dieser Nutzpflanze. Reis hat in Vietnam schon immer eine wichtige Rolle gespielt, doch durch die Wirtschaftsreform *doi moi* (Erneuerung) 1986 wurde die Produktion zusätzlich angekurbelt. 1989 hatte sich das Land schließlich vom Reisimporteur zum -exporteur verwandelt. Seither dient die Getreideart als eine der Haupteinnahmequellen; 2010 belief sich der Export auf 6,5 Mio. Tonnen. Einzig Thailand exportiert mehr „weißes Gold".

Was für eine wichtige Rolle das Getreide in der vietnamesischen Küche spielt, erkennt man an den zahlreichen Speisen wie *banh xeo* (knuspriges Reisomelett) und *chao* (Reisbrei) oder auch am *ruou gao* (starker Reiswein). Überall im Land gibt's *com-pho*-Restaurants, die *com* (weißer Reis) mit gekochtem Fleisch und Gemüse sowie *pho* (Nudelsuppe) servieren.

Je nach Sorte und Wachstumsbedingungen wird nach drei bis sechs Monaten geerntet; Hauptanbauzeiten sind die Übergänge vom Winter zum Frühling, vom Sommer zum Herbst sowie die Regenzeit. Zur Ernte muss der Reis bis zum Oberschenkel reichen und in 30 cm tiefem Wasser stehen. Die Körner befinden sich in hängenden Rispen, die man von Hand schneidet. Dann werden sie in der Dreschmaschine verarbeitet. Weitere Maschinen ziehen die äußeren Schichten der Körner ab (Naturreis) oder „polieren" sie (weißer Reis). Zu den Haupterntezeiten erstrecken sich vielerorts braune Reisteppiche entlang der Straßen – hier wird das Getreide getrocknet, bevor man es zur Mühle transportiert.

2006 verboten die Regierungen von Thailand und Vietnam den Anbau von genetisch verändertem Reis aufgrund befürchteter Gesundheitsrisiken – eine Reaktion darauf, dass die USA und China zuvor die Weltvorräte mit illegalen genetisch veränderten Reissorten kontaminiert hatten.

Xuan Mai Hotel   HOTEL $
(☎385 2852; 33 Đ Le Qui Don; Zi. 200 000–300 000 VND; ❄️🌐) Schon lange wird von der Partie und unverändert preisgünstig ist dieses Minihotel mit den hübschen, gepflegten Zimmern inklusive Badewannen und Warmwasser. Es befindet sich gleich hinter der Post. Das Frühstück ist inbegriffen.

Nha Khach Dong Thap   HOTEL $
(☎387 2670; 48 Đ Ly Thuong Kiet; Zi. 260 000–800 000 VND; ❄️🌐) Offensichtlich geht's der Kommunistischen Partei ganz gut, denn die staatlichen Hotels haben inzwischen generell einen ziemlich hohen Standard. Hier übernachtet man in geräumigen, luftigen Zimmern mit polierten Böden, zudem besticht die Lobby durch jede Menge Marmor und die Flure sind breit wie Straßen. Die Suiten kosten nicht wenig, warten aber mit genug Platz für eine komplette Familie oder einen wichtigen Parteifunktionär auf.

Song Tra Hotel   HOTEL $
(☎385 2624; www.dongthaptourist.com; 178 Đ Nguyen Hue; Zi. 19–35 US$, Suite 50 US$; ❄️) Von außen wirkt diese Bleibe etwas plump, doch die Zimmer sind in einem guten Zustand und punkten mit großen Fenstern, Satelliten-TV, Minibars sowie Warmwasser. Darüber hinaus sind die Angestellten netter als in den meisten anderen staatlichen Hotels.

Cao Lanh

Cao Lanh

⊙ Sehenswertes
1. Dong-Thap-Museum.............................A3
2. Grab von Nguyen Sinh Sac.................A3
3. Kriegsdenkmal.....................................D1

🛏 Schlafen
4. Hoa Anh...C2
5. Nha Khach Dong Thap B1
6. Song Tra Hotel....................................C2
7. Xuan Mai Hotel...................................B2

✖ Essen
8. A Chau B1
9. Tan Nghia C1

✖ Essen

Cao Lanh ist berühmt für seine *chuot dong* (Reisfeldratten), deshalb sollte man etwas Raum im Magen lassen, um diese regionale Spezialität zu kosten. Das ist doch mal etwas, was man zu Hause erzählen kann!

A Chau   VIETNAMESISCH $
(42 Đ Ly Thuong Kiet; Hauptgerichte 20 000–70 000 VND) Hier bekommt man leckere *banh xeo* (gebratene Crêpes aus Reismehl), die in Fischsoße getunkt werden. Auch der *lau de* (Ziegeneintopf) ist einfach köstlich. Und dann darf man natürlich auch nicht die Rattengerichte vergessen …

Tan Nghia   VIETNAMESISCH $
(331 Đ Le Duan; Hauptgerichte 30 000–110 000 VND) Das Lokal bietet einen Blick auf dem Fluss und hat viele Stammgäste, die sich an den zahlreichen Fleisch-, Fisch- und Meeresfrüchtegerichten laben. Wer keine Lust auf Rind und Huhn hat, kann die beliebten Alternativen Ratte oder Frosch wählen.

❶ Praktische Informationen

Dong Thap Tourist (✆ 385 5637; www.dongthaptourist.com; 2 Đ Doc Binh Kieu) Eine besonders nette Touristeninformation mit hilfsbereiten Angestellten, die Bootsfahrten und andere Touren in die Umgebung organisieren. Eine **Filiale** (✆ 391 8487) befindet sich im Dorf My Hiep.

Post (85 Đ Nguyen Hue; @)

❶ Anreise & Unterwegs vor Ort

Cao Lanhs **Busbahnhof** (Ben Xe Cao Lanh; 71/1 Đ Ly Thuong Kiet) liegt günstig mitten im Stadtzentrum. Von hier gibt's Verbindungen nach HCMS (85 000 VND), Sa Dec (15 000 VND), Vinh Long (17 000 VND), My Tho (25 000 VND), Tra Vinh (45 000 VND), Can Tho (30 000 VND), Soc Trang (55 000 VND), Bac Lieu (65 000 VND) und Ca Mau (83 000 VND).

Die Attraktionen in der Umgebung erreicht man besonders gut mit Booten. Obwohl man auch eine Tour mit einem Bootsbesitzer vor Ort organisieren kann, ist es einfacher, aber auch etwas teurer, sich gleich an Dong Thap Tourist zu wenden. Ein halbtägiger Ausflug kostet etwa 30 US$.

Rund um Cao Lanh

RUNG TRAM

(Xeo Quyt, Xeo Quit; Eintritt 5 000 VND; 7–17 Uhr) Südöstlich von Cao Lanh erstreckt sich ganz in der Nähe des My-Hiep-Dorfes der 52 ha große Rung Tram. Über das gewaltige Sumpfgebiet spannt sich ein prächtiger Baldachin aus dichten Baumkronen und Kletterpflanzen. Dies ist eine der letzten natürlichen Waldregionen im Mekong-Delta. Wäre der Rung Tram nicht von historischer Bedeutung, würde sich hier wahrscheinlich schon längst ein weiteres endloses Reisfeld erstrecken.

Während des Vietnamkriegs unterhielt der Vietcong im Rung Tram eine Militärbasis namens Xeo Quyt, von der einige wenige hochrangige Generäle den Krieg steuerten (hier hielten sich nie mehr als zehn Vietcong-Soldaten gleichzeitig auf) – und das keine 2 km von einem US-Stützpunkt entfernt. Obwohl die Amerikaner das Waldgebiet nebenan äußerst misstrauisch beobachteten und gelegentlich eine Bombe über dem Gelände abwerfen ließen, ahnten sie nichts von der unmittelbaren Bedrohung. In ihren unterirdischen Bunkern befanden sich die Vietcong-Generäle in Sicherheit. Xeo Quyt unterscheidet sich übrigens deutlich von den berühmten Tunneln in Cu Chi.

Während der Regenzeit kann man eine 20-minütige **Kanutour** auf schmalen Kanälen voller Wasserhyazinthen unternehmen (10 000 VND), die an alten Bunkern und früheren Minenfeldern vorbeiführt. In der Trockenzeit lässt sich das Gelände gut zu Fuß erkunden.

In My Hiep kann man Boote mieten (ca. 15–20 US$, bis zu 10 Pers.), die für die 2 km lange Strecke zum Sumpf etwa 40 Minuten brauchen. Dong Thap Tourist bietet geführte Touren an.

TRAM-CHIM-NATIONALPARK

GRATIS Der **Tram-Chim-Nationalpark** liegt nördlich von Cao Lanh im Tam-Nong-Bezirk (Dong-Thap-Provinz) und ist für seine Population von Saruskranichen (*Grus antigone sharpii*) bekannt. Obwohl bereits mehr als 220 Vogelarten registriert wurden, interessieren sich die (Hobby-)Ornithologen am meisten für die seltenen Kraniche mit den roten Köpfen, die bis zu 1,50 m groß werden. Sie zu beobachten kostet jedoch viel Zeit, Mühe und Geld, deswegen lohnt sich der Aufwand nur für absolute Vogelfans.

Die Kraniche nisten zwischen Dezember und Mai und ziehen von Juni bis November in den Nordwesten Kambodschas. Sie sind echte Frühaufsteher und gehen tagsüber auf Nahrungssuche. Am wahrscheinlichsten bekommt man sie morgens zu sehen, aber manchmal erhascht man auch abends ein paar kurze Blicke auf die Vögel.

Wer das Schutzgebiet besuchen möchte, nutzt **Tam Nong**, ein verschlafenes Nest 45 km von Cao Lanh entfernt (1 Std. Fahrtzeit mit dem Auto), als Ausgangsbasis. Von dort geht's in einem kleinen Boot (1 800 000 VND) eine weitere Stunde bis in den Teil des Parks, wo die Kraniche leben. Dann verbringt man vielleicht eine Stunde damit, die gefiederten Freunde zu beobachten (Fernglas nicht vergessen!), bevor die Rückreise nach Cao Lanh ansteht (erneut etwa zwei Stunden Fahrtzeit). Wenn man den Park frühmorgens erkunden möchte, kann man in einer der einfachen Pensionen von Tam Nong übernachten. Hier werden die Bürgersteige zeitig hochgeklappt, weshalb man sich vor 17 Uhr ums Abendessen kümmern sollte.

Sa Dec

067 / 108 000 EW.

Sa Dec ist die ehemalige Hauptstadt der Dong-Thap-Provinz. Bäume und alte Villen aus der Kolonialzeit säumen die Straßen dieses verschlafenen, beschaulichen Ortes. In der Umgebung erstrecken sich zahlreiche Obstplantagen, außerdem kann man mehrere Blumenmärkte besuchen. Hier spielte *Der Liebhaber*, ein halb-autobiografischer Roman von Marguerite Duras, der von Jean-Jacques Annaud verfilmt wurde.

Reisegruppen, die das Mekong-Delta im Rahmen einer kurzen Tour besuchen, legen in der Stadt häufig eine Mittagspause ein und besichtigen die Gärtnereien.

◉ Sehenswertes

Ehemaliges Haus von Huynh Thuy Le

HISTORISCHES GEBÄUDE

(Nha Co Huynh Thuy Le; 093-953 3523; 225A Ð Nguyen Hue; Eintritt 10 000 VND) Einst lebte in

Sa Dec

Sa Dec

☉ Sehenswertes
1 Buu-Quang-Pagode..................A2
2 Huong-Pagode........................A2
3 Ehemaliges Haus von Huynh
   Thuy Le..............................B3

🛏 Schlafen
4 Bong Hong Hotel A4
5 Phuong Nam A4
6 Sa Dec Hotel A2

✴ Essen
7 Suppenlokale.........................B3
8 Quan Com Thuy......................A2

Anblick der Fotos von dem 70-Jährigen mit seiner Frau kann man sich kaum vorstellen, dass er einst ein Objekt der Begierde war.

Eine strahlend weiße Statue von Quan The Am Bo Tat thront auf der Plattform zwischen dieser und der angrenzenden **Buu-Quang-Pagode**, die weniger spektakulär ist.

Gärtnereien
GÄRTNEREIEN

(Vuon hoa; ⊗8–11 & 13–17 Uhr) Die Gärtnereien sind ganzjährig geöffnet, aber kurz vor dem Tet-Fest verschwindet der Blumenvorrat fast vollständig! Zu dieser Zeit strömen ebenso wie fast jeden Sonntag einheimische Touristen aus HCMS in Scharen herbei. Am Fluss und am Kanal stößt man auf mehrere kleine Verkaufsstände mit unterschiedlichem Angebot. Morgens kann man dabei zuzusehen, wie die Pflanzen auf Boote verladen werden.

🛏 Schlafen & Essen

Hier übernachten nur wenige ausländische Touristen, aber es gibt ein paar Hotels für „Gestrandete". In der Ð Hung Vuong befinden sich ein paar nette **Suppenlokale** (Nudelsuppe ca. 15 000 VND).

Phuong Nam
HOTEL $

(☎386 7867; hotelphuongnam@yahoo.com; 384A Ð Nguyen Sinh Sac; Zi. 180 000–300 000 VND; ❄🛜) Dieses gepflegte Minihotel an der Nationalstraße ist geradezu stylish. Es verfügt über kleine Zimmer mit winzigen Bädern und Balkonen sowie über große Räume mit Holzböden.

Bong Hong Hotel
HOTEL $

(☎386 8288; bonghonghotel@yahoo.com.vn; 251A Ð Nguyen Sinh Sac; Zi. mit Ventilator/Klimaanlage 10/16–22 US$, Suite 32 US$; ❄@🛜) Ein großes, düsteres Hotel. Am nettesten sind die mit Balkonen ausgestatteten oberen Zim-

dem stimmungsvollen 1895 errichteten Gebäude am Flussufer Huynh Thuy Le, Sohn einer wohlhabenden chinesischen Familie. 1929 hatte er im Alter von 27 mit der gerade mal 15-jährigen Marguerite Duras eine Affäre. Diese Romanze hielt die junge Frau in ihrem Roman *Der Liebhaber* für die Nachwelt fest. Das Gebäude verfügt über ein chinesisch-französisches Design mit wunderbaren Holzarbeiten im Innern und original erhaltenen Fliesenböden. Wer möchte, kann in einem der beiden ansprechenden, aber schlichten Zimmer übernachten (22 US$). Die Gemeinschaftsbäder befinden sich an der Rückseite des Hauses.

Huong-Pagode
PAGODE

(Chua Huong; Ð Hung Vuong) Chua Huong, die Parfümpagode, wurde 1838 im klassischen chinesischen Stil erbaut. Fans von Marguerite Duras sollten sich den Schrein von Huynh Thuy Le ansehen, das Vorbild für den Liebhaber in ihrem gleichnamigen Roman. Beim

mer. Frühstück ist im Preis inbegriffen. Nebenan befinden sich Tennisplätze.

Sa Dec Hotel HOTEL $
(386 1430; sadechotel@yahoo.com.vn; 108/5A Đ Hung Vuong; Zi. mit Ventilator/Klimaanlage 9/14–16 US$, Suite 25 US$; ✳@✆) Die Architektur des staatlich betriebenen Hotels erinnert an die 1970er-Jahre. Leider sind die Zimmer alles andere als schick und die Bäder sehr schlicht, manche warten aber mit Wannen und Balkonen auf.

Quan Com Thuy VIETNAMESISCH $
(386 1644; 439 Đ Hung Vuong; Hauptgerichte 15 000–30 000 VND) In der Stadt gibt's nur wenige Restaurants, darunter dieser Imbiss für Fleischgerichte mit Reis. Hier fühlt man sich ein wenig wie in einem Wohnzimmer, denn zum Inventar gehören ein Votivschrein und ein Fernseher.

❶ An- & Weiterreise

Sa Dec liegt ziemlich genau zwischen Vinh Long, Chau Doc und Long Xuyen. Um die beiden letzteren Städte zu erreichen, muss man allerdings zweimal die Fähre nehmen. Der **Busbahnhof** (Ben Xe Sa Dec) befindet sich an der Nationalstraße 80 gleich südöstlich des Zentrums. Von dort bestehen Verbindungen nach Vinh Long (9000 VND) und Cao Lanh (15 000 VND).

Siem Reap & die Tempel von Angkor

Inhalt »

Siem Reap 445
Kambodschanisches
Landminenmuseum..... 452
Chong Kneas 452
Kompong Pluk............. 452
Die Tempel von
Angkor 452
Angkor Wat................... 453
Angkor Thom............... 457

Kurzinfos über Kambodscha

» **Fläche** 181 035 km²
» **Grenzübergänge nach Vietnam** acht
» **Hauptstadt** Phnom Penh
» **Landesvorwahl** ☏855
» **Staatsoberhaupt** König Sihamoni
» **Bevölkerung** 15 Mio.
» **Geld** 1 US$ = 4000 R (Riel)
» **Nationalfeiertag** *Chaul Chnam* oder Khmer-Neujahr, Mitte April
» **Praktische Ausdrücke** *sua s'dey* (Hallo), *lia suhn hao-j* (Auf Wiedersehen), *o kohn* (Danke)

Auf nach Siem Reap

Wo soll man bei Angkor anfangen? Nirgendwo sonst gibt's mehr architektonische Meisterwerke auf einem Fleck – angefangen beim größten religiösen Bau der Welt, Angkor Wat, über Bayon, eine der ungewöhnlichsten Anlagen überhaupt, bis zu dem wilden Dschungeltempel von Ta Prohm. All diese weltbekannten Attraktionen haben Kambodscha den Ruf der Tempelhochburg Asiens eingetragen. Die traumhaft schönen Monumente sind Pilgerstätten der Khmer und ein Muss für jeden Traveller. Viele Vietnambesucher machen einen Abstecher hierher, um die berühmten Tempel zu sehen.

Abgesehen vom sagenumwobenen Angkor und Siem Reaps modernem Flair sind die Menschen Kambodschas größter Schatz. Die Khmer mussten durch die Hölle gehen, aber sie haben mit einem Lächeln auf den Lippen überlebt. Niemand verlässt das rätselhafte Königreich, ohne ein gewisses Maß an Bewunderung und Zuneigung für seine Bewohner zu empfinden.

Reisezeit
Siem Reap

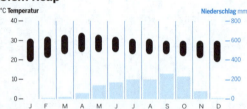

Dez.–Jan. Geringe Luftfeuchtigkeit, kaum Niederschlag und kühle Brisen – die Hauptreisezeit.

Feb.–Juni Die Temperaturen steigen; im Mai bzw. Juni bringt der Monsun Regen und Feuchtigkeit.

Juni–Okt. Regenzeit: Angkor ist von üppiger Vegetation eingerahmt und die Gräben sind voller Wasser.

SIEM REAP

☎ 063 / 119 500 EW.

Angkors Lebensader und Herz des neuen Kambodscha ist Siem Reap (*si*-em ri-*ep*). Der pulsierende Ort, dessen Name wenig taktvoll „Niederlage der Siamesen" bedeutet, zählt derzeit zu den beliebtesten Reisezielen weltweit. Doch im Grunde genommen ist er mit seinen alten französischen Ladenhäusern, den baumbestandenen Boulevards und dem träge dahinplätschernden Fluss nach wie vor ein kleiner Charmeur.

⊙ Sehenswertes

Angkor-Nationalmuseum   MUSEUM

(www.angkornationalmuseum.com; 968 Charles de Gaulle Blvd; Erw. 12 US$, Kind unter 120 cm 6 US$, Audioguide 3 US$; ⊙8.30–18 Uhr) Einen guten Überblick über den Glanz des Khmer-Reiches liefert dieses supermoderne Museum. Hier wird die historische, religiöse und kulturelle Bedeutung Angkors beleuchtet. Zu den Exponaten zählen 1400 exquisite Steinreliefs und andere Artefakte.

Les Chantiers Écoles   KULTURZENTRUM

(Puok-Dorf; ⊙Mo–Fr 7–17, Sa 7–12 Uhr) In einer Seitenstraße stößt man auf diese Seidenwerkstatt, in der Jugendliche aus armen Familien traditionelle Khmer-Techniken erlernen, z. B. die Herstellung von Lack-, Steinmetz- und Holzschnitzarbeiten. Während der Unterrichtszeit werden Führungen angeboten. Auf dem Gelände befindet sich ein toller Laden namens Artisans d'Angkor. Wer den gesamten Seidenherstellungsprozess inklusive Maulbeerbäumen, Raupen, Spinnerei und Weberei sehen möchte, sollte die zur Schule gehörende **Seidenfarm** (⊙7.30–17.30 Uhr) 16 km westlich der Stadt besuchen. Täglich um 9.30 und 13.30 Uhr fahren Shuttlebusse an den Les Chantiers Écoles ab; die Ausflüge dauern jeweils drei Stunden.

Kambodschanisches Kulturdorf
     KULTURZENTRUM

(Karte S.453; www.cambodianculturalvillage.com; NH6; Ausländer/Khmer 11/4 US$, Kind unter 12 J. 2 US$; ⊙Mo–Do 8–19, Fr–So bis 20.30 Uhr) Dieses Freilichtmuseum aus nachgebauten

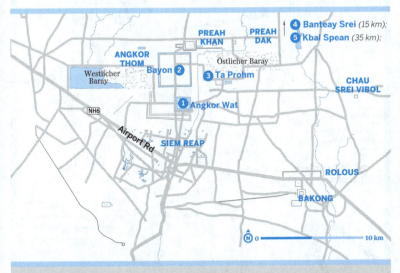

Highlights

❶ Den Sonnenaufgang über dem symbolträchtigen, einzigartigen **Angkor Wat** (S. 453) betrachten

❷ Eintauchen in die Heiterkeit und Pracht von **Bayon** (S. 457), dessen 216 rätselhafte und eindrucksvolle Gesichter vollkommen gleichmütig in den Dschungel starren

❸ In den mysteriösen Ruinen des *Tomb-Raider*-Tempels **Ta Prohm** (S. 458) die alles verschlingende Natur bestaunen

❹ Am **Banteay Srei** (S. 459) vor den schönsten Steinreliefs Angkors ins Schwärmen geraten

❺ Tief in den Dschungel zum **Kbal Spean** (S. 459), dem „Fluss der Tausend Lingas", vordringen

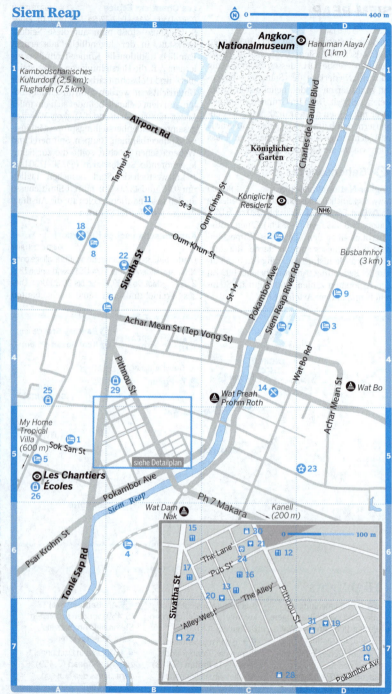

Siem Reap

◎ Highlights
Angkor-Nationalmuseum......................D1
Les Chantiers Écoles............................A5

😴 Schlafen
1 Encore Angkor Guesthouse.................A5
2 FCC Angkor C3
3 Frangipani Villa Hotel D4
4 Golden Banana B6
5 Golden Temple Villa A5
6 Hotel de la Paix B3
7 La Résidence d'Angkor C4
8 Sala Bai A3
9 Seven Candles Guesthouse................D3
10 Shadow of Angkor Guesthouse..........D7

🍴 Essen
11 Angkor-Markt......................................B2
12 Blue Pumpkin......................................C6
13 Cambodian BBQ C6
Chamkar ....(siehe 13)
14 Le Café C4
15 Le Malraux..B6
16 Le Tigre de Papier C6
17 Essensstände.....................................B6
18 Sugar Palm...A3

🍸 Ausgehen
19 Laundry Bar..D7
20 Linga Bar..C6
21 Miss Wong C6
22 Nest..B3
Warehouse................................(siehe 31)

🎭 Unterhaltung
23 Apsara Theatre...................................D5
24 Temple Club C6

🛍 Shoppen
25 Angkor-Nachtmarkt A4
26 Artisans d'Angkor A5
27 Keo Kjay..B7
28 Psar Chaa...C7
29 Rajana...B4
30 Samatoa..C6
31 Senteurs d'Angkor D7

Häusern und Dörfern versucht ganz Kambodscha im Kleinformat darzustellen. Die Anlage mag ziemlich kitschig sein, doch die Kambodschaner lieben sie, außerdem werden Kinder die Tanz- und Musikvorführungen mögen.

🛏 Schlafen

Siem Reap bietet die gesamte Palette von Drei-Dollar-Bruchbuden mit Gemeinschaftstoiletten bis zu luxuriösen Fünf-Sterne-Palästen. Weitere empfehlenswerte Pensionen und Hotels vor Ort siehe unter www.hotels.lonelyplanet.com.

LP TIPP La Résidence d'Angkor
BOUTIQUE-HOTEL $$$
(✆963390; www.residencedangkor.com; Siem Reap River Rd; Zi. ab 225 US$; ❄@☎☞) Geschmackvollere und einladendere Zimmer wird man in dieser Stadt kaum finden. Die Räume warten mit viel Holz, Terrassen und geradezu riesigen Badewannen auf. Im neuen Flügel sind erstklassige Suiten und das geniale Kong Kea Spa untergebracht.

LP TIPP My Home Tropical Garden Villa
PENSION $
(✆760035; www.myhomecambodia.com; Psar Khrom; Zi. 12–26 US$; ❄@☎☞) Hotelstandard zum kleinen Preis, feine Seidenstoffe und schönes Mobiliar – einfach toll!

Seven Candles Guesthouse
PENSION $
(✆963380; www.sevencandlesguesthouse.com; 307 Wat Bo Rd; Zi. 10–20 US$; ❄@☎) Diese Pension verfügt über Zimmer mit Warmwasser, Fernsehern und Kühlschränken. Ein Teil der Einnahmen geht an die Stiftung Ponheary Ly Foundation, die Bildungsprogramme in ländlichen Gemeinden fördert.

Frangipani Villa Hotel
BOUTIQUE-HOTEL $$
(✆963030; www.frangipanihotel.com; Wat Bo Rd; Zi. 30–60 US$; ❄@☎☞) Eines der besseren Budget-Boutique-Hotels in Siem Reap mit modernen, hellen Zimmern und einem Pool im Hof.

Hotel de la Paix
HOTEL $$$
(✆966000; www.hoteldelapaixangkor.com; Sivatha St; Zi. ab 205 US$; ❄@☎☞) Im Mittelpunkt dieser Bleibe stehen modernes Design, eine schicke Inneneinrichtung und minimalistischer Stil. Die Zimmer warten mit großzügigen Bädern und iPods auf.

Hanuman Alaya
BOUTIQUE-HOTEL $$$
(✆760582; www.hanumanalaya.com; abseits des Charles De Gaulle Blvd; Zi. 60–100 US$; ❄@☎☞) Die selbsternannte „Boutique-Residenz von Angkor" ist ein traditionelles Resort im

NACHBARSCHAFTLICHE BEZIEHUNGEN

Wer von Vietnam nach Kambodscha reist, macht einen Riesensprung von einer Wirtschaftsmacht in eines der ärmsten Länder Südostasiens. HCMS und Hanoi sind chaotisch, doch verglichen mit Siem Reap wirken beide Städte geradewegs mondän und durchorganisiert.

Stolze Einheimische werden darauf hinweisen, dass es Vietnam nicht immer so gut ging: Einst kontrollierten die Khmer einen Großteil des südostasiatischen Festlands, darunter auch die Häfen von HCMS. Zu Beginn des 19. Jhs. hatte Vietnam allerdings seine politische Vormachtstellung etabliert und verleibte sich das Nachbarland ein.

Später besetzte Frankreich beide Länder, bevorzugte jedoch die vietnamesischen Arbeiter und Bürokraten. Die Kolonialmacht wurde 1954 vertrieben, aber danach folgten neue Kriege – diesmal Stellvertreterkonflikte, angeheizt von China, den USA und der Sowjetunion. Im Vietnamkrieg – zu dieser Zeit wurde Kambodscha von den USA unterstützt – ging ein amerikanischer Bombenhagel auf das Land nieder, um kommunistische Guerillakämpfer auszulöschen. Ohne Erfolg. Mit chinesischer Hilfe stürzten die Roten Khmer, kommunistische Hardliner, 1975 die schwache, von den USA gestützte Regierung und errichteten eine der furchtbarsten Diktaturen des 20. Jhs.

1975 gab es sowohl in Vietnam als auch in Kambodscha kommunistische Unabhängigkeitsbewegungen. Obgleich ähnlicher Gesinnung, schwelte der historische Konflikt weiter, und Ende der 1970er-Jahre versuchten die Roten Khmer unter Pol Pot Land zurückzugewinnen, das Jahrhunderte zuvor an Vietnam verloren worden war. Erstes Ziel war die Phu-Quoc-Insel, später folgten mehrere Invasionen in der Provinz Dong Thap.

Daraufhin marschierten die Vietnamesen in Kambodscha ein, besetzten es zehn Jahre lang und vergaben Machtposten an ihnen ergebene Kambodschaner. Viele davon sind bis heute im Amt.

Khmer-Stil. Nette Angestellte verleihen ihr eine anheimelnde Atmosphäre.

Shadow of Angkor Guesthouse PENSION $
(964774; www.shadowofangkor.com; 353 Pokambor Ave; Zi. 15–25 US$; ✳@⌂) Der prachtvolle alte Kolonialbau mit Blick auf den Fluss beherbergt 15 erschwingliche, klimatisierte Zimmer. Kostenloser Internetzugang.

Golden Banana BOUTIQUE-HOTEL $$
(012-885366; www.goldenbanana.info; Wat-Damnak-Gegend; Zi. 48–98 US$; ✳@⌂≋) Entspanntes Flair in zwei beliebten Unterkünften: einem Boutique-Hotel mit zehn Zimmern und einem Boutique-Resort mit 16 Räumen. Schwule und Lesben sind herzlich willkommen.

Encore Angkor Guesthouse PENSION $$
(969400; www.encoreangkor.com; 456 Sok San St; Zi. 20–50 US$; ✳@⌂≋) Boutique-Erfahrung für wenig Geld. Die stilvolle Lobby liefert einen Vorgeschmack auf die Zimmer mit allen üblichen Extras, großen Betten und Zimmersafes.

Golden Temple Villa HOTEL $
(012-943459; www.goldentemplevilla.com; abseits der Sivatha St; Zi. 13–23 US$; ✳@⌂) Einige unserer Leser empfehlen dieses Hotel mit dem farbenfrohen Dekor und der fröhlichen Atmosphäre inmitten eines dicht bewachsenen Gartens und mit einem kleinen Bar-Restaurant.

Essen

Es gibt überall in der Stadt nette Restaurants, doch die kulinarische Topadresse ist die Gegend rund um den Psar Chaa, wo die von charmanten Lokalen gesäumte Alley verläuft. Günstig essen kann man an den nahe gelegenen **Ständen** (Pub St; Hauptgerichte 4000–8000 R; ◷16–3 Uhr) am westlichen Ende der Pub Street.

Wer sich gern selbst versorgen möchte, bekommt auf den Märkten Obst und Gemüse. Der **Angkor-Markt** (Sivatha St; ◷7.30–22 Uhr) ist toll, wenn einem der Sinn nach internationalen Leckereien wie Oliven oder Käse steht.

LP TIPP **Blue Pumpkin** INTERNATIONAL $
(Pithnou St; Hauptgerichte 2–6 US$; ◷6–22 Uhr; ✳⌂) Im Erdgeschoss erinnert einen der „Blaue Kürbis" mit seiner köstlichen Auswahl an Kuchen, Broten und hausgemachter Eiscreme an ein altes Café, doch oben erwartet Gäste eine andere Welt: minimalistisches

Heute betonen die Regierungen beider Länder ihre brüderlichen Beziehungen, doch auf den Straßen hört man möglicherweise, wie Kambodschaner über den „Tyrann von nebenan" sprechen und Vietnamesen Kambodscha als den „kleinen Bruder" bezeichnen. Davon abgesehen weisen ihre Kulturen viele Schnittstellen auf: Mit den Füßen zu „gestikulieren" ist z. B. tabu und ältere Generationen werden mit Ehrerbietung behandelt. Darüber hinaus vermeidet man offene Konfrontationen und Wutanfälle gelten als schwerer Lapsus.

Bei familiären Werten sind die Unterschiede derweil gravierender. Vom Konfuzianismus geprägt, verehren viele Vietnamesen längst verstorbene Vorfahren, für Kambodschaner hingegen zählen nahe Angehörige mehr. Aufgrund der Zwei-Kinder-Politik sind vietnamesische Familien im Allgemeinen kleiner als kambodschanische; dort bedeutet Kinderreichtum, dass man viele helfende Hände hat, um die Familie durchzubringen.

Im Vergleich zur Ellbogenmentalität von HCMS und Hanoi verströmt Siem Reap gelassene Warmherzigkeit, doch langsam wird Kambodscha seinem alten Rivalen immer ähnlicher. Wer ein verschlafenes Nest mit verfallenen Gebäuden erwartet, wird überrascht sein von neuen Luxusresorts und schicken Bars. Und auch wenn man noch Hähne krähen hört, entdeckt man an der nächsten Ecke vielleicht eine KFC-Filiale.

Auf der Straße bringt der wachsende Touristenrummel Besucher in Berührung mit allen Facetten des kambodschanischen Alltags. Obwohl sich Einheimische oft unverblümt über Vietnam beschweren, ist ihr Königreich längst in die Fußstapfen des Nachbarn getreten, schüttelt seine tragische Vergangenheit ab und empfängt die Globalisierung mit offenen Armen. Aus einem Meer von Wellblechhütten schießen immer mehr Bürogebäude in die Höhe. Vietnam mag in Kambodscha vielleicht noch den „kleinen Bruder" sehen, muss jedoch zugeben, dass das Geschwisterchen rasend schnell wächst.

Von Patrick Winn, Südostasienkorrespondent der Global Post

Dekor in Weiß, Betten zum Chillen und kostenloses WLAN.

Le Tigre de Papier INTERNATIONAL $
(Pub St; Khmer-Hauptgerichte 3–6,50 US$; 24 Std.;) Etabliertes Restaurant mit Holzofen und einer tollen Karte, auf der italienische, französische sowie Khmer-Gerichte stehen. Darüber hinaus gibt's günstige Kochkurse.

Sugar Palm KAMBODSCHANISCH $$
(Taphul St; Hauptgerichte 5–8 US$; 11.30–15 & 17.30–22 Uhr) Dieses wunderschöne Holzhaus ist ein exzellenter Ort, um traditionelle Speisen mit jeder Menge Kräutern und Gewürzen zu probieren.

Sala Bai INTERNATIONAL $$
(963329; www.salabai.com; Taphul St; Mittagsmenüs 8 US$; Mo–Fr 12–14 Uhr) Hier werden junge Khmer in die Kunst der Gastronomie eingeführt. Gäste können preiswerte westliche und kambodschanische Gerichte genießen.

Le Café INTERNATIONAL $
(Wat-Bo-Gegend; Hauptgerichte 3,75–5 US$; 7.30–20 Uhr;) Versorgt das französische Kulturzentrum mit Fünf-Sterne-Sandwiches, -Salaten und -Shakes à la Sofitel.

Cambodian BBQ KAMBODSCHANISCH $$
(The Alley; Hauptgerichte 5,50–8,75 US$; 11–23 Uhr;) Krokodil-, Schlangen-, Straußen- und Kängurufleisch verleihen den traditionellen *phnom-pleung*-(„Feuerhügel"-)Grillgerichten eine exotische Note.

Chamcar VEGETARISCH $
(The Alley; Hauptgerichte 3–5 US$; 11–23 Uhr, So mittags geschl.;) Übersetzt bedeutet der Name so viel wie „Bauernhof". Angesichts der kreativen asiatischen Speisen auf der Karte müssen die Zutaten von einem ziemlich beeindruckenden Gemüselieferanten stammen.

Le Malraux FRANZÖSISCH $$
(155 Sivatha St; Hauptgerichte 5–15 US$; 7–1 Uhr;) Eine tolle Adresse für Leckermäuler: Das stilvolle Art-déco-Café-Restaurant überzeugt mit feiner französischer Küche und einigen lokalen Spezialitäten.

Kanell INTERNATIONAL $$
(www.kanellrestaurant.com; 7 Makara St; Hauptgerichte 5–15 US$; 11–24 Uhr;) Zu der schönen Khmer-Villa am Stadtrand gehören ein weitläufiger Garten und ein Swimmingpool. Genau richtig, wenn man essen und entspannen möchte.

🍷 Ausgehen

Siem Reap hat sich in Südostasien einen Namen als „Partystadt" gemacht. Die interessantesten Bars findet man um den Psar Chaa und an bzw. unweit der Pub Street oder The Alley.

Warehouse — BAR
(Pithnou St; ◎10.30–3 Uhr; 📶) Beliebte Bar gegenüber dem Psar Chaa, in der man zu Independent-Hymnen Kicker und Billard spielen kann. Die Getränke sind teuflisch gut.

Laundry Bar — LOUNGE-BAR
(abseits der Pithnou St, Psar-Chaa-Gegend; ◎13–3 Uhr) Erlesenes Dekor, schummerige Beleuchtung und lässige Musik machen das Laundry zu einem der besten Schuppen der Stadt. Happy Hour von 17.30 bis 21 Uhr.

Linga Bar — LOUNGE-BAR
(www.lingabar.com; The Alley; ◎10–ca. 1 Uhr; 📶) Die schicke Schwulenbar ist bunt, cool und modern, wartet mit einer entspannten Atmosphäre auf und verfügt über eine geniale Cocktailkarte.

Miss Wong — LOUNGE-BAR
(The Lane; ◎18 Uhr–open end) Diese schicke Lounge versetzt einen in das Shanghai der 1920er-Jahre und ist berühmt für ihre edlen Cocktails.

Nest — BAR
(Sivatha St; ◎16 Uhr–open end; 📶) Eine Bar mit Baldachinen, stilvollen Sitzgelegenheiten und einer erstklassigen Cocktailkarte.

☆ Unterhaltung

Überall in Siem Reap werden klassische Tanzshows gezeigt, doch nicht alle sind sehenswert.

Apsara Theatre — KLASSISCHER TANZ
(www.angkorvillage.com; abseits der Wat Bo Rd; Vorführung mit Abendessen 22 US$) In dem Theater gegenüber dem Angkor Village Hotel & Resort werden jeden Abend in einem Holzpavillon im Wat-Stil Tänze aufgeführt.

La Résidence d'Angkor — KLASSISCHER TANZ
(Siem Reap River Rd; Eintritt frei, Hauptgerichte 12–25 US$; ◎Di, Do & Sa 20 Uhr) Der Speisesaal im La Résidence ist eine gute Adresse für leckeres Essen und authentische Tanzshows oder Schattenspiele (abwechselnd).

Temple Club — KLASSISCHER TANZ
(Pub St; Tanzvorführung inkl. Büfett 5 US$) Dieses ungeheuer beliebte Bar-Restaurant bietet die besten klassischen Tanzshows der ganzen Stadt. Sie finden im Obergeschoss statt.

Shoppen

Die Auswahl an kambodschanischem Kunsthandwerk ist hervorragend. Im Psar Chaa findet man Berge von Dingen, die sich als Andenken und Mitbringsel eignen, und natürlich jede Menge Kram, den kein Mensch braucht. Mit Geduld und Humor kann man Preise herunterhandeln und tolle Schnäppchen machen. Der **Angkor-Nachtmarkt** (www.angkornightmarket.com; nahe der Sivatha St; ◎16–24 Uhr) quillt über von Seidenstoffen, Kunsthandwerk und Souvenirs. Auch die Alley West ist eine nette Adresse.

Ein paar Geschäftsinhaber unterstützen behinderte und entrechtete Menschen.

Artisans d'Angkor — KUNSTHANDWERK
(www.artisansdangkor.com; abseits der Sivatha St; ◎7.30–19.30 Uhr) Eine der besten Anlaufstellen in ganz Kambodscha für hochwertige Souvenirs und Geschenke von Kleidung und Seidenaccessoires bis zu eleganten Reproduktionen von Bildhauerarbeiten aus der Angkor-Zeit.

Keo Kjay — KLEIDUNG
(www.keokjay.org; Alley West; ◎11–22 Uhr) Hippe, kleine Boutique mit fair gehandelten Waren, die aidskranken Frauen ein ausreichendes Einkommen verschaffen möchte. Der Name bedeutet „frisch" auf Khmer.

Rajana — KUNSTHANDWERK
(www.rajanacrafts.org; Sivatha St; ◎Mo–Sa 8–22, So 14–22 Uhr) Hier gibt's Fair-Trade-Seide, Silberschmuck und handgefertigte Karten.

Samatoa — KLEIDUNG
(Pithnou St; ◎8–23 Uhr) Auch hier gibt's fair gehandelte Mode: Kunden können Designerkleidung aus Seide kaufen und innerhalb von 48 Stunden anpassen lassen.

Senteurs d'Angkor — KOSMETIK & MEHR
(www.senteursdangkor.com; Pithnou St; ◎7–22 Uhr) Kambodschas Antwort auf Body Shop wartet mit natürlichen Schönheitsprodukten, Massageölen, Gewürzen sowie Kaffee- und Teesorten auf.

Praktische Informationen

Eine praktische Hilfe bieten der kostenlose *Siem Reap Angkor Visitors Guide* (www.canbypublications.com) oder die beiden Büchlein von *Pocket Guide Cambodia* (www.cambodiapocketguide.com), die man auch online durchlesen kann.

VISA FÜR KAMBODSCHA

Fast alle Nationalitäten erhalten bei der Ankunft an den Flughäfen von Siem Reap und Phnom Penh sowie an den Grenzübergängen ein Touristenvisum für einen Monat (20 US$). Dafür muss man ein Passbild vorlegen. Elektronische Touristenvisa sind ebenfalls einen Monat gültig und kosten 20 US$ plus 5 US$ Bearbeitungsgebühr. Man kann sie unter www.mfaic.gov.kh beantragen. Sie werden innerhalb von drei Werktagen ausgestellt und ermöglichen die Einreise an den kambodschanischen Flughäfen sowie am Grenzübergang Bavet–Moc Bai.

Wer einen Ausflug zu den Tempeln von Angkor unternehmen und anschließend nach Vietnam zurückkehren will, benötigt ein Visum, das zur mehrfachen Einreise nach Vietnam berechtigt, oder muss sich in Kambodscha um ein neues Visum kümmern. In Vietnam gibt's keine Wiedereinreisevisa mehr.

Geldautomaten befinden sich am Flughafen, in Banken und in den Supermärkten im Stadtzentrum, vor allem am Sivatha Boulevard. Dort und rund um den Psar Chaa gibt's zudem zahlreiche Internetcafés.

Royal Angkor International Hospital (761888; www.royalangkorhospital.com; NH6) Modernes Krankenhaus mit internationalem Standard, das zum Bangkok Hospital gehört.

Touristenpolizei (097-778 0013) Am Ticketkontrollpunkt des Angkor-Geländes.

An- & Weiterreise

Von Vietnam nach Kambodscha zu fliegen ist recht bequem. Täglich gehen Maschinen von Ho-Chi-Minh-Stadt (HCMS) und Hanoi nach Siem Reap. Mühsamer ist die Reise auf dem Landweg, denn man braucht einen kompletten Tag von HCMS nach Siem Reap (und muss in Phnom Penh zudem den Bus wechseln). Wer Zeit hat, kann natürlich einfach ein oder zwei Tage in der kambodschanischen Hauptstadt bleiben.

Bus

Fast alle Traveller nutzen die internationalen Busse, die zwischen HCMS und Phnom Penh pendeln und den Grenzübergang Moc Bai (Vietnam)–Bavet (Kambodscha) überqueren. Inklusive der Grenzformalitäten ist man etwa sechs Stunden unterwegs. Tickets kosten 10 bis 12 US$. In beide Richtungen fahren von 6 bis etwa 14 Uhr regelmäßig Busse. In HCMS starten sie im Pham-Ngu-Lao-Viertel. In Phnom Penh erfolgen Abfahrt und Ankunft an den Büros der Busunternehmen im Stadtgebiet. Beliebte Anbieter:

Capitol Tour (217627; 14 St 182)
Mai Linh (211888; 391 Sihanouk Blvd)
Mekong Express (427518; 87 Sisowath Quay)
Sapaco (210300; 307 Sihanouk Blvd)
Theoretisch kann man die Strecke innerhalb eines Tages bewältigen und nach dem Umsteigen in Phnom Penh gleich weiterfahren. Das ist allerdings einfacher von HCMS nach Siem Reap als umgekehrt, da die Busse von Phnom Penh nach Siem Reap am späteren Nachmittag starten.

Ein Ticket für die Strecke Siem Reap–Phnom Penh (6 Std.) schlägt mit 5 bis 11 US$ zu Buche, je nachdem, ob man Wert auf eine Klimaanlage, Platz für die Beine, eine Toilette u. Ä. legt.

Virak Buntham (016-786270; St 106) bietet eine Nachtverbindung zwischen Phnom Penh und Siem Reap an. Der Bus fährt in Sihanoukville ab und erreicht Phnom Penh normalerweise gegen 23.30 Uhr.

In Siem Reap starten sämtliche Busse am Busbahnhof 3 km östlich der Stadt und ca. 200 m südlich der NH6. Tickets bekommt man in Pensionen, Hotels, den Büros der Busunternehmen, Reiseagenturen und an speziellen Schaltern. Manche Unternehmen betreiben Minibusse, die Passagiere vor ihren Hotels aufsammeln. Bei der Ankunft in Siem Reap sollte man darauf gefasst sein, von einer geschäftstüchtigen Meute *moto*-(Motorradtaxi-)Fahrer empfangen zu werden.

Flugzeug

Vom schicken **Siem Reap International Airport** (www.cambodia-airports.com) 7 km westlich des Zentrums bestehen täglich mehrere Verbindungen mit Vietnam Airlines nach HCMS (ab 135 US$, 5-mal tgl.) und Hanoi (ab 195 US$, 4-mal tgl.). Darüber hinaus fliegt Silk Air zweimal pro Woche nach Da Nang (ab 243 US$). Infos zu Büros von Vietnam Airlines in vietnamesischen Städten findet man in den jeweiligen Kapiteln dieses Buches.

Mit folgenden Airlines erreicht man von hier aus Ziele im Ausland:

Air Asia (www.airasia.com) Bangkok und Kuala Lumpur.
Bangkok Airways (www.bangkokair.com) Bangkok.
Cambodia Angkor Air (www.cambodiaangkorair.com) HCMS; Code-Share-Flüge mit Vietnam Airlines.

Dragonair (www.dragonair.com) Hongkong.
Jetstar Asia (www.jetstarasia.com) Singapur.
Lao Airlines (www.laos-airlines.com) Luang Prabang und Pakse.
Silk Air (www.silkair.com) Singapur und Da Nang.
Vietnam Airlines (www.vietnamairlines.com) Hanoi, HCMS und Luang Prabang.

Unterwegs vor Ort

Ab dem Flughafen zahlt man 2/7/8 US$ für offizielle *motos*/Taxis/Vans, außerdem warten vor dem Terminal *remork-motos* (Tuk-Tuks; 4–5 US$) auf Kundschaft. Vom Busbahnhof ins Stadtzentrum kostet ein *moto/remork* 1/2 US$.

Kurze *moto*-Fahrten im Zentrum schlagen mit 2000 bis 3000 Riel zu Buche (abends 1 US$). *Remork*-Fahrer verlangen etwa das Doppelte (und noch mehr bei steigender Passagierzahl).

Infos über die Anreise zu den Tempeln siehe Kasten S. 456.

RUND UM SIEM REAP

Kambodschanisches Landminenmuseum

Mit seinen informativen Ausstellungen zieht das gemeinnützige **Landminenmuseum** (www.cambodialandminemuseum.org; Banteay-Srei-Bezirk; Eintritt 1 US$; 7–18 Uhr) 25 km von Siem Reap entfernt und 6 km südlich vom Banteay-Srei-Tempel viele Traveller an. Auf einem nachgebauten Minenfeld können Besucher nach entschärften Minen suchen.

Chong Kneas

Mittlerweile ist dieses schwimmende Dorf derart beliebt, dass es sich zu einer Art Touristenabzocke entwickelt, zumindest wenn es darum geht, ein Boot zu mieten (mind. 13 US$ pro Pers. für 1½ Std.). Das kleine, ebenfalls schwimmende **Gecko-Umweltzentrum** (http://jinja.apsara.org/gecko; Eintritt frei; 8.30–17 Uhr) informiert über den faszinierenden Fließzyklus des Tonlé Sap. Eine *moto*-Fahrt nach Chong Kneas (11 km) kostet 3 US$.

Kompong Pluk

Schöner als Chong Kneas, aber auch schwerer zu erreichen, ist dieses freundliche schwimmende Dorf auf hohen Stelzen. In der Regenzeit kann man den nahe gelegenen überfluteten Wald mit dem Kanu erkunden. Um hierherzugelangen, nimmt man entweder ein Boot (hin & zurück ca. 55 US$) in Chong Kneas oder fährt über die kleine Stadt Roluos. Letzteres dauert zwei Stunden und wird per *moto* (hin & zurück ca. 7 US$) sowie Boot (20 US$ für 8 Pers.) bestritten.

DIE TEMPEL VON ANGKOR

Angkor ist sozusagen der Himmel auf Erden – die irdische Verkörperung des Bergs Meru, der hinduistischen Entsprechung des Olymp und Wohnstätte der alten Götter. Hier verschmelzen kreative Ambitionen und spirituelle Hingabe miteinander. Einst strebten die kambodschanischen „Gottkönige" vergangener Zeiten danach, ihre Vorfahren an Größe, Pracht und Symmetrie zu übertreffen, was schließlich im Bau des größten sakralen Bauwerks der Welt gipfelte: Angkor Wat.

KAMBODSCHAS HERZSCHLAG

Südostasiens größter Süßwassersee, der Tonlé Sap, ist ein faszinierendes Naturphänomen und versorgt die Hälfte der kambodschanischen Bevölkerung mit Fisch und Bewässerungswasser.

Ein 100 km langer Kanal, der Tonlé-Sap-Fluss, verbindet den See mit dem Mekong und mündet bei Phnom Penh in den gewaltigen Strom. Von Mitte Mai bis Anfang Oktober (Regenzeit) steigt der Wasserpegel des Mekong und so drängen die Wassermassen in den Fluss, der dann Richtung Nordwesten strömt und den Tonlé Sap speist. In diesen Monaten schwillt der See von 2500 km² auf 13 000 km² oder mehr an und seine maximale Tiefe steigt von 2,2 m auf über 10 m. Anfang Oktober, wenn der Wasserpegel des Mekong wieder sinkt, ändert der Tonlé-Sap-Fluss seine Richtung und das Wasser aus dem See fließt in den Mekong ab.

Der Tonlé Sap ist einer der fischreichsten Süßwasserseen der Welt und ein idealer Lebensraum für Wasservögel.

Die Tempel von Angkor

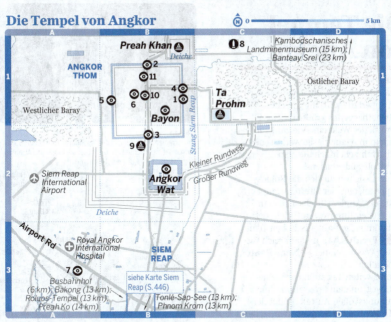

Die Tempel von Angkor

⦿ Highlights
- Angkor Wat B2
- Bayon B1
- Preah Khan B1
- Ta Prohm C1

⦿ Sehenswertes
- 1 Osttor von Angkor Thom B1
- 2 Nordtor von Angkor Thom B1
- 3 Südtor von Angkor Thom B2
- 4 Siegestor von Angkor Thom B1
- 5 Westtor von Angkor Thom B1
- 6 Baphuon B1
- 7 Kambodschanisches Kulturdorf A3
- 8 Neak Poan C1
- 9 Phnom Bakheng B2
- 10 Elefantenterrasse B1
- 11 Terrasse des Leprakönigs B1

Die Hunderten erhaltenen Tempel bilden nur das „Skelett" des gewaltigen politischen, religiösen und gesellschaftlichen Zentrums im alten Khmer-Reich. Angkor war eine Stadt, die zu ihrer Glanzzeit, als z. B. London noch eine unbedeutende Siedlung mit 50 000 Bewohnern war, eine Million Einwohner beherbergte. Die Wohnhäuser, öffentlichen Gebäude und Paläste bestanden aus Holz und sind längst vergangen; Behausungen aus Ziegeln und Stein waren den Göttern vorbehalten.

Dies ist eine der beeindruckendsten antiken Stätten der Erde, gewissermaßen das achte Weltwunder. Sie ist monumental wie die Chinesische Mauer, detailverliebt und aufwendig gestaltet wie der Taj Mahal sowie ebenso symbolträchtig und symmetrisch wie die Pyramiden.

Angkor Wat

Schon auf den ersten Blick raubt einem Angkor Wat, das ultimative Zeugnis des Genies der Khmer, den Atem. Nur wenige Orte auf der Welt wie Machu Picchu oder Petra haben eine ähnliche Wirkung.

Himmelwärts strebend und von einem spektakulären Graben umringt, gilt die Anlage als eines der spektakulärsten und kreativsten Monumente, das der menschliche Geist je erdacht hat. Angkor Wat ist eine opu-

Die Tempel von Angkor

DREITÄGIGE TOUR

Diese Stätte ist schlichtweg gigantisch, kein Superlativ wird ihr gerecht. Sie beherbergt das größte religiöse Bauwerk der Welt, eine Vielzahl von Tempeln und eine riesige verlassene Stadt, wahrscheinlich die erste Metropole Südostasiens.

Zuerst sieht man sich die Roluos-Gruppe an, eine der ältesten Hauptstädte des Angkor-Reichs, ehe man zum großen Rundweg aufbricht, der am buddhistisch-hinduistischen Tempel 1 **Preah Khan** und am reich verzierten Wassertempel 2 **Neak Poan** vorbeiführt.

Am zweiten Tag steht der kleine Rundweg auf dem Programm. Einen stimmungsvollen Auftakt bildet der 3 **Ta Prohm** bei Sonnenaufgang, dann geht's zur Tempelpyramide Ta Keo, zum buddhistischen Kloster Banteay Kdei und zum königlichen Badesee 4 **Sra Srang**. Anschließend bietet sich die Besichtigung des Banteay Srei, Kronjuwel angkorianischer Kunst, und des einsamen Dschungeltempels Beng Mealea an.

Das Beste hebt man sich bis zum Schluss auf und genießt zum Frühstück einen traumhaften Sonnenaufgang am 5 **Angkor Wat**. Nun kann man die herrliche Architektur bewundern, ohne von Besuchermassen belästigt zu werden. Am Nachmittag streift man noch durch den großen Komplex von 6 **Angkor Thom**, der u. a. den rätselhaften 7 **Bayon** umfasst.

Drei Tage Angkor? Das ist natürlich nur der Anfang.

TOP-TIPPS

» **Menschenmassen meiden** Ta Prohm am frühen Morgen, Angkor Wat nach dem Sonnenaufgang und zur Mittagszeit zum Banteay Srei.

» **In aller Ruhe entdecken** Drei-Tages-Pässe können jetzt auch an drei beliebigen Tagen innerhalb einer Woche genutzt werden – beim Kauf explizit danach fragen.

Bayon
Am surrealen Staatstempel des legendären Herrschers Jayavarman VII. beobachten 216 Gesichter die Pilger und strahlen religiöse sowie königliche Autorität aus.

Angkor Wat
Das größte religiöse Bauwerk der Welt. Zuerst bewundert man den Sonnenaufgang an der heiligsten aller Stätten, danach die Flachreliefs.

Angkor Thom
Einst war die letzte große Hauptstadt des Khmer-Königreichs mit zahllosen Tempeln und überwältigenden Dimensionen gleichermaßen inspirierend und furchteinflößend.

Preah Khan
Die gewaltigen Korridore des Buddha, Brahma, Shiva und Vishnu geweihten Tempels erinnern an einen endlosen Spiegelpalast.

Neak Poan
Würde man in Las Vegas ein Angkor-Kasino bauen, stünde sicher Neak Poan Pate für den Pool: ein kleiner Turm in einem Teich, umgeben von vier kleineren Becken.

Ta Prohm
Spitzname *Tomb-Raider*-Tempel, aber auch *Indiana-Jones*-Tempel würde gut passen. Überall wuchert Natur und Baumwurzeln umklammern die Steine.

Sra Srang
Bei Sonnenuntergang ist der frühere königliche Badesee – der Inbegriff aller Swimmingpools – besonders schön.

DIE TEMPEL ERKUNDEN

Ein Tag

Wer Angkor Wat zum Sonnenaufgang ansteuert, kann den gewaltigen Tempel erkunden, wenn es hier noch ruhig ist. Anschließend geht's weiter zum Ta Prohm, bevor man sich eine Mittagspause gönnt. Dann stehen die Tempel in der ummauerten Stadt Angkor Thom und der traumhaft schöne Bayon im warmen Nachmittagslicht auf dem Programm.

Drei Tage

Nach dem ersten actionreichen Tag lockt der wunderschöne Banteay Srei, wobei man unterwegs noch einen kurzen Halt am Preah Khan einlegt. Als Nächstes bietet sich ein Ausflug zum Kbal Spean, dem „Fluss der Tausend Lingas", an. Ein gutes Ziel für den dritten Tag ist die Roluos-Gegend, bevor man Angkor Wat und Angkor Thom noch einmal genauer unter die Lupe nimmt.

Eine Woche

Nach dem Drei-Tage-Programm sind der Beng Mealea und auch Koh Ker interessante Ausflugsziele. Wer einen Gang runterschalten möchte, nimmt ein Boot ins Kompong-Pluk-Dorf (S. 452).

Tickets & Guides

Der **Kartenschalter** (Touristenpass für 1 Tag/3 Tage/1 Woche 20/40/60 US$, Kinder unter 12 J. frei; ⊙5-17.30 Uhr) befindet sich an der Straße von Siem Reap nach Angkor. Tickets, die nach 17 Uhr verkauft werden (für Besuche bei Sonnenuntergang), gelten noch am nächsten Tag. Phnom Kulen und Beng Mealea sind im Eintritt nicht enthalten. Wer ohne Eintrittskarte auf dem Tempelgelände erwischt wird, muss 100 US$ Strafe zahlen. Die **Khmer Angkor Tour Guide Association** (www.khmerangkortourguide.com; ⊙7-11 & 14-17 Uhr) vermittelt geprüfte Guides. Führungen werden in zehn Sprachen angeboten (25-50 US$ pro Tag).

Essen

Snacks gibt's an den Zugängen zu allen großen Tempeln. Die größte Auswahl an Restaurants hat man gegenüber dem Eingang zum Angkor Wat. Gleich nördlich des Bayon stößt man auf Dutzende von Nudelständen.

Verkehrsmittel

Es macht eine Menge Spaß, die Anlage mit dem Rad zu entdecken. Die Tempel sind über ebene, gute Straßen miteinander verbunden. Verschiedene Pensionen und Hotels unterstützen das Unternehmen **White Bicycles** (www.thewhitebicycles.org; 2 US$ pro Tag), dessen Erlös in Entwicklungsprojekte vor Ort fließt.

Motos sind flott und günstig und deshalb das beliebteste Transportmittel (8-10 US$ pro Tag, mehr für weiter entfernte Stätten). Die Fahrer bedrängen Touristen meist von dem Moment an, in dem sie in Siem Reap ankommen, stellen sich aber häufig als gut informiert und freundlich heraus.

Remorks (12-15 US$ pro Tag, mehr für weiter entfernte Stätten) brauchen etwas länger als *motos*, bieten dafür allerdings Schutz vor Regen und Sonne. Noch geschützter ist man natürlich in einem Wagen (30 US$ pro Tag, mehr für weiter entfernte Stätten). Der Nachteil: Man erlebt die Tempel, Geräusche und Gerüche nicht so unmittelbar.

Wer ein Auto mieten will, zahlt etwa 30 US$, um einen Tag lang Angkor zu besichtigen, 45 US$ zum Kbal Spean und Banteay Srei und 70 US$ zum Beng Mealea.

---

lente Mischung von Form und Funktion, ein faszinierender Schrein für Vishnu, dessen bezauberndes Bild von Wasserbecken gespiegelt wird, ein Fest für ungläubige Augen.

Wie die übrigen Tempelberge von Angkor bildet auch dieser das Universum im Miniaturformat ab. Als Hauptturm dient der von kleineren Gipfeln umringte Meru-Berg. Er wird von Kontinenten (den unteren Höfen) und Meeren (dem Burggraben) eingefasst. Die siebenköpfige *naga* (mythische Schlange) symbolisiert die Regenbogenbrücke, über die Menschen zur Wohnstatt der Götter gelangen.

Angkor Wat ist von einem 190 m breiten Graben umgeben, der ein gigantisches Rechteck von 1,5 mal 1,3 km bildet. An der Außenseite des zentralen Tempelkomplexes erstrecken sich auf einer Länge von 800 m faszinierende Flachreliefs, die man entgegen dem Uhrzeigersinn betrachten sollte. Der zentrale Turm ragt 31 m über der dritten Ebene (55 m über dem Erdboden) auf und verleiht dem Ensemble eine außergewöhnliche Geschlossenheit.

Errichtet wurde die Stätte von Suryavarman II. (reg. 1112–52). Dieser einte Kambodscha und dehnte den Einfluss der Khmer auf fast das gesamte südostasiatische Festland aus. Darüber hinaus hob er sich auch religiös von seinen Vorgängern ab, denn seine besondere Hingabe galt dem Hindu-Gott Vishnu, dem er diesen Tempel weihte. Das Bauwerk entstand zufällig etwa um dieselbe Zeit wie die gotischen Kirchen in Europa, darunter Notre-Dame oder die Kathedrale von Chartres.

Die oberste Ebene von Angkor Wat darf mittlerweile zwar wieder besichtigt werden, allerdings hat man dafür nur exakt 20 Minuten Zeit.

Angkor Thom

Ein imposanteres oder schöneres Gebäude als Angkor Wat kann man sich kaum vorstellen, doch in Angkor Thom ergibt die Summe der Bauten ein noch größeres Ganzes. Da wären beispielsweise die faszinierenden Tore (**Nord-, Süd-, Ost-, West-** und **Siegestor**), neben denen eine monumentale Darstellung vom „Quirlen des Milchmeeres" zu sehen ist, bei der sich 54 Dämonen und 54 Götter ein episches Tauziehen liefern. Die Bauten ragen hoch über den Besuchern auf und großmütige Gesichter des Bodhisattva Avalokiteshvara blicken hinaus auf das Königreich. Wie wird sich da wohl ein einfacher Bauer im 13. Jh. gefühlt haben, wenn er zum ersten Mal die gewaltige Stadt erreichte! Es muss eine ehrfurchtgebietende, aber auch furchteinflößende Erfahrung gewesen sein, die Tore zu passieren und die Macht der Gottkönige so unmittelbar zu spüren.

Angkor Thom, 10 km² groß und die letzte bedeutende Hauptstadt des Khmer-Reichs, verlieh dem Wort „monumental" eine neue Dimension. Sie wurde von Jayavarman VII. (reg. 1181–1219) errichtet, teils auch deshalb, weil dieser nach der verheerenden Plünderung von Angkor durch die Cham entschlossen war, dass sein Königreich auf dem eigenen Territorium nie wieder so verwundbar sein sollte. Vor den beeindruckenden Mauern erstreckt sich ein gewaltiger Graben, der selbst den entschlossensten Eindringling gestoppt hätte.

⊙ Sehenswertes

Bayon
TEMPEL

Mitten im Herzen von Angkor Thom steht der Bayon, ein betörender, geradezu umwerfender Staatstempel von Jayavarman VII. Er verkörpert greifbar das kreative Genie und übersteigerte Ego des legendären kambodschanischen Königs. Seine 54 gotischen Türme sind mit 216 riesigen, kühl lächelnden **Gesichtern von Avalokiteshvara** verziert, die eine erstaunliche Ähnlichkeit mit dem Herrscher haben. An jeder Ecke spürt man ihren Blick auf sich ruhen; sie verströmen Macht, aber auch eine Spur Menschlichkeit – genau die richtige Mischung, um dieses gewaltige Territorium zu führen und sicherzustellen, dass sich die vielfältigen und teils weit entfernten Bevölkerungsgruppen dem Willen des großherzigen Monarchen beugten.

Der Tempel besticht durch außergewöhnliche 1,2 km lange **Flachreliefs**, die mehr als 11 000 Figuren umfassen. Die berühmten Steinmetzarbeiten an der Außenmauer auf der ersten Ebene zeigen den Alltag im Kambodscha des 12. Jhs.

Baphuon
TEMPEL

200 m nordwestlich des Bayon erhebt sich der Baphuon, eine pyramidenförmige Darstellung des mythischen Meru-Bergs. Er markiert das Zentrum der Stadt, die hier vor dem Bau von Angkor Thom gelegen hatte. Sanierungsarbeiten wurden durch den kambodschanischen Bürgerkrieg unterbrochen und alle Unterlagen während der Herrschaft der Roten Khmer vernichtet. Danach standen französische Experten vor dem wohl größten Puzzle der Welt. Die Stützmauer der zweiten Ebene auf der Westseite wurde in Form eines 60 m langen, liegenden Buddhas gestaltet, wahrscheinlich im 15. oder 16. Jh.

Elefantenterrasse
HISTORISCHES GEBÄUDE

Diese 350 m lange Terrasse ist an beiden Enden mit einer Parade von Dickhäutern dekoriert. Sie diente als eindrucksvolle Tribüne bei Zeremonien und als Sockel der königlichen Audienzhalle. Wenn man sie betrachtet, kann man sich den Pomp und Prunk des Khmer-Reichs auf dem Höhepunkt seiner Macht lebhaft vorstellen: Infanterie, Kavallerie, Pferdekutschen und natürlich Elefanten paradieren auf dem Hauptplatz unter einem Meer von Flaggen und Standarten.

Terrasse des Leprakönigs
HISTORISCHES GEBÄUDE

Gleich nördlich entdeckt man die 7 m hohe Terrasse des Leprakönigs mit einer nackten, aber geschlechtslosen Statue – ein weiteres Angkor-Mysterium. Es heißt, dass mindestens zwei Angkor-Könige leprakrank waren. Wahrscheinlicher ist jedoch, dass es sich bei der Figur um den Todesgott Yama handelt, und dass dieses Bauwerk das königliche Krematorium beherbergte.

Rund um Angkor Thom

TA PROHM

Ta Prohm scheint direkt einem *Indiana-Jones*-Film entsprungen zu sein. Von Sonnenlicht gesprenkelter Schatten verhüllt den Tempel, und seine bröckelnden Türme sowie Mauern werden von mächtigen Wurzeln umarmt. Während Angkor Wat, Bayon und andere Bauwerke dieser Art vom Genie der alten Khmer zeugen, steht Ta Prohm für die überwältigende Urkraft des Dschungels. Die beeindruckende Ruine erlebt einen geradezu poetischen Zyklus: Erst unterwarfen Menschen die Natur und schufen in kurzer Zeit ihr Werk, nun erobert die Natur die Bauten zurück, um sie gemächlich zu zerstören.

Die Errichtung des Tempels, ursprünglich bekannt als Rajavihara (Kloster des Königs), begann 1186. Das buddhistische Gebäude war der Mutter von Jayavarman VII. geweiht und zeichnet sich durch seine Türme, geschlossenen Höfe und schmalen Korridore aus. Überragt wird es von uralten Bäumen, deren Blätter das Sonnenlicht filtern und alles in grünes Licht tauchen. An diesem magischen Ort fühlt man sich wie die ersten Entdecker.

PHNOM BAKHENG

Hauptgrund für einen Ausflug zu diesem Hügel 400 m südlich von Angkor Wat ist der Ausblick auf den Angkor Wat bei Sonnenuntergang. Mittlerweile geht's hier allerdings zu wie im Zirkus, denn Hunderte von Besuchern rangeln um Platz. Den fünfstöckigen Tempel mit sieben Ebenen ließ Yasovarman I. (reg. 889–910) errichten.

PREAH KHAN

Der Preah Khan („Heiliges Schwert"), einer der größten Tempelkomplexe von Angkor, ist ein Labyrinth aus gewölbten Gängen, feinen Bildhauerarbeiten und von Flechten überwucherten Mauern. Er geht auf das Konto von Jayavarman VII. und nimmt ein riesiges Areal in Angkor ein. Der eigentliche Tempel wird von einer rechteckigen Mauer von 700 mal 800 m Größe umfasst und ist ein echter Fusionstempel: Sein Osteingang mit gleich großen Toren steht im Zeichen des Mahayana-Buddhismus, die anderen drei Himmelsrichtungen sind Shiva, Vishnu und Brahma geweiht und verfügen über immer kleinere Türen, die die ungleiche Natur des Hinduismus unterstreichen.

AM SET VON TOMB RAIDER

Mehrere Szenen von *Tomb Raider* (2001) mit Angelina Jolie als Lara Croft wurden rund um die Tempel von Angkor gedreht. Die Aufnahmen in Kambodscha beginnen am Phnom Bakheng, wo Lara mit ihrem Fernglas nach dem mysteriösen Tempel sucht. Inzwischen versuchen die bösen Jungs schon, durch das Osttor von Angkor Thom einzubrechen, indem sie eine riesige *apsara*-Statue aus Styropor niederreißen. In ihrem aufgemotzten Landrover dreht Lara ein paar Runden um den Bayon, bevor sie einen Hintereingang des Ta Prohm entdeckt; dort pflückt sie einen Jasminzweig und stürzt hinab in die ... Pinewood Studios. Nachdem sie gegen eine lebendige Statue gekämpft hat und Daniel Craig (alias 007) durch einen Sprung in den Wasserfall von Phnom Kulen entwischt ist, taucht sie auf einem schwimmenden Markt vor dem Angkor Wat wieder auf. Anschließend leiht sie sich ein Handy von einem Mönch und macht sich auf in den Tempel, wo sie schließlich vom Abt geheilt wird.

Nick Ray arbeitete als Location Manager für Tomb Raider in Kambodscha

NEAK POAN

Ein weiterer kleiner Tempel von – wen wundert's – Jayavarman VII. aus dem späten 12. Jh. erhebt sich gleich östlich des Preah Khan. Er beherbergt ein großes quadratisches Wasserbecken mit einer kreisförmigen „Insel" in der Mitte, umgeben von vier kleineren quadratischen Bassins. Einst floss Wasser aus dem zentralen Teich durch vier verzierte Speier in Form eines Elefanten-, Pferde-, Löwen- bzw. Menschenkopfs in die äußeren Becken.

ROLUOS-GRUPPE

Die Baudenmäler von Roluos, das unter Indravarman I. (reg. 877–89) als Hauptstadt diente, gehören zu den ältesten großen Khmer-Tempeln und stehen für den Beginn der klassischen Khmer-Kunst. Der Shiva geweihte **Preah Ko** besticht durch reiche Sanskrit-Inschriften an den Torpfosten sämtlicher Türme sowie einige der am besten erhaltenen Stuckarbeiten aus Angkor. Der Haupttempel der Stadt, der **Bakong**, mit einer fünfstufigen Sandsteinpyramide in der Mitte verkörpert den Meru-Berg. Roluos erreicht man, indem man von Siem Reap 13 km auf der NH6 nach Osten fährt.

BANTEAY SREI

Der Banteay Srei, ein Shiva gewidmeter Hindutempel, wird von vielen als Krönung angkorianischer Kunst betrachtet. Er besteht aus rosafarbenem Stein und ist mit herrlichen Steinmetzarbeiten versehen, die ihresgleichen suchen. Begonnen wurde der Bau 967, allerdings als einer der wenigen nicht auf Geheiß des Königs, sondern eines Brahmanen, vielleicht eines Lehrers von Jayavarman V.

Die Stätte liegt 21 km nordöstlich des Bayon und 32 km von Siem Reap entfernt. Ihre Besichtigung lässt sich mit einem Besuch des Kbal Spean und des Kambodschanischen Landminenmuseums kombinieren.

KBAL SPEAN

Der Kbal Spean ist ein mit spektakulären Felsschnitzereien verziertes Flussbett mitten im Dschungel 50 km nordöstlich von Angkor. Oft wird vom „Fluss der Tausend Lingas" gesprochen. Zu den Steinbildern führt ein 2 km langer Weg bergauf, zum Abkühlen geht's nachher wieder bergab zu einem Wasserfall. Viel Trinkwasser mitnehmen!

Im nahe gelegenen **Angkor-Zentrum für die Erhaltung der Artenvielfalt** (Angkor Centre for Conservation of Biodiversity ACCB; www.accb-cambodia.org) werden illegal gefangene Tiere gesund gepflegt. Außer sonntags finden täglich um 13 Uhr kostenlose Führungen statt.

KAMBODSCHA ONLINE

www.andybrouwer.co.uk Eine großartige Quelle zu Kambodscha mit jeder Menge Links und regelmäßigen Reiseberichten.

www.concertcambodia.org Organisation mit Sitz in Siem Reap, die „Gemeinden, Umwelt und verantwortungsbewusstes Reisen" zusammenbringt.

www.lonelyplanet.de Infos zum Reisen nach und in Kambodscha und ein Traveller-Forum.

www.phnompenhpost.com Online-Version der meistgelesenen kambodschanischen Zeitung.

www.samveasna.org Die beste Infoquelle für ökologisch verträgliche Reisen in die traumhaften Vogelschutzgebiete des Landes.

PHNOM KULEN

Auf dem heiligsten Berg des Landes, dem Phnom Kulen (487 m), erklärte sich Jayavarman II. 802 zum *devaraja* (Gottkönig). Dies war die Geburtsstunde Kambodschas. Die Aussicht ist einfach umwerfend, deshalb pilgern an Wochenenden und bei Festivals wahre Menschenmassen hierher.

Der Berg befindet sich 50 km von Siem Reap und 15 km vom Banteay Srei entfernt. Ausländische Besucher zahlen 20 US$ Maut, aber leider wird das Geld nicht in die Instandhaltung der Stätte gesteckt.

BENG MEALEA

Der Beng Mealea (Eintritt 5 US$), von Suryavarman II. mit demselben Grundriss wie der Angkor Wat, ist sozusagen die im Dschungel versunkene *Titanic* unter den Tempeln. Hier hat sich die Natur ausgetobt: Wie verlorene Schätze liegen von Flechten überwucherte Steine auf dem Boden, Efeu und Schlingpflanzen halten die Galerien umklammert.

Die Stätte liegt 65 km nordöstlich von Siem Reap an einer gebührenpflichtigen asphaltierten Straße.

KOH KER

In den Wäldern im Norden verbirgt sich Koh Ker (Eintritt 10 US$), von 928 bis 944 Hauptstadt des Angkor-Reichs. Von Siem

Reap aus kann man einen Tagesausflug dorthin unternehmen. Die meisten Besucher starten am **Prasat Krahom** mit seinen beeindruckenden Steinmetzarbeiten, die Stürze, Torpfosten und schmale Fenstersäulen zieren. Das bedeutendste Monument ist der **Prasat Thom**, eine 55 m breite, 40 m hohe Pyramide mit Sandsteinfassade, die an Maya-Stätten erinnert. Von dem siebenstufigen Bau öffnet sich ein spektakulärer Blick über den Wald. Leider hat man derzeit aus Sicherheitsgründen keinen Zugang.

Koh Ker liegt 127 km nordöstlich von Siem Reap (Mietwagen ca. 80 US$, 2½ Std.).

Vietnam verstehen

VIETNAM AKTUELL **462**
Vietnams Verwandlung von einer bankrotten sozialistischen
Wirtschaft zu einem kapitalistischen Marktmodell hat sich
rasch vollzogen. Wie sieht die Lage heute aus?

GESCHICHTE **465**
Im Laufe ihrer Geschichte mussten sich die Vietnamesen nahezu ununterbrochen gegen Eindringlinge aus dem Osten und
Westen zur Wehr setzen.

MENSCHEN & KULTUR **484**
Mit seiner Vielzahl an Ethnien und Kulturen ist Vietnam das
wohl vielseitigste Land Südostasiens.

BERGVÖLKER **495**
Zwischen den Kulturen, Traditionen, Landschaften sowie dem
Glauben im Hochgebirge und in der Tiefebene liegen Welten.

ARCHITEKTUR **505**
Die vielseitige und faszinierende Architektur reicht vom
prächtigen französischen Kolonialstil bis zu sozialistischen
Betonbauten.

REGIONALE SPEZIALITÄTEN **515**
Was darf's sein: kaiserliche Küche aus Hue, Hoi Ans einmaliges
kulinarisches Erbe oder Grundnahrungsmittel aus dem Norden
und dem Süden?

ESSEN & TRINKEN **523**
Von knusprigen Frühlingsrollen bis zu frischem Bier – in Vietnam
muss man keinen Hunger oder Durst leiden.

UMWELT **530**
Die einnehmende Schönheit des Landes ist durch Verschmutzung und den Handel mit Wildtieren bedroht.

Bevölkerung pro km²
DEUTSCHLAND   VIETNAM

≈ 70 Personen

Vietnam aktuell

Wenige Länder haben solch einen Wandel erlebt wie Vietnam in den letzten Jahrzehnten. Eine der ärmsten und am meisten kriegsgeschundenen Regionen der Welt verwandelte sich durch Fleiß, Kreativität und Zielstrebigkeit in eine stabile, florierende Nation. Der Lebensstandard sowie das Bildungs- und Gesundheitssystem verbesserten sich stark. Kapitalistische Geschäftspraktiken hielten in der kommunistischen Gesellschaft Einzug, aus Genossen wurden Unternehmer. Die Veränderungen sind atemberaubend und größtenteils erfolgreich.

» Bevölkerung: 90,5 Mio.

» Lebenserwartung: 69 bei Männern, 75 bei Frauen

» Kindersterblichkeit: 21 pro 1000 Geburten

» BIP: 104,6 Mrd. US$

» Alphabetisierungsgrad: 94 %

Hinter den schlagzeilenträchtigen Erfolgen verbergen sich allerdings auch Probleme. Auf den Wirtschaftsboom folgten stagnierende Wachstumszahlen, außerdem blüht die Korruption nach wie vor. Vietnamesen müssen für alles Schmiergelder zahlen, egal ob für ihre Internetverbindung oder für einen Klinikbesuch. In den oberen Machtetagen verlangten einige inzwischen überführte Politiker sogar Millionen für die Umsetzung von Infrastrukturprojekten.

Die politische Landschaft

Vietnams politisches System könnte nicht einfacher sein, denn die Kommunistische Partei hat die alleinige Macht. Laut der Verfassung sollte die Nationalversammlung (das Parlament) das höchste Organ des Staates sein, doch in der Praxis ist sie das Werkzeug der Partei. Sorgfältig kontrollierte Wahlen sorgen z. B. dafür, dass deren Mitglieder 90 % der Abgeordneten stellen.

Offiziell ist der Kommunismus immer noch überlegen, allerdings glauben nur noch wenige an eine marxistische Utopie. Heute gibt ein marktorientierter Sozialismus die Richtung vor. Der Kapitalismus gedeiht wie nie zuvor und der dynamische Privatsektor ist Motor des Landes. Auf der Straße scheint jeder auf schnelles Geld aus zu sein.

Top-Bücher

» Der stille Amerikaner (Graham Greene) Der Klassiker spielt in den 1950er-Jahren.

» The Sorrow of War (Bao Ninh) Nordvietnamesische Perspektive des Kriegs.

» Vietnam: Rising Dragon (Bill Hayton) Eine ehrliche Beschreibung des heutigen Vietnams.

» Mond über den Reisfeldern (Andrew X Pham) Mischung aus Familiensaga und Reiseerzählung.

Top-Filme

» Apocalypse Now (1979) Regie: Francis Ford Coppola

» Cyclo (1995) Regie: Anh Hung Tran

» Die durch die Hölle gehen (1978) Regie: Michael Cimino

Religiöse Gruppen
(% der Bevölkerung)

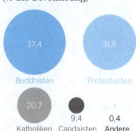

Gäbe es nur 100 Vietnamesen, wären …

86 Kinh (Vietnamesen)
3 Thailänder und Muong
2 Tay
2 Khmer Krom (ethnische Khmer)
1 Hoa (ethnische Chinesen)
6 andere

Nichtsdestotrotz kontrolliert der Staat große Teile der Wirtschaft. Mehr als 100 der 200 größten Unternehmen und die wichtigsten Sektoren der Erdölproduktion, des Schiffbaus, der Zementherstellung sowie der Kohle- und Kautschukförderung liegen in der Hand der Regierung.

In anderen Bereichen ist die Macht der Partei nach wie vor ungebrochen. Politischer Widerspruch gilt als Tabu und im ganzen Land blockiert eine mächtige Firewall „gefährliche" Websites wie Facebook. Zudem wurden 2007 Nguyen Van Dai und Le Thi Cong Nhan, Anhänger einer demokratischen Bewegung, wegen Propaganda gegen die Republik zu Haftstrafen verurteilt.

Norden & Süden

Seit 20 Jahren erlebt die Wirtschaft einen Aufschwung, allerdings gibt's regionale Unterschiede. 2011 übertrafen die Wachstumsraten von Ho-Chi-Minh-Stadt (HCMS) den nationalen Durschnitt um ein Vielfaches (10,3 % vs. 5,5 %). Vor allem der Süden profitiert von Geldern aus dem Ausland, da viele Viet Kieu (im Ausland lebende Vietnamesen, die größtenteils aus dem Süden stammen) zurückkehren und in ihre Region investieren.

Die Regierung ist sich dieser Unterschiede bewusst und versucht die Staatsämter gerecht zu verteilen: Kommt der Premierminister aus dem Süden, muss der Vorsitzende der Kommunistischen Partei im Norden geboren worden sein.

In der älteren Generation kann der Süden dem Norden die Zerstörung von Kriegsfriedhöfen, die zwanghafte Einführung des Kommunismus und die Ausgrenzung ganzer Familien nicht verzeihen. Der Norden wiederum trägt es dem Süden nach, dass dieser aufseiten der USA gegen das eigene Volk kämpfte. Glücklicherweise scheint die neue Generation die tragische Vergangenheit hinter sich lassen zu können.

» Jährliche Reisproduktion: 36 Mio. t

» Auf das Land abgeworfene Bomben im Vietnamkrieg: 8 Mio. t

» Anzahl der Mobiltelefone: 98 Mio.

» Produktionsmenge an *nuoc mam* (Fischsoße) pro Jahr: 200 Mio. l

---

Die leckersten Früchte

» **Platoon** (1986) Regie: Oliver Stone

» **Der Liebhaber** (1992) Regie: Jean-Jacques Annaud

» **Mangostane** *(mang cut)* Dezent, wohlriechend und lecker.

» **Rambutan** *(chom chom)* Die mit Borsten besetzte Frucht ist süß und saftig.

» **Papaya** *(du du)* Schmeckt unreif köstlich im Salat und reif wunderbar erfrischend.

» **Longan** *(nhan)* Hellbraune Schale und Litschi-ähnlicher Geschmack.

Vietnams Stellung in der Welt

2000 besuchte Bill Clinton als erster US-Präsident Nordvietnam. George W. Bush tat es ihm 2006 gleich. Heute sind die Beziehungen auf politischer Ebene höflich und auf wirtschaftlicher florierend – der zwischenstaatliche Handel belief sich 2010 auf über 18 Mrd. US$. Militärs beider Länder führen jährliche Gespräche zur Verteidigungspolitik. Streitpunkte bleiben die Unterdrückung der Opposition sowie die Meinungs- und Religionsfreiheit. Umgekehrt prangern die Vietnamesen den Umgang der USA mit den Folgen von Agent Orange und anderen Pflanzengiften an, denn Amerika hat bislang keinerlei Entschädigungszahlungen an die geschätzten 3 Mio. Dioxin-Opfer der Luftangriffe im Vietnamkrieg geleistet.

Mittlerweile haben sich die Beziehungen mit dem historischen Erzfeind China erheblich verbessert. Der Handel blüht, die Grenze brummt und zwischenstaatliche Kooperationen werden fortgeführt, sei es in der Stahlindustrie oder bei marinen Grenzkontrollen. Chinesisch ist die Fremdsprache, die von Vietnamesen am zweithäufigsten erlernt wird. Die an Erdölvorräten reichen Spratly-Inseln sind allerdings weiterhin ein Spannungsfeld, da beide Länder Anspruch auf sie erheben. Im Juni 2011 drohte die Lage zu eskalieren und in Hanoi sowie HCMS kam es zu Protesten gegen die chinesische Besetzung der Inseln.

Vietnam gleicht seine Machtpolitik mit China und den USA durch eine aktive Asean-Mitgliedschaft aus. Darüber hinaus pflegt der Staat seine Verbindungen zu Indien, Russland und den früheren Sowjetstaaten, von denen es einen Großteil seiner militärischen Gerätschaften bezieht.

Die wichtigsten Agrarexporte:
» Reis
» Kaffee
» Kautschuk
» Baumwolle
» Tee
» Pfeffer
» Sojabohnen
» Cashewnüsse
» Zuckerrohr
» Erdnüsse
» Bananen

Lage der Nation

Die meisten Vietnamesen haben sich mit der derzeitigen Situation angefreundet. Sie leben in einer Zeit steigenden Wohlstandes und vielen ergeht es recht gut, auch wenn die Inflation (ca. 22 % im Juli 2011) ein Problem bleibt. Das Land ist stabil und der Tourismus boomt – er verhilft vielen jungen Vietnamesen zu einem besseren Leben. Natürlich kann sich das Blatt wenden, doch solange es Jobmöglichkeiten gibt und die Wirtschaft wächst, sind die Perspektiven gar nicht schlecht.

Vietnam erleben

» Die Kunst des Straßenüberquerens erlernen.

» Mit einem Rad das Land erkunden.

» Sich Straßensnacks schmecken lassen.

» In einem Bergdorf ethnische Minderheiten kennenlernen.

» Sich in einer kleinen Bar beim beliebten Trinkspiel *tram phan tram* (100 %) vergnügen.

Geschichte

Um Vietnams turbulente Geschichte zu verstehen, muss man sich nur die Straßenschilder in beliebigen vietnamesischen Städten anschauen, denn dort tauchen immer wieder die gleichen Namen auf – nämlich die von Nationalhelden, die in den letzten 2000 Jahren ausländische Eindringlinge verjagt haben. Liegt die Straße an einem Fluss, heißt sie Bach Dang (nach den Schlachten in den Jahren 938 und 1288), während ein großer Boulevard als Le Loi (nach dem Kaiser, der 1428 die Chinesen schlug) benannt sein wird.

Über Jahrtausende haben die Vietnamesen vor allem mit China zu tun gehabt. Seit dem 2. Jh. v. Chr. lehnten sie sich gegen die chinesische Vorherrschaft auf und mussten eine 1000-jährige Besetzung ertragen. Die nationale Unabhängigkeit des Landes wurde hart erkämpft.

Der Vietnamkrieg zog zwar die Aufmerksamkeit der ganzen Welt auf sich, doch die Amerikaner waren lediglich die letzten der vielen Besucher, und auch sie wurden schlussendlich vertrieben.

Jahrhunderte zuvor hatten die Vietnamesen bereits Khmer, Mongolen und Cham besiegt. Danach folgte eine demütigende Zeit der Kolonialisierung durch die Franzosen. Noch 1979, kurz nach dem unfassbaren Grauen des Vietnamkriegs, verteidigte sich das am Boden liegende Land gegen einen Angriff der chinesischen Armee und zwang diese innerhalb weniger Wochen zum Rückzug.

Unausweichlich haben alle Eindringlinge ihre Spuren hinterlassen. Die Chinesen brachten den Buddhismus, Taoismus und die Grundsätze des Konfuzianismus (Gemeinschaft ist wichtiger als das Individuum, Erziehung und Familie müssen respektiert werden). Mit den Franzosen kamen Eisenbahnen, prächtige Architektur und eine hervorragende Küche. Und obwohl die Amerikaner das Land in Schutt und Asche legten, blieb der Stolz der Einwohner ungebrochen.

In den letzten Jahren wurde Vietnam ein wichtiges Asean-Mitglied und seine Wirtschaft boomte. Seitdem hat es große Fortschritte gemacht,

ZEITACHSE

2789 v. Chr.
Die Hung-Vuong-Könige gründen das Königreich Van Lang, den ersten unabhängigen vietnamesischen Staat. Auf Van Lang beziehen sich auch die chinesischen Chin- und Tang-Dynastien.

2000 v. Chr.
Am Delta des Roten Flusses rund um Hanoi entwickelt sich die bronzezeitliche Dong-Son-Kultur. Sie ist bekannt für den Reisanbau und die Produktion von Bronzewaren, darunter Trommeln und Gongs.

300 v. Chr.
Am Roten Fluss siedeln sich Nordvietnamesen an, die sich kulturell in Au Viet (Vietnamesen aus dem Hochland) und Lac Viet (Vietnamesen der Ebenen) unterteilen.

und zwar trotz systematischer Korruption, einer maroden Infrastruktur sowie einer antidemokratischen Partei an der Macht. Das Land ist vereint und floriert, seine Grenzen sind sicher und dem Volk winken lang anhaltende Stabilität und Wachstum.

Die Vorzeit

Nordvietnam wurde vor 500 000 Jahren von Menschen besiedelt, doch erst ab 7000 v. Chr. betrieben diese Jäger und Sammler eine rudimentäre Landwirtschaft. Im 3. Jh. v. Chr. entstand die hochentwickelte Dong-Son-Kultur. Sie zeichnete sich u. a. durch ihre bronzenen *moko*-Trommeln aus. Während dieser Periode setzte sich der Anbau von Reis durch und das Delta des Roten Flusses wurde zu einem wichtigen Agrarzentrum.

> Archäologen, die eine Ausgrabung in Oc Eo leiteten, entdeckten eine römische Münze aus dem Jahr 152 n. Chr. mit dem Antlitz von Antoninus Pius.

Vom 1. bis zum 6. Jh. war Südvietnam Teil des von Indien geprägten kambodschanischen Königreichs Funan. Sein Zentrum lag in der ummauerten Stadt Angkor Borei, doch es war wohl eher ein Verbund von Feudalstaaten als ein vereinigtes Reich. Kunst und Architektur erlebten in dieser Zeit ihren Höhepunkt. Die Bewohner konstruierten ein beachtliches Kanalsystem, das sowohl zum Transport als auch zur Bewässerung von Reis diente. Wichtigste Hafenstadt von Funan war Oc Eo am Mekong-Delta. Archäologische Funde legen nahe, dass Funan durch diesen Hafen nicht nur mit China, Indonesien und Persien in Kontakt stand, sondern auch mit dem Mittelmeerraum. Abgelöst wurde es durch das Chenla-Reich, das sich entlang des Mekong erstreckte.

Das Hindu-Königreich Champa entwickelte sich im späten 2. Jh. rund um das heutige Da Nang (s. S. 229). Wie in Funan war auch hier Sanskrit die heilige Sprache und indische Kunst sowie Kultur galten als Maß aller Dinge. Im 8. Jh. expandierte das Reich nach Süden und umfasste bereits die Gebiete des heutigen Nha Trang und Phan Rang. Die Cham waren sehr angriffslustig und überfielen in schöner Regelmäßigkeit die gesamte Küste Indochinas. Aus diesem Grund befanden sie sich in permanentem Kriegszustand mit den Khmer im Süden und den Vietnamesen im Norden. Eingekesselt zwischen diesen beiden Gegnern, verloren sie schließlich ihr Königreich. Im Cham-Museum von Da Nang (S. 196) sind einige exquisite Skulpturen aus der Zeit zu sehen.

> Die Menschen der bronzezeitlichen Dong-Son-Epoche lebten vornehmlich vom Handel. Bronzetrommeln aus dem nördlichen Vietnam wurden sogar noch auf den Alor-Inseln im östlichen Indonesien gefunden.

1000 Jahre chinesische Besetzung

China nahm im 2. Jh. v. Chr. das Delta des Roten Flusses ein. In den folgenden Jahrhunderten zogen viele chinesische Beamte und Gelehrte nach Süden, um den Vietnamesen ihr zentralistisches Staatssystem aufzuzwingen.

Der berühmteste Aufstand gegen die Eroberer ereignete sich 40 n. Chr., als die Trung-Schwestern (Hai Ba Trung) einige Kämpfer um sich scharten und eine Revolte entfachten, die den chinesischen Gouverneur

250 v. Chr.
Ein chinesischer Feldherr erobert Van Lang. In der Nähe der heutigen Hauptstadt Hanoi entsteht bei Co Loa ein neues Königreich namens Au Lac.

111 v. Chr.
Han-Kaiser annektieren die vietnamesische Region am Delta des Roten Flusses, was die tausendjährige chinesische Herrschaft einläutet. Als Regierungsphilosophie setzt sich der Konfuzianismus durch.

40 n. Chr.
Die Trung-Schwestern führen eine Rebellion gegen die chinesischen Eroberer an und schlagen den Gouverneur in die Flucht. Nun proklamieren sie sich als Königinnen eines unabhängigen Vietnam.

225–248
Die weibliche Kämpferin Trieu Thi Trinh, dargestellt als Riesin, die auf Kriegselefanten in den Kampf ritt, bietet den Chinesen jahrzehntelang die Stirn, bis sie besiegt wird und sich 248 das Leben nimmt.

> **AM ANFANG ...**
>
> Jedes Land hat seinen Schöpfungsmythos und Vietnam ist da keine Ausnahme. Der Legende nach sollen die Vietnamesen aus einer Beziehung zwischen dem Drachenkönig Lac Long Quan und der Göttin Au Co hervorgegangen sein. Das Paar zeugte unglaubliche 100 Söhne, von denen 50 mit ihrer Mutter in die Berge zogen und die anderen 50 mit dem Vater zum Meer. Letztere gründeten die erste vietnamesische Dynastie namens Hung: Sie herrschte über das Königreich von Van Lang, deren Bewohner als Lac Viet bekannt wurden.

zur Flucht zwang. Die Chinesen schlugen zurück, woraufhin sich die Schwestern im Hat-Giang-Fluss ertränkten und so der Auslieferung entkamen. Um der Tyrannei von Zwangsarbeit und Tributzahlungen zu entgehen, gab es zwischen dem 3. und 6. Jh. zahlreiche weitere Aufstände gegen die chinesischen Machthaber, die alle misslangen.

Das junge Vietnam lernte viel von China, darunter auch die Konstruktion von Dämmen und Bewässerungsanlagen. Allmählich wurden die Reisfelder ertragreicher. Dank der besseren Ernährungsverhältnissen wuchs die Bevölkerung, die dadurch gezwungen war, andere Gebiete zu besiedeln. Das Truong-Son-Gebirge unterband die Expansion nach Westen hin, da dessen Klima rau und das Terrain ungeeignet für Ackerbau war, und so dehnte sich Vietnam entlang der Küste in Richtung Süden aus.

In dieser Zeit fungierte das Land als wichtiger Zwischenstopp auf dem Seeweg zwischen China und Indien. Chinesen sorgten für die Einführung der Glaubensrichtungen Konfuzianismus, Taoismus und Mahayana-Buddhismus, indische Einflüsse für Theravada-Buddhismus und Hinduismus. Darüber hinaus brachten Mönche beider Kulturen neue wissenschaftliche und medizinische Kenntnisse mit, sodass Vietnam schon bald mit eigenen großartigen Ärzten, Botanikern und Gelehrten glänzen konnte.

Befreiung von China

Als im frühen 10. Jh. die Tang-Dynastie zusammenbrach, begann man in Vietnam gegen die ungeliebten chinesischen Machthaber zu revoltieren. 938 besiegte der populäre General Ngo Quyen die chinesische Armee am Bach-Dang-Fluss. Mit einem vorgetäuschten Rückzug lockte er die feindliche Flotte stromaufwärts und zerstörte ihre Schiffe durch unter Wasser versteckte spitze Pfähle. Damit endeten 1000 Jahre chinesischer Herrschaft, allerdings war es nicht das letzte Mal, dass sich die Vietnamesen mit ihrem übermächtigen Nachbarn herumschlagen mussten.

446	602	938	1010
Die Beziehungen zwischen dem Königreich von Champa und China verschlechtern sich. China besetzt Champa, nimmt die Hauptstadt Simhapura ein und plündert eine 50 t schwere goldene Buddhastatue.	Rebellionen gegen die chinesische Herrschaft, z. B. unter Führung von Ly Bon und Trieu Quang Phuc, schlagen fehl: Die Sui-Dynastie erobert Vietnam mit seiner Hauptstadt Dai La Thanh (Hanoi) zurück.	Ngo Quyen führt den Sieg gegen die Chinesen auf dem Bach-Dang-Fluss herbei. Damit endet Chinas tausendjährige Herrschaft.	Thanh Long (Stadt des aufsteigenden Drachen), das heutige Hanoi, wird von Kaiser Ly Thai To gegründet und zur Hauptstadt ernannt.

Vom 11. bis zum 13. Jh. festigten die Kaiser der Ly-Dynastie die Unabhängigkeit. Gründer der Dynastie war Ly Thai To. In diesen Zeiten des Fortschritts wurden Dämme zur Regulierung von Flut und Anbau errichtet und es entstand die erste Universität des Landes. Hin und wieder kam es zu erfolglosen militärischen Übergriffen, u. a. durch die Chinesen, Khmer und Cham. Währenddessen setzten die Vietnamesen ihre langsame Expansion nach Süden fort und gewannen immer mehr Kontrolle über das Königreich der Cham.

Noch einmal Bach Dang

Mitte des 13. Jhs. vollendete der Mongolenführer Kublai Khan die Eroberung Chinas. Als nächsten Streich plante er einen Angriff Champas und forderte das Durchgangsrecht über vietnamesisches Hoheitsgebiet. Obwohl ihm dieses verwehrt wurde, machten sich Khans Mongolenhorden von etwa 500 000 Mann trotzdem auf den Weg. Besiegt wurde die Armee durch den angesehenen General Tran Hung Dao. Er entschied die Schlacht am Bach-Dang-Fluss durch scharfsinnige Militäroperationen für sich, indem er die gleichen Taktiken und Orte auswählte wie Ngo Quyen in einem der größten Triumphe in der vietnamesischen Geschichte (s. S. 94).

> Einen tieferen Einblick in die tausendjährige Belagerung Vietnams durch China, die das Land maßgeblich prägte, bietet das Buch *The Birth of Vietnam* von Keith Weller Taylor.

China schlägt zurück

Im frühen 15. Jh. erlangte China erneut die Kontrolle über Vietnam und holte dessen Nationalarchive sowie vietnamesische Intellektuelle nach Nanjing – ein nachhaltiger Schaden für die vietnamesische Zivilisation. Hohe Steuerabgaben und Sklavenarbeit waren an der Tagesordnung. Der Poet Nguyen Trai (1380–1442) schrieb in dieser Zeit:

„Selbst das gesamte Wasser des östlichen Meeres könnte den Stein ihrer Niederträchtigkeit nicht wegwaschen; selbst der gesamte Bambusbestand der südlichen Berge würde nicht genug Papier hergeben, um ihre Verbrechen aufzuschreiben.".

Le Loi erscheint auf der Bildfläche

1418 entfachte der wohlhabende Philanthrop Le Loi den Lam-Son-Aufstand, weil er es ablehnte, als Beamter für die chinesische Ming-Dynastie zu arbeiten. Bis 1428 hatten sich Rebellen in mehreren Gegenden erhoben und Le Loi zog durchs Land, um die Menschen gegen die chinesische Vorherrschaft zu mobilisieren.

Der Poet Nguyen Trai, ein Mitbereiter des Aufstands gegen die Chinesen, verfasste nach dem Sieg *Die große Proklamation (Binh Ngo Dai Cao)*. Dieses Werk begeistert auch fast 600 Jahre später noch alle leidenschaftlichen Protagonisten vietnamesischer Unabhängigkeit:

1010–1225	1076	1288	14. Jh.
Während der 200-jährigen Ly-Dynastie behält Vietnam Institutionen und Traditionen der chinesischen Zeit bei: Konfuzianismus, die Struktur des öffentlichen Wesens und den Nassreisanbau.	Die vietnamesische Armee greift unter General Ly Thuong die Sung-Chinesen an, gewinnt eine entscheidende Schlacht nahe dem heutigen Nanning und schlägt später die Cham-Truppen.	Die Mongolen dringen in Dai Viet ein, doch General Tran Hung Dao wendet eine bewährte Strategie an und lässt die feindliche Flotte im Bach Dang auf spitze Pfähle auffahren.	Eine Cham-Armee unter König Che Bong Nga tötet den vietnamesischen Kaiser Tran Due Tong und belagert 1377 sowie 1383 dessen Hauptstadt Thang Long.

„Unser Volk hat Vietnam vor langer Zeit als eine unabhängige Nation mit einer eigenen Zivilisation gegründet. Wir haben unsere eigenen Berge und unsere eigenen Flüsse, unsere eigenen Bräuche und Traditionen, und diese unterscheiden sich von denen des fremden Lands im Norden … Manchmal waren wir schwach und manchmal waren wir stark, doch zu keiner Zeit hat es uns an Helden gefehlt."

Bald begannen Le Loi und seine Anhänger damit, Landstriche der Cham im Süden zu übernehmen. Höhepunkt war die Eroberung der Hauptstadt Vijaya nahe dem heutigen Qui Nhon 1471. Damit besiegelten die Aufständischen das Ende der militärischen Herrschaft von Champa. Als vietnamesische Siedler in ihr Gebiet kamen, emigrierte das Volk der Cham schließlich nach Süden.

Die Europäer kommen

1516 landeten die ersten portugiesischen Seefahrer in Da Nang, und nicht lange danach folgten ihnen Dominikanermönche, um die Einwohner zu missionieren. Die Portugiesen bauten eine Wirtschaftskolonie neben der chinesischen und japanischen in Faifo (dem heutigen Hoi An) auf und betrieben in den folgenden Jahrzehnten Handel mit Vietnam. Hier hatte die katholische Kirche – mit Ausnahme der Philippinen, die 400 Jahre lang spanische Kolonie waren – einen größeren Einfluss als auf die übrigen asiatischen Länder.

Trinh und Nguyen spalten das Land

Eine Art Vorausschau auf die dramatischen Ereignisse des 20. Jhs. gab es im 17. und 18. Jh., als das Land in zwei Teile gespalten wurde. Aus der mächtigen Trinh-Familie rekrutierten sich im Norden die Le-Könige, während sich im Süden die Mitglieder der Nguyen etablierten. Die Trinh brachten die Nguyen nicht unter Kontrolle, wohl auch weil ihre portugiesischen Waffen weitaus schlechter waren als das niederländische Kriegsmaterial, über das die Nguyen verfügten. Zu dieser Zeit zeigten mehrere europäische Länder Interesse an Vietnam und suchten nach Einflussmöglichkeiten. Die Nguyen expandierten ihrerseits nach Süden und nahmen Gebiete im Mekong-Delta ein.

Tay-Son-Rebellion

1765 brach eine Rebellion in der Stadt Tay Son nahe Qui Nhon aus, die sich gegen Strafsteuern der Nguyen-Familie richtete. Die Tay-Son-Rebellen wurden von zwei Brüdern eines Familienzweigs der Nguyen angeführt, die im Stile Robin Hoods die Reichen berauben und die Armen unterstützen wollten. Sie waren sehr populär und kontrollierten in weniger als einem Jahrzehnt ganz Zentralvietnam. 1783 nahmen sie Saigon

> Ho-Chi-Minh-Stadt (Saigon) entstand im 16. Jh. und hieß damals noch Prey Nokor. Das Khmer-Dorf lag damals am Ostrand von Kambodscha.

> Einer der berühmtesten ersten Missionare war der französische Jesuit Alexandre de Rhodes (1591–1660). Für seine Idee, auf Grundlage des lateinischen Alphabets das vietnamesische *quoc ngu* zu entwickeln, das bis heute genutzt wird, bekam er viel Anerkennung.

1428
Le Loi besiegt die Chinesen und erklärt sich selbst zum Kaiser, dem ersten der lang anhaltenden Le-Dynastie. Er wird als einer der größten Nationalhelden verehrt.

1471
Die Vietnamesen fügen dem Königreich Champa eine empfindliche Niederlage zu. Sie töten mehr als 60 000 Cham-Soldaten und nehmen 36 000 gefangen, darunter der König und ein Großteil seiner Familie.

1516
Portugiesische Händler legen in Da Nang an, gründen einen Handelsposten in Faifo (heute Hoi An) und führen den Katholizismus ein. Damit erwacht Europas Interesse an Vietnam.

1524
Infolge von Feudalkonflikten zwischen den Trinh im Norden (Thang Long) und den Nguyen im Süden (rund um Hue) beginnt eine instabile, kriegerische Zeit.

sowie den Süden des Landes ein und töteten dabei den regierenden Prinzen und seine Familie. Nguyen Lu wurde König Südvietnams, während sich Nguyen Nhac zum Herrscher Zentralvietnams ausrief.

Bei weiteren Eroberungszügen überrollten die Tay-Son-Rebellen die Regenten der Trinh im Norden. China sah nun eine gute Gelegenheit, von den Unruhen zu profitieren und das Land zu besetzen. Als Antwort darauf ernannte sich der dritte der Brüder, Nguyen Hue, zum Kaiser Quang Trung. 1789 gewann er bei Dong Da eine entscheidende Schlacht gegen die chinesische Armee und steuerte damit der Geschichte seines Landes eine weitere Heldentat bei.

Im Süden gelang es Nguyen Anh, einem der wenigen Überlebenden des ursprünglichen nur noch schwer überschaubaren Clans, den Rebellen zu entkommen. 1802 proklamierte er sich zum Kaiser Gia Long und begründete damit eine eigenständige Nguyen-Dynastie. Mit der Einnahme von Hanoi vollendete er seinen Siegeszug. Erstmals seit zwei Jahrhunderten war Vietnam wieder vereint und Hue wurde Hauptstadt des Landes.

Die Traditionalisten setzen sich durch

Um Vietnams anhaltende Probleme zu beheben, stärkte Kaiser Gia Long die Werte des Konfuzianismus. Mit diesem kalkulierten Schachzug wollte er elitäre konservative Kreise überzeugen.

Gia Longs Sohn, Kaiser Minh Mang, engagierte sich ebenfalls dafür, den Staat zu festigen. Dem Katholizismus gegenüber war er sehr feindselig eingestellt, weil er diesen als große Gefahr für die konfuzianische Lehre wahrnahm. Generell lag ihm viel daran, den westlichen Einfluss einzudämmen.

Die ersten Nguyen-Kaiser setzten die Expansionspolitik ihrer Vorgänger fort. Sie drangen in Kambodscha und Laos ein und gerieten beim Versuch, Herr über das brachliegende Reich der Khmer zu werden, mit Thailand in Konflikt.

Die Rückbesinnung auf traditionelle Werte fand zwar bei der Elite im Land Anklang, doch die Abschottung und feindliche Haltung gegenüber dem Westen wurde den Nguyen-Herrschern zum Verhängnis: Sie modernisierten Vietnam nicht schnell genug, um es mit den militärisch überlegenen Europäern aufnehmen zu können.

Die französische Machtübernahme

Frankreichs militärische Aktivität in Vietnam begann 1847, als französische Kriegsschiffe den Hafen von Da Nang angriffen. Dies verstand man als Antwort auf die Inhaftierung katholischer Missionare durch Kaiser Thieu Tri. Saigon wurde 1859 eingenommen und 1862 unterzeichnete Kaiser Tu Duc einen Vertrag, der Frankreich die drei östlichen Provinzen

---

Vietnams Dynastien

» Ngo-Dynastie 939–965
» Dinh-Dynastie 968–980
» Frühe Le-Dynastie 980–1009
» Ly-Dynastie 1010–1225
» Tran-Dynastie 1225–1400
» Ho-Dynastie 1400–1407
» Nach-Tran-Dynastie 1407–1413
» Chinesische Vorherrschaft 1414–1427
» Späte Le-Dynastie 1428–1524
» Mac-Dynastie 1527–1592
» Trinh-Herrschaft über den Norden 1539–1787
» Nguyen-Herrschaft über den Süden 1558–1778
» Tay-Son-Dynastie 1788–1802
» Nguyen 1802–1945

1651
Das erste *quoc-ngu*-Wörterbuch in lateinischer Sprache wird produziert, nachdem Pater Alexandre de Rhodes mehrere Jahre an seiner Fertigstellung gearbeitet hatte.

17. Jh.
Da die Khmer durch interne Konflikte und Angriffe der Siamesen geschwächt sind, nutzen vietnamesische Siedler die Gelegenheit und lassen sich im Mekong-Delta sowie rund um Saigon nieder.

» Das Mekong-Delta heute, Vinh Long

von Cochinchina (der südliche Teil des Landes während der Kolonialzeit) überließ. Im Laufe der nächsten vier Jahrzehnte schlugen die französischen Kolonialbestrebungen in Indochina allerdings oft fehl und trugen gelegentlich die Handschrift von eigensinnigen Abenteurern der Armee.

1872 nutzte der Händler Jean Dupuis die Zitadelle in Hanoi als Zwischenlager für Salz und Waffen, die er über den Roten Fluss transportieren wollte. Offiziell wurde Kapitän Francis Garnier entsandt, um den Geschäftsmann in die Schranken zu weisen, doch er nahm gleich die ganze Zitadelle ein und startete von dort aus einen Eroberungsfeldzug nach Norden.

Wenige Wochen nach dem Tod von Tu Duc griff Frankreich Hue an und drängte dem kaiserlichen Hof einen Protektoratsvertrag auf. In der Folge entstand ein tragikomisches Durcheinander um die königliche Nachfolge, das von ungeschickter französischer Diplomatie, Palastanschlägen und auf mysteriöse Weise zu Tode kommenden Kaisern gekennzeichnet war.

Die Kolonialherren nahmen ehrgeizige Projekte zur Verbesserung der Verkehrswege in Angriff, darunter der Bau der Eisenbahnlinie zwischen Saigon und Hanoi und die Trockenlegung der Sümpfe im Mekong-Delta. Finanziert wurde das Ganze durch hohe Steuern, was verheerende Auswirkungen auf die Bauern und die ländliche Infrastruktur hatte. Vietnamesische Arbeiter erhielten bei unmenschlicher Behandlung miserable Löhne.

> Der Buddhismus lebte während des 17. und 18. Jhs. auf, deshalb wurden während dieser Zeit viele Pagoden im Land errichtet. Es handelt sich dabei nicht um eine Religion in Reinkultur, sondern um einen lebendigen Mix aus Ahnenkult, Animismus und Taoismus.

Hoffnung auf Unabhängigkeit

Während der Kolonialzeit schwelte unter der Oberfläche bei vielen Vietnamesen der Wunsch nach Unabhängigkeit. Nationalistische Bestrebungen mündeten häufig in offenem Widerstand gegen die Franzosen. Das reichte von der Veröffentlichung patriotischer Zeitungen bis zu dramatischen Aktionen wie dem Versuch, die gesamte französische Garnison in Hanoi zu vergiften.

Obwohl der Hofstaat in Hue angeblich ziemlich korrupt war, blieb er ein Zentrum nationaler Träume, weshalb die französischen Besatzer sehr darauf achteten, dass der jeweilige Kaiser stets nur Marionettenstatus besaß. Notfalls wurde er eben einfach ausgetauscht. Solche grotesken Maßnahmen erreichten ihren Höhepunkt, als 1925 Kaiser Bao Dai den Thron besteigen durfte. Er war zwölf Jahre alt und absolvierte gerade in Frankreich seine Ausbildung.

Führende Patrioten erkannten schon bald, dass Modernisierung der Schlüssel zu einem unabhängigen Vietnam war. Phan Boi Chau organisierte die Dong-Du-(Ostwärts-Gehen-)Bewegung, die vietnamesische Intellektuelle zum Studium nach Japan senden wollte, damit diese zukünftig zu einem erfolgreichen Aufstand beitragen konnten. Phan Tru Chinh bevorzugte die Erziehung der Massen, die wirtschaftliche Modernisie-

1765	**1802**	**1862**	**1883**
Unweit von Qui Nhon organisieren die Nguyen-Brüder die Tay Son-Rebellion. In den folgenden 25 Jahren kontrollieren sie das gesamte Land.	Kaiser Gia Long besteigt den Thron und gründet die Nguyen-Dynastie, die bis 1945 Bestand hat. Das Land ist nach über 200 Jahren erstmals wieder vereint.	Nach Angriffen Frankreichs unterzeichnet Kaiser Tu Duc ein Handelsabkommen, in dem er die Kontrolle des Mekong-Deltas abtritt, das nun als Cochinchina (Cochinchine) bezeichnet wird.	Frankreich erlegt Vietnam das Wirtschaftsprotektorat auf und übernimmt für 70 Jahre die Kolonialherrschaft über das Land. Während der ganzen Zeit gibt's eine aktive Widerstandsszene.

rung und eine Zusammenarbeit mit Frankreich in Richtung Unabhängigkeit. Zu dieser Zeit wurde die lateinische *quoc-ngu*-Schrift immer beliebter. Mit ihrer Hilfe ließ sich die Bevölkerung viel einfacher unterrichten als mit der komplizierten *nom*-Schrift nach chinesischem Vorbild.

> Zwischen 1944 und 1945 erhielt die Vietminh Geld und Waffen vom US Office of Strategic Services (OSS, Vorläufer der CIA). Als Ho Chi Minh 1945 die Unabhängigkeit Vietnams deklarierte, hatte er Agenten des OSS an seiner Seite und griff in seiner Rede Ideen aus der amerikanischen Unabhängigkeitserklärung auf.

Aufstieg der Kommunisten

Nach und nach zeigte sich, dass die Kommunisten es verstanden, am effektivsten gegen die Kolonialmacht zu kämpfen. Sie nahmen sich der Frustrationen und Hoffnungen der Bevölkerung – das galt vor allem für die vielen Bauern – an und setzten sich mit Nachdruck für eine faire Landverteilung ein.

Die Geschichte des vietnamesischen Kommunismus ist etwas verworren und in vielerlei Hinsicht eng verbunden mit der politischen Biografie von Ho Chi Minh (S. 473). Die erste wichtige marxistische Bewegung in Indochina war die von ihm 1925 in Canton gegründete Vietnamesische Revolutionäre Jugendliga. Aus ihr ging im Februar 1930 die Kommunistische Partei Vietnams hervor. 1941 formierte Ho die Vietminh. Diese kämpfte gegen die französische Vichy-Regierung und die japanische Armee und war während des Zweiten Weltkriegs politisch sehr aktiv. Trotz ihrer nationalistischen Bestrebungen wurde sie von Beginn an von Hos Kommunisten dominiert. Dennoch verstand Ho, der weiterhin patriotisch, populistisch und pragmatisch blieb, wie groß das Bedürfnis nach nationaler Einheit war.

Zweiter Weltkrieg & Hungersnot

Nachdem Frankreich 1940 an Nazi-Deutschland gefallen war, kollaborierte die französische Vichy-Regierung mit Japan und erlaubte dessen Truppen den Einmarsch in Vietnam. Die Japaner beließen die französische Verwaltung im Amt, und eine Zeit lang blieb Vietnam von Plünderungen durch die Besatzer weitgehend verschont. Gegen Ende des Zweiten Weltkriegs änderte sich dies jedoch. Nun forderte Japan enorme Reismengen an, was in Kombination mit Fluten und Dammbrüchen eine schreckliche Hungersnot auslöste, der in Nordvietnam 2 Mio. Menschen zum Opfer fielen. Die einzige Opposition gegen Frankreich und Japan war die Vietminh. Ho Chi Minh bekam in dieser Zeit Unterstützung durch die US-Regierung. Als in Europa der Sieg der Alliierten näherrückte, sah die Vietminh eine gute Gelegenheit zum Aufstand.

> In Hanoi und im Norden errichtete Ho Chi Minh einen sehr effektiven Polizeistaat. Das Regime setzte sich mithilfe brutaler Gewalt, eines weit verzweigten Geheimdienstnetzes und einer schwarzen Liste von Dissidenten, deren Kindern und Kindeskindern durch.

Chaos statt Erlösung

Im Frühjahr 1945 kontrollierte die Vietminh bereits große Teile des Landes, vor allem den Norden. Mitte August rief Ho Chi Minh den landesweiten Aufstand aus, der später als Augustrevolution bekannt wurde. In Zentralvietnam dankte währenddessen Bao Dai zugunsten der neuen

spätes 19. Jh.	1925	1930er-Jahre	1940
Das romanisierte *quoc-ngu*-Alphabet gewinnt an Beliebtheit. Die Analphabetisierung steigt, Bildung wird gefördert. Traditionelle Schriftzeichen nach chinesischem Vorbild kommen aus der Mode.	Ho Chi Minh setzt sich für organisierte politische Agitation ein und gründet im südchinesischen Canton die Vietnamesische Revolutionäre Jugendliga, ein Vorläufer der Kommunistischen Partei Vietnams.	Der Marxismus wird immer beliebter seit der Gründung dreier kommunistischer Parteien, die sich zur Kommunistischen Partei Vietnams zusammenschließen. Tran Phu ist der erste Generalsekretär.	Japan beginnt damit, Vietnam zu besetzen, als die Vichy-Kolonialregierung dem Land die Nutzung militärischer Einrichtungen anbietet, solange sie die Kontrolle der Administration behält.

ONKEL DES VOLKES

Ho Chi Minh (Bringer des Lichts), der Vater der Nation, war der Sohn eines extrem nationalistisch eingestellten Beamten. 1890 als Nguyen Tat Thanh bei Vinh geboren, ging er in Hue zur Schule und nahm im Laufe seines bedeutsamen Lebens zahlreiche Pseudonyme an. Viele Vietnamesen nennen ihn heute liebevoll Bac Ho („Onkel Ho").

1911 heuerte er auf einem französischen Schiff als Kochlehrling an und segelte über die Meere Nordamerikas, Afrikas und Europas. In England und Frankreich schlug er sich eine Weile als Gärtner, Schneeschipper, Kellner, Bildretuscheur und Heizer durch. In dieser Zeit entwickelte sich sein politisches Bewusstsein.

Dann ging Ho Chi Minh nach Paris, wo er einige Sprachen lernte (darunter Englisch, Französisch, Deutsch und Mandarin) und sich für die Unabhängigkeit Indochinas zu engagieren begann. Er war Gründungsmitglied der Kommunistischen Partei Frankreichs, die sich 1920 etablierte, und reiste später nach Guangzhou in China, wo er die Revolutionäre Jugendliga Vietnams ins Leben rief.

Anfang der 1930er-Jahre verpflichteten die englischen Regenten Hongkongs die französische Regierung dazu, Ho wegen seiner politischen Aktivitäten zu inhaftieren. Nach seiner Entlassung reiste er durch die UdSSR und China. 1941 kehrte Ho Chi Minh schließlich erstmals nach 30 Jahren in sein Heimatland zurück. Im selben Jahr gründete der inzwischen 51-Jährige die Vietminh; sie verfolgte das Ziel, Vietnam von den französischen Kolonialherren und von der japanischen Besetzung zu befreien. Als die japanische Besetzung Vietnams im August 1945 endete, leitete Ho Chi Minh die Augustrevolution ein, seine Leute kontrollierten weite Teile des Landes.

Die Rückkehr der Franzosen zwang die Vietminh, einen Guerillakampf zu führen, der schließlich 1954 bei Dien Bien Phu zum Sieg über die Kolonialmacht führte. Danach bestimmte Ho die Geschicke Nordvietnams bis zu seinem Tod im September 1969. Den Sieg über den Süden sollte er nicht mehr erleben.

Die Partei hat viel dafür getan, den Ruf von Bac Ho zu bewahren. Sein Bildnis prägt das heutige Vietnam – es gibt kein Dorf ohne seine Statue und die meisten Städte haben ein ihm gewidmetes Museum. Dieser Personenkult steht in starkem Kontrast zu Hos einfachem, entbehrungsreichem Leben. Weitere Infos zu Hos Leben bietet die hervorragende Biographie *Ho Chi Minh* von William J. Duiker.

Regierung ab und im Süden ging die Vietminh eine unstabile Koalition mit nichtkommunistischen Gruppierungen ein. Am 2. September 1945 rief Ho Chi Minh auf dem Ba-Dinh-Platz in Hanoi die nationale Unabhängigkeit Vietnams aus. Während dieser Zeit schrieb er insgesamt acht Briefe an Präsident Harry Truman und an das US-Außenministerium und bat um Hilfe, allerdings bekam er nie eine Antwort.

In der Agenda des Potsdamer Abkommens von 1945 war die Entwaffnung der japanischen Streitkräfte in Vietnam eine Fußnote. Die chinesi-

1941	Mitte der 1940er-Jahre	1945	1946
Ho Chi Minh gründet die Vietminh (Liga für die Unabhängigkeit Vietnams). Die Befreiungsorganisation kämpft für die Unabhängigkeit von Frankreich und gegen die japanische Besetzung.	Japans Forderungen nach Reis und starke Überschwemmungen führen zu einer katastrophalen Hungersnot, bei der rund 2 Mio. Menschen, 20 % der Bevölkerung Nordvietnams, sterben.	Am 2. September proklamiert Ho Chi Minh auf dem Ba-Dinh-Platz im Zentrum Hanois die Unabhängigkeit Vietnams, doch Frankreich will die Autorität und die Kolonialherrschaft wiederherstellen.	Der Konflikt zwischen der Vietminh und den französischen Kolonialisten führt zu offenen Kampfhandlungen in Hanoi und Hai Phong. Diese markieren den Beginn eines achtjährigen Kriegs.

sche Kuomintang akzeptierte die Kapitulation der Japaner nördlich und die Briten südlich den 16. Breitengrads.

Als die Briten Saigon erreichten, herrschte Chaos: Eine Privatmiliz, die verbliebenen japanischen Truppen, die Franzosen und die Vietminh kämpften um die Vormachtstellung. Bewaffnete französische Fallschirmspringer reagierten auf Ho Chi Minhs Unabhängigkeitserklärung, indem sie auf Zivilisten einschlugen. Daraufhin lancierte die Vietminh eine Guerillakampagne. Am 24. September erreichte der französische General Jacques Philippe Leclerc Saigon und verkündete: „Wir sind gekommen, um unser Erbe in Anspruch zu nehmen."

Im Norden brandschatzten chinesische Kuomintang-Truppen und marschierten südwärts in Richtung Hanoi. Ho versuchte, sie zu besänftigen, doch als der Druck der chinesischen Eroberer nicht nachließ, akzeptierte er eine befristete Rückkehr der Franzosen, die er langfristig als geringere Gefahr ansah. Die ehemaligen Kolonialherren, so kam man in einer vagen Abmachung überein, sollten fünf Jahre bleiben und Vietnam als freien Staat innerhalb einer geplanten Französischen Union akzeptieren.

Krieg mit Frankreich

Frankreich war es zunächst gelungen, Vietnam erneut unter Kontrolle zu bringen, zumindest auf dem Papier. Doch als das Militär im November 1946 Hai Phong bombardierte und dabei Hunderte von Zivilisten tötete, wendete sich das Blatt. Kurze Zeit später brachen erste Kämpfe in Hanoi aus und Ho Chi Minh und seine Truppen flohen in die Berge, wo sie sich acht Jahre verschanzten, um sich neu zu organisieren.

Konfrontiert mit einem entschlossenen vietnamesischen Nationalismus, bekam Frankreich die Lage nicht in den Griff. Trotz der Bemühungen der USA, den Kommunismus in ganz Asien einzudämmen, war dieser Krieg für die Franzosen nicht zu gewinnen. Ho sagte einmal an die Adresse Frankreichs: „Ihr könnt zehn meiner Männer töten für einen, den ich von euch töte, aber verlieren werdet ihr dennoch."

Nach acht Jahren Kampf kontrollierte die Vietminh große Teile Vietnams und des benachbarten Laos. Am 7. Mai 1954, nach einer 57-tägigen Belagerung, ergaben sich 10 000 fast verhungerte französische Soldaten nahe der Stadt Dien Bien Phu (S. 131). Diese Niederlage war für Frankreich eine Katastrophe und leitete das Ende des kolonialen Abenteuers in Indochina ein. Am Tag darauf beriet die Genfer Konferenz über die Lösung des Konflikts, wobei Frankreich nichts mehr zu seinen Gunsten vorbringen konnte. Man verabschiedete eine Resolution mit mehreren Punkten: Die Gefangenen sollten ausgetauscht werden, der Ben-Hai-Fluss in der Nähe des 17. Breitengrads bis zu allgemeinen Wahlen Grenze eines zweigeteilten Vietnams werden und der Übergang an dieser

Im Mai 1954 gruben Anhänger der Vietminh ein Tunnelnetzwerk unterhalb des französischen Verteidigungshügels A1 in Dien Bien Phu und füllten es mit Sprengstoff. Sapper Nguyen Van Bach war bereit, ihn persönlich losgehen zu lassen, falls die Fernzündung keine Detonation auslösen würde. Doch zu seinem Glück klappte alles und er wurde ein Nationalheld.

späte 1940er-Jahre	1954	1955	1960
Während sich die Vietminh zur Neugruppierung in die Berge zurückzieht, versuchen die Franzosen, eine vietnamesische Regierung unter Kaiser Bao Dai, dem letzten Herrscher der Nguyen-Dynastie, zu bilden.	Nach dem Ende der Belagerung von Dien Bien Phu geben sich die französischen Truppen am 7. Mai geschlagen, ihre Kolonialherrschaft in Indochina endet.	Am 17. Breitengrad wird das Land in Nordvietnam und Südvietnam aufgeteilt. Die Bevölkerung hat 300 Tage Zeit, um in ihre jeweiligen Gebiete umzusiedeln.	Die Nationale Befreiungsfront (besser bekannt als Vietcong) lanciert einen Guerillakrieg gegen die Diem-Regierung im Süden, was den Vietnamkrieg einleitet.

Grenze für einen Zeitraum von 300 Tagen frei möglich sein. Außerdem sollten am 20. Juli 1956 landesweite Wahlen stattfinden. Bis zu diesem Zeitpunkt waren im Ersten Indochinakrieg mehr als 35 000 französische Soldaten getötet und 48 000 verwundet worden. Über die Opferzahlen unter den Vietnamesen gibt's keine genaueren Infos, doch sie lagen mit Sicherheit höher.

Ein eigenständiges Südvietnam

Kaum war das Genfer Abkommen unterzeichnet, übernahm der katholische, antikommunistisch eingestellte Präsident Ngo Dinh Diem die Herrschaft über Südvietnam. Er war sich der Unterstützung von 900 000 vorwiegend katholischen Vietnamesen sicher, die während der 300 Tage, als man die Grenze frei passieren konnte, aus dem kommunistischen Norden geflohen waren.

Allgemeine Wahlen fanden gar nicht erst statt, denn die US-Regierung fürchtete, dass Ho Chi Minh daraus mit überwältigender Mehrheit als Sieger hervorgehen würde. Während der ersten Regierungsjahre gelang es Diem erfolgreich, seine Macht zu festigen. Er verbot das Verbrechersyndikat Binh Xuyen und die Privatarmeen der religiösen Sekten Hoa Hao und Cao Dai. Bei seinem offiziellen Besuch in den USA 1957 bezeichnete Präsident Eisenhower Diem gar als asiatischen Wunderheiler. Allerdings wurde dieser mit der Zeit immer tyrannischer, ließ buddhistische Klöster schließen, Mönche einsperren und oppositionelle Parteien verbieten. Außerdem beschaffte er seiner Familie politische Ämter, z. B. seiner Schwägerin Madame Nhu, die zu einer Art First Lady wurde.

Die frühen 1960er-Jahre waren im Süden von Anti-Diem-Demonstrationen vor allem durch Studenten und buddhistische Geistliche geprägt. Selbsttötungen von Mönchen begleiteten die Proteste und lieferten der Weltöffentlichkeit schockierende Bilder (s. S. 192). Inzwischen hielten die USA Diem für einen Unsicherheitsfaktor und unterstützten im November 1963 einen Militärputsch junger Generäle. Diem sollte ins Exil gehen, wurde dann aber von diesen zusammen mit seinem Bruder exekutiert. Darauf folgte eine Reihe von Militärs an der Macht, die sich leider auch nicht viel anders als ihr Vorgänger aufführten.

Ein neues Nordvietnam

Die Genfer Beschlüsse erlaubten, dass die Demokratische Republik Vietnam von Hanoi aus das Gebiet nördlich des 17. Breitengrads kontrollierte. Nun setzte die neue Regierung alles daran, störende Elemente in der Bevölkerung zu eliminieren. Zehntausende Grundbesitzer, die teils nur winzige Landflächen besaßen, wurden vom Sicherheitsdienst und von missgünstigen Nachbarn denunziert und verhaftet. Es gab zwischen 10 000 und 15 000 Hinrichtungen und viele Tausend kamen in Arbeitsla-

---

Das Remake von *Der stille Amerikaner* aus dem Jahr 2002 mit Michael Caine in der Hauptrolle ist ein Muss. Der eindrucksvolle Film bietet eine lohnende Einführung in das Vietnam der 1950er-Jahre, als die Franzosen abrückten und die US-Amerikaner ihren Platz einnahmen.

Die USA schlossen ihr Konsulat in Hanoi am 12. Dezember 1955 und hatten danach in der Hauptstadt über 40 Jahre keine offizielle diplomatische Vertretung.

1962
Mit den Worten „Wald ist Gold" erklärt Ho-Chi-Minh das Cuc-Phuong-Schutzgebiet westlich von Ninh Binh zu Vietnams erstem Nationalpark.

1963
Südvietnams Präsident Ngo Dinh Diem wird mithilfe der USA durch einen Militärputsch gestürzt und dabei getötet. Dadurch gelangt eine neue Gruppe junger Militärs an die Macht.

1964
Obwohl sich die USA nicht offiziell im Krieg befinden, starten sie die Operation „Pierce Arrow" und bombardieren Nordvietnam, um Vergeltung für die Vorkommnisse am Golf von Tonkin zu üben.

1965
Zur Vermeidung eines Zusammenbruchs des Saigon-Regimes verstärkt US-Präsident Johnson die Bombardierung Nordvietnams und ordnet die Entsendung amerikanischer Kampftruppen in den Süden an.

ger. 1956 sah sich die Regierung mit Unruhen in der Landbevölkerung konfrontiert, merkte, dass die Dinge außer Kontrolle gerieten, und leitete eine Kampagne zur Fehlerbehebung ein.

Krieg zwischen Nord und Süd

1959 begann der kommunistische Norden, den Süden zu „befreien". Der Ho-Chi-Minh-Pfad wurde für den Handel neu eröffnet, die allgemeine Wehrpflicht eingeführt und die Nationale Befreiungsfront (NLF), später Vietcong oder auch VC genannt, gegründet.

> Vietcong und VC sind Kürzel für Viet Nam Cong San, was „Vietnamesischer Kommunist" bedeutet. Die US-Soldaten gaben dem VC den Spitznamen „Charlie" bzw. „Victor Charlie".

Als die NLF ihre Kampagne im Süden startete, verlor dort die Regierung schnell die Kontrolle über die ländlichen Gebiete. Um der Lauf der Dinge aufzuhalten, wurden Bauern in befestigte Dörfer zwangsumgesiedelt, um die potenzielle Unterstützung des VC zu unterbinden.

Für Südvietnam ging es längst nicht mehr nur um einen Kampf mit dem politischen Gegner. 1964 begann Hanoi, regelmäßig Truppen der Nordvietnamesischen Armee (NVA) in Richtung Süden zu schicken und Anfang 1965 wurden die Probleme der Regierung im Süden immer deutlicher. Die südvietnamesische Armee (ARVN) verlor Monat für Monat bis zu 2000 Deserteure und büßte eine Bezirkshauptstadt nach der anderen ein, dabei wurde in zehn Jahren nur ein einziger älterer Offizier verwundet. Außerdem machten sich die Militärs bereit, Hue und Da Nang zu verlassen, und auch das zentrale Hochland war kaum mehr zu halten.

Die USA greifen ein

Die Amerikaner hielten die französische Kolonialmacht in Indochina für eine wichtige Stütze im weltweiten Kampf gegen die kommunistische Expansion und wollten sie deshalb unter allen Umständen halten. 1950 kam eine US-Hilfstruppe unter dem Vorwand ins Land, lokale Militärs zu trainieren. Von da an blieben amerikanische Soldaten jedoch 25 Jahre lang auf vietnamesischem Boden. Schon 1954 leisteten die USA über 2 Mrd. Dollar Militärhilfe an die französische Armee.

> Die Tet-Offensive war langfristig ein Erfolg, aber zunächst schwächte sie die militärische Kapazität des VC und sorgte dafür, dass nordvietnamesische Soldaten eine entscheidende Rolle im weiteren Kriegsverlauf spielten.

Ein entscheidender Wendepunkt in der amerikanischen Strategie war der Vorfall am Golf von Tonkin im August 1964. Zwei US-Zerstörer meldeten, an der Küste Nordvietnams grundlos attackiert worden zu sein. Tatsächlich hatte es aber eine Provokation gegeben: Ein US-Schiff assistierte in nordvietnamesischem Gewässer bei einer verdeckten Spionageaktion südvietnamesischer Verbände. Der zweite Angriff seitens Nordvietnams war einem Report der Nationalen Sicherheitsbehörde der USA aus dem Jahr 2005 zufolge frei erfunden.

Trotzdem antwortete Präsident Lyndon Johnson mit 64 Bombereinsätzen gegen Stützpunkte in Nordvietnam. Dies waren die ersten von Tausenden Militäreinsätzen, die jede einzelne Straße und jede Eisen-

---

1967
Ende des Jahres kämpfen 1,3 Mio. Soldaten auf Seiten Südvietnams, darunter fast 500 000 GIs.

1968
Der Vietcong führt als Überraschungscoup die Tet-Offensive durch und attackiert Städte überall im Süden. Beim My-Lai-Massaker werden Hunderte vietnamesische Zivilisten getötet.

1969
Nach einem Leben für die Revolution stirbt Ho-Chi-Minh im September 1969 in Hanoi an Herzversagen. Nach seinem Tod übernimmt Le Duan die „kollektive Führung" des Landes.

1970
Nixons nationaler Sicherheitsberater Henry Kissinger und Le Duc Tho von der vietnamesischen Regierung nehmen in Paris Gespräche auf. Die USA ziehen erste Truppen ab.

bahnbrücke im Land treffen sollten, ebenso wie 4000 der insgesamt 5788 Ortschaften Nordvietnams. Wenige Tage später verabschiedete der US-Kongress mit großer Mehrheit die Tonkin-Resolution, die dem Präsidenten das Recht übertrug, jenseits der Kontrolle des Kongresses in Vietnam ganz nach Belieben zu schalten und zu walten.

Als die militärische Situation der Regierung in Saigon immer katastrophaler wurde, landeten im März 1965 die ersten US-Kampftruppen in Da Nang. Im Dezember 1965 befanden sich 184 300 US-Soldaten in Vietnam, 636 Amerikaner hatten bereits ihr Leben verloren. Nur zwei Jahre später war die Zahl der GIs auf 485 600 gestiegen, die der Toten auf 16 021. Insgesamt kämpften inklusive der Südvietnamesen und anderer Verbündeter 1,3 Mio. Soldaten für die Regierung in Saigon.

US-Strategien

1966 waren in Washington die Begriffe *„pacification"* (Befriedung), *„search and destroy"* (aufspüren und zerstören) und *„free-fire-zones"* (freie Schussgebiete) in Mode. Befriedung bedeutete Entwicklung der regierungskonformen Infrastruktur in den Dörfern, die unter militärischem Schutz standen. Um Aufstände zu unterbinden, waren überall in Südvietnam mobile Such- und Zerstörertrupps im Einsatz, die linke Guerillakämpfer aufspüren sollten. In einigen Gebieten wurden Dorfbewohner evakuiert, um schweres Geschütz wie Napalm und Panzer einzusetzen. Das waren die *„free-fire-zones"*.

Diese Strategien hatten nur zum Teil Erfolg. Die US-Streitkräfte waren lediglich tagsüber in der Lage, die Landstriche zu kontrollieren, nachts blieben die Guerillakämpfer im Vorteil, die auch ohne schwere Waffen effektiv agierten. Sie richteten mit Sprengfallen, Minen und Aktionen aus dem Hinterhalt großen Schaden an. Obwohl die Einrichtung freier Schussgebiete zivile Opfer verhindern sollte, fielen zahlreiche Landbewohner den Kugeln, Minen, Bomben und dem Napalm zum Opfer. Viele, die überlebten, liefen zum Feind über.

Der Wendepunkt

Im Januar 1968 unternahmen nordvietnamesische Truppen einen groß-angelegten Angriff bei Khe Sanh (S. 174) in der Entmilitarisierten Zone (DMZ). Die Schlacht – die längste überhaupt in diesem Krieg – war Teil eines massiven Ablenkungsmanövers von der geplanten Tet-Offensive, die einen entscheidenden Wendepunkt markierte. Am Abend des 31. Januar, als das Land Neujahr feierte, brachen Streitkräfte des Vietcong die inoffizielle Waffenruhe an diesem Tag und führten einen koordinierten Angriff gegen mehr als hundert Städte in Südvietnam durch. Vor laufenden Fernsehkameras besetzte ein VC-Kommando den Hof der US-Botschaft im Zentrum von Saigon. Doch die Kommunisten hatten die Stim-

---

Der Krieg in Zahlen

» 3689 US-Flugzeuge wurden zerstört

» 4857 US-Helikopter stürzten ab

» 15 Mio. Tonnen US-Munition wurden verbraucht

» 4 Mio. Vietnamesen wurden getötet oder verletzt

Der Vietnamkrieg kostete zahlreiche Journalisten das Leben. Ein hervorragender Bildband von der Kriegsfront, *Requiem*, würdigt die Arbeit gefallener Korrespondenten und ist eine Hommage an ihren Einsatz.

1971
Die Lam-Son-Operation der südvietnamesischen Armee soll den Ho-Chi-Minh-Pfad in Laos unterbrechen, endet aber in einer Niederlage. Die Hälfte der Soldaten wird gefangen genommen oder kommt um.

1972
Die Nordvietnamesen durchqueren die Entmilitarisierte Zone (EMZ) am 17. Breitengrad. Parallel greifen sie in der Oster-Offensive Südvietnam und die US-Truppen an.

1973
Am 27. Januar wird das Pariser Friedensabkommen unterschrieben, doch der Konflikt rumort weiter.

1975
Am 30. April fällt Saigon an Nordvietnam. Die letzten Amerikaner packen eilig ihre Koffer.

AUF DEN SPUREN DES VIETNAMKRIEGS

Der Vietnamkrieg beschäftigte eine ganze Generation. Bedeutende Orte:

» **China Beach** (S. 205) Der Sandstrand nahe Da Nang diente den GIs als Erholungsort von den Strapazen der Kampfhandlungen.

» **Cu-Chi-Tunnelsystem** (S. 374) Einheimische gruben ein ausgetüfteltes Tunnelnetzwerk, um sich dem Zugriff der US-Streitkräfte zu entziehen. Es liegt gerade einmal 30 km von Saigon entfernt, nur einen Steinwurf von einem damaligen US-Militärstützpunkt.

» **Entmilitarisierte Zone** (EMZ; S. 171) Die Entmilitarisierte Zone galt als Niemandsland am 17. Breitengrad. Hier befand sich nach 1954 die Demarkationslinie zwischen Nord und Süd, die zum Schauplatz der heftigsten Kriegshandlungen werden sollte.

» **Ho-Chi-Minh-Pfad** (S. 315) Versorgungsroute nach Süden. Nordvietnamesen schickten über den Weg durch das Truong-Son-Gebirge Soldaten und transportierten Munition – eine einmalige logistische Leistung.

» **Hue-Zitadelle** (S. 178) Als das US-Militär Hue Anfang 1968 von den Kommunisten nach einer dreiwöchigen Belagerung zurückeroberte, wurde die alte Zitadelle bei Straßenkämpfen dem Erdboden gleichgemacht.

» **Khe Sanh** (S. 174) Das größte Täuschungsmanöver des Kriegs: Nordvietnamesische Truppen belagerten 1968 dieses US-Militärlager, um dadurch von der bevorstehenden Tet-Offensive abzulenken.

» **Long-Tan-Denkmal** (S. 285) Mit dem Long-Tan-Kreuz wird an das australische Militärkontingent in Vietnam erinnert, das vor allem nahe Vung Tau im Süden stationiert war.

» **My Lai** (S. 237) Dieses Dorf war Schauplatz einer der schlimmsten Gräueltaten während des Vietnamkriegs. Hier massakrierten GIs im März 1968 Hunderte Bewohner.

» **Vinh-Moc-Tunnelsystem** (S. 171) Das Tunnelsystem ist nicht künstlich für Touristen erweitert worden und dient bis heute als Beispiel für eine geradezu geniale Infrastruktur.

---

mung der Bevölkerung falsch eingeschätzt, denn der große Aufstand, den sie anzustoßen hofften, brach nie los. In Städten wie Hue wurde der VC nicht als Befreier willkommen geheißen, was zu kommunistischen Attacken auf die Zivilbevölkerung führte.

Obwohl der Angriff die US-Macht vollkommen überraschte, schlug sie sogleich massiv zurück und bombardierte ihrerseits die großen Städte. Für den VC waren die Gegenangriffe eine Katastrophe, doch sie traumatisierten auch die Zivilbevölkerung. In Hue stellte ein US-Offizier verbittert fest, man habe die Stadt zerstören müssen, um sie zu retten.

1976
Die Sozialistische Republik Vietnam wird ausgerufen und Saigon in Ho-Chi-Minh-Stadt umbenannt. Hunderttausende verlassen das Land.

1978
Vietnamesische Truppen fallen am 25. Dezember 1978 in Kambodscha ein, überrennen den zerrütteten Nachbarstaat und stürzen am 7. Januar 1979 die Regierung der Roten Khmer.

» Porträt von Ho Chi Minh im Hauptpostamt, HCMS

Während der Tet-Offensive starben 1000 GIs und 2000 ARVN-Soldaten, aber die nordvietnamesischen Truppen verloren mehr als zehnmal so viele Anhänger.

Der Vietcong hatte den Kampf zwar verloren, war allerdings auf dem richtigen Weg, den Krieg zu gewinnen. Das US-Militär hatte lange damit geprahlt, der Sieg sei nur eine Frage der Zeit. Als die Amerikaner auf den Bildschirmen in der Heimat das Chaos und die Verwüstung in Saigon sahen, begannen jedoch viele an solchen Verlautbarungen zu zweifeln. Während US-Generäle den großen Sieg proklamierten, änderte sich die öffentliche Meinung in den USA grundlegend.

Zeitgleich drangen Informationen über furchtbare Verbrechen an unbewaffneten vietnamesischen Zivilisten nach außen, u. a. über das berüchtigte My-Lai-Massaker (s. S. 237). Damit schlug die allgemeine Stimmung in Zweifel am Sinn des Kriegs um und die Antikriegsdemonstrationen an den amerikanischen Universitäten sowie in den Straßen wurden immer heftiger.

> Der Autor und Dokumentarfilmer John Pilger war lange aktiv, bevor Michael Moore Aufsehen erregte. Seine kritische Sicht auf den Vietnamkrieg findet sich auf www.johnpilger.com.

Nixon & seine Doktrin

Sobald er zum Präsidenten gewählt worden war, verfasste Richard Nixon eine Doktrin, nach der die asiatischen Länder mehr Eigenverantwortung bei ihrer Verteidigung übernehmen sollten. Nixon schwebte eine „Vietnamisierung" des Krieges vor, mit anderen Worten: Südvietnam sollte den Kampf ohne die Hilfe von US-Truppen weiterführen.

Währenddessen eskalierte der Konflikt in der ersten Hälfte des Jahres 1969. Im April war die Präsenz der USA in Vietnam mit 543 400 GIs so hoch wie noch nie. Während der Krieg tobte, bemühte sich Nixons Chefunterhändler Henry Kissinger in Paris um Friedensgespräche mit seinem nordvietnamesischen Kontrahenten Le Duc Tho.

1969 begann die US-Airforce in einer verdeckten Aktion mit der Bombardierung Kambodschas, um Verstecke der vietnamesischen Kommunisten zu zerstören. 1970 wurden US-Bodentruppen nach Kambodscha geschickt und die Nordvietnamesen drangen immer tiefer in kambodschanisches Gebiet ein. Im Sommer 1970 kontrollierten sie mit den verbündeten Roten Khmer schon die Hälfte des Landes, darunter Angkor Wat.

Die neue Eskalation provozierte noch heftigere Antikriegsdemonstrationen in den USA und andernorts. Bei einer Protestkundgebung an der Kent State University in Ohio wurden vier Demonstranten erschossen. Inzwischen stellten sich auch Vietnamveteranen gegen den Krieg. Das Argument, einige wollten sich mit den Protesten nur dem Kriegsdienst entziehen, verlor an Wirkung. Für die USA war der Vietnamkrieg längst zu einer innenpolitischen Zerreißprobe geworden.

Im Frühjahr 1972 unternahm Nordvietnam eine Offensive jenseits des 17. Breitengrads. Die USA antworteten mit weitflächigen Bombarde-

> Oliver Stone ist ein sehr politischer Filmemacher. Für das erste Werk seiner berühmten Trilogie über den Vietnamkrieg, *Platoon*, verdient er Höchstnoten. Das Geschehen wird aus dem zynischen und brutalen Blickwinkel des Rekruten Charlie Sheen erzählt. Weitere Rollen sind mit Tom Berenger und Willem Dafoe besetzt.

1979
Als Racheakt für den Sturz der Roten Khmer marschiert China im Februar in Nordvietnam ein, ohne dabei viel Schaden anzurichten. Tausende Chinesen fliehen aus Vietnam.

1980er-Jahre
In den 1980er-Jahren erhält Vietnam pro Jahr knapp 3 Mrd. US$ an wirtschaftlicher und militärischer Unterstützung von der Sowjetunion und treibt vor allem mit der UdSSR und Ostblockländern Handel.

1986
Doi moi (Wirtschaftsreform) ist Vietnams Antwort auf die Perestroika und ein erster Schritt zur neuerlichen Annäherung an den Westen.

1989
Vietnamesische Truppen ziehen sich im September aus Kambodscha zurück, als die Sowjetunion die Unterstützung ihrer kommunistischen Partner einschränkt. Erstmals seit Jahrzehnten ist Frieden.

DIE KOSTEN DES KRIEGS

Während des Vietnamkriegs waren vor Ort insgesamt 3,14 Mio. Amerikaner (darunter 7200 Frauen) im Einsatz. Offiziell wurden 58 183 GIs getötet oder für vermisst erklärt. Die unmittelbaren Kriegskosten bezifferte man auf 165 Mrd. US$, wobei der wirtschaftliche Schaden vermutlich um einiges höher lag.

Ende 1973 waren 223 748 südvietnamesische und schätzungsweise 1 Mio. nordvietnamesische Soldaten im Kampf gefallen. Rund 4 Mio. Zivilisten, also 10 % der vietnamesischen Bevölkerung, wurden verletzt oder getötet. 300 000 Vietnamesen und 2200 Amerikaner gelten nach wie vor als vermisst.

Neil Sheehans gewann mit dem Buch *Die große Lüge* über das Leben von Colonel John Paul Vann den Pulitzerpreis. Es ist das Porträt eines vom Krieg frustrierten Mannes, der erkannt hat, dass Amerika den Kampf nicht gewinnen konnte.

ments und legten Minen in den Häfen Nordvietnams aus. Die sogenannten „Weihnachtsbombardierungen" von Hai Phong und Hanoi Ende 1972 sollten den Vietcong geschwächt an den Verhandlungstisch zurückbringen. Schließlich wurde am 27. Januar 1973 das Pariser Abkommen als Friedensvertrag von den USA, Nordvietnam, Südvietnam und dem VC unterzeichnet. Es sah den Waffenstillstand, den kompletten Rückzug der US-Streitkräfte und die Freilassung von 590 amerikanischen Kriegsgefangenen vor. In Paris versäumte man es allerdings, über die 200 000 nordvietnamesischen Soldaten zu reden, die sich nach wie vor in Südvietnam befanden.

Bis heute suchen US-Armeeteams in Vietnam, Laos und Kambodscha nach Spuren vermisster Kameraden. In den letzten Jahren hat auch Vietnam die Suche nach verschollenen Staatsangehörigen in den Nachbarländern aufgenommen.

Einbeziehung anderer Nationen

Australien, Neuseeland, Südkorea, die Philippinen und Thailand sandten ebenfalls Militärpersonal nach Südvietnam. Sie waren das, was die USA „Free World Military Forces" nannten. Ihr Zweck bestand darin, die Maßnahmen im Vietnamkrieg zu internationalisieren und ihnen so mehr Legitimität zu verleihen.

Der Süden kapituliert

1973 zog sich das US-Militär weitgehend aus Vietnam zurück und hinterließ nur ein kleines Kontingent an Technikern, Beratern und Agenten der CIA. Das Bombardement auf Nordvietnam wurde eingestellt, im Gegenzug kamen die US-Gefangenen frei. Der Krieg ging weiter, nur war Südvietnam ab jetzt auf sich allein gestellt.

Im Januar 1975 griff Nordvietnam mit Panzern und schwerem Geschütz an. Die Invasion verursachte Panik innerhalb der südvietnamesi-

---

1991
Das verarmte Vietnam öffnet sich dem Tourismus, um seine finanzielle Lage zu bessern. Die ersten Backpacker kommen ins Land, dürfen aber nur unter strikten Auflagen reisen.

1992
Eine neue Verfassung erlaubt vereinzelte Wirtschaftsreformen und Freiheiten, aber die Kommunistische Partei bleibt treibende Kraft in der Gesellschaft und Politik.

1994
Langsam normalisieren sich die Beziehungen zu den USA und das Handelsembargo wird aufgehoben. Es war 1964 gegen den Norden verhängt und 1975 auf das vereinigte Land übertragen worden.

1995
Vietnam wird Mitglied der Internationalen Organisation Südostasiatischer Staaten (Asean), die als Bollwerk gegen die Verbreitung des Kommunismus in der Region gegründet worden war.

schen Armee, die bislang immer von der Hilfe der US-Truppen abhängig gewesen war. Im März besetzte die NVA strategische Gebiete im zentralen Hochland rund um Buon Ma Thuot. Südvietnams Präsident Nguyen Van Thieu entschied sich für eine defensive Strategie taktischer Rückzüge, was sich als spektakuläre militärische Fehlleistung entpuppen sollte.

Ganze Brigaden der ARVN lösten sich auf und flohen gemeinsam mit Hunderttausenden Zivilisten südwärts. Eine Stadt nach der anderen – Hue, Da Nang, Qui Nhon, Nha Trang – wurde einfach aufgegeben, ohne dass ein einziger Schuss fiel. Die ARVN-Truppen zogen so schnell von dannen, dass die nordvietnamesische Armee kaum hinterherkam.

Nguyen Van Thieu, seit 1967 im Amt, dankte ab und verließ am 21. April 1975 das Land, angeblich mit Koffern voller unrechtmäßig erworbenem Geld. Die NVA nahm Kurs auf Saigon und durchbrach mit ihren Panzern am Morgen des 30. April 1975 die Tore des Unabhängigkeitspalasts (heute Wiedervereinigungspalast genannt). General Duong Van Minh, Präsident für gerade einmal 42 Stunden, legte sein Amt nieder. Der Krieg war beendet.

Nur wenige Stunden vor der Kapitulation wurden die letzten Amerikaner vom Dach der US-Botschaft per Helikopter zu den Schiffen der Kriegsmarine geflogen. Erschütternde Bilder von US-Marines, die flüchtende vietnamesische Bürger aus ihren Helikoptern stießen, gingen um die Welt. Und so endete ein Vierteljahrhundert amerikanischer Militärpräsenz kläglich. Während des Konflikts hatten die USA Nordvietnam nie offiziell den Krieg erklärt.

Nicht nur die Amerikaner verließen das Land. Als der Süden kapitulierte, flohen 135 000 Vietnamesen. In den nächsten fünf Jahren folgten ihnen weitere 500 000. Viele riskierten ihr Leben auf dem gefährlichen Südchinesischen Meer. Doch manch einer schaffte es und begann ein neues Leben in so andersartigen Ländern wie Australien oder Frankreich.

„WIR LAGEN FALSCH"

Kommentatoren und Historiker sind sich mittlerweile einig, dass Washington Vietnams lange Geschichte erfolgreicher Vertreibungen von Invasoren hätte bedenken müssen – dann wäre Vietnam vielleicht dieser tragische Krieg erspart geblieben und den USA die innere Spaltung ihrer Gesellschaft, die mit dem Geschehenen zu leben versuchte. Eine ganze Generation von Amerikanern musste ihr Verhalten auf den Prüfstand stellen. Jahre später äußerte einer der Initiatoren des Krieges, der ehemalige Verteidigungsminister Robert NcNamara, in seinen Memoiren: „Wir lagen falsch, schrecklich falsch. Wir schulden den künftigen Generationen eine Erklärung, warum."

2000
Bill Clinton ist der erste US-Präsident, der nach Hanoi kommt. Ein neues Kapitel in der Beziehung beider Länder beginnt. Dies war der letzte offizielle Besuch in seiner Amtszeit.

2003
Der Kriminelle Nam Can wird wegen Korruption, Unterschlagung, Entführung und Mord zum Tod verurteilt. In den Fall sind Polizisten und Politiker verwickelt, was dem Ruf der Regierung massiv schadet.

2004
Die vietnamesisch-amerikanischen Handelsbeziehungen und der Tourismus boomen. In HCMS landet das erste US-Linienflugzeug seit Ende des Vietnamkriegs.

2006
Als Gastgeber des Apec-Gipfels begrüßt Vietnam den US-Präsidenten George W. Bush und bereitet sich auf seine Mitgliedschaft in der Welthandelsorganisation vor.

Vietnams Wiedervereinigung

Gleich nach ihrem Sieg gaben die Kommunisten Saigon einen neuen Namen: Ho-Chi-Minh-Stadt. Doch das war nur der Anfang.

Der schnelle Erfolg der nordvietnamesischen Offensive überraschte den Norden fast genauso wie den Süden. Dementsprechend hatte man in Hanoi noch keine klaren Vorstellungen davon, wie die Wiedervereinigung überhaupt zu bewerkstelligen sei, zumal beide Landesteile völlig unterschiedliche soziale und ökonomische Systeme hatten.

Der Norden war durch den Krieg stark geschwächt. Auf beiden Seiten gab es zahlreiche Probleme. Schäden reichten von unmarkierten Minenfeldern bis zu einer chaotischen Wirtschaft, die noch völlig auf Krieg eingestellt war. Ganze Landstriche waren durch chemische Waffen verseucht und die Menschen stark mitgenommen. Zwar war der Krieg offiziell vorbei, aber für das Volk in vielerlei Hinsicht noch lange nicht beendet.

Bis zur formalen Wiedervereinigung Vietnams im Juli 1976 wurde der Süden von einer provisorischen Revolutionsregierung verwaltet. Die Kommunistische Partei traute den Südvietnamesen nicht, und so setzte sie im großen Stil Beamte aus dem Norden ein, die den Übergang organisieren sollten. Dies frustrierte vor allem die südvietnamesischen Kommunisten, die vorher gegen die Thieu-Regierung gearbeitet hatten und nun mit ihrer Ausgrenzung umgehen mussten.

Die Partei entschied sich, im Süden sofort den Sozialismus einzuführen, was für die Wirtschaft ein Desaster war. Massive politische Unterdrückung begleitete die Wiedervereinigung. Trotz aller gegenteiligen Beteuerungen wurden Hunderttausende, die Beziehungen zum früheren Regime hatten, drangsaliert, enteignet und ohne Gerichtsbeschluss in Arbeitslager gesperrt, beschönigend Umerziehungslager genannt. Zahlreiche Geschäftsleute, Intellektuelle, Künstler, Journalisten, Schriftsteller, Geistliche und Gewerkschaftsführer, von denen einige gegen die Regierung des Südens und den Krieg der USA eingestellt waren, mussten nun unter verheerenden Bedingungen leben.

Unabhängig von der Wirtschaftspolitik suchte die Führung eine gewisse Annäherung an die USA. 1978 war Washington sogar kurz davor, Beziehungen zu Hanoi aufzunehmen, doch dann wandte man sich China zu. Vietnam wurde zugunsten der Beziehungen mit Peking fallen gelassen und Hanoi in die Arme der Sowjetunion getrieben, von der es die nächsten zehn Jahre abhängig war.

China & die Roten Khmer

Vietnams Beziehungen zu China im Norden und den verbündeten Roten Khmer in Kambodscha verschlechterten sich zusehends. Das kriegsmüde Land fühlte sich von Feinden umlagert. Im März 1978 wurde eine antikapitalistische Kampagne gegen Privateigentum und -handel ge-

---

> Das 1973 geschlossene Pariser Friedensabkommen sah US-Reparationszahlungen von 3,5 Mrd. Dollar an Vietnam vor, was 1978 zu einem Stolperstein bei der Normalisierung der Beziehungen beider Länder wurde. De facto hat Vietnam nie Geld erhalten.

2008
Als die Rohstoffpreise steigen, wird das Land von einer heftigen Inflation getroffen. Die lokalen Börsenkurse brechen ein, die Immobilienpreise sinken in den Keller und eine hohe Verschuldung greift um sich.

2009
Pro-Demokratie-Aktivisten werden verhaftet, da sie „Propaganda gegen die Regierung" verbreiten: U. a. hängen sie ihre Banner an einer Straßenbrücke auf und veröffentlichen Artikel im Internet.

2010
Im Oktober feiert Hanoi seinen 1000. Geburtstag mit Ausstellungen und zahlreichen Festen. Die kaiserliche Zitadelle wird zur Unesco-Welterbestätte erklärt.

Juni 2011
In der ersten Hälfte des Jahres besuchen knapp 3 Mio. Touristen das Land – 18 % mehr als im Vorjahr. Fast alle Reisenden kommen aus China, Korea, Japan, Amerika und Taiwan.

führt, deren Opfer zumeist Bewohner chinesischer Herkunft waren. Hunderttausende flohen daraufhin zu Land oder zu Wasser, das Verhältnis zu China kühlte weiter ab.

Inzwischen sah sich Hanoi gezwungen, den wiederholten Angriffen der Roten Khmer auf vietnamesische Grenzdörfer Einhalt zu gebieten. Das vietnamesische Militär drang an Weihnachten 1987 in Kambodscha ein. Es gelang ihm, die Roten Khmer zu entmachten und am 7. Januar 1979 eine provietnamesische Regierung in Phnom Penh einzusetzen. China sah darin eine ernste Provokation. Im Februar 1979 marschierte die chinesische Armee ihrerseits in Vietnam ein und lieferte sich mit dem Nachbarn einen kurzen 17-tägigen Kampf (s. S. 119).

Die Befreiung Kambodschas von den Roten Khmer hatte im Nachbarland einen langen Bürgerkrieg zur Folge, in den Vietnam stark involviert war. Die Planwirtschaft unterminierte den geschäftlichen Elan der Reisbauern und das Land musste Anfang der 1980er-Jahre sogar Reis importieren – heute ist es wieder einer der weltweit führenden Reisexporteure. So zwangen Mangel an fast allem, Kriege und Revolten Vietnam zusehends wirtschaftlich in die Knie, ein radikaler Kurswechsel wurde immer dringlicher.

Öffnung nach außen

1985 kam in der Sowjetunion Michail Gorbatschow an die Macht. Glasnost und Perestroika (Transparenz und Umbau) beschrieben den neuen Zeitgeist. Unter diesem Einfluss wählte die vietnamesische KP 1986 den reformfreudigen Nguyen Van Linh zu ihrem Führer. In Kambodscha experimentierte man mit der *doi moi* (Wirtschaftsreform) und führte sie dann in Vietnam ein. Als die UdSSR ihre Unterstützungen an die kommunistische Welt zurückschraubte, bekam das der entlegene Außenposten Vietnam als Erster zu spüren. Im September 1989 entschied Hanoi den einseitigen Rückzug aus Kambodscha, da sich die Besetzung nicht länger finanzieren ließ. Die vietnamesische Regierung war nun völlig auf sich allein gestellt und musste Reformen durchführen, um zu überleben.

Sie sah den dramatischen Wandel in Osteuropa 1989 und den Zusammenbruch der Sowjetunion nicht gerade mit Wohlwollen. Die Partei hielt nichts von den politischen Veränderungen der osteuropäischen Regierungen und nannte die demokratische Revolution einen „Schlag imperialistischer Kreise" gegen den Sozialismus. Auf politischer Ebene bewegten sich die Dinge im Schneckentempo, aber wirtschaftlich öffnete sich das Land dem Weltmarkt. Es hatte eine Weile gedauert, aber inzwischen konnte der Kapitalismus Wurzeln schlagen. Ho Chi Minh würde wohl das dynamische Vietnam von heute nicht wiedererkennen.

Auch die Beziehung zwischen Vietnam und dem einstigen Gegner USA ist in letzter Zeit deutlich besser geworden. Anfang 1994 hoben die USA das Wirtschaftsembargo auf, das seit den 1960er-Jahren gegen Nordvietnam existiert hatte. Die diplomatischen Beziehungen wurden wieder vollständig aufgenommen, und sowohl Clinton als auch George W. Bush besuchten Hanoi.

Die Mehrheit der Menschen, die das Land Ende der 1970er-Jahre verließen, waren keine Vietnamesen, sondern Flüchtlinge chinesischer Abstammung. Neben ihrer Herkunft machte sie ihr Sinn für Wohlstand und Geschäfte zur Zielscheibe der Revolution.

Während der Besetzung Kambodschas in den 1980er-Jahren verlegten die Vietnamesen mit dem K5 den weltweit größten Minengürtel, um Guerilla-Attacken der Roten Khmer von Thailand aus abzuwehren. Er erstreckt sich vom Mekong bis zum Golf von Thailand und gehört zu den am meisten verminten Gebieten der Erde.

Kultur

Mentalität

Die Vietnamesen sind fleißig, stolz, stur und trotzdem schelmisch, sie lachen gern und lieben es, Witze zu machen, vereinen also viele unterschiedliche Charaktereigenschaften in sich. Auf direkte Fragen erhält man oft ausweichende Antworten. Ein Vietnamese würde einem Fremden niemals seine Lebensgeschichte oder persönliche Gedanken erzählen, so wie es die Leute im Westen häufig tun. In diesem Land zählen die Gemeinschaft, Harmonie und die Vermeidung von Konflikten – es sei denn, man ist auf einer Nationalstraße unterwegs, wo ganz offensichtlich jeder nur an sich denkt. Der tiefe Respekt für Tradition, Familie und den Staat reflektiert konfuzianische Prinzipien.

> Der Journalist Robert Templer liefert in *Shadows and Wind* (1999) eine flotte Beschreibung des heutigen Vietnam, vom Ho-Chi-Minh-Personenkult bis zu Vietnams Rock-and-Roll-Jugend.

Jung und alt

In vielerlei Hinsicht ist Vietnam immer noch eine traditionelle, konservative Gesellschaft, besonders für die ältere Generation, die sich an die langen, harten Kriegsjahre und jeden Zentimeter des Territoriums erinnert, für das sie gekämpft hat. Viele sind mit Werten wie Zurückhaltung und Bescheidenheit groß geworden und interessieren sich nicht für die Konsumkultur des 21. Jhs. Die Jugend sieht Vietnam anders: als einen Ort des Erfolgs, wo man die verhärteten, von den Kommunisten fest verankerten Strukturen ignoriert. Sie genießt es, sich mit einem tollen neuen Motorrad, einem coolen Haarschnitt oder einem iPhone zu zeigen.

Trennung von Nord und Süd

Die Trennung von Nord und Süd besteht weiter. Man sagt, die Südvietnamesen denken kurz nach und handeln dann, während die Nordvietnamesen lieber ein bisschen länger überlegen. Erstere sagen über Letztere, sie hätten ein „strenges Gesicht", nähmen sich selbst zu ernst und wüssten nicht, wie man sich vergnügen kann. Die Leute im Norden hingegen halten die im Süden für oberflächlich, frivol und geschäftsbesessen. Das mögen Karikaturen sein, aber sie verdeutlichen doch ein wenig die tatsächlichen Unterschiede zwischen Nord und Süd, die über die Sprache hinausgehen.

DAS GESICHT WAHREN

Ansehen ist alles in Asien, ganz besonders in Vietnam. Ihr Ruf ist den Einwohnern extrem wichtig. Von jeder Familie, auch von den armen, wird z. B. erwartet, dass sie opulente Hochzeitsfeiern ausrichten, nur um sich ins rechte Licht zu rücken – egal ob das ruinös teuer wird. Aus diesem Grund sollten Ausländer niemals mit einem Vietnamesen ungeduldig werden: Das würde nur einen unzumutbaren „Gesichtsverlust" für den Betroffenen bedeuten und jede Chance auf eine vernünftige Lösung des Disputs zunichtemachen.

GESCHÄFTE AUF VIETNAMESISCH

Westliche Besucher beschweren sich oft über die Geschäftspraktiken der Vietnamesen, die vom einfachen Feilschen bis zum offenen Betrug reichen. Dies ist für viele Ausländer der abstoßendste Aspekt ihrer Reise. Manchmal scheint es unmöglich zu sein, den üblichen Preis für etwas auszuhandeln. Dafür benötigt man ein wenig Hintergrundwissen.

Die meisten dieser gierigen Geschäftemacher arbeiten im Tourismuswesen; sobald man dagegen die ausgetretenen Pfade verlässt, wird man nur selten übers Ohr gehauen. Oftmals sind die Einwohner der Meinung, dass die Westler sich nicht für den echten Preis interessieren, kein Vietnamesisch lernen und nur ein oder zwei Wochen im Land bleiben. Jahrelang dachten sie nur ans schnelle Geld, aber seitdem sie mehr Erfahrung mit dem Tourismus haben, leben sie nach dem Konzept, dass ein guter Service Besucher wiederkehren lässt (und schlechter sich sofort in allen Internetforen verbreitet).

Zwar ist dies keine Entschuldigung, aber Vietnam ist einzigartig. Bei der Hungersnot in den 1940er-Jahren starben zwei Millionen Menschen, und nach dem Vietnamkrieg war das Land bettelarm. Vietnams Tourismusindustrie ist noch sehr jung, und der Staat hat dazu beigetragen, die Betrugsmentalität zu fördern: Bis vor Kurzem kontrollierte die Regierung die Preise für Dienstleistungen (von Zügen bis zu Hotels) und Ausländer mussten vier- bis zehnmal mehr als Einheimische zahlen.

Auch das Klima spielt eine Rolle. Das Leben im Süden ist einfacher, denn das fruchtbare Mekong-Delta lässt drei Reisernten pro Jahr zu. Im Norden gibt's einen langen, grauen Winter mit Nieselregen, Nebel und kaltem Wind. Man denke nur an die Gegensätze zwischen Hamburg und Bayern und schon hat man einen Eindruck davon, wie aus einer Nation zwei werden können. Außerdem darf man nicht vergessen, dass der Norden über ein halbes Jahrhundert vom Kommunismus beeinflusst wurde, während der Süden mehr als zwei Dekaden uneingeschränkten Wettbewerb mit den Amerikanern erlebte. Mehr zu diesem Thema siehe S. 463.

Lebensart

Traditionell drehte sich hier über Jahrhunderte hinweg alles um Familie, Landwirtschaft und Glauben, aber der Krieg, der Kommunismus und die Globalisierung haben diesen regelmäßigen Alltag erschüttert. Während sich zwar nach wie vor mehrere Generationen Dach, Reis und Religion teilen, ist der Lebensstil mittlerweile ein ganz anderer.

Wie China und Thailand zuvor erlebt Vietnam nun seinen eigenen Sixties-Swing. Dadurch entstehen viele Konflikte, denn die Söhne und Töchter kleiden sich nach ihrem Geschmack, treffen sich mit wem sie wollen, und feiern gern rund um die Uhr. Allerdings stehen nur wenige auf eigenen Füßen. Viele kehren abends immer noch nach Hause zurück, wo vermutlich Streitigkeiten aufkommen, vor allem wenn es um die Themen Heirat oder Auszug geht.

Manche Dinge ändern sich nie: Die meisten Vietnamesen verachten den Müßiggang und sind Frühaufsteher. Bei Sonnenaufgang sieht man in den Parks lauter Menschen, die Tai-Chi praktizieren, und bereits um 7 Uhr sitzen alle Angestellten in ihren Büros. Trotzdem scheint die gesamte Nation voller Energie und Vitalität zu sein, egal wie heiß und feucht es ist.

Familie

In Vietnam ist der Status der Familie bedeutsamer als das Gehalt. Ihr Ruf gebietet Respekt und öffnet Türen.

Eine große Familie ist den Vietnamesen wichtig, das schließt auch Vettern und Cousinen zweiten und dritten Grades mit ein – Familienbande von der Art, wie man sie sich im Westen kaum vorstellen kann. Die

---

Wenn das Geschäft kriselt, ruft man in Vietnam oft einen Geomanten (Feng-Shui-Experten). Manchmal besteht die Lösung darin, eine Tür oder ein Fenster zu versetzen. Falls das nichts nützt, kann es sein, dass man die Grabstätte eines Vorfahren umlegen muss.

Großfamilie kommt in Freud und Leid zusammen, feiert gemeinsam Feste und Erfolge, beklagt Todesfälle und Enttäuschungen. Für zahlreiche Ältere ist sie eine Kraftquelle.

Mit so vielen Familienmitgliedern unter einem Dach haben die Vietnamesen generell ein anderes Verhältnis zu Privatsphäre und persönlicher Bewegungsfreiheit. Es sollte also keiner überrascht sein, wenn Leute ins Hotelzimmer spazieren, ohne anzuklopfen. Möglicherweise läuft man gerade nackt durch den Raum, während das Zimmermädchen ohne Vorwarnung die Tür aufschließt und hereinkommt.

> Junge westliche Traveller werden – je nach ihrer Aufmachung – oft mit *tay balo!* (wörtlich „westlicher Rucksacktourist") begrüßt, einem wenig schmeichelhaften Begriff für verwahrlost wirkende Ausländer.

Bevölkerung

In Vietnam lebten 2011 etwa 90,5 Mio. Menschen. Damit steht das Land an 13. Stelle der bevölkerungsreichsten Staaten der Welt. Die Geburtsraten sind in den letzten Jahren stark gesunken: Wurden 1991 noch 3,6 Kinder pro Frau geboren, waren es 2011 nur noch 1,91 pro Frau.

Die traditionell ländliche Bevölkerung zieht es immer häufiger in die Städte. Vietnam erlebt eine gewaltige Veränderung im Bevölkerungsgleichgewicht. Eine wachsende Anzahl junger Leute verlässt ihre Dörfer in Richtung Hanoi oder HCMS. 2011 lebten 30 % aller Vietnamesen in Städten. Die Bevölkerung von HCMS samt seiner Vorstädte erreicht bereits mehr als 7 Mio., Hanoi hat über 6 Mio. Einwohner und auch Da Nang, Hai Phong und Can Tho sind Millionenmetropolen. Weil zudem zahlreiche wirtschaftliche Migranten in den Städten ihr Glück suchen, werden diese Zahlen wohl weiter steigen.

Die Menschen in Vietnam

Vietnams Kultur und Zivilisation wurden stark von China beeinflusst, von dem es 1000 Jahre lang besetzt war (s. S. 465). Bis heute ist die Gesellschaft tief von der Kultur des Nachbarn geprägt.

Die Mischung der vietnamesischen Minderheiten hat sich im Laufe der Zeit herausgebildet. Zuerst verschlang die stetige Expansion nach Süden auf der Suche nach kultivierbarem Land das Königreich Champa und später den östlichen Teil des Khmer-Reichs. Beide, Cham wie Khmer, sind heute beträchtliche Minderheiten.

Doch die territorialen Besiedlungen verliefen nicht nur einseitig. Viele der 50 oder mehr Bergvölker, die weit im Nordwesten leben, kamen in den letzten Jahrhunderten aus Yunnan (China) und Tibet in dieses Gebiet. Sie zogen in die Berge, die Tieflandvietnamesen für nicht kultivierbar hielten, und machen den farbigsten Teil des ethnischen Mosaiks im heutigen Vietnam aus (siehe S. 495).

Die größte Minderheitengruppe waren schon immer Chinesen, die in den Städten einen Großteil des Handelswesens stellen. Obwohl die Regierung sie traditionell argwöhnisch beobachtete und viele von ihnen Ende der 1970er-Jahre aus dem Land trieb, haben sie sich heute in großer Zahl hier niedergelassen und spielen eine wichtige Rolle in der wirtschaftlichen Entwicklung.

> Emigrierte Vietnamesen nennt man Viet Kieu. Früher waren sie bei Einheimischen als feige, arrogant und privilegiert verschrien. Viet Kieu, die in den 1990er-Jahren zurückkamen, wurden oft von der Polizei verfolgt, doch mittlerweile sind sie (und ihr Geld) offiziell wieder in der Heimat willkommen.

Religion

Nur wenige Vietnamesen sind religiös. Laut Umfragen bezeichnen sich sogar nur 20 % der Bevölkerung als gläubig. Im Lauf der Jahrhunderte verschmolzen Konfuzianismus, Taoismus und Buddhismus mit volkstümlichen chinesischen Glaubenssätzen und uraltem vietnamesischem Animismus zur heutigen Tam Giao (Dreierreligion), mit der sich viele Vietnamesen identifizieren. Werden sie auf ihre Religion angesprochen, so bekennen sich die meisten Einheimischen zum Buddhismus. Wenn es aber um familiäre oder bürgerliche Pflichten geht, folgen sie eher den moralischen und sozialen Richtlinien des Konfuzianismus, und an taoistischen Konzepten orientieren sie sich, um Natur und Kosmos zu verstehen.

SICH WIE EIN VIETNAMESE BENEHMEN

Jeder Traveller sollte sich Zeit nehmen, um etwas über die vietnamesische Kultur zu lernen. Dadurch vermeidet man nicht nur, versehentlich jemanden zu kränken oder gar einen internationalen Zwist auszulösen, sondern macht sich gleichzeitig bei den Gastgebern beliebt. Hier sind ein paar wichtige Tipps, die helfen, sich angemessen zu verhalten:

Kleiderordnung
Am besten passt man sich der ortsüblichen Kleidung an: Kurze Hosen reichen bis zu den Knien, Tops bedecken die Schultern von Frauen, vor allem in religiösen Stätten. Immer die Schuhe auszuziehen, bevor man einen Tempel betritt. Sich nackt zu sonnen ist *völlig* daneben, auch am Strand.

Grüßen
Beim traditionellen vietnamesischen Gruß legt man beide Hände vor der Brust zusammen und verneigt sich leicht. Inzwischen ist aber auch die westliche Art des Händeschüttelns üblich.

Visitenkarten
Der Austausch von Visitenkarten gilt als wichtiger Teil selbst kleinster Transaktionen oder geschäftlicher Kontakte. Bevor man nach Vietnam fährt, sollte man sich also welche drucken lassen und sie wie Konfetti verteilen.

Essstäbchen
Essstäbchen, die man vertikal in einer Reisschale stecken lässt, sehen aus wie Räucherstäbchen, die man für Tote abbrennt. Dieses starke Symbol sieht man nirgends in Asien gerne.

Füße
Ebenso wie Chinesen und Japaner halten Vietnamesen Böden sehr sauber. Wenn man eine Wohnung betritt, sollte man die Schuhe ausziehen. Es ist unhöflich, anderen Menschen die Fußsohlen zu zeigen. Außerdem sollte man nie mit den Füßen auf etwas Heiliges deuten, etwa auf ein Bild von Buddha.

Hut ab!
Um älteren oder angesehenen Menschen wie Mönchen Respekt zu erweisen, nimmt man den Hut ab und beugt höflich den Kopf, wenn man sie anspricht. In Asien ist das Haupt der symbolisch höchste Punkt – niemals einem Erwachsenen den Kopf tätscheln oder berühren!

Obwohl die Mehrheit der Bevölkerung nur eine vage Vorstellung von den buddhistischen Lehren hat, laden viele Vietnamesen zu besonderen Festen wie Beerdigungen Mönche ein und betrachten buddhistische Pagoden als irdische sowie spirituelle Zufluchtsorte in einer unsicheren Welt.

Zu den weiteren verbreiteten Religionen gehören das Christentum, das seit 500 Jahren in Vietnam vertreten ist, und der Caodaismus, den es nur hier gibt.

Buddhismus

Wie alle großen Religionen ging auch der Buddhismus aus einer etwas chaotischen Trennung hervor und kam in zwei Varianten nach Vietnam: Der Mahayana-Buddhismus (die nordische Schule) breitete sich nördlich nach Nepal, Tibet, China, Korea, die Mongolei und Japan aus, während der Theravada-Buddhismus (die südliche Schule) den südlicheren Weg über Indien, Sri Lanka, Myanmar und Kambodscha nahm.

Die in Vietnam vorherrschende Schule und Religion ist der Mahayana-Buddhismus (Dai Thua oder Bac Tong, was „Vom Norden" bedeutet). Als größte Mahayana-Sekte im Land gilt Zen (Dhyana oder Thien),

> Wie in vielen südostasiatischen Ländern endet eine beträchtliche Zahl der vietnamesischen Frauen (schätzungsweise bis zu 2 Mio.) auf irgendeine Art und Weise im Sexgewerbe, z. B. in Massagesalons, Karaoke-Clubs oder dubiosen Bars.

TET: DAS GROSSE FEST

Weihnachten, Neujahr und Geburtstag in einem: Das Tet Nguyen Dan (Fest des Ersten Tages) leitet das neue Mondjahr ein und gilt als wichtigstes Datum im vietnamesischen Kalender. Familien kommen zusammen und hoffen auf Glück im kommenden Jahr, die Geister der Ahnen werden zu Hause empfangen und ganz Vietnam feiert Geburtstag – heute wird jeder ein Jahr älter.

Das Fest fällt auf einen Tag zwischen dem 19. Januar und 20. Februar, genau wie das Chinesische Neujahr. Die ersten drei Tage nach Neujahr sind offizielle Feiertage, aber viele Vietnamesen nehmen gleich die ganze Woche frei.

Bereits sieben Tage vor dem Neujahrstag beginnen die Feierlichkeiten. Mit Geschenken beladene Altäre werden errichtet, in der Hoffnung, dass sie der Familie im kommenden Jahr Glück bringen. Man besucht Friedhöfe und lädt die Geister von verstorbenen Verwandten für die Feier nach Hause ein. Zum Tet kehren auch abwesende Angehörige heim. Man soll das neue Jahr mit weißer Weste beginnen: Schulden müssen getilgt werden und Putzen wird zum Nationalsport. Ein *cay neu* (Neujahrsbaum) soll böse Geister abwehren. Beliebt sind Kumquatbäume sowie blühende Pfirsich- und Aprikosenzweige.

Punkt Mitternacht werden alle Probleme des vergangenen Jahres zurückgelassen und es folgt das pure Chaos. Nun macht jeder so viel Lärm wie nur möglich. Überall erklingen Trommeln und Schlaginstrumente.

Was am Neujahrstag passiert, kann für das kommende Jahr entscheidend sein. Deshalb achten die Vietnamesen darauf, nicht unhöflich oder zornig zu werden. Tätigkeiten wie nähen, fegen, fluchen oder etwas zerbrechen ziehen angeblich böse Geister an.

Darüber hinaus ist es sehr wichtig, dass der erste Besucher eines Haushalts im neuen Jahr die richtige Person ist. Sie muss normalerweise männlich sein, am besten ein gesunder, verheirateter Mann, der mehrere Kinder hat. Ausländer sind nicht immer willkommen!

Mit Ausnahme des Neujahrsabends ist Tet ein besinnliches Familienfest. Man isst *banh chung* (Klebreis mit Schweinefleisch und Eiern), die Geschäfte haben geschlossen und es verkehren so gut wie keine Verkehrsmittel – eine schwierige Zeit, um Vietnam zu bereisen. Dafür wird man ziemlich sicher zum Mitfeiern eingeladen und sollte sich folgenden Satz einprägen: *chuc mung nam moi* – Frohes neues Jahr!

---

auch bekannt als die Schule der Meditation. Dao Trang (Schule des Reinen Landes), eine andere wichtige Richtung, wird überwiegend im Süden praktiziert.

Den Theravada-Buddhismus (Tieu Thua oder Nam Tong) findet man im Mekong-Delta, vor allem in der ethnischen Gruppe der Khmer.

Taoismus

> Mahayana-Buddhisten glauben an Boddhisatvas (Quan-Am in Vietnam) oder Buddhas, die das Nirwana erlangen, ihre Erleuchtung aber hinauszögern, um auf der Erde ihre Mitmenschen zu retten.

Der Taoismus (Lao Giao oder Dao Giao) entstand in China, begründet auf der Philosophie Laotses („Der Alte"), der im 6. Jh. v. Chr. lebte. Über Laotse weiß man nur wenig und es ist umstritten, ob er überhaupt gelebt hat. Man glaubt, er sei der Verwalter der imperialen Archive der chinesischen Regierung gewesen und Konfuzius habe ihn um Rat gefragt.

Es ist nicht ganz leicht, den Taoismus zu verstehen. Die Philosophie legt auf innere Einkehr und Einfachheit Wert. Sie besinnt sich auf Tao (der Weg oder die Essenz, aus der alle Dinge gemacht sind) und betont die Wichtigkeit von *am* und *duong*, die vietnamesischen Entsprechungen von Yin und Yang. Vieles aus dem taoistischen Ritualismus floss in den chinesischen und vietnamesischen Buddhismus ein, so auch der Brauch, Tempeldächer mit Drachen und Dämonen zu schmücken.

Konfuzianismus

Mehr eine Philosophie als eine organisierte Religion ist der Konfuzianismus (Nho Giao oder Khong Giao). Er war eine wichtige Kraft, die das Gemeinschaftswesen Vietnams sowie das Leben und Glauben des Volkes geprägt hat.

Konfuzius (Khong Tu) wurde um 550 v. Chr. in China geboren. Menschen betrachtete er als soziale Wesen, die durch die Gesellschaft geformt werden und diese im Gegenzug ebenfalls beeinflussen können. Er glaubte, dass der Einzelne in und für die Gemeinschaft lebt, und entwarf Ethik-Regeln für die soziale Interaktion. Diese legten die Verpflichtungen des Menschen für Familie, Gesellschaft und Staat fest und bilden noch heute die Säulen der vietnamesischen Gesellschaft.

Caodaismus

Die vietnamesische Sekte der Caodaisten möchte die ideale Religion erschaffen, indem sie weltliche und religiöse Philosophien des Ostens wie des Westens miteinander vereint. Sie wurde Anfang 1920 gegründet und beruft sich auf die Botschaften, die dem Gründer Ngo Minh Chieu in spiritistischen Sitzungen offenbart wurden. Mehr über den Caodaismus siehe Kasten S. 376.

Gegenwärtig gibt's in Vietnam etwa zwei bis drei Millionen Cao-Dai-Anhänger. Ihr farbenfroher Hauptsitz befindet sich in Tay Ninh, 96 km nordwestlich von HCMS.

Hoa-Hao-Buddhismus

1939 wurde die Sekte des Hoa-Hao-Buddhismus (Phat Giao Hoa Hao) von Huynh Phu So im Mekong-Delta gegründet. Nachdem er auf wunderbare Weise von einer Krankheit genesen war, begann So einen reformierten Buddhismus zu predigen, der dem einfachen Volk nachempfunden war und sich mehr in persönlichem Glauben ausdrückte als in ausgefeilten Ritualen. Seine buddhistischen Philosophien schließen eine schlichte Anbetung ein und verzichten auf Mittelsleute zwischen den Menschen und dem höchsten Wesen. Hoa-Hao-Buddhisten werden auf etwa 1,5 Mio. geschätzt.

Christentum

Missionare führten im 16. Jh. den Katholizismus ein. Heute hat Vietnam, abgesehen von den Philippinen, den höchsten Katholikenanteil (8–10 % der Bevölkerung) in Asien. Unter der kommunistischen Regierung waren die Katholiken strengen Restriktionen ihrer religiösen Aktivitäten ausgesetzt. In Vietnam sah man Kirchen als kapitalistische Institution und feindliches Machtzentrum an, das den Staat unterlaufen könnte. Seit 1990 fährt das Land eine liberalere Linie, und der Katholizismus kehrt zurück.

Protestantismus gibt's in Vietnam seit 1911. Die meisten der heute 200 000 Anhänger sind Angehörige von Bergvölkern, die im zentralen Hochland leben.

Islam

In Vietnam leben etwa 70 000 Muslime, meist Angehörige des Cham-Volks, das sich im Süden des Landes niederließ. Viele Cham-Muslime haben die islamische Theologie und Gesetzgebung ihren Bedürfnissen

> Mehr über den Buddhismus erfährt man unter www.buddhismus.de

> Der Caodaismus ist eine Mischung aus allen Glaubensrichtungen und Philosophien der Welt. Seine Propheten sind Buddha, Konfuzius, Jesus, Moses und Mohammed sowie ein paar ausgefallenere Personen wie Johanna von Orleans, William Shakespeare und Victor Hugo.

PAGODE ODER TEMPEL?

Bei einer Reise durch Vietnam stößt man auf viele Pagoden und Tempel – doch wo ist der Unterschied? Die Vietnamesen betrachten eine *chua* (Pagode) als einen Ort der Verehrung, an dem sie Opfer bringen und beten. In einem vietnamesischen *den* (Tempel) wird dagegen eher historischer Persönlichkeiten (Konfuzius, Tran Hung Dao und auch Ho Chi Minh) gedacht. Dabei fällt der Cao-Dai-Tempel aus dem Rahmen. Bedenkt man die Mischung der wesentlichen Ideen des Caodaismus, ist er wahrscheinlich ein Mix aus Pagode, Tempel, Kirche und Moschee.

angepasst. Sie beten nur am Freitag; auch Ramadan feiern sie lediglich drei Tage lang. Außerdem verbinden sie ihre religiösen Rituale traditionell mit dem Animismus und der Verehrung von Hindu-Gottheiten. Seitdem die Cham wieder mehr Kontakt zur islamischen Welt haben, wenden viele auch die orthodoxeren muslimischen Praktiken an und es entstehen neue Moscheen.

> In den letzten Jahren wurden große buddhistische Tempel errichtet, darunter der Chua Bai Dinh. An der Küste von Da Nang und Vung Tao thronen zudem riesige neue Buddhastatuen.

Hinduismus

Champa war sehr stark vom Hinduismus geprägt. Viele der Cham-Türme, die als Hindu-Heiligtümer erbaut wurden, enthalten Lingas (phallische Fruchtbarkeitssymbole, die Shiva repräsentieren), die noch heute gleichermaßen von Vietnamesen und Chinesen verehrt werden. Nach dem Fall von Champa im 15. Jh. wurden die meisten Cham, die in Vietnam blieben, Muslime. Sie praktizierten aber weiterhin verschiedene hinduistische Rituale und Bräuche. Hunderttausende wanderten südwestlich nach Kambodscha aus, wo sie heute eine wichtige Minderheit darstellen.

In Vietnam leben rund 60 000 hinduistische Cham. Sie bewohnen überwiegend dieselbe Region wie die muslimischen Cham, vor allem die Gegend rund um Phan Rang an der zentralen Südküste.

Frauen in Vietnam

Wie in weiten Teilen Asiens müssen Frauen für geringen Lohn viele Mühen auf sich nehmen. Sie arbeiten hart und haben kaum Mitbestimmungsmöglichkeiten. Vietnamesinnen kämpften im Krieg sehr erfolgreich und machten den amerikanischen Soldaten das Leben zur Hölle. Nach dem Krieg rühmte man ihre Leistungen, dennoch wurden die meisten Regierungsposten mit Männern besetzt. Auf dem Land verrichten Frauen täglich Knochenarbeit, zerkleinern Steine auf Baustellen und schleppen schwere Körbe.

> Vu Xuan Hungs Film *Das Ende des Unglücks* (Giai Han, 1997) erzählt die Geschichte einer Seidenmalerin, deren Ehemann sie wegen einer ehrgeizigen Geschäftsfrau verlässt, und zeigt, welche Auswirkungen die *doi moi* (Wirtschaftsreform) für manche vietnamesische Frauen hatte.

Die Zwei-Kind-Familienpolitik des Landes wird zumindest in den urbanen Gebieten strikt eingehalten und fördert die Unabhängigkeit der Vietnamesinnen. Auch Hochzeiten werden zugunsten einer Ausbildung vermehrt aufgeschoben. Rund 50 % der Universitätsstudenten sind weiblich, allerdings haben sie nach dem Abschluss nicht immer die gleichen Berufschancen wie ihre Kommilitonen.

Kunst & Kultur

Traditionelle Musik

Vietnams traditionelle Musik ist sehr ursprünglich, wenn auch stark von der chinesischen, Khmer- und Cham-Musik inspiriert. Musiknotation und Fünftonmusik (Pentatonik) sind vermutlich chinesischen Ur-

---

AHNENVEREHRUNG

In Vietnam wurden die Ahnen schon lange vor dem Aufkommen von Konfuzianismus und Buddhismus verehrt. Einheimische glauben daran, dass die Seelen nach dem Tod weiterleben und zu Beschützern ihrer Nachkommen werden. Die eigene Stimmung hat einen großen Einfluss auf die Geister der Vorfahren: Wenn man beispielsweise verärgert oder ruhelos ist, beschämt das die Verstorbenen nicht nur, sondern kann sie auch erzürnen, was unter Umständen gefährlich ist.

Vietnamesen ehren ihre Ahnen regelmäßig, vor allem an deren Geburtstagen. Um Hilfe beim Erfolg eines Unternehmens oder der Genesung eines kranken Kindes zu erhalten, bieten sie ihnen Opfergaben und Gebete dar. Dabei spielen der Familienaltar sowie ein Stück Land, dessen Erträge für die Vorfahren reserviert sind, eine wichtige Rolle.

BLASSER ALS BLASS

Vietnamesen empfinden blasse Haut als schön. An sonnigen Tagen spazieren viele Frauen im Schatten eines Schirms durch die Gegend, um nicht braun zu werden. Auch diejenigen, die auf dem Feld arbeiten, bemühen sich sehr, ihre helle Haut zu bewahren; sie verhüllen ihr Gesicht deshalb mit Tüchern und tragen langärmelige T-Shirts, Seidenhandschuhe bis zu den Ellbogen sowie kegelförmige Hüte. Einer Vietnamesin zu sagen, sie habe weiße Haut, ist ein besonders großes Kompliment, sie für ihre „hübsche Sonnenbräune" zu loben hingegen eine wirklich schlimme Beleidigung.

sprungs. Die vietnamesische Choralmusik gilt dennoch als einzigartig, da Melodie und Töne eine Einheit bilden müssen; in einem Vers mit fallendem Ton darf die Melodie nicht ansteigen.

Vietnamesische Volkslieder werden gewöhnlich ohne Instrumentalbegleitung gesungen. Viele davon sind von der Kommunistischen Partei in patriotische Marschlieder umgewandelt worden.

Klassische Musik wirkt eher förmlich und kühl. Sie wurde am Königshof zur Unterhaltung der Mandarin-Elite aufgeführt. Es gibt zwei Hauptarten klassischer Kammermusik: *hat a dao* aus dem Norden und *ca Hue* aus Zentralvietnam.

Traditionelle Musik wird auf zahlreichen einheimischen Instrumenten gespielt, die bis zu den alten *dong-son*-Bronzetrommeln zurückgehen. Wichtige traditionelle Instrumente sind *dan bau*, eine einsaitige Zither, die erstaunlich viele Töne hervorbringt, *Dan tranh*, eine 16-saitige Zither mit einem eindringlichen Klang, und *to rung,* ein großes Bambus-Xylophon.

Jede der Minderheiten Vietnams hat ihre ganz eigenen musikalischen Überlieferungen. Dazu gehören oftmals auch charakteristische Kleidung und Instrumente wie die Schilfrohrflöten und Lithophone (ähnlich wie Xylophon), Bambuspfeifen, Gongs sowie Saiteninstrumente aus Kürbisschalen.

Konzerte mit traditioneller vietnamesischer Musik kann man in Restaurants und Museen in Hanoi, HCMS und Hue erleben.

Moderne Musik

Vietnams Musikszene ist recht gemäßigt. Es gibt ein paar Hip-Hop-Bands (Breakdancer treffen sich vor allem im Hanoier Lenin Park), etwas Rock und Punk (dafür steuert man das Rock City in Hanoi an) und eine gute DJ-Szene, aber im Großen und Ganzen kaum rebellische Klänge. Die Hip-Hopper beschäftigen sich mehr mit ihren Tanzschritten, statt Breitseiten gegen Autoritäten zu feuern.

Khanh Ly (www.khanhly.com), die beliebteste Künstlerin, siedelte 1975 von Vietnam in die USA über und ist sowohl in als auch außerhalb ihrer Heimat bekannt. Zwar kann man ihre Musik überall im Land bekommen, allerdings missbilligt die Regierung ihre jüngsten Texte, die von ihrem Leben als Flüchtling erzählen.

Als Frauenschwarm Nummer eins gilt der in Hue geborene Quang Linh. Mit heiteren Liebesliedern erfreut er sich bei Vietnamesen jedes Alters großer Beliebtheit.

Eine andere lokale Popikone ist Phuong Thanh, die über Themen wie Homosexualität und Prostitution singt. Zu den angesagten Bands gehören die Rockgruppe Microwave, die Metalband Black Infinity, die Punkband Giao Chi und die Reggaeband 6789.

Der 2001 verstorbene Trinh Cong Son war ein renommierter Komponist von Antikriegs- und Friedensliedern – Folksängerin Joan Baez bezeichnete ihn einmal als den Bob Dylan von Vietnam.

Tieng Hat Que Huong wurde 1981 gegründet, um traditionelle Musik zu erschließen, zu bewahren und zu fördern. Das Ensemble versteht sich als Brücke zwischen alten und modernen Künstlern. Näheres über Veranstaltungen in HCMS siehe unter www.tienghatquehuong.com.

Tanz

Der Tourismus hat den Volkstanz, traditionell ein Teil von Zeremonien und Festen, wieder populär gemacht. Besonders verblüffend ist der Kegelhuttanz. Hierbei schwingen Frauen in *ao dai* (vietnamesische Nationaltracht) ihre Kleider und wirbeln herum, wobei sie Fred-Astaire-ähnlich ihre klassischen Kegelhüte mit einem Stock drehen.

Die ethnischen Minderheiten haben ihre eigenen Tanztraditionen.

> Einen tieferen Einblick in die vietnamesische Kultur, einschließlich Mode, Film und Musik, bekommt man unter www.thingsasian.com.

Theater & Puppentheater

Vietnamesisches Theater verbindet Musik, Gesang, Vortrag, Tanz und Pantomime zu einer künstlerischen Einheit. Mittlerweile gibt's Dutzende staatliche Truppen und Ensembles überall im Land, die einen ganz unterschiedlichen Schwerpunkt setzen.

Klassisches Theater ist im Norden als *hat tuong*, im Süden als *hat boi* bekannt und beruht auf der chinesischen Oper. Es ist sehr formell und setzt feste Gesten und Kulissen ein. Im begleitenden Orchester dominiert die Trommel, und auf der Bühne befinden sich nur wenige Darsteller.

Volkstümliches Theater *(hat cheo)* drückt sozialen Protest durch Satire aus, wobei es seit 1975 weniger Protest und mehr Satire gibt. Die Lieder und Verse sind in alltäglicher Sprache gehalten, beinhalten viele Sprichwörter und Redensarten und werden von volkstümlichen Melodien begleitet.

Modernes Theater *(cai luong)* entstand im Süden im frühen 20. Jh. und weist starke westliche Einflüsse auf. Das Sprechdrama *(kich noi* oder *kich)* mit seinen westlichen Wurzeln kam in den 1920er-Jahren auf und ist bei Studenten und Intellektuellen beliebt.

Herkömmliches Puppentheater *(roi can)* und die einzigartige vietnamesische Kunstform des Wasserpuppentheaters *(roi nuoc)* greifen bei ihren Stücken auf die gleichen legendären und geschichtlichen Quellen wie die übrigen traditionellen Theaterformen zurück.

In Hanoi und HCMS kann man Wasserpuppentheater erleben. Mehr über diese Kunstform siehe S. 77.

Kino

Eine der ersten Kinoerfahrungen in Vietnam war eine Wochenschauaufnahme von Ho Chi Minhs Unabhängigkeitserklärung 1945. Später wurden Teile der Schlacht von Dien Bien Phu (S. 132) für Filmkameras nachgespielt.

Vor der Wiedervereinigung produzierte die südvietnamesische Filmindustrie eine Reihe sensationeller Low-Budget-Streifen. Die nordvietnamesischen Regisseure drehten dagegen sehr propagandistische Werke.

Zeitgenössische Filme greifen auf ein weites Themenspektrum auf, das von Kriegsberichten bis zu modernen Liebesfilmen reicht.

In Nguyen Khacs *The Retired General* (1988) muss der Hauptdarsteller die Umstellung vom Soldat im Vietnamkrieg zum bürgerlichen Familienvater bewältigen.

Dang Nhat Minh ist vielleicht Vietnams produktivster Filmemacher. In *The Return* (1993) zeigt er die Vertracktheit moderner Beziehungen auf. *Das Mädchen auf dem Fluss* (1987) erzählt hingegen die aufwühlende Geschichte einer Journalistin, die sich mit einer Ex-Prostituierten zusammentut, um ihren früheren Liebhaber, einen Vietcong-Soldaten, zu suchen.

Junge vietnamesische Regisseure bemühen sich, in Übersee eine Nische in der internationalen Filmindustrie freizuschaufeln und bei weltweiten Filmfestivals Preise einzuheimsen.

Tran Anh Hungs anrührender Film *Der Duft der grünen Papaya* (1992) zeigt, wie ein Mädchen, das in den 1950er-Jahren einer reichen Familie in Saigon dient, erwachsen wird. *Cyclo* (1995), Tran Anh Hungs

> 2003 machte der Film *Dancing Girl* unter der Regie von Le Hoang Furore. Er erzählt die Geschichte von zwei HIV-positiven Prostituierten.

atemberaubend aufgemachtes Meisterstück, thematisiert die gewalttätige Existenz der Unterwelt von HCMS.

Der Vietnam-Amerikaner Tony Bui überzeugte 1999 mit seinem herrlichen Erstlingswerk *Saigon Stories (Three Seasons)*. Die Hauptrolle des im modernen HCMS angesiedelten Films spielt Harvey Keitel.

Literatur

Die vietnamesische Literatur hat drei verschiedene Wurzeln. Lange vor der Geschichtsaufzeichnung setzte die traditionelle mündliche Überlieferung *(truyen khau)* ein, die aus Legenden, Volksliedern und Sprichwörtern besteht. Sino-vietnamesische Literatur wurde auf chinesische Art geschrieben *(chu nho)*. Dominiert von konfuzianischen und buddhistischen Texten, unterlag sie strengen metrischen Regeln. Moderne vietnamesische Literatur *(quoc am)* schließt all das ein, was in *nom*-Zeichen erfasst wurde. Der früheste Text in *nom, Van Te Ca Sau (Ode an den Alligator)*, kann Ende des 13. Jhs. eingeordnet werden.

Zu Vietnams literarischen Meisterstücken gehört *Kim Van Kieu (Die Erzählung von Kieu)*, verfasst in der ersten Hälfte des 19. Jhs. von Nguyen Du (1765–1820), einem Dichter, Gelehrten, Mandarin und Diplomat.

Architektur

Die Vietnamesen waren nicht so große Baumeister wie die benachbarten Khmer oder die Cham, deren Steintürme viele Orte im Süden des Landes schmücken. Mehr über Architektur siehe S. 505.

Malerei & Bildhauerei

Seidenmalerei geht auf das 13. Jh. zurück und war einst die Domäne von Kalligrafie-Lehrern, die prächtige Naturszenerien kreierten. Vor dem Aufkommen der Fotografie wurden realistische Porträts für die Ahnenverehrung erzeugt.

Im letzten Jahrhundert ist die vietnamesische Malerei durch westliche Trends beeinflusst worden. Jüngere Arbeiten hatten eher politische als ästhetische oder künstlerische Motive. Diese Propagandastücke sind im Hanoier Museum der Schönen Künste zu sehen und haben hohen Sammlerwert.

Viele junge Künstler konzentrieren sich heute auf die Produktion kommerzieller Gemälde. Manche sind zur traditionellen Seiden- oder Lackmalerei zurückgekehrt, während andere mit zeitgenössischen Materialien experimentieren. In Hanoi und Hoi An gibt's großartige Galerien, die ihre Werke ausstellen.

> *Paradise of the Blind* von Duong Thu Huong ist der erste vietnamesische Roman, der in den USA erschienen ist. Er spielt in einem Dorf im Norden und in einem Slum von Hanoi und erzählt von dem schwierigen Leben dreier Frauen.

> *The Sacred Willow* (2000) von Duong Van Mai Elliot erzählt von vier turbulenten Generationen einer vietnamesischen Oberschichtfamilie. Die aufschlussreichen historischen Memoiren greifen die französische Kolonisation, den Zweiten Weltkrieg und die Kriege mit Franzosen und Amerikanern auf.

LACK

Son mai (Lack) wird aus dem Harz von Essigbäumen gewonnen und ist in Rohform cremig weiß. Farbe erhält er, indem man ihn in einem Eisenbehälter 40 Stunden lang zusammen mit Pigmenten aufbewahrt. Nachdem man das Objekt mit Leim behandelt hat, werden die erforderlichen zehn Lagen Lack aufgetragen. Jede davon muss eine Woche lang trocknen und dann mit Bimsstein und Sepiaschale gründlich poliert werden, bevor die nächste Schicht aufgetragen werden kann. Für die elfte und letzte Lage wird ein speziell veredelter Lack verwendet, den man anschließend mit feinem Kohlestaub und Kalkanstrich poliert. Erst dann kann man das Objekt verzieren. Muster bestehen aus leicht reliefartigen Gravuren, eingearbeiteten Perlmuttstücken, Eierschalen und wertvollen Metallen.

Chinesen brachten das Wissen, wie man kunstvolle Lackwaren herstellt, Mitte des 15. Jhs. nach Vietnam. Neue Stilrichtungen und Methoden wurden in den 1930er-Jahren von mehreren japanischen Lehrern entwickelt, die an der Akademie der Schönen Künste in Hanoi unterrichteten.

Die Cham stellten für ihre hinduistischen und buddhistischen Heiligtümer spektakuläre geschnitzte Sandsteinfiguren her. Ursprünglich war die Cham-Bildhauerei stark von indischer Kunst beeinflusst, aber über die Jahrhunderte nahm sie auch indonesische und vietnamesische Elemente auf. Die weltgrößte Sammlung von Cham-Skulpturen kann man im Cham-Museum (S. 197) in Da Nang besichtigen. Mehr über die Cham-Architektur siehe S. 265.

Sport

Fußball ist Vietnams beliebtester Zuschauersport: Das ganze Land ist regelrecht verrückt danach. Während der Weltmeisterschaft, zu Spielen der europäischen Champions League oder anderen wichtigen Begegnungen steht die halbe Bevölkerung nachts auf, um das Geschehen live zu verfolgen. Die Nationalmannschaft ist eines der stärkeren Fußballteams in Südostasien. Sie hat 2008 die Südostasienmeisterschaft gewonnen, bleibt aber auf internationalem Parkett bislang nur ein kleiner Fisch und hat sich noch nicht für die Weltmeisterschaften qualifiziert.

Tennis erfreut sich beträchtlicher Beliebtheit. Hippe Vietnamesen spielen selbst oder schauen zu. Auch der Golfsport sammelt neuerdings Pluspunkte bei internationalen Investoren oder Einheimischen, die „in" sein wollen. Im ganzen Land findet man Golfplätze, wobei die Kosten für eine Clubmitgliedschaft verdeutlichen, dass dieser Sport der Elite vorbehalten ist.

Badminton steht ebenfalls hoch im Kurs und jede Straße ist ein potenzielles Spielfeld. Zu den weiteren beliebten Sportarten gehören Volleyball und Tischtennis.

Vietnams Bergvölker

Hanhi-Mädchen aus der Lai-Chau-Provinz beim Tragen von Reisbündeln

Verschiedene ethnische Minderheiten im Hochland zu besuchen, auf abgeschiedenen Wegen zu wandern und über ihre Märkte zu bummeln sind unvergessliche Erlebnisse.

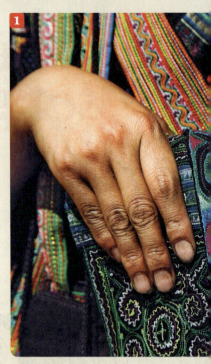

Von den Franzosen wurden die Bergvölker Montagnards genannt, während Einheimische sie traditionell als *moi* (unzivilisiert bzw. primitiv) bezeichneten. Heute bevorzugt die Regierung den Begriff *nguoi thuong*, „Menschen des Hochlands".

In den üppigen Landschaften hoch im Norden entlang der Grenze zu China und Laos trifft man die farbenprächtigsten Stämme. Sie tragen eindrucksvolle handgewebte Kleider, denn hier lernen die Mädchen das Weben quasi vor dem Laufen. Im zentralen Hochland ist traditionelle Kleidung wenig verbreitet, deshalb sind die Stämme rein äußerlich kaum von anderen Vietnamesen zu unterscheiden.

Einige Bergvölker leben schon seit Jahrtausenden in Vietnam, andere wie die Hmong kamen erst in den letzten Jahrhunderten von China her. Die Gebiete der einzelnen Gruppen liegen auf unterschiedlichen Meereshöhen, denn wenn die Sippe wächst, siedeln die Neuankömmlinge in noch größeren Höhen.

Jedes Bergvolk hat seine eigene Sprache, Kultur und Religion und grenzt sich damit von den anderen ab. Einige Gruppen verharren zwischen der mittelalterlichen und modernen Welt, während andere sich dem Zeitgeist angepasst haben.

Gemeinsamkeiten finden sich im Alltag, Baustil und in ihren Bräuchen. Die Stämme führen ein Leben als Halbnomaden und nutzen Brandrodungsmethoden für den Ackerbau. Um sie in tiefer gelegene Regionen zu locken, schaffte die Regierung Anreize wie Subventionierungen für die Bewässerung, bessere Ausbildungen und ein effektiveres Gesundheitswesen. Doch aufgrund ihrer jahrelangen Unabhängigkeit und eines Misstrauens gegenüber der vietnamesischen Mehrheit meiden die Minderheiten das Tiefland.

Wie in anderen Teilen Asiens ist die Kultur der Minderheiten äußeren Einflüssen ausgesetzt. So besitzen nur noch wenige – am ehesten noch die Menschen in den abgelegenen Dörfern im Norden des Landes – traditionelle Trachten. Oft halten die Frauen diesen Brauch am Leben, indem sie die Gewänder tragen und ihr Wissen über Webtechniken an ihre Töchter weitergeben.

KRIEGSFOLGEN

Während des Vietnamkriegs wurden viele Bergvölker des zentralen Hochlands als Teil der US-amerikanischen Sonderstreitkräfte in das zivile Sonderverteidigungsprogramm aufgenommen. Sie galten als die härtesten, loyalsten Verbündeten der südvietnamesischen Seite.

Nach dem Ende des Kriegs 1975 leisteten einige dieser erfahrenen Kämpfer, Mitglieder der Vereinten Front für die Befreiung Unterdrückter Völker (FULRO), weiterhin Widerstand gegen die neue kommunistische Regierung in Hanoi und attackierte diese auch noch während der 1980er-Jahre immer wieder in kleinen, verstreuten Angriffen.

Abbildungen
1. Stickarbeiten der Schwarzen Hmong auf dem Markt von Sa Pa 2. Weiße-Hmong-Mädchen, Sinho 3. Blumen-Hmong-Kinder, Cao Son

Minderheiten heute

Der Tourismus verändert manche Bergvölker, denn durch steigende Besucherzahlen im Hochland sind diese vermehrt Einflüssen geschäftstüchtiger Tiefländer, westlichen Wohlstands und der Kommerzialisierung ausgesetzt. Oft wird die Landwirtschaft gegen weniger mühsame Tätigkeiten eingetauscht. Manche Kinder, insbesondere in Sa Pa, erwarten Almosen in Form von Geld oder Süßigkeiten, andere verkaufen lieber Souvenirs als zur Schule zu gehen. Schlimmer noch: Der Tourismus hat einen Markt für Karaoke, Massage und Sex geschaffen, von dem sich einige indigene Frauen anlocken lassen. Auf der anderen Seite gibt's mittlerweile von Hmong betriebene Reiseagenturen (S. 136), die Bildung und Entwicklung im Hochland fördern.

Vietnams Bergvölker leben einigermaßen autonom. Die offizielle Landessprache ist zwar Vietnamesisch, aber die Kinder können auch die lokalen Sprachen lernen (nützliche Ausdrücke s. S.567). In Teilen des zentralen Hochlands bleibt dies allerdings ein sensibles, konfliktbeladenes Thema.

Vorurteile gegen Bergvölker sind weiterhin verbreitet. Es ist zwar ein Wandel spürbar, in den Medien werden die Stämme jedoch oft als primitiv und exotisch dargestellt. Einige Vietnamesen sehen in den Minderheiten noch immer subversive Kräfte, da manche im Vietnamkrieg Partei für die USA ergriffen.

In Sachen Bildung und Lebensstandard stehen die Minderheiten sehr schlecht da. Trotz Verbesserungen in den ländlichen Schulen und im regionalen Gesundheitswesen heiraten viele Stammesangehörigen jung, haben große Familien und sterben früh. Nach wie vor sind die Bergvölker die ärmste Bevölkerungsschicht des Landes: Laut Weltbank lebten 2006 52 % in Armut, im Rest des Landes sind es nur 10 %.

Abbildungen
1. Blumen-Hmong-Frau in traditioneller Kleidung 2. Cong-Frau auf einem Bambusfloß, Muong Tei 3. Porträt einer Rote-Dao-Frau mit traditioneller Kopfbedeckung

PROTEST

Viele Bergvölker fühlen sich vom Rest der Gesellschaft ausgeschlossen. Seit Jahrzehnten halten religiöse Spannungen und Konflikte über Landbesitz an.

In den letzten Jahren kam es mehrfach zu Protesten. Angehörige von Bergvölkern demonstrierten 2001 und 2004 gegen Diskriminierung und religiöse Verfolgung. Dabei wurden viele Menschen verhaftet und laut Erzählungen bis zu acht Personen getötet, rund 1000 flohen aus dem Land.

In der Dien-Bien-Phu-Provinz forderte eine Gruppe von 7000 Hmong im Mai 2011 mehr Autonomie und Religionsfreiheit. Das Militär ging scharf gegen sie vor und es gab eine Nachrichtensperre. Nach unbestätigten Berichten des Center for Public Policy Analysis mit Sitz in den USA, das sich für die Hmong einsetzt, verloren 28 Menschen ihr Leben. Die vietnamesische Regierung beschuldigte „böse Elemente", die Demonstranten dazu aufgewiegelt zu haben, eine unabhängige Heimat einzufordern, und sagte, dass „sich Partei und Regierung auf allen Ebenen um eine Lösung des Problems bemühen, damit wieder Stabilität in das Leben unserer Landsleute einkehrt".

Das ethnische Mosaik

In Vietnam leben 53 anerkannte Minderheiten, was 14 % der Bevölkerung ausmacht. Manche Gemeinschaften bestehen aus ein paar Hundert Mitgliedern, andere aus über einer Million. Insgesamt sind es fast 11 Mio.

Bahnar

Vermutlich kamen die Bahnar (Bevölkerung: 175 000) von der Küste ins zentrale Hochland. Sie sind Anhänger des Animismus, verehren Bäume und haben einen traditionellen Kalender, der zehn Monate Feldbau und zwei Monate Zeit für soziale und persönliche Pflichten (Eheschließung, Webearbeiten, Feste) vorsieht. Früher hielten die Bahnar eine Zeremonie ab, wenn ihre Babys einen Monat alt waren. Sie durchstachen die Ohrläppchen der Säuglinge und nahmen sie so in die Dorfgemeinschaft auf. Die Bahnar sind geschickte Holzschnitzer und tragen ähnliche Kleidung wie die Jarai.

Dao

Eine der größten ethnischen Gruppierungen in Vietnam sind die Dao (oder Zao/Dzao; Bevölkerung: 650 000) in den nordwestlichen Provinzen. Ihre Verehrung gilt den Geistern ihrer Ahnen *(ban ho)* und sie halten Tieropferzeremonien ab. Die Nähe zu China erklärt die Anwendung traditioneller Heilmethoden und die Ähnlichkeit der *nom-dao*-Schrift mit chinesischen Zeichen. Das Volk ist für seine kunstvollen Gewänder mit silberfarbenen Perlenschnüren und Münzen bekannt. Das lange, oberhalb der Stirn rasiertes Haar wird unter einen roten bestickten Turban gesteckt.

Ede

Die Ede (Bevölkerung: 270 000) verehren verschiedene Götter und Geister. Ihre bootsförmigen Langhäuser stehen auf Pfählen. Etwa ein Drittel der Fläche

Abbildungen
1. Bergvolk-Mädchen in einem kleinen Dorf, Coc Ly
2. Schwarze-Dao-Frau mit Kind, Tien Binh **3.** Angehörige der Hanhi, Muong Tei

wird gemeinsam genutzt, der Rest ist in Räume unterteilt, um Ehepaaren Privatsphäre zu gewähren. Bei den Ede ist der Heiratsantrag Frauensache. Nach der Eheschließung lebt das junge Paar bei der Familie der Frau und trägt den Namen ihrer Mutter. Auch Erben ist das Vorrecht der Frauen. Ede-Frauen tragen farbenprächtig gestickte Westen mit Kupfer- und Silberschmuck. Viele leben in Kon Tum und Dac Lac.

H'mong

Inzwischen sind die im 19. Jh. aus China eingewanderten Hmong eine der größten ethnischen Minderheiten Vietnams (Bevölkerung: 900 000). Sie leben im hohen Norden und sind vor allem in Sa Pa oder Bac Ha anzutreffen. Die Hmong sind Animisten und verehren Geister, wohnen in großen Höhen, bauen Trockenreis sowie Heilpflanzen (einschließlich Opium) an und züchten Tiere. Es gibt verschiedene Gruppen: Schwarze, Weiße, Rote, Grüne und Blumen-Hmong, die sich durch ihre Kleidung voneinander unterscheiden. Schwarze Hmong tragen indigofarbene Leinengewänder, die Frauen Röcke, Schürzen, Hosen und zylinderförmige Hüte. Mit leuchtenden Regenbogenfarben, langen silbernen Halsketten, Ohrringen und Armbändern schmücken sich die Frauen der Blumen-Hmong. Hmong leben auch in den Nachbarstaaten Laos und Thailand sowie als Flüchtlinge in westlichen Ländern.

Jarai

Viele Angehörige der bevölkerungsreichsten Minderheit im zentralen Hochland (Bevölkerung: 340 000) haben sich rund um Plei Ku niedergelassen Im Zentrum ihrer oft nach einem nahe gelegenen Fluss oder einem Stammeshäuptling benannten Dörfer befindet sich ein *nha-rong* (Gemeindehaus). Traditionell machen die Frauen mithilfe eines Ehestifters den Heiratsantrag. Jarai hängen dem animistischen Glauben an und verehren ihre Vorfahren sowie die Natur durch einen *yang* (Geist). Sie legen kunstvolle Friedhöfe mit totemähnlichen Bildnissen der Verstorbenen an und sind für ihre Musikinstrumente berühmt, darunter Bronzegongs und Bambusröhren, die als Flöten und Schlagzeug dienen.

Muong

Die patriarchalischen Muong (Bevölkerung: 1,4 Mio.) leben in kleinen Pfahlbausiedlungen. Sie haben eine ähnliche Kultur wie die Thai und sind für ihre Literatur, Gedichte und Lieder bekannt. Zu den typischen Instrumenten gehören Gong, Trommel, Panflöte und die zweisaitige Violine.

Nung

Die Nung (Bevölkerung: 750 000) findet man in Provinzen weit im Nordosten. Sie bevorzugen kleine Dörfer und haben Häuser mit zwei Bereichen: Der eine dient als Wohnung, der andere als Ort für Arbeit und Gebet. Viele geistige und gesellschaftliche Elemente ähneln denen der Tay, darunter die Ahnenverehrung und Feste. Nung-Bräute verlangen eine hohe Aussteuer von ihrem zukünftigen Gemahl. In den meisten Dörfern gibt's noch Schamanen, außerdem ist der Stamm für sein Kunsthandwerk bekannt.

Sedang

Jahrhundertelang litten die im zentralen Hochland heimischen Sedang (Bevölkerung: 140 000) unter Krieg und Invasionen durch die Cham und die Khmer. Sie tragen keine Familiennamen und legen Wert auf Gleichberechtigung. Kinder der Geschwister werden genauso behandelt wie die eigenen, was einen starken Zusammenhalt schafft. Sedang praktizieren einzigartige Bräuche, z. B. teilen sie ihr Eigentum mit den Verstorbenen. Zur Entbindung ziehen sich die Frauen an den Waldrand zurück.

Tay

Unter den Bergvölkern bilden die Tay (Bevölkerung: 1,5 Mio.) die größte Gruppe. Sie leben in niedrigen Höhen im Norden und sind Anhänger des Buddhismus, Konfuzianismus sowie Taoismus, verehren aber auch Geister. Im 16. Jh. entwickelten sie eine eigene Schrift; seitdem sind ihre Literatur und Kunst berühmt. Nong Duc Manh, der bis Januar 2011 zehn Jahre lang Generalsekretär der Kommunistischen Partei Vietnams war, ist ein Tay.

Abbildungen
1. Rote-Dao-Mädchen, Ta Phin 2. Muong beim Sammeln von Muscheln, Lai Chau 3. Blumen-Hmong-Kinder, Coc Ly

Thai

Die Thai (Bevölkerung: 1,4 Mio.) stammen aus Südchina und ließen sich entlang der Flusstäler nordwestlich von Hoa Binh bis nach Muong Lay nieder. Ihre Dörfer bestehen aus 40 bis 50 strohgedeckten Pfahlbauten. Thai werden nach Farben unterschieden. Die Frauen der Schwarzen Thai tragen Blusen und Kopfbedeckungen in kräftigen Farben, während die Weißen Thai sich eher zeitgenössisch kleiden. Sie alle benutzen eine Schrift, die im 5. Jh. entwickelt wurde. Ihre literarischen Werke reichen von Gedichten und Liebesliedern bis zu volkstümlichen Erzählungen.

BENIMMREGELN FÜR BESUCHER

Auch wenn man auf Mädchen mit Handys trifft, haben sich die ethnischen Minderheiten Sa Pas ihre Kultur bewahrt. Kontakte mit Besuchern bedrohen diese, doch die negativen Einflüsse können gering gehalten werden. Einige Benimmregeln:

» Auf weiße Stirnbänder oder Tücher verzichten; Weiß ist typisch für Beerdigungen.
» Öffentliche Zuneigungsbekundungen vermeiden und keine offenherzige Kleidung tragen.
» Keine Häuser betreten, an deren Eingang/Dach Blätter, Knochen oder Federn befestigt sind.
» Beim Betreten eines Hauses den Rucksack abnehmen und in den Händen tragen.
» Übernachtungsgäste sollten respektieren, dass die Dorfbewohner früh ins Bett gehen.
» Neugeborene nicht fotografieren oder am Kopf berühren.
» Vor dem Fotografieren die Leute um Erlaubnis fragen.
» Keine Drogen konsumieren und nicht danach fragen, wo man welche kaufen kann.
» Religiösen Symbolen und Ritualen Respekt zollen.
» Nicht das Betteln fördern. Lieber einen ortsansässigen Führer engagieren, vor Ort tätige Stiftungen unterstützen oder den Guide fragen, ob man für eine lokale Schule spenden kann.

Besuche bei Bergvölkern

Eine tolle Einführung in die Kultur des Hochlands bietet das großartige Ethnologische Museum in Hanoi (S. 55) mit nachgebauten Pfahlbauten und beeindruckender Stammeskunst.

Vietnams Minderheiten leben im nördlichen und zentralen Hochland. Die besten Chancen, Bergvölkern wie den Schwarzen Hmong und Roten Dao zu begegnen, haben Besucher in Sa Pa. Rund um das nahe gelegene Bac Ha finden die farbenprächtigen Märkte der Blumen-Hmong statt.

Homestays (Privatunterkünfte) sind eine großartige Erfahrung. Die Weißen Thai in Mai Chau heißen Gäste stets willkommen. Auch Ha Giang und Lai Chau gehören zu den bedeutenden Zentren ethnischer Minderheiten im Nordwesten.

Weiter im Osten erstreckt sich die seltener bereiste Cao-Bang-Provinz, in der sich u. a. Hmong, Nung und Tay niedergelassen haben. Lang Son bietet ebenfalls vielen Bergvölkern eine Heimat, wird aber kaum von Touristen besucht.

Außerdem kann man in Buon Ma Thuot, Da Lat, Kon Tum und Plei Ku Bahnar, Jarai und Sedang treffen, allerdings haben hier die meisten Familien ihre traditionellen Trachten aufgegeben.

MINDERHEITEN TREFFEN

Sa Pa (S. 135) Dao und Hmong bewohnen die Täler rund um die Bergstation.
Bac Ha (S. 144) Berühmt für seinen Markt, der viele Blumen-Hmong anzieht.
Mai Chau (S. 127) In der Heimat der Weißen Thai gibt's jede Menge *homestays*.
Cao Bang (S. 121) Hier leben zahlreiche verschiedene Minderheiten.
Kon Tum (S. 318) In dem Ort trifft man häufig Bergstämme.

Abbildung
Ältere Rote-Dao-Frau auf dem Markt von Sa Pa

Architektur

**Vietnamesischer Baustil »
Kolonialgebäude »
Pagoden & Tempel »
Sowjetische Einflüsse »**

Rathaus, Ho-Chi-Minh-Stadt

Vietnamesischer Baustil

Die traditionelle vietnamesische Architektur ist ungewöhnlich. Fast alle bedeutenden Gebäude sind einstöckige Bauten mit schweren Ziegeldächern auf einer stabilen Holzbasis, die Taifunen standhält.

In ländlichen Gebieten sieht man vor allem Pfahlhäuser aus Holz, die ihre Bewohner vor jahreszeitbedingten Überschwemmungen und Tieren schützen. Die Dächer aus Bambus und Palmblättern trotzen dem tropischen Monsunklima. Meistens sind die Häuser in einen Schlaf-, Essens- und Lagerbereich geteilt.

Vietnams ganz eigener Baustil spiegelt sich auch in den schmalen Röhrenhäusern der Altstadt von Hanoi wider: Früher berechnete sich der Steuersatz nach der Breite eines Geschäftes – je schmaler, desto billiger. Die Häuser der Nung sind ebenfalls ungewöhnlich; manche haben Lehmwände und stehen nur z. T. auf Stelzen.

Das vietnamesische Sprichwort „Land ist Gold" erschließt sich beim Anblick einer typischen Stadt. Schmale, architektonisch fragwürdige Betonblöcke, viele davon bis zu sieben Stockwerke hoch, thronen über leeren Grundstücken oder Reisfeldern. Gesetze zur Stadtplanung (oder deren Fehlen) erlauben es Landbesitzern, nach Gutdünken zu bauen. Vielerorts sind gerade Zementhäuser in Limonengrün oder Rosa samt Spiegelfenstern und verzierten Balkonen mit französischem Touch oder chinesischen Elementen angesagt – Cat Bas Küste gibt dafür ein gutes Beispiel ab.

HOCH HINAUS

» **Bitexco Financial Tower** (HCMS; 269 m) 2010 fertiggestellt. Tolle Aussichtsplattform.
» **Keangnam Hanoi Landmark Tower** (Hanoi; 345 m) Glasbau von 2011. Vietnams größtes Gebäude.
» **PVN Tower** (Hanoi) Petrovietnams geplanter Hauptsitz soll rund 400 m hoch werden.

Abbildungen
1. Schwimmende Häuser, Chau Doc 2. Mnong-Haus nahe Da Lat 3. Strohgedecktes Haus der Bahnar in Kon Tum

Kolonialgebäude

In der Architektur spiegelt sich das französische Erbe des Landes wider. Stattliche neoklassizistische Gebäude untermauerten das Konzept der europäischen Vormachtstellung in der Kolonialzeit.

Nach den 1950er-Jahren ließ man die meisten verfallen, da sie eine Ära symbolisierten, die viele Vietnamesen lieber vergessen wollten. Mittlerweile lassen Restaurierungsmaßnahmen Bauten wie das frühere Hôtel de Ville in HCMS und das Sofitel Metropole Hotel in Hanoi in altem Glanz erstrahlen. In der Hauptpost von HCMS kann man die spektakulären Hallen sowie die gewölbte Decke von Gustave Eiffel bestaunen. Auch Hai Phong wartet mit großartigen französischen Gebäuden auf.

Viele Prachtvillen in Hanois französischem Viertel haben bessere Zeiten gesehen, werden von Maklern jedoch hoch gehandelt. In Da Lat wurden solche Bauten in Hotels wie das Ana Mandara Villas und in Restaurants umgewandelt.

Kolonialkirchen weisen verschiedene Stile auf. Die schlichte, neugotische St.-Joseph-Kathedrale in Hanoi besteht aus dunkelgrauem Stein, ihr Pendant in HCMS aus französischen Ziegelsteinen.

Unter der französischen Herrschaft entstanden zudem ein paar wenige Art-déco-Bauten wie Da Lats wunderschöner Bahnhof mit seinen bunten Fenstern und das edle La Residence Hotel in Hue.

KOLONIALSTIL

- » **Balkone** Schmücken wichtige städtische Gebäude.
- » **Lamellenfenster** Meist grün oder braun, verbessern die Luftzirkulation.
- » **Stuckelemente** Zur Dekoration.
- » **Farbe** Ocker oder Senfgelb.
- » **Terrakottaziegel** Erinnern an den Mittelmeerraum.

Abbildungen
1. Opernhaus in Hanoi 2. Stadtmuseum in HCMS
3. Restauriertes Sofitel Metropole Hotel in Hanoi

Pagoden & Tempel

Ganz im Gegensatz zu vielen anderen asiatischen Staaten folgen die hiesigen Sakralbauten keinem landesspezifischen Prototyp. In den chinesisch geprägten Pagoden, u. a. mit Elementen des Konfuzianismus, Daoismus und Mahayana, spiegelt sich Vietnams einzigartige Glaubensgeschichte wider. Bei den Cham-Tempeln im Süden sind Einflüsse aus Indien, der Hindu und des Khmer-Reichs tonangebend.

Pagoden

Pagoden *(chua)* verfügen über chinesische Ornamente und Motive. Sie bestehen aus einer Reihe von Gebäuden voller Statuen und Stelen, die sich rund um Gärten verteilen, und haben einfache oder doppelte Dächer mit nach oben gerichteten Gratsparren. Einige besitzen auch mehrstufige Türme *(thap)*.

Um sich harmonisch in die Umgebung einzufügen, werden sie im Feng-Shui-Stil (in Vietnam *dia ly* genannt) gestaltet. Manchmal sind die buddhistischen Gebetsstätten lokalen Gottheiten gewidmet. Meist handelt es sich um einstöckige Bauten mit drei Vordertüren aus Holz, die mehrere mit Statuen von Buddha, Bodhisattvas und verschiedenen Helden und Gottheiten geschmückte Räume beherbergen. An Küstenorten erfreut sich Thien Hau, die Göttin des Meeres, großer Beliebtheit. Blinkende Lichterketten, riesige spiralförmige Räucherstäbchen, Gongs und gewaltige Glocken runden die Atmosphäre ab. Gartenhöfe, viele mit Skulpturen und manche mit einem heiligen Teich (teils mit Schildkröten), führen zu anderen Tempelbauten. Oft gibt's im hinteren Bereich Unterkünfte für Mönche. Ein wunderbares Beispiel für einen traditionellen Tempel ist der Literaturtempel in Hanoi. Außerdem lohnen die großartigen Pagoden in Hues Kaiserstadt einen Besuch.

Abbildungen
1. Altar in der Jadekaiser-Pagode, HCMS **2.** Bich-Dong-Pagode, Ninh-Binh-Provinz **3.** Eingang der Ha-Chuong-Hoi-Quan-Pagode, HCMS

CHAM-TEMPEL

Die Cham waren größtenteils Hindus, die an die Dreieinigkeit aus Shiva, Brahma und Vishnu glaubten, allerdings wurden sie auch von buddhistischen Elementen geprägt. Bereits im 4. Jh. errichteten sie erste Tempel. Zu den bedeutenden noch erhaltenen Stätten gehören My Son (bei Hoi An), Po Nagar (bei Nha Trang), Po Klong Garai (bei Phan Rang) und Po Shanu (Phu Hai; bei Phan Thiet). An allen nagt der Zahn der Zeit, manche wurden zudem im Krieg verwüstet.

Fast alle Cham-Tempel sind Backsteinbauten. Die Schnitzarbeiten und Verzierungen an den Seitenwänden wurden wohl erst später hinzugefügt. Zu den Hauptmerkmalen einer Cham-Anlage zählen der *kalan* (Turm; das Zuhause der Gottheit), mit Satteldächern versehene *kosagrha*-Tempel, die Kostbarkeiten der Götter beherbergten, und der Eingangsbereich *(gopura)*. In den Tempelkomplexen sieht man Steinstatuen von Gottheiten wie Yan Po Nagar, der Göttin des Landes, sowie Stelen (in My Son sind es 32) mit Inschriften wichtiger Veranstaltungen.

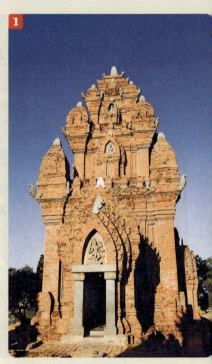

BESONDERHEITEN EINER PAGODE

» **Bodhisattvas** Erleuchtete irdische Wesen, zumeist als Könige dargestellt.
» **Cheung Huang Yeh** Furchteinflößender Stadtgott, eine Art Sensenmann.
» **Quan Am** Göttin der Gnade; helle Figur oder Statue mit mehreren Armen.
» **Swastika** Altes asiatisches Symbol, das für das Herz Buddhas steht.
» **Thien Hau** Schutzgöttin des Meeres.

Abbildungen
1. Cham-Türme von Po Klong Garai bei Phan Rang **2.** Auf den Cham-Türmen von Po Nagar abgebildeter tanzender Shiva, Nha Trang **3.** Cham-Skulpturen in My Son

Sowjetische Einflüsse

In ganz Vietnam zeugen Betongebäude, Marktplätze und Wohnblocks von sowjetischen Einflüssen. Meist handelt es sich um die Architektur aus der Mitte der 1950er-Jahre, die von Fertigbauweisen, billigem Beton und modernen Linien geprägt ist. Sogar in kleinen Orten wird man an die sowjetische Vergangenheit erinnert, z. B. durch die karge Betonfassade des Kinos in Hoi An oder alte Rathäuser.

Sowjetische Architekten und Städteplaner wie Garold Isakovich verbrachten viel Zeit in Hanoi und entwarfen dort das Ho-Chi-Minh-Mausoleum sowie die Lenin-Büste im Leninpark. Zu den sowjetisch geprägten Bauten gehören außerdem die State Bank, die auch asiatische Elemente aufweist, das monströse Gebäude des Volkskomitees und die Nationalversammlung, die an Le Corbusier erinnert.

Abgesehen vom Wiedervereinigungspalast ist der sowjetische Stil in HCMS weniger präsent. Das Meisterwerk aus Beton von Ngo Viet Thu wurde 1966 fertiggestellt.

Kommunistische Städteplanung par excellence sieht man in Vinh. Jahrzehntelange Bombenangriffe ließen nicht viel von der Stadt im Norden Zentralvietnams übrig – 1972 standen nur noch zwei Gebäude. Ostdeutsche Architekten und Städteplaner schufen den Ort neu nach dem Vorbild ihrer Heimat. Den billigen, rasch hochgezogenen Wohnblocks aus Beton sieht man ihr Alter und die mangelnde Pflege deutlich an. Sie versprühen einen skurrilen Charme und sind bei den Bewohnern ziemlich unbeliebt.

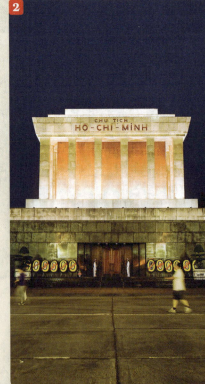

Abbildungen
1. Empfangsraum im Wiedervereinigungspalast, HCMS
2. Ho-Chi-Minh-Mausoleum bei Dämmerung, Hanoi

Regionale Spezialitäten

Reispapierröllchen mit Krebsfüllung und frischem Dip

Von Andrea Nguyen. Die renommierte Autorin verfasste *Into the Vietnamese Kitchen* sowie *Asian Tofu* und publiziert auf Vietworldkitchen.com.

Vietnams Küche ist so facettenreich wie seine langgezogene Küste. Geografisch und gastronomisch gesehen beginnt eine Reise von Norden nach Süden in China und endet in Südostasien. Obwohl dies ein kleines Land ist, gibt's historisch, kulturell und geografisch bedingt große regionale Unterschiede. So entwickelte sich ein faszinierendes Spektrum an Techniken, Zutaten und Geschmacksrichtungen, die die Liebe zu lebendigen Aromen, frischen Kräutern, Nudeln und Meeresfrüchten gemein haben.

Die nordvietnamesische Küche ist eher mild, bodenständig und chinesisch geprägt. Sojasoße kommt ebenso häufig wie Fischsoße zum Einsatz, für die nötige Säure sorgt eher Essig als Limettensaft oder Tamarinde, schwarzer Pfeffer ist beliebter als Chilis und durch lange Garzeiten wird aus unauffälligen Zutaten das maximale Aroma herausgeholt.

In Zentralvietnam wirkt alles kleiner: Baguettes und Kräuter sind Miniversionen ihrer südlichen Pendants. Hues kaiserliche Küche wiederum wartet mit exquisiten Speisen auf, denn der frühere Herrscher Tu Duc hatte einen anspruchsvollen Gaumen. Sein kulinarisches Erbe ist eine der besten Küchen Vietnams. In ein paar Luxushotels können Bankette mit bis zu 15 Gerichten gebucht werden, während ein anderes königliches Vermächtnis überall auf der Straße verkauft wird: *banh beo* (gedämpfte Reisküchlein). Die hiesige Küche ist würzig und scharf, zudem ergänzen salzige Garnelensoße und frisches Zitronengras die breite Palette an Aromen.

In den Gerichten Südvietnams spiegeln sich die reiche Natur und die ganzjährige Anbausaison wider. Hier sind die Speisen größer, farbenfroher und ansprechender. Kokosmilch bildet die Basis milder Currys und verleiht Desserts Reichhaltigkeit. Frische Kräuter, Obst und Gemüse vereinen sich in erfrischenden *goi* (Salaten) mit grüner Papaya, Pomelo oder Lotusstängeln.

Abbildungen
1. Auf dem Markt in HCMS **2.** Straßenverkäufer beim Kochen, HCMS **3.** Imbiss in Hanois Altstadt

Nordvietnam

In der Küche des Nordens sind die Einflüsse jahrhundertelanger chinesischer Besatzung am deutlichsten. Leckere Nudelgerichte, milde Aromen und rustikale Eleganz gelten als typisch für die Region.

Banh Cuon

1 Diese Röllchen bestehen aus Reismehlteig, der auf ein Musselintuch gestrichen und gedämpft wird. Ist er gar, belegt man ihn mit Schweinefleisch, Pilzen und getrockneten Garnelen, rollt das Ganze ein und bestreut es mit knusprigen Schalotten. Nun kommen die Röllchen mit Bohnensprossen, Gurkenscheiben, gehackten Kräutern und einem Schälchen *nuoc cham* (Soße zum Dippen) auf den Tisch.

Bun Cha

2 Der beliebte Straßensnack besteht aus gegrillten Schweinefleischscheiben oder -bällchen, die mit dünnen Reisnudeln, frischen Kräutern, grünem Gemüse sowie einer Schüssel süßlicher *nuoc mam* (Fischsoße) samt eingelegtem Gemüse serviert werden. In Hanoi kombiniert man Schweinebauchscheiben mit Hackbällchen aus der Schweineschulter.

Pho Bo

3 *Pho bo* (Nudelsuppe mit Rindfleisch) ist ein kulinarisches Highlight des Nordens. Dafür setzt man eine Brühe auf, in der über Stunden Rinderknochen mit Schalotten, Ingwer, Fischsoße, schwarzer Kardamom, Sternanis und Zimtkassie eingekocht werden. Eingefleischte *pho*-Fans aus dem Norden runzeln bei Zutaten wie Limone, Basilikum und Bohnensprossen die Stirn.

Abbildungen
1. Zubereitung von *banh cuon* **2.** Schüssel mit *bun cha*
3. *Pho bo* (Nudelsuppe mit Rind), ein vietnamesischer Klassiker, von einem Straßenstand

Zentralvietnam

Die zwischen zwei kulinarischen Extremen positionierte Küche Zentralvietnams scheint ein Produkt moderater Balance zu sein – die Chili-Liebe der Einheimischen mal ausgenommen. Hier werden einfache lokale Zutaten zu wahrhaft kaiserlichen Speisen verarbeitet.

Banh Khoai

1 Die herzhaften kuchentellergroßen Reispfannkuchen werden mit viel Öl in speziellen langstieligen Pfannen ausgebacken, anschließend mit Garnelen, Schweinefleisch, Ei und Bohnensprossen gefüllt, mit frischen Kräutern in Salatblätter gewickelt und in eine Soße auf Basis von herben fermentierten Sojabohnen getunkt.

Bun Bo Hue

2 An der reichhaltigen Reisnudelsuppe mit Rind und Schwein erkennt man besonders gut die nordvietnamesische Vorliebe für würziges Essen. Die durch Chili und Annatto orange-gelb gefärbte Brühe wird mit Zitronengras und pikanter Garnelensoße (*mam tom*) gewürzt. Wie die meisten vietnamesischen Suppen kommt auch diese Variante mit Kräutern und Blattgemüse auf den Tisch.

Com Hen

3 Bei diesem Gericht wird warmer Reis mit dem Fleisch kleiner Muscheln, Muschelbrühe und jeder Menge Beilagen wie gerösteten Reiscrackern, Schweinekruste, Erdnüssen, Sesam, frischen Kräutern und Gemüse vermengt. Über das Ganze gibt man Brühe und Soße, die für eine saftige, harmonische Würze sorgen.

Abbildungen

1. *Banh khoai* (zusammengeklappter Crêpe mit herzhafter Füllung) **2.** *Com hen* mit winzigen Muscheln **3.** Pikantes *bun bo Hue*

Südvietnam

Im Süden nutzt man die reiche Natur der Region und bevorzugt eher süße Gerichte. Zu jeder Jahreszeit bieten Markthändler saftige großblättrige Kräuter, Obst in allen Farben und fangfrischen Fisch an.

Canh Chua Ca

1 Für die kulinarische Inkarnation des Mekong-Deltas werden Fisch, Früchte und Gemüse, u. a. Tomate, Bohnensprossen, Okra und *bac ha* (Tarostängel), in einer Brühe mit säuerlicher Tamarinde und salziger *nuoc mam* gekocht und mit grünen Kräutern sowie goldenem Knoblauch serviert. Ein Augen- und Gaumenschmaus!

Banh Mi

2 Dieses Sandwich ist ein Vermächtnis der französischen und chinesischen Kolonialzeit und dennoch ganz und gar vietnamesisch. Es wird dick belegt, z. B. mit Pastete oder ein paar Scheiben Wurst, und mit Pfeffer gewürzt. Mayonnaise macht es saftig und ein bisschen Sojasoße sorgt für die nötige Würze.

Banh Xeo

3 Der große weiche Reiscrêpe wird in großen Pfannen oder Woks zubereitet und mit Schweinefleisch, Garnelen, Mungbohnen sowie Bohnensprossen gefüllt. Einfach eine Portion mit frischen Kräutern in ein Salat- oder Senfblatt wickeln und in *nuoc cham* tunken.

Hu Tieu

4 Bei der leckeren vietnamesischen Variante der ursprünglich chinesischen Nudelsuppe kommen weiche Tapioka-Nudeln, milchig-weiße Reisnudeln oder dünne chinesische Eiernudeln zum Einsatz. Zu den wechselnden Einlagen gehören entbeintes Schweinefleisch, Rippen und Innereien vom Schwein, Garnelen, Tintenfisch, chinesischer Sellerie, gebratener Knoblauch, gebratene Schalotten und Schnittlauch.

Abbildungen
1. Scharf-saure Fischsuppe, *canh chua ca* **2.** Knuspriges *banh mi*

Essen & Trinken

Wer der Meinung ist, auf Reisen die lokale Küche zu probieren sei eine der besten Möglichkeiten, in die Kultur einzutauchen, kommt in Vietnam voll auf seine Kosten. Von traditionellen Straßenständen bis zu modernen Großstadttempeln bietet das Land eine schier unerschöpfliche und erlesene kulinarische Vielfalt.

Das fruchtbare Hochland, bewässerte Reisfelder, bewaldetes Bergland und sandige Küsten sorgen für eine Fülle an Nahrungsmitteln. Im Laufe der Jahrhunderte prägten chinesische, indische, französische sowie japanische Rezepte und Spezialitäten die hiesige Küche und Esskultur, außerdem peppen Einwanderer und einheimische Küchenchefs, die einige Zeit im Ausland verbracht haben, die gehobene Gastronomieszene von Hanoi und Ho-Chi-Minh-Stadt (HCMS) auf. Zu den zahlreichen lokalen Gerichten gehören u. a. Fadennudeln aus Reismehl in Fischsoße oder Rindereintopf mit knusprigem Baguette.

Vietnams breite Palette hervorragender Speisen lädt zum Experimentieren ein. Bekannte Klassiker der Landesküche wie *pho* (Nudelsuppe), Frühlingsrollen und Zuckerrohr mit Garnelenpaste schmecken lecker, aber es lohnt sich auch, Unbekanntes zu kosten. Jeder lebhafte Frischmarkt, jeder radfahrende Verkäufer und jeder Straßenstand ist eine potenzielle Fundgrube für kulinarische Genüsse, die nur selten über die Landesgrenzen hinaus bekannt sind. Also: Augen offen halten und seiner Nase folgen. So lernt man unvergessliche Köstlichkeiten kennen und sagt am Ende der Reise gern *„Hen gap lai"* („Bis zum nächsten Mal").

Aromen

Vietnamesische Essgewohnheiten variieren von Nord nach Süd, wobei alle Köche danach streben, scharfe, saure, salzige und süße Aromen in Einklang zu bringen. Was für eine große Rolle Zucker spielt, zeigen die beliebten *kho*: herzhaft süße Fisch- oder Fleischgerichte, die bei geringer Hitze zusammen mit Fischsoße und einer häufig benutzten saisonalen Zutat, bitterer Karamelsoße aus Zuckerrohr, im Tontopf gekocht werden. Außerdem verwendet man Zucker, um Dips, Kaffee und Nachspeisen zu süßen.

Ausgeglichen wird das Ganze mit der fruchtigen Säure der Zitronenstücke, die in Schalen auf den Restauranttischen stehen. Mit ihnen werden Nudelsuppen und Dips beträufelt. Außerdem kann man den Saft einer *kalamansi* (kleine Zitrusfrucht mit orangenähnlichem Fruchtfleisch und grüner Schale) mit Salz und schwarzem Pfeffer verfeinern und als Dip für Meeresfrüchte, Fleisch und Omeletts verwenden. Im Süden lässt man die saure Schale der Tamarinde in Wasser ziehen. Sie verleiht einer Fisch- und Gemüsesuppe namens *canh chua* und einem Gericht aus ganzen Garnelen, die mit einer klebrigen süß-sauren Soße ummantelt sind, einen sauren Geschmack. Im Norden greifen die Köche dagegen eher zu Essig, z. B. zu einer klaren gelblichen Sorte mit gehacktem Ingwer, der zu Schneckenspezialitäten wie *bun oc* (Reisnudeln und Schneckensuppe) passt.

Vietnamesische Köche verwenden weniger scharfe Chilischoten als Thailänder, allerdings wird in Zentralvietnam schärfer gekocht als im Rest des Landes. Im Süden bevorzugt man eine lange, rote, fleischige, milde Art, die z. B. gehackt zu Nudeln serviert wird, während man in Restaurants, die sich auf Hue-Küche spezialisiert haben, meist eine kleine, blasse, hellgrüne Sorte als Würzmittel bekommt. Vorsicht, Letztere sind wirklich *sehr* scharf! In zentralvietnamesischen Lokalen stehen stets getrocknetes Chilipulver und -soßen auf den Tischen.

Vietnam ist ein bedeutender Pfefferexporteur, auch wenn ein Großteil wohl tatsächlich aus Kambodscha stammt. Gemahlener schwarzer und weißer Pfeffer verleiht allen Speisen das gewisse Etwas, egal ob *chao* (Reisbrei) oder Rindereintopf. Die wunderbaren scharfen Körner stellen jeden Pfeffer aus dem heimischen Supermarkt in den Schatten. Wenn der Zoll des Einfuhrlands es erlaubt, ist eine Tüte mit 500 g, die man auf vietnamesischen Frischmärkten für 50 000 VND kaufen kann, ein feines kulinarisches Souvenir.

Das vietnamesische Salz kommt aus zahlreichen Salinen an der Küste rund um Nha Trang, aber auch von den fermentierten Meeresfrüchtesoßen, die in jede vietnamesische Vorratskammer gehören. *Nuoc mam* (Fischsoße) ist am bekanntesten und ein elementarer Bestandteil der Küche. Über eine Reisschale gegeben, ergibt sie eine ganze Mahlzeit. Die Soße besteht aus kleinen Fischen (häufig Sardellen), die mit Salz in großen Tongefäßen und Behältern aus Beton oder Holz in Schichten übereinandergelegt und beschwert werden, damit der Fisch von seiner eigenen Flüssigkeit bedeckt ist. Das Ganze lagert man bis zu einem Jahr an einem warmen Ort. Bei der Fermentierung des Suds wird am Boden des Behälters mit einem Hahn eine stark riechende (für einige Nasen stinkende) Flüssigkeit gezapft. Die erste Zapfung heißt *nuoc mam cot;* sie ist dunkelbraun, sehr würzig und wird vor allem bei Tisch verwendet. Für die zweite Entnahme gibt man zu dem bereits fermentierten Fisch gesalzenes Wasser und wartet einige weitere Monate. Dieser Sud wird zum Kochen verwendet. Die Phu-Quoc-Insel (S. 413) ist für ihr *nuoc mam* berühmt, obwohl manche Köche die mildere Variante aus der Umgebung des Küstenorts Phan Thiet (S. 278) bevorzugen.

Unter den fermentierten Fischprodukten bildet *nuoc mam* nur die Spitze des Eisbergs. Irgendwann stößt jeder Tourist auf *mam tom*, eine violette Paste aus gesalzenen und fermentierten Garnelen, die man zu Nudelsuppen isst, auf Reispapierrollen streicht und als Dip für saure Früchte wie grüne Mangos verwendet. Beim Kochen kommt sie großzügig zum Einsatz und verleiht Spezialitäten wie *bun mam* (eine Suppe mit Fisch aus dem Süden, Gemüse und Nudeln) einen beißenden Salzgeschmack. *Mam tom* ist in verwandten Versionen in allen asiatischen Landesküchen bekannt. In Vietnam gibt's ebenfalls mehrere Varianten, z. B. aus verschiedenen Fischarten, Krabben und Garnelen aller Größen. Die südliche Spezialität *mam tep* besteht aus besonders kleinen Shrimps. Trotz des Geruchs sollte man sich dazu überwinden, verschiedene Gerichte zu probieren, in denen diese Zutat auftaucht, denn sie verleiht ihnen einen wesentlich subtileren Geschmack, als es viele erwarten.

Fischaromen werden auch aus getrockneten Meeresfrüchten gewonnen. Vietnamesische Köche sind bei getrockneten Garnelen recht wählerisch, deshalb kann man an Marktständen bis zu 15 verschiedene Sorten kaufen. Dazu kommen noch getrocknete Fische und getrockneter Tintenfisch. Letzterer wird häufig gegrillt und von Straßenverkäufern angeboten.

Neben *nuoc mam* und *mam* werden einige weitere Soßen verwendet, etwa aus Soja, Austern und fermentierten Sojabohnen, ein kulinarisches Erbe der fast tausendjährigen chinesischen Herrschaft im Norden des Landes. Gewürze wie Sternanis und Zimt gehören in jede gute *pho*. Currys wurden von indischen Händlern eingeführt, wahrscheinlich

---

Luke Nguyens *Vieatnam – das vietnamesische Kochbuch* wartet mit einer wunderbaren Rezeptsammlung auf und hält zudem die Erlebnisse des Autors auf seiner Reise durch das Land fest.

über den früher bedeutenden Hafen von Hoi An; heute werden sie aus Paketen mit Currypulver und aus kleinen Gläsern mit Currypaste in Öl zubereitet. Vietnamesische Currys wie *ka ri ga* (Huhn mit Curry, Kokosmilch und Zitronengras) und *lau de* (Ziegencurryeintopf) sind eher aromatisch als scharf.

Dank der mit herrlichen frischen Kräutern gefüllten Teller, die jede Mahlzeit begleiten, gilt die vietnamesische Küche als frisch und leicht. Koriander, Minze und thailändischer Basilikum mit Anisgeschmack sind jedem vertraut, der das Land bereits einmal bereist hat. Es lohnt sich, nach den grünen und granatapfelroten Blättern von *perilla*, den kleinen und spitzen, angenehm pfeffrigen beißenden *rau-ram*-Blättern und *rau om*, der Reisfeldpflanze, deren Blätter fein nach Zitrone und Kreuzkümmel schmecken, zu schauen. *Rau om* wird über Schalen mit *canh chua* gegeben. Für etwas Süße sorgen dünn geschnittene, bis zum Karamellisieren langsam in Öl gebratene Schalotten, die in Salaten und Nudelgerichten für Pep sorgen.

Typisches

Reis

Reis *(com)* ist das A und O der vietnamesischen Küche. Schon im kaiserlichen Hue wurde bedeutenden Gästen Reis mit Salz serviert. Heute essen Einheimische pro Tag mindestens eine auf Reis basierende Mahlzeit und stellen auch für Vorfahren eine Schüssel hin. Sagt ein Vietnamese *„An com"* („Lass uns Reis essen"), ist das eine Einladung zum Mittag- oder Abendessen. In vielen *quan com binh dan* (informelle Lokale, in denen man günstige, bereits vorbereitete Tellergerichte bekommt) gibt's genügend Reis zum Sattwerden zusammen mit verschiedenen gebratenen Fleisch-, Fisch- und Gemüsesorten. Mit Huhn, Fisch, Aal oder Ente zu einer Suppe verkocht, wird aus Reis *chao* (Reisbrei), während im Wok mit Eiern, Gemüse und weiteren Zutaten gebratene Gerichte *com rang* heißen. *Com tam* ist in kurze Körner gebrochener und gedünsteter Reis, belegt mit gegrilltem Schweinefleisch, einem Ei sowie geschnittenen Gurken und begleitet von *nuoc mam* (gesüßte Fischsoße zum Dippen). Kleine Muscheln *(hen)* werden mit pfeffrigem vietnamesischem Koriander gebraten und sind zusammen mit Reis als *com hen* bekannt. Klebrigen oder zähflüssigen (weißen, roten und schwarzen) Reis mischt man mit Hülsenfrüchten oder rehydriertem Trockengetreide, Erdnüssen und Sesamkörnern. Dieses sättigende Frühstück nennt man *xoi (ngo* in Zentralvietnam). Es kann auch mit Zucker und Kokosmilch zu süßen Leckerbissen geformt oder mit Schweinefleisch belegt werden und wird in Bambus- oder Bananenblättern gedünstet zur Tet-Spezialität *banh chung*. In Mehl gewälzt und gemahlen, liefert Reis die Basis für fast alle Speisen von Nudeln und Süßigkeiten bis zu Keksen und dem trockenen durchsichtigen Reispapier, das angefeuchtet wird, um darin Salat und Spezialitäten einzurollen.

MENÜ-DECODER

Auf S. 567 findet man eine praktische Liste von vietnamesischen Wörtern und Sätzen zum Thema Essen.

Nudeln

Nudeln werden zu jeder Tageszeit verspeist. Obwohl der aus dem Norden stammende Klassiker *pho* nur aus *banh pho* (flachen Reisnudeln) und einer Brühe besteht, ist es gar nicht so leicht, eine wirklich gut gekochte Variante zu bekommen. Zu den weiteren empfehlenswerten Spezialitäten des Nordens gehören *bun cha* (gegrillte Schweinefleischscheiben oder Schweinefleischpastetchen mit dünnen Reisnudeln) und *banh cuon* (gefüllte Nudeln im Hongkong-Stil). Nudelliebhaber sollten nach Gerichten mit dem Wort *bun* (runde Reisnudeln) im Namen Ausschau halten. Die Nudeln sind ein wichtiger Bestandteil in *bun bo Hue*, ein würziges Fleischgericht aus Zentralvietnam. Aus dieser Gegend stammt auch das Nudelgerichte *my quang*, das seine gelbe Farbe Annattosamen verdankt.

Es kann auch blasspink sein, wenn es aus rotem Reismehl zubereitet wird. Dazu gibt's Schweinefleisch, Garnelen, in Scheiben geschnittene Bananenblüten, Kräuter sowie gehackte Erdnüsse. Es wird nur so viel Brühe verwendet, dass alles angefeuchtet ist. Zum Schluss zerbröselt man Reiskekse über dem Ganzen und würzt es mit süß-scharfer Chilipaste. Das Nudelgericht *cao lau* ist eine Spezialität des alten Hafengebiets von Hoi An. Angeblich gehen die dicken Nudeln mit rauer Struktur auf Soba-Nudeln (aus Buchweizenmehl) zurück, die einst von japanischen Händlern eingeführt wurden. Wie bei *my quang* befeuchtet man *cao lau* nur mit einem Hauch stark aromatischer Brühe. Darüber gibt man gedünstete Schweinefleischscheiben, blanchierte Bohnensprossen, frisches grünes Gemüse, Kräuter und knusprige Crouton-Würfel, die aus demselben Teig zubereitet werden wie die Nudeln. Authentische *cao lau* enthalten Nudeln, die man im Wasser aus einem besonderen Brunnen in der Altstadt von Hoi An kocht. Allerdings glaubt kaum jemand, dass für alle Nudeln wirklich dieses Wasser verwendet wird.

Auch die südvietnamesische Küche wartet mit zahlreichen Nudelgerichten auf, darunter *bun thit nuong* (Salat) und *bun mam*, eine Reisnudelbrühe mit starkem Fischaroma, Tomaten, Ananas sowie *bac ha*. In Zentralvietnam gibt's ein Gericht gleichen Namens aus kalten Nudeln, Bohnensprossen, Kräutern und authentischem *mam*-Dressing, das allerdings anspruchsvoller ist.

In ganz Vietnam kann man Ausschau halten nach *banh hoi*, sehr dünnen Reismehlnudeln, die zu feinen Nestern geformt werden. Man isst sie zu Grillfleisch, das in Blätter aus grünem Gemüse gewickelt wird. *Mi* (chinesische Eiernudeln) kommen in Suppen oder gebraten mit einer Mischung aus Meeresfrüchten, Fleisch und Gemüse als *mi xao* auf den Teller. *Mien* (frittierte Glasnudeln aus Mungobohnenstärke) werden mit gebratenem *mien cua* (Krebsfleisch) serviert und zu gedünstetem Fisch gereicht.

Reispapierröllchen

Vietnamesen wickeln fast alles in knuspriges Reispapier. Gedünsteten Fisch und Grillfleisch rollt man oft am Tisch mit Kräutern, Salat und Scheiben der sauren Sternfrucht sowie grünen Bananenscheiben ein und tunkt das Ganze dann in *nuoc mam* (Fischsoße). *Goi cuon*, eine Spezialität aus dem Süden, die als Salat oder Sommerrollen bezeichnet werden, enthalten Garnelen, Schweinefleisch, Reisnudeln und Kräuter. Sie werden in Bohnenpaste oder Hoisin-Soße gedippt. Viele Straßenverkäufer bieten *bo pia* (mit chinesischen Wurstscheiben, getrockneten Garnelen, gekochten Jicama – scharfes Wurzelgemüse –, Salat und Chili-Paste gefüllte dünne Reispapierzigarren) an. Hue hat eine ganz eigene Version, die weichen *nem cuon Hue* mit Süßkartoffeln, Schweinefleisch, knusprig eingelegten Garnelen, Wasserspinat und Kräutern. Empfehlenswert sind auch *nem ran ha noi*, knusprig frittierte Frühlingsrollen aus dem Norden.

Fisch, Fleisch & Geflügel

Meeresfrüchte und Fisch sind die wichtigste Proteinquelle des Landes. Aus dem Ozean stammen z. B. Thunfisch, Seebrassen, Roter Schnapper und Zackenbarsch sowie Garnelen, Krebse und Venusmuscheln, während in den überschwemmten Reisfeldern winzige Krebse und golfballgroße *oc* (Schnecken) gefangen werden. Letztere kocht man im Norden in *bun rieu cua*, eine purpurrote Brühe aus Tomaten und gemahlenen Krebsschalen mit dünnen Reisnudeln, an deren Oberfläche eine zuvor mit Schalotten gedünstete Schicht Krebsfleisch schwimmt. Außerdem sind sie in *bun oc* enthalten oder werden mit gehacktem Zitronengras und Kräutern in ihre eigenen Schalen gefüllt und gedünstet (*oc nhoi hap*

Die überall erhältlichen *banh mi* (Reis- und Weizenmehlbaguettes mit leckerer Kruste), eine Hinterlassenschaft der Franzosen, werden entweder pur gegessen, in Rindereintopf und Suppen getunkt oder mit Fleisch sowie frischem und eingelegtem Gemüse gefüllt. Letztere sollte man sich auf keinen Fall entgehen lassen!

la xa). Aus jedem Schneckenhaus schaut ein Zitronengrasblatt heraus, an dem man das Fleisch herausziehen kann.

Großer Beliebtheit erfreuen sich auch *ca loc* (Schlangenkopffisch) und Wels. *Hen* (kleine Muscheln) von der Zentralküste genießt man mit Reis *(hen com)*, Nudelsuppen oder Reiscrackern *(banh da)*.

Die meisten Vietnamesen mögen Hühnchen und Schwein. Schon morgens verbreitet sich in den Straßen vieler Städte beißender Grillduft des in *nuoc mam* marinierten Schweinefleischs. Damit werden Frühstücksbrote gefüllt oder es wird auf Bruchreis serviert. Rindfleisch ist weniger häufig zu finden, aber ein Bestandteil von *pho, kho bo* (Rindereintopf mit Tomaten) und *thit bo bit tet* (vietnamesischem pfannengebratenen Rindersteak). Darüber hinaus wird es in *la lot* (wilde Pfefferblätter) gewickelt und gegrillt. Weitere Proteinlieferanten sind Ziegenfleisch, das mit einer Currysoße zu Eintopf gereicht wird, Frösche und Insektenlarven. Und ja, im Mekong-Delta isst man Ratten, wobei man diese Spezialität nur in wenigen Restaurants zu Gesicht bekommt.

Obst & Gemüse

Es gibt in Vietnam jede Menge exotische, aber auch viele bekannte Gemüsesorten wie Tomaten, Kartoffeln, Auberginen (gegrillt mit Schweinehack und *nuoc mam)*, Gurken und Spargel. Bananenblüten und Lotusblütenstängel werden für *goi* (Salate) verwendet, *bac ha*, ein dicker schwammiger Pflanzenstängel, ist ein Bestandteil von Suppen, und *thien ly*, eine Wildpflanze mit zarten Blättern und duftenden Blüten, wird in Knoblauch geschmort. Auf den Märkten im Süden sieht man häufig Bündel sonnengelber Speisekürbisblüten. Einheimische essen sie gerne mit Knoblauch in der Pfanne gebraten. In der Regenzeit wachsen in den Wäldern alle möglichen köstlichen Pilzarten, und wenn man sich abseits der Touristenpfade bewegt, kommt man vielleicht in den Genuss zarter Farnspitzen. Diese brät man ebenso wie *rau muong* (Wasserspinat) in der Pfanne. Großer Beliebtheit erfreut sich auch Grünes wie Kopfsalat, Wasserkresse und Blattsenf, das die Vietnamesen zum Rollen von *banh xeo* (knusprige Pfannkuchen mit Schweinefleisch und Garnelen) verwenden. Diese Päckchen in mundgerechter Größe tunkt man in *nuoc mam.*

Obstliebhaber fühlen sich hier fast wie im Paradies. Je nach Reisezeit kann man Mangos, knusprige, saure grüne oder weiche Guaven mit herben Blüten in Pink, saftige Litschis, Longans, exotische Mangostanen, Passionsblumen und Jackfrucht schlemmen. Köche aus Hue verwenden Letztere für ein Gericht namens *nom mit non.* Dazu kochen sie das Fruchtfleisch, dessen Geschmack an eine Mischung aus Artischocke und Spargel erinnert, zerkleinern es und übergießen es mit Fischsoße. Anschließend wird das Ganze mit Sesamkörnern und Reiskeksen bestreut. Typisch für den Süden ist Tamarindensaft, der im süßsauren *tom rang me* als Soße für die Garnelen verwendet wird.

Süßigkeiten

Do ngot (Süßigkeiten) und *do trang mieng* (Nachtisch) sind in ganz Vietnam beliebt. Auf Festen werden vor allem viele unterschiedliche *banh* (traditionelle Kuchen) serviert. Reismehl dient als Basis der meisten Desserts. Gesüßt wird mit Palmenzucker und Kokosmilch, angereichert mit Lotussamen, Sesamkörnern und Erdnüssen. Gelbe Mungobohnen tauchen in zahlreichen Nachspeisen auf. Karamellpudding spiegelt den französischen Einfluss wider. Kalte Süßspeisen wie *kem* (Speiseeis), *thach*, liebevoll geschichtete Agar-Agar-Gelees mit Aromen wie Pandanus, Kokoskaffee und regional hergestellter gesüßter Joghurt in kleinen Gläsern schmecken besonders gut an schwülen Tagen.

Che sind süße Suppen mit Zutaten wie Lotussamen oder Tapiokaperlen und Kokosmilch und auch mit zerstoßenem Eis sehr lecker. Letzteres wird

---

An den reich mit Obst beladenen *sinh-to*-Ständen werden auch Avocados verkauft, die in Vietnam nicht als Gemüsesorte gelten. Wer Lust auf einen eisgekühlten Fruchtshake hat, kann sich hier einen mixen lassen. Frischer geht's nicht!

beispielsweise mit süßen Palmsamen, etwas Agar-Agar-Gelee, weißen oder roten Bohnen und Getreide gemixt sowie mit Kokosmilch, Kondensmilch und/oder Zuckersirup gesüßt. Das mag sich merkwürdig anhören, aber *che* ist nicht nur köstlich, sondern auch überraschend erfrischend.

Getränke

Verdursten muss in Vietnam niemand, denn das Land bietet eine große Vielfalt an Getränken, darunter z. B. *bia hoi* (frisches oder gezapftes Bier): Lokale Marken werden in Restaurants, Lokalen und Läden an fast jeder Straßenecke für wenig Geld direkt vom Fass ins Glas gezapft. Wer für bessere Qualität mehr bezahlen möchte, kann sich an Saigon Beer halten oder das passable La Rue trinken, das an der zentralvietnamesischen Küste gebraut wird und häufiger in Flaschen als frisch gezapft erhältlich ist. Importierter Schnaps kann teuer sein, aber Vietnam hat durchaus einige erschwingliche Spirituosen wie den trinkbaren, spottbilligen Wodka Ha Noi. Destillierter Wein aus klebrigem Reis, *ruou* (wörtlich: Alkohol), wird oft mit Kräutern, Gewürzen, Früchten und sogar Tieren angereichert. In der Bergwelt des Nordens können Traveller manchmal *ruou can* (sherryähnlicher Reiswein) kosten, den man mit langen Bambusstrohhalmen aus einem Gemeinschaftsgefäß trinkt. Sicherlich begegnet einem auch das angebliche Allheilmittel *ruou ran* (Schlangenwein). Kobras und viele andere Schlangen stehen in Vietnam zwar auf der Liste bedrohter Tierarten, aber leider ignorieren die Hersteller das.

Das Zubereiten, Servieren und Trinken von Tee *(tra* im Süden und *che* im Norden) hat in Vietnam eine soziale Funktion, die westliche Besucher selten verstehen. Zu Hause oder im Büro Tee zu servieren ist mehr als ein Zeichen der Gastfreundschaft, es ist ein Ritual.

Darüber hinaus zählt Vietnam zu den bedeutendsten Produzenten von **Kaffee**. Als das Land vor etwa zehn Jahren den Weltmarkt mit Bohnen der Sorte Robusta überschwemmte, die billiger, aber weniger aromatisch ist als die Sorte Arabica, erreichte der Großhandelspreis seinen Tiefststand. Für vietnamesische Männer ist es ein Ritual, am Vor- oder Nachmittag ganz in Ruhe Eiskaffee zu trinken, entweder mit oder ohne Milch (*ca phe sua da* bzw. *ca phe da*), deshalb gibt's überall zahlreiche Cafés. Vietnamesischer Kaffee ist dick und stark. Man trinkt ihn in kleinen Tassen, die Schnapsgläsern ähneln, und gibt gesüßte Kondensmilch dazu, sodass er aussieht wie Schokolade. Beliebt sind auch *mia da*, ein frisch gepresster Zuckerrohrsaft, der mit Eis und ein paar Tropfen *kalamansi* besonders erfrischend ist, *sinh to,* frische Obstgetränke, die nach Wunsch gemischt werden, und Sojamilch.

Wohin zum Essen?

Egal worauf man auch Lust hat, das eine oder andere Lokal wird das Gewünschte sicher anbieten, sei es die Straßenbude, ein einfaches Suppenlokal oder das extravagante Restaurant für höhere Ansprüche. Wer sich noch nicht so recht an die **Straßenküche** herantraut, hält sich am besten an die Frischmärkte, die von Kaffee und Obstsäften über Nudeln und gedünsteten Reis und Beilagen so gut wie alles in ihrem Sortiment haben.

Französische und chinesische Restaurants halten das kulinarische und kulturelle Erbes Vietnams hoch. Abgesehen von den Lokalen in der Chinatown von HCMS gibt's aber leider nicht mehr allzu viele davon. In jüngerer Zeit hat die Flut der Einwanderer in HCMS und Hanoi außerdem zu einer explosionsartigen Verbreitung internationaler Restaurants beigetragen, die türkische, thailändische, malaysische, marokkanische, indische und italienische Küche kredenzen.

Vegetarier & Veganer

In Vietnam gibt's eine große Auswahl an Gemüse und Obst, doch das Land ist trotzdem kein Paradies für Vegetarier und Veganer. Die Einwoh-

---

TEE

Nordvietnamesen trinken ihren grünen Tee heiß, während ihn die Südvietnamesen gern mit großen Eisstücken genießen. Chrysanthemen- und Jasmintees sind ebenfalls beliebt. Koffeinfreier duftender Lotussamentee schmeckt besonders gut.

ESSENSZEITEN

Feste Essenszeiten sind selten, aber normalerweise haben Cafés fast den ganzen Tag geöffnet und schließen erst spätabends. An Straßenständen kann man vom frühen Morgen bis tief in die Nacht einkaufen. In Restaurants bekommt man meist zwischen 11 und 15 Uhr Mittag- und zwischen 17 oder 18 bis 22 oder 23 Uhr Abendessen.

TISCHSITTEN

Bei Tisch hat man ein Tablett mit Schale, Essstäbchen und Suppenlöffel vor sich. Zu jedem Platz gehört rechter Hand eine kleine Schüssel für Fischsoße *(nuoc mam)* oder ein anderer Dip. Wenn man sich aus den Schüsseln in der Tischmitte bedient, sollte man den dazu bereitliegenden Löffel benutzen und nicht seine Essstäbchen eintauchen. Zum Essen hebt man die Schale mit der linken Hand an, führt sie nah an den Mund und nimmt mit den Stäbchen den Inhalt zu sich. Bei einem Nudelgericht neigt man seinen Kopf über die Schüssel und schlürft sie aus. Für den Gastgeber ist es eine Frage der Ehre, mehr anzubieten, als der Gast essen kann – Letzterer sollte aber nicht alles vertilgen.

Die Stäbchen darf man nach dem Essen auf keinen Fall in der Form eines Y auf dem Teller liegen lassen, denn dabei handelt es sich um das Symbol für den Tod.

ner verspeisen nämlich fast alles, was auf dem Boden kriecht, im Meer schwimmt und am Himmel fliegt. Im Sinne der buddhistischen Vorschrift bieten jedoch zahlreiche Verkäufer und Lokale am 1. und am 15. Tag des Mondmonats ausschließlich fleischlose Kost an. Dann lohnt es sich besonders, Märkte zu besuchen und Gerichte zu probieren. Allerdings sollte man vorsichtig sein, denn es kann alles mit Fischsoße oder Krabbenpaste gekocht sein. Gerichte mit Fleischersatz sind eine gute Wahl für diejenigen, die ihren Prinzipien treu bleiben, auf ein herzhaftes Sandwich dennoch nicht verzichten möchten. Viele Restaurants verstehen sich auf Tofu und können mit ihren Kreationen selbst absolute Fleischliebhaber überzeugen.

Esskultur

Wer eine vietnamesische Küche betritt, kann sich davon überzeugen, dass gutes Essen auf Einfachheit beruht. Man braucht nur eine starke Flamme, ein paar Schneidemesser, einen Mörser mit Stößel sowie ein bis zwei rußgeschwärzte Kochtöpfe. Dieser Raum ist so heilig, dass er sogar einen eigenen Gott namens *Ong Tao* (Küchengott) hat.

Vietnamesen essen dreimal am Tag plus ein paar Snacks. Das Frühstück ist einfach und besteht aus *Nudeln* oder *chao*. Baguettes, zu denen man Kaffee oder Tee trinkt, bekommt man zu jeder Tages- und Nachtzeit. Das Mittagessen beginnt gegen 11 Uhr. Früher gingen Angestellte dazu meist nach Hause, aber heute besuchen sie eher Straßencafés. Beim Abendessen trifft sich die ganze Familie. Jeder hat eine kleine Essschale und die Gerichte werden um einen Reistopf gestellt. Im Restaurant gibt's keine feste Menüabfolge. Sobald sie fertig sind, werden alle Gerichte in der Mitte des Tischs platziert. Man bedient sich selbst, wobei einem der Gastgeber bei besonderen Gelegenheiten vielleicht den einen oder anderen Leckerbissen in das Schälchen legen wird.

Kochkurse

Am besten lernt man die lokale Küche kennen, wenn man während seiner Reise einen Kochkurs besucht. Wer sich in die Landesgerichte verliebt hat, wird viel Spaß daran haben, sie in der Heimat nachzukochen. Außerdem ist es eine wunderbare Art, Freunden seine Erfahrungen näherzubringen. Diese wollen vielleicht ungern Reiseberichte hören oder Fotos ansehen, aber von einer landestypischen Mahlzeit werden sie sicher begeistert sein! Kochkurse sind in den letzten Jahren immer beliebter geworden, weil viele Besucher eine doppelte Leidenschaft kombinieren: essen und ausprobieren. Die Angebote reichen von günstigen Lehrgängen, bei denen man die Spezialitäten Hoi Ans kennenlernt, bis zu Kursen in Fünf-Sterne-Hotels von Hanoi und HCMS.

Wer ernsthaft an der vietnamesischen Kochkunst interessiert ist, kann in Hoi An erst einen kurzen Kurs belegen und ihn dann bei Bedarf verlängern.

Natur & Umwelt

Landschaft

Wie die Vietnamesen gerne betonen, ähnelt die Form ihres Landes einer *don ganh*, der allgegenwärtigen Bambusstange mit je einer Reisschale an beiden Enden. Letztere stehen für die wichtigsten Reisanbaugebiete des Landes: das Delta des Roten Flusses im Norden und das Mekong-Delta im Süden. Vietnam dehnt sich im Norden und Süden aus und hat eine schmale Taille – an einer Stelle ist das Land nur 50 km breit. Gebirgsketten prägen einen Großteil der Grenzen im Westen und Norden.

> In der Onlineausgabe von Thanh Nien (www.thanhniennews.com) gibt's viele interessante Artikel zum Thema Umwelt, die über aktuelle Entwicklungen informieren.

Küste & Inseln

Vietnams außergewöhnliche, 3451 km lange Küste ist einer der Anziehungspunkte für Touristen. Sie begeistert mit weitläufigen Stränden, hohen Felsen, wellenförmigen Sanddünen und zahlreichen Inseln, darunter die größte Insel des Landes, Phu Quoc im Golf von Thailand, Cat Ba, Van Don, die etwa 2000 Inselchen der Ha-Long-Bucht, einige Tupfer vor Nha Trang und die legendären Con-Dao-Inseln im Südchinesischen Meer.

VERANTWORTUNGSVOLL REISEN

» Umweltbewusstsein ist in Vietnam kaum ausgeprägt. Viele Menschen wissen nichts über die Auswirkungen des achtlosen Wegwerfens von Müll. Traveller können versuchen, das Bewusstsein für diese Fragen zu stärken, und sollten mit dem eigenen Abfall so verantwortungsbewusst wie möglich umgehen.

» Vietnams Tierpopulationen sind durch den Wildfleischkonsum im eigenen Land und den illegalen internationalen Tierhandel in ständiger Gefahr. Auch wenn es „exotisch" sein mag, Schlangenwein zu trinken, Fleisch von Tieren wie Muntjak, Fledermaus, Hirsch, Seepferdchen und Haien zu probieren oder Produkte zu kaufen, die aus gefährdeten Pflanzen und Tieren hergestellt werden, sollte man die Konsequenzen bedenken: Wer das macht, unterstützt oder akzeptiert derartige Praktiken und erhöht so wiederum die Nachfrage.

» Wenn man in Riffen schnorchelt oder taucht, sollte man vorsichtig sein und keine lebenden Korallen berühren oder Boote daran festmachen, denn das behindert ihr Wachstum. Die Touranbieter sollten Bojen nutzen oder auf sandigem Grund ankern – am besten signalisiert man seine Bereitschaft, ein Stück zum Riff zu schwimmen. Keine Korallen als Souvenir kaufen, denn das trägt zur Zerstörung der Riffe bei.

» Beim Besuch von Kalksteinhöhlen ist zu bedenken, dass Berührungen der Formationen deren Wachstum behindern und den Kalkstein schwärzt.

» Aus historischen Stätten und Naturgebieten sollte man keine Souvenirs mitnehmen und solche auch nicht kaufen; es könnte verboten sein und ist mit Sicherheit unethisch.

» Plastikwasserflaschen wenn möglich wieder auffüllen.

VINH VU: DER GRÜNDER VON HANDSPAN TRAVEL

In einem Land voller Reisebüros, die wie geklont wirken, gibt's auch ein paar Ausnahmen. Dazu gehört Handspan mit seinen innovativen Touren. Wir befragten den Gründer Vinh Vu nach seinen Tipps.

Wo ist Vietnam landschaftlich am spektakulärsten? Am Ha-Giang-Felsplateau von Dong Van und Meo Vac und im Phong-Nha-Ke-Bang-Nationalpark.

Wo entfliehen Sie am liebsten den Menschenmengen? In den Bergen des Nordens, insbesondere dort, wo die Straßen in schlechtem Zustand sind. Ich liebe auch die Strände der Inseln wie Co To, Quan Lan, Con Dao und Con Co.

Welche Regionen sind im Kommen? Verbesserte Straßen haben Ngoc Son Ngo Luong in der Hoa-Binh-Provinz erschlossen, das Stammesgebiet der Muong mit herrlicher Landschaft, Reisfeldern und arglosen Menschen. Toll ist auch das Moc-Chau-Plateau, das mit einem kühlen Klima, Teeplantagen sowie der Kultur der Hmong und Thai aufwartet.

Was muss man tun, um mehr von Vietnam zu haben? Man sollte eine Mischung zwischen Must-Sees und Orten abseits der ausgetretenen Pfade anstreben, damit sich der Tourismus im Land positiv auswirkt und man selbst unterschiedliche Eindrücke sammelt. Die Hauptsehenswürdigkeiten erfreuen sich bereits so großer Beliebtheit, dass man dort nichts Besonderes mehr empfindet. Abseitige Ziele sind mit mehr Reisevorbereitung, Organisation und Kosten verbunden, aber man macht einzigartige Erfahrungen. Auch diese Orte wandeln sich schnell, deshalb sollte man sich beeilen.

Flussdelta

Das Delta des Roten Flusses und das Mekong-Delta sind flach und anfällig für Überschwemmungen. Auf 3000 km Länge begrenzen Dämme den Roten Fluss und seine Zuströme, die auf ihrem Weg Schlamm transportieren und absetzen, was das Flussbett auf ein höheres Niveau als die umgebenden Ebenen ansteigen lässt. Dammbrüche führen zu katastrophalen Überschwemmungen. Das Mekong-Delta hat keine Schutzeinrichtungen, deshalb richten die *cuu long* („neun Drachen", wie der Mekong wegen seiner neun Flussarme auch genannt wird) verheerende Schäden auf den Feldern und in den Gemeinden an, wenn sie über die Ufer treten.

> Tram Chim im Mekong-Delta zählt zu Vietnams bedeutendsten Feuchtgebieten. Hier haust der riesige Saruskranich, der bis zu 1,80 m groß werden kann.

Das Hochland

Drei Viertel des Landes bestehen aus sanft geschwungenen Hügeln im Süden und mächtigen Bergen im Norden, darunter der 3143 m hohe Fan Si Pan in der Nähe von Sa Pa. Das Truong-Son-Gebirge bildet das zentrale Hochland und erstreckt sich fast entlang der gesamten Grenze Vietnams zu Laos und Kambodscha. Aus Granit setzen sich die Küstengebirge bei Nha Trang und die Gipfel beim Hai-Van-Pass (Da Nang) zusammen: Hier liegen riesige Felsblöcke an Hängen verstreut und bieten einen surrealen Anblick. Dagegen ist der westliche Teil des zentralen Hochlands für seine fruchtbare rote Vulkanerde bekannt. Das berühmteste Markenzeichen des Landes sind die Karstformationen Nordvietnams.

Tiere & Pflanzen

Trotz katastrophaler Abholzungsmaßnahmen wartet Vietnam mit der typisch exotischen und vielfältigen Flora und Fauna eines tropischen Landes auf. Als die World Wildlife Fund zwischen 1997 und 2007 entlang des Mekong-Flusses intensive Untersuchungen durchführte, wurden insgesamt 1068 neue Arten entdeckt. Somit gehört diese Region auf der Liste des Umweltverbandes Conservation International für Gebiete mit der höchsten Artenvielfalt zu den Top Five weltweit. Viele Gegenden im Landesinneren sind weitgehend unerforscht und bergen vermutlich noch jede Menge unbekannte Tiere und Pflanzen.

> Flora & Fauna International (www.fauna-flora.org/maps.php) gibt die ausgezeichnete *Nature Tourism Map of Vietnam* heraus, die alle Nationalparks des Landes enthält. Alle Einnahmen aus dem Verkauf der Karte kommen Primaten in Vietnam zugute.

Theoretisch hat Vietnam für Tierliebhaber einiges zu bieten. Tatsächlich aber leben zahlreiche Arten in abgelegenen bewaldeten Gebieten und es ist unwahrscheinlich, dass man ihnen begegnet. Viele der Wildtiere, die in leicht zugänglichen Arealen zu finden sind, verschwinden, weil sie von der wachsenden Bevölkerung verdrängt und ihre Lebensräume zerstört werden. Außerdem fordern Jagd, Wilderei und Umweltverschmutzung ihren Tribut.

Dank der so unterschiedlichen Lebensbedingungen, die von äquatorialem Tiefland bis zu hohen, gemäßigten Plateaus und sogar alpinen Gipfeln reichen, ist die Tierwelt enorm facettenreich. Bis heute wurden 275 Säugetier- sowie mehr als 800 Vogel-, 180 Reptil- und 80 Amphibienarten, außerdem Hunderte verschiedener Fische und Zehntausende wirbelloser Tiere gezählt, doch es werden so häufig neue Spezies entdeckt, dass diese Zahlen ständig nach oben korrigiert werden müssen.

In keinem anderen Land der Welt gibt's so viele Funde neuer Arten. Seit Vietnam 1990 wirtschaftlich wieder geöffnet wurde, wurden sogar unbekannte größere Säugetiere aufgespürt. Forscher stießen z. B. innerhalb von vier Jahren auf drei neue Huftierarten. Das bemerkenswerteste unter ihnen ist das Saola, ein großes antilopenähnliches Waldrind. Bisher konnten die Wissenschaftler kein einziges dieser Tiere in der Wildnis beobachten – eines wurde zwar 2010 von Dorfbewohnern in Laos gefangen, starb aber in Gefangenschaft, bevor es wieder freigelassen werden konnte.

Zudem leben hier seltene sowie wenig bekannte Vögel, und zweifellos gibt's in den ausgedehnten Wäldern entlang der laotischen Grenze noch viel mehr Arten. Auf Expeditionen stieß man u. a. auf den für ausgestorben gehaltenen Edwardsfasan, die Malaienente und den Weißschulteribis.

Selbst weniger interessierte Besucher werden ein paar Vogelarten erkennen: Schwalben und Mauersegler, die über die Felder und an Gewässern entlangfliegen, Finkenschwärme an Straßenrändern und in Reisfeldern, Bülbüls und Beos in Gärten und Waldstücken. Vietnam liegt auf der ostasiatischen Vogelzugstraße und dient als wichtige Zwischenstation für Zugvögel auf ihrem Weg von den sibirischen Brutgebieten ins australische Winterquartier.

Vom Aussterben bedrohte Arten

Zerstörte Wälder und verschmutzte Wasserwege haben die Fauna in Vietnam leider erheblich dezimiert. Die weit verbreitete illegale, aber auch die legale Jagd führten zur Ausrottung heimischer Tierpopulationen und in manchen Fällen sogar zum Verschwinden ganzer Arten. Wenn Abholzung und Wilderei andauern, können viele bedrohte Tiere nicht mehr vorm Aussterben gerettet werden. Für einige stellen Aufzuchtprogramme in Gefangenschaft vermutlich die einzige Hoffnung dar, doch zumeist sind weder die nötigen Mittel noch die Gelder für solch kostspielige Maßnahmen vorhanden.

Offiziell hat die Regierung 54 Säugetier- und 60 Vogelarten als bedroht anerkannt. Unter den größeren Tieren kümmert sich das Land besonders um den Schutz von Elefanten, Tigern, Leoparden, Schwarzbären, Malaienbären, Stumpfnasenaffen, Gleithörnchen, Krokodilen und Schildkröten. In den frühen 1990er-Jahren wurde im Cat-Tien-Nationalpark (S. 307) eine kleine Population Java-Nashörner – das seltenste Rhinozeros der Welt – entdeckt. Im ganzen Land gibt's kaum mehr ein Dutzend, doch ihre beiden wichtigsten Lebensräume werden von intensiv bewirtschafteten Nutzflächen getrennt und es ist unwahrscheinlich, dass noch genügend Tiere leben, um den Fortbestand der Art in freier Wildbahn zu sichern.

Cat Tien ist außerdem Schauplatz einer bemerkenswerten Tierrettungsgeschichte: Das Siam-Krokodil galt in der Wildnis als ausgestorben, da es massiv gejagt und mit eingewanderten kubanischen Krokodi-

> **KARST, WOHIN MAN BLICKT**
>
> Karst entsteht durch Erosion aus Kalkstein. In Jahrtausenden schufen Monsunregen die wie Zähne aufgetürmten Erhebungen, die von Rissen, Senken, Höhlen und unterirdischen Flüssen durchlöchert sind. Nordvietnam wartet mit einigen der beeindruckendsten Karstgebirge weltweit auf, darunter die verblüffenden Landschaften der Ha-Long-Bucht (S. 100), der Bai-Tu-Long-Bucht (S. 115), der Gegend rund um Ninh Binh (S. 154) und der Phong-Nha-Region (S. 163). In der Ha-Long- und der Bai-Tu-Bucht erodierte ein riesiges Kalksteinplateau so spektakulär, dass alte Bergspitzen wie knochige Finger aus dem Meer emporragen. Auch das Höhlensystem von Phong Nha erstaunt, denn es erstreckt sich kilometerweit durch die Landmasse aus Kalkstein.

len gekreuzt wurde. Nun war intensive Forschungsarbeit gefragt. Wissenschaftler testeten die DNA in Gefangenschaft lebender Krokodile und fanden schließlich eine Handvoll reinrassiger Tiere. Diese wurden in einem abgetrennten See im Park neu angesiedelt, wo sie sich seitdem munter fortpflanzen.

Darüber hinaus lassen sich einige Wildtierpopulationen in wiederaufgeforsteten Gebieten nieder und in neu gepflanzten Mangrovenwäldern sind Vögel, Fische und Krustentiere aufgetaucht. Regionen, in denen man größere Tiere durch den Krieg ausgerottet glaubte, weisen wieder eine üppige Artenvielfalt auf. Ausgedehnte Wälder im Zentralen Hochland und weit im Norden beheimaten einige der spektakulärsten Lebewesen wie Tiger, Elefanten, Nebelparder und Malaienbären. Ihre Überlebenschancen sind jedoch ungewiss, solange die vietnamesische Bevölkerung wächst und immer mehr von der verbleibenden Wildnis verschlingt.

> Wer sieht, dass vom Aussterben bedrohte Tiere zum Kauf oder auch auf Speisekarten angeboten werden, sollte sich über die kostenlose Hotline 1800 1522 an ENV (Education for Nature Vietnam; www.envietnam.org) wenden.

Nationalparks

In Vietnam gibt's 31 Nationalparks und Dutzende Naturschutzgebiete. Von Region zu Region bestehen große Unterschiede bezüglich der Infrastruktur und der Durchsetzung gesetzlicher Bestimmungen, doch jeder Park hat eine Rangerstation, wo man lizenzierte Guides engagieren kann.

Das Management der Reservate ist ein ewiges Streitthema, weil das Land immer noch nach der richtigen Balance zwischen Umweltschutzbelangen und den Bedürfnissen der Einwohner (darunter viele Bergstämme) sucht. Meist sind die Parkwächter den Dorfbewohnern, für die die Wälder sowohl Nahrungs- als auch Einkommengrundlage darstellen, zahlenmäßig weit unterlegen. In einigen Gebieten setzt man bereits Hightech-Software ein, um Wilderei und Abholzung schneller aufspüren zu können.

Wenn möglich, sollte man die beliebteren Parks unter der Woche besuchen. Für viele Einheimische geht's bei Ausflügen vor allem darum, sich zu amüsieren, deshalb gehören Lärm und Müll am Wochenende zum Gesamtbild.

Oftmals gibt's vor Ort Übernachtungsmöglichkeiten und ein Restaurant, aber man sollte sich immer im Voraus anmelden und das Essen vorbestellen.

Umweltprobleme

Die Umwelt steht noch nicht am Rand des Abgrunds, aber an mehreren Fronten deutet sich eine Krise an. Vietnam ist arm und dicht bevölkert, deshalb gibt die Regierung der Schaffung von Arbeitsplätzen und dem Wirtschaftswachstum den Vorrang. Verschmutzung und umweltbelastende Industriebetriebe werden wenig bis überhaupt nicht kontrolliert. Wilderer und Tierhändler entgehen der Bestrafung oft durch Beste-

> Die Vietnam Association for Conservation of Nature and Environment (www.vacne.org.vn/Index_e.htm) informiert über Projekte rund um die vietnamesische Umwelt.

TOP TEN DER NATIONALPARKS

PARK (HA)	MERKMALE	AKTIVITÄTEN	BESTE BESUCHSZEIT	SEITE
Ba Be (9022)	Seen, Regenwald, Wasserfälle, hohe Gipfel, Höhlen, Bären, Languren	Wandern, Bootstouren, Vögel beobachten	April–Nov.	94
Bai Tu Long (15 600)	Karstkegel, tropischer Regenwald, Höhlen, versteckte Strände	Schwimmen, Surfen, Bootstouren, Kajakfahrten, Wandern	April–Nov.	115
Bach Ma (37 500)	Wasserfälle, Tiger, Affen	Wandern, Vögel beobachten	Feb.–Sept.	193
Cat Ba (15 331)	Regenwald, Höhlen, Wanderwege, Languren, Wildschweine, Wild, Wasservögel	Wandern, Schwimmen, Vögel beobachten	April–Aug.	107
Cat Tien (71 457)	Affen, Elefanten, Vögel, Nashörner, Tiger	Dschungelentdeckungstouren, Wandern	Nov.–Juni	307
Con Dao (19 991)	Dugongs (Gabelschwanzseekühe), Schildkröten, Strände	Vögel beobachten, Schnorcheln, Tauchen	Nov.–Juni	286
Cuc Phuong (22 406)	Regenwald, Grotten, Affen, Vogelbeobachtungszentrum, Höhlen	Vom Aussterben bedrohte Affen beobachten, Wandern	Nov.–Feb.	158
Hoang Lien (28 500)	Berge, Wildtiere, Bergvölker	Wandern, Radfahren, Vögel beobachten, Klettern	Sept.–Nov., April–Mai	137
Phong Nha-Ke Bang (125 362)	Höhlen, Karstkegel	Bootsfahrten, Höhlentouren, Kajakfahren, Wandern	April–Sept.	163
Yok Don (112 102)	Pfahlhäuser, Dörfer von Bergvölkern	Elefantenritte, Wandern	Nov.–Feb.	314

> 1963 nahm sich Ho Chi Minh eine kurze Auszeit vom Krieg, damit er sich um den Cuc-Phuong-Nationalpark kümmern konnte. Dies kommentierte er mit den Worten: „Wald ist wie Gold. Wenn wir uns darauf verstehen, ihn gut zu erhalten, ist er ein Vermögen wert. Wird er zerstört, beeinträchtigt dies das Leben und die Produktivität."

chung oder weil offiziell nichts gegen sie unternommen wird. Die Natur hat ganz einfach eine geringe Priorität, obwohl das Land grundsätzliche Verträge zum Erhalt der Umwelt unterzeichnet hat.

Abholzung

Abholzung ist ein ernsthaftes Problem. Gab es 1943 noch 44% des ursprünglichen Waldes, so waren es 1983 nur noch 24% und 1995 sogar nur noch 20%. In einer positiven Trendwende haben Wiederaufforstungsprojekte des Forstministeriums zusammen mit dem Ausfuhrverbot für Rohholz von 1992 einen leichten Anstieg der Bewaldung bewirkt. Allerdings bedeutete das zugleich nichts Gutes für die Nachbarländer, da Vietnam sein Holz nun einfach von Laos und Kambodscha bezieht, wo man es mit gesetzlichen Umweltbestimmungen nicht so ernst nimmt. Außerdem werden bei der Wiederaufforstung oft Monokulturen in geraden Reihen gepflanzt, z. B. Akazien für Möbel, was für die Umwelt wenig positive Wirkung hat.

Jagd

Durch Wilderei wurden viele Tierarten ausgerottet. Verlässliche Zahlen sind nicht leicht zu bekommen, aber in einem Bericht von 2007 schätzte die Organisation Traffic, die den Handel mit Wildtieren überwacht, dass in Vietnam jährlich eine Million Tiere illegal gehandelt werden.

Teilweise jagen Bergvölker, um sich von dem Fleisch zu ernähren, doch weitaus größer ist der Markt für *dac san* (Fleisch aus dem Busch) und traditionelle Medizin. Einen Ausflug aufs Land verbinden viele Vietnamesen damit, Wild essen zu gehen, je exotischer, desto besser; und am Rand vieler Nationalparks servieren Restaurants Fleisch aus der Gegend. Nach einem Bericht der Wildlife Conservation Society von 2010 gab es in 57 von 68 Lokalen in Da Lat Wildgerichte (darunter Zibetkatze, Stachelschwein und Wildschwein).

Versuche, den Handel auf lokaler und internationaler Ebene zu vereiteln, scheitern wegen Bestechung, Korruption und personeller Unterbesetzung des Amtes für Waldschutz. Die örtliche NRO Education for Nature Vietnam bekämpft das illegale Geschäft durch politische Lobbyarbeit und Aufklärungsprogramme an Schulen. Sie führt Akten über Restaurants, die Buschfleisch servieren, und betreibt Kampagnen gegen den Tierhandel.

Industrie & Umweltverschmutzung

Vietnam hat gravierende Umweltprobleme. Die Luft in HCMS und Hanoi ist sehr schlecht und immer mehr Menschen leiden an Atemwegserkrankungen. Hauptübeltäter sind Motorräder, denn in beiden Städten hat durchschnittlich jeder zweite Bewohner eines. Alle nutzen minderwertigen Treibstoff mit erstickend hohem Gehalt an Benzol, Schwefel und Feinstaub (PM10).

Viele Regionen sind von Wasserverschmutzung betroffen, besonders die Städte und Küstengebiete, wo das Grundwasser wegen Übernutzung der Böden versalzt. Es gibt zahlreiche Unternehmen und Industrieparks, aber nur die wenigsten haben Kläranlagen. Aus diesem Grund sind Flüsse wie der Thi Van nahe Vung Tau wegen Abwassereinleitung biologisch tot. Landesweit werden nur 14 % der Abwässer der Städte geklärt.

Globale Erderwärmung

In Sachen Klimawandel gehört Vietnam zu einem der anfälligsten Länder weltweit. Es gilt als wahrscheinlich, dass steigende Fluten, Überschwemmungen und Wirbelstürme tiefer liegende Gebiete unter Wasser setzen werden. Auf einer 2008 abgehaltenen Konferenz stellte man fest, dass ein Meeresspiegelanstieg von nur 1 m bereits zur Überflutung von über 6 % des Landes führen und 10 Mio. Menschen betreffen würde. HCMS wird jetzt schon jeden Monat stark überschwemmt, und wenn der Saigon-Fluss um nur 1,35 m ansteigt, brechen die Schutzdämme. Sollte

> Vietnam ist der zweitgrößte Kaffeeproduzent der Welt. Im zentralen Hochland wird die bedeutende Feldfrucht auch „braunes Gold" genannt. Rund 97 % des vietnamesischen Kaffees stammen von der preiswerteren, sehr koffeinhaltigen Bohne Robusta.

> Das Vietnam Green Building Council veröffentlicht auf seiner Website www.vgbc.org/vn Artikel über aktuelle Entwicklungen bezüglich der Umweltproblematik und der globalen Erwärmung.

HELFENDE HÄNDE

In Vietnam betätigen sich immer mehr gut funktionierende lokale nichtstaatliche Organisationen und viele internationale Unternehmen, die eine riesige Auswahl an Möglichkeiten bieten, sich ehrenamtlich für Umwelt- und Gemeinschaftsprojekte zu engagieren.

Vietnam Volunteer Network (www.vietnamvolunteernetwork.com) betreibt Waisenhäuser in Ho-Chi-Minh-Stadt, Hai Phong, Hanoi sowie Nha Trang und freiwillige Helfer werden immer gesucht. Die Project Vietnam Foundation (www.pvnf.org) versorgt entlegene ländliche Gemeinden mit kostenlosen Gesundheitsdienstleistungen und beschäftigt gern Volontäre mit medizinischer Erfahrung.

Auch bei PanNature (www.nature.org.vn), einer vietnamesischen NRO, die sich für den Umweltschutz und nachhaltige Entwicklung einsetzt, gibt's eine Menge zu tun.

Unter www.idealist.org findet man zahlreiche weitere Infos zu Umweltprojekten und Freiwilligenarbeit.

> **PARADIES IN GEFAHR**
>
> Die Unesco-Welterbestätte Ha-Long-Bucht zählt zu Vietnams Kronjuwelen. Ihre Karstinseln, die sich aus dem kobaltblauen Meer erheben, sind von atemberaubender Schönheit, was sich als Segen für den Tourismus erwiesen hat, Ha Long aber Kopfschmerzen in Umweltfragen verursacht. 2009 unternahmen 1,5 Mio. Menschen Bootsfahrten zu den Karstgipfeln. Um sie alle unterzubringen, hat die Regierung Mangrovenwälder für Küstenstraßen und neue Bootsanleger abholzen lassen. Inzwischen wird das einst unberührte Meer mit Toilettenabfällen und aus Kreuzfahrtschiffen entweichendem Diesel verschmutzt.
>
> Noch alarmierender sind die riesigen Kohlebergwerke und Zementfabriken von Cam Pha, nur etwa 20 km östlich von Ha-Long-Stadt, aus denen tonnenweise Kohlenstaub und Müll in die Bucht gelangen. In den neuen Tiefseehafen in Hon Gai fahren jährlich Hunderte Containerschiffe durch eine internationale Fahrrinne, die das Herz von Ha Long durchtrennt.
>
> Der entstehende Schlick und Staub hat das Seegras und den flachen Meeresboden verschmutzt und die Meeresbewohner kämpfen um ihr Überleben – das gesamte Ökosystem ist in Gefahr.

der Monsun sich verstärken, führen ähnliche Überflutungen in den breiten Deltas des Roten Flusses und des Mekong zu Katastrophen.

Ökozid: Die Folgen des Kriegs

Der Vietnamkrieg verursachte die größte Zerstörung der Natur eines Landes, die es je in der Welt gab. Sie hatte ein solches Ausmaß, dass sich Vietnam auch 40 Jahre später noch in der Regenerierungsphase befindet. Streitkräfte versprühten 72 Mio. l Herbizide (darunter das mit Dioxin belastete Agent Orange) über 16 % von Südvietnam, um die Deckung des Vietcong zu zerstören.

Riesige Planierraupen rissen den Dschungelboden auf und entfernten Vegetation und Muttererde. Leicht brennbare Teebaumwälder zündete man mit Napalm an. In Gebirgsregionen wurden absichtlich Erdrutsche ausgelöst, indem man über Kalksteinhängen Säure abwarf und versprühte. Elefanten, die man als Transportmittel nutzte, wurden aus der Luft mit Bomben und Napalm beworfen. Bei Kriegsende waren weite Flächen mit zähem Unkraut bewachsen (ortsüblich als „amerikanisches Gras" bezeichnet). Die Regierung schätzt, dass 20 000 km² Wald und Agrarland als direkte Folge des Vietnamkriegs verlorengingen.

Wissenschaftler konnten eine Verbindung zwischen Dioxin-Rückständen der von den USA verwendeten Chemikalien und aufgetretenen Fehl- und Totgeburten, Geburtsfehlern sowie verschiedenen gesundheitlichen Problemen der Menschen noch nicht belegen. Dass Dioxin Krankheiten wie z. B. Krebs verursacht, ist inzwischen aber nachgewiesen.

Chemiekonzerne, die das US-Militär mit Herbiziden belieferten, zahlten 180 Mio. US$ an amerikanische Vietnam-Veteranen, ohne ihre Schuld einzugestehen. Doch die geschätzten vier Millionen vietnamesischen Opfer von Dioxinvergiftungen bekamen nie eine Entschädigung. Fälle, die von der Aktionsgruppe Vietnamese Association of Victims of Agent Orange (VAVA) vor Gericht gebracht wurden, sind in den USA bisher zurückgewiesen worden.

Viele Journalisten und andere Kommentatoren sind der Ansicht, die vietnamesische Regierung fordere nur zögernd Entschädigungen für die Vergiftung durch Agent Orange vor Internationalen Gerichtshöfen, weil die Normalisierung der Beziehungen zu den USA für sie eine höhere Priorität habe.

Etwa 13 Mio. t Bomben – die 450-fache Energie der Atombombe von Hiroshima – wurden im Vietnamkrieg über Indochina abgeworfen. Diese Menge entspricht 265 kg für jeden Mann, jede Frau und jedes Kind in Vietnam, Kambodscha und Laos.

Praktische Informationen

ALLGEMEINE INFORMATIONEN...538
Arbeiten in Vietnam..... 538
Botschaften & Konsulate.............. 538
Essen 539
Feiertage 539
Fotos................... 539
Frauen unterwegs 540
Freiwilligenarbeit 540
Geld 540
Internetzugang..........541
Karten 541
Kinder..................541
Öffnungszeiten 542
Post.................... 542
Rechtsfragen........... 543
Reisen mit Behinderung 543
Schwule & Lesben 543
Sicherheit 544
Sprachkurse 544
Strom.................. 544
Telefon 545
Toiletten............... 545
Touristeninformation.... 545
Unterkunft............. 546
Versicherung........... 547
Visa.................... 547
Zeit 548
Zollbestimmungen...... 548

VERKEHRSMITTEL & -WEGE............. 549
AN- & WEITERREISE 549
Einreise 549
Flugzeug 549
Auf dem Flussweg 549
Auf dem Landweg 549
UNTERWEGS VOR ORT ...553
Auto & Motorrad 553
Bus 554
Fahrrad................ 556
Flugzeug 557
Geführte Touren 557
Nahverkehr 558
Schiff/Fähre 558
Zug 559

GESUNDHEIT 561
VOR DER REISE..........561
Versicherung............561
Empfohlene Impfungen...561
Reiseapotheke 561
Infos im Internet.........561
Weiterführende Literatur................ 562
IN VIETNAM 562
Medizinische Versorgung & Kosten 562
Infektionen 563
Durchfallerkrankungen .. 565
Gesundheitsrisiken 565
Frauen & Gesundheit.... 566

SPRACHE..........567

Allgemeine Informationen

Arbeiten in Vietnam

Da Vietnam heute eine Rolle im weltweiten Markt spielt, haben Ausländer mittlerweile bessere Arbeitsmöglichkeiten. Die großen internationalen Firmen und Organisationen zahlen am besten, allerdings muss man sich bei ihnen oft schon vor der Reise bewerben.

Zudem gibt's überall im Land Gelegenheitsjobs in Bars und Restaurants, die von westlichen Auswanderern geführt werden; hier wird bar auf die Hand gezahlt und nicht nach Papieren gefragt. Tauchschulen und Spezialisten für Abenteuersport benötigen immer Lehrer, doch das Unterrichten einer Fremdsprache ist die häufigste Jobgelegenheit für Traveller.

Da die Stellen selten ausgeschrieben werden, muss man selbst herumfragen. Wer länger bleibt, bekommt oft leichter etwas. Angebote findet man unter www.living invietnam.com.

Sprachen unterrichten

Englisch ist die beliebteste Fremdsprache bei vietnamesischen Studenten, aber einige lernen auch Deutsch, Französisch, Chinesisch, Koreanisch, Japanisch oder Spanisch.

Staatliche Universitäten in Vietnam nehmen normalerweise auch ausländische Lehrer unter Vertrag. Der Stundenlohn liegt bei rund 5 bis 10 US$ und man bekommt eine kostenlose Unterkunft sowie problemlos eine verlängerte Aufenthaltsgenehmigung.

Darüber hinaus gibt's jede Menge Jobs an nichtstaatlichen Sprachschulen sowie als Privatlehrer. In diesem Bereich suchen vor allem Neuankömmlinge eine Arbeit. Im privaten Sektor ist die Bezahlung etwas besser. Der Stundenlohn beträgt zwischen 8 und 15 US$, allerdings werden keine Extras wie kostenloses Wohnen gewährt. Einzelunterricht wird noch großzügiger entlohnt. Hier darf man mit etwa 12 bis 25 US$ pro Stunde rechnen.

In HCMS und Hanoi findet man relativ leicht einen Job als Lehrer, manchmal auch in Universitätsstädten. Je kleiner die Stadt, desto geringer sind die Chancen und die Bezahlung.

Botschaften & Konsulate

Jeder Tourist sollte wissen, was die Botschaft des eigenen Landes überhaupt für einen tun kann, falls man in Schwierigkeiten gerät. Hat der Traveller den Vorfall selbst zu verantworten, kann er nicht allzu viel Hilfe erwarten. Wer durch eigenes Verschulden sogar im Gefängnis landet, darf nicht auf Mitleid von seiner Botschaft hoffen, selbst wenn das Verhalten im Heimatland vollkommen legal ist.

In wirklichen Notlagen bekommt man Unterstützung – vorausgesetzt alle anderen Mittel sind erschöpft. Wenn der Pass gestohlen wurde, dauert es oft einige Zeit, bis man einen neuen erhält, denn einige Botschaften stellen keine neuen Pässe aus, sondern bekommen diese von anderen Botschaften in der Region zugesandt.

China (http://vn.china-embasy.org/chn/) Hanoi (8845 3736; 46 P Hoang Dieu); HCMS (3829 2457; 39 Đ Nguyen Thi Minh Khai)

Deutschland (www.hanoi.diplo.de) Hanoi (3845 3836; 29 Đ Tran Phu); HCMS (3829 1967; 126 Đ Nguyen Dinh Chieu)

Kambodscha Hanoi (3942 4788; cambocg@hcm.vnn.vn; 71A P Tran Hung Dao); HCMS (3829 2751; 41 Đ Phung Khac Khoan)

Laos (www.embalaohanoi.gov.la) Da Nang (12 Đ Tran Qui Cap); Hanoi (3942 4576; 22 P Tran Binh Trong); HCMS (3829 7667; 93 Đ Pasteur)

Österreich (www.bmeia.gv.at/botschaft/hanoi) Hanoi (3943 3050; 53 Quang Trung)

Schweiz (www.eda.admin.ch) Hanoi (3934 6589; 44B Ly Thuong Kiet)

Singapur (www.mfa.gov.sg/hanoi) Hanoi (3848 9168; 41–43 Đ Tran Phu)

Thailand (www.thaiembassy.org) Hanoi (3823 5092;

63–65 P Hoang Dieu); HCMS (✆3932 7637; 77 Đ Tran Quoc Thao)

Essen

Restaurantbesuche sind sehr billig und eines der Highlights auf der Reise (mehr dazu siehe ab S. 523). In diesem Buch haben wir folgende Preiskategorien für eine typische Mahlzeit ohne Getränke gewählt:
Günstig Unter 5 US$
Mittelteuer 5 bis 15 US$
Teuer Über 15 US$

Feiertage

Die Politik beeinflusst in Vietnam alles, auch die öffentlichen Feiertage. Wenn ein Feiertag aufs Wochenende fällt, wird er auf den folgenden Montag verlegt.
» **Neujahr (Tet Duong Lich)** 1. Januar
» **Vietnamesisches Neujahr (Tet)** Dreitägiges Nationalfest; Januar oder Februar
» **Gründungstag der Vietnamesischen Kommunistischen Partei (Thanh Lap Dang CSVN)** 3. Februar – das Datum der Gründung im Jahr 1930
» **Gedenken an die Hung-Könige (Hung Vuong)** 10. Tag des dritten Mondmonats – März oder April
» **Tag der Befreiung Saigons (Saigon Giai Phong)** 30. April – die Kapitulation Saigons im Jahr 1975 wird landesweit als Befreiungstag gefeiert
» **Internationaler Tag der Arbeit (Quoc Te Lao Dong)** 1. Mai
» **Geburtstag von Ho Chi Minh (Sinh Nhat Bac Ho)** 19. Mai
» **Geburtstag von Buddha (Phat Dan)** 8. Tag des vierten Mondmonats (gewöhnlich im Juni)
» **Nationalfeiertag (Quoc Khanh)** 2. September – Erinnerung an die Unabhängigkeitserklärung Ho Chi Minhs im Jahr 1945

PRAKTISCH & KONKRET

» **Maße & Gewichte** Die Vietnamesen benutzen das metrische System. Einzige Ausnahme sind Edelmetalle und Edelsteine, für die das chinesische System verwendet wird.

» **Radio & Fernsehen** Voice of Vietnam läuft den ganzen Tag und schallt in vielen Städten auf dem Land sowie in Hanoi aus Lautsprechern. Es gibt mehrere Fernsehsender und Satellitenfernsehen.

» **Rauchen** Vietnam ist ein Raucherparadies (und ein Albtraum für Nichtraucher). Es wird überall gequalmt, obwohl auf Plätzen und in öffentlichen Verkehrsmitteln offiziell Rauchverbot herrscht. In Fahrzeugen mit Klimaanlage eine Zigarette anzustecken ist allerdings verpönt, darum sind die langen Busfahrten in der Regel rauchfrei.

» **Wäsche** Die meisten Gästehäuser und Hotels bieten einen recht preiswerten Waschservice an. Bei schlechtem Wetter sollte man allerdings nachfragen, ob es auch einen Trockner gibt. Reinigungen findet man in jeder Stadt.

» **Zeitungen & Zeitschriften** Vietnam News und Saigon Times sind propagandistische englischsprachige Tageszeitungen. Zu den beliebtesten Magazinen mit Veranstaltungstipps gehören der Guide mit Infos über Events im ganzen Land sowie AsiaLife und The Word in HCMS.

Fotos

Speicherkarten sind sehr günstig. Ist eine voll, kann man die Fotos in den meisten Internetcafés auf CD oder DVD brennen. Am besten bringt man das entsprechende Zubehör mit, um sich die Aufnahmen auf einem Fernsehgerät (gehört in vielen Hotelzimmern zur Standardausstattung) ansehen zu können.

Preiswerte Farbfilme werden überall verkauft. Ein Film mit 36 Bildern kostet rund 2,50 US$. Diafilme findet man in Hanoi und HCMS, anderswo sind sie eher Mangelware. Schwarz-Weiß-Filme muss man von zu Hause mitnehmen.

Fotoläden gibt's an nahezu jeder Ecke des Landes. Die Entwicklung kostet je nach Größe der Abzüge rund 4 US$. Generell ist die Qualität sehr gut. Für Ausdrucke von Digitalfotos zahlt man pro Foto zwischen 1000 und 2000 VND.

Kameras sind in Vietnam zwar günstig, aber die Auswahl an Modellen ist begrenzt. Zubehör bekommt man in großen Städten, in entlegenen Gebieten dagegen nur selten.

Viele Tipps und Hinweise zur Reisefotografie finden sich im Buch Travel Photography von Lonely Planet.

Sensible Fotomotive

Vietnamesische Polizisten kümmern sich meist nicht darum, was man fotografiert, nur in bestimmten Situationen greifen sie ein: Man sollte z. B. keine Flughäfen, Militärstützpunkte und Grenzübergänge ablichten, außerdem sind Schnappschüsse von Ho Chi Minh in seinem Glassarkophag tabu!

Wer Personen fotografieren möchte – und das gilt besonders für die Bergvölker – sollte geduldig sein und die lokalen Bräuche respektieren. Diskretion und Takt sind gefragt. Bevor man jemanden knipst, muss man erst um Erlaubnis bitten und es akzeptieren, wenn einem diese verweigert wird. Verspricht man, ein Foto zu schicken, sollte man sich auch daran halten.

Frauen unterwegs

Ebenso wie viele andere südostasiatische Länder ist auch Vietnam ein relativ sicheres Reiseland. Natürlich gibt's manchmal Probleme, doch Tausende Frauen reisen jedes Jahr allein durch die Gegend und machen dabei tolle Erfahrungen. Die meisten Vietnamesinnen führen ein ziemlich freies, erfülltes Leben und gehen einer Arbeit nach. Männer und Frauen begegnen sich überall, zudem erwartet die Gesellschaft nicht, dass frau sich unterordnet. Nichtsdestotrotz nehmen Vietnamesinnen ihre äußere Erscheinung sehr ernst, denn Fraulichkeit definiert sich hier über Schönheit, Schlankheit und Anmut.

Ostasiatinnen, die das Land bereisen, werden sich in konservativer Kleidung wahrscheinlich wohler fühlen, besonders wenn sie vietnamesisch aussehen. Da immer mehr Vietnamesen mit ausländischen Touristen in Berührung kommen, hat sich die Situation schon verbessert, doch ungebildete Einwohner könnten eine Asiatin in Begleitung eines westlichen Mannes für eine Prostituierte halten.

Viele Vietnamesinnen kleiden sich sehr zurückhaltend und zeigen so wenig Haut wie möglich (auch, um sich vor der Sonne zu schützen). Frauen in ärmellosen Tops und mit unbedeckten Oberarmen dürfen mit viel Aufmerksamkeit rechnen. Es gibt aber keinen Grund für übertriebene Angst.

Infos zum Thema Gesundheit siehe S. 566.

Freiwilligenarbeit

Es gibt weniger Möglichkeiten für Volontäre, als man bei einem Land wie Vietnam vermuten würde, was teilweise an der großen Zahl professioneller Hilfsorganisationen vor Ort liegt.

Infos über Freiwilligenarbeit und eine Liste von Nichtregierungsorganisationen bekommt man beim **NGO Resource Centre** (📞04-3832 8570; www.ngocentre.org.vn; Hotel La Thanh, 218 P Doi Can, Hanoi). Service Civil International (www.sciint.org) hat u. a. Kontakte zum SOS-Kinderdorf in Viet Tri nördlich von Hanoi und zum **Friendship Village** (www.vietnamfriendship.org), das von Kriegsveteranen eingerichtet wurde und Agent-Orange-Opfer unterstützt. Wer helfen will, kann sich auch an folgende Organisationen wenden:

15 May School Kostenlose Schul- und Berufsausbildung in HCMS und Vinh für benachteiligte Kinder.

KOTO (www.koto.com.au) Hier kann man seine Fähigkeiten und Zeit einbringen oder auch Geld spenden, um Straßenkindern eine berufliche Laufbahn zu ermöglichen. Das Hauptprojekt von Street Voices ist das Restaurant KOTO in Hanoi.

Volunteers for Peace (www.vpv.vn) In dem Waisenhaus am Stadtrand von Hanoi werden immer freiwillige Helfer gesucht.

Die **UNO** (www.unv.org) betreibt eigene Hilfsprogramme. Infos zu weiteren Einrichtungen findet man unter www.worldvolunteerweb.com, www.volunteerabroad.com und www.idealist.org.

Geld

Die vietnamesische Währung ist der Dong, abgekürzt VND. Banknoten gibt's in Scheinen von 500, 1000, 2000, 5000, 10 000, 20 000, 50 000, 100 000, 200 000 und 500 000 VND. Münzen sind im Wert von 500, 1000 und 5000 VND im Umlauf. Auch US-Dollars werden häufig als Zahlungsmittel gebraucht, in ländlichen Gebieten sind sie aber nicht so verbreitet.

Der Dong hat etliche Höhen und Tiefen erlebt und wurde in den letzten Jahren bis auf ca. 22 000 VND pro Dollar deutlich abgewertet.

Wo Preise vor Ort in Dong angegeben sind, werden sie auch in diesem Buch so aufgeführt. Für den Dollar gilt das Gleiche.

Wechselkurse siehe S. 18.

Bargeld

Der US-Dollar ist nach wie vor die am meisten verbreitete ausländische Währung. Er kann so gut wie überall gewechselt oder zum Zahlen benutzt werden. Andere Devisen werden bei den großen Banken wie der Vietcombank und HSBC getauscht.

Man sollte darauf achten, dass größere Dollarscheine nicht zu schäbig aussehen, denn sie werden in Vietnam unter Umständen nicht akzeptiert.

Mit Dong auszureisen ist nicht erlaubt, aber man kann angemessene Beträge vor der Abreise tauschen.

An fast allen Grenzübergängen auf dem Land gibt's so etwas wie eine offizielle Wechselstube. Sie bietet den besten Kurs an, den man in diesen abgelegenen Regionen bekommen kann.

Feilschen

Verhandlungsgeschick lohnt sich. Beim Feilschen sollte man freundlich bleiben und lächeln. Wer laut und wütend wird, hat keine Chance. Wer klug handelt, kann einen Rabatt von 10 bis 50 % erreichen. Sobald der Preis feststeht, ist die Sache gelaufen.

Geldautomaten

Mittlerweile sind Geldautomaten in Vietnam so verbreitet, dass es eigentlich in jeder Stadt welche gibt. Wer eine normale Maestro/Cirrus-Karte oder eine Kredit- oder Debitkarte von Visa oder MasterCard hat, dürfte keine Probleme haben, an Geld zu kommen. Allerdings sollte man auf die heftigen Gebühren für Bargeldauszahlungen (20 000–30 000 VND) und den maximalen Auszahlungsbetrag achten. Letzterer liegt bei den meisten Banken bei etwa 3 000 000 VND, doch bei der Agribank sind es bis zu 6 000 000 VND.

Kreditkarten

Visa, MasterCard und JCB werden in den größeren Städten und manchen Touristenorten inzwischen weitgehend akzeptiert, man darf aber nicht erwarten, dass man in der Budgetunterkunft oder in der Nudelbar mit Karte bezahlen kann. Manchmal wird eine Gebühr (etwa 3 %) für die Kartenzahlung verlangt. Manche Händler akzeptieren auch American Express und nehmen dafür eine 4%ige Bearbeitungsgebühr.

Bargeldauszahlungen auf Kreditkarten bekommt man gegen einen Aufschlag von 3 % in den meisten Städten bei den Filialen der Vietcombank sowie in HCMS und Hanoi bei ausländischen Banken.

Reiseschecks

Reiseschecks können nur bei autorisierten ausländischen Banken eingelöst werden, die leider nicht überall im Land zu finden sind.

Für den Umtausch in Bargeld zahlt man eine Gebühr von 0,5 bis 2 % pro Scheck. Die Vietcombank nimmt keine Gebühren bei American-Express-Reiseschecks und akzeptable 0,5 % für andere.

Reiseschecks in anderen Währungen als in US-Dollars können außerhalb der großen Städte nutzlos sein.

Schwarzmarkt

Es gibt einen kleinen Schwarzmarkt in Vietnam, doch der lohnt den Ärger nicht. Abgesehen davon, dass es natürlich illegal ist, erhält man kaum bessere Wechselkurse als in der Bank (manchmal sogar schlechtere) und wird eventuell übers Ohr gehauen.

Trinkgeld

Trinkgeld ist kein Muss, aber ausgesprochen willkommen. Wer 100 US$ im Monat verdient, freut sich schon über 1 US$. Exklusive Hotels und Restaurants schlagen generell 5 % für den Service auf, aber die erreichen nicht unbedingt die Angestellten.

Busfahrer und Guides, die ja nicht selten einige Zeit unterwegs und von ihren Familien getrennt sind, freuen sich ebenfalls über eine finanzielle Zuwendung. Normalerweise sammelt die Reisegruppe Geld, das der Fahrer und der Guide dann unter sich aufteilen.

Nach dem Besuch einer Pagode sollte man einen kleinen Betrag spenden, besonders wenn man von einem Mönch herumgeführt wurde. Die meisten Bauwerke haben Sammelbüchsen für diesen Zweck.

Internetzugang

Internet und WLAN sind in den Städten weit verbreitet, allerdings sperrt die Regierung regelmäßig den Zugang zu den Seiten sozialer Netzwerke, darunter auch Facebook. Mehr dazu erfährt man auf S. 19.

In Internetcafés zahlt man in der Regel 3000 bis 10 000 VND pro Stunde, in Hotels (außer in einigen Fünf-Sterne-Häusern) ist der Service meist umsonst.

Da die Netzspannung von der in Europa abweicht, bringt man am besten einen universellen Wechselstromadapter mit.

Karten

Der *Viet Nam Administrative Atlas* von Ban Do kostet unter 10 US$ und eignet sich dank der detaillierten Straßenkarten zu jeder einzelnen Provinz besonders für Rad- und Motorradfahrer, die auf weniger belebten Wegen unterwegs sind. Ban Do hat auch brauchbare Stadtpläne von HCMS, Hanoi, Da Nang, Hue und ein paar anderen Städten im Programm.

Vietnamesischen Straßennamen werden die Worte Pho, Duong und Dai Lo vorangestellt – im Text und in den Karten dieses Buches erscheinen sie entsprechend als P, Đ und ĐL.

Auf jeden Fall sollte man irgendwo ein Exemplar des sehr informativen Stadtplans *Xin Chao Map of Hanoi* mitnehmen, der Tipps und Empfehlungen enthält.

Kinder

In Vietnam fühlen sich Kinder wohl, denn hier stehen sie im Mittelpunkt. Manch-

---

RAUBKOPIEN

Gelegentlich wird einem auf der Reise der Lonely Planet *Vietnam* zu einem erstaunlich günstigen Preis angeboten. Darauf sollte man nicht hereinfallen, denn es handelt sich in der Regel um Raubkopien, die in lokalen Copyshops hergestellt werden. Manchmal sind die Kopien in Ordnung, dann wieder grauenhaft. Das einzig sichere Unterscheidungskriterium ist der Preis: Ist das Buch billig, handelt es sich um eine Kopie. Wenn der Druck und die Fotos verblasst sind, löst sich die Fälschung beim Benutzen ganz schnell in ihre einzelnen Bestandteile auf.

HIGHLIGHTS FÜR KINDER

ATTRAKTION	DETAILS	SEITE
Ho-Chi-Minh-Stadt, Wasserparks	Ab ins kühle Wasser – auch für Erwachsene ein Vergnügen	345
Wasserpuppentheater in Hanoi	Die Theater- und Musikvorstellungen kommen immer gut an	78
Cuc-Phuong-Nationalpark, Primatenschutzzentrum	Affen (und Umweltbildung) in Hülle und Fülle	159
Ha-Long-Bucht	Auf einem Boot zu schlafen ist ein Abenteuer, außerdem kann man Höhlen und Inseln entdecken	100

mal wird es allerdings zu viel für die Kleinen, vor allem, wenn sie blaue Augen und blonde Haare haben. Einheimische kneifen ihnen gerne in die Wange und im schlimmsten Fall werden sie angegrapscht, deshalb sollte man stets in ihrer Nähe bleiben. Auch die Hygiene ist mancherorts ein Problem und der Straßenverkehr nicht ungefährlich. Umfangreiche Tipps zum Reisen mit Kindern bietet der Lonely Planet *Travel with Children*.

In großen Städten findet sich vieles, was den Nachwuchs interessiert. In kleineren Orten und auf dem Land kann dagegen durchaus Langeweile aufkommen. Es gibt einige tolle Strände, man sollte aber unbedingt auf den Seegang achten, denn an der Hauptküste herrscht eine starke Strömung. An manchen Sandstreifen findet man Flaggen und Rettungsschwimmer vor, doch an ruhigeren Stellen müssen Eltern erst überprüfen, ob man dort sicher schwimmen kann. Die Küste der Phu-Quoc-Insel (S. 413) ist geschützter.

Fast alle Kinder mögen die einheimischen Gerichte wie z. B. Frühlingsrollen, die selten wirklich scharf sind. Zudem gibt's ein riesiges Angebot an Früchten und oft auch vertraute Speisen wie Pizza, Pasta, Burger und Eis.

Sonnencreme mit einem hohen Lichtschutzfaktor gehört unbedingt ins Reisegepäck, denn die bekommt man in Vietnam nur manchmal – und dann ist sie viel teurer als in den meisten westlichen Ländern.

Babys & Kleinkinder

Artikel für Babys erhält man zwar in den größeren Städten, doch kaum auf dem Land. Babybetten bekommt man in den meisten Mittel- und Spitzenklassehotels, anderswo nicht. In Mietautos und Taxis gibt's keine Kindersitze, einige Restaurants haben aber Hochstühle.

Das Stillen in der Öffentlichkeit ist in Vietnam ganz alltäglich. Wickeltische sind kaum vorhanden, die Windeln werden im Bad oder auf der Toilette gewechselt. Fast alle Lokale haben Besteck für Kinder, die zu klein sind, um mit Stäbchen zu essen.

Eltern sollten darauf achten, was für seltsame Dinge sich die Kleinen in den Mund stecken. Ihre natürliche Neugierde kann in einem Land mit Ruhr, Typhus und Hepatitis schlimme Konsequenzen haben. Außerdem sollten die Kids genug trinken und mit reichlich Sonnenschutz eingerieben werden.

Öffnungszeiten

Vietnamesen sind Frühaufsteher und lange zu schlafen gilt als sicheres Anzeichen einer Krankheit. Auf das Mittagessen wird großer Wert gelegt, deshalb bleibt zwischen 12 und 13.30 Uhr so ziemlich alles geschlossen. Regierungsbeamte machen gern etwas länger Pause, und so ruht ihre Arbeit zwischen 11.30 und 14 Uhr. Viele Regierungsstellen sind samstags bis 12 Uhr geöffnet, bleiben aber am Sonntag zu. In diesem Reiseführer werden Öffnungszeiten nur dann angegeben, wenn sie von den hier gemachten Angaben abweichen.
Banken Montags bis freitags 8 bis 11.30 und 13 bis 16 Uhr, samstags 8 bis 11.30 Uhr
Büros, Museen und Geschäfte 7 oder 8 bis 17 oder 18 Uhr; Museen sind in der Regel montags geschlossen
Kleine Läden, Restaurants und Straßenstände Täglich bis spätnachts geöffnet
Postämter 6.30 bis 21 Uhr
Tempel und Pagoden 5 bis 21 Uhr

Post

Postfilialen *(buu dien)* gibt's praktisch in allen Städten und Dörfern. Die Ämter haben lange Öffnungszeiten von 6.30 bis 21 Uhr, auch an Wochenenden und Feiertagen und sogar während des Neujahrsfests Tet. Außerdem sind sie recht zuverlässig. Eine Postkarte kostet etwa 10 000 VND zu den meisten Zielen. Für wichtige Sendungen kann man in größeren Städten den Express Mail Service (EMS) nutzen: Er ist doppelt so schnell wie Luftpost und alles wird registriert.

Private Kuriere wie DHL und UPS eignen sich für den Versand kleiner Pakete oder Dokumente.

In den Ämtern von Hanoi und HCMS funktioniert die Postlagerung gut, allerdings kann selbst ein kleines Päckchen aus dem Ausland Kopfschmerzen bereiten, da mit diesen Sendungen eine langwierige Inspektion verbunden ist.

Rechtsfragen

Drogen

Der Drogenhandel feiert in Vietnam ein regelrechtes Comeback, besonders über die durchlässige Grenze zu Laos gelangt viel Stoff ins Land. Auf das gegenwärtige Heroinproblem reagiert der Staat mit Härte. Schnell wird eine lebenslängliche Freiheits- oder sogar die Todesstrafe verhängt.

An Marihuana und im Nordwesten auch an Opium kommt man im Prinzip jederzeit, Kauf und Konsum sind allerdings sehr riskant. Es gibt zahlreiche Zivilfahnder, und wer erwischt wird, muss mit saftigen Bußgeldern oder auch langen Haftstrafen rechnen.

Polizei

Nur wenige Ausländer bekommen Probleme mit der Polizei, und Schmiergeldforderungen sind sehr selten. Für die Einheimischen ist Korruption bei den Ordnungshütern allerdings an der Tagesordnung, das sogar in staatstreuen Zeitungen zugegeben wird. Wenn etwas passiert oder gestohlen wird, macht die Polizei nicht viel mehr, als gegen eine entsprechende Gebühr (individuell auszuhandeln) die Formulare für die heimische Versicherung auszufüllen – zum Übersetzen sollte man einen Vietnamesen mitnehmen, der Deutsch oder Englisch spricht.

Zivilrecht

Auf dem Papier wirkt der Rechtsstaat in Vietnam durchaus annehmbar, aber in der Praxis ist er eine wackelige Angelegenheit. Lokale Beamte interpretieren das Gesetz je nach Laune, oft gegen den Willen der Regierung in Hanoi. Es gibt keine unabhängige Justiz, deshalb verwundert es nicht, dass viele Streitigkeiten außergerichtlich geklärt werden.

Reisen mit Behinderung

Mit einer Behinderung durch Vietnam zu reisen ist nicht leicht, obwohl wegen des Kriegs auch viele Einheimische an körperlichen Beeinträchtigungen leiden. Zu den Hürden gehören der chaotische Verkehr, der Mangel an Aufzügen in kleineren Hotels und Bürgersteige, die von parkenden Motorrädern sowie Essensständen belegt werden.

Mit guter Planung kann eine Reise trotzdem gelingen. Man benötigt ein zuverlässiges Unternehmen und sollte sich auch nicht scheuen, in Hotels und Restaurants vorab noch einmal nachzufragen. Bus- und Zugfahrten sind für Behinderte nicht empfehlenswert. Aber wer ein Auto mit Fahrer mietet, kommt fast überall hin. Solange man bereit ist, Hilfe anzunehmen, z. B. um in ein Boot ein- bzw. aus einem auszusteigen oder eine Treppe hochzukommen, braucht man sich keine Sorgen zu machen, denn die Vietnamesen sind sehr hilfsbereit.

Für blinde Traveller ist das Land allerdings sehr gefährlich, da der Verkehr aus allen Richtungen kommt. In Metropolen wie Hanoi oder HCMS haben schon Menschen mit perfekter Sehkraft Probleme beim Überqueren von Straßen, darum benötigen Sehgeschädigte unbedingt einen Begleiter.

In Lonely Planets **Thorn Tree Forum** (www.lonelyplanet.com/thorntree) findet man unter dem Thema „Travellers With Disabilities" viele nützliche Tipps von anderen Reisenden mit Behinderungen.

Darüber hinaus kann man folgende Organisationen kontaktieren:

Accessible Journeys (☎ 610-521 0339; www.disabilitytravel.com)

UNTERWEGS

Hörgeschädigte Traveller können in Dong Ha (S. 176) bei Tam's Café und in Da Nang (S. 201) bei Bread of Life vorbeischauen: Beide Einrichtungen beschäftigen und fördern taube Menschen.

Im Kasten auf S. 217 werden einige weitere Organisationen genannt, die Behinderte in Zentralvietnam unterstützen.

Mobility International Schweiz (www.mis-ch.ch.org)
Royal Association for Disability Rights (Radar; ☎ 020-7250 3222; www.radar.org.uk)
Society for Accessible Travel & Hospitality (SATH; ☎ 212-447 7284; www.sath.org)

Schwule & Lesben

Vietnam ist für Homosexuelle ein relativ problemloses Reiseziel. Es gibt keine offiziellen Gesetze in Bezug auf gleichgeschlechtliche Beziehungen und kaum individuelle Belästigungen. Die Behörden genehmigten 2010 sogar eine Fotoausstellung zur Schwulen- und Lesbenkultur mit dem Titel „Open mind, Open life", die in Universitäten gezeigt wurde.

Andererseits ist die Regierung dafür berüchtigt, dass sie einschlägigen Kneipen und Bars das Leben schwer macht, deshalb versuchen die meisten, möglichst unauffällig zu bleiben. In Hanoi (S. 76) und HCMS (S. 363) gibt's dennoch eine lebhafte Schwulenszene.

Homosexualität ist noch weit davon entfernt, in Vietnam allgemein anerkannt zu sein, aber dank fehlender Gesetze dagegen ist die Situation erträglich. Viele einheimische Schwule und Lesben müssen ihre sexuelle Orientierung vor ihren Freunden und Verwandten verbergen, denn die Stigmatisierung ist nach wie vor groß.

Homosexuelle Traveller dürften in Vietnam keine Probleme haben. Als gleichgeschlechtliches Paar im Hotel einzuchecken, ist völlig in Ordnung, auch wenn man seine Sexualität nicht unbedingt offen zur Schau stellen sollte. Genau wie bei heterosexuellen Paaren sind Liebesbekundungen in der Öffentlichkeit nicht gern gesehen.

Utopia (www.utopia-asia.com) bietet Reisetipps und Kontakte, Infos zur gesetzlichen Lage und Übersetzungen von Wörtern aus dem hiesigen Slang.

Sicherheit

Alles in allem ist Vietnam ein sehr sicheres Reiseland. Die Polizei sorgt mit harter Hand für sozialen Frieden, und uns erreichen kaum Berichte über Überfälle, bewaffneten Raub oder sexuelle Übergriffe. Natürlich werden Touristen in einigen Städten betrogen oder bedrängt, besonders in Hanoi und Nha Trang, worauf wir in den jeweiligen Kapiteln dieses Buches eingehen. Darüber hinaus sollte man bei Motorradtrips auf den anarchischen Straßen extreme Vorsicht walten lassen: Die Unfallzahlen sind erschreckend und der Fahrstil ist beängstigend.

Blindgänger & Minen

Mehr als drei Jahrzehnte haben vier Armeen viel Energie und Material darauf verwendet, weite Teile des Landes zu verminen, Sprengfallen zu legen und Granaten zu hinterlassen. Als die Kämpfe vorbei waren, blieb das Kriegsmaterial dort zurück, wo es platziert worden oder eingeschlagen war. In Amerika geht man davon aus, dass nach dem Krieg rund 150 000 t Minen und Munition noch nicht explodiert waren.

Seit 1975 sind mehr als 40 000 Vietnamesen durch Blindgänger verwundet oder getötet worden. Städte, kultivierte Gebiete und viel befahrene Landstraßen sind zwar sicher, aber man sollte sich nicht von den Hauptwegen entfernen, denn sonst gerät man vielleicht in Gefahr.

Niemals Raketen, Geschütze, Panzer, Mörser, Minen oder andere Kriegsrelikte anfassen, wenn man sie findet. Solche Objekte können noch nach Jahrzehnten hochgehen. Außerdem sollte man nicht in Bombenkrater steigen – man weiß nie, ob sich am Boden nicht noch gefährliches Explosionsgut befindet.

Zum Thema Landminen kann man viel von der **International Campaign to Ban Landmines** (ICBL; www.icbl.org) lernen, die für ihre Kampagnen den Friedensnobelpreis bekam. Oder man besucht die Website der **Halo Trust** (www.halotrust.org) und **Mines Advisory Group** (MAG; www.maginternational.org). Die beiden britischen Organisationen haben sich auf die Räumung von Landminen und Blindgängern in der ganzen Welt spezialisiert. Cluster-Munition wurde 2008 in einem von über 100 Ländern unterzeichneten Abkommen für illegal erklärt, wobei die üblichen Verdächtigen sich weigerten, mitzuziehen. Mehr Infos gibt's unter www.stopclustermunitions.org.

OFFIZIELLE REISEEMPFEHLUNGEN

Die folgenden staatlichen Internetseiten sprechen Reiseempfehlungen aus und bieten Infos über aktuelle Gefahren und Risiken:

Auswärtiges Amt Deutschland (☎0049-3018-17-2000; www.auswaertiges-amt.de)

Außenministerium der Republik Österreich (☎0043-50-1150-4411; www.bmeia.gv.at)

Eidgenössisches Departement für auswärtige Angelegenheiten (☎0041-800-247365; www.eda.admin.ch)

Meerestiere

Schwimmer, Schnorchler und Taucher sollten sich mit einigen Risiken vertraut machen. Die Liste gefährlicher Tiere (Haifische, Quallen, Steinfische, Drachenköpfe, Seeschlangen, Stechrochen) ist lang, allerdings sind viele Arten äußerst scheu. Da Menschen sie zudem möglichst meiden, kommt es nur sehr selten zu Verletzungen und Todesfällen.

Quallen sind in Gruppen unterwegs; wer seine Augen offen hält, bevor es ins kühle Nass geht, wird ihnen sicher aus dem Weg gehen können. Steinfische, Skorpionfische und Stachelrochen halten sich dagegen gerne im seichten Wasser am Meeresboden auf und sind schwer zu erkennen. Wenn man sich schützen möchte, sollte man im Wasser Plastikschuhe tragen.

Mehr Ratschläge zu Tieren siehe S. 565.

Sprachkurse

Vietnamesischkurse werden in HCMS, Hanoi und anderen Orten angeboten. Die Dialekte Nord- und Südvietnams unterscheiden sich allerdings stark. Lehrangebote siehe S. 61 und S. 346.

Strom

Die übliche Netzspannung beträgt 220 Volt bei 50 Hertz, allerdings stößt man gelegentlich auch auf

110 V, ebenfalls bei 50 Hertz. Gängig sind Steckdosen für zwei (runde) Stifte.

127 V/220 V/50 Hz

Telefon

Die wichtigsten Notfallnummern und internationale Vorwahlen findet man auf S.19.

Jede Stadt hat einen **Allgemeinen Infoservice** (⟋1080), der einem alles zu Telefonnummern über Fahrpläne für Züge und Flüge bis hin zu den aktuellen Fußballergebnissen mitteilt, inklusive Eheberatung und Schlaflieder für die Kleinen! In der Regel kann man sich mit jemandem verbinden lassen, der Englisch oder Französisch spricht.

Handys

Vietnam hat ein hervorragendes Mobilfunknetz mit großer Abdeckung. Das Land verwendet das GSM 900/1800 (Global System for Mobile Communications), das mit Europa kompatibel ist.

» **Vietnamesische SIM-Karten** Wer eine Weile in diesem Land verbringt, für den lohnt sich die Anschaffung einer vietnamesischen SIM-Karte. Mit einer einheimischen Nummer kostet eine SMS ca. 2500 VND. Das edle eigene Handy kann man ruhig zu Hause lassen, ein Handy in Vietnam ist schon für 20 US$ inklusive 10 US$ Guthaben zu haben. Man sollte den Ladenbesitzer oder einen Mitarbeiter seines Hotels bitten, das Gerät in Deutsch einzurichten. Um den nationalen Markt kämpfen drei große Mobilfunkanbieter (Viettel, Vinaphone und Mobifone). Sie haben im ganzen Land Büros und Filialen.

» **Roaming** Über den Netzanbieter zu Hause zu telefonieren ist zwar bequem, kann aber teuer werden, besonders wenn man mit dem Telefon auch ins Internet geht.

Im Land telefonieren

Telefonnummern in Hanoi, HCMS und Hai Phong haben acht Ziffern, in allen anderen Städten sind sie siebenstellig. Die Länge der Vorwahlen variiert je nach Provinz.

Ortsgespräche kann man von jedem Hotel oder Restaurant aus führen. Ob kostenlos oder nicht, sollte man vorab klären, damit man beim Auschecken keine bösen Überraschungen erlebt. Ferngespräche innerhalb des Landes sind nicht teuer, und wenn man direkt wählt (ohne Vermittlung), spart man zusätzlich. Zwischen 22 und 5 Uhr morgens zahlt man für ein solches Gespräch 20 % weniger als sonst.

International telefonieren

Die Kosten für Anrufe in andere Länder sind in den letzten Jahren stark gesunken. Für Auslandsgespräche mit dem Handy zahlt man oft nur 0,10 US$ pro Minute.

Außerdem sind Gespräche über das Internet von praktisch jedem Telefon im Land möglich: Man wählt ⟋17100, die Ländervorwahl und die Nummer. Für die meisten Länder kostet dies einheitlich nur 0,50 US$ pro Minute. In vielen Budgethotels und in Postämtern sind Internettelefonate noch billiger.

Mit Diensten wie Skype zahlt man für das Telefonieren fast gar nichts; viele Budget- und Mittelklassehotels stellen ihren Gästen Skype und Webcams zur Verfügung.

In einige Länder sind auch R-Gespräche möglich.

Toiletten

Das Thema Toilette und Toilettenpapier macht so manchem Traveller zu schaffen. Normalerweise steht neben dem WC ein Papierkorb, den man unbedingt benutzen sollte, weil sonst der Abfluss verstopft. Wenn kein Mülleimer vorhanden ist, wird das Papier die Toilette hinuntergespült.

Außer auf Bahnhöfen und Busbahnhöfen ist meist Toilettenpapier vorhanden, es empfiehlt sich aber, unterwegs einen kleinen Vorrat dabeizuhaben.

In öffentlichen Gebäuden und auf dem Land gibt's immer noch einige Hocktoiletten.

Der Mangel an öffentlichen Toiletten ist für Frauen problematischer als für Männer, zumal vietnamesische Männer auch in der Öffentlichkeit urinieren. Frauen, die einen Sarong tragen, tun sich damit leichter. Der Wärter in öffentlichen Toiletten bekommt vor der Benutzung ein paar Dong.

Touristeninformation

Fremdenverkehrsämter in Vietnam haben eine ungewöhnliche Philosophie. Die staatlich geführten Büros sind eher Reiseagenturen, denn ihr Interesse besteht vor allem darin, Touren zu verkaufen und Profit zu machen. Wer eine kostenlose

Auskunft erhofft, muss sich deshalb auf eine Enttäuschung gefasst machen.

Vietnam Tourism und Saigon Tourist, zwei Beispiele für diese Art von Veranstaltern, halten sich bereits recht lang. Inzwischen betreibt jede Provinz mindestens ein solches Amt. Reisebüros, Backpackercafés und andere Traveller sind auf jeden Fall bessere Auskunftsquellen als die sogenannten „Touristeninformationen".

In Hanoi und HCMS findet man mittlerweile privat betriebene, einigermaßen hilfreiche Infoschalter.

Unterkunft

Die Unterkünfte in Vietnam bieten ein tolles Preis-Leistungs-Verhältnis und eine großartige Ausstattung. In großen Städten und touristischen Zentren gibt's von Hostels bis zu Luxushotels einfach alles. Auf dem Land und in Provinzstädten ist die Auswahl weniger groß, dort muss man sich zumeist zwischen Pensionen und schlichten, aber ordentlichen Hotels entscheiden.

Was Sauberkeit angeht, ist der Standard ziemlich gut, richtig schäbige Bleiben sind die Ausnahme; selbst in entlegenen ländlichen Gebieten findet man hervorragende Budgetunterkünfte. Die Kommunikation kann gelegentlich zum Problem werden. Vor allem abseits der ausgetretenen Pfade sprechen wenige Mitarbeiter Englisch, doch meistens klappt die Verständigung irgendwie. Vielleicht ist deswegen der Service in Vietnam manchmal ein bisschen Glückssache.

Die Preise sind je nach der bevorzugten Währung der Unterkunft in Dong oder US-Dollars angegeben. Viele Zimmer fallen in die Budgetkategorie, die Preise für Schlafsaalbetten werden extra aufgeführt.

Budget ($) Weniger als 25 US$ (525 000 VND) pro Nacht

Mittelklasse ($$) Zwischen 25 US$ (525 000 VND) und 75 US$ (1 575 000 VND)

Spitzenklasse ($$$) Mehr als 75 US$ (1 575 000 VND)

Die angegebenen Preise gelten in der Hochsaison für Zimmer mit Privatbädern, sofern nicht anders erwähnt. Außerhalb von Spitzenzeiten sind oftmals tolle Rabatte möglich.

Bei der Ankunft im Hotel muss man fast immer den Reisepass vorlegen. Es ist nicht unbedingt nötig, ihn tatsächlich auszuhändigen, aber man braucht zumindest eine Kopie des Passes, des Visums und der Einreisekarte.

ZWIELICHTIGE HOTELS

In Vietnam gibt's zahlreiche Hotelbetrügereien, die sich häufig um die Budgetbleiben der Hauptstadt Hanoi drehen. Eine Unterkunft erwirbt sich einen guten Ruf und eine Empfehlung in einem Reiseführer, und schon eröffnet in derselben Straße eine Kopie gleichen Namens. Unehrliche Taxifahrer arbeiten mit diesen Nachahmern zusammen und bringen ahnungslose Besucher nicht zum gewünschten Hotel, sondern zum Imitat. Wer Bedenken hat, sollte sich vor dem Einchecken immer das Zimmer zeigen lassen. Einige Unterkünfte in Hanoi drängen ihre Gäste auch, Touren bei ihnen zu buchen. Davon abgesehen sind die meisten Betreiber von Pensionen und Hotels anständige und ehrliche Leute. Mehr zum Thema Abzocke in Hanoi siehe S.62.

Homestays

In einigen Teilen des Landes sind sogenannte *homestays* (Privatunterkünfte bei Familien) eine beliebte Option. Allerdings sollte man nicht einfach in einem Bergdorf auftauchen und darauf vertrauen, dass man hier schon irgendwo Unterschlupf findet. Für die Registrierung von ausländischen Übernachtungsgästen gelten in Vietnam strenge Regeln.

Gebiete mit guten Privatunterkünften sind u. a. das Mekong-Delta (S. 397), Mai Chau und die umliegenden Dörfer der Weißen Thai (S.128) sowie die Ba-Be-Region (S. 96).

Einige Tourveranstalter (S.557) und Anbieter von Motorradtrips (S.557) haben sehr gute Beziehungen zu abgelegenen Dorfgemeinschaften entwickelt und bieten die Übernachtung bei Einheimischen als Teil ihrer Ausflüge an.

Pensionen & Hotels

Hotels heißen *khach san,* Pensionen *nha khach* oder *nha nghi*. Erstere haben oft eine große Vielfalt an Zimmern (Preise von 15–60 US$ sind nicht ungewöhnlich). Die billigsten Quartiere liegen oft am Ende zahlreicher Treppen oder haben kein Fenster.

» **Budgethotels** Pensionen (meist familiengeführt) variieren stark je nach den Ansprüchen ihrer Besitzer, die neuesten sind oft im besten Zustand. Erfreulicherweise verfügen fast alle Zimmer in dieser Kategorie über eine tolle Ausstattung. Häufig bekommt man schon für 12 bis 15 US$ WLAN im Zimmer, Klimaanlage, warmes Wasser und einen Fernseher. In einigen Bleiben ist sogar ein kostenloses Frühstück dabei. Am oberen Ende der Skala liegen Minihotels, kleine, schicke Häuser mit einem hervorragenden Preis-Leistungs-Verhältnis. Aufzüge gibt's allerdings in den wenigsten Budgethotels.

» **Mittelklassehotels** Viele Hotels am unteren Ende dieser Kategorie ähneln Budgetunterkünften, haben aber meist geräumigere Zimmer oder Balkone. Wer etwas mehr investiert, kann sich über deutlich mehr Luxus in Form von modernem Design, einem Pool und Massage- oder Spa-Einrichtungen freuen.

» **Spitzenklassehotels** Diese Gruppe reicht von gesichtslosen Geschäftshotels über koloniale Häuser mit historischem Flair bis zu stilvollen Boutique-Hotels. Die Küste ist mit Resorts gespickt. An den beliebtesten Strandorten wie China Beach, Nha Trang und Mui Ne gibt's eine ganze Reihe prächtiger Anlagen. Villenhotels, bei denen jedes Haus einen eigenen Pool hat, werden immer populärer, und sogar Übernachtungen mit Butlerservice oder zusätzlichen Spa-Einrichtungen sind zu haben. In den Bergen im Norden und einigen entlegenen Ecken der Bai-Tu-Long-Bucht stößt man auf Ökolodges, zudem wartet der Cat-Tien-Nationalpark mit einer neuen, privat geführten Dschungellodge auf.

Steuern

Die meisten Hotels der Spitzenklasse erheben eine Steuer von 10 % und einen Bedienungsaufschlag von 5 %, was auf der Rechnung am Symbol ++ erkennbar ist. Einige Mittelklassehotels (gelegentlich sogar Budgetunterkünfte) versuchen ebenfalls, eine zehnprozentige Steuer aufzuschlagen, oft verzichten sie aber auch darauf.

Versicherung

Eine Auslandskrankenversicherung ist für ärztliche Behandlungen in Vietnam unerlässlich, wenn man ein finanzielles Nachspiel vermeiden will, denn die Versicherung zu Hause übernimmt nicht generell alle Kosten. Die beste Wahl ist deshalb eine Police,

UNTERKÜNFTE ONLINE BUCHEN

Weitere Hotelbeschreibungen von Lonely Planet Autoren gibt's unter hotels.lonelyplanet.com/Vietnam. Dort findet man unabhängige Kritiken und Empfehlungen zu den besten Unterkünften, außerdem kann man sie gleich online buchen.

die sowohl Diebstähle als auch den Verlust von Gepäck und die medizinische Versorgung abdeckt.

Einige Versicherungen schließen Erstattungen bei „gefährlichen Aktivitäten" aus, zu denen Unternehmungen wie Motorradfahrten, Tauchgänge und sogar Wanderungen gehören können. Wichtig ist, dass sie den Rücktransport bei schweren Verletzungen garantieren.

Eine weltweite Reiseversicherung ist bei ww.lonelyplanet.com/travel_services erhältlich. Man kann sie jederzeit kaufen, erweitern oder einen Versicherungsfall melden, auch während der Reise.

Visa

Besucher aus den meisten Ländern müssen im Voraus ein Visum besorgen. Ein- und ausreisen kann man u. a. über die Flughäfen von Hanoi, HCMS und Da Nang sowie über etliche Punkte an der kambodschanischen, chinesischen und laotischen Grenze.

Inzwischen ist der Papierkram für die Einreise zwar ziemlich einfach geworden, allerdings nicht billig und noch immer zeitaufwendig. Die Prozedur dauert vier bis fünf Werktage.

Touristenvisa gibt's für 30 oder 90 Tage und für die einmalige oder mehrfache Einreise.

In Asien bekommt man ein Visum für Vietnam am einfachsten in Kambodscha. Das Ausstellen dauert einen Tag und kostet rund 45 US$. Bangkok ist ebenfalls ein beliebter Ort für die Einreise, weil die Agenturen in der thailändischen Hauptstadt günstige Pakete inklusive Flugticket und Visum anbieten.

Für längere Aufenthalte in Vietnam oder Reisen mit Abstechern nach Kambodscha oder Laos kann man ein 90-tägiges Visum beantragen. Es kostet in Kambodscha 95 US$, wird aber nicht in allen vietnamesischen Botschaften des Nachbarlandes ausgestellt.

Oft machen Traveller in Vietnam die Erfahrung, dass ihr Aussehen Einfluss auf die Behandlung bei der Einreise am Flughafen hat. Wer Shorts oder ungepflegte Sachen trägt, zerzaust ist oder einen Dreitagebart hat, bekommt unter Umständen Probleme. Aus diesem Grund sollte man sich möglichst seriös kleiden.

Geschäftsvisa

Geschäftsvisa sind 90 Tage gültig. Früher kam man leicht an Visa für 180 Tage, doch heute werden diese nur noch in Kambodscha ausgestellt. Sie erlauben die einfache und mehrfache Einreise. (Um legal in Vietnam zu arbeiten, ist eine Arbeitserlaubnis erforderlich). Ein Geschäftsvisum ist leicht zu bekommen und billig, wenn auch etwas teurer als das Pendant für Touristen. Man kann es bei der vietnamesischen Botschaft oder online beantragen. Da sich die Einreisebestimmungen laufend ändern, gibt's demnächst vielleicht wieder Visa für 180 Tage.

Visa für die mehrfache Einreise

Es ist möglich, von Vietnam aus nach Kambodscha oder Laos zu reisen und dann mit

VIETNAMESISCHE VISA-AGENTUREN

Bei der Einreise mit dem Flugzeug in HCMS, Hanoi oder Da Nang ist es meistens am einfachsten und billigsten, ein Visum im Voraus durch eine Visa-Agentur oder ein Reisebüro zu besorgen. Diese Möglichkeit gilt nicht für die Einreise über den Landweg.

Die Agenturen benötigen die Angaben aus dem Reisepass und schicken innerhalb von zwei oder drei Tagen (bei Eilservice innerhalb eines Tages) eine Einreisegenehmigung per E-Mail. Diese druckt man aus und bringt sie mit zum Flughafen. Bei der Einreise muss man die Genehmigung und ein Passbild vorlegen und zahlt dann eine Stempelgebühr (25 US$ für die einfache Einreise, 50 US$ für die mehrfache Einreise). Viele Traveller bevorzugen diese Methode, da sie sich dann nicht mit der vietnamesischen Bürokratie herumschlagen oder ihren Pass für längere Zeit aus der Hand geben müssen, außerdem ist es billiger als bei den westlichen Botschaften.

Zu den empfehlenswerten Agenturen gehören **Vietnam Visa Center** (www.vietnamvisacenter.org) und **Visa Vietnam** (www.visatovietnam.org).

---

demselben Visum hierher zurückzukehren, allerdings muss man sich dafür ein Visum für die mehrfache Einreise besorgen, *bevor* man Vietnam verlässt. Letzteres bekommt man am einfachsten in Hanoi oder HCMS, benötigt aber fast immer die Hilfe einer Agentur für den Papierkram. Reisebüros nehmen für diesen Dienst rund 45 US$ und brauchen bis zu sieben Tage.

Alternativ kann man auch dieses Visum schon vorab im Heimatland besorgen oder gleich bei der Einreise ein solches verlangen.

Verlängerung

Den entsprechenden Stempel bekommt man gegen etwas Kleingeld. Offiziell kostet die Verlängerung des Touristenvisums lediglich 10 US$, sie kann aber zum bürokratischen Albtraum werden. Deshalb sollte man lieber etwas mehr investieren und ein Reisebüro beauftragen. Die ganze Prozedur dauert bis zu sieben Tage. Je nach bestehendem Visum ist eine Erweiterung für 30 oder 90 Tage möglich.

Theoretisch können Traveller ihre Einreiseerlaubnis in jeder Provinzhauptstadt verlängern lassen, allerdings ist das in großen Städten wie HCMS, Hanoi, Da Nang und Hue um einiges unkomplizierter, weil die Behörden besser auf Ausländer eingestellt sind.

Zeit

Vietnam liegt sechs Stunden vor der Mitteleuropäischen Zeit (MEZ); während der Sommerzeit sind es fünf Stunden. Wenn in Vietnam die Mittagsstunde schlägt, ist es in Berlin, Bern und Wien 6 Uhr.

Zoll

Wer per Flugzeug einreist, benötigt für die Prozedur am Zoll meistens nur ein paar Minuten. Nutzt man den Landweg, wird den Ankömmlingen und ihrem Gepäck etwas mehr Augenmerk geschenkt, vor allem an abgelegenen Grenzübergängen. Zollfrei eingeführt werden dürfen:

» 200 Zigaretten
» 1,5 Liter Alkohol
» Fremdwährungen in unbegrenzter Höhe; hohe Beträge (ab 7000 US$) müssen deklariert werden.

Verkehrsmittel & -wege

AN- & WEITERREISE

Die meisten Touristen reisen mit dem Flugzeug oder Bus nach Vietnam, aber es gibt auch Zugverbindungen aus China und Bootsverbindungen von Kambodscha über den Mekong.

Einreise

An Vietnams internationalen Flughäfen werden die Formalitäten entspannter abgewickelt als an den Landesgrenzen, da hier viel mehr Betrieb herrscht. Allerdings ist inzwischen auch der Grenzübertritt aus Kambodscha oder China recht stressfrei zu bewältigen. Etwas anstrengender sind Grenzüberquerungen zwischen Vietnam und Laos.

Reisepass

Man benötigt einen Reisepass, der bei der Einreise noch sechs Monate gültig ist. Deutsche, Österreicher und Schweizer müssen sich im Voraus ein Visum besorgen (s. S. 547).

In Übersee lebende Vietnamesen haben es bei den Einwanderungs- und Zollbehörden mitunter etwas schwerer als ausländische Besucher.

Flugzeug

Fluglinien

Vietnam Airlines (www.vietnamairlines.com.vn) Hanoi (✆3832 0320); HCMS (✆3832 0320) Die nationale, staatlich geführte Fluggesellschaft steuert 28 internationale Ziele an, darunter auch Frankfurt am Main.

Das Unternehmen hat eine moderne Flotte aus Airbussen und Boeings und gute Sicherheitsstandards.

Flughäfen

Es gibt drei internationale Flughäfen in Vietnam. 2012 soll in Phu Quoc ein vierter eröffnet werden.

Da Nang (DAD; ✆1383 0339) Bietet nur wenige internationale Flüge an, wird aber dank seines neuen Terminals bald neue Routen bedienen.

Ho-Chi-Minh-Stadt (HCMS) (SGN; ✆3845 6654; www.tsnairport.com) Der Tan-Son-Nhat-Flughafen ist das belebteste internationale Drehkreuz Vietnams.

Hanoi (HAN; ✆3827 1513; www.hanoiairportonline.com) Der Noi-Bai-Flughafen bedient die Hauptstadt.

Mehrere andere Flughäfen, darunter die von Hue und Hai Phong, werden ebenfalls als international klassifiziert, bieten derzeit aber nur Inlandsflüge an. Der Cam-Ranh-Flughafen in Nha Trang hat saisonale Flüge nach Russland und soll bald noch weitere internationale Verbindungen aufnehmen.

Tickets

Von Europa ist es oft teurer, nach Vietnam zu fliegen, als von südostasiatischen Ländern. Am besten kauft man sich ein günstiges Ticket nach Bangkok, Singapur oder Hongkong und nimmt dort einen Weiterflug mit Air Asia oder anderen Billig-Airlines.

Während der Ferien oder an Feiertagen sind Flüge nach/von Vietnam schwer zu bekommen, ganz besonders an Tet (Neujahr, s. S. 488) zwischen Ende Januar und Mitte Februar.

Auf dem Flussweg

Zwischen Kambodscha und Vietnam befindet sich ein Flussgrenzposten am Ufer des Mekong. Schnellboote pendeln regelmäßig zwischen Phnom Penh in Kambodscha und Chau Doc in Vietnam über die Grenzstation Vinh Xuong–Kaam Samnor. Mehrere Luxusschiffe fahren bis nach Siem Reap in Kambodscha zu den Tempeln von Angkor.

Auf dem Landweg

Vietnam grenzt an Kambodscha, China und Laos. Mittlerweile sind zahlreiche Grenz-

> Flüge, Touren, Zugfahrkarten und andere Reisedienstleistungen kann man online unter www.lonelyplanet.com/travel_services buchen.

Flugrouten

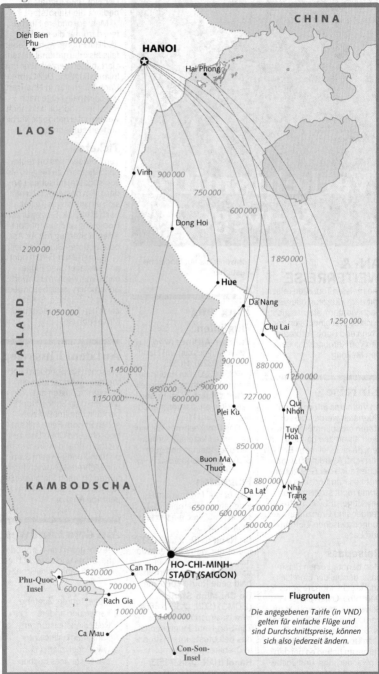

übergänge in jedes Nachbarland für Ausländer geöffnet – verglichen mit der Situation vor einem Jahrzehnt ein großer Fortschritt. Leider bekommt man nach wie vor an keiner dieser Grenzen ein Visum für Vietnam.

Auto & Motorrad

Theoretisch ist es möglich, mit dem Auto oder Motorrad ein- und auszureisen, jedoch nur an den Grenzen zu Kambodscha und Laos. In der Praxis wird dies durch viel ärgerliche Bürokratie erschwert. Normalerweise lässt sich ein vietnamesisches Motorrad relativ leicht nach Kambodscha oder Laos einführen, umgekehrt ist das allerdings fast unmöglich (und die Genehmigungen sind teuer). Nach China darf man aus Vietnam derzeit kein Fahrzeug mitnehmen.

Aktuelle Infos zu Grenzüberquerungen mit dem Motorrad siehe unter www.gt-rider.com.

Fahrzeugpapiere

Auto- und Motorradfahrer benötigen Fahrzeugpapiere, eine Haftpflichtversicherung, eine internationale Fahrerlaubnis und einen vietnamesischen Führerschein. Am wichtigsten ist das Dokument *carnet de passage en douane*, im Grunde ein Pass für das Fahrzeug, der einen zeitweilig von der Importsteuer befreit.

Bus

Sowohl von Kambodscha als auch von Laos und China kann man per Bus nach Vietnam einreisen. Besonders beliebt sind die internationalen Busse aus/nach Kambodscha über den Grenzübergang Moc Bai–Bavet. Auf dem Weg nach und von Laos nehmen die meisten Touristen den Horrorbus von Vientiane nach Hanoi über den Grenzposten Cau Treo oder wählen die angenehmere Strecke von Savannakhet im Süden von Laos nach Hue in Zentralvietnam über den Grenzübergang Lao Bao.

Zweimal täglich verkehren Busse zwischen Hanoi und Nanning in China.

Grenzübergänge

Details zu den Grenzübergängen erfährt man in den jeweiligen Kapiteln. Die Öffnungszeiten können leicht variieren, zumeist sind sie für Ausländer jedoch täglich von 7 bis 17 Uhr zugänglich.

Auf vietnamesischer Seite gibt's jetzt legale Geldwechselstuben. US-Dollars und einige andere große Währungen werden akzeptiert, darunter chinesische Renminbi, laotische Kip und kambodschanische Riel. Den Schwarzmarkt sollte man meiden, denn dort sind die Händler zu Recht dafür berüchtigt, dass sie zu schlechten Kursen wechseln oder gleich den kompletten Betrag stehlen.

An den Grenzposten werden von Touristen gelegentlich dubiose „Einreisegebühren" (1–2 US$) verlangt.

CHINA

Derzeit gibt's drei Grenzposten, über die Ausländer zwischen Vietnam und China reisen dürfen: Huu Nghi Quan (der Freundschaftspass), Lao Cai und Mong Cai. Ein Visum für China muss im Voraus beantragt werden.

Nach der Grenzüberquerung muss man die Uhr um eine Stunde vorstellen.

» **Lao Cai–Hekou** Verbindung zwischen Nordvietnam und Kunming; auf der chinesischen Seite verkehren zurzeit keine Züge; s. S. 143.

CHINA-REISEFÜHRER KONFISZIERT

Touristen, die auf dem Landweg oder mit dem Zug von Vietnam nach China gereist sind, haben uns berichtet, dass ihr Lonely Planet *China* an der Grenze konfisziert wurde. Die Karten in unserem Reiseführer zeigen Taiwan als unabhängiges Land, und das ist ein sensibles Thema. Wer mit dem Buch unterwegs ist, sollte es in einen anderen Umschlag stecken, damit es nicht sofort erkannt wird, und sicherheitshalber alle praktischen Hinweise kopieren, die für die Reise durch China wichtig sind.

» **Mong Cai–Dongxing** Der Grenzübergang von der Ha-Long-Bucht zur Hainan-Insel wird nur selten von Travellern genutzt; s. S. 118.

» **Youyi Guan–Huu Nghi Quan** Verbindet Hanoi mit Nanning und Hongkong; auf der Strecke sind Züge unterwegs; s. S. 120.

KAMBODSCHA

Kambodscha und Vietnam haben eine lange gemeinsame Grenze mit sieben Übergängen – Tendenz steigend. Einmonatige Visa für Kambodscha erhält man an allen Grenzübergängen (20 US$), allerdings werden überall außer in Bavet häufig zu hohe Gebühren kassiert.

Die kambodschanischen Grenzposten sind offiziell zwischen 8 und 20 Uhr geöffnet. Zu den beliebtesten zählen:

» **Le Thanh–O Yadaw** Von Vietnams zentralem Hochland in den Nordosten Kambodschas; s. S. 318.

» **Moc Bai–Bavet** Verbindet HCMS mit Phnom Penh; s. S. 383.

» **Vinh Xuong–Kaam Samnor** Unproblematische Flussgrenze im Mekong-Delta; s. S. 434.

» **Xa Xia–Prek Chak** Verbindet das Delta und Phu Quoc mit der kambodschanischen Küste; s. S. 428.

LAOS

Auch zwischen Vietnam und Laos ist der Grenzübertritt derzeit an sieben Stellen möglich und es könnten bald

mehr sein. Inzwischen werden an allen Übergängen 30-Tage-Visa für Laos ausgestellt.

Am besten nimmt man einen Direktbus zwischen beiden Ländern, denn dann hat man schon eine Fahrkarte und mögliche Probleme werden drastisch reduziert: Auf der vietnamesischen Seite sind Betrügereien bei der Einreise und in den lokalen Verkehrsmitteln nämlich sehr verbreitet. Dazu gehören Lügen über die Reisedauer sowie betrügerische Busfahrer, die mitten in der Pampa anhalten und mehr Fahrgeld verlangen.

Auf regelmäßige Verkehrsanbindungen sollte man sich auf beiden Seiten der Grenze nicht verlassen und abgelegenere Übergänge nur dann ansteuern, wenn man eine Menge Zeit und Geduld hat.

Folgende Grenzübergänge sind besonders beliebt:

» **Bo Y–Pho Keau** Praktisch für Reisen zwischen Hoi An oder Qui Nhon und der Region Pakxe in Laos; s. S. 321.

» **Cau Treo–Nam Phao** Verbindet Vinh mit Tha Khaek und wird von Bussen genutzt, die die anstrengende Reise zwischen Hanoi und Vientiane machen; s. S. 164.

» **Lao Bao–Dansavanh** Die beliebteste und unproblematischste Grenze schafft eine Verbindung zwischen Dong Ha und Savannakhet; s. S. 176.

» **Nam Can–Nong Haet** Hier kann man von Vinh zur Ebene der Tonkrüge in Laos reisen; s. S. 162.

» **Tay Trang–Sop Hun** Von Dien Bien Phu nach Nordlaos; s. S. 133.

Zug

Zahlreiche internationale Züge verkehren zwischen China und Vietnam, darunter einer von Hanoi nach Nanning und weiter nach Peking. Die landschaftlich schönste Eisenbahnstrecke führt von Hanoi nach Kunming über Lao Cai, allerdings fuhren bei unserem Besuch auf der chinesischen Seite keine Züge. Es gibt keine Bahnverbindungen zwischen Vietnam, Kambodscha und Laos.

UNTERWEGS VOR ORT

Auto & Motorrad

Mit den eigenen vier Rädern hat man die Flexibilität, um abgelegene Regionen zu besuchen und anzuhalten, wo es einem gefällt. Autos mietet man immer mit Fahrer, Motorräder (die sehr günstig sind) wahlweise mit oder ohne.

Ersatzteile

Da Vietnam mit japanischen (und auch immer mehr chinesischen) Motorrädern überschwemmt wird, lassen sich problemlos Teile für die meisten Fahrzeuge finden. Wer jedoch mit einem seltenen Gefährt unterwegs ist, ob nun auf zwei oder vier Rädern, sollte wichtige Ersatzteile selbst mitbringen.

Führerschein

Autofahren ist Touristen ohne vietnamesischen Führerschein offiziell verboten, ein Wagen kann nur mit Fahrer gemietet werden. Um ein Moped oder Motorrad zu leihen, muss man keinen Führerschein vorlegen.

Mietfahrzeuge

Zu berücksichtigen sind die Sicherheit, der technische Zustand des Fahrzeugs, der Ruf des Vermieters und die eigene Reisekasse.

Auto & Minibus

Mietwagen, die man selbst fahren kann, haben sich in Vietnam noch nicht etabliert – bei den vorherrschenden Verkehrsbedingungen ist das allerdings eher ein Segen. Umso beliebter und zahlreicher sind Autos mit Fahrer. Wenn man sich die Kosten mit ausreichend vielen Personen teilt, ist der

HELMPFLICHT

In Vietnam muss man auf dem Motorrad einen Helm tragen, auch als Beifahrer. Wer lange Touren auf verkehrsreichen Strecken oder kurvigen Bergstraßen vor sich hat, sollte in einen guten Importhelm investieren, denn die Eierschalen vor Ort bieten nicht wirklich viel Schutz. Helme von besserer Qualität bekommt man in größeren Städten ab etwa 25 US$.

Mietwagen mit Chauffeur und Guide selbst für preisbewusste Traveller eine realistische Möglichkeit.

Viele Reiseagenturen in Hanoi und HCMS vermieten Wagen mit Fahrer. Auf den schlechten Straßen Nordwestvietnams eignen sich am besten Jeeps.

Kosten pro Tag:

» **Standardauto** 40–60 US$
» **Allradwagen** 80–115 US$

Motorrad

Motorräder kann man praktisch überall ausleihen, z. B. in Cafés, Hotels und Reisebüros. Oft wird verlangt, dass man den Reisepass hinterlegt, bis man das Fahrzeug zurückgibt. Traveller können versuchen, stattdessen eine unterschriebene Vereinbarung anzubieten. Darin sollte genau festgehalten sein, was für ein Fahrzeug man mietet, wie viel es kostet, welche Verpflichtungen es zur Rückerstattung gibt usw.

Die Gebirge im Norden bewältigt man am besten mit einem leistungsstarken Motorrad wie einer Honda Bonus oder einer Minsk. Wer nicht selbst fahren möchte, dem bieten sich vor Ort jede Menge Fahrer für 7 bis 12 US$ pro Tag als Chauffeur und Guide an.

Kosten pro Tag:
- » **Moped (Halbautomatik)** 4–6 US$
- » **Moped (Automatik)** 8–10 US$
- » **Minsk** ab 15 US$
- » **Gelände- und Rennräder** ab 20 US$

ENTFERNUNGEN (KM)

	Da Lat	Hoi An	Sa Pa	Hue	Ha-Long-Stadt	Hanoi
Hoi An	716					
Sa Pa	1868	1117				
Hue	830	138	1038			
Ha-Long-Stadt	1653	911	545	823		
Hanoi	1488	793	380	658	165	
HCMS	310	942	2104	1097	1889	1724

Anmerkung: Angegeben sind ungefähre Enfernungen

Sprit

Seit 2011 sind die Spritpreise stark gestiegen: Ein Liter bleifreies Benzin kostet jetzt rund 21 000 VND.

Sogar in extrem abgelegenen Gemeinden gibt's Leute, die an der Straße Treibstoff verkaufen. Einige Verkäufer mischen ihn mit Kerosin, um mehr Gewinn zu machen, deshalb ignoriert man sie am besten und steuert stattdessen eine Tankstelle an.

Straßenzustand & Gefahren

Verkehrssicherheit gehört nicht zu Vietnams Stärken und so wird das Netz der Schnellstraßen zwischen den Städten immer gefährlicher. Auf den Hauptstraßen ist Raserei an der Tagesordnung, und Zusammenstöße sind ein erschreckend vertrauter Anblick geworden.

In der Regel sind die Schnellstraßen asphaltiert und in einigermaßen gutem Zustand, aber saisonale Überschwemmungen ziehen sie gelegentlich in Mitleidenschaft. Ein Taifun kann Schlaglöcher in der Größe eines Bombenkraters aufreißen. In manchen abgelegenen Regionen sind die Straßen nicht befestigt und verwandeln sich bei schlechtem Wetter in ein Schlammbad. Solche Wege bewältigt man am besten mit einem Allradwagen oder -motorrad. Bergstraßen sind besonders gefährlich: Erdrutsche, herabstürzende Felsbrocken und unkontrollierbare Fahrzeuge stellen zusätzliche Gefahrenquellen dar.

Notfälle

Es gibt keinen effizienten Rettungsdienst und meist muss man lange auf Hilfe warten. Oft ist auch die einfachste medizinische Einrichtung weit entfernt. Unter extremen Bedingungen helfen vielleicht Einheimische, aber für gewöhnlich ist man auf sich selbst und den Fahrer gestellt, um zum nächsten Krankenhaus zu kommen.

Vorsichtsmaßnahmen

Motorradfahrer riskieren ernsthafte Sonnenbrände und sollten sich schützen. Durch den kühlen Fahrtwind bemerkt man die Hitze erst viel zu spät.

Vor allem in der Regenzeit ist ein Regenschutz unabdingbar.

Verkehrsregeln

Viele gibt's nicht, und wenn man so überlegt, eigentlich gar keine. Wichtig ist nur die Größe, denn das stärkste Fahrzeug gewinnt. Auf Kinder sollte man besonders Acht geben: Sie spielen oft mitten auf den großen Schnellstraßen. Auch Vieh kann eine Gefahr darstellen. Wer eine Kuh anfährt, riskiert schwere Verletzungen, vor allem wenn man mit einem Motorrad unterwegs ist.

Obwohl die Polizei Autofahrer häufig anhält und sie für alle möglichen echten und erfundenen Delikte bestraft, ist Raserei an der Tagesordnung. Nur langsam werden neue Geschwindigkeitsbegrenzungen eingeführt, wahrscheinlich um mehr Geld durch Strafen einzunehmen. In Städten darf man an einer roten Ampel nicht rechts abbiegen. Diese Regel ist in Vietnam schnell übertreten, und die Polizei bestraft einen sofort dafür.

Eine Grundregel für sicheres Fahren ist, alle Fußgänger und Fahrradfahrer warnend anzuhupen – das wird nicht als aggressive Fahrweise betrachtet. Es gibt keine Gurtpflicht.

Laut Gesetz dürfen nur zwei Personen auf einem Motorrad fahren, aber wir haben auch schon bis zu sechs auf einer Maschine gesehen, und da kam das Gepäck noch hinzu! In größeren Städten wird dies geahndet, auf dem Land nicht.

Versicherung

Wer in einem Touristenbus mit Fahrer reist, ist fast immer versichert. Viele Leihmotorräder sind dagegen nicht versichert, und man wird einen Vertrag unterschreiben müssen, in dem man zustimmt, das Motorrad bei Diebstahl zu ersetzen. Es empfiehlt sich also, ein starkes Schloss dabeizuhaben und das Fahrzeug wenn möglich immer auf bewachten Parkplätzen abzustellen.

Wer leichtsinnig genug ist, ohne Auslandskrankenversicherung nach Vietnam zu reisen, sollte kein Motorrad anrühren. Die Behandlungskosten nach einem schweren Unfall treiben einen sonst schnell in den Ruin.

Bus

Vietnam hat ein sehr gutes Busnetzwerk, das bis in die entlegensten Ecken des

Landes reicht. Die meisten Verbindungen werden mit langsamen, ungemütlichen Lokalbussen abgewickelt, aber auf den Hauptrouten verkehren immer mehr moderne Fahrzeuge.

Egal mit welcher Klasse man reist, Busse in Vietnam sind nie schnell: Auf den Hauptstrecken (auch auf der Nationalstraße 1) muss man mit einem Tempo von 50 km/h rechnen, denn dort sind unzählige Motorräder, Lastwagen und Fußgänger unterwegs, die alle ihren Platz beanspruchen. Der Ausblick auf die einzigartige Landschaft lässt die Reise jedoch oft rasch vergehen.

Busbahnhöfe

In vielen Städten gibt's mehrere Busbahnhöfe, die unterschiedliche Reiseziele bedienen, je nachdem, wo diese liegen (z. B. ob nördlich oder südlich der Stadt). Die Länge der Strecke entscheidet, welcher Service geboten wird – lokale oder Langstreckenbusse, Expressbusse oder langsame Busse.

Manchmal sehen die Busbahnhöfe chaotisch aus, haben aber oft Ticketschalter mit Festpreisen und klar angezeigte Abfahrtszeiten.

Kommt man mit dem Bus an, empfiehlt sich ein Taxi mit Kilometerzähler zum Hotel oder Gästehaus, da *xe-om-* und *cyclo-*Fahrer teilweise aberwitzige Preise verlangen.

Lokalbusse

Kurzstreckenbusse, darunter französische, amerikanische und russische Modelle aus den 1950er-, 60er- und 70er-Jahren, starten erst, wenn sie voll sind, d. h. bis zum Rand bepackt mit Menschen und Gepäck. In der Regel fahren sie den ganzen Tag lang, nach 16 Uhr darf man allerdings nicht mehr mit vielen rechnen.

Diese Busse und Minibusse halten unterwegs bei jeder Gelegenheit, um Passagiere aufzunehmen oder aussteigen zu lassen, was die Reise sehr in die Länge zieht.

Oft berechnen die Fahrer der Lokalbusse Ausländern zu hohe Preise, deshalb sind diese bei Travellern nicht besonders beliebt.

Bei Toilettenpausen sollte man darauf achten, dass sein Gepäck nicht zur Beute für Diebe wird. Egal, wie ehrbar ein Mitreisender auch wirken mag, man sollte niemals ein angebotenes Getränk annehmen, ansonsten riskiert man, unter Drogen gesetzt und ausgeraubt zu werden.

Luxusbusse

Auf den beliebtesten Strecken werden moderne koreanische und chinesische Busse immer beliebter. Sie fahren auf kürzestem Weg zum Zielort und bieten genug bequeme Sitzplätze.

Manche haben komfortable Liegesitze, zudem verfügen viele Langstreckenbusse über flache Polsterbetten. Diese Schlafbusse sind eine gute Alternative zu Zügen und kosten vergleichbar viel.

In den Luxusbussen darf nicht geraucht werden. Weniger toll ist allerdings die Ausstattung mit Fernsehern und Karaoke-Maschinen. Wer die Augen zumacht, bleibt zwar von verrückten Kung-Fu-Videos verschont, aber um während der Karaoke-Sessions zu schlafen, muss man schon taub sein – Ohropax könnten helfen.

Inzwischen bieten auch private Gesellschaften flotte Minibusse mit reservierbaren Sitzplätzen für Kurz- und

---

FAIRE PREISE?

Der frustrierendste Aspekt einer Reise durch Vietnam ist für viele Traveller das Gefühl, übers Ohr gehauen zu werden. Hier sind einige Richtlinien, die helfen sollen, das Labyrinth zu entwirren.

» **Buspreise** Wer seine Fahrkarte am Abfahrtsort (z. B. am Busbahnhof) kauft, zahlt einen verlässlichen Festpreis. Steigt man unterwegs in einen Bus, wird man wahrscheinlich vom Fahrer übers Ohr gehauen. In abgelegenen Regionen muss man manchmal vier- oder sogar zehnmal mehr als Einheimische zahlen. Die lokalen Buspreise sind nicht verhandelbar und werden an der Tür angezeigt.

» **Flugpreise** Variieren je nachdem, wann man bucht und zu welcher Zeit man reisen will. Es gibt keine Preisunterschiede zwischen Vietnamesen und Ausländern.

» **Schiffspreise** Fähren und Tragflächenboote haben Festpreise, aber in kleineren lokalen Booten, die im Mekong-Delta und zu den Cham-Inseln verkehren, zahlt man als Ausländer einen Aufschlag.

» **Taxis** Fast alle Taxis haben Kilometerzähler und sind sehr billig, doch manche Fahrer benutzen frisierte Geräte, die zu schnell laufen.

» **Xe om & Cyclos** Weil die Preise nicht festgelegt sind, muss man hart verhandeln.

» **Zugpreise** Die Festpreise sind je nach Klasse unterschiedlich.

Das Ganze ist sehr frustrierend, aber ein Erbe der Anfänge des Tourismus in Vietnam, als sämtliche Hotels der Regierung gehörten und Ausländer fünfmal mehr als die Einheimischen zahlen mussten. Eine ähnliche Preisstruktur galt bis vor Kurzem auch für Zugreisen.

Mittelstrecken an, darunter **Mai Linh Express** (www.mailinh.vn).

Open Tours

In vielen Backpackertreffs werben Schilder für „Open Tours" und Tickets mit frei wählbaren Zielen und Zeiten („Open Date Tickets" oder „Open Tickets"). Dahinter verbirgt sich ein Busservice, der sich hauptsächlich an ausländische Budgetreisende, aber auch an immer mehr Vietnamesen richtet. Die klimatisierten Fahrzeuge verkehren zwischen HCMS und Hanoi und Passagiere können in jeder Stadt auf der Strecke ein- oder aussteigen. Ein Ticket zwischen diesen beiden Städten kostet je nach Fahrtroute nur etwa 45 US$ (weitere Preise siehe Tabelle unten).

Offene Touren haben allerdings auch einen Nachteil: Die Fahrer leben von den Provisionen der Partnerhotels und Restaurants entlang der Strecke, sodass man manchmal den Eindruck gewinnt, Teil einer Schafherde zu sein. Dafür starten die Busse an zentralen Stellen, sodass man nicht noch extra zum Busbahnhof fahren muss.

Zwar kostet es etwas mehr, wenn man Tickets für kurze Strecken mit den Open-Tour-Bussen kauft, allerdings ist man flexibler und kann unterwegs auch auf den Zug umsteigen, ein Motorrad mieten oder einfach seine Reisepläne komplett umschmeißen.

Verlockend sind die Open-Tour-Tickets auf jeden Fall. Ausprobieren kann man sie z. B. auf den kürzeren Strecken HCMS–Da Lat und HCMS–Mui-Ne-Strand. Zu beiden Orten gibt's keine Zugverbindung.

Wer ein Ticket erwerben möchte, sollte sich in den preiswerten Cafés in HCMS und Hanoi umsehen. Die Idee stammt vom renommierten Anbieter **The Sinh Tourist** (www.thesinhtourist.com), aber inzwischen sind viele Unternehmen auf den Zug aufgesprungen.

Reservierungen & Kosten

Für die meisten beliebten Verbindungen zwischen kleinen und großen Städten braucht man keine Reservierung. Es schadet jedoch nicht, die Fahrkarte einen Tag im Voraus zu besorgen. Inzwischen gibt's an fast allen Busbahnhöfen Fahrkartenschalter mit ausgehängten offiziellen Preisen. Weil die Busfahrer immer zu viel Geld verlangen, sollte man sein Ticket unbedingt am Schalter kaufen.

Auf ländlichen Strecken kommt es oft vor, dass Ausländer das Doppelte bis Zehnfache des eigentlichen Preises zahlen müssen. Wenn man mit dem Busfahrer verhandelt, ist es hilfreich, sich mit den Preisen für Einheimische auszukennen. Zur Orientierung: Eine 100 km lange Fahrt kostet üblicherweise 2 bis 3 US$.

Fahrrad

Mit dem Fahrrad kann man Vietnam wunderbar erkunden, insbesondere abseits der großen Nationalstraßen. Auf dem Land werden in die Pedale tretende westliche Touristen oft begeistert von Einheimischen gegrüßt, die einen solchen Anblick nur selten zu sehen bekommen.

Auch lange Strecken sind kein Problem, denn ein Großteil des Landes ist flach oder nur wenig hügelig. Darüber hinaus sind die großen Straßen in einem guten Zustand, allerdings nicht immer sicher. Räder lassen sich auf dem Dach von Bussen oder in den Gepäckabteilen der Züge durch das Land transportieren.

Geführte Touren

Inzwischen sieht man auch viele ausländische Reisegruppen, die mit dem Fahrrad in Vietnam unterwegs sind. Mehrere Veranstalter haben sich auf Radtouren spezialisiert (s. S. 557).

Miete

Hotels und einige Reiseveranstalter vermieten Räder für 1 bis 3 US$ pro Tag, bessere Modelle kosten 8 US$ oder mehr. Außerhalb der Regenzeit kann man mit dem Fahrrad wunderbar kleine Städte wie Hoi An, Hue oder Nha Trang erkunden. An den Straßen bieten zahlreiche Stände einen Reparaturservice an.

Modelle

Einige spezialisierte Läden in Hanoi und HCMS verkaufen gute Fahrräder, aber wer längere Touren zurücklegen will, bringt lieber sein eigenes Rad mit. Am besten eignen sich Mountainbikes, da die großen Schlaglöcher auf den Schotterstraßen die Felgen nicht gerade schonen. Für Ausflüge an der Küste oder

PREISE FÜR OPEN-TOUR-BUSSE

STRECKE	PREIS
Ho Chi Minh Stadt–Da Lat	9 US$
Ho-Chi-Minh-Stadt–Mui Ne	9 US$
Ho-Chi-Minh-Stadt–Nha Trang	12 US$
Nha Trang–Hoi An	12 US$
Hoi An–Hue	9 US$
Hoi An–Nha Trang	16 US$
Hue–Hanoi	20 US$

im Mekong-Delta genügen jedoch Tourenräder. Außerdem mangelt es vor Ort an grundsätzlicher Sicherheitsausrüstung und originalen Ersatzteilen, sodass man dies selbst mitbringen sollte. Obligatorisch ist eine Klingel oder Hupe – je lauter, desto besser.

Flugzeug

Vietnam bietet gute Inlandsverbindungen zu günstigen Preisen (bei früher Buchung). Die Airlines akzeptieren internationale Kredit- oder Debitkarten, allerdings werden manchmal Flüge storniert. Man sollte sich nicht auf eine Inlandsverbindung verlassen, um einen internationalen Anschluss zu bekommen – wer die Möglichkeit hat, reist einen Tag früher.

Air Mekong (www.airmekong.com.vn) Bedient Ziele in Südvietnam und Hanoi.

Jetstar Pacific Airlines (www.jetstar.com) Sehr günstig, bietet aber nur wenige Verbindungen an.

Vasco (www.vasco.com.vn) Fliegt von HCMS nach Con Dao und ins Mekong-Delta.

Vietnam Airlines (www.vietnamairlines.com) Die führende lokale Fluggesellschaft hat die meisten Flüge im Programm und ist am zuverlässigsten.

Geführte Touren

Die Qualität der billigen Touren, die in HCMS und Hanoi angeboten werden, ist furchtbar. Generell gilt, dass man bekommt, was man bezahlt hat.

Die beliebtesten Ausflugsziele in Vietnam:
» **Entmilitarisierte Zone** S. 171
» **Ha-Long-Bucht** S. 103
» **Hue** S. 191
» **Mekong-Delta** S. 383
» **Mui Ne** S. 269
» **My Son** S. 230
» **Nha Trang** S. 251
» **Phong Nha** S. 163
» **Sa Pa** S. 135

Einige empfehlenswerte Anbieter:

Buffalo Tours (3828 0702; www.buffalotours.com; 94 P Ma May, Hanoi) Beliebtes Reiseunternehmen mit diversen Trips von Wanderungen zum Fan Si Pan bis zu neuntägigen Gourmettouren.

Destination Asia (3844 8071; www.destination-asia.com; 143 Đ Nguyen Van Troi, Phu Nhuan, HCMS) Teure Reisen für anspruchsvolle Traveller.

Handspan (3926 2828; www.handspan.com; 78 P Ma May, Hanoi) Innovativer Anbieter mit einer großartigen Auswahl an gemeindebasierten Ausflügen sowie Kajak-, Jeep-, Mountainbike- und Trekkingtouren.

Ocean Tours (3926 0463; www.oceantours.com.vn; 22 P Hang Bac, Hanoi) Gut organisierte Trips zur Ha-Long-Bucht, in Nationalparks und die nördlichen Berge sowie Touren mit Allradwagen.

Sinhbalo Adventures (8337 6766; www.sinhbalo.com; 283/20 Đ Pham Ngu Lao, Bezirk 1, HCMS) Der führende Spezialist für Fahrradreisen veranstaltet Ausflüge ins Mekong-Delta, ins zentrale Hochland und in die nördlichen Berge.

Sisters Tours (3562 2733; www.sisterstoursvietnam.com; 37 Đ Thai Thinh, Hanoi) Lokal geführtes Spitzenunternehmen mit tollen Mottotouren von Fototrips bis hin zu Familienreisen.

Motorradtouren

Motorradtouren durch Vietnam erfreuen sich zunehmender Beliebtheit. Sie bieten eine großartige Gelegenheit, abseits der ausgetretenen Pfade zu

---

EIN AUTO MIT FAHRER MIETEN

Wer ein Auto mit Fahrer mietet, kann sich einen maßgeschneiderten Ausflug nach den eigenen Bedürfnissen zusammenstellen. Auf diese Weise erkundet man das Land, als würde man auf eigene Faust reisen, nur noch komfortabler und weniger zeitaufwendig. Außerdem kann man unterwegs anhalten, wo immer man möchte.

Viele Reisebüros bieten einen solchen Service an. Ein guter Guide kann als Übersetzer und Reisebegleiter fungieren, kulturelles Wissen vermitteln und die Tür zu einzigartigen Erlebnissen öffnen. Ein schlechter Führer ruiniert dagegen die gesamte Reise. Folgendes ist zu bedenken:

» Vor der Abreise sollte man seinen Fahrer treffen und sehen, ob man sich mit ihm versteht.

» Wie gut spricht er oder sie Englisch (oder andere Sprachen)?

» Der Fahrer bezahlt seine Unkosten – Unterkunft und Mahlzeiten – meist selbst, der Passagier kommt für das Benzin auf. Vorher abklären.

» Man sollte sich auf eine Reiseroute festlegen und sich eine Kopie vom Veranstalter geben lassen. Wer das Gefühl hat, dass der Fahrer den Ablauf unterwegs ändert, kann den Plan als Druckmittel benutzen.

» Deutlich sagen, dass man keine Touristenfallen (Restaurants und Geschäfte) besuchen will.

» Wer eine gute Reise hatte, sollte ein Trinkgeld geben.

reisen und die bergigen Regionen im Norden sowie in der Landesmitte zu erkunden. Mit zwei Rädern kann man außerdem kleine Pfade man verkehrsarme Straßen im Hinterland befahren und Gegenden entdecken, in die es vier Räder oft nicht mehr schaffen. Erfahrung ist von Vorteil; viele führende Veranstalter haben aber auch Angebote für Anfänger im Programm. Auf einem Motorrad die Gipfel des Nordens zu erklimmen gehört zu den schönsten und unvergesslichen Reiseerlebnissen, die man hier haben kann.

Ausländische Guides kosten wesentlich mehr als lokale Fremdenführer. Zu viert bezahlt man mindestens 100 US$ pro Person und Tag für ein Komplettpaket inklusive Motorradmiete, Sprit, Führer, Verpflegung und Unterkunft. Einige der besten Veranstalter:

Explore Indochina (☎0913 093 159; www.exploreindochina. com) Langjähriges Unternehmen für Motorradreisen. Bietet exzellente Touren entlang des Ho Chi Minh Highway und in den hohen Norden auf gebrauchten Ural 650ern oder umgebauten Minsks; 150–200 US$ pro Tag.

Free Wheelin' Tours (☎3926 2743; www.freewheelin-tours.com) Inhaber Fredo (Binh auf Vietnamesisch) spricht Englisch und Französisch und hat Privatunterkünfte im Nordosten, tolle feste Touren sowie maßgeschneiderte Reisen im Programm. Für Vierergruppen kosten diese mindestens 100 US$ pro Tag.

Hoi An Motorbike Adventure (☎391 1930; www.motorbiketours-hoian.com) Kurztrips (ab 35 US$) mit gepflegten Minsks auf den schönen Hinterstraßen der Hoi-An-Region sowie längere Touren in die Entmilitarisierte Zone und nach Hue.

Offroad Vietnam (☎3926 3433; www.offroadvietnam.com) Professionelle, gut organisierte Ausflüge auf Straßen- und Geländerädern der Marke Honda und Trips durch Nordvietnam, u. a. nach Ha Giang und Dong Van. Außerdem kann man hier günstige Fahrräder (ab 20 US$ pro Tag) und Reitausrüstung leihen.

Voyage Vietnam (☎3926 2373; www.voyagevietnam.net) Ebenfalls von Einheimischen geführt. Erstklassige Touren in den Norden, zum Mekong und über den Ho Chi Minh Highway. Ab 85 US$ pro Tag.

Informationen zu den Easy Riders außerhalb von Da Lat siehe S. 306. In den Beschreibungen der einzelnen Orte findet man weitere Anbieter für Tagestouren mit dem Motorrad oder Fahrrad.

Nahverkehr

Bus

Aufgrund von Kommunikationsproblemen nutzen nur wenige Traveller die lokalen Busse, außerdem gibt's jede Menge billige Taxis, *cyclos* und *xe om*. Dennoch ist es nicht allzu schwierig, die Bussysteme in Hanoi und HCMS zu verstehen – am besten besorgt man sich einen Busfahrplan.

Cyclo

Fahrradrikschas sind ein billiges, umweltfreundliches Transportmittel, aber in den vietnamesischen Städten leider kaum noch zu finden.

Vor den großen Hotels und Märkten warten ständig ganze Gruppen von *cyclo*-Fahrern, die häufig wenigstens gebrochen Englisch sprechen. Wer sichergehen will, dass der Fahrer versteht, wohin man möchte, benötigt einen Stadtplan. Feilschen ist unabdingbar. Man sollte sich auf den Fahrpreis einigen, bevor es losgeht, sonst wird man wahrscheinlich über den Tisch gezogen.

Folgende Preise gelten als Richtlinien:
» **Kurzfahrt** 10 000 VND
» **Fahrt über 2 km oder Nachtfahrt** 20 000 VND
» **Pro Stunde** 40 000 VND

In HCMS wurden bereits viele Traveller von *cyclo*-Fahrern ausgeraubt, deshalb sollte man eine Grundregel beherzigen und eine Fahrradriksha nur bei Tageslicht nehmen. Wer mitten in der Nacht eine Bar verlässt, ruft besser ein Taxi.

Taxi

In den meisten Städten gibt's Taxis im westlichen Stil mit Kilometerzählern. Gemessen an internationalen Standards sind sie sehr preiswert und auch nachts sicher. Die Tarife liegen im Durchschnitt bei etwa 10 000 bis 15 000 VND pro Kilometer. Leider sind in den Straßen von Hanoi und HCMS zahlreiche schwarze Schafe unterwegs, deren Taxameter zwei- bis dreimal schneller läuft als normal. Aus diesem Grund sollte man nur mit namhaften Unternehmen fahren.

Mai Linh (www.mailinh.vn) ist ein landesweit agierender Anbieter mit exzellentem Ruf.

Xe Om

Xe om (sey-ohm) sind Motorradtaxis: *Xe* heißt Motorrad, *om* bedeutet umarmen. Wenn man nicht viel Gepäck hat, bietet sich diese Art der Fortbewegung an.

Die Preise sind ähnlich wie für ein *cyclo*, sollten aber vor der Fahrt verhandelt werden. Normalerweise muss man nicht nach den Motorradtaxis suchen, denn sie warten an nahezu jeder Straßenecke auf Kunden.

Schiff/Fähre

Vietnam hat jede Menge zumindest teilweise schiffbare Flüsse. Der bei Weitem wichtigste ist der Mekong mit seinen zahlreichen Armen. Landschaftlich reizvolle Tagesausflüge sind auf den Flüssen in Hoi An, Da Nang, Hue, Tam Coc und sogar in HCMS möglich, aber nur im Mekong-Delta werden Boote auch als Transportmittel genutzt.

Einige Kreuzfahrten führen aufs Meer hinaus. Highlight für alle Besucher Nordvietnams ist eine Tour durch die Ha-Long-Bucht. In Zentralvietnam sollte man unbedingt die Cham-Inseln besuchen (von Hoi An aus erreichbar), während sich im Süden Fahrten zu den Inseln vor Nha Trang großer Beliebtheit erfreuen.

In manchen Gegenden, besonders im Mekong-Delta, gibt's jede Menge Fährverbindungen. Während der Reise sollte man sich nicht zwischen den parkenden Autos aufhalten, denn sie könnten ins Rollen geraten.

Zug

Das vietnamesische Schienennetz wird von **Vietnam Railways** (Duong Sat Viet Nam; 3747 0308; www.vr.com.vn) betrieben, das zwar mit einem veralteten, aber sehr zuverlässigen Service aufwartet. Zudem ist eine Reise mit dem Zug eine entspannende Möglichkeit, das Land zu sehen und die spektakuläre Landschaft zu bewundern. Von einer Fahrt im klimatisierten Schlafwagen hat man auf jeden Fall mehr als von einer Nacht im Bus auf der Nationalstraße 1.

Essen

Das Essen der Bahn, das auf einigen langen Strecken im Ticketpreis inbegriffen ist, verdient keinen Michelin-Stern, ist aber durchaus in Ordnung. Es gibt viele fliegende Händler, die Speisen im Zug verkaufen. Am besten deckt man sich vor einer langen Reise mit einigen Snacks ein.

Fahrpläne

Vom Bahnhof in Hanoi und HCMS fahren täglich mehrere *Wiedervereinigungsexpresszüge*. Die Fahrzeiten ändern sich häufig. Pläne für alle Züge findet man auf der Website von Vietnam Railway (wenn sie funktioniert) und in Reisebüros. Eine hervorragende Quelle ist auch die internationale Website www.seat61.com.

Achtung: Während des Tet-Fests wird der Fahrplan stark reduziert. Dann stehen die meisten Züge neun Tage lang still, vier Tage vor und vier Tage nach dem Neujahrsfest.

DER WIEDERVEREINIGUNGSEXPRESS

Der Bau der 1726 km langen Eisenbahnstrecke Hanoi–Saigon, einst *Transindochinois* genannt, wurde 1899 begonnen und 1936 fertiggestellt. In den späten 1930er-Jahren dauerte eine Fahrt von Hanoi nach Saigon 40 Stunden und 20 Minuten bei einer Durchschnittsgeschwindigkeit von 43 km/h.

Im Zweiten Weltkrieg nutzten Japaner diese Eisenbahnlinie intensiv, was Sabotage durch die Vietminh und amerikanische Luftangriffe zur Folge hatte. Nach dem Krieg wurde die größtenteils beschädigte oder überwachsene *Transindochinois* wieder repariert.

Während des Vietnamkriegs sabotierten Vietminh die Strecke erneut. Nachts brachen sie die Gleise heraus und benutzten diese, um in dem von ihnen kontrollierten Gebiet ein 300 km langes Schienennetz zwischen Ninh Hoa und Da Nang zu errichten. Die Franzosen reagierten darauf ihrerseits schnell mit Sabotage.

Mit amerikanischer Unterstützung baute der Süden in den späten 1950er-Jahren die Bahngleise zwischen Saigon und Hue auf einer Strecke von 1041 km wieder auf. Aber allein zwischen 1961 und 1964 attackierte der Vietcong die Bahnlinie 795-mal, sodass große Abschnitte wieder aufgegeben werden mussten (inklusive der Verbindung nach Da Lat).

Im Norden waren bis 1960 die Gleise auf 1000 km repariert, größtenteils zwischen Hanoi und China. Während der amerikanischen Luftangriffe wurde das nördliche Schienennetz wiederholt bombardiert. Bis heute sind um fast jede Bahnbrücke und jeden Bahnhof im Norden Bombenkrater sichtbar.

Gleich nach der Wiedervereinigung im Jahr 1975 beschloss die Regierung, dass die Strecke Hanoi–Ho-Chi-Minh-Stadt als Symbol für Vietnams Einheit wieder eröffnet werden sollte. Bevor die ersten Züge des *Wiedervereinigungsexpresses* am 31. Dezember 1976 starteten, wurden insgesamt 1334 Brücken, 27 Tunnel, 158 Bahnhöfe und 1370 Rangiergleise instand gesetzt.

Heute ist der *Wiedervereinigungsexpress* mit einer Durchschnittsgeschwindigkeit von 50 km/h nur ein wenig schneller als die Züge in den 1930er-Jahren.

Pläne, das Bahnsystem zu einem Hochgeschwindigkeitsnetzwerk auszubauen, wurden mittlerweile auf Eis gelegt.

Fracht

Fahrräder und Motorräder müssen in Frachtwaggons untergebracht werden. Manchmal kann man nicht im selben Zug reisen.

Klassen

Züge mit der Bezeichnung SE sind die schicksten und schnellsten, die mit TN ge-

PREISE FÜR ZUGFAHRTEN AB HANOI

ZIEL	SOFT SEAT, KLIMATISIERT	HARD SLEEPER, KLIMATISIERT (OBERES VON 6 BETTEN)	SOFT SLEEPER, KLIMATISIERT (UNTERES VON 4 BETTEN)
Hue	508 000 VND	785 000 VND	833 000 VND
Da Nang	570 000 VND	853 000 VND	915 000 VND
Nha Trang	1 030 000 VND	1 340 000 VND	1 510 000 VND
HCMS	1 175 000 VND	1 590 000 VND	1 690 000 VND

kennzeichneten sind langsamer und älter.

In vietnamesischen Zügen gibt's vier Klassen: Hard Seat (harter Sitz), Soft Seat (weicher Sitz), Hard Sleeper und Soft Sleeper (harter und weicher Liegeplatz im Schlafwagen). Die letzten drei kann man wiederum mit oder ohne Klimatisierung buchen, allerdings sind derzeit nur schnellere Expresszüge mit Klimaanlagen ausgestattet. Die Hard-Seat-Klasse ist meist überfüllt. Ein harter Sitzplatz genügt, wenn man tagsüber reist, allerdings muss man mit vielen Rauchern rechnen.

Privatwaggons
Mit komfortablen privaten Luxuswaggons, die an die Züge angehängt werden, kann man auf stilvolle Weise von Lao Cai nach Hanoi und zurück reisen: Am bekanntesten sind die Abteile des Victoria Hotels, aber es gibt auch andere Anbieter. Die Tickets kosten meist 40 bis 95 US$. Zwischen Hanoi und Da Nang verkehrt ein Luxuszug (65 US$) des Unternehmens **Livitrans** (www.livitrans.com), außerdem verbinden weitere Privatzüge Nha Trang mit HCMS.

Schlafwagen
Ein Hard Sleeper hat Betten auf drei Etagen (6 Betten pro Abteil). Das obere ist ziemlich beengt, daher kostet es weniger als die unteren Betten, die am teuersten sind. Zum Gang hin gibt's manchmal keine Türen. Soft Sleeper haben Liegeplätze auf zwei Etagen (4 Betten pro Abteil), alle zum selben Preis. Zwar wird Bettwäsche zur Verfügung gestellt, pingelige Traveller sollten aber vielleicht ein eigenes Laken, einen Schlafsack und/oder einen Kopfkissenbezug mitbringen.

Preise
Die Fahrkartenpreise unterscheiden sich je nach Zug. Schnellere kosten entsprechend mehr. Einige Preisbeispiele für Tickets findet man in der Tabelle oben. Weitere Details zu den Verbindungen von Hanoi nach Hai Phong stehen auf S. 99, von Hanoi nach Lao Cai auf S. 144 und von Hanoi nach Lang Son auf S. 121.

Reservierungen
Häufig gibt's weniger Plätze als Leute, die mitfahren möchten. Am besten reserviert man einen Tag im Voraus. Schlafwagenplätze sollte man sogar schon mehrere Tage vor der Abreise buchen.

Auch viele Reisebüros, Hotels und Cafés verkaufen gegen eine kleine Gebühr Fahrkarten, was einem viel Zeit und Mühe ersparen kann. Es ist immer von Vorteil, sich gleich bei der Ankunft um das Ticket für die Weiterreise zu kümmern.

Strecken
Neben der Hauptstrecke HCMS–Hanoi verbinden drei Bahnlinien Hanoi mit Nordvietnam. Eine Route führt nach Osten in die Hafenstadt Hai Phong. Die zweite verläuft nordöstlich Richtung Lang Son, überquert die chinesische Grenze und endet in Nanning. Die dritte führt Richtung Nordwesten nach Lao Cai und weiter ins chinesische Kunming.

Je nach Zug dauert die Fahrt zwischen Hanoi und HCMS 30 bis 41 Stunden, der langsamste Expresszug braucht etwa 41 Stunden. Auf kurzen Abschnitten werden auch Regionalzüge eingesetzt. Diese sind manchmal mit lediglich 15 km/h unterwegs.

Sicherheit
Kleinkriminalität ist ein Problem in vietnamesischen Zügen. Häufig wird Gepäck durch das Fenster gestohlen, während der Zug den Bahnhof verlässt. Man sollte seine Taschen stets im Auge behalten und sie festbinden, besonders nachts.

Gesundheit

Je nachdem, welches Ziel man in Vietnam hat, ist die Qualität der medizinischen Versorgung sehr unterschiedlich. Die großen Städte stellen in der Regel kein großes Risiko dar und haben gute medizinische Einrichtungen, aber in ländlichen Gegenden sieht die Sache etwas anders aus.

Traveller neigen dazu, tropische Infektionskrankheiten in Vietnam zu überschätzen, denn zu ernsthaften Erkrankungen kommt es hier selten. Die meisten lebensbedrohlichen Probleme werden durch Verletzungen bei Unfällen (insbesondere im Straßenverkehr) verursacht. Außerdem klagen viele Besucher über eine leichte Übelkeit. Die folgenden Hinweise sind als allgemeine Tipps zu verstehen und ersetzen keinen Arztbesuch.

VOR DER REISE

» Arzneimittel sollten in eindeutig bezeichneten Verpackungen mitgenommen werden.

» Einen unterschriebenen Brief des Hausarztes mitnehmen, der die Notwendigkeit der Medikamenteneinnahme belegt.

» Für Spritzen und Nadeln muss man ebenfalls eine ärztliche Bescheinigung vorweisen können.

» Herzpatienten sollten eine Kopie des letzten EKG mitnehmen.

» Wer regelmäßig auf Medikamente angewiesen ist, sollte für den Fall des Verlusts oder Diebstahls genügend Vorrat dabeihaben.

Versicherung

Auch wer fit und gesund ist, sollte nicht ohne Auslandskrankenversicherung verreisen, denn Unfälle können immer passieren. Wenn die eigene Reiseversicherung die Kosten im Ausland nicht abdeckt, sollte man sich zusätzlich versichern. Eine Rettung im Notfall kann nämlich teuer werden: Rechnungen von 100 000 US$ sind da nicht ungewöhnlich. Unbedingt darauf achten, dass die Police Notfälle abdeckt.

Empfohlene Impfungen

Die einzige durch internationale Bestimmungen vorgeschriebene Impfung ist die gegen Gelbfieber. Ein Impfnachweis wird nur verlangt, wenn man sich sechs Tage vor der Einreise nach Vietnam in einem Land mit Gelbfiebervorkommen aufgehalten hat.

Da die meisten Impfungen frühestens nach zwei Wochen wirken, sollten sie bereits vier bis acht Wochen vor der Abreise verabreicht werden. Mehr zum Thema siehe Kasten S. 562.

Reiseapotheke

Empfohlene, aber nicht vollständige Liste für die eigene Reiseapotheke:

» antibakterielle Salben, z. B. Pyolysin

» Antihistaminika gegen Allergien, z. B. tagsüber Cetirizin und nachts Promethazin

» Antiseptikum für Schnitte und Kratzer, z. B. Jodlösungen wie Betaisadonna

» Insektenschutzmittel mit DEET (für die Haut)

» Medikamente gegen Durchfall, z. B. Imodium

» Erste-Hilfe-Werkzeug wie Schere, Pflaster, Bandagen, Mullbinden, Sicherheitsnadeln und eine Pinzette

» Paracetamol gegen Schmerzen

» Kortisoncreme und Kortison gegen Juckreiz und Allergieschübe, z. B. 1–2 %iges Hydrocortison

» Sonnencreme und -hut

» Medikamente gegen Pilzinfektionen durch Schwämmchen und Flechte, z. B. Clotrimazol oder Fluconazol

Infos im Internet

Im Internet findet man viele Gesundheitstipps für die Reise:

World Health Organization (WHO; www.who.int/ith) Die WHO gibt ein hervorragendes Buch mit dem Titel *International Travel & Health* heraus, das jährlich aktualisiert wird und online kostenlos bestellt werden kann.

VORGESCHRIEBENE & EMPFOHLENE IMPFUNGEN

Die Weltgesundheitsorganisation (WHO) empfiehlt Reisenden nach Südostasien folgende Impfungen:

» **Diphterie und Tetanus bei Erwachsenen** Die Auffrischungsimpfung wird empfohlen, wenn die letzte Impfung zehn Jahre oder länger zurückliegt. Nebenwirkungen sind Entzündungen der Injektionsstelle und Fieber.

» **Hepatitis A** Bietet nahezu hundertprozentigen Schutz für ein Jahr; eine Auffrischungsimpfung nach zwölf Monaten schützt mindestens weitere 20 Jahre. Harmlose Nebenwirkungen wie Kopfschmerzen und Entzündungen der Injektionsstelle treten bei 5 bis 10 % der Behandelten auf.

» **Hepatitis B** Gilt inzwischen als Routineimpfung für die meisten Traveller und wird in drei Dosen über sechs Monate verabreicht. Man kann sie auch als Kombinationsimpfung mit Hepatitis A bekommen. Nebenwirkungen sind harmlos und selten, dabei handelt es sich häufig um Kopfschmerzen und eine Entzündung der Injektionsstelle. 95 % der Behandelten haben danach lebenslangen Schutz.

» **Masern, Mumps und Röteln** Wenn man die Krankheiten noch nicht hatte, sind zwei Impfungen nötig. Manchmal kann es eine Woche nach der Impfung zu Ausschlag und Erkältungssymptomen kommen. Viele junge Erwachsene brauchen eine Nachimpfung.

» **Typhus** Eine Impfung wird empfohlen, wenn die Reise länger als eine Woche dauert und wenn man sich nicht nur in Großstädten aufhält. Die einmalige Impfung bietet etwa 70 %igen Schutz und hält zwei oder drei Jahre. Sie kann auch mit Tabletten durchgeführt werden, allerdings wird eine Injektion wegen den geringeren Nebenwirkungen empfohlen. Es können Entzündungen der Injektionsstelle und Fieber auftreten.

» **Windpocken** Wer sie noch nicht hatte, sollte sich über eine mögliche Impfung informieren.

Langzeitreisende

Diese Impfungen werden Travellern empfohlen, die länger als einen Monat im Land bleiben wollen oder sich in Risikogebiete begeben:

» **Japanische Enzephalitis** Drei Impfungen. Nach zwei Jahren wird eine Auffrischung empfohlen. Häufigste Nebenwirkungen sind Entzündungen der Injektionsstelle und Kopfschmerzen. Selten kann es zehn Tage nach jeder der drei Impfungen zu einer allergischen Reaktion mit Nesselsucht und Schwellungen kommen.

» **Meningitis** Eine Impfung.

» **Röteln** Drei Impfungen. Eine Auffrischung nach zwölf Monaten gewährt Schutz für zehn Jahre.

» **Tuberkulose** Erwachsenen wird in der Regel eher ein TBC-Hauttest vor und nach der Reise als eine Impfung empfohlen. Der Impfschutz hält ein Leben lang.

NetDoktor (www.netdoktor.de/reisemedizin) Umfangreiche Empfehlungen zur Reisegesundheit.

Die Reisemedizin (www.die-reisemedizin.de) Gute allgemeine Infos.

Weiterführende Literatur

Der Lonely Planet *Asia & India: Healthy Travel Guide* – ist ein handliches Taschenbuch voller nützlicher Informationen zu Reiseplanung, erster Hilfe, Impfschutz und Krankheiten und gibt auch Tipps, was man selbst tun kann, wenn man unterwegs krank wird. Empfehlenswert ist auch das Buch *Praktische Tropen- und Reisemedizin* von Hans Hochen Diesfeld, Gérard Krause und Dieter Teichmann.

IN VIETNAM

Medizinische Versorgung & Kosten

Die Entwicklung der vietnamesischen Wirtschaft hat auch einige bedeutende Verbesserungen im öffentlichen Gesundheitswesen mit sich gebracht, allerdings sind Krankenhäuser in abgelegenen ländlichen Gegenden nur mit dem Grundsätzlichsten ausgestattet. Wer auf dem Land ernsthaft krank wird, muss sich so schnell wie möglich nach HCMS, Da Nang oder Hanoi begeben. Traveller, bei denen ein chirurgischer Eingriff und andere aufwendige Behandlungen nötig sind, sollten nach Bangkok, Singapur oder Hongkong fliegen.

Privatkliniken

Privatkrankenhäuser sind die erste Anlaufstelle. Sie kennen sich mit der örtlichen Versorgungslage aus und können bei Bedarf Rücktransporte organisieren. Die besten medizinischen Einrichtungen (in Hanoi, HCMC und Da Nang) haben nahezu denselben Standard wie Krankenhäuser in westlichen Ländern.

Staatliche Krankenhäuser

Viele staatliche Kliniken sind überfüllt und einfach ausgestattet. Um Ausländer zu behandeln, brauchen sie eine spezielle Lizenz, die bisher nur wenige bekommen haben.

Selbstbehandlung

Bei kleineren Problemen wie Reisedurchfall reicht es oft aus, wenn man sich selbst darum kümmert. Vermutet man eine ernsthafte Erkrankung (besonders Malaria), sollte man umgehend zur nächsten medizinischen Einrichtung reisen.

Medikamente vor Ort zu kaufen ist nicht empfehlenswert, da Fälschungen und gering dosierte oder abgelaufene Medikamente üblich sind. Wer Arzneimittel erwirbt, muss immer das Mindesthaltbarkeitsdatum prüfen.

Infektionen

Bilharziose

Bilharziose (auch Schistosomiasis genannt) wird durch winzige Parasiten übertragen, die beim Baden in verunreinigtem Wasser die Haut befallen. Betroffene können sich drei Monate nach dem Befall einem Test unterziehen. Zu den Symptomen gehören Husten und Fieber. Die Krankheit lässt sich gut mit Medikamenten behandeln.

Dengue-Fieber

Das durch Stechmücken übertragene Fieber verbreitet sich zunehmend in Südostasien. Jährlich werden in Vietnam mehrere Tausend Menschen damit ins Krankenhaus eingeliefert, aber die Sterblichkeitsrate liegt bei unter 0,3 %. Da kein Impfstoff verfügbar ist, kann die Krankheit nur durch Mückenschutz verhindert werden, man muss sich also rund um die Uhr schützen. Symptome sind hohes Fieber sowie starke Kopf- und Gliederschmerzen (Dengue war früher als „Knochenbrecherfieber" bekannt). Einige Patienten leiden an Ausschlag und Durchfall. Es gibt keine spezielle Behandlung. Ruhe ist obligatorisch, begleitend kann Paracetamol eingenommen werden. Aspirin sollte man nicht nehmen, da es Blutungen verursachen kann. Die Krankheit muss von einem Arzt diagnostiziert und überwacht werden.

Fleckfieber

Fleckfieber verbreitet sich über Bisse von Flöhen, und Milben übertragen japanisches Flussfieber. Diese Krankheiten sind bei Touristen selten. Sie äußern sich durch Fieber, Muskelschmerzen und Hautausschlag. Man vermeidet eine Ansteckung, indem man die üblichen Schutzmaßnahmen gegen Insekten trifft. Eine Prophylaxe mit Doxycyclin ist möglich.

Geschlechtskrankheiten

Kondome, die man in Vietnam leicht bekommt, sind ein effektiver Schutz gegen die Verbreitung fast aller sexuell übertragbarer Krankheiten. Allerdings schützen sie nicht gegen Herpes oder Warzen im Genitalbereich. Wer nach dem Geschlechtsverkehr Hautausschlag, Blasen, Ausfluss oder Schmerzen beim Urinieren bemerkt, sucht am besten sofort einen Arzt auf.

Hepatitis A

Hepatitis A ist in ganz Südostasien ein Problem. Der durch Aufnahme von verunreinigtem Wasser oder Lebensmitteln übertragene Virus infiziert die Leber und verursacht Gelbsucht (gelbe Haut und Augen), Übelkeit und Lethargie. Für Hepatitis A gibt's keine bestimmte Behandlung – die Leber regeneriert sich mit der Zeit. Jeder Traveller sollte sich dagegen impfen lassen.

Hepatitis B

Dies ist die einzige Krankheit, die durch sexuelle Kontakte (sowie den Austausch von Körperflüssigkeiten) übertragen wird und durch eine Impfung vermieden werden kann. In einigen Regionen Südostasiens tragen 20 % der Bevölkerung den Hepatitis-B-Virus in sich, wobei die Betroffenen das in der Regel nicht wissen. Langzeitfolgen können Leberkrebs und -zirrhose sein.

HIV/Aids

Es werden zwar nur vage offizielle Angaben über die Anzahl der an HIV/Aids-Erkrankten in Vietnam gemacht, doch sie steigt. Warnungen und Verhaltensregeln zum Thema HIV/AIDS begegnet man überall im Land. Laut den Behörden beschränkt sich die Krankheit angeblich weitgehend auf Prostituierte und Drogenabhängige. Kondome sind in ganz Vietnam erhältlich.

Japanische Enzephalitis B

Diese Viruserkrankung des Gehirns wird durch Moskitos übertragen. Sie betrifft Traveller nur selten, aber wer sich mehr als einen Monat auf dem Land aufhält, sollte sich trotzdem impfen lassen. Es gibt keine Behandlung. Ein Drittel der Infizierten stirbt, während ein weiteres Drittel dauerhafte Hirnschäden erleidet.

Malaria

Für eine so ernste und potenziell tödliche Krankheit wie Malaria ist eine unglaubliche Menge an Fehlinformationen im Umlauf. Am besten sollte man sich auf professionellen Rat verlassen, welches Risiko im Reisezeitraum besteht. Viele Gebiete in Vietnam, besonders Städte und Ferienorte, haben so gut wie kein Infektionsrisiko. Wer abgelegene Malariarisikogebiete wie die Provinzen Ca Mau und Bac Lieu sowie den ländlichen Süden bereist, sollte Medikamente zur Malariaprophylaxe bei sich haben, die man einnimmt, sobald Symptome auftreten. Die Krankheit kann immer tödlich enden. Vor der Reise muss man ärztlichen Rat über die individuell richtige Dosierung einholen und sich ein Rezept ausstellen lassen.

Malaria ist eine parasitäre Infektion, die durch infizierte Moskitos übertragen wird. Das deutlichste Symptom ist Fieber, aber es können auch allgemeine Symptome wie Kopfschmerzen, Durchfall oder Schüttelfrost auftreten. Eine sichere Diagnose gibt's nur durch eine Blutprobe.

Die Prophylaxe besteht aus dem Schutz vor Stechmücken und der Einnahme der richtigen Medikamente.

PROPHYLAXE

» Unterkünfte mit Fliegengittern und Ventilatoren wählen (wenn keine Klimaanlage vorhanden ist)
» Kleidung in Risikogebieten mit Permethrin imprägnieren
» Unter einem Moskitonetz schlafen
» Insektenspray benutzen, bevor man das Zimmer zum Abendessen verlässt
» Auf alle unbedeckte Hautstellen Insektenschutzmittel mit DEET sprühen, insbesondere an den Knöcheln. Natürliche Mittel wie Citronella können effektiv sein, müssen aber häufiger aufgetragen werden
» Mückenspiralen verwenden
» Kleidung mit langen Ärmeln und helle Hosen tragen

MEDIKAMENTE
Es gibt verschiedene Mittel gegen Malaria:

» **Chloroquine & Paludrine** In Vietnam ist die Wirksamkeit von Chloroquin- und Paludrin-Kombinationen inzwischen begrenzt. Nicht empfehlenswert.

» **Doxycycline** Das Breitbandantibiotikum bietet zusätzlich einen besseren Schutz vor zahlreichen Tropenkrankheiten, darunter Leptospirose, Borreliose, Typhus und Melioidose. Mögliche Nebenwirkungen sind Lichtempfindlichkeit (mit größerer Sonnenbrandgefahr), Pilzinfektionen bei Frauen, Magenverstimmungen, Sodbrennen, Übelkeit und Wechselwirkungen mit der Antibabypille. Das Medikament muss vier weitere Wochen lang eingenommen werden, nachdem man das Risikogebiet verlassen hat.

» **Lariam (Mefloquine)** Das Medikament wurde in der Presse stark kritisiert, doch viele Menschen vertragen die wöchentliche Tablette gut und ernsthafte Nebenwirkungen wie Depressionen, Angstzustände, Psychosen und Krämpfe sind selten. In Vietnam ist das Mittel zu 90 % effektiv.

» **Malarone** Nebenwirkungen sind unüblich und schwach, meist handelt es sich um Übelkeit und Kopfschmerzen. Für Taucher und Kurzreisende in Risikogebiete sind die Tabletten am besten geeignet.

» Eine weitere Möglichkeit ist der Verzicht auf Prophylaxe und die Einnahme eines Mittels zur Notfallbehandlung, sobald man Symptome entwickelt. In der Regel wird dazu Malarone empfohlen (vier Tabletten auf einmal an drei Tagen). Es ist allerdings nicht ideal. Innerhalb von 24 Stunden nach dem Auftreten von Fieber muss man ein Krankenhaus aufsuchen.

Masern
Diese Krankheit ist immer noch ein Problem in Vietnam, auch in der Gegend von Hanoi. Viele vor 1966 geborene Menschen sind immun, da sie in ihrer Kindheit bereits Masern hatten. Das Ganze beginnt mit hohem Fieber und Hautauschlag, kann aber bis zu einer Lungenentzündung und Hirnschäden führen. Es gibt keine spezielle Behandlung.

Tollwut
Die tödliche Krankheit wird durch Bisse oder den Speichel infizierter Tiere übertragen, meist von Hunden oder Affen. Nach jedem Tierbiss sollte man sofort einen Arzt aufsuchen und die Nachbehandlung (Postexpositions-Prophylaxe) beginnen. Eine Impfung vor der Reise vereinfacht diese Maßnahmen. Wer von einem Tier gebissen wird, muss die Wunde vorsichtig mit Wasser und Seife auswaschen und ein jodhaltiges Desinfektionsmittel auftragen. Ist man nicht geimpft, braucht man so schnell wie möglich eine Behandlung mit Immunglobulinen gegen Tollwut.

Tuberkulose
Bei Kurzzeitreisenden kommt Tuberkulose (TBC) sehr selten vor. Wer im medizinischen Bereich oder in der Entwicklungshilfe arbeitet, lange Zeit im Land unterwegs ist und Kontakte zur Bevölkerung hat, sollte sich jedoch schützen. Geimpft werden normalerweise nur Kinder unter fünf Jahren, bei gefährdeten Erwachsenen wird ein TBC-Test empfohlen. Die häufigsten Symptome sind Fieber, Husten, Gewichtsverlust, nächtliche Schweißausbrüche und Müdigkeit.

Typhus
Diese ernsthafte bakterielle Infektion verbreitet sich über verunreinigte Lebensmittel und Wasser. Symptome sind langsam ansteigendes und hohes Fieber sowie Kopfschmerzen. Allen Reisenden, die länger als eine Woche in Vietnam verbringen oder sich in ländlichen Regionen aufhalten, ist eine Impfung zu empfehlen. Allerdings gewährt diese keinen hundertprozentigen Schutz, deshalb muss man beim Essen und Trinken stets vorsichtig sein.

Vogelgrippe
Der H5N1-Virus taucht bei einzelnen Bevölkerungsgrup-

pen auf, meist bei Arbeitern in Geflügelbetrieben. In jüngerer Zeit war dies sehr selten der Fall: 2010 wurden in Vietnam zwei Menschen infiziert. Wenn sich die Krankheit auszubreiten droht, werden in vielen Hotels und Restaurants Eier und Geflügel von der Speisekarte gestrichen.

Durchfallerkrankungen

Durchfallerkrankungen sind das am weitesten verbreitete Problem von Urlaubern – zwischen 30 und 50 % leiden in den ersten beiden Wochen ihrer Reise daran. In über 80 % der Fälle verursachen Bakterien diese Durchfälle, der Körper reagiert also schnell auf die Behandlung mit Antibiotika. Sie können auch durch den Wechsel der Ernährung verursacht werden – in dem Fall beruhigt sich der Magen nach ein paar Tagen wieder.

Die Behandlung besteht darin, Flüssigkeitsverlust zu verhindern, zudem kann man sich elektrolythaltige Lösungen zuführen.

Imodium stoppt die Symptome, behandelt aber nicht die Ursache des Problems. Auf einer langen Busreise ist es dennoch hilfreich. Bei Fieber oder blutigem Stuhl sollte es nicht eingenommen werden.

Amöbenruhr

Amöbenruhr kommt bei Travellern sehr selten vor. Die Symptome wie Fieber, blutiger Stuhl und allgemeines Unwohlsein ähneln denen einer bakteriellen Diarrhöe. Bei Blut im Stuhl sollte man sofort einen Arzt aufsuchen. Behandelt wird mit zwei Medikamenten: Tinidazole oder Metroniadzole töten die Parasiten im Darm ab, ein zweites Mittel wirkt gegen die Zysten.

Giardiasis

Giardia lamblia ist ein kleiner Parasit, der Reisende recht häufig befällt. Zu den Symptomen gehören Übelkeit, schlimme Blähungen, Müdigkeit und zeitweilig auftretender Durchfall. Nach faulen Eiern riechendes Aufstoßen wurde ausschließlich der Giardiasis zugeschrieben, aber Forschungsarbeiten in Nepal haben bewiesen, dass sie nicht für diese Infektion spezifisch sind. Ein übliches Medikament ist Tinidazol.

Gesundheits risiken

Luftverschmutzung

Luftverschmutzung, besonders durch Autoabgase, ist in den Städten ein ernsthaftes Problem. Wer Atemwegsprobleme hat, sollte sich vor der Reise von seinem Arzt beraten lassen.

Essen

Beim Essen im Restaurant besteht die größte Risiko, sich eine Durchfallerkrankung zu holen. Deshalb sollte man nur frisch zubereitete Speisen zu sich nehmen, einen Bogen um Schalentiere und das Büfett machen, alle Früchte schälen und nur gekochtes Gemüse essen. Am besten kehrt man in gut besuchten Restaurants ein.

Hitze

In Vietnam ist es das ganze Jahr über heiß und feucht. Nach der Ankunft sollte man es langsam angehen lassen. Füße und Knöchel können anschwellen und starkes Schwitzen kann Muskelkrämpfe auslösen. Es ist ratsam, dem Flüssigkeitsverlust vorzubeugen und sich nicht zu viel in der Hitze zu bewegen. Am besten trinkt man Elektrolytlösungen und bevorzugt salzige Nahrung.

» **Hitzeerschöpfung** Symptome sind Schwächegefühl, Kopfschmerzen, Reizbarkeit, Übelkeit oder Erbrechen, feuchte Haut und ein schneller schwacher Puls. Zur Abkühlung sollte man sofort aus der Sonne oder Hitze gehen und in einem gut klimatisierten Raum Wasser trinken, das mit einem Viertel Teelöffel Salz pro Liter versetzt ist.

» **Hitzschlag** Ernsthafter medizinischer Notfall. Die Symptome treten plötzlich auf: Schwächegefühl, Übelkeit, Temperaturen über 41 °C, Schwindel, Verwirrung. In diesem Fall muss man sofort medizinische Hilfe holen und Maßnahmen zur Kühlung ergreifen (siehe links).

» **Hitzebläschen** Eine in den Tropen häufige Hautallergie. Sie lässt sich eindämmen, indem man sich in einen klimatisierten Raum begibt und kalt duscht.

Insektenbisse & Stiche

» **Blutegel** Diese netten Tiere leben in feuchten Regenwaldgebieten. Sie übertragen keine Krankheiten, aber ihre Bisse können stark jucken und müssen mit einem Antiseptikum auf Jodbasis behandelt werden, um Entzündungen zu verhindern

» **Quallen** Nur wenige Quallen in Vietnam sind gefährlich. Wird man von einer berührt, gibt man Essig (oder Urin) auf die betroffene Stelle und kann bei Bedarf Schmerzmittel nehmen. Wenn man sich krank fühlt, sollte man einen Arzt aufsuchen. Einheimische wissen meist, ob es gefährliche Quallen in der Gegend gibt – in dem Fall darf man nicht ins Wasser.

» **Schlangen** Kaum ein Traveller kommt mit den vielen giftigen und harmlosen Schlangen in Kontakt, trotzdem sollte man knöchelhohe Schuhe tragen und beim Wandern nicht in Baumstämmen und Holz stochern. Als Erste-Hilfe-Maßnahme nach einem Biss bindet man die betroffene Körperstelle mit einem elastischen Verband ab. Dabei beginnt man an der Bissstelle und arbeitet sich Richtung Brust vor. Der Verband sollte nicht so fest sein, dass der Blutkreislauf

TRINKWASSER

Traveller müssen genau darauf achten, was sie trinken. Das Leitungswasser in städtischen Gebieten ist zwar stark gechlort, aber man sollte es trotzdem meiden. Am besten nimmt man nur Wasser aus Flaschen zu sich, das man überall kaufen kann. Normalerweise ist es in Städten und Hotelanlagen sicher und wird oft für Getränke und Kaffee verwendet.

---

unterbrochen wird, zudem müssen Finger oder Zehen frei bleiben, damit man den Puls fühlen kann. Man sollte den Arm oder das Bein mit einer Schiene aus Holz ruhigstellen und den Betroffenen zum nächsten Arzt bringen. Keinen Druckverband verwenden und nicht versuchen, das Gift herauszusaugen! Gegengifte sind nur in größeren Städten erhältlich.

» **Wanzen** Sie übertragen zwar keine Krankheiten, aber ihre Bisse jucken. Am besten wechselt man das Hotel und behandelt die Bisse mit einem Antihistamin. Innenschlafsäcke aus Seide bietet etwas Schutz.

» **Zecken** In ländlichen Gegenden fängt man sich schnell Zecken ein. Sie beißen sich am liebsten hinter den Ohren, am Bauch oder in den Achselhöhlen fest. Wer danach Symptome wie Hautausschlag (an der Bissstelle oder woanders), Fieber oder Gliederschmerzen bemerkt, sollte einen Arzt aufsuchen. Doxycyclin kann durch Zecken übertragbare Krankheiten verhindern.

Hautprobleme

» **Pilzbefall** In feuchten Klimazonen üblich. Häufig sind feuchte Stellen betroffen, an die nicht genügend Luft kommt, z. B. an der Leiste, unter den Armen und zwischen den Zehen. Zunächst bilden sich rote Flecken, die sich langsam ausbreiten und meistens jucken. Man sollte die Haut so trocken wie möglich halten, nicht reiben, eine Fungizidsalbe wie Clotrimazol auftragen und zum Arzt gehen.

» **Schnitte & Kratzer** Kleine Schnitte und Kratzer entzünden sich in diesem Klima leicht und heilen wegen der Feuchtigkeit nicht gut. Daher ist eine sorgfältige Pflege aller Verletzungen nötig. Wunden müssen sofort mit sauberem Wasser gereinigt und mit einem Antiseptikum behandelt werden.

Sonnenbrand

» Sogar an bedeckten Tagen kann man schnell einen Sonnenbrand bekommen:
» Immer eine starke Sonnencreme benutzen (mindestens Faktor 30).
» Nach dem Schwimmen erneut eincremen.
» Einen Hut tragen.
» Die Sonne zwischen 10 und 14 Uhr meiden.

Frauen & Gesundheit

In den städtischen Gegenden sind Hygieneprodukte erhältlich, allerdings kann die Auswahl an Verhütungsmitteln begrenzt sein. Am besten bringt man seinen eigenen Vorrat mit.

Schwangere sollten sich vor der Reise von einem Spezialisten beraten lassen. Im zweiten Drittel der Schwangerschaft (zwischen der 16. und 28. Woche) ist das Risiko von schwangerschaftsbedingten Problemen am geringsten. Einige Tipps:

» **Ländliche Gegenden** Entlegene Regionen mit schlechten Verkehrsverbindungen und schlechter medizinischer Versorgung meiden.

» **Reiseversicherung** Vor der Reise sicherstellen, das die Versicherung schwangerschaftsbezogene Behandlungskosten abdeckt, dazu gehört auch eine Frühgeburt.

» **Malaria** Keines der effektiveren Medikamente gegen Malaria ist für Schwangere unbedenklich.

» **Durchfallerkrankungen** Viele Medikamente zur Behandlung von Durchfallerkrankungen sollten von Schwangeren nicht eingenommen werden. Azithromycin gilt als sicher.

NOCH MEHR VIETNAMESISCH?

Wer sich intensiver mit der Sprache beschäftigen möchte, legt sich am besten das praktische *Vietnamese Phrasebook* und das *Hill Tribes Phrasebook* von Lonely Planet zu, die man unter **shop.lonelyplanet.com** oder im Apple Store als App fürs iPhone kaufen kann.

Sprache

Vietnamesisch oder *tiếng Việt* (dee·úhng vee·ụht) ist die offizielle Sprache des Landes und wird weltweit von 85 Mio. Menschen gesprochen. Sie gehört zur Mon-Khmer-Sprachfamilie und ist am nächsten mit Muong, der Sprache eines Bergvolkes, verwandt.

Mehr als zwei Drittel der vietnamesischen Wörter stammen von chinesischen Begriffen ab. Dieser Wortschatz wird *Hán Việt* (haán vee·ụht), sinovietnamesisch, genannt und ist das Ergebnis der jahrhundertelangen Herrschaft Chinas über das Land. Darüber hinaus fanden auch einige französische Begriffe Eingang in die vietnamesische Sprache, nachdem die Franzosen Saigon im Jahr 1859 besetzten.

Bis ins frühe 20. Jh. wurden im Vietnamesischen chinesische Schriftzeichen verwendet, aber 1910 erklärte man das auf dem Lateinischen basierende *quốc ngữ* (gwáwk ngũhr) zur offiziellen Schriftform. Das phonetische Alphabet mit 29 Buchstaben wurde im 17. Jh. von Alexandre de Rhodes, einem französischen Jesuiten, entwickelt.

Die Aussprache ist nicht ganz so kompliziert, wie es auf den ersten Blick aussieht. Mit ein bisschen Übung und unserem blauen Ausspracheleitfaden (dabei muss man die Wörter aussprechen, als würde man einen englischen Text lesen) sollte man sich verständlich machen können. Die Vokale werden folgendermaßen ausgesprochen: a wie in „Bett", aa wie in „Vater", aw wie im englischen „law", er wie in „hören", oh wie in „Ochse", ow wie in „Haus", u wie in „gucken", uh wie in „Matte" und uhr ebenfalls wie in „hören", nur ohne das „r". Außerdem können Vokale auf verschiedene Weise innerhalb eines Wortes kombiniert werden: Wir haben Punkte (wie bei dii·úhng) verwendet, um eine voneinander getrennte Aussprache zu verdeutlichen. Bei den Konsonanten ist zu beachten, dass die Kombination ng (wie in „singen") auch am Anfang eines Wortes stehen kann. Zudem wird das d wie in „Top", đ wie in „Dach" und das ğ wie in „Kind" ausgesprochen.

Manche Vokale werden mit einer hohen oder niedrigen Tonhöhe ausgesprochen, andere abgehackt oder im fließenden Übergang. Das kommt daher, weil die Vietnamesen ein sechsstufiges Tonsystem benutzen, das wir im Folgenden mit Akzentzeichen über oder unter den Vokalen anzeigen: mittlere Tonlage (ma), tief und fallend (mà), tief ansteigend (má), hoch und gebrochen (mã), hoch ansteigend (má) sowie tief und gebrochen (mạ). Der mittlere Ton ist flach. Im Süden werden der tief ansteigende sowie der hohe gebrochene Ton wie der Erstere ausgesprochen.

Jede Silbe wird gleich stark betont.

Manche Begriffe sind im Süden und im Norden des Landes unterschiedlich; solche Fälle werden im Folgenden durch ein (N) bzw. (S) gekennzeichnet.

Außerdem findet man am Ende des Kapitels ein paar nützliche Wörter und Sätze in ein paar der vielen regionalen Dialekten, die einem vor allem im zentralen Hochland und im hohen Norden weiterhelfen.

ESSEN & TRINKEN

Ich hätte gern einen Tisch für ...	*Tôi muốn đặt bàn cho ...*	doy moo·úhn ḍụht baàn jo
(zwei) Personen	*(hai) người*	(hai) nguhr·eè
(acht) Uhr	*vào lúc (tám) giờ*	vòw lúp (dúhm) zèr

SCHLÜSSELSÄTZE

Mit den folgenden Sätzen sollte man sich gut verständigen können:

Wann fährt (der nächste Bus)?
Khi nào là (chuyến xe buýt tới)? — kee nòw laà (jwee·úhn sa bweét der·eé)

Wo ist (die Haltestelle)?
(Nhà ga) ở đâu? — (nyaà gaa) ér đoh

Wo kann ich (ein Ticket kaufen)?
Tôi có thể (mua vé) ở đâu? — doy ğó té (moo·uh vá) ér đoh

Ich suche nach (einem Hotel).
Tôi tìm (khách sạn). — doy dìm (kaát saan)

Haben Sie (eine Karte)?
Bạn có (bản đồ) không? — baạn ğó (baản đàw) kawm

Gibt es dort (eine Toilette)?
Có (vệ sinh) không? — ğó (ve sing) kawm

Ich hätte gern (die Speisekarte).
Xin cho tôi (thực đơn). — sin jo doy (tuhrk đern)

Ich würde gern (ein Auto mieten).
Tôi muốn (xe hơi). — doy moo·úhn (sa her·ee)

Könnten Sie mir bitte (helfen)?
Làm ơn (giúp đỡ)? — laàm ern (zúp đẽr)

Ich habe (ein Visum).
Tôi có (visa). — doy ğó (vee·saa)

Haben Sie eine englische Speisekarte?
Bạn có thực đơn bằng tiếng Anh không? — baạn káw tuhrk đern bùhng díng aang kawm

Was ist hier die Spezialität?
Ở đây có món gì đặc biệt? — ér day kó món zeè duhk bee·uht

Ich hätte gern ...
Xin cho tôi ... — sin jo doy ...

Bitte nicht zu scharf.
Xin đừng cho cay quá. — sin dùrng jo ğay gwaá

Ich bin Vegetarier.
Tôi ăn chay. — doy uhn jay

Ich bin allergisch gegen (Erdnüsse).
Tôi bị dị ứng với (hạt lạc). — doy bee zee úhrng ver·eé (haạt laạk)

Bringen Sie mir bitte ...?
Xin mang cho tôi...? — sin maang jo doy ...

Kann ich bitte ein (Bier) bekommen?
Xin cho tôi (chai bia)? — sin jo doy (jai bee·uh)

Prost!
Chúc sức khoẻ! — júp súhrk kwả

Danke, das war köstlich.
Cám ơn, ngon lắm. — ğaám ern ngon lúhm

Die Rechnung bitte.
Xin tính tiền. — sin díng dee·ùhn

Grundlegendes

Abendessen	ăn tối	uhn dóy
Essstäbchen	đôi đũa	đoy·ee đoõ·uh
Flasche	chai	jai
Frühstück	ăn sáng	uhn saáng
Gabel	cái đĩa/nĩa (N/S)	ğaí deẽ·uh/neẽ·uh
Glas	cốc/ly (N/S)	káwp/lee
heiß (warm)	nóng	nóm
kalt	lạnh	laạng
Löffel	cái thìa	ğaí tee·ùh
Messer	con dao	ğon zow
mit	với	ver·eé
Mittagessen	ăn trưa	uhn chuhr·uh
Nachtisch	món tráng	món chaáng
ohne	không có	kawm ğó
Restaurant	nhà hàng	nyaà haàng
Schale	bát/chén (N/S)	baát/jén
scharf	cay	ğay
Snack	ăn nhẹ	uhn nyaạ
Teller	đĩa	đeẽ·uh

Fisch & Fleisch

Aal	lươn	luhr·ern
Fisch	cá	kaá
Frosch	ếch	ék
Garnele	tôm	dawm
Hühnchen	thịt gà	tịt gaà
Innereien	thịt lòng	tịt lòm
Krebs	cua	ğoo·uh
Rindfleisch	thịt bò	tịt bò
Schnecke	ốc	áwp
Schwein	thịt lợn/heo (N/S)	tịt lẹrn/hay·o
Tintenfisch	mực	muhrk
Ziege	thịt dê	tịt ze

Obst & Gemüse

Ananas	dứa	zuhr·úh
Apfel	táo/bơm (N/S)	dów/berm
Aubergine	cà tím	ğaà dím
Banane	chuối	joo·eé
Erbsen	đậu bi	đoh bee
Erdbeere	dâu	zoh
grüne Bohnen	đậu xanh	đoh saang

grüne Paprika	ớt xanh	ért saang
Gurke	dưa leo	zuhr·uh lay·o
Karotte	cà rốt	ğaà záwt
Kartoffel	khoai tây	kwai day
Kohl	bắp cải	búhp ğaí
Kokosnuss	dừa	zuhr·ùh
Kürbis	bí ngô	beé ngaw
Litschi	vải	vaí
Mais	ngô/bắp (N/S)	ngow/búp
Mandarine	quýt	gweét
Mango	xoài	swaì
Orange	cam	ğaam
Papaya	đu đủ	đoo đỏo
Pilze	nấm	núhm
Salat	rau diếp	zoh zee·úhp
Süßkartoffel	khoai lang	kwai laang
Tomate	cà chua	ğaà joo·uh
Trauben	nho	nyo
Wassermelone	dưa hấu	zuhr·uh hóh
Zitrone	chanh	chaang

Andere Nahrungsmittel

Chilisoße	tương ớt	duhr·erng ért
dünne Reisnudeln	bún	bún
Eier	trứng	chúhrng
Eis	đá	đaá
Fischsoße	nước mắm	nuhr·érk múhm
flache Reisnudeln	phở	fẻr
gebratener Reis	cơm rang thập cẩm (N)	ğerm zaang tụhp ğủhm
	cơm chiên (S)	ğerm jee·uhn
gedünsteter Reis	cơm trắng	ğerm chaáng
gelbe Eiernudeln	mì	meè
Honig	mật ong	muht om
Pfeffer	hạt tiêu	haạt dee·oo
Reis	cơm	ğerm
Salat	sa lát	saa laát
Suppe	canh	ğaang
Salz	muối	moo·eé
Zucker	đường	dur·èrng

Getränke

Bier	bia	bi·a
Fruchtsaft	sinh tố	sing dáw
heiße Milch und schwarzer Tee	trà sữa nóng	chaà sũhr·uh nóm
heißer Milchkaffee	nâu nóng (N) cà phê sữa nóng (S)	noh nóm ğaà fe sũhr·uh nóm
heißer schwarzer Kaffee	cà phê đen nóng	ğaà fe đen nóm
heißer schwarzer Tee	trà nóng	chaà nóm
Kaffee	cà phê	ğaà fe
kalter Milchkaffee	nâu đá (N) cà phê sữa đá (S)	noh đaá ğaà fe sũhr·uh đaá
kalter schwarzer Kaffee	cà phê đá	ğaà fe đaá
kalter Zitronensaft	chanh đá	jaang đaá
Milch	sữa	sũhr·uh
Mineralwasser	nước khoáng (N) nước suối (S)	nuhr·érk kwaáng nuhr·érk soo·eé
Orangensaft	cam vắt	ğaam vúht
Rotwein	rượu vang đỏ	zee·oọ vaang đỏ
Sekt	rượu vang có ga	zee·oọ vaang ğó gaa
Sojamilch	sữa đậu nành	sũhr·uh đoh naàng
Tee	chè/trà (N/S)	jà/chaà
Weißwein	rượu vang trắng	zee·oọ vaang chaáng

KONVERSATION & NÜTZLICHES

Hallo.	Xin chào.	sin jòw
Tschüs.	Tạm biệt.	daạm bee·ụht
Ja.	Vâng. (N)	vuhng
	Dạ. (S)	yạ
Nein.	Không.	kawm
Bitte.	Làm ơn.	laàm ern

Fragewörter

Wie?	Làm sao?	laàm sow
Wer?	Ái?	aí
Was?	Cái gì?	ğaí zeè
Wann?	Khi nào?	kee nòw
Wo?	Ở đâu?	èr đoh
Welcher?	Cái nào?	ğaí nòw
Warum?	Tại sao?	taị sow

(Vielen) Dank.	*Cảm ơn (rất nhiều).*	ğaảm ern (zúht nyee·oò)
Gern geschehen.	*Không có chi.*	kawm ğõ jee
Entschuldigung.	*Xin lỗi.*	sin lōy

Wie geht es Ihnen?		
Có khỏe không?		ğảw kwả kawm
Danke, gut. Und Ihnen?		
Khỏe, cám ơn.		kwả ğaảm ern
Còn bạn thì sao?		kwả ğòn baạn teè sow
Wie heißen Sie?		
Tên là gì?		den laà zeè
Ich heiße ...		
Tên tôi là ...		den doy laà ...
Sprechen Sie Englisch?		
Bạn có nói được tiếng Anh không?		baạn ğó nóy đuhr·ẹrk díng aang kawm
Ich verstehe (nicht).		
Tôi (không) hiểu.		doy (kawm) heẻ·oo

NOTFÄLLE

Hilfe!
Cứu tôi! — ğuhr·oó doy

Es gab einen Unfall!
Có tai nạn! — ğó dai naạn

Lassen Sie mich in Ruhe!
Thôi! — toy

Ich habe mich verlaufen.
Tôi bị lạc đường. — doi beẹ laạk đuhr·èrng

Wo ist die Toilette?
Nhà vệ sinh ở đâu? — nyaà veẹ sing ẻr đoh

Bitte rufen Sie die Polizei.
Làm ơn gọi công an. — laàm ern goỵ ğawm aan

Bitte rufen Sie einen Arzt.
Làm ơn gọi bác sĩ. — laàm ern goỵ baák seẽ

Ich bin krank.
Tôi bị đau. — doy beẹ đoh

Es tut hier weh.
Chỗ bị đau ở đây. — jãw beẹ đoh ẻr day

Ich bin allergisch gegen (Antibiotika).
Tôi bị dị ứng với (thuốc kháng sinh). — doy beẹ zeẹ úhrng ver·eé (too·úhk kaáng sing)

SHOPPEN & SERVICE

Ich würde gern ... kaufen
Tôi muốn mua ... — doy moo·úhn moo·uh ...

Kann ich es mir ansehen?
Tôi có thể xem được không? — doy ğó tẻ sam đuhr·ẹrk kawm

Ich seh mich nur um.
Tôi chỉ ngắm xem. — doy jeẻ ngúhm sam

Ich mag es nicht.
Tôi không thích nó. — doy kawm tík nó

Schilder

Lối Vào	Eingang
Lối Ra	Ausgang
Mở	Offen
Đóng	Geschlossen
Hướng Dẫn	Information
Cấm	Verboten
Cảnh Sát/Công An	Polizei
Nhà Vệ Sinh	Toiletten
Đàn Ông	Männer
Phụ Nữ	Frauen

Wie viel kostet das?
Cái này giá bao nhiêu? — ğaí nàay zaá bow nyee·oo

Das ist zu teuer.
Cái này quá mắc. — ğaí nàay gwaá múhk

Nehmen Sie Kreditkarten an?
Bạn có nhận thẻ tín dụng không? — baạn kó nyụhn tả dín zụm kawm

In der Rechnung ist ein Fehler.
Có sự nhầm lẫn trên hoá đơn. — ğó sụhr nyùhm lũhn chen hwaá đern

mehr	*nhiều hơn*	nyee·oò hern
weniger	*ít hơn*	ít hern
kleiner	*nhỏ hơn*	nyỏ hern
größer	*lớn hơn*	lérn hern

Ich suche nach einer(em)/der/dem ...
Tôi tìm ... — doy dìm ...

Bank	*ngân hàng*	nguhn haàng
Markt	*chợ*	jẹr
öffentlichen Telefon	*phòng điện thoại*	fòm đee·ụhn twaị
Postamt	*bưu điện*	buhr·oo đee·ụhn
Touristen-information	*văn phòng hướng dẫn du lịch*	vuhn fòm huhr·érng zũhn zoo lịk

UHRZEIT & DATUM

Wie spät ist es?
Mấy giờ rồi? — máy zèr ròy

Es ist (acht) Uhr.
Bây giờ là (tám) giờ. — bay zèr laà (dúhm) zèr

Morgen	*buổi sáng*	boỏ·ee saáng
Nachmittag	*buổi chiều*	boỏ·ee jee·oò
Abend	*buổi tối*	boỏ·ee dóy
gestern	*hôm qua*	hawm ğwaa
heute	*hôm nay*	hawm nay
morgen	*ngày mai*	ngàay mai

Montag	thứ hai	túhr hai
Dienstag	thứ ba	túhr baa
Mittwoch	thứ tư	túhr duhr
Donnerstag	thứ năm	túhr nuhm
Freitag	thứ sáu	túhr sóh
Samstag	thứ bảy	túhr bảy
Sonntag	chủ nhật	jòo nhụht

Januar	tháng giêng	taáng zee·uhng
Februar	tháng hai	taáng hai
März	tháng ba	taáng baa
April	tháng tư	taáng tuhr
Mai	tháng năm	taáng nuhm
Juni	tháng sáu	taáng sóh
Juli	tháng bảy	taáng bảy
August	tháng tám	taáng dúhm
September	tháng chín	taáng jín
Oktober	tháng mười	taáng muhr·eè
November	tháng mười một	taáng muhr·eè mạwt
Dezember	tháng mười hai	taáng muhr·eè hai

UNTERKUNFT

Wo gibt es ein(e/en) (günstiges) …?	Đâu có … (rẻ tiền)?	đoh ğó … (zả dee·ùhn)
Campingplatz	nơi cắm trại	ner·ee ğúhm chại
Hotel	khách sạn	kaák sạan
Pension	nhà khách	nyaà kaák

Ich hätte gern (ein/e/en) …	Tôi muốn …	doy moo·úhn …
Einzelzimmer	phòng đơn	fòm dern
Doppelzimmer (großes Bett)	phòng giường đôi	fòm zuhr·èrng doy
Zweibettzimmer	phòng gồm hai giường ngủ	fòm gàwm hai zuhr·èrng ngoỏ
Zimmer mit Bad	phòng có phòng tắm	fòm ğó fòm dúhm
Bett im Schlafsaal	ở chung phòng nội trú	ér jum fòm nọy choó

Wie viel kostet das pro Nacht/Person?
Giá bao nhiêu một đêm/người?   zaá bow nyee·oo mạwt đem/nguhr·eè

Kann ich es sehen?
Tôi có thể xem phòng được không?   doy ğó tẻ sam fòm đuhr·ẹrk kawm

Badezimmer	phòng tắm	fòm dúhm
Bettlaken	ra trải giường	zaa chaỉ zuhr·èrng
Handtuch	khăn tắm	kúhn dúhm
Klimaanlage	máy lạnh	máy laạng
Moskitonetz	màng	maàng
Toilette	nhà vệ sinh	nyaà vẹ sing
Toilettenpapier	giấy vệ sinh	záy vẹ sing
Ventilator	quạt máy	gwaạt máy
Warmwasser	nước nóng	nuhr·érk nóm

VERKEHRSMITTEL & -WEGE

Autofahren & Radfahren

Ich würde gern ein(e) … mieten	Tôi muốn thuê … (N) Tôi muốn mướn … (S)	doy moo·úhn twe … doy moo·úhn muhr·érn …
Auto	xe hơi	sa her·ee
Fahrrad	xe đạp	sa đạp
Fahrradrikscha	xe xích lô	sa sík law
Motorrad	xe moto	sa mo·to

Ist das die Straße nach …?
Con đường nầy có dẫn đến …?   ğon đuhr·èrng này ğó zũhn đén …

Wie viele Kilometer sind es bis …?
… cách đây bao nhiêu ki-lô-mét?   … ğaák đay bow nyee·oo kee·law·mét

Wo finde ich eine Werkstatt?
Trạm xăng ở đâu?   chaạm suhng ér doh

Straßenschilder

Cấm Đậu Xe	Parkverbot
Cấm Vượt Qua	Überholverbot
Chạy Chậm Lại	Langsamer fahren
Dừng Lại	Stopp
Điện Cao Thế	Hochspannung
Đường Đang Sửa Chữa	Straßenarbeiten
Đường Sắt	Eisenbahn
Giao Thông Một Chiều	Einbahnstraße
Lối Ra	Ausgang
Lối Vào	Eingang
Nguy Hiểm	Gefahr
Thu Thuế	Maut

Bitte volltanken.
Làm ơn đổ đầy bình.   laàm ern đỏ đày bìng

Ich hätte gern ... Liter.
Tôi muốn ... lít.   doy moo·úhn ... léet

bleifreies Benzin	dầu xăng	zòh suhng
bleihaltiges Benzin	dầu xăng có chì	zòh suhng ğó jeè
Diesel	dầu diesel	zòh dee·sel
Karte	bản đồ	baản đàw
Schnellstraße	xa lộ	saa lạw

(Wie lange) darf ich hier parken?
Chúng tôi có thể đậu xe được (bao lâu)?   júm doy ğỏ tẻ dọh sa đuhr·ẹrk (bow loh)

Ich brauche einen Mechaniker.
Chúng tôi cần thợ sửa xe.   júm doy ğùhn tẹr súhr·uh sa

Das Auto/Motorrad ist (in ...) liegen geblieben.
Xe bị hư (tại ...).   sa bẹe huhr (daị ...)

Das Auto/Motorrad springt nicht an.
(Xe hơi/Xe moto) không đề được.   (sa her·ee/sa mo·to) kawm dè đuhr·ẹrk

Zahlen

1	một	mạwt
2	hai	hai
3	ba	baa
4	bốn	báwn
5	năm	nuhm
6	sáu	sóh
7	bảy	bảy
8	tám	dúhm
9	chín	jín
10	mười	muhr·eè
20	hai mươi	hai muhr·ee
30	ba mươi	ba muhr·ee
40	bốn mươi	báwn muhr·ee
50	năm mươi	nuhm muhr·ee
60	sáu mươi	sów muhr·ee
70	bảy mươi	bảy muhr·ee
80	tám mươi	daám muhr·ee
90	chín mươi	jín muhr·ee
100	một trăm	mạwt chuhm
1000	một nghìn (N) một ngàn (S)	mạwt ngyìn mọt ngaàn

Ich habe einen Platten.
Bánh xe tôi bị xì.   baáng sa doy bẹe seè

Ich habe kein Benzin mehr.
Tôi bị hết dầu/xăng.   doy bẹe hét zòh/suhng

Ich hatte einen Unfall.
Tôi bị tai nạn.   doy bẹe dai naạn

Öffentliche Verkehrsmittel

Wann ist die (erste) ... Abfahrt/ Ankunft?	Chuyến ... (sớm nhất) chạy lúc mấy giờ?	jwee·úhn ... (sérm nyúht) jạy lúp máy zèr
Boot/Fähre	tàu/ thuyền	dòw/ twee·ùhn
Bus	xe buýt	sa beét
Flugzeug	máy bay	máy bay
Zug	xe lửa	sa lủhr·uh

Ich hätte gern ein ... Ticket.	Tôi muốn vé ...	doy moo·úhn vá ...
1. Klasse	hạng nhất	haạng nyúht
2. Klasse	hạng nhì	haạng nyeè
einfach	đi một chiều	đee mạt jee·oò
hin und zurück	khứ hồi	kúhr haw·eè

Ich möchte nach ...
Tôi muốn đi ...   doy moo·úhn đee ...

Wie lange dauert das?
Chuyến đi sẽ mất bao lâu?   jwee·úhn đee sã múht bow loh

Wann ist die Ankunftszeit?
Mấy giờ đến?   máy zèr đén

Wie viel Verspätung hat er/sie/es?
Nó sẽ bị đình hoãn bao lâu?   nó sã bẹe đìng hwaãn bow loh

Bahnhof	ga xe lửa	gaa sa lủhr·uh
Busbahnhof	bến xe	bén sa
der erste	đầu tiên	dòw dee·uhn
der letzte	cuối cùng	ğoo·eé ğùm
der nächste	kế tiếp	ğé dee·úhp
Fahrplan	thời biểu	ter·eè beẻ·oo
Schlafplatz	giường ngủ	zùhr·erng ngoỏ
Ticketschalter	phòng bán vé	fòm baán vá

WEGWEISER

Wo ist ...?
... ở đâu ?   ... ẻr đoh

Wie ist die Adresse?
Địa chỉ là gì?   đee·ụh cheé laà zeè

SPRACHEN DER BERGVÖLKER

Ethnologen unterteilen die Bergvölker aufgrund sprachlicher Unterschiede in drei Hauptgruppen. Zu austroasiatischen Sprachfamilie zählen die Viet-Muong, Mon-Khmer (dazu gehören auch die Vietnamesen), Tày-Tai und Meo/Hmong-Dao, zur austronesischen die malaiopolynesische Sprache, und zur sinotibetischen chinesische und tebetisch-burmesische Sprachen. Zusätzlich gibt's natürlich noch jede Menge unterschiedliche Dialekte.

Die folgenden Worte und Sätze helfen bei einem Besuch der größeren Bergvölker.

H'Mong

Die H'mong sind auch als Meo, Mieu, Mong Do (Weiße Hmong), Mong Du (Schwarze Hmong), Mong Lenh (Blumen-Hmong) und Mong Si (Rote Hmong) bekannt. Sie gehören zur Hmong-Dao-Sprachgruppe.

Hallo.	Ti nấu./Caó cu.
Tschüs.	Caó mun'g chè.
Ja.	Có mua.
Nein.	Chúi muá.
Danke.	Ô chờ.
Wie heißen Sie?	Caó be hua chan'g?
Woher kommen Sie?	Caó nhao từ tuá?
Wie viel kostet das?	Pố chố chá?

Tày

Die Tay gehören zur Sprachgruppe Tay-Thai und werden auch Ngan, Pa Di, Phen, Thu Lao oder Tho genannt.

Hallo.	Pá prama.
Tschüs.	Pá paynó.
Ja.	Mi.
Nein.	Boomi.
Danke.	Đay fon.
Wie heißen Sie?	Ten múng le xăng ma?
Woher kommen Sie?	Mu'ng du' te là ma?
Wie viel kostet das?	Ău ni ki lai tiên?

Dao

Dieser Stamm gehört zur Sprachgruppe Mong-Dao und ist auch bekannt als Coc Mun, Coc Ngang, Dai Ban, Diu Mien, Dong, Kim Mien, Ian Ten, Lu Gang, Tieu Ban, Trai und Xa.

Hallo./Tschüs.	Puang tọi.
Ja.	Mái.
Nein.	Mái mái.
Danke.	Tờ dun.
Wie heißen Sie?	Mang nhi búa chiên nay?
Woher kommen Sie?	May hải đo?
Wie viel kostet das?	Pchiá nhăng?

Könnten Sie das bitte aufschreiben?		
Xin viết ra giùm tôi.	sin vee·úht zaa zùm doy	
Zeigen Sie mir das (auf der Karte)?		
Xin chỉ giùm (trên bản đồ này).	sin jeé zùm (chen baán đàw này)	
Gehen Sie geradeaus.		
Thẳng tới trước.	tủhng der·eé chuhr·érk	
hinter	đằng sau	đùhng sow
vor	đằng trước	dùng chuhr·érk
weit	xa	saa
nah (bei)	gần	gùhn
gegenüber	đối diện	đóy zee·ụhn
an der Ecke	ở góc đường	ér góp đuhr·èrng
an der Ampel	tại đèn giao thông	dại đèn zow tawm
Nach links.	Sang trái.	saang chaí
Nach rechts.	Sang phải.	saang fai

GLOSSAR

Ausdrücke zum Thema Essen und Trinken siehe S. 567.

A Di Da – Buddha der Vergangenheit
Agent Orange – giftiges, krebserregendes Herbizid, das im Vietnamkrieg großflächig eingesetzt wurde und verheerende Zerstörungen anrichtete
am duong – vietnamesische Entsprechung von Yin und Yang
Annam – alter chinesischer Name für Vietnam; bedeutet übersetzt „befriedeter Süden"
ao dai – vietnamesische Nationaltracht der Frauen
apsaras – himmlische Jungfrauen
ARVN – Armee der Republik Vietnam (ehemalige südvietnamesische Armee)

ba mu – Geburtshelferin; es gibt zwölf „Geburtshelferinnen"; jede lehrt das Neugeborene eine andere Fähigkeit, die für das erste Lebensjahr notwendig ist: lächeln, saugen, auf dem Bauch liegen usw.
ban – Bergdorf
bang – Gemeinde, Versammlung (in der chinesischen Gemeinschaft)
bar om – wörtlich „Beteiligungs"-Bars, die an die Sex-Industrie angeschlossen sind; auch *karaoke om* genannt
Befreiung – Übernahme des Südens durch den Norden 1975; von den meisten Ausländern als „Wiedervereinigung" bezeichnet
buu dien – Postamt

cai luong – modernes vietnamesisches Theater
Caodaismus – indigene vietnamesische Religion
Cham – ethnische Minderheit, die vom Volk der Champa abstammt
Champa – hinduistisches Königreich im 2. Jh. v. Chr.
Charlie – Spitzname der US-Soldaten für den Vietcong
chua – Pagode
chu nho – Schrift mit chinesischen Zeichen
Cochinchina – der südliche Teil Vietnams in der französischen Kolonialzeit
com pho – Reissuppe oder Reisnudelsuppe
Crémaillère – Zahnradbahn
cyclo – Fahrradriksha

Dai The Chi Bo Tat – Helfer von *A Di Da*
dan bau – einsaitige Zither, die erstaunlich viele Töne hervorbringt
dan tranh – 16-saitige Zither
den – Tempel
Di Lac Buddha – Buddha der Zukunft
dikpalaka – Götter der Himmelsrichtungen
dinh – kommunale Versammlungshalle
doi moi – wirtschaftliche Umstrukturierung oder Reform; begann in Vietnam 1986
dong – natürliche Höhlen; außerdem die vietnamesische Währung
dong son – Schlagzeug

EMZ – Entmilitarisierte Zone; Landstreifen, der einst Nord- und Südvietnam voneinander trennte

Fléchette – experimentelle US-Waffe; eine Bombe, die Tausende Pfeile enthält
Funan – siehe *Oc-Eo*

garuda – ein Wesen, das halb Mensch, halb Vogel ist
gom – Keramik

hai dang – Leuchtturm
hat boi – klassisches Theater im Süden
hat cheo – vietnamesisches Volkstheater
hat tuong – klassisches Theater im Norden
ho ca – Aquarium
Ho-Chi-Minh-Pfad – Pfad, der aus einem großen Wegenetz besteht und von der nordvietnamesischen Armee sowie dem Vietcong benutzt wurde, um Nachschublieferungen zu den Guerilla-Soldaten im Süden zu transportieren
Hoa – ethnische Chinesen; eine der größten einzelnen Minderheitengruppen in Vietnam
hoi quan – Versammlungshallen chinesischer Gemeinden
homestay – Privatunterkunft
huong – Parfüm, Duft
huyen – ländlicher Bezirk

Indochina – Vietnam, Kambodscha und Laos; der Begriff leitet sich von den indischen und chinesischen Einflüssen ab

kala-makara – göttliches Meeresungeheuer
kalan – religiöses Heiligtum
khach san – Hotel
Khmer – ethnische Kambodschaner
Khong Tu – Konfuzius
kich noi – Sprechdrama
Kinh – die vietnamesische Sprache
Kuomintang – Chinesische Nationalpartei, auch bekannt als KMT, die China zwischen 1925 und 1949 regierte, bis sie von den Kommunisten besiegt wurde

li xi – Glücksgeld, das am vietnamesischen Neujahrsfest verteilt wird
Lien Xo – wörtlich: „Sowjetunion"; Ausdruck, der auf Ausländer aufmerksam macht
Linga – stilisierter Phallus, der den Hindugott Shiva darstellt

Manushi-Buddha – Buddha in menschlicher Gestalt

moi – abfälliges Wort, das „Wilde" bedeutet und von vielen Vietnamesen als Bezeichnung für die Bergvölker gebraucht wird

Montagnards – Bezeichnung für Völker aus dem Hochland; der Begriff bezieht sich auf die ethnischen Minderheiten, die in abgelegenen Gegenden Vietnams leben

muong – größere Dorfeinheit aus *quel* (kleinen Pfahlbauten)

naga – Sanskrit-Ausdruck für ein mythisches Schlangenwesen mit göttlichen Kräften; oft dargestellt als eine Art Schutz für den Buddha

nam phai – für Männer

Napalm – gelförmiges Benzin, das von Flugzeugen abgeworfen und angezündet wurde; während des Vietnamkriegs ist es von den US-Streitkräften mit verheerenden Auswirkungen eingesetzt worden

nguoi thuong – der gegenwärtig von der Regierung bevorzugte Begriff für die Bergvölker

nha hang – Restaurant

nha khach – Hotel oder Pension

nha nghi – Pension

nha rong – großer Pfahlbau, den Bergvölker als Gemeindezentrum nutzen

nha tro – Schlafsaal

NLF – National Liberation Front (Nationale Befreiungsfront); offizieller Name für den Vietcong

nom – vietnamesische Schrift, die zwischen dem 10. und Anfang des 20. Jhs. benutzt wurde

nu phai – für Frauen

nui – Berg

nuoc mam – Fischsoße; wird in Vietnam zu fast allen Hauptgerichten gereicht

NVA – Nordvietnamesische Armee

Oc-Eo – stark von indischer Kultur und Religion beeinflusstes Königreich der Khmer in Südvietnam zwischen dem 1. und 6. Jh., auch *Funan* genannt

Ökozid – Umweltzerstörung; Begriff für die verheerenden Auswirkungen der Herbizide, die während des Vietnamkriegs eingesetzt wurden

Ong Bon – Schutzgeist des Glücks und der Tugend

OSS – Office of Strategic Services (US-Büro für Strategische Dienste); Vorgänger der CIA

Pagode – traditionell ein achtseitiger buddhistischer Turm, in Vietnam bezeichnet das Wort dagegen gewöhnlich einen Tempel

phong thuy – wörtlich: „Wind und Wasser", bezeichnet die Geomantie; auch bekannt unter dem chinesischen Begriff Feng Shui

PRG – Provisorische Revolutionsregierung; die vom Vietcong im Süden eingesetzte kommunistische Regierung herrschte von 1969 bis 1976

quan – städtischer Bezirk

Quan Cong – chinesischer Kriegsgott

Quan The Am Bo Tat – Göttin der Barmherzigkeit

quoc am – moderne vietnamesische Literatur

quoc ngu – Vietnams auf dem Lateinischen basierendes phonetisches Alphabet

rap – Kino

Revolutionäre Jugendliga – erste marxistische Gruppe in Vietnam und Vorgänger der Kommunistischen Partei

roi can – konventionelles Puppentheater

roi nuoc – Wasserpuppentheater

ruou (seo ausgesprochen) – Reiswein

RVN – Republik Vietnam (das alte Südvietnam)

Salangane – schwalbenähnlicher Vogel

sao – Holzflöte

Saola – antilopenähnliches Tier

shakti – weibliche Erscheinungsform von Shiva

song – Fluss

SRV – Sozialistische Republik Vietnam (der offizielle Name des Landes)

Strategic Hamlets Program – Programm (der Südvietnamesen und der US-Amerikaner), um Bauern gewaltsam in befestigte Dörfer umzusiedeln und damit die Versorgung des Vietcong zu verhindern

sung – Feigenbaum

Tam Giao – wörtlich: „Dreier-Religion". Konfuzianismus, Taoismus und Buddhismus verschmolzen im Laufe der Zeit mit volkstümlichen chinesischen Glaubensrichtungen und dem früheren vietnamesischen Animismus

Tao – der Weg; das Wesentliche, aus dem alles in unserer Welt gemacht ist

Tay ba lo – Backpacker

Tet – Vietnamesisches Neujahrsfest

thai cuc quyen – vietnamesischer Begriff für Tai-Chi

Thich Ca Buddha – der historische Buddha Sakyamuni, dessen richtiger Name Siddhartha Gautama war

thong nhat – Wiedervereinigung; üblicher Ausdruck auch für den *Wiedervereinigungsexpress*

thuoc bac – chinesische Medizin

toc hanh – Schnellbus

Tonkin – der nördliche Teil Vietnams in der französischen Kolonialzeit; auch der Name eines Gewässers im Norden (Tonkin-Golf).

truyen khau – traditionelle mündlich überlieferte Literatur

UNHCR – Hoher Flüchtlingskommissar der Vereinten Nationen

VC – *Vietcong* oder vietnamesische Kommunisten
Viet Kieu – Vietnamesen im Ausland
Vietminh – Liga für die Unabhängigkeit Vietnams; nationalistische Bewegung, die gegen Japaner und Franzosen kämpfte, später aber kommunistisch dominiert wurde

VNQDD – Viet Nam Quoc Dan Dang; größtenteils mittelständische nationalistische Partei

xang – Benzin
xe Honda loi – Wagen, der von einem Motorrad gezogen wird
xe lam – winzige dreirädrige Trucks für den Passagier- und Frachttransport über kurze Strecken
xe loi – von einem Motorrad gezogene Wagen, die man nur im Mekong-Delta zu sehen bekommt
xe om – Motorradtaxi, auch *Honda om* genannt
xich lo – *cyclo*; das Wort stammt vom französischen *cyclo-pousse* ab

Hinter den Kulissen

WIR FREUEN UNS ÜBER IHR FEEDBACK

Post von Travellern zu bekommen ist für uns ungemein hilfreich – Kritik und Anregungen halten uns auf dem Laufenden und helfen, unsere Bücher zu verbessern. Unser reiseerfahrenes Team liest alle Zuschriften genau durch, um zu erfahren, was an unseren Reiseführern gut und was schlecht ist. Wir können solche Post zwar nicht individuell beantworten, aber jedes Feedback wird garantiert schnurstracks an die jeweiligen Autoren weitergeleitet, rechtzeitig vor der nächsten Nachauflage.

Wer uns schreiben will, erreicht uns über **www.lonelyplanet.de/kontakt**.

Hinweis: Da wir Beiträge möglicherweise in Lonely Planet Produkten (Reiseführer, Websites, digitale Medien) veröffentlichen, ggf. auch in gekürzter Form, bitten wir um Mitteilung, falls ein Kommentar nicht veröffentlicht oder ein Name nicht genannt werden soll. Wer Näheres über unsere Datenschutzpolitik wissen will, erfährt das unter www.lonelyplanet.com/privacy.

UNSERE LESER

Vielen Dank an folgende Traveller, die uns nach der letzten Auflage hilfreiche Tipps, Ratschläge und spannende Anekdoten geschickt haben:

A Simon Abbott, Claudia Aebi, Adam Ain, Bernice Ang, Tracy Ang, Sarah Attwell **B** Reinier Bakels, Amy Barber, Jessica Barker, Wendy Barker, Mark Baxter, R. Beck, Evelyn Bienefelt, Yvonne Bierings, Rhys Bithell, Caroline Jeanne Blanchet, Harrie Boin, Janet Booth, Jim Bradbury, Zoe Buck, Dermot Byrne, Vicki Byrne **C** Annalena Caffa, Christian Cantos, Agostino Carli, Henrik Carstensen, Joanne Chadwick, Chantereau Chantal, Samuel Chik, Charlotte Clements, Robert Constabile, Jules Cooper, Nicolas Corino, Margaret Crisp, Cheri Cross, Leonie Culpin **D** Ariane De Dominicis, Berthus De Boer, Sylvie De Leeuw, Hans Dewaele, Ruth Dillen, Tim Diltz, Henry Domzalski, John Doyle, Megan Dredge **E** Annie Eagle, Christine Ebdy, Albrecht Eisen, Pieter Eisenga, Avi Elazat, Jeffrey Eng **F** Hylke Faber, Sergey Filin, Emma Findlay, Nicola Frame, Stephen Frampton, Marc Freeman, Astrid Freier, Andrea Fuernkranz **G** Nagy Gabriella, Rubén García-Benito, Duncan Gardner, Stuart Geddes, Alyce Geenen-Hager, Roy Gillette, Annick Gilliot, Marianne Göldlin, David Gordon, Daniel Gregg, Sandra Greven, Chris Grey, W. Gröhling, Denise Grohs, Bertille Guilbert **H** Eva Hagman, Emma Hanid, Jennifer Hashley, Mike Hedlund, Celine Heinbecker, Nicola Hewitt, Adrian Ho, Benjamin Hodgetts, Richard T. Howard, Keegan Hughes, Jakobien Huisman, Kim Huynh, Nick Hyde **J** Chris Jackson, Ralpha Jacobson, Therese Jarrett, Karin Joelsson, Sigurd Joergensen, Roel Jongbloed, Linards Jonins **K** Jane Kelly, Marianna Kettlewell, Huynh Kim, Damien Kingsbury, Chelsea Kinsey, James Kruger, Martin Kuipers, Chris Kuschel **L** Danielle Lafferre, Steve Lee, Cindy-Marie Leicester, Caroline Lemoine, Philippe Lesage, Stewart Linda, David Lindsay, Diego Lizardez-Ruiz, James Locke, Alex Long, Andrew Long, Jack Lowrey, Harald Luckerbauer **M** Nguyen Thi Man, Desmond Macmahon, Philippe Magerle, Justyn Makarewycz, Martin Mallin, Barbara Martinus, Philippe May, Craig Mayo, Peter McKallen, Tim McGivern, Sasha McHardy, Dick McKenzie, Lucinda McRobbie, Tamar Meijers, Phil Mellifont, Els Mellink, Jane Metlikovec, Konrad Mohrmann, Krishnendu Mondal **N** Chelsey Naka, Harry Newton, Truong Ngoc, Long Nguyen, Luu Nguyen, Joseph Nicholson, Paul Nunn, Philip Nygren **O** Monica O'Brien, Magnus Olsson, Paul O'Neill, Leonhard Orgler, Maria Ougaard **P** Andy Parsons, Rick Passaro, Natalie Patterson, Colin Payne, Dr Pehr Granqvist, Paola Penaherrera, Alexia Pepicelli, Daniell Pérez, Daniela Perkins, Andrew Pettit,

David R. Phillips, Ben Pike, Igor Polakovic, Arianna Ponzini, Jeremy Presser, Helen Putland **Q** Philip Quinn **R** Edmund Raczkowski, Frances Rein, Carol Resch, Frank Richard, Doug Roberts, Barbara Robinson, Walter Roedenbeck, Rick Ruffin, Thomas Russo **S** Rolf Schaefer, Mike Schellenberg, Stefanie Schick, Almut Schindler, Valerie & Mario Schnee, Isabel Schünemann, Tobias Schwarzmueller, Helen Scott, Breck Scott-Young, Pietro Scòzzari, Patricia Selley, Erin Sharaf, Larissa Spacinsky, Hayden Spencer, Frants Staugaard, Margie Symons, Kathy Szybist **T** Ivica Tanaskovic, Vera Tang, Will Thai, Christian Thaller, Mary Ann Thomas, Scott Thomson, Lam Trang, Catharina Treber, Peter Trojok, Bill Tsocanos, Yves Tychon, Andrew Tzembelicos **U** Natalie Uglow, Zeynep Uraz, Mari Nythun Utheim **V** Adria Galian Valldeneu, Charlene Vallory, Bo Van Nieuwenhuizen, Bob Van Deusen, Jaap Van Helmond, Stefaan Van Rosendaal, Stephen Van Riet, Ray Varnbuhler, Tyson Verse, Henrique Villena, Jeff Vize, Alexandra von Muralt, Ronny Vorbeck, Erwin Vos **W** Valentin Waldman, Lex & Yvonne Warners-Evers, Sue Wise, Art Wright, Jsue Wright, Siye Wu, Line Wulff-Jensen **Y** Courtney Yates, Margrette Young **Z** Marianne Zahnd, Peter Zimmermann.

DANK DER AUTOREN

Iain Stewart

Was für eine Reise! Herzlichen Dank an Ilaria und das Melbourne-Team, dass ich an einem weiteren Südostasien-Band mitarbeiten durfte. Dank gebührt auch meinen Kopiloten in Vietnam, Nick, Peter und Brett. Tolle Hilfe unterwegs bekam ich von Vinh Vu und Mark Wyndham, Ben und Bich in Phong Nha, Tam in Dong Ha und einer großartigen Crew in Hoi An, darunter die Jungs von der Dive Bar, Ludo, Neil, Caroline und das Tennis-Ass Dzung.

Nick Ray

Als Erstes danke ich meiner wunderbaren Ehefrau Kulikar Sotho, die mich auf vielen Vietnamreisen begleitet hat. Erheblich belebt wurde das Ganze durch unsere beiden Kinder Julian und Belle, wobei die beiden nur die schönen Aufgaben bekommen haben.

Unterwegs haben mir viele Menschen geholfen. In keiner bestimmten Reihenfolge danke ich Vinh, Dave, Mark, Karl und Greg für die tolle Gesellschaft auf der langen Fahrt durch das Hochland. Nächstes Mal sollten wir allerdings versuchen, nicht verhaftet zu werden. Ein großes Dankeschön geht auch an Sinh, Linh, Truong, Nick, Glenn, Fred, Phuong, Larry, John, Jamie, Rofail, Susan, Larry, Ross und viele weitere Personen.

Außerdem danke ich meinen Koautoren Iain, Peter und Brett für ihre Arbeit in anderen Regionen des Landes. Und vielen Dank an die Lonely Planet Redaktion, die diesen Reiseführer von der Planung in die Realität umgesetzt hat.

Peter Dragicevich

Generationen von Lonely Planet Autoren, darunter ich selbst, haben von der Geselligkeit und Großzügigkeit Le Van Sinhs profitiert. Vielen Dank auch an Nick Ross, eine unschätzbare Informationsquelle zu Saigon. An diesem Buch mitzuarbeiten war eine große Freude, ganz besonders wegen David Holmes (danke, Tim Benzie), Tran Thi Kim Hue, Kyla Ellis, Robert Cotgrove, Devon Morrissey, Andrew „Chronic" Poole, Jason Donovan, Mark Zazula, Nick Ray, Iain Stewart und Brett Atkinson in der Heimat.

Brett Atkinson

Der allergrößte Dank gebührt Herrn Kien und dem Ausnahmechauffeur „Ladykiller". Wer ahnte, dass „Bienenwein" so interessant schmeckt? Nächstes Mal sollten wir vielleicht auch Pferd bestellen. Zudem bedanke ich mich bei allen in Hanoi, Sa Pa, Bac Ha, Ha Giang, auf der Cat-Ba-Insel und in Bai Tu Long für die unermüdliche Unterstützung und die vielen Informationen unterwegs. Zu Hause in Auckland danke ich Carol. Ich koche dir ganz bald Hanoier Straßensnacks. Versprochen.

QUELLENNACHWEISE

Klimakartendaten von Peel, M. C., Finlayson, B. L. & McMahon, T. A. (2007), „Updated World Map of the Köppen-Geiger Climate Classification", *Hydrology and Earth System Sciences*, 11, 1633-44.

Umschlagfoto: Arbeiter tragen Salz über flache Verdunstungsbecken in der Salzfabrik von Hon Khoi ganz in der Nähe des Doc-Let-Strands. Karen Kasmauski / Getty Images ©

Viele Fotos in diesem Reiseführer können bei Lonely Planet Images unter www.lonelyplanet images.com lizenziert werden.

ÜBER DIESES BUCH

Dies ist die 4. deutsche Auflage von *Vietnam*, basierend auf der 11. englischen Auflage. Sie entstand unter der Leitung des Vietnam-Fans Iain Stewart, aus dessen Feder die Anfangskapitel zur Reiseplanung sowie die meisten Texte unter „Vietnam verstehen" und „Praktische Informationen" stammen. Außerdem aktualisierte er die Kapitel „Nördliches Zentralvietnam" und „Zentralvietnam". Unterstützung bekam Iain von einigen der besten Lonely Planet Autoren: von Vietnam-Veteran Nick Ray („Zentrales Hochland", „Südliche Zentralküste", „Siem Reap & die Tempel von Angkor") sowie den talentierten Neuseeländern Brett Atkinson („Hanoi", „Nordostvietnam", „Nordwestvietnam") und Peter Dragicevich („Ho-Chi-Minh-Stadt", „Mekong-Delta"). Die vier arbeiteten mit den Texten aus der 10. Auflage, die von Nick Ray, Iain Stewart und Yu-Mei Balasingamchow betreut wurde. Das Kapitel „Essen & Trinken" dieser Ausgabe verfasste Robyn Eckhardt, redigiert wurde es vom südostasiatischen Gourmet-Guru Austin Bush. Der Text über die „Regionalen Spezialitäten" stammt von der berühmten Food-Autorin Andrea Nguyen, die ein wenig Hilfe von besagtem Mr. Bush bekam. David Lukas steuerte das Kapitel „Umwelt" bei, das von Iain Stewart redigiert wurde. Von Rebecca Skinner stammen die unglaublichen Fotos, auf denen einige der köstlichen von uns beschriebenen vietnamesischen Gerichte zu bewundern sind. Der Reiseführer entstand im Auftrag der Lonely Planet Redaktion Melbourne und wurde von folgenden Personen betreut:

Verantwortliche Redakteurin Ilaria Walker

Leitende Redakteurin Catherine Naghten

Leidende Kartografin Julie Dodkins

Leitender Layoutdesigner Wibowo Rusli

Redaktion Bruce Evans

Kartografie Shahara Ahmed, David Connolly

Layoutdesign Jane Hart

Redaktionsassistenz Holly Alexander, Judith Bamber, Michelle Bennett, Paul Harding, Alan Murphy

Umschlag Naomi Parker

Interne Bildrecherche Rebecca Skinner

Illustrator Javier Zarracina

Redaktion Sprachführer Branislava Vladisavljevic, Annelies Mertens

Dank an Wayne Murphy, Ryan Evans, Trent Paton, Ross Macaw, Averil Robertson, Gerard Walker

NOTIZEN

Register

A

Abholzung 534
Abzocke 62, 81, 82, 87, 114, 115, 250, 371, 485, 541, 546
Adressen 349
Affen 159, 308, 380, 532
Agent Orange 464, 536
Ako Dhong 311
Aktivitäten 30–35
  Golfen 35, 58–59, 90, 270, 301, 346
  Kajakfahren 35, 102–103, 109, 418
  Kitesurfen 34, 271–272, **33**
  Klettern 35, 109–110
  Motorradfahren 20, 29, 32, 34, 150, 306, 551, 553–554, 557–558
  Radfahren 31–32, 110, 390, 556–557
  Rafting 35, 301
  Schnorcheln 34–35, 215, 290, 418
  Segeln 35, 109, 272
  Surfen 32–34, 272
  Tauchen 34–35, 215, 229, 255–256, 290, 418
  Trekking 22, 31, 110, 290–291
  Vogelbeobachtung 409–410, 441, 532
  Windsurfen 34
Alkohol 528
Altstadt (Hanoi) 46–47, 79, **48–49**, **60**, **9**
An-Bang-Strand 20, 227
Angkor Thom 457–458, **454–455**
Angkor Wat 16, 453–457, **453**, **17**, **454–455**
Ankroët-Wasserfall 299
ao dai 365
Arbeiten in Vietnam 538
Archäologische Stätten, *siehe* Cham-Bauwerke, Khmer-Bauwerke
Architektur 493, 504–514
  Art-déco 508
  Französische Kolonialarchitektur 22, 508, **508–509**
  Hoi An 212
  Pagoden & Tempel 489, 510–513, **510–513**

Pfahlbauten 506, **506–507**
Sowjetischer Einfluss 405, 514
Verrücktes Haus von Hang Nga 295–296
Ärzte, *siehe* Medizinische Versorgung
Autofahren 551, 553–554
  Führerschein 553
  Gefahren 554
  Verkehrsregeln 554
  Vermietung 553, 557
  Versicherung 554

B

Ba-Be-Nationalpark 94–96, 534, **15**
Bac Ha 144–147, 504, **145**
Bach-Ma-Nationalpark 193–194, 534
Ba Chuc 429–430
Bac Lieu 406
Bac-Lieu-Vogelschutzgebiet 407
Ba-Dong-Strand 393
Bahnar 500
Ba-Ho-Wasserfall 264
Bai-Tu-Long-Bucht 115–117, 534, **101**
Ba-Le-Brunnen 214
Ba-Na-Bergstation 196
Ban Don 314
Ban-Gioc-Wasserfall 123–124
Banh-It-Cham-Türme 243
Bantay Srei 459
Bao-Dai-Sommerpalast 296–297
Bao Loc 307
Baphuon 457
Bars
  Hanoi 73–76
  Ho-Chi-Minh-Stadt 359–361
  Hoi An 222–223
  Hue 187–188
  Nha Trang 261–262
  Siem Reap 450
Bat Trang 88
Bau Truc 267
Ba-Vi-Nationalpark 89
Bayon 456, 457, **454–455**
Bedrohte Tierarten 95, 165, 287, 308, 314, 374–375, 532–533
Behinderung, Reisen mit 543
Beng Mealea 459
Ben Hai 173
Ben-Thanh-Markt 365
Ben Tre 388–390, **389**
Bergvölker 136–137, 146, 300, 311, 317, 318–319, 320, 495–504, 496, **495–504**
  Etikette 503
  homestays 94, 128, 504, 546
  Märkte 121–122, 134, 135, 136, 145, 504
  Sprache 573

Bevölkerung 462, 486
bia hoi 14, 74, 528
Bier 14, 74, 528
Bildhauerei 493–494
Binh Chau, Heiße Quellen von 279
Binh-Tay-Markt 338
Bisse & Stiche 565–566
Bitexco Financial Tower 20, 329, 506
Bootstouren 251, 403, 412, 418, 549, 558–559, 555
Botschaften 538
Bücher 178, 462, 484, 493, 562
  Essen 524
  Gesundheit 562
  Vietnamkrieg 477, 480
Buddhas Geburt, Erleuchtung und Tod 24
Buddhismus 487–488, 489, 512, *siehe auch* Pagoden, Tempel
Buon Ma Thuot 309–314, **310**
Busfahren 551, 554–556

C

Cai Be, Schwimmender Markt von 395
Cai Rang, Schwimmender Markt von 402–403
Cai Rong 115–116
Ca Mau 407–409, **408**
Cam-Kim-Insel 226
Camp Carroll 174–175
Cam-Ranh-Hafen 265
Ca Na 268–269
Can Gio 379–380
Can Tho 397–402, **398**
Cao Bang 121–123, 504, **122**
Caodaismus 376, 489
  Heiliger Stuhl der Cao Dai 375–376
  Tempel 197, 407, 411
Cao Lanh 438–441, **440**
Cat-Ba-Insel 106–115, 534, **101**, **108**
  Strände 108–109
Cat-Ba-Nationalpark 107–108, 534
Cat-Ba-Stadt 106, **108**
Cat Cat 137
Cat-Tien-Nationalpark 20, 307–309, 534, **12**
Cau-Burg 415
Cha Ban 243
Cham 229, 243, 267, 466, 486, 512
  Museen 197, 232
  Neujahrsfest 25, 266
Cham-Bauwerke
  Banh-It-Cham-Türme 243
  Chien Dan 232
  Duong-Long-Cham-Türme 243
  My Son 230–232, **230**, **512–513**
  Nhan-Cham-Turm 244

Po-Klong-Garai-Cham-Türme 266, **512**
Po-Nagar-Cham-Türme 249, **13**, **513**
Po-Ro-Me-Cham-Türme 266–267
Po-Shanu-Cham-Türme 270
Thap-Doi-Cham-Türme 239
Tra Kieu (Simhapura) 232
Cham-Inseln 228–230
Chau Doc 430–434, **431**
Chien Dan 232
China Beach 205–206
Chinesische Herrschaft 94, 466–467
Cho Moi 437
Chong Kneas 452
Christentum 489
Chua Bai Dinh 20, 157
Chua Co 393
Con-Dao-Inseln 11, 286–292, 534, **288**, **10**
Con-Dao-Nationalpark 287, 290
Cong **499**
Con-Son-Insel 286
Con-Thien-Stützpunkt 173
Crémaillère-Bahnhof 296
Cua-Dai-Strand 227
Cu-Chi-Tierschutzzentrum 374–375
Cu-Chi-Tunnel 371–375
Cuc-Phuong-Nationalpark 158–160, 534
cyclos 555, 558

D

Dachbars 360
Dai-Lanh-Strand 245–246
Dai-Nam-Freizeitpark 379
Dakrong-Brücke 175
Da Lat 295–307, **298**, **16**
Dambri-Wasserfall 307
Da Nang 20, 196–203, **204**
Dao 10, 500, **10**, **498**, **501**, **502**, **504**
 Sprache 573
Dao-Tien-Zentrum für bedrohte Primaten 308
Datanla-Wasserfall 299
Dat Mui (Ca-Mau-Kap) 410
Dengue-Fieber 563
Dien Bien Phu 131–134, **131**
 Belagerung 132, 474
 Erster Indochinakrieg 474
Diep-Dong-Nguyen-Haus 214

000 Verweise auf Karten
000 Verweise auf Fotos

Doc-Let-Strand 246
Dong Ha 175–177
Dong Hoi 166–168, **167**
Dong Ky 88
Dong-Son-Epoche 466
Dracheninsel 387
Dray-Nur-Wasserfall 315–316
Dray-Sap-Wasserfall 315–316
Duong Dong (Stadt) 415, **416**
Duong-Long-Cham-Türme 243
Durchfallerkrankungen 565
Dynastien 470

E

Easy Riders 306
Ede 311, 500–501
Ehemaliges Phung-Hung-Haus 214
Einhorninsel 387
Einreise 549
Einsäulenpagode (Hanoi) 53
Einsäulenpagode (HCMS) 378–379
Elefanten 308, 313, 314
Elefantenterrasse 458
Elefanten-Wasserfall 299–300
Entmilitarisierte Zone (EMZ) 171–175, 477, **172**
Erster Indochinakrieg 474–475
 Dien Bien Phu, Belagerung von 132, 474
Essen 21, 523–530, 539, **8**, *siehe auch einzelne Orte*
 Aromen 523–525
 Baguettes 522, 526, **522**
 Bücher 524
 Chinesische Einflüsse 516
 Eidechsen 269
 Exporte 464
 Fleisch 526–527
 Getränke 528
 Hundefleisch 71
 Kaffee 312, 365, 528
 Kochkurse 59–61, 216, 270, 346, 529
 Nordvietnamesische Küche 518–519
 Nudeln 518, 520, 525–526, **519**, **521**
 nuoc mam 415, 524
 Obst & Gemüse 303, 422, 463, 516, 527
 pho 353, 518, **518–519**
 Regionale Spezialitäten 515–522
 Reis 439, 525
 Reispapierröllchen 526, **515**
 Sprache 567–569
 Straßenküche 67, 303, 528
 Südvietnamesische Küche 522
 Süßigkeiten 527–528
 Tischsitten 529
 Vegetarier & Veganer 528–529
 Vogelnestsuppe 260
 Zentralvietnamesische Küche 520–521
Ethnische Minderheiten, *siehe* Bergvölker
Ethnologisches Museum 55
Etikette 484, 487, 491, 529, 539–540
Export 535

F

Fahrradfahren, *siehe* Radfahren
Fakten 463, 464, 477
Fan Si Pan 137
Feiertage 539
Feilschen 540
Feng Shui 485
Fernsehen 539
Feste & Events 23–25, 61, 179, 216, 393, 405
 Buddhas Geburt, Erleuchtung und Tod 24
 Cham-Neujahrsfest 25, 266
 Oc-Bom-Boc-Festival 25, 393, 405
 Tet 23, 488
 Weihnachten 25
Filme 458, 462–463, 479, 490, 492–493
Fischfarmen 432
Fischsoße 415–416, 524
Fleckfieber 563
Flüchtlinge 483
Flughäfen
 Hanoi 86
 Ho-Chi-Minh-Stadt 370–371
 Siem Reap 451
Flugreisen 549, 557
 Flugpreise 549, 555
 Routen **550**
Fort Cannon 107
Fotos 539–540
Französische Herrschaft 97, 330, 470–471
Frauen & Gesundheit 566
Frauen in Vietnam 487, 490, 491
Frauen unterwegs 540
Freiwilligenarbeit 136, 217, 319, 535, 540

G

Galerien, *siehe* Museen
Gedenkstätten
 Indochinakrieg 132
 Vietnamkrieg 171, 236, 239, 244, 285, 311, 380, 438
Gefahren 171, 227, 262–263, 277, *siehe auch* Sicherheit

Geführte Touren 557–558, *siehe auch* Stadtspaziergänge
  Ha-Long-Bucht 103, 106, 110–111
  Hanoi 61, 82
  Hoi An 226
  Mekong-Delta 403
Geld 19, 292, 540–541
Geldautomaten 19, 540–541
Geologie 531, 533
Geschichte 465–483
Geschlechtskrankheiten 563
Gesundheit 561–566
  Bücher 562
  Impfungen 561, 562
  Infos im Internet 561–562
  Trinkwasser 566
  Vorbeugung 565
Gewichte 539
Giac-Lam-Pagode 343–344
Golfen 35
Golfplätze
  Da Lat 301
  Hanoi 58–59
  Ho-Chi-Minh-Stadt 346
  Mui Ne 270
  Tam Dao 90
Gougah-Wasserfall 299
Grabstätten 21
  Dong-Khanh-Grabstätte 191
  Gia-Long-Grabstätte 191
  Gräber französischer und spanischer Soldaten 203
  Hoa Lu 157
  Ho-Chi-Minh-Mausoleum 51–52, 514, **514**
  Kaisergräber 189–191
  Khai-Dinh-Grabstätte 191
  Mac-Cuu-Familiengräber 426
  Minh-Mang-Grabstätte 190–191
  Nguyen-Sinh-Sac-Grabstätte 438
  Thieu-Tri-Grabstätte 191
  Thoai-Ngoc-Hau-Grabstätte 435
  Tu-Duc-Grabstätte 189
Grenzübergänge 551–553, **552**
  China 83, 118, 120, 143, 551
  Kambodscha 318, 375, 428, 430, 434, 551
  Laos 133, 160, 162, 164, 176, 321, 551–553
Große Mauer von Vietnam 20, 235

H

Ha Giang 148
Hai Phong 96–104, **98**
Hai-Van-Pass 195–196

Ha-Long-Bucht 100, 533, 536, **101**, **6–7**
  Bootstouren 103, 105, 110–111
  Höhlen 102
  Legende 100
Ha-Long-Stadt 104–106, **104**
Hamburger Hill 173–174
Ham Ho 244
Handys 19, 545
Hang Nga, Verrücktes Haus von 295–296
Hang Pac Bo 123
Hang Son Doong 166
Hanhi **495**, **500**
Hanoi 36, 42–91, **48–49**, **52–53**, **56**, **58**
  Abzocke 62, 81, 82, 87, 541
  Aktivitäten 57
  An- & Weiterreise 83–85
  Bars 73–76
  Clubbing 76–77
  Essen 42, 66–71
  Feste & Events 61
  Geführte Touren 61, 82
  Geschichte 43
  Highlights 44, **44–45**
  Kindern, Reisen mit 59
  Klima 42
  Kurse 59–61
  Medizinische Versorgung 81–83
  Notfälle 83
  Reiserouten 43
  Reisezeit 42
  Schlafen 42, 61–66
  Schwule & Lesben 76
  Sehenswertes 9, 46–57
  Shoppen 78–80
  Stadtspaziergang 60, **60**
  Touristeninformation 83
  Unterhaltung 76–78
  Unterwegs vor Ort 85–87
Ha Tien 424–428, **425**
Heiße Quellen von Binh Chau 279
Hepatitis 563
Hinduismus 490
HIV 563
Hmong 20, 136, 498, 501, **496–497**, **498**, **502**
  Sprache 573
Hoa Binh 127
Hoa Lu 157
Hoan-Kiem-See 47–51, **52–53**
Hoang-Lien-Nationalpark 534
Ho Chi Minh 51–52, 123, 163, 472, 473, 514, 534
  Museen 53, 183, 197, 317, 344, 399
Ho-Chi-Minh-Mausoleum 51–52, 514, **514**

Ho-Chi-Minh-Pfad 315, 476
  Museum 87
Ho-Chi-Minh-Stadt 9, 39, 323–380, **327**, **334**, **336**, **338**, **340**, **342**, **373**
  Abzocke 371
  Adressen 349
  Aktivitäten 345–346
  An- & Weiterreise 368–369
  Bars 359–362
  Essen 323, 352–359
  Feste & Events 347
  Geführte Touren 346–347
  Highlights 324–325, 356, **324–325**
  Kindern, Reisen mit 347
  Klima 323
  Kurse 346
  Medizinische Versorgung 367
  Praktische Informationen 367–368
  Reiserouten 326
  Reisezeit 323
  Schlafen 323, 347–352
  Schwule & Lesben 363
  Sehenswertes 326–344
  Shoppen 364–367
  Stadtspaziergang 332–333, **332**
  Unterhaltung 362–364
  Unterwegs vor Ort 369–371
Ho-Coc-Strand 279–280
Höhlen
  Ha-Long-Bucht 102
  Hang Puong 95
  Hang Son Doong 166
  Hang Trung Trang 108
  Krankenhaushöhle 109
  Lang Son
  Mua-Höhle 157
  Nguom-Ngao-Höhle 123–124
  Pac-Bo-Höhle 123
  Paradieshöhle 20, 164–165
  Phong-Nha-Höhle 164, **8**
  Trang-An-Grotten 158
  Van-Thong-Höhle 205
Hoi An 207–226, **208**, **6**
  Aktivitäten 215–216
  An- & Weiterreise 225
  Bars 222–223
  Essen 220–222
  Feste & Events 216
  Geführte Touren 226
  Highlights 215
  Kurse 216
  Medizinische Versorgung 225
  Schlafen 217–220
  Sehenswertes 210–214
  Shoppen 217, 223–225
  Unterwegs vor Ort 225–226

homestays 94, 95, 397, 546, *siehe auch* Bergvölker
Hon Chong 429
Hon Lao (Affeninsel) 255
Hon Mieu 254
Hon Mun (Ebenholzinsel) 254
Hon Tre (Bambusinsel) 254
Hon Yen (Vogelnestinsel) 254–255
Ho Quyen 193
Hotels 546–547, *siehe auch* Unterkunft
Ho-Tram-Strand 280
Hue 11, 177–189, **180–181**, **190**, **11**
  An- & Weiterreise 188–189
  Bars 187–188
  Essen 185–187, 516
  Geführte Touren 191
  Medizinische Versorgung 188
  Schlafen 184–185
  Sehenswertes 178–184
  Shoppen 188
  Unterwegs vor Ort 189
Huong Hoa 173

I
Impfungen 561, 562
Indochinakrieg 97, 474
  Dien Bien Phu, Belagerung von 132
  Gedenkstätte 132
Infos im Internet 19, 459, 547, 561–562
Insektenbisse & Stiche 565–566
Inseln
  An-Thoi-Inseln 417–418
  Cam-Kim-Insel 226
  Cat-Ba-Insel 106–115, 534, **101**, **108**
  Cham-Inseln 228–230
  Con-Dao-Inseln 11, 286–292, 534, **288**, **10**
  Con-Son-Insel 286
  Co-To-Insel 117
  Dracheninsel 387
  Einhorninsel 387
  Ha-Long-Bucht 102
  Hon-Giang-Insel 428–429
  Mekong-Inseln 394–395
  Nghe-Insel 429
  Ngoc-Vung-Insel 117
  Nha Trang 251, 254–255
  Phoenixinsel 387
  Phu-Quoc-Insel 413–424, **414**, **416**, **17**
  Quan-Lan-Insel 116

000 Verweise auf Karten
000 Verweise auf Fotos

Schildkröteninsel 387
Tra-Ban-Insel 117
Van-Don-Insel 115–116
Walinsel 246
Internetzugang 19, 541
Islam 489–490

J
Jadekaiser-Pagode 330–331, **510–511**
Japanische Enzephalitis B 563
Jarai 317, 501

K
Kaffee 23, 69, 312, 365, 528, 535
Kaisergräber 189–191
Kaiserstadt 178–179
Kajakfahren 35, 102–103, 109, 418
Kalter Krieg 119
Kambodscha 444–460
Karten 541
Kathedralen, *siehe* Kirchen & Kathedralen
Kbal Spean 459
Kenh Ga 157–158
Khe Sanh 172–173, 477
  Belagerung 174
Khmer 390, 394, 445, 486
  Museen 391, 404–405
  Oc-Bom-Boc-Festival 25, 405, 393
Khmer-Bauwerke
  Angkor Thom 457–458, **454–455**
  Angkor Wat 16, 453–457, **453**, **17**, **454–455**
  Ang-Pagode 391
  Bantay Srei 459
  Baphuon 457
  Bayon 456, 457, **454–455**
  Beng Mealea 459
  Fledermauspagode 404
  Hang-Pagode 391
  Kbal Spean 459
  Kh'leang-Pagode 404
  Koh Ker 459–460
  Moi-Hoa-Binh-Pagode 407
  Munirensay-Pagode 399
  Neak Poan 459, **454–455**
  Ong-Met-Pagode 391
  Ong-Pagode 391
  Phnom Bakheng 458
  Preah Khan 458, **454–455**
  Roluos-Gruppe 459
  Ta Prohm 458, **454–455**
  Xa-Lon-Pagode 405
Kim Lien 163
Kindern, Reisen mit 59, 347, 541–542
Kino, *siehe* Filme

Kirchen & Kathedralen
  Bergkirche 232
  Cha-Tam-Kirche 341
  Cho-Quan-Kirche 341
  Du-Sinh-Kirche 297–298
  Kathedrale der Königin des Rosenkranzes 97
  Kathedrale der Unbefleckten Empfängnis 319
  Kathedrale von Da Nang 197
  Kathedrale von Nha Trang 250
  Kathedrale von Phat Diem 160
  Katholische Kirche (Long Xuyen) 436–437
  Notre-Dame-Kathedrale 333
  St.-Joseph-Kathedrale 50–51
  Tam-Toa-Kirche 166
  Tra-Kieu-Kirche 232
Kitesurfen 34, 271–272, **33**
Klettern 35, 109–110
Klima 23, *siehe auch einzelne Regionen*
Klimawandel 535–536
Koh Ker 459–460
Kokosnussmönch 388
Kommunismus 462–463, 483, *siehe auch* Ho Chi Minh
Kompong Pluk 452
Konfuzianismus 488–489
Konsulate 538–539
Kon Tum 318–322, 504, **320**
Krankenhaushöhle 109
Kreditkarten 541
Kriegsrestemuseum 334
Kriegsschauplätze 107, 131, 132, 171–175, 289–290, 374, 380
Krokodile 380, 436, 532
Kultur 484–494, 529
Kunst 462, 490–491
Kunstgalerien, *siehe* Museen
Kunsthandwerk 88, 187, 213, 365, 366, 445, 450, 493
Kurse
  Kochen 59–61, 216, 270, 346, 529
  Sprache 61, 346, 544

L
Lackarbeiten 493
Lai Chau (Tam Duong) 134–135
Landminen 171, 452, 483, 544
Lang-Bian-Berg 300
Lang-Co-Strand 194–195
Lang Dinh An 300
Lang Son 119–121
Lan-Ha-Bucht 107
Lao Bao 176
Lao Cai 142–144
Lat 300
Lavaröhren 297

Legenden 47, 56, 96, 100, 467
Le Loi, Kaiser 468–469
Lesben 543–544
　Hanoi 76
　Ho-Chi-Minh-Stadt 363
Literatur 493, *siehe auch* Bücher
Literaturtempel 51
Long Beach (Phu Quoc) 416
Long Hai 280–281
Long Xuyen 436–438, **437**
Luftverschmutzung 565

M

Madagui-Wald 301
Magazine 539
Mai Chau 16, 127, 504, **16**
Malaria 563
Malerei 493–494
Mariamman-Hindu-Tempel 336
Märkte 21
　Alter Markt (Can Tho) 402
　Bac Ha 145
　Ben-Thanh-Markt 365
　Binh-Tay-Markt 338
　Buoi-Markt 80
　Ca Mau 407
　Cai Be, Schwimmender Markt von 395
　Cai Rang, Schwimmender Markt von 402–403
　Can-Cau-Markt 145
　Cao Bang 121–122
　Con Son 289
　Dan-Sinh-Markt 367
　Dong-Ba-Markt 185, 188
　Dong-Xuan-Markt 46, 80
　Duyen Hai 380
　Handwerksmärkte (Son La) 130
　Hauptmarkt (Can Tho) 402
　Hauptmarkt (Da Lat) 303, 305
　Hom-Markt 80
　My-Tho-Markt 384
　Nachtmarkt (Angkor) 450
　Nachtmarkt (Cao Bang) 122
　Nachtmarkt (Dinh Cao) 421
　Nachtmarkt (Hanoi) 80
　Nachtmarkt (Lang Son) 120
　Phong Dien, Schwimmender Markt von 403
　Phu Chau 436
　Sa Pa 136
　Vinh-Long-Markt 396
Marmorberge 204–205
Masern 564
Massage 59, 215–216, 346
Maße 539
Matra 137

McCain, John 49
Medizinische Versorgung 562–563
　Hanoi 81–83
　Ho-Chi-Minh-Stadt 367
　Siem Reap 451
Mekong-Delta 20, 39, 381–443, **14**
　An- & Weiterreise 383
　Bootstouren 403, 412, 418
　Essen 381
　Geführte Touren 403
　Geschichte 382–383
　Highlights 382, **382**
　Klima 381
　Reisezeit 381
　Schlafen 381
　Unterwegs vor Ort 424
Mekong-Fluss 386, 531
Minderheiten, *siehe* Bergvölker
Mobiltelefone 19, 545
Moc Chau 129
Mondkalender 23
Mong Cai 118–119
Monkey Mountain 203
Montagnards, *siehe* Bergvölker
Moscheen
　Chau Doc 430
　Jamail-Moschee 341
　Zentralmoschee (HCMS) 329–330
Motorradfahren 20, 29, 32, 150, 306, 551, 553–554, 557–558
　Geführte Touren 557–558
　Verkehrsregeln 554
　Vermietung 553–554
Mui Nai 428
Mui Ne 12, 269–277, **270**, **13**
　Highlights 274
Muong 502, **503**
Muong Lay (Lai Chau) 134
Museen
　Alexandre-Yersin-Museum 250–253
　Allgemeiner Museumskomplex 183
　Altes Französisches Gefängnis & Museum 129–130
　Angkor-Nationalmuseum 445
　Bao Tang Quang Tri 175
　Ben-Tre-Museum 388
　Bergvolkmuseum 320
　Binh-Dinh-Museum 238–239
　Can Gio 380
　Can-Tho-Museum 398
　Cham-Museum 197
　Con-Dao-Museum 289
　Cu-Chi-Kriegsgeschichtsmuseum 374
　Dak-Lak-Museum 311
　Dien-Bien-Phu-Museum 131–132
　Dong-Thap-Museum 438
　Ethnologisches Museum 55

　Fotogalerien 253–254
　Frauenmuseum 49–50
　Hai-Phong-Museum 97
　HCMS-Museum 327–329
　Historisches Museum (Hanoi) 48–49
　Historisches Museum (HCMS) 331
　Hoa-Lo-Gefängnismuseum 49
　Ho-Chi-Minh-Museum (Can Tho) 399
　Ho-Chi-Minh-Museum (Da Nang) 197
　Ho-Chi-Minh-Museum (Hanoi) 53
　Ho-Chi-Minh-Museum (HCMS) 344
　Ho-Chi-Minh-Museum (Hue) 183
　Ho-Chi-Minh-Museum (Plei Ku) 317
　Hoi-An-Museum für Geschichte & Kultur 214
　Kambodschanisches Landminenmuseum 452
　Keramikmuseum 213
　Khmer-Museum 404–405
　Kien-Giang-Museum 411
　Kriegsrestemuseum 334
　Lam-Dong-Museum 297
　Marinemuseum 97
　Militärmuseum 331, 398–399
　Museum der Khmer-Minderheit 391
　Museum der Sa-Huynh-Kultur & Revolutionsmuseum 214
　Museum der Schönen Künste (Hanoi) 54–55
　Museum der schönen Künste (HCMS) 337–338
　Museum der Schönen Künste (Hue) 183
　Museum des Ho-Chi-Minh-Pfades 87
　Museum für vietnamesische Militärgeschichte 53–54
　Museum für Waffen aus aller Welt 283
　Nationales Meereskundemuseum 250
　Quang-Trung-Museum 243–244
　Revolutionsmuseum (Con-Dao-Inseln) 289
　Revolutionsmuseum (Hanoi) 51
　Soc-Trang-Museum 405
　Ton-Duc-Thang-Museum 329
　Tra Kieu 232
　Volkskundemuseum (Hoi An) 214
　Vuc-Quanh-Kriegsmuseum 166–167
　Xo-Viet-Nghe-Tinh-Museum 161
Musik 490–491
My-Khe-Strand (Da Nang) 206
My-Khe-Strand (Son My) 237–238
My Lai 236–237
My-Lai-Massaker 236–237

My Son 230–232, **230–232**, **512–513**
My Tho 383–387, **384**

N
Nam Can 410
Nam-Giao-Esplanade 193
Nam-O-Strand 203–204
Nationale Schule 183
Nationalparks & Naturschutzgebiete 533, 534
  Ba-Be-Nationalpark 94–96, 534, **15**
  Bach-Ma-Nationalpark 193–194, 534
  Bac-Lieu-Vogelschutzgebiet 407
  Bai-Tu-Long-Nationalpark 115, 534
  Ba-Vi-Nationalpark 89
  Ca-Mau-Naturschutzgebiet 410
  Can Gio 379–380
  Cat-Ba-Nationalpark 107–108, 534
  Cat-Tien-Nationalpark 20, 307–309, 534, **12**
  Con-Dao-Nationalpark 287, 290, 534
  Cuc-Phuong-Nationalpark 158–160, 534
  Ham-Ho-Naturschutzgebiet 244
  Hoang-Lien-Nationalpark 534
  Lang-Bian-Berg 300
  Phong-Nha-Ke-Bang-Nationalpark 8, 20, 163–166, 534
  Tam-Dao-Nationalpark 90
  Tram-Chim-Nationalpark 441
  U-Minh-Wald 409–410
  Van-Long-Naturschutzgebiet 158
  Yok-Don-Nationalpark 314, 534
Neak Poan 459, **454–455**
Neujahrsfest
  Cham 25, 266
  Tet 23, 488
Ngoan-Muc-Pass 307
Nguyen-Dynastie 469
Nha Trang 13, 247–264, **248**, **252**
  Abzocke 262–263
  Aktivitäten 254–257
  An- & Weiterreise 263–264
  Bars 261–262
  Bootstouren 251
  Essen 259–260
  Medizinische Versorgung 263
  Schlafen 257–259
  Sehenswertes 248–254
  Unterwegs vor Ort 264
Ninh Binh 154–156, 533, **155**

000 Verweise auf Karten
000 Verweise auf Fotos

Ninh-Chu-Strand 268
Ninh-Van-Bucht 247
Nixon-Doktrin 479–480
Nördliches Zentralvietnam 37, 152–168
  Essen 152
  Geführte Touren 154
  Geschichte 154
  Highlights 153, **153**
  Klima 152
  Reisezeit 152
  Schlafen 152
Nordostvietnam 37, 92–124
  Essen 92
  Geführte Touren 103, 105
  Geschichte 93–94
  Highlights 93, **93**
  Klima 92
  Reisezeit 92
  Schlafen 92
Nordwestschleife 13, 20, 29, 150
Nordwestvietnam 37, 125–151
  Essen 125, 129
  Geführte Touren 146, 148
  Geschichte 126–127
  Highlights 126, **126**
  Klima 125
  Reisezeit 125
  Schlafen 125
Notfälle 19
  Sprache 570
Nui Ba Den 377–378
Nui Son Tra (Monkey Mountain) 203
Nung 502
nuoc mam 415, 524

O
Obst 422, 463
Oc-Bom-Boc-Festival 25, 393, 405
Öffnungszeiten 542
Ökolodges 112, 138, 139, 308
Open Tours 556
Oper 78

P
Pac-Bo-Höhle 123
Pagode des Jadekaisers 330–331, **510–511**
Pagoden
  Ang-Pagode 391
  Bao-Quoc-Pagode 183
  Bich-Dong-Pagode 156–157, **511**
  Botschafterpagode 55
  Chua Bai Dinh 20, 157
  Con-Son-Pagodenkomplex 96
  Dieu-De-Nationalpagode 183
  Du-Hang-Pagode 97
  Einsäulenpagode (Hanoi) 53
  Einsäulenpagode (HCMS) 378–379
  Fledermauspagode 404
  Giac-Lam-Pagode 343–344
  Giac-Vien-Pagode 341–342
  Ha-Chuong-Hoi-Quan-Pagode 341, **510**
  Hang-Pagode 391
  Höhlenpagode (Chau Doc) 435
  Höhlenpagode (Hon Chong) 429
  Höhlenpagode (Thach Dong) 426
  Hon-Ba-Pagode 283
  Huong-Pagode 442
  Jadekaiser-Pagode 330–331, **510–511**
  Khanh-Van-Nam-Vien-Pagode 339
  Kh'leang-Pagode 404
  Knochenpagode 429–430
  Lehmpagode 404
  Linh-Ong-Pagode 204–205
  Linh-Ung-Pagode 196
  Long-Khanh-Pagode 239
  Long-Son-Pagode 249–250
  Moi-Hoa-Binh-Pagode 407
  Munirensay-Pagode 399
  Nghia-An-Hoi-Quan-Pagode 340–341
  Ong-Bon-Pagode 340
  Ong-Met-Pagode 391
  Ong-Pagode 391
  Parfümpagode 87–88
  Phac-Hat-Pagode 214
  Phap-Lam-Pagoe 197
  Phat-Lon-Pagode 410
  Phu-Dung-Pagode 426
  Phung-Son-Pagode 342–343
  Phuoc-An-Hoi-Quan-Pagode 339
  Phuoc-Lam-Pagode 213
  Quan-Am-Pagode 339, **9**
  Tam-An-Pagode 239
  Tam-Bao-Pagode 411, 426
  Tam-Son-Hoi-Quan-Pagode 339–340
  Tay-An-Pagode 434
  Tay-Ho-Pagode 57
  Tay-Phuong-Pagode 89
  Thay-Pagode 89
  Thien-Hau-Pagode 338–339
  Thien-Mu-Pagode 192
  Tran-Quoc-Pagode 57
  Truc-Lam-Pagode 300
  Tu-Hieu-Pagode 192
  Vien-Minh-Pagode 388
  Vinh-Trang-Pagode 384
  Xa-Loi-Pagode (HCMS) 337
  Xa-Loi-Pagode (Marmorberge) 205
  Xa-Lon-Pagode 405
Pa-Khoang-See 131
Pan Hou 147

Paradieshöhle 20, 164–165
Parfümfluss 191
Parfümpagode 87–88
Pariser Friedensabkommen 480, 482
Pensionen 546–547, *siehe auch* Unterkunft
Perlen 416
Phan Rang 265–268
Phan Thiet 278
Phat Diem 160–161
Phnom Bakheng 458
Phnom Kulen 459
pho 353, 518, **518–519**
Phoenixinsel 387
Phong Dien, Schwimmender Markt von 403
Phong-Nha-Höhle 164, **8**
Phong-Nha-Ke-Bang-Nationalpark 8, 20, 163–166, 534
Phu Chau (Tan Chau) 436
Phu-Quoc-Insel 413–424, **414**, **416**, **17**
Planung, *siehe* Reiseplanung
Plei Ku 316–318
Po-Klong-Garai-Cham-Türme 266, **512**
Politik 448–449, 462–463
Polizei 19, 543
Po-Nagar-Cham-Türme 249, **13**, **513**
Pongour-Wasserfall 299
Po-Ro-Me-Cham-Türme 266–267
Po-Shanu-Cham-Türme 270
Postdienste 542–543
Preah Khan 458, **554–555**
Proteste 192, 296, 499
Puppentheater 492

Q

Quallen 544, 565
Quang Ngai 235–236
Quang Tri 177
Quan-Thang-Haus 214
Quellen
  Binh Chau, Heiße Quellen von 279
  Suoi Tien (Märchenquelle) 264–265
  Suoi Voi (Elefantenquellen) 194
  Thap Ba Hot Spring Center 256
Qui Nhon 238–242, **240**

R

Rach Gia 410–413, **411**
Radfahren 31–32, 110, 390, 556–557
Radio 539
Radtouren, *siehe* Radfahren
Rafting 35, 301
Rauchen 539
Rechtsfragen 543
Reis 439, 525
Reisebüros 82, 142, 188, 202, 225, 263, 305, 312, 368, 557
Reisepass 549
Reiseplanung
  Budget 18–19
  Festkalender 23
  Geld 18–19
  Infos im Internet 19
  Klima 18
  Outdoor-Aktivitäten 30–31
  Regionen 36
  Reiserouten 26–29, 424
  Reisezeit 18, 23–25
Reiserouten 26–29, **26**, **27**, **29**
  Hanoi 43
  Ho-Chi-Minh-Stadt 326
  Tempel von Angkor 454, 456
Reiseschecks 541
Reisewarnungen 544
Reiswein (*ruou*) 75, 528
Religion 463, 486–490
Reservate, *siehe* Nationalparks & Naturschutzgebiete
Rockpile, the 175
Roluos-Gruppe 459
Rote Khmer 429–430, 448, 482–483
Rung Tram 441
ruou 75, 528

S

Sa Dec 441–443, **442**
Sa Huynh 238
Saigon, *siehe* Ho-Chi-Minh-Stadt
Sam-Berg 434
Sa Pa 11, 135–142, 504, **138**
Schildkröten 47, 159, 286, 287, 532
Schildkröteninsel 387
Schistosomiasis 563
Schneider 224
Schnorcheln 34–35, 215, 290, 418
Schwimmende Dörfer 102, 157–158, 431, 452, **506–507**
Schwimmende Märkte 395, 399, 402, **15**
Schwimmende Restaurants 113
Schwule 543–544
  Hanoi 76
  Ho-Chi-Minh-Stadt 363
Sedang 502
Seen
  Ba-Be-Seen 96, **15**
  Ba-Om-Teich 391
  Dong Ho 427
  Hoan-Kiem-See 47, **52–53**
  Krokodilsumpf 308
  Lak-See 316
  Langa-See 297
  Pa-Khoang-See 131
  Tang-Hau-See 184
  Tay Ho (Westsee) 55–57
  Tonlé Sap 452
  Truc-Bach-See 57
  Tuyen-Lam-See 300
  Xuan-Huong-See 296
Segeln 35, 109, 272
Seide 299, 436, 445
Sicherheit 544, 560, 565
  Straßen 554
  Surfen 34
  Trekking 31
Siem Reap 444–452, **446**, **453**, **17**
  An- & Weiterreise 451–452
  Bars 450
  Essen 448–449
  Highlights 445, 454–455, **445**, **454–455**
  Infos im Internet 459
  Klima 444
  Kurzinfos 444
  Medizinische Versorgung 451
  Reiserouten 454, 456
  Reisezeit 444
  Schlafen 447–448
  Shoppen 450
  Unterwegs vor Ort 452
  Visa 451
Sin Chai 137
Sinho 135
Soc Trang 404–406
Song Cau 244
Son La 129–130
Son My 236–237
Sport 494
Sprache 567–573
  Kurse 61, 346, 544
Stadtspaziergänge
  Hanoi 60, **60**
  Ho-Chi-Minh-Stadt 332–333, **332**
Strände 22
  An-Bang-Strand 20, 227–228
  Ba-Dong-Strand 393
  Bai-Bau-Strand 245
  Bai Dai (Cam Ranh) 265
  Bai Dai (Van Don) 116
  Ca Na 268
  Cat-Ba-Insel 108–109
  Cham-Inseln 229
  China Beach 205–206
  Con-Dao-Inseln 290
  Cua-Dai-Strand 227
  Cua-Lo-Strand 163
  Dai-Lanh-Strand 245–246
  Doc-Let-Strand 246
  Duong-Strand 429
  Hai-Pai-Strand 107

Ho-Coc-Strand 279–280
Ho-Tram-Strand 280
Lang-Co-Strand 194–195
Long Beach (Phu Quoc) 416
Long Hai 280
Minh-Chau-Strand 116
Mui Nai 428
Mui-Ne-Strand 269, **270**
My-An-Strand 206
My-Khe-Strand (Da Nang) 206
My-Khe-Strand (Son My) 237–238
Nam-O-Strand 203–204
Nha Trang 248
Ninh-Chu-Strand 268
Non-Nuoc-Strand 206
Phu-Quoc-Insel 417
Queen's Beach 239
Qui-Hoa-Strand 239–240
Qui Nhon 238
Thuan-An-Strand 192–193
Tien-Sa-Strand 203
Vung Tau 281
Straßenentfernungstabelle **554**
Straßenessen 67, 303, 528
Strom 544
Südliche Zentralküste 38, 233–292
    Essen 233
    Geführte Touren 251
    Highlights 234, **234**
    Klima 233
    Reisezeit 233
    Schlafen 233
Suoi Tranh 417
Thac Bac 137
Surfen 32–34, 272
    Sicherheit 34

T

Ta-Cu-Berg 278
Tam Coc 156–157
Tam-Dao-Bergstation 90–91
Tam-Dao-Nationalpark 90
Tan-Ky-Haus 211–212
Tan-Tach-Dorf 387–388
Tanz 450, 492
Tao-Dan-Park 336–337
Taoismus 488
Ta Phin 137
Ta Prohm 458, **454–455**
Tauchen 34–35, 215, 229, 255–256, 290, 418
    Verantwortungsvolles Tauchen 255

000 Verweise auf Karten
000 Verweise auf Fotos

Ta Van 137
Taxis 558
Tay 502
    Sprache 573
Tay Ho 55–57, 72
Tay Ninh 375–378
Tay-Son-Rebellion 469–470
Telefon 19, 545
Tempel 21
    Angkor Thom 457–458
    Angkor Wat 16, 453–457, 454–455, **17**, **453**, **454–455**
    Bach-Ma-Tempel 47
    Bantay Srei 459
    Baphuon 457
    Bayon 457, **454–455**
    Beng Mealea 459
    Cao-Dai-Tempel (Ca Mau) 407
    Cao-Dai-Tempel (Da Nang) 197
    Cao-Dai-Tempel (Duyen Hai) 380
    Cao-Dai-Tempel (My Tho) 384
    Cao-Dai-Tempel (Rach Gia) 411
    Chau-Phu-Tempel 430
    Dame-Xu-Tempel 434–435
    Hai-Ba-Trung-Tempel 55
    Heiliger Stuhl der Cao Dai 375–377
    Hoa Lu 157
    Ho-Chi-Minh-Tempel 391
    Kiep-Bac-Tempel 96
    König-Hung-Vuong-Tempel 331
    Le-Van-Duyet-Tempel 344
    Literaturtempel 51
    Mariamman-Hindu-Tempel 336
    My Son 230–232, **230–232**
    Neak Poan 459
    Ngoc-Son-Tempel 47–48
    Nguyen-Trung-Truc-Tempel 410
    Nui Ba Den 377–378
    Ong Ngu 228–229
    Ong-Tempel 398
    Phnom Bakheng 458
    Preah Khan 458
    Quan-Cong-Tempel 212–213
    Quan-Thanh-Tempel 55
    Roluos-Gruppe 459
    Ta Prohm 458
    To-Mieu-Tempelkomplex 179–183
    Tran-Hung-Dao-Tempel 331
    Van-Thanh-Mieu-Tempel 395
    Terrasse des Leprakönigs 458
Tet 23, 488
Tet-Offensive 477–479
Thac Bac 137
Thac Dau Dang 95
Thai-Giang-Pho-Wasserfall 146
Thai 503
Thai-Hoa-Palast 179

Thanh Ha 226
Thanh-Toan-Brücke 193
Thap Cham 265–268
Thap-Doi-Cham-Türme 239
Theater 492
Thien-Hau-Pagode 338–339
Tiere 531–533
    Affen 159, 308, 380, 532
    Bedrohte Arten 95, 165, 287, 308, 314, 374–375, 532–533
    Elefanten 308, 313, 314
    Fledermäuse 404
    Gibbons 309
    Insektenbisse & Stiche 565–566
    Krokodile 380, 436, 532
    Quallen 544, 565
    Schildkröten 47, 159, 286, 287, 532
Toiletten 545
Tollwut 564
Tonlé Sap 386, 452
Touristeninformation 545–546
Tra Kieu (Simhapura) 232
Tram-Chim-Nationalpark 441
Tram-Ton-Pass 137
Tran-Duong-Haus 213–214
Tran-Familien-Kapelle 212
Trang-An-Grotten 158
Tra Vinh 390–392, **392**
Trekking 22, 31, 110, 290–291
    Sicherheit 31
Trinkgeld 541
Trinkwasser 566
Tuan Giao 130–131
Tuberkulose 564
Tuc-Dup-Hügel 429
Tuy Hoa 244–245
TV 539
Typhus 564

U

Überdachte japanische Brücke 210–211
U-Minh-Wald 409–410
Umwelt 386, 432, 530–536
    Bedrohung 530, 533–534
    Highlights 531
    Nationalparks 533, 534
Unterkunft 546–547
    Sprache 571

V

Van Lan 156
Van-Long-Naturschutzgebiet 158
Van Phuc 88
Veganer 528–529
Vegetarier 528–529
Verbotene Purpurstadt 179

Verkehrsmittel & -wege 549–560
  An- & Weiterreise 549–553
  Flugrouten **550**
  Unterwegs in Vietnam 553–560
Verkehrsregeln 554
Verrücktes Haus von Hang Nga 295–296
Versammlungshallen (Hoi An) 211, 213, 214
Versicherung 554
  Auto 554
  Gesundheit 561
Viet Hai 108
Vietnamesisch 567–573
Vietnamkrieg 476–477
  Agent Orange 464, 536
  Auswirkungen auf die Umwelt 536
  Bergvölker 496
  Bücher 477, 480
  Cu-Chi-Tunnel 372
  Filme 462–463
  Gedenkstätten 171, 236, 238, 243–244, 285, 311, 380, 438
  Ho-Chi-Minh-Pfad 315
  Khe Sanh, Belagerung von 174
  Kriegsschauplätze 171–175, 331, 478
  Landminen 171, 544
  Long Tan 285
  Museen 97, 334, 398–399
  My-Lai-Massaker 236–237
  Nixon-Doktrin 479–480
  Opfer 477, 480
  Tet-Offensive 477–479
  Vinh-Moc-Tunnel 171–172, 173
  Vorfall am Golf von Tonkin 476
Vinh 161–163
Vinh Long 393–396, **396**
Vinh-Moc-Tunnel 171–172, 173
Vinpearl Land 250
Visa 19, 451, 547–548
Vogelbeobachtung 409, 441, 533, 534
Vogelnestsuppe 260
Vogelschutzgebiete 393, 403–404, 407
Vorwahlen 19
Vulkankrater 297
Vung-Ro-Bucht 246
Vung Tau 281–286, **282**

W
Währung 18
Wandern, *siehe* Trekking 31
Wäsche 539
Wasser 566
Wasserfälle
  Ankroët-Wasserfall 299
  Ba-Ho-Wasserfälle 264
  Ba-Na-Bergstation 196
  Ban-Gioc-Wasserfall 123
  Dambri-Wasserfall 307
  Datanla-Wasserfall 299
  Dray-Nur-Wasserfall 315–316
  Dray-Sap-Wasserfall 315–316
  Elefanten-Wasserfall 299–300
  Gougah-Wasserfall 299
  Pongour-Wasserfall 299
  Suoi Da Ban 417
  Suoi Tranh 417
  Thac Bac 137
  Thac Dau Dang 95
  Thai-Giang-Pho-Wasserfall 146
Wasserparks
  Can-Tho-Wasserpark 399
  Dai-The-Gioi-Wasserpark 345
  Dak-Lak-Wasserpark 311–312
  Dam-Sen-Wasserpark 345
  Hanoi Water Park 58
  Phu-Dong-Wasserpark 256
Wasserpuppen 77, 78, 364
Wechselkurse 19
Weihnachten 25
Welterbestätten 100, 163, 177, 210, 229, 536
Wetter 23–25
Wiedervereinigung 330, 334–336, 482
Wiedervereinigungsexpress 559
Wiedervereinigungspalast 334–336, 514, **514**
Windsurfen 34
Wirtschaft 462–464

X
Xa-Loi-Pagode (HCMS) 337
Xa-Lon-Pagode 405
xe om 371, 555, 558

Y
Yen Chau 129
Yersin, Alexandre 250–253
Yoga 59
Yok-Don-Nationalpark 314, 534

Z
Zeit 548
Zeitschriften 539
Zeitungen 539
Zentrales Hochland 38
Zentrales Hochland 38, 293–322, **294**
  Essen 293
  Highlights 294, **294**
  Klima 293
  Reisezeit 293
  Schlafen 293
Zentralmoschee (HCMS) 329–330
Zentralvietnam 38, 169–232
  Essen 169
  Highlights 170, **170**
  Klima 169
  Reisezeit 169, 207
  Schlafen 169
Zitadellen
  Co-Loa-Zitadelle 90
  Dong-Hoi-Zitadelle 166
  Hue-Zitadelle 178, **11**
  Mac-Dynastie-Zitadelle 120
  Thanh-Zitadelle 264
  Vinh-Zitadelle 161
Zollbestimmungen 548
Zugfahren 553, 559–560
  Preise 555, 560
  Sicherheit 560

Auf einen Blick

Folgende Symbole helfen sich im Verzeichnis zurechtzufinden:

- 👁 Sehenswertes
- 🏊 Strände
- 🏃 Aktivitäten
- 🔄 Kurse
- 👉 Touren
- 🎭 Festivals & Events
- 🛏 Schlafen
- 🍴 Essen
- 🍷 Ausgehen
- ⭐ Unterhaltung
- 🛍 Shoppen
- ℹ Praktisches/Transport

Weitere hilfreiche Symbole:

- ☎ Telefonnummer
- ⊙ Öffnungszeiten
- P Parkmöglichkeiten
- ⊝ Nichtraucher
- ❄ Klimaanlage
- @ Internetzugang
- 📶 WLAN
- 🏊 Swimmingpool
- 🥬 Vegetarisches Angebot
- 🇬🇧 Englische Speisekarte
- 👪 Familienfreundlich
- 🐾 Tierlieb
- 🚌 Bus
- ⛴ Fähre
- Ⓜ Metro
- Ⓢ U-Bahn
- Ⓔ London Tube
- 🚋 Straßenbahn
- 🚆 Zug

Die Einträge unter „Schlafen", „Essen" usw. sind nach den Vorlieben der Autoren geordnet.

> **Empfehlungen von Lonely Planet:**
>
> Das empfiehlt unser Autor
>
> GRATIS Hier bezahlt man nichts
>
> Nachhaltig und umweltverträglich
>
> *Für die Sehenswürdigkeiten, Unterkünfte, Organisationen und Restaurants mit diesen Symbolen ist Verantwortungsbewusstsein nicht nur eine Marketingfloskel, deshalb wurden sie von den Lonely Planet Autoren ausgewählt. Sie unterstützen z. B. lokale Erzeuger, haben vor allem regionale Produkte auf ihrer Speisekarte oder setzen sich für die Erhaltung der Umwelt ein.*

Kartenlegende

Sehenswertes
- Strand
- Buddhistisch
- Burg/Festung
- Christlich
- Hinduistisch
- Islamisch
- Jüdisch
- Denkmal
- Museum/Galerie
- Ruine
- Weingut/Weinberg
- Zoo
- Noch mehr Sehenswertes

Aktivitäten, Kurse & Touren
- Tauchen/Schnorcheln
- Kanu-/Kajakfahren
- Skifahren
- Surfen
- Schwimmen/Pool
- Wandern
- Windsurfen
- Noch mehr Aktivitäten/Kurse/Touren

Schlafen
- Hotel/Pension
- Camping

Essen
- Restaurant

Ausgehen
- Bar/Kneipe
- Café

Unterhaltung
- Theater/Museum

Shoppen
- Geschäft

Praktisches
- Bank
- Botschaft/Konsulat
- Krankenhaus
- Internet
- Polizei
- Post
- Telefon
- Toilette
- Touristeninformation
- Noch mehr Praktisches

Transport
- Flughafen
- Grenzübergang
- Bus
- Seilbahn
- Fahrradweg
- Fähre
- Metro
- Eisenbahn eingleisig
- Parkplatz
- Tankstelle
- Taxi
- Eisenbahn
- Straßenbahn
- Anderes Verkehrsmittel

Verkehrswege
- Mautstraße
- Autobahn
- Hauptstraße
- Landstraße
- Verbindungsstraße
- Sonstige Straße
- Unbefestigte Straße
- Platz/Fußgängerzone
- Stufen
- Tunnel
- Fußgängerbrücke
- Wanderung
- Wanderung mit Abstecher
- Pfad

Landschaften
- Hütte
- Leuchtturm
- Aussichtspunkt
- Berg/Vulkan
- Oase
- Park
- Pass
- Raststelle
- Wasserfall

Städte
- Hauptstadt
- Landeshauptstadt
- Großstadt
- Ort/Dorf

Grenzen
- Internationale Grenze
- Bundesstaatengrenze/Provinzgrenze
- Umstrittene Grenze
- Regionale Grenze/Vorortgrenze
- Meerespark
- Klippen
- Mauer

Gewässer
- Fluss/Bach
- Periodischer Fluss
- Sumpf/Mangrove
- Riff
- Kanal
- Wasser
- Trocken-/Salz-/Periodischer See
- Gletscher

Gebietsformen
- Strand/Wüste
- Christlicher Friedhof
- Weiterer Friedhof
- Park/Wald
- Sportanlage
- Sehenswerte Bebauung
- Highlights (Bebauung)

DIE AUTOREN

Iain Stewart
Hauptautor, Nördliches Zentralvietnam, Zentralvietnam Gewappnet mit einem Lonely Planet reiste Ian 1991 zum ersten Mal nach Vietnam und war sofort fasziniert. Heute lebt er in Brighton und schreibt am liebsten über heiße Länder am anderen Ende der Welt. Für eine Vielzahl von Verlagen hat er bereits über 30 Reiseführer verfasst, u. a. über Guatemala, Ibiza und Indonesien. Highlights auf dieser Erkundungstour waren für ihn ein Motorradtrip auf dem Ho-Chi-Minh-Pfad, ein Segeltörn zu den Cham-Inseln, Partys in Saigon, der Besuch des Phong-Nha-Nationalparks und natürlich das beste Essen der Welt.

Mehr über Iain unter:
lonelyplanet.com/members/iainstewart

Brett Atkinson
Hanoi, Nordostvietnam, Nordwestvietnam Brett kam Ende 1993 zum ersten Mal nach Vietnam, einige Monate bevor die USA ihr Handelsembargo aufhoben. Er befasste sich hauptsächlich mit Hanois hervorragendem Straßenessen, erkundete die Ha-Long-Bucht und erforschte die neuesten nordvietnamesischen Urlaubsziele für unerschrockene Traveller: die Ha-Giang-Provinz und Bai Tu Long. Wenn er sich nicht gerade in seiner Heimat Auckland, Neuseeland, aufhält, ist er als kulinarischer Autor und Reiseautor unterwegs. Auf seiner Website www.brett-atkinson.net erfährt man, was er sich schmecken ließ und wo es als Nächstes hingeht.

Peter Dragicevich
Ho-Chi-Minh-Stadt, Mekong-Delta Der selbst ernannte Großstadtjunkie Peter war begeistert, nach einer vierjährigen Abstinenz in dieses Land zurückzukehren und über Ho-Chi-Minh-Stadt zu schreiben. Obwohl sich Vietnam rasant verändert, erlebte er Saigon immer noch als die verrückte, chaotische und aufregende Stadt von einst – und das trotz neuer Hochhäuser sowie zahlreicher moderner, internationaler Bars und Restaurants. Inklusive der vorherigen Vietnam-Ausgabe ist dies der 21. Lonely Planet Band, an dem Peter mitgearbeitet hat. Wenn er nicht gerade an einer geschäftigen Straßenecke Nudelsuppe schlürft, ist er in Auckland zu Hause.

Mehr über Peter unter:
lonelyplanet.com/members/peterdragicevich

Nick Ray
Zentrales Hochland, Südliche Zentralküste, Siem Reap & die Tempel von Angkor
Nick stammt aus Watford, 30 km nordwestlich von London, einer Kleinstadt, in der man fast automatisch Reisefieber bekommt. Inzwischen lebt er in Phnom Penh und kennt Vietnam daher wie seine Westentasche. Er ist Koautor der Lonely Planet Bände *Cycling Vietnam*, *Laos & Cambodia* und *Cambodia*. Von Ha Gian im Norden bis Ca Mau im Süden hat Nick nun fast jede Provinz Vietnams bereist. Dieses Mal konzentrierte er sich auf die Landesmitte, fuhr mit dem Motorrad durch das Hochland und ließ es sich in Con Dao gut gehen.

DIE LONELY PLANET STORY

Ein uraltes Auto, ein paar Dollar in den Hosentaschen und Abenteuerlust, mehr brauchten Tony und Maureen Wheeler nicht, als sie 1972 zu der Reise ihres Lebens aufbrachen. Diese führte sie quer durch Europa und Asien bis nach Australien. Nach mehreren Monaten kehrten sie zurück – pleite, aber glücklich –, setzten sich an ihren Küchentisch und verfassten ihren ersten Reiseführer *Across Asia on the Cheap*. Binnen einer Woche verkauften sie 1500 Bücher und Lonely Planet war geboren. Seit 2011 ist BBC Worldwide der alleinige Inhaber von Lonely Planet. Der Verlag unterhält Büros in Melbourne (Australien), London und Oakland (USA) mit über 600 Mitarbeitern und Autoren. Sie alle teilen Tonys Überzeugung, dass ein guter Reiseführer drei Dinge tun sollte: informieren, bilden und unterhalten.

Lonely Planet Publications,
Locked Bag 1, Footscray, Melbourne, Victoria 3011, Australia
Verlag der deutschen Ausgabe: MAIRDUMONT,
Marco-Polo-Straße 1, 73760 Ostfildern, www.mairdumont.com,
lonelyplanet@mairdumont.com
Chefredakteurin deutsche Ausgabe: Birgit Borowski
Übersetzung: Julie Bacher, Anne Cappel, Britt Maaß, Claudia Riefert,
Petra Sparrer, Katja Weber
Redaktion: Meike Etmann, Isabelle Oster
(Verlagsbüro Wais & Partner, Stuttgart)
Mitarbeit: Maria Onken
Technischer Support: Primustype, Notzingen

Vietnam
3. deutsche Auflage Juni 2012, übersetzt von *Vietnam 11th edition*, Februar 2012, Lonely Planet Publications Pty
Deutsche Ausgabe © Lonely Planet Publications Pty, Juni 2012, Fotos © wie angegeben 2012
Printed in China

Alle Rechte vorbehalten. Das Werk einschließlich all seiner Teile ist urheberrechtlich geschützt und darf weder kopiert, vervielfältigt, nachgeahmt oder in anderen Medien gespeichert werden, noch darf es in irgendeiner Form oder mit irgendwelchen Mitteln – elektronisch, mechanisch oder in irgendeiner anderen Weise – weiter verarbeitet werden. Es ist nicht gestattet, auch nur Teile dieser Publikation zu verkaufen oder zu vermitteln, ohne schriftliche Genehmigung des Herausgebers.

Lonely Planet und das Lonely Planet Logo sind eingetragene Marken von Lonely Planet und sind im US-Patentamt sowie in Markenbüros in anderen Ländern registriert.

Lonely Planet gestattet den Gebrauch seines Namens oder seines Logos durch kommerzielle Unternehmen wie Einzelhändler, Restaurants oder Hotels nicht. Informieren Sie uns im Fall von Missbrauch: www.lonelyplanet.com/ip.

Obwohl die Autoren und Lonely Planet alle Anstrengungen bei der Recherche und bei der Produktion dieses Reiseführers unternommen haben, können wir keine Garantie für die Richtigkeit und Vollständigkeit dieses Inhalts geben. Deswegen können wir auch keine Haftung für eventuell entstandenen Schaden übernehmen.